नानक वाणी

नानक वाणी

डॉ० जयराम मिश्र
एम.ए., एम.एड., साहित्यरत्न, पी-एच०डी०

सम्पादक
श्रीकृष्ण दास

लोकभारती प्रकाशन
पहली मंजिल, दरबारी बिल्डिंग, महात्मा गाँधी मार्ग, इलाहाबाद-१

लोकभारती प्रकाशन
पहली मंजिल, दरबारी बिल्डिंग, महात्मा गाँधी मार्ग
इलाहाबाद-1 द्वारा प्रकाशित
दूरभाष : 0532-3293838, 2427274
बेवसाइट : www.lokbhartiprakashan.com
ई-मेल : info@lokbhartiprakashan.com

शाखाएँ : 1-बी, नेताजी सुभाष मार्ग, दरियागंज
नई दिल्ली-110 002
अशोक राजपथ, साइंस कॉलेज के सामने,
पटना-800 006

चतुर्थ संस्करण : 2008

Nanak Vani
by Dr. Jairam Mishra

मुद्रक : इण्डियन प्रेस प्रा. लि.
36, पन्नालाल रोड, इलाहाबाद-211 002
दूरभाष : 0532-2461433

ISBN : 978-81-8031-211-3

मूल्य : 950.00

अपने पिता एवं आध्यात्मिक गुरु

पण्डित रामचन्द्र मिश्र

को

श्रद्धापूर्वक

समर्पित

कृतज्ञताप्रकाश

हिन्दी भाषा के अनन्य सेवक एवं पुजारी, राजर्षि श्री पुरुषोत्तमदास टण्डन ने, 'श्री गुरु ग्रंथ साहिब' के अध्ययन में मेरी अभिरुचि देख कर मुझे उस पवित्र ग्रंथ के अनुवाद करने की प्रेरणा सन् १९५० ई० में दी थी। उस समय मैं 'ग्रंथ साहिब' के दार्शनिक-सिद्धान्त के शोध कार्य में अत्यधिक व्यस्त था, अतएव उनके आदेश का पालन न कर सका। शोध-कार्य की समाप्ति के अनन्तर, सन्त-साहित्य के मर्मज्ञ, पंडित परशुराम चतुर्वेदी ने मुझे गुरु नानक देव की वाणी के अनुवाद करने की प्रेरणा इन शब्दों में दी, ''हिन्दी-साहित्य में गुरु नानक की वाणी का ले आना नितान्त आवश्यक है। मेरा पूरा विश्वास है कि आप उसे क्षमतापूर्वक कर लेंगे।'' दोनों ही पूज्य महानुभावों का मैं अत्यधिक आभारी हूँ, क्योंकि इन्हीं की प्रेरणा से मैं इस कार्य को सम्पन्न कर सका।

अनन्त श्री विभूषित, ज्योतिष्पीठाधीश्वर, जगद्गुरु शंकराचार्य, स्वामी शान्तानन्दजी सरस्वती अपने उपदेश द्वारा मुझे निष्काम कर्मयोग में निरन्तर प्रवृत्त करते रहे और कहते रहे, ''प्राचीन ऋषिगण एकान्त स्थान में रहकर सदैव स्वाध्याय, चिन्तन, मनन, निदिध्यासन और ग्रन्थ-रचना किया करते थे।'' मैं श्री महाराज जी के इन उदात्त शब्दों से बहुत ही प्रेरित हुआ हूँ और बार-बार उन्हें अपनी श्रद्धा अर्पित करता हूँ।

मैं अपने पूज्य पिता जी को प्रायः गुरु नानक के पद सुनाता और वे उन पदों को बड़े ध्यान से सुनते और मुझे बराबर प्रेरणा देते रहते कि उन्हें हिन्दी साहित्य में अवश्य लाया जाय। श्रद्धेय गुरुवर डॉ० रामकुमार वर्मा एवं डॉ० हरदेव बाहरी मुझे इस कार्य में निरन्तर प्रेरित करते रहे। मैं उनके स्नेहपूर्ण आशीर्वाद का अत्यन्त आभारी हूँ।

भाई नर्मदेश्वर चतुर्वेदी के प्रोत्साहन एवं मेरे स्वजन श्री रामनरेश त्रिपाठी तथा व्रजमोहन अवस्थी के आग्रह के फलस्वरूप 'नानक-वाणी' शीघ्रता से समाप्त हो सकी। अतएव इन तीनों व्यक्तियों के प्रति मैं अपना प्रेम जताता हूँ।

श्री ब्रह्मनिवास,
७, अलोपीबाग, प्रयाग।

—जयराम मिश्र

ग्रंथ के सम्बन्ध में

श्री गुरु नानक देव जी महाराज हमारे देश के महान् दार्शनिक और विचारक के रूप में पूजित हैं। संत परम्परा में नानक देव जी का स्थान अग्रणी है। वह मंत्रद्रष्टा और सिक्ख धर्म के प्रवर्तक हैं। श्री नानक देव जी की वाणियों एवं विचारधारा से अनुप्राणित होकर हमारे देश के एक विशिष्ट समुदाय ने सिक्ख धर्म ग्रहण किया और धीरे-धीरे सारे देश में इसका प्रसार और विस्तार हो गया।

मध्यकालीन धर्म-संस्थापकों में श्री गुरु नानक देव का महत्व इसलिये और भी बढ़ गया कि उन्होंने भक्ति, कर्म, ज्ञान के साथ ही तत्कालीन सामाजिक और राजनीतिक स्थिति का भी सम्यक् अनुशीलन एवं विश्लेषण किया। सजग, सचेष्ट देशभक्ति की स्रोतस्विनी भी उनकी वाणियों से फूट निकली।

श्री गुरु नानक देव की वाणी में जहां एक ओर गुरु गाम्भीर्य और ज्ञान-वैराग्य-भक्ति का अमृत-मंथन है, वहीं उनकी भाषा में अद्‌भुत ओज और शक्ति है। उनकी रचनाशैली में काव्य का लालित्य, माधुर्य, विचार-संपन्नता-सब कुछ है। उनकी वाणी की सरलता-सुबोधता का क्या कहना ! उसमें साहित्य, संगीत एवं कला के विभिन्न गुणों का अद्‌भुत, सहज समन्वय है। फलतः उनकी वाणी हृदय और मस्तिष्क को स्पर्श ही नहीं करती, प्रत्युतउन्हें अनुप्राणित भी करती है।

श्री गुरु नानक देव की संपूर्ण वाणी का यह संग्रह व्याख्या एवं अनुवाद के साथ प्रथम वार हिन्दी संसार के सामने आ रहा है। हमारी राष्ट्रभाषा की शोभा और संपन्नता इस ग्रंथ के प्रकाशन के कारण बढ़ेगी, ऐसा हमारा विश्वास है।

डाक्टर जयराम मिश्र ने बड़े परिश्रम से इस ग्रंथ की वाणियों का संग्रह, अध्ययन, अनुशीलन एवं अनुवाद किया है। उन्होंने श्री गुरु नानक देव के दार्शनिक विचारों का गम्भीर अध्ययन किया और उन्हें आत्मसात् करने कीचेष्टा की। श्री नानक देव की समस्त वाणी सिक्खों के पूज्य धर्म ग्रंथ 'श्री गुरु ग्रंथ साहिब' में संकलित है। यह संकलन श्री गुरु अर्जुन देव ने सन् १६०४ ई० में किया था। सिक्खों का पूज्य धर्म ग्रंथ होने के कारण 'श्री गुरु ग्रंथ साहिब' के पाठ की पंक्ति-पंक्ति और शब्द-शब्द की बड़ी सावधानी से रक्षा की गयी है। फलतः सन् १६०४ ई० से आज तक श्री गुरु नानक देव की वाणी के पाठ में कोई भी परिवर्तन, परिवर्द्धन नहीं होने पाया है। अमृतसर की 'शिरोमणि गुरुद्वारा प्रबन्धक कमेटी' ने देवनागरी लिपि में 'श्री गुरु ग्रंथ साहिब' की प्रति प्रकाशित की है। उसी प्रति से संग्रहीत श्री गुरु नानक देव की वाणी प्रस्तुत ग्रंथ में प्रकाशित की जा रही है। अतः प्रस्तुत का मूल पाठ शुद्ध है, प्रामाणिक है। विद्वान् लेखक ने इस ग्रंथ में वाणी का संकलन-क्रम भी वही रखा है जो 'श्री गुरु ग्रंथ साहिब' में है। वाणी का वर्गीकरण रागों के आधार पर हुआ है।

डाक्टर जयराम मिश्र ने परिश्रम, सावधानी, सतर्कता और ईमानदारी के साथ 'नानक वाणी' का अनुवाद किया है। यदि श्री गुरु नानक देव ने किसी विशेष अवसर पर कोई वाणी उच्चरित की है तो उसकी चर्चा 'विशेष' शीर्षक के अन्तर्गत कर दी गयी है। परिशिष्ट में

श्री गुरु नानक देव की जीवनी, उनका व्यक्तित्व, उनकी शिक्षा, उनकी वाणी में प्रयुक्त विशिष्ट शब्दों के अर्थ , इतिहास और महत्व, गुरुमत संगीत के अनुसार श्री गुरु नानक वाणी में प्रयुक्त रागमाला आदि पर पूरा प्रकाश डाला गया है।

'नानक वाणी' की भूमिका में डाक्टर मिश्र ने ग्रंथ में संकलित वाणी का विशद अध्ययन, अनुशीलन एवं मूल्यांकन किया है। इससे ग्रंथ की उपयोगिता अत्यधिक बढ़ गयी है।

हिन्दी संसार के समक्ष ऐसा अनुपम ग्रंथ प्रस्तुत करने में लोकभारती प्रकाशन को विशेष गौरव का अनुभव हो रहा है।

—सम्पादक

वाणी-सूची

भूमिका

श्री गुरु नानक देव का भारतीय धर्म-संस्थापकों एवं समाज-सुधारकों में गौरवपूर्ण स्थान है। मध्ययुग के संत कवियों में उनकी विशिष्ट और निराली धर्म-परम्परा है। वह उस धर्म के संस्थापक हैं जिसके आन्तरिक पक्ष में विवेक, वैराग्य, भक्ति, ज्ञान, योग, तितिक्षा और आत्म-समर्पण की भावना निहित है और बाह्य पक्ष में सदाचार, संयम, एकता, भ्रातृभाव आदि पिरोए हुए हैं। गुरु नानक मध्ययुग के मौलिक चिन्तक, क्रान्तिकारी सुधारक, अद्वितीय युग-निर्माता, महान् देशभक्त, दीन-दुखियों के परम हितैषी तथा दूरदर्शी राष्ट्र-निर्माता थे। हिन्दी में इनकी वाणी का अध्ययन न किया जाना खटकने की बात है। हिन्दी के कुछ उद्भट विद्वानों ने गुरु नानक के सम्बन्ध में यह विचार प्रकट किया है कि "अन्त में कबीरदास की निर्गुण-उपासना का प्रचार उन्होंने पंजाब में आरम्भ किया।" मेरी समझ में उनकी यह धारणा समीचीन नहीं। वास्तव में गुरु नानक स्वतः कबीरदास की ही भाँति मौलिक चिंतक थे। उन्होंने कबीरदास की निर्गुण उपासना का प्रचार नहीं किया, बल्कि अपने मौलिक विचारों का प्रचार और प्रसार किया। एकाध हिन्दी के विद्वानों ने गुरु तेगबहादुर जी के पदों को गुरु नानक का पद बतलाया है। उसका कारण यह है कि गुरु तेगबहादुर ही नहीं, बल्कि सिक्खों के सभी गुरुओं की वाणी के अन्त में 'नानक' शब्द आया है। 'श्री गुरु ग्रंथ साहिब' के सिक्ख गुरुओं के सभी पदों के अन्त में 'नानक' शब्द के आ जाने से इस भ्रम का होना स्वाभाविक है। इस भ्रम के निवरणार्थ वाणी के प्रारम्भ में 'महला १', 'महला २', 'महला ३', 'महला ४', 'महला ५' तथा 'महला ६,' दिया गया है। 'महला १' का अभिप्राय सिक्खों के आदि गुरु नानक से है। इसी प्रकार 'महला २' का तात्पर्य गुरु अंगद देव से, 'महला ३' का गुरु अमरदास से, 'महला ४' का गुरु रामदास से, 'महला ५' का गुरु अर्जुन देव से तथा 'महला ९' का अभिप्राय गुरु तेगबहादुर से है। वास्तव में वाणियों की रचना करते समय सभी गुरुओं ने अपने को 'नानक' गुरु में मिला दिया था। इसी से वे वाणी के अन्त में 'नानक' का ही नाम देते थे।

'श्री गुरु ग्रंथ साहिब' १४३० पृष्ठों का बृहत्काय ग्रन्थ है। उसका संकलन सिक्खों के पाँचवें गुरु अर्जुन देव ने सन् १६०४ ई० में किया था। गुरु अर्जुन देव ने प्रथम पाँच सिक्ख-गुरुओं की वाणी के अतिरिक्त बहुत से प्रभावशाली भक्तों की वाणियाँ भी संग्रहीत कीं। हाँ, उनके संग्रह में एक बात अवश्य है कि वे वाणियाँ सिक्ख-गुरुओं की विचारधारा के अनुरूप हैं। जयदेव, नामदेव, त्रिलोचन, परमानन्द, सदना, बेनी, रामानन्द, धन्ना, पीपा, सेन, कबीर, रवदास अथवा रविदास अथवा रैदास, मीराबाई, फरीद, भीखन, सूरदास (मदनमोहन) की भी वाणियाँ हैं। भक्तों के अतिरिक्त कुछ भट्टों की भी रचनाएं हैं। भट्टों के नामों की संख्या में विद्वानों में मतभेद है। ट्रम्प ने १५ भट्टों के नामों की सूची दी है[1]। गोकुलचन्द नारङ्ग ने ट्रम्प के नामों की दी हुई तालिका की पुनरावृत्ति की है[2]। मोहन सिंह ने केवल १२ नाम गिनाए

१. आदि ग्रंथ, ट्रम्प, भूमिका, पृष्ठ १२०

२. ट्रान्सफारमेशन आफ सिक्खिज्म, गोकुलचन्द नारङ्ग, पृष्ठ ३३७

हैं[१]। साहब सिंह के मत से उनकी संख्या ११ है[२]। शेरसिंह ने १७ नाम गिनाए हैं[३]। इनके अतिरिक्त सुन्दर का 'रामकलो सद', मरदाना की वाणी और सत्ता बलदंड की वार भी 'श्री गुरु ग्रंथ साहिब' में संग्रहीत है। गुरु तेगबहादुर, 'महला ९' (नवें गुरु) के पद बाद में, पाँचों गुरुओं के बाद रखे गए।

पिनकाट के अनुसार 'श्री गुरु ग्रन्थ साहिब जी' में ३३८४ शब्द और १५५७५ बन्द हैं। इनमें से ६२०४ बन्द पाँचवें गुरु (अर्जुन देव), 'महला ५' द्वारा, २९४९ बन्द आदि गुरु, नानक देव, 'महला १' द्वारा, २५२२ बन्द तीसरे गुरु, अमरदास, 'महला ३' द्वारा, १७३० बन्द चौथे गुरु, रामदास, 'महला ४' द्वारा, १९६ बन्द नवम गुरु, तेगबहादुर, 'महला ९' द्वारा और ५७ बन्द द्वितीय गुरु, अंगद देव, 'महला २' द्वारा रचे गए हैं। अवशिष्ट में कबीर के बन्द सबसे अधिक और मरदाना के सबसे कम हैं[४]।

'श्री गुरु ग्रन्थ साहिब में निम्नलिखित ३१ रागों के प्रयोग हुए है—

१. सिरी रागु,	२. रागु माझ,
३. रागु गउड़ी,	४. रागु आसा,
५. रागु गूजरी,	६. रागु देवगंधारी,
७. रागु बिहागड़ा,	८. रागु वडहंसु,
९. रागु सोरठि,	१०. रागु धनासरी,
११. रागु जैतसिरी,	१२. रागु टोडी,
१३. रागु बैराडी,	१४. रागु तिलंग,
१५. रागु सूही,	१६. रागु बिलावलु,
१७. रागु गोंड,	१८. रागु रामकली,
१९. रागु नट नाराइन,	२०. रागु माली गउड़ा,
२१. रागु मारू,	२२. रागु तुखारी
२३. रागु केदारा,	२४. रागु भैरउ,
२५. रागु वसंतु,	२६. रागु सारंगु,
२७. रागु मलार,	२८. रागु कानड़ा,
२९. रागु कलिआनु,	३०. रागु प्रभाती,

३१. रागु जैजावंती,

उपर्युक्त ३१ रागों में से गुरु नानक देव की वाणी में निम्नलिखित १९ रागों के प्रयोग मिलते हैं—

१. सिरी रागु,	२. रागु माझ,
३. रागु गउड़ी,	४. रागु आसा,
५. रागु गूजरी,	६. रागु वडहंसु,
७. रागु सोरठि,	८. रागु धनासरी,

१. हिस्टरी आफ् पंजाबी लिटरेचर, मोहन सिंह, पृष्ठ ३६
२. भट्टां दे सवैये, साहब सिंह, पृष्ठ १७
३. फिलासफी आफ सिक्खिज्म, शेर सिंह, पृष्ठ ५०
४. जे० आर० ए० एस०, भाग १८, (कलकत्ता), फ्रेडरिक पिनकाट का लेख।

९. रागु तिलंगु,
१०. रागु सूही,
११. रागु बिलावलु,
१२. रागु रामकली,
१३. रागु मारू,
१४. रागु तुखारी,
१५. रागु भैरउ,
१६. रागु बसंतु,
१७. रागु सारंगु,
१८. रागु मलार,
१९. रागु प्रभाती ।

'विहागड़े राग' में केवल वार मात्र है। अतः इसकी गणना रागों के साथ नहीं की गयी है।

गुरु ग्रन्थ साहिब में उपर्युक्त ३१ रागों के अतिरिक्त किसी-किसी स्थान पर किसी-किसी शब्द में दो मिले रागों का प्रयोग हुआ है—

१. गउड़ी-माझ,
२. गउड़ी-दीपकी,
३. आसा-काफी (काफी स्वतन्त्र राग नहीं है। यह लय का एक रूप है)।
४. तिलंग-काफी,
५. सूही-काफी,
६. सूही-ललित,
७. बिलावलु-गोंड,
८. मारू-काफी,
९. बसंतु-हिंडोल,
१०. कलिआन-भोपाली,
११. प्रभाती-विभास,
१२. आसा-आसावरी।

इस प्रकार ऊपर ३१ रागों के अतिरिक्त निम्नलिखित ६ रागों के और प्रयोग हुए हैं—

१. ललित,
२. आसावरी,
३. हिंडोल,
४. भोपाली,
५. विभास,
६. दीपकी।

किन्तु ये ६ राग स्वतन्त्र नहीं है। प्रधानता तो उसी राग की है, जो पहले प्रयुक्त हैं। उदाहरणार्थ सूही-ललित में सूही की ही प्रधानता है। गायन के लिए ललित का भी सहारा लिया गया है।

'श्री गुरु ग्रन्थ साहिब' में गुरु नानक देव जी की जो 'वाणियाँ' संग्रहीत हैं, उनमें १६०४ ई० के पश्चात् निश्चित रूप से कोई परिवर्त्तन नहीं हुआ। वे ज्यों की त्यों, उसी रूप में हैं। यह निश्चित है कि गुरु नानक जी पढ़े-लिखे और मननशील थे। उनमें परमात्मा-प्रदत्त असाधारण कवित्त्व-शक्ति विद्यमान थी। वे अपनी वाणियों के संग्रह के प्रति जागरूक थे। जब उन्होंने लोक-कल्याण के निमित्त सांसारिक सुखों का परित्याग किया और लोगों का दुःख दूर करने के लिए दूर-दूर देशों की यात्राएं कीं, तो उनके मन में अपनी वाणियों के संग्रह की भावना निश्चित रूप से जगी होगी। यह सम्भव नहीं प्रतीत होता कि अनजान प्रदेश वाले लोग उनकी वाणियाँ लिखते। गुरु नानक के सहवासी सिक्ख मरदाना आदि इतने पढ़े-लिखे नहीं थे कि उनकी वाणी लिख सकते। यह भी असंगत प्रतीत होता है कि गुरु नानक सदैव संगीतमय वाणी में ही उपदेश देते रहे। उनकी कुछ वाणी उदाहरणार्थ, 'जपु जी', 'सिध गोसटि' तथा 'ओअंकारु,' आदि असमान रूप से लम्बी हैं। क्या वे प्रारम्भ से लेकर अन्त तक गायी गयी थीं? यदि गायी गयी थीं, तो कितना समय लगा होगा? इन परिस्थितियों में यह बिलकुल स्पष्ट

है कि गुरु नानक देव ने अपनी वाणियाँ स्वयं लिखी थीं और वे उन्होंने इसलिए लिखी थीं कि भावी पीढ़ी उनसे लाभ उठाये।[१]

'नानक-वाणी' में वाणियों का क्रम

'नानक-वाणी' में गुरु नानक जी की वाणियाँ ठीक उसी क्रम से रखी गई हैं, जिस क्रम से 'श्री गुरु ग्रन्थ साहिब' में रखी गई हैं। प्रत्येक राग में वाणी का क्रम साधारणतः इस प्रकार है—

(क) सबद (शब्द), (ख) असटपदीआं (अष्टपदियाँ), (ग) छंत (छंद) और (घ) वारां (वारें)[२]। यदि किसी राग में 'सबद' नहीं हैं, तो असटपदियाँ पहले रखी गई हैं। यदि असटपदियाँ भी नहीं हैं, तो छंत रखे गए हैं। तीनों नहीं हैं, तो वारें हैं।

सबदों, असटपदियों, छंतों और वारों के अतिरिक्त कुछ रागों में कुछ वाणियाँ खास-खास नामों से सम्बोधित हैं। उनका क्रम इस प्रकार है :—

१. सिरी रागु में 'पहरे' नामक वाणी है। इसका क्रम अष्टपदियों के बाद तथा वार के पहले है। इस राग में गुरु नानक देव का कोई भी छंत नहीं है।

२. रागु आसा में 'सबदों' के प्रारम्भ में एक वाणी का नाम 'सोदरु' है और इसी राग में गुरु नानक द्वारा एक 'पट्टी' भी लिखी गई है, इसमें ३५ पउड़ियाँ हैं। यह 'पट्टी' असटपदियों के बाद और छंतों के पहले रखी गई है।

३. रागु वडहंसु में गुरु नानक द्वारा रचित एक वाणी "अलाहणीआं" है। यह छंतों के बाद तथा वारों के पहले रखी गई है। इसकी गणना छंतों में की गयी है।

४. रागु 'धनासरी' में एक वाणी का नाम 'आरती' है, यह 'सबदों' में रखी गयीं है। इसकी गणना 'सबदों' में ही की गई है।

५. रागु 'सूही' में 'कुचजी' और 'सुचजी' दो वाणियाँ गुरु नानक द्वारा रची गई हैं। ये दोनों वाणियाँ 'अष्टपदियों' की समाप्ति के पश्चात् तथा छन्तों के प्रारम्भ के पूर्व दर्ज हैं।

६. रागु 'बिलावलु' में नानक जी की एक वाणी ऐसी है, जो 'थिती' (तिथि) कहलाती है। यह वाणी असटपदियों के बाद और छंतों के पूर्व दर्ज की गई है।

७. रागु 'रामकली' में गुरु नानक द्वारा रचित 'ओअंकारु' और 'सिध गोसटि'— ये दो वाणियाँ क्रमशः अष्टपदियों के बाद और छंदों के पूर्व रखी गई हैं। 'ओअंकारु' में ५४ पउड़ियाँ हैं और 'सिध गोसटि' में ७३। इन दोनों ही वाणियों में गुरु नानक के दार्शनिक सिद्धान्तों का बहुत सुन्दर निरूपण प्राप्त होता है।

८. रागु 'मारू' में गुरु नानक की एक विशेष वाणी 'सोलहे' के नाम से विख्यात है। इसमें उनके २२ 'सोलहे' हैं। ये अष्टपदियों के पश्चात् और वारों के पहले रखे गए हैं।

---

१. कुछ हीर धारमिक लेख—साहिबसिंह, पृष्ठ ९—२१

२. वार :—उस कविता को कहते है, जिसमें किसी योद्धा के शौर्य की कोई प्रसिद्ध कहानी कही जाती है। पंजाब में वारों का उस प्रकार प्रचार था, जैसे उत्तर प्रदेश में 'आल्हखंड' का प्रचार है। ये रचनाएँ वीर रस में होती थीं। इनका प्रचार साधारण जनता में बहुत अधिक था। गुरु नानक देव ने जनता में भक्ति-भावना के प्रचार के लिए वारों का प्रयोग किया।

९. 'तुखारी' रागु में एक बाणी का नाम 'बारह माहा' है। इसकी गणना छंतों में है और इसमें १७ पउड़ियाँ हैं।

१०. 'सलोक सहसक्रती' में गुरु नानक देव के ४ सलोक हैं, जो ११ रागों की समाप्ति के पश्चात् रखे गए हैं।

११. गुरु नानक जी के जो 'सलोक' वारों की पउड़ियों के साथ रखने से बच गए थे वे 'सलोक वारां ते वधीक' शीर्षक के अंतर्गत रखे गए हैं। इनकी संख्या ३२ है। ये सबसे अन्त में रखे गए हैं।

'नानक-वाणी' में इसी प्रकार बाणियों का क्रम है।

राजनीतिक स्थिति

कदाचित् संत कवियों में गुरु नानक देव ही ऐसे कवि हैं, जिनकी देश की दुर्दशा के ऊपर पैनी दृष्टि थी। उन्होंने देश की राजनीतिक दुर्दशा का मार्मिक चित्रण किया है। उस समय देश में मुसलमानों का राज्य पूर्ण रूप से स्थापित हो चुका था। उदार से उदार मुसलमान शासक में धर्मान्धता कूट-कूट कर भरी थी। 'तारीख-ए-दाऊदी' के लेखक ने सिकन्दर लोदी की मुक्त-कंठ से प्रशंसा की है, "सुल्तान सिकन्दर अत्यन्त यशस्वी शासक था। उसका स्वभाव अत्यन्त उदार था। वह अपनी उदारता, कीर्ति और नम्रता के लिए प्रसिद्ध था। उसे तड़क-भड़क, बनाव-शृंगार में कोई रुचि नहीं थी। धार्मिक और गुणी व्यक्तियों से वह सम्बन्ध रखता था।" किन्तु श्री बनर्जी के अनुसार सिकन्दर की यह न्यायप्रियता और उदारता संकीर्णता से युक्त थी। उसकी यह न्यायप्रियता और उदारता अपने सहधर्मियों तक ही सीमित थी[१]। भाई गुरुदास जी ने भी इस बात का संकेत किया है कि काजियों में रिश्वत का बोल-बाला था।[२]

गुरु नानक के शब्दों में तत्कालीन राजनीतिक परिस्थिति का अनुमान कीजिए—

"कलियुग में लोग कुत्ते के मुँह वाले हो गए हैं और उनकी खाद्यवस्तु मुरदे का मांस हो गई है। अर्थात् इस युग में लोग कुत्तों के समान लालची हो गये हैं और रिश्वत तथा बेईमानी से पैसे खाते हैं। वे झूठ बोल-बोल कर भूँकते हैं।"[३]

गुरु नानक देव ने तत्कालीन राजाओं और उनके कर्मचारियों का चित्रण इस भाँति किया है—

> राजे सीह मुकदम कुते। जाइ जगाइन बैठे सुते॥
> चाकर नहदा पाइन्हि घाउ। रतु पितु कुतिहो चटि जाहु॥
> जिथै जीआं होसी सार। नकीं वढीं लाइतबार॥[४]

अर्थात्, "इस समय राजागण सिंह के समान (हिंसक) तथा चौधरी कुत्ते के समान (लालची हो गए हैं)। वे सोती हुई प्रजा को जगाकर (उसका मांस भक्षण कर रहे हैं)। (राजाओं के) नौकर अपने तीव्र नाखूनों से घाव करते हैं और लोगों का खून कुत्तों (मुकद्दमों)

१. इवोल्यूशन आफ द खालसा, भाग १, इंदुभूषण बनर्जी, पृष्ठ २९
२. भाई गुरु दास की वार, वार १, पउड़ी ३०
३. "कलि होई कुते मुहीं खाजु होआ मुरदार", 'नानक वाणी', सारंग की वार, सलोक २१.
४. 'नानक-वाणी', मलार की वार, सलोक १९.

के द्वारा चाट जाते हैं। जिस स्थान पर प्राणियों के कर्मों की छानबीन होगी, वहां उन लाइतबारों की नाक काट ली जायगी।"

एक स्थल पर गुरु नानक देव ने तत्कालीन राजनीतिक परिस्थिति का बड़ा हृदय-ग्राही वर्णन किया है—

कलि काती राजे कासाई धरमु पंखु करि उडरिआ।
कूड़ु अमावस सचु चंद्रमा दीसै नाही कह चड़िआ॥
हउ भालि विकुंनी होई। आधेरै राहु न कोई॥
विचि हउमै करि दुखु रोई। कहु नानक किनि बिधि गति होई॥२५॥
(माझ की वार, महला १, सलोकु ३५)

अर्थात, "कलियुग (यह बुरा समय) छुरी है, राजे कसाई हैं; धर्म अपने पंखों पर (न मालूम कहाँ) उड़ गया है, झूठ रूपी अमावस्या (की रात्रि) है। (इस रात्रि में) सत्य का चन्द्रमा कहाँ उदय हुआ है? (वह) दिखलाई नहीं पड़ता। मैं (उस चन्द्रमा को) ढूंढ़ ढूंढ़ कर व्याकुल हो गई हूं; अन्धकार में (सृष्टि) अहंकार के कारण दुखी होकर रो रही है। हे नानक, (इस भयावह दु:खद स्थिति से) किस प्रकार छुटकारा हो?"

उपर्युक्त पद में समय की भयावहता, तत्कालीन जागीरदारों की नृशंसता और क्रूरता, झूठ की प्रबलता, लोगों की कारुण्य-भावना का मार्मिक चित्रण मिलता है।

इतिहास में बाबर के आक्रमण प्रसिद्ध हैं। सन् १५२१ ई० में उसने ऐमनाबाद पर आक्रमण करके उसे नष्ट-भ्रष्ट कर दिया। स्त्रियों की दुर्दशा की गई। गुरुनानक ने ऐमनाबाद के आक्रमण को स्वयं देखा था। उन्होंने उस रोमांचकारी दृश्य का हृदयद्रावी चित्रण किया है—

"जिन स्त्रियों के सिर की माँग में पट्टी थी और उस माँग में (शृंगार के लिए) सिन्दूर डाला गया था, (उनके) उन सिरों (की केशराशि) कैंची से मूंड़ दी गई है और धूल उड़-उड़ कर उनके गले तक पहुँचती है। (जो स्त्रियाँ) महलों के अन्तर्गत निवात करती थीं, उन्हें अब बाहर भी बैठने का स्थान नहीं मिलता है।......वे स्त्रियाँ विवाहिता थीं और अपने पतियों के पास सुशोभित थीं। वे उन पालकियों पर बैठकर आई थीं, जो हाथीदाँत के टुकड़ों से जड़ीं थीं। उन स्त्रियों के ऊपर पानी छिड़का जाता था और हीरे-मोती से जड़े हुए पंखे उनके पास चमकते थे। एक लाख रुपये तो उनके खड़े होने पर और एक लाख रुपये उनके बैठने पर न्यौछावर किए जाते थे। जो स्त्रियाँ गरी-छुहारे खाती थीं और सेजों पर रमण करती थीं, उनके गले में रस्सी पड़ी हुई है और उनके मोती की लड़ियाँ टूट रही हैं।"

(देखिए, रागु आसा असटपदी ११)

आसा रागु की १२ वीं अष्टपदी में गुरु नानक ने युद्ध के परिणामों को भी दिखलाया है—

"तुम्हारे वे खेल, अस्तबल और घोड़े आदि कहाँ है? तुम्हारे नगाड़े और शहनाइयाँ भी नहीं दिखाई पड़ रही हैं। वे सब कहाँ हैं? तलवारों की म्यानें तथा रथ कहा हैं? वे दर्पण और वे सुन्दर मुख कहाँ हैं? यहाँ तो वे सब नहीं दिखाई पड़ रहे हैं।......तुम्हारे वे घर, दरवाजे, मंडप और महल कहाँ हैं? तुम्हारी सुखदायिनी सेज और उसे सुशोभित करने वालों

कामिनी कहाँ है ? वे पान देने वाली तंबोलिनें और परदों में रहने वाली स्त्रियाँ कहाँ हैं ? वे सब तो माया की छाया के समान विलीन हो गई हैं ।''

इसी अष्टपदी में आगे यह भी बताया गया है कि बाबर के आक्रमण होने पर बहुत से पीरों ने उसे रोकने के लिए टोने-टुटके के प्रयोग भी किए किन्तु कुछ भी परिणाम न निकला।

मुगलों और पठानों की लड़ाई का भी चित्रण इसी अष्टपदी में मिलता है, "मुगलों और पठानों में घमासान युद्ध हुआ। रण में तलवारें खूब चलाई गईं। मुग़लों ने तान-तान कर तुपकें चलाईं और पठानों ने हाथी उत्तेजित करके आगे बढ़ाया।" इतिहास इस बात का साक्षी है कि मुगलों की जीत का प्रमुख कारण, तुपकों का प्रयोग था।

गुरु नानक देव ने इसी अष्टपदी में यह भी बताया है कि मुगलों ने हिन्दुओं अथवा मुसलमानों, किसी को भी नहीं छोड़ा —

"जिन स्त्रियों की दुर्दशा मुगलों ने की, उनमें से कुछ तो हिन्दुवानियाँ, कुछ तुरकानियाँ, कुछ भाटिनें और कुछ ठकुरानियाँ थीं। इनमें कुछ स्त्रियों अर्थात् तुरकानियों के बुरके सिर से पैर तक फाड़ दिए गए और कुछ को अर्थात् हिन्दू स्त्रियों को श्मशान में निवास मिला अर्थात् मार डाली गईं। जिनके सुन्दर पति घर नहीं लौटे, उन बेचारियों ने अपनी रातें किस प्रकार काटीं ?"

इस प्रकार गुरु नानक देव सच्चे अर्थ में देश भक्त थे। देश का निवासी चाहे हिंदू रहा हो, चाहे मुसलमान सभी के लिए उनके हृदय में महान् प्रेम, सहानुभूति और अनुराग था। सभी की दुर्दशा पर उन्होंने आंसू बहाया।

राग्र आसा के ३९ वें 'सबद' में गुरु नानक देव का अपूर्व राष्ट्र-प्रेम मुखरित हो उठा है। उस पद को पढ़ने से यह प्रतीत होता है कि वे राजनीतिक परिस्थिति से कितने क्षुब्ध थे। वे प्रारब्ध की आड़ में सारी बुराइयों और अच्छाइयों को परमात्मा के सिर पर थोप कर अपने नैतिक कर्त्तव्य एवं उत्तरदायित्व से मुक्ति नहीं पाना चाहते थे। उन्होंने साहस, दृढ़ता और धैर्य के साथ परमात्मा से उसी भाँति प्रश्न किया है, जिस भाँति कोई सरल बालक अपने पिता से किसी रहस्यमय बात का समाधान चाहता है —

"(हे परमात्मा), (बाबर ने) खुरासान पर शासन किया, किन्तु खुरासान को अपना समझ कर तूने बचा रक्खा और बेचारे हिन्दुस्तान को (बाबर के आक्रमण द्वारा) आतङ्कित किया। हे कर्त्ता पुरुष, (तू इन सब खेलों का जिम्मेदार है), पर अपने ऊपर दोष न लेने के लिए मुग़लों को यम रूप में बनाकर (हिन्दुस्तान पर) आक्रमण कराया। इतनी मारकाट हुई कि लोग करुणा से चीख उठे, किन्तु हे प्रभु, तुझे क्या (जरा भी) दर्द नहीं उत्पन्न हुआ ? (हे स्वामी), तू तो सभी का कर्त्ता है, (केवल मुगलों का नहीं, हिन्दुओं का भी है)। यदि कोई शक्तिशाली, किसी शक्तिशाली को मारता है, तो मन में क्रोध नहीं उत्पन्न होता।"

उसी स्थल पर गुरु नानक देव ने तत्कालीन बादशाह को भी चुनौती दी है; उसे भी अपना उत्तरदायित्व निभाने के लिए सचेत किया है—"यदि शक्तिशाली सिंह निरपराध पशुओं के झुण्ड पर (आक्रमण कर) उन्हें मारता है, (तो उन पशुओं के) स्वामी को कुछ तो पुरुषार्थ दिखलाना चाहिए। [यहाँ निरपराध पशुओं से तात्पर्य निरीह प्रजा से है और उनके

स्वामी का अभिप्राय लोदी-पठान शासकों से है]। इन कुत्तों ने हीरे (के समान हिन्दुस्तान) को बिगाड़ कर नष्ट-भ्रष्ट कर दिया। [तात्पर्य यह कि पठान शासक मुगलों के सामने अड़े नहीं और हिन्दुस्तान ऐसा बहुमूल्य देश अपनी अकर्मण्यता से गँवा बैठे]।

इस प्रकार गुरु नानक देव ऐसे पहले धार्मिक सन्त हैं, जो राजनीतिक दुर्व्यवस्था को सहन न कर सके। उन्होंने इसके विरुद्ध आवाज उठायी।

सामाजिक स्थिति

राजनीतिक धर्मान्धता का सामाजिक संघटन पर प्रभाव पड़ना अवश्यम्भावी है। मुसलमान शासकों ने धर्मपरिवर्त्तन के कई अस्त्र निकाले, जिनमें यात्रा कर, तीर्थयात्रा कर, धार्मिक मेलों, उत्सवों और जुलूसों पर कठोर प्रतिबन्ध, नये मन्दिरों के निर्माण तथा जीर्ण मन्दिरों के पुनरुद्धार पर रोक, हिन्दू-धर्म और समाज के नेताओं का दमन, मुसलमान होने पर बड़े-बड़े पुरस्कार देने आदि मुख्य थे। इन्हीं अस्त्रों के द्वारा वे लोग हिन्दू धर्म को सर्वथा मिटा देना चाहते थे।[1]

इन अत्याचारों का परिणाम तत्कालीन जनता पर बहुत अधिक पड़ा। हिन्दुओं का अनुदार वर्ग और भी अधिक अनुदार हो गया। वे अपनी सामाजिक स्थिति के रक्षण के प्रति और भी अधिक सचेष्ट हो गए। इसका परिणाम हिन्दू मात्र के लिए अत्यन्त भयावह सिद्ध हुआ। हिन्दुओं का उच्च वर्ग असहिष्णु, अनुदार और संकीर्ण हो गया। अपने को विधर्मी प्रभावों से बचाना उसका उद्देश्य हो गया। युग धर्म, लोक धर्म से पराङ्मुख हो बाह्याचारों, रूढ़ियों के कवच से अपने को सुरक्षित रखना यही उनका सबसे बड़ा प्रयास था। उनकी यह पराङ्मुखता अन्य धर्मावलम्बियों तक सीमित नहीं रही, बल्कि अपने सहधर्मियों के साथ भी व्यापक रूप में परिलक्षित हुई। इसी कारण सामाजिक व्यवस्था अस्तव्यस्त हो गई। हिन्दुओं का वर्णाश्रम धर्म कहने मात्र को रह गया। ब्राह्मण अपनी दैवी सम्पदा को त्याग कर धर्म के बाह्य रूप में अनुरक्त हो गए। इसी प्रकार क्षत्रियों ने भी अपने क्षात्र धर्म को त्याग दिया। वे अपनी भाषा और संस्कृति के अभिमान को त्याग कर उदरपोषण के निमित्त अरबी-फारसी के अध्ययन में रत हुए। गुरु नानक देव ने इस परिस्थिति का बड़ा सुन्दर आभास दिया है—

अखी त मीटहि नाक पकड़हि ठगण कउ संसारु ॥१॥ रहाउ ॥
आंट सेती नाकु पकड़हि सूझते तिनि लोअ।
मगर पाछै कछु न सूझै एहु पदमु अलोअ ॥२॥
खत्रीआ त धरमु छोडिआ मलेछ भाखिआ गही।
सृसटि सभ इक बरन होई धरम की गति रही ॥३॥

(रागु धनासरी, सबद, ८)

अर्थात्, "(पाखण्डी ब्राह्मण) संसार के ठगने के निमित्त आँख बन्द करके नाक पकड़ते हैं, (जैसे कि समाधि द्वारा प्राणायाम में स्थित हो रहे हैं)। अंगूठे और पास की दो अंगुलियों की सहायता से नाक पकड़ते हैं (और यह दम्भ करते हैं कि प्राणायाम द्वारा समाधि में स्थित होकर मुझे) 'तीनों लोकों का ज्ञान है'; किन्तु पीछे (की रखी हुई) वस्तु उन्हें सुझाई

१. इवोल्यूशन आफ द खालसा, भाग १, इन्दुभूषण बनर्जी, पृष्ठ ४२

नहीं पड़ती। यह (कैसा अनोखा) पद्मासन है ! क्षत्रियों ने (दासता में पड़कर अपना) धर्म त्याग कर दिया। सारी सृष्टि एकवर्ण—वर्णसंकर हो गई है, (तात्पर्य यह कि लोग तमोगुणी हो गए हैं, उन्हें अपने कर्म-धर्म की ओर तनिक भी ध्यान नहीं है)।'

सारंग की वार के २२ वें 'सलोक' में गुरु नानक देव ने तत्कालीन सामाजिक स्थिति की वास्तविक झाँकी प्रस्तुत की है—

"स्त्रियाँ मूर्ख हो गई हैं और पुरुष शिकारी—जालिम हो गए हैं। शील, संयम और पवित्रता तोड़कर खाद्य-अखाद्य खाने लगे हैं। शरम उठकर अपने घर चली गई है। उसके साथ प्रतिष्ठा भी उठ कर चली गई है। तात्पर्य यह कि लोगों में से लज्जा और प्रतिष्ठा की भावना लुप्त हो चुकी है।"

हिन्दू धर्म पर केवल मुसलमानों का ही अत्याचार नहीं था, बल्कि सवर्ण हिन्दुओं का अत्याचार उससे भी अधिक था। शूद्रों को नीच समझा गया। उच्च वर्ण वालों ने उन्हें सारे अधिकारों से वंचित कर दिया। वेदों और शास्त्रों का अध्ययन उनके लिए त्याज्य बताया गया। अन्त्यजों की दशा तो और भी अधिक शोचनीय हो गई। वे मन्दिरों में देवताओं के दर्शन से भी वहिष्कृत किए गए। उनकी छाया के स्पर्श मात्र से उच्च वर्णों के हिन्दुओं का शरीर अपवित्र हो जाता था। गुरु नानक की वाणी से यह बात भलीभाँति सिद्ध हो जाती है कि उस समय जातिगत अहंकार का प्राबल्य कितना अधिक था। उन्होंने इसका संकेत इस भाँति किया है—

जाणहु जोति न पूछहु जाती आगै जाति न हे ॥१॥ रहाउ ॥

(रागु आसा, महला १, सबद ३)

अर्थात, "मनुष्य मात्र में स्थित परमात्मा की ज्योति ही को समझने की चेष्टा करो। जाति-पाँति के टंटे-बखेड़े में मत पड़ो। यह निश्चित समझ लो कि आगे (वर्णव्यवस्था के निर्माण के पूर्व) कोई भी जाति-पाँति नहीं थी।'

"मुसलमानों के शासन काल में भारतीय नारियों के ऊपर अत्याचार तो अपनी चरम सीमा पर पहुँच गया। यह परम शोचनीय बात थी कि उनका सम्मान उनके परिवार में ही समाप्त हो गया। अमरत्व-प्राप्ति की साधना के सारे अधिकारों से वे वंचित कर दी गई थीं। उनका कोई निजी कर्म ही न रह गया। वे आध्यात्मिक उत्तरदायित्व से हीन थीं। उनका कोई अधिकार भी न रह गया। वेदों-शास्त्रों का अध्ययन उनके लिए वर्जित था। गृह-परिचर्या ही उनकी साधना थी और उसी में उन्हें सन्तोष करना पड़ता था।"[१]

इतना ही नहीं सन्त-महात्माओं की दृष्टि में भी वे हेय समझी जाने लगीं। 'नारी नरक का मूल' मानी जाने लगी। सामाजिक दृष्टि से उनका तिरस्कार किया जाने लगा। लोग उनकी निन्दा करने में भी नहीं चूकते थे। सारङ्ग की वार के २२वें 'सलोक' में गुरु नानक ने इसका संकेत किया है कि 'स्त्रियाँ मूर्ख और पुरुष शिकारी—जालिम हो गए हैं।"

गुरु नानक देव ने हिन्दू-जाति के उपेक्षित नारी-समाज को गौरव के आसन पर बिठाने की चेष्टा की। उन्होंने उनके गौरव का तर्कपूर्ण शैली में समर्थन किया —

१. पंसेज इन सिक्खिज्म—तेजासिंह, पृष्ठ १२-१३.

"स्त्री से ही मनुष्य जन्म लेता है। स्त्री के ही उदर में प्राणी का शरीर निर्मित होता है। स्त्री से ही सगाई और विवाह होता है। स्त्री के ही द्वारा अन्य लोगों से सम्बन्ध जुड़ता है और स्त्री से ही जगत् की उत्पत्ति का क्रम चलता है। एक स्त्री के मर जाने पर दूसरी स्त्री की खोज की जाती है। स्त्री ही हमें सामाजिक बन्धन में रखती है। ऐसी परिस्थिति में उस स्त्री को बुरा क्यों कहा जाय, जिससे बड़े-बड़े राजागण जन्म लेते हैं ? स्त्री से ही स्त्री उत्पन्न होती है। इस संसार में कोई भी प्राणी स्त्री के बिना नहीं उत्पन्न हो सकता। हे नानक, केवल एक सच्चा प्रभु ही है, जो स्त्री से नहीं जन्मा है।"[१]

इस प्रकार गुरु नानक जी क्रान्तिकारी सुधारक थे। उन्होंने जाति-प्रथा को निरर्थक और निस्सार बताया तथा स्त्रियों को गौरव एवं सम्मान प्रदान किया। वे इस बात का अनुभव करते थे कि मनुष्य के आधे अंग की उपेक्षा करने से समाज एवं राष्ट्र का न तो उत्थान हो सकता है और न कल्याण ही।

धार्मिक स्थिति

भारतवर्ष में सदैव से ही धर्म ने राजनीति और समाज का संचालन किया। धर्म ही समाज और राजनीति का मेरुदण्ड रहा। गुरु नानक देव के समय में राजनीतिक एवं सामाजिक संकीर्णता एवं अत्याचारों और अनाचारों का मूल कारण धार्मिक संकीर्णता थी। उस काल के हिन्दू और मुसलमान दोनों ही अपने धर्म की उदार और सार्वभौमिक मान्यताओं को भूल कर साम्प्रदायिकता के गड्ढे में पड़े हुए थे। गुरु नानक देव ने उसका सजीव चित्रण अपने शिष्य, भाई 'लालो' से इस भाँति किया है—

"शरम और धर्म दोनों ही इस संसार से विदा हो चुके हैं और झूठ प्रधान होकर फिर रहा है। काजियों और ब्राह्मणों की बातें समाप्त हो गई हैं और अब विवाह शैतान करवाता है।"[२]

धर्म का वास्तविक स्वरूप लोग भूल गए थे। बाह्याडम्बरों का बोलबाला था। बहुत से लोग तो भय से और मुसलमानों को प्रसन्न करने के लिए कुरान इत्यादि पढ़ते थे। गुरु नानक के ही शब्दों में सुनिए।

गऊ बिराहमण कउ करु लावहु गोबरि तरणु न जाई।
धोती टिका तै जपमाली धानु मलेछां खाई॥
अंतरि पूजा पड़हि कतेबा संजमु तुरका भाई।
छोडीले पाखंडा। नामि लइऐ जाहि तरंदा॥[३]

अर्थात्, "ऐ समृद्धिशाली हिन्दुओं, एक ओर तो तुम मुसलमानों का शासन सुदृढ़ बनाने के लिए गौओं और ब्राह्मणों पर कर लगाते हो और दूसरी ओर गौ के गोबर (अर्थात् गौ के गोबर आदि की गौरी, गणेश आदि की प्रतीक-मूर्त्ति) के बल पर तरना चाहते हो। (भला यह कैसे सम्भव हो सकता है)? धोती पहनते हो, टीका लगाते हो, गले में जप की माला धारण किए हो, किन्तु धान्य तो म्लेच्छों का ही खाते हो। अपने संस्कारों

---

१. 'भंडि जंमीऐ'....आदि—'नानक वाणी', आसा की वार, सलोक ४१
२. नानक-वाणी, रागु तिलंग, सबद ५,
३. नानक-वाणी, आसा की वार, सलोक ३३

के वशीभूत भीतर-भीतर तो पूजा करते हो, किन्तु मुसलमानों को प्रसन्न करने के लिए बाहर कुरान आदि पढ़ते हो और सारे आचरण तुरकों के समान करते हो। इस पाखण्ड को छोड़ों इसमें कोई भी लाभ नहीं है। नाम का स्मरण करो, जिससे तर जाओ।'

इसी प्रकार आसा की वार के ३४ वें सलोक में भी हिन्दू-मुसलमानों, दोनों के पाखण्डों का गुरु नानक देव ने हृदयग्राही चित्रण किया है —

"मुसलमान काजी तथा अन्य हाकिम हैं तो मनुष्य-भक्षी—रिश्वतखोर, पर पढ़ते हैं नमाज़। उन काजियों और हाकिमों के मुंशी ऐसे खत्री हैं जो छुरी चलाते हैं, तात्पर्य यह कि ग़रीबों के ऊपर अत्याचार करते हैं, पर उनके गले में जनेऊ हैं। ब्राह्मण उन अत्याचारियों के घर जाकर शंख बजाते हैं अतएव उन ब्राह्मणों को भी उन्हीं पदार्थों के स्वाद आते हैं, भाव यह कि वे ब्राह्मण भी उसी अत्याचार के कमाए हुये पदार्थ को खाते हैं। उन लोगों की झूठी पूंजी है और झूठा ही व्यापार हैं। झूठ बोल कर ही वे लोग गुजारा करते हैं। शरम और धर्म का डेरा दूर हो गया है। हे नानक, सभी स्थानों में झूठ व्याप्त हो गया है।

"(वे खत्री) मत्थे में टीका लगाते हैं, कमर में धोती पहन कर काँछ बाँधते हैं, हाथ में (मानो वे) छुरी लिए हुए हैं और जगत् के लिए कसाई के समान हैं। वे नीले वस्त्र पहन कर तुर्क हाकिमों के पास जाते हैं, तभी वे प्रमाणिक समझे जाते हैं। तात्पर्य यह कि नीले वस्त्र पहन कर जाने से ही, उन्हें मुसलमान हाकिमों के पास जाने की इजाज़त मिलती है। म्लेच्छों से धान्य लेते हैं (रोजी चलाते हैं) और फिर भी पुराणों को पूजते हैं।'

"इतने से ही बस नहीं, उनका भोजन वह बकरा है, जो मुसलमानों का कलमा पढ़कर हलाल किया गया है। किन्तु वे लोग कहते यही हैं कि हमारे चौके में कोई न आए। चौका देकर लकीर खींच देते हैं। किन्तु इस चौके में वे झूठे आकर बैठते हैं। वे चौके में बैठकर कहते हैं —'मत छुओ, मत छुओ' नहीं तो 'हमारा अन्न मलिन हो जायगा।' वे अपवित्र शरीर से मलिन कर्म करते हैं और जूठे मन से कुल्ले करते हैं।'

एक स्थान पर गुरु नानक देव ने यह कहा है कि अब परमात्मा का नाम 'खुदा' अथवा 'अल्लाह' हो गया है—

"कलियुग में अथर्ववेद प्रधान हो गया है। (जगत् के स्वामी का नाम 'खुदा' और 'अल्लाह' पड़ गया है; तुर्कों और पठानों का राज्य हो गया है; उन लोगों ने नीले वस्त्र पहने हैं।"

(नानक-वाणी, आसा की वार, सलोक २६)

"जगत् के स्वामी का नाम 'अल्लाह' और 'खुदा' हो गया है" में कितना मार्मिक व्यंग्य है।

गुरु नानक की पैनी दृष्टि रासधारियों आदि पर भी थी। रास-नृत्य आदि को धर्म समझा जाने लगा गया था। किन्तु उन्होंने इसकी असार्थकता सिद्ध की है। उनका कथन है—

"रास इत्यादि लीलाओं में चेले बाजे बजाते हैं और गुरु नाचते हैं। नाचते समय गुरु पैरों को हिलाते हैं और सिर घुमाते हैं। तात्पर्य यह है कि पैर हिलाकर तो ताल में ताल मिलाते हैं और सिर हिलाकर भाव प्रदर्शित करते हैं। पैरों को ताल के साथ पटकने से धूल उड़कर उनके सिर के बालों में पड़ती है। रास देखने वाले उन्हें नाचते हुए देखकर हँसते हैं। उनका

यह तमाशा देखकर वे अपने-अपने घर चले जाते हैं। रोटी के निमित्त वे रासधारी ताल पूरी करके नाचते हैं और अपने आप को पृथ्वी पर पछाड़ते हैं। इस प्रकार रासलीला में वे गोपी और कृष्ण बनकर गाते हैं। कभी-कभी सीता तथा राम का स्वांग बनाकर भी गाते हैं।"

(नानक-वाणी, आसा की वार, सलोक १०)

इसी 'सलोक' के अंत में वे रासलीला और उसके नृत्य आदि का तर्कपूर्ण खण्डन करते हैं—"(नाचने और फेरा लगाने से जीवन का उद्धार नहीं हो सकता। बहुत-सी वस्तुएँ तथा जीव सदैव चक्कर लगाते रहते हैं, किन्तु इस चक्कर से क्या लाभ होता है? क्या उनकी मुक्ति हो जाती है)? कोल्हू, चरखा, चक्की, (कुम्हार की) चाक, रेतीले मैदानों के बहुत से बवण्डर लट्टू, मथानी, अन्न दावने वाले फल्हे सदैव घूमते रहते हैं। पक्षी और भँभीरियाँ एक सांस में उड़ती रहती हैं। बहुत से जानवरों को शूल चुभो कर घुमाया जाता है। इस प्रकार, हे नानक चक्कर लगाने वाले जीवों और वस्तुओं का अन्त नहीं है। वह प्रभु जीवों को माया के बन्धनों में जकड़कर घुमाता रहता है। सभी जीव अपने किए हुए कर्मों के अनुसार नाचते रहते हैं। जो जीव नाच-नाच कर हँसते हैं, वे अन्त में रो-रो कर इस संसार से बिदा होते हैं। नाचने कूदने से वे उड़ नहीं जाते, तात्पर्य यह कि नाचने-कूदने से उनकी गति-मुक्ति नहीं हो जाती और न वे सिद्ध ही हो जाते हैं। अतएव नाचना-कूदना तो मन की उमंग है। हे नानक, प्रेम केवल उन्हीं के मन में है, जिनके मन में परमात्मा का भय है।"

(नानक-वाणी, आसा की वार सलोक, १०)

अपनी वाणी में गुरु नानक देव ने स्थान-स्थान पर मूर्त्तिपूजा का निषेध किया है—

"हिन्दू बिलकुल भूले हुए कुमार्ग पर जा रहे हैं। जो नारद ने कहा है, वही पूजा करते हैं। उन अंधों और गूंगों के लिए घनघोर अंधकार है। वे मूर्ख और गंवार पत्थर लेकर पूज रहे हैं। हे भाई, जिन पत्थरों की तुम पूजा करते हो, यदि वे स्वयं ही पानी में डूब जाते हैं, तो उन्हें पूज कर तुम संसार-सागर से किस प्रकार तर सकते हो?"

(नानक-वाणी, बिहागड़े की वार, सलोक २)

बहुत से लोग धर्म का प्रदर्शन मात्र करते थे। उस धर्म पर आचरण नहीं करते थे। गुरु नानक देव ने इस प्रकार के प्रदर्शनों का स्थान स्थान पर संकेत किया है और उसकी निन्दा भी की है—

"पड़ि पुसतक संधिआ बादं। सिल पूजसि बगुल समाधं ॥
मुखि झूठ विभूखण सारं।"

(नानक-वाणी, आसा की वार, सलोक २८)

अर्थात्, "पुस्तकें पढ़ते हैं; संध्या करते हैं। किन्तु उस संध्या के वास्तविक रहस्य को नहीं समझते। पांडित्य-प्रदर्शन के निमित्त वाद-विवाद में रत रहते हैं। पाषाण की पूजा करते हैं और बगुले की भाँति झूठी समाधि लगाते हैं। सच्ची समाधि के आनन्द से बहुत दूर हैं। दिखावा-मात्र समाधि लगाने का दम्भ करते हैं। मुख से झूठ बोलकर लोहे के गहने को सोने का दिखाते हैं, अर्थात् झूठ के बल पर बुरी वस्तु को अच्छी बनाकर दिखाना चाहते हैं।"

तत्कालीन मुसलमान धर्म के आतंक का चित्रण भी नानक जी ने किया है—"कलियुग में, तात्पर्य यह कि इस युग में कुरान ही प्रामाणिक ग्रंथ है। पोथी, पंडित और पुराण दूर हो

गए हैं। हे नानक, इस युग में परमात्मा का नाम भी 'रहमान' पड़ गया है" ॥७॥१॥

(नानक-वाणी, राग रामकली, १ली अष्टपदी)

गुरु नानक जी ने धर्म को बाह्याडम्बरों और रूढ़ियों से मुक्त करना चाहा। यही कारण है कि जो व्यक्ति जिस स्थिति में था, उसे उसी स्थिति से ऊपर उठाना चाहा। उन्होंने धर्म के आन्तरिक भावों को ग्रहण करने के निमित्त बल दिया। उन्होंने उन गुणों को अपनाने के लिए मनुष्यों को प्रेरित किया, जिनसे मानवता का कल्याण हो, भ्रातृभाव बढ़े, सहृदयता, सहिष्णुता की भावना का प्रसार हो, लोग सत्य, संयम, दया, लज्जा आदि गुणों की ओर आकृष्ट हों। उदाहरणार्थ उन्होंने माझ की वार, के १० वें, ११ वें, और १२ वें सलोकों में सच्चा मुसलमान बनने की विधि बताई है—

"प्राणियों के ऊपर दया-भावना को मस्जिद बनाओ और श्रद्धा को मुसल्ला। हक की कमाई को कुरान और बुरे कर्मों के प्रति लज्जा को सुन्नत मानो। शील-स्वभाव को रोजा बनाओ; हे भाई इस विधि से मुसलमान बनो। शुभ कर्मों को रोजा, सच्चाई को पीर, सुन्दर और दयापूर्ण कर्म को ही कलमा और नमाज बनाओ। जो बात खुदा को अच्छी लगे, उसी को मानना तुम्हारी तसबीह हो। हे नानक, खुदा ऐसे ही मुसलमान की लज्जा रखता है।"

(नानक-वाणी, माझ की वार, सलोक १०)

इसी प्रकार आसा की वार में उन्होंने द्विजों के लिए आध्यात्मिक जनेऊ धारण करने को कहा है, "वह जनेऊ, जिसकी कपास दया हो, जिसका सूत संतोष हो, जिसकी गाँठ संयम हो, जिसकी पूरन सत्वगुण हो, हे पंडित यदि तुम्हारे पास इस प्रकार का जनेऊ हो, तो मेरे गले में पहना दो। ऐसा जनेऊ, न तो टूटता है, न गंदा होता है, न जलता है और न कभी नष्ट होता है। हे नानक, वे मनुष्य धन्य हैं, (जो) अपने गले में ऐसा जनेऊ पहनकर (परलोक) जाते हैं।"

(नानक-वाणी, आसा की वार, सलोक २९)

गुरु नानक देव ने धर्म के बाह्याडम्बरों को त्याग कर उसका वास्तविक स्वरूप अपनाने के लिये बल दिया है। उन्होंने संयम के ऊपर बहुत जोर दिया है। उन्होंने सभी प्रकार के धर्म-साधकों को संयम-निर्वाह की अत्यधिक महत्ता बताई है। उदाहरणार्थ, उन्होंने योगियों को इस प्रकार उपदेश दिया है—

"हे योगी, तू जगत को तो उपदेश देता है, किन्तु अपनी पेट-पूजा के निमित्त मठ बनाता है। स्वयं तो अडोलता के आसन को त्याग बैठा है, भला सत्य कैसे पा सकता है ? तू ममता, मोह और स्त्री का प्रेमी है। तू न तो त्यागी है और न संसारी ही है। हे योगी, अपने स्वरूप में स्थिर हो जाओ, जिससे तेरे द्वैतभाव और दुःख दूर हो जायं। तुझे घर-घर माँगते हुए लज्जा नहीं लगती ? तू अलख निरंजन का गीत तो गाता है, किन्तु अपने वास्तविक स्वरूप को नहीं पहचानता। तेरा लगा हुआ परिताप किस प्रकार दूर हो ? हे योगी, गुरु के शब्दों में अपने मन को प्रेम से अनुरक्त कर साथ ही सहजावस्था की भिक्षा विचार पूर्वक खा। तू भस्म लगाकर पाखण्ड करता है; माया और मोह में पड़कर यमराज के डंडे सहता है। तेरा हृदय रूपी खप्पर फूट गया है, जिससे भाव-रूपी भिक्षा उसमें नहीं आती। तू माया के बंधनों में बँधा जाकर इस संसार-चक्र में आता-जाता रहता है। तू वीर्य की तो रक्षा नहीं करता, फिर

भी 'यती' कहलाता है। तीनों गुणों में लुब्ध होकर माया माँगता है। तू दयारहित है, अतएव परमात्मा की ज्योति का प्रकाश तेरे अन्तःकरण में नहीं होता। तू नाना प्रकार के सांसारिक जंजालों में डूबा हुआ है। तू नाना प्रकार के वेश बनाता है और बहुत प्रकार के कंथे साजता है। मदारी की भाँति अनेक प्रकार के झूठे खेलों को खेलता है। तेरे हृदय में चिन्ता की अग्नि बड़े वेग से जल रही है। बिना शुभ कर्मों के तू संसार-सागर से कैसे पार हो सकता है ?"

(नानक-वाणी, रामकली, अष्टपदी २)

मध्यकालीन धर्म-सुधारकों में गुरु नानक देव का स्थान

मध्यकालीन उत्तरी भारत की सामाजिक एवं धार्मिक परिस्थिति बड़ी ही चिन्त्य थी। तत्कालीन परिस्थितियों को देखकर धर्म-सुधारकों का एक ऐसा दल समाज के सामने आया, जो समाज और धर्म में सुधार करने के लिए प्रगतिशील हुआ। पन्द्रहवीं शताब्दी के उत्तरार्द्ध एवं सोलहवीं शताब्दी के पूर्वार्द्ध में हिन्दू धर्म में सुधार की भावना बड़े जोरों से अग्रसर हुई। प्रसिद्ध इतिहासकार कनिंघम के अपने प्रसिद्ध ग्रंथ 'सिक्खों के इतिहास' में लिखा है, "इस प्रकार सोलहवीं शताब्दी के प्रारम्भ में हिन्दू-मस्तिष्क प्रगतिहीन और स्थिर न रह सका। मुसलमानों के संघर्ष से वह उद्वेलित होकर परिवर्त्तित हो उठा और नवीन प्रगति के लिए उत्तेजित हो उठा। रामानन्द और गोरख ने धार्मिक एकता का उपदेश दिया। चैतन्य ने उस धर्म का प्रतिपादन किया, जिससे जातियाँ सामान्य स्तर पर आईं। कबीर ने मूर्तिपूजा का निषेध किया और अपना संदेश लोकभाषा में सुनाया। वल्लभाचार्य ने अपने उपदेशों में भक्ति और कर्म का सामंजस्य स्थापित किया। पर वे महान् सुधारक जीवन की क्षणभंगुरता से इतने अधिक प्रभावित थे कि उनकी दृष्टि में समाजोद्धार का उद्देश्य नगण्य-सा था। उनके प्रचार का लक्ष्य केवल ब्राह्मण-वर्ग के प्रभुत्व से छुटकारा दिलाना, मूर्त्तिपूजा और बहुदेववाद की स्थूलता प्रदर्शित करना मात्र था। उन्होंने वैराग्यवान् और शान्त पुरुषों का पवित्र संघटन तो किया और आत्मानन्द की प्राप्ति के लिए अपना सर्वस्व त्याग दिया, पर वे अपने भाइयों को सामाजिक और धार्मिक बन्धनों को तोड़ने का उपदेश न दे सके। उन्होंने अपने मतों में तर्क-वितर्क, वाद-विवाद पर तो विशेष बल दिया, पर ऐसे उपदेश नहीं दिये, जो राष्ट्र-निर्माण में बीजारोपण का कार्य कर सकें। यही कारण है कि उनके सम्प्रदाय विकसित न हो सके और जहाँ के तहाँ ही रह गए [1]।"

उपर्युक्त सुधारकों की असफलता के दो प्रमुख कारण हैं।[2] इसका पहला कारण यह है कि गुरु नानक के पूर्व जितने भी धर्म-सुधार-संबंधी आन्दोलन हुए थे, वे प्रायः सभी साम्प्रदायिक और पारस्परिक वादविवाद में रत थे। उदाहरणार्थ रामानंद जी उत्तरी भारत के महान् सुधारक थे। उन्होंने ही भक्ति मार्ग सर्व-सुलभ बनाया और साधारण जनता में यह भावना भरी, 'जाति पाँति पूछै नहि कोई। हरि-को भजै सो हरि का होई।' उन्होंने अवतारवाद को स्वीकार करके रामोपासना की प्रथा चलाई। इसका परिणाम यह हुआ कि साम्प्रदायिक अहंमन्यता बढ़ी। रामानन्द जी के अनुयायी रूढ़ियों और बाह्याचारों के बन्धन से मुक्त न हो

१. हिस्टरी आफ् द सिक्खसः जे० डी० कनिंघम, पृष्ठ ३८

२. ट्रान्सफारमेशन आफ् सिक्खिज्मः— गोकुलचन्द नारङ्ग, पृष्ठ ३२, ३३, ३४.

सके। उनके पहनने के वस्त्र विशेष ढंग के थे, उनकी माला भी विशेष प्रकार की थी। वे रामानंद के अनुयायी किसी के स्पर्श मात्र से भय खाते थे और सबसे पृथक् रहते थे। इस प्रकार रामानंद जी का मत विकसित होने के बजाय संकीर्ण होता गया।

गोरखनाथ जी ने भी बाह्याचारों और प्रदर्शनों का उन्मूलन योगक्रिया के गुप्त साधनों द्वारा करना चाहा, परन्तु वे भी सम्प्रदाय के संकीर्ण प्रभावों से मुक्त न हो सके। आगे चलकर उनका धर्म भी बाह्यडम्बरों में परिणत हो गया। नाथ योगी सैकड़ों की संख्या में मेखला, शृंगी, सेली, गूदरी, खप्पर, कर्ण-मुद्रा, झोली आदि चिह्नों से युक्त सड़कों, तीर्थ स्थानों में घूमते हुए देखे जाने लगे।[१] गुरु नानक देव की "सिध गोसटि" में गोरखपंथियों की वेशभूषा का सुन्दर चित्रण मिलता है। इसी प्रकार अन्य धार्मिक आन्दोलनों के प्रति भी थोड़ी या अधिक बातें कही जा सकती हैं। उन सभी आन्दोलनों के मूल में साम्प्रदायिकता निहित थी। सभी के अपने आचारात्मक और बाह्य नियम थे और वे सब उसमें बुरी तरह जकड़े थे।

"इन आन्दोलनों से राष्ट्रीय उत्थान क्यों न हुआ ?"—इस प्रश्न का दूसरा उत्तर यह है कि प्रायः सभी सुधारक त्याग और वैराग्य को जीवन का परम लक्ष्य मानते थे। एकाध इसके अपवाद अवश्य हैं, उदाहरणार्थ वल्लभाचार्य। रामानंद जी के अनुयायी तो वैराग्य की साक्षात् प्रतिमूर्त्ति थे। गोरखनाथ की शिष्य-परम्परा में भी त्याग आवश्यक अंग समझा जाता था; हालांकि उनके अनुयायी गृहस्थ भी थे। कबीर यद्यपि विवाहित थे और गृहस्थ-जीवन व्यतीत करते थे, फिर भी वैराग्य पर बहुत जोर देते थे। संतों के त्याग के इस आदर्श ने लोगों में अकर्मण्यता की भावना भर दी। लोक-संग्रह के निमित्त कर्म करने का आदर्श लोग भूल गए। लोग हाथों पर हाथ रखकर भाग्यवादी बन गए और काल, कर्म तथा भाग्य पर मिथ्या दोष आरोपित करने लगे। इस प्रकार इस अकर्मण्यता से हमारे समाज का कर्म पंगु हो गया, ज्ञान चंचु-ज्ञान मात्र रह गया और भक्ति आडम्बरयुक्त हो गई।

गुरु नानक देव अपूर्व धर्म-सुधारक, महान् देशभक्त, प्रचण्ड रूढ़ि-विरोधी और अद्भुत युग-पुरुष थे। इसके साथ ही उनके हृदय में वैराग्य और भक्ति की मन्दाकिनी सदैव प्रवाहित होती रहती थी तथा मस्तिष्क में विवेक और ज्ञान का मार्त्तण्ड अहर्निश प्रकाशित रहता था। वे अपूर्व दूरदर्शी थे। उन्होंने स्पष्ट रूप से यह समझ लिया था कि वर्त्तमान परिस्थितियों में कौन सा धर्म भारत के लिए और वह भी विशेषत: पंजाब के लिए श्रेयष्कर होगा। इसी विचार से उन्होंने अपनी वाणी के द्वारा 'सिक्ख धर्म' की संस्थापना की। यद्यपि मध्ययुग में भारतवर्ष में अनेक धर्म-सुधारक हुए, पर उन्हें वह सफलता नहीं प्राप्त हुई, जो गुरु नानक देव को प्राप्त हुई। कनिंघम महोदय के इस कथन से हम अक्षरशः सहमत हैं, "यह सुधार के गुरु नानक के लिए अवशिष्ट था। उन्होंने सुधार के सच्चे सिद्धान्तों का सूक्ष्मता से साक्षात्कार किया और ऐसे व्यापक आधार पर अपने धर्म की नींव डाली, जिसके द्वारा गुरु गोविन्द सिंह जी ने अपने देशवासियों का मस्तिष्क नवीन राष्ट्रीयता से उत्तेजित कर दिया और उन सिद्धान्तों को व्यावहारिक रूप दिया कि छोटी और बड़ी जाति तथा उनके धर्म समान हैं। इसी भाँति राजनीतिक सुविधाओं की प्राप्ति में भी सभी की समानता है।[२]

१. नाथ-सम्प्रदायः हजारी प्रसाद द्विवेदी, पृष्ठ १४

२. हिस्टरी आफ़ द सिक्खस: जे० डी० कनिंघम, पृष्ठ ३८—३९

इस प्रकार मध्ययुग के धर्म-सुधारकों में गुरुनानक देव का महत्वपूर्ण और विशिष्ट स्थान है। उन्होंने देशवासियों के दुःखों, क्लेशों, अड़चनों का व्यापक अध्ययन किया। उन्होंने युग की नाड़ी पहचान कर, तदनुरूप उसका निदान किया। सुभीते के लिए गुरु नानक द्वारा संस्थापित धर्म की विशेषताओं को दो भागों में विभाजित कर और उनके अध्ययन करने के उपरान्त उनका महत्व आँका जा सकता है। वे विभाग निम्नलिखित हैं—

(१) व्यावहारिक पक्ष और (२) सैद्धान्तिक पक्ष।

व्यावहारिक पक्ष

राधाकृष्णन् का कथन है कि प्रत्येक मौलिक धर्म-संस्थापक अपनी व्यक्तिगत, समाजगत तथा ऐतिहासिक परिस्थितियों के अनुरूप हो अपने धार्मिक संदेश देता है।[१] गुरु नानक द्वारा संस्थापित धर्म में हम उपर्युक्त कथन की अक्षरशः पुष्टि पाते हैं। उत्तरी भारत में मध्ययुग में बहुत से धर्म-संस्थापक हुए किन्तु विषम राजनीतिक परिस्थिति का चित्रण किसी ने भी नहीं किया। किसी में भी यह जिज्ञासा नहीं उत्पन्न हुई कि वह अपने आराध्य-देव से यह प्रश्न कर सके—

खुरासान खसमाना कीआ हिन्दुसतानु डराइआ।

....

एती मार पई करलाणे तैं की दरदु न आइआ॥

(नानक-वाणी, आसा, सबद ३९)

अतएव गुरु नानक के धर्म की सबसे बड़ी विशेषता यह है कि वह प्रवृत्तिमूलक है है और राजनीतिक परिस्थितियों के प्रति भी जागरूक है।

गुरु नानक द्वारा संस्थापित धर्म की दूसरी विशेषता यह है कि इसमें पाखण्डों और बाह्याडम्बरों का जोरदार खण्डन प्राप्त होता है, चाहे वह पाखण्ड हिन्दू ब्राह्मणों का हो, चाहे जैनों का हो, चाहे योगियों का हो और चाहे मुल्लाओं और काजियों का हो। बाह्याडम्बर ही लड़ाई-झगड़े और संकीर्णता के कारण होते हैं। धर्म के आन्तरिक स्वरूप में तो बहुत कम लड़ाई-झगड़े की गुंजाइश होती है।

गुरु नानक के धर्म की तीसरी विशेषता यह है कि उसमें समाज के उत्थान के प्रति उदात्त विचार प्राप्त होते हैं। जातिगत प्रथा की आन्तरिक दुर्बलता को समझकर उन्होंने इसके विरुद्ध आवाज उठाई —

जाणहु जोति न पूछहु जाति आगै जाती न हे॥१॥ रहाउ॥३॥

(नानक-वाणी, रागु आसा, सबद ३)

उन्होंने हिन्दू-जाति के उपेक्षित नारी-समाज को फिर से प्रतिष्ठा एवं गौरव के आसन पर बिठाया। उन्होने आसा की वार में स्त्रियों के अधिकारों का तर्कपूर्ण समर्थन किया। आध्यात्मिक साधनों में स्त्रियों की महत्ता स्वीकार करके, राष्ट्र के कमजोर पक्ष को सबल बनाने की चेष्टा की।

१, द हिन्दू व्यू आफ लाइफः राधाकृष्णन, पृष्ठ २५

गुरु नानक द्वारा संस्थापित धर्म की चौथी विशेषता यह है कि उन्होंने अपने धर्म को किसी निश्चित परम्परा में नहीं बाँधा। इसकी विकासोन्मुखी प्रवृत्ति को रोका नहीं। यही कारण है कि कम से कम दसवें गुरु, गोविन्द सिंह जी तक इसकी विकासोन्मुखी प्रवृत्ति अक्षुण्ण बनी रही। यदि गुरु नानक जी अपने धर्म को निश्चित परम्पराओं में बाँध देते, तो वह भी कबीर-पंथ, दादू-पंथ अथवा रैदास-पंथ की भाँति एक सीमा में केन्द्रीभूति हो गया होता। किन्तु इसके विपरीत गुरु नानक के अनुयायी, अन्य सिक्ख गुरुओं ने धर्म के आन्तरिक सिद्धान्तों को कस कर पकड़े रक्खा, किन्तु वे बाह्याचारों अथवा धर्म के बाह्य रूपों में परिस्थितियों के अनुरूप परिवर्तन करते गए।

गुरु नानक के धर्म की पाँचवीं विशेषता यह हैं कि उन्होंने भक्तिमार्ग को उसके दोषों से बचा रक्खा। भक्ति मार्ग के तीन दोष मुख्य हैं—पहला तो यह कि इष्टदेव के नाम-भेद के कारण पारस्परिक झगड़े हो जाया करते हैं।[१] दूसरा दोष यह है कि अंध श्रद्धा के कारण लोग प्रायः इष्टदेवों की मर्जी पर इतने अधिक निर्भर हो जाते हैं कि व्यवहार में भी स्वावलम्बी बनना छोड़कर एकदम आलसी और निकम्मे से रहते हैं तथा अपनी कमजोरियों और आपत्तियों का दोष अपने अपने इष्टदेवों के मत्थे मढ़कर चुप हो जाया करते हैं।[२] तीसरा दोष यह है कि अन्धविश्वास का प्राबल्य कभी कभी इतना अधिक हो जाता है कि लोग दम्भियों के चक्कर में पड़कर दुःख भी खूब उठाते हैं।[३]

गुरु नानक जी ने भक्ति के उपर्युक्त तीनों दोषों को अत्यंत सतर्कता से दूर किया। पहले दोष को मिटाने के लिए तो उन्होंने यह उपाय किया कि परमात्मा को रूप और आकार की सीमा से परे माना। उन्होंने ऐसे इष्टदेव की कल्पना की, जो 'अकाल मूरति', 'अजूनो' (अयोनि) तथा 'सैभं' (स्वयंभू) है। दूसरे दोष को मिटाने के लिए गुरु नानक देव ने यह किया कि धर्म में प्रवृत्ति और लोक-संग्रह को महत्ता प्रदान की। तभी तो बाबर के आक्रमण करने पर परमात्मा से यह प्रश्न किया, "इतनी मारकाट हुई और इतनी करुणा व्याप्त हुई, किन्तु हे प्रभु, तुझे कुछ भी दर्द नहीं हुआ?" इसी कारण उन्होंने अपने धर्म में सेवा-भाव पर बहुत अधिक बल दिया। तीसरे दोष के परिहार के निमित्त, उन्होंने बाह्याडम्बरों की महत्ता समाप्त की तथा आन्तरिक प्रेम और भक्ति की मर्यादा प्रतिष्ठापित की।

उनके सिक्ख-धर्म की छठी विशेषता यह है कि उन्होंने जनता की निराशावादिता को दूर कर उसमें आशा, विश्वास और पौरुष की भावना जागृत की। उन्होंने निराशों में यह भावना भरी कि उनका शरीर परमात्मा के रहने का पवित्र स्थान है। उन्होंने गीता के 'युक्ताहार विहारस्य युक्तचेष्टस्य कर्मसु' को व्यवहृत रूप दिया। गुरु नानक की इन्हीं शिक्षाओं का यह परिणाम था कि उनके अनुयायियों ने राष्ट्र-निर्माण और राष्ट्र-सेवा में अनुपम योग दिया। उनके अनुयायी सिक्ख 'अहंभाव' को त्यागकर लोक-संग्रह और मानव-सेवा के माध्यम द्वारा परमात्म-चिन्तन में प्रवृत्त हुए।

गुरु नानक के धर्म की सातवीं विशेषता यह है कि उसमें हिन्दू और मुसलमान दोनों ही धर्मों के बीच समन्वय स्थापित करने की चेष्टा की गई है। गुरु नानक देव यह भलीभाँति जानते थे कि हिन्दू-मुसलमानों के पारस्परिक मनोमालिन्य को दूर करने के लिये सहज मार्ग यही है कि

---

१. २, ३, तुलसी-दर्शन: बलदेव प्रसाद मिश्र, पृष्ठ ७९-८०

उन दोनों की पारस्परिक अच्छाइयों को ग्रहण करके, उनके बाह्याडम्बरों को दूर किया जाय। कदाचित् पंजाब में हिन्दू-मुस्लिम संघर्ष सबसे अधिक था। इसीलिए उन्होंने जहाँ एक ओर सच्चे मुसलमान बनने की विधि बताई—

मिहर मसीति सिदकु मुसला हकु हलालु कुराणु।
सरम सुनति सीलु रोजा होहु मुसलमाणु॥
(नानक-वाणी, माझ की वार, सलोक १०)

वहाँ दूसरी ओर सच्चे ब्राह्मण बनने की भी विधि बताई—

"सो ब्राहमणु जो ब्रहमु बीचारै। आपि तरै सगले कुल तारै॥३॥ ५।७॥
(नानक-वाणी, धनासरी, सबद ७)

इस धर्म की आठवीं विशेषता यह है कि यह निर्माणकारी प्रवृत्तियों से ओतप्रोत है। जो यह समझते हैं कि इसमें विध्वंसक प्रवृत्तियाँ हैं वे गुरु नानक देव के व्यक्तित्व को समझने में भूल करते हैं। उन्होंने किसी भी धर्म को बुरा नहीं कहा, बल्कि उसमें फैली हुई बुराइयों को बुरा कहा। उनकी इतनी उदार दृष्टि थी कि जो व्यक्ति हिन्दू-मुस्लिम दोनों धर्मों में विभेद नहीं करता, वही धर्म-मर्मज्ञ एवं पारखी है—

राह दोवै इकु जाणै सोई सिझसी।
(नानक-वाणी, वार माझ की, ५वीं पउड़ी)

उन्होंने हिन्दू-मुसलमानों की निन्दा इसलिए नहीं की कि उनके धर्म बुरे थे, बल्कि उनकी निन्दा इसलिए की कि वे वास्तविक मार्ग को भूलकर कुराह पर जा रहे थे। उन्होंने क्षुब्ध होकर दोनों की क्रूरताओं की तीव्र भर्त्सना की। उन्होंने कहा है, "मनुष्य-भक्षक (मुसलमान) नमाज पढ़ते हैं और जुल्म की छुरी चलाने वाले (हिन्दू) जनेऊ धारण करते हैं।"—

माणस खाणे करहि निवाज। छुरी वगाइन तिन गलि ताग।"
(नानक-वाणी, आसा की वार, सलोक ३४)

गुरु नानक की उपर्युक्त भर्त्सना का यही आशय प्रतीत होता है कि हिन्दू-मुसलमान अपनी-अपनी कमजोरियों को समझें और उन्हें दूर करके अपने धर्मों का ठीक ठीक पालन करें।

गुरु नानक के धर्म की अन्तिम और नवीं विशेषता यह है कि इसमें सभी धर्मों के प्रबल व्यावहारिक पक्ष अत्यन्त उदारतापूर्वक संग्रहीत है। मुसलमानों के भाईचारे और एकता का सिद्धान्त जितना इस धर्म में दिखाई पड़ता है, उतना भारत के अन्य किसी भी धर्म में नहीं हैं। बौद्धों की संगठन-भावना भी इस धर्म में पूर्ण रूप से व्याप्त है। इसी भाँति वैष्णवों की सेवा भावना भी इस धर्म का प्रधान अंग है। गोरखनाथ और कबीर के जाति-विद्रोह संबंधी क्रांतिकारी विचारों से भी गुरु नानक का धर्म ओतप्रोत है।

सैद्धान्तिक पक्ष

गुरु नानक देव ने परमात्मा का साक्षात्कार किया और प्रत्याक्षानुभूति प्राप्त की। उसी अनुभूति को उन्होंने लोक भाषा के माध्यम द्वारा अभिव्यक्त किया। आंतरिक अनुभूतियों की एकता के संबंध में 'मिस अंडरहिल' का यह कथन अक्षरशः सत्य प्रतीत होता है, "कोई भी व्यक्ति सच्चाई से यह

बात नहीं कह सकता कि ब्राह्मण, सूफ़ी और ईसाई रहस्यवादियों में कोई महान् अंतर है।"[१] अतएव गुरु नानक के उपदेश में वही अनुभूति है, जो हिन्दुओं के प्रस्थानत्रयी—उपनिषद्, ब्रह्मसूत्र तथा श्रीमद्भगवद्गीता—, मुसलमानों के कुरान और ईसाईयों के धार्मिक ग्रंथ बाइबिल में मिलती है। संसार में जितने भी पैगम्बर हुए हैं, सभी अपने अपरोक्ष ज्ञान के बल पर मनुष्यों को उपदेश देते हैं। इसी से उनकी वाणी में चुम्बक-शक्ति होती है। गुरु नानक देव ने चरम सत्य परमात्मा को बतलाया और उसी को जनता के सम्मुख रक्खा। उस समय भारतवर्ष के पढ़े-लिखे दार्शनिक तो परमात्मा का अव्यक्त स्वरूप मानते थे, किन्तु अनपढ़ों में अनेक देवी-देवताओं की उपासना प्रचलित थी।[२] गुरु नानक देव ने परमात्मा को 'अव्यक्त' 'निर्गुण' स्वरूप में प्रतिष्ठित किया और लोकभाषा के माध्यम से उसे सर्वग्राह्य बनाया। उन्होंने अवतारवाद का खण्डन करके एकेश्वरवाद का स्वरूप प्रतिष्ठित किया। परमात्मा के स्वरूप-निर्धारण के संबंध में गुरु नानक देव के विचार उपनिषदों की विचारधारा से साम्य रखते हैं। जीव, आत्मा, मनुष्य के सम्बन्ध में भी उनके निजी विचार हैं। परमात्मा ने अपने आप बिना किसी अन्य सहायता के सृष्टि रची। उनके अनुसार सृष्टि-रचना का समय अनिश्चित है। कहीं कहीं सृष्टि और परमात्मा के बीच अभिन्नता दिखलाई है और यह बतलाया है कि परमात्मा ही स्वयं सृष्टि के रूप में परिवर्तित हुआ है। इस दृष्टि से उनकी विचारधारा योगवासिष्ठ की विचारधारा के अनुकूल है। गुरु नानक देव ने सृष्टि को मिथ्या न मानकर सत्य माना है और माया को स्वतंत्र न मानकर परमात्मा के अधीन माना है। उनकी वाणी में स्थान स्थान पर माया के प्रबल स्वरूप का चित्रण मिलता है। आध्यात्मिक रूपकों द्वारा उन्होंने माया की मोहनी शक्ति का चित्रण किया है। अंत में माया के तरने के लिए विविध उपाय भी बताए हैं।

गुरु नानक देव ने अहंकार और द्वैतभाव का विशद निरूपण किया हैं। अहंकार के विविध स्वरूपों तथा इसके होने वाले परिणामों की ओर उनकी व्यापक दृष्टि पड़ी है। उन्होंने अहंकार नाश के विविध उपायों को भी बताया है। अहंकार और मन के संबंध की भी चर्चा उन्होंने की है। मन के विविध स्वरूप, उसकी प्रबलता और चंचलता की भी विवेचना गुरु नानक की वाणी में प्राप्त होती है।

उन्होंने परमात्मा-प्राप्ति ही जीवन का परम पुरुषार्थ और फल माना है। उसकी प्राप्ति में कर्म, ज्ञान, योग और भक्ति सबकी सार्थकता बताई है। गुरु नानक द्वारा निरूपित कर्ममार्ग योगमार्ग, तथा ज्ञानमार्ग भक्ति के अधीन बताए गए हैं। उनके योग एवं हठयोग में विभिन्नता है। उन्होंने अपने योग को 'राजयोग' की संज्ञा दी है। उनके इस योग में कर्मयोग, भक्तियोग तथा ज्ञानयोग का विचित्र सामंजस्य है। ज्ञानयोग के प्रति गुरु नानक देव की पूरी आस्था है। यत्र-तत्र इसकी व्याख्या भी मिलती है। अद्वैतवाद की अनुभूति ही 'ज्ञान' अथवा 'ब्रह्मज्ञान' है, चाहे उनकी प्राप्ति का जो भी माध्यम हो। अद्वैतवाद को सिद्ध करने के लिए गुरु नानक देव ने कहीं-कहीं जीव और ब्रह्म की एकता मानी है, हालांकि व्यावहारिक दृष्टि से वे जीव और परमात्मा को भिन्न मानते हैं। पारमार्थिक दृष्टि से दोनों में भेद नहीं मानते। उन्होंने

१. द हिन्दू व्यू आफ लाइफः राधाकृष्णन्, पृष्ठ ३४
२. ट्रान्सफारमेशन आफ सिक्खिज्म, (फोरवर्ड, जोगेन्दर सिंह), पृष्ठ ३

अद्वैतवाद की पुष्टि के लिए स्थान-स्थान पर ब्रह्म और सृष्टि की एकता भी प्रदर्शित की है। ज्ञान-प्राप्ति के साधनों का भी गुरु नानक की वाणी में उल्लेख प्राप्त होता है।

गुरु नानक देव ने भक्ति मार्ग पर सबसे अधिक बल दिया है। भक्ति की अबाध मन्दाकिनी उनके प्रायः सभी पदों में प्रवाहित हुई है। उनका सारा जीवन ही भक्तिमय था। उन्होंने वैधी और रागात्मिका भक्ति में से अन्तिम भक्ति को ही प्रधानता दी। गुरु नानक देव ने रागात्मिका भक्ति के स्वरूप और लक्षणों को भी बताया है। उन्होंने रागात्मिका भक्ति के विविध प्रकारों तथा उपकरणों की भी चर्चा की है।

इस प्रकार व्यावहारिक और सैद्धान्तिक दोनों ही दृष्टियों से गुरु नानक देव का मध्य कालीन धर्म सुधारकों में मौलिक एवं विशिष्ट स्थान है। उनके सुधार देश, काल और परिस्थिति के अनुरूप थे। यही कारण है कि उनका धर्म शक्तिशाली धर्म में विकसित हुआ और इतने बड़े जन-समुदाय को अपनी ओर आकृष्ट कर सका। गुरु नानक देव में यदि संकीर्णता होती, तो उनका भी धर्म 'कबीर पंथ', 'दादू पंथ' अथवा 'रैदास पंथ' के समान एक निश्चित सीमा में आबद्ध हो गया होता।

नानक-वाणी का काव्य-पक्ष

काव्य को मोटे रूप से तीन भागों में विभाजित किया जा सकता है—(१) धार्मिक काव्य, (२) लौकिक काव्य और (३) लौकिक-धार्मिक काव्य। मध्यकालीन काव्य को लौकिक काव्य की श्रेणी में नहीं रखा जा सकता। मध्ययुग के समस्त काव्य को धार्मिक अथवा लौकिक-धार्मिक श्रेणी में रखा जा सकता है। उसमें गुरु नानक देव अथवा संत कबीर के काव्य पूर्ण रूप से धार्मिक काव्य हैं। हाँ, यह बात दूसरी है कि गुरु नानक के काव्य में यत्र-तत्र सामाजिक और राजनीतिक स्थितियों की ओर भी संकेत मिल जाता है। पर ऐसे स्थल कम हैं। गुरु नानक की वाणी में परमात्मा के स्वरूप, सृष्टिक्रम, परमात्मा के हुक्म, अहंकार के स्वरूप, उसके भेद, अहंकार के परिणाम, माया एवं उसके स्वरूप, उसकी प्रबलता एवं व्यापकता, जीव, मनुष्य, आत्मा, मनुष्य-योनि की श्रेष्ठता, मनुष्य-जीवन की विविध अवस्थाओं, मनुष्य का परमात्मा से वियोग और उसके कारण, मनुष्य में परमात्मा के मिलन के उपादान, आत्मोपलब्धि के साधन, मन के स्वरूप, उसके विभिन्न रूप, मनोमारण का महत्व, मनोमारण की विधि, हरि प्राप्ति के विभिन्न मार्ग—कर्ममार्ग, योगमार्ग, भक्तिमार्ग और ज्ञानमार्ग—सद्गुरु और नाम आदि का विशद निरूपण प्राप्त होता है। अतएव यह विशुद्ध धार्मिक काव्य है।

गुरु नानक की वाणी प्रबन्ध काव्य के अन्तर्गत नहीं रखी जा सकती। काव्य के प्रकारों को ध्यान में रखने से उनकी वाणी 'मुक्तक' अथवा 'गीत' के अंतर्गत आ सकती है। "मुक्तक ऐसी रचनाओं को कहा गया है, जिनमें निहित काव्य रस का आस्वादन बिना उनके पहले वा पीछे के पद्यों की अपेक्षा लिए भी, किया जा सके। इसी प्रकार 'गीत' वे कहलाती हैं, जिनकी रचना स्वर, लय एवं ताल को भी ध्यान में रखकर की गई रहती है और जो, इसी कारण, गेय भी हुआ करती हैं। ऐसी कविताएं अपना पूरा भाव प्रकट करने में स्वतः समर्थ रहा करती हैं और इन्हें किसी प्रकार के अनुबंध की आवश्यकता नहीं पड़ती, जहाँ प्रबन्ध-काव्य के लिए यह अत्यन्त आवश्यक है कि वह सानुबन्ध हो[१]।"

---

१. कबीर-साहित्य की परख: परशुराम चतुर्वेदी, पृष्ठ १८३

गुरु नानक की अधिकांश रचनाएं काव्योचित गुणों से परिपूर्ण हैं। उन्होंने भावावेश में पदों का उच्चारण किया। या तो वे पद उनके आन्तरिक प्रेम की अभिव्यक्ति थे, अथवा किसी के निमित्त सदुपदेश के रूप में थे। गुरु नानक के अधिकांश पद भावयुक्त हैं। यही कारण है कि उनकी वाणी में अधिकांश रसों का समावेश स्वतः हो गया है। वे रस बड़े स्वाभाविक रूप में पाठकों अथवा श्रोताओं का हृदय रस से आप्लावित कर देते हैं। गुरु नानक की वाणी में निम्नलिखित रस प्राप्त होते हैं —

शान्त रस:—गुरु नानक देव की वाणी में शान्त रस की प्रधानता है। उनकी वाणी ज्ञान, वैराग्य, भक्ति और योग से परिपूर्ण है। शान्त रस में निर्वेद अथवा शम स्थायी भाव है। हर्ष, विषाद, धृति, स्मृति एवं निर्वेद आदि संचारी भावों की प्राप्ति मिल जाती है। संसार की अनित्यता का भान, प्रभुगुण कीर्त्तन और ईश्वर चिन्तन इसके आलम्बन विभाव हैं। वृद्धावस्था, व्याधि, मरण, सत्संग और हितोपदेश आदि इसके उद्दीपन विभाव हैं। रोमांच, योगसाधन, ईश्वर की भक्ति में रत होना तथा संसार से विरक्त होना आदि इसके अनुभाव हैं।

उदाहरणार्थ—

(१) अनहदो अनहदु वाजै रुण झुण कारे राम।
मेरा मनो मेरा मनु राता लाल पिआरे राम॥
अनदिनु राता मनु बैरागी सुन मंडलि घरु पाइआ।
आदि पुरखु अपरंपरु पिआरा सतिगुरि अलखु लखाइआ॥
आसणि बैसणि थिरु नाराइणु तितु मनु राता वीचारे।
नानक नामि रते बैरागी अनहद रुणा झुणा कारे॥१॥२॥

(नानक-वाणी, आसा, महला १ छंत २)

(२) मेरा मनो मेरा मनु मानिआ नामु सखाई राम।
हउमै ममता माइआ संगि न जाई राम॥
माता पित भाई सुत चतुराई संगि न संपै नारे।
साइर की पुत्री परहरि तिआगी चरन तलै वीचारे॥
आदि पुरखि इकु चलतु दिखाइआ जह देखा तह सोई।
नानक हरि की भगति न छोडउ सहजे होइ सु होई॥२॥३॥४॥३॥

(नानक-वाणी, आसा, महला १, छंत ३)

(३) जिन कउ सतिगुरि थापिआ तिन मेटि न सकै कोइ।
ओना अंदरि नामु निधानु है नामो परगटु होइ॥
नाउ पूजीऐ नाउ मंनीऐ अखंडु सदा सचु होइ॥३॥८॥

(नानक-वाणी, सिरी रागु, सबद ८)

(४) मन, रे अहिनिसि हरिगुण सारि।
जिन खिनु पलु नामु नवीसरै ते जन विरले संसारि॥१॥रहाउ॥
जोती-जोति मिलाईऐ सुरती सुरति संजोगु।

हिंसा हउमै गतु गए नाही सहसा सोगु ॥
गुरमुखि जिसु हरि मनि वसै तिसु मेले गुरु संजोगु ॥२॥२७॥
(नानक-वाणी, सिरो रागु, सबद २०)

(५) सबदि रंगाए हुकमि सबाए । सची दरगह महलि बुलाए ।
सचे दीन दइआल मेरे साहिबा सचे मनु पतीआवणिआ ॥१॥
हउ वारी जीउ वारी सबदि सुहावणिआ ।
अंमृतु नामु सदा सुखदाता गुरमती मंनि वसावणिआ ॥१॥रहाउ॥
(नानक-वाणी, रागु माझ, असटपदी, १)

(६) ना मनु मरै न कारजु होइ । मनु वसि दूता दुरमति दोइ ।
मनु मानै गुर ते इकु होइ ॥६॥३॥
(नानक-वाणी, रागु माझ, असटपदी, ३)

(७) साहिबु सिमरहु मेरे भाईहो सभना एहु पइआणा ।
एथै धन्धा कूड़ा चारि दिहा आगै सरपर जाणा ॥
आगै सरपर जाणा जिउ मिहमाणा काहे गारबु कीजै ।
जितु सेवीऐ दरगहु सुखु पाईऐ नामु तिसै का लीजै ॥
आगै हुकमु न चलै मूले सिरि-सिरि किआ विहाणा ।
साहिबु सिमरहु मेरे भाईहो सभना एहु पइआणा ॥२॥१॥
(नानक-वाणी, रागु वडहंसु, अलाहणीआ, १)

इसी प्रकार के अनेक उदाहरण प्रस्तुत किए जा सकते हैं ।

शृङ्गार रस—श्री गुरु नानक देव ने अपनी रागात्मिका अथवा प्रेमा भक्ति में परमात्मा के साथ विविध सम्बन्ध स्थापित किए हैं, जिनमें से प्रधान निम्नलिखित हैं—

(१) माता-पिता और पुत्र का सम्बन्ध,
(२) स्वामि-सेवक भाव का सम्बन्ध,
(३) सखा-भाव का सम्बन्ध,
(४) दाता-भिखारी का सम्बन्ध, तथा
(५) पति-पत्नी का सम्बन्ध

उपर्युक्त पाँच प्रकार के सम्बन्धों से पति-पत्नी के सम्बन्ध में जो एकरूपता, तदाकारिता और तन्मयता है, वह किसी अन्य सम्बन्ध में नहीं। कान्तासक्ति में द्वैतभाव के लिए कोई गुंजाइश नहीं रह जाती ।

गुरु नानक का शृङ्गार रस लौकिक नहीं दिव्य है । पति-परमात्मा के साक्षात्कार करने पर जो जीवात्मा रूपी स्त्री को दिव्य आनन्द प्राप्त होता है, वही उसका स्थायी भाव 'रति' है । उनके शृङ्गार रस में निर्वेद, ग्लानि, शंका, चिंता, मोह, विषाद, दैन्य, असूया, भय, उत्कण्ठा, स्वप्न, निद्रा, वितर्क और स्मृति संचारी भाव पाये जाते हैं । वर्षा ऋतु आदि इसके उद्दीपन विभाव हैं ।

एक पद में गुरु नानक देव ने जीवात्मा रूपी स्त्री की चार अवस्थाएं चित्रित की हैं, "पहली अवस्था तो वह है, जिसमें जीवात्मा रूपी स्त्री परमात्मा रूपी पति से अनभिज्ञ रहती

है। उसे यह नहीं ज्ञात रहता कि परमात्मा रूपी पति का क्या पता-ठिकाना है ? दूसरी अवस्था में उसे यह बोध होता है कि मेरा प्रियतम है और वह एक है। वह (गुरु की अलौकिक कृपा से) मिल सकता है। तीसरी अवस्था वह है, जब ससुराल में पहुँचकर उसे अपने प्रियतम का पूर्ण ज्ञान होता है कि यही मेरा प्रियतम है। गुरु की कृपा होती है, तब कामिनी (जीवात्मा) पति (परमात्मा) को अच्छी लगती है। चौथी और अन्तिम अवस्था वह है, जब भय और भाव का शृंगार करके, वह प्रियतम के पास जाती है। प्रियतम उसके शृङ्गार पर आकृष्ट होकर, उसे सदैव के लिए अपना बना लेता है और सदैव उसके साथ रमण करता है।"

पेवकड़े धन खरी इआणी।
....
सद ही सेजै रवै भतारु ॥४॥२७॥

(नानक-वाणी, रागु आसा, सबद, २७)

गुरु नानक जी द्वारा निरूपित शृंगार रस में एकाध स्थान पर प्रियतम हरी के स्वरूप का सुहावना चित्रण मिलता है —

तेरे बंके लोइण, दंत रीसाला।
सोहणे नक, जिन लंमड़े वाला॥
कंचन काइआ, सुइने की ढाला॥७॥
....
तेरी चाल सुहावी, मधुराड़ी बाणी।
कुहकनि कोकिला, तरल जुआणी॥८॥२॥

(नानक-वाणी, रागु वडहंसु, छंत २)

गुरु नानक जी के काव्य में शृङ्गार रस के दोनों पक्ष मिलते हैं, (१) वियोग अथवा विप्रलंभ शृङ्गार (२) संयोग शृङ्गार।

वियोग शृंगार के बड़े ही मार्मिक प्रसंग गुरु नानक द्वारा उपस्थित किए गए हैं —

(१) सावणि सरस मना घण वरसहि रुति आए।
मैं मनि तनि सहु भावै पिर परदेसि सिधाए॥
पिरु घरि नहीं आवै मरीऐ हावै दामनि चमकि डराए।
सेज इकेली खरी दुहेली मरणु भइआ दुखु माए॥
हरि बिनु नींद भूख कहु कैसी कापड़ि तनि न सुखावए॥६॥

(नानक-वाणी, तुखारी, बारहमाहा)

(२) नानक मिलहु कपट दर खोलहु एक घड़ी खटु मासा॥

(नानक वाणी, तुखारी, बारहमाहा)

गुरु नानक देव का 'एक घड़ी खटु मासा', मीराबाई के 'भई छमासी रैन' की स्मृति दिलाता है।

(३) वैद बुलाइआ वैदगी, पकड़ि ढंढोले बांह।
भोला वैदु न जाणई, करक कलेजे माँहि॥

(नानक-वाणी, मलार की वार, सलोक ४)

(४) एक न भरोआ गुण करि धोवा।
मेरा सहु जागै, हउ निसि भरि सोवा ॥१॥
इउ किउ कंत पिआरी होवा ?
सहु जागै, हउ निसि भरि सोवा ॥१॥रहाउ॥
आस पिआसी सेजै आवा।
आगै सह भावा कि न भावा ॥२॥
किआ जाना किआ होइगा री माई ?
हरि दरसनु बिनु रहन न जाई ॥१॥रहाउ॥
प्रेमु न चाखिआ, मेरी तिस न बुझानी।
गइआ सु जोबनु, धन पछुतानी ॥३॥
(नानक-वाणी, आसा, सबद २६)

प्रियतम हरी से मिलने के लिए, जीवात्मा रूपी स्त्री के लिए वे शृंगार भी आवश्यक हैं, जिनसे वह संतुष्ट होकर उससे मिले। इसके लिए गुरु नानक देव ने उन शृङ्गारों की चर्चा की है—

मनु मोती जे गहणा होवै पउणु होवै सूतधारी।
....
गिआन राउ जब सेजै आवै त नानक भोगु करेई ॥४॥१॥३५॥
(नानक-वाणी, आसा, सबद, ३५)

तथा —

फूल माला गलि पहिरउगी हारो।
मिलैगा प्रीतमु तब करउगी सीगारो ॥२॥१॥३४॥
(नानक-वाणी, आसा, सबद, ३५)

प्रियतम हरी के मिलन का सुख 'संयोग' शृंगार के माध्यम द्वारा अनेक स्थानों पर चित्रित किया गया है —

(१) बाबीहा प्रिउ बोले कोकिल बाणीआ।
साधन सभि रस चोले अंकि समाणीआ ॥
हरि अंकि समाणी जा प्रभ भाणी सा सोहागणि नारे।
नव घर थापि महल घरु ऊचउ निजघरि वासु मुरारे ॥२॥
(नानक-वाणी, तुखारी, छंत, बारह माहा)

(२) माघि पुनीत भई तीरथु अंतरि जानिआ।
साजन सहजि मिले गुण गहि अंकि समानिआ ॥
प्रीतम गुण अंके सुणि प्रभ बंके तुधु भावा सरि नावा।
गंग जमुन तह बेणी संगम सात समुंद समावा ॥१५॥
(नानक-वाणी, तुखारी, छंत, बारहमाहा)

(३) जिनि सोगारी तिसहि पिश्रारी मेलु भइश्रा रंगु माणे ।
घरि सेज सुहावी जा पिरि रावा गुरमुखि मसतकि भागो ।
नानक श्रहिनिसि रावै प्रीतम हरि वरु थिरु सोहागो ॥१७॥
(नानक-वाणी, तुखारी, छंत, बारहमाहा)

(४) सतिगुर सबदी मिलै विछुंनी, तनु मनु श्रागै राखै ।
नानक श्रंमृत विरखु महा रस फलिश्रा मिलि प्रीतम रसु चाखै ॥ ॥४॥
(नानक-वाणी, तुखारी, छंत, ४)

करुण रस :—जिस रस के श्रास्वादन से हृदय में शोक का श्राविर्भाव हो, उसे करुण रस कहते हैं। गुरु नानक की वाणी में संसार के विभवों, सुखों, भोगों की नश्वरता स्थान-स्थान पर दिखाई गई है। जो लोग सत्य, शाश्वत, श्रमृत, घटघटव्यापी, परमात्मा को त्याग कर क्षणभंगुर श्रौर श्रस्थायी विषयों में श्रनुरक्त हैं, वे सचमुच करुणा के पात्र हैं। गुरु नानक द्वारा निरूपित करुण रस में विषाद श्रौर निर्वेद संचारी भावों का श्राधिक्य है। इसका स्थायी भाव वैराग्यमूलक शोक है। इसके श्रालम्बन विभाव विषयासक्त, मायाग्रस्त, परमात्मा-विमुख मनुष्य हैं। वैराग्यपूर्ण वचन, संसार की श्रसारता एवं क्षणभंगुरता ही इसके उद्दीपन विभाव हैं। सांसारिक विषय-रत प्राणी के प्रति दुःख प्रकट करना ही इसका श्रनुभाव है।

गुरु नानक देव ने विविध श्रन्योक्तियों के माध्यम द्वारा विषयासक्त प्राणी की दशा का कारुणिक दृश्य उपस्थित किया है। निम्नलिखित पद में हरिण, भ्रमर, मछली श्रौर नहर की श्रन्योक्तियों द्वारा यह बताया गया है कि परमात्मा से बिछुड़े हुए प्राणियों की बड़ी करुणापूर्ण श्रवस्था होती है। जिस प्रकार हरिण मीठे फल के लोभ में फंसकर मारा जाता है, उसी प्रकार मनुष्य विषयों के चक्कर में फंसकर लोक-परलोक से नष्ट हो जाते हैं। जिस प्रकार भंवरा पुष्पों की श्रासक्ति में पड़कर, श्रत्यधिक दुःख पाता है, उसी प्रकार सांसारिक प्राणी मायिक पदार्थों के रस में पड़कर महान् कष्ट उठाते हैं। यमराज के दूतों द्वारा बाँधे जाकर, उनकी चोटें खाकर श्रार्त्तनाद करते हैं। जिस प्रकार मछली श्रपने प्रियतम जल से बिछुड़ कर, जाल में पड़कर श्राँखें भर-भर कर रोती है, उसी प्रकार जीवात्मा श्रानन्द स्वरूप परमात्मा से बिछुड़ कर, माया के जाल में पड़कर रोता है। जिस प्रकार, नहर नदी से विछुड़कर प्रलाप करती है, उसी प्रकार जीवात्मा परमात्मा से पृथक् होकर श्रसह्य यंत्रणाएं सहनकर कारुण्य-प्रलाप करती है —

तूं सुणि हरणा कालिश्रा, की वाड़ीऐ राता राम ।
बिखु फलु मीठा चारि दिन, फिरि होवै ताता राम ॥
फिरि होइ ताता खरा माता नाम बिनु परतापए ।
श्रोह जेव साइर देइ लहरी, बिजुल जिवै चमकए ॥
हरि बाझु राखा कोइ नाही, सोइ तुझहि बिसारिश्रा ।
सचु कहै नानक चेति रे मन मरहि हरणा कालिश्रा ॥१॥

भवरा, फूलि भवंतिश्रा दुखु श्रति भारी राम ।
मैं गुरु पूछिश्रा श्रापणा साचा बीचारी राम ॥

बीचारि सतिगुरि मुझै पूछिग्रा, भवरु बेली रातग्रो ।
सूरजु चड़िग्रा, पिंडु पड़िग्रा, तेलु तावणि तातग्रो ।।
जम मगि बाधा खाहि चोटा सबद बिनु बेतालिग्रा ।
सचु कहै नानक, चेति रे मन, मरहि भवरा कालिग्रा ।।२।।

मेरे जीग्रड़िग्रा परदेसीग्रा, कितु पवहि जंजाले राम ।
साचा साहिबु मनि वसै की फासहि जम जाले राम ।।
मछुली विछुंनी, नैण रुंनी, जालु बधिकि पाइग्रा ।
संसारु माइग्रा मोहु मीठा ग्रंति भरमु चुकाइग्रा ।।
भगति करि चितु लाइ हरि सिउ छोड़ि मनहु ग्रंदेसिग्रा ।
सचु कहै नानकु चेति रे मन जीग्रड़िग्रा परदेसीग्रा ।।३।।

नदीग्रा वाह विछुंनिग्रा मेला संजोगी राम ।
जुगु जुगु मीठा विसु भरे को जाणै जोगी राम ।।
कोई सहजि जाणै हरि पछाणै सतिगुरू जिनि चेतिग्रा ।
बिनु नामु हरि के भरम भूले पचहि मुगध ग्रचेतिग्रा ।।
हरि नामु भगति, न रिदै साचा ि ग्रंति धाही रुंनिग्रा ।
सचु कहै नानकु सबदि साचै मेलि चिरी विछुंनिग्रा ।।४।।१।।५।।

(नानक-वाणी, रागु ग्रासा, छंत ५)

इसी प्रकार 'तुखारी' राग के दूसरे छंत में गुरु नानक देव ने मनुष्य की ग्रायु चार प्रहरों में विभाजित करके संसार की ग्रसारता प्रदर्शित कर उसके करुणायुक्त परिणामों पर दृष्टि डाल कर मनुष्य को सजग रह कर हरि भक्ति-प्राप्ति के लिये चेतावनी दी है—

पहिलै पहरै नैण सलोनड़ीऐ रैणि ग्रंधिग्रारी राम ।
....
नानक दुखीग्रा जुग चारे बिनु नाम हरि के मन बसे ।।४।।

(नानक-वाणी, तुखारी, छंत २)

गुरु नानक देव ने ग्रनेक स्थलों पर इस बात का संकेत किया है कि मनुष्य के सौन्दर्य, वस्त्रादिक भोग्य वस्तुएं यहीं रह जाती हैं। ग्रवगुणों के कारण नंगे होकर 'दोजख' (नरक) जाना पड़ता है ।

पउड़ी : कपड़ु रूपु सुहावणा छडि दुनीग्रा ग्रंदरि जावणा ।
मंदा चंगा ग्रापणा ग्रापे ही कीता पावणा ।।
हुकम कीए मनि भावदे राहि भीड़ै ग्रगै जावणा ।
नंगा दोजकि चालिग्रा ता दिसै खरा डरावणा ।।
करि ग्रउगण पछोतावणा ।

(नानक-वाणी, रागु ग्रासा की वार, पउड़ी १२)

सांसारिक संबंधों को स्थान-स्थान पर बंधन का हेतु बता कर, उनके कारुणिक ग्रंत की ग्रोर संकेत किया है —

बंधन मात पिता संसारि।
बंधन सुत कंनिग्रा ग्ररु नारि ॥२॥१०॥

(नानक-वाणी, ग्रासा रागु, ग्रसटपदी १०)

धन, यौवन, ग्रामोद-प्रमोद सभी नश्वर ग्रौर क्षणभंगुर हैं —

धनु जोबनु ग्ररु फुलड़ा नाठीग्रड़े दिन चारि।

(नानक-वाणी, सिरी रागु, सबद २४)

वीर रस : गुरु नानक की वाणी में स्थान-स्थान पर ग्रपूर्व उत्साह पाया जाता है। यह उत्साह ही 'वीर रस' का स्थायी भाव है। साधक को निर्भय बनाने के लिये वे ग्रात्मा की ग्रमरता का प्रतिपादन करते हैं। उनकी वाणी में ग्रद्‌भुत ग्रोज ग्रौर उत्साह पाया जाता है। इसमें संशय नहीं कि साधक ऐसी वाणी को पढ़ कर उत्साह से भरकर ग्रपूर्व शौर्य ग्रौर ग्राशा से ग्रध्यात्म-पथ पर ग्रग्रसर होता है —

तेही ग्रंतरि नामु निवासी। ग्रापे करता है ग्रविनासी ॥
ना जीउ मरै न मारिग्रा जाई करि देखै सबदि रजाई हे ॥१२॥६॥

(नानक-वाणी, मारू, सोलहे ६)

साधक को निर्भय, वीर ग्रौर उत्साही बनाने के लिए नानक देव कहते हैं कि परमात्मा को छोड़ ग्रन्य स्थान तो हैं ही नहीं। डरा तो तब जाय, जब परमात्मा के भय के ग्रतिरिक्त कोई ग्रन्य भय हो। ग्रन्य भयों से भयभीत होना तो केवल मन की ग्राशंका मात्र है। वास्तव में जीव न तो मरता है, न डूबता है। वह मुक्त स्वरूप है —

तुधु बिनु दूजी नाही जाइ। जो किछु वरतै सभ तेरी रजाइ ॥१॥
डरीऐ जे डरु होवै होरु। डरि डरि डरणा मन का सोरु ॥१॥रहाउ॥
न जीउ मरै, न डूबै, तरै।...........................॥२॥

(नानक-वाणी, गउड़ी, सबद, २)

सच्चा साधक वीर सैनिक की भाँति दशम द्वार में शब्द रूपी धनुष को चढ़ा कर पंच वाणों—सत्य, संतोष, दया, धर्म ग्रौर धैर्य से—यमराज को मार डालता है। इस प्रकार वह गुरु के उपदेश द्वारा वीरत्वपूर्वक संसार-सागर से तर जाता है—

इहु भवजलु जगतु सबदि गुर तरीऐ।
ग्रंत की दुबिधा ग्रंतरि जरीऐ ॥
पंच बाण ले जम कउ मारै गगनंतरि धणखु चड़ाइग्रा ॥६॥४॥२१॥

(नानक-वाणी, मारू, सोलहे २१)

रौद्र रस : गुरु नानक देव ग्रत्यंत संयमी, विनम्र ग्रौर मृदुभाषी होते हुए भी समाज, धर्म एवं राजनीति में कुव्यवस्था एवं ग्रनाचार होते देख कर ग्रपने ग्रान्तरिक भावों को ग्रभिव्यक्त किए बिना रोक न सके। ऐसी परिस्थितियों में उन्होंने परमात्मा के प्रति भी ग्रपना रोष एवं क्षोभ प्रकट किया। बाबर के ग्राक्रमण से खिन्न होकर वे परमात्मा से कहते हैं "हे प्रभु, हिन्दुस्तान पर इतनी मार पड़ी, जनता को इतना कष्ट हुग्रा, इतनी मार-काट हुई, किन्तु तुझे जरा भी दर्द नहीं हुग्रा ?"

एती मार पई करलाणे तैं की दरदु न आइआ ।

(नानक-वाणी, आसा राग, सबद ३९)

इसी 'सबद' में उन्होंने यह कह कर अपना रोष प्रकट किया है कि "यदि शक्तिशाली सिंह शक्तिशाली सिंह को मारता है, तो मन में रोष उत्पन्न नहीं होता। किन्तु यदि शक्तिशाली सिंह निरपराध पशुओं के झुण्ड पर आक्रमण करता है, तो उनके स्वामी को कुछ तो पुरुषार्थ दिखलाना चाहिए।"

जे सकता सकते कउ मारे, ता मनि रोसु न होई ।।१।।रहाउ।।
सकता सीहु मारे पै वगै खसमै सा पुरसाई ।।२।।

(नानक-वाणी, आसा राग, सबद ३९)

जब उन्होंने परमात्मा के प्रति भी अपना रोष प्रकट किया, तब अन्य लोगों की बात ही क्या है? उन्होंने सरदारों, जागीरदारों तथा छोटे-छोटे राजाओं के प्रति उनके अत्याचारों एवं अनाचारों पर स्थल-स्थल पर अपना रोष प्रकट किया है। यथा —

(१) राजे सीह मुकदम कुते ।
जाइ जगाइन बैठे सुते ।।

(नानक-वाणी, मलार की वार)

(२) लबु पापु दुइ राजा महता कूड़ु होआ सिकदारु ।
कामु नेबु सद पुछीऐ बहि-बहि करे बीचारु ।।
अंधी रयति गिआन विहूणी, भाहि भरे मुरदारु ।

(नानक-वाणी, आसा की वार, सलोक २१)

(३) कलि काती, राजे कासाई, धरमु पंखु करि उडरिआ ।
कूड़ु अमावस, सचु चंद्रमा दीसै नाही, कह चड़िआ ।।

(नानक-वाणी, माझ की वार, सलोक ३५)

इसी भाँति उन्होंने बाह्याचारों एवं रूढ़ियों में पड़े हुए धार्मिकों के प्रति भी अपना रोष प्रकट किया है, उदाहरणार्थ—

गऊ बिराहमण कउ करु लावहु गोबरि तरणु न जाई ।

(नानक-वाणी, आसा की वार, सलोक ३३)

तथा—

माणस खाणे करहि निवाज । छुरी वगाइनि तिन गलि ताग ।।

(नानक-वाणी, आसा की वार, सलोक ३४)

भयानक रस : गुरु नानक की वाणी में 'भयानक रस' दो रूपों में पाया जाता है पहले रूप में तो परमात्मा का भय सभी तत्त्वों, देवी-देवताओं, सिद्धों, बुद्धों, नाथों, शूरवीरों एवं मनुष्यों के ऊपर है। तात्पर्य यह कि उसी के भय से समस्त सृष्टि अपनी मर्यादा में स्थिर रहती है। भय का दूसरा रूप विषयासक्त, मायाग्रस्त परमात्मा-विमुख प्राणियों की अन्तिम दशा के चित्रण में प्राप्त होता है। ऐसे प्राणियों की बड़ी दुर्दशा होती है। यमराज के दरवाजे पर

बाँध कर उन्हें नारकीय यंत्रणाएँ दी जाती हैं। वे कारुण्य-प्रलाप करके विलाप करते हैं। 'साकत' यमराज के पाशों और बंधनों में पड़ कर अनन्त दुःख भोगते हैं।

भय के प्रथम रूप का उदाहरण लीजिए—

भै विचि पवणु वहै सद वाउ।
भै विचि चालहि लख दरीआउ॥
भै विचि अगनि कढै बेगारि।
भै विचि धरती दबी भारि॥
भै विचि इन्दु फिरै सिर भारि।
भै विचि राजा धरम दुआरु॥
भै विचि सूरजु भै विचि चंदु।
कोह करोड़ी चलत न अंतु॥
भै विचि सिध बुध सुर नाथ।
भै विचि आडाणे आकास॥
भै विचि जोध महाबल सूर।
भै विचि आवहि जावहि पूर॥
सगलिआ भउ लिखिआ सिरि लेखु।
नानक निरभउ निरंकारु सचु एकु॥

(नानक-वाणी, आसा की वार, सलोक ७)

'भय' के दूसरे रूप में मायाग्रस्त, विषयासक्त प्राणियों की भयावह परिस्थिति का चित्रण इस प्रकार मिलता है—

अंतरि चोरु मुहै घरु मंदरु इनि साकति दूतु न जाता हे॥७॥
दुंदर दूत भूत भीहाले। खिचोताणि करहि बेताले॥
सबद सुरति बिनु आवै जावै पति खोई आवत जाता हे॥८॥
कूड़ु कलरु तनु भसमै ढेरी। बिनु नावैं कैसी पति तेरी॥
बाधे मुकति नाही जुग चारे जमकंकरि कालि पराता हे॥९॥
जमदरि बाधे मिलहि सजाई। तिसु अपराधी गति नहीं काई॥
करणपलाव करे बिललावै जिउ कुंडी मीनु पराता हे॥१०॥
साकतु फासी पड़ै इकेला। जम वसि कीआ अंधु दुहेला॥
राम नाम बिनु मुकति न सूझै आजु कालि पचि जाता हे॥११॥५॥११॥

(नानक-वाणी, मारू, सोलहे ११)

गुरु नानक देव ने निर्भय परमात्मा की प्राप्ति एवं भय से निवृत्त होने के लिए जीवात्मा रूपी स्त्री को 'भय का सुरमा' लगाने के लिए कहा है—

भै कीआ देहि सलाईआ नैणी, भाव का करि सीगारो॥

(नानक-वाणी, रागु तिलंग, सबद ४)

बीभत्स रस : एकाध स्थल पर गुरु नानक देव ने बीभत्स रस का भी निरूपण किया है। उदाहरणार्थ, "जैनी सिर के बाल नुचवा कर गंदा पानी पीते हैं और जूठी वस्तुएँ माँग माँग कर खाते हैं। वे अपना मल फैला देते हैं और मुँह से गंदी साँस लेते हैं और पानी देख कर सहमते हैं।"

सिरु खोहाइ, पीग्रहि मलवाणी जूठा मंगि मंगि खाही।
फोलि फदीहति मुहि लैनि भड़ासा पाणी देखि सगाही॥

(नानक-वाणी, माझ की वार, सलोक ४५)

एकाध स्थल पर यह भी कहा है कि मनमुखों का मल के अंदर निवास है। अतः वे परमात्मा के सहज सुख को नहीं जान सकते हैं। यथा —

मनमुख सदा कूड़िग्रार भरमि भुलाणिग्रा।
विसटा अंदरि वासु सादु न जाणिग्रा॥

(नानक-वाणी, माझ की वार, पउड़ी ६)

अद्भुत रस : परमात्मा आश्चर्य रूप है, उसकी सृष्टि भी आश्चर्यमयी है और उसके कार्य भी आश्चर्यजनक है वह 'कर्त्तुं अकर्त्तुं अन्यथाकर्त्तुं' समर्थ है। अतः आश्चर्य का होना स्वाभाविक है। परमात्मा की सृष्टि के नाद, वेद, जीव, जीवों के अनन्त प्रकार, सृष्टि के विभिन्न रूप-रंग, वायु, जल, अग्नि और उसके विविध खेल, धरती, विभिन्न स्वाद, संयोग-वियोग, क्षुधा, भोग, स्तुति एवं प्रशंसा, कुराह और सुराह, समीपता-दूरी सभी आश्चर्यमय हैं।—

विसमाद नाद विसमादु वेद। विसमादु जीग्र विसमादु भेद॥
....
वेखि विडाणु रहिग्रा विसमादु। नानक बुझणु पूरै भागि॥

(नानक-वाणी, आसा की वार, सलोक ५)

यह क्या कम आश्चर्यमय है कि प्रभु ही सब कुछ बना है, और वही समस्त वस्तुओं में वरत रहा है। जो इस तत्त्व को समझता है, उसे महान् आश्चर्य होता है —

आपे पटी कलम आपि उपरि लेख भि तूं।
एको कहीऐ नानका दूजा काहे कू॥

(नानक-वाणी, मलार की वार, सलोक, २४)

उस प्रभु का सभी लोग सुन-सुन कर ही वर्णन करते हैं। वह कितना बड़ा है, इसे किसी ने भी नहीं देखा है। उसकी कीमत वर्णन नहीं की जा सकती। कथन करनेवाले उसी में समाहित हो जाते हैं—

सुणि वडा आखै सभ कोई। केवडु वडा डीठा होई॥
कीमती पाइ न कहिग्रा जाइ। कहणै वाले तेरे रहे समाइ॥

(नानक-वाणी, रागु आसा, सबद १)

परमात्मा की सृष्टि रचना के निश्चित समय का कथन करना भी आश्चर्यमय है। उस समय शून्य निर्गुण हरी अपने आप में निवास किए था, तात्पर्य यह कि वह अपनी ही महिमा में प्रतिष्ठित था।

आदि कउ विसमादु वीचार कथीअले सुंन निरंतरि वासु लीआ,

(नानक-वाणी, रामकली, सिध गोसटि, २३वीं पउड़ी)

परमात्मा अघटित धटनाओं को घटित कर सकता है। उसकी इस अलौकिक शक्ति में आश्चर्य का होना स्वाभाविक है। गुरु नानक देव का कथन है कि "यदि प्रभु चाहे, तो सिंह, बाज, शिकरा तथा कुही ऐसे माँसाहारी पक्षियों को घास खिला दे। तात्पर्य यह कि उनकी मांसाहारी वृत्ति को परिवर्त्तित कर दे। जो घास खाते हैं, उन्हें वह मांस भक्षण करा दे। इस प्रकार वह प्रभु विरोधी वृत्तियों को प्रदान कर सकता है। यदि उसकी इच्छा हो, तो नदियों के बीच टीला दिखा दे और स्थलों को अथाह जल के रूप में परिवर्तित कर दे, कीड़े को बादशाही तख्त पर स्थापित करदे और बादशाहों की सेना को खाक कर दे। संसार में जितने भी जीव जीते हैं, सभी सांस के द्वारा जीते हैं, किन्तु यदि प्रभु की इच्छा हो तो वह उन्हें बिना सांस के भी जिला सकता है। नानक कहता है कि जैसे जैसे प्रभु की मर्जी है, वैसे वैसे जीवों को रोजी देता है।"

सीहा बाजा चरगा कुहीआ, एना खवाले घाह।
घाहु खानि तिना मासु खवाले एहि चलाए राह॥
नदीआ विचि टिबे देखाले, थली करे असगाह।
कीड़ा थापि देइ पातिसाही लसकर करे सुआह॥
जेते जीअ जीवहि लै साहा, जीवाले ता कि असाह।
नानक जिउ जिउ सचे भावै तिउ तिउ देइ गिराह॥

(नानक-वाणी, माझ की वार, सलोक ३१)

हास्य रस।— गुरु नानक जी बहुत ही हास्यप्रिय एवं विनोदी थे। उन्होंने हंसी हंसी में बहुतों को उपदेश दिये। उन्होंने समय समय पर बाह्याचार-रत एवं आडम्बर युक्त धार्मिकों की मीठी चुटकी ली। ऐसी चुटकियों में संयत एवं मर्यादापूर्ण हास्य रस मिलता है। एक स्थल पर रासधारियों पर व्यंग कसते हुए कहा है,—"रासों में चेले बाजे बजाते है और गुरु नाचते हैं। नाचते समय गुरु पैरों को हिलाते हैं और सिर घुमाते हैं। पैरों के पटकने से धूल उड़ उड़ कर उनके बालों में पड़ती है। दर्शक गण उन्हें नाचते हुए देख कर हंसते हैं। उनका यह तमाशा देख कर वे लोग अपने अपने घर चले जाते हैं। रोटी के निमित्त वे रासधारी ताल पूरी करके नाचते हैं और अपने आपको पृथ्वी पर पछाड़ते हैं। इस प्रकार रासलीला में वे गोपी और कृष्ण बन कर नाचते गाते हैं। कभी कभी सीता तथा राम का स्वांग बना कर भी गाते हैं।"—

वाइनि चेले नचनि गुर। पैर हलाइनि फेरन्हि सिर॥
उडि उडि रावा झाटै पाइ। वेखै लोकु हसै घरि जाइ॥
रोटीआ कारणि पूरहि ताल। आपु पछाड़हि धरती नालि॥
गावनि गोपीआ गावन्हि कान्ह। गावनि सीता राजे राम॥

(नानक-वाणी, आसा की वार, सलोक १०)

इसी प्रकार एक स्थान पर पाखण्डी ब्राह्मणों की मीठी चुटकी ली है —

अखी त मीटहि नाक पकड़हि ठगण कउ संसारु॥

(रागु धनासरी, सबद ८)

रूपक

गुरु नानक देव नैसर्गिक कवि थे। उनके काव्य में रूपकों के प्रयोग का बाहुल्य है। इन रूपकों के प्रयोग में वे अत्यधिक सजग और सचेष्ट रहे। गुरु नानक की वाणी में प्रयुक्त रूपक कवित्व से युक्त हैं। उन्होंने जीवन के साधारण व्यापारों से रूपकों को चुन कर अपूर्व आध्यात्मिकता, सांकेतिकता और गंभीरता भर दी है। रूपकों के माध्यम से उन्होंने अध्यात्म के गूढ़ातिगूढ़ एवं सूक्ष्मातिसूक्ष्म रहस्यों को सुलझाने का प्रयत्न किया है। इन रूपकों में उनके पाँडित्य, अनुभव, कल्पना की त्रिवेणी प्रवाहित हुई है।

सिक्का ढालने (जपु जी की अन्तिम पउड़ी), सच्ची लिखावट (सिरी रागु, सबद ६), सच्चे भोजन (सिरी रागु, सबद ७), किसान (सिरी रागु, सबद २७), कीचड़, मेंढक, कमल एवं भ्रमर (सिरी रागु, सबद २७), साँसी, (सिरी रागु, सबद २६), दीपक-जलाने (सिरी रागु, सबद ३३), मन्दिर (सिरी रागु, असटपदी ७), अशुद्धता (सिरी रागु की वार, सलोक ६), सच्चे मुसलमान बनने (माझ की वार, सलोक १०) मन (गउड़ी, असटपटी २), वृक्ष एवं फल लगने (आसा, सबद १६), वास्तविक योग (रागु आसा, सबद ३७; रागु सूही, सबद ८; रामकली, सिध गोसटि, पउड़ी १०), मदिरा बनाने (आसा, सबद ३८), रास (आसा की वार सलोक ६), कपड़ा रंगने (आसा की वार, सलोक २०), वास्तविक यज्ञोपवीत (आसा की वार, सलोक २६), सूतक (आसा की वार, सलोक ३८), शरीर नगरी (गूजरी, असटपदी १, बन्द १), कृषि (सोरठि, सबद २), सौदागर (सोरठि, सबद २), दूध जमाने एवं मथने, (रागु सूही, सबद १), ज्ञान-दीपक (रागु रामकली, सबद ७), गाड़ी (रामकली, सबद ११, पद २) मनमुख की खेती (रामकली की वार, सलोक १२), गुरुमुख की खेती (रामकली की वार, सलोक १३), आरती (धनासरी, सबद ९) आदि के आध्यात्मिक रूपक बड़े ही हृदयग्राही, अनुभवयुक्त, कवित्वपूर्ण एवं कलायुक्त हैं। गुरु नानक के रूपकों पर पृथक् रूप से पुस्तिका लिखी जा सकती है। उदाहरण स्वरूप यहां कुछ रूपकों का स्पष्टीकरण किया जा रहा है, जिनसे उनकी अद्भुत काव्यशक्ति का परिचय प्राप्त होगा —

(१) गुरु का शब्द अथवा नाम रूपी सिक्का किस प्रकार ढालना चाहिये ? इसके लिये गुरु नानक जी निम्नलिखित विधि बताते हैं; "संयम अथवा इन्द्रिय-दमन भट्टी हो और धैर्य सोनार हो। बुद्धि निहाई तथा गुरु द्वारा प्राप्त ज्ञान—वेद हथौड़ी हो। गुरु अथवा परमात्मा का भय धौंकनी हो और तपश्चर्या ही अग्नि हो। प्रेम ही पात्र हो और नाम रूपी अमृत गलाया हुआ सोना हो। इस प्रकार सच्ची टकसाल—शुद्ध आत्मा में गुरु के शब्द रूपी सिक्के ढालने चाहिये।"—

जतु पाहारा धीरजु सुनिआरु। अहरणि मति वेदु हथीआरु॥
भउ खला अगनि तपताउ। भांडा भाउ अंमृत तितु ढालि॥
घड़ीऐ सबदु सची टकसाल। जिन कउ नदरि करमु तिन कार॥

(नानक-वाणी, जपु जी, पउड़ी ३८)

उपर्युक्त रूपक में आध्यात्मिक मार्ग की प्रगति में सभी आवश्यक साधनों का समावेश हो गया है।

(२) वास्तविक किसान बनने की विधि निम्नलिखित रूपक द्वारा बतलाई गई है,

"शुभ कर्मों को धरती तथा परमात्मा के नाम को बीज बनाओ। सत्य का कांति के जल से उस पृथ्वी को नित्य सींचो। इस प्रकार के किसान बनकर ईमान (विश्वास) अंकुरित करो।"

अमलु करि धरती बीज सबदो करि सच की आब नित देहि प्राणी ॥
होइ किरसाण इमानु जंमाइ लै भिसतु दोजकु मूड़े एव जाणी ॥
(नानक-वाणी, सिरी रागु, सबद २७, पहला पद)

(३) अमृत-रस वाली मदिरा बनाने की प्रणाली गुरु नानक ने निम्नलिखित रूपक के माध्यम द्वारा अभिव्यक्त की है, "हे साधक, परमात्मा के ज्ञान का गुड़ बनाओ, ध्यान को महुआ और शुभ करणी को बबूल की छाल—इन सब को एक में मिला दो। श्रद्धा को भट्ठी और प्रेम को पोचा बनाओ। इस प्रकार अमृत रस वाली मदिरा चुवाओ।"

गुड़ करि गिआनु, धिआनु करि धावै, करि करणी कसु पाईऐ।
भाठी भवनु, प्रेम का पोचा, इतु रसि अमिउ चुआईऐ॥
(नानक-वाणी, रागु आसा, सबद ३८, पद १)

(४) सच्चे योगी बनने की विधि गुरु नानक ने इस प्रकार बतलाई है—

"हे योगी, गुरु के शब्द को मन में बसाना मेरी मुद्रा है और क्षमा ही मेरा कंथा है। परमात्मा के किए हुए को भला करके मानना मेरा सहज योग है। इसी योग के द्वारा मुझे अलौकिक निधि (सिद्धि) प्राप्त होती है। जो साधक परमात्मा से युक्त है, वह युग-युगान्तरों से योगी है, क्योंकि उसका योग परमतत्व—हरी से हुआ है। उसने 'निरंजन' के अमृत रूपी नाम को प्राप्त कर लिया है। ज्ञान ही उसे शरीर में अमृत-रस के आस्वादन की प्रतीति कराता है। (मैं) शिव नगरी में आसन लगा कर बैठता हूँ। सारी कल्पनाएँ एवं समस्त वाद विवाद को मैंने त्याग दिया है। गुरु का शब्द—नाम मेरे लिए शृङ्गी की शाश्वत ध्वनि है, यह सुहावना और पूर्णनाद अहर्निश होता रहता है।

"विचार ही मेरा खप्पर है। ब्रह्मज्ञान की अखण्ड वृत्ति ही मेरा डंडा है। परमात्मा को सर्वत्र विद्यमान समझना यही मेरी विभूति है। हरि की कीर्ति का गान यही मेरी परम्परा है तथा माया से अतीत रहना ही गुरुमुखों का पंथ है।

"नाना वर्णों और रूपों में परमात्मा की सर्वव्यापिनी ज्योति ही हमारी अधारी है। हे भरथरी, नानक का कथन सुनो—वास्तविक योगी वही है जो परब्रह्म में ध्यान लगाता है।"

गुर का सबदु मनै महि मुंद्रा खिंथा खिमा हढावउ।
जो किछु करै भला करि मानउ सहज जोग निधि पावउ ॥१॥

बाबा, जुगता जीउ जुगह जुग जोगी परम तंत महि जोगं।
अंमृत नामु निरंजनु पाइआ गिआन काइआ रस भोगं ॥१॥ रहाउ।

सिव नगरी महि आसणि बैसउ, कलप तिआगी बादं।
सिंङी सबदु सदा धुनि सोहै, अहिनिसि पूरै नादं ॥२॥

पतु बीचारु, गिग्रान मति डंडा, वरतमान बिभूतं ।
हरि कीरति रहरासि हमारी, गुरमुखि पंथु ग्रतीतं ॥३॥

सगली जोति हमारी संमिग्रा नाना वरन ग्रनेकं ।
कहु नानक सुणि भरथरि जोगी पारब्रहम लिव एकं ॥४॥३॥३७॥

(नानक-वाणी, रागु ग्रासा, सबद, ३७)

(५) रास-नृत्य के रूपक के माध्यम द्वारा प्रकृति के निरंतर रास-नृत्य को समझाने की चेष्टा गुरु नानक देव ने इस भाँति की है, "सारी घड़ियाँ गोपियाँ हैं, (दिन के सारे) प्रहर कृष्ण हैं, पवन, पानी ग्रौर ग्राग ही ग्राभूषण हैं, (जिन्हें उन गोपियों ने धारण किए हैं), (प्रकृति के रास-नृत्य में) चन्द्रमा ग्रौर सूर्य दो ग्रवतार हैं। सारी पृथ्वी (रास के रंगमंच का) धन ग्रौर माल है। (जगत् के) सारे प्रपंच (रास के) व्यवहार हैं। हे नानक, इस ज्ञान के बिना (सारी दुनिया) ठगी जा रही है ग्रौर उसे यमकाल खाए जा रहा है।" —

घड़ीग्रा सभे गोपिग्रा, पहर कंन्ह गोपाल ।
गहणे पउणु पाणी बैसंतरु, चंदु सूरजु ग्रवतार ॥
सगली धरती मालु धनु, वरतणि सरब जंजाल ।
नानक मुसै गिग्रान विहूणी, खाइ गइग्रा जम कालु ॥

(नानक-वाणी, ग्रासा की वार, सलोक ६)

(६) दूध जमाने एवं दही मथने के रूपक द्वारा गुरु नानक ने ग्राध्यात्मिक साधनों का बड़ा ही सुन्दर निरूपण किया है। उनका कथन है, "बरतन धोकर बैठ कर (उसमें) धूप दो, तब फिर दूध लेने के लिए जाग्रो। (भावार्थ यह कि मन को पवित्र करके रोकने से ही शुभ कर्मों का सम्पादन हो सकता है)। शुभ कर्म ही दूध है, फिर सुरति (दूध जमाने के लिए) जामन है, (संसार से) निष्काम होकर दूध जमाग्रो। ....इस मन को (नेती में बाँधने की) गुल्ली बनाकर (उसे) हाथ में पकड़ो। (ग्रविद्या में) नींद न ग्राना ही (मथानी की) नेती हो; जिह्वा से नाम जपना ही, (दही) मथना हो। इस विधि से मक्खन रूपी ग्रमृत प्राप्त करो।"———

भांडा धोइ बैसि धूपु देवहु, तउ दूधै कउ जावहु ।
दूधु करम फुनि सुरति समाइणु होइ निराश जमावहु ॥१॥
....

इहु मनु ईटी हाथि करहु, फुनि नेत्रउ नींद न ग्रावै ।
रसना नामु जपहु तब मथीऐ इन बिधि ग्रंमृत पावहु ॥२॥

(नानक वाणी, सूही रागु, सबद १)

उपर्युक्त पद में जीवन-निर्वाह के सामान्य व्यापार दूध-जमाने ग्रौर दही मथ कर मक्खन प्राप्त करने के रूपक द्वारा गुरु नानक देव ने ग्रध्यात्म की गूढ़ बातों को हृदयङ्गम करा दिया है।

(७) गुरु नानक देव ने 'ग्रारती' के रूपक द्वारा सगुण ब्रह्म के विराट् स्वरूप का बडा ही मनोहर चित्रण किया है।

गगनमें थालु, रवि चंदु दीपक बने, तारिका मंडल जनक मोती ।
धूपु मलआनलो, पवणु चवरो करे, सगल बनराइ फूलंत जोती ॥१॥

कैसी आरती होइ भवखंडना तेरी आरती ।
अनहता सबद वाजंत भेरी ॥१॥ रहाउ ॥

(नानक वाणी, रागु धनासरी, सबद ९)

अर्थात्, "(हे प्रभु, तेरी विराट् आरती के निमित्त), आकाश रूपी थाल में सूर्य और चन्द्रमा दीपक बने हुए हैं और तारामण्डल (उस थाल में) मोती के रूप में जड़े हैं। मलय चन्दन की सुगन्धि उस आरती की धूप है। वायु चंवर कर रहा है। हे ज्योतिस्वरूप (परमात्मा) वनों के खिले हुए समस्त पुष्प (तेरी आरती के निमित्त) पुष्प बने हैं। तेरी (सीमित) आरती कैसे हो सकती है ? हे भवखण्डन तेरी आरती कैसे हो सकती है ? (तेरी आरती में) अनाहत शब्द नगाड़े के रूप में बज रहा है।"

गुरु नानक के काव्य में प्रकृति-चित्रण

गुरु नानक देव प्रकृति की गोदी में पले थे। इसलिए प्रकृति के प्रति उनका महान् आकर्षण था। प्रकृति की अनेकरूपता के सहारे उन्होंने परमात्मा की महत्ता बतलाई। उस हरी द्वारा निर्मित प्रकृति जब इतनी मोहक है, तो उसका निर्माता कितना सुन्दर होगा। यही कारण है विस्तृत नीलाकाश, उन्हें प्रभु की आरती का थाल, चन्द्रमा-सूर्य दीपक एवं तारागण मोती प्रतीत होते हैं। मलय पवन उस आरती की धूप, तथा समस्त पुष्प-राशि उस आरती के निमित्त पुष्प हैं[1]। वायु, नदियां, अग्नि, पृथ्वी, इन्द्र, धर्मराज, सूर्य, चन्द्रमा, सिद्ध, बुद्ध, देवतागण आकाश आदि परमात्मा के भय से स्थित हैं[2]।

उन्होंने परमात्मा के प्रेम की अतिशयता वन-विहारिणी हरिणी, अंबराइयों में आनन्द मनानेवाली कोयल, जल को जीवन समझने वाली मछली, तथा धरती में धंसी रहने वाली सर्पिणी के प्रेम के द्वारा अभिव्यक्त की है[3]। उन्होंने कहीं कहीं पर प्रकृति के उपमानों द्वारा परमात्मा के प्रेम की प्रगाढ़ता की समता की हैं, "हे मन हरि से ऐसी प्रीति कर, जिस प्रकार कमल जल से प्रीति करता है, मछली नीर से, चातक बादल से और चकवी सूर्य से[4]।"

गुरु नानक देव ने अपनी अनुभूति, कल्पना के आधार पर उस अवस्था का चित्रण किया है, जब परमात्मा, शून्य हरी को छोड़कर कुछ भी अस्तित्व में नहीं था—"कई अरब तथा अरबों से परे—अगणित युगों तक अन्धकार ही अन्धकार था। उस समय पृथ्वी, आकाश, दिन, रात, चन्द्रमा, सूर्य, जीवों की चार खानियाँ, पवन, जल, उत्पत्ति, विनाश, जन्म-मरण, खण्ड, पाताल सप्त-सागर, नदियाँ, स्वर्गलोक, मर्त्यलोक, पाताल, दोजख, बिहिश्त, क्षय, काल, नरक-स्वर्ग, आवागमन, ब्रह्मा, विष्णु, महेश, दुःख-सुख, यती, सतोगुणी, वनवासी, सिद्ध, साधक, भोगी, योगी, जंगम, नाथ, जप, तप, संयम, व्रत, पूजा, शौच, तुलसी आदि की माला, कृष्ण, गोपियाँ,

१. नानक-वाणी, रागु धनासरी, सबद ९. २. नानक-वाणी, आसा की वार, सलोक ७.
३. नानक-वाणी, गउड़ी-बैरागणि, सबद १९. ४. नानक वाणी, सिरी रागु, असटपदी ११.

ग्वाल-बाल, गौएँ, तंत्र, मंत्र, पाखण्ड, कर्मकाण्ड, मायारूपी मक्खी, निन्दा-स्तुति, जीव-जन्तु, कुल, ज्ञान, ध्यान, गोरखनाथ, मत्स्येन्द्रनाथ, वर्णाश्रम, वेशादिक, ब्राह्मण, क्षत्रिय, देवता, मन्दिर, गौ-गायत्री, यज्ञ-होम, तीर्थस्थान, शेख, मशायख, हाजी, राजा-प्रजा, अहंकार, संसार, भाव-भक्ति, शिव-शक्ति, साजन, मित्र, वीर्य, रज, कतेब, वेद, शास्त्र, स्मृति, पाठ, पुराण, सूर्योदय और सूर्यास्त कुछ भी नहीं थे[१]।"

गुरु नानक देव ने तुखारी राग के बारहमाहा में वर्ष के बारहवों महीनों का हृदयग्राही चित्रण किया है—

चैत्र महीने में वसन्त ऋतु के आगमन से वनराजि फूल पड़ती है। अमराइयों में कोयल सुहावनी बोली बोलती है। फूली हुई डालियों पर भँवरा चक्कर लगाता है। प्रियतम के वियोग में यह ऋतु बड़ी दुःखदायिनी हो जाती है[२]।

वैशाख महीने में वृक्षों की शाखाएँ खूब वेश बनाती है। इस ऋतु में जीवात्मा रूपी स्त्री पति-परमात्मा की प्रतीक्षा करती है[३]।

जेठ के महीने में सारा संसार भार के समान तपता है[४]।

आषाढ़ के महीने में सूर्य आकाश में तपता है। घोर उष्णता से पृथ्वी दुःख सहन करती है। वह निरन्तर सूखकर आग के समान तपती है। अग्नि रूपी सूर्य जल सुखा देता है; बेचारा जल सुलग-सुलग कर मरता है, फिर भी निर्दयो सूर्य का कार्य जारी रहता है। वह अपने जलाने वाले स्वभाव से बाज नहीं आता। इस सूर्य का रथ निरन्तर चालू रहता है और स्त्री गर्मी से त्राण पाने के लिए छाया ताकती है। वन में टिड्डे वृक्षों के नीचे 'चीं चीं' करते हैं। भाव यह कि टिड्डे पानी के लिए तरसते हैं[५]।

सावन में वर्षाऋतु आ गई है। बादल बरस रहे हैं। हे मेरे मन आनन्दित हो। ऐसे समय में मेरे प्रियतम मुझे छोड़कर परदेश चले गए हैं। वे घर नहीं आ रहे हैं। मैं शोक में मर रही हूं। बिजली चमक कर मुझे डरा रही है। हे माँ, मैं अपनी सेज पर अकेली हूँ और अत्यधिक दुःखी हूँ[६]।

भादों के महीने में जलाशयों और स्थलों में जल भर गया है। वर्षा हो रही है। लोग रंग मना रहे हैं। अंधेरी काली रात्रि को वर्षा की झड़ी और भयानक बना रही है। भला, बिना प्रियतम के इस ऋतु में स्त्री को सुख कैसे प्राप्त हो सकता है? मेढक और मोर बोल रहे हैं। पपीहा 'पी-पी' कह कर बोल रहा है। साँप प्राणियों को डसते फिरते हैं। मच्छर डंक मारते हैं। सरोवर लबालब भरे हैं। ऐसे समय में स्त्री बिना प्रियतम हरी के कैसे सुख पा सकती है[७]?

आश्विन के महीने में कोकाबेली और कास आदि फूल गए हैं। आगे आगे तो धूप (उष्णता) चली जा रही है और पीछे पीछे जाड़े की ऋतु (ठंडक) चली आ रही है। दशों दिशाओं में

१. नानक-वाणी. मारू. सोलहे १५.
२. नानक-वाणी, रागु तुखारी. बारहमाहा. पउड़ी ५.
३. नानक-वाणी, रागु तुखारी, बारहमाहा, पउड़ी ६.
४. नानक-वाणी. रागु तुखारी, बारहमाहा, पउड़ी ७.
५. नानक-वाणी. रागु तुखारी. बारहमाहा, पउड़ी ८.
६. नानक-वाणी. रागु तुखारी, बारहमाहा, पउड़ी ९.
७. नानक-वाणी, रागु तुखारी, बारहमाहा, पउड़ी १०

शाखाएँ हरी हरी दिखलाई पड़ रही हैं। वृक्षों में लगे हुए फल सहज भाव से पक कर मीठे हो गए हैं[१]।

कार्तिक के महीने में विरह अति तीव्र हो जाता है और एक घड़ी छः महीने के समान हो जाती है[२]!

यदि हरि के गुण हृदय में समा जायँ, तो अगहन का महीना बहुत अच्छा हो जाय[३]।

पौष के महीने में तुषार पड़ता है। वन के वृक्षों और तृणों का रस सूख जाता है। हे प्रभु, तू मेरे तन, मन तथा मुख में बसा हुआ है, फिर क्यों नहीं मेरे समीप आता[४]।

माघ के महीने में जो ज्ञान के सरोवर में स्नान करता है, उसे गंगा, यमुना, (सरस्वती) का संगम तथा त्रिवेणी—प्रयागराज और सातों समुद्रों के पवित्र तीर्थ अनायास प्राप्त हो जाते हैं[५]।

फागुन के महीने में, जिन्हें हरी का प्रेम अच्छा लग गया, उनके मन में उल्लास रहता है[६]।

उपर्युक्त 'बारहमाहे' में चैत्र, आषाढ़, सावन, भादों और आश्विन का साकार चित्रण गुरु नानक देव ने किया है। सावन-भादों की झड़ी, बिजली का चमकना, जलाशयों का भर जाना, अंधेरी-रात्रि में वर्षा के कारण भयंकरता का बढ़ जाना, मेढक, मोर, पपीहों का बोलना, साँपों का डसना, मच्छरों का डसना आदि में प्रकृति का सूक्ष्म निरीक्षण ज्ञात होता है। 'आश्विन महीने में धूप के आगे आगे जाने एवं ठंडक के पीछे पीछे आने' में कितनी सजीवता है।

यह तो हुआ प्रकृति के बाह्य पक्ष का चित्रण। गुरु नानक देव अन्तप्रकृति के पूर्ण ज्ञाता थे। इसी से उन्होंने अपने काव्य के मानवी प्रकृति का भी सफल चित्रण किया है। उन्होंने अहंकारियों के अहंकार, साधुओं की साधुता, गुणवती एवं सुहागिनी स्त्रियों के गुणों, पातिव्रत धर्म और अपार प्रेम, दुहागिनी स्त्रियों के दुर्गुणों एवं अहंमन्यता, पाखण्डियों के पाखण्ड, आक्रमणकारी की क्रूर भावना, मुल्लाओं, काजियों, पंडितों, ब्राह्मणों, योगियों, जैनियों के आडम्बर भाव, तत्कालीन राजाओं और जागीरदारों की नृशंसता एवं क्रूरता, बड़ा ही मनोवैज्ञानिक चित्रण प्रस्तुत किया है।

गुरू नानक की भाषा

जिस प्रकार गुरु नानक का व्यक्तित्व असाधारण एवं बहुमुखी है, उसी प्रकार उनकी भाषा भी असाधारण एवं बहुरूपिणी है। वे अत्यधिक पर्यटनशील थे। जहाँ भी जाते थे, उसी स्थान की भाषा में वहाँ के निवासियों को उपदेश देते थे। साधारणतः उनकी भाषा पूर्वी पंजाबी के अंतर्गत रखी जा सकती है। किन्तु उस पर पश्चिमी पंजाबी भाषा का भी पर्याप्त प्रभाव दृष्टिगोचर होता है। स्थान-स्थान पर खड़ीबोली, व्रजभाषा, एवं रेखता के प्रयोग भी मिलते हैं। कहीं कहीं सिन्धी, लहंदा बोली के भी पर्याप्त शब्द मिलते हैं। इस प्रकार उनकी भाषा बहुरूपिणी है। उसकी अनेकरूपता के उदाहरण दिये जा रहे हैं—

---

१. नानक-वाणी, तुखारी बारहमाहा, पउड़ी ११ २. नानक-वाणी, तुखारी, बारहमाहा, पउड़ी १२
३. नानक-वाणी, तुखारी, बारहमाहा, पउड़ी १३ ४. नानक-वाणी, तुखारी, बारहमाहा, पउड़ी १४
५. नानक-वाणी, तुखारी, बारहमाहा, पउड़ी १५ ६. नानक-वाणी, तुखारी, बारहमाहा, पउड़ी १६

खड़ी बोली : खड़ी बोली का रूप अमीर खुसरो और कबीर की कविताओं में पाया जाता है। गुरु नानक की वाणी में स्थान स्थान पर खड़ी बोली का रूप दिखाई पड़ता है। यथा—

(१) कहु नानक गुरि ब्रहमु **दिखाइआ**।
मरता जाता नदरि न **आइआ** ॥४॥४॥
(नानक-वाणी, रागु गउड़ी गुआरेरी, सबद ४)

(२) फूल माल गलि **पहिरउगी** हारो। **मिलैगा** प्रीतम तव **करउगी** सीगारो।
(नानक वाणी, आसा, सबद ३४)

(३) **करि किरपा** घरु महलु **दिखाइआ**।
नानक हउमे **मारि मिलाइआ** ॥८॥६॥
(नानक-वाणी, रागु गउड़ी गुआरेरी, सबद ६)

उपर्युक्त उदाहरणों में काले अक्षर के शब्द खड़ी बोली के प्रयोग हैं।

गुजराती : एकाध स्थल पर गुजराती के शब्दों का प्रयोग भी दिखलाई पड़ता है। उदाहरणार्थ—

सजण मेरे रंगुले जाइ सुते जीराणि।
(नानक-वाणी, सिरी रागु, सबद २४)

लहंदा : गुरु नानक ने स्थान-स्थान पर 'लहंदा' का भी प्रयोग किया है—

(१) **हंभी वंञा डुंमणी** रोवा झीणी बाणि ॥२॥२४॥
(नानक-वाणी, सिरी रागु, सबद २४)

(२) **मंञु कुचजी अंमावणि डोमड़े** हउ किउ सहु **रावणि** जाउ जीउ।
इकदू इकि चडंदीआ कउणु **जाणै** मेरा नाउ जीउ॥
(नानक-वाणी, रागु सूही, कुचजी)

(३) आवउ **वंञउ डुंमणी** किती मित्र करेउ।
सा धनु ढोई न लहै **वाढी** किउ धीरेउ ॥१॥
मैडा मनु रता **आपनड़े** पिर नालि॥
(नानक-वाणी, मारु काफी, सबद ६)

सिन्धी : भार अठारह मेवा होवा **गरुड़ा** होइ सुआउ।
(नानक-वाणी, माझ की वार)

रेखता : रेखता बोली में फारसी शब्दों का बाहुल्य होता है। पर यह वास्तविक फ़ारसी नहीं होती। हिन्दी एवं फ़ारसी के मिश्रण को रेखता कहते हैं आगे चलकर इसी रेखता ने 'उर्दू' का रूप धारण किया। गुरु नानक देव के समय में 'उर्दू' का जन्म नहीं हुआ था। पर हिन्दी और फ़ारसी के पृथक पृथक् ज्ञाता बातचीत के सिलसिले में हिन्दी के ढाँचे में फ़ारसी शब्द अथवा फ़ारसी के ढाँचे में हिन्दी शब्द वरत कर अपना काम चला लेते थे।[१] गुरु नानक ने अपनी वाणी में 'रेखता' का भी प्रयोग किया है—

१. शबदारथ, श्री गुरु ग्रंथ साहिब जी, तृतीय संस्करण, पृष्ठ ७२१

यक अरज गुफतम पेसि तो दर गास कुन करतार ।
हका कबीर करोम तू बे ऐब परवदगार ॥१॥

दुनीआ मुकामे फानी तहकीक दिल दानी ।
मम सर मूइ अजराईल गिरफतह दिल हेचि न दानी ॥ १॥ रहाउ॥

(नानक-वाणी, तिलंग, सबद १)

ब्रजभाषा : गुरु नानक ने अपनी वाणी में स्थान स्थान पर ब्रजभाषा के बड़े ही सुन्दर प्रयोग किए हैं, जैसे—

(१) आपि तरै संगति कुल तारै ।

(नानक-वाणी, आसा, सबद १४)

(२) हरि हरि नामु भगति प्रिअ प्रीतमु सुख सागरु उर धारे ।
भगतिवछलु जगजीवनु दाता मति गुरमति निसतारे ॥३॥१६॥

(नानक-वाणी, आसा सबद १६)

(३) तुझ बिनु अवरु न कोई मेरे पिआरे तुझ बिनु अवरु न कोइ हरे ॥

(नानक-वाणी, आसा, सबद २२)

(४) काची गागरि देह दुहेली उपजै बिनसै दुखु पाई ।।

(नानक-वाणी, आसा, सबद २२)

पूर्वी हिन्दी : कुछ स्थलों पर पूर्वी हिन्दी के भी प्रयोग उनकी भाषा में मिल जाते हैं; उदाहरणार्थ—

(१) भईले उदासी रहउ निरासी

(नानक-वाणी, आसा, सबद २९)

(२) तितु सरवरड़ै भईले निवासा पाणी पावकु तिनहि कीआ ।

(नानक-वाणी, आसा, सबद २६)

(३) 'पंकजु मोह पगु नहीं चालै हम देखा तह डूबीअले'

इस प्रकार गुरु नानक देव ने कई भाषाओं के प्रयोग किए हैं ।

सामान्यतः गुरु नानक की भाषा में भावों के प्रकाशन की अद्‌भुत क्षमता है । उनकी भाषा कबीर की भाषा के समान औधत्यवादी नहीं है ।[१] उसमें अपूर्व शालीनता, मर्यादा, संयम और शिष्टता है । उनकी कठोर से कठोर भर्त्सनाएं मर्यादापूर्ण हैं । एकाध स्थल की दूसरी बात । उदाहरणार्थ —

(१) अखी त मीटहि नाक पकड़हि ठगण कउ संसार ।

(नानक-वाणी, रागु धनासरी, सबद ८)

(२) खत्रीआ त धरम छोडिआ मलेछ भाखा गही ।

(नानक-वाणी, रागु धनासरी, सबद ८)

१. कबीरदास—विश्वम्भरनाथ उपाध्याय, पृष्ठ १३४

(३) जाणहु जोति न पूछहु जाती आगै जाति न हे।

(नानक-वाणी, आसा, सबद ३)

(४) गऊ बिराहमण कउ करु लावहु गोबरि तरणु न जाई।

(नानक-वाणी, आसा की वार, सलोक ३३)

(५) छोडीले पाखंडा।

(नानक-वाणी, आसा की वार, सलोक ३३)

(६) माणस खाणे करहि निवाज। छुरी वगाइनि, तिन गलि ताग।

(नानक-वाणी, आसा की वार, सलोक ३४)

(७) नील वसत्र पहिरि होवहि परवाणु।
मलेछ धानु ले पूजहि पुराणु॥

(नानक-वाणी, आसा की वार, सलोक ३४)

(८) देकै चउका कढ़ी कार। उपरि आइ वैठे कूड़िआरु॥

(नानक-वाणी, आसा की वार, सलोक ३४)

गुरु नानक ने भाषा को सजीव, भावपूर्ण और प्रवाह युक्त बनाने के लिए स्थान-स्थान पर 'प्रतीकों' का सहारा लिया है। ये प्रतीक बड़े ही सार्थक, सजीव और कवित्वपूर्ण हैं। उदाहरणार्थ—

(१) बिमल मझारि बससि निरमल जल पदमनि जावल रे।
पदमनि जावल जल रस संगति संग दोख नहीं रे॥१॥
दादर तू कवहि न जानसि रे।
भखसि सिवालु वससि निरमल जल अंमृतु न लखसि रे॥१॥रहाउ॥

(नानक-वाणी, रागु मारू, सबद ४)

उपर्युक्त पद में 'दादुर' विषयासक्त पुरुषों का प्रतीक है। वह 'सिवार'—विषयों में ही अनुरक्त रहता है। 'कमल'—'ब्रह्मवृत्ति' की ओर उसका ध्यान नहीं जाता।

(२) कहु नानक प्राणी चउथै पहरै लावी लुणिआ खेतु॥४॥१॥

(नानक-वाणी, सिरी रागु, पहरे १)

अर्थात्, "नानक कहता है चौथे पहर में खेत काटने वाले ने खेत काट लिया" 'खेत काटने वाले' का प्रतीक 'यम' है। इसका पूरा भाव यह है कि "अन्तिम अवस्था में यमराज ने जीव को पकड़ लिया। उसका कोई भी वश न चला।"

(३) वणजारिआ सिउ वणजु करि लै लाहा मन हसु॥

(नानक-वाणी, सोरठि, महला १, सबद २)

यहाँ 'संतों' का प्रतीक 'वणजारिआ' और 'भक्ति' का प्रतीक 'लाहा' (लाभ) है।

(४) जे मन जाणहि सूलीआ काहे मिठा खाहि।

(नानक-वाणी, सोरठि, सबद १)

उपर्युक्त पद में 'मिठा' 'विषयों के रस' के प्रतीक में प्रयुक्त हुआ है।

(५) रागु आसा, के ५ वें छंत में, 'काला हिरन', 'भंवरा', 'मछली' और 'नहर' जीवात्मा के बड़े ही सुन्दर प्रतीक हैं। इन प्रतीकों में अति निर्मल काव्यधारा भी प्रवाहित हुई है।

(६) पंडित दही विलोईऐ भाई विचहु निकलै तथु।
जलु मथीऐ जलु देखीऐ भाई इहु जगु एहा वथु॥
(नानक-वाणी, सोरठि, महला, १, असटपदी २)

यहाँ 'दही बिलोना' 'परमात्मा' की भक्ति करने,' 'जल मथना' 'सांसारिक विषयों में लिप्त रहने' का प्रतीक है।

(७) तीजै पहरै, रैणि कै वणजारिआ मित्रा सरि हंस उलथडे आइ॥
(नानक-वाणी, सिरी राग, पहरे २)

'हंसों का तालाब में आ उतरना' का तात्पर्य 'वृद्धावस्था में बालों का सफेद हो जाना' है

(८) उतरि अवघटि सरवरि न्हावै
(नानक-वाणी, आसा, असटपदी १)

उपर्युक्त पद में 'अवघटि', 'विषयों की घाटी' एवं 'सरवरि' 'सत्संग के सरोवर' के प्रतीक हैं

कहना न होगा कि ऐसे 'प्रतीकों' की योजना से भाषा की व्यंजना-शक्ति, लाक्षणिकता और प्रभाव-शक्ति बहुत बढ़ जाती है।

गुरु नानक देव की भाषा की रूपक-योजना उसकी खास विशिष्टता है, जिसकी चर्चा इसके पहले पृथक् शीर्षक में की जा चुकी है।

गुरु नानक की भाषा में संगीत के माधुर्य का अद्भुत प्रवाह है। वे स्वयं संगीत के पूर्ण ज्ञाता थे। इसी से उनकी कुछ 'वाणियों' में अद्वितीय नाद-सौंदर्य के कारण उसमें अनुप्रास का प्रयोग सहज भाव से स्वतः प्राप्त हो जाता है। इसके कुछ उदाहरण नीचे दिए जा रहे हैं —

(१) सहस तव नैन, नन नैन है तोहि कउ,
सहस मूरति, नना एक तोही।
सहस पद बिमल, नन एक पद; गंध बिनु,
सहस तव गंध, इव चलत मोही।
सभ महि जोति जोति है सोइ।
तिस कै चानणि सभ महि चानणि होइ॥
(नानक-वाणी, धनासरी, आरती, सबद १)

(२) सावणि सरस मना घण वरसहि रुति आए।
मैं मनि तनि सहु भावै पिर परदेसि सिधाए॥
पिरु घरि नहीं आवै मरीऐ हावै दामनि चमकि डराए।
सेज इकेली खरी दुहेली मरणु भइआ दुखु माए॥
हरि बिनु नीद भूख कहु कैसी कापड़ु तनि सुखावए।
नानक सा सोहागणि कंती पिर कै अकि समावए॥६॥
(नानक-वाणी, रागु तुखारी, बारहमाहा पउड़ी ६)

(३) आपे दोना आपे बीना । आपे आपु उपाइ पतीना ।
आपे पउणु पाणी बैसंतरु आपे मेलि मिलाई हे ॥३॥
आपे ससि सूरा पूरो पूरा । आपे गिआनि धिआनि गुरु सूरा ॥
कालु जालु जमु जोहि न साकै साचे सिउ लिव लाई हे ॥४॥

....

आपे भवरु फुलु फलु तरवरु । आपे जल थलु सागरु सरवरु ॥
आपे मछु कछु करणी करु तेरा रूपु न लखणा जाई हे ॥६॥
आपे दिनसु आपे ही रैणी । आपि पतीजै गुर की वैणी ॥
आदि जुगादि अनाहदि अनदिनु घटि घटि सबदु रजाई ॥७॥

(नानक-वाणी, मारू सोलहे, १)

(४) अनहदो अनहदु वाजै रुण झुण कारे राम ।
मेरा मनो मेरा मनु राता लाल पिआरे राम ॥
अनदिनु राता मनु वैरागी सुंनि मंडलि घरु पाइआ ।
आदि पुरखु अपरंपर पिआरा सतिगुर अलख लखाइआ ॥
आसणि बैसणि थिरु नारायणु तितु मन राता वीचारे ।
नानक नामि रते बैरागी अनहद रुण झुणकारे ॥२॥१॥

(नानक-वाणी, रागु आसा, छंत २)

इस प्रकार के संगीतमय और नाद-सौन्दर्ययुक्त अनेक उदाहरण दिए जा सकते हैं। मेरी तो यह निश्चित धारणा है कि संगीत की जो दिव्य-माधुरी गुरु नानक देव की वाणी में पाई जाती हैं, वह किसी अन्य संत कवि में नहीं प्राप्त होती।

गुरु नानक देव ने अपने काव्य में स्थान स्थान पर मुहाविरों एवं कहावतों के प्रयोग किए, हैं, जिससे उनकी भाषा की व्यावहारिकता बढ़ गई है। उदाहरणार्थ —

(१) 'गूंगे का गुड़' —
जिन चाखिआ सेई सादु जाणनि जिउ गूंगे मिठिआई ।

(नानक वाणी, सोरठि, असटपदी १)

(२) 'स्वान की पूछ'—
अपना आपु तू कबहु न छोड़सि, सुआन पूछि जिउ रे ॥४॥४॥

(नानक-वाणी, रागु मारू, सबद ४)

(३) 'बाँह पसार कर मिलना' —
उरवारि पारि मेरा सहु बसै हउ मिलउगी बाह पसारि

(नानक-वाणी, गउड़ी, सबद १६)

(४) 'कसौटी पर कसना' —
कसि कसवटी लाईऐ परखे हितु चितु लाइ ॥

(नानक-वाणी, सिरी रागु, असटपदी ७)

(५) 'ठौर पौना' —

खोटे ठउर न पाइनी, खरे खजाने पाइ ।

(नानक-वाणी, सिरी रागु, असटपदी ७)

(६) 'मुंह काला होना' तथा 'पति खोना' (प्रतिष्ठा खोना)—

भगती भाइ विहूणिआ **मुह काला, पति खोइ** ।।

(नानक-वाणी, सिरी रागु, पहरे २)

(७) 'कंधे पर आना' तथा 'साँसों का अन्त होना'—

ओड़कु आइआ तिन साहिआ, वणजारिआ मित्रा,

जरु जरवाणा कंनि ।।

(नानक-वाणी, सिरी रागु, पहरे २)

(८) 'जो बोना, सो खाना'—

नानक **जो बीजै सो खावणा** करते लिखि पाइआ ।।

(नानक-वाणी, सारंग की वार)

(९) 'जन्म गंवाना'—

झूठें लालचि जनमु गवाइआ ।

(नानक-वाणी, प्रभाती असटपदी, विभास, १)

(१०) 'मन में बसाना' —

सचा नामु मंनि वसाए ।

(नानक-वाणी, प्रभाती-विभास, असटपदी २)

(११) '[illegible]ीण पड़णा' —

आपे सदे ढिल न होइ ।

(नानक-वाणी, प्रभाती, विभास असटपदी ५)

गुरु नानक की वाणी से इस प्रसार के मुहावरों के सैकड़ों उदाहरण प्रस्तुत किए जा सकते हैं। इससे उनकी भाषा अत्यधिक लोकोपयोगी और व्यावहारिक हो गई है।

गुरु नानक देव की काव्य-भाषा की अनूठी विशेषता यह है कि उसके वाक्यांश अथवा तुक पंजाब की सामान्य-जनता की सूक्तियों के रूप में प्रवेश पा चुके हैं।[1] जीवन के सभी क्षेत्र के व्यापार, आध्यात्मिक ज्ञान के सिद्धान्त, प्रकृति के सूक्ष्म निरीक्षण, सामाजिक और नैतिक जीवन के आदर्श इन सूक्तियों में समाविष्ट हैं। इनसे कवि की बहिर्दृष्टि और अन्तर्दृष्टि के व्यापक, सूक्ष्म और चमत्कारपूर्ण ज्ञान का परिचय प्राप्त कर हमें आश्चर्यविभोर हो जाना पड़ता है। उदाहरण के रूप में कुछ सूक्तियाँ नीची दी जा रही हैं—

(१) **मछी तारू किआ करे, पंछी किआ आकास** ।

(नानक-वाणी, माझ की वार)

(२) **हंस, हेत, लोभ, क्रोध, चारे नदीआ अगि** ।

(नानक-वाणी, माझ की वार)

---

१. गुरु ग्रंथ साहिब की साहित्यिक विशेषता. डा० गोपाल सिंह, पृष्ठ १४९

(३) झूठा इहु संसार किनि समझाइऐ ।।

(नानक-वाणी, माझ की वार)

(४) मारू मीहि न तृपतिग्रा अगी लहै न भुख ।

(नानक-वाणी, माझ की वार)

(५) राजा राज न तृपतिग्रा साइर भरें कि सुक ।

(नानक-वाणी, माझ की वार)

(६) भै बिनु कोई न लंघसि पारि ।

(नानक-वाणी, गउडी गुग्रारेरी, सबद १)

(७) न जीउ मरै, न डूबै तरै ।

(नानक-वाणी, गउड़ी गुग्रारेरी, सबद २)

(८) बिनु वखर सूनो घरु हाटु ।।

(नानक-वाणी, गउड़ी, सबद ६)

(९) गुर मिलि खोले बजर कपाट ।

(नानक-वाणी, गउड़ी, सबद ६)

(१०) सोइन लंका, सोइन माड़ी, संपै किसै न केरी ।।

(नानक-वाणी, गउड़ी, चेती, सबद १३)

(११) हीरे जैसे जनमु है कउडी बदले जाइ ।

(नानक-वाणी, गउड़ी-चेती, सबद १८)

(१२) आपण लीग्रा जे मिलै ता सभु को भागठु होइ ।

(नानक-वाणी, गउड़ी-चेती, सबद १८)

(१३) रूपै कामै दोसती, भूखै सादै गंढ ।।

(नानक-वाणी, मलार की वार)

(१४) सोई मउला जिनि जगु मउलिग्रा ।

(नानक-वाणी, सिरी रागु, सबद २८)

(१५) फाही सुरति मलूकी वेसु ।

(नानक-वाणी, सिरी रागु, सबद २९)

(१६) जेही सुरति तेहा तिन राहु ।

(नानक-वाणी, सिरी रागु, सबद ३०)

(१७) बिनु तेलु दीवा किउ जलै ?

(नानक-वाणी, सिरी रागु, सबद ३३)

(१८) तू ओना का तेरे ओहि ।

(नानक-वाणी, सिरी रागु, सबद ३०)

(१९) जह करणी तह पूरी मति ।

(नानक-वाणी, सिरी रागु, सबद ३०)

(२०) देवणहारे के हथि दानु ।

(नानक-वाणी, सिरीरागु , सबद ३२)

(२१) जेही धातु तेहा तिन नाम ।

(नानक-वाणी, सिरी रागु, सबद ३२)

(२२) आपि बीजि आपे ही खाइ ।

(नानक-वाणी, सिरी रागु, सबद ३२)

(२३) फुलु भाउ फलु लिखिआ पाइ ॥

(नानक-वाणी, सिरी, रागु,)

(२४) सोचै सोचि न होवई जे सोची लख वार ।

(नानक-वाणी, जपु जी, पउड़ी १)

(२५) विणु नावै नाही को थाउ ॥

(नानक-वाणी, जपु जी, पउड़ी १९)

(२६) विणु गुण कीते भगति न होइ ।

(नानक-वाणी, जपु जी, पउड़ी २१)

(२७) बहुता कहीऐ बहुता होइ ॥

(नानक-वाणी, जपु जी, पउड़ी २४)

(२८) जोरु न जीवणि मरणि न जोरु ।

(नानक-वाणी, जपु जी, पउड़ी ३३)

(२९) रीटीआ कारन पूरनि ताल ॥

(नानक-वाणी, आसा की वार)

(३०) गलीआ वातु विछुंनिआ मेला संजोगी राम ।

(नानक-वाणी, आसा, छंत ५)

(३१) हुकमु करहि मूरख गावार ।

(नानक-वाणी, वसंतु, सबद ३)

(३२) सूरज एको रुति अनेक ।

(नानक-वाणी, आसा, सबद ३०)

(३३) मनु कूंचरु काइआ उदिआनै ।

(नानक-वाणी, गउड़ी गुआरेरी, असटपदी २)

(३३) काम क्रोधु काइआ कउ गालै ।
जिउ कंचन सोहागा ढालै ॥

(नानक-वाणी, रामकली, ओअंकारु, पउड़ी १८)

(३४) चंचलु चीतु न रहई ठाइ ।

(नानक-वाणी, रामकली, ओअंकारु, पउड़ी ३३)

(३५) माइआ माइआ करि मुए माइआ किसै न साथि ॥

(नानक-वाणी, रामकली, ओअंकारु, पउड़ी ४२)

(३६) कूड़ बोलि बोलि भउकणा चूका धरम वीचारु ।

(नानक-वाणी, सारंग की वार)

(३७) कूड़ु राजा, कूड़ु परजा, कूड़ु, सभु संसारु ॥

(नानक-वाणी, आसा की वार)

सारांश यह कि गुरु नानक की भाषा इतनी व्यवहारोपयोगी थी कि पंजाब की जनता द्वारा सूक्तियों के रूप में अपना ली गई ।

गुरु नानक देव के दार्शनिक सिद्धान्त[१]

परमात्मा :—सृष्टि के अधिकांश धर्मो में परम तत्त्व परमात्मा को ही स्वीकार किया गया है । तर्क के द्वारा परमात्मा की अनुभूति होना असंभव है । परमात्मा की अनुभूति में श्रद्धात्मक भावना का बहुत बड़ा महत्व है । गुरु नानक देव ने अनुभूति श्रद्धा के बलपर अपने मूलमंत्र अथवा बीजमंत्र में परमात्मा के स्वरूप की इस भाँति व्याख्या की है ।

"१ ओं सतिनामु करतापुरखु निरभउ निरवैरु अकाल मूरति अजूनी सैभं गुर प्रसादि ।"[२]

मोहनसिंह जी ने मूलमंत्र की व्याख्या इस ढंग से की है —

"वह एक है, शब्द अथवा वाणी है और इसी के द्वारा सृष्टि रचता है । वह सत्य है, नाम है । उसके अस्तित्व का वाचक केवल नाम है और वही सत्य है और शेष जितने नाम हैं, उसके गुणों के वाचक हैं । उसके प्रत्यक्ष गुण ये हैं —'वह कर्त्तार है, पुरियों का निर्माण करके उनके बीच निवास करने वाला है, महान् पौरुष और महान् शक्तियुक्त है । वह समस्त शक्तियों का स्वामी है ।'—परमात्मा के निषेधात्मक गुण ये हैं —'वह भय से रहित है वैर से रहित हैं, मूर्तिमान् है; काल से रहित है, योनि के अन्तर्गत नहीं आता, त्रिपुटी से परे है ।'—इस प्रकार प्रत्यक्ष गुणों से प्रारम्भ करके फिर प्रत्यक्ष गुणों में अन्त करते हैं । "वह स्वयंभू है । वह प्राप्त होने वाला है और उसकी प्राप्ति गुरु-कृपा से होती है ।"[३]

वास्तव में बीजमंत्र अथवा मूलमंत्र का अत्यधिक महत्व है । यदि हम गुरु नानक की समस्त वाणी को इसी बीजमंत्र का भाष्य कहें, तो कुछ अनुपयुक्त न होगा ।[४]

उपासक की चित्त-वृत्ति एवं मन की अवस्था के अनुसार परमात्मा के गुण भी उपनिषदों और श्रीमद्भगवद्गीता में भिन्न भिन्न-कहे गए हैं । गुरु नानक में भी उपासक की आन्तरिक वृत्ति के अनुकूल ब्रह्म के स्वरूप का निरूपण तीन प्रकार का मिलता है—(१) निर्गुण ब्रह्म, (२) सगुण ब्रह्म और (३) सगुण-निर्गुण दोनों से मिश्रित—उभय विधि ।

१. **निर्गुण ब्रह्म** :—निर्गुण ब्रह्म का वर्णन तो असंभव हैं, क्योंकि वहाँ तक न मन पहुँच सकता है, न वाणी, न इन्द्रियाँ । उसका केवल संकेत मात्र किया जा सकता है । ब्रह्म-प्रतिपादन के लिए दो शैलियों का प्रयोग होता है—एक तो विधि शैली और दूसरी निषेधात्मक

---

१. विस्तृत विवेचन के लिये देखिये—श्री गुरु ग्रंथ दर्शन, जयराम मिश्र
२. सिक्खो का मूलमंत्र, नानक-वाणी, पृष्ट १
३. पंजाबी भाखा विगिआन अते गुरमति गिआन, मोहन सिंह, पृष्ट २१, २२, २३
४. विस्तृत विवेचन के लिये देखिए, श्री गुरु-ग्रंथ दर्शन जयराम मिश्र पृष्ट ६१—७४

शैली। गुरु नानक देव ने निर्गुण ब्रह्म के निरूपण में निषेधात्मक शैली का सहारा लिया है और सगुण ब्रह्म के प्रतिपादन में विधि शैली का।

उन्होंने निर्गुण ब्रह्म का प्रतिपादन बड़ी हो रोचक, मोलिक शैली में किया है।—

"अरबद नरबद धुंधूकारा।............

बेद कतेब न सिंमृत सासत। पाठ पुराण उदै नही आसत।

(नानक-वाणी, मारू सोलहे १५)

निर्गुण ब्रह्म के सूक्ष्मत्व का उल्लेख गुरु नानक में बहुत पाया जाता है। 'जपु जी' में एक स्थल पर उन्होंने कहा है —

ता कीआ गलीआ कथीआ न जाहि।

जो को कहै पिछै पछुताइ॥

(नानक-वाणी, जपु जी, पउड़ी, ३६)

उस निर्गुण ब्रह्म में जल, थल, धरती और आकाश कुछ भी नहीं है। वह स्वयभू अपने आप में प्रतिष्ठित है। वहाँ न माया है, न छाया है; न सूर्य है, न चन्द्रमा और न अपार ज्योति ही —

जल थलु धरणि गगनु तह नाही आपे आपु कीआ करतार ॥२॥

ना तदि माइआ मगनु न छाइआ न सूरज चन्द न जोति अपार॥

(नानक-वाणी, गूजरी, असटपदी २)

श्री गुरु नानक देव एवं उपनिषदों की निर्गुण-प्रतिपादन-शैली में असाधारण साम्य है।

२ सगुण ब्रह्म :—सांख्य मतावलम्बी सृष्टि-रचना में प्रकृति का बहुत बड़ा हाथ मानते हैं। उनके अनुसार बिना प्रकृति की सहायता के सृष्टि-रचना हो ही नहीं सकती। परन्तु गुरु नानक देव ने स्पष्ट रूप से इस बात को माना है 'निर्गुण ब्रह्म ने बिना किसी अवलम्बन के अपने आपको सगुण रूप में प्रकट किया' —

आपे आपु उपाइ निराला॥

(नानक-वाणी, मारू, सोलहे १६)

जगतु उपाइ खेलु रचाइआ॥

(नानक-वाणी, मारू, सोलहे ११)

आपि उपाइआ जगतु सबाइआ।

(नानक-वाणी, मारू, सोलहे ३)

परमात्मा के सगुण स्वरूप का वर्णन गुरु नानक ने दो प्रकार से किया है (क) परमात्मा के विराट् स्वरूप के माध्यम द्वारा (ख) परमात्मा के अन्य गुणों के चित्रण द्वारा।

विराट् स्वरूप का गुरु नानक देव ने स्थान-स्थान पर चित्रण किया है। उस विराट् स्वरूप के चित्रण में प्रभु का सगुण स्वरूप व्यंजित है। उदाहरणार्थ —

"गगनमै थालु रबि चन्दु दीपक बने तारिका मंडल जनक मोती।

धूपु मलआनलो, पवणु चवरो करै, सगल बनराइ फूलंत जोती॥

(नानक-वाणी, धनासरी, सबद ९)

विराट् स्वरूप के निरूपण में अनेक स्थलों पर यह कहा गया है कि प्रभु ही सब कुछ है। उदाहरणार्थ—"परमात्मा आप ही पवन, जल और वैश्वानर है। इनका मेल भी प्रभु ही करता है। आप ही शशि और आप ही पूर्ण सूर्य है............वह आप ही भ्रमर है, वही वृक्ष है और वही उस वृक्ष का फूल और फल है। वह आप ही मच्छ-कच्छ की करणी करता है और उसका रूप कुछ समझ में नहीं आता। इस प्रकार वह स्वयं दिन और रात बना हुआ है।"

(नानक-वाणी, मारू सोलहे १)

जिस प्रकार निर्गुण ब्रह्म अनन्त है और उसका कथन नहीं किया जा सकता, उसी भाँति सगुण ब्रह्म का विराट्-स्वरूप भी कथन की सीमा से परे है। तभी तो गुरु नानक देव ने 'जपु जी' में कह दिया है।

अंतु न जापै कीता आकारु। अंतु न जापै पारावारु ॥
अंत कारणि केते बिललाहि। ता के अंत न पाए जाहि ॥
एहु अंतु न जाणै कोइ। बहुता कहीऐ बहुता होइ ॥

(नानक-वाणी, जपु जी, पउड़ी २४)

गुरु नानक देव ने परमात्मा को स्थान-स्थान पर सर्वव्यापी, सर्वान्तर्यामिन्, सर्वशक्तिमान्, दाता, भक्त-वत्सल, पतितपावन, परमकृपालु, सर्वप्रेरक, शीलवन्त, सखा, सहायक, माता-पिता, स्वामी, शरणदाता आदि विशेषणों से युक्त कर उसके सगुण स्वरूप का अभिव्यक्त किया है। हाँ, उन्होंने स्थान-स्थान पर अवतारवाद का खण्डन किया है यथा—

"मन महि झूरै रामचन्दु सीता लछमणु जोगु ॥

(नानक-वाणी, सलोक वारां ते वधीक)

"अंधुले दहसिरि मूंड कटाइआ रावणु मारि किआ वडा भइआ ॥

....

आगै अंतु न पाइओ ताका कंसु छेदि किया वडा भइआ ॥

(नानक-वाणी, आसा राग, सबद ७)

गुरु नानक ने रामादिक अवतारों के संबंध में एक स्थान पर कहा है कि एक परमात्मा ही निर्भय और निरंकार है, रामादिक तो धूल के समान तुच्छ है—

नानक निरभउ निरंकारु होरि केते राम रवाल ॥

(नानक-वाणी, आसा की वार)

उन्होंने स्थान-स्थान पर जोरदार और स्पष्ट शब्दों में कहा है कि मेरा परमात्मा एक ही है। यही बात उपनिषदों में भी पाई जाती है। इस्लाम का एकेश्वरवाद तो प्रसिद्ध ही है। गुरु नानक की उक्तियाँ ध्यान देने योग्य हैं—

साहिब मेरा एको है। एको है भाई एको है ॥

(नानक-वाणी, आसा राग, सबद ५)

साहिबु मेरा एकु है अवरु नही भाई ॥

(नानक-वाणी, आसा-काफी, असटपदीआं १८)

निर्गुण और सगुण उभय-स्वरूप

परमात्मा के निर्गुण और सगुण स्वरूपों के अतिरिक्त गुरु नानक देव ने स्पष्ट रूप से उसके उभय स्वरूपों को माना है। उनके विचार में ब्रह्म निर्गुण भी है और सगुण भी। इसके साथ ही साथ वह निर्गुण और सगुण दोनों ही एक साथ है। गुरु नानक देव ने "सिद्ध गोष्ठी" में कहा है कि परमात्मा ने अव्यक्त निर्गुण से सगुण ब्रह्म को उत्पन्न किया और वह दोनों आप ही है —

अविगतो निरमाइलु उपजे निरगुण ते सरगुण थीम्रा ॥

(नानक-वाणी, रामकली, सिध गोसटि, पउड़ी २४)

सृष्टिक्रम

सृष्टि-क्रम भी अद्‌भुत पहेली है। विभिन्न दार्शनिकों और तत्त्ववेत्ताओं ने इस समस्या को अपने-अपने ढंग से सुलझाने का प्रयास किया। परन्तु फिर भी वह ज्यों की त्यों बनी रही। गुरु नानक देव ने सृष्टि-रचना के सम्बन्ध में एक ऐसे समय की कल्पना की है, जब सृष्टि का नाम-निशान तक नहीं था। वे कहते हैं, "अगणित युगों पर्यन्त महान् अन्धकार था। न तो पृथ्वी थी और न आकाश था। प्रभु का अपार हुकम मात्र था। न दिन था, न रात थी। न तो चन्द्रमा था, न सूर्य।............पाठ-पुराण तथा सूर्योदय और सूर्यास्त भी न थे। वह अगोचर, वह अलख स्वयं अपने को प्रदर्शित कर रहा था।"

(नानक-वाणी, मारू सोलहे १५)

गुरु नानक देव की उपर्युक्त विचारावली एवं ऋग्वेद के नासदीय सूक्त की विचारधारा में असाधारण साम्य है[१]। तैत्तिरीय ब्राह्मण, छान्दोग्योपनिषद्, बृहदारण्यकोपनिषद् आदि में भी इसी प्रकार की कल्पना है[२]।

गुरु नानक देव ने परमात्मा के निर्गुण स्वरूप को कहीं कहीं शून्य कहा है और इसी से सब सृष्टि की उत्पति मानी है[३]। पर इस शून्य का अर्थ "कुछ नहीं" नहीं है। शून्यावस्था का तात्पर्य उस स्थिति से है, जब संसार की उत्पत्ति के पूर्व सारी शक्तियाँ एक मात्र निर्गुण ब्रह्म में केन्द्रीभूत थीं।

सृष्टि के मूलारंभ के इस परम तत्व को गुरु नानक देव ने 'ओंकार' की संज्ञा से भी प्रतिष्ठित किया है और इसी 'ओंकार' को ब्रह्मादिक तथा सृष्टि की उत्पति का कारण माना है।[४]

गुरु नानक देव परमात्मा को ही सृष्टि का निमित्त और उपादान कारण मानते हैं —

आपीन्है आपु साजिओ आपीन्है रचिओ नाउ ॥

(नानक वाणी, आसा की वार)

---

१. ऋग्वेद मण्डल १०, १२९ सूक्त, ऋचा १ और २
२. वृहद्‌ विवेचन के लिये देखिये, श्री गुरुग्रंथ-दर्शन, जयराम मिश्र (सृष्टि-क्रम), पृष्ठ ९६-११९
३. नानक वाणी, 'सुन कला अपरंपरि धारी।" आदि, मारू सोलहे १७
४. नानक-वाणी, "ओअंकारि ब्रहमा उतपति" रामकली, दखणी ओअंकारु ॥

सांख्य मतानुसार सृष्टि-रचना के मूल कारण पुरुष और प्रकृति हैं। पर गुरु नानक को यह मत मान्य नहीं। वे परमात्मा को ही सृष्टि का मूल कारण मानते हैं।

गुरु नानक के अनुसार संसार की उत्पत्ति परमात्मा के 'हुक्म' से होती है। यह 'हुक्म' अनिर्वचनीय है —

हुकमी होवनि आकार हुकमु न कहिआ जाई।

....

हुकमे अंदरि सभु को बाहरि हुकम न कोइ॥

(नानक-वाणी, जपु जी, पउड़ी २)

गुरु नानक देव ने 'हुकम' की महत्ता का मारू राग में विशद चित्रण किया है —

"हुकमे आइआ हुकमि समाइआ

....

हुकमे सिध साधिक वीचारे॥

(नानक-वाणी, मारू सोलहे १६)

सृष्टि-रचना का समय अज्ञात और अनिश्चित है। पंडित, काजी इत्यादि कोई भी सृष्टि-रचना का समय नहीं जानते। जिसने सृष्टि-रचना की है, वही इन सब बातों को जान सकता है —

कवणु सु वेला वखतु कवणु कवणु थिति कवणु वारु।

....

जा करता सिरठी कउ साजे आपे जाणै सोई॥

(नानक-वाणी, जपु जी, पउड़ी २१)

इसी प्रकार "सिध गोसटि" (रामकली) की २३वीं पउड़ी में यह बतलाया है कि सृष्टि-रचना के प्रारम्भ में विचार करना आश्चर्यमय है।

सृष्टि के अनन्त विस्तार परमात्मा के एक वाक्य से होते हैं —

"कीता पसाउ एको कवाउ"

(नानक-वाणी, जपु जी पउड़ी १६)

ज्योंही 'हुकम' की उत्पत्ति होती है, त्योंही हउमै (अहंकार) की उत्पत्ति होती है। यही 'हउमै' जगत् की उत्पत्ति का मुख्य कारण है —

"हउमै विचि जगु उपजै"

(नानक-वाणी, सिध गोसटि, पउड़ी ६८)

यही हउमै बाह्य और आन्तरिक सृष्टि की उत्पत्ति का कारण है। तीनों गुण हउमै में ही क्रियाशील होते हैं और वे ही समस्त सृष्टि के कारण होते हैं। गुरु नानक देव के अनुसार परमात्मा 'अफुर अवस्था' में तो सबसे परे और अव्यक्त है, किन्तु वही 'सफुर अवस्था' में सर्वव्यापी और सर्वान्तरात्मा है।[१]

१. फिलासफी आफ् सिक्खिज्म; शेरसिंह, पृष्ठ १८६

योगवासिष्ठ के अनुसार भी अहंकार ही स्थूल और सूक्ष्म सृष्टि का कारण है।[१]

गुरु नानक देव ने स्थान-स्थान पर इस बात को स्पष्ट कर दिया है कि सृष्टि की उत्पत्ति जिस परमात्मा से होती है, उसी परमात्मा में वह विलीन भी हो जाती है। निम्नलिखित उदाहरणों से इसकी पुष्टि होती है—

जिसते उपजै तिसते त्रिनसै।

(नानक-वाणी, सिरी रागु, सबद १६)

जिनि सिरि साजी तिनि फुनि गोई॥

(नानक-वाणी, आसा, सबद २१)

तुझ ते उपजहि तुझ माहिं समावहि॥

(नानक-वाणी, मारु-सोलहे १४)

मुण्डकोपनिषद् में भी सृष्टि-रचना और लय का कारण परमात्मा ही बताया गया है (मुण्डक० २, खंड १, मंत्र १ तथा मुण्डक १, खंड १, मंत्र ७)

गुरु नानक के अनुसार सृष्टि अनन्त है —

असंख नाव असंख थाव। अगंम अगंम असंख लोअ॥

(नानक-वाणी, जपु जी, पउड़ी १६)

इसी प्रकार जपु जी के 'ज्ञान खण्ड' में सृष्टि की अनन्तता का विशद चित्रण किया गया है। सृष्टि की अनन्तता पर उन्होंने आश्चर्य भी प्रकट किया है —

"विसमादु नादु, विसमादु वेद

....

विसमादु रूप विसमाद रंगु।" आदि

(नानक-वाणी, आसा की वार)

गुरु नानक ने वेदान्तियों की भाँति जगत् को मिथ्या नहीं माना है और न इसे भ्रम कहा है। उन्होंने जगत् को स्थान-स्थान पर सत्य कहा है —

सचे तेरे खंड सचे ब्रहमंड। सचे तेरे लोअ सचे आकार॥

(नानक-वाणी, आसा की वार)

उन्होंने जहाँ कहीं सृष्टि को झूठा अथवा मिथ्या कहा है, उसका यही अभिप्राय है कि वह नश्वर और क्षणभंगुर है, शाश्वत नहीं। अन्त में परमात्मा में ही यह सृष्टि लय हो जाती है —

तुधु आपे सृसटि सभ उपाई जी तुधु आपे सिरजि सभ गोई॥

(नानक-वाणी, रागु आसा, सोदरु)

हउमै (अहंकार)

'अफुर' ब्रह्म में परमात्मा के 'हुकम' से क्रियाशीलता उत्पन्न होती है और यही क्रियाशीलता सगुण ब्रह्म बन जाती है। 'हुकम' की उत्पत्ति के साथ ही साथ हउमै (अहंकार) की

१. द योगवासिष्ठ, बी० एल० आत्रेय, पृष्ठ १९०

उत्पत्ति होती है। यही हउमै अहंकार की उत्पत्ति का मुख्य कारण है —

हउमै विचि जगु उपजै।

(नानक-वाणी, रामकली, सिध गोसटि)

योगवासिष्ठ में भी अहंकार को ही सृष्टि-उत्पत्ति का मूल कारण माना गया है।[१]

'हउमै' इतना भयानक रोग है कि मनुष्य भर ही इस रोग के वशीभूत नहीं हैं, बलिक पवन, पानी, वैश्वानर, धरती, सातों समुद्र, नदियाँ, खण्ड, पाताल, षट्-दर्शन सभी पर इसका प्रभुत्व है। यहाँ तक कि त्रिदेव भी इससे मुक्त नहीं हैं —

नानक हउमै रोग बुरे।

....

रोगी खट दरसन भेखधारी नाना हठी अनेका॥

(नानक-वाणी, भैरउ, असटपदी १)

गुरु नानक द्वारा वर्णित अहंभाव की प्रवृत्तियां तथा श्रीमद्भगवद्गीता के सोलहवें अध्याय में वर्णन की गई आसुरी प्रवृत्तियां में अत्यधिक साम्य है। सांसारिक पुरुषों के सारे कार्य अहंकार ही में हुआ करते हैं। जन्म-मरण, देना-लेना, लाभ-हानि, सत्य-असत्य, पुण्य-पाप, नरक-स्वर्ग, हँसना-रोना, शौच-अशौच, जाति-पाँति, ज्ञान-अज्ञान, बन्धन-मोक्ष आदि सब कुछ 'हउमै' के द्वारा होते हैं। उनकी अन्य क्रियाएं भी 'हउमै' के द्वारा ही होती हैं। गुरु नानक देव ने 'आसा की वार' में इसका चित्रण किया है—

हउ विचि आइआ हउ विचि गइआ।

....

हउमै करि करि जंत उपाइआ॥

(नानक-वाणी, आसा की वार)

सारांश यह कि 'हउमै' जीवात्मा की सांसारिक यात्रा का प्रमुख कारण है। रजोगुण, तमोगुण एवं सत्वगुण के संयोग से नाना भाँति की सृष्टि-रचना होती है। अनेक प्रकार के जीव उत्पन्न होते हैं। अनेक प्रकार के कर्म इसी 'हउमै' के कारण किए जाते हैं। इन कर्मों के प्रभाव और संस्कार जीवात्मा को सूक्ष्म शरीर द्वारा बाँधे रहते हैं। इस प्रकार जीव अनेक योनियों में भटकता रहता है और जीव का आवागमन निरन्तर जारी रहता है।[२]

जिस प्रकार मनुष्य की वासनाएं अनन्त हैं, उसी प्रकार हउमै के भेद भी अनन्त हो सकते हैं। फिर भी स्थूल दृष्टि से गुरु नानक की वाणी में हउमै के निम्नलिखित भेद किए जा सकते हैं —

(१) धार्मिक अथवा आध्यात्मिक अहंकार : "मैं ध्यानी हूँ, मैं ज्ञानी हूँ, मैं तपस्वी हूँ, मैं योगी हूँ, मैं ब्रह्मचारी हूँ।" यही धार्मिक अथवा आध्यात्मिक अहंकार है। यह अहंकार साधक को नीचे गिरा देता है। गुरु नानक देव ने स्पष्ट कर दिया है, "लाखों भलाइयाँ, लाखों पुण्य,

---

१. द योगवासिष्ठ, बी० एल० आत्रेय, पृष्ठ १८८

२. गुरमति दर्शन : शेरसिंह, पृष्ठ २५४

कर्म, तीर्थों में लाखों तप, जंगलों में योगियों का सहज योग आदि आदि यदि अहंभाव से किए गए हैं, तो वे सब मिथ्या बुद्धि से किए गए हैं।"

लख नेकीआ चंगिआईआ लख पुंना परवाणु

....

नानक मती मिथिआ करमु सचा नीसाणु ॥

(नानक-वाणी, आसा की वार)

(२) **विद्यागत अहंकार** : विद्यागत अहंकार आध्यात्मिक प्रगति में बहुत बड़ा बाधक है। गुरु नानक की पैनी दृष्टि इस पर थी। उन्होंने कहा है, "यदि पढ़-पढ़ कर काफिले भर दिए जायं, पढ़ पढ़ कर नावें लाद दीं जायँ, पढ़-पढ़ कर गड्ढे भर दिए जायं और अध्ययन में ही सारे वर्ष, सारे मास, सारी आयु, सारी साँसें व्यतीत कर दी जायं, फिर भी नानक के हिसाब से यही बात ठीक है कि अध्ययन-संबंधी सारे अहंकार सिर खपाने के अतिरिक्त कुछ भी नहीं हैं।"—

पड़ि पड़ि गडी लदीअहि...... आदि

(नानक-वाणी, आसा की वार)

(३) **कर्मकाण्ड और वेश संबंधी अहंकार** : बहुत से साधक इन्हीं के बल पर संसार में अपनी ख्याति चाहते हैं। किन्तु उन्हें आन्तरिक शान्ति नहीं प्राप्त हो सकती —

बहु भेख कीआ देही दुखु दीआ

....

रहै बेबाणी मड़ी मसाणी। अंधु न जाणै फिरि पछुताणी

(नानक-वाणी, आसा की वार)

गुरु नानक देव ने ऐसे वेशादिक अहंकार की विस्तार के साथ विवेचना की है। योगियों के भगवा-वेश, कंथा, झोली, तीर्थ-भ्रमण, विभूति-धारण, धूनी रमाना, संन्यासियों के मूँड़ मुड़ाने तथा कमण्डल धारण करने आदि बाह्य-वेशों एवं तद्गत अहंकारों की तीव्र भर्त्सना की है—

धोली गेरू रंग चड़ाइआ वसत्र भेख भेखारी।

....

इसत्री तजि करि कामि विआपिआ चितु लाइआ पर नारी ॥

(नानक-वाणी, मारू, असटपदी ७)

(४) **जाति-सम्बन्धी अहंकार** :—"मैं ब्राह्मण हूँ, मैं क्षत्रिय हूँ, मैं कुलीन हूँ," आदि का अहंकार मनुष्यों के बीच में ऐसी खाईं खोद देता है, कि वह शताब्दियों तक नहीं पटती। गुरु नानक देव ने जाति-संबंधी अहंकार को दूर करने के लिए अपने विचार इस भाँति प्रकट किए हैं —"जीव मात्र में परमात्मा की ज्योति समझो। जाति के संबंध में प्रश्न न करो, क्योंकि आगे किसी भी प्रकार की जाति नहीं थी।"—

"जाणहु जोति न पूछहु जाती आगै जाति न हे।"

(नानक-वाणी, आसा, सबद ३)

अगै जाति न जोरु है, अगै जीउ नवे ।।

(नानक-वाणी, आसा की वार)

जाति महि जोति, जोति महि जाता, अकल कला भरपूरि रहिआ ।।

(नानक-वाणी, आसा की वार)

(५) **धन-सम्पत्ति सम्बन्धी अहंकार** :— धन-सम्पत्ति सम्बन्धी अहंकार मनुष्य को एकदम वैभवान्ध बना देते हैं। धन-सम्बन्धी अहंकार के वशीभूत होकर मनुष्य राक्षसी-कर्म करने में में प्रवृत्त होता है। उसके सामने सम्पत्ति के अतिरिक्त कोई आदर्श नहीं रहता। उसे सदैव महर, मलूक, सरदार, राजा, बादशाह, चौधरी, राउ कहलाने की वासना सताती रहती है। किन्तु ऐसे मनमुख अहंकारी की दशा ठीक वैसी ही होती है, जो दशा दावाग्नि में पड़कर तृण समूह की होती है —

सुइना रूपा संचीऐ मालु जालु जंजालु ।

....

सभु जगु काजल कोठड़ी तनु मनु देह सुआहि ।।

(नानक-वाणी सिरी रागु, असटपदी १६)

सोने-चाँदी का कितना ही संग्रह क्यों न किया जाय, किन्तु यह सब कच्चा है, विष है, क्षार है —

"सुइना रूपा संचीऐ धनु काचा बिखु छारु ।।

(नानक-वाणी, रामकली, दखणी ओअंकारु, पउड़ी ४८)

(६) **परिवार-सम्बन्धी अहंकार** :—परिवार सम्बन्धी अहंकार प्रबल मोह के हेतु है। गुरु नानक देव कहते हैं कि जो सांसारिक व्यक्ति, "बहिन, भौजाई, सास, फूफी, नानी, मौसी" आदि में अहंबुद्धि रखते हैं, वे सचमुच ही मूर्ख हैं। स्मरण रखना चाहिए कि संसार का कोई भी सम्बन्ध अंत में हमारी सहायता नहीं कर सकता —

ना भैणा भरजाईआ ना से ससुड़ीआह ।

....

मामे ते मामणीआ भाइर बाप ना माउ ।।

(नानक-वाणी, मारू-काफी, सबद १०)

जितने भी सांसारिक संबंध हैं, सभी बंधन के हेतु हैं —

बंधन मात पिता संसारि । बंधन सुत कंनिआ अरु नारि ।।

(नानक-वाणी, आसा, असटपदी १०)

(७) **रूप-यौवन सम्बन्धी अहंकार** : यह अहंकार सार्वभौमिक है। यह अहंकार धनी से लेकर दरिद्र तक में समान रूप से व्याप्त है। निर्धन से निर्धन और कुरूप से कुरूप व्यक्ति भी अपने रूप और यौवन पर अभिमान करता है। गुरु नानक देव ने स्थान-स्थान पर इस अहंकार की प्रबलता बतलाई है। उन्होंने एक स्थल पर बतलाया है कि पाँच ठग संसार में अत्यन्त प्रबल हैं। वे हैं राज, माल, रूप, जाति और यौवन। इन पाँचों ठगों ने सारे संसार को ठग लिया है। उन्होंने किसी की भी लज्जा नहीं छोड़ी —

राजु मालु रूपु जाति जोबनु पंजे ठग ।
एनी ठगीं जगु ठगिश्रा किनै न रखी लज ।।

(नानक-वाणी, मलार की वार)

उन्होंने यह भी बतलाया है कि रूप और काम का अन्योन्याश्रित सम्बन्ध है । इन दोनों की प्रबल मैत्री है —

रूपै कामै दोसती

(नानक-वाणी, मलार की वार)

उन्होंने स्पष्ट कर दिया है कि रूप सम्बन्धी अहंकार की क्षुधा कभी शान्त नहीं होती —

रूपी भुख न उतरै

(नानक-वाणी, मलार की वार)

अहंकार के कारण बड़े-बड़े दुष्परिणाम भोगने पड़ते हैं । सद्गुरु ही 'हउमै' के बन्धनों को तोड़ सकता है ।

हउमै बन्धन सतिगुरि तोड़े चितु चंचलु चलणि न दीना हे ।

(नानक-वाणी, मारू सोलहे ८)

माया

सृष्टि के प्रारम्भकाल में अव्यक्त और निर्गुण परब्रह्म जिस देशकाल आदि नाम-रूपात्मक सगुण शक्ति से व्यक्त अर्थात् दृश्य-सृष्टि रूप सा देख पड़ता है, उसी को वेदान्त-शास्त्र में 'माया' कहते हैं । लोकमान्य बाल गंगाधर तिलक के अनुसार नाम, रूप और कर्म ये तीनों मूल में एक स्वरूप ही हैं । हाँ, उसमें विशिष्टार्थक सूक्ष्म भेद किया जा सकता है कि 'माया' एक सामान्य शब्द है और उसके दिखावे को नाम, रूप तथा व्यापार को कर्म कहते हैं ।[१]

वेदान्तियों की भाँति गुरु नानक देव को माया का स्वतंत्र, अस्तित्व स्वीकार नहीं है । उन्होंने स्पष्ट रूप से यह बतलाया है कि माया की रचना परमात्मा ही ने की—"निरंजन परमात्मा ने स्वयं अपने आपको उत्पन्न किया है और समस्त जगत् में वही अपना खेल बरत रहा है । तीनों गुणों एवं उनसे सम्बद्ध माया की रचना उसी परमात्मा ने की । मोह की वृद्धि के साधन भी उसी ने उत्पन्न किए ।"

आपे आपि निरंजना जिनि आपु उपाइआ ।
आपे खेलु रचाइओनु सभु जगत सबाइआ ।।
त्रैगुण आपि सिरजिअनु माइआ मोहु बधाइआ ।

(नानक-वाणी, सारंग की वार)

गुरु नानक देव ने माया का 'कुदरत' नाम भी स्वीकार किया है—

१. गीता-रहस्य अथवा कर्मयोगशास्त्र; बाल गंगाधर तिलक, पृष्ठ २६३

कुदरति कवण कहा वीचारु ।

(नानक-वाणी, जपु जी, पउड़ी १६)

आपणि कुदरति आपे जाणै ।

(नानक-वाणी, सिरी रागु, असटपदी १)

माया की अति मोहिनी शक्ति है । इसी से इसका प्रभुत्व सारे संसार में व्याप्त है । यह नाना रूपों में व्याप्त है —

माइआ मोहि सगलु जगु छाइआ ।
कामणि देखि कामि लोभाइआ ॥
सुत कंचन सिउ हेतु बधाइआ ॥१॥२॥

(नानक-वाणी, प्रभाती-बिभास, असटपदी २)

गुरु नानक देव ने स्थान-स्थान पर इस बात का संकेत किया है कि ब्रह्मा, विष्णु, महेश माया से उत्पन्न हुए हैं और वे त्रिगुणात्मक माया में बंधे हैं —

एका माई जुगति विआई तिनि चेले परवाणु ।
इकु संसारी, इकु भंडारी, इकु लाए दीवाणु ॥

(नानक-वाणी, जपु जी, पउड़ी ३०)

उन्होंने माया की प्रबलता स्थान-स्थान पर रूपकों द्वारा प्रदर्शित की है । एक स्थल पर गुरु नानक देव ने माया को उस बुरी सास के रूप में माना है, जो जीवात्मा रूपी बधू को पति-परमात्मा से मिलने नहीं देती —

सासु बुरी घरि वासु न देवै पिर सिउ मिलण न देइ बुरी ॥

(नानक-वाणी, आसा, सबद २२)

एक स्थल पर उन्होंने माया को ऐसी सर्पिणी माना है, जिसके विष के वशीभूत सारे जीव हैं —

इउ सरपनि के बसि जीअड़ा ।

(नानक-वाणी, सिरी रागु, असटपदी १५)

गुरु नानक देव ने कहा है कि माया की सारी रचना धोखा है । इसमें कुछ सार नहीं है—

बाबा माइआ रचना धोहु ॥१॥रहाउ ॥

(नानक-वाणी, सिरी रागु, सबद ३)

सत्-संगति, सद्गुरु-प्राप्ति, नाम-जप, प्रेमाभक्ति से माया के बंधन कट जाते हैं और परमानन्द की प्राप्ति होती है ।

जीव, मनुष्य और आत्मा

जीव परमात्मा की सृष्टि की सबसे चेतनशील शक्ति है; इसमें सुख-दुःख अनुभव करने की अद्भुत शक्ति तथा चेतना है । गुरु नानक देव के अनुसार जीव परमात्मा के 'हुकम' से उत्पन्न होते हैं —

"हुकमी होवनि जीअ"

(नानक-वाणी, जपु जी, पउड़ी २)

'गउड़ी राग' के एक सबद में भी यही बात स्वीकार की गई है कि जीव परमात्मा के 'हुकम' से अस्तित्व में आते हैं और 'हुकम' से ही फिर उसी में लीन हो जाते हैं —

हुकमे आवै हुकमे जाइ। आगै पाछै हुकमि समाइ।

(नानक-वाणी, गउड़ी, सबद २)

जीव परमात्मा से उत्पन्न होते हैं और उनके अंतर्गत परमात्मा का निवास है, इसीलिए गुरु नानक देव ने अपनी वाणी में स्थान-स्थान पर जीव को अमर माना है —

देही अंदरि नामु निवासी। आपे करता है अबिनासी॥
ना जीउ मरै न मारिआ जाई करि देखै सबदि रजाई हे॥१३॥६॥

(नानक-वाणी, मारू सोलहे, ६)

न जीउ मरै, न डूबै, तरै॥

(नानक-वाणी, गउड़ी, सबद २)

जीव अनन्त हैं —

तिनके नाम अनेक अनंत।

(नानक-वाणी, जपु जी, पउड़ी ३७)

जीवों का स्वामी परमात्मा है। उसी के अधीन समस्त जीव हैं —

जीअ उपाइ जुगति वसि कीनी।

(नानक-वाणी, मलार, असटपदी २)

जीअ उपाइ जुगति हथि कीनी॥

(नानक-वाणी, रागु आसा, सबद ७)

जीउ पिंडु सभु तेरै पासि।

(नानक-वाणी, सिरी रागु, सबद ३१)

गुरु नानक जी के अनुसार जीवों को उत्पन्न करके परमात्मा ही उनके भोजन आदि का प्रबंध करता है —

जीअ उपाइ रिजकु दे आपे॥

(नानक-वाणी, मारू सोलहे २२)

किन्तु जीव जब अहंकारवश अपनी पृथक् सत्ता समझने लगता है, तो उसकी बड़ी दुर्दशा होती है —

जह जह देखा तह तह तू है, तुझते निकसी फूटि मरा॥

(नानक-वाणी, सिरी राग, सबद ३१)

मायाग्रस्त होने के कारण जीव अनेक योनियों में भटकते रहते हैं। कभी रूख-वृक्ष की योनि धारण करनी पड़ती है, कभी पक्षियों की योनि में जाना पड़ता है। और कभी सर्प योनि में जन्म धारण करना पड़ता है —

केते रूख बिरख हम चीने, केते पसू उपाए।
केते नाग कुली महि आए, केते पंख उड़ाए ॥
(नानक-वाणी, गउड़ी-चेती, सबद १७)

साराँश यह कि जिस भाँति जाल में मछली पकड़ी जाती है, उसी भाँति मनुष्य भी माया के जाल में जकड़ा रहता है —

जिउ मछी तिउ माणसा पवै अचिंता जालु ॥
(नानक-वाणी, सिरी रागु, असटपदी ४)

अंत में जीव साधन-सम्पन्न होकर परमात्मा में ही विलीन हो जाता है —

तुझ ते उपजहि तुझ माहि समावहि।
(नानक-वाणी, मारू-सोलहे, १४)

मनुष्य

इस लोक की जीव-सृष्टि का मनुष्य ही सर्वाधिक चेतनशील प्राणी है। बड़े भाग्य से मानव जन्म होता है।

माणसु जनमु दुलंभ गुरमुखि पाइआ।

गुरु नानक देव ने मानव-जीवन की आयु को— गर्भावस्था, बाल्यावस्था, यौवनावस्था, वृद्धावस्था, अति वृद्धावस्था, मरणावस्था में—विभाजित करके यह बतलाया है कि उसकी सारी आयु व्यर्थ ही नष्ट हो रही है।[१]

एक स्थल पर गुरु नानक देव ने सारी आयु का निचोड़ निम्नलिखित ढंग से रक्खा है, "मनुष्य की दस वर्ष तक तो बाल्यावस्था रहती है। बीस वर्ष तक पहुँचते-पहुँचते उसकी रमण की अवस्था आ पहुँचती है। तीस वर्ष तक सौन्दर्य अपनी चरम सीमा तक पहुँच जाता है। चालीस वर्ष तक प्रौढ़ावस्था आ जाती है और पचास वर्ष तक पहुँचते-पहुँचते पैर खिसकने लगते हैं। साठ वर्ष तक पहुंचते पहुँचते वृद्धावस्था आ जाती है। सत्तर. वर्ष की अवस्था में मनुष्य मति-हीन हो जाता है। अस्सी वर्ष में वह व्यवहार के योग्य नहीं रह जाता। नब्बे वर्ष में वह मसनद का सहारा ले लेता है और सर्वथा शक्तिहीन हो जाने के कारण कोई वस्तु जानता नहीं।

दस बालतणि बीस रवणि तीसा का सुन्दर कहावै ॥...आदि
(नानक-वाणी, मलार की वार)

मनुष्य में परमात्मा के वियोग और मिलन के उपादान दोनों ही विद्यमान रहते हैं। कमल वृत्ति वाले मनुष्य परमात्मा से मिल जाते हैं और मेढक वृत्ति वाले विषय रूपी सिवार का ही भक्षण करते हैं —

विमल मझारि बससि निरमल जल पदमनि जावल रे ॥आदि ॥
(नानक-वाणी, मारू, सबद ५)

---

१. नानक-वाणी, पहिलै पहरै रैणि कै वणजारिआ मित्रा...आदि, सिरीरागु, पहरे।

मनुष्य अपनी मनमुखी और शाक्त वृत्तियों के कारण ही परमात्मा से विमुख हो जाता है —

जग सिउ झूठ प्रीति मनु बेधिश्रा जनसिउ वादु रचाई ।
....
जम दरि बाधा ठउर न पावै अपुना कीश्रा कमाई ।।

(नानक-वाणी, सोरठि, सबद ३)

मनुष्य यद्यपि प्रकाश और अन्धकार वृत्ति का अपूर्व सम्मिश्रण है, पर गुरु नानक देव ने मनुष्य को आध्यात्मिक शक्ति जगाने के लिए स्थान-स्थान पर बड़े जोरदार शब्दों में कहा है कि मनुष्य की काया परमात्मा के रहने का निवासस्थान है —

काइश्रा नगरु नगर गड़ अंदरि ।
साचा वासा पुरि गगनंदरि ।।

(नानक-वाणी, मारू सोलहे १३)

परमात्मा रूपी अमृत मनुष्य के घट के भीतर ही है । उसे बाहर ढूंढ़ने की आवश्यकता नहीं है —

मन रे थिरु रहु, मतु कत जाही जीउ ।
बाहरि ढूढत बहुतु दुखु पावहि घरि अंमृतु घट माही जीउ ।।

(नानक-वाणी, सोरठि, सबद ९)

शरीर के भीतर ही परमात्मा की अपार ज्योति रखी हुई है —

काइश्रा महलु मंदरु घरु हरि का तिसु महि राखी जोति अपार ।

(नानक-वाणी, मलार, सबद १)

परमात्मा की अपार ज्योति का अपने में साक्षात्कार करना ही मनुष्य जीवन का चरम लक्ष्य है ।

आत्मा

वास्तव में आत्मा में परमात्मा और परमात्मा में आत्मा का निवास है । वेदान्तवादी इसी से आत्मा परमात्मा में अभिन्नता प्रदर्शित करते हैं । गुरु नानक देव ने भी आत्मा और परमात्मा में अभिन्नता प्रदर्शित की है —

आतम महि रामु, राम महि आतमु ।।

(नानक-वाणी, भैरउ, असटपदी १)

आतम रामु, रामु है आतम

(नानक-वाणी, मारू सोलहे १०)

इसी से आत्मा सत्, चित् आनन्द-स्वरूप, अजर, अमर, नित्य, शाश्वत है ।

मनुष्य का परम पुरुषार्थ आत्मा-परमात्मा के एकत्व-दर्शन में ही है —

आतमा परमातमा एको करै ।

(नानक-वाणी, धनासरी, सबद ४)

आत्मोपलब्धि में गुरु का बहुत बड़ा हाथ है —

आतम महि राम, राम महि आतमु चीनसि गुर बीचारा।

(नानक-वाणी, भैरउ, असटपदी १)

आत्म-साक्षात्कार कर लेने पर मनुष्य निरंकार परमात्मा ही हो जाता है —

आतमु चीन्हि भए निरंकारी।

(नानक-वाणी, आसा, असटपदी ८)

आत्मोपलब्धि के आनन्द वर्णनातीत हैं।

मन

जिसके द्वारा मनन करने का कार्य सम्पादित किया जाय वह मन है। उपनिषदों, श्रीमद्भगवद्गीता, योगवासिष्ठ में मन के स्वरूप की व्याख्या मिलती है।[१] भक्तिकाल के अधिकांश कवियों ने मन को डाटने-फटकारने, फुसलाने-पुचकारने की चेष्टा की है।

गुरु नानक देव ने मन की उत्पत्ति पंच-तत्वों से मानी है —

इहु मनु पंच ततु से जनमा।

(नानक-वाणी, आसा, असटपदी ८)

गुरु नानक देव ने मन के दो रूप माने हैं—(१) ज्योतिर्मय अथवा शुद्ध-स्वरूप मन और (२) अहंकारमय अथवा माया से आच्छादित मन।

इस ज्योतिर्मय मन में आध्यात्मिक धन निहित है —

मन महि माणकु लालु नामु रतनु पदारथु हीरु॥

(नानक-वाणी, सिरी रागु, सबद २१)

अहंकारमय मन हाथी, शाक्त और अत्यन्त दीवाना है। ऐसा मन माया के वनखण्ड में मोहित तथा हैरान होकर फिरता रहता है और काल के द्वारा इधर-उधर प्रेरित किया जाता रहता है —

मनु मैगलु साकतु देवाना।
वनखंडि माइआ मोहि हैराना॥
इत उत जाहि काल के चापे॥

(नानक-वाणी, आसा रागु, असटपदी ८)

अहंकारयुक्त मन, काम, क्रोध, लोभ, अहंकार, खोटी बुद्धि तथा द्वैतभाव के वशीभूत है। बिना इसके मारे आध्यात्मिक पथ में उन्नति नहीं होती।

ना मनु मरै न कारजु होइ।
मनु वसि, दूता दुरमति दोइ॥

(नानक-वाणी, गउड़ी गुआरेरी, असटपदी ३)

---

१. देखिए : श्री गुरु ग्रंथ-दर्शन, जयराम मिश्र. पृष्ठ १८६-८७

जब तक मन नहीं मरता, माया भी नहीं मरती —

ना मनु मरै न माइम्रा मरै ।

(नानक-वाणी, प्रभाती-विभास, असटपदी १)

सांसारिक विषयों में वैराग्य भावना, दुष्ट जनों की संगति का त्याग, सत्याचरण, गुरु-कृपा द्वारा अहंकारयुक्त मन ज्योतिर्मय मन के रूप में परिवर्तित किया जा सकता है। मन-निरोध से अनिवर्चनीय सुख प्राप्त होता है। गुरु नानक देव ने मन-निरोध के परिणामों का विशद चित्रण किया है—"हरि के बिना मेरा मन कैसे धैर्य धारण कर सकता है ? करोड़ों कल्पों के दुःखों का नाश हो गया। परमात्मा ने सत्य को दृढ़ करा दिया और हमारी रक्षा कर ली। क्रोध समाप्त हो गया। अहंकार और ममत्व जल कर भस्म हो गए। शाश्वत और सदैव रहने वाले प्रेम की प्राप्ति हो गई·········मन अत्यंत अनुरागी और निर्मल हो गया। मन को मार कर निर्मल पद को पहचान लिया और हरि-रस में शराबोर हो गया।·········मन से मन मान गया, जिससे वह शान्त और निश्चल हो गया, उसकी सारी दौड़ समाप्त हो गई।" —

हरि बिनु किउ जीवा मेरी माई।

························

तह ही मनु जह ही राखिम्रा ऐसी गुरमति पाई।।

(नानक-वाणी, सारंग, असटपदी १)

हरि-प्राप्ति-पथ

जो दिव्य ज्योति परमात्मा ने हमारे अन्तर्गत रखी है, उसी का साक्षात्कार करना, उसी के साथ मिलजुल एक हो जाना, मानव जीवन का सर्वोपरि उद्देश्य है। तात्पर्य यह कि जिस निरकार से हम उपजे हैं और जो सदैव हमारे साथ रम रहा है, किन्तु अज्ञानता और मोहवश, जिसे हम नहीं समझ पाते, उसी के साथ साधनों के बल पर एक हो जाना ही हरि-प्राप्ति-पथ है। मनुष्य की मानसिक अवस्था, संस्कार, योग्यता, क्षमता आदि को ध्यान में रखते हुए परमात्म-साक्षात्कार के भिन्न भिन्न मार्ग निकाले गए। मोटे रूप से हरि प्राप्ति के चार प्रधान मार्ग हैं —(क) कर्ममार्ग, (ख) योगमार्ग, (ग) ज्ञानमार्ग और (घ) भक्तिमार्ग।

(क) कर्ममार्ग

कर्म 'कृ' धातु से बना है, जिसका अर्थ करना होता है। व्यष्टि एवं समष्टि के समस्त क्रिया-कलाप कर्म के अन्तर्गत रखे जा सकते हैं। व्यष्टि कर्म व्यक्तिपरक है। मोटे रूप से इसके तीन भेद हैं, शारीरिक कर्म, मानसिक कर्म और आध्यात्मिक कर्म। मनुष्य के शरीर के समस्त व्यापार,—हंसना, बोलना, उठना, बैठना, गमन करना, देखना, सुनना, खाना-पीना, सांस लेना आदि शारीरिक कर्म के अन्तर्गत रखे जा सकते हैं। मनुष्य का सोचना, स्मर करना, तर्क-वितर्क करना, कल्पना करना आदि मानसिक कर्म के अन्तर्गत रखे जा सकते हैं। समस्त जड़-चेतन के अन्तर्गत एक अविनाशी सत्ता अथवा सत्, चित् आनन्द ब्रह्म की अनुभूति के निमित्त किए कर्म आध्यात्मिक कर्म हैं। समस्त मानव-जाति के महान् पुरुषों द्वारा की गई साधनाएं

आध्यात्मिक कर्म के अन्तर्गत रखा जा सकता हैं। ज्ञानयोग, भक्तियोग, हठयोग, राजयोग, प्रेम-योग, मंत्रयोग, लययोग, कर्मयोग सभी आध्यात्मिक कर्म के अन्तर्गत समाविष्ट हैं।

समष्टि कर्म का तात्पर्य सृष्टि के सामूहिक कर्म से है। ग्रह-नक्षत्रों, चन्द्रमा, सूर्यादिकों का बनना-बिगड़ना, ब्रह्मा, विष्णु, महेश का उत्पन्न स्थित और लय होना, वायु का चलना, अग्नि का जलना, सूर्य का तपना आदि समष्टि कर्म हैं।

गुरु नानक के अनुसार निर्गुण ब्रह्म अथवा 'अक्षर ब्रह्म' से ही कर्मों की उत्पत्ति हुई —

सुंनहु उपजे दस अवतारा। सृसटि उपाइ कीआ पासारा॥
देव दानव गण गंधरब साजे सभि लिखिआ करम कमाइदा॥

(नानक-वाणी, मारू सोलहे १७)

मनुष्य के संस्कारों एवं देह के संयोग से कर्मों के अभ्यास की शृंखला चलती रहती है —

देह संजोगी करम अभिआसा॥

(नानक-वाणी, मारू सोलहे १७)

श्रीमद्भगवद्गीता में भी कर्मों की उत्पत्ति ब्रह्म से ही मानी गयी है —

कर्म ब्रह्मोद्भवं विद्धि[१]

गुरु नानक देव के समष्टिगत कर्म का बड़ा ही सुन्दर निरूपण किया है। उनके अनुसार सृष्टि के समष्टि कर्म परमात्मा के भय अथवा उसके द्वारा स्थापित मर्यादा के अन्तर्गत होते रहते हैं —

"इसी निर्भय (परमात्मा) के भय से सैकड़ों ध्वनि उत्पन्न करने वाली वायु बहती है। इसी के भय से लाखों नद बहते रहते हैं और अपनी अपनी मर्यादा का अतिक्रमण नहीं कर सकते। इसी के भय से वशीभूत होकर अग्नि बेगार करती है। भय से पृथ्वी भार से दबी रहती है।............,'

भै विचि पवणु वहै सद वाउ।
....
नानक निरभउ निरंकार सचु एकु॥

(नानक-वाणी, आसा की वार)

तैत्तिरीयोपनिषद[२], कठोपनिषद्[३] तथा बृहदारण्यकोपनिषद्[४] में भी प्रायः इसी प्रकार का भाव पाया जाता है।

मनुष्य व्यक्तिपरक कर्म ही करने का अधिकारी है और वे कर्म पूर्व जन्म के संस्कारों के परिणाम हैं। गुरु नानक देव ने भले और बुरे दो प्रकार के कर्मों को माना है—"कर्म कागज है और मन दवात है। इनके संयोग से बुरी और भली दो प्रकार की लिखावटें लिखी गई हैं।

---

१. श्रीमद्भगवद्गीता. अध्याय ३. श्लोक १५
२. तैत्तिरीयोपनिषद्; वल्ली २, अनुवाक ८, मंत्र १
३. कठोपनिषद्, अध्याय २; वल्ली ३, मंत्र ३
४. बृहदारण्यकोपनिषद् अध्याय ३. ब्राह्मण ८. मंत्र ९

अपने-अपने पूर्व जन्मों के किए हुये कर्मों से निर्मित स्वभाव (बुरे अथवा भले कर्म) द्वारा हम चलाये जाते हैं'—

करणी कागदु मनु मसवाणी, बुरा भला दुइ लेख पए ।
जिउ जिउ किरतु चलाए तिउ चलीऐ तउ गुण नाही अंतु हरे ॥

(नानक-वाणी, मारू, सबद ३)

गुरु नानक देव ने स्थान-स्थान पर संकेत किया है कि मनुष्य कर्म करने में स्वतंत्र है, किन्तु फल भोगने में परतन्त्र है । उनके विचार से मनुष्य यदि अपने किए हुए शुभ कर्मों का सुख भोगता है अथवा अशुभ कर्मो का दुःख भोगता है, तो उसे किसी को दोष नहीं देना चाहिये, क्योंकि वह स्वयं कर्मो को करने वाला है । अतः यदि उसे अच्छे कर्मों का सुख मिलता है अथवा बुरे कर्मो का दुःख मिलता है, तो उसे 'काल-कर्म' पर मिथ्या दोष नहीं लादना चाहिये, बल्कि उसे उन कर्मों के फल को भोगना चाहिये —

सुखु दुखु पुरब जनम के कीए
सो जाणै जिनि दाते दीए ॥
किस कउ दोसु देहि तू प्राणी, सहु अपणा कीआ करारा हे ।

(नानक-वाणी, मारू सोलहे १०)

यह भावना कि कर्म बिना किसी चेतन-शक्ति के सहयोग से स्वतः फल देते हैं, नितान्त भ्रामक और त्रुटिपूर्ण है । गुरु नानक के अनुसार सारे कर्म-धर्म परमात्मा के हाथ में हैं । वह परमात्मा अत्यन्त निश्चित है और उसका भण्डार अनन्त है ।

करमु धरमु सचु हाथि तुमारै ।
वेपरवाह अखुट भंडारै ॥

(नानक-वाणी, मारू सोलहे ११)

कर्म दो प्रकार के हैं—(१) बन्धन-प्रद कर्म और (२) मोक्षप्रद कर्म । बन्धन-प्रद कर्म वे हैं, जो अहंकार से किए जाते हैं और मोक्षप्रद कर्म वे हैं, जो निष्काम-भावना से परमात्मा की प्राप्ति के लिए किये जाते हैं ।

बन्धन-प्रद कर्मों को तीन भागों में विभाजित किया जा सकता है[१] —

(१) कर्म काण्ड युक्त कर्म, (२) अहंकारयुक्त कर्म और (३) त्रैगुणी त्रिविध कर्मः ।

गुरु नानक देव ने कर्मकाण्डयुक्त कर्मों का विस्तृत ब्योरा निम्नलिखित पद में दिया है —

वाचहि पुसतक वेद पुराना ।
....
पाखंड धरमु प्रीति नही हरि सिउ गुर सबद महारसु पाइआ ॥

(गुरु नानक-वाणी, मारू-सोलहे, २२)

अहंभाव में फँसकर 'मैंपन' की भावना से ही अहंकारयुक्त कर्मों के सम्पादन होते हैं । अहंकारी व्यक्ति सदैव यही सोचता है कि "मैंने अमुक कर्म किया है, अमुक करूंगा" आदि । ऐसे अहंकारी पंडितों को गुरु नानक देव ने चेतावनी दी है, "कर्मकाण्डी पण्डित अहंभावना

---

१. गुरमति अधिआतम करम फिलासफी, रणधीर सिंह, मुखबंध (त्रिलोचन सिंह द्वारा लिखित) भाग ३

से प्रेरित होकर शास्त्रों और वेदों को बकते हैं अवश्य, किन्तु उनके सारे कर्म सांसारिक हुआ करते है, अर्थात् आसुरी भाव से युक्त रहते हैं। उनके सारे कर्म पाखण्डयुक्त होते हैं। परिणाम यह होता है कि आन्तरिक मल की निवृत्ति उन अहंकारयुक्त कर्मों से नहीं होती।''

सुणि पंडित करमाकारी।

....

पाखंडि मैलु न चूकई भाई अंतरि मैलु विकारी ॥

(नानक-वाणी, सोरठि, असटपदी २)

सारा जगत् माया मोह के वशीभूत है। अतएव सारे सांसारिक प्राणी माया मोह के वशीभूत होकर त्रिगुणी कर्म ही करते हैं। गुरु नानक ने एक स्थल पर कहा है, ''तीनों गुणों से प्रेम करने वाला बार-बार जन्मता और मरता है''—

जनमि मरै त्रैगुण हितकारु ॥

(नानक-वाणी, गउड़ी, सबद १२)

यह तो हुई बन्धन-प्रद कर्मों की बात। अब मोक्षप्रद कर्म पर आइए। गुरु नानक के अनुसार मोक्षप्रद कर्मों का विभाजन तीन भागों में किया जा सकता है—(अ) हरि-कीरत कर्म (आ) अध्यात्म कर्म और (इ) हुकम-रजाई कर्म।

हरि-कीरत कर्म को समझने के पूर्व 'किरत' कर्म को समझ लेना आवश्यक है। किरत कर्म वे अच्छे अथवा बुरे कर्म हैं, जो जीव ने पिछले जन्मों में किए हैं। बारम्बार उन्हीं कर्मों के कारण आदत पड़ जाती है। उसी आदत के वशीभूत होकर, जो पुरुष कर्म करता है, वह किरत कर्म कहलाता है। किरत कर्म भोगने ही पड़ते हैं, मिटते नहीं। कर्मों के भोग के लिये कर्मों की किरत भाग्य में लिख दी जाती है।[१]—

आवै जाइ भवाईऐ पइऐ किरति कमाइ।
पूरबि लिखिआ किउ मेटीऐ लिखिआ लेखु रजाइ ॥

(नानक-वाणी, सिरी रागु असटपदी १०)

किरत-कर्म की दुरूहता मेटने में यदि कोई समर्थ है, तो वह है ''हरि-कीरत-कर्म'' यह कर्म सभी कर्मों में श्रेष्ठ है। परमात्मा के नाम का गुणगान 'किरत-कर्म' के सारे मलों को धो देता है। गुरु नानक 'हरि-कीरत कर्म' की प्रशंसा करते हुये एक स्थल पर इस भाँति कहते हैं, ''सद्गुरु जिसके अन्तर्गत सच्चे परमात्मा को बसा देता है, उसी को सच्चे योग की युक्ति के मूल्य का वास्तविक ज्ञान होता है। उनके लिए गृह और बन समान हो जाते हैं। चन्द्रमा की शीतलता एवं सूर्य की उष्णता में भी ऐसे व्यक्ति की बुद्धि समान हो जाती है। कीरति रूपी करणी उस का नित्य का अभ्यास हो जाता है'' —

जिसकै अन्तरि साचु बसावै। जोग जुगति की कीमति पावै।
रवि ससि एको ग्रिह उदि आनै। करणी कीरति करम समानै ॥

(नानक-वाणी, गउड़ी-गुआरेरी, असटपदी ६)

---

१. गुरमति अधिआतम करम फिलासफी, रणधीरसिंह, पृष्ठ २९५

आध्यात्मिक कर्म वे हैं, जो जीवात्मा और परमात्मा के बोध और उनसे एकता का सम्बन्ध स्थापित करते हैं। गुरु नानक देव ने आध्यात्मिक कर्मों को सच्चा माना है। इन्हीं कर्मों के द्वारा परमात्मा का साक्षात्कार होता है। गउड़ी राग में आध्यात्मिक कर्म के अन्तर्गत निम्न-लिखित साधन बताए हैं —पंच कामादिकों को मारना, सच्चाई धारण करना, परमात्मा की अखंड ज्योति सर्वत्र देखना, गुरु के शब्द पर आचरण करना, परमात्मा का भय मानना, आत्म-चिन्तन में निमग्न रहना, गुरु की कृपा में दृढ़ विश्वास रखना, गुरु की सेवा सर्वभाव से करना, अहंकार को मारना, एक मात्र परमात्मा को जप, तप संयम समझना —

अधिआतम करम करे ता साचा ।

....

कहु नानक अपरंपर मानु ॥८।८॥

(नानक-वाणी, गउड़ी, असटपदी ६)

आध्यात्मिक कर्मों की सीमा निर्धारित करनी कठिन है। हमारी राय में आत्म-साक्षात्कार-संबंधी वे सभी कर्म, सभी उपासनाएं और सभी आचार-व्यवहार जो अहंभावना से रहित होकर परमात्म-साक्षात्कार के निमित किए जाते हैं, आध्यात्मिक कर्म हैं।

'हुकम रजाई' कर्म वे हैं, जो परमात्मा की प्रेरणा, आज्ञा, मर्जी अथवा इच्छा से होते हैं। ये कर्म गुरु की महान् कृपा एवं परमात्मा की प्रेरणा से होते हैं। शुद्ध अन्तःकरण में जब परमात्मा की अन्तर्ध्वनि सुनाई पड़ती है, तभी ऐसे कर्म का होना संभव है, अन्यथा नहीं—

हुकम रजाई चलणा नानक लिखिआ नालि ॥

(नानक-वाणी, जपु जी, पउड़ी १)

नाकत बिपम न लागई चालै हुकम रजाई ।

(नानक-वाणी, आसा, असटपदी २०)

हुकमि रजाई जो चलै, सो पवै खजानै ॥

(नानक-वाणी, असटपदी २०)

(ख) योगमार्ग

योग भारतवर्ष का सबसे प्राचीन एवं महत्त्वपूर्ण साधन है। शुक्ल यजुर्वेद, उपनिषदों, श्रीमद्भागवत, श्रीमद्भगद्गीता, योगवासिष्ठ आदि प्राचीन ग्रंथों में योग का स्पष्ट उल्लेख मिलता है।[१] पातंजल-योग दर्शन तो योग का पृथक् ग्रंथ ही है। इसमें हठयोग के अष्टांग साधनों की विस्तृत चर्चा की गई है।[२]

गुरु नानक देव की वाणी में हठयोग की शब्दावलियाँ प्रचुर मात्रा में पाई जाती हैं। 'दस दुआरि' 'उलटिओ कमल', 'अमृत धारि', 'गगनि', 'अमृत रस', 'अलिपत गुफा', 'अनहद सबद', 'सुंन समाधि', 'सुंन मंडल,' 'सहज गुफा' आदि शब्द स्थान-स्थान पर प्रचुर मात्रा में पाये जाते हैं।

१. विस्तृत विवेचना के लिए, देखिए—गुरु ग्रंथ—दर्शन: जयराम मिश्र, पृष्ठ २२९

२. विस्तृत विवेचन के लिए देखिए—गुरु ग्रंथ-दर्शन, जयराम मिश्र पृष्ठ २३१-३२

उदाहरणार्थ —

उलटिओ कमलु ब्रहमु वीचारि ।
अंमृत धार गगनि दस दुआरि ॥
(नानक-वाणी, गउड़ी, सबद ८)

अनदिनु जागि रहे लिव लाई ।
....
तजि हउ लोभा एको जाता ॥
(नानक-वाणी, रामकली, असटपदी ३)

अनहदो अनहदु वाजै रुण झुण कारे राम ।
....
नानक नामि रते वैरागी अनहद रुण झुण कारे ॥
(नानक-वाणी, आसा, छंत २)

इस स्थल पर यह स्पष्ट कर देना आवश्यक प्रतीत होता है कि योग के प्रति गुरु नानक देव की अपार श्रद्धा अवश्य है, पर उन्हें हठयोग की सारी क्रियाएं मान्य नहीं । बिना भक्ति के हठयोग त्याज्य है । उनकी दृष्टि में प्राणायाम, नेवली आदि क्रियाएँ बिना भक्ति के शारीरिक व्यायाम मात्र है । भक्तिहीन योग निष्प्राण और तत्वहीन है —

चाड़सि पवनु सिंघासनु भीजै ।
निउली करम खटु करम करीजै ॥
राम नाम बिनु बिरथा सासु लीजै ॥
(नानक-वाणी, रामकली, असटपदी ५)

गुरु नानक देव ने स्थान-स्थान पर वेशधारी योगियों की तीव्र भर्त्सना की है[१] । उन्होंने कुछ आध्यात्मिक रूपकों द्वारा स्थान-स्थान पर वास्तविक योग के प्रति अपने उदात्त विचार प्रकट किए हैं । उदाहरणार्थ —

मुंदा संतोखु सरमु पतु झोली धिआन की करहि बिभूति ॥
(नानक-वाणी, जपु जी, पउड़ी २८)

'शून्य' शब्द का योग में बहुत महत्व है । गुरु नानक देव के अनुसार 'शून्य' वह शब्द है, जो समस्त सृष्टि की उत्पत्ति का मूल कारण है । इस शून्य में मन नियोजित करना उनकी दृष्टि में सबसे बड़ा योग है ।[२] गुरु नानक देव का शून्य 'कुछ नहीं है' वाला शून्य नहीं है, बल्कि उनका शून्य वह शून्य है, जो सर्वभूतान्तरात्मा है, घटघटव्यापी है और निरंकार ज्योति के रूप में सभी के अन्तर्गत व्याप्त है ।

गुरु नानक देव ने 'दशम द्वार' का भी स्थल स्थल पर वर्णन किया है । हमारे अन्तःकरण में जहाँ निरंकारी ज्योति का निवास है, वही 'दशम द्वार' है । किन्तु 'दशम द्वार' के सिलसिले में दो बातें उल्लेखनीय हैं । पहली तो यह कि हठयोग के अनुसार तो योगी दशम द्वार में पहुँचने

---

१. नानक-वाणी, रामकली, असटपदी २

२. नानक-वाणी "अंतरि सुनि" आदि, रामकली, सिध गोसटि, ५१, ५२ और ५३ पउड़ियाँ ।

के पूर्व ही अनाहत शब्द सुनता है, पर गुरु नानक देव के अनुसार अनाहत शब्द का रस 'दशम' द्वार में पहुँचने पर प्राप्त होता है। दूसरी बात यह है कि उनके अनुसार 'दशम' द्वार नाम-जप से खुलता है।[१]

गुरु नानक देव ने 'सहज योग' के प्रति अपनी प्रगाढ़ आस्था प्रकट की है। उन्होंने 'सहज' शब्द का विभिन्न अर्थों में प्रयोग किया है।[२]

(ग) ज्ञानमार्ग

ज्ञान का शाब्दिक अर्थ 'किसी प्रकार का ज्ञान' होता है। किन्तु वेदान्त शास्त्र में ज्ञान का अभिप्राय 'ब्रह्मज्ञान' से है। अन्य ज्ञान 'मौखिक ज्ञान' अथवा 'चंचु ज्ञान' मात्र हैं। अद्वैत ब्रह्म की अनुभूति ही ब्रह्मज्ञान है। बिना ब्रह्म के साक्षात्कार के सारे प्राणी अज्ञान में भटकते रहते हैं और वे इस बात को नहीं जानते कि सत्य परमात्मा सभी में रम रहा है —

गिआन विहूणी भवै सबाई।
साचा रवि रहिआ लिव लाई॥

(नानक-वाणी, मारू-सोलहे, १४)

जिसने ब्रह्म के अद्वैतभाव की अनुभूति कर ली, उसके समस्त कर्म निरर्थक सिद्ध हो जाते हैं।

जे जाणसि ब्रहमं करमं। सभि फोकट निसचउ करमं॥

(नानक-वाणी, आसा की वार)

ब्रह्मज्ञान में अद्वैतभाव की अनुभूति आवश्यक है। अद्वैत ज्ञान की घनीभूतता ही ब्रह्मज्ञान है। ब्रह्मज्ञानी वही है, जो सर्वत्र ब्रह्म का दर्शन करता हो। गुरु नानक देव में यह भावना पूर्ण रूप से पाई जाती है —

आपे पटी कलम आपि उपरि लेख भी तू।
एको कहीऐ नानका दूजा काहे कू॥

(नानक-वाणी, मलार की वार)

गुर परसादी दुरमति खोई। जह देखा तह एको सोई॥

(नानक-वाणी, आसा, सबद २८)

सरब जोति रूपु तेरा देखिआ सगल भवन तेरी माइआ।

(नानक-वाणी, आसा, सबद ८)

शेरसिंह ने अपनी पुस्तक "फिलासफ़ी आफ् सिक्खिज्म" में गुरु नानक की रचनाओं में अद्वैतवाद नहीं स्वीकार किया है और इसके लिए उन्होंने निम्नलिखित तर्क उपस्थित किए हैं।[३] —

१. उन्होंने जीव ब्रह्म की एकता नहीं स्वीकार की।
२. ब्रह्म और सृष्टि में भी एकता नहीं स्वीकार की।
३. सोऽहं आदि अद्वैत शब्दावली नहीं पायी जाती।
४. शंकर के अद्वैतवाद में भक्ति के लिए कोई स्थान नहीं है।

---

१. विस्तृत विवेचन के लिए देखिए; गुरुग्रंथ दर्शन, जयराम मिश्र, पृष्ठ २४३-२४८
२. विस्तृत विवेचन के लिए देखिए, नानक वाणी, परिशिष्ट (ख), 'सहज'।
३. फिलासफी आफ सिक्खिज्म; पृष्ठ ८२, ८३ और ८४

किन्तु हम शेरसिंह जी के चारों तर्कों से सहमत नहीं हैं। गुरु नानक देव ने स्थान स्थान पर जीव ब्रह्म की एकता स्वीकार की है। उदाहरणार्थ —

सागर महि बूंद बूंद महि सागरु ।

(नानक-वाणी, रामकली सबद ६)

आतम महि रामु राम महि आतम चीनसि गुर वीचारा ।:

(नानक-वाणी, भैरउ, असटपदी ६)

इतना ही नहीं उन्होंने आत्मा-परमात्मा की एकता की अनुभूति के साधन पर भी बल दिया है—

आतमा परातमा एको करै ।
अंतरि दुबिधा अंतरि मरै ॥

(नानक-वाणी, धनासरी, सबद ४)

गुरु नानक देव के पदों में ब्रह्म और सृष्टि की एकता भी स्थापित की है —

आपीन्है आपु साजिओ आपीन्है रचिओ नाउ ॥

(नानक-वाणी, आसा की वार)

अर्थात् "परमात्मा ने अपने आपको सृष्टि के रूप में साजा है और आप ही ने उनका नाम रचा है।" नाना नाम-रूप, रंग-वर्ण प्रभु के ही स्वरूप हैं।

गुरु नानक देव की वाणी में एकाध स्थल पर सोऽहं की शब्दावली भी पायी जाती है—

ततु निरंजन जोति सबाई सोहं भेदु न कोई जीउ ॥

(नानक-वाणी, सोरठि, सबद ११)

नानक सोहं हंसा जपु जापहि त्रिभवण तिसै समाहि ॥

(नानक-वाणी, मारू की वार)

शेरसिंह का चौथा तर्क कि शंकराचार्य में भक्ति नहीं पायी जाती, भी त्रुटिपूर्ण है। उन्होंने 'चर्पटपंचरिका' में भक्तिभाव के ऊपर बहुत बल दिया है —

"भज गोविन्दं भज गोविन्दं गोविन्दं भज मूढमते ।"

गुरु नानक की वाणी में ज्ञान-प्राप्ति के निम्नलिखित साधन प्राप्त होते हैं —

(१) **विवेक :** नानक वाणी में कदाचित् ही कोई पृष्ठ ऐसा हो जिसमें विवेक के प्रति हमारी आस्था न उत्पन्न की गई हो। इसी विवेक से साधक ज्ञानमार्ग में आगे बढ़ता है।

(२) **वैराग्य :** सांसारिक विषयों में वैराग्य-भावना ज्ञान-प्राप्ति का साधन है। धन-सम्पत्ति, पद, ऐश्वर्य, नाम, यश सभी के प्रति गुरु नानक देव ने वैराग्य-भावना प्रदर्शित की है। गुरु नानक देव ने सांसारिक संबंधों के प्रति वैराग्य भावना दिखलाते हुए कहा है कि सभी संबंध नश्वर हैं और साथ निभाने वाले नहीं हैं।[१]

(३) **श्रद्धा :** गुरु नानक के पदों में श्रद्धा, विश्वास और भक्ति की जो त्रिवेणी प्रवाहित हुई है, वह बहुत कम ग्रंथों में पायी जाती है। इसी श्रद्धा के बल पर साधक अध्यात्म के सभी

१. नानक-वाणी, मारू काफी; असटपदी १०

पथों पर सरलतापूर्वक आगे बढ़ सकता है। उदाहरणार्थ गुरु के प्रति गुरु नानक देव ने इसी प्रकार की श्रद्धा प्रदर्शित की है —

(४) **श्रवण :** ज्ञान-प्राप्ति के लिए श्रवण परमावश्यक साधन है। गुरु नानक देव ने 'जपु जी' की ८वीं, ९वीं, १०वीं पउड़ियों में श्रवण के माहात्म्य का विशद वर्णन किया है।

(५) **मनन एवं निदिध्यासन :** श्रवण के आगे की स्थिति का नाम मनन है। अद्वितीय ब्रह्म का तदाकार भाव से चिन्तन ही मनन है। व्यवधान-रहित ब्रह्माकार वृत्ति की स्थिति ही निदिध्यासन है। गुरु नानक देव ने निदिध्यासन का पृथक् नाम नहीं दिया है। पर मनन की परिपक्वावस्था निदिध्यासन का रूप धारण कर लेती है। इस प्रकार निदिध्यासन का स्वरूप मनन ही में अन्तर्हित है। 'जपु जी' की १२वीं, १३वीं, १४वीं और १५वीं पउड़ियों में मनन की महत्ता का हृदयग्राही चित्रण प्राप्त होता है।

(६) **अहंकार-त्याग :** अहंकार का विस्तृत विवेचन पीछे किया जा चुका है।

(७) **गुरु-कृपा एवं परमात्म-कृपा :** गुरु नानक देव ने ज्ञान के सभी साधनों में गुरु-कृपा एवं परमात्म-कृपा को सर्वोपरि साधन माना है। बीज मंत्र अथवा मूल मंत्र में ही इसकी महत्ता प्रदर्शित भी की गई है—"गुर प्रसादि।"[१] गुरु नानक देव जी का कथन है कि गुरु-कृपा से जब यह अद्वैत बुद्धि और ब्रह्ममयी दृष्टि साधक को प्राप्त होती हैं, तब वह सत्य-स्वरूप परमात्मा में समाहित हो जाता है —

गुर परसादी दुरमति खोई। जह देखा तह एको सोई॥

(नानक-वाणी, आसा, सबद ८)

ज्ञान-प्राप्ति परमात्मा की असीम कृपा से ही संभव है —

गिआनु न गलीई ढूढीऐ, कथना करड़ा सारु।
करमि मिलै ता पाईऐ, होर हिकमति हुकमु खुआरु॥

(नानक-वाणी, आसा की वार)

ज्ञानोपलब्धि के पश्चात् साधक परमात्मा का स्वरूप हो जाता है—

जिनी आतम चीनिआ परमातमु सोई॥

(नानक-वाणी, आसा, असटपदी २०)

गुरु नानक देव ने बाह्यत्याग पर कभी नहीं बल दिया। उन्होंने गृहस्थ धर्म को सर्वश्रेष्ठ धर्म माना है। नाम, दान तथा स्नान पर श्रद्धा भाव से आरूढ़ रहने पर ईश्वर की भक्ति अवश्य जगती है —

इकि गिरही सेवक साधिका गुरमती लागे।
नामु दानु इसनानु दृड़ हरि भगति सु जागे।

(नानक-वाणी, आसा काफी, असटपदी १४)

---

१. नानक-वाणी, बीजमंत्र,

(ध) भक्तिमार्ग

भक्ति का सिद्धान्त बहुत ही प्राचीन है। उपनिषदों, श्रीमद्भगवद्गीता, श्रीमद्भागवत नारद-भक्ति-सूत्र आदि ग्रंथों में भक्ति की विशद व्याख्या की गई है।[१] मोटे रूप से भक्ति के दो प्रधान भेद हैं—(१) वैधी भक्ति, (२) रागात्मिका भक्ति अथवा प्रेमा भक्ति। वैधी भक्ति अनेक विधि-विधानों से युक्त होती है। इसका उद्देश्य रागात्मिका भक्ति को उद्दीप्त करना है। अतः परमेश्वर में निरतिशय और निर्हेतुक प्रेम ही रागात्मिका भक्ति है। तीव्र श्रद्धालु साधकों के लिए रागात्मिका भक्ति है।

भक्ति की अबाध मंदाकिनी गुरु नानक के प्रायः प्रत्येक पद में प्रवाहित हुई है। गुरु नानक द्वारा निरूपित सभी पथ—कर्ममार्ग, योगमार्ग, और ज्ञानमार्ग भक्ति की धारा से सिंचित हैं। बिना परमात्मा की रागात्मिका भक्ति के कर्म पाखण्डपूर्ण और आडम्बरयुक्त हैं, ज्ञान चंचु-ज्ञान मात्र है और योग शरीर का व्यायाम मात्र है।

गुरु नानक देव ने स्थान स्थान पर वैधी भक्ति का खण्डन किया है। उन्होंने वैधी भक्ति के विधि-विधानों—तिलक, माला आदि—की निस्सारता स्थान स्थान पर प्रदर्शित की है—

गलि माला तिलकु ललाटं। दुइ धोती बसत्र कपाटं॥
जे जाणसि ब्रहमं करमं। सभि फोकट निसचउ करमं॥

(नानक-वाणी, आसा की वार)

प्रेमा भक्ति में मिलन के आनन्द और विरह की तड़पन—दोनों ही महत्त्वपूर्ण हैं। गुरु नानक देव ने विरह की तड़पन का हृदयस्पर्शी वर्णन किया है—

नानक मिलहु कपट दर खोलहु एक घड़ी खटु मासा।

(नानक-वाणी, तुखारी, बारहमाहा, पउड़ी १२)

गुरु नानक देव का 'एक घड़ी खट मासा' मीराबाई के 'भई छमासी रैन' की स्मृति दिलाता है।

उन्होंने एक स्थल पर कहा है—

वैदु बुलाइआ वैदगी पकड़ि ढंढोले बांह।
भोला वैदु न जाणई करक कलेजे माहि॥

(नानक-वाणी, मलार की वार)

मीराँबाई के 'कलेजे की करक' भी भोला वैद्य नहीं जान सका था।

गुरु नानक की प्रेमा भक्ति प्रेम के अनेक माध्यमों द्वारा व्यक्त हुई है—

(१) अपने को पुत्र तथा परमात्मा को पिता समझ कर उपासना करना।
(२) स्वामी-सेवक भाव की आराधना।
(३) परमात्मा को अपना सुहृद और सखा समझना।

---

१. विस्तृत विवेचन के लिए देखिए : श्री गुरु-ग्रंथ-दर्शन; जयराम मिश्र, पृष्ठ २८२-८३

(४) अपने को भिखारी तथा परमात्मा को दाता समझना।

(५) अपने को पत्नी तथा परमात्मा को पति समझना।[१]

परमात्मा के विस्मरण से भयानक कष्ट होते हैं। परमात्मा की विस्मृति भयानक रोग है —

इकु तिलु पिआरा वीसरै रोग वडा मन माहि ॥

(नानक-वाणी, सिरी रागु, सबद २०)

वैसे तो भक्ति के अनेक उपकरण गुरु नानक द्वारा वर्णित हैं, पर जिनके ऊपर उनकी व्यापक दृष्टि गई है, वे निम्नलिखित हैं —

(१) सद्गुरु की प्राप्ति और उसकी कृपा तथा उपदेश।

(२) नाम।

(३) सत्संगति तथा साधु-संग।

(४) परमात्मा का भय और उसका हुकम

(५) दृढ़ विश्वास।

(६) आत्म-समर्पण भाव।

(७) दैन्य भाव

(८) परमात्मा का स्मरण और कीर्तन

(९) भगवत्-कृपा।[२]

प्रेमा भक्ति के उपर्युक्त उपकरणों के आधार पर परमात्मा का शाश्वत मिलन होता है।

नानक-वाणी में सद्गुरु और नाम

(अ) सद्गुरु

भारतीय धर्म-समाज में गुरु का स्थान बड़ा उच्च, गौरवपूर्ण और समादृत रहा है। उपनिषदों और श्रीमद्भगवद्गीता में गुरु की अपूर्व महत्ता मानी गयी है। तंत्र-साधकों, योगियों, नाथपंथियों, सहजयानियों, वज्रयानियों तथा परवर्ती संतों ने गुरु की महिमा का अपार गुणगान किया है।

गुरु नानक की दृष्टि में सद्गुरु का स्थान धार्मिक साधना में सर्वोपरि है। मूलमंत्र में "गुरि प्रसादि" से यह बात सिद्ध हो जाती है। कुछ विद्वानों की यह धारणा है कि सद्गुरु की आवश्यकता पर गुरु नानक देव के पश्चात् अन्य गुरुओं के द्वारा बल दिया गया पर यह धारणा निर्मूल और निराधार है। गुरु नानक ने स्थान-स्थान पर गुरु की महत्ता स्वीकार करके उसकी महिमा का गुणगान किया है। उदाहरणार्थ —

नदरि करहि जे आपणी ता नदरी सतिगुरु पाइआ।
एहु जीउ बहुते जनम भरंमिआ ता सतिगुरि सबदु सुणाइआ ॥

---

१. विस्तृत विवेचन के लिए देखिए : श्रीगुरु ग्रंथ दर्शन, जयराम मिश्र, पृष्ठ २८८-२९४

२. विस्तृत विवेचन के लिए देखिए : श्रीगुरु ग्रंथ दर्शन, जयराम मिश्र, पृष्ठ २९४ ३१२

सतिगुर जेवडु दाता को नही सभि सुणिअहु लोक सबाइआ ।
सतिगुरि मिलिऐ सचु पाइआ जिन्ही विचहु आपु गवाइआ ।
जिनि सचा सचु बुझाइआ ।
(नानक वाणी, आसा की वार)

गुरु नानक देव ने कर्ममार्ग, योगमार्ग, ज्ञानमार्ग, और भक्तिमार्ग सभी में गुरु का महत्त्व माना है। उन्होंने अपनी वाणी में स्थान-स्थान पर सद्गुरु और परमात्मा में अभिन्नता दिखाई है। उदाहरणार्थ —

ऐसा हमरा सखा सहाई ।
गुर हरि मिलिआ भगति दृड़ाई ।।
(नानक-वाणी, आसा, सबद २४)

करि अपराध सरणि हम आइआ ।
गुर हरि भेटे पुरबि कमाइआ ।।
(नानक-वाणी, रामकली, असटपदी ४)

किन्तु गुरु नानक देव ने असद् गुरु की नीव भर्त्सना की है। उनका कथन है कि "ऐसे असद्गुरु झूठ बोलते हैं और हराम का खाते हैं। उनके स्वयं तो ऐसे आचरण हैं, फिर भी दूसरों को उपदेश देते हैं। ऐसा गुरु स्वयं तो नष्ट ही होता है, पर अपने साथ ही दूसरों को भी नष्ट करता है। ऐसे असद् गुरु संसार में अगुआ (गुरु) के नाम से प्रसिद्ध होते हैं"—

कूड़ु बोलि मुरदारु खाइ ।
अवरी नो समझावणि जाइ ।।
मुठा आपि मुहाए साथै ।
नानक ऐसा आगू जापै ।।
(नानक-वाणी, माझ की वार)

गुरु सेवा प्राप्त होने वाले फल असंख्य हैं। उनकी गणना की नहीं जा सकती। उन फलों में ब्रह्मज्ञान की प्राप्ति ही सर्वोपरि है —

कहु नानक गुरि ब्रहमु दिखाइआ ।
मरता जाता नदरि न आइआ ।।
(नानक-वाणी, गउड़ी, सबद ४)

(आ) नाम

मध्ययुग के लगभग सभी सन्तों ने नाम के प्रति अपूर्व श्रद्धा दिखलायी है। इस युग के सगुण और निर्गुण दोनों प्रकार के संतों ने नाम की महिमा खूब गाई है। नाम-माहात्म्य भागवत आदि प्रायः सभी पुराणों में पाया जाता है; पर मध्ययुग के भक्तों में इसका चरम विकास हुआ है।[१] कबीर, दरियादेव, दूलनदास, सहजोबाई, गरीबदास, पलटू साहब आदि ने

१. हिन्दी साहित्य की भूमिका, हजारी प्रसाद द्विवेदी, पृष्ठ ९२

नाम के प्रति अपनी असीम श्रद्धा, भक्ति और विश्वास अभिव्यक्त किया है। सगुणवादी कवियों— सूरदास, तुलसीदास आदि—में भी यही विश्वास पाया जाता है।

गुरु नानक देव ने नाम के प्रति अपार श्रद्धा अभिव्यक्त की है। उनकी दृष्टि में नाम नामी का प्रतीक है। सतिनामु ही कर्त्तापुरुष, एक और ओंकार है। सारी सृष्टि की रचना नाम ही द्वारा हुई है। नाम ही समस्त स्थान बना हुआ है। अतः नाम के बिना स्थान का कोई महत्व नहीं है।

जेता कीता तेता नाउ। विणु नावै नाही को थाउ॥

(नानक-वाणी, जपु जी, पउड़ी १९)

गुरु नानक की दृष्टि में नाम ही जप, तप, संयम का सार है।[१] लाखों, करोड़ों कर्म और तपस्याएं नाम के सदृश नहीं।[२] सच्चे नाम की तिल मात्र बड़ाई भी वर्णनातीत है। चाहे कथन करते-करते थक भले ही जायँ, परन्तु नाम की कीमत का वर्णन नहीं हो सकता।

साचे नाम की तिलु वडिआई। आखि थके कीमति नही पाई॥

(नानक-वाणी, रागु आसा, सबद २)

नामविहीन यज्ञ, होम, पुण्य, तप, पूजा आदि सब व्यर्थ हैं। इनसे शरीर दुःखी रहता है और नित्य दुःख सहना पड़ता है। नाम के बिना मुक्ति की प्राप्ति नहीं हो सकती—

ऐसे अंधे गुरु एवं उनके शिष्य को ठौर-ठिकाना नहीं प्राप्त हो सकता—

गुरु जिना का अंधुला चेलै नाहीं ठाउ।

(नानक-वाणी, सिरी रागु, असटपदी ८)

अंधा गुरू जो दूसरों को राह दिखाता है, सभी को नष्ट करता है—

नानक अंधा होइ कै दसै राहै सभसु मुहाए साथै।

(नानक-वाणी, माझ की वार)

असद्गुरु से बचने के लिए इसीलिए गुरु नानक देव ने सद्गुरु के लक्षण स्थान-स्थान पर बताए हैं—

सो गुरु करउ जि साचु दृड़ावै।
अकथु कथावै सबदि मिलावै॥

(नानक-वाणी, धनासरी, असटपदी २)

गुरु नानक के अनुसार गुरु और शिष्यों का संबंध समुद्र और नदियों के प्रेम के समान अन्योन्याश्रित है—

गुरू समंदु नदी सभ सिखी॥

(नानक-वाणी, माझ की वार)

---

१. नानक वाणी, अहिनिसि राम रहहु रंगि राते, एहु जपु तपु संजमु सारा हे॥ मारू-सोलहे १०,

२. नानक-वाणी, हरिनामै तुलि न पुजई जे लख कोटी करम कमाइ॥ आदि सिरी रागु, असटपदी १४.

गुरु नानक देव ने गुरु के 'सबद' की महत्ता पर बहुत अधिक बल दिया है। 'सबद' का तात्पर्य 'वचन', 'उपदेश', अथवा 'शिक्षा' आदि से है। गुरु नानक देव का कथन है कि, "जो व्यक्ति गुरु के सबद में मरता है, वह ऐसा मरता है कि उसे फिर मरने की आवश्यकता नहीं पड़ती। बिना गुरु के 'सबद' के सारा जगत् भटक कर इधर-उधर घूमता फिरता है। बार-बार मरता है और जन्म लेता है"—

सबदि मरै सो मरि रहै फिरि मरै न दूजी बार।
सबदै ही ते पाईऐ हरिनामे लगै पिआरु॥
बिनु सबदै जगु भूला फिरै मरि जनमै वारोवार॥
(नानक-वाणी, सिरी रागु, असटपदी ८)

सद्गुरु में बिना आत्मसमर्पण भाव किए आध्यात्मिक प्रगति नहीं होती। सद्गुरु में आत्मसमर्पण-भाव मौखिक नहीं होना चाहिए, बल्कि अपना तन और मन गुरु को बेच देना चाहिए और यदि आवश्यकता पड़े तो सिर के साथ मन भी सौंप देना चाहिए।

तनु मनु गुर पहि वेचिआ मनु दीआ सिरु नालि॥
(नानक-वाणी, सिरी रागु, सबद १७)

बड़े भाग्य से गुरु की सेवा का अवसर प्राप्त होता है। गुरु और परमात्मा में कोई अन्तर नहीं है। इसलिए गुरु की सेवा परमात्मा की ही सेवा है।

बडे भाग गुरु सेवहि अपुना, भेदु नाही गुरदेव मुरार॥
(नानक-वाणी, गूजरी, असटपदी २)

जगन होम पुंन तप पूजा देह दुखी नित दूख सहै।
राम नाम बिनु मुकति न पावसि मुकति नामि गुरमुखि लहै॥
(नानक-वाणी, भैरउ, सबद ८)

इसी प्रकार राम नाम के बिना न तृप्ति होती है और न शान्ति है। राम नाम के बिना योग की प्राप्ति कभी नहीं हो सकती।

नानक बिनु नावै जोगु कदे न होवै देखहु रिदै वीचारे।
(नानक-वाणी, रामकली, सिध गोसटि, पउड़ी ६८)

गुरु नानक ने परमात्मा के 'निर्गुणी' और 'सगुणी' दोनों नामों के प्रयोग अपनी वाणी में किए हैं। 'परब्रह्म', 'निरंकार', 'अयोनि', 'अकालमूर्त्ति', 'स्वयंभू', 'निरंजन' आदि 'निर्गुणी' नाम प्रयुक्त हुए हैं। सगुणी नामों में 'माधव', 'मोहन', 'राम', 'मुरारी', 'केशव', 'गोविन्द' 'हरि' आदि नामों के व्यवहार हुए हैं। किन्तु इनका अर्थ 'अवतारवाद' के अर्थ में नहीं है। उन्होंने कहीं-कहीं 'अलाह', 'कादिर', 'करीम', 'रहीम आदि मुसलमानी नामों के प्रयोग भी किए हैं।

अलाहु अलखु अगंम कादरु करणहारु करीमु।
सभ दुनी आवण जावणी मुकामु एकु रहीमु॥
(नानक-वाणी, सिरी रागु, असटपदी १७)

किन्तु यहाँ एक बात स्पष्ट कर देनी है कि गुरु नानक देव की वृत्ति प्रायः 'हरि' और 'राम' नाम में सबसे अधिक रमी है।

'वाहिगुरु' नाम सिक्खों में बहुत प्रचलित है। खालसा-निर्माण के साथ 'वाहिगुरु' नाम अधिक व्यापक हो गया और यह परमात्मा का विशिष्ट नाम समझा जाने लगा। परन्तु गुरु नानक देव का कदाचित् यह तात्पर्य नहीं था कि 'वाहिगुरु' को "परमात्मा" का विशिष्ट नाम बताया जाय। वास्तव में 'वहिगुरु' नाम में नाम की उतनी अधिक भावना नहीं है, जितनी की आश्चर्यमयी अनुभूति की।[1] किसी आश्चर्यमयी वस्तु की अनुभूति में 'वाह-वाह' का निकलना अवश्यम्भावी है। इस प्रकार 'वाहिगुरु' बिलकुल नवीन शब्द है और यह सिक्ख की आन्तरिक अवस्था का प्रतीक है।

गुरु नानक की वाणी को ध्यान पूर्वक देखने से उसमें नाम-जप के तीन प्रकार मिलते हैं—१. साधारण जप, २. अजपा जप, ३. लिव जप।

(१) साधारण जप : जिह्वा से होता है। जहाँ जहाँ जप की चर्चा की गई है, वहाँ वहाँ जिह्वा जप से अभिप्राय है। पहले पहल नाम-अभ्यास साधना में इसी जप का सहारा लेना पड़ता है। साधारण जप ही 'अजपा' एवं 'लिव' जप की नींव है।

(२) अजपा जप : जब साधारण-जप अथवा जिह्वा-जप का पूरा पूरा अभ्यास हो जाता है, तब 'अजपा-जप' प्रारंभ होता है। अजपा जप में जिह्वा का काम समाप्त हो जाता है और स्वास-प्रश्वास की संचालन-गति के आधार पर जप प्रारंभ हो जाता है। गुरु नानक देव ने इस जप पर बहुत अधिक बल दिया है—

अजपा जापु जपै मुखि नाम ॥

(नानक-वाणी, बिलावलु, थिती, पउड़ी १६)

(३) लिव जप : लिव-जप, जप साधना का अन्तिम सोपान है। लिव जप में वृत्ति द्वारा जप होने लगता है। इस जप में शरीर, जिह्वा और मन एकनिष्ठ हो जाते हैं। यह जप अनुभूति मात्र है—

गुरमुखि जागि रहे दिन राती।
साचे की लिव गुरमति जाती ॥

(नानक-वाणी, मारू, सोलहे ५)

यह जप परम दुर्लभ है और करोड़ों में किसी बिरले ही साधक को प्राप्त होता है।

नाम-प्राप्ति के अनन्त फल हैं। सांसारिक और पारमार्थिक दोनों प्रकार के फल प्राप्त होते हैं। संक्षेप में यह कि नामजप से 'विस्माद' अवस्था की प्राप्ति होती हैं। यह 'विस्माद' अवस्था अद्वैत स्थिति की द्योतिका है। इस अवस्था में ब्रह्म, जीव और सृष्टि सभी 'विस्माद' हो जाते हैं। सभी के बीच एकता स्थापित हो जाती है। गुरु नानक देव को वेद, नाम, जीव, जीवों को वे भेद, अनेक रूप रंग, पवन, पानी, अग्नि, और अग्नि के अनेकारूपात्मक खेल, खण्ड-ब्रह्माण्ड, संयोग-वियोग, भूख-भोग, सिफति-सलाह, राह-कुराह, नेड़े-दूरि, आदि में विस्माद—आश्चर्य दिखलाई पड़ता है।—

---

१. गुरमति दरशन; शेरसिंह, पृष्ठ १६१

विसमादु नादु विसमादु वेद

....

नानक बुझणु पूरै भागि ।

(नानक-वाणी, आसा की वार)

उपर्युक्त 'विस्माद अवस्था'—आश्चर्यमयी अनुभूति 'नाम-जप' का ही परिणाम है ।

नानक-वाणी के पाठोच्चारण के सम्बन्ध में कुछ ज्ञातव्य बातें

सिक्खों के पाँचवें गुरु, श्री अर्जुन देव ने 'श्री गुरु ग्रंथ साहिब' को जिस प्रणाली से लिपिबद्ध किया था, ठीक उसी प्रणाली में 'शिरोमणी गुरुद्वारा प्रबन्धक कमेटी', अमृतसर ने भी उन्हें, 'देवनागरी लिपि' में मुद्रित कराया है। 'नानक-वाणी' का पाठ उपर्युक्त देवनागरी वाली प्रति से निर्धारित किया गया है। उसमें किसी भी प्रकार का कोई भी परिवर्त्तन नहीं किया गया है।

पाठोच्चारण के सम्बन्ध में कुछ सामान्य बातों की जानकारी पाठकों के लिए आवश्यक है —

(१) मंगलाचरण में जहाँ "१ ओं" लिखा है, उसका उच्चारण केवल 'एक ओं' नहीं है, बल्कि शुद्ध उच्चारण "एकोंकार" है।

(२) "नानक-वाणी" में अनुस्वारों का प्रयोग बहुत कम किया गया है। अतः पाठकों से निवेदन है कि वे अनुस्वारों का प्रयोग समझ से कर लिया करें। उदाहरणार्थ 'जपु जी' की प्रथम पउड़ी की प्रथम पंक्ति में —

"सोचै सोचि न होवई जे सोची लख वार"

यद्यपि 'सोची' शब्द में अनुस्वार का प्रयोग नहीं हुआ है, तथापि उसका उच्चारण 'सोचीं, करना चाहिए। इसी 'पउड़ी' में आगे लिखा है—"जे लाइ रहा लिवतार।" इसमें 'रहा' का उच्चारण 'रहाँ' होगा।

(३) अनुस्वार की भाँति 'नानक-वाणी' में संयुक्ताक्षरों का भी बहुत कम प्रयोग किया गया है। किन्तु पाठकगण अपने अनुभव तथा अभ्यास से आवश्यकतानुसार उसका उच्चारण संयुक्ताक्षर करें। उदाहरणार्थ —

जपु जी की २६ वीं पउड़ी में —

"आखहि ईसर आखहि सिध

आखहि केते कीते बुध"

में 'सिध' और 'बुध' का उच्चारण 'सिद्ध' और 'बुद्ध' होगा।

(४) 'नानक-वाणी' में स्थान-स्थान पर 'राखिआ', 'माइआ', 'आइआ', 'मानिआ' 'जानिआ' आदि इस प्रकार अनेक शब्द लिखे गए हैं। यद्यपि उनके लिखित रूप उसी प्रकार के हैं किन्तु उनके उच्चरित रूप क्रमशः 'राखा', 'माया', 'आया' 'माना', 'जाना' आदि होंगे। इस प्रकार सैकड़ों शब्द 'नानक वाणी' में प्राप्त होंगे। उनका उच्चारण इसी ढंग से करना अपेक्षित है।

नानक वाणी

१ओं सतिनामु करता पुरखु निरभउ निरवैरु अकाल मूरति अजूनी सैभं गुर प्रसादि

उपर्युक्त वाणी सिक्खों का मूलमंत्र अथवा बीजमन्त्र है। इसी में सिक्ख गुरुओं के समस्त आध्यात्मिक सिद्धान्त निहित हैं। प्रत्येक सिक्ख को दीक्षित होते तथा अमृतपान करते समय इस मंत्र की पाँच बार आवृत्ति करनी पड़ती है। यह मूलमन्त्र प्रत्येक राग के प्रारम्भ में प्रयुक्त होता है। इसका संक्षिप्त रूप, "१ओं सतिगुर प्रसादि" भी है।

बीजमन्त्र का अर्थ इस भाँति है, "वह एक है, ओंकार स्वरूप है (शब्द अथवा वाणी है), वह सत्य नाम वाला है, करतार है, आदि पुरुष है, भय से रहित तथा वैर से रहित है, वह तीनों काल से रहित स्वरूप वाला (मूर्त्ति) है। वह अयोनि और स्वयंभू (सैभं) है, और (उपर्युक्त गुणों वाला परमात्मा) गुरु की कृपा से प्राप्त होता है।

विशेष :—आगे आने वाली वाणी का नाम "जपु" है।

"आदि सचु जुगादि सचु ॥ है भी सचु नानक होसी भी सचु ॥" आदि "जपु जी" का मंगलाचरण रूप 'सलोक' है। वास्तविक "जपु जी" 'सोचै सोचि न होवई' से प्रारम्भ होता है।

॥ जपु ॥

आदि सचु जुगादि सचु ॥ है भी सचु नानक होसी भी सचु ॥

"जपु जी" का मंगलाचरण, "आदि सचु" से प्रारम्भ होता है। इसका अर्थ इस प्रकार है, "(वह परमात्मा) आदि में (भूतकाल में) सत्य रूप से स्थित था, युगों के प्रारम्भ में (वही) सत्य (विद्यमान था), अब भी (वर्तमान काल में) सत्य ही है, आगे आने वाले समय में (भविष्य में) भी सत्य ही रहेगा।

सोचै सोचि न होवई जे सोची लख वार।
चुपै चुपि न होवई जे लाइ रहा लिवतार ॥
भुखिआ भुख न उतरी जे बंना पुरीआ भार।
सहस सिआणपा लख होहि त इक न चलै नालि ॥

किव सचिआरा होईऐ किव कूड़ै तुटै पालि ।
हुकमि रजाई चलणा नानक लिखिआ नालि ।।१।।

यदि हम लाखों बार परमात्मा के सम्बन्ध में सोचें, तो भी उसे सोच नहीं सकते। चुप रहने से, मौन धारण करने से हमारी अखण्ड वृत्ति (लिवतार) उससे नहीं जुड़ सकती यदि हम अनेक पुरियों (इन्द्रादिक पुरियों) से संबंधित हो जायें, तो भी भूखों की भूख (बिना परमात्मा की प्राप्ति के) निवृत्त नहीं हो सकती। हजारों, लाखों चतुराइयाँ क्यों न हों, किन्तु वे एक भी साथ नहीं देतीं, (उनसे परमात्मा की प्राप्ति नहीं होती)। किस भाँति हम सच्चे बनें और किस भाँति झूठ (कूड़ै) के परदे (पालि) का नाश हो ? (परमात्मा) के हुक्म और उसकी इच्छा (रजाई) के अनुसार चलने से हम सच्चे बन सकते हैं। किन्तु उसके हुक्म और उसकी मर्जी के अनुसार चलना, भाग्य में लिखा होता है, तभी होता है ।।१।।

हुकमी होवनि आकार हुकमु न कहिआ जाई ।
हुकमि होवनि जीअ हुकमि मिलै वडिआई ।।
हुकमी उतमु नीचु हुकमि लिखि दुख सुख पाईअहि ।
इकना हुकमी बखसीस इकि हुकमी सदा भवाईअहि ।।
हुकमै अंदरि सभु को बाहरि हुकम न कोइ ।
नानक हुकमै जे बुझै त हउमै कहै न कोइ ।।२।।

(परमात्मा के) हुक्म से सभी सृष्टि (आकार) की उत्पत्ति हुई है। हुक्म के संबंध में कुछ कहा नहीं जा सकता। हुक्म से ही जीवों की उत्पत्ति होती है। हुक्म से ही बड़ाई मिलती है। हुक्म से ही उत्तम और नीच कर्म किए जाते हैं और उसी के अनुसार दुःख-सुख की प्राप्ति होती है। (उस परमात्मा के द्वारा) कुछ तो पुरस्कृत किए जाते हैं और कुछ (आवागमन के चक्कर में) सदैव भ्रमित किए जाते हैं। इस प्रकार सारी सृष्टि ही हुक्म के अंतर्गत है। हुक्म के बाहर कोई नहीं है। नानक का कथन है कि जो व्यक्ति (परमात्मा के) इस हुक्म को समझता है, वह अहंकार (हउमै) के दोष से निवृत्त हो जाता है ।।२।।

गावै को ताणु होवै किसै ताणु । गावै को दाति जाणै नीसाणु ।।
गावै को गुण वडिआईआ चारु । गावै को विदिआ विखमु वीचारु ।।
गावै को साजि करे तनु खेह । गावै को जीअ लै फिरि देह ।।
गावै को जापै दिसै दूरि । गावै को वेखै हादरा हदूरि ।।
कथना कथी न आवै तोटि । कथि कथि कथी कोटी कोटि कोटि ।।
देदा दे लैदे थकि पाहि । जुगा जुगंतरि खाही खाहि ।।
हुकमी हुकमु चलाहे राहु । नानक विगसै वेपरवाहु ।।३।।

कोई उस परमात्मा के बल (ताणु) का गुणगान करता है, जिस किसी में (उसके गुणगान की) शक्ति रहती है। कोई परमात्मा को दान का प्रतीक (नीसाणु) समझ कर, उसके दान के गीत गाता है। कोई उसकी सुन्दर (चारु) बड़ाइयों की प्रशंसा करता है। कोई उसके विषम (विखमु)—कठिन विचारों का वर्णन करता है। कोई परमात्मा के गुणों की

इसलिए बड़ाई करता है कि वह सर्वशक्तिमान् पहले शरीर की रचना करता है, फिर उसे खाक (खेह) बना डालता है। कोई इसलिए उसका गुणगान करता है कि वही जीवदान देता है और फिर ले भी लेता है। कोई उसका इस प्रकार गुणगान करता है कि वह परमात्मा दिखाई नहीं पड़ता. प्रतीत नहीं होता, (क्योंकि वह अत्यन्त दूर और सबसे परे है)। कोई इसलिए उसकी प्रशंसा करता है कि वह ज्योतिस्वरूप परमात्मा अत्यन्त समीप, दृष्टि के निकट है। (संक्षेप में यह कि उसके गुणों का) कितना ही कथन क्यों न किया जाय उनका अंत (तोटि) नहीं है। करोड़ों व्यक्ति उसके गुणों का कथन करते हैं, (किन्तु उनका अंत नहीं है)। दाता, (हरी) देता ही रहता है; लेनेवाले (लैदे) लेते लेते थक जाते हैं. युग-युगान्तारों तक (उसके दान को) खाते रहते हैं, (किन्तु समाप्ति नहीं होती)। वह हुकम देनेवाला (हुकमी) सभी को अपने हुकम के मार्ग पर चलाता है। वह बेपरवाह (अपने ही आनन्द में) विकसित होता रहता है ॥३॥

साचा साहिबु साचु नाइ भाखिआ भाउ अपारु।
आखहि मंगहि देहि देहि दाति करे दातारु ॥
फेरि कि अगै रखीऐ जितु दिसै दरबारु।
मुहौ कि बोलणु बोलीऐ जितु सुणि धरे पिआरु ॥
अंमृत वेला सचु नाउ वडिआई वीचारु।
करमी आवै कपड़ा नदरी मोखु दुआरु ॥
नानक एवै जाणीऐ सभु आपे सचिआरु ॥४॥

साहब (परमात्मा) सच्चा है। वह सत्य नाम वाला है। उसके गुणों का कथन (भाखिआ) अनन्त भावों में किया जाता है। (लोग उसके गुणों की) प्रशंसा करते रहते हैं और उससे 'दे दे' (देहि देहि) कह कर मांगते हैं। दाता परमात्मा (निरन्तर) देता ही रहता है। उस परमात्मा के सम्मुख (अगै) फिर कौन सी वस्तु समर्पित की जाय (रखीऐ), जिससे उसके दरबार का दर्शन हो ? (हम) मुंह से कौन सी ऐसी वाणी बोलें, जिसे सुनकर वह प्यार करने लगे ? ब्राह्ममुहूर्त्त (अमृत वेला) में (उठकर) सत्य नामवाले (परमात्मा) की महिमा का ध्यान करो। हमें (सांसारिक) कर्म करने से तो (शरीर रूपी) वस्त्र की ही प्राप्ति होती है, किन्तु (परमात्मा की) कृपादृष्टि (नदरी) से मोक्ष-द्वार प्राप्त होता है। नानक कहते हैं कि इस प्रकार (एवै) यह जानो कि सच्चा परमात्मा स्वयं ही सब कुछ है ॥४॥

थापिआ न जाइ कीता ना होइ। आपे आपि निरंजनु सोइ ॥
जिनि सेविआ तिनि पाइआ मानु। नानक गावीऐ गुणीनिधानु ॥
गावीऐ सुणीऐ मनि रखीऐ भाउ। दुखु परहरि सुखु घरि लै जाइ ॥
गुरमुखि नादं गुरमुखि वेदं गुरमुखि रहिआ समाई।
गुरु ईसरु गुरु गोरखु बरमा गुरु पारबती माई ॥
जे हउ जाणा आखा नाही कहणा कथनु न जाई।
गुरा इक देहि बुझाई।
सभना जीआ का इकु दाता सो मै विसरि न जाई ॥ ५ ॥

वह परमात्मा न तो स्थापित किया जा सकता है और न निर्मित। निरंजन आप ही सब कुछ हैं। जिन्होंने उसकी आराधना की है उन्होंने मान प्राप्त किया है। नानक गुणनिधान (परमात्मा) को स्तुति करता है। (उसी का) गुणगान करो, उसी का श्रवण करो और उसी का (अनन्य) भाव मन में रक्खो (इस प्रकार) तुम्हारे सारे दुःख समाप्त हो जायंगे और तुम सुख अपने घर ले जाओगे। गुरुवाक्य ही नाद है, गुरु का वाक्य ही वेद है, क्योंकि गुरु की रसना में परमात्मा समाया हुआ है। गुरु ही शिव (ईसरु) है, गुरु ही विष्णु (गोरखु) है, वही ब्रह्मा और पार्वती माता हैं। (गुरु की महिमा मैं नहीं जान सकता), यदि मैं जानता भी होऊं, तो मैं उसका वर्णन नहीं कर सकता, क्योंकि वह कथन द्वारा व्यक्त नहीं किया जा सकता। (हाँ,) गुरु ने मुझे एक बात (भलीभाँति) समझा दी है—(वह यह है कि) सभी प्राणियों का एक दाता है; उसे मैं (किसी प्रकार) न भूलूं ॥ ५ ॥

तीरथि नावा जे तिसु भावा विणु भाणे कि नाइ करी।
जेती सिरठि उपाई वेखा विणु करमा कि मिलै लई।
मति विचि रतन जवाहर माणिक जे इक गुर की सिख सुणी।
गुरा इक देहि बुझाई।
सभना जीआ का इकु दाता सो मै विसरि न जाई ॥ ६ ॥

यदि (जे) मैं उसे अच्छा लगता हूँ, तो मैंने तीर्थस्नान कर लिया। यदि मैं उसे अच्छा नहीं लगता, तो नहा-धो कर क्या करूं ? जितनी सृष्टि-रचना उस प्रभु ने की है और जिसे मैं देख रहा हूँ, बिना कर्मों के क्या ले दे सकती है ? (कुछ भी नहीं)। यदि हम गुरु की शिक्षा सुनते हैं, तो हमारी बुद्धि रत्न, जवाहर, माणिक्य की निधि हो सकती है। गुरु ने मुझे एक बात (भली भाँति) समझा दी है—(वह यह है कि) सभी प्राणियों का एक दाता है, उसे मैं (किसी प्रकार) न भूलूं ॥६॥

जे जुग चारे आरजा होर दसूणी होइ।
नवा खंडा विचि जाणीऐ नालि चलै सभु कोइ॥
चंगा नाउ रखाइ कै जसु कीरति जगि लेइ।
जे तिसु नदरि न आवई त बात न पुछै के॥
कीटा अंदरि कीटु करि दोसी दोसु धरे।
नानक निरगुणि गुणु करे गुणवंतिआ गुणु दे।
तेहा कोइ न सुझई जि तिसु गुणु कोइ करे ॥ ७ ॥

यदि चारों युगों के बराबर किसी की आयु हो जाय, (इतना ही नहीं) उससे भी दसगुनी आयु प्राप्त हो जाय; यदि नव-खण्डों के लोग उसे जानते हों, और लोग उसके साथ चलते हों; यदि उसके नाम की जगत् में परम प्रसिद्धि हो और उसका यश, कीर्त्ति सारे जगत में व्याप्त हो, (यह सब कुछ हो जाने पर भी) यदि हम उसकी (अच्छी) दृष्टि में नहीं आते हैं, तो कोई बात भी नहीं पूछता है। (यदि परमात्मा चाहता है तो महान् से महान् व्यक्ति को) कीड़ों में कीड़ा बना सकता है और दोषी भी (उसे) दोषी बनाने लगते हैं। नानक कहते हैं कि (वह प्रभु) अवगुणियों को गुणी बना सकता है और गुणवानों को और भी गुणी बना सकता है। प्रभु

के बिना मुझे कोई ऐसा व्यक्ति नहीं दिखाई पड़ता, जो किसी अन्य व्यक्ति में गुणों की उत्पत्ति कर सके। (हम में यह शक्ति नहीं है कि अपने में गुणों की उत्पत्ति कर सकें) ॥ ७ ॥

सुणिऐ सिध पीर सुरिनाथ। सुणिऐ धरति धवल आकास॥
सुणिऐ दीप लोअ पाताल। सुणिऐ पोहि न सकै कालु॥
नानक भगता सदा विगासु। सुणिऐ दूख पाप का नासु॥ ८॥

विशेष :—(इस पउड़ी से लेकर ग्यारहवीं पउड़ी तक श्रवण की महत्ता बतलाई गयी है। आध्यात्मिक साधना में श्रवण, मनन, निदिध्यासन का बहुत बड़ा महत्त्व है)।

श्रवण से (साधारण व्यक्ति) सिद्ध, पीर, देवता तथा नाथ अथवा इन्द्र (सुरिनाथ) हो जाते हैं। श्रवण से ही धरती, (उसका आधार) वृषभ (धवल) तथा आकाश स्थित हैं। श्रवण से ही (नाना) द्वीप, (चौदह) लोक तथा पाताल चल रहे हैं। श्रवण से ही काल स्पर्श (पोहि) नहीं कर सकता। (मनुष्य आवागमन के चक्कर से मुक्त हो, परमात्म-स्वरूप हो जाता है)। नानक कहते हैं कि (श्रवण से ही) भक्तगण सदैव आनन्दित रहते हैं और श्रवण से ही दुखों तथा पापों का नाश हो जाता है ॥८॥

सुणिऐ ईसरु बरमा इंदु। सुणिऐ मुखि सालाहणु मंदु॥
सुणिऐ जोग जुगति तनि भेद। सुणिऐ सासत सिम्रिति वेद॥
नानक भगता सदा विगासु। सुणिऐ दूख पाप का नासु॥ ९॥

श्रवण से ही शिव (ईसरु), ब्रह्मा और इन्द्र की पदवी पाते हैं। श्रवण से ही बुरे (मंदु) भी मुख से प्रशंसा योग्य बन जाते हैं। अथवा श्रवण से ही (ऋषिगण) मंत्र (मंदु) रचना करके, (अपने) मुख से परमात्मा की स्तुति करते हैं। श्रवण से ही योग की युक्ति एवं शरीर के रहस्य (तनि भेद) ज्ञात होते हैं। श्रवण से ही शास्त्रों, स्मृतियों, वेदों का वास्तविक ज्ञान होता है। नानक कहते हैं कि (श्रवण से ही) भक्तगण सदैव आनन्दित रहते हैं और श्रवण से ही दुःखों तथा पापों का नाश हो जाता है ॥९॥

सुणिऐ सतु संतोखु गिआनु। सुणिऐ अठसठि का इसनानु॥
सुणिऐ पड़ि पड़ि पावहि मानु। सुणिऐ लागै सहजि धिआनु॥
नानक भगता सदा विगासु। सुणिऐ दूख पाप का नासु॥ १०॥

श्रवण से सत्य अथवा सत्वगुण (सतु), संतोष एवं ज्ञान (ब्रह्मज्ञान) की प्राप्ति होती है। श्रवण से अड़सठ तीर्थों के स्नान (का पुण्य) प्राप्त हो जाता है। श्रवण से ही पढ़ पढ़ कर मान प्राप्त होता है। श्रवण से ही सहजावस्था (तुरीयावस्था, चतुर्थ पद) का ध्यान लगता है। नानक कहते हैं कि (श्रवण से ही) भक्तगण सदैव आनन्दित रहते हैं और श्रवण से ही दुःखों और पापों का नाश हो जाता है ॥१०॥

सुणिऐ सरा गुणा के गाह। सुणिऐ सेख पीर पातिसाह॥
सुणिऐ अंधे पावहि राहु। सुणिऐ हाथ होवै असगाहु॥
नानक भगता सदा विगासु। सुणिऐ दूख पाप का नासु॥ ११॥

श्रवण से श्रेष्ठ गुणों की थाह मिल जाती है। श्रवण से ही (इस लोक में) शेख, पीर और बादशाह बन जाते हैं। श्रवण के फलस्वरूप ही अंधे अपना मार्ग पा जाते हैं। श्रवण से ही अथाह (वस्तु) की थाह मिल जाती है अथवा श्रवण से ही उसकी (परमात्मा की) अगाध गति हाथ आता है। नानक कहते हैं कि (श्रवण से ही) भक्तगण सदैव आनन्दित रहते हैं और श्रवण से ही दुःखों और पापों का नाश हो जाता है ॥११॥

मंने की गति कही न जाइ। जे को कहै पिछै पछुताइ ॥
कागदि कलम न लिखणहारु। मंने का बहि करनि वीचारु ॥
ऐसा नामु निरंजनु होइ। जे को मंनि जाणै मनि कोइ ॥ १२ ॥

विशेष : १२ वीं पउड़ी से लेकर १५ वीं पउड़ी तक में मनन की महत्ता बताई गई है।

मनन की अवस्था का वर्णन नहीं किया जा सकता। जो इसे कहकर व्यक्त करना चाहता है, वह बाद में पश्चाताप करता है। (क्योंकि परमात्मा वर्णनातीत है)। (मनन की अवस्था को अभिव्यक्त करने के लिए न पर्याप्त) कागज है, न कलम है, न (सुयोग्य) लेखक ही है। (अतः कोई भी ऐसा नहीं है) जो स्थित होकर मनन की अवस्था पर सोच सके। वह नाम निरंजन (माया रहित परमात्मा) वास्तव में ऐसा ही है। जो कोई भी वास्तविक मनन जानता है, वह मन ही मन (इसका रसास्वादन करता है) ॥१२॥

मंनै सुरति होवै मनि बुधि। मंनै सगल भवन की सुधि ॥
मंनै मुहि चोटा ना खाइ। मंनै जम कै साथि न जाइ ॥
ऐसा नामु निरंजनु होइ। जे को मंनि जाणै मनि कोइ ॥ १३ ॥

(परमात्मा के) मनन से मन और बुद्धि में सुरति (स्मृति, तन्मयता) उत्पन्न होती है। मनन से सारे भुवनों—लोकों का ज्ञान हो जाता है। मनन से मुह में चोट नहीं खानी पड़ती। मनन से यम के साथ नहीं जाना पड़ता (आवागमन के चक्कर से छूट कर परमात्म-स्वरूप हो जाता है)। वह नाम-निरंजन (माया रहित परमात्मा) वास्तव में ऐसा ही है। जो कोई भी वास्तविक मनन जानता है, वह मन ही मन आनन्दित होता है ॥१३॥

मंनै मारगि ठाक न पाइ। मंनै पति सिउ परगटु जाइ ॥
मंनै मगु न चलै पंथु। मंनै धरम सेती सनबंधु ॥
ऐसा नामु निरंजनु होइ। जे को मंनि जाणै मनि कोइ ॥ १४ ॥

(परमात्मा के) मनन से मार्ग में रुकावट नहीं पड़ती। मनन करने से ही प्रतिष्ठा (पति) के साथ प्रकट रूप में (परमात्मा के पास) जाता है। मनन से ही मार्ग अथवा पंथ में (कठिनाई) नहीं आती। मनन के फलस्वरूप ही उसका सम्बन्ध धर्म से हो जाता है। वह नाम-निरंजन (माया-रहित परमात्मा) वास्तव में ऐसा ही है। जो कोई भी वास्तविक मनन करना जानता है, वह मन ही मन आनन्दित होता है ॥१४॥

मंनै पावहि मोखु दुआरु। मंनै परवारै साधारु ॥
मंनै तरै तारे गुरु सिख। मंनै नानक भवहि न भिख ॥
ऐसा नामु निरंजनु होइ। जे को मंनि जाणै मनि कोइ ॥ १५ ॥

(परमात्मा के) मनन से ही मोक्ष-द्वार की प्राप्ति होती है। मनन से ही (मनन करने वाला) अपने परिवार को आधार युक्त (साधारु) बना लेता है, अथवा मनन से ही परिवार को सुधार लेता है। मनन से ही गुरु स्वयं तरता है और अपने शिष्य को भी तार देता है। मनन से भिक्षा के निमित्त भ्रमण नहीं करना पड़ता। वह नाम-निरंजन (माया रहित परमात्मा) वास्तव में ऐसा ही है। जो कोई भी वास्तविक मनन करना जानता है, वह मन ही मन आनन्दित होता है ॥१५॥

पंच परवाण पंच परधान। पंचे पावहि दरगहि मानु ॥
पंचे सोहहि दरि राजानु। पंचा का गुरु एकु धिआनु ॥
जे को कहै करै वीचारु। करते कै करणै नाही सुमारु ॥
धौलु धरमु दइआ का पूतु। संतोखु थापि रखिआ जिनि सूति ॥
जे को बूझै होवै सचिआरु। धवलै उपरि केता भारु ॥
धरती होरु परै होरु होरु। तिसते भारु तलै कवणु जोरु ॥
जीअ जाति रंगा के नाव। सभना लिखिआ वुड़ी कलाम ॥
एहु लेखा लिखि जाणै कोइ। लेखा लिखिआ केता होइ ॥
केता ताणु सुआलिहु रूपु। केती दाति जाणै कौणु कूतु ॥
कीता पसाउ एको कवाउ। तिसते होए लख दरिआउ ॥
कुदरति कवण कहा वीचारु। वारिआ न जावा एक वार ॥
जो तुधु भावै साई भली कार। तू सदा सलामति निरंकार ॥ १६ ॥

(शुभ गुणों में) श्रेष्ठ व्यक्ति (पंच) (परमात्मा के यहाँ) प्रामाणिक (समझे जाते हैं), श्रेष्ठ ही प्रधान माने जाते हैं। श्रेष्ठ ही (परमात्मा के) दरवाजे पर मान पाते हैं। श्रेष्ठ व्यक्ति ही राजाओं के दरबार में शोभनीय होते हैं। श्रेष्ठ का ध्यान एक गुरु में केन्द्रित होता है।

[डा० मोहन सिंह ने इस का अर्थ इस प्रकार किया है—

पंच परवाण—शब्द, स्पर्श, रूप, रस, गंध।

पंच परधान—आकाश, वायु, अग्नि, जल, पृथ्वी।

परमात्मा के दरवाजे पर पाँच मान पानेवाले—पंच ज्ञानेन्द्रियाँ।

राजाओं के दरबार में पाँच मान पानेवाले—पंच कर्मेन्द्रियाँ।

पाँच वे जिन्हें गुरु का ध्यान है—(पंच प्राण)—प्राण, अपान, व्यान, उदान और समान]

यदि कोई परमात्मा के सम्बन्ध में कथन करता है, तो पूर्ण रूप से सोच विचार कर ऐसा करे, (क्योंकि) कर्त्ता (परमात्मा) के कार्यों की गणना नहीं हो सकती। पृथ्वी को धारण करनेवाला कोई बैल (धौलु) है। (वास्तव में वह धर्म रूपी बैल पृथ्वी को धारण नहीं करता) बल्कि (परमात्मा का) धर्म ही बैल है और वह (परमात्मा की) दया का पुत्र है। (धर्म के साथ) संतोष की स्थापना करके (परमात्मा ने सारी सृष्टि-रचना) एक सूत्र में पिरो रक्खी है। जो कोई (इस रहस्य को) जानता है, वह सत्य स्वरूप ही हो जाता है। (भला बेचारे) बैल के ऊपर कितना भार है ! (तात्पर्य यह कि बैल की क्या सामर्थ्य है कि वह पृथ्वी को धारण करे। उसे धारण करनेवाला तो परमात्मा ही है) पृथ्वियाँ बहुत सी हैं। उनसे भी परे

अनेक पृथ्वियाँ हैं (अनन्त हैं)। (भला बताइए) उनके भार के नीचे कौन सी शक्ति है ? (अर्थात् उनका क्या आधार है ?)। (परमात्मा की सृष्टि में) अनन्त जीव हैं, अनन्त जातियाँ है, अनन्त रंग है और अनन्त नाम हैं। (सभी के भाग्य) उसकी आज्ञा की लेखनी से लिखे गये हैं। कौन ऐसा व्यक्ति है जो (परमात्मा के) इस लेखे को लिख सके ? यदि उन लेखों-जोखों का लेखा लगाया जाय, तो न मालूम कितने (लेख) हो सकते हैं ! (ऐ परमात्मा !) तेरी कितनी शक्ति (ताणु) है और कितना सुन्दर (सुआलिहु) स्वरूप है ! (परमात्मा के) कितने दान हैं, इसे कौन जान सकता है और अनुमान (कूतु) लगा सकता है ? (परमात्मा के) एक वाक्य से सारा प्रसार (सृष्टि-निर्माण) हुआ। उसी से लाखों नद उत्पन्न हुए। (हे परमात्मा तेरी) कुदरत, प्रकृति अथवा शक्ति का किस प्रकार विचार करूँ ? (तेरी ऐसी आश्चर्यमयी सृष्टि है) कि एक बार नहीं (अनेक बार) न्यौछावर हुआ जाय (तो भी कम हो है)। जो तुझे अच्छा लगे, वही अच्छा कर्म है। तू शाश्वत रहनेवाला और निरंकार स्वरूप है ॥१६॥

असंख जप असंख भाउ। असंख पूजा असंख तप ताउ ॥
असंख गरंथ मुखि वेद पाठ। असंख जोग मनि रहहि उदास ॥
असंख भगत गुण गिआन वीचार। असंख सती असंख दातार ॥
असंख सूर मुह भख सार। असंख मोनि लिव लाइ तार ॥
कुदरति कवण कहा वीचारु। वारिआ न जावा एक बार ॥
जो तुधु भावै साई भली कार। तू सदा सलामति निरंकार ॥ १७ ॥

विशेष—गुरु नानक देव ने इस पद में यह दिखाने की चेष्टा की है कि परमात्मा की प्राप्ति के लिए अनेक साधन किये जा रहे हैं। साथ ही इस पद से सृष्टि की अनन्तता का भी बोध कराया गया है —

(उस प्रभु की दर्शन-प्राप्ति के लिए, अथवा उसके बोध के निमित्त) अनन्त जप किये जाते हैं और अनन्त भावों से (उसकी आराधना और भक्ति) की जाती है। (उसकी प्राप्ति के निमित्त) असंख्य पूजाएं और तपश्चर्याएं की जाती हैं, मुखों से अनन्त धार्मिक ग्रन्थों एवं वेदों के पाठ किए जाते हैं, असंख्य प्रकार की योग-साधनाएँ की जाती हैं, (जिनके द्वारा सांसारिक विषयों से) मन उदासीन रखा जाता है। असंख्य भक्त (अपनी-अपनी प्रणाली के अनुसार) (परमात्मा के) गुणों का विचार करते हैं और ज्ञान प्राप्त करते हैं। असंख्य (मनुष्य) सत्त्व-गुण और दान (द्वारा उस प्रभु तक पहुँचने में) तत्पर रहते हैं। असंख्य शूरवीर (उस परमात्मा की प्राप्ति के लिए युद्धस्थल में) मुँह से लोहा भक्षण करते हैं, (तात्पर्य यह कि घनघोर युद्ध करते हैं)। (हे प्रभु) असंख्य मौनी (मौन-व्रत-धारी साधक) एकनिष्ठ हो तेरे ही ध्यान में निमग्न रहते हैं। (हे प्रभु, तेरी) कुदरत, प्रकृति, शक्ति अथवा माया का किस प्रकार विचार करूं ? (तेरी ऐसी आश्चर्यमयी रचना है) कि एक बार नहीं (अनेक बार) न्योछावर हुआ जाय (तो भी कम ही है)। जो तुझे अच्छा लगे, वही अच्छा कर्म है। तू शाश्वत रहनेवाला और निरंकार-स्वरूप है ॥१७॥

असंख मूरख अंध घोर। असंख चोर हरामखोर ॥
असंख अमर करि जाहि जोर। असंख गलवढ हतिआ कमाहि ॥

असंख पापी पापु करि जाहि । असंख कूड़िआर कूड़े फिराहि ॥
असंख मलेछ मलु भखि खाहि । असंख निंदक सिरि करहि भारु ॥
नानक नीचु कहै वीचारु । वारिआ न जावा एक वार ॥
जो तुधु भावै साई भली कार । तू सदा सलामति निरंकार ॥ १८ ॥

विशेष :—इस पद में गुरु नानक देव ने यह बतलाया कि परमात्मा की तमोगुणी सृष्टि भी अनन्त हैं । बहुत से ऐसे लोग हैं जो आसुरी वृत्ति में ही रहना पसंद करते हैं । उन्हें परमात्मा के अस्तित्व एवं धर्माधर्म का कुछ भी बोध नहीं रहता । इस प्रकार परमात्मा की सृष्टि में जहाँ एक ओर जपी, तपी, मौनी, शूरमे, सतोगुणी, दानी, भक्त, ज्ञानी, योगी इत्यादि हैं, वहाँ दूसरी ओर मूर्ख, घनघोर तमोगुणी, हरामखोर, पराया द्रव्य अपहरण करनेवाले, भीषण निन्दक भी हैं । किन्तु ऐसी सृष्टि भी उसकी लीला का एक अंग है :—

अर्थ :—असंख्य (प्राणी) मूर्ख एवं घनघोर तमोगुणी (अंधे) हैं । असंख्य चोर और हरामखोर हैं । असंख्य व्यक्ति ऐसे भी हैं, जो जबर्दस्ती अपना हुक्म (अमर) मनवाते हैं । असंख्य व्यक्ति गला काटनेवाले (गलवढ) और हत्या कमानेवाले हैं । असंख्य पापी ऐसे हैं, जो पाप-कर्म में ही सारी आयु समाप्त कर चल देते हैं । असंख्य झूठे (कूड़िआर) अपना झूठ लेकर स्थान-स्थान पर फिरते हैं । असंख्य म्लेच्छ (ऐसे) है, जो अखाद्य वस्तुएं (मलु) भक्षण करते है (और पचा जाते हैं) । असंख्य निन्दक (पराई निन्दा के पाप का भार अपने) सिर पर लादते हैं । (इस प्रकार) नानक अधमों का विचार करता है (वर्णन करता है) । (हे परमात्मा तेरी आश्चर्य-मयी सृष्टि है; उस पर) एक बार नहीं अनन्त बार न्यौछावर होना भी थोड़ा ही है । जो तुझे अच्छा लगे, वही शुभ कर्म है । तू शाश्वत रहनेवाला, निरंकार ब्रह्म है ॥१८॥

असंख नाव असंख थाव । अगंम अगंम असंख लोअ ॥
असंख कहहि सिरि भारु होइ ।
अखरी नामु अखरी सालाह । अखरी गिआनु गीत गुण गाह ॥
अखरी लिखणु बोलणु बाणि । अखरा सिरि संजोगु बखाणि ॥
जिनि एहि लिखे तिसु सिर नाहि । जिव फुरमाए तिव तिव पाहि ॥
जेता कीता तेता नाउ । विणु नावै नाही को थाउ ॥
कुदरति कवण कहा वीचारु । वारिआ न जावा एक वार ॥
जो तुधु भावै साई भली कार । तू सदा सलामति निरंकार ॥ १९ ॥

(परमात्मा तेरे) असंख्य नाम हैं और असंख्य स्थान हैं । मन, वाणी, बुद्धि से परे (अगंम) अनन्त लोक हैं । (वास्तविक बात तो यह है कि) असंख्य कहना भी सिर के ऊपर भार ही लादना है । अक्षर से ही नाम की प्राप्ति होती है; [अक्षर से तात्पर्य यहाँ कई हो सकते हैं —(क) जो क्षर न हो, अर्थात् परमात्मा । (ख) परमात्मा की आज्ञा (ग) शास्त्र] अक्षर से (परमात्मा की) स्तुति (सालाह) होती है । अक्षर से ज्ञान प्राप्त होता है तथा परमात्मा की गुण-गाथा के गीत गाये जाते हैं । अक्षर से ही लिखना और वाणी बोलने का ज्ञान होता है । अक्षर द्वारा ही (मनुष्य) के भाग्य (सिरि) का संयोग अंकित किया रहता है (बखाणि) । जिस परमात्मा ने अक्षर की रचना की है, वह इनके अधीन नहीं है । (वह तो

सर्वशक्तिमान् है) वह जैसी आज्ञा देता है, उसी प्रकार मनुष्य पाता है। जो कुछ भी रचना हुई है, वह सब तेरा नाम ही है। (परमात्मा के) नाम बिना कोई स्थान नहीं है। (हे प्रभु, तेरी) प्रकृति, शक्ति, अथवा माया का किस प्रकार विचार करूँ? (तेरी ऐसी आश्चर्यमयी शक्ति है कि उस पर) एक बार नहीं अनन्त बार न्योछावर होना भी थोड़ा ही है। जो तुझे अच्छा लगे, वही शुभ कर्म है। तू शाश्वत रहनेवाला, निरंकार ब्रह्म है ॥१९॥

भरीए हथु पैरु तनु देह। पाणी धोतै उतरसु खेह ॥
मूत पलीती कपड़ होइ। दे साबूणु लईऐ ओहु धोइ ॥
भरीऐ मति पापा कै संगि। ओहु धोपै नावै कै रंगि ॥
पुंनी पापी आखणु नाहि। करि करि करणा लिखि लै जाहु ॥
आपे बीजि आपे ही खाहु। नानक हुकमी आवहु जाहु ॥ २० ॥

यदि हाथ, पैर और शरीर के अन्य अंगों में धूल लगी हो, तो पानी से धोने से वह धूल साफ़ हो जाती है। यदि मूत्र (आदि) से कपड़े अशुद्ध हों, तो साबुन लगा कर उन्हें धो लो। (इसी प्रकार यदि) बुद्धि पापों से भरी हो, तो वह नाम के प्रेम (रंग) से शुद्ध की जा सकती है। कहने मात्र से न कोई पुण्यात्मा हो जाता है और न कोई पापी, जो जो कर्म हम करते हैं, वे (परमात्मा के दूतों द्वारा) लिख लिये जाते हैं। (इस प्रकार) मनुष्य स्वयं ही बोता है और स्वयं ही खाता है। परमात्मा के हुकम के अनुसार आना-जाना (जन्म-मरण का चक्र) लगा रहता है ॥२०॥

तीरथु तपु दइआ दतु दान। जे को पावै तिल का मानु ॥
सुणिआ मंनिआ मनि कीता भाउ। अंतरगति तीरथि मलि नाउ ॥
सभि गुण तेरे मै नाही कोइ। विणु गुण कीते भगति न होइ ॥
सुअसति आथि बाणी बरमाउ। सति सुहाणु सदा मनि चाउ ॥
कवणु सु वेला वखतु कवणु कवण थिति कवणु वारु।
कवणि सि रुती माहु कवणु जितु होआ आकारु ॥
वेल न पाईआ पंडती जि होवै लेखु पुराणु।
वखतु न पाइओ कादीआ जि लिखनि लेखु कुराणु ॥
थिति वारु ना जोगी जाणै रुति माहु ना कोई।
जा करता सिरठी कउ साजे आपे जाणै सोई ॥
किव करि आखा किव सालाही किउ वरनी किव जाणा।
नानक आखणि सभु को आखै इकदू इकु सिआणा ॥
वडा साहिबु वडी नाई कीता जा का होवै।
जे को आपौ जाणै अगै गइआ न सोहै ॥ २१ ॥

तीर्थयात्रा, तपश्चर्या, दया, पुण्य (दतु) दान (आदि करने से) तिल मात्र मान प्राप्त होता है। (क्योंकि इन सब साधनों से स्वर्गादिक की प्राप्ति क्षणभंगुर है)। किन्तु जो कोई परमात्मा का श्रवण, मनन करके मन में भाव (प्रेम) उत्पन्न करता है, वह आन्तरिक तीर्थ में

मल मल कर स्नान करता है (और पापों को धो डालता है)। ऐ परमात्मा सभी गुण तुझ में हैं, मुझ में कुछ भी नहीं है। बिना गुणों को धारण किये (कीते), भक्ति नहीं (उत्पन्न) होती, (परमात्मा तू) धन्य है (आथि), जिसको वाणी से ब्रह्माण्डों (बरमाउ) की उत्पत्ति हुई। उसकी सत्ता (सति) की शोभा वर्णन करने के लिये बारबार मन में चाव उत्पन्न होता है। वह कौन सी वेला थी, कौन समय था, कौन तिथि थी, कौन वार था, कौन सी ऋतु थी, कौन महीना था, जिस समय सृष्टि-रचना हुई ? (गुरु नानक जी का उत्तर है कि सृष्टि रचना की निश्चित घड़ी कोई भी नहीं जानता)। पंडितों को (सृष्टि-रचना के समय का) पता नहीं है, (क्योंकि) यदि वे जानते होते, तो पुराणों में अवश्य लिखते। काजियों को भी (सृष्टि रचना के) वक्त का पता नहीं है, (क्योंकि यदि वे जानते होते) तो कुरान में इस बात का अवश्य उल्लेख करते। (इस प्रकार सृष्टि-रचना की) तिथि और वार को योगी भी नहीं जानते। कोई भी (सृष्टि रचना की) ऋतु अथवा महीना नही जानता। जो कर्ता सृष्टि को साजता है, वही (इस रहस्य को) जान सकता है। (ऐ परमात्मा तुझे) किस प्रकार सम्बोधित करूँ, तेरी किस प्रकार स्तुति करूं, किस प्रकार वर्णन करूँ और कैसे जानूँ ? नानक कहते हैं, (ऐ परमात्मा,) सभी लोग तथा एक से एक चतुर व्यक्ति तेरा वर्णन करते हैं। वह साहब महान् (बडा) है, उसका नाम भी महान् है। उस का किया हुआ (कीता) सब कुछ है। गुरु नानक कहते हैं जो कोई (परमात्मा को छोड़ कर) अपने आप को कुछ जानता है, वह आगे जाकर (परलोक में गमन कर) शोभा नहीं पाता ॥२१॥

पाताला पाताल लख आगासा आगास।
ओड़क ओड़क भालि थके वेद कहनि इक बात ॥
सहस अठारह कहनि कतेबा असुलू इकु धातु।
लेखा होइ त लिखीऐ लेखै होइ विणासु ॥
नानक वडा आखीऐ आपे जाणै आपु ॥ २२ ॥

(सृष्टि में) लाखों पाताल हैं और लाखों आकाश। (लोग) उसका अंत (ओड़क) लगाते लगाते थक गए (पर अन्त पाए नहीं)। वेद एक ही बात कहते हैं ('नेति नेति' अर्थात् उसका अन्त नहीं है)। कतेबों [१ तुरेत, २ अंजील, ३ कुरान तथा ४ जंबूर] का कथन है कि अठारह हजार आलम (दुनिया, सृष्टि) है। किन्तु वास्तव में (असुलू) एक ही सत्ता है, (जो सृष्टि का सृजन, पालन एवं संहार कर रही है)। यदि (परमात्मा) का लेखा (हिसाब, गणना) हो, तो लेखा करो; सारे लेखे-जोखे नश्वर ही हैं। नानक कहते हैं कि वह (अत्यन्त) महान् है। वह अपने को आप ही जान सकता है, (अन्य कोई नहीं) ॥२२॥

सालाही सालाहि एती सुरति न पाइआ।
नदीआ अतै वाह पवहि समुंदि न जाणीअहि ॥
समुंद साह सुलतान गिरहा सेती मालु धनु।
कीड़ी तुलि न होवनी जे तिसु मनहु न वीसरहि ॥ २३ ॥

(परमात्मा के) प्रशंसक उसकी प्रशंसा करते हैं, किन्तु उन्हें (उसकी पूर्णता की) स्मृति (बुद्धि) नहीं प्राप्त हुई। नदी और नाले समुद्र में गिरते हैं, किन्तु (वे समुद्र को) नहीं जान

सकते (कारण यह कि समुद्र में मिलकर वे समुद्रवत हो जाते हैं)। समुद्र के समान शाहंशाह और सुल्तान, जिनके पास पहाड़ों (गिरहा) के समान धन-माल हो, उस कीड़े की समता नहीं कर सकते, जिसे तू मन से नहीं बिसराता (अर्थात् तेरा अनन्य भक्त सर्वश्रेष्ठ है, उसकी समता न धनी कर सकते हैं, न शाहंशाह और न सुल्तान) ॥२३॥

अंतु न सिफती कहणि न अंतु। अंतु न करणै देणि न अंतु ॥
अंतु न वेखणि सुणणि न अंतु। अंतु न जापै किआ मनि मंतु ॥
अंतु न जापै कीता आकारु। अंतु न जापै पारावारु ॥
अंत कारणि केते बिललाहि। ताके अंत न पाए जाहि ॥
एहु अंतु न जाणै कोइ। बहुता कहीऐ बहुता होइ ॥
वडा साहिबु ऊचा थाउ। ऊचे उपरि ऊचा नाउ ॥
एवडु ऊचा होवै कोइ। तिसु ऊचे कउ जाणै सोइ ॥
जेवड आपि जाणै आपि आपि। नानक नदरी करमी दाति ॥ २४ ॥

(परमात्मा के) गुणों का अंत नहीं है और न (उन गुणों के) कथन करनेवालों का ही अन्त है। न तो उसके कर्त्तेपन का अन्त है और न उसके दानों का ही। न तो (उस प्रभु के) देखनेवालों, का अंत है और न उसको श्रवण करनेवालों का ही। उसके मन में क्या मन्तव्य (रहस्य) है, उसका भी अन्त जाना नहीं जा सकता। उसके किए हुए सृष्टि-प्रसार (आकार) का अंत भी ज्ञात नहीं हो सकता। (सृष्टि-विस्तार) का आदि-अन्त भी नहीं जाना जा सकता। न मालूम कितने उसका अन्त जानने के लिए बिललाते रहते हैं, किन्तु उसका अंत नहीं पाया जाता। कोई भी उसका अन्त नहीं जानता। जितना अधिक हम उसका कथन करते जायें, उतना ही अधिक वह बढ़ता जाता है। साहब (स्वामी, प्रभु) महान है। उसका (स्थान बहुत ही) ऊंचा है; (हमारी पहुँच से परे है); स्थान से ऊंचा उसका नाम है। यदि उतना ऊंचा कोई हो, तो उस ऊंचे (परमात्मा) को जान सकता है। जितना बड़ा वह है, आप ही अपने द्वारा अपनी महत्ता जान सकता है। नानक कहते हैं कि परमात्मा की देन उसी के ऊपर होती है, जिसके ऊपर उसकी कृपा-दृष्टि होती है ॥२४॥

बहुता करमु लिखिआ ना जाइ। वडा दाता तिलु न तमाइ ॥
केते मंगहि जोध अपार। केतिआ गणत नही वीचारु ॥
केते खपि तुटहि वेकार।
केते लै लै मुकरु पाहि। केते मूरख खाही खाहि ॥
केतिआ दूख भूख सद मार। एहि भी दाति तेरी दातार ॥
बंदिखलासी भाणै होइ। होरु आखि न सकै कोइ ॥
जे को खाइकु आखणि पाइ। ओहु जाणै जेतीआ मुहि खाइ ॥
आपे जाणै आपे देइ। आखहि सि भि केई केइ ॥
जिसनो बखसे सिफति सालाह। नानक पातिसाही पातिसाहु ॥ २५ ॥

(उस दाता के) दानों का वर्णन नहीं किया जा सकता। वह दाता महान् है, उसमें तिल भर भी (रंच मात्र भी) लालच (तमाइ) नहीं है। कितने ही योद्धा—अनगिनती योधा,

(उससे) माँगते हैं। (परमात्मा से माँगनेवाले) कितने हैं, इसकी गणना का अनुमान (वीचारु) नहीं लगाया जा सकता। कितने ही विकारी पुरुष (विषयों में ही) खप जाते और नष्ट हो जाते हैं। कितने ही व्यक्ति ऐसे हैं जो (परमात्मा से) ले ले कर मुकर जाते हैं। कितने ही मूर्ख इस प्रकार के हैं, जो (परमात्मा से पा पा कर) खाते ही चले जाते हैं। कितने ऐसे हैं, जिन पर सदैव ही दुःख और भूख की मार पड़ती रहती है। हे दाता, ये भी तेरे ही दान हैं, (अर्थात् दुःख-भूख भी तेरे ही दिए हुए हैं)। बंधन-मोक्ष तेरी ही आज्ञा से होते हैं। (तेरी आज्ञा के संबंध में) कोई कुछ कह नहीं सकता। जो कोई गप्पी (खाइक—फारसी), (परमात्मा के संबंध में) यह डींग मारे (कि वह इस प्रकार देता है, इस प्रकार नहीं देता) है, तो उसे अपनी मूर्खता का अच्छी तरह पता तब लगता है, जब उसके मुंह पर चोटें पड़ती हैं। (प्रभु) आप ही जानता है और आप ही देता है। जो व्यक्ति (सत्यस्वरूप परमात्मा का सच्चाई से) वर्णन करते हैं, वे कोई ही कोई होते हैं। (परमात्मा) जिसे भी चाहे, अपने गुणों की प्रशंसा करने की शक्ति प्रदान कर सकता है। नानक कहते हैं कि (वह प्रभु) बादशाहों का बादशाह है ॥२५॥

अमुल गुण अमुल वापार। अमुल वापारीए अमुल भंडार ॥
अमुल आवहि अमुल लै जाहि। अमुल भाइ अमुला समाहि ॥
अमुलु धरमु अमुलु दीबाणु। अमुलु तुलु अमुलु परवाणु ॥
अमुलु बखसीस अमुलु नीसाणु। अमुलु करमु अमुलु फुरमाणु ॥
अमुलो अमुलु आखिआ न जाइ। आखि आखि रहे लिव लाइ ॥
आखहि वेद पाठ पुराण। आखहि पड़े करहि वखिआण ॥
आखहि बरमे आखहि इंद। आखहि गोपी तै गोविंद ॥
आखहि ईसर आखहि सिध। आखहि केते कीते बुध ॥
आखहि दानव आखहि देव। आखहि सुरि नर मुनि जन सेव ॥
केते आखहि आखणि पाहि। केते कहि कहि उठि उठि जाहि ॥
एते कीते होरि करेहि। ता आखि न सकहि केई केइ ॥
जेवडु भावै तेवडु होइ। नानक जाणै साचा सोइ ॥
जे को आखै बोलुविगाडु। ता लिखीऐ सिरि गावारा गावारु ॥ २६ ॥

(हे प्रभु, तेरे) गुण अमूल्य हैं; व्यापार (क्रिया-कलाप) भी अमूल्य हैं। तेरे व्यापारी अमूल्य हैं और तेरा भांडार भी अमूल्य है। जो (तुझसे) आते हैं, वे भी अमूल्य हैं (और) (तुझसे) जो लोग ले जाते हैं, वे भी अमूल्य हैं। (उस परमात्मा के यहाँ से आने वाले अमूल्य हैं और उसके गुणों को ग्रहण कर उसके पास जाने वाले भी अमूल्य हैं)। परमात्मा के दिए हुए भाव अमूल्य हैं और उसकी दी हुई समाधि (समाहि) भी अमूल्य है। परमात्मा द्वारा प्रदत्त धर्म और दरबार अमूल्य हैं। प्रभु के दिए हुए तौल और तौलाई (परवाणु) दोनों ही अमूल्य हैं। परमात्मा की बख्शिश और उसके दिए हुए चिह्न (निशान) अमूल्य हैं। (ऐ परमात्मा तेरी) कृपा अमूल्य है और (तेरी) आज्ञा अमूल्य है। तू अमूल्यों में अमूल्य है, तेरा वर्णन नहीं किया जा सकता। कितने ही व्यक्ति तेरी असीमता का वर्णन करते-करते ध्यान-निमग्न होते रहते हैं। वेदों और पुराणों को पढ़-पढ़ कर कितने ही व्यक्ति तेरा वर्णन करते हैं। बहुत से

लोग (शास्त्रों को) पढ़-पढ़ कर तेरे सम्बन्ध में व्याख्यान देते हैं, (प्रवचन करते हैं)। ब्रह्मा, इन्द्र, गोपी और कृष्ण, ईश्वर (शिव), सिद्धगण, बहुत से बुद्ध अथवा बुद्धिमान पुरुष, दानव, देवता, सुर, नर, मुनि, सेवक जन (जन सेव) आदि तेरा ही वर्णन करते हैं। कइयों को (परमात्मा के स्वरूप के वर्णन करने का) पूर्ण अवसर प्राप्त हो जाता है और वर्णन करते ही करते उठ कर चल देते हैं (काल के वशीभूत हो जाते हैं)। (प्रभु ने जितने व्यक्तियों की) रचना कर दी है, उतने ही वह और निर्माण कर दे, तो भी कोई उसके स्वरूप का वर्णन नहीं कर सकता। (वह स्वयं ही अपनी महिमा को जानता है)। तू जितना ही बड़ा बनना चाहता हैं, उतना ही बड़ा बन जाता है। सच्चा परमात्मा ही अपने वास्तविक स्वरूप को जान सकता है। जो कोई उसके वर्णन करने का दम्भ भरता है, वह अपनी वाणी ही खराब करता है और उसकी गणना गँवारों के बीच गँवार (अति गँवार) में होनी चाहिए ॥ २६ ॥

सो दरु केहा सो घरु केहा जितु बहि सरब समाले।
बाजे नाद अनेक असंखा केते वावणहारे ॥
केते राग परी सिउ कहीअनि केते गावणहारे।
गावहि तुहनो पउणु पाणी बैसंतरु गावै राजा धरमु दुआरे ॥
गावहि चितुगुपतु लिखि जाणहि लिखि लिखि धरमु वीचारे ॥
गावहि ईसरु बरमा देवी सोहनि सदा सवारे ॥
गावहि इंद इंदासणि बैठे देवतिआ दरि नाले।
गावहि सिध समाधी अंदरि गावनि साध विचारे ॥
गावनि जती सती संतोखी गावहि वीर करारे।
गावनि पंडित पड़नि रखीसर जुगु जुगु वेदा नाले ॥
गावनि मोहणीआ मनु मोहनि सुरगा मछ पइआले।
गावनि रतनि उपाए तेरे अठसठि तीरथ नाले ॥
गावहि जोध महाबल सूरा गावहि खाणी चारे।
गावहि खंड मंडल वरभंडा करि करि रखे धारे ॥
सेई तुधनो गावहि जो तुधु भावनि रते तेरे भगत रसाले।
होरि केते गावनि से मै चिति न आवनि नानकु किआ वीचारे ॥
सोई सोई सदा सचु साहिबु साचा साची नाई।
है भी होसी जाइ न जासी रचना जिनि रचाई ॥
रंगी रंगीं भाती करि करि जिनसी माइआ जिनि उपाई।
करि करि वेखै कीता आपणा जिव तिस दी वडिआई ॥
जो तिसु भावै सोई करसी हुकमु न करणा जाई।
सो पातिसाहु साहा पातिसाहिबु नानक रहणु रजाई ॥ २७ ॥

विशेषः—इस पउड़ी में गुरु नानक देव ने परमात्मा की अनन्तता का वर्णन किया है परमात्मा की अनन्त सृष्टि के अनन्त प्राणी उसका गुणगान अनन्त समय से करते आ रहे हैं; पर कोई भी उसका पूर्ण गुणगान न कर सका और न कर सकेगा।

अर्थ :—(ऐ परमात्मा) तेरा (वह) दरवाजा कहाँ है और (तेरा) घर कहाँ है, जहाँ बैठ कर सभी (प्राणिमात्र) की संभाल करता है ? (तेरे दरवाजे पर) अनेक, असंख्य नाद हो रहे हैं; असंख्य बजाने वाले (तेरे गुणों के संगीत विविध राग-रागिनियों में) बजा रहे हैं। असंख्य गायक (तेरे गुणों के गीत) अनन्त राग-रागिनियों (परी) द्वारा [सिउ=से, द्वारा] गा रहे हैं। (हे प्रभु, तेरा यश) पवन, जल अग्नि सभी गा रहे हैं, धर्मराज भी तेरे दरवाजे पर बैठ कर तेरा गुणगान कर रहे हैं। चित्रगुप्त जो सभी के पाप-पुण्य को लिखते हैं और उनके धर्म के अनुसार विचार करते हैं, वे भी तेरा गुणगान कर रहे हैं। ईश्वर (शिव), ब्रह्मा, देवी, (जो तुझ द्वारा) सुन्दर रूप में बनाए गए हैं, वे भी तेरे यश का गीत गा रहे हैं। देवताओं के साथ इन्द्रासन पर बैठे हुए इन्द्र भी तेरे दरवाजे पर बैठे हुए गुणानुवाद कर रहे हैं। सिद्धगण समाधि के अंतर्गत तुझे ही गा रहे है, साधु पुरुष भी ध्यान में (विचारे) तेरा ही गुणगान कर रहे हैं। यती, सत्वगुणी, संतोषी, महान् (करारे) शूरवीर तेरे ही यश का गीत गा रहे हैं। युग-युगान्तरों से वेदों के अध्ययन द्वारा पंडित एवं ऋषीश्वर (तेरी ही महत्ता का) गुणगान करते आए हैं। मन को मोहनेवाली स्वर्ग में अप्सराएं (मोहणीआँ) तथा पाताल में स्थित कच्छ-मच्छादिक तेरी ही प्रशंसा कर रहे हैं। तेरे उत्पन्न किए हुए (चौदह) रत्न तेरा यश गाते हैं। साथ ही (नाले) अड़सठ तीर्थ भी तेरा गुणगान करते हैं। बड़े-बड़े महाबली शूरवीर, योद्धागण तथा चार प्रकार की योनियों (अंडज, जेरज, उद्भिज, स्वेदज) के जीव तेरा यश गाते हैं। जिन खण्ड, मण्डल, ब्रह्माण्डादिक की रचना करके अपने-अपने स्थान पर धारण कर रक्खा है, वे भी तेरे गीत गा रहे हैं। जो तुझे अच्छे लगते हैं और तुझमें अनुरक्त हैं, ऐसे रसिक भक्त तेरी यश-गाथा गा रहे हैं। गुरु नानक देव कहते हैं कि हे प्रभु, और कितने ही लोग तेरा यशगान कर हैं; वे सब मेरे चित्त में नहीं आ सकते (अनुमान नहीं कर सकता)। मैं क्या विचार करूँ ? (क्या गणना करूँ ?)। वही वह है, सदैव सत है, सच्चा साहब है और सच्चे नाम वाला है। (वही परमात्मा) (वर्तमान में) है, (भूत में) था और (भविष्य में) रहेगा; जिसने यह अनन्त रचना रची है, वह न जा सकता है और न जाएगा। जिसने रंग-रंग की भाँति-भाँति की माया की वस्तुएँ (जिनसों) उत्पन्न कीं, वह अपनी की हुई रचना और उसकी महत्ता देख-देख कर (प्रसन्न हो रहा है।) जो कुछ उसे अच्छा लगता है, वह उसी को करता है; उसकी आज्ञा का कोई उल्लङ्घन नहीं कर सकता। वह बादशाह, बादशाहों का भी बादशाह है। उसकी मर्जी के भीतर ही रहना चाहिए ॥ २७ ॥

मुंदा संतोखु सरमु पतु झोली धिआन की करहि बिभूति।
खिंथा कालु कुआरी काइआ जुगति डंडा परतीति ॥
आई पंथी सगल जमाती मनि जीतै जगु जीतु।
आदेसु तिसै आदेसु ॥
आदि अनीलु अनादि अनाहति जुगु जुगु एको वेसु ॥ २८ ॥

विशेष:—कहते हैं कि नाथ-सम्प्रदाय के सिद्ध-योगियों ने गुरु नानक देव जी से योगी का वेश बना कर गुरु गोरखनाथ जी को 'आदेस' करने को कहा। 'आदेस' नाथ-पंथी योगियों के प्रणाम करने की प्रणाली है। 'मुद्रा', 'झोली' 'विभूति', 'कंथा', 'डंडा' आदि धारण

करना योगियों के बाह्य चिह्न हैं। गुरु नानक देव जी ने २८, २९, ३० और ३१ पउड़ियों में उन योगियों को यह उत्तर दिया है कि बाह्य वेशादिक की आन्तरिक साधना के लिए कोई आवश्यकता नहीं। वेश से योगी नहीं बनना चाहिए, बल्कि आध्यात्मिक कर्मों के सम्पादन से आन्तरिक योगी बनना चाहिए।

अर्थ :—(हे योगी), संतोष एवं श्रम अथवा लज्जा [सरमु=(१) श्रम (२) लज्जा] को (कान में पहनाने की दो) मुद्रा बनाओ, प्रतिष्ठा (पतु) की झोली (धारण करो) (परमात्मा के) ध्यान को (शरीर में मलने के लिये) विभूति बनाओ। काल के वशीभूत हो जाने वाले शरीर को ही कंथा (खिथा) बना कर धारण करो। इसे कुमारी की भाँति पवित्र रक्खो। युक्ति एवं विश्वास को ही डंडा बनाओ। सारी जमात (जमा, समूह) को एक समझना यही तुम्हारा आई पंथ हो। (आई पंथ, योगियों के बारह पंथों में से एक है)। मन को जीतना ही (तुम्हारा) जगत् जीतना हो। यदि 'आदेस' ही करना हो, तो उसे (परमात्मा को) 'आदेस' करो (बाहरी लोगों को नहीं)। (वह परमात्मा) आदि है, वर्ण-रहित है (अनीलु), अनादि है, अनाहत है तथा युग-युगान्तरों में एक ही वेश वाला (अविनाशी) है। (उसी परमात्मा को 'आदेस'— नमस्कार करो)।॥ २८ ॥

भुगति गिआनु दइआ भंडारणि घटि घटि वाजहि नाद।
आपि नाथु नाथी सभ जा की रिधि सिधि अवरा साद॥
संजोगु विजोगु दुइ कार चलावहि लेखे आवहि भाग।
आदेसु तिसै आदेसु॥
आदि अनीलु अनादि अनाहति जुगु जुगु एको वेसु॥ २९॥

(हे योगी), ब्रह्मज्ञान को ही भोग—भुक्ति (भुगति) बनाओ। दया ही भण्डारी हो। यदि नाद ही सुनना हो, तो (शृङ्गी आदि का नाद मत सुनो, बल्कि) घट-घट के भीतर जो अनाहत नाद हो रहा है, उसी को सुनो। (परमात्मा को ही) नाथ समझो, उसी ने समस्त संसार नाथ रक्खा है (अपने वशीभूत किए है)। ऋद्धियाँ सिद्धियाँ तो अन्य स्वाद है—सांसारिक स्वाद हैं। (वास्तविक ऋद्धि-सिद्धि तो परमात्मा में अनन्य भक्ति ही है)। संयोग, और वियोग ये दोनों सृष्टि का समस्त कार्य चलाते हैं और अपने-अपने भाग्यानुसार इनकी प्राप्ति होती है। अतएव यदि 'आदेस'—प्रणाम करना हो, तो उसी को कर। वह परमात्मा ही आदि है, वर्ण-रहित है, अनादि है, अनाहत है तथा युग-युगान्तरों से एक ही वेशवाला, (अविनाशी) है॥ २९ ॥

एका माई जुगति विआई तिनि चेले परवाणु।
इकु संसारी इकु भंडारी इकु लाए दीबाणु॥
जिव तिसु भावै तिवै चलावै जिव होवै फुरमाणु।
ओहु वेखै ओना नदरि न आवै बहुता एहु विडाणु॥
आदेसु तिसै आदेसु॥
आदि अनीलु अनादि अनाहति जुगु जुगु एको वेसु॥ ३०॥

(हे योगी), एक माया ने युक्ति से तीन प्रामाणिक (परवाणु) चेलों —पुत्रों को उत्पन्न किया। (उन तीनों में से) एक तो संसार का निर्माता अर्थात् ब्रह्मा है, एक भण्डारी, पोषक अर्थात् विष्णु है और एक दीवान लगाने वाला, (प्रलय करने वाला), महेश है। वह प्रभु (त्रिगुणात्मक माया एवं उसके तीनों पुत्रों—ब्रह्मा, विष्णु, महेश को) अपने आदेशानुसार, अपनी इच्छा के अनुसार चलाता है। वह प्रभु तो (त्रिगुणातीत होने के कारण) उन्हें देखता रहता है, पर उनकी दृष्टि में वह नहीं आता, यह बहुत ही आश्चर्यजनक है। (उसी परमात्मा को) 'आदेस'—प्रणाम करो। वह आदि है, वर्ण-रहित है, अनादि है, अनाहत है तथा युग-युगान्तरों से एक ही वेशवाला (परिवर्त्तन-रहित, अविनाशी है।) ॥ ३० ॥

आसणु लोइ लोइ भंडार। जो किछु पाइआ सु एका वार॥
करि करि वेखै सिरजणहार। नानक सचे की साची कार॥
आदेसु तिसै आदेसु॥
आदि अनीलु अनादि अनाहति जुगु जुगु एको वेसु॥ ३१॥

(हे योगी), (वह प्रभु) प्रत्येक लोक में आसन लगा कर विराजमान है और (साथ ही साथ) प्रत्येक लोक में उसका भाण्डार है। जिसे जो कुछ भी पाना था, उसने एक बार ही में पा लिया। सृष्टि-रचयिता समस्त सृष्टि-रचना करके, उसे देखता रहता है (उसकी-खोज खबर लेता रहता है)। नानक कहते हैं कि सच्चे परमात्मा की सच्ची कारगरी (सृष्टि-रचना) है। (उसी परमात्मा को) 'आदेस'—प्रणाम करो। वह आदि है, वर्ण-रहित है, अनादि है, अनाहत है तथा युग-युगान्तरों से एक ही वेशवाला (परिवर्त्तन-रहित अविनाशी) है ॥ ३१ ॥

इकदू जीभौ लख होहि लख होवहि लख वीस।
लखु लखु गेड़ा आखीअहि एकु नामु जगदीस॥
एतु राहि पति पवड़ीआ चड़ीऐ होइ इकीस।
सुणि गला आकास की कीटा आई रीस॥
नानक नदरी पाईऐ कूड़ी कूड़ै ठीस॥ ३२॥

यदि एक जीभ से लाख जीभें हो जायं और लाख से बीस लाख हो जायं, (तो मैं) उन सारी जीभों से लाख लाख वार एक जगदीस (परमात्मा) का नाम जपूंगा। पति (परमात्मा) के मार्ग की यही सीढ़ियाँ हैं। (इन्हीं सीढ़ियों पर चढ़ कर साधक बीस से) इक्कीस हो जाता है (अर्थात् श्रेष्ठ और प्रामाणिक हो जाता है)। नाम द्वारा भक्तों की उस उच्च पद की प्राप्ति की बात (गला आकास की) सुन कर हम लोग जो कीट हैं, उन्हें भी स्पर्द्धा हो गई। नानक कहते हैं कि परमात्मा की प्राप्ति उसकी कृपादृष्टि (नदरी) से होती है' झूठा तो झूठी डींगें ही मारता है ॥ ३२ ॥

आखणि जोरु चुपै नह जोरु। जोरु न मंगणि देणि न जोरु॥
जोरु न जीवणि मरणि नह जोरु। जोरु न राजि मालि मनि सोरु॥
जोरु न सुरती गिआनि वीचारि। जोरु न जुगती छुटै संसारु॥
जिसु हथि जोरु करि वेखै सोइ। नानक उतमु नीचु न कोइ॥ ३३॥

न तो बहुत कथन में यह शक्ति (जोरु) है (कि जिससे परमात्मा की प्राप्ति हो जाय), न मौन में है, न मांग कर खाने में है और न दानी बन कर दान देने में है। न जीवन में न मरण में, न राज्य-सम्पत्ति में, न मन के संकल्प-विकल्प (सोरु) में, न स्मृति (सुरति) में, न ज्ञान में, न विचार में, न युक्ति में वह जोर— शक्ति है जिससे संसार के बन्धनों से छुटकारा प्राप्त हो (और परमात्मा की प्राप्ति हो)। (संसार से छुटकारा दिलाने की) वास्तविक शक्ति तो उस परमात्मा के हाथ में है। वही सृष्टि रचना करके देखता है (और प्रसन्न होता है)। नानक कहते हैं कि (उस परमात्मा की सृष्टि में) न कोई ऊँच है और न कोई नीच। (चेतन-सत्ता सब में समान रूप से विराजमान है) ॥ ३३ ॥

राती रुति थिती वार। पवरण पानी अगनी पाताल ॥
तिसु विचि धरती थापि रखी धरमसाल।
तिसु विचि जीअ जुगति के रंग। तिनके नाम अनेक अनंत ॥
करमी करमी होइ वीचारु। सचा आप सचा दरबारु ॥
तिथै सोहनि पंच परवाणु। नदरी करमि पवै नीसाणु ॥
कच पकाई ओथै पाइ। नानक गइआ जापै जाइ ॥ ३४ ॥

विशेष :—गुरु नानक देव ने ३४वीं पउड़ी में 'धर्म खण्ड' का, ३५वीं में 'ज्ञान खण्ड' का, ३६वीं में 'सरम खण्ड' का तथा ३७वीं पउड़ी में 'करम खण्ड' और 'सच खण्ड' का वर्णन किया है। उपर्युक्त पाँचो खण्ड पंच भूमियाँ अथवा भूमिकायें हैं। इस प्रकार परमात्मा की अनन्त सृष्टि 'धर्म' से, 'ज्ञान' से, 'सरम' से, 'करम' से और 'सच्च' से चल रही है।

'धरम' प्रकृति के नियमों के समूह को कहते हैं।

अर्थ :—(परमात्मा ने) रात्रि, ऋतुएँ, तिथियों, वार, पवन, जल, अग्नि, पाताल, आदि की रचना की। उन सब के बीच में पृथ्वी को धर्मशाला रूप में स्थापित किया। (अर्थात् पृथ्वी धर्मबद्ध है, धर्म-आश्रित है)। उस पृथ्वी में अनेक जीवों के विधान (जुगति) और अनेक जातियाँ, किस्में (रंग) निर्मित कीं। उन जीवों के (अनन्त रूप और) अनन्त नाम हैं। (देश, काल, नाम, रूप का यह जगत्) प्रत्येक के कर्मानुसार चल रहा है और प्रत्येक के कर्मानुसार (परमात्मा) विचार करता है, (अर्थात् फल देता है)। फलदाता परमात्मा सच्चा है और उसका दरवार भी सच्चा है। उसके दरबार में पंच तन्मात्राएं (पंच परवाणु=पंच तत्वों के सूक्ष्म रूप) सुशोभित हैं। परमात्मा की कृपा एवं दया से उसका निशान (चिह्न) प्राप्त होता है। इस 'धरम खण्ड' में कच्चे लोग (कर्म अग्नि द्वारा) पकाए जाते हैं। नानक कहते हैं कि वहाँ पहुँचने पर ही (लोग) देखे जायेंगे ॥ ३४ ॥

धरम खंड का एहो धरमु। गिआन खंड का आखहु करमु ॥
केते पवरण पाणि वैसंतर केते कान महेस।
केते बरमे घाड़ति घड़ीअहि रूप रंग के वेस ॥
केतीआ करम भूमी मेर केते केते धू उपदेस।
केते इंद चंद सूर केते केते मंडल देस ॥

केते सिध बुध नाथ केते केते देवी वेस।
केते देव दानव मुनि केते केते रतन समुंद।
केतीआ खाणी केतीआ बाणी केते पात नरिंद ॥
केतीआ सुरती सेवक केते नानक अंतु न अंतु ॥ ३५ ॥

(इस प्रकार) धर्म-खण्ड का यह धर्म है—(यहाँ कच्चे लोग अपने कर्मानुसार पकाए जाते हैं)। (अब) ज्ञान-खण्ड की दशा (करम) का वर्णन किया जाता है। (ज्ञान-खण्ड की भूमिका में स्थिति होने पर प्रभु की शक्तियों का ज्ञान उत्पन्न होता है। यह भौतिक खण्ड नहीं, मानसिक मण्डल है)। ज्ञानखण्ड में कितने ही वायु-देव, वरुण-देव (पाणी), अग्नि-देव, कृष्ण, महेश हैं। कितने ही ब्रह्मा हैं, जो अनेक रचना रचते है तथा नाना रूप रंग के वेश उत्पन्न करते हैं। इसमें न मालूम कितनी कर्मभूमियाँ हैं, कितने सुमेरु पर्वत हैं, कितने ही ध्रुव हैं, जो ज्ञान उपदेश देते हैं। कितने ही इन्द्र हैं, चन्द्रमा हैं, सूर्य हैं, कितने ही मण्डल और देश हैं। कितने ही सिद्ध, बुद्ध, नाथ, देवी, देवता, दानव, मुनि, रत्न तथा समुद्र (उस ज्ञान खण्ड में) स्थित हैं। कितनी ही खानियाँ (उद्भिज, अंडज, जेरज, पिंडज), कितने प्रकार की वाणियाँ, कितने ही बादशाह और राजे हैं। कितनी ही श्रुतियाँ हैं और कितने ही सेवक हैं। नानक कहते हैं कि इस प्रकार ज्ञान-खण्ड की सृष्टि का) अन्त नहीं हैं, अन्त नहीं है—'नेति-नेति' है ॥ ३५ ॥

गिआन खंड महि गिआनु परचंडु। तिथै नाद बिनोद कोड अनंदु ॥
सरम खंड की बाणी रूपु। तिथै घाड़ति घड़ीऐ बहुतु अनूपु ॥
ता कीआ गला कथीआ ना जाहि। जे को कहै पिछै पछुताइ ॥
तिथै घड़ीऐ सुरति मति मनि बुधि। तिथै घड़ीऐ सुरा सिधा की सुधि ॥ ३६ ॥

ज्ञानखंड में ज्ञान की प्रचंडता रहती है। (ज्ञानखंड में ज्ञानीगण) नाद में अनुरक्त रहते हैं, विनोद, कौतुक (कोड) आनन्द में निमग्न रहते हैं। 'सरम खंड' ('सरम' का तात्पर्य है 'लज्जा', प्रतिष्ठा के प्रति ध्यान) का साधन वाणी है, अर्थात 'सरम खंड' का स्वरूप वाणी है। (गुरुवाणी से ही इस भूमिका की प्राप्ति होती है)। उस भूमिका में (वाणी द्वारा) वस्तुओं की अनुपम रचना होती है। उस भूमिका की बातें कही नहीं जा सकतीं—वर्णनातीत हैं। जो कोई व्यक्ति कथन करने का प्रयास करता है, वह पीछे पछताता है, (क्योंकि वह भूमिका कथन से परे है)। वहीं सुरति (स्मृति), मति, मन एवं बुद्धि की रचना होती है। उसी स्थल पर देवताओं एवं सिद्धों की स्मृति की भी रचना होती है ॥ ३६ ॥

करम खंड की बाणी जोरु। तिथै होरु न कोई होरु ॥
तिथै जोध महा बल सूर। तिन महि रामु रहिआ भरपूर ॥
तिथै सीतो सीता महिमा माहि। ताके रूप न कथने जाहि ॥
ना ओहि मरहि न ठागे जाहि। जिनकै रामु वसै मन माहि ॥
तिथै भगत वसहि के लोअ। करहि अनंदु सचा मनि सोइ ॥
सच खंडि वसै निरंकारु। करि करि वेखै नदरि निहाल ॥
तिथै खंड मंडल वरभंड। जे को कथै त अंत न अंत ॥

तिथै लोग्र लोग्र ग्राकार । जिव जिव हुकमु तिवै तिव कार ॥
वेखै विगसै करि वीचारु । नानक कथना करड़ा सारु ॥ ३७ ॥

'करम खंड' की वाणी शक्ति है । [अर्थात् स्मरण द्वारा स्त्री (साधक वृत्ति) शक्ति—परमात्मा की शक्ति—प्राप्त करती है] । 'करम खंड' (कृपा खंड) में परमात्मा की शक्ति को छोड़ कर कुछ नहीं है । उस खंड में महाबली शूरवीर ही निवास करते हैं । उन सब में राम ही समाया हुआ है । वहाँ उसकी महिमा में सीता ही सीता है । उसके स्वरूप का वर्णन नहीं किया जा सकता । जिनके मन में राम निवास करते हैं, न वे मरते हैं और न (काल द्वारा) ठगे जाते हैं । वहाँ ऐसे भक्तों के कितने के लोक बसे हैं । ऐसे भक्त सदैव आनन्द ही करते हैं, क्योंकि सच्चा नाम उनके मन में बसा हुआ है ।

निरंकार परमात्मा का 'सच्च खंड' में निवास है । अपनी कृपा-दृष्टि (नदरि) से वह (भक्तों को) देखता रहता है और (उन्हें) निहाल (प्रसन्न) करता है । 'सच्च खंड' में अनन्त 'खंड', 'मंडल' और 'ब्रह्माण्ड' हैं । उन खण्डों, मण्डलों और ब्रह्माण्डों का कोई भी अन्त नहीं है । ऐसा कोई नहीं है, जो उनके अन्त का कथन कर सके । वहाँ अनन्त लोक आकारवत हैं । किन्तु सब के सब उसके 'हुकम' के अनुसार अपने-अपने कार्य करते हैं । (शुद्ध अन्तःकरण वाला व्यक्ति परमात्मा की इस अनन्तता को) देख-देख कर विचार करता है और प्रसन्न होता है । नानक कहते हैं कि (परमात्मा की इस अनन्त सृष्टि का) कथन करना उतना ही कठिन है जितना कि कठोर लोहे को चबाना ॥ २७ ॥

जतु पाहारा धीरजु सुनिग्रारु । ग्रहरणि मति वेदु हथीग्रारु ॥
भउ खला ग्रगनि तपताउ । भांडा भाउ ग्रंमृतु तितु ढालि ॥
घड़ीऐ सबदु सची टकसालु । जिन कउ नदरि करमु तिन कार ।
नानक नदरी नदरि निहाल ॥ ३८ ॥

(हे साधक), संयम अथवा इन्द्रिय-दमन भट्ठी है और धैर्य सोनार है । बुद्धि निहाई है और गुरु द्वारा प्राप्त ज्ञान (वेद) हथौड़ी है । (गुरु अथवा परमात्मा का) भय ही धौंकनी है और तपस्या ही अग्नि है । प्रेम ही पात्र है, अमृत (भगवान् का नाम) (गलाया हुआ सोना) है । इस प्रकार सच्ची टकसाल (शुद्ध आत्मा) में गुरु के शब्द (सिक्के) ढालो । पर यह कर्म वे ही करते हैं, जिनके ऊपर परमात्मा की कृपा-दृष्टि होती है । नानक कहते हैं कि (परमात्मा की) एक कृपा-दृष्टि मात्र से (साधक) निहाल हो जाता है ।

विशेष :—उपर्युक्त रूपक का भाव इस प्रकार स्पष्ट किया जा सकता है :—धैर्य रूपी सुनार इन्द्रिय दमन को भट्ठी बनावे । भट्ठी में आग होती है । काम-क्रोधादिक के रोकने से तेज उत्पन्न होता है । यही तेज अग्नि है । सुनार के पास निहाई होती है । उसी निहाई पर रख कर वह गरम सोने को हथौड़ी से कूटता है । साधक की निहाई दृढ़ बुद्धि है और उसकी हथौड़ी परमात्मा द्वारा प्रदत्त दिव्य ज्ञान है । सोनार धौंकनी से अग्नि को प्रदीप्त करता है । साधक की अग्नि प्रदीप्त करने की धौंकनी परमात्मा का भय है । अपने आप को विषयों से रोकना ही अग्नि का ताप है ।

सुनार के पास पात्र रहता है, जिसमें वह गलाए हुए सोने को ढाल देता है, जिससे उस सोने की मुहर तैयार हो जाती है । साधक का पात्र भाव अथवा प्रेम है और गलाया हुआ

सोना ही अमृत है। इस प्रकार जो अन्तःकरण में 'सच्च' को धारण करता है, उसकी अन्तरात्मा टकसाल बन जाती है और उस टकसाल में सच्ची वाणी के पवित्र शब्द गढ़े जाते हैं।

पर यह सच्ची वाणी, पवित्र शब्द गढ़ने का काम उन्हीं को करने को मिलता है, जिनके ऊपर उस परमात्मा की कृपा-दृष्टि होती है। गुरु नानक देव का कथन है कि परमात्मा की एक कृपा-दृष्टि से साधक निहाल हो जाता है ॥ ३८ ॥

सलोकु

पवणु गुरु पाणी पिता माता धरति महतु ।
दिवसु राति दुइ दाई दाइआ खेलै सगल जगतु ॥
चंगिआईआ बुरिआईआ वाचै धरमु हदूरि ।
करमी आपो आपणी के नेड़ै के दूरि ॥
जिनी नामु धिआइआ गए मसकति घालि ।
नानक ते मुख उजले केती छूटी नालि ॥ १ ॥

विशेष :—यह सलोकु 'माझ की वार' में गुरु अंगद जी (महला २) द्वारा रचित लिखा गया है। केवल एकाध शब्दों का ही अन्तर है।

अर्थ :— पवन गुरु है, जल पिता है, महान् धरती माता (महत् ब्रह्म अथवा हिरण्यगर्भ) है। दिन और रात दोनों ही दाई-दाया हैं। ('दाई' स्त्री लिंग; दाया-'दाई का पुल्लिङ्ग')। सारा जगत् (बालकवत इसी विराट् रचना में) खेल खेल रहा है। जो अच्छाइयाँ और बुराइयाँ (शुभ कर्म और मन्द करनी) की जाती हैं, वे धर्म (परमात्मा के नियम) द्वारा बाँची जाती है (अर्थात् शुभ और अशुभ कर्मों के शुभ और अशुभ फल कर्मानुसार मिलते हैं)। सभी जीव अपने कर्मानुसार कर्म कर रहे हैं। कोई समीप है और कोई दूर है; (परमात्मा के लिए दूरी और समीपता का कोई प्रश्न ही नहीं है, वह सर्वत्र है)। (इस सृष्टि में जो व्यक्ति उसके आज्ञानुसार) नाम स्मरण करते हैं, परिश्रम करते हैं, उनके मुख उजले होते हैं। गुरु नानक देव कहते हैं (कि ऐसे व्यक्ति स्वयं तो मुक्त ही होते हैं) किन्तु कितनों को ही (अपने प्रभाव से) मुक्त कर देते हैं ॥ १ ॥

१ओं सतिगुर प्रसादि

रागु सिरी रागु, महला पहिला १, घरु १

सबद [१]

मोती त मंदर ऊसरहि रतनी त होहि जड़ाउ ।
कसतूरि कुंगू अगरि चंदनि लीपि आवै चाउ ।
मतु देखि भूला वीसरै तेरा चिति न आवै नाउ ॥१॥
हरि बिनु जीउ जलि बलि जाउ ।
मैं आपणा गुरु पूछि देखिआ अवरु नाही थाउ ॥ १ ॥ रहाउ ॥
धरती त हीरे लाल जड़ती पलघि लाल जड़ाउ ।
मोहणी मुखि मणी सोहै करे रंगि पसाउ ।
मतु देखि भूला वीसरै तेरा चिति न आवै नाउ ॥ २ ॥
सिधु होवा सिधि लाई रिधि आखा आउ ।
गुपतु परगटु होइ बैसा लोकु राखै भाउ ॥
मतु देखि भूला वीसरै तेरा चिति न आवै नाउ ॥ ३ ॥
सुलतानु होवा मेलि लसकर तखति राखा पाउ ।
हुकमु हासलु करी बैठा नानका सभ वाउ ।
मतु देखि भूला वीसरै तेरा चिति न आवै नाउ ॥ ४ ॥ १ ॥

विशेष :—तालों या सुरों के टिकाने के निमित्त गुरुवाणी में १ से १७ घर दिए गए हैं। ये घर संगीतज्ञों के लिए गायन के संकेत है ।

अर्थ :—मोती के घर बनाए गए हों और उनमें रत्न जड़े गए हों। कस्तूरी, केशर, अगर और चन्दन आदि (सुगन्धित द्रव्यों) से इस प्रकार लिपे हों, जिससे मन में प्रसन्नता प्राप्त होती हो। (ऐ परमात्मा), ऐसे (मकानों को देख कर) मैं कहीं भुलावे अथवा धोखे में न पड़ जाऊँ जिससे तेरा नाम भूल जाय और मेरे चित्त में न आये ॥१॥

हरि के प्रेम के बिना यह जीव जल-बल जाय (नष्ट हो जाय)। मैंने अपने गुरु से यह भलीभाँति पूछ कर देख लिया है कि (परमात्मा को छोड़ कर) कोई अन्य स्थल (मेरे लिए) नहीं है ॥१॥ रहाउ ॥

(इतना ऐश्वर्य हो कि) पृथ्वी हीरों और लालों से जड़ी हो और पलंग भी लाल से जड़े हों। मन को मोहित करने वाली (अति सुन्दरी स्त्री) हो, जिसके मुख पर मणियाँ सुशोभित हों और वह आनन्द का प्रसार कर रही हो; (अर्थात् प्रेम में नाना प्रकार के हाव-भाव करती हो)। (किन्तु ऐ परमात्मा, इन सब भोगों के होने पर भी) मैं कहीं भुलावे अथवा धोखे में न पड़ जाऊँ जिससे तेरा नाम भूल जाय और मेरे चित्त में न आए ॥२॥

(मैं) सिद्ध बन जाऊं और (सिद्धियों का चमत्कार लोगों के सामने) ला दूं—प्रत्यक्ष कर दूँ—और साथ ही ऋद्धियों को आज्ञा दूं कि मेरे पास आओ (और वे मेरी आज्ञा को सुन कर सामने उपस्थित हो जायं) मैं। (अपनी चमत्कारिणी शक्ति से इच्छा करने पर) गुप्त हो कर बैठ जाऊं और फिर प्रकट हो जाऊँ। (इस प्रकार आश्चर्यकारिणी शक्ति देखकर) लोग मेरी श्रद्धा करने लगें। (किन्तु ऐ प्रभु, इन सब अलौकिक ऋद्धियों-सिद्धियों के होने पर भी) मैं कहीं भुलावे अथवा धोखे में न पड़ जाऊं, जिससे तेरा नाम भूल जाय और मेरे चित्त में न आए ॥३॥

मैं सुल्तान हो जाऊं, लश्कर (फौज, सेना) एकत्र कर लूं और राज्य-सिंहासन (तखत) पर पैर रक्खूं, (सभी पर) हुक्म करूँ और महसूल वसूल करने बैठूं, किन्तु नानक कहते हैं (कि हे प्रभु, तेरे बिना यह सब ऐश्वर्य) हवा ही हैं (अर्थात् पवनवत क्षणभंगुर हैं)। (हे परमात्मा, इन सब लौकिक और अलौकिक ऐश्वर्यों के प्राप्त करने पर भी मैं) कहीं भुलावे अथवा धोखे में न पड़ जाऊं, जिससे तेरा नाम भूल जाय और मेरे चित्त में न आए ॥४॥१॥

[२]

कोटि कोटी मेरी आरजा पवणु पीअणु अपिआउ ।
चंदु सूरजु दुइ गुफै न देखा सुपनै सउण न थाउ ॥
भी तेरी कीमति ना पवै हउ केवडु आखा नाउ ॥ १ ॥
साचा निरंकारु निज थाइ ।
सुणि सुणि आखणु आखणा जे भावै करै तमाइ ॥ १ ॥ रहाउ ॥
कुसा कटीआ वार-वार पीसणि पीसा पाइ ।
अगी सेती जालीआ भसम सेती रलि जाउ ॥
भी तेरी कीमती ना पवै हउ केवडु आखा नाउ ॥ २ ॥
पंखी होइ कै जे भवा सै असमानी जाउ ।
नदरी किसै न आवऊ ना किछु पीआ न खाउ ॥
भी तेरी कीमति ना पवै हउ केवडु आखा नाउ ॥ ३ ॥
नानक कागद लख मणा पड़ि पड़ि कीचै भाउ ।
मसू तोटि न आवई लेखणि पउणु चलाउ ॥
भी तेरी कीमति ना पवै हउ केवडु आखा नाउ॥ ४ ॥ २ ॥

(यदि मेरी आयु करोड़ों वर्ष की हो जाय और खाना-पीना भी वायु ही हो, ऐसी कन्दरा बीच बैठूं कि चन्द्रमा और सूर्य भी न देख पाऊं और सोने को स्वप्न में भी स्थान न मिले (अर्थात् निरन्तर जागता ही रहूँ), फिर भी तेरी कीमत (मुझ द्वारा) नहीं आँकी जा सकती। तेरे नाम को मैं कितना बड़ा बताऊं ? ॥१॥

सच्चा निरंकार अपने स्थान में आप ही स्थित है। (अर्थात् वह अपने स्वरूप में ही स्थिति है।) जैसा वह है, उसका ज्ञान उसे आप ही है, उसके गुण सुन सुन कर ही वर्णन किए जाते हैं, पर यदि उसकी इच्छा हो, तो (वह अपने आपको दिखाने की) कृपा करता है ॥१॥ रहाउ ॥

मैं बार बार काटा जाऊँ और काट-काटकर टुकड़े-टुकड़े बना दिया जाऊँ (और फिर) चक्की में डाल कर पीसा जाऊँ, आग से जला दिया जाऊँ और (आग की) भस्म के साथ मिल जाऊँ, फिर भी तेरी कीमत (मुझ द्वारा) नहीं आँकी जा सकती। तेरे नाम को मैं कितना बड़ा बताऊँ ? ॥२॥

(यदि मैं) पक्षी हो जाऊँ और सौ आसमानों तक का भ्रमण कर आऊँ (उड़ आऊँ), (इतनी अलौकिक सिद्धि प्राप्त हो जाय कि) किसी की दृष्टि में न आऊँ और न कुछ खाऊँ न पिऊँ, फिर भी तेरी कीमत (मुझ द्वारा) नहीं आँकी जा सकती। तेरे नाम को मैं कितना बड़ा बताऊँ ? ॥३॥

नानक देव कह रहे हैं कि यदि लाख मन कागज हो और उस पर लिख-लिख कर सिद्धान्त (भाव) जानने की चेष्टा की जाय, लिखते-लिखते स्याही में किसी प्रकार की कमी न आने पाये और लेखनी वायु की गति से (परमात्मा का यश लिखती जाय), तो भी तेरी कीमत (मुझ द्वारा) नहीं आँकी जा सकती। तेरे नाम को मैं कितना बड़ा बताऊँ ? ॥४॥२॥

[३]

लेखै बोलणु बोलणा लेखै खाणा खाउ ।
लेखै वाट चलाईआ लेखै सुणि वेखाउ ॥
लेखै साह लवाईअहि पड़े कि पूछण जाउ ॥ १ ॥

बाबा माइआ रचना धोहु ।
अंधै नामु विसारिआ ना तिसु एह न ओहु ॥ १ ॥ रहाउ ॥

जीवण मरणा जाइ कै एथै खाजै कालि ।
जिथै बहि समझाईऐ तिथै कोइ न चलिओ नालि ॥
रोवणवाले जेतड़े सभि बंनहि पंड परालि ॥२॥
सभु को आखै बहुतु बहुतु घटि न आखै कोइ ।
कीमति किनै न पाईआ कहणि न वडा होइ ।

साचा साहबु एक तू होरि जीआ केते लोअ ॥३॥
नीचा अंदरि नीच जाति नीची हू अति नीचु ।
नानकु तिनकै संगि साथि वडिआ सिउ किआ रीस ।
जिथै नीच समालीअनि तिथै नदरि तेरी बखसीस ॥४॥ ३॥

हिसाब में ही (व्यक्ति) बचन बोलता है और हिसाब (सीमा में) ही खाना खाता है। हिसाब में ही मार्ग तय किया जाता है, (तात्पर्य यह कि मार्ग कितना लम्बा क्यों न हो, एक न एक दिन समाप्त हो जाता है)। हिसाब में ही (व्यक्ति) सुनता और देखता है। हिसाब

में ही साँस ली जाती है। (यह बात इतनी स्पष्ट है कि इसे पूछने के लिए) पढ़े-लिखों के पास क्या जाना है ? ॥१॥

अरे बाबा (पिता), माया की सारी रचना धोखेवाली है। अंधे (मूर्ख) द्वारा नाम भुला दिया गया। (नाम के भुलाने पर उस अंधे को) न यह लोक है और न वह लोक (पर लोक) है ॥१॥ रहाउ ॥

(मनुष्य इस संसार में) जन्म लेकर जीता और मरता है। इस काल में (वह) यहाँ खाता-पीता है। जिस स्थान पर (परमात्मा के दरवाजे पर) बैठकर (कर्मों का लेखा-जोखा) समझाया जाता, वहाँ कोई भी साथ नहीं चलता। जितने भी रोनेवाले हैं, सभी पयाल का गट्ठर ही बाँधते हैं (अर्थात् मरनेवाले के पीछे जो रोते हैं, वे व्यर्थ ही रोते हैं) ॥ २ ॥

सभी कोई (उस परमात्मा के संबंध में) बहुत बहुत कहते हैं, कोई भी (उसे) घट कर नहीं बतलाता। (कथन सब करते हैं, किन्तु) उसकी कीमत कोई नहीं पाता; कहने से वह न बड़ा होता है (न छोटा)। सच्चा साहब, तू, अकेला ही है और जीवों के (न मालूम) कितने लोक हैं ॥३॥

नीच जातियों में जो नीच हैं और उन नीचों में भी जो बहुत ही नीच है, नानक कहते हैं (कि मेरा) उन्हीं से संग-साथ है। बड़ों से मैं (अपनी) क्या तुलना करूँ ? जहाँ पर नीच देखे भाले जाते हैं, वहाँ तेरी कृपा-दृष्टि होती है। ॥४॥३॥

[४]

लबु कुता कूड़ु चूहड़ा ठगि खाधा मुरदारु ॥
पर निंदा पर मलु मुखसुधी अगनि क्रोधु चंडालु ॥
रस कस आपु सलाहणा ए करम मेरे करतार ॥१॥
बाबा बोलीऐ पति होइ ।
ऊतम से दरि ऊतम कहीअहि नीच करम बहि रोइ ॥१॥ रहाउ॥
रसु सुइना रसु रुपा कामणि रसुपरमल की वासु ।
रसु घोड़े रसु सेजा मंदर रसु मीठा रसु मासु ।
एते रस सरीर के कै घटि नाम निवासु ॥२॥
जितु बोलिऐ पति पाइऐ सो बोलिआ परवाणु ।
फिका बोलि विगुचणा सुणि मूरख मन अजाण ।
जो तिसु भावहि से भले होरि कि कहण वखाण ॥३॥
तिन मति तिन पति तिन धनु पलै जिन हिरदै रहिआ समाइ ।
तिनका किआ सालाहणा अवर सुआलिउ काइ
नानक नदरी बाहरे राचहि दानि न नाइ ॥४॥ ४॥

विशेष : कहते हैं कि इस पद को गुरु नानक देव ने काशी के पंडितों से कहा था—

अर्थ : लालच कुत्ता है, झूठ भंगी है, ठग कर खाना मृत पशु खाना है। पराई निन्दा मानों मुँह में मिरी (सुधी) पराई मैल है। क्रोध की अग्नि ही चाण्डाल है। हे कर्त्तार, विविध भाँति के कसैले आदि रस (भोग-सामग्री), आत्मा-श्लाघा—ये ही मेरे कर्म हैं ॥१॥

ऐ बाबा, (इस प्रकार की वाणी) बोलिए, जिससे प्रतिष्ठा प्राप्त हो । (परमात्मा के) दरवाजे पर उत्तम (पुरुष) उत्तम कहे जाते हैं । (जो व्यक्ति) बुरा कर्म करते हैं, (वे उसके दरवाजे के बाहर) बैठकर रोते हैं ॥१॥ रहाउ ॥

सोने का रस (भोग) है, चाँदी का रस है, सुन्दरी स्त्री का रस (भोग) है, चंदन आदि की सुगंधि का रस है, घोड़े का रस है, सेजों का रस है, (आलीशान) मकानों का रस है, मांस का मीठा रस है । (इस प्रकार) शरीर के इतने रस (भोग) हैं । (शरीर इन्हीं भोगों में अहर्निश रस लेता रहता है) । (भला बताओ,) किस प्रकार शरीर में नाम का निवास हो ? ॥२॥

जिस (प्रकार के) बोलने से प्रतिष्ठा प्राप्त हो, वही बोली प्रामाणिक है । ऐ अनजान, मूर्ख मन सुन, फीका बोलने से (मनुष्य) नष्ट हो जाता है । जो (लोग) उसे (उस परमात्मा को) अच्छे लगते हैं, वे ही अच्छे हैं । और (अन्य व्यक्ति) क्या कह सकते हैं ? ॥३॥

(वास्तव में) उन्हीं के (पास) बुद्धि है, उन्हीं के प्रतिष्ठा है, उन्हीं के पास धन है, जिनके हृदय में (परमात्मा) समाया हुआ है । उनकी क्या प्रशंसा की जाय ? (उनके बिना) कोई अन्य व्यक्ति भी सुन्दर हो सकते हैं ? नानक कहते हैं कि बिना उसकी कृपा के (लोगों को) न दान रुचता है न (प्रभु का) नाम ॥४॥४॥

[५]

अमलु गलोला कूड़ का दिता देवणहारि ।
मती मरणु विसारिआ खुसी कीती दिन चारि ॥
सचु मिलिआ तिन सोफीआ राखण कउ दरबारु ॥१॥
नानक साचे कउ सचु जाणु ।
जितु सेविऐ सुखु पाईऐ तेरी दरगह चलै माणु ॥१॥ रहाउ॥
सचु सरा गुड़ बाहरा जिसु विचि सचा नाउ ।
सुणहि वखाणहि जेतड़े हउ तिन बलिहारै जाउ ॥
ता मनु खीवा जाणीऐ जा महली पाए थाउ ॥२॥
नाउ नीरु चंगिआईआ सतु परमलु तनि वासु ।
ता मुखु होवै उजला लख दाती इक दाति ।
दूख तिसै पहि आखीअहि सूख जिसै ही पासि ॥३॥
सो किउ मनहु विसारीऐ जा के जीअ पराण ।
तिसु विणु सभु अपवितु है जेता पहिनणु खाणु ॥
होरि गलां सभि कूड़ीआ तुधु भावै परवाणु ॥४॥ ५॥

देनेवाले द्वारा नशे का झूठा गोला दे दिया गया है (अर्थात् परमात्मा ने माया के झूठे आकर्षणों में सारे प्राणियों को बाँध रक्खा है,), (जिसके फलस्वरूप) उनकी बुद्धि ने मरणावस्था भुला दी है और (वे लोग) चार दिन की खुशियाँ मना रहे हैं । उन सूफियों को सत्य दिया गया, ताकि (वे सत्य के बल पर) (परमात्मा का दरबार) रख सकें । (अर्थात् परमात्मा के निकट रह सकें ॥१॥

नानक कहते हैं कि सच्चे को सच्चा ही समझो। जिसकी आराधना करने से सुख की प्राप्ति होती है और (परमात्मा के) दरवाजे पर (व्यक्ति) मान से जाता है, (ऐ प्राणी, तू उसी परमात्मा की आराधना कर।) ॥१॥ रहाउ ॥

सत्य रूपी शराब में गुड़ नहीं पड़ता, (बल्कि गुड़ के स्थान पर) उसमें सच्चे नाम का (रस) रहता है। जो लोग इसे सुनते हैं, इसकी प्रशंसा करते हैं, मैं उनकी बलैया लेता हूँ। मन को मस्त तभी जानना चाहिए, जब (उसे) (परमात्मा के) महल में स्थान प्राप्त हो जाय ॥२॥

(जब) नाम रूपी जल (से स्नान करे), शुभ कर्म और सत्य के चन्दन से शरीर सुगन्धित करे, तभी मुख उज्ज्वल (पवित्र) होता है। यह देन लाखों देनों में एक ही है, (जो मनुष्य मात्र को ग्रहण करने-योग्य है)। दुःख भी उसी (दाता से) निवेदन करना चाहिए, जिसके पास (अनन्त) सुख है ॥३॥

उसे मन से कैसे भुलाया जाय, जिसके समस्त जीव और प्राण हैं ? उसके बिना जितना भी पहनना और खाना है, सब अपवित्र है। (हे हरी), जो तुझे अच्छा लगे, वही प्रामाणिक है, अन्य सभी बातें झूठी हैं ॥४॥५॥

[६]

जालि मोहु घसि मसु करि मति कागदु करि सारु ।
भांउ कलम करि चितु लेखारी गुर पुछि लिखु बीचारु ॥
लिखु नामु सालाह लिखु लिखु अंतु न पारावारु ॥१॥
बाबा एहु लेखा लिखि जाणु ।
जिथै लेखा मंगीऐ तिथै होइ सचा नीसाणु ॥१॥ रहाउ
जिथै मिलहि वडिआईआ सद खुसीआ सद चाउ ।
तिन मुखि टिके निकलहि जिन मनि सचा नाउ ॥
करमि मिलै ता पाईऐ नाही गली वाउ दुआउ ॥२॥
इकि आवहि इकि जाहि उठि रखीअहि नाव सलार ।
इकि उपाए मंगते इकना वडे दरवार ॥
अगै गइआ जाणीऐ विणु नावै वेकार ॥३॥
भै तेरै डरु अगला खपि खपि छिजै देह ।
नाव जिना सुलतान खान होदे डिठे खेह ॥
नानक उठी चलिआ सभि कूड़े तुटे नेह ॥४॥६॥

विशेष : गुरु नानक देव जी जब गोपाल पंडित के पास पढ़ने गए, तो उन्होंने पंडित से कहा, "पंडित जी, मुझे वह विद्या पढ़ाइये, जो परलोक में सुखदायिनी सिद्ध हो।" पंडित जी ने आश्चर्यान्वित होकर गुरु नानक देव जी से पूछा, "वह विद्या कैसी है ?" इस पर उन्होंने निम्नलिखित 'सबद' का उच्चारण किया।

अर्थ :—मोह को जला कर, (उसे) घिस कर स्याही बनाओ; बुद्धि को ही श्रेष्ठ कागज बनाओ; प्रेम को कलम बनाओ और चित्त को लेखक। गुरु से पूछ कर विचार पूर्वक

लिखो। नाम लिखो, (नाम की) स्तुति लिखो और (साथ ही यह भी) लिखो (कि उस परमात्मा का) न तो अंत है और न सीमा ॥ १ ॥

अरे बाबा, यही लेखा लिखना जानो। (क्योंकि) जहाँ (तुम्हारे कर्मों का) लेखा माँगा जायगा, वहाँ सही दस्तखत भी किया जायगा (कि तुम्हारा लेखा ठीक और प्रामाणिक है) ॥ १ ॥ रहाउ ॥

(लेखा ठीक होने पर) जहाँ (परमात्मा के यहाँ) बड़ाई होगी, सदैव खुशी (होगी) और शाश्वत आनन्द प्राप्त होगा। (परमात्मा के यहाँ) उन्हीं के मुख पर (प्रामाणिकता) के तिलक लगाए जायंगे, जिनके मन में सच्चा नाम है। प्रभु-कृपा हो, तभी उसकी प्राप्ति होती है) व्यर्थ की इधर-उधर की बातों से नहीं ॥ २ ॥

कुछ तो (इस संसार में) आते हैं और कुछ 'सरदार' नाम रखवा कर उठ कर चल देते हैं। कुछ तो भिखारी उत्पन्न हुए हैं और कुछ (ऐसे उत्पन्न हुए हैं जिनके) बड़े-बड़े दरबार (लगते) हैं। आगे जाने पर ही (वास्तविकता) जानी जाती है। बिना नाम के (परमात्मा के दरबार में सारे ऐश्वर्य) व्यर्थ सिद्ध होते हैं ॥ ३ ॥

(हे प्रभु) तेरे भय से मुझे बहुत अधिक भय है। (उसी भय में) मेरा शरीर खप खप कर छीज रहा है। जिनके नाम 'सुल्तान' और 'खान' थे, (वे भी) खेह (राख) होते देखे गए। नानक कहते हैं कि (यहाँ से) उठ कर चलने पर सभी झूठे प्रेम टूट जाते हैं।

[७]

सभि रस मिठे मंनिऐ सुणिऐ सालोणे।
खट तुरसी मुखि बोलणा मारण नाद कीए।
छतीह अंमृत भाउ एकु जा कउ नदरि करेइ ॥१॥
बाबा होरु खाणा खुसी खुआरु।
जितु खाधै तनु पीड़ीऐ मन महि चलहि विकार ॥१॥ रहाउ॥
रता पैनणु मनु रता सुपेदी सतु दानु।
नीली सिआही कदा करणी पहिरणु पैर धिआनु।
कमरबंदु संतोख का धनु जोबनु तेरा नामु ॥ २ ॥
बाबा होरु पैनणु खुसी खुआरु।
जितु पैधै तनु पीड़ीऐ मन महि चलहि विकार ॥ १ ॥ रहाउ ॥
घोड़े पाखर सुइने साखति बूझणु तेरी वाट।
तरकस तीर कमाण सांग तेगबंद गुण धातु ॥
वाजा नेजा पति सिउ परगटु करमु तेरा मेरी जाति ॥ ३ ॥
बाबा होरु चड़ना खुसी खुआरु ॥
जितु चड़िऐ तनु पीड़ीऐ मन महि चलहि विकार ॥१॥ रहाउ॥
घर मंदर खुसी नाम की नदरि तेरी परवारु ॥
हुकमु सोई तुधु भावसी होरु आखणु बहुतु अपारु।
नानक सचा पातिसाहु पूछि न करे बीचारु ॥४॥

बाबा होरु सउणा खुसी खुआरु ॥
जितु सुतै तनु पीड़ीऐ मन महि चलहि विकार ॥ १ ॥ रहाउ ॥४॥ ७॥

(नाम के) मनन में सभी मीठे रस (प्राप्त हो जाते हैं), श्रवण में सलोना रस (नमकीन) मिल जाता है; मुख से उच्चारण करने में (सारे) खट्टे रसों (की प्राप्ति हो जाती है) और कीर्त्तन करने में मसाले पड़ जाते हैं। (परमात्मा में) एक भाव—अनन्य प्रेम करने में छत्तीस प्रकार के अमृत सदृश भोजन की प्राप्ति हो जाती है। (परन्तु यह सब उसी व्यक्ति को प्राप्त होता है) जिस पर उसकी कृपा होती है ॥ १ ॥

ऐ बाबा, अन्य भोजन की खुशी बरबाद करनेवाली है, जिनके खाने से शरीर पीड़ित होता है और मन में विकार उत्पन्न होता है ॥ १ ॥ रहाउ ॥

मन को (परमात्मा के चरणों में) अनुरक्त कर देना लाल पोशाक है। सत्य और दान सफेद पोशाक हैं, (हृदय की कालिमा) को दूर करना ही नीली पोशाक है तथा (हरी के चरणों का) ध्यान बड़ा जामा है। संतोष ही कमरबन्द और (हे हरी,) तुम्हारा नाम ही धन और यौवन है ॥ २ ॥

ऐ बाबा, अन्य पहनावे की खुशी बरबाद करनेवाली हैं, जिनके पहनने से शरीर को पीड़ा होती है और मन में विकार होता है ॥ १ ॥ रहाउ ॥

तेरे मार्ग का ज्ञान होना ही घोड़े की काठी और सोने की झालर है। (शुभ) गुणों की ओर दौड़ना ही तरकस, बाण, धनुष, बरछी और तलवार की म्यान है। प्रतिष्ठा के साथ प्रकट होकर रहना ही बाजा और भाला है और तुम्हारी कृपा ही मेरी जाति है ॥ ३ ॥

ऐ बाबा, अन्य प्रकार की सवारियों की खुशी बरबाद करनेवाली है, जिन पर चढ़ने से शरीर को पीड़ा होती है और मन में विकार होता है ॥ १ ॥ रहाउ ॥

नाम की प्रसन्नता मेरा घर और महल है। तेरी कृपा-दृष्टि ही मेरा परिवार है। जो तुझे अच्छा लगे, वही हुक्म है, (हालांकि) अन्य बहुत से कथन हो सकते हैं। नानक कहते हैं कि सच्चा बादशाह (किसी अन्य से) पूछ कर विचार नहीं करता, (वह तो अपनी इच्छा से ही सारी बातें करता है) ॥ ४ ॥

'ऐ बाबा, अन्य प्रकार के सोने की खुशी बरबाद करनेवाली है, जिस सोने से शरीर को पीड़ा होती है और मन में विकार होता है ॥ १ ॥ रहाउ ॥ ४ ॥ ७ ॥

[८]

कुंगू की कांइआ रतना की ललिता अगरि वासु तनि सासु।
अठसठि तीरथ का मुखि टिका तितु घटि मति विगासु।
ओतु मती सालाहणा सचु नामु गुणतासु ॥ १ ॥
बाबा होर मति होर होर।
जे सउ वेर कमाईऐ कूड़ै कूड़ा जोरु ॥ १ ॥ रहाउ ॥
पूज लगै पीरु आखीऐ सभु मिलै संसारु।
नाउ सदाए आपणा होवै सिधु सुमारु ॥
जा पति लेखै ना पवै सभा पूज खुआरु ॥ २ ॥

जिन कउ सतिगुरि थापिआ तिन मेटि न सकै कोइ ।
ओना अंदरि नामु निधानु है नामो परगटु होइ ॥
नाउ पूजीऐ नाउ मंनीऐ अखंडु सदा सचु सोइ ॥ ३ ॥
खेहू खेह रलाईऐ ता जीउ केहा होइ ॥
जलीआ सभि सिआणपा उठी चलिआ रोइ ॥
नानक नाम विसारिऐ दरि गइआ किआ होइ ॥ ४ ॥ ८ ॥

केशर का शरीर हो और रत्नों की जीभ हो, तथा शरीर की साँस से अगर की सुगन्ध (निकल रही) हो, मुख के ऊपर अड़सठ तीर्थों की टीका हो । (तात्पर्य यह कि सारे तीर्थों का चक्कर लगा कर, हर स्थान से टीका लगवा कर आया हो); और उसमें बुद्धि का (सुन्दर) विकास हो । गुणों के भाण्डार (परमात्मा) के सच्चे नाम की प्रशंसा—स्तुति इस प्रकार की बुद्धि से करनी चाहिए ॥ १ ॥

ऐ बाबा, (नाम में न लगने वाली) बुद्धि और ही और तरह की होती है । (यदि झूठी भावना से) सौ बार भी अभ्यास किया जाय, तो झूठ की प्रबलता बढ़ती है ॥ १ ॥ रहाउ ॥

पूजा होती हो (लोग पूजते हों), पीर कहलाते हों और सारा संसार मिलने के लिए आता हो, (अपना) नाम खूब प्रसिद्ध किए हों, सिद्धों में गणना की जाती हो, (किन्तु) यदि उसकी प्रतिष्ठा (परमात्मा) के लेखे में नहीं आती, तो सारी पूजा व्यर्थ है ॥ २ ॥

जिन्हें सद्गुरु ने स्थापित कर दिया है, उन्हें कोई भी मेट नहीं सकता । उनके अन्तर्गत नाम का खजाना है और नाम ही (बाहर भी) प्रकट होता है । (ऐसे व्यक्ति) निरन्तर नाम की ही पूजा करते हैं, नाम का ही मनन करते हैं और सत्य में ही (रमण करते हैं) ॥ ३ ॥

(देहान्त हो जाने पर) धूल से धूल मिल जाती है, तो (ऐसी स्थिति में) जीव का क्या होता है ? (यदि मनुष्य नाम से रहित है तो) उसकी सारी चतुराई भस्म हो जाती है और वह उठ कर रोता हुआ चल देता है । नानक कहते हैं कि नाम के भुलाने पर (परमात्मा के) दरवाजे पर जाकर क्या होगा ? ॥ ४ ॥ ८ ॥

[९]

गुणवंती गुण वीथरै अउगुणवंती झूरि ।
जे लोड़हि वरु कामणी नह मिलीऐ पिर कूरि ॥
ना बेड़ी ना तुलहड़ा ना पाईऐ पिरु दूरि ॥ १ ॥
मेरे ठाकुर पूरै तखति अडोलु ।
गुरमुखि पूरा जे करे पाईऐ साचु अतोलु ॥ १ ॥ रहाउ ॥
प्रभु हरिमंदरु सोहणा तिसु महि माणक लाल ।
मोती हीरा निरमला कंचन कोट रीसाल ॥
बिन पउड़ी गड़ि किउ चड़उ गुर हरि धिआन निहाल ॥ २ ॥
गुरु पउड़ी बेड़ी गुरू गुरु तुलहा हरि नाउ ।
गुरु सरु सागरु बोहिथो गुरु तीरथु दरीआउ ॥
जे तिसु भावै ऊजली सतसरि नावणु जाउ ॥ ३ ॥

पूरो-पूरो आखीऐ पूरै तखति निवास।
पूरै थानि सुहावणै पूरै आस निरास॥
नानक पूरा जे मिलै किउ घाटै गुणतास॥ ४॥ ६॥

गुणवती स्त्री अपने गुणों का विस्तार करती है, किन्तु अवगुणोंवाली स्त्री दुखी होती है। हे कामिनी, यदि तू प्रियतम (पति) से मिलने की इच्छा करती है, तो वह झूठे साधनों से नहीं प्राप्त होगा। प्रियतम दूर है; (तेरे पास) न नाव है, न छोटी किश्ती, (अतएव तू) उस तक नहीं पहुँच सकेगी॥ १॥

मेरा पूर्ण ठाकुर (परमात्मा) अपने तख्त पर अडोल है। यदि पूर्ण गुरु यों करे (अर्थात् युक्ति बतावे), तो सच्चे और अतोल (परमात्मा) की प्राप्ति हो सकती है॥ १॥ रहाउ॥

(मेरे) प्रभु का हरि-मंदिर (बड़ा ही) सुहावना है, उसमें (नाना प्रकार के) माणिक्य और लाल हैं। उसके सोने के सुन्दर दुर्ग में (असंख्य) मोती और निर्मल हीरे हैं। (प्रश्न यह है—) बिना सीढ़ी के उस कोट पर किस प्रकार चढ़ूँ? (इसका उत्तर यह है—) गुरु रूप हरी का ध्यान (करो); (इससे सीढ़ी प्राप्त हो जायगी और) (तू हरी को) देख लेगा॥२॥

गुरु ही सीढ़ी है, गुरु ही नाव है, गुरु ही छोटी नाव है और हरि नाम है। गुरु ही सरोवर है, सागर है, जहाज है; गुरु ही तीर्थ है (और) समुद्र है। यदि (जीवात्मा रूपी स्त्री को परमात्मा) प्यारा लगता है, तो (वह) बहुत ही उज्ज्वल है (और) वह सच्चे सरोवर में स्नान करने जाती है॥ ३॥

वह पूर्ण (परमात्मा) पूर्ण कहा जाता है और उसका निवास भी पूर्ण तख्त पर है। (उसका) स्थान पूर्ण और सुहावना है; वह निराश (व्यक्तियों की) आशा भी पूरी करता है। नानक कहते हैं कि यदि (किसी को) पूर्ण (परमात्मा) मिल जाता है, तो (उसके) गुण क्यों घटेंगे? (उसके गुण तो नित्य-नित्य बढ़ेंगे।)॥ ४॥ ६॥

[१०]

आवहु भैणे गलि मिलह अंकि सहेलड़ीआह।
मिलि कै करह कहाणीआ संम्रथ कंत कीआह।
साचे साहिब सभि गुण अउगुण सभि असाह॥ १॥
करता सभु को तेरै जोरि।
एकु सबदु बीचारीऐ जा तू ता किआ होरि॥ १॥ रहाउ॥
जाइ पुछहु सोहागणी तुसी राविआ किनी गुणी।
सहजि संतोखि सीगारीआ मिठा बोलणी॥
पिरु रीसालू ता मिलै जा गुर का सबदु सुणी॥ २॥
केतीआ तेरीआ कुदरती केवड तेरी दाति।
केते तेरे जीअ जंत सिफति करहि दिन राति॥
केते तेरे रूप रंग केते जाति अजाति॥ ३॥
सचु मिलै सचु ऊपजै सच महि साचि समाइ॥

सुरति होवै पति ऊगवै गुरवचनी भउ खाइ ।
नानक सचा पातिसाहु आपे लए मिलाइ ॥ ४ ॥ १० ॥

(मेरी) बहनो, (मेरी) सहेलियो, आओ गले लग कर आलिंगन करो । (मुझसे) मिलकर (मेरे) समर्थ कंत (प्रियतम परमात्मा) की कहानियाँ कहो । (मेरे) सच्चे साहब में सभी गुण हैं, हम में तो सभी अवगुण ही हैं ॥ १ ॥

हे कर्त्ता, सभी (प्राणियों) को तेरा ही जोर है । एक बात विचार कीजिए —यदि तू है, तो अन्य क्या हैं ? (यदि सर्वशक्तिमान् किसी ने तुम्हारा आश्रय ले लिया, तो उसे अन्य आश्रयों की क्या आवश्यकता है) ? ॥ १ ॥ रहाउ ॥

जाकर उस सोहागिनी से पूछो कि तुम किन गुणों द्वारा (अपने प्रियतम से) रमण की गई ? (इस प्रश्न का उत्तर तुम्हें यही मिलेगा ।)

"सहजावस्था एवं संतोष रूपी शृङ्गार एवं मीठी बोली से (मैंने प्रियतम के साथ रमण किया है) । रसिक प्रियतम तभी मिलता है, जब गुरु का उपदेश (सबद) सुना जाय ।" ॥ २ ॥

(हे प्रभु,) तेरी कुदरत कितनी (महान्) है ? तेरे दान कितने बड़े हैं ? (हे प्रभु, तुझ द्वारा रचे गए) कितने जीव-जंतु है, जो दिन-रात तेरी प्रशंसा करते हैं ? (तुझ द्वारा निर्मित) कितने रूप रंग और कितनी जातियाँ-अजातियाँ हैं ? (अर्थात् उनकी गणना नहीं की जा सकती । वे अनन्त हैं) ॥ ३ ॥

सत्य (परमात्मा) के मिलने पर ही सुख (सचु) प्राप्त होता है । इस प्रकार) सच्चा (साधक) सच्चे (परमात्मा) में ही समा जाता है । जब (साधक) गुरु के वचनों द्वारा (परमात्मा से) भय खाता है, तो (उसे) सुरति प्राप्त होती है और (परमात्मा के यहाँ) प्रतिष्ठा प्राप्त होती है । नानक कहते हैं कि सच्चा बादशाह (प्रभु) स्वयं अपने में (साधक को) मिला लेता है ॥ ४ ॥ १० ॥

[११]

भली सरी जि उबरी हउमै मुई घराहु ।
दूत लगे फिरि चाकरी सतिगुर का वेसाहु ॥
कलप तिआगी बादि है सचा वेपरवाहु ॥ १ ॥
मन रे सचु मिलै भउ जाइ ।
भै बिनु निरभउ किउ थीऐ गुरमुखि सबदि समाइ ॥ १ ॥ रहाउ ॥
केता आखणु आखीऐ आखणि तोटि न होइ ।
मंगण वाले केतड़े दाता एको सोइ ॥
जिसके जीअ पराण हहि मनि वसिऐ सुखु होइ ॥ २ ॥
जगु सुपना बाजी बनी खिन महि खेलु खेलाइ ।
संजोगी मिलि एक से विजोगी उठि जाइ ॥
जो तिसु भाणा सो थीऐ अवरु न करणा जाइ ॥ ३ ॥
गुरमुखि वसतु वेसाहीऐ सचु वखरु सचु रासि ।

जिनी सचु वंणजिआ गुर पूरे साबासि ॥
नानक वसतु पछाणसी सचु सउदा जिसु पासि ॥ ४ ॥ ११ ॥

(यह) भली बात हुई जो मैं बच गई और शरीर से अहंता मर गई। सद्गुरु का विश्वास—भरोसा हो गया, तो (यम के) दूत उलट कर मेरी चाकरी करने लगे। जब सच्चे वेपरवाह (परमात्मा की प्राप्ति हो गई), तो मैंने (सारी) कल्पनाओं और वादविवाद का परित्याग कर दिया ॥ १ ॥

अरे मन, (जब) सच (परमात्मा) की प्राप्ति हो जाती है, (तो सारे) भय चले जाते हैं। (साधक) बिना भय के निर्भय पद कैसे प्राप्त कर सकता है ? (अर्थात् निर्भय पद-प्राप्ति के लिए गुरु अथवा परमात्मा का भय आवश्यक है) गुरु द्वारा दिए गए उपदेश से ही (शिष्य) 'सबद' में समा जाता है ॥ १ ॥ रहाउ ॥

(प्रभु के सम्बन्ध में) कितना ही कथन क्यों न किया जाय, (किन्तु) कथन से उसमें कमी नहीं आ सकती। माँगनेवाले तो कितने ही हैं, (किन्तु) दाता अकेला वही है। जिसके (समस्त) जीव और प्राण हैं, (उसी के) मन में बसने से सुख होता है ॥ २ ॥

जगत् स्वप्न है (और यहां) खेल की बाजी लगी है; क्षण मात्र में (परमात्मा) खेल खिलाता है। संयोग के नियमानुसार (जीव परमात्मा से) मिलते हैं, और (उससे) वियोग होने पर उठ कर चल देते हैं। जो उसे अच्छा लगता है, वही होता है, (उसके अतिरिक्त) अन्य (वस्तुएं) नहीं की जा सकतीं ॥ ३ ॥

गुरमुख द्वारा वस्तु (नाम रूपी वस्तु) खरीदी जाती है। (यह वस्तु) सच्चा सौदा है और सच्ची पूंजी (रासि) है। जिन्होंने सत्य का व्यापार किया है, (उनके ऊपर) गुरु की (पूरी) प्रसन्नता होती है। नानक कहते हैं जिनके पास सच का सौदा है, वे ही (असली) वस्तु पहचानते हैं ॥ ४ ॥ ११ ॥

[१२]

धातु मिलै फुनि धातु कउ सिफती सिफति समाइ।
लालु गुलालु गहबरा सचा रंगु चड़ाउ।
सचु मिलै संतोखीआ हरि जपि एकै भाइ ॥ १ ॥
भाई रे संत जना की रेणु।
संत सभा गुरु पाईऐ मुकति पदारथु धेणु ॥ १ ॥ रहाउ ॥
ऊचउ थानु सुहावणा ऊपरि महलु मुरारि।
सचु करणी दे पाईऐ दरु घरु महलु पिआरि ॥
गुरमुखि मनु समझाईऐ आतम रामु बीचारि ॥ २ ॥
त्रिबिधि करम कमाईअहि आस अंदेसा होइ।
किउ गुर बिनु त्रिकुटी छुटसी सहजि मिलिऐ सुखु होइ।
निजघरि महलु पछाणीऐ नदरि करे मलु धोइ ॥ ३ ॥
बिनु गुर मैलु न उतरै बिनु हरि किउ घर वासु।

एको सबदु बीचारीऐ अवर तिआगै आस ॥
नानक देखि दिखाईऐ हउ सद बलिहारै जासु ॥ ४ ॥ १२ ॥

(जिस प्रकार) धातु से धातु मिल कर पुनः (एक हो जाती है), (उसी प्रकार) स्तुति करनेवाला स्तुति में समा जाता है (और एक हो जाता है)। (उसके ऊपर) गहरा लाल गुलाल का सच्चा रंग चढ़ जाता है (वह परमात्मा के अनुराग में सदैव के लिए रङ्ग जाता है) संतोषी व्यक्तियों को हरि के अनन्य (एक) भाव मे जप करने से सत्य की प्राप्ति होती है ॥ १ ॥

अरे भाई, संत-जनों की रेणु (बन जाओ)। संतों की सभा में गुरु की प्राप्ति होती है, जो मुक्ति रूपी पदार्थ (देने वाली) कामधेनु है ॥ १ ॥ रहाउ ॥

(वह) बहुत ही ऊँचा और सुहावना स्थान है, उसके ऊपर मुरारी (परब्रह्म) का महल है। प्यारे का महल और उसके घर का दरवाजा सच्चे कर्मों द्वारा प्राप्त होता है। गुरु के उपदेश द्वारा मन समझाया जाता है और आत्मा को विचार द्वारा (बोध कराया जाता है) ॥ २ ॥

त्रिविधि कर्म (संचित, प्रारब्ध और क्रियमाण अथवा सात्त्विक, राजस तथा तामस) के करने में आशा और अंदेशा होते रहते हैं। गुरु के बिना त्रिकुटी (सत्व गुण, रजोगुण और तमोगुण की गाँठ) किस प्रकार छूट सकती है? (गुरु की कृपा से) सहजावस्था प्राप्त होने पर सुख होता है। जब प्रभु कृपा दृष्टि करता है (और) मल (पाप) धो देता है, तभी अपने (वास्तविक) घर, (प्रभु के) महल को पहचाना जा सकता है ॥ ३ ॥

बिना गुरु के मैल नहीं उतरती (पाप नहीं कटता।) बिना हरि के (आत्म स्वरूप रूपी) घर में किस प्रकार निवास (वास) हो सकता है? (जो) एक शब्द (परमात्मा) को विचारता है और अन्य आशाओं को त्याग देता है, (उसी को अपने वास्तविक घर की प्राप्ति होती है)। नानक कहते हैं कि मैं उस पर बलिहारी हो रहा हूँ जो स्वयं अपने घर को देखता है और दूसरों को भी दिखाता है। (यहाँ गुरु से अभिप्राय है)। ॥ ४ ॥ १२ ॥

[१३]

ध्रगु जीवणु दोहागणी मुठी दूजै भाइ ।
कलर केरी कंध जिउ अहिनिसि किरि ढहि पाइ ॥
बिनु सबदै सुखु ना थीऐ पिर बिनु दुखु न जाइ ॥ १ ॥
मुंधे पिर बिनु किआ सीगारु ॥
दरिघरि ढोई ना लहै दरगह झूठु खुआरु ॥ १ ॥ रहाउ ॥
आपि सुजाणु न भुलई सचा वड किरसाणु ।
पहिला धरती साजि कै सचु नामु दे दाणु ॥
नउ निधि उपजै नामु एकु करमि पवै नीसाणु ॥ २ ॥
गुर कउ जाणि न जाणई किआ तिसु चजु अचारु ॥
अंधुलै नामु विसारिआ मनमुखि अंधु गुबारु ॥
आवणु जाणु न चुकई मरि जनमै होइ खुआरु ॥ ३ ॥
चंदनु मोल अणाइआ कुंगू माँगि संधूरु ।
चोआ चंदन बहु घणा पाना नालि कपूरु ॥

जे धन कंति न भावई त सभि अडंबर कूड़ ॥ ४ ॥
सभि रस भोगण बादि हहि सभि सीगार विकार ।
जब लगु सबदि न भेदीऐ किउ सोहै गुरदुआरि ॥
नानक धंनु सुहागणी जिन सहि नालि पिआरु ॥ ५ ॥ १३ ॥

(उस) दोहागिनी (पति से बिछुड़ी हुई) के जीवन को धिक्कार है, जो द्वैतभाव (के कारण) नष्ट हो जाती है। जिस प्रकार लोने की दीवाल रात-दिन ढह ढह कर गिर पड़ती है), (उसी प्रकार) दोहागिनी स्त्री कुढ़ कुढ़ कर नष्ट हो जाती है)। बिना शब्द (नाम) के सुख नहीं होता (और) बिना प्रियतम के दुःख नहीं जाता ॥ १ ॥

हे मुग्धे, (भ्रमित स्त्री) प्रियतम के बिना शृंगार कैसा ? (हे स्त्री) घर के दरवाजे में तुम प्रवेश नहीं पा सकती, (क्योंकि) झूठा (परमात्मा के) दरवाजे पर नष्ट हो जाता है ॥ १ ॥ रहाउ ॥

वह चतुर स्वयं नहीं भूलता; वह सच्चा, बहुत बड़ा किसान है। पहले वह जमीन तैयार कर, सच्चेनाम का बीज (उगने के लिए) बोता है। नाम के एक (बीज) से नव निद्धियाँ उत्पन्न होती हैं; (परमात्मा की) कृपा द्वारा (प्रामाणिकता का) चिह्न लगता है ॥ २ ॥

जो (बुद्धिमान्) जान कर भी गुरु को नहीं जानता, उसकी क्या बुद्धिमानी है और क्या आचार है ? उस अंधे ने नाम भुला दिया, वह मनमुख घनघोर अंधकार (में है)। उसका आना-जाना समाप्त नहीं होता; वह (बार बार) जन्मता-मरता रहता है और बरबाद हो जाता है ॥ ३ ॥

चन्दन मोल मंगाया गया, माँग के लिए केशर और सिंदूर (प्रयोग में लाए गए)। चोआ-चंदन (आदि सुगन्धित द्रव्य भी) अधिकता से (लगाए गए) और पान के साथ कपूर भी (लाया गया)। (इतना सब शृङ्गार करने पर भी) यदि स्त्री पति को प्रिय नहीं लगती, तो (सारे शृङ्गार) आडम्बरयुक्त और मिथ्या हैं ॥ ४ ॥

सभी रसों का भोगना व्यर्थ है और सारे शृङ्गार भी निरर्थक हैं। जब तक वह (गुरु के) शब्द के साथ बिंध नहीं जाती, तब तक वह गुरु के दरवाजे पर कैसे शोभा पा सकती है ? नानक कहते हैं वे ही सुहागिनी धन्य हैं, जिनका पति के साथ प्रेम है ॥ ५ ॥ १३ ॥

[१४]

सुंञी देह डरावणी जा जीउ विचहु जाइ ।
भाहि बलंदी विझवी धूउ न निकसिउ काइ ॥
पंचे रुंने दुखि भरे बिनसे दूजै भाइ ॥ १ ॥
मूड़े रामु जपहु गुण सारि ।
हउमै ममता मोहणी सभ मुठी अंहकारि ॥ १ ॥ रहाउ ॥
जिनी नामु विसारिआ दूजी कारै लगि ।
दुबिधा लागे पचि मुए अंतरि तृसना अगि ॥
गुरि राखे से उबरे होरि मुठी धंधै ठगि ॥ २ ॥
मुई परीति पिआरु गइआ मुआ वैरु विरोधु ।

धंधा थका हउ मुई ममता माइआ क्रोधु ॥
करमि मिलै सचु पाईऐ गुरमुखि सदा निरोधु ॥ ३ ॥
सची कारै सचु मिलै गुरमति पलै पाइ ।
सो नरु जंमै ना मरै ना आवै ना जाइ ॥
नानक दरि परधानु सो दरगहि पैधा जाइ ॥ ४ ॥ १४ ॥

विशेष :—कहते हैं कि गुरु नानक देव ने एक मृत व्यक्ति को देख कर इस 'शब्द का उच्चारण किया ।

अर्थ :—(यदि शरीर से) जीव निकल जाता है, तो (यह) देह सूनी और डरावनी हो जाती है । जलती हुई अग्नि बुझ जाती है (जीवन की सत्ता नष्ट हो जाती है), और कुछ भी धुँआ नहीं निकलता (प्राण समाप्त हो जाते हैं) । पंच ज्ञानेन्द्रियाँ (आँख, कान, नाक, त्वचा एवं रसना) अथवा शरीर के पंच तत्त्व (आकाश, वायु, अग्नि, जल एवं पृथ्वी) दुःख से भरे हुए रोने लगे । [पंच सम्बन्धी ये हैं—माता, पिता, भाई, स्त्री एवं पुत्र] । (वे) द्वैत भाव में पड़ने से नष्ट हो गए ॥ १ ॥

हे मूर्ख, गुणों को संभालते हुए, राम जपो । हउमै (अहंकार) और ममता सभी को मोह रही हैं । सारी (सृष्टि) अहंकार में ठगी गई है ॥ १ ॥ रहाउ ॥

जिन्होंने दूसरे कार्यों में लगकर नाम भुला दिया, (वे) द्वैतभाव में पड़कर खप कर मर जाते हैं, (उनके) अंतर्गत तृष्णा की अग्नि (जलती रहती है) । (जिनकी) गुरु रक्षा करता है, वे ही बचते हैं; अन्य लोग (सांसारिक) धन्धों में पड़ कर धोखा खाते हैं और ठग लिए जाते हैं ॥ २ ॥

(सांसारिक) प्रीति मर जाती है, (सांसारिक) प्यार भी समाप्त हो जाता है (और) वैर-विरोध भी मर जाते हैं; (सांसारिक) धंधे रुक जाते हैं, अहंता मर जाती है (और) ममता, माया, क्रोध भी (दूर हो जाते हैं) । (परमात्मा की) कृपा से ही सत्य (परमात्मा) की प्राप्ति होती है (और) गुरु के उपदेश द्वारा (शिष्य) सदैव (विषयों से मन का) निरोध करता रहता है ॥ ३ ॥

सत्य कर्मों से सत्य परमात्मा मिलता है और गुरु की मति द्वारा (शिष्य) के पल्ले (परमात्मा) पड़ जाता है । ऐसा नर न जन्म लेता है न मरता है और न (कहीं) आता जाता है । (वह अपने स्वरूप में स्थित हो जाता है) । नानक कहते हैं कि ऐसा व्यक्ति (परमात्मा के) दरवाजे पर प्रधान हो जाता है (और) वह (वहाँ) दरवाजे पर प्रतिष्ठा के वस्त्र पहनाया जाता है । ॥ ४ ॥ १४ ॥

[१५]

तनु जलि बलि माटी भइआ मनु माइआ मोहि मनूरु ।
अउगुण फिरि लागू भए कूरि वजावै तूरु ॥
बिनु सबदै भरमाईऐ दुबिधा डोबे पूरु ॥ १ ॥
मन रे सबदि तरहु चितु लाइ ।
जिनि गुरमुखि नामु न बूझिआ मरि जनमै आवै जाइ ॥ १ ॥ रहाउ ॥

तनु सूचा सो आखीऐ जिसु महि साचा नाउ ॥
भै सचि राती देहुरी जिहवा सचु सुआउ ॥
सची नदरि नीहालीऐ बहुड़ि न पावै ताउ ॥ २ ॥
साचे ते पवना भइआ पवनै ते जलु होइ ।
जल ते त्रिभवणु साजिआ घटि-घटि जोति समोइ ॥
निरमलु मैला ना थीऐ सबदि रते पति होइ ॥ ३ ॥
इहु मनु साचि संतोखिआ नदरि करे तिसु माहि ।
पंच भूत सचि भै रते जोति सची मन माहि ॥
नानक अउगुण वीसरे गुरि राखे पति ताहि ॥ ४ ॥ १५ ॥

शरीर जल-बल कर मिट्टी हो गया है, मन माया में मोहित होकर लोहे की मैल हो गया है। अवगुण फिर से पीछे पड़ गए हैं और झूठ तुरही बजाने लगा है। (इस प्रकार) बिना (गुरु के) शब्द के (मनुष्य) भटकता फिरता है; द्वैतभाव नाव के बोझे को डुबो डालता है ॥१॥

अरे मन, (गुरु के) शब्द चित्त में लाकर तर जाओ। जिसने गुरु के मुख द्वारा नाम नहीं समझा, (वह बारम्बार) मरता और जन्मता है और आता जाता रहता है ॥ १॥ रहाउ ॥

वही पवित्र (सूचा) शरीर कहलाता है, जिसमें सच्चा नाम (रहता) है। (ऐसा) शरीर (परमात्मा के) भय और सत्य में अनुरक्त रहता है और जीभ को सच्चा स्वाद आता है। (ऐसा व्यक्ति) सच्ची कृपा-दृष्टि से देखा जाता है (और वह) फिर ताप नहीं पाता ॥ २ ॥

सत्य (परमात्मा) से पवन उत्पन्न हुआ और पवन ने जल की उत्पत्ति हुई। जल से त्रिलोक (आकाश, पाताल, मर्त्यलोक) का निर्माण किया गया। (इस प्रकार) प्रत्येक घट में (उसी सत्यस्वरूप परमात्मा की) ज्योति व्याप्त है। निर्मल (व्यक्ति) (कभी) अपवित्र (मैला) नहीं होता; शब्द में रत होने से प्रतिष्ठा होती है ॥ ३ ॥

(यदि परमात्मा अपनी) कृपादृष्टि इसके ऊपर कर दे, (तो) यह मन सत्य में संतुष्ट हो जाता है। पंच भूत (पंच भूत निर्मित शरीर) सत्य स्वरूप परमात्मा के भय में रत हो जाते हैं और मन में सच्ची ज्योति (का निवास हो जाता है)। नानक कहते हैं कि उसके सारे अवगुण भूल जाते हैं; जिसकी गुरु रक्षा करता है, उसे प्रतिष्ठा प्राप्त होती है ॥ ४ ॥ १५ ॥

[१६]

नानक बेड़ी सच की तरीऐ गुर वीचारि ।
इकि आवहि इकि जावही पूरि भरे अहंकारि ॥
मनहठि मती बूडीऐ गुरमुखि सचु सु तारि ॥ १ ॥
गुर बिनु किउ तरीऐ सुखु होइ ।
जिउ भावै तिउ राखु तू मै अवरु न दूजा कोइ । रहाउ ॥
आगै देखउ डउ जलै पाछै हरिओ अंगूरु ।
जिस ते उपजै तिस ते बिनसै घटि घटि सचु भरपूरि ॥
आपे मेलि मिलावही साचै महलि हदूरि ॥ २ ॥
साहि साहि तुझु संमला कदे न विसारेउ ।

जिउ जिउ साहिबु मनि बसै गुरमुखि अमृत पेउ ॥
मनु तनु तेरा तू धणी गरबु निवारि समेउ ॥ ३ ॥
जिनि एहु जगतु उपाइआ त्रिभवणु करि आकारु ।
गुरमुखि चानणु जाणीऐ मनमुखि मुगधु गुबारु ॥
घटि घटि जोति निरंतरी बूझै गुरमति सारु ॥ ४ ॥
गुरमुखि जिन्ही जाणिआ तिन कीचै साबासि ।
सचे सेती रलि मिले सचे गुण परगासि ॥
नानक नामि संतोखीआ जीउ पिंड प्रभ पासि ॥ ५ ॥ १६ ॥

नानक कहते हैं कि गुरु के ध्यान से सत्य की नाव पर (बैठ कर) (भवसागर को) पार हो जाओ। पूर्ण अहंकार से भरे हुए कुछ लोग (इस संसार में) आते हैं और कुछ चले जाते हैं। मनमानी बुद्धि से (कार्य करने वाले लोग) डूब जाते हैं, गुरु के सच्चे उपदेशानुसार (कार्य करनेवाले व्यक्ति) तर जाते हैं ॥ १ ॥

गुरु के बिना कैसे तरा जाय और कैसे सुख प्राप्त किया जाय ? (हे हरी) जैसा तुझे अच्छा लगे, वैसा रख, मेरे तो (तुझे) छोड़कर और कोई दूसरा नहीं है ॥ १ ॥ रहाउ ॥

आगे देखता हूँ तो दावाग्नि जल रही है और पीछे (देखता हूं) तो अंकुर हरे हो रहे हैं। जिससे उत्पन्न होते हैं, उसी में विलीन हो रहे हैं; घट-घट में वह सत्य परिपूर्ण है। (अपने) सच्चे महल में स्वयं (प्रभु ही) मेल मिलाता है (और अपने) समीप (रखता) है ॥ २ ॥

साँस-साँस में मैं तुम्हें स्मरण करूं और कभी न भूलूं। जैसे-जैसे साहब मन में बसता जाता है, वैसे-वैसे गुरुमुख अमृत रस (हरि-प्रेम रूपी अमृत) पीता है। तू स्वामी है, (यह) मन, तन तेरा ही है। (मेरे) गर्व को नष्ट करके अपने में मिला ले ॥ ३ ॥

जिसने इस जगत् की उत्पत्ति की है, (उसी ने) त्रिभुवन की भी रचना की है। गुरु के उपदेश द्वारा (शिष्य) उस प्रकाश (हरी) को जानता है; मूर्ख मनमुख को तो अंधेरा ही रहता है। घट-घट में उस शाश्वत ज्योति को, उस तत्व को गुरु की शिक्षा द्वारा ही शिष्य जानता है ॥ ४ ॥

गुरु के उपदेश द्वारा जिन्होंने (उस परम तत्व को) जान लिया, उनकी प्रशंसा करनी चाहिए। (वे) सच (परमात्मा) से मिल कर एक हो गए हैं और सच्चे ही गुणों का प्रकाश करते हैं। नानक कहते हैं वे नाम से संतुष्ट हो जाते हैं (और उनका) जीव और शरीर सब प्रभु के पास है—(प्रभु की सेवा में अर्पित है) ॥ ५ ॥ १६ ॥

[१७]

सुणि मन मित्र पिआरिआ मिलु वेला है एह ।
जब लगु जोबनि सासु है तब लगु इहु तनु देह ॥
बिनु गुण कामि न आवई ढहि ढेरी तनु खेह ॥ १ ॥
मेरे मन लै लाहा घरि जाहि ।
गुरमुखि नामु सलाहीऐ हउमै निवरी भाहि ॥ १ ॥ रहाउ ॥
सुणि सुणि गंढणु गंढीऐ लिखि पड़ि बुझहि भारु ।

तृसना अहिनिसि अगली हउमै रोगु विकारु ॥
ओहु वेपरवाहु अतोलवा गुरमति कीमति सारु ॥ २ ॥
लख सिआणप जे करी लख सिउ प्रीति मिलापु ।
बिनु संगति साध न धापीआ बिनु नावै दूख संतापु ॥
हरि जपि जीअरे छुटीऐ गुरमुखि चीनै आपु ॥ ३ ॥
तनु मनु गुर पहि वेचिआ मनु दीआ सिरु नालि ।
त्रिभवणु खोजि ढंढोलिआ गुरमुखि खोजि निहालि ।
सतगुरि मेल मिलाइआ नानक सो प्रभु नालि ॥ ४ ॥ १७ ॥

विशेष :—यह शब्द गुरु नानक देव ने भाई लहना (बाद में गुरु अङ्गद देव, सिक्खों के दूसरे गुरु) से उस समय सुनाया, जब वे गुरु नानक देव से पहले-पहल मिले थे ।

अर्थ :—ऐ प्यारे मित्र, सुनो; प्रियतम से मिलो यही उसके (मिलन की) वेला है । जब तक यौवन है, साँस है (जीवन है), तभी तक यह शरीर है, देह है । बिना गुणों के (यह शरीर) काम नहीं आता; यह तन ढह-ढह कर खाक हो जाता है ॥ १ ॥

हे मेरे मन, लाभ प्राप्त कर घर जाओ । गुरु के उपदेश द्वारा (शिष्य) (जब) नाम की प्रशंसा करता है, (तो) उसके अहंकार की अग्नि निवृत्त हो जाती है ॥ १ ॥ रहाउ ॥

(सांसारिक प्राणी) सुन-सुनकर उधेड़-बुन में लगा रहता है और लिख-लिख कर, पढ़-पढ़ कर, समझ-समझ कर (किताबों का) भार (लादता है) । (परन्तु फिर भी) तृष्णा रात-दिन बढ़ती ही रहती है और अहंकार का रोग विकार (उत्पन्न करता है) । वह चिन्तारहित (परमात्मा) अतोल है; गुरु की शिक्षा द्वारा उसकी वास्तविक कीमत मिलती है ॥ २ ॥

चाहे मैं लाखों चतुराइयाँ करूं और लाखों (मनुष्यों) से प्रीति तथा मेल करूं, (तथापि) बिना साधु-संगति के सन्तोष नहीं प्राप्त होता और बिना नाम के दुःख और संताप (बने रहते हैं) । हरि-जप से ही जीव का छुटकारा होता है —मुक्ति होती है; गुरु की शिक्षा द्वारा (शिष्य) अपने को पहचानता है ॥ ३ ॥

तन और मन गुरु के पास बेच देना चाहिए । (साथ ही गुरु के चरणों में) मन के साथ सिर भी दे देना चाहिए । (जिसे मैं) तीनों भुवनों में ढूंढ़-ढूंढ़ कर खोजता था, उसे (मैंने) गुरु के द्वारा खोज कर प्रत्यक्ष देख लिया । नानक कहते हैं कि उस प्रभु के साथ सद्गुरु ने ही मिलाप कराया ॥ ४ ॥ १७ ॥

[१८]

मरणै की चिंता नही जीवण की नहीं आस ।
तू सरब जीआ प्रतिपालही लेखै सास गिरास ॥
अंतरि गुरमुखि तू वसहि जिउ भावै तिउ निरजासि ॥ १ ॥
जीअरे राम जपत मनु मानु ।
अंतरि लागी जलि बुझी पाइआ गुरमुखि गिआनु ॥ १ ॥ रहाउ ॥
अन्तर की गति जाणीऐ गुर मिलीऐ संक उतारि ।
मुइआ जितु घरि जाईऐ तितु जीवदिआ मरु मारि ॥

अनहद सबद सुहावणे पाईऐ गुर वीचारि ।। २ ।।
अनहद बाणी पाईऐ तह हउमै होइ बिनासु ।
सतगुरु सेवे आपणा हउ सद कुरबाणै तासु ।।
खड़ि दरगह पैनाईऐ मुखि हरिनाम निवासु ।। ३ ।।
जह देखा तह रवि रहे सिव सकती का मेलु ।
त्रिहु गुण बंधी देहुरी जो आइआ जगि सो खेलु ।।
विजोगी दुखि विछुड़े मनमुखि लहहि न मेलु ।। ४ ।।
मनु वैरागी घरि बसै सच भै राता होइ ।
गिआन महारसु भोगवै बाहुड़ि भूख न होइ ।।
नानक इहु मनु मारि मिलु भी फिरि दुखु न होइ ।। ५ ।। १८ ।।

(मुझे) न मरने की चिन्ता है और न जीने की आशा । (हे परमात्मा), तू सभी जीवों का भरण-पोषण करता है । (सारे जीवों के) सास और ग्रास का लेखा तेरे पास है । (सारी आयु के भोग तेरे हिसाब में हैं) । गुरु द्वारा तू हमारे अंतर्गत आकर निवास करता है; जिस प्रकार तुझे अच्छा लगता है, उसी प्रकार निर्णय करता है ।। १ ।।

अरे जीव, राम जपने से ही मन मानता है—स्थिर होता है । (जब) गुरु के उपदेश द्वारा ज्ञान प्राप्त हो जाता है, (तो) अंतर की लगी हुई जलन बुझ जाती है ।। १ ।। रहाउ ।।

(हे शिष्य, जो गुरु) अन्तर की दशा जानता है, उस गुरु से भ्रम त्याग कर मिलो । जिस घर (अवस्था) में मरकर पहुँचना होता है, (उस अवस्था की प्राप्ति के लिए) जीवित ही (मंद वासनाओं को) मार कर मरो । सुहावने अनहद शब्द की प्राप्ति (गुरु के उपदेश पर) विचार करने से होती है ।। २ ।।

यदि अनहद वाणी (शब्द) की प्राप्ति हो जाती है, तो हउमै (अहंकार) का नाश हो जाता है । (जो व्यक्ति) सद्गुरु की सेवा करता है, (मैं) उसके ऊपर कुरबान हो जाता हूँ । जिनके मुख में हरिनाम का निवास है, (उन्हें) परमात्मा के दरवाजे पर खड़ा करके प्रतिष्ठा की पोशाक पहनाई जाती है ।। ३ ।।

जहाँ देखता हूँ, वहीं शिव और शक्ति (पुरुष-प्रकृति) का मेल है; (अतएव उस मेल से रची हुए सृष्टि के अंतर्गत भी) परमात्मा व्याप्त है । (समस्त) शरीर तीन (सत्व, रज, तम) गुणों के अंतर्गत बंधे हुए हैं; जो भी (इस संसार में) आता है वह (इसी सीमा में) खेलता है । (जो) मनमुख हैं, वे वियोग (का मार्ग पकड़े हुए हैं), (अतएव) दुःख में (परमात्मा के व्यापक होते हुए भी) बिछुड़े रहते हैं; उन्हें संयोग का मार्ग मिलता ही नहीं ।। ४ ।।

(यदि) वैरागी मन सत्य और (परमात्मा के) भय में अनुरक्त हो जाय (और इधर-उधर के भटकने को त्याग कर) अपने घर (आत्म स्वरूप) में स्थिति हो जाय, तो वह ज्ञान (ब्रह्मज्ञान) के महारस को भोगता है और उसे फिर (सांसारिक) भूख नहीं लगती । नानक कहते हैं कि (ऐ साधक,) इस मन को मारो (और परमात्मा से) मिलो, (इससे तुम्हें) कभी फिर दुःख न होगा ।। ५ ।। १८ ।।

[१६]

एहु मनो मूरख लोभीआ लोभे लगा लुभानु ।
सबदि न भीजै साकला दुरमति आवतु जानु ॥
साधू सतगुरु जे मिलै ता पाईऐ गुणी निधानु ॥ १ ॥
मन रे हउमै छोडि गुमानु ।
हरिगुरु सरवरु सेवि तू पावहि दरगह मानु ॥ १ ॥ रहाउ ॥
रामनामु जपि दिनसु राति गुरमुखि हरि धनु जानु ॥
सभि सुख हरि रस भोगणे संत सभा मिलि गिआनु ॥
निति अहिनिसि हरि प्रभु सेविआ सतगुरि दीआ नामु ॥ २ ॥
कूकर कूड़ु कमाईऐ गुरनिंदा पचै पचानु ।
भरमे भूला दुखु घणो जमु मारि करै खुलहानु ॥
मनमुखि सुखु न पाईऐ गुरमुखि सुखु सुभानु ॥ ३ ।
एथै धंधु पिटाईऐ सचु लिखत परवानु ॥
हरि सजणु गुरु सेवदा गुर करणी परधानु ॥
नानक नामु न वीसरै करमि सचै नीसाणु ॥ ४ ॥ १६ ।

यह मन मूर्ख और लोभी है और लोभ में लुभायमान हो रहा है। वह शाक्त (शक्ति—माया का उपासक) (गुरु के) शब्द में भी नहीं भीगता (अनुरक्त होता) है। (वह अपनी) दुर्मति से बारम्बार आता और जाता रहता है (आवागमन के चक्कर में पड़ा रहता है)। यदि साधु सद्गुरु से मिल जाय, तो गुणों के निधान (परमात्मा) की प्राप्ति होती है ॥ १ ॥

ऐ मन, हउमै (अहंकार) और गुमान को छोड़ दो। हरिगुरु रूपी सरोवर की सेवा (उपासना) करो, (जिससे) तुम (परमात्मा के) दरवाजे पर मान प्राप्त करो ॥ १ ॥ रहाउ ॥

गुरु के उपदेश द्वारा (शिष्य) दिन रात 'राम नाम' जप कर हरि रूपी धन को जान लेता है। हरि रस के आस्वादन में सारे सुखों (की प्राप्ति हो जाती है); संतों की सभा में (ही) ज्ञान (ब्रह्मज्ञान) (प्राप्त होता है)। जिसे सद्गुरु ने (कृपा करके) (परमात्मा का) नाम दे दिया है, (वह) नित्य अहर्निश प्रभु हरी की उपासना करता रहता है ॥ २ ॥

(मनमुख) कुत्ते की तरह झूठ ही कमाता है। (वह) गुरु निन्दा करके नष्ट-भ्रष्ट हो जाता है। (वह) भ्रम में भटकता रहता है और महान् दुःख (पाता रहता है) और अन्त में यम (उसे) मार कर खलिहान कर देता है (चूर-चूर कर देता है)। मनमुख को सुख नहीं प्राप्त होता है; गुरु के उपदेश द्वारा पवित्र, भले (शिष्य) को सुख मिलता है ॥ ३ ॥

(मनमुख) यहाँ (इस संसार में) तो धंधे में लगा रहता है, (जिससे नष्ट होता है); किन्तु वहाँ (परमात्मा के दरवाजे पर) सच्ची (करनी) की लिखावट ही प्रामाणिक समझी जाती है। (सच्चा साधक) हरि के मित्र गुरु की ही सेवा करता है; उसके लिए गुरु की करनी ही सबसे प्रधान (साधना) है। नानक कहते हैं (जो) नाम नहीं भूलता है, (उसके ऊपर) परमात्मा की कृपा से सच्चा निशान लगता है। (अर्थात् वह प्रामाणिक समझा जाता है) ॥ ४ ॥ १६ ॥

[२०]

इकु तिलु पिआरा वीसरै रोगु वडा मन माहि ।
किउ दरगह पति पाईऐ जा हरि न वसै मन माहि ॥
गुरि मिलिऐ सुखु पाईऐ अगनि मरै गुण माहि ॥ १ ॥
मन रे अहिनिसि हरिगुण सारि ।
जिन खिनु पलु नामु न वीसरै ते जन विरले संसारि ॥ १ ॥ रहाउ ॥
जोती जोति मिलाईऐ सुरती सुरति संजोगु ॥
हिंसा हउमै गतु गए नाही सहसा सोगु ॥
गुरमुखि जिसु मनि हरि वसै तिसु मेले गुरु संजोगु ॥ २ ॥
काइआ कामणि जे करी भोगे भोगणहारु ।
तिसु सिउ नेहु न कीजई जो दीसै चलणहारु ॥
गुरमुखि रवहि सोहागणी सो प्रभु सेज भतारु ॥ ३ ॥
चारे अगनि निवारि मरु गुरमुखि हरि जलु पाइ ।
अंतरि कमलु प्रगासिआ अंम्रितु भरिआ अघाइ ॥
नानक सतगुरु मीतु करि सचु पावहि दरगह जाइ ॥ ४ ॥ २० ॥

(यदि) प्रियतम एक तिल (रंच मात्र) भी विस्मृत हो जाता है, (तो मेरे) मन में बड़ा रोग (उत्पन्न हो जाता है)। जिसके मन में हरि नहीं निवास करता, (उसे भला) (परमात्मा के) दरवाजे पर किस प्रकार प्रतिष्ठा प्राप्त हो सकती है ? गुरु से मिलने पर ही, सुख की प्राप्ति होती है और (परमात्मा के) गुण में (तृष्णा की) अग्नि शान्त हो जाती है ॥ १ ॥

अरे मन, अहर्निश परमात्मा के गुणों को स्मरण करो । ऐसे व्यक्ति संसार में विरले ही हैं, जिन्हें क्षण और पल भर भी नाम नहीं विस्मृत होता ॥ १ ॥ रहाउ ॥

(यदि) (जीवात्मा की) ज्योति (परमात्मा की ज्योति से) मिला दी जाय और (जीवात्मा की) सुरति (गुरु की) सुरति से संयुक्त कर दी जाय, तो हिंसा और अहंकार भाव नष्ट हो जाते हैं तथा संशय और शोक भी नहीं रहते । गुरु के उपदेश के अनुसार जिसके मन में हरि बसता है, गुरु उसका संयोग (परमात्मा से) जोड़ देता है ॥ २ ॥

यदि मैं अपनी काया को सुन्दरी स्त्री के समान कर दूं, (तो) भोगनेवाला (परमात्मा) (उसे) भोगेगा ही । जो चलनेवाली— नश्वर (वस्तु) (दिखलाई पड़ती) है, उससे स्नेह नहीं करना चाहिए । गुरु की शिक्षा द्वारा सोहागिनी (स्त्री) उस प्रभु के साथ रमण करती हैं, जो शैय्या का भर्ता है (अंतःकरण का स्वामी है) ॥३॥

(हे साधक), गुरु की शिक्षा द्वारा परमात्मा रूपी जल डाल कर चारों अग्नियों का निवारण कर दो (और जीवित ही) मर जाओ, (जीवन्मुक्त हो जाओ) । [चार अग्नियाँ निम्नलिखित हैं—हिंसा, मोह, लोभ और क्रोध—"हंसु हेतु लोभु, कोपु चारे नदीआ अगि" वार माझ, महला १] (फिर तुम्हारे) अंतःकरण में कमल प्रस्फुटित हो जायगा (और तुम) अमृत से भर कर तृप्त हो जाओगे । नानक कहते हैं कि सद्गुरु को मित्र बनाओ, इससे (परमात्मा के) दरवाजे पर जाकर सत्य को ही पाओगे ॥ ४ ॥ २० ॥

[२१]

हरि हरि जपहु पिआरिआ गुरमति ले हरि बोलि ।
मनु सचु कसवटी लाईऐ तुलीऐ पूरै तोलि ॥
कीमति किनै न पाईऐ रिद माणक मोलि अमोलि ॥ १ ॥

भाई रे हरि हीरा गुर माहि ।
सतसंगति सतगुरु पाईऐ अहिनिसि सबद सलाहि ॥ १ ॥ रहाउ ॥

सचु वखरु धनु रासि लै पाईऐ गुर परगासि ।
जिउ अगनि मरै जलि पाईऐ तिउ तृसना दासनिदास ॥
जम जंदारु न लगई इउ भउजलु तरै तरासि ॥ २ ॥

गुरमुखि कूड़ु न भावई सचि रते सचि भाइ ।
साकत सचु न भावई कूड़ै कूड़ी पाइ ॥
सचि रते गुरि मेलिए सचे सचि समाइ ॥ ३ ॥

मन महि माणकु लालु नामु रतनु पदारथु हीरु ।
सचु वखरु धनु नामु है घटि घटि गहिर गंभीरु ॥
नानक गुरमुखि पाईऐ दइआ करे हरि हीरु ॥ ४ ॥ २१ ॥

हे प्यारे, 'हरि-हरि' जपो, गुरु से शिक्षा लेकर 'हरि' ही कहो। मन को सच की कसौटी पर कसो और (उसे) पूरी तौल भर तोलो। हृदय का माणिक मूल्य में अमूल्य है और उसकी कीमत कोई भी नहीं आँक सकता ॥ १ ॥

अरे भाई, हरि रूपी हीरा गुरु में है। (और उस) सद्गुरु की प्राप्ति सत्संगति से होती है; गुरुवाणी द्वारा (परमात्मा की) स्तुति अहर्निश करनी चाहिए ॥ १ ॥ रहाउ ॥

सच्चा सौदा (लेकर) ('अपार') धनराशि ('परमात्मा') को लो; (यह अपार धनराशि) गुरु के प्रकाश द्वारा प्राप्त की जा सकती है। जिस प्रकार जल डालने से अग्नि शान्त हो जाती है, उसी प्रकार दासानुदास (बनने की भावना से) तृष्णा शान्त हो जाती है। (ऐसे व्यक्ति को) जम के दूत अथवा चाण्डाल नहीं लगते; इस प्रकार (वह स्वयं) संसार-सागर से तर जाता है (और दूसरों को भी) तारता है ॥ २ ॥

गुरु के उपदेश से (शिष्य को) झूठ अच्छा नहीं लगता; जो सत्य में अनुरक्त है, (उसे) सत्य ही भाता है (अच्छा लगता है)। शाक्त (माया के उपासक) को सत्य नहीं रुचता; झूठे की बुनियाद [पाइ=पाया; बुनियाद] झूठी ही होती है। गुरु के मिलाप से (शिष्य) सत्य में अनुरक्त होते हैं। (इस प्रकार) सच्चे (व्यक्ति) सत्य में समाहित हो जाते हैं ॥ ३ ॥

मन में ही माणिक्य और लाल हैं; नाम ही रत्न है, (वही वास्तविक) पदार्थ है (और वही) हीरा है। सच्चा सौदा और धन नाम ही है; वह अथाह और गम्भीर (प्रभु) घट-घट में (रम रहा है)। नानक कहते हैं कि (यदि) परमात्मा दया करे तो गुरु के उपदेश से (शिष्य को) (नाम रूपी) हीरे की प्राप्ति होती है ॥ ४ ॥ २१ ॥

[२२]

भरमै भाहि न विझवै जे भवै दिसंतर देसु ।
अंतरि मैलु न उतरै ध्रिगु जीवणु ध्रिगु वेसु ॥
होरु किते भगति न होवई बिनु सतगुर के उपदेस ॥ १ ॥
मन रे गुरमुखि अगिनि निवारि ।
गुर का कहिआ मनि वसै हउमै तृसना मारि ॥ १ ॥ रहाउ ॥
मनु माणकु निरमोलु है रामनामि पति पाइ ।
मिलि सतसंगति हरि पाईऐ गुरमुखि हरि लिव लाइ ॥
आपु गइआ सुखु पाइआ मिलि सललै सलल समाइ ॥ २ ॥
जिनि हरि हरि नामु न चेतिओ सु अउगुणि आवै जाइ ।
जिसु सतगुरु पुरखु न भेटिओ सु भउजल पचै पचाइ ॥
इहु माणकु जीउ निरमोलु है इउ कउडी बदले जाइ ॥ ३ ॥
जिना सतगुरु रसि मिलै से पूरे पुरख सुजाण ।
गुर मिलि भउजलु लंघीऐ दरगह पति परवाणु ॥
नानक ते मुख उजले धुनि उपजै सबदु नीसाणु ॥ ४ ॥ २२ ॥

यदि (कोई) दिशा-दिशान्तरों और (अनेक) देशों में भ्रमण करता है, (तो) उस भ्रमण से (उसको तृष्णा की) अग्नि नहीं बुझती । (यदि) आंतरिक मैल नहीं उतरती (पाप की निवृत्ति नहीं होती), तो (उस फकीरी) जीवन को धिक्कार है और (फकीरी) वेश को भी धिक्कार है । बिना सद्गुरु के उपदेश के, और किसी भी प्रकार भक्ति नहीं (प्राप्त) हो सकती ॥ १ ॥

अरे मन, गुरु के उपदेश द्वारा (आन्तरिक) अग्नि का निवारण करो । गुरु के उपदेश को मन में बसा कर अहंकार और तृष्णा को मार डालो ॥ १ ॥ रहाउ ॥

हे मन, (नाम) अमूल्य माणिक्य है; राम नाम से ही प्रतिष्ठा प्राप्त होती है । सत्संगति में मिलकर हरि पाया जाता है (और) गुरु की शिक्षा द्वारा ही हरि में लिव (एकनिष्ठ धारणा) लगती है । अपनापन चले जाने पर सुख प्राप्त हो गया (और परमात्मा के साथ मिलकर इस प्रकार एक हो गया जिस प्रकार) जल जल से मिलकर एक हो जाता है ॥ २ ॥

जिसने 'हरि हरि' नाम को नहीं चेता (ध्यान में लाया), वह बारम्बार अवगुणों में आता और जाता है (अवगुणों में जन्मता और मरता रहता है) । जिसने सद्गुरु पुरुष से मिलाप नहीं किया, वह संसार-सागर में नष्ट होता रहता है । यह जीवन अमूल्य माणिक है, (किन्तु) यह कौड़ी के बदले चला जा रहा है ॥ ३ ॥

जिन्हें सद्गुरु प्रसन्न होकर मिलता है, वे पूर्ण पुरुष हैं और सयाने हैं । गुरु से मिलकर (उनके द्वारा) संसार-जल लाँघ लिया जाता है (और वे) (परमात्मा के) दरवाजे पर प्रतिष्ठा तथा प्रामाणिकता प्राप्त करते हैं । जिनके अंतःकरण में शब्द रूपी नगाड़ा (बजता है) (और परमात्मा के नाम की) ध्वनि उठती है, उनके मुख (सचमुच ही) उज्ज्वल हैं ॥ ४ ॥ २२ ॥

[२३]

वणजु करहु वणजारिहो वखरु लेहु समालि ।
तैसी वसतु विसाहीऐ जैसी निबहै नालि ॥
अगै साहु सुजाणु है लैसी वसतु समालि ॥ १ ॥
भाई रे रामु कहहु चितु लाइ ।
हरिजसु वखरु लै चलहु सहु देखै पतीआइ ॥ १ ॥ रहाउ ॥
जिना रासि न सचु है किउ तिना सुखु होइ ।
खोटैं वणजि वणंजिऐ मनु तनु खोटा होइ ॥
फाही फाथे मिरग जिउ दूखु घणो नित रोइ ॥ २ ॥
खोटे पोतै न पवहि तिन हरिगुर दरसु न होइ ॥
खोटे जाति न पति है खोटि न सीझसि कोइ ॥
खोटे खोटु कमावणा आइ गइआ पति खोइ ॥३ ॥
नानक मनु समझाईऐ गुर कै सबदि सालाह ।
रामनाम रंगि रतिआ भारु न भरमु तिनाह ॥
हरि जपि लाहा अगला निरभउ हरि मन माह ॥ ४ ॥ २३ ॥

हे व्यापारियो, व्यापार करो; सौदे को (भलीभाँति) सँभाल लो। ऐसी वस्तु खरीदो, जो साथ साथ निबह सके। आगे (परलोक में) बड़ा सयाना साहु (परमात्मा) है, (वह) बहुत संभाल कर वस्तु (सौदे) को लेगा ॥ १ ॥

अरे भाई, चित्त लगा कर 'राम नाम' कहो। हरि-यश रूपी सौदे को लेकर चलो, (जिससे) स्वामी (उस सौदे को) देखे और (तुम्हारा) विश्वास करे ॥ १ ॥ रहाउ ॥

जिनके पास सत्य की पूंजी नहीं है, उन्हें किस प्रकार सुख हो सकता है ? खोटा सौदा करने से से, तन और मन (दोनों ही) खोटे होते हैं। (खोटे सौदे वाले को) जाल में फँसे हुए मृग की भाँति अत्यधिक कष्ट होता है और सदैव रोना पड़ता है ॥ २ ॥

खोटे व्यक्ति (खोटे सिक्कों की भाँति) (परमात्मा रूपी) खजाने में नहीं लिये जाते; उन्हें हरि रूपी गुरु का भी दर्शन नहीं होता। खोटों की न जाति होती है और न पाँति; खोटों से कोई कार्य भी नहीं सिद्ध होता। खोटे (व्यक्ति) खोटा ही (कर्म) करते हैं; वे (इस संसार में) आते हैं (जन्म लेते हैं) और जा कर प्रतिष्ठा खो देते हैं ॥ ३ ॥

नानक कहते हैं कि गुरु के शब्दों की प्रशंसा द्वारा मन को समझाओ। जो राम-नाम के रंग में रंगे हैं, उन्हें (पाप का) बोझ और भ्रम नहीं (व्यापता) हरि के जपने से महान् लाभ है (और) निर्भय हरी मन में (बस जाता है।) ॥ ४ ॥ २३ ॥

महला १, घरु २

[२४]

धनु जोबनु अरु फुलड़ा नाठीअड़े दिन चारि ।
पबणि केरे पत जिउ ढलि ढुलि जुंमणहार ॥ १ ॥
रंगु माणि लै पिआरिआ जा जोबनु नउहुला ॥

दिन थोड़ड़े थके भइआ पुराणा चोला ॥ १ ॥ रहाउ ॥

सजण मेरे रंगुले जाइ सुते जीराणि ।
हंभी वंञा डुमणी रोवा झीणी बाणि ॥ २ ॥

की न सुणही गोरीए आपण कंनी सोइ ।
लगी आवहि साहुरै नित न पेईआ होइ ॥ ३ ॥

नानक सुती पेईऐ जाणु विरती संनि ।
गुणा गवाई गंठड़ी अवगुण चली बंनि ॥ ४ ॥ २४ ॥

धन, यौवन और फूल चार दिन के मेहमान हैं; (वे सब) पद्मिनी के पत्ते के समान मुरझा और सूख कर नाश हो जानेवाले हैं ॥ १ ॥

ऐ प्यारे, जब तक नवीन यौवन (चढ़ती जवानी) है, तब तक राग-रंग मना ले; (जवानी के) थोड़े दिन (शीघ्र ही) समाप्त हो जाते हैं (और यह) चोला पुराना हो जाता है। (शरीर वृद्ध और जीर्ण हो जाता है) ॥ १ ॥ रहाउ ॥

रंगरलियाँ करनेवाले मेरे मित्र कब्रिस्तान में जाकर सो गए। मैं दोमनी—दुचित्ती (दो मन—चित्त वाली) भी (उसी स्थान में) जाऊँगी, (जहाँ से उनके) रोने की धीमी आवाज (आ रही है) ॥ २ ॥

ऐ गोरी (सुन्दरी स्त्री) तू अपने कानों से क्यों नहीं (यह शब्द) सुनती कि तुम्हें (अन्त में) ससुराल चले जाना है, नित्य मैके (इस संसार में) में ही नहीं रहना है ॥ ३ ॥

नानक कहते हैं कि जो स्त्री मैके में बेवक्त संध्या काल (गोधूलि) में सोई हुई है, (उसे यह) समझो कि (उसने) अपने गुणों की गठरी गँवा दी और अवगुण (का गट्ठर) बाँध कर चली है ॥ ४ ॥ २४ ॥

[२५]

आपे रसीआ आपि रसु आपे रावणहारु ।
आपे होवै चोलड़ा आपे सेज भतारु ॥ १ ॥
रंगि रता मेरा साहिबु रवि रहिआ भरपूरि ॥ १ ॥ रहाउ ॥

आपे माछी मछुली आपे पाणी जालु ।
आपे जाल मणकड़ा आपे अंदरि लालु ॥ २ ॥

आपे बहुबिधि रंगुला सखीए मेरा लालु ॥
नित रवै सोहागणी देखु हमारा हालु ॥ ३ ॥

प्रणवै नानक बेनती तू सरवरु तू हंसु ॥
कउलु तू है कवीआ तू है आपे वेखि विगसु ॥ ४ ॥ २५ ॥

स्वंय (परमात्मा) ही रसिक है, स्वयं ही रस और स्वयं ही (उस रस का) भोगनेवाला है। स्वयं ही स्त्री है और स्वयं ही सेज का पति है ॥ १ ॥

मेरा साहब (प्रभु) रंग (आनन्द) में अनुरक्त है (और वह) पूर्ण रूप से (सर्वत्र) रम रहा है ॥ १ ॥ रहाउ ॥

(मेरा प्रभु) स्वयं ही माझी (मल्लाह) है, स्वयं ही मछली है, स्वयं ही जल है और स्वयं ही जाल है। स्वयं ही जाल का मणका है [जाल को भारी करने के लिए, उसमें लोहे के 'मणके' बाँध दिए जाते हैं, ताकि वह जल में डूबा रहे] और वह स्वयं भीतर का (पुरानी मछली के भीतर कभी-कभी पाया जाने वाला) लाल है ॥ २ ॥

ऐ सखियो, मेरा लाल—प्रियतम स्वयं ही विविध भाँति के रंग—बिनोद करने वाला है। वह सोहागिनी स्त्रियों से नित्य रमण करता है किन्तु (मुझ दुहागिनी की) दशा तो देखो, (मेरे निकट भी नहीं आता) ॥ ३ ॥

नानक विनती के साथ कहते हैं कि (हे प्रभु) तू ही सरोवर और तू ही (उसमें निवास करनेवाला) हंस भी है। तू ही कमल है और तू ही कुमुदिनी है और उन्हें देख-देख कर स्वयं ही प्रसन्न भी होता है ॥ ४ ॥ २५ ॥

महला १, घरु ३ [२६]

इहु तनु धरती बीजु करमा करो सलिल आपाउ सारिंगपाणी ।
मनु किरसाणु हरि रिदै जंमाइ लै इउ पावसि पदु निरबाणी ॥ १ ॥
काहे गरबसि मूड़े माइआ ।
पित सुतो सगल कालत्र माता तेरे होहि न अंति सखाइआ ॥ १ ॥ रहाउ ॥
बिखै बिकार दुसट किरखा करे इन तजि आतमै होइ धिआई ।
जपु तपु संजमु होहि जब राखे कमलु बिगसै मधु आस्रमाई ॥ २ ॥
बीस सपताहरो बासरो संग्रहै तीनि खोड़ा नित कालु सारै ।
दस अठार मै अपरंपरो चीनै कहै नानक इव एकु तारै ॥ ३ ॥ २६ ॥

(हे साधक), इस शरीर को धरती तथा शुभ कर्मों को बीज बनाओ, सारंगपाणि (परमात्मा) को सींचने के लिए जल (बनाओ)। मन ही किसान हो और हरि को अपने हृदय में जमा लो। (इस प्रकार तुम) निर्वाण पद (फल) को प्राप्त कर लोगे ॥ १ ॥

ऐ मूर्ख, माया (सांसारिक ऐश्वर्य) का अभिमान क्यों कर रहे हो ? (तुम्हारे) पिता सारे पुत्र, स्त्री, माता अंत में तुम्हारे सहायक नहीं होंगे ॥१॥ रहाउ ॥

(साधक) दुष्ट विषय-विकारों को (बल पूर्वक) खींच कर बाहर निकाल कर इनका त्याग करे और आत्मस्थित होकर ध्यान करे। जब (दृढ़तापूर्वक) संयम रखा जाता है, तभी-जप-तप होते हैं, (हृदय) कमल प्रस्फुटित होता है और मधु टपकता है (आनन्द की वर्षा होती है) ॥ २ ॥

(साधक) बीस (पंच महाभूत, पंच तन्मात्राएं, पंच ज्ञानेन्द्रिय और पंच कर्मेन्द्रिय) तथा सात (पंचप्राण, मन और बुद्धि) के निवास स्थान (बासरो), अर्थात् शरीर को एकत्र (वशीभूत) करे और तीनों अवस्थाओं (बाल्यावस्था, युवावस्था तथा वृद्धावस्था अथवा जाग्रत, स्वप्न तथा सुषुप्ति) में काल का स्मरण करे; दस (छः शास्त्र तथा चार वेद) और अठारह (पुराणों) में अपरंपार परमात्मा को पहचाने। नानक कहते हैं कि इस प्रकार (ऐसे साधक को) एक (परमात्मा) तार देगा ॥ ३ ॥ २६ ॥

[२७]

अमलु करि धरती बीज सबदो करि सच की आब नित देहि प्राणी ।
होइ किरसाणु इमानु जंमाइ लै भिसतु दोजकु मूड़े एव जाणी ॥ १ ॥
मतु जाणसहि गली पाइआ ।
माल कै माणै रूप की सोभा इतु बिधी जनमु गवाइआ ॥ १ ॥ रहाउ ॥
ऐब तनि चिकड़ो इहु तनु मीडको कमल की सार नही मूलि पाई ।
भउर उसताद नित भाखिआ बोले किउ बूझै जा नह बुझाई ॥ २ ॥
आंखणु सुनणा पउण की बाणी इहु मनु रता माइआ ।
खसम की नदरि दिलहि पसिंदे जिनी करि एकु धिआइआ ॥ ३ ॥
तीह करि रखे पंजि करि साथी नाउ सैतानु मतु कटि जाई ।
नानकु आखै राहि पै चलणा मालु धनु कितकु संजिआही ॥ ४ ॥ २७ ॥

हे प्राणी, शुभ कर्मों को धरती तथा (परमात्मा के) नाम को बीज बनाओ; सत्य की कीर्त्ति के जल से (उस पृथ्वी को) नित्य सींचो । (इस प्रकार के) किसान बन कर ईमान (विश्वास) को अंकुरित करो । हे मूर्ख बिहिश्त (स्वर्ग) और दोजख (नरक) को इस प्रकार समझो—॥१॥

यह मत समझो कि (स्वर्ग की प्राप्ति केवल) बातों से हो जायगी । ऐश्वर्य तथा रूप-सौन्दर्य के अभिमान में इसी प्रकार (अमूल्य) जीवन नष्ट कर दिया जाता है ॥ १ ॥ रहाउ ॥

शरीर में (स्थित) अवगुण ही कीचड़ है, यह मन मेढक है, जिसे पास ही स्थित कमल (सर्वव्यापक परमात्मा) का तनिक भी पता नहीं है । गुरु भ्रमर है, (जो) नित्य उपदेश देता रहता है; किन्तु यदि (गुरु का उपदेश) नहीं समझ में आता, तो (उस कमल को किस प्रकार जाना जाय ? ॥ २ ॥

(चूंकि) यह मन माया में लगा हुआ है, (अतएव उसके लिये) कहना और सुनना वायु की ध्वनि की (तरह व्यर्थ है) । जो परमात्मा का एकनिष्ठ होकर ध्यान करते हैं, हैं, उन्हीं के ऊपर पति (प्रभु) की कृपा होती है और वे ही उसे हृदय से प्रिय होते हैं ॥ ३ ॥

(तुम) तीस रोजे रक्खो, पाँच नमाजों को साथी बना कर पढ़ो, (पर इतना स्मरण रक्खो कि) जिसका नाम शैतान है, (वह तुम्हारे सारे शुभ कर्मों के प्रभाव को) कहीं काट न दे । (भाव यह कि जब तक आंतरिक बुराई नहीं छूटेगी, तब रोज़ा, नमाज़ से कुछ लाभ न होगा) । नानक कहते हैं कि (अन्त में तुम्हें मृत्यु के) मार्ग पर ही चलना है, फिर धन-दौलत का क्यों संग्रह कर रहे हो ? ॥ ४ ॥ २७ ॥

महला १, घरु ४ [२८]

सोई मउला जिनि जगि मउलिआ हरिआ कीआ संसारो ।
आब खाकु जिनि बंधि रहाई धंनु सिरजणहारो ॥ १ ॥
मरणा मुला मरणा । भी करतारहु डरणा ॥ १ ॥ रहाउ ॥
ता तू मुला ता तू काजी जाणहि नामु खुदाई ।

जे बहुतेरा पड़िआ होवहि को रहै न भरीऐ पाई ॥ २ ॥
सोई काजी जिनि आपु तजिआ इकु नामु कीआ आधारो ।
है भी होसी जाइ न जासी सचा सिरजणहारो ॥ ३ ॥
पंजि वखत निवाज गुजारहि पड़हि कतेब कुराणा ।
नानकु आखै गोर सदेई रहिओ पीणा खाणा ॥ ४ ॥ २८ ॥

वही मालिक है, जिसने जगत् को प्रफुल्लित किया है और संसार को हरा-भरा बनाया है। (सृष्टि-रचना में) जिसने जल और पृथ्वी को बाँध कर—जोड़ कर रक्खा है, वह रचयिता धन्य है ॥ १ ॥

मर जाओ, ऐ मुल्ला, मर जाओ। कर्त्तार से भय करो ॥ १ ॥रहाउ ॥

तभी तुम मुल्ला हो, तभी तुम काजी हो, जब तुम परमात्मा का नाम जानते हो। कोई चाहे कितना ही पढ़ा-लिखा क्यों न हो, यदि उसके साँसों की पनघड़ी भर जायगी, (तो वह संसार में) नहीं रहता ॥ २ ॥

वही (सच्चा) काजी है, जिसने अपनेपन का त्याग कर दिया है और नाम को ही एक मात्र आधार बना लिया है। (वही परमात्मा वर्त्तमान में) है, (भूतकाल में) था और (भविष्यत् काल में) रहेगा। (सृष्टि के) नष्ट होने पर भी सच्चा सिरजनहार नष्ट नहीं होता ॥ ३ ॥

पाँच वक्त नमाज़ गुजारते हैं और कतेब-कुरान पढ़ते हैं; किन्तु नानक का कथन है कि जिस समय कब्र बुलाती है, उस समय (सारे) खाने-पीने (यहीं) रह जाते हैं ॥ ४ ॥ २८ ॥

[२९]

एक सुआनु दुइ सुआनी नालि । भलके भउकहि सदा बइआलि ॥
कूड़ु छुरा मुठा मुरदारु । धाणक रूपि रहा करतार ॥ १ ॥
मै पति की पंदि न करणी की कार । हउ बिगड़ै रूपि रहा बिकराल ॥
तेरा एकु नामु तारे संसारु । मै एहा आसा एहो आधारु ॥ १ ॥ रहाउ ॥
मुखि निंदा आखा दिनु राति । परघरु जोही नीच सनाति ॥
कामु क्रोधु तनि वसहि चंडाल । धाणक रूपि रहा करतार ॥ २ ॥
फाही सुरति मलूकी वेसु । हउ ठगवाड़ा ठगी देसु ॥
खरा सिआणा बहुता भारु । धाणक रूपि रहा करतार ॥ ३ ॥
मै कीता न जाता हरामखोरु । हउ किआ मुहु देसा दुसटु चोरु ।
नानकु नीचु कहै बीचारु । धाणक रूपि रहा करतार ॥ ४ ॥ २९ ॥

(मेरे) साथ एक (लोभ रूपी) कुत्ता है (और) दो (आशा और तृष्णा रूपी) कुतियाँ हैं। (ये) बौखला कर सदैव सबेरे ही भूँकते हैं। (मेरे पास) झूठ का छुरा है और ठगी का माल मुरदार (शिकार) है। (इस प्रकार) हे कर्त्तार मैं धनुर्धारी (साँसी) के रूप में हूँ ॥ १ ॥

मैंने प्रतिष्ठा प्राप्त करनेवाली न कोई शिक्षा ही ग्रहण की है और न कोई करने योग्य कार्य ही किया है। मैं (बहुत ही) कुरूप और विकराल हूँ। (मुझे केवल एक ही विश्वास

है कि) तेरा केवल एक नाम संसार को तार देता है । मुझे यही आशा है (और) यही आश्रय है । ॥ १ ॥ रहाउ ॥

(मैं अपने) मुख से सदैव निन्दा ही करता रहता हूँ । मैं नीच सांसियों । (एक जंगली लुटेरी जाति) की भांति पराया घर ही (चोरी करने के लिए) ताड़ता रहता हूँ । (मेरे) शरीर में काम, क्रोध बसते हैं, (मैं) चाण्डाल हूँ । हे कर्त्तार, मैं धनुर्धारी (सांसी) के रूप में हूँ ॥ २ ॥

ध्यान तो मेरा दूसरों को फंसाने का है, किन्तु वेश है साधुओं का । मैं ठग हूँ और देश को ठगता हूँ । मैं बहुत ही चतुर हूँ (और मेरे ऊपर पाप का) भारी बोझा है । हे कर्त्तार, मैं धनुर्धारी (सांसी) के रूप हूँ ॥ ३ ॥

मैं किए हुए (उपकार) को जाननेवाला (माननेवाला) नहीं हूँ । (मैं कृतघ्न हूँ ; (मैं) हरामखोर हूँ । मैं, दुष्ट, चोर तुम्हें किस प्रकार मुंह दिखाऊंगा ? तुच्छ नानक (अपना) विचार प्रकट करता है कि हे कर्त्तार, मैं धनुर्धारी (सांसी) के रूप में हूँ ॥ ४ ॥ २६ ॥

[३०]

एका सुरति जेते है जीअ । सुरति विहूणा कोइ न कीअ ॥
जेही सुरति तेहा तिन राहु । लेखा इको आवहु जाहु ॥ १ ॥
काहे जीअ करहि चतुराई । लेवै देवै ढिल न पाई ॥ १ ॥ रहाउ ॥
तेरे जीअ जीआ का तोहि । कित कउ साहिब आवहि रोहि ॥
जे तू साहिब आवहि रोहि । तू ओना का तेरे ओहि ॥ २ ॥
असी बोलविगाड़ विगाड़ह बोल । तू नदरी अंदरि तोलहि तोल ॥
जह करणी तह पूरी मति । करणी बाझहु घटे घटि ॥ ३ ॥
प्रणवति नानकु गिआनी कैसा होइ । आपु पछाणै बूझै सोइ ॥
गुर परसादि करे बीचारु । सो गिआनी दरगह परवाणु ॥ ४ ॥ ३० ॥

जितने भी जीव हैं, (सब में) एक ही समझ (ज्ञान) है [अपनेपन का ज्ञान कीट से लेकर ब्रह्मा पर्यन्त में है]; इस ज्ञान के बिना कोई नहीं बनाया गया । जिसकी जैसी समझ होती है, उसका वैसा मार्ग भी होता है । (मनुष्य की रहनी के) हिसाब के अनुसार (उसके) आने-जाने का (क्रम चलता रहता है ।) ॥ १ ॥

अरे जीव, होशियारी—चालकी क्यों कर रहे हो ? लेने-देने में (किसी प्रकार का) ढीलापन नहीं पड़ने पायेगा [तात्पर्य यह कि तुम्हारे कर्मानुसार परमात्मा फल देंगे] ॥ १ ॥ रहाउ ॥

(ऐ परमात्मा,) (सारे जीव) तेरे ही हैं और तू सारे जीवों का है । ऐ साहब, (तो फिर) क्यों क्रोध करता है ? ऐ साहब, यदि तू (जीवों के ऊपर) रोष करेगा, (तो वे बेचारे कहाँ के होंगे) ? तू उनका (जीवों का) है और वे तेरे हैं ॥ २ ॥

हम लोग बकवादी हैं और बिगड़ी हुई (बातें) बोलते हैं; किन्तु तू अपनी दृष्टि के अंतर्गत (सभी को) तौल लेता है । जहाँ (सुन्दर और शुभ) कर्म हैं, वहीं पूर्ण बुद्धि है । बिना (शुभ) कर्म के, (सारे कर्म) अत्यन्त घटिया हैं ॥ ३ ॥

नानक विनय पूर्वक कहते हैं कि ज्ञानी (ब्रह्मज्ञानी) कैसा होता है? जो अपने (वास्तविक आत्मस्वरूप) को पहचानता है, वही (वास्तव में) समझता है। (वही ज्ञानी है)। गुरु कृपा से ही (वह ब्रह्म के) विचार में (प्रवृत्त होता है)। ऐसा ज्ञानी (परमात्मा के) दरवाजे पर प्रामाणिक समझा जाता है ॥ ४ ॥ ३० ॥

[३१]

तू दरीआउ दाना बीना मै मछुलो कैसे अंतु लहा।
जह जह देखा तह तह तू है तुझ ते निकसी फूटि मरा ॥ १ ॥
न जाणा मेउ न जाणा जाली। जा दुखु लागै ता तुझै समाली ॥ १ ॥ रहाउ ॥
तू भरपूरि जानिआ मै दूरि। जो कछु करी सु तेरै हदूरि ॥
तू देखहि हउ मुकरि पाउ। तेरै कंमि न तेरै नाइ ॥ २ ॥
जेता देहि तेता हउ खाउ। बिआ दरु नाही कै दरि जाउ ॥
नानकु एक कहै अरदासि। जीउ पिंडु सभु तेरै पासि ॥ ३ ॥
आपे नेड़ै दूरि आपे ही आपे मंझि मिआनुो।
आपे वेखै सुणे आपे ही कुदरति करे जहानुो ॥
जो तिसु भावै नानका हुकमु सोई परवानुो ॥ ४ ॥ ३१ ॥

(हे प्रभु) तू समुद्र है, ज्ञाता (दाना) और द्रष्टा (बीना) है; भला मैं मछली, तेरा अंत किस प्रकार पा सकती हूं? जहाँ-जहाँ (मैं) देखती हूँ, वहाँ-वहाँ तू ही है। तुझसे निकलने पर मैं फूट कर मर जाती हूँ ॥ १ ॥

न तो मैं मल्लाह को जानती हूँ और न जाल को (ही)। (मुझे) जब दुःख लगता है, तो तुझी को स्मरण करती हूँ ॥ १ ॥ रहाउ ॥

तू तो (सर्वत्र) पूर्ण रूप से व्याप्त है, (किन्तु मैं अपनी अज्ञानता से) तुझे दूर जानती हूँ। मैं जो कुछ भी करती हूं, (वह सब) तेरी समीपता में ही (होता है)। तू तो (सब कुछ) देखता है (और) मैं मुकर जाती हूँ। न मैं तेरे काम की हूँ और न तेरे नाम की ॥ २ ॥

जितना तू देता है, उतना ही मैं खाती हूँ। (मेरे कोई) दूसरा दरवाजा नहीं है, (अतएव मैं तेरे दरवाजे को छोड़कर) किस दरवाजे पर जाऊं? नानक एक प्रार्थना करते हैं कि जीव और प्राण—सभी तेरे ही हैं ॥ ३ ॥

(हे प्रभु, तू) स्वयं ही समीप है, स्वयं ही दूर है और स्वयं ही मध्य में है। स्वयं ही देखता है (और) स्वयं ही सुनता है। (तू ने) स्वयं ही अपनी कुदरत (शक्ति—माया), सृष्टि रची है। नानक कहते हैं कि (हे प्रभु) जो तुझे अच्छा लगता है, वही हुकम प्रामाणिक है ॥ ४ ॥ ३१ ॥

[३२]

कीता कहा करे मनि मानु। देवणहारे कै हथि दानु ॥
भावै देइ न देई सोइ। कीते कै कहिऐ किआ होइ ॥ १ ॥
आपे सचु भावै तिसु सचु। अंधा कचा कचुनिकचु ॥ १ ॥ रहाउ ॥

जा के रुख विरख आराउ । जेही धातु तेहा तिन नाउ ॥
फुलु भाउ फलु लिखिआ पाइ । आपि बीजि आपे ही खाइ ॥ २ ॥
कची कंधु कचा विचि राजु । मति अलूणी फिका सादु ॥
नानक आणे आवै रासि । विणु नावै नाही साबासि ॥ ३ ॥ ३२ ॥

(परमात्मा का) बनाया हुआ जीव (अपने) मन में क्या अभिमान कर सकता है ? देनेवाले (परमात्मा) के हाथ में ही (सारे) दान हैं। (उसे) अच्छा लगे तो देता है (और न अच्छा लगे) तो नहीं देता । (भला परमात्मा द्वारा) बनाए गए (जीव) के कहने से क्या हो सकता है ? ॥ १ ।

(वह कर्त्तार) स्वयं सत्य है (और) उसे सत्य ही अच्छा लगता है । अंधा (तमोगुण का उपासक) कच्चों में कच्चा है (अर्थात् बहुत ही गिरा हुआ है) ॥ १ ॥ रहाउ ॥

जिसके (जिस परमेश्वर के) रूख, वृक्ष हैं, (उसी का) बाग भी है । [आराउ < आराम=उपवन, बाग, उद्यान] । (जिस रूख-वृक्ष की) जो किस्में होती हैं, उसका वही नाम होता है । फूल के भाव के अनुसार फल भी लिखे जाते हैं [मनुष्य के जीवन रूपी वृक्ष में जिस प्रकार के अच्छे-बुरे कर्मों के फूल लगते हैं, उसी के अनुसार उनके फल भी होते हैं] (मनुष्य) स्वयं ही (जो) बोता है, (वही) खाता है ॥ २ ॥

जो राज कच्चा (नासमझ) होता है, (उसके द्वारा बनाई गई) दीवाल भी कच्ची होती है, (बुरों के बुरे कर्म होते हैं) । (यदि) बुद्धि अलोनी (बिना नमक की) होती है, है, तो उसका स्वाद भी फीका होता है [भाव यह कि यदि बुद्धि में परमात्म-रस का स्वाद नहीं है, तो उसकी सारी चेष्टाएँ व्यर्थ हैं] । नानक कहते हैं कि (जिसे परमात्मा स्वयं) संवारता है, उसी को रस आता है । बिना (परमात्मा) के नाम के (परमात्मा के यहाँ) शाबासी—प्रशंसा नहीं मिलती ॥ ३ ॥ ३२ ॥

महला १, घरु ५ [३३]

अछल छलाई नह छलै नह घाउ कटारा करि सकै ।
जिउ साहिबु राखै तिउ रहै इसु लोभी का जिउ टलपलै ॥१॥
बिनु तेलु दीवा किउ जलै ॥१॥ रहाउ ॥
पोथी पुराण कमाईऐ । भउ वटी इतु तनि पाईऐ ॥
सचु बूझणु आणि जलाईऐ ॥२॥
इहु तेलु दीवा इउ जलै । करि चानणु साहिबु तउ मिलै ॥१॥ रहाउ॥
इतु तनि लागै बाणीआ । सुखु होवै सेव कमाणीआ ॥
सभ दुनीआ आवण जाणीआ ॥३॥
विचि दुनीआ सेव कमाईऐ । ता दरगह बैसणु पाईऐ ॥
कहु नानक बाह लुडाईऐ ॥४॥३३॥

निश्छल (छलरहित मनुष्य) को छलवाली (माया) नहीं छल सकती, (उस माया की) कटार भी (उसे) घाव नहीं कर सकती । (वह निश्छल व्यक्ति) उस भाँति

रहता, जैसे साहब उसे रखता है; (किन्तु) इस लोभी का दिल तो घाले-मेले में पड़ा रहता है ॥ १ ॥

बिना तेल के दिया कैसे जलेगा ? [यह प्रश्न है, इसका उत्तर आगे आने वाली पंक्तियों में दिया गया है] ॥ १ ॥

धार्मिक पोथियों का अध्ययन करना ही (तेल है) । (परमात्मा के) भय की बत्ती इस शरीर में डाली जाय, सत्य के ज्ञान की अग्नि लाकर (उसे जलाया जाय) तब आध्यात्मिक जीवन का दीपक जलता है ॥ २ ॥

(इस प्रकार उपर्युक्त) तेल से और (उपर्युक्त विधि से आध्यात्मिक जीवन का) दीपक जलता है । (इस भाँति) प्रकाश करने से, साहब (निश्चय ही) मिलता है ॥ १ ॥ रहाउ ॥

इस शरीर में (जब) गुरु का उपदेश लगता है, तभी सुख होता है (और) गुरु की सेवा की कमाई होती है । सारी दुनिया आने-जाने वाली है (नश्वर है) ॥ ३ ॥

(यदि) इस दुनिया में (गुरु की) सेवा की कमाई की जाय, तभी (परमात्मा के) दरवाजे पर बैठने को मिलता है, नानक कहते हैं (तभी प्रसन्नता में) बाँहें हिलाई जाती हैं ॥ ४ ॥ ३३ ॥

१ओं सतिगुर प्रसादि ॥ सिरी रागु, महला १, घरु १,

असटपदीआं [१]

आखि आखि मनु वावणा जिउ जिउ जापै वाइ ।
जिस नो वाइ सुणाईऐ सो केवडु कितु थाइ ॥
आखण वाले जेतड़े सभि आखि रहे लिव लाइ ॥१॥

बाबा अलहु अगम अपारु ॥
पाकी नाई पाक थाइ सचा परवदिगारु ॥१॥ रहाउ ॥

तेरा हुकमु न जापी केतड़ा लिखि न जाणै कोइ ।
जे सउ साइर मेलीअहि तिल न पुजावहि रोइ ।
कीमति किनै न पाईआ सभि सुणि सुणि आखहि सोइ ॥२॥

पीर पैकामर सालक सादक सुहदे अउर सहीद ।
सेख मसाइक काजी मुला दरि दरवेस रसीद ॥
बरकति तिन कउ अगली पड़दे रहनि दरूद ॥३॥
पुछि न साजे पुछि न ढाहे पुछि न देवै लेइ ।
आपणी कुदरति आपे जाणै आपे करणु करेइ ॥
सभना वेखै नदरि करि जै भावै तै देइ ॥४॥

थावा नाव न जाणीअहि नावा केवडु नाउ ।
जिथै वसै मेरा पातिसाहु सो केवडु है थाउ ।।
अंबड़ि कोइ न सकई हउ किस नो पुछणि जाउ ।।५।।
वरना वरन न भावनी जे किसै वडा करेइ ।
वडे हथि वडिआईआ जै भावै तै देइ ।
हुकमि सवारे आपणै चसा न ढिल करेइ ।।६।।
सभु को आखै बहुतु बहुतु लैणै कै वीचारि ।
केवडु दाता आखीऐ दे कै रहिआ सुमारि ।।
नानक तोटि न आवई तेरे जुगह जुगह भंडार ।।७।।१।।

(परमात्मा का) कथन कर-कर के मन बाजा बजा रहा है, (अर्थात् आनन्दित हो रहा है), जैसे-जैसे (परमात्मा की महत्ता का) ज्ञान होता है, वैसे-वैसे (मन) बजाया जा रहा है । जिसे बजा कर सुनाया जाता वह कितना बड़ा है और किस स्थान पर है ? जितने सभी कथन करनेवाले हैं, सब (उसका) कथन करते करते गम्भीर ध्यान (लिव) में निमग्न हो जाते हैं ।। १ ।।

अरे बाबा, अल्लाह अगम और अपार है । वह सच्चा पालनकर्त्ता पवित्र नाम और पवित्र स्थान वाला है ।। १ ।। रहाउ ।।

(हे प्रभु), यह ज्ञात नहीं कि तेरा हुक्म कितना (महान्) है और न उसे कोई लिख ही सकता है । यदि सौ शायर (कवि) एकत्र किए जायँ, तो वे रो रो कर (खप-खप कर) तिल मात्र (तेरी महत्ता) का वर्णन नहीं कर सकते । तेरी कीमत किसी ने भी नहीं पाई है, सभी (लोग) सुन-सुन कर ही वर्णन करते हैं ।। २ ।।

(असंख्य) पीर, पैगम्बर, मार्ग-प्रदर्शक (सालिक), श्रद्धावान् (सादक), सीधे-सादे फकीर (सुहदे) तथा शहीद (धर्म के लिए बलिदान होने वाले), शेख, तपस्वी (मसाइक), काजी, मुल्ला, तथा परमात्मा के दरवाजे के पहुँचे हुए फकीर—(आदि के ऊपर) परमात्मा की बड़ी कृपा है, (जिससे वे) दुआ पढ़ते रहते हैं [दरूद=नमाज के पीछे की जो दुआ पढ़ी जाती है] ।। ३ ।।

(परमात्मा) बिना (किसीके) पूछे ही रचना करता है, बिना पूछे ही नाश करता है (और) बिना पूछे ही लेता-देता हैं । अपनी कुदरत—शक्ति—माया वह स्वयं ही जानता है, (दूसरा कोई नहीं) वह स्वयं ही करण और कर्त्ता है, (वह) सभी के ऊपर दृष्टि डाल कर देखता रहता है (और उसे) जो अच्छा लगता है, उसी को (वह) देता है ।। ४ ।।

(उसके) स्थानों का नाम नहीं जाना जा सकता (और न यही पता है कि नामों में (उसका) नाम कितना बड़ा है । वह स्थान कितना बड़ा है, जहाँ मेरा बादशाह निवास करता है ? (वहाँ तक) कोई नहीं पहुँच सकता; मैं किससे पूछने जाऊँ ? ।। ५ ।।

(यदि) वह किसी को बड़ा बनाता है, (तो उसमें वर्णावर्ण ऊँची अथवा नीची जाति) का भाव नहीं रखता । (वास्तव में) बड़े (परमात्मा) के हाथ में ही बड़ाई (गौरव) है, जो (उसे) अच्छा लगता है, उसे (वह) देता है । वह अपने हुक्म को संवारता है, (इसमें वह) रंचमात्र भी ढिलाई नहीं करता ।। ६ ।।

लेने के विचार से सभी कोई (परमात्मा का) बहुत-बहुत कथन करते हैं। उस दाता को कितना बड़ा कहा जाय ? उसके देने की गणना नहीं की जा सकती। नानक कहते हैं कि (हे प्रभु तेरे दानों में किसी प्रकार की भी) कमी नहीं आती, (क्योंकि) तेरे भाण्डार युग-युगान्तरों से (भरे पड़े हैं) ॥ ७ ॥ १ ॥

[२]

सभे कंत सहेलीआ सगलीआ करहि सीगारु ।
गणत गणावणि आईआ सूहा वेसु विकारु ॥
पाखंडि प्रेमु न पाईऐ खोटा पाजु खुआरु ॥१॥
हरि जीउ इउ पिरु रावै नारि ॥
तुधु भावनि सोहागणी अपणी किरपा लैहि सवारि ॥१॥ रहाउ ॥
गुरसबदी सीगारीआ तनु मनु पिर कै पासि ।
दुइ कर जोरि खड़ी तकै सचु कहै अरदासि ॥
लालि रती सच भै वसी भाइ रती रंगि रासि ॥२॥
प्रिअ की चेरी कांढीऐ लाली मानै नाउ ।
साची प्रीति न तुटई साचे मेलि मिलाउ ॥
सबदि रती मनु वेधिआ हउ सद बलिहारै जाउ ॥३॥
साधन रंड न बैसई जे सतिगुर माहि समाइ ।
पिरु रीसालू नउतनो साचउ मरै न जाइ ॥
नित रवै सोहागणी साची नदरि रजाइ ॥४॥
साचु धड़ी धन माड़ीऐ कापड़ु प्रेम सीगारु ।
चंदन चीति वसाइआ मंदरु दसवा दुआरु ॥
दीपकु सबदि विगासिआ रामनामु उर हारु ॥५॥
नारी अंदरि सोहणी मसतकि मणी पिआरु ।
सोभा सुरति सुहावणी साचै प्रेमि अपार ॥
बिनु पिर पुरखु न जाणई साचे गुर कै हेति पिआरि ॥६॥
निसि अंधिआरी सुतीए किउ पिर बिनु रैणि विहाइ ।
अंकु जलउ तनु जालीअउ मनु धनु जलिबलि जाइ ॥
जा धन कंति न रावीआ ता बिरथा जोबनु जाइ ॥७॥
सेजै कंत सहेलड़ी सुती बूझ न पाइ ।
हउ सुती पिरु जागणा किस कउ पूछउ जाइ ॥
सतिगुरि मेली भै वसी नानक प्रेमु सखाइ ॥८॥२॥

सभी कंत की सहेलियाँ हैं (और) सभी श्रृङ्गार करती हैं। (सभी अपने-अपने श्रृङ्गारों की) गिनती-गिनाती (किन्तु) उनके लाल वेश व्यर्थ हैं। [अर्थात् दिखावे कर्म चाहे कितने ही अच्छे हों, किन्तु परमात्मा की दृष्टि में बुरे ही हैं] । पाखण्ड से प्रेम की प्राप्ति नहीं होती; (ऐसे व्यक्तियों के) खोटे दिखावे (उन्हें) बरबाद करते हैं ॥ १ ॥

हरि जी, प्रियतम (अपनी) पत्नी के साथ इस प्रकार रमण करता है—(हे हरी, तुझे), सुहागिनी स्त्रियाँ अच्छी लगती हैं; तू अपनी कृपा से (उन्हें) सँवार लेता है। (अच्छी बना लेता है)॥ १ ॥ रहाउ ॥

(जो जीवात्मा रूपी स्त्री) गुरु के शब्द द्वारा संवारी गई है, (उसका) तन और मन प्रियतम (परमात्मा) के पास है। (वह) दोनों हाथ जोड़ कर खड़ी रहती है (और प्रियतम को) ताकती रहती है, और अरदास (विनती—प्रार्थना) करती है। (वह अपने) लाल में अनुरक्त है, सत्य भय में निवास करती है, भाव में रंगी और (उसके) प्रेम में संवारी गई है ॥ २ ॥

वह प्रिय की चेरी और दासी (लाली) कहलाती है और (प्रियतम परमात्मा के) नाम को ही मानती है। (यदि) सच्चा (परमात्मा) अपने मेल में मिला लेता है, (तो उसकी) सच्ची प्रीति (कभी नहीं) टूटती। (जो गुरु के) शब्द में रंगी हुई है और (जिसका) मन (उसी में) बिंध गया है, मैं सदैव उस पर न्यौछावर हो जाता हूँ ॥ ३ ॥

जो सद्गुरु में (बिलकुल) समा गई है, ऐसी स्त्री राँड़ (स्त्री) की भाँति (प्रियतम से अलग) नहीं बैठती। (वह तो प्रियतम के साथ सदैव एक रहती है)। (उसका प्रियतम) रसिक, नवीन तनवाला और सच्चा है; वह न मरता है (और न कहीं) जाता है। (वह अपनी) सोहागिनी स्त्री से नित्य रमण करता है और (उस पर अपनी मर्जी) से सच्ची कृपा-दृष्टि रखता है ॥ ४ ॥

(वह सुहागिनी) स्त्री सत्य की माँग काढ़ती है और प्रेम के कपड़े का शृंगार करती है। (परमात्मा को) चित्त में बसाना ही (उस स्त्री का) चंदन-लेप है, और दशम दरवाज़े में (निवास करना), उसका (वास्तविक महल है)। (उसने) शब्द का ही दीपक जलाया है और राम नाम को ही (अपने) गले का हार (बनाया) है ॥ ५ ॥

जिसके मस्तक में प्रेम की मणि (सुशोभित) है, (वह स्त्री सभी) स्त्रियों में (परम) सुन्दरी है। (उसकी) शोभा यह है कि (उसकी) सुन्दर सुरति उस सच्चे और अपार (हरी के) प्रेम में लगी है। (अपने) प्रियतम के बिना—अतिरिक्त (वह अन्य) पुरुष को जानती ही नहीं; सच्चे गुरु के प्रति ही उसका प्रेम होता है ॥ ६ ॥

(अरी तू,) अंधकारपूर्ण रात्रि में सोई है; (भला बताओ) बिना प्रियतम के तेरी रात्रि कैसे बीतेगी? (तेरा) अंक जाल जाय, (तेरा) शरीर भी जल जाय और (तेरे) मन, धन भी जल-बल जायं, (क्योंकि तू दुहागिनी है) जिस स्त्री से कंत नहीं रमण करता, उसका यौवन व्यर्थ ही चला जाता है ॥ ७ ॥

सेज पर कंत है, (किन्तु) स्त्री सोई है; (अतएव) वह जान नहीं पाती है। मैं तो सोई हूँ, प्रियतम जाग रहा है; (यह बात) किससे जा कर पूछूं? सद्गुरु ने (प्रियतम से) मिला दिया। (अब वह स्त्री प्रियतम के) भय में निवास करती है और प्रेम ही उसका सखा है ॥ ८ ॥ २ ॥

[३]

आपे गुण आपे कथै आपे सुणि वीचारु।
आपे रतनु परखि तूं आपे मोलु अपारु॥
साचउ मानु महतु तूं आपे देवणहारु ॥१॥

हरि जीउ तूं करता करतारु ।
जिउ भावै तिउ राखु तूं हरिनामु मिलै आचारु ॥१॥ रहाउ ॥
आपे हीरा निरमला आपे रंगु मजीठ ।
आपे मोती ऊजलो आपे भगत बसीठु ॥
गुर कै सबदि सलाहणा घटि घटि डीठु अडीठु ॥२॥
आपे सागरु बोहिथा आपे पारु अपारु ।
साची वाट सुजाणु तूं सबदि लघावणहारु ।
निडरिआ डरु जाणीऐ बाझु गुरू गुबारु ॥३॥
असथिरु करता देखीऐ होरु केती आवै जाइ ।
आपे निरमलु एक तूं होर बंधी धंधै पाइ ॥
गुरि राखे से उबरे साचे सिउ लिव लाइ ॥४॥
हरि जीउ सबदि पछाणीऐ साचि रते गुर वाकि
तितु तनि मैलु न लगई सच घरि जिसु ओताकु ।
नदरि करे सचु पाईऐ बिनु नावै किआ साकु ॥५॥
जिनी सचु पछाणिआ से सुखीए जुग चारि ।
हउमै तृसना मारि कै सचु रखिआ उरधारि ॥
जगु महि लाहा एकु नामु पाईऐ गुर वीचारि ॥६॥
साचउ वखरु लादीऐ लाभु सदा सचु रासि ।
साची दरगह बैसई भगति सची अरदासि ॥
पति सिउ लेखा निबड़ै रामु नामु परगासि ॥७॥
ऊचा ऊचउ आखीऐ कहउ न देखिआ जाइ ।
जह देखा तह एक तूं सतिगुरि दीआ दिखाइ ॥
जोति निरंतरि जाणीऐ नानक सहजि सुभाइ ॥८॥३॥

(हे प्रभु, तुम) स्वयं ही गुण हो, स्वयं ही (उसका) कथन करते हो, और स्वयं (उसे) सुन कर (उस पर) विचार करते हो। स्वयं ही रत्न हो, स्वयं ही (उसके) पारखी हो, (और) स्वयं ही (उसका) अपार मूल्य हो। तुम्ही सच्चा मान और महत्ता हो; (और) तुम्हीं उनके देनेवाले हो ॥ १ ॥

हे हरि जी, तुम्हीं (सब के) कर्त्ता हो। तुम्हें जैसे अच्छा लगे, उसी प्रकार (मुझे) रखो; मेरा आचार हरिनाम हो (और वही मुझे) प्राप्त हो ॥ १ ॥ रहाउ ॥

तुम्ही (नाम रूपी) निर्मल हीरा हो और तुम्हीं (भक्ति का गहरा) मजीठ रंग हो। तुम्ही (ज्ञान रूपी) उज्ज्वल मोती हो और तुम्हीं भक्तों के मध्यस्थ हो। गुर के शब्द द्वारा (तुम्ही अपनी) प्रशंसा—स्तुति कर रहे हो; घट-घट में तुम्हीं दृश्य और अदृश्य (रूप में दिखाई पड़ रहे हो) ॥ २ ॥

(हे प्रभु) तुम्हीं सागर हो और तुम्हीं जहाज हो; तुम्हीं (समुद्र का) यह पार (किनारा) हो (और तुम्हीं) वह पार भी हो। हे चतुर, तुम्हीं सच्चा मार्ग हो और (गुरु के) शब्द द्वारा तुम्हीं (संसार-सागर को) पार करानेवाले हो। (इस संसार सागर

में) डरवाले उन्हीं को समझना चाहिए (जो परमात्मा के) डर से रहित हैं; गुरु के बिना (घनघोर) अंधकार है ॥ ३ ॥

स्थिर (रहनेवाला तो एक मात्र) कर्त्ता ही देखा जाता है, अन्य (जीव-जन्तु) तो कितने आते हैं और कितने जाते हैं। (हे स्वामी) एक तुम्हीं निर्मल हो (और तो न मालूम कितने प्राणी) (सांसारिक) धंधों में बंधे पड़े हैं। (जिनकी) गुरु रक्षा करता है, वे ही उबरते हैं और सच्चे (परमात्मा) से लिव लगाते हैं ॥ ४ ॥

हरि (गुरु के) शब्द द्वारा पहचाना जाता है; गुरु के वाक्य से ही (शिष्य) सत्य (परमात्मा में) रत होते हैं। जिसकी बैठक सत्य के घर में है, उसके शरीर में (पाप की) मैल नहीं लगती। [ओताकु=फारसी ओताक=मरदानी बैठक]। (परमात्मा की) कृपा-दृष्टि से ही सत्य मिलता है; बिना (हरि) नाम के क्या शाख रहेगी ? ॥ ५ ॥

जिन्होंने सत्य को पहचान लिया (साक्षात्कार कर लिया) वे चारों युगों में सुखी हैं। (ऐसे व्यक्तियों ने) अहंकार और तृष्णा को मार कर अपने हृदय में सत्य को ही धारण कर रक्खा है। (उन्होंने) गुरु के विचार द्वारा जगत में एक नाम के लाभ को प्राप्त कर लिया है ॥ ६ ॥

(जिन्होंने) सत्य का सौदा लादा है, उन्हें सदैव लाभ ही होता है, (और उनकी) सत्य की पूंजी (अक्षुण्ण बनी रहती है)। (जिसकी) सच्ची भक्ति और सच्ची अरदास (प्रार्थना) होती है, (वह परमात्मा के) दरबार में (सम्मान के साथ) बैठेगा (उसके कर्मों का) लेखा प्रतिष्ठा से सुलझ जायगा; राम नाम भी (उसमें) प्रकाशित होगा ॥ ७ ॥

(वह परमात्मा) ऊंचे से ऊंचे कहा जाता है, पर किसी के पास देखा नहीं जाता। (मैं) जहाँ देखता हूं, वहाँ एक तू ही (दिखाई पड़ता) है; सद्गुरु ने मुझे (तुम्हारे इस सर्व-व्यापी स्वरूप को) दिखा दिया है। नानक कहते हैं कि तुम्हारी यह अखंड (निरंतर) ज्योति सहज भाव से जानी जाती है ॥ ८ ॥ ३ ॥

[४]

मछुली जालु न जाणिआ सरु खारा असगाहु।
अति सिआणी सोहणी किउ कीतो वेसाहु।
कीते कारणि पाकड़ी कालु न टलै सिराहु ॥१॥
भाई रे इउ सिरि जाणहु कालु।
जिउ मछी तिउ माणसा पवै अचिंता जालु ॥१॥ रहाउ॥
सभु जगु बाधो काल को बिनु गुर कालु अफारु।
सचि रते से उबरे दुबिधा छोड़ि विकार
हउ तिन कै बलिहारणै दरि सचै सचिआर ॥२॥
सीचाने जिउ पंखीआ जाली बधिक हाथि।
गुरि राखे से उबरे होरि फाथे चोगै साथि॥
बिनु नावै चुणि सुटीअहि कोइ न संगी साथि ॥३॥
सचो सचा आखीऐ सचे सचा थानु।

जिनी सचा मंनिम्रा तिन मनि सचु धिम्रानु ।
मनि मुखि सूचे जाणीग्रहि गुरमुखि जिना गिम्रानु ॥४॥
सतिगुरि अगै अरदासि करि साजनु देइ मिलाइ ।
साजनि मिलिऐ सुखु पाइआ जमदूत मुए बिखु खाइ ॥
नावै अंदरि हउ वसां नाउ वसै मनि आइ ॥५॥
बाझु गुरू गुबारु है बिनु सबदै बूझ न पाइ ।
गुरमती परगासु होइ सचि रहै लिव लाइ ॥
तिथै कालु न संचरै जोती जोति समाइ ॥६॥

तूं है साजनु तूं सुजाणु तूं आपे मेलणहारु ।
गुर सबदी सालाहीऐ अंतु न पारावारु ॥
तिथै कालु न अपड़ै जिथै गुर का सबदु अपारु ॥७॥

हुकमी सभे ऊपजहि हुकमी कार कमाहि ।
हुकमी कालै वसि है हुकमी साचि समाहि ॥
नानक जो तिसु भावै सो थीऐ इना जंता वसि किछु नाहि ॥८॥४॥

मछली ने जाल को नहीं समझा (कि यह मेरी मृत्यु का कारण है) । (वह अपने निवास स्थान) समुद्र को खारा और अथाह (समझती रही) । वह तो बहुत सयानी और सुन्दर थी, (फिर उसने जाल का) क्यों विश्वास कर लिया ? वह (अपने) किए (लालच) के कारण पकड़ी गई; (अब) उसके सिर पर से काल नहीं टल सकता ॥ १ ॥

अरे भाई, इस प्रकार सिर पर काल समझो । जिस प्रकार मछली जाल में पड़ जाती है), उसी प्रकार मनुष्य भी अचानक (काल के) जाल में पड़ जाता है ॥ १ ॥ रहाउ ॥

सारा जगत् काल द्वारा बाँधा गया है; बिना गुरु के काल अमिट है । (जो व्यक्ति) द्वैत भाव (दुबिधा) के विकार को त्याग कर सत्य में रत हैं, वे ही उबरे हैं । मैं उन पर न्यौछावर होता हूँ, जो सच्चे (परमात्मा के) दरवाजे पर सत्य (सिद्ध होते) हैं ॥ २ ॥

जिस प्रकार पक्षी बाज के (वश में हैं) और जिस प्रकार बधिक (शिकारी) के हाथ में जाल है, (उसी प्रकार मनुष्य भी काल के वशीभूत हैं) । जिनकी गुरु रक्षा करता है, वे ही बचते हैं, और लोग तो चारे द्वारा (मायिक आकर्षणों द्वारा जाल में) फंसा लिए जाते हैं । बिना (परमात्मा के) नाम के (वे लोग) चुन-चुन कर फेंक दिए जाते हैं; (उस समय उनका) कोई भी संगी-साथी नहीं होता ॥ ३ ॥

(वह) सच्चा ही सच्चा कहा जाता है (और उस) सच्चे का स्थान भी सच्चा ही है । जिन्होंने उस सत्य (परमात्मा) को मान लिया, उनके अन्तःकरण में सत्य का ही ध्यान होता है । (ऐसे पुरुषों को) मन और मुख से पवित्र जानना चाहिए, जिन्होंने गुरु के मुख द्वारा ज्ञान (प्राप्त किया है) ॥ ४ ॥

(हे साधक), सद्गुरु के आगे यह प्रार्थना कर कि वह साजन (परमात्मा) को मिला दे । साजन के मिलने पर (परम) सुख की प्राप्ति होती है (और) यमदूत जहर खाकर मर जाते हैं । यदि मैं नाम के अंतर्गत बस जाऊं, तो नाम भी आकर मन में बस जाता है ॥ ५ ॥

बिना गुरु के अंधकार है; बिना (गुरु के) शब्द के सपझ नहीं मिलती । गुरु द्वारा दी गई बुद्धि से (ज्ञान का) प्रकाश होता हैं (और शिष्य) सत्य स्वरूप परमात्मा में अपनी लिव लगा देता है । वहाँ काल का संचरण नहीं होता (और आत्मा की) ज्योति (परमात्मा की) ज्योति में समा जाती है ॥ ६ ॥

(हे हरी), तू ही साजन है और तू ही सुजान (चतुर) है, और तू ही अपने में (जीवों) को मिलानेवाला है । गुरु के शब्दों द्वारा (तुम्हारी) स्तुति की जाती है; (हे परमात्मा) न तुम्हारा अन्त है और न पारावार (सीमा) है । वहाँ काल नहीं पहुँचता, जहाँ गुरु का अपार शब्द है ॥७॥

(परमात्मा के) हुक्म से सब उत्पन्न होते हैं और हुक्म से ही सब (अपना-अपना) कार्य करते हैं । हुक्म से ही काल के वशीभूत होते हैं और हुक्म से सत्य (परमात्मा) में समा जाते हैं, । नानक कहते हैं कि जो उसे अच्छा लगता है, वही होता हैं, इन प्राणियों के वश में कुछ भी नहीं है ॥ ८ ॥ ४ ॥

[५]

मनि जूठै तनि जूठि है जिहवा जूठी होइ ।
मुखि झूठै झूठु बोलणा किउकरि सूचा होइ ॥
बिनु अभ सबद न मांजीऐ साचे ते सचु होइ ॥१॥
मुंधे गुणहीनी सुखु केहि ।
पिरु रलीआ रसि माणसी साचि सबदि सुखु नेहि ॥१॥ रहाउ ॥
पिरु परदेसी जे थीऐ धन वाढ़ी झूरेइ ॥
जिउ जलि थोड़ै मछुली करण पलाव करेइ ॥
पिर भावै सुखु पाईऐ जा आपे नदरि करेइ ॥२॥
पिरु सालाही आपणा सखी सहेली नालि ।
तनि सोहै मनु मोहिआ रती रंगि निहालि ।
सबदि सवारी सोहणी पिरु रावै गुण नालि ॥३॥
कामणि कामि न आवई खोटी अवगणिआरि ।
ना सुखु पेईऐ साहुरै झूठि जली बेकारि ॥
आवणु वंजणु डाखड़ो छोडी कंति विसारि ॥४॥
पिर की नारि सुहावणी मुती सो कितु सादि ।
पिर कै कामि न आवई बोले फादिलु बादि ॥
दरि घरि ढोई ना लहै छूटी दूजै सादि ॥५॥
पंडित वाचहि पोथीआ ना बूझहि वीचारु ।
अन कउ मती दे चलहि माइआ का वापारु ॥
कथनी झूठी जगु भवै रहणी सबदु सु सारु ॥६॥
केते पंडित जोतकी वेदा करहि बीचारु ।
वादि विरोधि सलाहणे वादे आवणु जाणु ॥
बिनु गुर करम न छुटसी कहि सुणि आखि बखाणु ॥७॥

सभ गुणवंती आखीअहि मै गुणु नाही कोइ ।
हरि वरु नारि सुहावणी मै भावै प्रभु सोइ ।
नानक सबदि मिलावड़ा ना वेछोड़ा होइ ॥८॥५॥

मन के जूठे होने से, शरीर जूठा हो जाता है और जीभ भी जूठी हो जाती है। (जिसका) मुख जूठा है, वह झूठ बोलता है; (भला बताओ वह) कैसे पवित्र हो सकता है? बिना शब्द रूपी पानी के (वे जूठनें) साफ नहीं होतीं; सत्य (व्यक्ति से ही) सत्य की प्राप्ति होती है ॥ १ ॥

अरी स्त्री, गुणविहीन (स्त्री) को सुख कहाँ (मिल सकता) है? (तुम) अपने प्रियतम से मिलकर ही रस मानोगी (प्राप्त करोगी); सच्चे शब्द द्वारा ही प्रेम में सुख है ॥ १ ॥ रहाउ ॥

यदि प्रियतम परदेशी हैं, तो (उससे) बिछुड़ी हुई स्त्री दुःखी होती है। (उस बिछुड़ी हुई स्त्री की ठीक वही दशा होती है) जैसे थोड़े जल में मछली करुण-प्रलाप करती है। प्रियतम के अच्छी लगने पर ही, (स्त्री) को सुख प्राप्त होता है; (किन्तु यह सुख तभी मिलता है) जब (प्रियतम प्रभु) कृपा-दृष्टि करता है ॥२॥

(मैं) अपनी सखी-सहेलियों के अपने प्रियतम की प्रशंसा—स्तुति करूंगी। (प्रियतम के सौन्दर्य को देख कर) (मेरा) शरीर सुहावना (हो गया है), मन मोहित हो गया है (और) आनन्द में रत होकर (मैं) (पति को) देखती हूँ। (गुरु के) शब्दों से सँवारी हुई (मैं बहुत ही) सुहावनी (हो गई हूँ)। (मेरे) गुणों से (रीझ कर) प्रियतम (मेरे साथ) रमण कर रहा है ॥३॥

अवगुणोंवाली खोटी स्त्री (अपने पति) के काम नहीं आती। उसे न तो मैके (इस संसार) में सुख (मिलता है) और न ससुराल (परलोक) में ही, वह झूठ में व्यर्थ ही जलती है। उसका आना-जाना (जन्म-मरण) कठिन होता है, (उसके) पति ने उसे भुला कर छोड़ दिया है ॥४॥

प्रियतम की सुहावनी स्त्री किस स्वाद (मायिक आकर्षणों) के कारण छोड़ दी गई? (वह छोड़ी हुई स्त्री) प्रियतम के किसी काम नहीं आती, (वह) व्यर्थ बकवास करती है। (परमात्मा के) दरवाजे और घर में (उसका) प्रवेश नहीं होता; दूसरों स्वादों में (लिप्त होने के कारण वह) छोड़ दी गई है ॥५॥

पंडित पोथियाँ बाँचते हैं, (किन्तु स्वयं) विचार नहीं समझते। दूसरों को तो बुद्धि देते हैं, (किन्तु स्वयं) माया के व्यापार में चलते हैं। झूठे कथन में ही (सारा) जगत् भटकता फिरता है; (गुरु के) शब्द के अनुसार (वास्तविक) रहनी रहना ही सार तत्व है ॥६॥

कितने ही पंडित, ज्योतिषी वेदों का विचार करते हैं; (किन्तु वे) वादविवाद और विरोध, प्रशंसा और वैर (इन्हीं में) आते-जाते रहते हैं। व्याख्यानों के कहने और सुनने से ही, बिना गुरु-कृपा के छुटकारा नहीं मिलता ॥७॥

सारी (स्त्रियाँ) गुणवती कहलाती हैं, मुझ में तो कोई गुण नहीं है। (जिसका) पति हरी है, वही स्त्री सुहावनी है; मुझे तो वही प्रभु अच्छा लगता है। नानक कहते हैं कि (यदि गुरु के) शब्द से मिलाप हो जाता है, (तो फिर) विछोह नहीं होता ॥८॥५॥

जपु तपु संजमु साधीऐ तीरथि कीचै वासु ।
पुंन दान चंगिआईआ बिनु साचे किआ तासु ।
जेहा राधे तेहा लुणै बिनु गुण जनमु विणासु ॥१॥
मुंधे गुण दासी सुखु होइ ।
अवगण तिआगि समाईऐ गुरमति पूरा सोइ ॥१॥ रहाउ ॥
विणु रासी वापारीआ तके कुंडा चारि ।
मूलु न बूझै आपणा वसतु रही घरबारि ॥
विणु वखरु दुखु अगला कूड़ि मुठी कूड़िआरि ॥२॥
लाहा अहिनिसि नउतना परखे रतनु वीचारि ।
वसतु लहै घरि आपणै चलै कारजु सारि ॥
वणजारिआ सिउ वणजु करि गुरमुखि ब्रहमु बीचारि ॥३॥
संतां संगति पाईऐ जे मेले मेलणहारु ।
मिलिआ होइ न विछुड़ै जिसु अंतरि जोति अपार ॥
सचै आसणि सचि रहै सचै प्रेम पिआर ॥४॥
जिनी आपु पछाणिआ घर महि महलु सुथाइ ।
सचे सेती रतिआ सचो पलै पाइ ॥
त्रिभवणि सो प्रभु जाणीऐ साचो साचै नाइ ॥५॥
साधन खरी सुहावणी जिनि पिरु जाता संगि ।
महली महलि बुलाईऐ सो पिरु रावे रंगि ॥
सचि सुहागणि सा भली पिरि मोही गुण संगि ॥६॥
भूली भूली थलि चड़ा थलि चड़ि डूगरि जाउ ।
बन महि भूली जे फिरा बिनु गुर बूझ न पाउ ॥
नावहु भूली जे फिरा फिरि फिरि आवउ जाउ ॥७॥
पुछहु जाइ पधाऊआ चले चाकर होइ ।
राजनु जाणहि आपणा दरि घरि ठाक न होइ ॥
नानक एको रवि रहिआ दूजा अवरु न कोइ ॥८॥६॥

(चाहे अनेक) जप, तप और संयम की साधना की जाय और तीर्थों में वास किया जाय; (अनेक प्रकार के) पुण्य, दान एवं शुभ कर्म किए जायं, (किन्तु) बिना सच्चे (परमात्मा) के उनका क्या (लाभ) है ? (मनुष्य) जैसा बोता है, वैसा ही काटता है; बिना गुणों के जन्म नष्ट हो जाता है ॥१॥

ऐ स्त्री, (जो) गुणों की दासी है, (उसी को) सुख होता है । गुरु की शिक्षा द्वारा जो अवगुणों को त्याग कर, (परमात्मा में) समा जाता है, वही पूर्ण है ॥१॥ रहाउ ॥

बिना मूलधन के व्यापारी चारों दिशाओं में ताकता फिरता है । (वह) अपने मूलधन को नहीं जानता, वस्तु तो घर के भीतर ही है । बिना सौदे के अत्यन्त दुःख होता है, झूठी (दुनिया) झूठ में ही नष्ट होती है ॥२॥

(उस व्यापारी को) अहर्निश नया लाभ होता है, (जो नाम रूपी) रत्न विचार करके परखता है। उसे वस्तु अपने घर में ही मिल जाती है (और वह) अपना कार्य पूरा करके चला जाता है। व्यापारियों के साथ व्यापार करो; (गुरु की) शिक्षा द्वारा ब्रह्म का विचार करो ॥३॥

संतों की संगति में (ब्रह्म तत्व) प्राप्त किया जाता है, यदि मिलानेवाला अपने में (शिष्य को) मिला ले; जिसके अंतर्गत अपार ज्योति है (उसका) मिलाप होने पर, (फिर) वियोग नहीं होता। (जिस शिष्य का) सच्चा प्रेम होता है, वह सच्चे (परमात्मा) के सच्चे आसन पर (विराजमान) होता है ॥४॥

जिन्होंने अपने आप को पहचान लिया, उनके (शरीर रूपी) घर में, (उनके हृदय रूपी) महल में, (हरी के रहने का) सुन्दर स्थान है। (जिन्होंने) सच्चे (परमात्मा) से प्रेम किया है, उनके पल्ले में सच्चा ही पड़ता है। (जो प्रभु) सच्चा है, सच्चे नामवाला है, उसे त्रिभुवन (में व्याप्त) जानना चाहिए ॥५॥

वह स्त्री सच्ची सुन्दरी (सौभाग्यवती है) जिसने प्रियतम को अपने साथ (रहता हुआ) जान लिया है। वह स्त्री महल में बुलाई जाती है और प्रियतम के साथ आनन्दपूर्वक रमण करती है। वही सच्ची सुहागिनी है (और वही) भली है, जो (अपने) प्रियतम के गुणों के साथ मोहित हुई है ॥६॥

(मैं) भूलते-भूलते सूखी जमीन पर चढ़ी, उस सूखी जमीन पर चढ़ कर (मैं) पर्वत पर गई; (वहाँ से भी) भूलती-भटकती वन में भटकी; (इस प्रकार स्थल, पर्वत और वन आदि में भटकते रहने पर) बिना गुरु के ज्ञान नहीं पाया। (यदि) नाम को भूल कर मैं भटकती फिरती हूँ, तो बार-बार आना-जाना पड़ेगा (जन्म-मरण के चक्कर में आना पड़ेगा) ॥७॥

उन पथिकों से जाकर (परमात्मा के सम्बन्ध) में पूछो, जो (गुरु के मार्ग के) चाकर होकर चल रहे हैं। वे अपने राजा (परमात्मा) को जानते हैं, (अतएव आज्ञाकारी प्रजा होने के कारण, परमात्मा के) घर के दरवाजे पर वे रोके नहीं जाते। नानक कहते हैं कि एक (परमात्मा) ही (सर्वत्र) रमा हुआ है, (उसके अतिरिक्त) दूसरा और कोई नहीं है ॥८॥६॥

[७]

गुर ते निरमलु जाणीऐ निरमल देह सरीरु ।
निरमलु साचो मनि वसै सो जाणै अभ पीर ॥
सहजै ते सुखु अगलो ना लागै जम तीरु ॥१॥
भाई रे मैलु नाही निरमल जलि नाइ ।
निरमलु साचा एकु तू होरु मैलु भरी सभ जाइ ॥१॥ रहाउ ॥
हरि का मंदरु सोहणा कीआ करणैहारि ।
रवि ससि दीप अनूप जोति त्रिभवणि जोति अपार ॥
हाट पटण गड़ कोठड़ी सचु सउदा वापार ॥२॥
गिआन अंजनु भै भंजना देखु निरंजन भाइ ।
गुपतु प्रगटु सभ जाणीऐ जे मनु राखै ठाइ ॥
ऐसा सतिगुरु जे मिलै ता सहजे लए मिलाइ ॥३॥

कसि कसवटी लाईऐ परखे हितु चितु लाइ ।
खोटे ठउर न पाइनी खरे खजानै पाइ ।।
आस अंदेसा दूरि करि इउ मलु जाइ समाइ ।।४।।
सुख कउ मागै सभु को दुखु न मागै कोइ ।
सुखै कउ दुखु अगला मनमुखि बूझ न होइ ।।
सुख दुख सम करि जाणीअहि सबदि भेदि सुखु होइ ।।५।।
बेदु पुकारै वाचीऐ बाणी ब्रहम बिआसु ।
मुनिजन सेवक साधिका नामि रते गुणतासु ।।
सचि रते से जिणि गए हउ सद बलिहारै जासु ।।६।।
चहु जुगि मैले मलु भरे जिन मुखि नामु न होइ ।
भगती भाइ विहूणिआ मुहु काला पति खोइ ।
जिनी नामु विसारिआ अवगण मुठी रोइ ।।७।।
खोजत खोजत पाइआ डरु करि मिलै मिलाइ ।
आपु पछाणै घरि वसै हउमै तृसना जाइ ।
नानक निरमल ऊजले जो रते हरिनाइ ।।८।।७।।

गुरु से ही निर्मल (परमात्मा) जाना जाता है, (वह परमात्मा) निर्मल शरीर वाला है। (गुरु कृपा से) निर्मल सच्चा (परमात्मा) मन में बस जाता है, वही आभ्यान्तरिक (हृदय की) पीड़ा जानता है। सहजावस्था से अत्यन्त सुख मिलता है और यम का तीर नहीं लगता ।।१।।

अरे भाई, (जो नाम रूपो) निर्मल जल में नहाता है, (उसे) मैल नहीं लगती। (हे परमात्मा) एक तू ही निर्मल और सच्चा है, और सारी जगहें (जाइ) मैल से भरी हैं ।।१।। रहाउ ।।

कर्त्ता ने हरि का मन्दिर (बड़ा ही) सुन्दर बनाया है। (उस विराट् मन्दिर में) सूर्य और चन्द्रमा के दीपक की अनुपम ज्योति है; (वह अपार ज्योति) त्रिभुवन (में व्याप्त है)। दूकानों, नगरों, गढ़ों और कोठरियों में सच्चे सौदे का व्यापार (चल रहा) है।

[मनुष्य के शरीर में स्थित हृदय, मष्तिष्क आदि दूकान आदि कहे गए हैं। हृदय दूकान (हाट) है, शरीर नगर (पटन) है, मस्तिष्क में स्थित दशम द्वारा गढ़ (गड़) है तथा शरीर में स्थित विभिन्न शिराएं कोठरियाँ हैं] ।।२।।

ज्ञान का अंजन भय को नष्ट करने वाला है, (वही ज्ञान-अंजन आँखों में लगाकर) निरंजन (परमात्मा) को भावपूर्वक देखो। यदि मन को टिका दिया जाय, तो अदृश्य और दृश्य (सभी वस्तुएं) जान ली जाती हैं। यदि इस प्रकार का (मन निरोध करनेवाला) सद्गुरु प्राप्त हो जाय, तो वह (शिष्य को) सहजावस्था (चतुर्थ पद, निर्वाण पद) में मिला लेता है ।।३।।

(परमात्मा साधकों को) बड़े ही प्रेम और ध्यान से कसौटी पर चढ़ा कर परखता है। (जो उसकी कसौटी पर) खोटे (सिद्ध होते हैं), उन्हें स्थान नहीं मिलता, (वे फेंक दिए जाते हैं), (जो) खरे (निकलते हैं), (वे उसके) खजाने में डाल दिए जाते हैं। यदि आशा और संशय को दूर कर दो, (तो) इस प्रकार (तुम्हारे सारे) मल (पाप) विलीन हो जायँगे ।।४।।

सभी कोई सुख को ही माँगते हैं, कोई भी दुःख नहीं माँगता। (किन्तु) सुख (की आशा रखनेवाले) को महान् दुःख होता है; मनमुख को यह समझ नहीं होती। (गुरु के) शब्द को भेद कर (जो) सुख-दुःख को समान रूप से जानते हैं, उन्हें (अलौकिक) सुख होता है ॥५॥

(यदि) ब्रह्मा की वाणी वेद और व्यास के (वेदान्त सूत्र) आदि पढ़े जायँ, (तो यही ज्ञात होता है) और वेद भी पुकार-पुकार कर कहते हैं (कि जो) मुनिगण, सेवक और साधक गुणों के खजाने—नाम में रत हैं, सत्य में रत हैं, वे ही विजयी हुए हैं; मैं उन पर सदैव बलिहारी होता हूँ ॥६॥

जिनके मुख में (परमात्मा का) नाम नहीं है, वे चारों युगों में मैले और मल से भरे हैं। (ऐसे लोगों का) मुंह काला होता है और प्रतिष्ठा नष्ट हो जाती है, (जो) भक्ति और प्रेम से विहीन हैं। जिन्होंने नाम भुला दिया है, वे अवगुण में नष्ट होकर रोते हैं ॥७॥

खोजते-खोजते (परमात्मा की) प्राप्ति हो गई; (जो परमात्मा से) डर कर मिलता है, (उसे वह अपने में) मिला लेता है। (जो) अपने को पहचानता है, (उसके) घर (शरीर) में (परमात्मा) वसता है; (ऐसे व्यक्ति के) अहंकार और तृष्णा की निवृत्ति हो जाती है। नानक कहते हैं जो हरि नाम में रत हैं वे निर्मल और उज्ज्वल हैं ॥८॥७॥

[८]

सुणि मन भूले बावरे गुर की चरणी लागु।
हरि जपि नामु धिआइ तू जमु डरपै दुख भागु॥
दूखु घणो दोहागणी किउ थिरु रहै सुहागु॥ १॥
भाई रे अवरु नाही मै थाउ।
मै धनु नामु निधानु है गुरि दीआ बलि जाउ॥ १॥ रहाउ॥
गुरमति पति साबासि तिसु तिस कै संगि मिलाउ।
तिसु बिनु घड़ी न जीवऊ बिनु नावै मरि जाउ॥
मै अंधुले नामु न बीसरै टेक टिकी घरि जाउ॥ २॥
गुरू जिना का अंधुला चेले नाही ठाउ।
बिनु सतिगुर नाउ न पाईऐ बिनु नावै किआ सुआउ॥
आइ गइआ पछुतावणा जिउ सुंञै घरि काउ॥ ३॥
बिनु नावै दुखु देहुरी जिउ कलर की भीति।
तब लगु महलु न पाईऐ जब लगु साचु न चीति॥
सबदि रपै घरु पाईऐ निरबाणी पदु नीति॥ ४॥
हउ गुर पूछउ आपणे गुर पुछि कार कमाउ।
सबदि सलाही मनि वसै हउमै दुखु जलि जाउ॥
सहजे होइ मिलावड़ा साचे साचि मिलाउ॥ ५॥
सबदि रते से निरमले तजि काम क्रोधु अहंकारु।
नामु सलाहनि सद सदा हरि राखहि उरधारि॥
सो किउ मनहु विसारीऐ सभ जीआ का आधारु॥ ६॥

सबदि मरै सो मरि रहै फिरि मरै न दूजी वार।
सबदे ही ते पाईऐ हरिनामे लगै पिआरु॥
बिनु सबदै जगु भूला फिरै मरि जनमै वारो वार॥ ७॥
सभ सालाहै आप कउ वडहु वडेरी होइ।
गुर बिनु आपु न चीनीऐ कहे सुणे किआ होइ।
नानक सबदि पछाणीऐ हउमै करै न कोइ॥ ८॥ ८॥

अरे भूले और बावरे मन सुनो, गुरु के चरणों में लग जाओ। तू हरि का जप करो (और उन्हीं के) नाम का ध्यान करो; (तुम्हारी इस क्रिया से) यम भयभीत हो जायंगे (और सारे) दुःख भग जायंगे। दुहागिनी (स्त्री) को बहुत ही दुःख होता है; (भला उसका) सौभाग्य कैसे स्थिर रहेगा? ॥१॥

अरे भाई, मेरे लिए (परमात्मा को छोड़कर) कोई अन्य स्थान नहीं है। नाम-निधान ही मेरा (वास्तविक) धन है, (उस नाम को) गुरु ने (मुझे) दे दिया है; मैं (उस गुरु पर) न्योछावर हो जाता हूँ ॥१॥ रहाउ॥

गुरु (द्वारा दी गई) बुद्धि से प्रतिष्ठा (पति) (प्राप्त होती है), ऐसे (गुरु को) धन्य है; गुरु के साथ (परमात्मा का) मिलाप होता है। उसके बिना मैं एक घड़ी भी नहीं जीता हूँ; बिना नाम के मर जाता हूँ। मुझ अंधे को नाम नहीं भूलता। (यदि) उसी में टेक स्थिर रही (तो) (उसके) घर (अवश्य) जाऊंगा ॥२॥

जिसका गुरु अंधा है, (उसके) चेले को (परमात्मा के यहाँ) स्थान नहीं (प्राप्त होता।) बिना सद्गुरु के नाम की प्राप्ति नहीं होती और बिना नाम के स्वाद कैसा? उसे आ-जाकर (उसी प्रकार) पछताना होता है, जैसे सूने घर में (जाकर कौवे को पछताना पड़ता है) ॥३॥

बिना नाम के देह में (बहुत) दुःख होता है (और वह उसी प्रकार दुःख से छीज जाती) जैसे लोने की दीवाल (ढह पड़ती है।) जब तक सच्चा (परमात्मा) चित्त में नहीं (आता), तब तक (उसके) महल की प्राप्ति नहीं होती। (गुरु के) शब्द में अनुरक्त होने से (अपने वास्तविक) घर की प्राप्ति होती है; शाश्वत निर्वाण पद (प्राप्त हो जाता है।) ॥४॥

मैं अपने गुरु से पूछता हूं (और) गुरु से पूछ कर कर्म करता हूं। (यदि गुरु के) शब्द द्वारा प्रशंसा—स्तुति योग्य परमात्मा मन में बस जाता है, (तो) अहंकार का दुःख चला जाता है। सहजावस्था से (परमात्मा का) मिलाप हो जाता है, (इस प्रकार) सच्चा (शिष्य) सच (परमात्मा) से मिल जाता है ॥५॥

काम, क्रोध, अहंकार त्याग कर (जो गुरु के) शब्द में रत हैं, वे ही निर्मल हैं। (वे) सदेव ही नाम की स्तुति करते हैं (और) हरि को हृदय में धारण कर लेते हैं। जो सभी जीवों का अपार है, उसे मन से किस प्रकार भुलाया जाय? ॥६॥

(जो गुरु के) शब्द में मरता है, वह (अहंकार आदि से) ऐसा मरता है कि उसे (फिर) दूसरी बार नहीं मरना पड़ता; (उसकी यह मृत्यु जीवन का भी जीवन है) (गुरु के) शब्द से ही (परमात्मा की) प्राप्ति होती है और हरिनाम प्यारा लगता है। बिना शब्द के यह जगत् भटकता फिर रहा है और बारंबार जन्म-मर रहा है ॥७॥

सभी अपनी-अपनी प्रशंसा करते हैं; (आत्म-श्लाघा में) बड़ी-बड़ी (बातें बनाते) हैं। (किन्तु) गुरु के बिना अपने आप को नहीं पहचाना जाता; कहने-सुनने से क्या होता है ? नानक कहते हैं कि (यदि गुरु के) शब्द द्वारा कोई (अपने को) पहचान ले तो (वह) अहंकार नहीं करेगा ॥८॥८॥

[६]

बिनु पिर धन सीगारीऐ जोबनु बादि खुआरु ।
ना माणे सुखि सेजड़ी बिनु पिर बादि सीगारु ॥
दूखु घणो दोहागणी ना घरि सेज भतारु ॥ १ ॥
मन रे रामु जपहु सुखु होइ ।
बिनु गुर प्रेमु न पाईऐ सबदि मिलै रंगु होइ ॥ १ ॥ रहाउ ॥
गुर सेवा सुखु पाईऐ हरि वरु सहजि सीगारु ।
सचि माणे पिर सेजड़ी गूड़ा हेतु पिआरु ॥
गुरमुखि जाणि सिञाणीऐ गुरि मेली गुण चारु ॥ २ ॥
सचि मिलहु वर कामणी पिरि मोही रंगु लाइ ।
मनु तनु साचि विगसिआ कीमति कहणु न जाइ ॥
हरि वरु घरि सोहागणी निरमल साचै नाइ ॥ ३ ॥
मन महि मनूआ जे मरै ता पिरु रावै नारि ।
इकतु तागै रलि मिलै गलि मोतीअन का हारु ॥
संत सभा सुखु ऊपजै गुरमुखि नाम अधारु ॥ ४ ॥
खिन महि उपजै खिनि खपै खिनु आवै खिनु जाइ ।
सबदु पछाणै रवि रहै ना तिसु कालु संताइ ॥
साहिबु अतुलु न तोलीऐ कथनि न पाइआ जाइ ॥ ५ ॥
वापारी वणजारिआ आए वजहु लिखाइ ।
कार कमावहि सच की लाहा मिलै रजाइ ॥
पूंजी साची गुरु मिलै ना तिसु तिलु न तमाइ ॥ ६ ॥
गुरमुखि तोलि तुोलाइसी सचु तराजू तोलु ।
आसा मनसा मोहणी गुरि ठाकी सचु बोलु ॥
आपि तुलाए तोलसी पूरे पूरा तोलु ॥ ७ ॥
कथनै कहणि न छुटीऐ ना पड़ि पुसतक भार ।
काइआ सोच न पाईऐ बिनु हरि भगति पिआर ॥
नानक नामु न वीसरै मेले गुरु करतार ॥ ८ ॥ ६ ॥

बिना प्रियतम के स्त्री का शृंगार और यौवन व्यर्थ है, (वे) बरबाद हो जाते हैं। (वह) सेज पर सुख नहीं मानती; बिना प्रियतम के (उसका) शृङ्गार व्यर्थ है। दुहागिनी को अत्यधिक दुःख होता है, (क्योंकि उसके) सेज का भर्त्ता (पति) घर में नहीं है ॥१॥

अरे मन, राम जपा, (तभी) सुख होगा। बिना गुरु के (प्रियतम का) प्रेम नहीं प्राप्त होता; (गुरु के शब्द) से ही (वह प्रेम) मिलता है, (और उसके प्राप्त होने पर) आनन्द होता है ॥१॥ रहाउ ॥

गुरु की सेवा से ही सुख प्राप्त होता है; सहजावस्था के शृङ्गार से ही हरि रूपी पति (प्राप्त होता है)। प्रियतम (उसी) सच्ची (स्त्री) को सेज पर भोगता है, जिसका स्नेह और प्रेम गंभीर है। (गुरु की) शिक्षा द्वारा (वह) सयानी (चतुर) समझी जाती है; गुरु ने उसे (हरी से) मिलाया है, (तब जाकर उसे) गुणों वाला आचार (प्राप्त हुआ है) ॥२॥

हे कामिनी, सच्चे वर से मिलो; प्रियतम द्वारा मोही गई (तुम खूब) आनन्द करो। (तुम्हारा) तन और मन सत्य (परमात्मा) में प्रफुल्लित हुआ है, (उस प्रसन्नता) की कीमत नहीं कही जा सकती। (यदि) हरी (तुम्हारा) पति (हो जाय), (तो तुम) घर में सुहागिनी हो; (वह हरी) निर्मल और सच्चे नाम वाला है ॥३॥

यदि (ज्योतिमय) मन में (मलिन) मन मर जाय (समाहित हो जाय) तो प्रियतम स्त्री के साथ रमण करता है। (जिस प्रकार) मोती तागे से (गूँथा जा कर), उसके साथ मिलकर गले का हार बन जाता है, [उसी प्रकार पति और पत्नी (परमात्मा और जीवात्मा) मिलकर एकाकार हो जाते हैं]। संतों की सभा में (अपार) सुख उत्पन्न होता है, गुरु की शिक्षा द्वारा नाम ही (उसका) आधार हो जाता है ॥४॥

(मनुष्य) क्षण में उत्पन्न होता है, क्षण में खप जाता है, क्षण में आता है और क्षण में चला जाता है। (यदि वह गुरु के) शब्द (नाम) को पहचान जाय और उसी में रमण करने लगे, (तो) उसे काल दुःख नहीं दे सकेगा। साहब (परमात्मा) अतुलनीय है, (उसकी किसी वस्तु से) तुलना नहीं की जा सकती, वह कथन से नहीं पाया जा सकता है ॥५॥

व्यापारी और बनजारे (अपनी-अपनी) तनख्वाह लिखा कर आ गए हैं। (यदि) सच्चे (परमात्मा) का काम (ईमानदारी और सच्चाई) से करें, (तो उन्हें उसकी) मरजी से (अवश्य ही) लाभ मिलेगा। सच्ची पूंजी से ही गुरु प्राप्त होता है; उसमें तिल मात्र भी लालच नहीं है ॥६॥

(गुरु के) उपदेश द्वारा (शिष्य) पूरी तौल तौला जायगा; (हरी के) तराजू की तौल (बड़ी) सच्ची है। आशा और वासना (शिष्य को) मोहनेवाली हैं; (किन्तु) गुरु ने (अपनी) सच्ची वाणी से उन्हें रोक दिया है। (वह) स्वयं ही (भलीभाँति) तौलेगा, (उसकी) तौल पूरी पूरी (बहुत ही सच्ची) है।

[**विशेष** : तुलाइसी—गुरुवाणी में कई स्थानों पर तुक की मात्राओं को पूरी करने के लिए किसी मात्रा को लघु अथवा दीर्घ करने की आवश्यकता पड़ती है। यहाँ 'तुलाइसी' की छः मात्राओं के स्थान पर सात मात्रा करने के लिए 'तु' को 'तो' के रूप में लिखा गया है] ॥७॥

(अनेक प्रकार के) कथन कहने से छुटकारा (मोक्ष) नहीं मिलता, न पुस्तकों के भार के अध्ययन से ही (मुक्ति मिलती है)। बिना हरि की भक्ति और प्रेम के शरीर की शुद्धि नहीं होती। (जिसके द्वारा) नाम नहीं विस्मृत होता, (उसे) गुरु, करतार (अपने में) मिला लेता है ॥८॥९॥

[१०]

सतिगुरु पूरा जे मिलै पाईऐ रतनु बीचारु ।
मनु दीजै गुर आपणे पाईऐ सरब पिआरु ॥
मुकति पदारथु पाईऐ अवगण मेटणहारु ॥ १ ॥
भाई रे गुर बिनु गिआनु न होइ ।
पूछहु ब्रहमे नारदै बेदबिआसै कोइ ॥ १ ॥ रहाउ ॥
गिआनु धिआनु धुनि जाणीऐ अकथु कहावै सोइ ।
सफलिओ बिरखु हरीआवला छाव घणेरी होइ ॥
लाल जवेहर माणकी गुर भंडारै सोइ ॥ २ ॥
गुर भंडारै पाईऐ निरमल नाम पिआरु ।
साचो वखरु संचीऐ पूरै करमि अपारु ॥
सुखदाता दुख मेटणो सतिगुरु असुरु संघारु ॥ ३ ॥
भवजलु बिखमु डरावणो ना कंधी ना पारु ।
ना बेड़ी ना तुलहड़ा ना तिसु वंझु मलारु ॥
सतिगुरु भै का बोहिथा नदरी पारि उतारु ॥ ४ ॥
इकु तिलु पिआरा विसरै दुखु लागै सुखु जाइ ।
जिहवा जलउ जलावणी नामु न जपै रसाइ ।
घटु बिनसै दुखु अगलो जमु पकड़ै पछुताइ ॥ ५ ॥
मेरी-मेरी करि गए तनु धनु कलतु न साथि ।
बिनु नावै धनु बादि है भूलो मारगि आथि ॥
साचउ साहिबु सेवीऐ गुरमुखि अकथो काथि ॥ ६ ॥
आवै जाइ भवाईऐ पइऐ किरति कमाइ ।
पूरबि लिखिआ किउ मेटीऐ लिखिआ लेखु रजाइ ।
बिनु हरिनाम न छुटीऐ गुरमति मिलै मिलाइ ॥ ७ ॥
तिसु बिनु मेरा को नही जिस का जीउ परानु ।
हउमै ममता जलि बलउ लोभु जलउ अभिमानु ॥
नानक सबदु वीचारीऐ पाईऐ गुणी निधानु ॥ ८ ॥ १० ॥

यदि पूर्ण सद्गुरु प्राप्त हो जाय, (तभी) विचार रूपी रत्न की प्राप्ति होती है । (यदि) अपने गुरु को मन दे दिया जाय, तभी सर्वप्रिय (परमात्मा) प्राप्त होता है । (सदगुरु से ही उस) मुक्ति रूपी पदार्थ की प्राप्ति होती है, (जो समस्त) अवगुणों (दोषों, पापों) को मिटाने वाला है ॥१॥

अरे भाई, गुरु के बिना ज्ञान नहीं होता । (यदि किसी को मेरे इस कथन पर विश्वास न हो, तो वह जाकर) किसी ब्रह्मा, नारद अथवा वेदव्यास से पूछ ले ॥१॥ रहाउ ॥

ज्ञान और ध्यान (गुरु के) शब्द (ध्वनि) से ही जाने जाते हैं; वह (गुरु) ही अकथनीय (परमात्मा) का कथन करता है । (वह गुरु ही) हरा-भरा घनी छाया वाला, फलयुक्त वृक्ष उस (गुरु) के भाण्डार में (गुण रूपी) लाल, जवाहर और माणिक्य हैं ॥२॥

गुरु के भाण्डार में ही निर्मल नाम (के प्रति) प्रेम प्राप्त होता है पूर्ण भाग्य से ही सच्चा और अपार सौदा संग्रह किया जाता है । सद्‌गुरु सुख का देने वाला और दुःख का मेटने वाला है (वही) असुरों (काम, क्रोध, लोभ, मोह अहंकार) का संहार करने वाला है ।।३।।

संसार रूपी जल (सागर) (अत्यंत) विषम और डरावना है; न तो (इसका) किनारा है और न आरपार है । (उस सागर को पार करने के लिए) न तो कोई छोटी नाव है और न बेड़ा है, न तो उसमें कोई बाँस (लगी) है और न मल्लाह ही है । सद्‌गुरु संसार-सागर का जहाज है, (वह अपनी) कृपा-दृष्टि से पार उतार देता है ।।४।।

(यदि) प्रियतम तिल मात्र के लिए विस्मृत होता है, तो (बहुत) ही दुःख होता है, और सुख नष्ट हो जाता है । (जो) रस-सहित नाम का जप नहीं करती, वह जलाने योग्य जीभ जल जाय । घट (शरीर) के नष्ट होने पर महान् दुःख होता है; (और जब) यम पकड़ते हैं, तो (वह) पछताता है ।।५।।

(लोग) "मेरी-मेरी" करते हुए (इस संसार से) चल दिए, (किन्तु) उनके साथ (उनका) शरीर, धन और स्त्री नहीं गई । बिना नाम के धन व्यर्थ है, (मनुष्य) माया के रास्ते में पड़कर भूला है । सच्चे साहब की सेवा करो; अकथनीय (परमात्मा) गुरु द्वारा कथन कर लिया जाता है ।।६।।

(मनुष्य इस संसार में) आता है, जाता है और भटकता रहता है, मनुष्य की जो 'किरत' पड़ी है, उसी के अनुसार कर्म करता है । पहले का लिखा हुआ कैसे मेटा जा सकता है ? (परमात्मा की) मर्जी के अनुसार (मनुष्य के भाग्य) का लेख लिखा रहता है । बिना हरि-नाम के छुटकारा नहीं मिलता; (गुरु की) शिक्षा के द्वारा (शिष्य) का (परमात्मा से) मिलाप होता है ।।७।।

[**विशेष :** "किरत"—एक-एक करके जो कार्य किए जाते हैं, वे कर्म कहलाते हैं । उसी कर्म को बार-बार करने से, जीवन का एक स्वभाव बन जाता है; उसी को "किरत" कहते हैं ।]

जिसका (जिस हरी का) यह जीव और प्राण है, उसके बिना मेरा कोई (अन्य) नहीं है । अहंकार और ममता जल-बल जायं; लोभ और अभिमान भी जल जायँ । नानक कहते हैं कि (यदि) (गुरु के) शब्द विचार किए जायँ, (तो) गुणों का निधान (परमात्मा) प्राप्त हो जाता है ।।८।।१०।।

[११]

रे मन ऐसी हरि सिउ प्रीति करि जैसी जल कमलेहि ।
लहरी नालि पछाड़ीऐ भी विगसै असनेहि ।
जल महि जीअ उपाइ कै बिनु जल मरणु तिनेहि ।। १ ।।
मन रे किउ छूटहि बिनु पिआर ।
गुरमुखि अंतरि रवि रहिआ बखसे भगति भंडार ।। १ ।। रहाउ ।।
रे मन ऐसी हरि सिउ प्रीति करि जैसी मछुली नीर ।
जिउ अधिकउ तिउ सुखु घणो मनि तनि सांति सरीर ।।
बिनु जल घड़ी न जीवई प्रभु जाणै अभ पीर ।। २ ।।

रे मन ऐसी हरि सिउ प्रीति करि जैसी चात्रिक मेह ।
सर भरि थल हरीग्रावले इक बूंद न पवई केह ।
करमि मिलै सो पाईऐ किरतु पइग्रा सिरि देह ॥ ३ ॥
रे मन ऐसी हरि सिउ प्रीति करि जैसी जल दुध होइ ।
ग्रावटणु ग्रापे खवै दुध कउ खपणि न देइ ॥
ग्रापे मेलि विछुंनिग्रा सचि वडिग्राई देइ ॥ ४ ॥
रे मन ऐसी हरि सिउ प्रीति करि जैसी चकवी सूर ।
खिनु पलु नीद न सोवई जाणै दूरि हजूरि ॥
मनमुखि सोझी ना पवै गुरमुखि सदा हजूरि ॥ ५ ॥
मनमुखि गणत गणावणी करता करे सु होइ ।
ता की कीमति ना पवै जे लोचै सभु कोइ ॥
गुरमति होइ त पाईऐ सचि मिलै सुखु होइ ॥ ६ ॥
सचा नेहु न तुटई जे सतिगुरु भेटै सोइ ।
गिग्रान पदारथु पाईऐ त्रिभवण सोझी होइ ॥
निरमलु नामु न वीसरै जे गुण का गाहकु होइ ॥ ७ ॥
खेलि गए से पंखणू जो चुगदे सर तलि ।
घड़ी कि मुहति कि चलणा खेलणु ग्रजु कि कलि ॥
जिसु तूं मेलहि सो मिलै जाइ सचा पिड़ु मलि ॥ ८ ॥
बिनु गुर प्रीति न ऊपजै हउमै मैलु न जाइ ।
सोहं ग्रापु पछाणीऐ सबदि भेदि पतीग्राइ ॥
गुरमुखि ग्रापु पछाणीऐ ग्रवर कि करे कराइ ॥ ९ ॥
मिलिग्रा का किग्रा मेलीऐ सबदि मिले पतीग्राइ ।
मनमुखि सोझी न पवै वीछुड़ि चोटा खाइ ॥
नानक दरु घरु एकु है ग्रवरु न दूजी जाइ ॥ १० ॥ ११ ॥

हे मन, हरि से इस प्रकार प्रीति कर, जैसी (प्रीति) जल से कमल (करते हैं ।) वे (जल की) लहरों से धक्के खाते हैं, फिर भी प्रेम से विकसित होते हैं । उन (कमलों) का जीवन पानी में ही रचा गया है और पानी के बिना ही उनका मरण है ॥१॥

अरे मन, बिना प्यार के कैसे छूटोगे (मुक्त होगे) ? (वही हरी) गुरुमुखों के अन्तर्गत रमण कर रहा है (और उन्हें) भक्ति का भाण्डार प्रदान करता है ॥१॥ रहाउ ॥

अरे मन, हरि से इस प्रकार प्रीति कर, जैसी (प्रीति) जल से मछली (करती है) । जैसे-जैसे (जल का) आधिक्य होता है, वैसे-वैसे (उस मछली के) सुख की घनीभूतता (होती है) (उसके) तन, मन (दोनों) में शान्ति रहती है । बिना जल के वह एक घड़ी भी नहीं जीती; पानी के बिना उसे (जो) आभ्यान्तरिक पीड़ा होती है, (उसे) प्रभु ही जानता है ॥२॥

अरे मन, हरि से इस प्रकार प्रीति कर, जैसी (प्रीति) चातक बादल से (करता है ।) (सारे) सरोवर भरे हैं, स्थल हरे-भरे हैं, (किन्तु यदि स्वाती नक्षत्र के बादल की) एक बूंद नहीं मिली, तो (उनसे) क्या (लाभ) ? जो भाग्य में है, वही मिलता है; की हुई कमाई (किरत) के अनुसार (परमात्मा के हुक्म से) भाग्य भी बनता है ॥३॥

अरे मन, हरि से इस प्रकार प्रीति कर, जैसी (प्रीति) जल और दूध में होती है। (दूध और जल को मिलाकर) औटने पर (जल) स्वयं खपता है, (पर) दूध को नहीं खपने देता। (हरी) बिछुड़े हुओं को स्वयं ही (अपने में) मिलाता है (और) सच द्वारा (उन्हें) बड़ाई देता है ॥४॥

अरे मन, हरि से ऐसी प्रीति कर, जैसी (प्रीति) चकवी सूर्य से करती है। वह (एक) क्षण भी, (एक) पल भी नींद में नहीं सोती, (वह) दूरस्थ (सूर्य) को निकट ही समझती है। मनमुख को समझ नहीं प्राप्त होती, गुरु की शिक्षा द्वारा (शिष्य परमात्मा को) निकट ही (जानता है) ॥ ५ ॥

मनमुख (अपने कर्मों की) गिनती गिनता है—हिसाब लगाता है, (किन्तु वास्तव में) जो कर्त्ता (परमात्मा) करता है, वही होता है। जिसे सभी ढूँढ़ते हैं, उसकी कीमत नहीं पाई जाती। (यदि कोई) गुरु द्वारा शिक्षित हो, तभी (परमात्मा को) पाता है, (तभी वह) सत्य पाता है, (जिसके पाने से अपार) सुख होता है ॥ ६ ॥

यदि सद्गुरु मिल जाय (और सच्चे प्रेम की प्राप्ति हो जाय), तो सच्चा प्रेम नहीं टूटता। ज्ञान रूपी पदार्थ पा जाने पर त्रिभुवन का ज्ञान हो जाता है। यदि (परमात्मा के) गुणों का (कोई) ग्राहक हो जाय, तो (उसका) पवित्र नाम नहीं भूलता ॥ ७ ॥

वे पक्षी (अपना) खेल खेल कर चल दिए, जो तालाबों के धरातल पर अपना (चारा) चुगते थे [भावार्थ यह कि वे मनुष्य इस संसार से विदा हो गए जो भोग-विलास का जीवन व्यतीत करते थे]। घड़ी अथवा मुहूर्त्त भर में (यहाँ से प्रत्येक को) जाना है; आज अथवा कल भर का खेल है। (हे प्रभु), जिसे तू मिलाता है, वही (तुझसे) मिलता है; (वह) जाकर सच्चे मैदान में खेलने के लिए उतरता है।

[**विशेष** : पिंड=सिंधी शब्द, खेल का मैदान। पिंड मलना=खेल के मैदान में खेलने के लिए उतरना] ॥ ८ ॥

बिना गुरु के (परमात्मा में) प्रीति नहीं उत्पन्न होती, (और बिना प्रीति के) अहंकार की मैल नहीं जाती। (गुरु के) शब्द द्वारा शिष्य भेदा जा कर यह विश्वास करता है कि सोऽहं तत्व मैं ही हूँ। (वह इस सोऽहं के वास्तविक तत्व को) पहचान लेता है। (यदि गुरु की) शिक्षा द्वारा (शिष्य) अपने आप को पहचान ले, (तो वह) क्या करे और क्या करावे ? (अर्थात् इस संसार में उसने सभी कुछ कर लिया और सभी कुछ करा लिया; उसके लिए अब कोई कर्त्तव्य करने को शेष नहीं हैं) ॥ ९ ॥

(जो) परमात्मा से मिल गए हैं, उन्हें (अब और) क्या मिलाया जाय ? (जो गुरु के) शब्द से मिलकर (एक हो) गए हैं, (परमात्मा) उनमें विश्वास करता है। मनमुख को ज्ञान नहीं होता, (वह परमात्मा से) विछुड़ कर चोटें खाता है। नानक कहते हैं कि परमात्मा का महल एक ही है (उसे छोड़ कर) दूसरा कोई स्थान नहीं है ॥ १० ॥ ११ ॥

[१२]

मनमुखि भुलै भुलाईऐ भूली ठउर न काइ।
गुर बिनु को न दिखावई अंधो आवै जाइ॥
गिआन पदारथु खोइआ ठगिआ मुठा जाइ ॥ १ ॥

बाबा माइग्रा भरमि भुलाइ ।
भरमि भुली डोहागणी ना पिर ग्रंकि समाइ ॥ १ ॥ रहाउ ॥
भूली परै दिसंतरो भूली ग्रिहु तजि जाइ ।
भूली डुंगरि थलि चड़ै भरमै मनु डोलाइ ॥
धुरहु विछुंनी किउ मिलै गरबि मुठी बिललाइ ॥ २ ॥
विछुड़िग्रा गुरु मेलसी हरि रसि नाम पिग्रारि ।
साचि सहजि सोभा घणी हरिगुण नाम ग्रधारि ॥
जिउ भावै तिउ रखु तूं मै तुझु बिनु कवनु भतारु ॥ ३ ॥
ग्रखर पड़ि पड़ि भुलीऐ भेखी बहुतु ग्रभिमानु ।
तीरथ नाता किग्रा करे मन महि मैलु गुमानु ॥
गुर बिनु किनि समझाईऐ मनु राजा सुलतानु ॥ ४ ॥
प्रेम पदारथु पाईऐ गुरमुखि ततु वीचारु ।
साधन ग्रापु गवाइग्रा गुर कै सबदि सीगारु ॥
घर ही सो पिरु पाइग्रा गुर कै हेति ग्रपारु ॥ ५ ॥
गुर की सेवा चाकरी मनु निरमलु सुखु होइ ।
गुर का सबदु मनि वसिग्रा हउमै विचहु खोइ ॥
नामु पदारथु पाइग्रा लाभु सदा मनि होइ ॥ ६ ॥
करमि मिलै ता पाईऐ ग्रापि न लइग्रा जाइ ।
गुर की चरणी लगि रहु विचहु ग्रापु गवाइ ॥
सचे सेती रतिग्रा सचो पलै पाइ ॥ ७ ॥
भूलण ग्रंदरि सभु को ग्रभुलु गुरू करतारु ।
गुरमति मनु समझाइग्रा लागा तिसै पिग्रारु ॥
नानक साचु न वीसरै मेले सबदु ग्रपारु ॥ ८ ॥ १२ ॥

मनमुखी (स्त्री) भुलावे में भटकती फिरती है, (उस) भटकती हुई को कोई स्थान नहीं (मिलता) बिना गुरु के उसे कोई भी (मार्ग) नहीं दिखाता; (इस प्रकार) वह ग्रंधी ग्राती जाती रहती है । (उसने) ज्ञान-पदार्थ खो दिया है (ग्रौर वह) ठगी जाकर नष्ट हो जाती है ॥ १ ॥

ग्ररे बाबा, माया भ्रमित करके (उसे) भुला देती है । (वह) दुहागिनी भ्रमित होकर भूली हुई प्रियतम के ग्रंक में नहीं समा सकती ॥ १ ॥ रहाउ ॥

(वह) भूली हुई देश-देशान्तरों में भटकती फिरती है; (वह ग्रपना वास्तविक) घर छोड़कर भटकती फिरती है । (वह) भटकती हुई पर्वतों ग्रौर स्थलों पर चढ़ती फिरती है; (इस प्रकार वह) मन चंचल करके भटकती रहती है । (जो) ग्रसल से ही (परमात्मा से) विछुड़ी हुई है, (वह) किस भाँति मिल सकती है ? ग्रहंकार में फँसी हुई वह बिललाती है ॥ २ ॥

(जिनका) हरि में रस है ग्रौर नाम में प्रीति है, (उन) विछुड़ी हुईं (स्त्रियों) को गुरु (परमात्मा से) मिला देगा । सत्य ग्रौर, सहजावस्था द्वारा तथा हरिगुण ग्रौर नाम

के आश्रय से बहुत शोभा (बढ़ती है।) जैसा तुम्हें अच्छा लगे, वैसा (तुम मुझे) रक्खो; तुम्हारे बिना मेरा (अन्य) पति कौन है? ॥ ३ ॥

अक्षर पढ़-पढ़ कर (मनुष्य) भुलावे में पड़ जाता है; (साधु) वेश में तो और भी अधिक अभिमान है। मन में यदि मैल और गुमान (अभिमान) हैं, तो तीर्थों में स्नान करके भी (वह) क्या कर सकता है? गुरु के बिना (यह तथ्य) और कौन समझा सकता है कि "मन ही राजा और सुल्तान है।" (अर्थात् गुरु के अतिरिक्त कोई भी नहीं समझा सकता) ॥ ४ ॥

प्रेम-पदार्थ पाने पर ही (गुरु के) उपदेश द्वारा (शिष्य) तत्त्व-विचार (तत्त्वज्ञान, ब्रह्मज्ञान, निर्वाणपद, चतुर्थपद, सहजावस्था, तुरीयपद अथवा मोक्षपद) प्राप्त करता है। (जो स्त्री) गुरु के शब्द द्वारा श्रृंगार करती है, वह अपने आपेपन को नष्ट कर देती हैं। गुरु के अपार प्रेम द्वारा, उसने घर में (अपने शरीर में) ही पति को पा लिया है ॥ ५ ॥

गुरु की सेवा तथा चाकरी से मन निर्मल होता है (और अपार) सुख होता है। जिसके मन में गुरु का शब्द बस जाता है, (उसका) अहंभाव नष्ट हो जाता है। नाम रूपी पदार्थ के पा जाने पर मन में सदा लाभ ही लाभ होता है ॥ ६ ॥

(यदि परमात्मा की) कृपा हो, तभी (नाम की) प्राप्ति होती है; वह अपने आप नहीं पाया जा सकता। अपने में से आपेपन को गँवा कर गुरु के चरणों में लगे रहो। (जो) सत्य से अनुरक्त हैं, उनके पल्ले सत्य ही पड़ता है ॥ ७ ॥

सभी कोई भूल के अंतर्गत हैं; कर्त्तार रूप गुरू ही भूल न करनेवाला है। (यदि) गुरु की शिक्षा द्वारा मन को समझाया जाय, (तो) उसमें प्रेम उत्पन्न हो जाता है। नानक कहते हैं कि यदि (गुरु के) शब्द द्वारा अपार (परमात्मा) से मेल हो जाय, तो सत्य (परमात्मा) भूलता नहीं ॥ ८ ॥ १२ ॥

[१३]

तृसना माइआ मोहणी सुत बंधप घर नारि।
धनि जोबनि जगु ठगिआ लबि लोभि अहंकारि ॥
मोह ठगउली हउ मुई सा बरतै संसारि ॥ १ ॥
मेरे प्रीतमा मै तुझ बिनु अवरु न कोइ।
मै तुझ बिनु अवरु न भावई तूं भावहि सुखु होइ ॥ १ ॥ रहाउ ॥
नामु सालाही रंग सिउ गुर कै सबदि संतोखु।
जो दीसै सो चलसी कूड़ा मोहु न वेखु ॥
वाट वटाऊ आइआ नित चलदा साथु देखु ॥ २ ॥
आखणि आखहि केतड़े गुर बिनु बूझ न होइ।
नामु वडाई जे मिलै सचि रपै पति होइ ॥
जो तुधु भावहि से भले खोटा खरा न कोइ ॥ ३ ॥
गुर सरणाई छुटीऐ मनमुख खोटी रासि।

असट धातु पातिसाह की घड़ीऐ सबदि विगासि ॥
आपे परखे पारखू पवै खजानै रासि ॥ ४ ॥
तेरी कीमति ना पवै सभ डिठी ठोकि वजाइ ।
कहणै हाथ न लभई सचि टिकै पति पाइ ॥
गुरमति तूं सालाहणा होरु कीमति कहणु न जाइ ॥ ५ ॥
जितु तनि नामु न भावई तितु तनि हउमै वादु ।
गुर बिनु गिआनु न पाईऐ बिखिआ दूजा सादु ॥
बिनु गुण काम न आवई माइआ फीका सादु ॥ ६ ॥
आसा अंदरि जंमिआ आसा रस कस खाइ ।
आसा बंधि चलाईऐ मुहे मुहि चोटा खाइ ॥
अवगणि बधा मारीऐ छूटै गुरमति नाइ ॥ ७ ॥
सरबे थाई एकु तूं जिउ भावै तिउ राखु ।
गुरमति साचा मनि वसै नामु भलो पति साखु ॥
हउमै रोगु गवाईऐ सबदि सचै सचु भाखु ॥ ८ ॥
आकासी पातालि तूं त्रिभवणि रहिआ समाइ ।
आपे भगती भाउ तूं आपे मिलहि मिलाइ ॥
नानक नामु न वीसरै जिव भावै तिवै रजाइ ॥ ९ ॥ १३ ॥

पुत्र, सम्बन्धी, घर की स्त्री (के मोह के फल स्वरूप) जीव को मोहिनी माया की तृष्णा लगी हुई है । धन, यौवन, लालच, लोभ और अहंकार—में ही (सारा) जगत् ठगा हुआ है । मोह की ठगमूरि जिससे मैं मर गई, वह सारे संसार में वरत रही है ।

[**विशेष** :—ठगउली > ठगमूरि, वह नशे वाली बूटी है, जिससे पथिकों को बेहोश करके ठग उनका धन लूट लेता है] ॥ १ ॥

हे मेरे प्रियतम, तुम्हारे बिना मेरा कोई और नहीं है । मुझे तुम्हारे बिना (कुछ) और अच्छा (भी) नहीं लगता; (यदि) तुम किसी को अच्छे लगते हो, (तो) (उसे) सुख (प्राप्त) होता है ॥ १ ॥ रहाउ ॥

(मैं) बड़े प्रेम से नाम की स्तुति करूँगी; गुरु के शब्द से संतोष (प्राप्त होता है ।) जो भी (वस्तुएँ) दिखाई पड़ती हैं, वे चली जायँगी; (जगत् का) मोह झूठा है, (इसकी ओर) मत देखो । मार्ग में पथिक आया तो है, किन्तु देखो, वह नित्य चलता ही रहता है ॥ २ ॥

कितने ही लोग कथन करते हैं, किन्तु गुरु के बिना (सत्य) की समझ नहीं होती । यदि (किसी को) नाम की बड़ाई मिल जाती है, (तो वह) सत्य में रँग जाता है (और) प्रतिष्ठा (पाता है) । जो तुम्हें अच्छे लगते हैं, वे ही भले हैं, न कोई खोटा है न खरा है ॥ ३ ॥

गुरु की शरण से छुटकारा (मोक्ष) मिलता है; मनमुख (के पास) तो खोटी पूंजी है । (जिस प्रकार) बादशाह की आठ धातुओं को (गला कर सिक्के) गढ़े जाते हैं और (उन पर) शब्द खोदा जाता है, (उसी प्रकार परमात्मा के भी वर्ण-वर्ण के मनुष्य होते

हैं, उन्हें शब्द द्वारा गढ़ा जाता है और वे विकसित होकर उच्च बनते हैं)। (प्रभु) स्वयं ही पारखी है, (वह अच्छे सिक्कों को) परख कर खजाने की राशि में डाल देता है ॥

[विशेष :—अष्ट धातुएं निम्नलिखित हैं—सोना, चाँदी, लोहा, ताँबा, राँगा, सीसा, पारा, जस्ता] ॥ ४ ॥

(मैंने) सब कुछ ठोंक बजा कर देख लिया है, (किन्तु) तुम्हारी कीमत नहीं आँकी जा सकी। कहने से (वह) हाथ में नहीं आता, (यदि) सत्य में टिके, (तभी) प्रतिष्ठा प्राप्त होती है। गुरु के उपदेश द्वारा तुम प्रशंसा किए जा सकते हो, और (साधनों) से तुम्हारी कीमत नहीं कही जा सकती ॥ ५ ॥

जिस शरीर में नाम नहीं भाता, उस शरीर में अहंकार का झगड़ा है। गुरु के बिना ज्ञान नहीं प्राप्त होता; परमात्मा के बिना अन्य स्वाद विष हैं [अथवा विषयों के सारे स्वाद द्वैतभाव के हैं]। बिना (परमात्मा के गुण) गान के, (सारी वस्तुएं) व्यर्थ हैं; माया का स्वाद फीका है ॥ ६ ॥

(लोग) आशा के ही अंतर्गत जन्म लेते हैं आशा ही में (विविध) रस भोगते हैं। आशा में बंध कर (वे) चलाये जाते हैं, (वे आशा ही में) ठगे जाते हैं और मुँहे पर चोटें खाते हैं। (इस प्रकार जो) अवगुणों में बँधा है, (वह) मारा जाता है; गुरु के उपदेश से नाम द्वारा (वह) छूटता है (मोक्ष पाता है) ॥ ७ ॥

सभी स्थानों पर एक तू ही है; जैसे तुझे अच्छा लगे, वैसे (मुझे) रख। गुरु के उपदेश द्वारा सच्चा (परमात्मा) मन में बस जाता है, नाम ही भली प्रतिष्ठा और भली संगति है। (गुरु के) शब्द द्वारा अहंभाव नष्ट कर, सत्य ही सत्य कहो ॥ ८ ॥

(हे प्रभु) तू आकाश, पाताल तथा त्रिभुवन में व्याप्त है। तू ही भक्ति है, प्रेम है, तू ही (भक्त से) मिलता है और (उसे) अपने में मिलाता है। नानक कहते हैं कि (मुझे) नाम न भूले, जिस प्रकार उसे अच्छा लगे, वैसे ही उसकी मर्जी (वर्ती जाय) ॥ ८ ॥ १३ ॥

[१४]

राम नामि मनु बेधिआ अवरु कि करी वीचारु।
सबद सुरति सुखु ऊपजै प्रभ रातउ सुख सारु ॥
जिउ भावै तिउ राखु तूं मै हरिनामु अधारु ॥ १ ॥
मन रे साची खसम रजाइ।
जिनि तनु मनु साजि सीगारिआ तिसु सेती लिव लाइ ॥ १ ॥ रहाउ ॥

तनु बैसंतरि होमीऐ इक रती तोलि कटाइ।
तनु मनु समधा जे करी अनदिनु अगनि जलाइ ॥
हरिनामै तुलि न पुजई जे लख कोटी करम कमाइ ॥ २ ॥
अरध सरीरु कटाईऐ सिरि करवतु धराइ।
तनु हैमंचलि गालीऐ भी मन ते रोगु न जाइ ॥
हरिनामै तुलि न पुजई सभ डिठी ठोकि बजाइ ॥ ३ ॥

कंचन के कोट दतु करी बहु हैवर गैवर दानु ।
भूमि दानु गऊआ घणी भी अंतरि गरबु गुमानु ॥
रामनामि मनु बेधिआ गुरि दीआ सचु दानु ॥ ४ ॥
मन हठ बुधी केतीआ केते बेद बिचार ।
केते बंधन जीअ के गुरमुखि मोखदुआरु ॥
सचहु ओरै सभु को उपरि सचु आचारु ॥ ५ ॥
सभु को ऊचा आखीऐ नीचु न दीसै कोइ ।
इकनै भांडे साजिऐ इकु चानणु तिहु लोइ ॥
करमि मिलै सचु पाईऐ धुरि बखस न मेटै कोइ ॥ ६ ॥
साधु मिलै साधू जनै संतोखु वसै गुर भाइ ।
अकथ कथा वीचारीऐ जे सतिगुर माहि समाइ ॥
पी अंमृतु संतोखिआ दरगहि पैधा जाइ ॥ ७ ॥
घटि घटि वाजै किंगुरी अनदिनु सबदि सुभाइ ।
विरले कउ सोझी पई गुरमुखि मनु समझाइ ॥
नानक नामु न वीसरै छूटै सबदु कमाइ ॥ ८ ॥ १४ ॥

(मेरे) मन में राम नाम बिंध गया है, (अब मैं) अन्य विचार क्या करूं ? (गुरु के) शब्द की सुरति से सुख उत्पन्न होता है; (प्रभु के प्रेम) में अनुरक्त होना (समस्त) सुखों का सार है । तुझे जैसा अच्छा लगे, वैसा (मुझे) रख; मेरे तो हरिनाम ही आधार है ॥ १ ॥

अरे मन, खसम (पति, परमात्मा) की मरजी ही सच्ची है । जिस (खसम) ने तन, मन को रच कर सँवारा है, उसी से लिव (अनन्य प्रेम) लगाओ ॥ १ ॥ रहाउ ॥

(यदि) मेरे शरीर को एक एक रत्ती की तौल में काट कर होम किया जाए, (यदि) प्रतिदिन अग्नि प्रज्वलित करके तन और मन की समिधा की जाय, इसी प्रकार के यदि लाखों करोड़ों कर्म किए जायं, तो भी हरिनाम की तुलना में नहीं पुज सकते ॥ २ ॥

(चाहे) सिर पर आरा रखवा कर (मेरे) शरीर को आधा आधा कटा दिया जाय, (चाहे) शरीर को हिमाञ्चल में गला दिया जाय, फिर भी मन से रोग (कामादिक) नहीं जाते । मैंने सब ठोंक-बजा कर देख लिया है, हरिनाम की तुलना में (कोई भी साधन) नहीं पुज सकता ॥ ३ ॥

(चाहे) मैं सोने के किले का दान कर दूं, (अथवा) बहुत से श्रेष्ठ घोड़ों और श्रेष्ठ हाथियों को दान में दूं, (चाहे) भूमिदान अथवा बहुत सी गौवों का दान करूं, फिर भी भीतर गर्व और गुमान (भरे रहते हैं) । मुझे गुरु ने सच्चा दान दे दिया है, (अतएव मेरा) मन राम नाम से बिंध गया है ॥ ४ ॥

कितने ही मन के हठ और बुद्धि के (चमत्कार) हैं (और) कितने ही वेदों के विचार हैं । (इसी प्रकार) जीव के कितने ही बंधन हैं; पर (शिष्य को) मुक्ति का द्वार गुरु के उपदेश द्वारा (मिलता है) । सत्य की ओर तो सभी कोई हैं, किन्तु सत्य का आचार (रहनी) सबके ऊपर है ॥ ५ ॥

सभी कोई ऊँचे कहे जाते हैं, कोई भी नीच नहीं दिखाई देता, (क्योंकि) एक (हरी) से ही सारे शरीर बने हैं और तीनों लोकों में (उसी) एक का प्रकाश है। (परमात्मा की) कृपा से ही सत्य की प्राप्ति होती है; (उसकी असली—पूर्ण कृपा को कोई मेट नहीं सकता ॥ ६ ॥

(यदि) साधु को साधु मिल जाय, तो गुरु के प्रेम द्वारा (हृदय में) संतोष बस जाता है। यदि अकथनीय कथा पर (शिष्य) विचार करे, तो (वह) सद्गुरु में समाहित हो जाता है। वह अमृत पीकर, संतुष्ट होकर, परमात्मा के दरवाजे पर प्रतिष्ठा की पोशाक पहन कर जाता है ॥ ७ ॥

प्रतिदिन (गुरु के) शब्द द्वारा स्वाभाविक ही घट घट में सारंगी बज रही है; किन्तु इसकी समझ विरले को ही पड़ती है; गुरु की शिक्षा द्वारा (शिष्य अपने मन को यह तथ्य) समझा लेता है। नानक कहते हैं कि नाम को न भूल कर (गुरु के) शब्द पर आचरण करके (सांसारिक बन्धनों से शिष्य) छूट जाता है ॥ ८ ॥ १४ ॥

[१५]

चिते दिसहि धउलहर बगे बंक दुआर।
करि मनि खुसी उसारिआ दूजै हेति पिआरि ॥
अंदरु खाली प्रेम बिनु ढहि ढेरी तनु छारु ॥ १ ॥
भाई रे तनु धनु साथि न होइ।
रामनामु धनु निरमलो गुरु दाति करे प्रभु सोइ ॥ १ ॥ रहाउ ॥
रामनामु धनु निरमलो जे देवै देवणहारु।
आगै पूछ न होवई जिसु बेली गुरु करतारु ॥
आपि छडाए छुटिऐ आपे बखसणहारु ॥ २ ॥
मनमुखु जाणै आपणे धीआ पूत संजोगु।
नारी देखि विगासीअहि नाले हरखु सु सोगु ॥
गुरमुखि सबदि रंगावले अहिनिसि हरिरसु भोगु ॥ ३ ॥
चितु चलै वितु जावणो साकत डोलि डोलाइ।
बाहरि ढूंढि विगुचीऐ घर महि वसतु सुथाइ ॥
मनमुखि हउमै करि मुसी गुरमुखि पलै पाइ ॥ ४ ॥
साकत निरगुणिआरिआ आपणा मूलु पछाणु।
रकतु बिंदु का इहु तनो अगनी पासि पिराणु।
पवणै कै वसि देहुरी मसतकि सचु नीसाणु ॥ ५ ॥
बहुता जीवणु मंगीऐ मुआ न लोड़ै कोइ।
सुखजीवणु तिसु आखीऐ जिसु गुरमुखि वसिआ सोइ।
नाम विहूणे किआ गणी जिसु हरिगुर दरसु न होइ ॥ ६ ॥
जिउ सुपनै निसि भुलीऐ जबलगि निद्रा होइ।
इउ सरपनि कै वसि जीअड़ा अंतरि हउमै दोइ ॥
गुरमति होइ वीचारीऐ सुपना इहु जगु लोइ ॥ ७ ॥

अगनि मरं जलु पाईऐ जिउ बारिक दूधै माइ।
बिनु जल कमल सु ना थीऐ बिनु जल मीनु मराइ॥
नानक गुरमुखि हरिरसि मिलै जीवा हरिगुण गाइ॥ ८॥ १५॥

श्वेत धौलहर (महल) चित्रित दिखाई पड़ते हैं, (उनमें) सुन्दर दरवाजे भी (लगे हैं)। मन की खुशी के अनुसार (वे महल) बनाए गए हैं; (किन्तु यह सब) द्वैत भाव के ही प्रति स्नेह और प्यार है। (यदि) भीतर से खाली है, प्रेम विहीन है, तो यह शरीर ढह-ढह कर खाक (हो जाता है)॥ १॥

अरे भाई, तन और धन (मनुष्य की मृत्यु के पश्चात्) साथ नहीं होते। रामनाम निर्मल धन है, गुरु उस प्रभु को दान में देता है॥ १॥ रहाउ॥

रामनाम निर्मल धन है, जिसे देनेवाला ही देता है। जिसका साथी करतार रूप गुरु है, भविष्य में (परलोक में) उससे प्रश्न नहीं होंगे। (यदि परमात्मा) छुड़ाता है, (तभी) छूटा जाता है, वह स्वयं ही देनेवाला है।

पुत्री और पुत्र तो संयोग से मिले हैं, (किन्तु) मनमुख (उन्हें) अपना जानता है। (वह) स्त्री को देखकर विकसित (आनन्दित) होता है, किन्तु हर्ष के साथ शोक भी है। गुरुमुख शब्द में रंग जाता है और अहर्निश हरि-रस भोगता है॥ ३॥

वित्त (धन) के जाने से चित्त भी चलायमान हो जाता है, शक्ति का उपासक (सदैव) डोलता रहता है। बाहर ढूंढ़ कर (वह) नष्ट होता है; (वास्तव में) वस्तु (परमात्मा) घर ही में (शरीर में ही) सुंदर स्थान (चित्त) में है। मनमुख अहंकार करने के कारण लूट लिया जाता है, किन्तु गुरु की शिक्षा द्वारा (शिष्य) के पल्ले (परमात्मा) पड़ता है॥ ४॥

ऐ गुणविहीन, शक्ति के उपासक (शाक्त), अपने (वास्तविक) मूल को पहचानो। (माता के) रक्त तथा (पिता के) वीर्य से (निर्मित) इस शरीर को (अन्त) में अग्नि के पास ही प्रयाण करना है। प्रत्येक के मत्थे में यह सच्चा निशान पड़ा है कि उसका शरीर पवन (श्वास) के वशीभूत है॥ ५॥

(सभी लोगों द्वारा) लम्बा जीवन माँगा जाता है, कोई भी मरना नहीं चाहता। सुखी जीवन तो उसी का कहा जाता है, जिसके (हृदय में) गुरु की शिक्षा द्वारा, वह (हरी) बस गया है। जिसे हरी रूपी गुरू का दर्शन नहीं होता और नाम-विहीन है, (उसके जीवन की) क्या गणना की जाय?॥ ६॥

जैसे रात्रि में, जब तक निद्रा रहती है, स्वप्न (देखने) में (हम) भटकते रहते हैं, वैसे ही (माया रूपी) सर्पिणी के वशीभूत जीव, हृदय में अहंता और द्वैतभाव (के कारण जगत में भटकता रहता है)। गुरु की शिक्षा द्वारा (शिष्य) यह विचार करे कि जगत् भी स्वप्न है; (इसी प्रकार जगत् को देखे)॥ ७॥

(यदि) जल डाल दिया जाय, तो अग्नि (उसी प्रकार) शान्त हो जाती है, जैसे बालक माँ के दूध से (संतुष्ट हो जाता है)। बिना जल के कमल नहीं रह सकता (और) बिना जल के मछली मर जाती है। नानक कहते हैं कि गुरु की शिक्षा द्वारा (शिष्य) हरि-रस पाता है, और हरिगुण गाकर जीवित रहता है॥ ८॥ १५॥

[१६]

डूंगरु देखि डरावणो पेईअड़ै डरीआसु ।
ऊचउ परबतु गाखड़ो ना पउड़ो तितु तासु ॥
गुरमुखि अंतरि जाणिआ गुरि मेलो तरीआसु ॥ १ ॥

भाई रे भवजल बिखमु डरांउ ।
पूरा सतिगुरु रसि मिलै गुरु तारे हरिनाउ ॥ १ ॥ रहाउ ॥

चला चला जे करी जाणा चलणहारु ॥
जो आइआ सो चलसी अमरु सु गुरु करतारु ॥
भी सचा सालाहणा सचै थानि पिआरु ॥ २ ॥

दर घर महला सोहणे पके कोट हजार ।
हसती घोड़े पाखरे लसकर लख अपार ॥
किसही नालि न चलिआ खपि खपि मुए असार ॥ ३ ॥

सुइना रूपा सचीऐ मालु जालु जंजालु ।
सभ जग महि दोही फेरीऐ बिनु नावै सिर कालु ॥
पिंडु पड़ै जीउ खेलसी बदफैली किआ हालु ॥ ४ ॥

पुता देखि विगसीऐ नारी सेज भतार ।
चोआ चंदनु लाईऐ कापड़ु रूपु सोगारु ॥
खेहू खेह रलाईऐ छोडि चलै घर बारु ॥ ५ ॥

महर मलूक कहाईऐ राजा राउ कि खानु ।
चउधरी राउ सदाईऐ जलि बलीऐ अभिमानु ॥
मनमुखि नामु विसारिआ जिउ डवि दधा कानु ॥ ६ ॥

हउमै करि करि जाइसी जो आइआ जग माहि ।
सभु जगु काजल कोठड़ी तनु मनु देह सुआहि ॥
गुरि राखे से निरमले सबदि निवारी भाहि ॥ ७ ॥

नानक तरीऐ सचि नामि सिरि साहा पातिसाहु ।
मै हरिनामु न वीसरै हरिनामु रतनु वेसाहु ।
मनमुख भउजलि पचि मुए गुरमुखि तरे अथाहु ॥ ८ ॥ १६ ॥

पीहर (नेहर) में डरावना पर्वत देखकर, मैं डर गई। पर्वत बहुत ऊंचा और दुर्गम है, वहाँ उसकी (उस पर्वत पर चढ़ने के लिए) सीढ़ी भी नहीं है। गुरु की शिक्षा से (परमात्मा को मैंने) अपने भीतर जाना, (इस प्रकार) गुरु ने (प्रभु से) मिला दिया और मैं तर गई ॥ १ ॥

अरे भाई, संसार-सागर (बहुत ही) विषम और डरावना है। यदि पूर्ण सद्गुरु मिल जाय, तो वह (शिष्य को) हरिनाम (प्रदान कर) (इस संसार सागर से) पार कर देता है ॥ १ ॥ रहाउ ॥

हालाँकि चलाचली (की तैयारी) कर रही हूँ, यह भी जानती हूँ, कि यहाँ से (मुझे) जाना है; जो आया है, वह चला जायगा, गुरु और कर्त्तार ही अमर हैं, तथापि मैं सच्चे स्थान में (सत्संग में) (प्यार पाकर) सच्चे (परमात्मा) की प्रशंसा कर रही हूँ ॥ २ ॥

सुन्दर घर और महल, हजारों पक्के किले, हाथी, घोड़े, काठियाँ, असंख्य लाख फौजें— कोई वस्तुएं (किसी के) साथ नहीं जातीं; (इस प्रकार) असार (मनुष्य) खप-खप कर मर गए ॥ ३ ॥

चाहे सोना, चाँदी, संपत्ति (तथा अन्य) प्रपंचों का समूह (जालु जंजालु; जालु:= समूह; जंजाल=झंझट; प्रपंच) संग्रह किया जाय, सारे जगत् में दुहाई फिरती रहे (बड़प्पन की प्रसिद्धि होती रहे), किन्तु बिना नाम के काल सिर पर है। शरीरपात होने पर जीव अपना खेल समाप्त कर देगा, (उस समय) दुष्कर्मियों का क्या हाल होगा ? ॥ ४ ॥

(मनुष्य) अपने पुत्रों को देखकर प्रसन्न होता है और पति सेज पर (अपनी) नारी को देखकर (प्रसन्न होता है)। (वह) चोआ-चंदन (इत्यादि सुगन्धित वस्तुओं को) लगाता है, (साथ ही अपने) कपड़ों और रूप को सजाता है। (किन्तु अन्त में शरीर की) मिट्टी-मिट्टी से मिल जाती है और (वह) घरबार छोड़कर चल देता है ॥ ५ ॥

(चाहे मनुष्य) सरदार कहा जाय, (चाहे) बादशाह, (चाहे) राजा, राय या खान, (चाहे वह) चौधरी या राय कहा जाय, (किन्तु अन्त में) अभिमान जल-बल जाता है। नाम भुला कर मनमुख की (ठीक वही अवस्था होती हैं,) जैसे दावाग्नि में दग्ध सरपत की ॥ ६ ॥

जो भी (व्यक्ति) इस संसार में आया है, वह अहंकार ही करके जायगा। सारा जगत् काजल की कोठरी है, जिसमें तन मन और (सारा जीवन) राख (की तरह काले हो गए हैं)। जिनकी गुरु रक्षा करता है, वे ही निर्मल (रहते हैं); (गुरु के) शब्द ने (संसार की) अग्नि का निवारण कर लिया ॥ ७ ॥

नानक कहते हैं सत्य नाम—जो नाम—बादशाहों का भी श्रेष्ठ बादशाह है—से (संसार) तरा जाता है। मुझे तो हरिनाम नहीं भूलता, (क्योंकि मैंने उस) रत्न को खरीद लिया है। मनमुख तो इस संसार-सागर में पच पच कर मर जाते हैं, किन्तु गुरु की शिक्षा द्वारा (शिष्य) इस अपार (सागर) को तर जाते हैं ॥ ८ ॥ १६ ॥

महला १, घरु २ [१७]

मुकामु करि घरि बैसणा नित चलणै की धोख।
मुकामु ता परु जाणीऐ जा रहै निहचलु लोक ॥ १ ॥
दुनिआ कैसि मुकामे।
करि सिदकु करणी खरचु बाधहु लागि रहु नामे ॥ १ रहाउ ॥
जोगी त आसणु करि बहै मुला बहै मुकामि।
पंडित वखाणहि पोथीआ सिध बहहि देवसथानि ॥ २ ॥
सुर सिध गण गंधरब मुनिजन सेख पीर सलार।
दरि कूच कूचा करि गए अवरे भि चलणहार ॥ ३ ॥

सुलतान खान मलूक उमरे गए करि करि कूचु ।
घड़ी मुहति कि चलणा दिल समझु तूं भि पहुचु ॥ ४ ॥
सबदाह माहि वखाणीऐ विरला त बूझै कोइ ।
नानकु वखाणै वेनती जलि थलि महीअलि सोइ ॥ ५ ॥
अलाहु अलखु अगंम कादरु करणहारु करीमु ।
सभो दुनी आवण जावणी मुकामु एकु रहीमु ॥ ६ ॥
मुकाम तिसनो आखीऐ जिसु सिसि न होवो लेखु ।
असमानु धरती चलसी मुकामु ओही एकु ॥ ७ ॥
दिन रवि चलै निसि ससि चलै तारिका लख पलोइ ।
मुकामु ओही एकु है नानका सचु बुगोइ ॥ ८ ॥ १७ ॥

(हम ऐसे) स्थान में घर बना कर बैठे हैं, (जहाँ से) नित्य चलने का धोखा बना रहता है। किन्तु (वास्तविक) मुकाम तो उसी को समझना चाहिए, जो इस लोक में निश्चल रहे ॥ ६ ॥

(किन्तु) यह संसार किस प्रकार (ठहरने का) मुकाम हो सकता है ? शुभ कर्मों को करो (और) वही (आगे के लिये) खर्च बाँधो, (निरन्तर) नाम में लगे रहो ॥ १ ॥ रहाउ ॥

योगी तो आसन करके बैठता है; मुल्ला अपने मुकाम में बैठता है। पंडित (अपनी) पोथियों की व्याख्या करता है और सिद्ध लोग देवस्थानों में बैठते हैं ॥ २ ॥

देवता, सिद्ध, (शिव के) गण, गंधर्व, मुनिगण, शेख, पीर तथा सरदार आदि कूच दर कूच कर गए (बारी-बारी से चले गए) तथा अन्य लोग भी चलने वाले हैं ॥ ३ ॥

सुल्तान, खान, मलूक, अमीर लोग (भी) कूच करके चल दिए। ऐ दिल, यह समझ लो कि घड़ी (२४ मिनट) अथवा मुहूर्त (दो घड़ी, ४८ मिनट) (भर में ही) (तुम्हें भी) चलना है, तुम्हें भी वहीं पहुँचना है ॥ ४ ॥

(यह बात) गुरु-वाणी (सबदाह) में बताई जा रही है, कोई बिरला ही इसे समझता है। नानक विनय कर रहे हैं कि वही (परमात्मा) जल, स्थल, तथा पृथ्वी और आकाश के मध्य में (व्याप्त है)। ॥ ५ ॥

अल्लाह, अलक्ष्य, अगम्य, कादिर (शक्तिमान), करनेवाला, और करीम (कृपालु) है। सारी दुनिया आने-जाने वाली है, एक रहीम (कृपालु) ही निश्चल है ॥ ६ ॥

कायम रहने वाला तो वही कहा जाता है, जिसके सिर पर (किसी अन्य) का लेख नहीं होता (जो सर्वथा स्वतंत्र है)। आकाश और धरती तो सभी चली जायँगी। (नष्ट हो जायँगी); (अतएव वास्तविक) मुकाम तो एक वही (परमात्मा ही) है ॥ ७ ॥

दिन और सूर्य चले जायँगे, रात्रि और चन्द्रमा (भी) चले जायँगे, लाखों तारागण भी लोप हो जायंगे। बस, रहनेवाला तो एक वही है; नानक कहते हैं कि (वह) सत्य कहा जाता है ॥ ८ ॥ १७ ॥

१ओं सतिगुर प्रसादि ।। महला १, घरु ३ [१८]

जोगी अंदरि जोगीआ तूं भोगी अंदरि भोगीआ ।
तेरा अंतु न पाइआ सुरगि मछि पइआलि जीउ ।। १ ।।
हउ वारी हउ वारणै कुरबाणु तेरे नाव नो ।। १ ।। रहाउ ।।
तुधु संसारु उपाइआ । सिरे सिरि धंधे लाइआ ।।
वेखहि कीता आपणा करि कुदरति पासा ढालि जीउ ।। २ ।।
परगटि पाहारै जापदा । सभु नावै नो परतापदा ।।
सतिगुर बाझु न पाइओ सभ मोही माइआ जालि जीउ ।। ३ ।।
सतिगुर कउ बलि जाईऐ । जितु मिलिऐ परम गति पाईऐ ।
सुरिनरि मुनिजन लोचदे सो सतिगुरि दीआ बुझाइ जीउ ।। ४ ।।
सतसंगति कैसी जाणीऐ । जिथै एको नामु वखाणीऐ ।।
एको नामु हुकमु है नानक सतिगुर दीआ बुझाइ जीउ ।। ५ ।।
इहु जगतु भरमि भुलाइआ । आपहु तुधु खुआइआ ।।
परतापु लगा दोहागणी भाग जिना के नाहि जीउ ।। ६ ।।
दोहागणी किआ नीसाणीआ । खसमहु घुथीआ फिरहि निमाणीआ ।।
मैले वेसु तिना कामणी दुखी रैणि विहाइ जीउ ।। ७ ।।
सोहागणी किआ करमु कमाइआ । पूरबि लिखिआ फलु पाइआ
नदरि करे कै आपणी आपे लए मिलाइ जीउ ।। ८ ।।
हुकमु जिना नो मनाइआ । तिन अंतरि सबदु वसाइआ ।।
सहीआ से सोहागणी जिन सह नालि पिआरु जीउ ।। ६ ।।
जिना भाणे का रसु आइआ । तिन विचहु भरमु चुकाइआ ।।
नानक सतिगुरु ऐसा जाणीऐ जो सभसै लए मिलाइ जीउ ।। १० ।।
सतिगुरि मिलिऐ फलु पाइआ । जिनि विचहु अहकरणु चुकाइआ ।।
दुरमति का दुखु कटिआ भागु मसतकि बैठा आइ जीउ ।। ११ ।।
अंमृतु तेरी बाणीआ । तेरिआ भगता रिदै समाणीआ ।
सुख सेवा अंदरि रखिऐ आपणी नदरि करै निसतारि जीउ ।। १२ ।।
सतिगुरु मिलिआ जाणीऐ । जितु मिलिऐ नामु वखाणीऐ ।।
सतिगुर बाझु न पाइओ सभ थकी करम कमाइ जीउ ।। १३ ।।
हउ सतिगुर विटउ घुमाइआ । जिनि भ्रमि भुला मारगि पाइआ ।।
नदरि करे जे आपणी आपे लए रलाइ जीउ ।। १४ ।।
तूं सभना माहि समाइआ । तिनि करतै आपु लुकाइआ ।।
नानक गुरमुखि परगटु होइआ जा कउ जोति धरी करतारि जीउ ।।१५।।
आपे खसमि निवाजिआ । जीउ पिंडु दे साजिआ ।।
आपणे सेवक की पैज रखीआ दुइ करि मसतकि धारि जीउ ।। १६ ।।

सभि संजम रहे सिआणपा । मेरा प्रभु सभु किछु जाणदा ।
प्रगट प्रतापु वरताइआ सभु लोकु करै जैकारु जीउ ॥ १७ ॥
मेरे गुण अवगन न बीचारीआ । प्रभि अपणा बिरदु समारिआ ।
कंठ लाइ कै रखिओनु लगै न तती वाउ जीउ ॥ १८ ॥
मै मनि तनि प्रभू धिआइआ । जीइ इछिअड़ा फलु पाइआ ।
साह पातिसाह सिरि खसमु तूं जपि नानक जीवै नाउ जीउ ॥ १९ ॥
तुधु आपे आपु उपाइआ । दूजा खेलु करि दिखलाइआ ॥
सभु सचो सचु वरतदा जिसु भावै तिसै बुझाइ जीउ ॥ २० ॥
गुर परसादी पाइआ । तिथै माइआ मोहु चुकाइआ ॥
किरपा करि कै आपणी आपे लए समाइ जीउ ॥ २१ ॥
गोपी नै गोआलीआ । तुधु आपे गोइ उठालीआ ॥
हुकमी भांडे साजिआ तूं आपे भंनि सवारि जीउ ॥ २२ ॥
जिन सतिगुर सिउ चितु लाइआ । तिनी दूजा भाउ चुकाइआ ॥
निरमल जोति तिन प्राणीआ ओइ चले जनमु सवारि जीउ ॥ २३ ॥
तेरीआ सदा सदा चंगिआईआ । मैं राति दिहै वडिआईआं ॥
अणमंगीआ दानु देवणा कहु नानक सचु समालि जीउ ॥ २४ ॥ १८ ॥

(हे प्रभु,) तुम योगियों में योगी हो (और) भोगियों में भोगी। तुम्हारा अंत नहीं पाया जा सकता; स्वर्गलोक, मर्त्यलोक और पाताललोक—(सभी जगह) तुम (विराजमान हो) ॥ १ ॥

मैं तुम पर बलिहारी हूँ, मैं तुम पर बलिहारी हूं; मैं तुम्हारे नाम पर न्यौछावर हूँ ॥ १ ॥ रहाउ ॥

तुमने संसार उत्पन्न किया है और प्रत्येक जीव को धंधे में लगाया है। तुम अपने किए हुए को (स्वयं ही) देखते हो; तुम कुदरत का पासा डाल कर (स्वयं ही खेल रहे हो) ॥ २ ॥

(सृष्टि के) प्रसार में तुम्हीं प्रकट हो रहे हो (और तुम्हीं प्रत्यक्ष) दीख रहे हो। सभी लोग (तुम्हारे) नाम को चाहते हैं; (किन्तु) सद्गुरु के बिना (वह) नहीं पाया जाता; (संसार के) सभी (प्राणी) माया के जाल मे मोहे पड़े हैं ॥ ३ ॥

सद्गुरु के ऊपर बलिदान हो जाया जाय जिसके मिलने से परम गति की प्राप्ति होती है। देवता, मनुष्य, मुनिगण (जिस वस्तु की) इच्छा करते हैं, सद्गुरु ने (मुझे उसका) बोध करा दिया है ॥ ४ ॥

सत्संगति को किस प्रकार जाना जाय? जिस स्थल पर एक नाम की व्याख्या हो, (वही सत्संगति है)। नानक कहते हैं कि एक नाम (का जपना ही) हुकम है, (इसका रहस्य) सद्गुरु ने (मुझे भलीभाँति) बता दिया है ॥ ५ ॥

यह जगत् भ्रम में भूल गया है। 'अपनेपन' (और) 'तेरेपन' में नष्ट हो गया है। (इस प्रकार) दुहागिनी (स्त्री) को परिताप लगा है, ऐ जी, (परमात्मा) उनके भाग्य में तुम नहीं हो ॥ ॥

दुहागिनियों के क्या चिह्न (निशान) हैं ? पति से विलग होकर, वे मान-विहीन होकर (इधर-उधर) भटकती फिरती हैं । ऐ जी, (प्रभु), उन स्त्रियों के वेश मैले होते हैं, (इससे) उनकी रात दुःख-भरी बीतती है ॥ ७ ॥

सोहागिनियों ने क्या कर्म किए हैं, (जिससे वे तुमसे मिलती हैं) ? (तुम द्वारा) पूर्व का लिखा हुआ फल (उन्हें) प्राप्त हुआ है। ऐ जी, (प्रभु, तुमने) उनके ऊपर कृपा करके अपने में मिला लिया है ॥ ८ ॥

(हे प्रभु) जिन्हें हुक्म मनवाये हो, उनके अंतर्गत (तुम गुरु का) शब्द बसा दिये हो । ऐ जी, (प्रभु) वे ही सहेलियाँ सुहागिनी है, जिनका पति के साथ प्यार है ॥ ६ ॥

(हे परमात्मा) जिन्हें (तुम्हारी) आज्ञा का रस मिल गया है, उनके अंतःकरण से भ्रम दूर हो जाता है । नानक कहते हैं, ऐ जो, (प्रभु) सद्गुरु उसे समझना चाहिए, जो सभी को मिला लेता है ॥ १० ॥

सद्गुरु के मिलने से (साधकों को उनके पूर्व जन्म के शुभ कर्मों का) फल प्राप्त हो गया है, (जिन्होंने) भीतर से अहंकार समाप्त कर दिया है । ऐ जी, (प्रभु) उनकी दुर्मति का दुःख कट गया है, उनके मस्तक में भाग्य आकर बैठ गया है ॥ ११ ॥

तुम्हारी वाणियाँ अमृत है । (वे) तेरे भक्त के हृदय में समा गयी हैं । ऐ जी (परमात्मा) सुख देनेवाली सेवा को हृदय में रखने से (तुम) अपनी कृपा करते हो और उद्धार कर देते हो ॥ १२ ॥

सदगुरु के मिलने पर ही, (परम तत्व) जाना जाता है; जिस (सद्गुरु) के मिलने पर ही, नाम की प्रशंसा होती है । ऐ जी, (प्रभु), सारी (दुनिया) कर्म करते करते थक गई है, (किन्तु) सद्गुरु के बिना (परमात्मा) नहीं प्राप्त हुआ ॥१३॥

मैं सद्गुरु के ऊपर न्यौछावर हूँ, जिसने (मुझ) भ्रम में भटकते हुए को मार्ग में लगा दिया । हे प्रभु, यदि तुम अपनी कृपा करो, तो अपने में मिला लेते हो ॥१४॥

(ऐ प्रभु) तू सभी में समाया है (व्याप्त है) । पर उस कर्त्ता ने अपने आप को छिपा लिया है । नानक कहते हैं, कि ऐ जी, वह (छिपा हुआ कर्त्ता) गुरु की शिक्षा द्वारा प्रकट हुआ है, (उस गुरु द्वारा)—जिस गुरु में कर्त्तार ने अपनी ज्योति स्थापित कर दी है ॥१५॥

खसम (पति, परमात्मा) ने स्वयं ही अपने आपको बड़ाई प्रदान की है । उसीने जीव और शरीर देकर (सबका) निर्माण किया है । ऐ जी (प्रभु), वह दोनों हाथ उसके मस्तक पर रख कर अपने सेवक की पैज (प्रतिज्ञा, मान, प्रतिष्ठा) रखता है ॥१६॥

सारे संयम और चतुराइयाँ समाप्त हो गई हैं । मेरा प्रभु सब कुछ जानता हैं । ऐ जी, वह अपना प्रताप प्रकट रूप से बरत रहा है; सारे लोक (उसकी) जय जयकार करते हैं ॥१७॥

(प्रभु ने) मेरे गुणों-अवगुणों पर विचार नहीं किया है । प्रभु ने अपने विरद (यश) को रख लिया है । ऐ जी, उन्होंने मुझे (अपने) कंठ से लगाकर रखा है, मुझे तत्ती वायु नहीं लगती ॥१८॥

मैंने तन-मन से प्रभु का ध्यान किया है और मनोवांच्छित फल को पा लिया है । ऐ जी, (प्रभु) तुम शाहों-बादशाहों के सिर के भी स्वामी (खसमु, पति) हो; नानक तो नाम-जप कर ही जी रहा है ॥१६॥

तुमने अपने आप को उत्पन्न किया है। (तुम्हीं ने) द्वैतभाव वाला खेल भी दिखलाया है। ऐ जी, सभी (प्राणियों में) सच ही सच वरत रहा है; जिसे वह चाहता है, उसे वह (इस तथ्य को) समझा देता है ॥२०॥

गुरु की कृपा से (परमात्मा की) प्राप्ति हुई; वहाँ माया और मोह समाप्त कर दिए गए। ऐ जी, (परमात्मा ने) अपनी कृपा करके (मुझे) अपने में मिला लिया ॥२१॥

(हे प्रभु) तुम्हीं गोपी हो, (तुम्हीं) नदी (यमुना) हो, (और तुम्हीं) गोपालक (कृष्ण) हो। सारी पृथ्वी की जिम्मेदारी तुम्हारे ही ऊपर है। ऐ जी (प्रभु), (तुम्हारे) हुक्म से शरीर साजे जाते हैं, (निर्मित होते हैं); तुम उन्हें नष्ट भी कर देते हो (और नष्ट करके फिर) संवार देते हो ॥२२॥

जिन्होंने (अपना) चित्त सद्गुरु से लगा दिया है, उन्होंने अपने द्वैतभाव को नष्ट कर दिया है। ऐ जी, (प्रभु) उन प्राणियों में निर्मल ज्योति (स्थित) है, वे लोग अपना जन्म संवार कर जाते हैं ॥२३॥

(ऐ प्रभु,) तुम सदैव ही भलाइयाँ (करते रहते हो); मैं रात-दिन (तुम्हारी) बड़ाइयाँ (करता रहता हूं) ऐ जी, (प्रभु) (तुम सदैव ही) बिना माँगे ही दान देते रहते हो। नानक कहते हैं कि सत्य को सदैव स्मरण रक्खो ॥२४॥१८॥

१ओं सतिगुर प्रसादि ॥ सिरी रागु, महला १, घरु १ ॥

[१]

पहरे

पहिले पहरै रैणि कै वणजारिआ मित्रा हुकमि पइआ गरभासि।
उरध तपु अंतरि करे वणजारिआ मित्रा खसम सेती अरदासि ॥
खसम सेती अरदासि वखाणै उरध धिआनि लिव लागा।
नामरजादु आइआ कलि भीतरि बाहुड़ि जासी नागा ॥
जैसी कलम वुड़ी है मसतकि तैसी जीअड़े पासि।
कहु नानक प्राणी पहिलै पहरै हुकमि पइआ गरभासि ॥१॥

दूजै पहरै रैणि कै वणजारिआ मित्रा विसरि गइआ धिआनु।
हथो हथि नचाईऐ वणजारिआ मित्रा जिउ जसुदा घरि कानु ॥
हथो हथि नचाईऐ प्राणी मात कहै सुतु मेरा।
चेति अचेत मूड़ मन मेरे अंति नही कछु तेरा ॥
जिनि रचि रचिआ तिसहि न जाणै मन भीतरि धरि गिआनु।
कहु नानक प्राणी दूजै पहरै विसरि गइआ धिआनु ॥२॥

तीजै पहरै रैणि कै वणजारिआ मित्रा धन जोबन सिउ चितु।
हरि का नामु न चेतही वणजारिआ मित्रा बंधा छुटहि जितु ॥

हरि का नामु न चेतै प्राणी बिकलु भइआ संगि माइआ ।
धन सिउ रता जोबनि मता अहिला जनमु गवाइआ ॥
धरम सेती वापारु न कीतो करमु न कीतो मितु ।
कहु नानक तीजै पहरै प्राणी धन जोबन सिउ चितु ॥३॥
चउथै पहरै रैणि कै वणजारिआ मित्रा लावी आइआ खेतु ।
जा जमि पकड़ि चलाइआ वणजारिआ मित्रा किसै न मिलिआ भेतु ॥
भेतु चेतु हरि किसै न मिलिओ जा जमि पकड़ि चलाइआ ।
झूठा रुदनु होआ दोआलै खिन महि भइआ पराइआ ॥
साई वसतु परापति होई जिसु सिउ लाइआ हेतु ।
कहु नानक प्राणी चउथै पहरै लावी लुणिआ खेतु ॥४॥१॥

विशेष : इस वाणी में मनुष्य को 'वणजारा' कह के संबोधित किया गया है। बनजारा अपनी रात किसी परदेश में व्यतीत करता है। अपने सौदे की रक्षा के लिए वह रात भर जागरण करता रहता है। रात्रि के चार पहर होते हैं। मनुष्य के जीवन को रात्रि कहा गया है, और रात्रि के चार प्रहर जीवन की चार अवस्थाएं—गर्भावस्था, बाल्यावस्था, युवावस्था आदि हैं।

अर्थ : हे बनजारे मित्र, रात्रि के पहले पहर में (परमात्मा) के हुकम से (मनुष्य) गर्भाशय में पड़ जाता है। (वह गर्भाशय के) भीतर ऊर्ध्व होकर तप करता है और खसम (स्वामी) से (गर्भ से बाहर निकलने के लिए) प्रार्थना करता है। (वह) स्वामी (खसम) से प्रार्थना करता है और उलटा होकर ध्यान में लिव लगाये रहता है। वह मर्यादाहीन (नग्न) हो (इस) कलियुग में आया है और फिर नग्न ही जायगा। उसके मस्तक पर जैसी परमात्मा की कलम चली है, वैसा ही (भाग्य) उस जीव को प्राप्त होगा। नानक कहते हैं कि रात्रि के पहले पहर में परमात्मा के हुकम से प्राणी गर्भाशय में पड़ गया है ॥१॥

हे बनजारे (सौदागर) मित्र, रात्रि के दूसरे पहर (अर्थात् बाल्यावस्था) में (गर्भ वाला) ध्यान विस्मृत हो गया। हे बनजारे मित्र, (वह बालक) हाथों हाथ इस प्रकार नचाया जाता है, जैसे यशोदा के घर में कान्ह (नचाये जाते थे)। वह बालक हाथों हाथ नचाया जाता है, (प्यार-वश एक व्यक्ति के हाथों से दूसरे के हाथों में लिया जाता है)। माता कहती है, "मेरा पुत्र है।" (किन्तु) ऐ विवेकहीन और मूढ़ मन, (यह) समझ लो, कि अन्त में तेरा कुछ भी नहीं होगा। जिसने (सारी) रचना रच रक्खी है, उसे तुम नहीं जानते हो; अतएव मन में ज्ञान धारण करके (उस निर्माता को जानने का प्रयत्न करो)।

नानक कहते हैं कि रात्रि के दूसरे पहर में प्राणी ध्यान करना भूल गया है ॥२॥

हे बनजारे मित्र, रात्रि के तीसरे पहर में (उस मनुष्य का) चित्त धन और यौवन से लग जाता है। हे बनजारे मित्र, वह परमात्मा के नाम को नहीं चेतता, जिससे बंधन-युक्त प्राणी छूट जाते हैं। वह प्राणी, परमात्मा का नाम नहीं चेतता है, माया के साथ विकल हो गया है। (वह) धन से अनुरक्त है, यौवन में मत्त है, (इस प्रकार उसने) जन्म को व्यर्थ ही गंवा दिया। हे मित्र, (उस मनुष्य ने) न तो धर्म का व्यापार किया और न (शुभ) कर्मों को ही किया। नानक कहते हैं कि रात्रि के तीसरे पहर में प्राणी ने धन और यौवन से ही अपना चित्त लगा

दिया है ।।३।।

(हे) बनजारे मित्र, रात्रि के चौथे पहर में खेत काटनेवाला (यम) खेत में आ पहुँचता है (और खेत काट लेता है) । बनजारे मित्र, जब यम पकड़ कर (इस संसार से) चल देता है, तो कोई भी (मस्तिष्क) परिवर्त्तन (भेद) करने वाला नहीं मिलता (अर्थात् मनुष्य जिस प्रकार जीवित था, उसी प्रकार मर भी जाता है) । (इस प्रकार) जब यम पकड़ कर (यहाँ से) चला देता है, तो कोई भी चित्त परिवर्तन करने वाला नहीं मिलता । उसके आस-पास झूठा रुदन होता है, किन्तु वह तो क्षणमात्र में पराया हो जाता है । (अतः अंत में उसे) उसी वस्तु की प्राप्ति होती है जिससे प्रेम करता है । नानक कह रहे हैं कि (रात्रि के) चौथे पहर में खेत काटनेवाला आकर प्राणी का खेत काट कर चल देता हैं ।।४।।१।।

[२]

पहिलै पहरै रैणि कै वणजारिआ मित्रा बालक बुधि अचेतु ।
खीरु पीऐ खेलाईऐ वणजारिआ मित्रा मात पिता सुत हेतु ।।
मात पिता सुत नेहु घनेरा माइआ मोहु सबाई ।
संजोगी आइआ किरतु कमाइआ करणी कार कमाई ।।
रामनाम बिनु मुकति न होई बूडी दूजै हेति ।
कहु नानक प्राणी पहलै पहरै छूटहिगा हरि चेति ।।१।।

दूजै पहरै रैणि कै वणजारिआ मित्रा भरि जोबनि मैमति ।।
अहिनिसि काम विआपिआ वणजारिआ मित्रा अंधुले नामु न चिति ।
रामनामु घट अंतरि नाही होरि जाणै रस कस मीठे ।
गिआनु धिआनु गुण संजमु नाही जनमि मरहुगे झूठे ।।
तीरथ वरत सुचि संजमु नाही करमु धरमु नही पूजा ।
नानक भाइ भगति निसतारा दुबिधा विआपै दूजा ।।२।।

तीजै पहरै रैणि कै वणजारिआ मित्रा सरि हंस उलथड़े आइ ।
जोबनु घटै जरूआ जिणै वणजारिआ मित्रा आव घटै दिनु जाइ ।।
अंति कालि पछुतासी अंधुले जा जमि पकड़ि चलाइआ ।
सभु किछु अपुना करि करि राखिआ खिन महि भइआ पराइआ ।।
बुधि विसरजी गई सिआणप करि अवगण पछुताइ ।
कहु नानक प्राणी तीजै पहरै प्रभु चेतहु लिव लाइ ।।३।।

चउथै पहरै रैणि कै वणजारिआ मित्रा बिरधि भइआ तनु खीणु ।।
अखी अंधु न दीसई वणजारिआ मित्रा कंनी सुणै न वैण ।।
अखी अंधु जीभ रसु नाही रहे पराकउ ताणा ।
गुण अंतरि नाही किउ सुख पावै मनमुख आवणजाणा ।।
खडु पकि कुड़ि भजै बिनसै आइ चलै किआ माणु ।
कहु नानक प्राणी चउथै पहरै गुरमुखि सबदि पछाणु ।।४।।

ओड़कु आइआ तिन साहिआ वणजारिआ मित्रा जरु जरवाणा कंनि ।
इक रती गुण न समाणिआ वणजारिआ मित्रा अवगण खड़सनि बंनि ॥
गुण संजमि जावै चोट न खावै ना तिसु जंमणु मरणा ।
कालु जालु जमु जोहि न साकै भाइ भगति भै तरणा ॥
पति सेती जावै सहजि समावै सगले दूख मिटावै ।
कहु नानक प्राणी गुरमुखि छूटै साचे ते पति पावै ॥५॥२॥

हे बनजारे मित्र, रात्रि के पहले पहर में बालक बुद्धि से अचेत (विवेकहीन) रहता है। (वह) दूध पीता है और खेलाया जाता है; हे बनजारे मित्र, माता-पिता (अपने) पुत्र से स्नेह करते हैं। माता-पिता का (अपने) पुत्र के लिए बड़ा ही स्नेह होता है और सभी को माया मोह (की प्रबलता होती है)। संयोगवशात्, (वह इस संसार में) आया, पूर्व जन्म के कर्मों के अनुसार (किरत) जो लेना था, वह ले लिया (और अब अपनी करनी के अनुसार) कार्य कर रहा है। रामनाम के बिना मुक्ति नहीं हो सकती; (वह) द्वैतभाव के प्रेम के कारण डूब जाता है। नानक कहते हैं कि पहले पहर में हरि स्मरण करने से प्राणी (भव-बंधनों) से छूट जायगा ॥१॥

हे बनजारे मित्र, रात्रि के दूसरे पहर में (मनुष्य) भरी जवानी में मदमत्त रहता है। हे बनजारे मित्र, (वह) अहर्निश काम से व्याप्त रहता है, (वह) अंधा नाम में चित्त नहीं (लगाता)। उसके घट के अंतर्गत रामनाम नहीं (रहता)। (वह अन्य सांसारिक) रसादिकों को मीठा समझता है। जिनमें ज्ञान, ध्यान, गुण और संयम नहीं है, (वे) जन्म कर झूठे ही मर जायंगे। तीर्थ, व्रत, शुचि, संयम, कर्म, धर्म और पूजा आदि से (मुक्ति नहीं मिलती)। नानक कहते हैं कि (परमात्मा के) प्रेम और भक्ति से (भवसागर से) निस्तार होता है, द्वैत भाव से तो द्वैत ही व्याप्त होता है, (अर्थात् उपर्युक्त द्वैतभाव वाले कर्मों से संसार ही पल्ले पड़ता है।) ॥२॥

हे बनजारे मित्र, रात्रि के तीसरे पहर में सिर रूपी सरोवर में श्वेत बाल रूपी हंस आ उतरे, यौवन घटता जाता है और वृद्धावस्था (यौवन को) जीतती जाती है; हे बनजारे मित्र, (इस प्रकार) आयु घटती जाती है और दिन भी बीतते जाते हैं। ऐ अंधे, अंतकाल में जब यमराज पकड़ कर (यहाँ से) चला देगा, (तब) पछतायेगा। जिस को (तुम) अपनाकर के रखे हो, वे क्षण मात्र में पराये हो जाते हैं। (तुमने) सारी बुद्धि त्याग दी, (तुम्हारी सारी) चतुरता समाप्त हो गई, अवगुण करके (तुम) पछताओगे। नानक कहते हैं कि हे प्राणी तीसरे पहर में लिव लगा कर परमात्मा का स्मरण करो ॥३॥

हे बनजारे मित्र, रात्रि के चौथे पहर में (मनुष्य) वृद्ध हो जाता है, (उसका) शरीर क्षीण हो जाता है। हे बनजारे मित्र, (वह) अंधी आँखों से (कुछ भी) नहीं देखता (और) कान से बचन भी नहीं सुनता। (वह) आँख से अन्धा हो जाता है, जीभ से रसास्वादन नहीं (कर सकता), (उसके सारे) पराक्रम और बल समाप्त हो जाते हैं। (उसके) हृदय में गुण भी नहीं हैं; (भला वह) कैसे सुख पा सकता है ? (इस प्रकार उस) मनमुख का आवागमन (बना रहता है)। तृण पक गया है, (वह) कड़क कर टूट कर नष्ट हो जाता है (भाव यह कि आयु पूरी हो जाने से मनुष्य का शरीर नष्ट हो जाता है)। (ऐसे) आनेजाने वाले शरीर

का क्या मान (अहंकार) है ? नानक कहते हैं कि हे प्राणी, (इस) चौथे पहर में गुरु के उपदेश द्वारा शब्द को पहचानो ॥४॥

ऐ बनजारे मित्र, उनको साँसों का अन्त आ पहुँचा है, बलवती वृद्धावस्था (उनके) कंधे पर (सवार हो चुकी है)। उनमें एक रत्ती भी गुण नहीं टिके हैं; हे बनजारे मित्र, (वे अपने) अवगुणों को बाँध कर ही जायंगे। (जो) गुणों के संयम (के साथ) जाता है, उस पर चोट नहीं पड़ती और उसका जन्म-मरण भी नहीं होता। यम अपने काल-जाल से उसकी प्रतीक्षा नहीं कर सकते, (उसे तो) प्रेमा भक्ति से भय (के समुद्र) को तरना है। (वह परमात्मा के दरवाजे पर) प्रतिष्ठा से जाता है, सहजावस्था (निर्वाण पद, मोक्ष, तुरीय पद,) में समा जाता है, और (अपने) सारे दुःखों को मिटा देता है। नानक कहते हैं (कि वह) गुरु की शिक्षा द्वारा (भवबन्धन से) छूट जाता है और सत्य (परमात्मा) मे प्रतिष्ठा पाता है ॥५॥२॥

१ओं सतिगुरि प्रसादि ॥ सिरी राग की वार, महला १, सलोका नालि ॥

सलोकु दाती साहिब संदीआ किआ चलै तिसु नालि।
इक जागंदे न लहंनि, इकना सुतिआ देइ उठालि ॥ १ ॥
सिदकु सबूरी सादिका सबरु तोसा मलाइकां।
दीदारु पूरे पाइसा थाउ नाही खाइका ॥ २ ॥

सलोक :—सारे दान साहब ने दिए है, उसके साथ क्या (जोर) चल सकता है ? कुछ तो जागते हुए भी नहीं पाते हैं और कुछ सोते हुओं को (दाता) उठा कर दे देता है ॥ १ ॥

विश्वासियों के पास विश्वास और सब्र (संतोष) है, और देवता (के स्वभाव वाले मनुष्य) के पास संतोष (सब्र) का संबल (तोषा=संबल, पाथेय—मार्ग का खर्च) है, (अतएव वे लोग) पूर्ण (परमेश्वर) को प्राप्त कर लेते हैं, (किन्तु) केवल गप्प मारने वाले को स्थान (भी) नहीं मिलता ॥ २ ॥

पउड़ी : सभ आपे तुधु उपाइ कै आपि कारै लाई।
तूं आपे वेखि विगसदा आपणी वडिआई ॥
हरि तुधहु बाहरि किछु नाही तूं सचा साई।
तूं आपे आपि वरतदा सभनी ही थाई।
हरि तिसै धिआवहु संत जनहु जो लए छडाई ॥ १ ॥

पउड़ी :—(हे प्रभु) तुम आप ही सारी (सृष्टि) रचकर आप ही (उसे) काम-धंधा में भी लगा दिए हो। तुम अपनी यह महत्ता (बड़ाई) देख कर आप ही प्रसन्न हो रहे हो। (हे प्रभु) तुम सच्चे स्वामी हो और तुमसे बाहर कोई भी वस्तु नहीं है; तुम अपने आप सारे ही स्थानों में वरत रहे हो। हे संत जनो, (तुम लोग) उस हरी का ध्यान करो, जो (सारे विकारों) से छुड़ा लेता है ॥ १ ॥

सलोक फकड़ जाती फकड़ु नाउ । सभना जीआ इका छाउ ॥
आपहु जे को भला कहाए । नानक तापरु जापै जा पति लेखै पाए ॥ ३ ॥
कुदरति करि कै वसिआ सोइ । वखतु बीचारे सु बंदा होइ ॥
कुदरति है कीमति नहीं पाइ । जा कीमति पाइ त कही न जाइ ॥
सरै सरीअति करहि बीचारु । बिनु बूझे कैसे पावहि पारु ॥
सिदकु करि सिजदा मनु करि मखसूदु ।
जिह धिरि देखा तिह धिरि मउजूद ॥ ४ ॥
गली असी चंगीआ आचारी बुरीआह ।
मनहु कुसुधा कालीआ बाहरि चिटवीआह ॥
रीसा करिह तिनाड़ीआ जो सेवहि दरु खड़ीआह ।
नालि खसमै रतीआ माणहि सुखि रलीआह ॥
होदै ताणि निताणीआ रहहि निमानणीआह ।
नानक जनमु सकारथा जे तिन कै संगि मिलाह ॥ ५ ॥

सलोक :—जाति (का अहंकार) व्यर्थ है और नाम (बड़प्पन का अहंकार भी) व्यर्थ है। (वास्तव में) सारे जीवों में एक ही प्रतिबिम्ब (छाया) है, अर्थात् सारे घटों में एक ही परमात्मा विराजमान है। कोई (व्यक्ति यदि अपनी जाति अथवा नाम के बल पर अपने को) अच्छा कहलाता है, (तो वह अच्छा नहीं बन जाता)। हे नानक, (जीव) भला तभी समझा जाता है, जब (परमात्मा) के लेखे में प्रतिष्ठा प्राप्त करे ॥ ३ ॥

विशेष :—निम्नलिखित सलोक एक शरीअत मानने वाले मुसलमान को समझाने के लिए कहा गया है, अतएव इसमें अरबी फारसी के शब्दों के प्रयोग की अधिकता है।

अर्थ :—कुदरत (माया, शक्ति) की रचना करके, (प्रभु) स्वयं ही इसमें बस रहा है। अतएव जो मनुष्य (मानवीय जन्म) के समय को विचारता है (तात्पर्य यह कि जो यह सोचता है कि इस संसार में मनुष्य-योनि किसलिए प्राप्त हुई है), वह (उस प्रभु का) बंदा (सेवक) बन जाता है। प्रभु (अपनी निर्मित) कुदरत में व्याप्त है, उसका मूल्य आँका नहीं जा सकता। यदि कोई कीमत पा भी जाय, तो उसका कथन नहीं किया जा सकता।

शरीअत मानने वाले, निरी शरीह आदि (भाव यह कि बाह्य धार्मिक रीति-रिवाजों) **का ही विचार करते हैं। किन्तु बिना** (आत्म स्वरूप के) समझे, (वे इस संसार-सागर को) **कैसे पार पा सकते हैं?** (हे भाई), परमात्मा में विश्वास रखने को ही सिजदा बनाओ [सिजदा = परमात्मा के आगे झुकना]। (अपने) मन को (परमात्मा में जोड़ने को ही) लक्ष्य बनाओ। (उपर्युक्त साधनों के युक्त होने पर) जिसके पास देखो, उसी के पास परमात्मा मौजूद दिखाई देता है ॥ ४ ॥

विशेष :—कहते हैं कि निम्नलिखित 'सलोक' गुरु नानक देव जी ने कामरूप की रानी नूरशाह के प्रति कहा था। कामरूप का जादू-टोना प्रसिद्ध है। नूरशाह इस कला में बड़ी दक्ष थी। उसी को विरक्त करने के लिए गुरु नानक देव ने निम्नलिखित 'सलोक' का उच्चारण किया।

अर्थ :—हम बातों में तो (बहुत) अच्छी हैं, किन्तु आचरण में (बहुत ही) खराब; मन से तो अपवित्र और काली हैं, (किन्तु) बाहर से (खूब) साफ-सुथरी हैं। (फिर भी) हम प्रतिस्पर्द्धा उनकी कर रही हैं, जो (परमात्मा) के दरवाजे पर खड़ी होकर (सावधानी से उसकी) सेवा कर रही हैं, पति के प्रेम में अनुरक्त हैं और आनन्द में रंगरलियाँ मना रही हैं, जो बल के रहते हुए भी, (अपने को) बलहीन समझ रही हैं (और साथ ही जो) मानविहीन (होकर) रह रही हैं ॥ ५ ॥

पउड़ी :
तूं आपे जलु मीना है आपे आपे ही आपि जालु ।
तूं आपे जालु वताइदा आपे विचि सेबालु ।
तूं आपे कमलु अलिपतु है सै हथा विचि गुलालु ।
तूं आपे मुकति कराइदा इक निमख घड़ी करि खिआलु ॥
हरि तुधहु बाहरि किछु नहीं गुरसबदी वेखि निहालु ॥ २ ॥

पउड़ी :—(हे प्रभु,) तू आप ही (मछली का जीवन-रूप) जल है और आप ही (जल में रहनेवाली) मछली है और आप ही जाल है; तू आप ही जाल बिछाता है (और) आप ही (जल में) शैवाल (सिवार) है; तू आप ही सौ हाथों गहरे जल में गुलाल रंग वाला (बहुत ही सुन्दर) निर्लिप्त कमल है। (हे हरी) जो (प्राणी) एक निमिष, एक घड़ी (तेरा) ध्यान धरे, (उसे) तू आप ही (इस संसार-जाल से) मुक्त कराता है। हे हरी तुझसे परे और कुछ नहीं है; सद्गुरु के शब्द द्वारा (तुझे प्रत्येक स्थान में) देखा जाता है ॥ २ ॥

सलोक
कुबुधि डूमणी कुदइआ कसाइणि पर निंदा घट चूहड़ी मुठी क्रोधि चंडालि ।
कारी कढ़ी किआ थीऐ जां चारे बैठीआ नालि ॥
सचु संजमु करणी कारां नावणु नाउ जपेही ।
नानक अगै ऊतम सेई जि पापां पंदि न देही ॥ ६ ॥

किआ हंसु किआ बगुला जा कउ नदरि करेइ ।
जो तिसु भावै नानका कागहु हंसु करेइ ॥ ७ ॥

सलोक :—शरीर में स्थित कुबुद्धि डोमिनी है, निर्दयता कसाइनी है, परनिन्दा मेहतरानी और क्रोध चाण्डालिनी है—(इन चारों ने जीव की शान्ति और आनन्द को) ठग लिया है। यदि ये चारों (हृदय में) एक साथ बैठी हों, तो (बाहरी चौके की शुद्धि के लिए), लकीर खींचने से क्या लाभ ? हे नानक, (जो मनुष्य) सत्य, संयम और शुभ कर्मों को (चौका शुद्ध करने के लिए) लकीर (समझते हों), नाम-जप को (तीर्थ) स्नान मानते हों, (जो औरों को भी) पापवाली शिक्षा नहीं देते, वे ही (मनुष्य आगे, परमात्मा के दरबार में) उत्तम (गिने जाते हैं) ॥ ६ ॥

जिस पर (प्रभु) कृपा-दृष्टि करे, तो क्या हंस है और क्या बगुला है ? (अर्थात् वह चाहे तो बगुले को भी हंस बना देता है)। यदि प्रभु चाहे तो (वह बाहरी दृष्टि के अच्छे दीखने वाले को नहीं, बल्कि अंदर मे भी गंदे आचरणवाले) कौवे को भी हंस बना देता है ॥ ७ ॥

पउड़ी : कीता लोड़ीऐ कंमु सु हरि पहि आखीऐ ।
कारजु देइ सवारि सतिगुर सचु साखीऐ ॥
संता संगि निधानु अंमृतु चाखीऐ ।
भै भंजन मिहरवान दास की राखीऐ ।
नानक हरिगुण गाइ अलखु प्रभु लाखीऐ ॥ ३ ॥

पउड़ी :—(यदि) किसी काम को कराने की इच्छा है, तो उसकी (पूर्णता के लिए मनुष्य को) हरि से प्रार्थना करनी चाहिए । (इस प्रकार) सद्गुरु की सच्ची शिक्षा द्वारा (प्रभु) कार्य सँवार देता है और संतों की संगति में (नाम) अमृत के निधान का (रस भी) चखने को मिलता है । (भक्त को सदैव इस प्रकार की प्रार्थना करनी चाहिए —) हे भय-भंजन, कृपालु (हरी) दास की (लज्जा) रख लो । हे नानक, (इस बिधि से) हरि का गुणगान करके अलख परमात्मा का दर्शन कर लिया जाता है ॥ ३ ॥

———

ੴ सतिनामु करता पुरखु निरभउ निरवैरु
अकाल मूरति अजूनी सैभं गुर प्रसादि

रागु माझ महला, १, घरु १

असटपदीआं [१]

सबदि रंगाए हुकमि सबाए । सची दरगह महलि बुलाए ।
सचे दीन दइआल मेरे साहिबा सचे मनु पतीआवणिआ ॥ १ ॥

हउ वारी जीउ वारी सबदि सुहावणिआ ।
अंमृत नामु सदा सुखदाता गुरमती मंनि वसावणिआ ॥ १ ॥ रहाउ ॥

ना को मेरा हउ किसु केरा । साचा ठाकुरु त्रिभवणि मेरा ॥
हउमै करि करि जाइ घणेरी करि अवगण पछोतावणिआ ॥ २ ॥

हुकमु पछाणै सु हरिगुण वखाणै । गुर कै सबदि नामि नीसाणै ॥
सभना का दरि लेखा सचै छूटसि नाम सुहावणिआ ॥ ३ ॥

मनमुखु भूला ठउर न पाए । जम दरि बधा चोटा खाए ॥
बिनु नावै को संगि न साथी मुकते नामु धिआवणिआ ॥ ४ ॥

साकतु कूड़े सचु न भावै । दुबिधा बाधा आवै जावै ॥
लिखिआ लेखु न मेटै कोई गुरमुखि मुकति करावणिआ ॥ ५ ॥

पेईअड़ै पिरु जातो नाही । झूठि विछुंनी रोवै धाही ॥
अवगणि मुठी महलि न पावै अवगण गुणि बखसावणिआ ॥ ६ ॥

पेईअड़ै जिनि जाता पिआरा । गुरमुखि बूझै ततु बीचारा ॥
आवणु जाणा ठाकि रहाए सचै नामि समावणिआ ॥ ७ ॥

गुरमुखि बूझै अकथु कहावै । सचे ठाकुर साचो भावै ॥
नानक सचु कहै बेनती सचु मिलै गुण गावणिआ ॥ ८ ॥ १ ॥

(वह हरी) अपने हुक्म में शब्द द्वारा सब को रंगता है। वह (उन्हें अपने) सच्चे दरबार तथा महल में बुलाता है। हे मेरे सच्चे साहब, दीन दयाल, (तुझी) सत्य में (मेरा) मन विश्वास कर रहा है ॥ १ ॥

हे जी, (प्रभु) मैं (गुरु के) सुन्दर शब्द पर न्यौछावर हूं, न्यौछावर हूं। (तेरा) अमृत-नाम शाश्वत आनन्द-प्रदाता है ; (गुरु की) शिक्षा द्वारा (तू इसे) मेरे मन में बसा देरहे हो ॥ १ ॥ रहाउ ॥

न तो मेरा कोई है और न मैं किसी का हूं। मेरा सच्चा स्वामी (ठाकुर) त्रिभुवन (में व्याप्त है।) अहंकार करके बहुत से लोग (इस संसार मे) चल देते हैं, अवगुण करके अंत में (वे) पछताते हैं ॥ २ ॥

(जो व्यक्ति) हुक्म पहचानता है, वह परमात्मा के गुणों की प्रशंसा करता है। गुरु के शब्द द्वारा वह नाम को प्रकट करता है। सभी लोगों का सच्चे दरबार में लेखा (हिसाब) होगा; छूटेगा वही जो नाम द्वारा सुहावना बनाया गया है ॥ ३ ॥

मनमुख भटकता रहता है, उसे (हरी के यहाँ) स्थान नहीं मिलता, यम के दरवाजे पर (वह) बांधा जा कर चांटे खाता है। (वास्तव में) बिना नाम के कोई संगी-साथी नहीं (होता); जो नाम का ध्यान करते हैं, वे मुक्त हैं ॥ ४ ॥

झूठे शाक्त (शक्ति अथवा माया के उपासक) को सत्य नहीं अच्छा लगता। द्वैत भाव में बँधा हुआ वह आता-जाता (जन्मता-मरता) रहता है। जो लिखा हुआ भाग्य है, उसे कोई मेट नहीं सकता ; गुरु की शिक्षा द्वारा (वह) मुक्त कराया जाता है ॥ ५ ॥

पीहर—नैहर (इस लोक) में प्रियतम (उससे) नहीं जाना गया; (वह) झूठ (मायिक) प्रपंच द्वारा, (प्रियतम से) बिछुड़ी है, (अतएव) ढाह मार-मार कर रोती है। अवगुणों द्वारा ठगी हुई, (वह) अपने (वास्तविक) महल को नहीं पाती, गुणों द्वारा अवगुण क्षमा किए जाते हैं ॥ ६ ॥

जिस (स्त्री) द्वारा प्रियतम नैहर में जान लिया जाता है, (वह) गुरु की शिक्षा द्वारा (सत्य को) समझती है और तत्त्व का विचार करती है। उसका आवागमन समाप्त हो जाता है और वह सच्चे नाम में समा जाती है ॥ ७ ॥

गुरु की शिक्षा द्वारा (शिष्य) अकथनीय (परमात्मा) को समझता है (और अन्य व्यक्तियों से भी उसी तत्त्व को) कहलवाता है ! सच्चे व्यक्ति को सच्चा ठाकुर (परमात्मा) अच्छा लगता है। नानक एक सत्य विनती कहता है कि जो सत्य परमात्मा से मिलता है, वह (उसी का) गुणगान करता है ॥ ८ ॥ १ ॥

१ ओं सतिनामु करता पुरखु गुर प्रसादि ॥

वार माझ की तथा सलोक, महला १

मलक मुरीद तथा चंद्रहड़ा सोहीआ की धुनी गावणी ॥

सलोकु गुरु दाता गुरु हिवै घरु दीपकु तिह लोइ ॥
अमर पदारथु नानका मनि मानिऐ सुखु होइ ॥ १ ॥

पहिलै पिम्रारि लगा थरण दुधि । दूजै माइ बाप की सुधि ॥
तीजै भया भाभी बेब । चउथै पिम्रारि उपंनी खेड ॥
पंजवै खारण पीम्ररण की धातु । छिवै कामु न पुछै जाति ॥
सतवै संजि कीम्रा घर वासु । म्रठवै क्रोधु होवा तनु नासु ॥
नावै धउले उभे साह । दसवै दधा होवा सुम्राह ॥
गए सिगीत पुकारी धाह । उडिम्रा हंसु दसाए राह ॥
म्राइम्रा गइम्रा मुइम्रा नाउ । पिछै पतलि सदिहु काव ॥
नानक मनमुखि म्रंधु पिम्रारु । बाझु गुरू डूबा संसारु ॥ २ ॥

दस बालतरिण बीस रवरिण तीसा का सुंदरु कहावै ।
चालीसी पूरु होइ पचासी पगु खिसै सठी के बोढेपा म्रावै ।
सतरि का मतिहीरगु म्रसीहां का विउहार न पावै ।
नवै का सिहजासरगी मूलि न जारगै म्रपबलु ॥
ढंढोलिमु ढूढिमु डिठु मैं नानक जगु धूए का धवलहरु ॥ ३ ॥

विशेष :—म्रकबर के दरबार में मुरीद खाँ म्रौर चन्द्रहड़ा दो सरदार हुए हैं । पहले की जाति थी 'मलिक' म्रौर दूसरे की 'सोही' । दोनों की म्रापस में चलती थी । एक बार म्रकबर बादशाह ने मुरीद खाँ को काबुल जीतने को भेजा । मुरीद खाँ ने वैरी को तो जीत लिया, किन्तु राज्य-प्रबन्ध करने में उसे देर लग गई । चन्द्रहड़ा ने म्रकबर से चुगली खाई कि मुरीद खाँ काबुल का स्वयं स्वामी बन बैठा है । म्रत: मलिक के विरुद्ध चन्द्रहड़ा की म्रध्यक्षता में सेना भेजी गई । दोनों ही पारस्परिक लड़ाई में मारे गए । भाटों ने इस लड़ाई की 'वार' लिखी, जो पंजाब म्रादि प्रान्तों में प्रचलित हुई । गुरु म्रर्जुन देव ने उपर्युक्त शीर्षक देकर यह निर्देश किया कि गुरु नानक देव जी की इस माझ की वार को उसी राग में गाना चाहिए, जिस राग में "मुरीद खाँ" म्रौर "चन्द्रवड़ा" वाली 'वार' गाई जाती है । उस वार के गाने का उदाहरण निम्नलिखित है—

"काबुल विच मुरीद खाँ फड़िम्रा बड जोर"

सलोक म्रर्थ :—सद्गुरु (नाम के दान का) दाता है, गुरु ही हिम (बर्फ) का घर है (म्रर्थात् परम शान्ति का भाण्डार है) । वही तीनों लोकों का (प्रकाश करने वाला) दीपक है । हे नानक, (नाम रूपी) म्रमर पदार्थ (गुरु से ही प्राप्त होता है); (जिसका) मन गुरु से मान जाय, उसे (महान्) सुख होता है ॥ १ ॥

[**विशेष :**—निम्नलिखित 'सलोक' में गुरु नानक देव जी ने मनुष्य के सम्पूर्ण जीवन को दस भागों में विभाजित किया है । उसके किए हुए सारे प्रयत्नों का चित्र इस प्रकार बनता है]—

पहली म्रवस्था में (जीव) प्रेम से (माँ के) स्तन के दूध में उलझा रहता है; दूसरी म्रवस्था में (यानी जब कुछ बड़ा हो जाता है) उसे माँ-बाप की समझ म्राने लगती है; तीसरी म्रवस्था में (उसे) भाई, भाभी म्रौर बहन (की पहचान म्रा जाती है); चौथी म्रवस्था में खेल में प्रीति उत्पन्न होती है; पाँचवीं म्रवस्था में खाने-पीने की लालसा उत्पन्न होती है; छठी म्रवस्था में काम (जागृत होता है, जिसमें वह) जाति-कुजाति भी नहीं देखता; सातवीं म्रवस्था

में (जीव अनेक पदार्थों को) संग्रह करके (अपने) घर का वास बनाता है; आठवीं अवस्था में (कामनाओं की पूर्त्ति न होने पर) उसमें क्रोध (उत्पन्न होता है), जो शरीर का नाश करता है; (आयु के) नवें भाग में उसके बाल सफेद हो जाते हैं और लम्बी साँसे आने लगती हैं; दसवीं अवस्था में पहुँच कर वह जल कर खाक हो जाता है।

संगी-साथी (जो श्मसान तक जाते हैं) ढाढ़ मार कर रोने लगते हैं, (किन्तु जीवात्मा) शरीर से निकल कर (आगे का) मार्ग पूछता है। (जीव जगत् में) आया और चला गया, (उसका) नाम भी समाप्त हो गया; (उसके देहान्त के पश्चात) (श्राद्ध के) पत्तल में, (श्राद्धान्न खाने के लिए) पीछे से कौवे बुलाए जाते हैं।

हे नानक, मन के पीछे चलने वाले मनुष्य का (जगत् के साथ) अंधा प्यार होता है ; गुरु (की शरण में आए) बिना संसार (इस अंधे प्यार में) डूबा रहता है ॥ २ ॥

जीव दस (वर्ष तक की अवस्था भर) बाल्यावस्था में रहता है; बीस वर्ष (तक पहुँचते-पहुँचते) (स्त्री के साथ) रमण वाली अवस्था में आ जाता है; तीस वर्ष का होकर सुन्दर (युवक) कहलाता है; चालीस वर्ष तक पूर्ण (जवान) होता है; पचास वर्ष तक होते-होते पैर (जवानी से) खिसकने लगते हैं; साठ वर्ष में बुढ़ापा आ जाता है, सत्तर वर्ष में (मनुष्य) मतिहीन हो जाता है और अस्सी वर्ष का होने पर व्यवहार करने योग्य नहीं रह जाता। नब्बे वर्ष की अवस्था में वह सेज पर आसन ले लेता है, न तो वह सेज से हिल सकता है और कमजोरी के कारण (न अपने को संभाल ही सकता है)।

हे नानक, मैंने ढूँढ़ा है, खोजा है और देखा है कि जगत् धुएं का महल (धवलगृह) है, (इसमें रंच मात्र भी स्थायित्व नहीं है) ॥ ३ ॥

पउड़ी **तूं करता पुरखु अगंमु है आपि स्रिसटि उपाती।**
रंग परंग उपारजना बहु बहु बिधि भाती ॥
तूं जाणहि जिनि उपाईऐ सभु खेलु तुमाती।
इक आवहि इकि जाहि उठि बिनु नावै मरि जाती ॥
गुरमुखि रंगि चलूलिआ रंगि हरिरंगि राती।
सो सेवहु सति निरंजनो हरि पुरखु बिधाती ॥
तूं आपे आपि सुजाणु है वड पुरखु वडाती।
जो मनि चिति तुधु धिआइदे मेरे सचिआ बलि बलि हउ तिन जाती ॥१॥

पउड़ी :—(हे प्रभु,) तू सिरजनहार है, (सभी में तू विराजमान है, फिर भी) तू अगम है, (वहाँ तक किसी की पहुँच नहीं है)। तूने स्वयं ही (सारी) सृष्टि उत्पन्न की है। (यह रचना) तूने नाना रंगों की, नाना प्रकार की और नाना विधि से बनाई है। (जगत् का यह) सारा खेल तेरा ही (बनाया हुआ) है, (इस खेल के भेद को) तू आप ही जानता है, जिसने (यह खेल) रचा है। (इस खेल में) कुछ (जीव) तो आ रहे हैं और कुछ (खेल देख कर) चले जा रहे हैं; किन्तु जो (लोग) बिना नाम के हैं, (वे) मार के (दुःखी हो कर) जाते हैं। (जो मनुष्य) गुरु के सम्मुख हैं, वे प्रभु के प्रेम में गहरे लाल रंग में रंगे हुए हैं, वे (शुद्ध रूप में) हरी के रंग में रँगे हुए हैं। [चलूलिआ=फारसी—चूं—लालह; लाला के फूल के समान लाल]

(हे भाई !) जो प्रभु सब में व्यापक (पुरुष) है, जगत् का रचयिता है, सदैव स्थिर रहने वाला (सति) और माया से रहित (निरंजन) है, उसे स्मरण करो ।

(हे प्रभु), तू सबसे महान् पुरुष है, तू स्वयं ही सब जानने वाला वाला है; हे मेरे सच्चे (साहब) जो तुझे मन लगा कर चित्त लगा कर ध्यान करते हैं मैं उनपर (मैं बार-बार) बलिहारी होता हूँ ॥१॥

सलोकु जीउ पाइ तनु साजिआ रखिआ बणत बणाइ ।
अखी देखै जिहवा बोलै कंनी सुरति समाइ ॥
पैरी चलै हथी करणा दिता पैनै खाइ ।
जिनि रचि रचिआ तिसहि न जाणै अंधा अंधु कमाइ ॥
जा भंजै ता ठीकरु होवै घाड़त घड़ी न जाइ ।
नानक गुर बिनु नाहि पति पति विणु पारि न पाइ ॥ ४ ॥
सुइने कै परबति गुफा करी कै पाणी पइआलि ।
कै विचि धरती कै आकासी उरधि रहा सिरि भारि ॥
पुरु करि काइआ कपड़ु पहिरा धोवा सदा कारि ।
बगा रता पीअला काला बेदा करी पुकार ।
होइ कुचीलु रहा मलु धारी दुरमति मति विकार ।
ना हउ ना मै ना हउ होवा नानक सबदु वीचारि ॥ ५ ॥
वसत्र पखलि पखाले काइआ आपे संजमि होवै ।
अंतरि मैलु लगी नही जाणै बाहरहु मलि मलि धोवै ॥
अंधा भूल पइआ जम जाले ।
वसतु पराई अपुनी करि जानै हउमै विचि दुखु घाले ।
नानक गुरमुखि हउमै तुटै ता हरि हरि नामु धिआवै ।
नामु जपे नामो आराधे नामे सुखि समावै ॥ ६ ॥

सलोकु :—(प्रभु ने) जीव उत्पन्न करके शरीर सजाया है, (क्या ही सुहावनी) रचना रच रक्खी है । (वह) आँखों से देखता है, जिह्वा से बोलता है और (उसके) कानों में श्रवण की सत्ता विद्यमान है, पैरों से चलता है, हाथों से (कार्य) करता है और (प्रभु का) दिया हुआ पहनता, खाता है । पर जिस (प्रभु) ने (इसे) बनाया और सँवारा है, उसे (यह) जानता (भी) नहीं; अंधा मनुष्य अंधे ही (कर्म) करता है ।

जब (यह शरीर रूपी पात्र) टूट जाता है, तो (यह) ठीकरा हो जाता है (तात्पर्य यह कि खपड़े के टुकड़े की तरह व्यर्थ हो जाता है) और फिर बनाए जाने पर बन भी नहीं सकता । हे नानक, (अंधा मनुष्य) गुरु (की शरण) के बिना प्रतिष्ठा-हीन हो जाता है और बिना प्रतिष्ठा (परमात्मा की कृपा) के (इस संसार-सागर को) लाँघ नहीं सकता ॥ ४ ॥

(मैं चाहे) सोने के पर्वत (सुमेरु पर्वत) पर गुफा बना लूँ अथवा नीचे के जल में (वास करूँ), चाहे पृथ्वी पर रहूँ अथवा आकाश में सिर के बल पर ऊर्ध्व-तपस्या करूँ, चाहे शरीर को पूरी तौर पर कपड़े पहना लूँ, चाहे शरीर को सदैव ही धोता रहूँ, चाहे श्वेत,

लाल, पीले अथवा काले (वस्त्र पहन कर) चारों वेदों को जोर से पढ़ूं [इसका यह भी अर्थ हो सकता है—चाहे श्वेतवर्ण वाले सामवेद, लाल रंग वाले यजुर्वेद, पीत-वर्ण के ऋग्वेद और श्याम वर्ण के अथर्ववेद का उच्च स्वर से पाठ करूं; (गायत्री-तंत्र के पाँचवें पटल में वेदों के उपर्युक्त रंग दिए गए हैं) ।] । चाहे कुवस्त्र (कुचील) पहनूं और गंदगी धारण किए रहूँ—(किन्तु ये सब) दुर्बुद्धि के विकारयुक्त कर्म ही हैं । हे नानक, (मैं तो यह चाहता हूँ) कि (सद्‌गुरु के) शब्द को विचार कर न तो मेरा 'मैपन' रहे, न ममता रहे और न अहंकार रहे (अर्थात् सारा अहंभाव नष्ट हो जाय) ॥ ५ ॥

(जो मनुष्य नित्य) कपड़े धोकर शरीर धोता है (और केवल कपड़े तथा शरीर की शुद्धि रखने से ही) अपने को संयमी मान बैठता है, (किन्तु) हृदय में लगी हुई मैल की जिसे जानकारी नहीं है, (सदैव शरीर को) बाहर ही से मल-मल कर धोता है, (वह) अन्धा मनुष्य (सीधे मार्ग को) भूल कर यम के जाल में पड़ा हुआ है, अंहकार में दुःख पाता है, क्योंकि पराई वस्तु (शरीर और अन्य पदार्थों) को अपनी समझ बैठा है ।

हे नानक, (जब) गुरु के सम्मुख होकर (मनुष्य का) अहंकार टूटता है, तो वह हरि के नाम का ध्यान करता है, नाम का ही जप करता है, नाम की ही आराधना करता है और नाम (के ही प्रभाव से सदैव) सुख में टिका रहता है ॥ ६ ॥

पउड़ी **काइआ हंसु संजोगु मेलि मिलाइआ ।**
तिन ही कीआ विजोगु जिनि उपाइआ ।
मूरखु भोगे भोगु दुखु सबाइआ ॥
सुखहु उठे रोग पाप कमाइआ ॥
हरखहु सोगु विजोगु उपाइ खपाइआ ।
मूरखि गणत गणाइ झगड़ा पाइआ ॥
सतिगुर हथि निबेड़ु झगड़ु चुकाइआ ।
करता करे सु होगु न चलै चलाइआ ॥ २ ॥

पउड़ी :—शरीर और जीव (आत्मा) का संयोग मिला कर (परमात्मा ने इन दोनों को मनुष्य के जन्म में) एकत्र कर दिया है; जिस (प्रभु) ने (शरीर और जीव को) उत्पन्न किया है, उसी ने (इनके लिए) वियोग भी बना रक्खा है । (पर इस वियोग को भुला कर) मूर्ख (जीव) भोग भोगता रहता है, (जो) सारे दुःखों का (मूल कारण) है । पाप करने के कारण (भोगों के) सुख से रोग उत्पन्न होते हैं । (भोगों का) हर्ष और शोक (और अन्त में) वियोग उत्पन्न करके (प्रभु जीव को) खपा देता है । (जीव इस प्रकार) मूढ़ कर्मों को करके (जन्म-मरण के लम्बे) झगड़े में पड़ा रहता है ।

(जन्म-मरण के चक्कर को) समाप्त करने की शक्ति सद्‌गुरु के हाथों में है; (जिसे गुरु मिलता है उसका यह) झगड़ा समाप्त हो जाता है । (जीवों की कोई) अपनी चलाई (चातुरी) नहीं चल पाती, जो कर्त्तार करता है, वही होता है ॥ २ ॥

सलोकु **कूड़ु बोलि मुरदारु खाइ । अवरी नो समझावणि जाइ ॥**
मुठा आपि मुहाए साथै । नानक ऐसा आगू जापै ॥ ७ ॥

जे रतु लगै कपड़ै जामा होइ पलीतु।
जो रतु पीवहि माणसा तिन किउ निरमलु चीतु ॥
नानक नाउ खुदाइ का दिलि हछै मुखि लेहु।
अवरि दिवाजे दुनी के झूठे अमल करेहु ॥ ८ ॥

जा हउ नाही ता किआ आखा किहु नाही किआ होवा।
कीता करणा कहिआ कथना भरिआ भरि भरि धोवां ॥
आपि न बुझा लोक बुझाई ऐसा आगू होवां ॥
नानक अंधा होइ कै दसे राहै सभसु मुहाए साथै।
अगै गइआ मुहे मुहि पाहि सु ऐसा आगू जापै ॥ ९ ॥

सलोकु :—(जो मनुष्य) झूठ बोलकर (स्वयं) दूसरों का हक खाता है, (हराम का खाता है) तथा औरों को यह समझाने जाता है—(कि झूठ मत बोलो, हराम का मत खाओ) हे नानक, ऐसे उपदेश-कर्त्ता की (अंत में इस प्रकार) कलई खुलती है कि वह स्वयं तो ठगा ही जाता है, अपने साथवालों को भी लुटाता है ॥ ७ ॥

विशेष : निम्नलिखित सलोक मुसलमानों के संबंध में कहा गया है। उनकी यह धारणा है कि यदि कपड़े में रक्त लग जाय, तो वह अपवित्र हो जाता है। वह वस्त्र नमाज़ पढ़ने लायक नहीं रहता।

अर्थ : यदि जामे (कपड़े) में रक्त लग जाय, तो जामा अपवित्र हो जाता है, (किन्तु) जो (बन्दे) मनुष्यों का रक्त पीते हैं (अत्याचार और अन्याय से उनका धन अपहरण करते हैं), उनका चित्त किस प्रकार निर्मल रह सकता है ? (और अपवित्र मन से पढ़ी हुई नमाज किस प्रकार स्वीकार हों सकती है) ?

हे नानक, खुदा का नाम अच्छे दिल और अच्छे मुख से लो; (इसके बिना) और दुनियाबी काम दिखावे के हैं, ये तो झूठे ही कर्म करते हो ॥८॥

यदि मैं ही कुछ नहीं (तात्पर्य यह कि मेरा आध्यात्मिक अस्तित्व ही कुछ नहीं है), तो मैं औरों को उपदेश क्या करूं ? यदि (हृदय में) कुछ (गुण ही) नहीं हैं, (तो बन-बन कर) क्या दिखाऊं ? (मेरे) क्रिया-कर्म, मेरी बोलचाल (आदि मंद संस्कारों से) भरी हुई हैं, (कभी मंद कर्मों में डिग जाता हूँ, तो फिर उन्हें) धोने का प्रयत्न करता हूं। यदि मैं स्वयं ही नहीं समझे हूँ और लोगों को समझा रहा हूँ, तो (मैं इस अवस्था में उपहासात्मक) उपदेशक बनता हूँ।

हे नानक, जो मनुष्य स्वयं अन्धा है, पर औरों को राह दिखाता है, वह सारे साथियों को लुटा देता है; आगे चलकर उसके मुंहों पर (जूते) पड़ते हैं, तब उस समय ऐसा उपदेशक (वास्तविक दशा में) प्रकट होता है ॥९॥

पउड़ी माहा रुती सभ तूं घड़ी मूरत वीचारा।
तूं गणतै किनै न पाइओ सचे अलख अपारा ॥
पड़िआ मूरखु आखीऐ जिसु लबु लोभु अहंकारा।
नाउ पड़ीऐ नाउ बुझीऐ गुरमती वीचारा ।

गुरबती नामु धनु खटिआ भगती भरे भंडारा।
निरमलु नामु मंनिआ दरि सचै सचिआरा॥
जिसदा जीउ पराणु है अंतरि जोति अपारा।
सचा साहु इकु तूं होरु जगतु वणजारा॥ ३॥

पउड़ी : (हे प्रभु), सारे महीनों, ऋतुओं, घड़ियों और मुहूर्तों में तुम्हें स्मरण किया जा सकता है (भाव यह कि तुम्हारे स्मरण के लिए कोई विशेष ऋतु, घड़ी अथवा मुहूर्त की आवश्यकता नहीं है। सभी समय तुम्हारा स्मरण किया जा सकता है)। हे सच्चे, अलक्ष्य, अपार (प्रभु), (तिथियों, मुहूर्तों आदि को) गणना करके किसी ने भी तुम्हें नहीं प्राप्त किया। जिस (व्यक्ति) में लालच, लोभ और अहंकार है, ऐसे पढ़े हुए को मूर्ख ही कहना चाहिए।

(वास्तव में किसी तिथि, मुहूर्त के भ्रम में पड़ने की आवश्यकता नहीं, केवल) सद्गुरु द्वारा दी गई बुद्धि को विचार कर परमात्मा का नाम जपना चाहिए और उसे समझना चाहिए। जिन्होंने गुरु की शिक्षा के अनुसार नाम रूपी धन प्राप्त कर लिया है, उनके भाण्डार भक्ति से भर गए हैं; जिन्होंने (परमात्मा का) निर्मल नाम स्वीकार कर लिया, वे प्रभु के सच्चे दरबार में सच्चे (सिद्ध होते) हैं। (हे प्रभु) तेरे ही दिए हुए जीवन और प्राण प्रत्येक जीव को मिले हैं (और) तेरी ही अपार ज्योति प्रत्येक जीव के अंतर्गत (विराजमान है)। (इस प्रकार, हे प्रभु), तू ही अकेला सच्चा साहु है और सारा जगत् वनजारा है॥३॥

सलोकु मिहर मसीति सिदकु मुसला हकु हलालु कुराणु।
सरम सुंनति सीलु रोजा होहु मुसलमाणु॥
करणी काबा सचु पीरु कलमा करम निवाज।
तसबी सा तिसु भावसी नानक रखै लाज॥१०॥

हकु पराइआ नानका उसु सूअर उसु गाइ।
गुरु पीरु हामा ता भरे जा मुरदारु न खाइ।
गली भिसति न जाईऐ छुटै सचु कमाइ।
मारण पाहि हराम महि होइ हलालु न जाइ॥
नानक गली कूड़ीई कूड़ो पलै पाइ॥११॥

पंजि निवाजा वखत पंजि पंजा पंजे नाउ।
पहिला सचु हलाल दुइ तीजा खैर खुदाइ॥
चउथी नीअति रासि मनु पंजवी सिफति सनाइ।
करणी कलमा आखि कै ता मुसलमाणु सदाइ।
नानक जेते कूड़िआर कूड़ै कूड़ी पाइ॥१२॥

सलोकु : विशेष :—निम्नलिखित वाणी में गुरु नानक देव ने सच्चे मुसलमान बनने की विधि बताई है—

अर्थ :—(प्राणियों के ऊपर) दया को मस्जिद (बनाओ), श्रद्धा को मुसल्ला [मुसल्ला वह वस्त्र जिस पर बैठ कर नमाज पढ़ी जाती है] और हक की कमाई को कुरान (बनाओ)। (बुरे कर्मों के प्रति) लज्जा को सुन्नत (मानो) शील-स्वभाव को रोजा (बनाओ); (हे भाई, इस

विधि से) मुसलमान बनो। शुभ कर्मों को रोजा, सच्चाई को पीर, (सुन्दर और दयापूर्ण) कर्म को ही कलमा और नमाज़ बनाओ। जो बात खुदा को अच्छी लगे, (उसी को शिरोधार्य करना) तुम्हारी तसबीह (जप की माला) हो। हे नानक, (खुदा ऐसे ही मुसलमान की) लज्जा रखता है ॥१०॥

हे नानक, पराया हक़ मुसलमान के लिए सुअर है और हिन्दू के लिए गाय है। गुरु पैगम्बर तभी सिफ़ारिश करता है, यदि मनुष्य पराया हक (बेईमानी की कमाई) न खाये। निरी बातें करने से बिहिश्त (स्वर्ग) में नहीं जा सकता; सत्य को वास्तविक जीवन में बरतने से ही छुटकारा मिलता है। हराम के माँस में मसाला (चतुराई की बातें) डालने से हलाल नहीं हो जाता। हे नानक, झूठी बातें करने से झूठ ही पल्ले पड़ता है ॥११॥

(मुसलमानों की) पाँच नमाजें हैं, (उनके) पाँच वक्त हैं और उन पाँच नमाज़ों के (पृथक् पृथक्) पाँच नाम हैं—[नमाज़ों के पाँच नाम ये हैं—नमाज़े सुबह, नमाज़े पेशीन, नमाज़े दीगर, नमाज़े शाम तथा नमाज़े खुफ़तन]। (पर हमारी राय में असली नमाजें निम्नलिखित हैं) सत्य बोलना नमाज़ का पहला नाम है (यानी प्रातःकाल की पहली नमाज़ है), हक की कमाई दूसरी नमाज़ है; परमात्मा से सब का भला माँगना नमाज़ का तीसरा नाम है, नीयत को साफ़ करना तथा मन को साफ़ रखना—यह चौथी नमाज़ है; और परमात्मा के यश की महिमा की प्रशंसा करनी यह पाँचवी नमाज़ है; (इन पाँचों नमाज़ों के साथ-साथ) जब ऊँची करनी (आचरण) का कलमा पढ़े, तभी अपने आप को मुसलमान कहलवा सकता है।

हे नानक, (इन नमाज़ों और कलमे से रहित) जितने भी हैं वे सब झूठे है; झूठे (की प्रतिष्ठा) भी झूठी ही होती है ॥१२॥

पउड़ी इकि रतन पदारथ वणजदे इकि कचै दे वापारा।
सतिगुरि तुठै पाईअनि अंदरि रतन भंडारा ॥
विणु गुर किनै न लधिआ अंधे भउकि मुए कूड़िआरा।
मनमुख दूजै पचि मुए न बूझहि बीचारा ॥
इकसु बाझहु दूजा को नही किसु अगै करहि पुकारा।
इकि निरधन सदा भउकदे इकना भरे तुजारा ॥
विणु नावै होरु धनु नाही होरु बिखिआ सभु छारा।
नानक आपि कराए करे आपि हुकमि सवारणहारा ॥४॥

पउड़ी :—कुछ मनुष्य (परमात्मा के नाम रूपी) रत्न-पदार्थ का व्यापार करते हैं और कुछ लोग (संसार रूपी) कांच के व्यापारी हैं। (प्रभु के गुण रूपी ये) रत्न के भाण्डार (मनुष्य के) अंदर हैं, किन्तु सद्गुरु के संतुष्ट होने पर ही ये मिलते हैं। गुरु की (शरण में आए) बिना किसी ने भी इस भाण्डार को प्राप्त नहीं किया; झूठ के व्यापारी अंधे (मनुष्य) (कुत्तों की भाँति) भूंक भूंक कर मर जाते हैं। जो व्यक्ति मन के पीछे चलने वाले हैं, वे द्वैतभाव में पच पच कर मर जाते हैं, वे (वास्तविक) विचार नहीं समझते। (इस दुःखपूर्ण अवस्था की) पुकार भी वे लोग किसके सम्मुख करें ? एक (प्रभु) के बिना दूसरा कोई (सुननेवाला भी) नहीं है।

(नाम रूपी भाण्डार के बिना) बहुत से निर्धन (कुत्तों की भाँति) सदैव भूंकते फिरते हैं और किसी के (हृदय रूपी) खजाने (परमात्मा रूपी धन से) भरे पड़े हैं। (परमात्मा के) नाम बिना और कोई (साथ निभने वाला) धन नहीं है, और विषयों (के धन) तो खाक (के समान) हैं।

(किन्तु) हे नानक, सभी (जीवों में बैठा हुआ प्रभु) आप ही (काँच और रत्नों के व्यापार) कर-करा रहा है; (जिन्हें) सुधारता है (उन्हें) अपने हुक्म में ही (सीधे मार्ग पर चलाता है) ॥४॥

सलोकु मुसलमान कहावणु मुसकलु जा होइ ता मुसलमाणु कहावै।
अवलि अउलि दीनु करि मिठा मसकलमाना मालु मुसावै ॥
होइ मुसलिमु दीन मुहाणै मरण जीवण का भरमु चुकावै।
रब की रजाइ मंने सिर उपरि करता मंने आपु गवावै ॥
तउ नानक सरब जीआ मिहरंमति होइ त मुसलमाणु कहावै ॥ १३ ॥

नदीआ होवहि धेणवा सुंम होवहि दुधु घीउ।
सगली धरती सकर होवै खुसी करे नित जीउ ॥
परबतु सुइना रुपा होवै हीरे लाल जड़ाउ।
भी तूं है सालाहणा आखण लहै न चाउ ॥ १४ ॥

भार अठारह मेवा होवै गरुड़ा होइ सुआउ।
चंद्र सूरजु दुइ फिरदे रखीअहि निहचलु होवै थाउ ॥
भी तूं है सालाहणा आखण लहै न चाउ ॥ १५ ॥

जे देहै दुखु लाईऐ पाप गरह दुइ राहु।
रतु पीणे राजे सिरै उपरि रखीअहि एवं जापै भाउ ॥
भी तूं है सालाहणा आखण लहै न चाउ ॥ १६ ॥

अगी पाला कपड़ु होवै खाणा होवै वाउ।
सुरगै दीआ मोहणीआ इसतरीआ होवनि नानक सभो जाउ ॥
भी तूं है सालाहणा आखण लहै न चाउ ॥१७॥

सलोकु : (वास्तविक) मुसलमान कहलाना (बहुत) कठिन है; यदि (वह इस प्रकार) हो, तब (अपने आप को) मुसलमान कहला सकता है। (असली मुसलमान बनने के लिए) सब से पहले (यह आवश्यक है) कि उसे औलियों (सन्तों) का मज़हब प्रिय लगे। (तत्पश्चात्) जैसे मिसकल से (लोहे का) जंग साफ़ किया जाता है, उसी प्रकार (अपनी कमाई का) धन (गरीबों को) बाँट कर (धन का अहंकार नष्ट करके, अंतःकरण को पवित्र करे)।

[मिसकल < अरबी, मिसकला = जंग साफ़ करने का औजार विशेष]। (इस प्रकार) मज़हब के सम्मुख चल कर (सच्चा) मुसलमान बने और जीवन मरण के भ्रम को समाप्त कर दे। परमात्मा की मर्जी को शिरोधार्य करे, कर्त्ता को (सब कुछ करनेवाला) माने और आपापन को मिटा दे। इस प्रकार, हे नानक, (परमात्मा के उत्पन्न किए) सारे प्राणियों पर मेहरबान हो (दया करे)— तभी मुसलमान कहला सकता है ॥१३॥

यदि सारी नदियाँ (मेरे लिए) गायें बन जायँ, (पानी के) झरने दूध और घी बन जायं, सारी पृथ्वी शक्कर बन जाय, (इन पदार्थों को भोग कर) मेरा जीव नित्य प्रसन्न हो, यदि हीरों और लालों से जड़े हुए सोने और चाँदी के पर्वत बन जायँ, तो भी (हे प्रभु, मैं इन पदार्थों में न फंसूं और) तुम्हारी स्तुति करूं, तुम्हारी प्रशंसा करने का मेरा चाव न समाप्त हो ॥१४॥

विशेष : यह प्राचीन मत चला आ रहा है यदि प्रत्येक प्रकार की वनस्पति—पेड़, पौदे आदि के एक एक पत्ते एकत्र करके तौले जायं तो सारा वजन १८ भार होता है। एक भार का वजन कच्चे पाँच मन होता है।

अर्थ : यदि सारी वनस्पतियाँ मेवा बन जायं, जिसका स्वाद अत्यंत रसीला हो तथा मेरे रहने का स्थान अटल हो जाय और चन्द्रमा तथा सूर्य दोनों ही (मेरी सेवा के लिए) फिरते रहें, तो भी (हे प्रभु, मैं इन पदार्थों में न फंसूं और) तुम्हारी स्तुति करूं, तुम्हारी प्रशंसा करने का मेरा चाव न समाप्त हो ॥१५॥

यदि (मेरे) शरीर को दुःख लग जायँ, दोनों (क्रूर-ग्रह) राहु और केतु (मेरे ऊपर आ जायं), रक्त-पिपासु राजे मेरे सिर के ऊपर हों, जो तुम्हारा भाव अथवा प्रेम इसी तरह (तात्पर्य, इन्हीं दुःखों के रूप में मेरे ऊपर) प्रकट हो, तो भी (हे प्रभु, मैं इन दुःखों से घबड़ा कर तुम्हें भुला न दूं) तुम्हारी स्तुति करूं, तुम्हारी प्रशंसा करने का मेरा चाव न समाप्त हो ॥१६॥

यदि (ग्रीष्म ऋतु की) आग और (हेमन्तु और शिशिर ऋतुओं का) पाला (मेरे पहनने का) वस्त्र हो, यदि वायु ही मेरा भोजन हो, स्वर्ग की (समस्त) अप्सराएँ मेरी स्त्रिय हो जायँ, तो भी, हे नानक (ये सारी ऐश्वर्य—सामग्रियाँ) नश्वर हैं (इनके मोह में फँस कर मैं तुम्हें न भुला दूं)। तुम्हारी स्तुति करता रहूँ, तुम्हारी प्रशंसा करने का मेरा चाव न समाप्त हो ॥१७॥

पउड़ी **बदफैली गैबाना खसमु न जाणई। सो कहीऐ देवाना आपु न पछाणई ॥**
कलहि बुरी संसारि वादे खपीऐ। विणु नावै बेकारि भरमे पचीऐ ॥
राह दोवै इकु जाणै सोई सिझसी। कुफर गोअ कुफराणै पइआ दझसी।
सब दुनीआ सुबहानु सचि समाईऐ। सिझै दरि दीवानि आपु गवाईऐ ॥५॥

पउड़ी : (जो मनुष्य) छिप कर पाप करता है और स्वामी को (प्रत्येक स्थान में विराजमान) नहीं समझता, उसे दीवाना (पागल) कहना चाहिए, वह अपने आप को नहीं पहचानता। संसार में बुरा कलह (सर्वत्र) फैला हुआ है)। (लोग) विवाद में ही नष्ट होते रहते हैं। बिना नाम (को जाने सब) बेकार ही हैं, (लोग) भ्रमित होकर नष्ट हो जाते हैं। (जो) दोनों रास्तों को एक जानता है, (वही) सफल होगा [दोनों रास्तों से तात्पर्य—हिन्दू और मुसलमान दोनों धर्मों से है अथवा माया तथा परमात्मा के मार्ग से है]। नास्तिकता की बातें करनेवाला नरक में पड़कर जलेगा।

(जो मनुष्य) शाश्वत प्रभु से सदैव युक्त रहता है, उसके लिए सारा जगत सुहावना है, वह अहंकार मिटा कर प्रभु के दरवाजे एवं दरबार में प्रतिष्ठित होता है ॥५॥

सलोकु सो जीविश्रा जिसु मनि वसिश्रा सोइ ।
नानक श्रवरु न जीवै कोइ ॥
जे जीवै पति लथी जाइ ।
सभु हरामु जेता किछु खाइ ॥
राजि रंगु मालि रंगु रंगि रता नचै नंगु ॥
नानक ठगिश्रा मुठा जाइ ।
विणु नावै पति गइश्रा गवाइ ॥१८॥
किश्रा खाधै किश्रा पैधै होइ । जा मनि नाही सचा सोइ ॥
किश्रा मेत्रा किश्रा घिउ गुड़ु मिठा किश्रा मैदा किश्रा मासु ।
किश्रा कपड़ु किश्रा सेज सुखाली कीजहि भोग बिलास ॥
किश्रा लसकर किश्रा नेब खवासी श्रावै महली वासु ।
नानक सचे नाम विणु सभे टोल विणासु ॥१६॥

सलोकु :—(वास्तव में) वही मनुष्य जीता है, जिसके मन में परमात्मा बसा हुश्रा है । हे नानक, (भक्त के श्रतिरिक्त) कोई श्रौर नहीं जीता है । यदि (नाम-विहीन होकर) जीता भी है, तो वह प्रतिष्ठा गंवा कर (यहाँ से) जाता है । (वह यहाँ) जो कुछ भी खाता-पीता है, हराम ही का खाता है । जो राज्य-सुख श्रौर धन-सुख के रंग में श्रनुरक्त है, वह (उन सुखों में उन्मत्त) नंगा होकर नाचता है । हे नानक , प्रभु के नाम के बिना मनुष्य ठगा जा रहा है, लूटा जा रहा है श्रौर प्रतिष्ठा गंवा कर (यहाँ से) जाता है ॥१८॥

(जिस प्रभु ने सारे सुन्दर पदार्थों को दिया है), यदि वह सच्चा प्रभु हृदय में नहीं बसता, तो (रसयुक्त भोजन) खाने से तथा (सुन्दर वस्त्र) पहनने से क्या होता है ? क्या हुश्रा यदि मेवे, घी, मीठा गुड़, मैदा श्रौर मांसादिक पदार्थ बरते गए ? क्या हुश्रा, यदि (सुहावने) वस्त्र तथा सुखद सेज मिल गई, श्रौर क्या हुश्रा यदि बहुत से भोग-विलास (भोग लिए) ? क्या बन गया यदि (बहुत सा) फौजें, नायब श्रौर शाही नौकर मिल गए श्रौर महलों में (सुन्दर) निवास हो गया ? हे नानक, (परमात्मा के) नाम बिना सारे पदार्थ नश्वर हैं ॥१६॥

पउड़ी जाती दै किश्रा हथि सचु परखीऐ । महुरा होवै हथि मरीऐ चखीऐ ॥
सचे की सिरकार जुगु जुगु जाणीऐ । हुकमु मंने सिरदार दरि दीबाणीऐ ।
फुरमानी है कार खसमि पठाइश्रा । तबलबाज बीचार सबदि सुणाइश्रा ॥
इकि होवे श्रसवार इकना साखती । इकनी बधे भार इकना ताखती ॥६॥

पउड़ी :—(परमात्मा के दरवाजे पर तो) सच्चा नाम (रूपी सौदा) परखा जाता है, जाति के हाथ में कुछ नहीं है (तात्पर्य यह कि किसी जाति श्रथवा वर्ण का कोई लिहाज़ नहीं किया जाता); [जाति का श्रहंकार माहुर (विष) के समान है] यदि किसी के पास माहुर हो (चाहे वह किसी जाति का क्यों न हो), श्रौर वह उस माहुर को चखेगा, तो (श्रवश्य ही) मर जायगा । सच्चे (परमात्मा का यह) न्याय प्रत्येक युग में वरतता चला श्राया है, इसे जान लो

प्रभु के दरवाजे पर, प्रभु के दरबार में वही प्रतिष्ठा पाता है, जो उसका हुक्म मानता है । स्वामी ने (जीव को) हुक्म मानने वाले कार्य को सौंप कर (जगत् में) भेजा है । नगारची गुरु ने शब्द द्वारा यह बात सुना दी है (तात्पर्य यह है कि गुरु ने शब्द द्वारा इस बात का

ढिंढोरा पीट दिया है)। (इस ढिंढोरे को सुन कर) कुछ (गुरुमुख) तो सवार हो गए हैं (भाव यह कि परमात्मा के मार्ग पर चल पड़े हैं), कई (बन्दे) तैयार हो पड़े हैं, कुछ माल-असबाब लाद चुके हैं और कुछ जल्दी-जल्दी दौड़ पड़े हैं ॥६॥

सलोकु जा पका ता कटिआ रही सु पलरि वाड़ि ।
सणु कीसारा चिथिआ कणु लइआ तनु झाड़ि ॥
दुइ पुड़ चकी जोड़ि कै पीसण आइ बहिठु ।
जो दरि रहे सु उबरे नानक अजब डिठु ॥ २० ॥
वेखु जि मिठा कटिआ कटि कुटि बधा पाइ ।
खुंढा अंदरि रखि कै देनि सु मल सजाइ ॥
रसु कसु टटरि पाईऐ तपै ते विललाइ ।
भी सो फोगु समालीऐ दिचै अगि जालाइ ॥
नानक मिठै पतरीऐ वेखहु लोका आइ ॥ २१ ॥

सलोकु : जब (कृषि) पक जाता है, तो (ऊपर-ऊपर) काट ली जाती है, जो वस्तु शेष रहती है, वह डंठल और फूस है, (फिर) उसे बालियों समेत दबा लिया जाता है, (पौदों का) तन झाड़ के—भूसा ओसा कर दाना निकाल लिया जाता है।

चक्की के दोनों पाटों में रख (उन दानों को) पीसने के लिए (मनुष्य आ बैठता है)। (पर) हे नानक, एक आश्चर्यमय तमाशा देखा है कि जो दाने (चक्की के) दरवाजे के पास (अर्थात् किल्ली के समीप रहते हैं), वे पीसने से बच रहते हैं (इसी प्रकार जो मनुष्य प्रभु के दरवाजे के पास रहते हैं, उन्हें जगत् के विकार नहीं व्याप्त हो सकते) ॥२०॥

(हे भाई), देखो कि गन्ना (मिठा) काटा जाता है, छील-छाल कर रस्सी में डाल कर बाँधा जाता है फिर उसे बेलन में डाल कर पहलवान (तगड़े आदमी) इसे (मानो) सजा देते हैं (पेरते हैं)। सारा रस कड़ाहे में डाल दिया जाता है। (आग की आँच से यह रस) तपता है और बिलखता है। (तत्पश्चात् गन्ने की खोई को इकट्ठा करके (सुखा कर) आग में डाल कर जला देते हैं, (ताकि कड़ाहे का रस गरम हो)। नानक कहते हैं कि हे लोगों आकर (गन्ने की दशा) देखो, मिठास के कारण, वह दुःखी होता है। (इसी प्रकार माया की मिठास के मोह के कारण जीव की भी दुर्दशा होती है और वह दुःखी होता है) ॥२१॥

पउड़ी इकना मरणु न चिति आस घणेरिआ ।
मरि मरि जंमहि नित किसै न केरिआ ।
आपनड़ै मनि चिति कहनि चंगेरिआ ।
जमराजै नित नित मनमुख हेरिआ ॥
मनमुख लूणहाराम किआ न जाणिआ ।
बधे करनि सलाम खसम न भाणिआ ॥
सचु मिलै मुखि नामु साहिब भावसी ।
करसनि तखति सलामु लिखिआ पावसी ॥ ७ ॥

पउड़ी : कुछ लोग (संसार की) बड़ी आशाएँ (मन में बनाते रहते हैं, मृत्यु का ध्यान उनके) चित्त में नहीं आता; वे सदैव (नित्य) जन्मते रहते हैं, वे (कभी) किसी के नहीं होते, (अपने ही स्वार्थ में रत रहते हैं)। (वे लोग) अपने मन में, अपने चित्त में (अपने को) भला कहते हैं। (पर) ऐसे मनमुखों को यमराज नित्य ही देखता रहता है (तात्पर्य यह है कि वे समझते तो अपने को अच्छे हैं, किन्तु कर्म ऐसे नीच करते हैं, जिनके द्वारा यमराज के बन्धन में पड़ते हैं)। मनमुख नमकहरामी होते हैं, वे (परमात्मा के) किए हुए (उपकार को) नहीं जानते। (वे लोग) जब बंधते हैं, तभी (प्रभु को) सलाम करते हैं; (ऐसा करने से) वे खसम (स्वामी, प्रभु) को प्रिय नहीं हो सकते।

(जिस मनुष्य को) सत्य (परमात्मा) मिल गया है, जिसके मुंह में (प्रभु का) नाम है, वह खसम को प्यारा लगेगा। उसे तख्त के ऊपर (बैठा देख कर) सभी लोग सलाम करेंगे (और परमात्मा के) इस लिखे लेख (विधान को) वह पायेगा ॥७॥

सलोकु :

मछी तारू किआ करे पंखी किआ आकासु।
पथर पाला किआ करे खुसरे किआ घर वासु ॥
कुते चंदनु लाइऐ भी सो कुती धातु।
बोला जे समझाईऐ पड़ीअहि सिमृति पाठ ॥
अंधा चानणि रखीऐ दीवे बलहि पचासु।
चउणे सुइना पाईऐ चुणि चुणि खावै घासु ॥
लोहा मारणि पाईऐ ढहै न होइ कपासु।
नानक मूरखि एहि गुण बोले सदा विणासु ॥ २२ ॥

कैहा कंचन तुटै सारु। अगनी गंढु पाए लोहारु ॥
गोरी सेती तुटै भतारु। पुती गंढु पवै संसारि ॥
राजा मंगै दितै गंढु पाइ। भुखिआ गंढु पवै जा खाइ ॥
काल्हा गंढु नदीआ मीह झोल। गंढु परीती मिठे बोल ॥
बेदा गंढु बोले सचु कोइ। मुइआ गंढु नेकी सतु होइ ॥
एतु गंढि वरतै संसारु। मूरख गंढु पवै मुहि मार ॥
नानकु आखै एहु बीचारु। सिफती गंढु पवै दरबारि ॥ २३ ॥

सलोकु :—बहुत गहरा पानी मछली का क्या कर सकता है ? (तात्पर्य यह कि जल कितना ही गहरा क्यों न हो, मछली को चिन्ता नहीं। आकाश पक्षी का क्या कर सकता है ? पाला (कंकड़) पत्थर का क्या कर सकता है ? (यानी पाला कंकड़-पत्थर का कुछ भी नहीं बिगाड़ सकता)। हिंजड़े को घर बसाने से (स्त्री करने से) क्या लाभ ? कुत्ते को चन्दन लगा दिया जाय, फिर भी उसकी वृत्ति (स्वभाव) कुतियों में ही रहती है। गूँगे को (चाहे जितना) समझाइए अथवा (चाहे जितना) स्मृतियों का पाठ कीजिए, (किन्तु, वह तो सुन ही नहीं सकता)। अंधे मनुष्य को प्रकाश में रक्खा जाय, (और उसके पास) पचास दीपक जलते हों, (फिर भी वह नहीं देख सकता)। चरने के लिए गए हुए पशुओं के सम्मुख चाहे सोना डाल दीजिए, तो भी वे तो घास ही चुग-चुग कर खायेंगे। (चाहे) लोहे को चूर्ण-चूर्ण कर डालिए, तो भी वह कपास (के समान मुलायम नहीं) हो सकता।

हे नानक, मूर्ख भी इसी स्वभाव (गुण) के होते हैं; (चाहे उसे कितना ही समझाया जाय, किन्तु वह जभी बोलता है) तभी (ऐसा बोलता है, जिससे) दूसरों को नुकसान पहुँचे ।। २२ ।।

यदि काँसा, सोना अथवा लोहा टूट जाय, तो अग्नि के द्वारा लोहार (आदि उन्हें) जोड़ देते हैं; यदि स्त्री से पति रुष्ट हो जाय तो जगत् में इनका मेल पुत्रों द्वारा (पुनः) हो जाता है। यदि राजा माँगता है, और (प्रजा) देती है, (तो दोनों का पारस्परिक) संबंध जुड़ा रहता है। भूखे व्यक्ति का अपने शरीर से तभी सम्बन्ध जुड़ता है, जब वह भोजन करे। यदि बहुत मेह पड़ने से नदियाँ (वहने लगें), तो दुर्भिक्ष (काल) में गाँठ पड़ जाती है (तात्पर्य यह कि वर्षा होने से, दुर्भिक्ष की समाप्ति हो जाती है), मीठे वचन से प्रीति जुड़ती है (प्रीति प्रगाढ़ होती है) । वेद (आदिक धार्मिक पुस्तकों) से (मनुष्य का तभी) संबंध जुड़ता है, यदि वह सत्य बोले। नेकी और सच्चाई के होने से मृत व्यक्तियों का (जीवितों से) सम्बन्ध बना रहता है, (तात्पर्य यह कि नेक पुरुषों की नेकी और सच्चाई को अपनाने की चेष्टा जीवित मनुष्य सदैव करते रहते हैं) । (अतएव) इस प्रकार के सम्बन्ध से जगत् का व्यवहार चलता है। मुँह पर मारने से मूर्ख के (मूर्खपन) की रोक होती है।

नानक यह विचार की बात बताता है कि (परमात्मा) की स्तुति के द्वारा (परमात्मा के) दरबार से सम्बन्ध जुड़ता है ।। २३ ।।

पउड़ी :

आपे कुदरति साजि कै आपे करे बीचारु ।
इकि खोटे इकि खरे आपे परखणहारु ।।
खरे खजानै पाईअहि खोटे सटीअहि बाहरवारि ।
खोटे सची दरगह सुटीअहि किसु आगै करहि पुकार ।।
सतिगुर पिछै भजि पवहि एहा करणी सारु ।
सतिगुरु खोटिअहु खरे करे सबदि सवारणहारु ।।
सची दरगह मंनीअनि गुर कै प्रेम पिआरि ।
गणत तिना दी को किआ करे जो आपि बखसे करतारि ।। ८ ।।

पउड़ी :—(परमात्मा) आप ही कुदरत,— शक्ति, माया (सृष्टि-रचना) उत्पन्न करके आप ही इसका ध्यान रखता है। (इस सृष्टि में) कुछ प्राणी खोटे हैं, (तात्पर्य यह कि मनुष्यता के मापदण्ड से नीचे गिरे हैं) और कुछ (बादशाही सिक्के समान) खरे हैं; (इन सब को परखनेवाला भी) आप ही हैं। (अच्छे सिक्कों की भाँति) खरे बन्दे (प्रभु के खजाने में डाले जाते हैं (तात्पर्य यह कि उनका जीवन प्रामाणिक होता है) । खोटे धक्का देकर बाहर फेंक दिए जाते हैं। सच्चे दरबार में उन्हें धक्का मिलता है; कोई ऐसा और स्थान भी नहीं, जहाँ वे लोग (सहायता के लिए) पुकार सकें।

(ऐसे तुच्छ जीवों के लिए) सब से श्रेष्ठ यही कर्म है कि वे लोग सद्‌गुरु की शरण में जा पड़ें। गुरु खोटे व्यक्तियों को खरा बना देता है, (क्योंकि वह अपने) शब्द के द्वारा (खोटों को) सँवारने में समर्थ है, (फिर वे) सदगुरु द्वारा प्रदत्त प्रेम और प्यार से परमात्मा के दरबार में प्रतिष्ठा पाते हैं; जिन्हें परमात्मा देता है, उनकी गणना कौन कर सकता है ? ।।१।। ८ ।।

सलोकु हम जेर जिमी दुनीआ पीरा मसाइका राइआ ।
मे रवदि बादिसाहा अफजू खुदाइ ॥
एक तूही एक तुही ॥ २४ ॥
न देव दानवा नरा । न सिध साधिका धरा ॥
असति एकु दिगरि कुई । एक तुई एक तुई ॥ २५ ॥
न दादे दिहंद आदमी । न सपत जेर जिमी ॥
असति एक दिगरि कुई । एक तुई एक तुई ॥ २६ ॥
न सूर ससि मंडलो । न सपत दीप नह जलो ॥
अ न पउणु थिरु न कुई । एक तुई एक तुई ॥ २७ ॥
न रिजकु दसत आ कसे । हमारा एकु आस वसे ॥
असति एकु दिगर कुई । एक तुई एक तुई ॥ २८ ॥
परंदए न गिराह जर । दरखत आब आस कर ॥
दिहंद सुई । एक तुई एक तुई ॥ २९ ॥
नानक लिलारि लिखिआ सोइ । मेटि न साकै कोइ ॥
कला धरै हिरै सुई । एकु तुई एकु तुई ॥ ३० ॥

सलोकु :—पीर, शेख, राय (आदि) सारा संसार जो धरती के नीचे है (नाश हो जाता है)—(इस पृथ्वी पर शासन करने वाले) बादशाह भी नष्ट हो जाते हैं । सदा कायम रहने वाला, हे खुदा एक तू ही है, एक तू ही है ॥ २४ ॥

देवतागण, दानव, मनुष्य, सिद्ध, साधक कोई भी (इस) धरती पर न रहे । सदेव रहने वाला (तुझे छोड़ कर) दूसरा कौन है ? सदैव रहनेवाला, हे प्रभु, एक तू ही है, एक तू ही है ॥ २५ ॥

न न्याय करनेवाले व्यक्ति ही सदैव रहने वाले हैं, न पृथ्वी के नीचे सात (पाताल) ही रहने वाले हैं, सदैव रहनेवाला, (हे प्रभु, तुझे छोड़ कर) दूसरा कौन है ? हे प्रभु, सदैव स्थिर रहनेवाला एक तू ही है, एक तू ही है ॥ २६ ॥

सूर्य, चन्द्रमण्डल, सप्त दीप, जल, अन्न, पवन कुछ भी स्थिर नहीं रहनेवाले हैं । (सदा रहनेवाला, हे प्रभु) एक तू ही है, एक तू ही है ॥ २७ ॥

जीवों का आहार (परमात्मा के बिना) किसी और के हाथ में नहीं है; सभी जीवों को बस, एक प्रभु की आशा है (क्योंकि सदा स्थिर) और है ही कोई नहीं; सदैव रहनेवाला, हे प्रभु, एक तू ही है, एक तू ही है ॥ २८ ॥

पक्षियों के गाँठ के पल्ले धन नहीं है, वे प्रभु के बनाए हुए वृक्षों और पानी का ही आसरा लेते हैं । उन्हें रोजी देने वाला वही प्रभु है ।

(हे प्रभु, उन्हें रोटी देनेवाला) एक तू ही है, एक तू ही है ॥ २९ ॥

हे नानक (जीव के) मत्थे में जो कुछ परमात्मा की ओर से लिखा गया है, उसे कोई मेट नहीं सकता । (जीव के अंतर्गत) वही शक्ति देता और वही लेता है ।

(हे प्रभु, जीवों को शक्ति देनेवाला और उनकी खोज-खबर लेने वाला) एक तू ही है, एक तू ही हैं ॥ ३० ॥

पउड़ी सचा तेरा हुकमु गुरमुखि जाणिआ ।
गुरमती आपु गवाइ सचु पछाणिआ ॥
सचु तेरा दरबारु सबदु नीसाणिआ ।
सचा सबदु वीचारि सचि समाणिआ ॥
मनमुख सदा कूड़िआर भरमि भुलाणिआ ।
विसटा अंदरि वासु सादु न जाणिआ ॥
विणु नावै दुखु पाइ आवण जाणिआ ।
नानकु पारखु आपि जिनि खोटा खरा पछाणिआ ॥ ६ ॥

पउड़ी :—(हे प्रभु !) तेरा हुक्म सच्चा है, गुरु के सम्मुख होकर यह जाना जाता है । जिसने गुरु की मति लेकर अपना अहंभाव दूर-किया है उसने तुझ सच्चे को जान लिया है । (हे प्रभु,) तेरा दरबार सच्चा है; (इस तक पहुंचने के लिए गुरु का) शब्द ही निशान है । जिन्होंने सच शब्द को विचारा है, वे सच्चे में ही लीन हो जाते हैं ।

(पर) मन के पीछे दौड़नेवाले झूठा (ही) व्यवहार करते हैं, वे भ्रम में भटकते फिरते हैं । वे सदैव विष्टा (मल) के भीतर वास करते हैं, (वे शब्द का) स्वाद नहीं जान सकते हैं । (परमात्मा के) नाम बिना वे दुःख पाकर आने-जाने (जीवन-मरण) (के चक्कर में पड़े रहते हैं) ।

हे नानक, परखनेवाला प्रभु आप ही है, जिसने खोटे-खरे को पहचाना है (तात्पर्य यह कि प्रभु आप ही जानता है कि खोटा और खरा कौन है ।) ॥ ६ ॥

सलोकु : सीहा बाजा चरगा कुहीआ एना खवाले घाह ।
घाहु खानि तिना मासु खवाले एहि चलाए राह ॥
नदीआ विचि टिबे देखाले थली करे असगाह ।
कीड़ा थापि देइ पातिसाही लसकर करे सुआह ॥
जेते जीअ जीवहि लै साहा जीवाले ता कि असाह ।
नानक जिउ जिउ सचे भावै तिउ तिउ देइ गिराह ॥ ३१ ॥

इकि मासहारी इकि तृणु खाहि । इकना छतीह अंमृत पाहि ।
इकि मिटीआ महि मिटीआ खाहि । इकि पउण सुमारी पउण सुमारि ॥
इकि निरंकारी नाम आधारि ॥
जीवै दाता मरै न कोइ । नानक मुठे जाहि नाही मनि सोइ ॥ ३२ ॥

सलोकु :—(यदि प्रभु चाहे) तो सिंह, बाज, शिकरा तथा कुही (ऐसे मांसाहारी पक्षियों को) घास खिला दे (तात्पर्य यह कि उनको मांसाहारी वृत्ति को परिवर्तित कर दे) जो घास खाते हैं, उन्हें मास खिला दे । (इस प्रकार वह विरोधी) मार्गों में चला सकता है । (यदि प्रभु चाहे तो) नदियों के बीच में टीला दिखा दे और स्थलों को अथाह (जल) बना दे, कीड़े को बादशाही (तख्त) पर स्थापित कर दे और (बादशाहों की) सेना को खाक कर दे । (संसार में) जितने भी जीव जीते हैं, साँस लेकर जीते हैं, (तात्पर्य यह कि तब तक जीते हैं, जब तक सांस लेते हैं), (किन्तु, हे प्रभु) यदि तू उन्हें जीवित रखना चाहे, तो सांस

(की क्या आवश्यकता है) ?

हे नानक, जैसे-जैसे प्रभु की मर्जी है, वैसे-वैसे (जीवों को) रोजी देता है ।। ३१ ।।

कुछ जीव माँसाहारी हैं, कुछ तृण खाते हैं; कुछ प्राणी छत्तीस प्रकार के अमृतमय (स्वाद वाले) भोजन करते हैं और कुछ मिट्टी में (रहकर) मिट्टी ही खाते हैं।

कुछ (साधक) पवन के गिनने वाले हैं और पवन ही गिनते रहते हैं (तात्पर्य यह कुछ प्राणायाम के अभ्यासी प्राणायाम में ही लगे रहते हैं); कुछ निरंकार के उपासक नाम के सहारे जीते हैं।

उनका दाता जीवित रहे ! उनमें से कोई भूखा नहीं मरता, (तात्पर्य यह कि उन्होंने अपने दाता—परमात्मा का सहारा पकड़ा है, इसलिए उन्हें रोजी अवश्य मिलती है)। हे नानक वे जीव ठगे जाते हैं, जिनके मन में वह प्रभु नहीं है ।। ३२ ।।

पउड़ी **पूरे गुर की कार करमि कमाइऐ ।।**
गुरमती आपु गवाइ नामु धिआईऐ ।।
दूजी कारै लगि जनमु गवाईऐ ।
विणु नावै सभ विसु पैझै खाईऐ ।।
सचा सबदु सालाहि सचि समाईऐ ।
विणु सतिगुरु सेवे नाही सुखि निवासु फिरि फिरि आईऐ ।।
दुनीआ खोटी रासि कूड़ु कमाईऐ ।
नानक सचु खरा सालाहि पति सिउ जाईऐ ।। १० ।।

पउड़ी :—पूर्ण सदगुरु का कार्य, (प्रभु की) कृपा के द्वारा ही किया जा सकता है; गुरु (की दी हुई) मति—बुद्धि द्वारा आपापन नष्ट करके (प्रभु का) नाम स्मरण किया जा सकता है।

(प्रभु का स्मरण भूल कर) अन्य कार्यों में लगने से (मनुष्यों का) जन्म व्यर्थ ही जाता है, (क्योंकि) बिना नाम के सारा खाना-पीना विषवत हो जाता है।

(सदगुरु के) सच्चे शब्द की स्तुति करके (मनुष्य) (परमात्मा) में समा जाता है। सदगुरु की सेवा किए बिना, सुख में निवास नहीं हो सकता और बार-बार (जन्म-मरण के चक्कर में) आना पड़ता है। संसार (का प्रेम) खोटी पूँजी है, यह कमाई झूठ (का व्यापार है)।

हे नानक, खरे सच्चे (परमात्मा की) स्तुति करके (मनुष्य इस संसार से) प्रतिष्ठा के साथ जाता है।। १० ।।

सलोकु **तुधु भावै ता वावहि गावहि तुधु भावै जलि नावहि ।**
जा तुधु भावहि ता करहि बिभूता सिङी नादु वजावहि ।।
जा तुधु भावहि ता पड़हि कतेबा मुला सेख कहावहि ।
जा तुधु भावहि ता होवहि राजे रस कस बहुतु कमावहि ।।
जा तुधु भावहि तेग वगावहि सिर मुंडी कटि जावहि ।
जा तुधु भावहि जाहि दिसंतर सुणि गला धरि आवहि ।।

जा तुधु भावहि नाइ रचावहि तुधु भाणै तूं भावहि ।
नानकु एक कहै बेनंती होरि सगले कूड़ु कमावहि ॥ ३३ ॥
जा तूं वडा सभि वडिआंईआ चंगै चंगा होई ।
जा तूं सचा ता सभु को सचा कूड़ा कोइ न कोई ॥
आखणु वेखणु बोलणु चलणु जीवणु मरणा धातु ।
हुकमु साजि हुकमै विचि रखै नानक सचा आपि ॥ ३४ ॥

सलोकु :—जब तुम्हें अच्छा लगता है, तो (कुछ मनुष्य बाजा) बजाते हैं और (कुछ) गाते हैं (कुछ व्यक्ति तीर्थों के) जल में स्नान करते हैं, (कुछ अपने शरीर में) विभूति लगाते हैं और शृङ्गी का नाद बजाते हैं, (कुछ व्यक्ति) कुरान (आदि धार्मिक पुस्तकें) पढ़ते हैं और अपने आपको मुल्ला और शेख कहलवाते हैं, (कुछ लोग) राजे बन जाते हैं और तरह-तरह के स्वादों के भोजन करते हैं, (कुछ) तलवार चलाते है, (कुछ शूरमों के) गर्दन से सिर कट जाते हैं, (कुछ पुरुष) अन्य दिशाओं में (परदेस) जाते हैं (और वहाँ की) बातें सुनकर (फिर अपने घर) लौट आते हैं। (हे प्रभु,) यह भी तेरी मर्जी है (कि कुछ भाग्य शाली व्यक्ति) तेरे नाम में लगे रहते हैं, (जो) तेरी आज्ञा में है, (वे) तुझे अच्छे लगते हैं। नानक एक विनती करता है (कि वे व्यक्ति जो तुम्हारी आज्ञा में नहीं चल रहे हैं) झूठ ही कमा रहे हैं ॥ ३३ ॥

क्योंकि (हे प्रभु) तू बड़ा है, अतएव तुझी से सारी बड़ाइयाँ (निकलती हैं); (हे प्रभु) तू भला है, (अतएव) भला से भला ही (उत्पन्न होता है)। जब (यह विश्वास हो जाय) कि तू सच्चा है, तो सभी कोई सच्चे दिखलाई पड़ेंगे, (क्योंकि सभी की उत्पत्ति तुझी से हुई, और तू ही सब में विराजमान है): (इस प्रकार की दृष्टि से) कोई भी झूठा नहीं हो सकता।

कहना, देखना, बोलना, चलना, जीना, मरना यह सब माया-स्वरूप हैं, (वास्तव में इनकी सत्ता नहीं है, नित्य और शाश्वत सत्ता तो प्रभु तू ही है)। हे नानक सच्चा प्रभु स्वयं तू ही है; वह अपने हुक्म को रच कर, सभी को हुक्म में ही परखता है ॥३४॥

पउड़ी सतिगुरु सेवि निसंगु भरमु चुकाईऐ ।
सतिगुरु आखै कार सु कार कमाईऐ ॥
सतिगुरु होइ दइआलु त नामु धिआईऐ ।
लाहा भगति सु सारु गुरमुखि पाईऐ ॥
मनमुखि कूड़ु गुबारु कूड़ु कमाईऐ ।
सचे दै दरि जाइ सचु चवांईऐ ॥
सचै अंदरि महलि सचि बुलाईऐ ।
नानक सचु सदा सचिआरु सचि समाईऐ ॥ ११ ॥

पउड़ी:—यदि निःशंक होकर सद्गुरु की सेवा की जाय, तो (समस्त) भ्रम समाप्त हो जाते हैं। वही काम करना चाहिए, जिसके करने के लिए गुरु कहे। यदि सदगुरु कृपा करे, तो (प्रभु के) नाम का ध्यान किया जा सकता है। गुरु की प्राप्ति होने पर, (प्रभु की) भक्ति—सबसे श्रेष्ठ लाभ (प्राप्त होता है)। (किन्तु) मनमुख निरा झूठ और निरा अन्धकार ही कमाता है, (प्राप्त करता है)।

(यदिसच्चे प्रभु के चरणों में लगकर) सच्चे का नाम जपा जाय तो इस सच्चे नाम के द्वारा (प्रभु के) सच्चे महल के अन्दर स्थान मिलता है। हे नानक, (जिसके पल्ले) सदा सत्य है, वह सत्य का व्यापारी है, वह सत्य में ही निमग्न रहता है ॥११॥

सलोकु कलि काती राजे कासाई धरमु पंखु करि उडरिआ ।
कूड़ु अमावस सचु चंद्रमा दीसै नाही कह चड़िआ ।
हउ भालि विकुंनी होई ।
आधेरै राहु न कोई ॥
विचि हउमै करि दुखु रोई ।
कहु नानक किनि बिधि गति होई ॥ ३५ ॥

सबाही सालाह जिनी धिआइआ इकमनि ।
सेइ पूरे साह वखतै ऊपरि लड़ि मुए ॥
दूजै बहुते राह मन कीआ मती खिंडीआ ।
बहुतु पए असगाह गोते खाहि न निकलहि ॥
तीजै मुही गिराह भुख तिखा दुइ भउकीआ ।
खाधा होइ सुआह भी खाणे सिउ दोसती ॥
चउथै आई ऊंघ अखी मीटि पवारि गइआ ।
भी उठि रचिओनु वादु सै वरिहा की पिड़ बधी ॥
सभे वेला वखत सभि जे अठी भउ होइ ।
नानक साहिबु मनि वसै सचा नावणु होइ ॥ ३६ ॥

पहिरा अगनि हिवै घरु बाधा भोजनु सारु कराई ।
सगले दूख पाणी करि पीवा धरती हाक चलाई ॥
धरि ताराजी अंबरु तोली पिछै टंकु चड़ाई ।
एवडु वधा मावा नाही सभसै नथि चलाई ॥
एता ताणु होवै मन अंदरि करी भी आखि कराई ।
जेवडु साहिबु तेवडु दाती दे दे करे रजाई ॥
नानक नदरि करे जिसु उपरि सचि नामि वडिआई ॥ ३७ ॥

नानक गुरु संतोखु रुखु धरमु फुलु फल गिआनु ।
रसि रसिआ हरिआ सदा पकै करमि धिआनि ॥
पति के साद खादा लहै दाना कै सिरि दानु ॥ ३८ ॥

सुइने का बिरखु पत परवाला फुल जवेहर लाल ।
तितु फल रतन लगहि मुखि भाखित हिरदै रिदै निहालु ॥
नानक करमु होवै मुखि मसतकि लिखिआ होवै लेखु ।
अठसठि तीरथ गुर की चरणी पूजै सदा विसेखु ॥
हंसु हेतु लोभु कोपु चारे नदीआ अगि ।
पवहि दझहि नानका तरीऐ करमी लगि ॥ ३९ ॥

सलोकु : कलियुग (यह बुरा समय) छुरी है, राजे कसाई हैं. धर्म अपने पंखों पर (न मालूम कहाँ) उड़ गया है, झूठ अमावस्या (की रात्रि) है; (इस रात्रि में) सत्य का चन्द्रमा कहाँ उदय हुआ है ? (वह) दिखलाई नहीं पड़ता। मैं (उस चन्द्रमा को) ढूंढ़-ढूंढ़ कर व्याकुल हो गई हूँ, अंधकार में कोई रास्ता नहीं दिखलायी पड़ता।

(इस अन्धकार) में (सृष्टि) अहंकार के कारण दुःखी होकर रो रही है। हे नानक, (इस दुःख पूर्ण स्थिति से) किस प्रकार छुटकारा हो ? ॥३५॥

जो (मनुष्य) सवेरे ही (अमृतवेला में) (परमात्मा की) स्तुति करते हैं, एकाग्र मन से (प्रभु का) ध्यान करते हैं, समय पर (ब्रह्म-मुहूर्त्त में मन के साथ) युद्ध करते हैं (तात्पर्य यह कि आलस्य और प्रमाद से मुक्त होकर परमात्मा के चिन्तन में रत होते हैं), वे ही पूरे शाह हैं।

दूसरे पहर में, अर्थात् दिन चढ़ने पर (मन के) अनेक रास्ते हो जाते हैं (अनेक सांसारिक झमेले में मन बँट जाता है), मन की मति बिखर जाती है (अनेक वासनाओं में बँट जाता है); (मनुष्य सांसारिक प्रपंचों के) अथाह (समुद्र) में पड़ कर गोते खाते हैं और निकल नहीं सकते।

तीसरे पहर में भूख और प्यास दोनों भूंकने लगती हैं (प्रबल पड़ जाती हैं) और (मनुष्य) मुँह में ग्रास (डालने लगते हैं) जो कुछ खाते हैं, भस्म हो जाता है, फिर खाने से दोस्ती होती है (अर्थात् फिर खाने की इच्छा प्रबल होती है।)

चौथे पहर नींद आ दबाती है, (मनुष्य) आँख मीच कर परलोक में चला जाता है, (तात्पर्य यह कि स्वप्न-संसार में विचरण करने लग जाता है)। (सोकर उठने पर फिर उन्हीं (जगत् के) झमेलों को प्रारम्भ कर देता है। (इस प्रकार मनुष्य ने) सौ वर्ष की शर्त बाँध रक्खी है।

(अतएव अमृतवेला ही परमात्मा के स्मरण के लिए आवश्यक है, किन्तु) जब (अमृत वेला के चिन्तन के अभ्यास) आठ पहर परमात्मा का भय (मन में) स्थिर हो जाय, तो सारी वेला, सारे समय में (मन परमात्मा के स्वरूप-चिन्तन में निमग्न रहता है)। हे नानक, (इस प्रकार जब आठों पहर) साहब में मन वसा रहे, तभी सच्चा (आत्मिक) स्नान होता है ॥३६॥

विशेष :—कहते हैं कि एक बार कुछ योगियों ने गुरु नानक देव से सिद्धियों का चमत्कार दिखलाने को कहा। गुरु नानक देव ने निम्नलिखित पद में योगियों को यह बतलाया कि परमात्मा के नाम से बढ़ कर कोई भी चमत्कार नहीं। सिद्धियाँ तो नाम की अपेक्षा तुच्छ हैं—

अर्थ :—यदि मैं आग पहन लूं (अथवा) बर्फ में घर बना लूं (तात्पर्य यह कि मेरे अंतर्गत इतनी शक्ति आ जाय कि मैं आग और बर्फ में बैठ सकूं), लोहे को भोजन बना लूं, सारे दुःखों को पानी की भाँति (बड़े शौक से) पी जाऊँ, सारी पृथ्वी को अपनी हाँक में चला लूं (यानी समस्त भूमण्डल पर मेरा आधिपत्य हो), सारे आकाश को (जो अनन्त ब्रह्माण्ड, सूर्य, नक्षत्रगण और तारामण्डल आदि को धारण करने से बहुत भारी है) तराजू के (एक पलड़े पर) रख कर, पिछले (पलड़े पर) टंक (चार माशा) रख कर (आसानी से) तौल लूं, (अपने शरीर को) इतना अधिक बढ़ा लूं कि कहीं समा न सके और सब को नाथ लूं (अपनी आज्ञा

में चलाऊँ), मेरे मन में इतनी शक्ति हो कि जो चाहे करूँ और कह कर दूसरों से भी करा लूँ, (फिर भी ये सब सिद्धियाँ तुच्छ हैं)।

जितना बड़ा साहब है, उतने ही बड़े उसके दान हैं, (यदि) आज्ञाओं का (स्वामी) और भी (अनन्त सिद्धियों का) दान मुझे दे दे, (तो भी ये सब तुच्छ ही हैं)।

हे नानक, (वास्तविक बात तो यह है कि) जिस प्राणी पर, (प्रभु) कृपा-दृष्टि करता है, उसे (अपने) सच्चे नाम के द्वारा बड़ाई प्रदान करता है। (तात्पर्य यह कि सभी सिद्धियों एवं चमत्कारों से बढ़कर नाम की प्राप्ति है) ॥३७॥

हे नानक, (पूर्ण) संतोष (स्वरूप) गुरु वृक्ष है, (जिसमें) धर्म रूपी फूल (लगता) है और ज्ञान-रूपी फल (लगते) हैं, प्रेम-जल के सींचने से यह सदैव हरा-भरा रहता है। (परमात्मा की कृपा से) (प्रभु का) ध्यान करने से यह (ज्ञान-फल) पकता है, (तात्पर्य यह कि जो मनुष्य प्रभु कृपा से उसका ध्यान करता है, उसे पूर्ण ज्ञान प्राप्त होता है)। (इस ज्ञान-फल को) चखनेवाला व्यक्ति प्रभु के मिलन का रस लेता है, (मनुष्य के लिए प्रभु की ओर से) यह दान, सर्वोपरि दान है ॥३८॥

(गुरु) सोने का वृक्ष है, मूँगा—प्रवाल (अनुराग) उसके पत्र हैं, लाल, जवाहर (गुरु-उपदेश) उसके फूल हैं; श्रेष्ठ कहे हुए वचन रूपी रत्न उस (गुरु)—वृक्ष के फल हैं; (उस गुरु को) हृदय के अन्तर्गत ही देख लो। हे नानक, (जिस पर प्रभु की) कृपा हो, जिसके मुख और मस्तक में भाग्य हो, वही गुरु के चरणों में लगकर, (उन चरणों को) अड़सठ तीर्थों से विशेष जान कर, पूजता है। हिंसा, मोह, लोभ और क्रोध—यह चार अग्नि की नदियाँ (जगत् में प्रवाहित हो रही हैं)। जो-जो (मनुष्य) उन नदियों में पड़ते हैं, वे दग्ध हो जाते हैं। हे नानक, प्रभु की कृपा से (गुरु के चरणों में) लगकर (इन नदियों को) पार किया जा सकता है ॥३९॥

पउड़ी **जीवदिआ मरु मारि न पछोताईऐ।**
झूठा इहु संसारु किनि समझाईऐ॥
सचि न धरे पिआरु धंधै धाईऐ।
काल बुरा खै कालु सिरि दुनीआईऐ॥
हुकमी सिरि जंदारु मारे दाईऐ।
आपे देइ पिआरु मंनि वसाईऐ॥
मुहतु न चसा विलंमु भरीऐ पाईऐ।
गुरपरसादी बुझि सचि समाईऐ॥१२॥

पउड़ी : (हे साधक) (मंद वासनाओं को) मार कर जीवित ही इस प्रकार मरो कि (अन्त में) पछताना न पड़े। किसी बिरले को ही यह समझ आती है कि यह संसार झूठा है। (साधारणतया जीव मंद वासनाओं के अधीन होकर) संसार के प्रपंचों में भटकता रहता है और सत्य में प्यार नहीं पाता; (वह इस बात का ध्यान नहीं रखता कि) बुरा काल, नाश करने वाला काल संसार के सिर पर (हर समय खड़ा) है; यह यम प्रभु की आज्ञा से (प्रत्येक के) सिर के ऊपर (उपस्थित) है और दाव लगा कर मारता है। [जंदारु < फारसी, जंदाल—

गँवार, शराबी। यह शब्द साधारणतया यम के साथ प्रयुक्त होने से, अकेला भी यम के अर्थ में व्यवहृत होता है]।

(जीव का क्या वश है ?) प्रभु आप ही अपना प्यार प्रदान करता है (और जीव के) मन में (अपने आप ही) बसाता है। जब (साँसें) पूरी हो जाती हैं, तो पलक मात्र, निमिष मात्र की देरी नहीं लगायी जा सकती। सदगुरु की कृपा से (कोई विरला ही व्यक्ति) इसे समझ कर सत्य में समाहित हो जाता है ॥ १२ ॥

सलोकु तुमी तुमा विसु अकु धतूरा निमु फलु।
मनि मुखि वसहि तिसु जिसु तूं चिति न आवही।
नानक कहीऐ किसु हंढनि करमा बाहरे ॥४०॥
मति पंखेरू किरतु साथि कब उतम कब नीच।
कब चंदनि कब अकि डालि कब उची परीति ॥
नानक हुकमि चलाईऐ साहिब लगी रीति ॥४१॥

सलोकु :—(हे प्रभु,) जिस मनुष्य के चित्त में तू नहीं बसता उसके मन और मुख में तुम्मी, तुम्मा, विष, आक, धतूरा तथा नीम रूप फल बस रहे हैं (तात्पर्य यह कि उसके मन और मुख दोनों विष तुल्य कड़वे हैं)।

हे नानक, ऐसे भाग्य-विहीन मनुष्य भटकते फिरते हैं; (प्रभु के अतिरिक्त और) किसके आगे (उनका विष) दिखाया जाय ? (तात्पर्य यह कि प्रभु आप ही उनका यह विष—यह रोग दूर करनेवाला है)।

[तुम्मी, तुम्मा एक प्रकार के कड़वे फल हैं, जो जंगल में उगते हैं] ॥ ४० ॥

(मनुष्य की) मति पक्षी है, उसके पूर्व जन्मों के किए हुए कर्मों के संस्कार (कीरत) उसके साथी है; (इन संस्कारों के फलस्वरूप) मति कभी उत्तम होती है और कभी नीच; कभी (यह मति रूपी पक्षी) चन्दन (के वृक्ष) पर (बैठता है) और कभी आक की डाल पर, कभी (इसके अंतर्गत परमात्मा के प्रति) ऊँची प्रीति (उत्पन्न होती है)।

साहब की (आदि काल से ही यह) रीति चली आ रही है कि वह (सभी जीवों को अपनी) आज्ञा में चला रहा है, (तात्पर्य यह कि उसके आज्ञानुसार ही कोई अच्छी और कोई बुरी मति वाला है) ॥ ४१ ॥

पउड़ी केते कहहि वखाण कहि कहि जावणा।
वेद कहहि वखिआण अंतु न पावणा ॥
पड़िऐ नाही भेदु बुझिऐ पावणा।
खटु दरसन कै भेखि किसै सचि समावणा ॥
सचा पुरखु अलखु सबदि सुहावणा।
मंने नाउ बिसंख दरगह पावणा ॥
खालक कउ आदेसु ढाढी गावणा।
नानक जुगु जुगु एको मंनि वसावणा ॥ १३ ॥

पउड़ी :—कितने ही (मनुष्य) (परमात्मा के गुणों का) वर्णन करते आते आए और वर्णन करते-करते (जगत् से) चले गए। वेद (आदि धार्मिक ग्रन्थ भी उसकी महिमा का) वर्णन करते हैं, पर अन्त नहीं पाते है। पढ़ने से (उस परमात्मा) का रहस्य नहीं (ज्ञात होता है) समझने से ही (उसकी) प्राप्ति होती है। षट्-दर्शन (उत्तर मीमांसा, पूर्व मीमांसा, न्याय, योग, वैशेषिक, सांख्य) के (बाह्य) वेश धारण के द्वारा कौन व्यक्ति सत्य (परमात्मा) में समा सका? (अर्थात् कोई भी नहीं)।

(वह) सत्य पुरुष है, अलक्ष्य है, (पर गुरु के) शब्द द्वारा सुहावना लगता है। जो मनुष्य अनन्त परमात्मा के नाम को मानता है, (तात्पर्य यह कि जो परमात्मा के अनन्त नाम से युक्त होता है) वह उसके दरबार को पा लेता है; (वह) सृष्टि-रचयिता (खालिक) को प्रणाम करता है, और चारण बन कर (उस प्रभु का) गुणगान करता है। हे नानक, (वह व्यक्ति) युग में (विराजमान रहनेवाले) एक (प्रभु) को अपने मन में बसाता है॥ १३॥

सलोकु मारू मीहि न त्रिपतिआ अगी लहै न भुख।
राजा राजि न त्रिपतिआ साइर भरे कि सुक॥
नानक सचे नाम की केती पुछा पुछ॥ ४२॥
खतिअहु जंमे खते करनि त खतिआ विचि पाहि।
धोते मूलि न उतरहि जे सउ धोवण पाहि॥
नानक बखसे बखसीअहि नाहि त पाही पाहि॥ ४३॥
नानक बोलणु झखणा दुख छडि मंगीअहि सुख।
सुखु दुखु दुइ दरि कपड़े पहिरहि जाइ मनुख॥
जिथे बोलणि हारीऐ तिथै चंगी चुप॥ ४४॥

सलोकु :—मरुस्थल मेह से (कभी) नहीं तृप्त होता, अग्नि की (काष्ठादि को जलाने की) भूख भी नहीं मिटती, (कोई) राजा कभी राज्य-करने से नहीं तृप्त होता; भरे हुए (अगाध) समुद्र की शुष्कता क्या (बिगाड़ सकती है)? (तात्पर्य यह कि चाहे जितनी गर्मी क्यों न पड़े, किन्तु गर्मी की उष्णता और शुष्कता समुद्र को नहीं सुखा सकती)। हे नानक, (उसी प्रकार) (नाम जपनेवालों के अंतर्गत) सच्चे नाम की कितनी (उत्कट अभिलाषा होती है), इस बात की क्या पूछताछ हो सकती है? (अर्थात् यह बात बताई नहीं जा सकती)॥ ४२॥

पापों के कारण जन्मते हैं, (यहाँ— इस संसार में भी) पाप ही करते हैं; (आगे भी इन पापों के किए हुए संस्कार के फलस्वरूप) पाप में ही पड़ते हैं (प्रवृत्त होते हैं)। (ये पाप) धोने से बिल्कुल नहीं उतरते, चाहे इन्हें सौ बार ही धोया जाय। हे नानक (यदि प्रभु) कृपा करे, (तो ये पाप) बख्शे जाते हैं, नहीं तो जूते ही पड़ते हैं॥ ४३॥

हे नानक, जो (व्यक्ति) दुःख छोड़ कर सुख माँगते हैं, यह बोलना (माँगना) व्यर्थ ही है। सुख और दुःख दोनों ही (प्रभु के) दरवाजे से मिले हुए वस्त्र हैं, (जिन्हें मनुष्य जन्म धारण कर इस संसार में) पहनता है, (तात्पर्य यह कि दुःख और सुख के चक्र प्रत्येक पर आते

ही रहते हैं)। जिस स्थान पर बोलने में हार ही खानी पड़े, वहाँ चुप ही रहना भला है। (तात्पर्य यह कि परमात्मा की मर्जी में चलना सबसे सुन्दर है) ॥ ४४ ॥

पउड़ी
चारे कुंडा देखि अंदरु भालिश्रा ।
सचै पुरखि अलखि सिरजि निहालिश्रा ॥
उझड़ि भुले राह गुरि वेखालिश्रा ।
सतिगुर सचे वाहु सचु समालिश्रा ॥
पाइश्रा रतनु घराहु दीवा बालिश्रा ।
सचै सबदि सलाहि सुखीए सच वालिश्रा ॥
निडिरश्रा डरु लगि गरबि सि गालिश्रा ।
नावहु भुला जगु फिरै बेतालिश्रा ॥ १४ ॥

पउड़ी :—(जो मनुष्य) चारों कोनों को (तरफ) देख कर (भाव यह बाहर चारों ओर भटकना छोड़ कर) अपने अन्दर ढूंढ़ता है, (उसे यह सूझ पड़ता है कि) सच्चे अलख अकाल पुरुष ने (संसार) उत्पन्न करके आप ही उसकी देख-रेख की है (तात्पर्य यह कि सँभाल कर रहा है)।

कुमार्ग में भटकते हुए मनुष्य को गुरु ने मार्ग दिखलाया है, (गुरु ही मार्ग दिखाता है)। सच्चे सद्गुरु को धन्य है, (जिसकी कृपा से) सत्य (परमात्मा) संभाला गया है। (जिस मनुष्य के अंतर्गत सद्गुरु ने ज्ञान का) दीपक जला दिया है, उसे अपने भीतर ही (नाम—) रत्न प्राप्त हो गया है। (गुरु की शरण में आकर) सच्चे शब्द के द्वारा (प्रभु की) स्तुति करके (मनुष्य) सुखपूर्वक सत्य में निवास करने लग जाते हैं।

(किन्तु जिन्होंने प्रभु का) डर नहीं किया, (उन्हें अन्य) डर लगते हैं (और वे) अहंकार में पड़ कर गलते हैं। (प्रभु के) नाम को विस्मृत होकर (मनुष्य) जगत में बैताल (भूत के समान) फिरता है।

[**विशेष** :—'भालिश्रा', 'निहालिश्रा' आदि शब्द भूतकाल की क्रियाओं के हैं। किन्तु इनका प्रयोग वर्त्तमान काल में करना समीचीन प्रतीत होता है।] ॥ १४ ॥

सलोकु
सिरु खोहाइ पीश्रहि मलवाणी जूठा मंगि मंगि खाही ।
फोलि फदीहति मुहि लैनि भड़ासा पाणी देखि सगाही ॥
भेड़ा वागी सिरु खोहाइनि भरीश्रनि हथ सुआही ।
माऊ पीऊ किरतु गवाइनि टबर रोवनि धाही ॥
श्रोना पिंडु न पतलि किरिश्रा न दीवा मुए किथाउ पाही ।
श्रठसठि तीरथ देनि न ढोई बहमण अंनु न खाही ॥
सदा कुचील रहहि दिन राती मथै टिके नाही ।
झुंडी पाइ बहनि निति मरणै दड़ि दीबाणि न जाही ॥
लकी कासे हथी फुमण अगो पिछी जाही ॥
न श्रोइ जोगी ना श्रोइ जंगम ना श्रोइ काजी मुला ।
दयि विगोए फिरहि विगुते फिटा वतै गला ॥

जीआ मारि जीवाले सोई अवरु न कोई रखै।
दानहु तै इसनानहु वंजे भसु पई सिरि खुथै ॥
पाणी विचहु रतन उपंने मेरु कीआ माधाणी।
अठसठि तीरथ देवी थापे पुरबी लगै बाणी ॥
नाइ निवाजा नातै पूजा नावनि सदा सुजाणी।
मुइआ जीवदिआ गति होवै जां सिर पाईऐ पाणी ॥
नानक सिर खुथे सैतानी एना गल न भाणी ॥
वुठै होइऐ होइ बिलावलु जीआ जुगति समाणी।
वुठै अंनु कमादु कपाहा सभसै पड़दा होवै ॥
वुठै घाहु चरहि निति सुरही साधन दही विलोवै।
तितु घिइ होम जग सद पूजा पइऐ कारजु सोहै ॥
गुरू समुंदु नदी सभि सिखी नातै जितु वडिआई।
नानक जे सिर खुथे नावनि नाही ता सत चटे सिरि छाई ॥ ४५ ॥

आपि बुझाए सोई बूझै।
जिसु आपि सुझाए तिसु सभु किछु सूझै ॥
कहि कहि कथना माइआ लूझै ॥
हुकमी सगल करे आकार।
आपे जाणै सरब वीचार ॥
अखर नानक आखिओ आपि।
लहै भराति होवै जिसु दाति ॥ ४६ ॥

विशेष :—निम्नलिखित 'सलोक' जैनियों के सम्बन्ध में कहा गया है।

सलोक :—(जैनी) सिर के बाल नुचवा कर गंदा पानी पीते हैं और जूठी (रोटी) माँग-माँग कर खाते हैं। (वे) अपना मल फैला देते हैं। और मुँह में (गंदी) साँस लेते हैं, पानी देख कर सहमते हैं, (शरमाते) हैं, (तात्पर्य यह कि पानी का प्रयोग नहीं करते)। भेड़ों की तरह बाल नुचवाते हैं (और उनके बाल नोचनेवालों के) हाथों में राख लगा दी जाती है। माँ-बाप के कर्म (तात्पर्य यह कि परिश्रम द्वारा धनोपार्जन करके कुटुम्ब पालन करने का कर्म) गँवा देते हैं; (अतएव इनके) कुटुम्बी—सम्बन्धी ढाढ़े मार कर रोते हैं।

(इस लोक को तो उन्होंने इस भाँति नष्ट कर दिया, आगे परलोक के सम्बन्ध में सुनिए) न तो वे पिंडदान करते हैं न तो (श्राद्ध के) पत्तल की क्रिया करते हैं, न दीपक देते हैं, मरने पर (पता नहीं) कहाँ जाते हैं ? अड़सठ तीर्थ भी उन्हें पनाह नहीं देते और ब्राह्मण (भी) (उनका) अन्न नहीं खाते। (वे) सदैव दिन रात गंदे रहते हैं, मत्थे में तिलक भी नहीं लगाते। वे नित्य झुण्ड में बैठते हैं, (जैसे किसी) गमी में गए हों ["झुण्डी पाइ बहनि"—पंजाबी मुहावरा है जिसका अर्थ 'सिर पर कपड़े रख कर उदास होकर इस प्रकार बैठना जैसे किसी गमी में गए हों" होता है]। (वे) किसी सभा-दरबार में भी नहीं जाते। (उनकी) कमर में प्याले बंधे हैं, हाथ में सूत का बना हुआ एक प्रकार का झाड़ लिए रहते हैं, (ताकि कोई कीड़ा-मकोड़ा मिल जाय तो उसमें उन्हें बुहार दें, जिससे वे

मरने न पाएँ)। और आगे-पीछे (एक पंक्ति में) चलते हैं। न तो वे योगी हैं, न जंगम हैं, न काजी अथवा मुल्ला हैं, (अर्थात् उनके आचार-व्यवहार न तो हिन्दुओं से मिलते हैं और न मुसलमानों से)। परमात्मा के मारे हुए (वे) धिक्कारने (योग्य अवस्था में) घूमते हैं, (उनका सारा) समूह — झुण्ड (सम्प्रदाय) ही बिगड़ा हुआ है।

(वे यह नहीं समझते कि) जीवों को मारने-जिलाने वाला (प्रभु) आप ही है; (प्रभु के बिना) कोई और (उन जीवों को) नहीं रख सकता। (जीव-हिंसा के भय से, जैनी लोग किरत कर्म त्याग कर) दान और स्नान से भी विहीन हो गए हैं, (उनके) लुंचित शिर में भस्म पड़ी है।

(जैनी लोग जीव हिंसा के भय से साफ पानी नहीं पीते और स्नान भी नही करते, पर यह बात उनकी समझ में नहीं आती कि जब देवताओं ने) मंदराचल पर्वत को मथानी बना कर (समुद्र-मंथन किया), तो उसमें से (चौदह) रत्न उत्पन्न हुए। (जल के ही सहारे) देवताओं के अड़सठ तीर्थ स्थापित किए गए, जहाँ पर्व लगते हैं तथा कथा-वार्त्ता (होती है)। स्नान करके नमाज पढ़ी जाती है, स्नान करके ही पूजा होती है, (अतएव) सयाने लोग सदैव स्नान करते हैं। मरने-जीने पर (तभी) गति होती है, जब सिर के ऊपर पानी डाला जाय। (पर), हे नानक, ये लुंचित सिरवाले शैतानी (मार्ग पर) हैं, इन्हें (जल एवं स्नानादि की महत्ता की) बातें अच्छी ही नहीं लगतीं।

(जल की और महत्ता देखिए), जल वर्षा होने से आनन्द होता है; [बिलावल राग आनन्द का प्रतीक है, अतः बिलावल का प्रतीकार्य आनन्द का प्रतीकार्थ 'आनन्द', 'प्रसन्नता' होता है।] जीवों की जीवन-युक्ति भी जल में ही समायी हुई है। जल-वर्षा होने से ही अन्न (पैदा होता है), ईख (उगती है) और कपास होती है, जो (सभी मनुष्यों का) परदा बनती है। पानी बरसने से (उगी हुई) घासें, गायें नित्य चरती हैं (और दूध देती हैं, उस दूध से बने हुए) दही को स्त्रियाँ बिलोती हैं—मथती हैं (और घी बनाती हैं।) उसी घी से सदैव होम, और पूजा होती है, (उस घी के) पड़ने से सारे कार्य शोभनीय होते हैं।

(एक और भी स्नान है), गुरु समुद्र है, (उसकी) सारी शिक्षा नदी है (अथवा उससे सारे शिष्य नदियाँ हैं), (जहाँ) स्नान करने से, बड़ाई प्राप्त होती है। हे नानक, जो ये लुंचित सिर वाले (इस नाम-जल में) स्नान नहीं करते, उनके सिर में सात बूक राख (डाली जाय) ॥ ४५ ॥

जिसे (परमात्मा) स्वयं समझाता है, वही समझता है। जिसे (प्रभु) स्वयं सूझ देता है, उसे (जीवन-यात्रा की) सब कुछ सूझ आ जाती है। (केवल बार-बार) कथनी कहने से, (कुछ भी नहीं होता, ऐसा मनुष्य) माया में झगड़ता है।

(प्रभु ने) समस्त सृष्टि-रचना अपने हुकम से की है। समस्त जीवों के सम्बन्ध में (वही) विचार करता है। हे नानक, (परमात्मा ने) स्वयं ही इस अक्षर को कहा है; जिसे प्रभु दान देता है, उसके मन की भ्रान्ति नष्ट हो जाती है ॥ ४६ ॥

पउड़ी हउ ढाढी वेकारु कारै लाइआ।
राति दिहै कै वार धुरहु फुरमाइआ ॥

ढाढी सचै महलि खसमि बुलाइग्रा ।
सची सिफति सालाह कपड़ा पाइग्रा ॥
सचा ग्रंमृत नामु भोजनु ग्राइग्रा ।
गुरमति खाधा रजि तिनि सुखु पाइग्रा ॥
ढाढी करे पसाउ सबदु वजाइग्रा ।
नानक सचु सालाहि पूरा पाइग्रा ॥ १५ ॥ सुधु ॥

पउड़ी :—मैं बेकार था, मुझे प्रभु ने (ग्रपना) चारण बना कर (वास्तविक) कार्य में लगा दिया । (प्रभु का) प्रारम्भ से हुक्म हो गया कि (मैं) रात-दिन (उसके) यश का गान करूँ । मुझ चारण को स्वामी ने ग्रपने सच्चे महल में बुला लिया । (उसने) सच्ची स्तुति ग्रौर प्रशंसा के प्रतिष्ठा-वस्त्र मुझे पहना दिए । सच्चे ग्रमृत नाम का भोजन (मुझे) परमात्मा के यहाँ से ग्रा गया । गुरु की शिक्षा पर चलकर जिस-जिस मनुष्य ने (यह ग्रमृत नाम रूपी भोजन) तृप्त होकर किया है, उसने सुख पाया है । मैं चारण (भी ज्यों-ज्यों) उसकी स्तुति एवं प्रशंसा के गीत गाता हूँ, (त्यों-त्यों प्रभु के यहाँ से मिले) नाम-प्रसाद को छकता हूँ (नाम का ग्रानन्द मानता हूँ) ॥ १५ ॥ सुधु ॥

———

ੴ सतिनामु करता पुरखु निरभउ निरवैरु अकाल मूरति अजूनी सैभं गुर प्रसादि

रागु गउड़ी गुआरेरी, महला १, चउपदे दुपदे

सबद [१]

भउ मुचु भारा वडा तोलु। मनमति हउली बोले बोलु ॥
सिरि धरि चलीऐ सहीऐ भारु। नदरी करमी गुर बीचारु ॥१॥
भै बिनु कोइ न लंघसि पारि। भै भउ राखिआ भाइ सवारि ॥१॥ रहाउ ॥
भै तनि अगनि भखै भै नालि। भै भउ घड़ीऐ सबदि सवारि ॥
भै बिनु घाड़त कचुनिकच। अंधा सचा अंधी सट ॥२॥
बुधी बाजी उपजै चाउ। सहस सिआणप पवै न ताउ ॥
नानक मनमुखि बोलणु वाउ। अंधा अखरु वाउ दुआउ ॥३॥१॥

(परमात्मा का) भय बहुत भारी है और बड़े तौल वाला है (भाव यह है कि परमात्मा के भय में गंभीरता और बड़ाई प्राप्त होती है)। (मनुष्य के) मन की बुद्धि हलकी है और (खाली) बोली ही बोलती है। (यदि इस भय को) शिरोधार्य करके चला जाय (और भ बलवान् होकर) इसका भार सहन किया जाय, तो उस कृपालु (परमात्मा) की कृपा-दृष्टि से गुरु का विचार (प्राप्त होता है) ॥ १ ॥

(परमात्मा के) भय बिना कोई भी (इस संसार-सागर को) नहीं पार कर सकेगा। (गुरमुख ने परमात्मा के) भय में रह कर उस भय को बड़े प्रेम से सँवार कर रक्खा है ॥ १ ॥ रहाउ ॥

(साधक के) शरीर में (जो परमात्मा के) भय की अग्नि है, वह भय से (और भी अधिक) प्रज्वलित होती है। भय में रहकर उस भय को (गुरु के) शब्द द्वारा सँवार कर गढ़ा जाय। भय के बिना जो कुछ भी गढ़ना होता है, वह कच्चों में कच्चा ही होता है। जो साँचा अन्धा होता है, उस पर मुद्रित (सिक्का) भी अंधा ही होता है। (भावार्थ यह कि जैसी साधना-सम्बन्धी बुद्धि होती है, वैसा ही उसका फल भी होता है।) ॥ २ ॥

(अज्ञानियों को) बुद्धि (सांसारिक) खेल में (लगी रहती है) और (वह उसी में) प्रसन्न होती है। चाहे हजारों चतुराइयाँ करे, पर (भय रूपी अग्नि का) ताप (उन्हें) नहीं लगता, (तात्पर्य यह है कि सांसारिक व्यक्तियों की बुद्धि परमात्मा के भय से विहीन होती है)। हे नानक, मनमुखों का बोलना व्यर्थ होता है। उन्हें उपदेश (देना) व्यर्थ है और दुआ देनी भी व्यर्थ है ॥ ३ ॥ १ ॥

[२]

डरि घरु घरि डरु डरि डरु जाइ। सो डरु केहा जितु डरि डरु पाइ ॥
तुधु बिनु दूजी नाही जाइ। जो किछु वरतै सभ तेरी रजाइ ॥१॥
डरीऐ जे डरु होवै होरु। डरि डरि डरणा मन का सोरु ॥१॥ रहाउ ॥
न जीउ मरै न डूबै तरै। जिनि किछु कीआ सो किछु करै ॥
हुकमे आवै हुकमे जाइ। आगै पाछै हुकमि समाइ ॥२॥
हंसु हेतु आसा असमानु। तिसु विचि भूख बहुतु नैसानु।
भउ खाणा पीणा आधारु। विणु खाधे मरि होहि गवार ॥३॥
जिसका कोइ कोई कोइ कोइ। सभु को तेरा तूं समना का सोइ।
जा के जीअ जंत धनु मालु। नानक आखणु बिखमु बीचारु ॥४॥२॥

(परमात्मा के) डर से (वास्तविक) घर की (प्राप्ति होती है) और (हृदय रूपी) घर में ऐसा डर (आ बसता है), जिस डर से अन्य डर चले जाते हैं। वह डर कैसा है, जिस डर से और डर समाप्त हो जाते हैं ? (हे प्रभु,) तुम्हारे बिना और कोई स्थान नहीं है। (हे परमात्मा), जो कुछ भी (संसार में) वरत रहा है, वह सब तेरी इच्छा से ही है ॥ १ ॥

(यदि-परमात्मा के भय के अतिरिक्त) अन्य डर हो, तो डरना चाहिये। किसी और डर के डर से डरना मन का द्वन्द्व (शोर) है ॥ १ ॥ रहाउ ॥

जीव न मरता है, न डूबता है ; (वह) मुक्त (हो जाता है)। जिस (प्रभु ने) (सब) कुछ किया है, वही (सब) कुछ करता है। (परमात्मा के) हुक्म से ही (जीव) आता है (उत्पन्न होता है) और उसी के हुक्म से जाता है (इस संसार से विदा होता है)। (जीव) आगे-पीछे हुक्म में ही समा जाता है ॥ २ ॥

हिंसा, मोह, आशा और अहंकार [असमान=किसी को अपने समान न समझना, अहंकार]— (जिस व्यक्ति में) बसते हैं, उसमें (विकारों की) भूख, नदी के प्रवाहवत प्रबल है। (परमात्मा से) भय करना ही उसका भोजन है, (और परमात्मा का) आधार लेना ही उसका जल है। बिना (भय का) भोजन किए (मनुष्य) गँवार होकर मर जाता है ॥ ३ ॥

जिसका कोई होता है, उसका कोई ही कोई होता है (तात्पर्य यह कि हर एक का हर कोई नहीं होता), पर (हे हरी) तू सब का है और सब तेरे हैं। हे नानक, जिसके जीव-जन्तु तथा धन और माल हैं, उस प्रभु के सम्बन्ध में कथन करना बड़ा कठिन विचार है ॥ ४ ॥ २ ॥

[३]

माता मति पिता संतोखु । सतु भाई करि एहु विसेखु ॥१॥
कहणा है किछु कहणु न जाइ । तउ कुदरति कीमति नहीं पाइ ॥१॥ रहाउ ॥
सरम सुरति दुइ ससुर भए । करणी कामणि करि मन लए ॥२॥
साहा संजोगु वीआहु विजोगु । सचु संतति कहु नानक जोगु ॥३॥३॥

(हे साधक), बुद्धि को माता, संतोष को पिता तथा सत्य को भाई बनाओ—ये ही विशेष (सम्बन्ध) हैं ॥ १ ॥

(परमात्मा के सम्बन्ध में) कथन करना (व्यर्थ ही) है, (क्योंकि) उसके सम्बन्ध में कुछ कहा नहीं जा सकता । (हे परमात्मा) तेरी कुदरत की कीमत नहीं पाई जा सकती ॥ १ ॥ रहाउ ॥

लज्जा और (परमात्मा की) सुरति को दो— सास ससुर बनाओ । हे मन, (शुभ) करनी को स्त्री बनाओ ॥ २ ॥

(सत्संग का) मेल (विवाह की) लग्न हो, (और सांसारिक विषयों से) वियोग—उपरामता विवाह हो । गुरु नानक देव का कथन है कि सत्य को संतान बनाओ—(यही) सम्बन्ध ठीक है ॥ ३ ॥ ३ ॥

[४]

पउणै पाणी अगनी का मेलु । चंचल चपल बुधि का खेलु ॥
नउ दरवाजे दसवा दुआरु । बुझु रे गिआनी एहु बीचारु ॥१॥
कथता बकता सुनता सोई । आपु बीचारे सु गिआनी होई ॥१॥ रहाउ ॥
देही माटी बोलै पउणु । बुझु रे गिआनी मूआ है कउणु ॥
मूई सुरति बादु अहंकारु । ओहु न मूआ जो देखणहारु ॥२॥
जै कारणि तटि तीरथ जाही । रतन पदारथ घट ही माही ॥
पड़ि पड़ि पंडितु बादु वखाणै । भीतरि होदी वसतु न जाणै ॥३॥
हउ न मूआ मेरी मुई बलाइ । ओहु न मूआ जो रहिआ समाइ ॥
कहु नानक गुरि ब्रहमु दिखाइआ । मरता जाता नदरि न आइआ ॥४॥४॥

(मनुष्य का यह शरीर) पवन, पानी और अग्नि (आदि तत्वों) का मेल है, जिसमें चंचल और चपल, बुद्धि का खेल हो रहा है । इस शरीर में नव दरवाजे हैं (नासिका के दो छिद्र, दो आँखें, दो कान, मुँह, गुदा, तथा मूत्रेन्द्रिय) और दशम द्वार (ब्रह्मरन्ध) भी है । अरे ज्ञानी, इस विचार को समझो ॥ १ ॥

कथन करनेवाला, वक्ता और श्रोता (शरीर में स्थित) वही (परमात्मा) है । जो अपने आप को विचारता है, वही ज्ञानी है ॥ १ ॥ रहाउ ॥

देह मिट्टी (आदि तत्त्वों का मेल) है, (इसमें) पवन बोल रहा है (साँसें आ जा रही हैं) । ऐ ज्ञानी, समझो कौन मरा है ? वह शरीर (सूरत, आकार) जो अहंकार और वादविवाद के सहारे स्थित था, समाप्त हो गया । (किन्तु शरीर में स्थित) जो द्रष्टा था, वह नहीं मरा (वह ज्यों का त्यों है, साक्षी भाव से स्थित है) ॥ २ ॥

जिस (साक्षी चेतन आत्मा की प्राप्ति के) निमित्त (मनुष्य) तीर्थ-तटों आदि में जाते हैं, वह (आत्मा रूपी) रत्न-पदार्थ घट (शरीर) में (स्थित) है। पंडित-गण पढ़-पढ़ कर तर्क-वितर्क की व्याख्या करते हैं, किन्तु भीतर होती हुई भी (आत्म—) — वस्तु को (वे लोग) नहीं जानते ॥ ३ ॥

(साक्षी रूप) मैं नहीं मरा, मेरी (अविद्या रूपी) बला (अवश्य) मर गई। जो (आत्मा सर्वत्र) व्याप्त है, वह नहीं मरा। नानक कह रहे हैं कि गुरु ने ब्रह्म को दिखा दिया (साक्षात्कार करा दिया)। (उस ब्रह्मसाक्षात्कार के फलस्वरूप अब मेरी दृष्टि में) न कोई मरता नजर आ रहा है, और न जन्म धारण करता ही (नजर आ रहा है) ॥ ४ ॥ ४ ॥

[५]

गउड़ी दखणी

सुणि सुणि बूझै मानै नाउ। ता कै सद बलिहारै जाउ॥
आपि भुलाए ठउर न ठाउ। तूं समझावहि मेलि मिलाउ ॥१॥
नामु मिलै चलै मै नालि। बिनु नावै बाधी सभ कालि ॥१॥ रहाउ ॥
खेती वणजु नावै की ओट। पापु पुंनु बीज की पोट॥
कामु क्रोधु जीअ महि चोट। नामु विसारि चले मनि खोट ॥२॥
साचे गुर की साची सीख। तनु मनु सीतलु साचु परीख॥
जल पुराइनि रस कमल परीख। सबदि रते मीठे रस ईख ॥३॥
हुकमि संजोगी गड़ि दस दुआर। पंच वसहि मिलि जोति अपार॥
आपि तुलै आपे वणजार। नानक नामि सवारणहार ॥४॥५॥

(जो शिष्य गुरु के उपदेश) सुन-सुन कर समझता है और नाम मानता है, उनके ऊपर मैं सदैव बलिहारी होता हूँ। (ऐ प्रभु, जिसे) तू भटका देता है, उसे कोई ठौर-ठाँव (नहीं प्राप्त होता); (जिसे) तू (सत्य का बोध) करा देता है, उसे तू अपने में मिला लेता है ॥ १ ॥

(यदि) नाम मिलता है, (तो) वही मेरे साथ (अन्त तक) चलता है। बिना नाम के काल ने सबको बाँध रखा है ॥१॥ रहाउ ॥

(वास्तविक) खेती और वाणिज्य नाम की ओट है। (मनुष्य) पाप-पुण्य के बीजों की पोटली है। काम और क्रोध अन्तःकरण में चोट (के समान) हैं। (जो लोग) नाम भुलाते हैं, वे खोटे मन से यहाँ से (इस संसार से) चले जाते हैं ॥ २ ॥

सच्चे गुरु की सच्ची शिक्षा के द्वारा सत्य स्वरूप (परमात्मा) को परख कर तन और मन दोनों ही शीतल हो जाते हैं। जल में कमल के पत्ते एवं कमल के रस की (भाँति अलिप्त रहना ही ऐसे पुरुष की) परख है। जो मनुष्य (गुरु के) शब्द में अनुरक्त हैं, वे ईख के रस (की भाँति) मीठे हैं ॥ ३ ॥

(उस परमात्मा के) हुक्म के संयोग से (शरीर रूपी) किले में दस दरवाजे (स्थित) हैं। पंच-तत्त्व अपार ज्योति के (साथ शरीर रूपी गढ़ में) निवास करते हैं (अर्थात् परमात्मा की अद्भुत कारीगरी से पंच-तत्त्वों द्वारा निर्मित शरीर में अपार चेतना-शक्ति का

निवास होता है)। (हरी) आप ही वनजारा है और आप ही (सौदा बन कर) तुल रहा है। हे नानक, (गुरु के द्वारा प्राप्त प्रभु का) नाम ही (शिष्य को) सँवारने वाला है ॥ ४ ॥ ५ ॥

[६]

गउड़ी

जातो जाइ कहा ते आवै । कह उपजै कह जाइ समावै ।
किउ बाधिओ किउ मुकती पावै । किउ अबिनासी सहजि समावै ॥१॥

नामु रिदै अंमृतु मुखि नामु । नरहर नामु नरहर निहकामु ॥१॥ रहाउ ॥

सहजे आवै सहजे जाइ । मन ते उपजै मन माहि समाइ ॥
गुरमुखि मुकतो बंधु न पाइ । सबदु बीचारि छुटै हरिनाइ ॥२॥

तरवर पंखी बहु निसि बासु । सुख दुखीआ मनि मोह विणासु ।
साझ बिहाग तकहि आगासु । दहदिसि धावहि करम लिखिआसु ॥३॥

नामु संजोगी गोइलि थाटु । काम क्रोध फूटै बिखु माटु ॥
बिनु वखर सूनो घरु हाटु । गुर मिलि खोले बजर कपाट ॥४॥

साधु मिलै पूरब संजोग । सचि रहसे पूरे हरि लोग ॥
मनु तनु दे लै सहजि सुभाइ । नानक तिन कै लागउ पाइ ॥५॥६॥

जन्म धारण करनेवाला और मरनेवाला (जीव) कहाँ से आता है (उत्पन्न होता है) ? (यह जीव) कहाँ से उत्पन्न होता है, और कहाँ समा जाता है ? (यह) किस प्रकार बाँधा जाता है और किस प्रकार मुक्ति पाता है ? (यह) किस प्रकार सहज अविनाशी (स्वरूप परमात्मा में) लीन होता है ? ॥ १ ॥

हृदय में (स्थित) नाम तथा मुख में (स्थित) नाम अमृत (सदृश) है । (जो) नृसिंह (परमात्मा) (का नाम जपता है), (वह) नृसिंह— परमात्मा का (रूप होकर) निष्काम (हो जाता है) ॥ १ ॥

(जीव) सहज ही आता है और सहज ही जाता है । मन (के संकल्पों-विकल्पों के अनुसार) जीव उत्पन्न होता है, और (उनके नाश से वह परमात्मा में) लीन हो जाता है । गुरु के उपदेश द्वारा (शिष्य) मुक्त हो जाता है (और फिर) बन्धन में नहीं पड़ता । (गुरु के) शब्द पर विचार कर, परमात्मा का नाम (जप कर) (साधक सासारिक बन्धनों से) मुक्त हो जाता है ॥ २ ॥

(सार रूपी) वृक्ष पर बहुत से (जीव रूपी) पक्षी रात के समय आकर निवास करते हैं । मन के (मोह के कारण कोई) सुखी होते हैं और कोई दुःखी होते हैं, (इस प्रकार) नष्ट (होते रहते हैं) । संध्या के पश्चात् (रात बीतने पर) दिन उदय होने पर (फिर) आकाश की ओर (पक्षी) ताकने लगते हैं; (इस प्रकार अपने) कर्म के लिखे अनुसार (वे) दशों दिशाओं में दौड़ने लगते हैं ॥ ३ ॥

(जो) नाम के संयोगी हैं, (वे इस संसार को) चारागाह वाले स्थान (के सदृश) (क्षणभंगुर समझते हैं) । उनके काम-क्रोध के विष का मटका फूट जाता है । बिना (नाम

रूपी) सेंद के घर और हाट सूना रहता है। (हे साधक) गुरु से मिलो, (वही अज्ञानता के) वज्र-कपाट खोलता है ॥ ४ ॥

पूर्व के संयोगानुसार साधु मिलते हैं। (जो) सत्य में आनन्दित होते हैं, (वे ही) हरि के पूर्ण भक्त हैं। (अपना) तन और मन सौंप कर, स्वाभाविक ही (परमात्मा को) प्राप्त कर लेते हैं। नानक कहते हैं (कि ऐसे भक्तों) के चरणों में (मैं) पड़ता हूँ ॥ ५ ॥ ६ ॥

| ७ |

काम क्रोधु माइआ महि चीतु । झूठ विकारि जागै हित चीतु ।
पूंजी पाप लोभ की कीतु । तरु तारी मनि नामु सुचीतु ॥१॥
वाहु वाहु साचे मैं तेरी टेक । हउ पापी तूं निरमलु एक ॥१॥ रहाउ ॥
अगनि पाणी बोलै भड़ वाउ । जिहवा इंद्री एकु सुआउ ॥
दिसटि विकारी नाही भउ भाउ । आपु मारे ता पाए नाउ ॥२॥
सबदि मरै फिरि मरणु न होइ । बिनु मूए किउ पूरा होइ ।
परपंचि विआपि रहिआ मनु दोइ । थिरु नाराइणु करे सु होइ ॥३॥
बोहिथि चडउ जा आवै वारु । ठाके बोहिथ दरगह मार ।
सचु सालाही धंनु गुर दुआरु । नानक दरि घरि एकंकारु ॥ ४ ॥७॥

(विषयासक्त मनुष्य का) चित्त काम, क्रोध और माया में ही (लगा रहता है)। झूठ और विकार में ही (उसका) मोह वाला चित्त जागता रहता है। (उसने) पाप और लोभ की पूंजी (एकत्र) की है। (साधक) मन में पवित्र नाम रख कर (स्वयं तरता है (और दूसरों को भी) तार देता है ॥१॥

हे सत्य (परमात्मा), तू धन्य है, मुझे तेरा ही सहारा है। मैं पापी हूं, तू ही एक पवित्र है ॥ १ ॥ रहाउ ॥

आग और पानी (के संयोग से) प्राण भड़भड़ कर बोलते हैं, (तात्पर्य यह कि जीव आग और पानी के बल पर भला और बुरा बोलता है)। जिह्वा (आदि ज्ञानेन्द्रियों) में एक एक (पृथक् पृथक्) रस है। विकार-युक्त दृष्टि होने के कारण न (परमात्मा का) भय है (और न) प्रेम। (यदि कोई) अपनेपन (अहंभाव) को मार दे, (तो उसे) नाम की प्राप्ति होती है ॥२॥

(यदि कोई गुरु के) शब्द में मरता है, (तो उसका) फिर मरना नहीं होता। बिना मरे (कोई भी) पूर्ण नहीं हो सकता। द्वैत-युक्त मन में प्रपंच व्याप्त हो रहा है, (इससे वह सदैव चंचल बना रहता है)। (यदि) नारायण (इसे) स्थिर करता है, (तभी यह मन) स्थिर होता है ॥ ३ ॥

मैं (संसार-सागर से पार होने के निमित्त) (नाम रूपी) जहाज पर (तभी) चढ़ सकता हूँ, जब मेरी बारी आवे (अर्थात् जब उपयुक्त अवसर प्राप्त हो)। (जो जहाज पर चढ़ने से) रोके गए हैं, (परमात्मा के) दरवाजे पर (उनपर) मार पड़ती है। गुरु का द्वार धन्य है, (जहाँ पर मैं) सत्य (हरी) की स्तुति करता हूँ। हे नानक, दरवाजे (पर और) घर (में) एकंकार (एक हरी ही) (दिखाई पड़ता है)। (तात्पर्य यह कि भीतर और बाहर सर्वत्र परमात्मा ही दृष्टिगोचर होता है) ॥ ४ ॥ ७ ॥

[८]

उलटिओ कमलु ब्रह्मु बीचारि । अंमृत धार गगनि दस दुआरि ॥
त्रिभवणु बेधिआ आपि मुरारि ॥ १ ॥
रे मन मेरे भरमु न कीजै । मनि मानिऐ अंमृत रसु पीजै ॥१॥ रहाउ ॥
जनमु जीति मरणि मनु मानिआ । आपि मुआ मनु मन ते जानिआ ॥
नजरि भई घरु घर ते जानिआ ॥ २ ॥
जतु सतु तीरथु मजनु नामि । अधिक बिथारु करउ किसु कामि ॥
नर नाराइण अंतरजामि ॥ ३ ॥
आन मनउ तउ पर घर जाउ । किसु जाचउ नाही को थाउ ॥
नानक गुरमति सहजि समाउ ॥ ४ ॥ ८ ॥

ब्रह्म-विचार करने से (जो) (हृदय रूपी) कमल (अधोमुखी था) वह उलट कर (सीधा) हो गया । ब्रह्मरंध में (स्थित) दशम द्वार से अमृत की धार (चूने लगी) । त्रिभुवन में मुरारि (परमात्मा) स्वयं ही व्याप्त है ॥ १ ॥

अरे मेरे मन भ्रम मत करो—संशय-विपर्यय में मत पड़ो । (जब) मन (परमात्मा रूपी) अमृत-रस पीता है, (तभी) मानता है ॥ १ ॥ रहाउ ॥

(जीवित ही) मर कर जन्म (मरण को जीत लिया (और) मन (भलीभाँति) मान गया (शान्त हो गया) । अहंकार के मरने पर (मलिन) मन (ज्योतिर्मय) मन के द्वारा जान लिया गया । (परमात्मा की) कृपा हो जाने पर एक घर दूसरे घर के द्वारा जान लिया गया ॥ २ ॥

इन्द्रिय-निग्रह, सत्याचरण, तीर्थादिकों का स्नान नाम में ही है । (यदि) और अधिक विस्तार करूँ, तो वह किस काम का ? नर में नारायण ही अंतर्यामी (भाव से स्थित है, वह घट घट की हाल जानता है ॥ ३ ॥

(यदि) दूसरे को मानूँ, तो द्वैत-भाव में रहना होगा । (अतएव मैं) किससे याचना करूँ, कोई भी स्थान नहीं है ? हे नानक, गुरु की शिक्षा द्वारा सहजावस्था में समाहित हो जाया जाय ॥ ४ ॥ ८ ॥

[९]

सतिगुरु मिलै सु मरणु दिखाए । मरण रहण रसु अंतरि भाए ॥
गरबु निवारि गगनपुरु पाए ॥ १ ॥
मरणु लिखाइ आए नही रहणा । हरि जपि जापि रहणु हरि सरणा ॥१॥ रहाउ ॥
सतिगुरु मिलै त दुबिधा भागै । कमलु बिगासि मनु हरि प्रभ लागै ॥
जीवतु मरै महा रसु आगै ॥ २ ॥
सतिगुरि मिलिऐ सच संजमि सूचा । गुर की पउड़ी ऊचो ऊचा ॥
करमि मिलै जम का भउ मूचा ॥ ३ ॥

गुरि मिलिऐ मिलि अंकि समाइआ । करि किरपा घरु महलु दिखाइआ ॥
नानक हउमै मारि मिलाइआ ॥ ४ ॥ ९ ॥

(यदि) सद्गुरु मिल जाय, (तो) वह (जीवित अवस्था में ही) मरने का (ढंग) दिखलाता है। (जीवितावस्था में) मरने (वाले भाव) की रहनी से हृदय में बड़ा आनन्द आता है । (ऐसा व्यक्ति) गर्व का निवारण करके ब्रह्मरंध्र में स्थित दशम द्वार (गगनपुर) को प्राप्त करता है ॥ १ ॥

(परमात्मा के यहाँ से तो पहले ही) मरने को लिखा कर (इस संसार में जीव) आए हैं, (अतएव यहाँ किसी को भी) नहीं रहना है। हरि का जप जपने से हरि की शरण में रहनी (प्राप्त होती है) ॥ १ ॥ रहाउ ॥

(यदि) सद्गुरु मिलता है, (तो मन की) दुविधा दूर हो जाती हैं और (हृदय रूपी) कमल विकसित हो जाता है, तथा मन प्रभु हरी (के चरणों में) लग जाता है। (सद्गुरु की प्राप्ति एवं प्रभु के चरणों में अनुराग से) (साधक शिष्य इस संसार में) जीवितावस्था में मरने का (सुख पाता है) और (यहाँ से जाने पर) आगे (परलोक में भी उसे परम आनन्द (प्राप्त होता है) ॥ २ ॥

सद्गुरु के मिलने पर सत्य और संयम (की रहनी से शिष्य) पवित्र होता है। (वह) गुरु की (शिक्षा रूपी) सीढ़ी पर चढ़कर उच्च से उच्चतर (होता है) । (जो ईश्वर की) कृपा से (परमात्मा अथवा सद्गुरु से) मिलते हैं, उनका यम-भय छूट जाता है ॥ ३ ॥

गुरु के मिलने पर (साधक शिष्य परमात्मा के) अंक (गोदी) में समा जाता है। (सद्गुरु) कृपा करके (शिष्य को अपने हृदय रूपी) घर में ही (परमात्मा का) महल दिखा देता है। हे नानक, (सद्गुरु शिष्य के) अहंकार को मार कर (परमात्मा से) मिला देता है ॥ ४ ॥ ९ ॥

[**विशेष** :—उपर्युक्त नवें शब्द में 'समाइआ', 'दिखाइआ' और 'मिलाइआ' शब्द भूतकाल की क्रिया के हैं। किन्तु इनका प्रयोग वर्तमान काल की क्रियाओं के लिए किया गया है।]

[१०]

किरतु पइआ नह मेटै कोइ । किआ जाणा किआ आगै होइ ॥
जो तिसु भाणा सोई हूआ । अवरु न करणै वाला दूआ ॥ १ ॥
ना जाणा करम केवड तेरी दाति । करमु धरमु तेरे नाम की जाति ॥१॥ रहाउ ॥
तू एवडु दाता देवणहारु । तोटि नाही तुधु भगति भंडार ॥
कीआ गरबु न आवै रासि । जीउ पिंडु सभु तेरै पासि ॥ २ ॥
तू मारि जीवालहि बखसि मिलाइ । जिउ भावी तिउ नामु जपाइ ॥
तू दाना बीना साचा सिरि मेरै । गुरमति देइ भरोसै तेरै ॥ ३ ॥
तन महि मैलु नाही मनु राता । गुर बचनी सचु सबदि पछाता ॥
तेरा ताणु नामु की वडिआई । नानक रहणा भगति सरणाई ॥ ४ ॥ १० ॥

(पूर्व जन्मों के लिए हुए कर्मों के) स्वाभाविक संस्कार (जो) पड़ गए हैं, उन्हें कोई नहीं मेट सकता। (मैं) क्या जानूँ कि आगे क्या होगा ? जो (कुछ) (परमात्मा) को अच्छा लगा है, वही हुआ है; कोई और दूसरा करनेवाला (कर्त्ता) नहीं है ॥ १.॥

(मैं) नहीं जानता (कि हमारे) कर्म कितने महान् हैं (और उनकी अपेक्षा) तेरे दान कितने महान् हैं, (तात्पर्य यह कि हम लोगों के तुच्छ कर्मों की अपेक्षा तेरे दान न मालूम कितने महान् हैं)। (हे प्रभु), सारे कर्म, धर्म तेरे नाम की उत्पत्ति हैं ॥ १ ॥ रहाउ ॥

तू इतना बड़ा देने वाला दाता है कि तेरी भक्ति के भाण्डार में किसी प्रकार की कमी नहीं (आती)। गर्व करने से (परमात्मा रूपी) राशि पल्ले नहीं पड़ती। (प्रभु), जीव और (उनके) शरीर सब से तेरे ही पास हैं, (तेरे ही वशीभूत हैं) ॥ २ ॥

(हे प्रभु), तू ही मारता है और (तू ही) जिलाता है (तू ही) क्षमा करता है (और अपने में) मिला लेता है. जिस प्रकार तुझे अच्छा लगता है, उसी प्रकार (तू) अपना नाम (साधकों से) जपाता है। हे सच्चे (प्रभु), तू ज्ञाता है, द्रष्टा है और मेरे सिर के ऊपर है। गुरु को शिक्षा के द्वारा तू अपने में भरोसा देता है ॥ ३ ॥

(यदि) शरीर में मल (स्थिति) है, (तो) मन (परमात्मा में) अनुरक्त नहीं होता अथवा (यदि शरीर में मल नहीं है, तो मन (परमात्मा में) अनुरक्त हो जाता है। गुरु के बचनों एवं उसके सच्चे शब्द द्वारा (परमात्मा) पहचाना जाता है। नाम की महत्ता ही तेरी शक्ति है। हे नानक, भक्त का रहना (परमात्मा की शरण में ही) होता है। ४ ॥ १० ॥

[११]

जिनि अकथु कहाइआ अपिओ पिआइआ। अनभै विसरे नामि समाइआ ॥१॥
किआ डरीए डरु डरहि समाना। पूरे गुर कै सबदि पछाना ॥१॥ रहाउ ॥
जिसु नर रामु रिदै हरि रासि। सहजि सुभाइ मिले साबासि ॥२॥
जाहि सवारै साझ बिआल। इत उत मनमुख बाधे काल ॥३॥
अहिनिसि रामु रिदै से पूरे। नानक राम मिले भ्रम दूरे ॥४॥११॥

जिस गुरु ने अकथनीय (परमात्मा के सम्बन्ध में) बतलाया है, (उसी ने) (उस परमात्मा के सुख का) अमृत भी पिलाया है। (नाम रूपी) अमृत पीने से दूसरे भय विस्मृत हो गए हैं और (साधक) नाम में (पूर्ण रूप) से लीन हो गया है १ ॥

अब क्या डरा जाय, (क्योंकि) अन्य (सांसारिक) डर (परमात्मा के) डर में लीन हो गए ? पूर्ण गुरु के शब्द द्वारा (वह परमात्मा) पहचान लिया गया है ॥ १ ॥ रहाउ ॥

जिस मनुष्य के हृदय में राम (स्थित है), (अपार) राशि हरी (स्थित है), (वह) सहज भाव से (परमात्मा से) मिल कर (एक हो जाता है), (वह) धन्य है ॥ २ ॥

जिन व्यक्तियों की (परमात्मा) संध्या-सबेरे देख-रेख करता है, (वे कृतघ्नी उसकी महिमा को न जानकर) इधर-उधर (भटकते रहते हैं)। (ऐसे) मनमुखों को काल (अपने पाश में) बाँधता है ॥ ३ ॥

(दूसरी ओर) (जिनके) हृदय में अहर्निश राम का निवास है, वे पूर्ण (हो गए हैं)। हे नानक, राम के मिलने से, (उनके समस्त) भ्रम दूर हो गए हैं ॥ ४ ॥ ११ ॥

[१२]

जनमि मरै त्रै गुण हितकारु। चारे बेद कथहि आकारु॥
तीनि अवसथा कहहि वखिआनु। तुरीआवसथा सतिगुर ते हरि जानु॥१॥
राम भगति गुर सेवा तरणा। बाहुड़ि जनमु न होइहै मरणा॥१॥ रहाउ॥
चारि पदारथ कहै सभु कोई। सिम्रति सासत पंडित मुखि सोई॥
बिनु गुर अरथु बीचारु न पाइआ। मुकति पदारथु भगति हरि पाइआ॥२॥
जा कै हिरदै वसिआ हरि सोई। गुरमुखि भगति परापति होई॥
हरि की भगति मुकति आनंदु। गुरमति पाए परमानंदु॥३॥
जिनि पाइआ गुरि देखि दिखाइआ। आसा माहि निरासु बुझाइआ॥
दीनानाथु सरब सुखदाता। नानक हरि चरणी मनु राता॥४॥ १२॥

(जो) तीनों गुणों से प्रेम करनेवाला है, (वह) जन्मता मरता रहता है। चारों वेद आकार (दृश्यमान) का ही वर्णन करते हैं। (चारों वेद) तीन अवस्थाओं (जाग्रत, स्वप्न, सुषुप्ति) का ही वर्णन करते हैं, [त्रैगुण्य विषया वेदा निस्त्रैगुण्यो भवार्जुन—हे अर्जुन सब वेद संसार को विषय करने वाले अर्थात् प्रकाश करने वाले हैं, अतएव तू तीनों गुणों से रहित हो ॥ श्रीमद्भगवद्गीता, अध्याय २, श्लोक ४५]—तुरीयावस्था (चौथी अवस्था) में सद्गुरु के द्वारा हरी जाना जाता है ॥ १ ॥

राम की भक्ति और गुरु की सेवा से तरा जाता है, न फिर जन्म होगा और न मरण ॥ १ ॥ रहाउ ॥

चार पदार्थों का ही सब कथन करते हैं, स्मृतियों शास्त्रों और पंडितों के मुख में यही (बात) है। बिना गुरु के (इन पदार्थों के रहस्य का) अर्थ नहीं जान पड़ता और (वास्तविक अर्थ न जानने के कारण) विचार भी नहीं होता। मुक्ति-पदार्थ तो हरि-भक्ति से ही प्राप्त होता है ॥ २ ॥

जिसके हृदय में वह हरी वास करता है, उस गुरुमुख को परमात्मा की भक्ति प्राप्त होती है। हरि की भक्ति मुक्ति और आनन्द (प्रदायिनी) है। गुरु की शिक्षा द्वारा परमानन्द की प्राप्ति होती है ॥ ३ ॥

जिन्होंने (परमात्मा को) पाया है, (उन्होंने गुरु के द्वारा ही पाया है)। गुरु ने (उस परमात्मा को) देख कर (शिष्य को) दिखाया है। (ऐसे साधकों ने परमात्मा की प्राप्ति की) आशा में (सारी सांसारिक) निराशाओं को शान्त कर दिया है। नानक कहते हैं (कि जिसका) मन हरी के चरणों में अनुरक्त है, (उसे) दीनानाथ (परमात्मा) सारे सुख देता है ॥ ४ ॥ १२ ॥

[१२]

गउड़ी-चेती

अंम्रृत काइआ रहै सुखाली बाजी इहु संसारो ।
लबु लोभु मूचु कूड़ु कमावहि बहुतु उठावहि भारो ॥
तू काइआ मै रुलदी देखी जिउ धर उपरि छारो ॥१॥

सुणि सुणि सिख हमारी ।
सुकृत कीता रहसी मेरे जीअड़े बहुड़ि न आवै वारी ॥१॥ रहाउ ॥

हउ तुधु आखा मेरी काइआ तूं सुणि सिख हमारी ।
निंदा चिंदा करहि पराई झूठी लाइतबारी ॥
वेलि पराई जोहहि जीअड़े करहि चोरी बुरिआरी ॥
हंसु चलिआ तूं पिछै रहीअहि छुटड़ि होईअहि नारी ॥२॥

तूं काइआ रहीअहि सुपनंतरि तुधु किआ करम कमाइआ ।
करि चोरी मै जा किछु लीआ ता मनि भला भाइआ ॥
हलति न सोभा पलति न ढोई अहिला जनमु गवाइआ ॥३॥

हउ खरी दुहेली होई बाबा नानक मेरी बात न पुछै कोई ॥१॥ रहाउ ॥

ताजी तुरकी सुइना रुपा कपड़ केरे भारा ।
किस ही नालि न चले नानक झड़ि झड़ि पए गवारा ॥
कूजा मेवा मै सभ किछु चाखिआ इकु अंम्रृतु नामु तुमारा ॥४॥

दे दे नीव दिवाल उसारी भसमंदर की ढेरी ।
संचे संचि न देई किसही अंधु जाणै सभ मेरी ॥
सोइन लंका सोइन माड़ी संपै किसै न केरी ॥५॥

सुणि मूरख मंन अजाणा । होगु तिसै का भाणा ॥१॥ रहाउ ॥
साहु हमारा ठाकुरु भारा हम तिस के वणजारे ।
जीउ पिंडु सभ रासि तिसै की मारि आपे जीवाले ॥१॥ १३॥

(अपने आप को) अमर मानने वाली, हे काया, तू सुखी (बेफ़िक्र) रहती है, (पर एक तू ही नहीं; बल्कि) सारा संसार एक खेल है। (तू) निरन्तर ही लालच लोभ तथा बहुत झूठ कमाती रहती है (और इन पापों का) महान् भार (अपने सिर पर) उठाती है। किन्तु हे काया, मैंने तुझे (उसी प्रकार) दुःखी देखा है जिस प्रकार धरती के ऊपर खाक (दुःखी रहती है) ॥ १ ॥

मेरी शिक्षा, सुनो किए हुए शुभ कर्म ही रहेंगे; हे मेरे जीव, फिर उन शुभ कर्मों के करने को वारी भी नहीं आयेगी ॥ १ ॥ रहाउ ॥

हे मेरी काया, मैं तुझसे कह रहा हूँ, तू मेरी सुन। तू पराई निन्दा का (सदैव) चिन्तन करती रहती है और झूठी चुगली (करती है)। ऐ जीव, तू दूसरों की स्त्री (सदैव पाप दृष्टि से) देखता रहता है और बुराई तथा चोरी करता है। (हे काया) जीवात्मा के चले जाने पर तू यहाँ अकेली ही (पति के द्वारा) छोड़ी हुई स्त्री के समान रह जायगी ॥ २ ॥

हे काया, तू स्वप्न में रह जायगी, (जरा सोचो) तूने (इस संसार में) क्या कमाया है ? मैंने चोरी करके जो कुछ प्राप्त किया, वह मन में बहुत अच्छा लगा । (किन्तु इन दुष्कर्मों से) न इस लोक में कोई शोभा होती है, न परलोक में शरण में मिलती है, (इस प्रकार) जीवन व्यर्थ ही गँवा दिया जाता है ॥ ३ ॥

हे बाबा नानक, मैं बहुत ही दुःखी हो रही हूँ, मेरी बात भी कोई नहीं पूछता है ॥ १ ॥ रहाउ ॥

अरबी और तुर्की घोड़े, सोना, चाँदी तथा कपड़ों के भार किसी के साथ नहीं जाते; नानक कहते हैं कि हे गँवार, ये सब यहीं रह जाते हैं । तुम्हारे एक अमृत रूपी नाम में, (हे प्रभु) मैंने मिश्री, मेवा सब कुछ चख लिया है ॥ ४ ॥

नींव दे दे कर दीवाल बनाई, किन्तु वह भस्म के बने महल की ढेरी भाँति हो गई है । अंधा (मायाच्छन्न व्यक्ति) (सांसारिक वस्तुओं का) संग्रह करता है, संग्रह करके किसी को नहीं देता, और यह समझता है कि सारी (वस्तुएं) मेरी हैं । (जब रावण की) सोने की लंका और सोने के महल (नहीं रह गए), (तो समझ लो कि) माया किसी की भी नहीं है ॥ ५ ॥

ऐ मूर्ख (और) अनजान मन सुनो, उस (परमात्मा) की मर्जी ही होती है, (अन्य वस्तुएं नहीं) ॥ १ ॥ रहाउ ॥

हमारा साहु बहुत बड़ा मालिक है, हम उसके बनजारे हैं । जीव और शरीर सब कुछ उसी (साहु की) दी हुई पूँजी है; (वह) आप ही मारता है (और आप ही) जिलाता है ॥ ६ ॥ १ ॥ १३ ॥

[१४]

गउड़ी-चेती

अवरि पंच हम एक जना किउ राखउ घर बारु मना ।
मारहि लूटहि नीत नीत किसु आगै करी पुकार जना ॥१॥
स्रीराम नामा उचरु मना । आगै जमदलु बिखमु घना ॥१॥ रहाउ ॥
उसारि मड़ोली राखै दुआरा भीतरि बैठी साधना ॥
अंमृत केल करे नित कामणि अवरि लुटेनि सु पंचजना ॥२॥
ढाहि मड़ोली लूटिआ देहुरा साधन पकड़ी एक जना ।
जम डंडा गलि संगलु पड़िआ भागि गए से पंच जना ॥३॥
कामणि लोड़ै सुइना रुपा मित्र लुड़ेनि सु खाधाता ।
नानक पाप करे तिन कारणि जासी जमपुरि बाधाता ॥४॥२॥१४॥

वे लोग तो पाँच—काम, क्रोध, लोभ, मोह और अहंकार, हैं, मैं अकेला व्यक्ति हूँ; हे मेरे मन, मैं (अपने) घर-बार की रक्षा किस प्रकार करूँ ? (वे पाँचों) नित्यप्रति मुझे मारते हैं और लूटते हैं, (मैं) दास किसके आगे गुहार करूँ ? ॥ १ ॥

हे मन, श्री राम नाम का उच्चारण करो । (इस संसार से चलने पर) आगे यम (के दूतों) का बहुत ही भयानक दल है ॥ १ ॥ रहाउ ॥

यह (शरीर रूपी) मठ बनाकर (इसमें दस) दरवाजे रक्खे गए हैं (और इसके भीतर) (जीव रूपी) स्त्री बैठी है। यह (जीव रूपी) स्त्री (अपने को) अमर (मानकर) (नित्य सांसारिक) क्रीड़ा करती रहती है और वे पाँचों ठग (काम, क्रोध, लोभ, मोह और अहंकार) इसे लूटते रहते हैं ॥ २ ॥

एक व्यक्ति (मृत्यु) ने आकर (शरीर रूपी) मठ ढहा दिया और देवालय (प्राणों) को लूट लिया; (जीव रूपी) स्त्री (मृत्यु द्वारा) अकेली ही पकड़ी गई। (सिर पर) यम के डंडे पड़ने लगे और गले में साँकलें पड़ गईं वे पाँचों (ठग)— काम, क्रोध, लोभ, मोह और अहंकार भग गए।

(लोग) सुंदरी स्त्री, सोना, चाँदी की कामना करते हैं और मित्रों की तथा खाने-पीने की इच्छा करते हैं। नानक कहते हैं कि उन्हीं कारणों से पाप करते हैं, (इसलिए ऐसे व्यक्ति) यमपुरी में बाँधे जायँगे ॥ ४ ॥ २ ॥ १४ ॥

[१५]

गउड़ी-चेती

मुंद्रा ते घट भीतरि मुंद्रा कांइआ कीजै खिथाता।
पंच चेले वस कीजहि रावल इहु मनु कीजै डंडाता ॥१॥

जोग जुगति इव पावसिता।
एकु सबदु दूजा होरु नासति कंद मूलि मनु लावसिता ॥१॥ रहाउ ॥

मूंडि मुंडाइऐ जे गुरु पाईऐ हम गुरु कीनी गंगाता।
त्रिभवण तारणहारु सुआमी एकु न चेतसि अंधाता ॥२॥

करि पटंबु गली मनु लावसि संसा मूलि न जावसिता।
एकसु चरणी जे चितु लावहि लबि लोभि की धावसिता ॥३॥

जपसि निरंजनु रचसि मना। काहे बोलहि जोगी कपटु घना ॥१॥ रहाउ ॥

काइआ कमली हंसु इआणा मेरी मेरी करत बिहाणीता।
प्रणवति नानकु नागी दाझै फिरि पाछै पछुताणीता ॥४॥३॥१५॥

विशेष : यह पद एक योगी के प्रति कहा गया है। उसे सच्चे योगी बनने की आन्तरिक विधि बताई गई है।

अर्थ :—(हे योगी), (बाह्य) मुद्रा (के स्थान पर) आन्तरिक मुद्रा शरीर के भीतर ही धारण करो (मन्द वासनाओं को बेंधना आन्तरिक मुद्रा है), (अपने) शरीर को ही कंथा बनाओ। हे योगी, पंच कामादिकों को अथवा पंच ज्ञानेन्द्रियों को वशीभूत करो, (दृढ़ और विश्वासयुक्त) मन को ही (अपना) डंडा समझो ॥ १ ॥

योग की (वास्तविक) युक्ति इसी प्रकार प्राप्त करोगे। "एक शब्द (ब्रह्म) है, दूसरा और कुछ नहीं है"— इस भावना के बीच मन स्थापित करना ही (योगियों का) कंदमूल (सेवन करना) है, (इसके अतिरिक्त अन्य कन्दमूल की आवश्यकता नहीं है) ॥ १ ॥ रहाउ ॥

गंगा के किनारे मूँड़ मुड़ाने से यदि गुरु प्राप्त होता है, तो हमने तो (पतित-पावन) गुरु को ही गंगा बनाया है । ऐ अन्धे (विषयाच्छन्न), त्रिभुवन के तारनेवाले एक मात्र स्वामी को (तू) नहीं चेतता है ।।२ ।।

यदि चालाकी करके बातों में ही मन लगाते हो, तो (इससे) संशय की मूल निवृत्ति नहीं होती । यदि एक परमात्मा के चरणों में (अपना) चित्त लगाते हो, तो लालच और लोभ की (ओर) क्यों दौड़ते हो ? (तात्पर्य यह कि तुम्हारा मन परमात्मा में नहीं लगता, क्योंकि यदि मन लगता होता, तो लालच और लोभ समाप्त हो जाते) ।। ३ ।।

(हे योगी, तू) निरंजन (परमात्मा) का जप कर, (तेरा) मन (बिलकुल उसी में) अनुरक्त हो जायगी । ऐ योगी, बहुत कपट की बातें क्यों बोलता है ? ।। १ ।। रहाउ ।।

शरीर पागल है (और उसमें स्थित) जीव अज्ञानी है; 'मेरी मेरी' कहते हुए (सारी जिन्दगी) व्यतीत हो जाती है । नानक विनय पूर्वक कहते हैं कि (जीवात्मा के निकल जाने पर) यह काया नंगी ही जलाई जाती है, फिर पीछे पछताना पड़ता है ।। ४ ।। ३ ।। १५ ।।

[१६]

गउड़ी-चेती

अउखध मंत्र मूलु मन एकै जे करि दृड़ु चितु कीजै रे ।
जनम जनम के पाप करम के काटन हारा लीजै रे ।।१।।

मन एको साहिबु भाई रे ।
तेरे तीनि गुणा संसारि समावहि अलखु न लखणा जाई रे ।।१।। रहाउ ।।

सकर खंडु माइआ तनि मीठी हम तउ पंड उचाई रे ।
राति अनेरी सूझसि नाही लजु टूकसि मूसा भाई रे ।।२।।

मनमुखि करहि तेता दुखु लागै गुरमुखि मिलै वडाई रे ।
जो तिनि कीआ सोई होवा किरतु न मेटिआ जाई रे ।।३।।

सुभर भरे न होवहि ऊणे जो राते रंगु लाई रे ।
तिनकी पंक होवै जे नानकु तउ मूड़ा किछु पाई रे ।।४।।४।।१६।।

हे मन, (समस्त) औषधि और मूल मंत्र एक (हरी) ही है; (हे मन) जिसे तू चित्त में दृढ़तापूर्वक धारण कर ले । जन्म-जन्मान्तारों के पाप कर्मों के काटनेवाले (उस हरी) को तू ग्रहण कर ले ।। १ ।।

अरे मन, (मुझे तो) एक साहब ही अच्छा लगा है । जिन तीन गुणों को तू (सब कुछ) मान बैठा है, वे तो तुझे केवल संसार तक ही सीमित रखेंगे, अलक्ष परमात्मा को नहीं समझ सकेगा ।।१ ।। रहाउ ।।

शरीर में माया शर्करा-खण्ड (शक्कर) की भाँति मीठी लगती है, हमने तो (इसका) गट्ठर उठा लिया है । अरे भाई, (अविद्या रूपी) अंधेरी रात्रि में कुछ सुझाई नहीं पड़ता; (काल रूपी) चूहा (जीवन रूपी) रस्सी को काटता जा रहा है ।। २ ।।

जितना जितना मन के अनुसार कार्य किया जाता है, उतना उतना दुःख प्राप्त होता है; गुरु के निर्देशानुसार (कार्य करने से) बड़ाई प्राप्त होती है। जो कुछ (प्रभु) करता है, वही होता है (अन्यथा नहीं); पूर्व जन्म के किए हुए कर्मों के द्वारा निर्मित संस्कार (किरत) नहीं मेटे जा सकते ॥ ३ ॥

अरे भाई, जो लबालब भरे हैं, वे खाली नहीं होते, (इसी प्रकार) जो (परमात्मा के) रंग में (भलीभाँति) रँगे हैं, (उन पर कोई और रंग नहीं चढ़ता)। नानक कहते हैं कि ऐ मूढ़, (ऐसे पहुँचे हुए सन्तों के चरणों की) यदि धूल हो जाओ, तो तुम कुछ प्राप्त कर सकते हो ॥ ४ ॥ ४ ॥ १६ ॥

[१७]

गउड़ी-चेती

कत की माई बापु कत केरा किदू थावउ हम आए ।
अगनि बिंब जल भीतरि निपजे काहे कंमि उपाए ॥१॥

मेरे साहिबा कउणु जाणै गुण तेरे ।
कहे न जानी अउगुण मेरे ॥१॥ रहाउ ॥
केते रुख बिरख हम चीने केते पसू उपाए ।
केते नाग कुली महि आए केते पंख उड़ाए ॥२॥

हट पटण बिज मंदर भंनै करि चोरी घरि आवै ।
अगहु देखै पिछहु देखै तुझ ते कहा छपावै ॥३॥

तट तीरथ हम नव खंड देखे हट पटण बाजारा ।
लै कै तकड़ी तोलणि लागा घट ही महि बणजारा ॥४॥

जेता समुंदु सागरु नीरि भरिआ तेते अउगण हमारे ।

दइआ करहु किछु मिहर उपावहु डुबदे पथर तारे ॥५॥
जीअड़ा अगनि बराबर तपै भीतरि वगै काती ।
प्रणवति नानकु हुकमु पछाणै सुख होवै दिनु राती ॥६॥५॥१७॥

कौन किसकी माँ है और कौन किसका बाप ? और किस स्थान से हम यहाँ (इस संसार में) आए हैं ? (माता की) जठराग्नि (और पिता के वीर्य रूप) जल के बुलबुले से (हम) उत्पन्न हुए हैं; हम किस कार्य के लिए उत्पन्न किए गए हैं ? ॥ १ ॥

ऐ मेरे साहब, तेरे गुणों को कौन जान सकता है ? मेरे अवगुणों का कथन नहीं किया जा सकता १ ॥ रहाउ ॥

कितने ही रूख-वृक्षों को हमने पहचाना है (अर्थात् कितनी ही रूख-वृक्ष-योनि में हमने जन्म धारण किया है) कितने ही (बार) पशु-योनियां में उत्पन्न किए गए हैं। कितने ही नाग-कुलों में (हम) आए हैं (जन्म-धारण किए हैं) कितनी बार पक्षी (बनाकर) उड़ाए गए हैं (भाव यह है अनेक बार सर्प एवं पक्षी योनियां में हमने जन्म धारण किया है) ॥ २ ॥

(मनुष्य) हाट, नगर और पक्के महल में सेंध लगा कर, चोरी करके (अपने) घर आता है; (वह अपनी चोरी छिपाने के लिए) आगे देखता है और पीछे देखता है (कि कोई देख तो नहीं रहा है) ; (किन्तु ऐ सर्वद्रष्टा), तुझसे (वह अपनी चोरी) कहाँ छिपा सकता है ? ॥ ३ ॥

हमने नवखण्डवाली (पृथ्वी के) अनेक तीर्थ-तट, हाट, नगर और बाजार देख लिए हैं. (जो कुछ अनेक जन्म-जन्मान्तरों में देखा, गुना, समझा है, उसे कई जन्मों से धक्के खाते आया हुआ) यह सौदागर तराजू लेकर अपने भीतर तौलने लगा है, (अर्थात् उस परमात्मा की अनन्तता का अनुमान लगाना चाहता है) ॥ ४ ॥

महा सागरों में जितना जल भरा है, उतने ही हमारे अवगुण हैं, (हे प्रभु), (मेरे ऊपर) दया कर, कुछ मेहरवानी कर, (तू तो) डूबते हुए पत्थरों को तारनेवाला है ॥ ५ ॥

जी में निरन्तर (तृष्णा की) अग्नि जल रही है और भीतर (हृदय) में (कपट की) छुरी चल रही है। नानक विनयपूर्वक कहते हैं कि (जो व्यक्ति) (परमात्मा के) हुक्म को पहचानता है, उसे अहर्निश सुख प्राप्त होता है ॥ ६ ॥ ५ ॥ १७ ॥

[१८]

गउड़ी बैरागणि

रैणि गवाई सोइ कै दिवसु गवाइआ खाइ ।
हीरे जैसा जनमु है कउडी बदले जाइ ॥१॥
नामु न जानिआ राम का ॥ मूड़े फिरि पाछै पछुताहि रे ॥१॥ रहाउ ॥

अनता धनु धरणी धरे अनत न चाहिआ जाइ ।
अनत कउ चाहन जो गए से आए अनत गवाइ ॥२॥

आपण लीआ जे मिलै ता सभु को भागठु होइ ।
करमा उपरि निबड़ै जे लोचै सभु कोइ ॥३॥

नानक करणा जिनि कीआ सोई सार करेइ ।
हुकमु न जापी खसम का किसै वडाई देइ ॥४॥१॥१८॥

(मनुष्य) रात्रि सोने में गँवा देता है और दिन खाने-पीने में; (इस प्रकार) हीरा के समान (मनुष्य) जीवन (सांसारिक सुखों की) कौड़ी के बदले जा रहा है ॥ १ ॥

(तू ने) राम का नाम नहीं जाना; अरे मूढ़, फिर पीछे पछताना पड़ेगा ॥१ ॥रहाउ॥

(लोगों ने) अनन्त धन पृथ्वी में (गाड़ कर) रक्खा है, (किन्तु) अनन्त (परमात्मा की) इच्छा (उनके द्वारा) नहीं की जाती। जो अनन्त (माया) की इच्छा धारण करके गए हैं, वे उस अनन्त (परमात्मा) को गँवा कर लौट आए हैं ॥ २ ॥

यदि अपने ही लेने से मिलने लगे, तो सभी भाग्यशाली हो जायँ। सब कोई चाहे जो इच्छा करें, किन्तु निपटारा होता है कर्मों के ऊपर ही। ॥ ३ ॥

नानक कहते हैं कि जिस (प्रभु ने सृष्टि-रचना) की है, वही इसकी खोज-खबर करता है। स्वामी का हुक्म ज्ञात नहीं होता कि वह किसे बड़ाई प्रदान करेगा ॥ ४ ॥१ ॥ १८ ॥

[१९]

गउड़ी बैरागणि

हरणी होवा बनि बसा कंद मूल चुणि खाउ ।
गुर परसादी मेरा सहु मिलै वारि वारि हउ जाउ जीउ ॥१॥
मैं बनजारनि राम की । तेरा नामु वखरु वापारु जी ॥१॥रहाउ॥
कोकिल होवा अंबि बसा सहजि सबद बीचारु ।
सहजि सुभाइ मेरा सहु मिलै दरसनि रूपि अपारु ॥२॥
मछुली होवा जलि बसा जीअ जंत सभि सारि ।
उरवारि पारि मेरा सहु वसै हउ मिलउगी बाह पसारि ॥३॥
नागनि होवा धर वसा सबदु वसै भउ जाइ ।
नानक सदा सोहागणी जिन जोती जोति समाइ ॥४॥२॥१६॥

यदि मैं हिरनी होऊं वन में निवास करूं और चुन-चुन कर कंदमूल खाऊँ, फिर भी गुरु की कृपा से (मेरा) प्रियतम मिले, तो हे प्रभु, मैं बार-बार बलिहारी हो जाऊँ ॥ १ ॥

मैं राम नाम की बनजारिन हूँ । (हे प्रभु) जी, तेरे नाम का सौदा ही मेरा व्यापार है ॥ १ ॥ रहाउ ॥

यदि मैं कोकिल होऊँ और आम्र-वृक्ष पर निवास करूं, फिर भी (मैं) सहज भाव से (गुरु के) शब्द पर विचार करती रहूँ । सहज भाव से ही मेरा प्रियतम मिले और (मैं) उसके अपार रूप का दर्शन (करूं) ॥ २ ॥

यदि मैं मछली होऊं और जल में निवास करूं , (तो भी मैं सदैव उसे स्मरण करती रहूँ), जो (प्रभु) समस्त जीव-जन्तुओं की खोज-खबर करता है । मेरा प्रियतम इस पार (इस लोक में) और उस पार (परलोक में) वास करता है; मैं उससे बाँह पसार कर मिलूंगी ॥३॥

यदि मैं नागिन होऊं और पृथ्वी में निवास करूं, तो भी (मेरे मन में) सदैव (गुरु का) शब्द वास करे, (जिससे सांसारिक) भय समाप्त हो जायँ । नानक कहते हैं कि वे (स्त्रियाँ) सदैव सुहागिनी हैं जो (परमात्मा की) ज्योति में लीन हैं ॥ ४ ॥ २ ॥ १९ ॥

[२०]

गउड़ी पूरबी दीपकी

१ओं सतिगुर प्रसादि

जै घरि कीरति आखीऐ करते का होइ बीचारो ।
तितु घरि गावहु सोहिला सिवरहु सिरजणहारो ॥१॥
तुम गावहु मेरे निरभउ का सोहेला ।
हउ वारी जाउ जितु सोहिलै सदा सुखु होइ ॥१॥ रहाउ ॥
नित नित जीअड़े समालीअनि देखैगा देवणहारु ॥
तेरे दानै कीमति ना पवै तिसु दाते कवणु सुमारु ॥२॥

संबति साहा लिखिआ मिलि करि पावहु तेलु ।
देहु सजण आसीसड़ीआ जिउ होवै साहिब सिउ मेलु ॥३॥
घरि घरि एहो पाहुचा सदड़े नित पवंनि ।
सदणहारा सिमरीऐ नानक से दिह आवंनि ॥४॥१॥२०॥

जिस घर में कर्त्ता पुरुष (परमात्मा) की कीर्त्ति गाई जाती है और (उसके स्वरूप का) विचार होता है, उस घर में सोहिला (यश) का गान करो और सृजनकर्त्ता का स्मरण करो ॥ १ ॥

तुम मेरे निर्भय (परमात्मा) का सोहिला गाओ । मैं उस सोहिले की बलैया लेता हूँ, जिससे शाश्वत सुख की प्राप्ति होती है ॥ १ ॥ रहाउ ॥

नित्य नित्य (परमात्मा द्वारा) जीव संभाले जाते है; देनेवाला (प्रभु) सब की देख-रेख करेगा । (ऐ प्रभु), तेरे दान की कीमत नहीं आँकी जा सकती; उस दाता (के दानों की) कौन गणना कर सकता है ? ॥ २ ॥

(प्रियतम से मिलने का) संवत् और शुभ दिन लिखा रहता है । हे सज्जनों, आप सभी मिलकर तेल चुवाइए और आशीर्वाद दीजिए कि (मेरा अपने) साहिब से मेल हो । [कन्या के अपने पति के घर में प्रवेश करते समय मित्र संबंधी द्वार पर तेल चुवाते हैं और सुहाग के गीत गाते हैं] ॥ ३ ॥

ब्याह का बुलावा घर घर में नित्य पहुँचता रहता है [तात्पर्य यह कि नित्य मौत के बुलावे लोगों तक पहुँचते रहते हैं । हमारे आस-पास जो मृत्यु हो रही हैं यह मानो जीवितों के लिए चेतावनी दी जा रही है कि तुम्हारा भी बुलावा आने ही वाला है] । नानक कहते हैं हमें बुलाने वाले (परमात्मा) का स्मरण करना चाहिए,(क्योंकि) वे दिन (शीघ्रता से) आ रहे हैं ॥ ४ ॥ १ ॥ २० ॥

१ओं सति नामु करता पुरखु गुर प्रसादि ॥

रागु गउड़ी महिला १, गउड़ी गुआरेरी ।

असटपदीआं [१]

निधि सिधि निरमल नामु बीचारु । पूरन पूरि रहिआ बिखु मारि ॥
त्रिकुटी छूटी बिमल मझारि । गुर की मति जीइ आई कारि ॥ १ ॥
इन बिधि राम रमत मनु मानिआ । गिआन अंजनु गुर सबदि पछानिआ ॥१॥रहाउ॥
इकु सुख मानिआ सहजि मिलाइआ । निरमल बाणी भरमु चुकाइआ ॥
लाल भए सूहा रंगु माइआ । नदरि भई बिखु ठाकि रहाइआ ॥ २ ॥
उलट भई जीवत मरि जागिआ । सबदि रवे मनु हरि सिउ लागिआ ॥
रसु संग्रहि बिखु परहरि तिआगिआ । भाइ बसे जम का भउ भागिआ ॥ ३ ॥
साद रहे बादं अहंकारा । चितु हरि सिउ राता हुकमि अपारा ॥
जाति रहे पति के आचारा । द्रिसटि भई सुखु आतम धारा ॥ ४ ॥

तुझ बिनु कोइ न देखउ मीतु । किसु सेवउ किसु देवउ चीतु ॥
किसु पूछउ किसु लागउ पाइ । किसु उपदेसि रहा लिव लाइ ॥ ५ ॥

गुर सेवी गुर लागउ पाइ । भगति करी राचउ हरिनाइ ॥
सिखिआ दीखिआ भोजन भाउ । हुकमि संजोगी निजघरि जाउ ॥ ६ ॥

गरब गतं सुख आतम धिआना । जोति भई जोती माहि समाना ॥
लिखतु मिटै नही सबदु नीसाना । करता करणा करता जाना ॥ ७ ॥

नह पंडितु नह चतुर सिआना । नह भूलो नह भरमि भुलाना ॥
कथउ न कथनी हुकमु पछाना । नानक गुरमति सहजि समाना ॥ ८ ॥ ॥ १ ॥

(परमात्मा के) निर्मल नाम का विचार ही अष्टसिद्धियाँ और नवनिद्धियाँ हैं। [अष्टसिद्धियाँ निम्नलिखित हैं—१ अणिमा, २ महिमा, ३ लघिमा, ४ गरिमा, ५ प्राप्ति, ६ प्राकाम्य, ७ ईशत्व, ८ वशीत्व । नव निद्धियाँ निम्नलिखित हैं—१ पद्म (सोना-चाँदी), २ महापद्म हीरे-जवाहर), ३ शंख (सुन्दर भोजन और कपड़े), ४ मकर (शस्त्रविद्या की प्राप्ति तथा राज-दरबार में सम्मान), ५ कच्छप (अन्न-वस्त्र का व्यापार), ६ कुंद (सोने का व्यापार), मुकुंद (राग आदि ललित कलाओं की प्राप्ति), ८ नील (मोती-मूँगे का व्यापार) तथा ६ खर्व] । विष रूप (माया) को मार कर (केवल) पूर्ण (परमात्मा सर्वत्र) व्याप्त है । पवित्र (परमात्मा) में लीन होने से (माया की) त्रिगुणात्मक प्रकृति (त्रिकुटी—सत्त्व, रजस्, तमस्) समाप्त हो गई है । गुरु का उपदेश आत्मा के निमित्त लाभदायक (सिद्ध हुआ है) ॥ १ ॥

इस विधि राम में रमने से मन मान गया है । गुरु के शब्द द्वारा ज्ञान का अंजन पहचान लिया गया है ॥ १ ॥ रहाउ ॥

(वास्तविक ज्ञान द्वारा) सहज-पद (परमात्म-पद) से मिला दिया गया हूँ, इसीलिए एक (सहज) सुख मान लिया है । (गुरु की) निर्मल वाणी ने (मेरे) भ्रम को दूर कर दिया है । माया के रंग को कुसुंभ की भाँति लाल जाना है, (जो शीघ्र ही नष्ट हो जाने वाला है), अतएव उसे त्याग कर (परमात्मा के मजीठी) लाल रंग में रंग हो गया हूँ (जो सदैव एकरस रहता है) । (परमात्मा अथवा गुरु की) कृपा-दृष्टि से (माया का) विष समाप्त होगया है ॥ २ ॥

(जीवन) उल्टा हो गया और जीवित ही (माया की ओर से) मरकर (अपने आत्मिक प्रकाश) में जग पड़ा । (गुरु के) शब्द में रमण करने लगा और परमात्मा से युक्त हो गया । (परमात्मा के) रस का संग्रह करके, (माया का) विष त्याग दिया । (परमात्मा का) प्रेम (मन में) बस गया, यम का भय भग गया ॥ ३ ॥

स्वाद, झगड़े और अहंकार समाप्त हो गए । चित्त हरी और उसकी महान् आज्ञा में अनुरक्त हो गया । जाति और लोक-प्रतिष्ठा के निमित्त किए गए सारे आचार समाप्त हो गए । (उसको) कृपा-दृष्टि हो गई और आत्म-सुख में स्थित हो गया ॥ ४ ॥

(हे प्रभु), तुम्हारे बिना (मैं) (कोई अन्य) मित्र नहीं देखता हूँ । किसकी सेवा करूँ और किसे अपना चित्त दूँ ? किससे पूछूँ (जिज्ञासा करूँ) और किसके पैर लगूँ ? किसके उपदेश द्वारा (परमात्मा में) लिव (एकनिष्ठ ध्यान) लगाऊँ ? ॥ ५ ॥

(मैं) गुरु की सेवा करूँगा और गुरु के ही पाँवों में लगूँगा, (परमात्मा की) भक्ति करूँगा और हरी के नाम में अनुरक्त हूँगा। (हरि का) प्रेम ही (मेरी) शिक्षा दीक्षा और भोजन है । (उस परमात्मा के) हुक्म से युक्त होकर अपने आत्म स्वरूप के घर में स्थित हूँगा ॥ ६ ॥

आत्म-ध्यान (जनित) सुख में मेरे सारे गर्व दूर हो गए। (मेरे अन्तर्गत) महान् ज्योति प्रकट हो गई (और वह ज्योति परमात्मा की) ज्योति में समा गई। मेरे भाग्य में यदि परमात्मा की प्राप्ति लिखी है, तो वह लिखावट मिट नहीं सकती, (इसीलिए) (मेरे ऊपर) शब्द का निशान पड़ा है। कर्त्ता के कार्य केवल कर्त्ता (परमात्मा) ही जान सकता है ॥ ७ ॥

मैंने (परमात्मा के) हुक्म को पहचान लिया है, (अतएव) कथनी नहीं कथन करता; (अर्थात् मेरी रहनी में मेरी कथनी विलीन हो गई); न तो मैं अब अपने को पंडित समझता हूँ न चतुर और सयाना ही, न तो मैं अब भूलता हूँ और न भ्रम में भटकता हूँ। नानक कहते हैं कि गुरु की शिक्षा द्वारा सहज पद में समा गया हूँ ॥ ८ ॥ १ ॥

[२]

मनु कुंचरु काइआ उदिआनै । गुरु अंकसु सचु सबदु नीसानै ॥
राज दुआरै सोभ सु मानै ॥ १ ॥
चतुराई नह चीनिआ जाइ । बिनु मारे किउ कीमति पाइ ॥ १ ॥ रहाउ ॥
घर महि अंम्रितु तसकरु लेई । नंनाकारु न कोइ करेई ॥
राखै आपि वडिआई देई ॥ २ ॥
नील अनील अगनि इक ठाई । जलि निवरी गुरि बूझ बुझाई ॥
मनु दे लीआ रहसि गुण गाई ॥ ३ ॥
जैसा घरि बाहरि सो तैसा । बैसि गुफा महि आखउ कैसा ॥
सागरि डूगरि निरभउ ऐसा ॥ ४ ॥
मूए कउ कहु मारे कउनु । निडरे कउ कैसा डरु कवनु ॥
सबदि पछाने तीने भउन ॥ ५ ॥
जिनि कहिआ तिनि कहनु वखानिआ । जिनि बूझिआ तिनि सहजि पछानिआ ॥
देखि बीचारि मेरा मनु मानिआ ॥ ६ ॥
कीरति सूरति मुकति इक नाई । तही निरंजनु रहिआ समाई ॥
निज घरि बिआपि रहिआ निज ठाई ॥ ७ ॥
उसतति करहि केते मुनि प्रीति । तनि मनि सूचै साचु सुचीति ॥
नानक हरि भजु नीता नीति ॥ ८ ॥ २ ॥

मन रूपी हाथी शरीर रूपी उद्यान में (घूमता-फिरता है) : गुरु ही (उस हाथी) का अंकुश है; सच्चा शब्द ही उस हाथी का निशान है (राजा-महाराजा के हाथी पर विशेष प्रकार का निशान लगा रहता है)। (परमात्मा रूपी) राजा के दरवाजे पर (वह हाथी) शोभा पाता है ॥ १ ॥

चतुराई से (परमात्मा) नहीं पहचाना जा सकता। बिना (मन को) मारे (हरी की) किस प्रकार कीमत पाई जा सकती है ? ॥ १ ॥ रहाउ ॥

घर (शरीर) में ही (परमात्मा रूपी) अमृत रक्खा हुआ है, (उस अमृत को कामादिक) चोर चुरा रहे हैं। (कोई उन चोरों) को रोकता-थामता भी नहीं। (जो व्यक्ति इस अमृत की चोरों से) रक्षा करता है, उसे (परमात्मा) स्वयं बड़ाई प्रदान करता है ॥ २ ॥

दस खरब और असंख्य (तृष्ण की) अग्नि जो एक जगह (हृदय में) एकत्र थी (वह) गुरु की शिक्षा द्वारा बुझ गई। (मैं अपना) मन (गुरु को] सौंप कर (परमात्मा से) मिला हूँ, (और अब) आनन्दपूर्वक (उसका) गुणगान करता हूँ ॥ ३ ॥

परमात्मा जैसे घर में है, वैसे वह बाहर भी है। गुफा में (अकेले) बैठ कर, मैं (उसका) वर्णन किस प्रकार करूँ ? समुद्रों और पर्वतों—(सभी स्थानों में) वह निर्भय (परमात्मा) एक समान (व्याप्त है) ॥ ४ ॥

(भला) बताओ (जो जीवित ही) मर गया है, उसे कौन मार सकता है ? (जो परमात्मा के डर से) निडर है, उसे किस व्यक्ति का किस प्रकार का डर (लग सकता है) ? (जो गुरु के) शब्द द्वारा (परमात्मा को) पहचानता है, उसे (वह हरी) त्रिभुवन में (व्याप्त) दिखलाई पड़ता है ॥ ५ ॥

जो कथन करता है, वह तो यों ही कथन द्वारा ही (उस प्रभु का) वर्णन करता है, (वह आन्तरिक अनुभूति से विहीन है, उसका कथन सम्बन्धी ज्ञान चंचुज्ञान मात्र है)। किन्तु जिन्होंने (गुरु की शिक्षा) समझ ली है, उन्होंने सहज-पद (चतुर्थ पद, निर्वाण पद, मोक्ष पद) को पहचान लिया है (उस प्रभु का) दर्शन करके, विचार करके, मेरा मन भली भाँति मान गया है (स्थिर हो गया है) ॥ ६ ॥

एक (परमात्मा के) नाम में कीर्त्ति, सुरति (ध्यान), मोक्ष (सभी कुछ है)। उसी (नाम में) वह निरंजन (माया से रहित हरी) व्याप्त हो रहा है; वह अपने घर से— (अपने स्वरूप में) और अपने स्थान में व्याप्त हो रहा है ॥ ७ ॥

कितने ही मुनिगण प्रेमपूर्वक (उस प्रभु की) स्तुति करते हैं। (जो) तन, मन (दोनों से) ही पवित्र हैं, उनके सुन्दर चित्त में सत्य स्वरूप (परमात्मा) स्थित है। हे नानक, नित्य-प्रति (सदैव ही) हरी का भजन कर ॥ ८ ॥ २ ॥

[३]

गउड़ी गुआरेरी

ना मनु मरै न कारजु होइ। मनु वसि दूता दुरमति दोइ ॥
मनु मानै गुर ते इकु होइ ॥ १ ॥
निरगुण रामु गुणह वसि होइ। आपु निवारि बीचारे सोइ ॥१॥रहाउ॥
मनु भूलो बहु चितै विकारु। मनु भूलो सिरि आवै भारु ॥
मनु मानै हरि एकंकारु ॥ २ ॥
मनु भूलो माइआ घरि जाइ। कामि बिरूधउ रहै न ठाइ ॥
हरि भजु प्राणी रसन रसाइ ॥ ३ ॥

गैवर हैवर कंचन सुत नारी । बहु चिंता पिड़ चालै हारी ॥
जूऐ खेलणु काची सारी ॥ ४ ॥
संपउ संची भए विकार । हरख सोग उभे दरबारि ॥
सुखु सहजे जपि रिदै मुरारि ॥ ५ ॥

नदरि करे ता मेलि मिलाए । गुण संग्रहि अउगण सबदि जलाए ॥
गुरमुखि नामु पदारथु पाए ॥ ६ ॥

बिनु नावै सभ दूख निवासु । मनमुख मूड़ माइआ चित वासु ॥
गुरमुखि गिआनु धुरि करमि लिखिआसु ॥ ७ ॥
मनु चंचलु धावतु फुनि धावै । साचे सूचे मैलु न भावै ॥
नानक गुरमुखि हरिगुण गावै ॥ ८ ॥ ३ ॥

न तो मन मरता है और न (परमात्मा की प्राप्ति का) कार्य (पूरा) होता है। (यह) मन कामादिक दूतों, खोटी बुद्धि तथा द्वैतभाव के वशीभूत है। (यदि) मन को गुरु द्वारा मनवावे, (तो वह परमात्मा के स्वरूप से) एक हो जाता है ॥ १ ॥

निर्गुण राम (दैवी) गुणों के वशीभूत होता है, (अर्थात् निर्गुण राम की प्राप्ति दैवी गुणों के द्वारा होती है), (जो) आपापन दूर करता है, वही (इस बात का) विचार करता है ॥ १ ॥ रहाउ ॥

मन (अनेक विषय) विकारों की ओर देख कर भटक जाता है और मन के भटकने से सिर पर (पाप का) बड़ा बोझा लद जाता है। एकंकार हरी (के सानिध्य में आने से) मन मान जाता है (शान्त हो जाता है) ॥ २ ॥

मन के भूलने पर, घर में (शरीर में) माया चली आती है। काम से अवरुद्ध होने पर, (मनुष्य अपने वास्तविक स्थान) पर नहीं टिकता। हे प्राणी! रसना द्वारा रस से परमात्मा का भजन कर ॥ ३ ॥

श्रेष्ठ हाथी, श्रेष्ठ घोड़े, सोना, पुत्र और नारी (आदि) की बड़ी चिन्ता में (पड़ कर मनुष्य) (जीवन का मैदान हार जाता है;) (जीवन रूपी) जुए में (वह) कच्ची बाजी खेलता है, (अर्थात् जीवन नष्ट कर देता है) ॥ ४ ॥

संपत्ति संग्रह करने से (अनेक) विकार उत्पन्न होते हैं। दुःख सुख (दोनों ही परमात्मा के) दरबार में खड़े रहते हैं। सुख (इसी में है) कि स्वाभाविक ही हृदय में मुरारी (परमात्मा) का नाम जपा जाय ॥ ५ ॥

(यदि परमात्मा) कृपा करता है, तो (शिष्य को अपने में मिला लेता है। (उसकी कृपा से ही शिष्य) गुणों का संग्रह करके (गुरु के) शब्द द्वारा अवगुणों को जला डालता है। (इस प्रकार) गुरु द्वारा (शिष्य) नाम रूपी पदार्थ को पा लेता है ॥ ६ ॥

बिना (परमात्मा के) नाम के (मनुष्य के अन्तर्गत) सभी (प्रकार के) दु-खों का निवास रहता है। मूढ़ मनुमुख का चित्त माया में ही निवास करता है। पूर्व जन्मों के शुभ कर्मों के फलस्वरूप ही यदि (परमात्मा के यहाँ से यह) लिखा हो, तभी गुरु द्वारा ज्ञान (प्राप्त होता है) ॥ ७ ॥

चंचल मन बार-बार (मायिक पदार्थों के पीछे) दौड़ता रहता है। सच्चे और पवित्र परमात्मा को मैल अच्छी नहीं लगती (अथवा सच्चे परमात्मा को पवित्र ही अच्छा लगता है, गन्दा नहीं)। हे नानक, गुरु की शिक्षा द्वारा (शिष्य) परमात्मा का गुणगान करता है ॥ ८ ॥ ३ ॥

[४]

गउड़ी गुआरेरी

हउमै करतिआ नह सुखु होइ । मनमति झूठी सचा सोइ ॥
सगल बिगूते भावै दोइ । सो कमावै धुरि लिखिआ होइ ॥ १ ॥
ऐसा जगु देखिआ जूआरी । सभि सुख मागै नामु बिसारी ॥ १ ॥ रहाउ ॥
अदिसटु दिसै ता कहिआ जाइ । बिनु देखे कहणा बिरथा जाइ ॥
गुरमुखि दीसै सहजि सुभाइ । सेवा सुरति एक लिव लाइ ॥ २ ॥
सुखु मांगत दुखु आगल होइ । सगल विकारी हारु परोइ ।
एक बिना झूठे मुकति न होइ । करि करि करता देखै सोइ ॥ ३ ॥
तृसना अगनि सबदि बुझाए । दूजा भरमु सहजि सुभाए ॥
गुरमती नामु रिदै वसाए । साची बाणी हरिगुण गाए ॥ ४ ॥
तन महि साचो गुरमुखि भाउ । नाम बिना नाही निज ठाउ ॥
प्रेम पराइण प्रीतम राउ । नदरि करे ता बूझै नाउ ॥ ५ ॥
माइआ मोहु सरब जंजाला । मनमुख कुचील कुछित बिकराला ॥
सतिगुरु सेवे चूकै जंजाला । अंम्रित नामु सदा सुख नाला ॥ ६ ॥
गुरमुखि बूझै एक लिव लाए । निज घरि वासै साचि समाए ॥
जंमणु मरणा ठाकि रहाए । पूरे गुर ते इह मति पाए ॥ ७ ॥
कथनी कथउ न आवै ओरु । गुरु पुछि देखिआ नाही दरु होरु ॥
दुखु सुखु भाणै तिसै रजाइ । नानकु नीचु कहै लिव लाइ ॥ ८ ॥ ४ ॥

अहंकार करते रहने से सुख नहीं प्राप्त होता। मन (के द्वारा कल्पित) बुद्धि झूठी है, वही (परमात्मा अकेला) सच्चा है। (जितने भी लोग) द्वैतभाव के हैं, सभी नष्ट हो जाते हैं। पूर्व जन्मों के शुभ कर्मों के अनुसार (जिन्हें परमात्मा) लिख देता है, वही (उसे) प्राप्त करता है ॥ १ ॥

(मैंने) जगत् (के लोगों को) इस प्रकार का जुआड़ी देखा है कि सुख तो सभी कोई माँगते हैं, (किन्तु) नाम भुला देते हैं, (तात्पर्य यह कि सारे सुख नाम के अधीन ही हैं। नाम के बिना जगत् में कोई सुख नहीं है) ॥ १ ॥ रहाउ ॥

(जो) अदृश्य है, (यदि वह देखा जाय) तभी उसका (ठीक ठीक से) कथन किया जा सकता है। बिना देखे कथन करना, व्यर्थ होता है। गुरु की शिक्षा द्वारा (शिष्य) को सहज भाव से (वह परमात्मा) दिखाई पड़ता है (शिष्य) सेवा, सुरति एवं एकनिष्ठ ध्यान (लिव) लगा कर (उस परमात्मा का) दर्शन करता है ॥ २ ॥

सुख माँगने पर (और) अधिक दुःख (प्राप्त) होता है। (ऐसा ज्ञात होता है कि सांसारिक लोग) समस्त विकारों की माला गूँथ कर (पहने हैं)। एक (परमात्मा) के बिना समस्त (विकारी मनुष्य) झूठे हैं, (उनकी) मुक्ति नहीं होती। कर्त्ता (पुरुष) ही (सृष्टि) रच-रच कर, उसे देखता रहता है ॥ ३ ॥

(गुरु के) शब्द द्वारा (शिष्य) तृष्णा की अग्नि बुझा दे, (फिर) द्वैतभाव स्वाभाविक ही (समाप्त हो जायगा)। गुरु की शिक्षा द्वारा (शिष्य) (परमात्मा का) नाम हृदय में बसा लेता है और (उसकी) सच्ची वाणी द्वारा हरि का गुणगान करता है ॥ ४ ॥

जिन्हें गुरु द्वारा प्रेम (उत्पन्न हुआ है), उनके शरीर में सच्चा (परमात्मा) स्थित है)। कोई नाम के बिना अपने (वास्तविक) स्थान में (आत्मस्वरूप में) टिक नहीं (सकता)। प्रीतम राउ (परमात्मा) प्रेम-परायण है, (अर्थात् प्रभु प्रेम के वशीभूत है) ॥ ५ ॥

माया (के प्रति) मोह ही सारे जंजालों का मूल कारण है। (अपने) मन के अनुसार चलनेवाला व्यक्ति गंदा, कुत्सित, तथा विकराल (भयानक) है। सद्गुरु की सेवा करने से सारे जंजाल समाप्त हो जाते हैं। जिसके मुख) में अमृत-नाम है, उसके साथ सदैव ही सुख है ॥ ६ ॥

गुरु की शिक्षा द्वारा (शिष्य) एक (परमात्मा से) लिव लगा कर, (उसे) समझ लेता है, (फिर) वह अपने वास्तविक घर (आत्मस्वरूप) में रहने लगता है और सच्चे (परमात्मा) में समा जाता है। (ऐसा व्यक्ति) जन्म-मरण को रोक देता है। पूर्ण गुरु से ही यह बुद्धि प्राप्त होती है ॥ ७ ॥

कथन करने से (उस परमात्मा का) अन्त नहीं पाया जाता। गुरु से पूछ कर मैंने देख लिया है कि (परमात्मा को छोड़कर) कोई अन्य द्वार नहीं है। उसी (प्रभु) की आज्ञा और इच्छा से सुख-दुख (प्राप्त होते हैं)। तुच्छ नानक ध्यान लगाकर यह बात कहता है ॥ ८ ॥ ४ ॥

[५]

गउड़ी

दूजी माइआ जगत चितु वासु। काम क्रोध अहंकार बिनासु ॥ १ ॥
दूजा कउणु कहा नही कोई। सभ महि एकु निरंजनु सोई ॥ १ ॥ रहाउ ॥
दूजी दुरमति आखै दोइ। आवै जाइ मरि दूजा होइ ॥ २ ॥
धरणि गगनि नह देखउ दोइ। नारी पुरख सबाई लोइ ॥ ३ ॥
रवि ससि देखउ दीपक उजिआला। सरब निरंतरि प्रीतमु बाला ॥ ४ ॥
करि किरपा मेरा चितु लाइआ। सतिगुरि मो कउ एकु बुझाइआ ॥ ५ ॥
एकु निरंजनु गुरमुखि जाता। दूजा मारि सबदि पछाता ॥ ६ ॥
एको हुकमु वरतै सभ लोई। एकसु ते सभ ओपति होई ॥ ७ ॥
राह दोवै खसमु एको जाणु। गुर कै सबदि हुकमु पछाणु ॥ ८ ॥
सगल रूप वरन मन माही। कहु नानक एको सालाही ॥ ९ ॥ ५ ॥

माया ने जगत् के चित्त में वास किया है (और भ्रम के कारण जीव के निमित्त) दूसरी (होकर प्रतीत हो रही है)। (माया ने) काम, क्रोध, अहंकार (का वेश धारण किया है); (ये) विनाश के कारण हैं ॥ १ ॥

दूसरा (मैं) किसे कहूँ, जब कोई द्वैत है हो नहीं ? सभी (जड़, चेतन) में एक वही निरंजन व्याप्त है ॥ १ ॥ रहाउ ॥

द्वैतभाव वाली दुर्बुद्धि ही द्वैत कथन करती है। (द्वैत बुद्धि ही के कारण जीव) आता है, जाता है (जन्म धारण करता है और मरता है) और मर कर द्वैत ही हो जाता है ॥ २ ॥

धरती और आकाश में (मुझे कुछ भी) द्वैत नहीं दिखाई पड़ता। नारी, पुरुष तथा सभी लोगों (प्राणियों) में (वही अकेला प्रभु दिखाई पड़ रहा है) ॥ ३ ॥

(मैं) सूर्य और चन्द्रमा (प्रभु के) प्रकाशमान दीपक के रूप में देखता हूँ। सदैव नवीन शरीर वाला (मेरा प्रभु) सभी के भीतर (वास कर रहा है) ॥ ४ ॥

(प्रभु ने) कृपा करके मेरा चित्त (अपने में) लगा लिया है। सद्गुरु ने मुझे एक (तत्व का) बोध करा दिया है ॥ ५ ॥

गुरु की शिक्षा से (मुझ द्वारा) एक निरंजन जान लिया गया है। द्वैत भाव मार कर शब्द भी पहचाना गया है ॥ ६ ॥

(परमात्मा का) एक हुक्म सारे लोकों में वरत रहा है। एक उसी (परमात्मा से) समस्त उत्पत्ति हुई है ॥ ७ ॥

दो मार्ग हैं, [हिन्दू धर्म और मुसलमान मजहब अथवा श्रेयस् (परमात्मा की प्राप्ति का) मार्ग और प्रेयस् (सांसारिक ऐश्वर्य-प्राप्ति का) मार्ग]; किन्तु उन दोनों के बीच एक परमात्मा को ही जानो। गुरु के शब्द द्वारा (उस प्रभु के) हुक्म को पहचानो ॥ ८ ॥

सारे रूप और रंग मन के ही अंतर्गत हैं। नानक कहते हैं कि एक परमात्मा की ही स्तुति करनी चाहिए ॥ ९ ॥ ५ ॥

[६]

गउड़ी

अधिआतम करम करे ता साचा। मुकति भेदु किआ जाणै काचा ॥ १ ॥
ऐसा जोगी जुगति बीचारै। पंच मारि साचु उरिधारै ॥ १ ॥ रहाउ ॥
जिस कै अंतरि साचु वसावै। जोग जुगति की कीमति पावै ॥ २ ॥
रवि ससि एको गृह उदिआनै। करणी कीरति करम समानै ॥ ३ ॥
एक सबद इक भिखिआ मागै। गिआनु धिआनु जुगति सचु जागै ॥ ४ ॥
भै रचि रहै न बाहर जाइ। कीमति कउणु रहै लिव लाइ ॥ ५ ॥
आपे मेले भरमु चुकाए। गुर परसादि परम पदु पाए ॥ ६ ॥
गुर की सेवा सबदु वीचारु। हउमै मारे करणी सारु ॥ ७ ॥
जप तप संजम पाठ पुराणु। कहु नानक अपरंपर मानु ॥ ८ ॥ ६ ॥

जो आध्यात्मिक कर्म करता है, वही सच्चा है। कच्चा मनुष्य मुक्ति के भेद को क्या जान सकता है ? ॥ १ ॥

(वास्तविक) योगी (योग की ठीक) युक्ति विचार करता है। (वह योगी) पंच (कामादिकों) को मारता और (अपने) हृदय में सत्य धारण करता है ॥ १ ॥ रहाउ ॥

(जो) अपने हृदय में सत्यस्वरूप (परमात्मा को) बसा लेता है, (वही) योग की युक्ति की कीमत पाता है ॥ २ ॥

एक (परमात्मा ही) सूर्य, चन्द्रमा और गृह, वन में है। परमात्मा के यश को करनी (सच्चे साधक के लिये) कर्मकाण्ड के समान हो गई है ॥ ॥

गुरु के एक शब्द के द्वारा वह (प्रभु के नाम की) भिक्षा माँगता है। सत्य (उसके अंतर्गत) प्रकाशित हो गया है, (अतएव उसमें) ज्ञान, ध्यान की युक्तियाँ (सहज भाव से आ गई हैं) ॥ ४ ॥

(ऐसा साधक) (परमात्मा के) भय में अनुरक्त रहता है, (उस भय से वह) बाहर नहीं जाता। उसका कौन मूल्य आँक सकता है, जो (परमात्मा के) लिव में लीन है ? ॥ ५ ॥

(जिसे परमात्मा) अपने में मिलाता है, वह (उसके समस्त) भ्रम समाप्त कर देता है। गुरु की कृपा से (वह) परम गति पाता है ॥ ६ ॥

गुरु की सेवा द्वारा (वह गुरु के) शब्द पर विचार करके अहंकार को मारता है। यही कर्म (सारे कर्मों का) सार (तत्त्व) है ॥ ७ ॥

नानक कहते हैं कि (सारे) जप, तप, संयम, पुराणों के पाठ (का यही सार है) कि सब से परे हरी को माना जाय ॥ ८ ॥ ६ ॥

[७]

गउड़ी

खिमा गही व्रतु सील संतोखं। रोगु न बिआपै ना जम दोखं ॥
मुकत भए प्रभ रूप न रेखं ॥ १ ॥
जोगी कउ कैसा डरु होइ। रूखि बिरखि गृहि बाहरि सोइ ॥ १ ॥ रहाउ ॥
निरभउ जोगी निरंजनु धिआवै। अनदिनु जागै सचि लिव लावै ॥
सो जोगी मेरै मनि भावै ॥ २ ॥
कालु जालु ब्रहम अगनी जारे। जरा मरण गतु गरबु निवारे ॥
आपि तरै पितरी निसतारे ॥ ३ ॥
सतिगुरु सेवे सो जोगी होइ। भै रचि रहै सु निरभउ होइ ॥
जैसा सेवै तैसो होइ ॥ ४ ॥
नर निहकेवल निरभउ नाउ। अनाथह नाथ करे बलि जाउ।
पुनरपि जनमु नाही गुण गाउ ॥ ५ ॥

अंतरि बाहरि एको जाणै । गुर के सबदे आपु पछाणै ॥
साचै सबदि दरि नीसाणै ॥ ६ ॥

सबदि मरै तिसु निज घरि वासा । आवै न जावै चूकै आसा ॥
गुर कै सबदि कमलु परगासा ॥ ७ ॥

जो दीसै सो आस निरासा । काम क्रोध बिखु भूख पिआसा ॥
नानक विरले मिलहि उदासा ॥ ८ ॥ ७ ॥

(जिन्होंने) क्षमा, शील, संतोष का व्रत ग्रहण कर लिया है, (उन्हें) न तो कोई रोग व्याप्त होता है और न यम का दोष ही (लगता है) । (ऐसे लोग) मुक्त हो जाते है और रूप तथा रेखा से रहित प्रभु का स्वरूप ही हो जाते हैं ॥१॥

(भला बताओ), योगी को किस प्रकार भय लग सकता है ? (सर्वात्मिक दृष्टि के कारण उसका भयवाली भावना मिट जाती है) । (वह तो) रूख-वृक्षों तथा घर-बाहर (एक परमात्मा) को ही (देखता है) ॥१॥रहाउ॥

(जो) योगी निर्भय है, (वह) निरंजन (माया से रहित हरी) का ही ध्यान करता है । (वह) प्रति दिन जागता है और सत्य (परमात्मा) में (अपनी) लिव लगाता है । ऐसा योगी मेरे मन को अच्छा लगता है ॥२॥

(ऐसा निर्भय योगी) काल के समूह को (अथवा काल के जाल को) ब्रह्मज्ञान की अग्नि में जला डालता है और जरा-मरण विषयक अभिमान का निवारण कर देता है । वह स्वयं तरता ही है (अपने) पितरों का भी निस्तार कर देता है ॥३॥

(जो) सद्गुरु की सेवा करता है, वही योगी होता है । (परमात्मा के) भय में अनुरक्त रहता है, वही निर्भय होता है । जिस प्रकार की आराधना करता है, वैसा ही हो जाता है ॥४॥

निष्केवल पुरुष तथा निर्भय नाम वाला (केवल परमात्मा ही है) । (हरी) अनाथों को नाथ बना देता है ! (मैं उस पर) बलिहारी होता हूं । (चूंकि) उसका गुणगान करता हूं (अतएव) पुन: जन्म नहीं (होगा) ॥५॥

गुरु के शब्द द्वारा (शिष्य) अपने आप को पहचानता है (तथा) अन्तर और बाहर एक (परमात्मा) को जानता है । सच्चे शब्द के द्वारा (परमात्मा के) दरवाजे पर (साधक को) निशान पड़ता है, (अर्थात् वह प्रतिष्ठित होता है) ॥६॥

(जो गुरु के) शब्द में मरता है, वह अपने (वास्तविक) घर में (आत्मस्वरूप में) निवास करता है । वह न आता है, न जाता है (न जन्म धारण करता है और न मरता है), (उसकी समस्त) आशाएं समाप्त हो जाती हैं । गुरु के शब्द द्वारा (उसका हृदय रूपी) कमल प्रकाशित हो जाता है ॥७॥

जो भी (व्यक्ति इस संसार में) दिखाई पड़ता है, वह (या तो) आशा (में है), या निराशा (में हैं); काम-क्रोध का विष तथा भूख-प्यास (का दुःख सभी को है) । हे नानक, कोई विरले ही (माया के आकर्षणों से) विरक्त होते हैं ॥८॥७॥

[८]

गउड़ी

ऐसो दासु मिलै सुखु होई। दुखु विसरै पावै सचु सोई ॥ १ ॥
दरसनु देखि भई मति पूरी। अठसठि मजनु चरनह धूरी ॥ १ ॥ रहाउ ॥
नेत्र संतोखे एक लिव तारा। जिहवा सूची हरिरस सारा ॥ २ ॥
सचु करणी अभ अंतरि सेवा। मनु तृपतासिआ अलख अभेवा ॥ ३ ॥
जह जह देखउ तह तह साचा। बिनु बूझे झगरत जगु काचा ॥ ४ ॥
गुरु समझावै सोझी होई। गुरमुखि विरला बूझै कोई ॥ ५ ॥
करि किरपा राखहु रखवाले। बिनु बूझे पसू भए बेताले ॥ ६ ॥
गुरि कहिआ अवरु नही दूजा। किसु कहु देखि करउ अन पूजा ॥ ७ ॥
संत हेति प्रभि त्रिभवण धारे। आतमु चीनै सु ततु बीचारे ॥ ८ ॥
साचु रिदै सचु प्रेम निवास। प्रणवति नानक हम ताके दास ॥ ६ ॥ ८ ॥

जो (सांसारिक) दुःखों को विस्मृत हो जाता है, वही सत्य (परमात्मा) को पाता है। इस प्रकार के (भगवान् के) दास के मिलने से (परम) सुख होता है ॥१॥

(इस प्रकार के दास के) दर्शन करने से बुद्धि पूर्ण हो जाती है। (उनकी) चरण-धूलि अड़सठ (तीर्थों के) मज्जन के समान है ॥१॥रहाउ॥

एक (हरी) में लिव की ताड़ी (लगने से) (उनके) नेत्र संतुष्ट हो गए हैं। हरि-रस ग्रहण करने से (धारण करने से) (उनको)जिह्वा पवित्र हो गई है ॥२॥

आभ्यान्तरिक सेवा ही (ऐसे भक्तों की) सच्ची करणी है। अलक्ष्य और अभेद (परमात्मा का साक्षात्कार करके) उनके मन तृप्त हो गए हैं ॥३॥

(मैं) जहाँ जहाँ देखता हूँ, वहाँ वहाँ (मुझे) सच्चा (परमात्मा ही दिखाई पड़ता है)। कच्चा (अज्ञानी) जगत् बिना समझे ही झगड़ता है ॥४॥

गुरु समझाता है, तभी समझ आती है। कोई विरला ही व्यक्ति गुरु की शिक्षा द्वारा (सत्य परमात्मा को) समझता है ॥५॥

(हे मेरी) रक्षा करनेवाले, कृपा करके मेरी रक्षा करो। बिना (प्रभु को) समझे (लोग) पशु और भूत हो जाते हैं ॥६॥

गुरु ने मुझे (यह) कह दिया कि (एक परमात्मा को छोड़कर) कोई और दूसरा नहीं है। मैं किसे देख कर (अब) अन्य पूजा करूँ ? ॥७॥

संतों के ही निमित्त प्रभु ने तीनों लोकों को धारण कर रक्खा है। (जो) आत्मा को पहचानता है, वही तत्व का विचार करता है ॥८॥

सच्चे अंतःकरण में सच्चे प्रेम का निवास होता है। नानक विनयपूर्वक कहते हैं कि हम ऐसे (भक्तों के) दास हैं ॥६॥८॥

[६]

गउड़ी

अहमै गरबु कीआ नही जानिआ। बेद की बिपति पड़ी पछुतानिआ ॥
जह प्रभ सिमरे तही मनु मानिआ ॥ १ ॥

ऐसा गरबु बुरा संसारै । जिसु गुरु मिलै तिसु गरबु निवारै ॥ १ ॥ रहाउ ॥
बलि राजा माइआ अहंकारी । जगन करै बहु भार अफारी ॥
बिनु गुर पूछें जाइ पइआरी ॥ २ ॥
हरीचंदु दानु करै जसु लेवै । बिनु गुर अंत न पाइ अभेवै ॥
आपि भुलाइ आपे मति देवै ॥ ३ ॥
दुरमति हरणाखसु दुराचारी । प्रभु नाराइणु गरब प्रहारी ।
प्रह्लाद उधारे किरपा धारी ॥ ४ ॥
भूलो रावणु मुगधु अचेति । लूटी लंका सीस समेति ॥
गरबि गइआ बिनु सतिगुर हेति ॥ ५ ॥
सहसबाहु मधुकीट महिखासा । हरणाखसु ले नखहु बिधासा ॥
दैत संघारे बिनु भगति अभिआसा ॥ ६ ॥
जरासंधि कालजमुन संघारे । रकतबीजु कालुनेमु बिदारे ॥
दैत संघारि संत निसतारे ॥ ७ ॥
आपे सतिगुरु सबदु बीचारे । दूजै भाइ दैत संघारे ॥
गुरमुखि साचि भगति निसतारे ॥ ८ ॥
बूडा दुरजोधनु पति खोई । रामु न जानिआ करता सोई ॥
जन कउ दूखि पचै दुखु होई ॥ ९ ॥
जनमेजै गुर सबदु न जानिआ । किउ सुखु पावै भरमि भुलानिआ ॥
इकु तिलु भूले बहुरि पछुतानिआ ॥ १० ॥
कंसु केसु चांडूरु न कोई । रामु न चीनिआ अपनी पति खोई ॥
बिनु जगदीस न राखै कोई ॥ ११ ॥
बिनु गुर गरबु न मेटिआ जाइ । गुरमति धरमु धीरजु हरिनाइ ॥
नानक नामु मिलै गुण गाइ ॥ १२ ॥ ९ ॥

ब्रह्मा ने अभिमान किया और (परम तत्त्व को) न जान सके, (इस अभिमान का परिणाम यह हुआ कि जब उनके ऊपर) वेदों की विपत्ति पड़ी (वेद चुरा लिए गए), (तो वे) पछताने लगे । पुनः (जब) ब्रह्मा ने (अपने उत्पत्ति-स्थान) का स्मरण किया, तब (उनका) मन मान गया ॥१॥

ऐसा गर्व करना संसार में बुरा होता है । जिसे गुरु प्राप्त होता है, उसका गर्व (वह) दूर कर देता है ॥१॥रहाउ॥

बलि राजा अपनी माया (धन-सम्पत्ति-ऐश्वर्य) में बहुत अहंकारी हो गया था । वह बहुत अहंभाव से यज्ञादिक करता था । बिना गुरु (शुक्राचार्य) के पूछे, उसे (बंध कर) पाताल लोक जाना पड़ा ॥२॥

(राजा) हरिश्चन्द्र दान करते थे और यश लेते थे । (किन्तु उन्होंने) बिना गुरु के अभेद (परमात्मा का) अन्त नही पाया । परमात्मा स्वयं ही (जीवों को) भुला कर (अपने से पृथक् कर देता है) और स्वयं ही जीवों को बुद्धि देकर (अपने में मिला लेता है) ॥३॥

दुर्बुद्धि एवं दुराचारी हिरण्यकश्यप के गर्व पर प्रभु नारायण ने प्रहार किया है। प्रह्लाद के ऊपर कृपा करके प्रभु ने (उसका) उद्धार किया है ।।४।।

मूर्ख और विवेकहीन रावण (अपने अहंभाव में) भूल गया (इसी कारण) (उसकी सोने की) लंका उसके (दसों) शिरों सहित लूटी गई। बिना सद्‌गुरु में प्रेम करने से उसका सारा अहंभाव चूर चूर हो गया ।।५।।

सहस्रबाहु, मधुकैटभ, महिषासुर (आदि अपने अहंभाव एवं गुरु की आज्ञा न मानने के कारण मारे गए), हिरण्यकश्यप को (नृसिंह भगवान् ने अपनी गोदी में) लेकर (अपने) नखों से विध्वंस कर डाला। बिना भक्ति के अभ्यास के (सारे) दैत्य संहार किए गए ।।६।।

जरासंध, कालजमुन संहार किए गए। रक्तबीज और कालनेमि भी विदीर्ण किए गए। इस प्रकार (परमात्मा ने) दैत्यों का संहार किया और संतों की रक्षा की ।।७।।

प्रभु आप ही सद्‌गुरु (होकर) शब्द विचारता है और द्वैतभाव (के) दैत्य का संहार करता है। सत्य और भक्ति के कारण (वह) गुरुमुखों को तारता है ।।८।।

दुर्योधन प्रतिष्ठा खोकर डूब गया, (नष्ट हो गया)। (अहंभाव की प्रबलता के कारण) उसने राम को कर्त्ता के रूप में नहीं जाना। (परमात्मा के) भक्तों को जो दुःख देता है, वह दुःखी होकर नष्ट हो जाता है ।।९।।

जन्मेजय ने भी गुरु के शब्द पर ध्यान नहीं दिया; (अतएव) भ्रमित होकर भटकते रहे; (बिना गुरु के शब्द पर विचार किए) कैसे सुख प्राप्त हो सकता है ? एक तिलमात्र भूल करने से (जन्मेजय) को बहुत पछताना पड़ा ।।१०।।

कंस, केशी (तथा) चाण्डूर (में से) किसी ने भी राम को नहीं समझा, (अतः उन लोगों ने) अपनी प्रतिष्ठा गँवा दी (और मारे गए)। बिना जगदीश के कोई भी रक्षा नहीं कर सकता ।। ११ ।।

बिना गुरु के अहंकार नहीं मेटा जा सकता। गुरु के उपदेश द्वारा हरी का नाम (जपने से) धैर्य और धर्म (प्राप्त होते हैं)। नानक कहते हैं कि (परमात्मा का) गुणगान करने से (शिष्य) नाम में मिल जाता है ।। १२ ।। ९ ।।

[१०]

गउड़ी

चोआ चंदनु अंकि चड़ावउ। पाट पटंबर पहिरि हढावउ ।।

बिनु हरिनाम कहा सुख पावउ ।। १ ।।

किआ पहिरउ किआ ओढि दिखावउ। बिनु जगदीस कहा सुखु पावउ ।। १ ।। रहाउ ।

कानी कुंडल गलि मोतीअन की माला। लाल निहाली फूल गुलाला ।।

बिनु जगदीस कहा सुखु भाला ।। २ ।।

नैन सलोनी सुंदर नारी। खोड़ सीगार करै अति पिआरी ।।

बिनु जगदीस भजे नित खुआरी ।। ३ ।।

दर घर महला सेज सुखाली । अहिनिसि फूल बिछावै माली ॥
बिनु हरिनाम सु देह दुखाली ॥ ४ ॥
हैवर गैवर नेजे वाजे । लसकर नेब खवासी पाजे ॥
बिनु जगदीस झूठे दिवाजे ॥ ५ ॥
सिधु कहावउ रिधि सिधि बुलावउ । ताज कुलह सिरि छत्र बनावउ ॥
बिनु जगदीस कहा सचु पावउ ॥ ६ ॥
खानु मलूकु कहावउ राजा । अब तबे कूड़े है पाजा ॥
बिनु गुर सबद न सवरसि काजा ॥ ७ ॥

हउमै ममता गुर सबदि विसारी । गुरमति जानिआ रिदै मुरारी ॥
प्रणवति नानक सरणि तुमारी ॥ ८ ॥ १० ॥

(यदि मैं) शरीर में चोआ-चन्दन मलूँ, वस्त्र तथा रेशमी वस्त्र पहन कर (इतराता) फिरूँ, (फिर भी) बिना हरिनाम के कहाँ सुख पा सकता हूँ ? ॥ १ ४

मैं क्या पहनूँ और क्या ओढ़ कर (दूसरों को) दिखाऊँ ? बिना जगदीश के कहाँ सुख पा सकता हूँ ॥ १ ॥ रहाउ ॥

(यदि मैं) कानों में कुण्डल तथा गले में मोतियों की माला (पहने होऊँ), लाल रजाई (ओढ़े होऊँ) और लाल फूलों से सुसज्जित होऊँ, किन्तु बिना जगदीश के कहाँ सुख प्राप्त हो सकता है ?

(यदि) सलोनी आँखोंवाली सुन्दर स्त्री हो और (वह) सोलह शृंगार करके बड़ी लुभावनी (बनी हो); किन्तु बिना जगदीश के भजन के नित्य बरबादी ही होती है ॥ ३ ॥

(यदि) दरवाजे, घर और महल (हों), सुखदायिनो सेज हो, माली अहर्निश (सेज पर) फूल बिछाता हो, किन्तु बिना परमात्मा के नाम का भजन किए (सारे भोगों के भोगने के पश्चात् भी) देह दुःखी ही रहती है ॥ ४ ॥

(यदि) श्रेष्ठ घोड़े, श्रेष्ठ हाथी, भाले (तथा विविध प्रकार के) बाजे, सेना, नायब, शाही नौकर (तथा अन्य) दिखावेवाली (वस्तुएँ) हों, किन्तु बिना जगदीश के (सभी ऐश्वर्य) झूठे दिखावे मात्र हैं ॥ ५ ॥

(चाहे मैं) सिद्ध कहलाऊँ और ऋद्धियों-सिद्धियों को बुला लूँ, सिर पर ताज की टोपी (पहनूँ) तथा छत्र धारण करूँ, किन्तु बिना जगदीश के कहाँ सुख पा सकता हूँ ? ॥ ६ ॥

(चाहे) खान, बादशाह और राजा कहलाऊँ और "अबे तबे" (कहकर नौकरों पर हुक्म चलाऊँ), किन्तु यह सब झूठे दिखावे मात्र हैं । बिना गुरु के शब्द के कोई कार्य नहीं सँवरता ॥ ७ ॥

गुरु के शब्द द्वारा (मैंने) अहं भावना और ममता को भुला दिया है तथा गुरु के उपदेश द्वारा मुरारी (परमात्मा) को अपने हृदय में (विराजमान) समझ लिया है । नानक विनय-पूर्वक कहते हैं (कि हे प्रभु मैं) तुम्हारी शरण में हूँ ॥ ८ ॥ १० ॥

[११]

गउड़ी

सेवा एक न जानसि अवरे । परपंच बिआधि तिआगै कवरे ॥
भाइ मिलै सचु साचै सचु रे ॥ १ ॥
ऐसा राम भगतु जनु होई । हरिगुण गाइ मिलै मलु धोई ॥ १ ॥ रहाउ ॥
ऊंधा कवलु सगल संसारै । दुरमति अगनि जगत परजारै ।
सो उबरै गुर सबदु बीचारै ॥ २ ॥
भृंग पतंगु कुंचरु अरु मीना । मिरगु मरै सहि अपुना कीना ॥
तृसना राचि ततु नही बीना ॥ ३ ॥
कामु चितै कामणि हितकारी । क्रोधु बिनासै सगल विकारी ॥
पति मति खोवहि नामु विसारी ॥ ४ ॥
परघरि चीतु मनमुखि डोलाइ । गलि जेवरी धंधै लपटाइ ॥
गुरमुखि छूटसि हरिगुण गाइ ॥ ५ ॥
जिउ तनु बिधवा पर कउ देई । कामि दामि चितु पर वसि सेई ॥
बिनु पिर तृपति न कबहूं होई ॥ ६ ॥
पड़ि पड़ि पोथी सिम्रति पाठा । बेद पुराण पड़ै सुणि थाटा ॥
बिनु रस राते मनु बहु नाटा ॥ ७ ॥
जिउ चातृक जल प्रेम पिआसा । जिउ मीना जल माहि उलासा ॥
नानक हरि रसु पी तृपतासा ॥ ८ ॥ ११ ॥

(जो) एक (परमात्मा) की सेवा करता है, (वह) अन्य को नहीं जानता है, कड़वे (सांसारिक) प्रपंचों तथा व्याधियों को त्याग देता है, अरे (भाई) (वह) प्रेम से सत्यस्वरूप (परमात्मा) से मिलता है ॥ १ ॥

राम का ऐसा भक्त कोई (विरला ही) जन होता है । (ऐसा भक्त) परमात्मा का गुणगान करके, समस्त मलों को धोकर (परमात्मा से) मिल जाता है ॥ १ ॥ रहाउ ॥

सारे जगत् का हृदय रूपी कमल उल्टा है (अर्थात् परमात्मा की ओर से विमुख है) । दुर्मति की अग्नि में सारा जगत् जल रहा है । जो गुरु के शब्द पर विचार करता है, वही उबरता है ॥ २ ॥

भौंरा, पतंग, हाथी, मछली तथा मृग—(ये पाँचों क्रमशः गन्ध, रूप, स्पर्श, रस, श्रवण के अधीन है) ये अपने किए हुए के अनुसार सहन करते हैं और मरते हैं । इन सबों ने तृष्णा में अनुरक्त होकर तत्व नहीं पहचाना है ॥ ३ ॥

(जिस प्रकार) स्त्री का प्रेमी का काम का चिन्तन करता है, (और जिस प्रकार) विकारपूर्ण क्रोध सारी (वस्तुओं) का नाश कर देता है, (उसी प्रकार लोग) नाम को भुला कर प्रतिष्ठा और बुद्धि खो देते हैं ॥ ४ ॥

मनमुख दूसरों की स्त्री में अपना चित्त डोलाता है (चंचल करता है); (उसके) गले में रस्सी (पड़ी रहती है) और (सांसारिक) धंधों में लिपटा रहता है। गुरु की शिक्षा द्वारा हरि का गुण गान करके वह (संसार से) छूटता है ॥ ५ ॥

जिस भांति विधवा (अपना) शरीर दूसरे को दे देती है, वह काम और धन के निमित्त अपना चित्त पराये के वशीभूत करती है, (किन्तु) बिना (अपने) पति के उसे कभी तृप्ति नहीं होती, (उसी भाँति मनमुख मायिक आकर्षणों में अपना चित्त वशीभूत कर देते हैं, किन्तु बिना परमात्मा के उन्हें शान्ति कभी नहीं प्राप्त होती) ॥ ६ ॥

(सांसारिक व्यक्ति) (धार्मिक पुस्तकें) पढ़ते हैं तथा स्मृतियों का पाठ करते हैं, (वे) ठाट से वेद-पुराण पढ़ते और सुनते हैं, (किन्तु चित्त-वृत्ति बहिर्मुखी होने के कारण, उनके हृदय में परमात्मा के प्रति अनुराग नहीं उत्पन्न होता) ; (परन्तु) बिना (परमात्मा के) रस में अनुरक्त हुए, उनका मन (नट की भाँति) बहुत नाचता रहता है ॥ ७ ॥

जिस प्रकार चातक (स्वाती नक्षत्र के) जल के प्रेम के निमित्त प्यासा रहता है, और जिस प्रकार मछली जल में उल्लसित रहती है, (ठीक उसी प्रकार) नानक भी हरि रस को पीकर, तृप्त हो गया है ॥ ८ ॥ ११ ॥

[१२]

गउड़ी

हठु करि मरै न लेखै पावै। वेस करै बहु भसम लगावै ॥
नामु विसारि बहुरि पछुतावै ॥ १ ॥
तूं मनि हरि जीउ तूं मनि सूख। नामु विसारि सहहि जम दूख ॥१॥ रहाउ ॥
चोआ चंदन अगर कपूरि। माइआ मगनु परम पदु दूरि ॥
नामि बिसारिऐ सभु कूड़ो कूरि ॥ २ ॥
नेजे वाजे तखति सलामु। अधकी तृसना विआपै कामु ॥
बिनु हरि जाचे भगति न नामु ॥ ३ ॥
वादि अहंकारि नाही प्रभ मेला। मनु दे पावहि नामु सुहेला ॥
दूजै भाइ अगिआनु दुहेला ॥ ४ ॥
बिनु दम के सउदा नही हाट। बिनु बोहिथ सागर नही वाट ॥
बिनु गुर सेवे घाटे घाटि ॥ ५ ॥
तिस कउ वाहु वाहु जि वाट दिखावै। तिस कउ वाहु वाहु जि सबदि सुणावै ॥
तिस कउ वाहु वाहु जि मेलि मिलावै ॥ ६ ॥
वाहु वाहु तिस कउ जिस का इहु जीउ। गुर सबदी मथि अंमृत पीउ ॥
नाम वडाई तुधु भाणै दीउ ॥ ७ ॥
नाम बिना किउ जीवा माइ। अनदिनु जपतु रहउ तेरी सरणाइ ॥
नानक नामि रते पति पाइ ॥ ८ ॥ १२ ॥

(मनमुख) हठ करके मरता है, किन्तु (परमात्मा के यहाँ) लेखा नहीं पाता है, (अर्थात् परमात्मा के यहाँ उसकी न तो पूछ होती है और न गणना)। (वह) अनेक वेश धारण करता है (और शरीर पर) भस्म लगाता है, किन्तु नाम को भुला कर पुनः पछताता है ॥ १ ॥

तू हरी को मन में (बसा) और मन ही में सुख ले। (तू) नाम भुलाकर यम के दुःखों को ही सह रहा है ॥ १ ॥ रहाउ ॥

चोवा, चंदन, अगर, कपूर (इत्यादि सुगन्धित द्रव्यों के प्रयोग में तू रत है), माया में निमग्न है, अतः परम पद (मोक्ष पद, निर्वाण पद, चतुर्थ पद) (तुझसे) दूर है। नाम के भुलाने पर सारी (मायिक वस्तुएँ) झूठी ही (सिद्ध होती) हैं ॥ २ ॥

भाले (हों), बाजे हों और तख्त (सिंहासन) पर (लोग) सलाम (करते हों)। (इन सब सांसारिक ऐश्वर्यों से) तृष्णा और अधिक बढ़ती है और काम भी (अधिक) व्याप्त होता है। बिना हरि से याचना किए न भक्ति (मिलती है और न) नाम (की प्राप्ति होती है) ॥ ३ ॥

वादों और अहंकार से प्रभु का मिलाप नहीं होता है। मन देने पर ही सुन्दर नाम की प्राप्ति होती है। द्वैतभाव में दुखदायी अज्ञान ही (बना रहता है) ॥ ४ ॥

बिना दाम (द्रव्य) के न सौदा (मिलता है) और न हाट ही मिलती है। बिना जहाज के समुद्र में मार्ग नहीं (प्राप्त होता) (और) बिना गुरु की सेवा किए घाटा ही घाटा (रहता है) ॥ ५ ॥

उसे धन्य है, धन्य है, जो (परमात्मा की प्राप्ति) मार्ग दिखाता है, उसे धन्य है (जो गुरु का) शब्द सुनाता है और उसे धन्य है जो परमात्मा से मेल मिलाता है ॥ ६ ॥

उसे धन्य है, धन्य है, जिसका यह जीव है। (मैं) गुरु के शब्द द्वारा मथकर (नाम रूपी) अमृत (निकाल कर) पीता हूं। नाम की बड़ाई तुम अपनी मर्जी से देते हो ॥ ७ ॥

(हे माँ), नाम के बिना कैसे जीवित रहूँ ? तेरी शरण में रह कर प्रतिदिन (तेरा) नाम जपता रहूँ। हे नानक, नाम में रत होने पर ही प्रतिष्ठा प्राप्त होती है ॥ ८ ॥ १२ ॥

[१३]

गउड़ी

हउमै करत भेखी नही जानिआ। गुरमुखि भगति विरले मनु मानिआ ॥ १ ॥
हउ हउ करत नही सचु पाईऐ। हउमै जाइ परम पदु पाईऐ ॥ १ ॥ रहाउ ॥
हउमै करि राजे बहु धावहि। हउमै खपहि जनमि मरि आवहि ॥ २ ॥
हउमै निवरै गुर सबदु वीचारै। चंचल मति तिआगै पंच संघारै ॥ ३ ॥
अंतरि साचु सहज घरि आवहि। राजनु जाणि परम गति पावहि ॥ ४ ॥
सचु करणी गुरु भरम चुकावै। निरभउ कै घरि ताड़ी लावै ॥ ५ ॥
हउ हउ करि मरणा किआ पावै। पूरा गुरु भेटै सो झगरु चुकावै ॥ ६ ॥
जेती है तेती किहु नाही। गुरमुखि गिआन भेटि गुण गाही ॥ ७ ॥
हउमै बंधन बंधि भवावै। नानक राम भगति सुखु पावै ॥ ८ ॥ १३ ॥

(जो) अहंकार करता है, और वेश (बनाता है), (उसके द्वारा परमात्मा) नहीं जाना जाता। गुरु की शिक्षा द्वारा भक्ति (का आश्रय ग्रहण कर) किसी विरले (व्यक्ति) का ही मन मानता है ॥ १ ॥

"मैं मैं" करने से, (अहंकार करने से) सत्य (परमात्मा की) प्राप्ति नही होती। अहंकार के जाने से ही (नष्ट होने से ही) परम पद (निर्वाण पद, मोक्ष पद) की प्राप्ति होती है ॥ १ ॥ रहाउ ॥

अहंकार करने से राजागण (विषयों में) अत्यधिक दौड़ते हैं। (वे) अहंकार में खप जाते हैं, (फिर) जन्म लेते हैं, (फिर) मरते हैं (और फिर जन्म धारण कर संसार में) आते हैं, (इस प्रकार उनके आवागमन का चक्र कुम्हार के चक्र की भाँति निरन्तर चलता रहता है) ॥ २ ॥

गुरु के शब्द पर विचार करने से अहंकार दूर होता है; (शब्द पर विचार करके शिष्य) चंचल बुद्धि का त्याग करता है और पंच कामादिकों का संहार करता है ॥ ३ ॥

(जिसके) अन्तःकरण में सत्य (परमात्मा) है, उसके घर (शरीर में) सहजावस्था आ जासी है। राजा (परमात्मा) को जान कर, वह परम गति पाता है ॥ ४ ॥

(शिष्य की) सत्य करनी करने से, गुरु (उसका) भ्रम दूर कर देता है और निर्भय (परमात्मा के) घर में ताड़ी (गंभीर ध्यान) लगवा देता है ॥ ५ ॥

"मैं मैं" करके मरने से क्या प्राप्त होता है ? (जो) पूर्ण गुरु से मिलता है, वही (आन्तरिक) झगड़ों को समाप्त करता है ॥ ६ ॥

जितनी (भी दृश्यमान वस्तुएँ) हैं, वे (वास्तव में) कुछ भी नहीं हैं (क्षणभंगुर हैं)। (शिष्य) गुरु द्वारा यह ज्ञान प्राप्त कर (प्रभु के) गुण गाते हैं ॥ ७ ॥

अहंकार (जीवों को) बंधन में बाँध कर घुमाता है। नानक कहते हैं कि राम की भक्ति द्वारा (उन्हें) सुख प्राप्त होता है ॥ ८ ॥ १३ ॥

[१४]

गउड़ी

प्रथमे ब्रहमा कालै घरि आइआ। ब्रहम कमलु पइआलि न पाइआ॥
आगिआ नही लीनी भरमि भुलाइआ॥ १॥
जो उपजै सो कालि सघारिआ। हम हरि राखे गुर सबदु बीचारिआ॥ १॥ रहाउ॥
माइआ मोहे देवी सभि देवा। कालु न छोडै बिनु गुर की सेवा॥
ओहु अबिनासी अलख अभेवा॥ २॥
सुलतान खान बादिसाह नही रहना। नामहु भूलै जम का दुखु सहना॥
मै धर नामु जिउ राखहु रहना॥ ३॥
चउधरी राजे नही किसै मुकामु। साह मरहि संचहि माइआ दाम॥
मै धनु दीजै हरि अंम्रित नामु॥ ४॥
रयत महर मुकदम सिकदारै। निहचलु कोइ न दिसै संसारै॥
अफरिउ कालु कूड़ु सिरि मारै॥ ५॥

निहचलु एकु सचा सचु सोई । जिन करि साजी तिनहि सभ गोई ॥
ओहु गुरसुखि जापै तां पति होई ॥ ६ ॥
काजी सेख भेख फकीरा । वडे कहावहि हउमै तनि पीरा ॥
कालु न छोडै बिनु सतिगुर की धीरा ॥ ७ ॥
कालु जालु जिहवा अस नैणी । कानी कालु सुणै बिखु बैणी ॥
बिनु सबजै मूठे दिनु रैणी ॥ ८ ॥
हिरदै साचु बसै हरिनाइ । कालु न जोहि सकै गुण गाइ ॥
नानक गुरमुखि सबद समाइ ॥ ६ ॥ १४ ॥

(सर्व) प्रथम ब्रह्मा ही काल के घर में प्रविष्ट हुए । ब्रह्म-कमल [विष्णु की नाभि से उत्पन्न हुआ कमल, जो ब्रह्मा की उत्पत्ति का स्थान है] (का अन्त लगाने के लिए (वे) पाताल लोक में चले गए, किन्तु उसका अन्त नहीं पा सके । (परमात्मा की) आज्ञा नहीं मानी (उनकी इच्छा के अनुसार नहीं रहे, अतः) भ्रम में भटकते रहे ॥ १ ॥

(संसार में) जो भी (प्राणी) उत्पन्न हुआ है, काल ने उसका संहार किया है । गुरु के शब्द पर विचार करने से हरी ने हमारी रक्षा की है ॥ १ ॥ रहाउ ॥

माया ने सभी देवी-देवताओं को मोहित कर लिया है । बिना गुरु की सेवा किए काल किसी को भी नहीं छोड़ता । (एक मात्र) वह (परमात्मा ही) अविनाशी, अलक्ष्य और अभेद है ॥ २ ॥

सुल्तान, खान, बादशाह (किसी को भी यहाँ) नहीं रहना है । (परमात्मा के) नाम भूलने पर सभी को यम का दुःख सहना पड़ता है । मेरा आश्रय तो नाम ही है, जैसे (वह) रखे, वैसे ही रहना है ॥ ३ ॥

चौधरी, राजा किसी का भी (यहाँ) मुकाम नहीं है । (जो) साहूकार (अत्यधिक) माया और दाम संग्रह करते हैं, (वे भी) मर जाते हैं । हे हरी, मुझे तो (अपने) अमृत-नाम का ही धन प्रदान करो, (क्योंकि हरि-नाम-धन ही अक्षय और शाश्वत है) ॥ ४ ॥

प्रजा, मुखिया, चौधरी, सरदार (आदि में से) इस संसार में कोई निश्चल नहीं दिखाई पड़ता । अमिट काल झूठे के सिर पर चोट मारता है ॥ ५ ॥

वही एक सत्य (परमात्मा) निश्चल और शाश्वत है । जिसके द्वारा सारी सृष्टि रची जाती है, उसी के द्वारा (समस्त सृष्टि) लय भी की जाती है । (यदि वह परमात्मा) गुरु की शिक्षा द्वारा जान लिया जाता है, (तभी) प्रतिष्ठा होती है ॥ ६ ॥

काजी, शेख, भेखधारी फकीर बड़े कहाते हैं, (किन्तु) (उनके) शरीर में अहंकार की पीड़ा (बनी हुई है) । बिना सद्गुरु के धैर्य दिए काल किसी को भी नहीं छोड़ता है ॥ ७ ॥

काल रूपी जाल जिह्वा, नेत्र, (कान, नासिका, त्वचा) के (विषयों के द्वारा जाना गया है) । विषवत वचनों को सुनना ही कानों का काल है । बिना गुरु के (मनमुख) दिन रात लूटे जा रहे हैं ॥ ८ ॥

(जिसके) हृदय में सत्य हरी का नाम बसता है, परमात्मा का गुणगान करने से काल उसकी ओर देख भी नहीं सकता है । नानक कहते हैं कि गुरु के उपदेश द्वारा (शिष्य) शब्द में समा जाता है ॥ ६ ॥ १४ ॥

[१५]

गउड़ी

बोलहि साचु मिथिग्रा नही राई । चालहि गुरमुखि हुकमि रजाई ॥
रहहि ग्रतीत सचे सरणाई ॥ १ ॥

सच घरि बैसै कालु न जोहै । मनमुख कउ ग्रावत जावत दुखु मोहै ॥ १ ॥ रहाउ ॥

ग्रपिउ पीग्रउ ग्रकथु कथि रहीऐ । निज घरि वैसि सहज घरु लहीऐ ॥
हरि रस माते इहु सुखु कहीऐ ॥ २ ॥

गुरमति चाल निहचलु नही डोलै । गुरमति साचि सहजि हरि बोलै ॥
पीवै ग्रंमृतु ततु विरोलै ॥ ३ ॥

सतिगुरु देखिग्रा दीखिग्रा लीनी । मनु तनु ग्ररपिग्रो ग्रंतरगति कीनी ॥
गति मिति पाई ग्रातमु चीनी ॥ ४ ॥

भोजनु नामु निरंजन सारु । परम हंसु सचु जोति ग्रपार ॥
जह देखउ तह एकंकारु ॥ ५ ॥

रहै निरालमु एका सचु करणी । परम पदु पाइग्रा सेवा गुर चरणी ॥
मन ते मनु भानिग्रा चूकी ग्रहं भ्रमणी ॥ ६ ॥

इन बिधि कउणु कउणु नही तारिग्रा । हरि जसि संत भगत निसतारिग्रा ॥
प्रभ पाए हम ग्रवरु न भारिग्रा ॥ ७ ॥

साच महलि गुरि ग्रलखु लखाइग्रा । निहचलु महलु नही छाइग्रा माइग्रा ॥
साचि संतोखे भरमु चुकाइग्रा ॥ ८ ॥

जिन कै मनि वसिग्रा सचु सोई । तिन की संगति गुरमुखि होई ॥
नानक साचि नामि मलु खोई ॥ ९ ॥ १५ ॥

(सच्चे भक्त) सत्य ही बोलते हैं, राई भर भी मिथ्या नहीं बोलते; गुरु के ग्रादेशानुसार (वे) (परमात्मा के) हुक्म ग्रौर मर्जी में चलते हैं । सत्य (परमात्मा की) शरण में पड़कर (वे माया से) ग्रतीत (परे) रहते हैं ॥ १ ॥

सत्य के घर में बैठने से काल देख भी नहीं सकता । मनमुख को मोह के कारण दुःख है (ग्रौर वह सदैव) ग्राता-जाता रहता है, (जन्मता मरता रहता है) ॥ १ ॥ रहाउ ॥

(हे साधक, नाम रूपी) ग्रमृत पियो ग्रौर ग्रकथनीय (हरि) का कथन करते रहो । ग्रपने (वास्तविक) घर में बैठकर (ग्रात्मस्वरूप में स्थित होकर) सहजावस्था के घर को प्राप्त करो । हरि-रस में मतवाले होकर इसी सुख का कथन करो ॥ २ ॥

गुरु द्वारा (दिखाई गई) परम्परा—रीति में (सच्चा साधक) निश्चल रहता है, (वहाँ से वह तनिक भी) नहीं डोलता । गुरु की शिक्षा द्वारा सत्य में स्थित होकर (वह) सहज भाव से हरि का उच्चारण करता है । वह तत्त्व को मथ कर ग्रमृत का पान करता है ॥ ३ ॥

(जिसने) सद्‌गुरु को देखकर उससे दीक्षा ले ली ग्रौर (ग्रपना) तन मन ग्रर्पित

कर (उस दीक्षा को) हृदयङ्गम कर लिया, (उसने) उसकी गति की मिति (अर्थात् परम गति) प्राप्त कर ली और (अपने) आत्मस्वरूप को प्राप्त कर लिया ॥ ४ ॥

निरंजन का श्रेष्ठ नाम ही (उत्तम) भोजन है)। उस गुरुमुख रूपी) परमहंस को सत्य स्वरूप (हरी) की ज्योति (दिखाई पड़ती है)। (मैं) जहाँ देखता हूँ, वहाँ एकंकार (परमात्मा ही दिखाई पड़ता है) ॥ ५ ॥

(वह परमात्मा) निरावलम्ब रहता है (और केवल) एक सत्य ही (उसकी) करनी है। गुरु के चरणों की सेवा द्वारा परम पद प्राप्त कर लिया गया। (ज्योतिर्मय) मन द्वारा (अहंकारी और मलिन) मन मान गया (और) अहंकार (जनित समस्त) भ्रम भी समाप्त हो गए ॥ ६ ॥

इस विधि से कौन-कौन (इस संसार से) नहीं तर गए ? हरि के यश (का गुणगान करके) संतों और भक्तों का निस्तार हो गया। हमने प्रभु को पा लिया है (और) अब औरों को नहीं खोजते ॥ ७ ॥

गुरु ने सच्चे महल में (पवित्र अन्तःकरण में) अलक्ष्य (परमात्मा) का दर्शन करा दिया। (परमात्मा का) महल निश्चल है, इसमें माया की छाया (लेशमात्र भी) नहीं है। सच्चे संतोष से (अज्ञान-जनित) भ्रम समाप्त हो गया ॥

जिनके मन में सत्य (परमात्मा) निवास करता है, उनकी संगति में पड़कर (मनमुख) गुरुमुख हो जाता है। नानक कहते हैं कि सच्चे नाम से मल का नाश हो जाता है ॥ ९ ॥ १५ ॥

[१६]

गउड़ी

राम नामि चितु रापै जाका। उपजंपि दरसनु कीजै ता का ॥ १ ॥
रामु न जपहु अभागु तुमारा। जुगि जुगि दाता प्रभु रामु हमारा ॥ १ ॥ रहाउ ॥
गुरमति रामु जपै जनु पूरा। तितु घट अनहत बाजे तूरा ॥ २ ॥
जो जन राम भगति हरि पिआरि। से प्रभि राखे किरपा धारि ॥ ३ ॥
जिन कै हिरदै हरि हरि सोई। तिन का दरसु परसि सुखु होई ॥ ४ ॥
सरब जीआ महि एको रवै। मनमुखि अहंकारी फिरि जूनी भवै ॥ ५ ॥
सो बूझै जो सतिगुरु पाए। हउमै मारे गुर सबदे पाए ॥ ६ ॥
अरध उरध की संधि किउ जानै। गुरमुखि संधि मिलै मनु मानै ॥ ७ ॥
हम पापी निरगुण कउ गुणु करीऐ। प्रभ होइ दइआलु नानक जन तरीऐ ॥ ८ ॥ १६ ॥

जिसका चित्त राम नाम में रंगा है, सूर्योदय होते ही उसका दर्शन करना चाहिए ॥ १ ॥

यदि (तुम) राम नाम नहीं जपते हो, (तो यह) तुम्हारा अभाग्य है। हमारा प्रभु, राम युग-युगान्तरों से दाता रहा है ॥ १ ॥ रहाउ ॥

(जो) गुरु की शिक्षा द्वारा राम (को) जपता है, (वह) पूर्ण भक्त है (और) उसके घट में (निरन्तर) अनाहत की तुरही बजती है ॥ २ ॥

जो भक्त राम की भक्ति तथा हरि के प्रेम से (अनुरक्त) है, उनकी प्रभु कृपा करके रक्षा करता है ॥ ३ ॥

जिनके हृदय में वह हरी है, उनके दर्शन और स्पर्श से सुख होता है ॥ ४ ॥

सभी प्राणियों में एक (हरी ही) रम रहा है, किन्तु मनमुख और अहंकारी व्यक्ति इस तथ्य को न जान कर और अहंभाव में निमग्न होकर बार-बार (अनेक) योनियों में भ्रमण करता है ॥ ५ ॥

जिसे सद्गुरु की प्राप्ति होती है, वही (इस तथ्य को) जानता है । गुरु के शब्द द्वारा जो अहंकार को मारता है, वही (परमात्मा को) पाता है ॥ ६ ॥

नीचे और ऊपर की संधि किस प्रकार जानी जाय ? (तात्पर्य यह कि निम्न स्थान वाले जीवात्मा तथा उच्च स्थान वाले परमात्मा के मिलाप का ज्ञान कैसे हो) ? गुरु की शिक्षा द्वारा ही यह सन्धि मिलती है, (अर्थात् जीवात्मा परमात्मा का मिलन होता है), (जिसके फल स्वरूप) मन शान्त हो जाता है ॥ ७ ॥

(हे प्रभु) हम (जैसे) पापी एवं गुणविहीन को गुणी बना दो । हे प्रभु (यदि) तुम दयालु हो जाओगे, तो (तुम्हारा) जन नानक तर जायगा ॥ ८ ॥ १६ ॥

१ओं सतिगुर प्रसादि ॥

[१७]

गउड़ी बैरागणि

जिउ गाई कउ गोइली राखहि करि सारा ।
अहिनिसि पालहि राखि लेहि आतम सुखु धारा ॥ १ ॥
इत उत राखहु दीन दइआला । तउ सरणागति नदरि निहाला ॥ १ ॥ रहाउ ॥
जह देखउ तह रवि रहे रखु राखनहारा ।
तूं दाता भुगता तूं है तूं प्राण अधारा ॥ २ ॥
किरतु पइआ अध ऊरधी बिनु गिआन बीचारा ।
बिनु उपमा जगदीस की बिनसै न अंधिआरा ॥ ३ ॥
जगु बिनसत हम देखिआ लोभे अहंकारा ।
गुर सेवा प्रभु पाइआ सचु मुकति दुआरा ॥ ४ ॥
निजघरि महलु अपार को अपरंपरु सोई ।
बिनु सबदै थिरु को नही बूझै सुखु होई ॥ ५ ॥
किआ लै आइआ ले जाइ किआ फासहि जम जाला ।
डोलु बधा कसि जेवरी आकासि पताला ॥ ६ ॥
गुरमति नामु न वीसरै सहजे पति पाईऐ ।
अंतरि सबदु निधानु है मिलि आपु गवाईऐ ॥ ७ ॥

नदरि करे प्रभु आपणी गुण अंकि समावै ।
नानक मेलु न चूकई लाहा सचु पावै ॥ ८ ॥ १ ॥ १७ ॥

जिस प्रकार ग्वाला (चरवाहा) गायों की खोज खबर लेकर (उनकी) रक्षा करता है, (उसी प्रकार परमात्मा भी जीवों का) पालन करता है, रक्षा करता है और आत्मिक सुख प्रदान करता है ॥ १ ॥

हे दीनदयालु (तू मेरी) यहाँ-वहाँ (इस लोक में, परलोक में) रक्षा कर । (हे प्रभु) (जो) तेरी शरणागति में आता है, (वह तेरी) कृपा दृष्टि से निहाल हो जाता है ॥ १ ॥ रहाउ ॥

मैं जहाँ देखता हूं, वहीं तू रम रहा है, (हे) रक्षा करने वाले, (मेरी) रक्षा कर । (हे प्रभु), तू ही दाता है, तू ही भोक्ता है (और) तू ही प्राणों का आधार है ॥ २ ॥

बिना ज्ञान और विचार के अपने किए कर्मों के अनुसार (मनुष्य) ऊँचे नीचे पड़ता है (अर्थात् स्वर्ग और नरक में जाता है) । बिना जगदीश (परमात्मा) की स्तुति किए (अज्ञान का) अन्धकार नहीं नष्ट होता ॥ ३ ॥

लोभ और अहंकार में हमने जगत् को नष्ट होते हुए देखा है । गुरु की सेवा द्वारा प्रभु तथा मोक्ष का सच्चा दरवाजा प्राप्त कर लिया गया है । ४ ॥

उस अपार (हरी) का महल निज-घर (आत्म-स्वरूप) में है । वह सर्वोपरि है । बिना गुरु के शब्द के कोई भी स्थिर नहीं है, (उसी को) समझने से (वास्तविक) सुख होता है ॥ ५ ॥

क्या ले कर आया है, और जब यम के जाल में फँसता है, तो क्या लेकर जायगा ? कस कर बाँधी गई रस्सी का डोल (कुएँ में) जैसे जैसे आकाश में (ऊपर) जाता है, और कभी पाताल में (नीचे) जाता है, (उसी भांति यह जीव भी माया की रस्सी में बंधा है शुभ कर्मों से स्वर्गादिक लोकों को जाता है और मन्द कर्मों से नीचे के लोकों में जाता है । उसके आवा-गमन का चक्र निरन्तर चलता रहा है) ।

गुरु की शिक्षा द्वारा (हरी का) नाम नहीं भूलता है, और स्वाभाविक ही प्रतिष्ठा प्राप्ति होती है (अथवा स्वाभाविक ही पति-परमात्मा की प्राप्ति होती है) । भीतर ही (गुरु के) शब्द का भाण्डार (परमात्मा) है; आपेपन को गँवाकर उससे मिलो ॥ ७ ॥

जिसके ऊपर (प्रभु कृपा-दृष्टि करता है, (वह अपने) गुणों सहित (उसकी) गोदी में समा जाता है । नानक कहते हैं कि यह मिलाप समाप्त नहीं होता (और शिष्य) सच्चा लाभ पा जाता है ॥ ८ ॥ १७ ॥

[१८]

गउड़ी वैरागणी

गुर परसादी बूझि ले तउ होइ निबेरा ।
घरि घरि नामु निरंजना सो ठाकुर मेरा ॥ १ ॥

बिनु गुर सबद न छूटीऐ देखहु वीचारा ।
जे लख करम कमावही बिनु गुर अंधिआरा ॥ १ ॥ रहाउ ॥

अंधे अकलो बाहरे किआ तिन सिउ कहीऐ।
बिनु गुर पंथ न सूझई कितु बिधि निरबहीऐ ॥ २ ॥

खोटे कउ खरा कहै खरे सार न जाणै।
अंधे का नाउ पारखू कली काल विडाणै ॥ ३ ॥

सूते कउ जागतु कहै जागत कउ सूता।
जीवत कउ मूआ कहै मूए नही रोता ॥ ४ ॥

आवत कउ जाता कहै जाते कउ आइआ।
पर की कउ अपुनो कहे अपुनो नही भाइआ ॥ ५ ॥

मीठे कउ कउड़ा कहै कड़ूए कउ मीठा।
राते की निंदा करहि ऐसा कलि महि डीठा ॥ ६ ॥

चेरी की सेवा करहि ठाकुरु नही दीसै।
पोखरु नीरु विरोलीऐ माखनु नही रीसै ॥ ७ ॥

इसु पद को अरथाइ लेइ सो गुरू हमारा।
नानक चीनै आप कउ सो अपर अपारा ॥ ८ ॥

सभु आपे आपि वरतदा आपे भरमाइआ।
गुर किरपा ते बूझीऐ सभु ब्रहमु समाइआ ॥ ९ ॥ १८ ॥

(यदि) गुरु की कृपा से (कोई) (परमात्मा को) समझ ले, तभी झगड़ा समाप्त होता है। जो नाम-निरंजन घर-घर में (प्रत्येक शरीर में) (व्याप्त हो रहा है) वही, मेरा ठाकुर है ॥ १ ॥

बिना गुरु के शब्द (पर आचरण करने से) (कोई भी) नहीं मुक्त होता, (इसे) विचार करके देख लो। बिना गुरु के (यदि) लाखों (शुभ कर्म) किए जायं, (फिर भी) अंधकार ही है ॥ १ ॥ रहाउ ॥

(जो) अंधे हैं, अक्ल से रहित हैं, उनसे क्या कहा जाय ? बिना गुरु के (परमात्मा की प्राप्ति का) मार्ग नहीं सुझाई पड़ता, किस विधि से निर्वाह हो ? ॥ २ ॥

खोटी (वस्तु) को तो खरी कहा जाता है और खरी वस्तु का पता ही नहीं है। कलि-काल में यह आश्चर्यजनक (बात है) कि अन्धे (अज्ञानी) को लोग पारखी (गुणज्ञ) कहते हैं ॥ ३ ॥

(कलिकाल की आश्चर्यजनक बात यह है कि) (अज्ञान निद्रा में) सोनेवाले को लोग पारखी (गुणज्ञ) कहते हैं, (और जो ज्ञान के प्रकाश में) जग रहा है, उसे सोता हुआ कहते हैं, जो (आध्यात्मिक ज्योति में) जीवित है, (उसे लोग) मृत कहते हैं (और जो आध्यात्मिक दृष्टि से) मर चुका है, उसके निमित्त नहीं रोते हैं ॥ ४ ॥

(जो परमात्मा के प्रेम की की ओर) आया है, (उसे) गया-गुजरा कहते है, (और जो परमात्म-प्रेम की ओर से) विमुख हो गया है—चला गया है, उसे आया हुआ कहते हैं। पराई वस्तु को (मायिक पदार्थों को) तो अपनी वस्तु कहते हैं और अपनी वस्तु (आत्म-स्वरूप धारणा) अच्छी ही नहीं लगती ॥ ५ ॥

(आत्मिक आनन्द जो) मीठा है, (उसे तो लोग) कड़ुवा कहते हैं (और मायिक पदार्थों के भोग जो वास्तव में) कड़ुवे हैं, उन्हें मीठा कहते हैं । कलियुग में ऐसा ही देखा जाता है (कि लोग परमात्मा में) अनुरक्त मनुष्यों की निन्दा करते हैं ॥ ६ ॥

(ऐसे सांसारिक लोग) (परमात्मा की) दासी— माया की तो सेवा करते हैं (और सच्चा) ठाकुर (उन्हें) दिखलाई ही नहीं देता । (किन्तु जिस प्रकार) पोखर का जल मथने से मक्खन नहीं निकलता, (उसी प्रकार माया की सेवा से सच्चा सुख नहीं प्राप्त होता) ॥ ७ ॥

इस पद का जो (व्यक्ति) अर्थ निकाल ले, वही हमारा गुरु है । नानक कहते हैं कि जो अपने आपको पहचान लेता है, वह परे से भी परे—अनन्त है ॥ ८ ॥

(प्रभु) आप ही सब कुछ है (और) आप ही (सब में) विराजमान है । गुरु की कृपा से ही यह समझा जाता है कि सर्वत्र (जड़-चेतन में) ब्रह्म समाया हुआ (व्याप्त) है ॥१॥२॥१८॥

१ओं सतिनामु करता पुरखु गुरु प्रसादि ॥

रागु गउड़ी पूरबी, महला १

[१]

छंत

पूरबी छंत

मुंध रैणि दुहेलड़ीआ जीउ नीद न आवै ।
सा धन दुबलीआ जीउ पिर कै हावै ॥
धन थीई दुबलि कंत हावै केव नैणी देखए ।
सीगार मिठ रस भोग भोजन सभु झूठु कितै न लेखए ॥
मैमत जोबनि गरबि गाली दुधा थणी न आवए ॥
नानक साधन मिलै मिलाई बिनु पिर नीद न आवए ॥१॥

मुंध निमानड़ीआ जीउ बिनु धनी पिआरे ।
किउ सुखु पावैगी बिनु उरधारे ॥
नाह बिनु घर वासु नाही पुछहु सखी सहेलीआ ।
बिनु नाम प्रीति पिआरु नाही वसहि साचि सुहेलीआ ॥
सचु मनि सजन संतोखि मेला गुरमती सहु जाणिआ ।
नानक नामु न छोडै सा धन नामि सहजि समाणीआ ॥२॥

मिलु सखी सहेलड़ीहो हम पिरु रावेहा ।
गुर पुछि लिखउगी जीउ सबदि सनेहा ॥
सबदु साचा गुरि दिखाइआ मनमुखी पछुताणीआ ।
निकसि जातउ रहै असथिरु जामि सचु पछाणिआ ॥

साच की मति सदा नउतन सबदि नेहु नवेलग्रो ।
नानक नदरी सहजि साचा मिलहु सखी सहेलीहो ॥३॥

मेरी इछ पुनी जीउ हम घरि साजनु ग्राइग्रा ।
मिलि वरु नारी मंगलु गाइग्रा ॥
गुरण गाइ मंगलु प्रेमि रहसी मुंध मनि ग्रोमाहग्रो ।
साजन रहसे दुसट विग्रापे साचु जपि सचु लाहग्रो ॥
कर जोड़ि साधन करै बिनती रैणि दिनु रसि भिनीग्रा ।
नानक पिरु धन करहि रलीग्रा इछ मेरी पुंनीग्रा ॥४॥१॥

ऐ जी, (जीव रूपी) स्त्री (ग्रायु रूपी) रात्रि में (ग्रत्यन्त) दु:खी है, (उसे शान्ति रूपी) निद्रा नहीं ग्राती । ऐ जी, प्रियतम के शोक में, वह (ग्रत्यन्त) दुबली हो गई है ।

प्रियतम के शोक में स्त्री दुबली हो गई है, वह नेत्रों से किस प्रकार देखेगी ? (प्रियतम के बिछुड़ने से) (सारे) शृङ्गार, मीठे रस ग्रौर भोग, भोजन (ग्रादि) सभी कुछ झूठे हैं; (वे सब) किसी भी लेखे में नहीं हैं ।

(वह स्त्री) यौवन में मदमत्त है ग्रौर (उसने) गर्व में (ग्रपने ग्राप को) गला दिया है, (उसके) थनों में दूध नहीं ग्राता है । नानक कहते हैं कि वह स्त्री (गुरु के) मिलाने से ही (ग्रपने प्रियतम—परमात्मा से) मिलती है; (बिना प्रियतम के मिले) उसे रात्रि में नींद नहीं ग्राती ॥१॥

ऐ जी, बिना धनी प्रियतम के स्त्री मान-विहीन रहती है ! बिना प्रियतम को हृदय में धारण किए (वह) कैसे सुख पावेगी ? बिना प्रियतम के घर बसता नहीं, (यह बात) सखी-सहेलियों (तात्पर्य यह कि हरिभक्तों) से पूछ लो । बिना (हरी के) नाम के प्रीति-प्यार नहीं हो सकता, (जिसमे) सत्य में सुखपूर्वक निवास किया जाय ।

सत्य मन तथा संतोष से सज्जन (हरी का) मिलाप होता है; गुरु की शिक्षा द्वारा पति (परमात्मा) जाना जाता है । नानक कहते हैं कि (जो स्त्री) नाम नहीं छोड़ती, (वह) नाम में सहज भाव से समा जाती है ॥२॥

ऐ सखी ग्रौर सहेलियों (हमसे) मिलो, हम सब प्रियतम के संग रमण करेंगी । ऐ प्रिय (सखियों), गुरु से पूछ कर (उनके) शब्द द्वारा (प्रियतम को) (मैं) संदेश लिखूंगी ।

गुरु ने सच्चे शब्द को दिखा दिया है, किन्तु मनमुखी स्त्री (उस शब्द पर ग्राचरण न करने से) पछताती है । जिस समय सत्य पहचान लिया जाता है, (उस समय) निकल-भगने वाला (चंचल मन) स्थिर हो जाता है ।

सत्य की वृद्धि सदैव नवीन (बनी रहती) है, (गुरु के) शब्द का प्रेम सदैव नया रहता है । नानक कहते हैं कि सच्चा हरी ग्रपनी कृपा द्वारा स्वाभाविक ही मिलता है; (ग्रतएव) सखी-सहेलियो, (ग्राग्रो) मिलो ॥ ३ ॥

ऐ जी, मेरी इच्छा पूरी हो गई, (मेरा) प्रियतम मेरे घर ग्रा गया है । नारी पति से मिल कर ग्रानन्द के गीत गाती है । स्त्री मंगल का गुणगान कर प्रेम में ग्रानन्दित हो गई है (ग्रौर उसके मन में) (ग्रत्यधिक) उत्साह है । (मेरा) साजन प्रसन्न हो गया है, दुष्ट

(कामादिक) ग्रस लिए गए हैं, (इस प्रकार) सत्य (परमात्मा को) जप कर सत्य प्राप्त कर लिया गया है।

(प्रियतम के मिलने पर) स्त्री हाथ जोड़ कर (उससे) प्रार्थना करती है और दिन-रात (वह) रस में भिनी रहती है। नानक कहते हैं कि प्रियतम और पत्नी (परस्पर) आनन्द कर रहे हैं; मेरी इच्छा पूरी हो गई है ॥ ४ ॥ १ ॥

[२]

सुणि नाह प्रभू जीउ एकलड़ी बन माहे ।
किउ धीरैगी नाह बिना प्रभ वेपरवाहे ॥
धन नाह बाझहु रहि न साकै बिखम रैणि घणेरीआ ।
नह नीद आवै प्रेमु भावै सुणि बेनंती मेरीआ ॥
बाझहु पिआरे कोइ न सारे एकलड़ी कुरलाए ।
नानक सा धन मिलै मिलाई बिनु प्रीतम दुखु पाए ॥१॥
पिरि छोडिअड़ी जीउ कवणु मिलावै ।
रसि प्रेमि मिली जीउ सबदि सुहावै ॥
सबदे सुहावै ता पति पावै दीपक देह उजारै ।
सुणि सखी सहेली साचि सुहेली साचे के गुण सारै ॥
सतिगुरि मेली ता पिरि रावी बिगसी अंम्रित बाणी ।
नानक सा धन ता पिरु रावै जा तिस कै मति भाणी ॥२॥
माइआ मोहणी नीघरीआ जीउ कूड़ि मुठी कूड़िआरे ।
किउ खूलै गल जेवड़ीआ जीउ बिनु गुर अति पिआरे ॥
हरि प्रीति पिआरे सबदि वीचारे तिस ही का सो होवै ।
पुंन दान अनेक नावण किउ अंतर मलु धोवै ॥
नाम बिना गति कोइ न पावै हठि निग्रहि बेबाणै ।
नानक सच घरु सबदि सिञापै दुबिधा महलु कि जाणै ॥३॥
तेरा नामु सचा जीउ सबदु सचा बीचारो ।
तेरा महलु सचा जीउ नामु सचा वापारो ॥
नाम का वापारु मीठा भगति लाहा अनदिनो ।
तिसु बाझु वखरु कोइ न सूझै नामु लेवहु खिनु खिनो ॥
परखि लेखा नदरि साची करमि पूरै पाइआ ।
नानक नामु महा रसु मीठा गुरि पूरै सचु पाइआ ॥४॥२॥

हे नाथ (पति), प्रभु जी, सुनिए, मैं अकेली ही (संसार रूपी) वन में हूँ। वेपरवाह नाथ, प्रभु के बिना (स्त्री) कैसे धैर्य धारण करेगी ?

(अपने) स्वामी के बिना स्त्री नहीं रह सकती, (बिना प्रियतम के) रात्रि बहुत ही विषम (प्रतीत होती है)। (तुम्हारे बिना) नींद नहीं आ रही है, प्रेम ही अच्छा लगता है, (हे प्रभु) मेरी विनती सुनो। बिना प्रियतम के (स्त्री) की कोई भी खोज-खबर नहीं लेता;

(वह) अकेली ही रोती है। नानक कहते हैं कि (जो स्त्री) बिना प्रियतम के दुःख पाती है, (अर्थात् प्रियतम के अभाव में दुःख का अनुभव करती है), वह प्रियतम से मिली ही मिलाई है ॥ १ ॥

ऐ जी (जीउ), प्रियतम द्वारा छोड़ी गई (स्त्री को) कौन (उससे) मिला सकता है ? ऐ जी, (गुरु के) सुहावने शब्द द्वारा (वह) आनन्द पूर्वक प्रेम से मिलती है।

(जब गुरु का) शब्द सुन्दर लगता है, तभी (वह) पति (परमात्मा) को पाती है; (गुरु के ज्ञान—) दीपक से उसका शरीर प्रकाशित हो जाता है। (हे) सखी-सहेलियो, सुनो, (वह स्त्री) सत्य (परमात्मा) द्वारा सुखी हुई है (और वह) सत्य के ही गुणों का स्मरण करती है ।

गुरु ने मिलाप कराया है, तो पति (परमात्मा) ने (उसके साथ) रमण किया है (और वह) अमृत वाणी द्वारा विकसित हो गई है। नानक कहते हैं कि वही स्त्री पति (परमात्मा) के साथ रमण करती है, जो उसके मन को अच्छी लगती है ॥ २ ॥

ऐ जी, माया (बड़ी ही) मोहिनी है, इसने बिना घर का कर दिया है (अर्थात् अपने वास्तविक स्वरूप से पृथक् कर दिया है)। (जो स्त्री) झूठी है, (वह अपने) झूठ के कारण लूटी गई है। ऐ जी, बिना अति प्रिय गुरु के (मिले हुए) गले की रस्सी किस प्रकार खुल सकती है ?

जो हरी की प्रीति और प्यार में (अनुरक्त है) (और गुरु के) शब्द पर विचार करती है, उसी का वह (हरी) होता है। अनेक पुण्य, दान एवं स्नान करने से आन्तरिक मैल किस प्रकार धुल सकती है ?

नाम के बिना हठ-निग्रह करने और जंगल में रहने से कोई भी (व्यक्ति) मोक्ष नहीं पाता । नानक कहते हैं कि सत्य (परमात्मा का) घर (गुरु के) शब्द द्वारा जाना जाता है; दुविधा के द्वारा (परमात्मा का घर) किस प्रकार जाना जाय ? ॥ ३ ॥

हे (प्रभु) जी, तेरा नाम सच्चा है, (गुरु के) शब्द द्वारा (उस) सच्चे का विचार किया जाता है। (हे प्रभु) जी, तेरा ही महल सच्चा है और तेरे नाम (को स्मरण करना ही) सच्चा व्यापार हैं।

नाम का व्यापार बड़ा ही मीठा होता है और भक्ति से दिनोदिन लाभ (होता रहता है)। बिना नाम के कोई भी सौदा सुझाई नहीं पड़ता, (अतएव) प्रतिक्षण नाम लो।

(मैंने) (परमात्मा की) सच्ची दृष्टि का लेखा पूर्ण भाग्य से (खूब) परख कर प्राप्त किया है। नानक कहते हैं कि नाम का रस अत्यन्त मीठा होता है; पूर्ण गुरु से ही सत्य (परमात्मा) प्राप्त होता है ॥ ४ ॥ २ ॥

१ओं सतिनामु करता पुरखु निरभउ निरवैरु
अकाल मूरति अजूनी सैभं गुर प्रसादि

रागु आसा, महला १, सबद

महला १, घरु १ सोदरु

सोदरु तेरा केहा सो घरु केहा जितु बहि सरब सम्हाले ।
वाजे तेरे नाद अनेक असंखा केते तेरे वावणहारे ।।
केते तेरे राग परी सिउ कहीअहि केते तेरे गावणहारे ।
गावन्हि तुध नो पउणु पाणी बैसंतरु गावै राजा धरम दुआरे ।।
गावन्हि तुध नो चितगुपतु लिखि जाणनि लिखि लिखि धरमु वीचारे ।
गावन्हि तुध नो ईसरु बरमा देवी सोहनि तेरे सदा सवारे ।।
गावन्हि तुध नो इंद इंदासणि बैठे देवतिआ दरि नाले ।
गावन्हि तुध नो सिध समाधी अंदरि गावन्हि तुध नो साध बीचारे ।।
गावन्हि तुध नो जती सती संतोखी गावनि तुध नो वीर करारे ।
गावनि तुध नो पंडित पड़े रखीसुर जुगु जुगु बेदा नाले ।।
गावनि तुध नो मोहणीआ मनु मोहनि सुरगु मछु पइआले ।
गावन्हि तुध नो रतन उपाए तेरे जेते अठसठि तीरथ नाले ।।
गावन्हि तुध नो जोध महाबल सूरा गावन्हि तुध नो खाणी चारे ।
गावनि तुध नो खंड मंडल ब्रहमंडा करि करि रखे तेरे धारे ।।
सेई तुध नो गावनि जो तुधु भावन्हि रते तेरे भगत रसाले ।
होरु केते तुध नो गावनि से मै चिति न आवनि नानकु किआ वीचारे ।।
सोई सोई सदा सचु साहिबु साचा साची नाई ।
है भी होसी जाइ न जासी रचना जिनि रचाई ।।
रंगी रंगी भाती जिनसी माइआ जिनि उपाई ।
करि करि देखै कीता अपणा जिउ तिस दी वडिआई ।।
जो तिसु भावै सोइ करसी फिरि हुकमु न करणा जाई ।
सो पातिसाहु साहा पति साहिबु नानक रहणु रजाई ।।१।।१।।

सोदरु :— (हे प्रभु), तुम्हारा दरवाजा कहाँ है, तुम्हारा घर कहाँ है, जहाँ बैठ कर सभी (प्राणी मात्र) की सँभाल करते हो ? (तुम्हारे दरवाजे पर) अनेक, असंख्य नाद हो रहे हैं ; असंख्य बजानेवाले (तुम्हारे गुणों के संगीत विविध राग-रागिनियों में) बजा रहे हैं। असंख्य गायक (तुम्हारे गुणों के गीत) अनन्त राग-रागिनियों द्वारा गा रहे हैं। (हे प्रभु), तुम्हारा यश पवन, जल, अग्नि सभी गा रहे हैं। धर्मराज भी तुम्हारे दरवाजे पर बैठ कर तुम्हारा गुणगान कर रहे हैं। चित्रगुप्त जो सभी का पाप-पुण्य लिखते हैं और उनके धर्म के अनुसार विचार करते हैं, वे भी तुम्हारा गुणगान कर रहे हैं। ईश्वर (शिव), ब्रह्मा, देवी, (जो तुम द्वारा) सुन्दर रूप में बनाए गए हैं, वे भी तुम्हारे यश का गीत गा रहे हैं। देवताओं के साथ इन्द्रासन पर बैठे इन्द्र भी तुम्हारे दरवाजे पर बैठे हुए गुणानुवाद कर रहे हैं। सिद्धगण समाधि के अंतर्गत तुम्हें ही गा रहे हैं; साधु पुरुष भी ध्यान में तुम्हारा ही गुणगान कर रहे हैं। यती, सत्त्वगुणी, संतोषी, महान् शूरवीर तुम्हारे ही यश का गीत गा रहे हैं। युग-युगान्तरों से वेदों के अध्ययन द्वारा पंडित एवं ऋषीश्वर (तुम्हारी ही महत्ता का) गुणगान करते आए हैं। मन को मोहनेवाली स्वर्ग में अप्सराएं तथा पाताल में स्थिति कक्ष-मच्छादिक तुम्हारी प्रशंसा कर रहे हैं। तुम्हारे उत्पन्न किए हुए (चौदह) रत्न तुम्हारा ही यश गाते हैं, साथ ही अड़सठ तीर्थ भी तुम्हारा गुणगान करते आए हैं। बड़े-बड़े महाबली, शूरवीर, योद्धागण तथा चार प्रकार की योनियों (अंडज, जेरज, उद्भिज, स्वेदज) के जीव तुम्हारा यश गाते हैं। जिन खण्ड, मण्डल, ब्रह्माण्डिक की रचना करके अपने स्थानों पर धारण कर रक्खा है, वे भी तुम्हारे गीत गा रहे हैं। जो तुम्हें अच्छे और तुममें अनुरक्त हैं, ऐसे रसिक भक्त तुम्हारी यश-गाथा गा रहे हैं। गुरु नानक कहते हैं कि (हे प्रभु) और कितने ही लोग तुम्हारा यशगान कर रहे हैं, वे सब मेरे चित्त में नहीं आ सकते (अनुमान नहीं लगा सकता)। मैं क्या विचार करूं ? (क्या गणना करूं ?) वही वह है, सदैव सच है, सच्चा साहब है और सच्चे नाम वाला है। (वही प्रभु) (वर्त्तमान में) है, (भूत में) था और (भविष्य में) रहेगा; जिसने यह अनन्त रचना रचाई है, वह न जा सकता है और न जायगा। जिसने रंग-रंग की, भाँति-भाँति की माया की वस्तुएं (जिनसी) उत्पन्न कीं, वह अपनी की हुई रचना और उसकी महत्ता देख कर (प्रसन्न हो रहा है)। जो कुछ उसे अच्छा लगता है, वह उसी को करता है ; उसकी आज्ञा का कोई उल्लङ्घन नहीं कर सकता। वह बादशाह बादशाहों का भी बादशाह है। उसकी मर्जी के भीतर ही रहना चाहिए ॥ १ ॥ १ ॥

१ओं सतिगुर प्रसादि

चउपदे, घरु २ [१]

सुणि वडा आखै सभ कोई। केवडु वडा डीठा होई ॥
कीमति पाइ न कहिआ जाइ। कहणै वाले तेरे रहे समाइ ॥१॥
वडे मेरे साहिबा गहिर गंभीरा गुणी गहीरा।
कोई न जाणै तेरा केता केवडु चीरा ॥१॥ रहाउ ॥
सभि सुरती मिलि सुरति कमाई। सभ कीमति मिलि कीमति पाई ॥

गिम्रानी धिम्रानी गुर गुरहाई । कहणु न जाई तेरी तिलु वडिम्राई ॥२॥
सभि सत सभि तप सभि चंगिम्राईम्रां । सिधा पुरखा कीम्रा वडिम्राईम्रां ।
तुधु विणु सिधी किनै न पाईम्रा । करमि मिलै नाही ठाकि रहाईम्रा ॥३॥
म्राखण वाला किम्रा बेचारा । सिफती भरें तेरे भंडारा ॥
जिसु तूं देहि तिसै किम्रा चारा । नानक सचु सवारणहारा ॥४॥१॥

सुन-सुन कर सभी लोग (उस ब्रह्म को) बड़ा कहते हैं। किन्तु वह कितना बड़ा है, इसे किसी ने देखा है ? (हे प्रभु, तुम्हारी कीमत म्रांकी नहीं जा सकती म्रौर न कही ही जा सकती है। तुम्हारे वर्णन करनेवाले, तुम्हीं में समाहित हो जाते हैं ॥ १ ॥

ऐ मेरे साहब, तुम महान् हो, म्रत्यन्त गम्भीर हो म्रौर गुणों में म्रगाध हो। यह कोई नहीं जानता कि तुम कितने बड़े हो म्रौर तुम्हारा कितना बड़ा विस्तार है ॥ १ ॥ रहाउ ॥

सभी श्रुति-जिज्ञासुम्रों ने मिलकर श्रुति की म्राराधना की म्रौर सभी म्रनुमान करनेवालों ने (तेरे सम्बन्ध में) म्रनुमान लगाया। ज्ञानियों, ध्यानियों म्रौर गुरुम्रों के गुरु म्रादि ने (तेरी महत्ता के सम्बन्ध में कथन किया, किन्तु) तेरे बड़प्पन का तिल मात्र भी कथन न कर सके ॥ २ ॥

सारे सत्त्वगुण, सारे तप म्रौर समस्त शुभ गुण तथा सिद्ध पुरुषों को महिमाएं (म्रादि कितनी बड़ी क्यों न हों किन्तु वास्तविक) सिद्धि तुम्हारे बिना किसी ने नहीं पाई। (परमात्मा की) कृपा द्वारा (सिद्धि) प्राप्त होती है (म्रौर इस प्राप्ति को) कोई रोक नहीं सकता ॥ ३ ॥

(तुम्हारे ऐश्वर्य के सम्बन्ध में) कथन करनेवाला बेचारा कथन ही क्या कर सकता है ? तुम्हारे भण्डार प्रशंसा से भरे हैं। जिसे तुम देते हो, उसमें किसी का क्या चारा हो सकता है ? नानक कहते हैं कि सत्य (परमात्मा) (सभी चीजें) संवारने वाला है ॥ ४ ॥ १ ॥

[२]

म्राखा जीवा विसरै मरि जाउ । म्राखणि म्रउखा सचा नाउ ॥
साचे नाम की लागै भूख । तितु भूखै खाइ चलीम्रहि दूख ॥१॥
सो किउ विसरै मेरी माइ । साचा साहिबु साचै नाइ ॥१॥रहाउ॥
साचे नाम की तिलु वडिम्राई । म्राखि थके कीमति नही पाई ॥
जे सभि मिलि कै म्राखण पाहि । वडा न होवै घाटि न जाइ ॥२॥
ना म्रोहु मरै न होवै सोगु । देंदा रहै न चूकै भोगु ॥
गुणु एहो होरु नाही कोइ । ना को होम्रा ना को होइ ॥३॥
जेवडु म्रापि तेवड तेरी दाति । जिनि दिनु करि कै कीती राति ।
खसमु विसारहि ते कमजाति । नानक नावै बाझु सनाति ॥४॥२॥

यदि मैं (नाम) लेता हूँ, तो जीवित रहता हूँ; यदि नाम भूलता हूँ, तो मर जाता हूँ। सच्चे नाम को कहना (स्मरण करना, लेना) कठिन है। यदि सच्चे नाम की भूख (साधक को लगती है म्रौर उस भूख की तृप्ति करता है, तो उसके सारे दुःख नष्ट हो जाते हैं ॥ १ ॥

ऐ मेरी माँ, तो फिर (उस परमात्मा को) मैं कैसे भूल सकता हूँ ? वह साहब सच्चा है और उसका नाम भी सच्चा है ॥ १ ॥ रहाउ ॥

सच्चे नाम की तिल भर बड़ाई करने के लिए (लोग) कथन कर करके थक गए, किन्तु उसकी कीमत का अनुमान नहीं लगा सके । यदि सब लोग मिल कर उसका वर्णन करने लगें, तो भी (उनके वर्णन से) न वह बड़ा होगा, न कम होगा ॥ २ ॥

न तो वह (परमात्मा) मरता है और न उसे कोई शोक ही होता है । वह (सदैव) देता ही रहता है, किन्तु उसके दिए हुए भोग कभी समाप्त नहीं होते । उसकी विशेषता यह है कि उसके बिना और कोई नहीं है, न कोई हुआ है और न होगा ॥ ३ ॥

(हे परमात्मा) जितने बड़े तुम हो, उतनी ही बड़ी तुम्हारी देनें भी हैं । जिस परमात्मा ने दिन बनाया है, उसी ने रात्रि भी निर्मित की है; (वह सर्व शक्तिमान है । वह 'कर्त्तुं अकर्त्तुं अन्यथा कर्त्तुं' करने में समर्थ है) । ऐसे परमात्मा को जो भुलाते हैं, वे नीच जाति के हैं । नानक कहते हैं कि नाम के बिना (लोग) नीच हैं ॥ ४ ॥ २ ॥

[३]

जे दरि मांगतु कूक करे महली खसमु सुणे ।
भावै धीरक भावै धके एक वडाई देइ ॥१॥
जाणहु जोति न पूछहु जाती आगै जाति न हे ॥१॥ रहाउ ॥
आपि कराए आपि करेइ । आपि उलाम्हे चिति धरेइ ॥
जा तूं करणहारु करतारु । किआ मुहताजी किआ संसारु ॥२॥
आपि उपाए आपे देइ । आपे दुरमति मनहि करेइ ॥
गुर परसादि वसै मनि आइ । दुखु अन्हेरा विचहु जाइ ॥३॥
साचु पिआरा आपि करेइ । अवरी कउ साचु न देइ ॥
जि किसै देइ वखाणै नानकु आगै पूछ न लेइ ॥४॥३॥

यदि कोई याचक बनकर (परमात्मा के दरवाजे पर पुकार करे, तो (उसकी पुकार) पति (परमात्मा) (अपने) महल में (अवश्य सुनता है । (हे प्रभु), चाहे (तू) उसे धैर्य धारण करावे, चाहे धक्के दे, (किन्तु तू) अकेले ही बड़ाई देता है ॥ १ ॥

(सभी में) परमात्मा की ज्योति समझो, किसी की जाति न पूछो, क्योंकि आगे (परलोक में) कोई भी जाति नहीं है ॥ १ ॥ रहाउ ॥

(प्रभु) स्वयं ही कराता है और स्वयं ही (वस्तुओं का निर्माण) करता है । आप ही उपालम्भ देता है (और आप ही) चित्त में धारण करता है (सुनता है) । यदि (हे प्रभु) तुम करने वाले और करतार हो, (और इसे कोई भलीभाँति समझता है), तो (उसके लिये) (किसी अन्य व्यक्ति की) क्या मुहताजी है और (उसके लिए) संसार क्या है ? ॥ २ ॥

(ऐ प्रभु, तुम) स्वयं ही उत्पन्न करते हो, और स्वयं ही देते हो; तुम स्वयं ही दुर्बुद्धि दूर करते हो । (हे भगवान् यदि) (तुम) गुरु की कृपा से मन में आकार बसते हो, तो भीतर से दुःख और अन्धकार (अज्ञान) चले जाते हैं ॥ ३ ॥

वह आप ही सत्य को प्यारा (बना) कर (दिखाता है), [तात्पर्य यह कि वह स्वयं ही कृपा करे तो सत्य जैसी विषम वस्तु प्यारी लगती है]। और कइयों को (वह परमात्मा) सत्य नहीं भी देता है। नानक कहते हैं कि यदि किसी को (परमात्मा) (सत्य) प्रदान भी करता है, तो आगे (परलोक में) उससे कोइ पूछ नहीं करता, (लेखा नहीं माँगता) ॥ ४ ॥ ३ ॥

[४]

ताल मदीरे घट के घाट । दोलक दुनीआ वाजहि वाज ।
नारदु नाचै कलि का भाउ । जती सती कह राखहि पाउ ॥१॥
नानक नाम विटहु कुरबाणु । अंधी दुनीआ साहिबु जाणु ॥१॥
गुरू पासहु फिरि चेला खाइ । तामि परीति वसै घरि आइ ॥
जे सउ वरिहआ जीवणु खाणु । खसम पछाणै सो दिनु परवाणु ॥२॥
दरसनि देखिऐ दइआ न होइ । लए दिते बिनु रहै न कोइ ॥
राजा निआउ करे हथि होइ । कहै खुदाइ न मानै कोइ ॥३॥
माणस मूरति नानकु नामु । करणी कुता दरि फुरमानु ॥
गुर परसादि जाणै मिहमानु । ता किछु दरगह पावै मानु ॥४॥४॥

मन के संकल्प-विकल्प [घट के घाट = मन के रास्ते, लहरें; तात्पर्य यह कि मन के संकल्प-विकल्प] हैं और दुनिया ढोलक है—ये बाजे बज रहे हैं। नारद (रूपी मन) नाच रहा है —यही कलियुग का भाव है। (भला बताओ) यती-सती किधर पैर रक्खें ? ॥ १ ॥

नानक तो नाम के ऊपर कुरबान है। (ऐ) अन्धी दुनिया, साहब (परमात्मा) को जानो ॥ १ ॥ रहाउ ॥

गुरु के पास (यदि) चेला रहकर (उल्टा) उसी का (गुरु का ही) खाये; रोटी की प्रीति के कारण (गुरु के घर में) आकर बसे और (इसी प्रकार) सौ वर्ष तक रहे तथा भोजन करे, (पर सब व्यर्थ ही है); (जिस दिन वह) पति (परमात्मा को) पहचाने, वही दिन प्रामाणिक (दिन) है ॥ २ ॥

(निरे) दर्शन (मात्र से) (किसी के ऊपर) दया नहीं होती। बिना लिए-दिए कोई भी नहीं रहता। (यदि कुछ देने को) हाथ में हो, (तभी) राजा न्याय करता है। खुदा कहते (तो सभी) हैं, (लेकिन) मानता कोई भी नहीं (तात्पर्य यह कि जीभ से सभी खुदा कहते हैं, किन्तु दिल से कोई भी नहीं मानता) ॥ ३ ॥

नानक कहते हैं (कि कलियुग के सारे) (मनुष्यों) के नाम शकल (मूर्ति) मनुष्यों की हैं (किन्तु) करनी कुत्तों की है (जो) दरवाजे पर (लोभ के कारण) (सब की) आज्ञा मानता है। (यदि) गुरु की कृपा से (साधक संसार में अपने को) मेहमान समझे, तभी (परमात्मा के) दरवाजे पर कुछ मान मिल सकता है ॥ ४ ॥ ॥ ४ ॥

[५]

जेता सबदु सुरति धुनि तेती जेता रूपु काइआ तेरी ।
तूं आपे रसना आपे बसना अवरु न दूजा कहउ माई ॥१॥

साहिबु मेरा एको है। एको है भाई एको है ॥१॥ रहाउ ॥

आपे मारे आपे छोडै आपे लेवै देइ। आपे वेखै आपे विगसै आपे नदरि करेइ ॥२॥

जो किछु करणा सो करि रहिआ अवरु न करणा जाई।

जैसा वरतै तैसो कहीऐ सभ तेरी वडिआई ॥३॥

कलि कलवाली माइआ मदु मीठा मनु मतवाला पीवतु रहै।

आपे रूप करे बहु भांतीं नानक बपुड़ा एव कहै ॥४॥५॥

(हे प्रभु), जितने भी (इस संसार के) शब्द हैं, वे सब (तेरी) चित्तवृत्ति (सुरति) की ध्वनि हैं (तथा) संसार में जितने भी रूप हैं, वे सब तेरी काया हैं। (हे हरी), तू ही जीभ है, और तू ही वास लेनेवाली (नासिका) है; हे मां, (मैं) कहता हूँ और कोई दूसरा नहीं है ॥ १ ॥

मेरा साहब एक है, एक है; (अरे) भाई (वह) एक है ॥ १ ॥ रहाउ ॥

(साहब) आप ही मारता है, आप ही छोड़ता है, आप ही लेता है और आप ही देता है, आप ही देखता है, आप ही विकसित होता है और आप ही कृपा करता है ॥ २ ॥

जो कुछ करने (योग्य) था, वह सब (तूने ही) किया है, (अब) और कुछ नहीं किया जा सकता। जैसा (तू) है, वैसा ही कहा जाता है, (हे प्रभु), सब तेरी ही महिमा है ॥ ३ ॥

कलियुग ही शराब पिलानेवाली— कलवारिन है, माया ही मीठी मदिरा है, और मन ही इसे पीकर मतवाला होता है। बेचारा नानक कहता है (कि हरी ही) अनेक भांति के रूप धारण करता है, (वही कलवारिन है, वही शराब है, वही पीने वाला है वही नशा है और वही खुमारी है) ॥ ४ ॥ ५ ॥

[६]

वाजा मति पखाउज भाउ। होइ अनंदु सदा मनि चाउ ॥

एहा भगति एहो तप ताउ। इतु रंग नाचहु रखि रखि पाउ ॥१॥

पूरे ताल जाणै सालाह। होरु नचणा खुसीआ मन माह ॥१॥ रहाउ ॥

सतु संतोखु वजहि दुइ ताल। पैरी वाजा सदा निहाल ॥

रागु नादु नही दूजा भाउ। इतु रंगि नाचहु रखि रखि पाउ ॥२॥

भउ फेरी होवै मन चीति। बहदिआ उठदिआ नीता नीति ॥

लेटणि लेटि जाणै तनु सुआहु। इतु रंगि नाचउ रखि रखि पाउ ॥३॥

सिख सभा दीखिआ का भाउ। गुरमुखि सुणणा साचा नाउ ॥

नानक आखणु वेरा वेर। इतु रंगि नाचहु रखि रखि पैर ॥४॥६॥

बुद्धि बाजा (संगीत) है प्रेम पखावज है। (इन दोनों के संयोग से— शुद्ध बुद्धि एवं प्रेम के सामंजस्य से) सदैव आनन्द होता है और मन में उत्साह (बना रहता है)। यही भक्ति है और यही तपस्या है। इसी रंग में (ठीक ठीक) पैर रख कर नाचो ॥ १ ॥

(परमात्मा की) स्तुति (करना) जाने, (तो यही) पूरे ताल का नाचना है; और नाचना केवल मन की खुशी है ॥ १ ॥ रहाउ ॥

सत्य और संतोष (धारण करना) दो तालों का बजना है । सदा प्रसन्न रहना ही पैरों का बाजा (घुंघुरू) है । द्वैत भाव का न होना ही राग और नाद है । इसी रंग में (ठीक ठीक) पैर रख कर नाचो ॥ २ ॥

मन और चित्त में (हरी का) भय होना ही नृत्य की फेरी और बार-बार का (नृत्य में) उठना-बैठना है । शरीर को भस्म समझना ही—यही (पृथ्वी पर) लेट कर (नृत्य में दण्डवत प्रदर्शित करने का भाव है) । इसी-रंग में (ठीक ठीक) पैर रख कर नाचो ॥ ३ ॥

सिक्ख-सभा में (जाना ही) नर्त्तक की शिक्षा से प्रेम करना है । नानक कहते हैं कि गुरु द्वारा सच्चे नाम को सुनना, यही गाने की बार-बार की टेक है । इसी रंग में (ठीक ठीक) पैर रख कर नाचो ॥ ४ ॥ ६ ॥

[७]

पउणु उपाइ धरी सभ धरती जल अगनी का बंधु कीआ ।
अंधुलै दहसिरि मूंड कटाइआ रावणु मारि किआ वडा भइआ ॥१॥
किआ उपमा तेरी आखी जाइ । तूं सरबे पूरि रहिआ लिव लाइ ॥१॥रहाउ॥
जीअ उपाइ जुगति हथि कीनी काली नाथि किआ वडा भइआ ।
किसु तूं पुरखु जोरु कउणु कहीऐ सरब निरंतरि रवि रहिआ ॥२॥
नालि कुटंबु साथि वरदाता ब्रहमा भालण स्रिसटि गइआ ।
आगै अंतु न पाइओ ताका कंसु छेदि किआ वडा भइआ ॥३॥
रतन उपाइ धरे खीरु मथिआ होरि भखलाए जि असी कीआ ।
कहै नानकु छपै किउ छपिआ एकी एकी वंडि दीआ ॥४॥७॥

(परमात्मा ने) पवन रच कर समस्त पृथ्वी को धारण किया है । और जल अग्नि को एकत्र करके सम्बन्ध स्थापित किया है [अर्थात् पिता के वीर्य (जल) तथा माया की जठराग्नि (अग्नि) के संयोग से जीवों की उत्पत्ति की है] । रावण ने अंधा होकर (स्वयं ही) (अपना) सिर कटा दिया; (भला बताओ), रावण को मार कर (वह) किस प्रकार बड़ा हो गया ? ॥ १ ॥

तेरी उपमा (तुलना) किस प्रकार कही (वर्णन की) जाय ? तू सर्व-परिपूर्ण है और सभी का ध्यान रखता है ॥ १ ॥ रहाउ ॥

(जिस परमात्मा ने) (सभी) जीवों को उत्पन्न करके, (उनके रहने की) युक्ति को (अपने) हाथों में रक्खी है, वह कालीय (नाग) को नाथ कर किस प्रकार बड़ा हो गया ? किसका तू पति है और कौन तेरी स्त्री कही जाती है ? (तू तो) सभी में निरन्तर रम रहा है ॥ २ ॥

ब्रह्मा का कुटुम्ब अथवा जन्म-स्थान कमल-नाल है, यह कमल-नाल वरदाता (विष्णु की नाभि) से (संयुक्त है) ; (उस कमल-नाल के मार्ग से) ब्रह्मा सृष्टि (अपनी उत्पत्ति का मूल-स्थान) का पता लगाने गये, किन्तु उसका आदि अन्त न पा सके; (भला बताओ ऐसा (परमात्मा) कंस को मार कर किस प्रकार बड़ा हो गया ? ॥ ३ ॥

(परमात्मा ने स्वयं ही) क्षीर (समुद्र) मथ कर (चौदह) रत्नों को उत्पन्न कर

रख दिया, (किन्तु देवता-दैत्य गण) बड़बड़ा उठे कि (रत्नों को) हमने (उत्पन्न) किया है। नानक कहते हैं कि वह छिपने वाला कैसे छिप सकता है जो (अपना दान) प्रत्येक को बाँट देता है ? ॥ ४ ॥ ७ ॥

[८]

करम करतूती बेलि बिसथारी रामनामु फलु हूआ ।
तिसु रूपु न रेख अनाहदु वाजै सबदु निरंजनि कीआ ॥१॥
करे वखिआणु जाणै जे कोई । अंमृतु पीवै सोई ॥१॥ रहाउ ॥
जिन्ह पीआ से मसत भए है तूटे बंधन फाहे ।
जोती जोति समाणी भीतरि ता छोड़े माइआ के लाहे ॥२॥
सरब जोति रूपु तेरा देखिआ सगल भवन तेरी माइआ ।
रारै रूपि निरालमु बैठा नदरि करे विचि छाइआ ॥३॥
बीणा सबदु वजावै जोगी दरसनि रूपि अपारा ।
सबदि अनाहदि सो सहु राता नानकु कहै विचारा ॥४॥८॥

(शुभ) कर्मों की वेलि का विस्तार हुआ है और उसमें राम नाम का फल लगा है। (उस राम नाम का) न कोई रूप है और न कोई रेखा, (वह) अनाहत रूप में बज रहा; (राम नाम का) शब्द निरंजन (हरी) ने प्रकट किया है ॥ १ ॥

(राम नाम की वही) व्याख्या कर सकता है, जो उसे जानता हो। (जो राम नाम जानता है), वही अमृत पीता है ॥ १ ॥ रहाउ ॥

जिन्होंने (राम नाम का) अमृत पी लिया है, वे (उसी अमृत में) मस्त हो गये हैं, उनके बन्धन की फाँसियाँ कट गई हैं। उनकी आन्तरिक ज्योति के साथ (परमात्मा की) ज्योति मिल गई है और उन्होंने माया के लाभ को त्याग दिया है ॥ १ ॥

तेरा ज्योतिर्मय रूप सभी में दिखाई पड़ रहा है, सारे लोकों में तेरी ही माया (दिखाई पड़ रही है)। झगड़ों और (दृश्यमान) रूपों में (परमात्मा) निर्लेप होकर बैठा है (और माया की) छाया में (स्थित होकर) सभी को देख रहा है ॥ ३ ॥

वह योगी अपार (हरी के) दर्शन और रूप द्वारा शब्द रूपी वीणा को (निरन्तर) बजाता रहता है। नानक यह विचार कर कहते हैं कि वह परमात्मा उस योगी को अनाहत शब्द में रत दीख पड़ता है, (तात्पर्य यह कि गुरु के शब्द द्वारा निरंकार परमात्मा जाना जाता है) ॥ ४ ॥ ८ ॥

[९]

मै गुण गला के सिरि भार । गली गला सिरजणहार ॥
खाणा पीणा हसणा बादि । जबु लगु रिदै न आवहि यादि ॥१॥
तउ परवाह केही किआ कीजै । जनमि जनमि किछु लीजी लीजै ॥१॥ रहाउ ॥
मन की मति मतागलु मता । जो किछु बोलिऐ सभु खतो खता ॥
किआ मुहु लै कीचै अरदासि । पापु पुंनु दुइ साखि पासि ॥२॥

जैसा तूं करहि तैसा को होइ । तुझ बिनु दूजा नाही कोइ ।
जेही तूं मति देहि तेही को पावै । तुधु आपे भावै तिवै चलावै ॥३॥
राग रतन परीआ परवार । तिसु विचि उपजै अंम्रित सार ।
नानक करते का इहु धनु माल । जे को बूझै एहु बीचारु ॥४॥६॥

मुझमें यही गुण है कि मेरे सिर पर बातों का ही बोझा है; पर सब से उत्तम बातें सिरजनहार (परमात्मा) की ही (होती हैं) । जब तक हृदय में (परमात्मा की) याद नहीं आती, तब तक खाना, पीना, हँसना (तथा अन्य आमोद-प्रमोद) व्यर्थ ही हैं ॥ १ ॥

(यदि सब खाने-पीने, हंसने आदि व्यर्थ हैं) , तो उनकी परवाह क्यों की जाय ? (लोगों की यही प्रवृत्ति होती है) कि बार-बार जन्म धारण करके कुछ न कुछ लिया ही जाय ॥ १ ॥ रहाउ ॥

(हमारे) मन के संकल्प-विकल्प मदमस्त हाथी की भाँति हैं (वह) जो कुछ भी बोलता है, सब गलत ही गलत (बोलता है) । क्या मुंह लेकर प्रार्थना की जाय ? पाप और पुण्य दोनों ही मेरे समीप साक्षी के रूप में हैं ॥ २ ॥

(हे प्रभु), जैसा तू बनाता है, वैसा ही कोई बनता है । तेरे बिना कोई भी दूसरा नहीं है । तू जैसी बुद्धि देता है, वैसी ही कोई पाता है । तुझे जैसा अच्छा लगता है, वैसा ही चलाता है ॥ ३ ॥

(गुरु वाणी) के रत्न के समान राग तथा रागिनियाँ और (उनके) परिवार (अन्य राग)—(इनसे) (नाम रूपी) श्रेष्ठ अमृत उत्पन्न होता है । नानक कहते हैं कि यदि कोई विचार करके समझे तो कर्त्ता-पुरुष (परमात्मा) की यही धन-दौलत है ॥ ४ ॥ ६ ॥

[१०]

करि किरपा अपनै घरि आइआ । ता मिलि सखीआ काजु रचाइआ ॥
खेलु देखि मनि अनदु भइआ सहु वीआहण आइआ ॥१॥
गावहु गावहु कामणी बिबेक बीचारु ।
हमरै घरि आइआ जगजीवनु भतारु ॥१॥ रहाउ ॥
गुरदुआरै हमरा वीआहु जि होआ जां सहु मिलिआ तां जानिआ ।
तिहु लोका महि सबदु रविआ है आपु गइआ मनु मानिआ ॥२॥
आपणा कारजु आपि सवारे होरनि कारजु न होई ।
जितु कारजि सतु संतोख दइआ धरमु है गुरमुखि बूझै कोई ॥३॥
भनति नानकु सभना का पिरु एको सोइ ।
जिस नो नदरि करे सा सोहागणि होइ ॥४॥१०॥

(प्रियतम परमात्मा ने) कृपा की और अपने घर आया । उससे मिलकर सखियों ने (विवाह) कार्य रच दिया । इस खेल को देख कर मन में आनन्द उत्पन्न हुआ कि प्रियतम (मुझे) व्याहने आया है ॥ १ ॥

ऐ स्त्रियों विवेक एवं विचारवाली वस्तुओं को गाओ , गाओ । जगत् के जीवन का भर्त्ता (पति) हमारे (हृदय-रूपी) घर में आ कर बस गया है ॥ १॥ रहाउ ॥

यदि गुरु द्वारा हमारा विवाह (प्रियतम परमात्मा के साथ) हो गया, तभी जानना चाहिये कि प्रियतम मिल गया है। तीनों लोकों में शब्द व्याप्त हो गया है, अहंभाव दूर हो गया है और मन (अपने आप) मान गया (शान्त हो गया) है ॥ २ ॥

(प्रभु) अपना कार्य आप स्वयं ही संवारता है, औरों से कार्य नहीं (सम्पादित) होता। जिस कार्य में सत्य, संतोष, दया और धर्म (का समावेश) है, (ऐसे कार्य) को कोई गुरुमुख ही समझता है ॥ ३ ॥

नानक कहते हैं कि सभी का प्रियतम एक वही (परमात्मा ही) है। जिसके ऊपर कृपादृष्टि करता है, वही उसकी सुहागिनी (स्त्री) होती है ॥ ४ ॥ १० ॥

[११]

ग्रिहु बनु समसरि सहजि सुभाइ। दुरमति गतु भई कीरति ठाइ॥
सच पउड़ी साचउ मुखि नांउ। सतिगुरु सेवि पाए निज थाउ ॥१॥
मन चूरे खटु दरसन जाणु। सरब जोति पूरन भगवानु ॥१॥ रहाउ ॥
अधिक तिआस भेख बहु करै। दुखु बिखिआ सुखु तनि परहरै ॥
कामु क्रोधु अंतरि धनु हिरै। दुबिधा छोडि नामि निसतरै ॥२॥
सिफति सलाहणु सहज अनंद। सखा सैनु प्रेमु गोबिंद ॥
आपे करे आपे बखसिंदु। तनु मनु हरि पहि आगै जिंदु ॥३॥
झूठ विकार महा दुखु देइ। भेख वरन दीसहि सभि खेह।
जो उपजै सो आवै जाइ। नानक असथिरु नामु रजाइ ॥४॥११॥

(अब) स्वाभाविक ही गृह और वन एक समान हो गए हैं। दुर्बुद्धि समाप्त हो गई है (और उसके) स्थान पर (परमात्मा की) कीर्त्ति (आ बसी) है। मुख में (परमात्मा का) सच्चा नाम होना हो, यही (प्रभु कि प्राप्ति की) सच्ची सीढ़ी है। (साधक) अपना (वास्तविक घर (आत्म स्वरूप) सद्गुरु में ही पाता है।

छः शास्त्रों [पूर्व मीमांसा, उत्तर मीमांसा (वेदान्त), न्याय, योग, वैशेषिक तथा सांख्य] का जानना यही है कि मन को चूर-चूर करके (वशीभूत करें); (और यह जाने) की भगवान् की ज्योति सर्वत्र परिपूर्ण है ॥ १ ॥ रहाउ ॥

अधिक तृष्णा (के वशीभूत होने से, उसकी पूर्त्ति के निमित्त) बहुत से वेशों को धारण करना पड़ता है ; विषयों का दुःख शरीर में (स्थित) सुख को दूर कर देता है। काम और क्रोध आंतरिक धन को चुरा लेते हैं। दुविधा को त्याग कर नाम द्वारा निस्तार पा सकता है ॥२॥

(जो) (परमात्मा) के गुणों की प्रशंसा करता है, (उसे) सहज आनन्द (प्राप्त होता है)। गोविन्द का प्रेम ही (उसके लिए) सखा और स्वजन हैं। (प्रभु) आप ही रचता है और आप ही देता है। (मेरे) तन और मन हरी के निमित्त ही हैं, (और) आगे (परलोक में) वही जीवन है ॥ ३ ॥

झूठ आदि विकार, शरीर (के निमित्त) बड़े ही कष्टदायक हैं। वेश और वर्णादिक सब खाक (भस्म) ही दिखाई पड़ते हैं। जो भी (वस्तु) उत्पन्न होती है, आने-जाने वाली होती

है। नानक कहते हैं स्थिर रहनेवाला केवल (परमात्मा का) नाम और उसकी आज्ञा है ॥ ४ ॥ ११ ॥

[१२]

एको सरवरु कमल अनूप । सदा बिगासै परमल रूप ।
ऊजल मोती चूगहि हंस । सरब कला जगदीसै अंस ॥१॥
जो दीसै सो उपजै बिनजै । बिनु जल सरवरि कमलु न दीसै ॥१॥ रहाउ ॥
बिरला बूझै पावै भेदु । साखा तीनि कहै नित वेदु ॥
नाद बिंद की सुरति समाइ । सतिगुरु सेवि परम पदुपाइ ॥२॥
मुकतो रातउ रंगि रवातउ । राजन राजि सदा बिगसांतउ ॥
जिस तूं राखहि किरपा धारि । बूड़त पाहन तारहि तारि ॥३॥
त्रिभवण महि जोति त्रिभवण महि जाणिआ । उलट भई घरु घर महि आणिआ ॥
अहिनिसि भगति करें लिव लाइ । नानकु तिन कै लागै पाइ ॥४॥१२॥

एक (सत्संग रूपी) सरोवर है, (जिसमें गुरुमुख रूपो) सुन्दर कमल (खिले हैं)। (यह सरोवर कमलों) को विकसित करता है (और उन्हें) सुगंधि तथा रूप (प्रदान करता है)। (गुरुमुख रूपी) हंस (नाम रूपी) उज्ज्वल मोती चुगते हैं। (वे गुरुमुख रूपी हंस) सर्वं शक्तिमान् जगदीश के अंश (भाग) हो गए हैं ॥ १ ॥

जो कुछ भी (इस संसार में) दिखाई देता है, (वह सब) उत्पन्न होता और नष्ट होता है। (भक्ति रूपी) जल के बिना (सत्संग रूपी) सरोवर में (गुरुमुख रूपी) कमल नहीं रह पाता ॥ १ ॥ रहाउ ॥

(इस सत्संग के रहस्य को) कोई बिरला ही समझता है। वेद तो सदैव तीन शाखाओं का वर्णन करते हैं [तीन शाखाओं से तात्पर्य तीन गुणों से है—सत्त्व, रज, तम (त्रैगुण्य विषया वेदा······श्रीमद्भगवद्गीता) अथवा—ज्ञान, कर्म, उपासना; अथवा त्रिदेव—ब्रह्मा, विष्णु, महेश]। (साधक) नाद-विंदु के एकनिष्ठ ध्यान में समाहित हो जाता है [नाद= शब्द रूप, वह अवस्था जब सृष्टि नहीं थी और निरंजन परमात्मा शब्द रूप में ही विराजमान था। बिन्दु=फिर उसने सगुण रूप में समस्त सृष्टि-रचना का विस्तार किया। नाद-बिन्दु के ज्ञान को जो साधक एक कर देता है, एक समझ लेता है, वह तीनों अवस्थाओं से पार होकर चतुर्थ अवस्था—सहजावस्था में समा जाता है।] सद्गुरु की सेवा करने से ही वह परम पद को प्राप्त करता है ॥ २ ॥

(जो मनुष्य) मुक्त होने के लिये प्रेम करता है, (वह हरी को) प्रेम के साथ स्मरण करता हैं। वह राजाओं का राजा है, (अतएव) सदा प्रसन्न रहता है। (हे प्रभु), जिसकी तू कृपा धारण कर के रक्षा करता है, उसे (तू) डूबनेवाली पत्थर की नाव (में भी) तार देता है ॥ ३ ॥

(जो) त्रिभुवन में व्याप्त (परमात्मा की) ज्योति को त्रिभुवन में परिपूर्ण जानता है, जो (माया की ओर से वृत्तियों को) उलट कर (मन रूपी) घर को (आत्म स्वरूप रूपी) घर में ले आता है, नानक उनके चरणों में लगता है (पड़ता है) ॥ ४ ॥ १२ ॥

[१३]

गुरमति साची हुजति दूरि । बहुतु सिम्राणप लागै धूरि ॥
लागी मैलु मिटै सच नाइ । गुरपरसादि रहै लिव लाइ ॥१॥
है हजूरि हाजरु अरदासि । दुखु सुखु साचु करते प्रभ पासि ॥१॥रहाउ॥
कूड़ु कमावै आवै जावै । कहणि कथनि वारा नही आवै ॥
किआ देखा सूझ बूझ न पावै । बिनु नावै मनि तृपति न आवै ॥२॥
जो जनमे से रोगि विआपे । हउमै माइआ दूखि संतापे ॥
से जन बांचे जो प्रभि राखे । सतिगुरु सेवि अंमृत रसु चाखे ॥३॥
चलतउ मनु राखै अंमृतु चाखै । सतिगुर सेवि अंमृत सबदु भाखै ॥
साचै सबदि मुकति गति पाए । नानक विचहु आपु गवाए ॥४॥१३॥

गुरु द्वारा दी गई बुद्धि ही सच्ची है (और इसके द्वारा) हुज्जत [झगड़ा, तकरार, व्यर्थ लड़ाई] दूर होती है । बहुत सयानेपन से (मन में) (पापों की) धूलि लगती है । (यह) लगी हुई मैल (परमात्मा के) सच्चे नाम से छूटती है । गुरु की कृपा से (शिष्य) एकनिष्ठ ध्यान में लीन रहता है ॥ १ ॥

(उस परमात्मा के) समीप हाजिर होकर प्रार्थना की जाय, (क्योंकि सारे) दुःख-सुख सचमुच ही उसके पास हैं ॥ १ ॥ रहाउ ॥

(जो व्यक्ति) झूठ कमाता है, वह आता ही जाता रहता है । कथनी कहने में अन्त नहीं प्राप्त होता, (तात्पर्य यह कि केवल कथन मात्र से संसार से अन्त नहीं प्राप्त होता है) । यदि समझ नहीं प्राप्त होती, तो उसके देखने से क्या (लाभ होता) है ? बिना (परमात्मा के) नाम के, मन में तृप्ति—शान्ति नहीं आती ॥ २ ॥

जो (व्यक्ति) जन्म धारण करते हैं (वे सभी) रोग से व्याप्त होते हैं । अहंकार और माया के दुःख से (वे) संतप्त होते हैं । वे ही लोग (रोग, अहंकार, माया और दुःख से) बचते हैं, जिनकी प्रभु (स्वयं) रक्षा करता है । सद्गुरु की सेवा करके (वे) (परमात्मा रूपी) अमृत रस का आस्वादन करते हैं ॥ ३ ॥

जो चंचल मन को (रोक) रखता है, वही अमृत चखता है । सद्गुरु की सेवा करके (वह) अमृत शब्द (परमात्मा के नाम) का उच्चारण करता है । (गुरु के) सच्चे शब्द से (वह) मुक्ति और गति पाता है । नानक कहते हैं कि (वह) (अपने) में से अहंकार नष्ट कर देता है ॥ ४ ॥ १३ ॥

[१४]

जो तिनि कीआ सो सचु थीआ । अंमृत नामु सतिगुरि दीआ ॥
हिरदै नामु नाही मनि भंगु । अनदिनु नालि पिआरे संगु ॥१॥
हरि जीउ राखहु अपनी सरणाई ।
गुरपरसादी हरि रसु पाइआ नामु पदारथु नउनिधि पाई ॥१॥ रहाउ ॥
करम धरम सचु साचा नाउ । ता कै सद बलिहारै जाउ ॥
जो हरि राते से जन परवाणु । तिन की संगति परम निधानु ॥२॥

हरि वरु जिनि पाइआ धन नारी । हरि सिउ राती सबदु वीचारी ॥
आपि तरै संगति कुल तारै । सतिगुरु सेवि ततु वीचारै ॥३॥

हमरी जाति पति सचु नाउ । करम धरम संजमु सत भाउ ॥
नानक बखसे पूछ न होइ । दूजा मेटे एको सोइ ॥४॥१४॥

(परमात्मा ने कृपा करके) जिसे (सत्य में आरूढ़) कर दिया है, वही सच्चा होता है अमृत नाम सद्गुरु ही देता है । (जिसके) मन में (हरी का) नाम है, उसका मन भंग नहीं होता है, (तात्पर्य यह कि उसके मन में कभी निराशा नहीं होती है), (उसका) संग प्रियतम के साथ सदैव (बना) रहता है ॥ १ ॥

हे, हरी जी, मुझे (अपनी) शरण में रख लो । गुरु की कृपा से (मुझे) हरी-रस प्राप्त हो गया है और नाम रूपी पदार्थ की नव निद्धियाँ मैंने पा ली हैं ॥ १ ॥ रहाउ ॥

जिन्होंने सच्चे नाम को ही सब कर्म-धर्म समझ लिया है, उन पर मैं सदैव बलिहारी होता हूँ । जो (व्यक्ति) परमात्मा में अनुरक्त हैं, वे ही जन प्रामाणिक हैं और उनकी संगति परम निधान है ॥ २ ॥

जिस (जीव रूपी) स्त्री ने (परमात्मा रूपी) पति को प्राप्त कर लिया है, वह धन्य है । (वह) (गुरु के) शब्द द्वारा विचार कर हरी से रँग जाती है । वह स्वयं (तो) तरती है, (अपनी) संगति में (समस्त) परिवार को भी तार देती है । (वह) सद्गुरु की सेवा करके तत्व का विचार करती है ॥ ३ ॥

(हरी का) सच्चा नाम ही हमारी जाति-पाँति है । सच्चा प्रेम (भाव) ही कर्म, धर्म और संयम है । नानक कहते हैं कि (यदि परमात्मा सच्चा नाम और प्रेम) प्रदान करे, (तो साधक से किसी हिसाब की) पूछ नहीं होती है । एक वही (परमात्मा ही) द्वैत भाव मेट पाता है ॥ ४ ॥ १४ ॥

[१५]

इकि आवहि इकि जावहि आई । इकि हरि राते रहहि समाई
इकि धरनि गगन महि ठउर न पावहि ।
से करमहीण हरि नामु न धिआवहि ॥१॥

गुर पूरे ते गति मिति पाई ।
इहु संसारु बिखुवत अति भउजलु गुरसबदी हरि पारि लंघाई ॥१॥ रहाउ ॥

जिन्ह कउ आपि लए प्रभु मेलि । तिन कउ कालु न साकै पेलि ॥
गुरमुखि निरमल रहहि पिआरे । जिउ जल अंभ ऊपरि कमल निरारे ॥२॥

बुरा भला कहु किस नो कहीऐ । दीसै ब्रहमु गुरमुखि सचु लहीऐ ॥
अकथु कथउ गुरमति वीचारु । मिलि गुर संगति पावउ पारु ॥३॥

सासत बेद सिमृति बहु भेद । अठसठि मजनु हरिरसु रेद ॥
गुरमुखि निरमलु मैलु न लागै । नानक हिरदै नामु वडे धुरि लागै ॥४॥१५॥

कुछ तो (इस संसार में) आते हैं और कुछ (यहाँ) आकर चले जाते हैं। कुछ हरी में अनुरक्त होकर उसी में समाहित हो जाते हैं। कुछ (ऐसे हैं) (जो) पृथ्वी और आकाश में ठौर (स्थान) नहीं पाते मैं। (जो) हरी नाम का ध्यान नहीं करते हैं, वे भाग्यहीन हैं ॥ १ ॥

पूर्ण गुरु से ही गति-मिति (उच्च अवस्था की चरम सीमा) प्राप्त होती है। यह संसार विषवत है, संसार सागर (भव-जल) अति (दुस्तर) है, (किन्तु गुरु के) शब्द (पर आचरण) करने से हरि पार लंघा देता है ॥ १ ॥ रहाउ ॥

जिन्हें प्रभु आप मिला लेता है, उन्हें काल दबा नहीं सकता। प्रिय गुरुमुख (इस संसार में रहते हुए भी) (उसी प्रकार) निर्मल रहते हैं, जिस प्रकार कमल जल के ऊपर रहते हुए भी (जल से) निर्लेप रहते हैं ॥ २ ॥

(भला बताओ) बुरा अथवा भला किसे कहा जाय ? गुरु की शिक्षा द्वारा (शिष्य को सर्वत्र) ब्रह्म दिखाई पड़ता है और सत्य की प्राप्ति होती हैं। गुरु की शिक्षा द्वारा विचार करने से अकथनीय (परमात्मा) का कथन किया जाता है तथा गुरु की संगति में मिलने से पार पाया जाता है ॥ ३ ॥

शास्त्रों, वेदों तथा स्मृतियों के अनेक भेद हैं। हरि-रस (की प्राप्ति ही) अड़सठ (तीर्थों का) स्नान है तथा समस्त वेदों (का पाठ है)। गुरु की शिक्षा द्वारा (शिष्य) निर्मल रहता है, उसके मैल नहीं लगती। नानक कहते हैं कि हृदय के (बीच में) नाम (का स्थित होना) पहले के बड़े भाग्य से मिलता है (अर्थात् परमात्मा की विशेष कृपा हो, तभी हृदय में नाम आकर बसता है) ॥ ४ ॥ १५ ॥

[१६]

निवि निवि पाइ लगउ गुर अपुने आतम रामु निहारिआ।
करत बीचारु हिरदै हरि रविआ हिरदै देखि बीचारिआ ॥१॥

बोलहु रामु करे निसतारा।
गुरपरसादि रतनु हरि लाभै मिटै अगिआनु होइ उजीआरा ॥१॥ रहाउ ॥

रवनी रवै बंधन नही तूटहि विचि हउमै भरमु न जाई।
सतिगुरु मिलै त हउमै तूटै ता को लेखै पाई ॥२॥

हरि हरि नामु भगति प्रिअ प्रीतमु सुख सागरु उर धारे।
भगतिबछलु जगजीवनु दाता मति गुरमति हरि निसतारे ॥३॥

मन सिउ जूझि मरै प्रभु पाए मनसा मनहि समाए ॥
नानक कृपा करे जगजीवनु सहज भाइ लिव लाए ॥४॥१६॥

(मैं) अपने गुरु के चरणों में बार-बार नमित होकर लगता हूँ, (उन्हीं की कृपा से) (मैंने घट-घट में रमनेवाले) आत्माराम का साक्षात्कार कर लिया है। विचार करने से हरी हृदय में ही रमण करता हुआ (दीख पड़ा), और उसे हृदय में देख कर विचार करने लगा। (इस भाँति हृदय और विचार हरी के सान्निध्य से एक हो गए) ॥ १ ॥

राम (नाम) का उच्चारण करो, (वही) निस्तार करता है गुरु की कृपा से हरि-रत्न प्राप्त होता है, (उसके प्राप्त होने से) अज्ञान (का अन्धकार) मिट जाता है और (ज्ञान का) प्रकाश होता है ॥ १ ॥ रहाउ ॥

माया के साथ रमण करने से बंधन नहीं टूटते (और) हृदय से अंधकार तथा भ्रम नहीं जाते [अथवा निरा जीभ से उच्चारण करने से बंधन नहीं टूटते—शब्दार्थ श्री गुरु ग्रंथ साहब, पृष्ट ३५३] [अथवा कितनी ही कविता की जाय, किन्तु बंधन नहीं टुटते—श्री गुरु ग्रंथ कोश, पृष्ठ ११००]। यदि सद्गुरु प्राप्त हो जाय, तभी अहंकार टूटता है) और तभी परमात्मा के) लेखे में आता है, (अर्थात् प्रामाणिक समझा जाता है) ॥ २ ॥

हरी का नाम भक्तों के लिए अत्यधिक प्रिय है, (भक्तों ने) उस सुख के सागर (नाम) को (अपने) हृदय में धारण कर लिया है। (परमात्मा) भक्त-वत्सल (और) जगत् के जीवन का दाता है, गुरु की शिक्षा के द्वारा हरी (भक्तों का) निस्तार करता है ॥ ३ ॥

जो मन से जूझ कर (अहंभाव से) मर जाता है वही परमात्मा को पाता है (और उसकी) इच्छाएं (उसके) मन में ही समाहित हो जाती हैं। नानक कहते हैं कि यदि जग-जीवन (परमात्मा) कृपा करता है, तो सहज भाव से लिव (एकनिष्ठ ध्यान) में लगा देता है—(आरूढ़ कर देता है) ॥ ४ ॥ १६ ॥

[१७]

किस कउ कहहि सुणावहि किस कउ किसु समझावहि समझि रहे ।
किसे पड़ावहि पड़ि गुणि बूझे सतगुर सबदि संतोखि रहे ॥१॥
ऐसा गुरमति रमतु सरीरा । हरि भजु मेरे मन गहिर गंभीरा ॥१॥रहाउ॥
अनत तरंग भगति हरि रंगा । अनदिनु सूचे हरि गुण संगा ॥
मिथिआ जनमु साकत संसारा । राम भगति जनु रहै निरारा ॥२॥
सूची काइआ हरि गुण गाइआ । आतमु चीनि रहै लिव लाइआ ॥
आदि अपारु अपरंपरु हीरा । लालि रता मेरा मनु धीरा ॥३॥
कथनी कहहि कहहि से मूए । सो प्रभु दूरि नाही प्रभु तूं है ॥४॥१७॥
सभु जगु देखिआ माइआ छाइआ । नानक गुरमति नामु धिआइआ ॥४॥१९॥

(जो) (नाम के वास्तविक स्वरूप को) समझ चुके हैं वे (इस बात को) किससे कह कह कर सुनावें और किससे कह कह कर समझावें ? (जो स्वयं) पढ़ कर और विचार कर (रहस्य को) जान गए हैं, (वे इस रहस्य को) किसे बतावें ? वे तो सद्गुरु के शब्द द्वारा संतोष में (स्थित) रहते हैं ॥ १ ॥

ऐसा हरी (जो) गुरु की शिक्षा द्वारा (समस्त) शरीरों में रमता हुआ (दृष्टिगोचर होता है), उस गहरे और गंभीर को हे मेरे मन तू स्मरण कर। ॥ १ ॥ रहाउ ॥

हरी के रंग में भक्ति की अनन्त तरंगें हैं। (वे पुरुष) प्रतिदिन पवित्र रहते हैं, (जो) परमात्मा के गुणों के साथ रहते हैं। शक्ति के उपासक (माया के पुजारी) का जन्म इस संसार में मिथ्या है। रामकी भक्ति (में अनुरक्त) पुरुष (संसार से) निर्लेप रहता है ॥ २ ॥

(जो) हरी का गुणगान करता है, (उसका शरीर पवित्र रहता है। (वह) आत्मा का साक्षात्कार कर के लिव (एकनिष्ठ ध्यान) में निमग्न रहता है। (जो हरी रूपी) हीरा आदि, अपार और अपरंपार है, (उस) लाल में मेरा मन अनुरक्त हो कर स्थिर हो गया है ॥३॥

(जो व्यक्ति बार-बार) कथनी (ही मात्र) करते हैं, वे मर चुके हैं। वह प्रभु दूर नहीं है, (हे प्रभु) तू ही (सर्वत्र) है। नानक कहते हैं (कि जिन्होंने) गुरु की शिक्षा के अनुसार नाम का ध्यान किया है, (उन्होंने यह प्रत्यक्ष) देख लिया है कि सारे जगत् में माया की छाया है, (जिसके फलस्वरूप लोग हरी के प्रत्यक्ष होते हुए भी, नहीं देख पाते हैं) ॥ ४ ॥ १७ ॥

[१८]

आसा, महला १, तितुका

कोई भीखकु भीखिआ खाइ। कोई राजा रहिआ समाइ ॥
किसही मानु किसै अपमानु। ढाहि उसारे धरे धिआनु ॥
तुझते वडा नाही कोइ। किसु वेखाली चंगा होइ ॥१॥
मैं तां नामु तेरा आधारु। तूं दाता करणहारु करतारु ॥१॥ रहाउ ॥
वाट न पावउ वीगा जाउ। दरगह बैसण नाही थाउ ॥
मन का अंधुला माइआ का बंधु। खीन खराबु होवै नित कंधु ॥
खाण जीवण की बहुती आस। लेखै तेरै सास गिरास ॥२॥
अहिनिसि अंधुले दीपकु देइ। भउजल डूबत चिंत करेइ ॥
कहहि सुणहि जो मानहि नाउ। हउ बलिहारै ता कै जाउ ॥
नानकु एकु कहै अरदासि। जीउ पिंडु सभु तेरै पासि ॥३॥
जां तू देहि जपी तेरा नाउ। दरगह बैसण होवै थाउ ॥
जां तुध भावै ता दुरमति जाइ। गिआन रतनु मनि वसै आइ ॥
नदरि करे ता सतिगुरु मिलै। प्रणवति नानकु भवजलु तरै ॥४॥१८॥

कोई भिक्षुक है और भिक्षा (माँग कर) खाता है। कोई राजा है और (अपने आप में) मस्त है। (इस संसार में) किसी को मान और किसी को अपमान (प्राप्त होना है)। कोई व्यक्ति ढहा कर (भवन) निर्माण करता है (और कोई परमात्मा का) ध्यान लगाता है। (हे प्रभु), तुझसे बड़ा कोई भी नहीं है। (मैं) किसे दिखाऊँ कि वह अच्छा है (अर्थात् कोई भी अच्छा नहीं है, कुछ न कुछ बुराई प्रत्येक व्यक्ति में है) ॥ १ ॥

मेरे लिए तो तेरा नाम ही (एक मात्र) आश्रय है। (हे प्रभु) तू दाता है, निर्माण कर्त्ता और कर्त्तार है ॥ १ ॥ रहाउ ॥

(मैं) (ठीक) रास्ता नहीं पाता हूँ, टेढ़ामेढ़ा जाता हूँ। (हरी के) दरवाजे पर बैठने का स्थान भी (मुझे) नहीं (प्राप्त होता है)। (मैं) मन का अन्धा हूँ और माया में बंधा हुआ हूँ। मेरी (शरीर रूपी) दीवाल नित्य क्षीण होती है और खराब होती है। (मुझे) खाने और जीने की बहुत आशा है, (किन्तु यह नहीं जानता) कि (मेरे जीवन का एक-एक

श्वास, (और भोजन के एक एक ग्रास) तेरे लेखे में हैं। (अतएव तेरे लेखे से अधिक मैं न एक ग्रास अधिक खा सकता हूं और न एक श्वास अधिक जीवित रह सकता हूं ॥ २ ॥

(हे प्रभु, तू) अहर्निश अंधों को दीपक देता है (और उन्हें रास्ता दिखाता है)। संसार-सागर में डूबने वालों को (तू ही) चिन्ता करता है (और उनका उद्धार करता है)। जो (हरी के) नाम को कहते हैं, सुनते हैं और मानते हैं, मैं उनपर न्यौछावर हो जाता हूं। नानक एक प्रार्थना करता है (कि हे प्रभु), जीव और शरीर सब तेरे ही पास हैं ॥ ३ ॥

(हे प्रभु), जब तू देता है, तभी तेरा नाम जपता हूं (और उसी के द्वारा) (परमात्मा के) दरवाजे पर बैठने को स्थान (प्राप्त होता है)। (हे हरी) जब तुझे रुचता है, तभी दुर्मति दूर होती है और ज्ञान-रत्न मन में आकर बसता है। (जब तेरी) कृपा-दृष्टि होती है, तभी सद्गुरु प्राप्त होता है। नानक विनय पूर्व कहते हैं (कि सद्गुरु के द्वारा) संसार-सागर तरा जाता है ॥ ४ ॥ १८ ॥

[१९]

पंचपदे६

दुध बिनु धेनु पंख बिनु पंखी जल बिनु उतभुज कामि नाही ।
किआ सुलतानु सलाम विहूणा अंधी कोठी तेरा नामु नाही ॥१॥
की विसरहि दुखु बहुता लागै । दुखु लागै तूं विसरु नाही ॥१॥ रहाउ ॥

अखी अंधु जीभ रसु नाही कंनी पवणु न वाजै ।
चरणी चलै पजूता आगै विणु सेवा फल लागै ॥२॥

अखर बिरख बाग भुइ चोखी सिंचित भाउ करेही ।
सभना फलु लागै नामु एको बिनु करमा कैसे लेही ॥३॥

जेते जीअ तेते सभि तेरे विणु सेवा फलु किसै नाही ।
दुखु सुखु भाणा तेरा होवै विणु नावै जीउ रहै नाही ॥४॥

मति विचि मरणु जीवणु होरु कैसा जा जीवां तां जुगति नाही ।
कहै नानकु जीवाले जीआ जह भावै तह राखु तुही ॥५॥१९॥

दूध के बिना गाय, पर के बिना पक्षी और जल के बिना उद्भिज (किसी) काम के नहीं रहते। सलाम के बिना सुलतान किस काम का है ? (अर्थात् जिस सुलतान को कोई सलाम नहीं करता, वह व्यर्थ है)। (इसी प्रकार) जिस कोठरी (हृदय में) तेरा नाम नहीं है, वह व्यर्थ है ॥ १ ॥

(हे प्रभु), तू क्यों विस्मृत होता है ? (तेरे विस्मृत होने से) बहुत दुःख लगता है। (मुझे इसी बात से) दुःख लगता है कि (तू मुझे) विस्मृत न हो ॥ १ ॥ रहाउ ॥

(वृद्ध) आँखों से अन्धा है, (उसके) जीभ में रस नहीं है (और उसके) कानों से पवन (शब्द) नहीं सुनाई पड़ता, पकड़े जाने पर ही चरणों से आगे चलता है, (तात्पर्य यह कि वह दूसरों से पकड़ कर चलाए जाने पर, चल सकता है); (हे प्रभु) बिना (तुम्हारी) सेवा किए हुए यही (वृद्धावस्था का) फल लगता है। (भाव, यह कि बिना परमात्मा

की आराधना किए मनुष्य को बारम्बार योनि के अंतर्गत आकर, वृद्धावस्था आदि के दुःखों को भोगना पड़ता है) ॥ २ ॥

(गुरु के) अक्षर (उपदेश) बाग के वृक्ष हैं, (शुद्ध हृदय) अच्छी पृथ्वी है, (जिसमें ये वृक्ष उत्पन्न होते हैं) । (परमात्मा से) प्रेम करना ही (इन वृक्षों को) सींचना है । (ऐसा करने से) सभी वृक्षों में नाम रूपी एक फल लगेगा । किन्तु बिना (शुभ) कर्मों के (यह नाम रूपी फल) कैसे लगेगा ? ॥ ३ ॥

(हे प्रभु), जितने भी जीव हैं, वे सब तेरे ही हैं । बिना (परमात्मा और गुरु की) सेवा के किसी को भी फल नहीं प्राप्त होता । तेरी ही आज्ञा के दुःख-सुख होते हैं, बिना । (तेरे) नाम के जीवन नहीं हो सकता ॥ ४ ॥

(गुरु की) बुद्धि द्वारा (जो अहंभाव से) मरना है, (वही वास्तविक) जीवन है । (इसके बिना) और जीवन कैसे हो सकता है ? (यदि और) प्रकार के जीवन (व्यतीत भी करें) तो वह (वास्तविक) जीवन की युक्ति नहीं है । नानक कहते हैं कि जीवों को वह अपनी मरजी के अनुसार जीवित रखता है । (हे प्रभु), तुझे जैसा अच्छा लगे, वैसा रख ॥ ५ ॥ १९ ॥

[२०]

काइआ ब्रहमा मनु है धोती । गिआनु जनेऊ धिआनु कुसपाती ।
हरि नामा जसु जाचउ नाउ । गुर परसादि ब्रहमि समाउ ॥१॥

पांडे ऐसा ब्रहम बीचारु । नामे सुचि नामो पड़उ नामे चजु आचारु ॥१॥ रहाउ ॥

बाहरि जनेऊ जिचरु जोति है नालि । धोती टिका नामु समालि ॥
एथै ओथै निबही नालि । विणु नावै होरि करम न भालि ॥२॥

पूजा प्रेम माइआ परजालि । एको वेखहु अवरु न भालि ॥
चीन्है ततु गगन दसदुआर । हरि मुखि पाठ पड़ै बीचार ॥३॥

भोजन भाउ भरमु भउ भागै । पाहरूअरा छबि चोरु न लागै ॥
तिलकु लिलाटि जाणै प्रभु एकु । बूझै ब्रहमु अंतरि बिबेकु ॥४॥

आचारी नही जीतिआ जाइ । पाठ पड़ै नही कीमति पाइ ॥
असटदसी चहु भेदु न पाइआ । नानक सतिगुरि ब्रहमु दिखाइआ ॥५॥२०॥

काया ब्राह्मण है, मन (उस ब्राह्मण की) धोती है; ज्ञान यज्ञोपवीत तथा ध्यान कुशा के पत्ते हैं । (अन्य किसी नाम के स्थान में) (मैं) हरिनाम के यश की ही याचना करता हूं । (इस प्रकार) गुरु की कृपा से मैं ब्रह्म में समा जाऊंगा ॥ १ ॥

हे पांडे (पंडित) इस प्रकार ब्रह्म का विचार करो । नाम ही पवित्रता है, नाम ही (का पाठ) पढ़ो (और) नाम ही को विहित कर्मकाण्ड (बनाओ) ॥ १ ॥ रहाउ ॥

बाहरी जनेऊ तो जब तक (शरीर के) साथ ज्योति (प्राणज्योति) है, (तभी तक है) । (अतएव) नाम को स्मरण करना ही धोती और टीका आदि (पूजा की सामग्री)

(बनाओ)। (नाम ही) यहाँ (इस लोक में) और वहाँ (परलोक में) साथ निबहेगा, (काम देगा)। नाम के बिना अन्य (बाह्य) कर्मों को मत खोजो ॥ २ ॥

माया के जलाने को पूजा और प्रेम (बनाओ)। एक (परमात्मा) को ही देखो, अन्य को मत ढूँढ़ो—खोजो। तत्त्व को पहचानना ही गगन में (स्थित) दशम द्वार की प्राप्ति है; [अथवा, गगन के दशम द्वार में स्थित होकर तत्त्व को पहचानना चाहिए]। (परमात्मा के) नाम को मुख में रखना ही पाठ करना और विचार (में स्थित होना) है ॥ ३ ॥

भाव के भोजन (का भोग) लगाओ, (जिससे) भ्रम और भय भग जायँ (निवृत्त हो जायँ)। (परमात्मा की) छवि (स्वरूप का चिन्तन) पहरेदार है, (इससे कामादिक) चोर नहीं लगेंगे। प्रभु को एक जानना ही ललाट का तिलक है। ब्रह्म को अंतर में जानना ही, (वास्तविक) विवेक है ॥ ४ ॥

आचारों से (प्रभु) नहीं जीता जा सकता है, (तात्पर्य यह कि परमात्मा आचारों द्वारा नहीं प्राप्त हो सकता है)। (धार्मिक ग्रंथों के) पाठ करने से (उस परमात्मा की) कीमत नहीं पायी जा सकती है। अठारहों (पुराण) (तथा) चारों वेद उसका भेद नहीं पा सके हैं। नानक कहते हैं कि सद्‌गुरु ने ही ब्रह्म दिखाया है ॥ ५ ॥ २० ॥

[२१]

सेवकु दासु भगतु जनु सोई। ठाकुर का दासु गुरमुखि होइ ॥
जिनि सिरि साजो तिनि फुनि गोई। तिसु बिनु दूजा अवरु न कोई ॥१॥
साचु नामु गुर सबदि वीचारि। गुरमुखि साचे साचै दरबारि ॥१॥ रहाउ ॥
सचा अरजु सचो अरदासि। महली खसमु सुणे साबासि ॥
सचै तखति बुलावै सोइ। दे वडिआई करे सु होइ ॥२॥
तेरा ताणु तू है दीबाणु। गुर का सबदु सचु निसाणु।
मंने हुकमु सु परगटु जाइ। सचु नीसाणै ठाक न पाइ ॥३॥
पंडित पड़हि वखाणहि वेदु। अंतरि वसतु न जाणहि भेदु ॥
गुर बिनु सोझी बूझ न होइ। साचा रवि रहिआ प्रभु सोइ ॥४॥
किआ हउ आखा आखि वखाणी। तूं आपे जाणहि सरब विडाणी ॥
नानक एको दरु दीबाणु। गुरमुखि साचु तहा गुदराणु ॥५॥२१॥

जो ठाकुर का दास है, वह गुरुमुख है। वही सेवक, दास और भक्त है। जिस (प्रभु) ने सृष्टि निर्मित की हैं, वही उसे (फिर) लय करता है। (उस प्रभु) के बिना कोई और दूसरा नहीं है ॥ १ ॥

(हे साधक) गुरु के शब्द द्वारा सच्चे नाम का विचार करो। (परमात्मा के सच्चे दरबार में गुरुमुख ही सच्चे (सिद्ध) होते हैं ॥ १ ॥ रहाउ ॥

सच्ची अर्ज और सच्ची प्रार्थना को स्वामी (खसम) (अपने) महल में (अवश्य) सुनता है और शाबासी (देता है)। वह (प्रभु अपने सच्चे प्रार्थी को) (अपने) सच्चे तख्त पर

बुलाता है। (वह प्रभु) (अपने सेवक को) बडाई प्रदान करता है; (वह) जो कुछ करता है, वही होता है ॥ २ ॥

(हे प्रभु), तेरा ही बल है (और) तू ही दीवान लगाने वाला, अर्थात न्याय करनेवाला है। गुरु का शब्द (परमात्मा की प्राप्ति का) सच्चा चिह्न है। जो (परमात्मा अथवा) गुरु का हुक्म मानता है, वह प्रत्यक्ष (प्रभु के पास) जाता है। (उसके पास) सच्चा परवाना है, अतः (उसकी) रोक नहीं होती है ॥ ३ ॥

पंडित गण (वेद) पढ़ते हैं (और) वेद की व्याख्या करते हैं, (किन्तु वे) आन्तरिक वस्तु के रहस्य को नहीं जानते हैं। गुरु के बिना यह समझ-बूझ नहीं (प्राप्त) होती (कि) वही सच्चा प्रभु (सर्वत्र) रम रहा है ॥ ४ ॥

(हे प्रभु), मैं (तुम्हारे सम्बन्ध में) क्या कहूँ और क्या वर्णन करूं ? हे समस्त आश्चर्य चरित्रोंवाले, (प्रभु) तू स्वयं ही (अपने को) जानता है। नानक (की शरण के लिए) एक ही दरवाजा और एक ही दरबार है। गुरुमुखों का उस स्थान पर सत्य रूप हरी ही गुजारा है ॥ ॥ ५ २१ ॥

[२२]

काची गागरि देह दुहेली उपजै बिनसै दुखु पाई।
इहु जगु सागरु दुतरु किउ तरीऐ बिनु हरि गुर पारि न पाई ॥१॥
तुझ बिनु अवरु न कोई मेरे पिआरे तुझ बिनु अवरु न कोइ हरे ॥
सरबी रंगी रूपी तूं है तिसु बखसे जिसु नदरि करे ॥१॥ रहाउ ॥
सासु बुरी घरि वासु न देवै पिर सिउ मिलण न देइ बुरी।
सखी साजनी के हउ चरन सरेवउ हरि गुर किरपा ते नदरि धरी ॥२॥
आपु बीचारि मारि मनु देखिआ तुम सा मीतु न अवरु कोई।
जिउ तूं राखहि तिव ही रहणा दुखु सुखु देवहि करहि सोई ॥३॥
आसा मनसा दोऊ बिनासत त्रिहु गुण आस निरास भई।
तुरीआवसथा गुरमुखि पाइऐ संत सभा की ओट लही ॥४॥
गिआन धिआन सगले सभि जप तप जिसु हरि हिरदै अलख अभेवा ॥
नानक राम नामि मनु राता गुरमति पाए सहज सेवा ॥५॥२२॥

देह रूपी गागर कच्ची है, (जिससे) दुखी है; वह उत्पन्न होती हैं, नष्ट होती है और दुःख पाती है। इस दुस्तर जगत्-सागर को किस प्रकार तरा जाय ? बिना हरी रूपी गुरु के (इसका) पार नहीं पाया जा सकता ॥ १ ॥

हे मेरे प्यारे, तेरे बिना और कोई (दूसरा) नहीं है; हे हरी, तेरे बिना और कोई (दूसरा) नहीं है। (हे हरी), समस्त रंगों और रूपों में तू ही है ; जिसके ऊपर (तू) कृपा-दृष्टि करता है, उसी को (यह गूढ़ रहस्य) प्रदान करता है ॥ १ ॥ रहाउ ॥

(माया रूपी) सास बड़ी ही बुरी है, (यह) (आत्म-स्वरूपी) गृह में रहने नहीं देती; यह दुष्टा प्रियतम (परमात्मा) से नहीं मिलने देती; (संत-जन रूपी) सखी-सहेलियों के

चरणों की मैं सेवा करती हूँ, (जिसके फलस्वरूप) हरी रूपी गुरु ने कृपा की दृष्टि (मेरे ऊपर) डाल दी है ॥ २ ॥

(मैंने) अपने आप को विचार कर तथा अपने मन को मार कर (निरोध कर) भली भाँति देख लिया है कि तुम्हारे समान मेरा कोई और (दूसरा) मित्र नहीं है। (हे प्रभु), जिस प्रकार तू रखता है, उसी प्रकार रहना होता है ; जो दुःख-सुख तू देता है, वही (मनुष्य) भोगता है ॥ ३ ॥

(हे प्रभु, तुम्हारी कृपा से) मेरी आशा और इच्छा नष्ट हो गई हैं, त्रिगुणात्मक (माया की) आशा (से भी मैं) निराश हो गई हूँ। गुरु की शिक्षा द्वारा तथा संतों की सभा की शरण ग्रहण करने से तुरीयावस्था (चौथी अवस्था सहजावस्था) की प्राप्ति होती है ॥ ४ ॥

जिसके हृदय में अलख और अभेद हरी का (निवास) है, उसमें समस्त ज्ञान, ध्यान, तथा सारे जप-तप (स्थित) हैं। नानक कहते हैं कि राम नाम में मन अनुरक्त हो गया है और गुरु की शिक्षा द्वारा सहज भाव की सेवा प्राप्त हो गई है ॥ ५ ॥ २२ ॥

[२३]

पंच २पदे

मोहु कुटंबु मोहु सभ कार । मोहु तुम तजहु सगल वेकार ॥१॥
मोहु अरु भरमु तजहु तुम्ह बीर । साचु नामु रिदे रवै सरीर ॥१॥ रहाउ ॥
सचु नामु जा नवनिधि पाई । रोवै पूतु न कलपै माई ॥२॥
एतु मोहि डूबा संसारु । गुरमुखि कोई उतरै पारि ॥३॥
एतु मोहि फिरि जूनी पाहि । मोहे लागा जम पुरि जाहि ॥४॥
गुरदीखिआ ले जपु तपु कमाहि । ना मोहु तुटै ना थाइ पाइ ॥५॥
नदरि करे ता एहु मोहु जाइ । नानक हरि सिउ रहै समाइ ॥६॥२३॥

(हे साधक), कुटुम्ब मोह है, सारे कार्य मोह हैं। (अतः) तुम मोह का त्याग करो; (सारी वस्तुओं के प्रति मोह) व्यर्थ है ॥ १ ॥

(हे) भाई, तुम मोह और भ्रम को त्याग दो। (तुम्हारा) शरीर सच्चे नाम को (अपने) हृदय में रमण करता हुआ (माने) ॥ १ ॥ रहाउ ॥

जब सच्चे नाम की नवनिधि प्राप्त हो जाती है, तब (वियोग में) न तो पुत्र रोता है और न माता कलपती है, (दुःखी होती है) ॥ २ ॥

इसी मोह ही में (सारा) संसार डूबा हुआ है। कोई (विरला ही) गुरुमुख इससे पार उतरता है ॥ ३ ॥

इसी मोह (के कारण) फिर (मनुष्य) योनि के अंतर्गत पड़ता है और मोह ही लगा हुआ यमपुरी जाता है ॥ ४ ॥

(परम्परा के अनुसार) गुरु से दीक्षा ले कर (बाह्य) जप-तप करने से (कुछ भी नहीं बनता है) ; (इससे) न तो मोह टूटता है (और) न (परमात्मा के यहाँ) स्थान ही पाता है ॥ ५ ॥

नानक कहते हैं कि (प्रभु) कृपा करे, तभी यह मोह दूर होता है, (जिसके फलस्वरूप साधक) हरि से युक्त हो जाता है ॥ ६ ॥ २३ ॥

[२४]

आपि करे सचु अलख अपारु । हउ पापी तू बखसणहारु ॥१॥
तेरा भाणा सभु किछु होवै । मन हठि कीचै अंति विगोवै ॥ ॥ रहाउ ॥
मनमुखो को मति कूड़ि विआपी । बिनु हरि सिमरण पापि संतापी ॥३॥
दुरमति तिआगि लाहा किछु लेवहु । जो उपजै सो अलख अभेवहु ॥४॥
ऐसा हमरा सखा सहाई । गुर हरि मिलिआ भगति दृड़ाई ॥४॥
सगलीं सउदीं तोटा आवै । नानक राम नामु मनि भावै ॥५॥२४॥

सच्चा, अलख (तथा) अपार (परमात्मा) (सब कुछ) आप ही करता है। (हे प्रभु) मैं पापी हूँ, तू क्षमा करनेवाला है ॥ १ ॥

(हे परमात्मा), तुम्हारी ही आज्ञा से सब कुछ होता है। (किन्तु जो व्यक्ति) मन के हठ से कुछ करता है, (वह) नष्ट हो जाता है ॥१॥ रहाउ ॥

मनमुख की बुद्धि झूठ ही में व्याप्त रहती है। बिना हरि के स्मरण के पाप (कर कर के) (उसकी बुद्धि) संतप्त रहती है ॥२॥

(अतएव) दुर्बुद्धि का त्याग करके कुछ लाभ प्राप्त करो। जो (कुछ भी) उत्पन्न होता है, (वह सब) अलख, अभेद (हरी से ही उत्पन्न होता है) ॥३॥

हमारा सखा और सहायक (उपर्युक्त हरी) इसी प्रकार का है। गुरु (रूपी) हरि ने मिलकर भक्ति दृढ़ कर दी है ॥४॥

नानक (की दृष्टि में) सारे (सांसारिक) सौदे में घाटा आता है, (अतएव) केवल रामनाम ही मन को अच्छा लगता है, (क्योंकि यह सौदा ऐसा है कि इसमें सदैव लाभ ही लाभ होता है) ॥५॥२४॥

[२५]

चउपदे४

विदिआ वीचारी तां परउपकारी । जां पंच रासी तां तीरथ वासी ॥१॥
घुंघरू वाजै जे मनु लागै । तउ जमु कहा करे मो सिउ आगै ॥१॥रहाउ॥
आस निरासी तउ संनिआसी । जां जतु जोगी तां काइआ भोगी ॥२॥
दइआ दिगंबरु देह बीचारी । आपि मरै अवरा नह मारी ॥३॥
एकु तू होरि वेस बहुतेरे । नानकु जाणै चोज न तेरे ॥४॥२५॥

जब (पंडित) विद्या के ऊपर विचार (आचरण) करता है, तभी (वह) परोपकारी होता है। जब (कोई) पंच ज्ञानेन्द्रियों को वशीभूत करता है, तभी (वह) (सच्चा) तीर्थवासी होता है ॥१॥

यदि मन (हरी में) लगता है, तो (सदैव अनाहत) घुंघरू बजता रहता है। (ऐसी स्थिति में) आगे (परलोक में) यम मुझसे क्या कर सकेगा ? (अर्थात् रागात्मिका भक्ति के

आगे यम की दाल नहीं गल सकती। जो व्यक्ति रागात्मिका भक्ति में निमग्न है, वह यम के पाश से मुक्त है) ॥१॥ रहाउ ॥

जब (कोई) आशा से निराश हो जाता है, तभी (वह वास्तविक) संन्यासी (होता) है। जब (किसी) योगी में संयम होता है, (तभी) (वह) शरीर (के सुख का) भोगी होता है ॥२॥

यदि (जिसमें) दया है और शरीर का विचार है, तो वही (वास्तविक) दिगम्बर है। (जो जीवित अवस्था में ही अहंकार से) स्वयं मर जाता है, वह दूसरों को नहीं मारता है ॥३॥

(हे प्रभु), तू तो एक ही है, (किन्तु तेरे) वेश बहुत से हैं। नानक तेरे कौतुक (चरित्र) नहीं जान सकता है ॥४॥२५॥

[२६]

एक न भरीआ गुण करि धोवा। मेरा सहु जागै हउ निसि भरि सोवा ॥१॥
इउ किउ कंत पिआरी होवा। सहु जागै हउ निसि भरि सोवा ॥१॥रहाउ॥
आस पिआसी सेजै आवा। आगै सह भावा कि न भावा ॥२॥
किआ जाना किआ होइगा री माई। हरि दरसनु बिनु रहनु न जाई ॥१॥
प्रेमु न चाखिआ मेरी तिस न बुझानी। गइआ सु जोबनु धन पछुतानी ॥३॥
अजै सु जागउ आस पिआसी। भईले उदासी रहउ निरासी ॥१॥रहाउ॥
हउमै खोइ करे सीगारु। तउ कामणि सेजै रवै भतारु ॥४॥
तउ नानक कंतै मनि भावै। छोडि वडाई अपणे खसम समावै ॥१॥रहाउ॥२६॥

(मैं) एक (पाप) से नहीं भरी हुई (कि एकाध) गुण से (उसे धोकर साफ हो जाऊं, (मैं अनेक पापों में लिप्त हूँ। मेरा प्रियतम तो जागता रहता है (और) मैं (सारी आयु रूपी) रात्रि भर (अज्ञानता की नींद में) सोती रहती हूँ ॥१॥

इस प्रकार (भला) मैं कैसे पति को प्यारी हो सकती हूँ? प्रियतम तो जागता रहता है और मैं (आयु रूपी) रात्रि भर (अज्ञानता की निद्रा में) सोती रहती हूँ ॥१॥ रहाउ ॥

(प्रियतम के मिलने की) आशा की प्यास (चाह) से मैं सेज पर आऊँ, तो पता नहीं कि उस (प्रिय को) आगे अच्छी लगूँगी अथवा नहीं अच्छी लगूँगी? २॥

अरी माँ, मैं क्या जानूँ कि आगे (भविष्य में) क्या होगा? बिना हरी के दर्शन के तो (मुझसे) नहीं रहा जाता है ॥१॥ रहाउ ॥

न तो मैंने प्रेम का ही आस्वादन किया, और न मेरी (प्यास की) तृष्णा ही बुझी। (इस प्रकार) वह यौवन चला गया और स्त्री पछताती है ॥३॥

(मैं) अब (सांसारिक) आशा की प्यास से जग पड़ी हूँ और संसार से उदासीन तथा निराश हो गई हूँ ॥१॥ रहाउ ॥

(यदि कोई स्त्री) अहंकार खोकर (सद्गुणों का) शृङ्गार करे, तो (उस) स्त्री के साथ पति सेज पर रमण करता है ॥४॥

नानक कहते हैं (कि सद्गुणों के आचरण से ही) (वह स्त्री) कंत के मन को अच्छी

लगती है। (वह) (समस्त) बड़प्पन को छोड़कर अपने पति में समा जाती है ॥ १ ॥ रहाउ ॥ २६ ॥

[२७]

पेवकड़ै धन खरी इआणी । तिसु सह की मै सार न जाणी ॥१॥
सहु मेरा एकु दूजा नही कोई । नदरि करे मेलावा होई ॥१॥रहाउ॥
साहुरड़ै धन साचु पछाणिआ । सहजि सुभाइ अपणा पिरु जाणिआ ॥२॥
गुरपरसादी ऐसी मति आवै । तां कामणि कंतै मनि भावै ॥३॥
कहतु नानकु भै भाव का करे सीगारु । सद ही सेजै रवै भतारु ॥४॥२७॥

(मायिक संसार रूपी) नैहर में (जीवात्मा रूपी) स्त्री बहुत अज्ञानिनी (रहती है)। मैं तो उस पति की खबर नहीं जानती ॥१॥

मेरा पति एक ही है, दूसरा कोई नहीं है। (यदि वह) कृपा-दृष्टि करता है, (तभी) मिलाप होता है ॥१॥ रहाउ ॥

ससुराल में स्त्री ने (अपने) सच्चे (पति—परमात्मा) को पहचान लिया है। (उसने) सहज भाव से अपने प्रियतम को जान लिया है ॥२॥

गुरु की कृपा से जब ऐसी (उपर्युक्त) बुद्धि होती है, तभी स्त्री अपने पति के मन को अच्छी लगतो है ॥३॥

नानक कहते हैं (कि यदि स्त्री) (परमात्मा के) भय तथा प्रेम का शृङ्गार करती है. (तो) पति सदैव ही (उसके साथ) सेज पर रमण करता है ॥४॥२७॥

[२८]

न किस का पूतु न किसकी माई । झूठै मोहि भरमि भुलाई ॥१॥
मेरे साहिब हउ कीता तेरा । जां तूं देहि जपी नाउ तेरा ॥१॥रहाउ॥
बहुते अउगुण कूकै कोई । जा तिसु भावै बखसे सोई ॥२॥
गुरपरसादी दुरमति खोई । जह देखा तह एको सोई ॥३॥
कहत नानक ऐसी मति आवै । तां को सचे सचि समावै ॥४॥२८॥

न तो (कोई) किसी का पुत्र है और न (कोई) किसी की माता। झूठे ही मोह और भ्रम में (लोग) भूले हुए हैं ॥१॥

मेरे साहब, मैं तेरा ही बनाया हुआ हूँ। जब तू देता है, तभी मैं तेरा नाम जपता हूँ ॥१॥ रहाउ ॥

(चाहे) कोई (अपने को) (उस हरी के दरवाजे पर) बहुत अवगुणों वाला ही पुकारे, (किन्तु यदि वह) उस (परमात्मा) को अच्छा लगता है, तो वह (उसके सारे अवगुणों को) क्षमा कर देता है ॥२॥

गुरु की कृपा से दुर्बुद्धि का नाश हो गया है और जहाँ भी (मैं) देखता हूँ, वहाँ एक वही (परमात्मा) दिखाई पड़ता है ॥३॥

नानक कहते हैं कि यदि किसी को ऐसी बुद्धि (प्राप्त हो जाती) है, तो वह सत्य हरी के सत्य में समा जाता है ॥४॥२८॥

[२९]

दुपदे

तितु सरवरड़ै भईले निवासा पाणी पावकु तिनहि कीआ ।
पंकजु मोह पगु नही चालै हम देखा तह डूबीअले ॥ १ ॥
मन एकु न चेतसि मूड़ मना । हरि बिसरत तेरे गुण गलिआ ॥१॥रहाउ॥
ना हउ जती सती नही पड़िआ मूरख मुगधा जनमु भइआ ।
प्रणवति नानक तिन्ह की सरणा जिन्ह तूं नाही वीसरिआ ॥२॥२९॥

मनुष्य का निवास उस सरोवर में हुआ है, जहाँ का जल (परमात्मा ने) अग्नि की भाँति (उष्ण) बनाया है। मोह के कीचड़ में (फंसकर) उसके पैर आगे नहीं बढ़ते; हमने उस मनुष्य को (मोह रूपी कीचड़ में) डूबते हुए देखा है ॥१॥

ऐ मूढ़ मन, तू मन में एक (परमात्मा) का चिन्तन नहीं करता। (तुम्हें विदित नहीं है कि) परमात्मा के विस्मरण से तुम्हारे सारे गुण नष्ट हो जाते हैं ॥१॥ रहाउ ॥

न मैं यती हूँ, न सत्त्वगुणी हूँ और न पढ़ालिखा ही हूँ; मैं तो मूर्ख हो जन्मा हूँ। नानक निवेदन करते हैं कि मैं उनकी शरण में पड़ा हूँ, जो तुम्हें विस्मृत नहीं होते ॥२॥२९॥

[३०]

छिअ घर छिअ गुर छिअ उपदेस । गुर गुरु एको वेस अनेक ॥१॥
जै घरि करते कीरति होय । सो घर राखु वडाई तोहि ॥१॥रहाउ॥
विसुए चसिआ घड़ीआ पहरा थिती वारी माहु भइआ ।
सूरज एको रुति अनेक । नानक करते के केते वेस ॥२॥३०॥

छः शास्त्र हैं [सांख्य, न्याय, वैशेषिक, पूर्व मीमांसा अथवा कर्मकाण्ड; योग और उत्तर मीमांसा अथवा वेदान्त।] छः (क्रमशः) इनके आचार्य—प्रवर्त्तक हैं, [कपिल, गौतम, कणाद, जैमिनि, पतंजलि और व्यास] और छः प्रकार की इनकी शिक्षाएं हैं। किन्तु इन सभी गुरुओं का गुरु एक (परमात्मा) है, (हाँ) उसके वेश अनेक हैं ॥१॥

जिस शास्त्र में सृष्टि-रचयिता की कीर्त्ति का वर्णन रहता है, (हे प्रभु), उस शास्त्र की रक्षा करो, इससे तुम्हारी महत्ता बढ़ेगी ॥१॥ रहाउ ॥

जिस प्रकार सूर्य एक है और ऋतुएं अनेक हैं और उनमें विसा, चसा, घड़ी, पहर, तिथि, बार और महीने पृथक् पृथक् हैं; नानक कहते हैं कि उसी प्रकार कर्त्ता पुरुष तो एक ही है, उसके वेश अनेक हैं ॥२॥३०॥

विशेष : [१५ बार पलकों का गिरना = १ विसा
१५ विसवे = १ चसा।
३० चसे = १ पल।

६० पल	=	१ घड़ी
७॥ घड़ी	=	१ पहर।
८ पहर	=	१ रात-दिन

तथा वार ७, तिथियां १५, ऋतुएं ६ और महीने १२ होते हैं]

१ओं सतिगुर प्रसादि ॥ आसा, घरु ३, महला १

[३१]

लख लसकर लख वाजे नेजे लख उठि करहि सलामु।
लखा उपरि फुरमाइसि तेरी लख उठि राखहि मानु ॥
जां पति लेखै ना पवै तां सभि निराफल काम ॥१॥
हरि के नाम बिना जगु धंधा।
जे बहुता समझाईऐ भोला भी सो अंधो अंधा ॥१॥रहाउ॥
लख खटीअहि लख संजीअहि खाजहि लख आवहि लख जाहि।
जां पति लेखै ना पवै तां जीअ किथै फिरि पाहि ॥२॥
लख सासत समझावणी लख पंडित पड़हि पुराण।
जां पति लेखै ना पवै तां सभे कुपरवाणु ॥३॥
सच नामि पति ऊपजै करमि नामु करतारु।
अहिनिसि हिरदै जे वसै नानक नदरी पारु ॥४॥१॥३१॥

(चाहे तुम्हारे) लाखों लश्कर हों, लाखों बाजे-गाजे हों, भाले हों, और लाखों (व्यक्ति) उठ कर (तुम्हें) सलाम करते हों; लाखों (मनुष्यों के) ऊपर तुम्हारा हुक्म (चलता हो) और लाखों (मनुष्य) उठकर तुम्हारा मान रखते हों, (इतना सब ऐश्वर्य होने पर भी) यदि पति परमात्मा के लेखे में नहीं आते, तो (तुम्हारे) सारे कार्य निष्फल ही हैं ॥१॥

हरी के नाम के बिना सारा जगत् प्रपंच (धंधे) में (फँसा) है। यदि इस भोले (मूर्ख) (जगत्) को बहुत समझाया भी जाय, तो भी यह निपट अंधा ही बना रहता है, (और कुछ नहीं समझता) ॥१॥ रहाउ ॥

(चाहे) लाखों प्राप्त किए जायं, लाखों संग्रह किए जायं, लाखों खाए जायं, लाखों आयें और लाखों जायं, किन्तु यदि पति (परमात्मा) के लेखे में (तुम) नहीं आते, तो (तुम्हारा) जीव (न मालूम) किधर फिर कर पड़ता रहेगा ॥२॥

(चाहे) लाखों शास्त्र समझाते रहें, पंडितगण लाखों पुराण (आदि धार्मिक ग्रन्थ) पढ़ते रहें, (किन्तु) यदि (वे) पति-परमात्मा के लेखे में नहीं आते, तो सभी कुछ अप्रामाणिक ही है ॥३॥

कर्त्तार के नाम की कृपा से (उसके) सच्चे नाम (की प्राप्ति होती है) और इसी के द्वारा प्रतिष्ठा प्राप्त होती है। नानक कहते हैं कि (जब नाम) अहर्निश हृदय में आ बसता है, तो उसकी कृपा से (शिष्य अथवा साधक) (संसार-सागर से) पार हो जाता है ॥४॥१॥३१॥

[३२]

दीवा मेरा एकु नामु दुखु विचि पाइआ तेलु।
उनि चानणि ओहु सोखिआ चूका जम सिउ मेलु ॥१॥

लोका मत को फकड़ि पाइ ।
लख मड़िआ करि एकठे एक रती ले भाहि ॥१॥रहाउ॥

पिंडु पतलि मेरी केसउ किरिआ सचु नामु करतारु ।
एथै ओथै आगै पाछै ऐहु मेरा आधारु ॥२॥

गंग बनारसि सिफति तुमारी नावै आतम राउ ।
सचा नावणु तां थीऐ जां अहिनिसि लागै भाउ ॥३॥

इक लोकी होरु छमिछरी ब्राहमणु वटि पिंडु खाइ ।
नानक पिंडु बखसीस का कबहु निखूटसि नाहि ॥४॥२॥३२॥

एक (परमात्मा) का नाम ही मेरा दीपक है, इसमें दुःख (रूपी) तेल पड़ा है। (नाम रूपी दीपक के) उस प्रकाश ने (दुःख रूपी) उस तेल को सोख लिया है, और यमराज से मिलाप होना भी समाप्त हो गया है ॥१॥

लोगो, (मेरे विश्वास की) बदनामी मत उड़ाओ। जिस प्रकार लाखों लकड़ियों के ढेर को आग की एक चिनगारी नष्ट कर देती है, (उसी प्रकार एक नाम पापों की राशि को दग्ध कर देता है) ॥ १ ॥ रहाउ ॥

केशव ही (मेरे श्राद्ध) के पिण्ड और पत्तल हैं और कर्त्तार का सच्चा नाम ही (मरणोपरान्त की) क्रिया है। इस स्थान पर (इस लोक में), उस स्थान पर (परलोक में), आगे तथा पीछे यही (नाम) मेरा आधार है ॥ २ ॥

(हे प्रभु), तुम्हारी स्तुति—प्रशंसा गंगा और बनारस है, आत्मा में रमण करना ही (काशी की गंगा में) स्नान करना है। पवित्र स्नान तभी होता है, जब अहर्निश (परमात्मा में) भाव—प्रेम लगा रहे ॥ ३ ॥

एक (पिंड) तो देवताओं (के निमित्त प्रदान किया जाता है) और दूसरा पितरों के निमित्त; पिंड बनाने (के पीछे), (अर्थात् पिंडदान और श्राद्ध कराने के पश्चात्) ब्राह्मण भोजन करते हैं। परमात्मा की कृपा का (जो) पिंड है (वह) कभी नहीं समाप्त होता है ॥ ४ ॥ २ ॥ ३२ ॥

१ ओं सतिगुर प्रसादि ॥ आसा, घरु ४, महला १

[३३]

देवतिआ दरसन कै ताई दूख भूख तीरथ कीए ।
जोगी जती जुगति महि रहते करि करि भगवे भेख भए ॥१॥

तउ कारणि साहिबा रंगि रते ।
तेरे नाम अनेका रूप अनंता कहणु न जाही तेरे गुण केते ॥१॥रहाउ॥

दर घर महला हसती घोड़े छोडि विलाइति देस गए ।
पीर पेकांबर सालिक सादिक छोडी दुनीआ थाइ पउ ॥२॥

साद सहज सुख रस कस तजीअले कापड़ छोडे चमड़ लीए ।
दुखीऐ दरदवंद दरि तेरै नामि रते दरवेस भए ॥

खलड़ी खपरी लकड़ी चमड़ी सिखा सूतु धोती कीन्ही ।
तूं साहिबु हउ सांगी तेरा प्रणवै नानकु जाति कैसी ॥४॥१॥३३॥

(हे प्रभु), देवताओं ने (तेरे) दर्शन के निमित्त, दुःख और भूख (सहकर) तीर्थों का निर्माण किया । योगी और यती (अपनी-अपनी) युक्ति में रह कर भगवे वेश (धारण) कर-कर भ्रमण करते-रहते हैं ॥ १ ॥

हे साहब, तेरे ही कारण (वे) प्रेम में रंगे हुए (भ्रमण करते हैं) । (हे प्रभु), तेरे नाम अनेक है, (तेरे) रूप अनन्त हैं और तेरे गुण कितने हैं, (उनका) कथन नहीं किया जा सकता ॥ १ ॥ रहाउ ॥

(त्यागी लोग) (अपना) स्थान, घर महल, हाथी, घोड़े छोड़ कर (अपने) बादशाह (परमात्मा) के देश में चले गए । [विलाइत अरबी,= पातशाह का मुल्क] । पीर, पैगम्बर मार्ग-प्रदर्शक तथा परमात्मा की स्तुति करनेवाले दुनिया छोड़कर (प्रभु के) स्थान में स्वीकार किए गए ॥ २ ॥

(उन्होंने) स्वाद, स्वाभाविक सुख, कसैला आदि (छः रसों) का त्याग कर दिया है, वस्त्र त्याग कर मृगचर्म (धारण कर) लिया है; (वे) दुःख और दर्द में तेरे दरवाजे पर खड़े हैं, तथा (तेरे) नाम में अनुरक्त होकर दरवेश हुए हैं ॥ ३ ॥

खाल धारण करने वाले, खप्पर में भिक्षा लेने वाले, दण्डधारी (संन्यासी), मृगचर्म का प्रयोग करने वाले (यती), शिखा, सूत्र (यज्ञोपवीत) और धोती पहनने वाले (पंडित गण) (परमात्मा की प्राप्ति के लिए) स्वाँगधारी बनते हैं । नानक कहते है (हे प्रभु), तू मेरा साहिब है और मैं तेरा स्वांगी हूं । (तेरी प्राप्ति के निमित्त जातियों के पृथक् पृथक् वेश और चिह्न हैं, किन्तु इन वेशों में और चिह्नों से किसी जाति की ऊंचाई और निचाई नहीं सिद्ध होती है) । (अतः) (हे प्रभु), जाति कैसी है ? ॥ ४ ॥ १ ॥ ३३ ॥

१ ओं सतिगुर प्रसादि ॥ आसा, घरु ५, महला १

[३४]

भीतरि पंच गुपत मनि वासे । थिरु न रहहि जैसे भवहि उदासे ॥१॥
मनु मेरा दइआल सेती थिरु न रहै ।
लोभी कपटी पापी पाखंडी माइआ अधिक लगै ॥१॥रहाउ॥

फूल माला गलि पहिरउगी हारो ।
मिलैगा प्रीतमु तब करउगी सीगारो ॥२॥
पंच सखी हम एकु भतारो । पेडि लगी है जीअड़ा चालणहारो ॥३॥
पंच सखी मिलि रुदनु करेहा । साहु पजूता प्रणवति नानक लेखा देहा ॥४॥१॥३४॥

(हमारे) भीतर पंच कामादिक मन में (चोर की भाँति) गुप्त बसे रहते हैं। ये स्थिर नहीं रहते, ये (सदैव संसार से) विरक्त (पुरुष) की भाँति भ्रमण करते रहते हैं ॥ १ ॥

मेरा मन दयालु (परमात्मा) से स्थिर नहीं रहता। (यह मन) लोभी, कपटी, पापी, पाखण्डी है और माया में सदैव लगा रहता है ॥ १ ॥ रहाउ ॥

(मैं अपने) गले में फूलों की माला तथा (रत्नों का) हार पहनूंगी; मेरा प्रियतम जब मिलेगा, तब (इसी प्रकार अन्य) शृङ्गार भी करूंगी ॥ २ ॥

(मेरे) पाँचं सखियाँ (ज्ञानेन्द्रियाँ) हैं और एक पति (जीव) है। प्रारम्भ से ही (यह बात) चली आ रही है कि जीव चलनेवाला है ॥ ३ ॥

नानक कहते हैं कि जब जीवात्मा लेखा देने के लिए पकड़ा गया, तो पाँचों सखियाँ (ज्ञानेन्द्रियाँ) मिलकर रुदन करने लगेंगी ॥ ४ ॥ १ ॥ ३४ ॥

१ओं सतिगुर प्रसादि ॥ आसा, महला १, घरु ६ ॥

[३५]

मनु मोती जे गहणा होवै पउणु होवै सूतधारी ।
खिमा सीगारु कामणि तनि पहिरै रावै लाल पिआरी ॥१॥
लाल बहु गुणि कामणि मोही । तेरे गुण होहि न अवरी ॥१॥रहाउ॥
हरि हरि हारु कंठि ले पहिरै दामोदरु दंतु लेई ।
करि करि करता कंगन पहिरै इन बिधि चितु धरेई ॥२॥
मधुसूदनु कर मुंदरी पहिरै परमेसरु पटु लेई ।
धीरजु धड़ी बंधावै कामणि स्रीरंगु सुरमा देई ॥३॥
मन मंदरि जे दीपकु जाले काइआ सेज करेई ।
गिआन राउ जब सेजै आवै त नानक भोगु करेई ॥४॥१॥३५॥

श्वास रूपी सूत के धागे से मन रूपी मोती को (गूंथ) कर गहना बनाया जाय (और उसे पहना जाय) (अर्थात् श्वास-श्वास से परमात्मा का जप किया जाय)। क्षमा का शृंगार (बना कर) स्त्री उसे (अपने) शरीर पर धारण करे, (तो वह प्रियतम की) प्यारी (बनती है) (और अपने) लाल के साथ रमण करती है ॥ १ ॥

लाल के बहुत से गुणों पर स्त्री मोहित होती है। (हे प्रियतम), तेरे गुण और किसी में नहीं हैं ॥ १ ॥ रहाउ ॥

(जीवात्मा रूपी स्त्री) 'हरी-हरी' (के नाम को) कंठ का हार (बनावे) और उसे लेकर पहने, 'दामोदर' (के नाम का) दन्त-मंजन बनावे, हाथ के निमित्त कंगन 'कर्त्ता' को बना कर पहने; इस विधि से (अपना चंचल मन) (नाम में) टिकावे ॥ २ ॥

(वह जीवात्मा रूपी स्त्री) 'मधुसूदन' को हाथ की मुंदरी (बना कर) पहने और 'परमेश्वर' के पट (रेशमी वस्त्र) को ग्रहण करे; स्त्री 'धैर्य' को धड़ी (माँग की पट्टी) (बना कर) गूंथे, 'श्रीरंग' (के नाम का) 'सुरमा' (नेत्रों में लगावे) ॥ ३ ॥

यदि (वह) (अपने) मन-रूपी मंदिर में (विवेक का) दीपक जलावे और अपनी काया को (प्रियतम के मिलने की) सेज बनावे और जब ज्ञान के राजा (परमात्मा) उसकी सेज पर आवें, तभी (वह) (प्रियतम के साथ) रमण कर सकती है ॥ ४ ॥ १ ॥ ३५ ॥

[३६]

कीता होवै करे कराइआ तिसु किआ कहीऐ भाई ।
जो कछु करणा सो करि रहिआ कीते किआ चतुराई ॥१॥
तेरा हुकमु भला तुधु भावै ।
नानक ताकउ मिलै वडाई साचे नामि समावै ॥१॥रहाउ॥
किरतु पइआ परवाणा लिखिआ बाहुड़ि हुकमु न होई ।
जैसा लिखिआ तैसा पड़िआ मेटि न सकै कोई ॥२॥
जे को दरगह बहुता बोलै नाउ पवै बाजारी ।
सतरंज बाजी पकै नाही कची आवै सारी ॥३॥
ना को पड़िआ पंडितु बीना ना को मूरखु मंदा ।
बंदी अंदरि सिफति कराए ता कउ कहीऐ बंदा ॥४॥२॥३६॥

(जीव) (परमात्मा का ही) किया हुआ है और उसी का कराया करता है, (अतः) हे भाई, (उस परमात्मा की रचना के संबंध में) क्या कहा जाय ? जो कुछ (जीव को) करने को है, (वही वह) करता है । किए हुए कार्य को करने में (निमित्त बन जाने में) (जीव की) क्या चतुराई है ? ॥ १ ॥

(हे प्रभु), तेरा हुक्म भला है, (क्योंकि इसका मानना) तुझे अच्छा लगता है । नानक कहते हैं कि (जो प्रभु का हुक्म मानता है), उसी को बड़ाई मिलती है और वह सच्चे नाम में समाहित हो जाता है ॥ १ ॥ रहाउ ॥

(हे प्रभु) तुम्हारे परवाने (हुक्म) के लिखने (के अनुसार) (हम जीवात्माओं की) किरत निर्मित होती है । [**विशेष** : 'किरति' पूर्वजन्म के किए हुए कर्मों के अनुसार परमात्मा के विधान के अनुसार कर्मों का संस्कार बनना 'किरत' कहलाता है ।] फिर कोई हुक्म नहीं होता है । जैसा लिखा रहता है, वही घटित होता है; कोई उसे मेट नहीं सकता है ॥ २ ॥

यदि कोई (परमात्मा के) दरवाजे पर बहुत बोलता है, तो उसका नाम 'बाजारी' पड़ जाता है । [बाजारी=बाजार में इधर-उधर भटकने वाला, भोंदू, गंवार] । (जीवन रूपी) शतरंज की गोटें (ठीक से बिछी नहीं रहती), अतएव (बाजी) सिद्ध नहीं होती, वह कच्ची ही रहती है ॥ ३ ॥

न कोई पढ़ा हुआ पंडित और बुद्धिमान् है और न कोई मूर्ख और बुरा है। (जिससे प्रभु) सेवा भाव में (रख कर) अपनी स्तुति कराता है, (वही) (वास्तविक) बन्दा (सेवक) है ॥ ४ ॥ २ ॥ ३६ ॥

[३७]

गुर का सबदु मनै महि मुंद्रा खिंथा खिमा हढावउ ।
जो किछु करै भला करि मानउ सहज जोग निधि पावउ ॥१॥
बाबा जुगता जीउ जुगह जुग जोगी परम तंत महि जोगं ।
अंमृतु नामु निरंजनु पाइआ गिआन काइआ रस भोगं ॥१॥रहाउ॥
सिव नगरी महि आसणि बैसउ कलप तिआगी बादं ।
सिङी सबदु सदा धुनि सोहै अहिनिसि पूरै नादं ॥२॥
पतु वीचारु गिआन मति डंडा वरतमान बिभूतं ।
हरि कीरति रहरासि हमारी गुरमुखि पंथु अतीतं ॥३॥
सगली जोति हमारी संमिआ नाना वरन अनेकं ।
कहु नानक सुणि भरथरि जोगी पारब्रहम लिव एकं ॥४॥३॥३७॥

(हे योगी), गुरु के शब्द को मन में (बसाना ही) मेरी मुद्रा है और (मैं) क्षमा को कंथा (के रूप में) वरतता हूँ। "(परमात्मा) जो कुछ करता है, उसे भला करके मानना ही" (मेरा) सहज योग है, (और इसी योग के द्वारा) (अलौकिक) निधि प्राप्त करता हूँ ॥ १ ॥

हे बाबा (जो) जीव (परमात्मा से) युक्त है, (वह) युग-युगान्तरों से योगी है, (क्योंकि) उसका योग परम तत्त्व (हरी) से हुआ है। उसने निरंजन (माया-रहित) के अमृतमय नाम को प्राप्त कर लिया है, नाम ही उसे शरीर में (अमृत) रस के आस्वादन (की प्रतीति कराता है) ॥ १ ॥ रहाउ ॥

(मैं) शिव नगरी (आत्म-स्वरूप) में आसन लगा कर बैठता हूँ; (और सारी) कल्पनाओं तथा वादविवाद—झगड़ों को (मैंने) त्याग दिया है। (गुरु का) शब्द (मेरे लिए) शृङ्गी की शाश्वत ध्वनि है; (यह) सुहावना और पूर्णनाद अहर्निश होता रहता है ॥ २ ॥

विचार ही (मेरा) खप्पर है, ज्ञान (ब्रह्मज्ञान) की बुद्धि (वृत्ति) मेरा डंडा है, (परमात्मा को सर्वत्र) विद्यमान समझना यही मेरी विभूति है। हरि की कीर्त्ति का गान हमारी मर्यादा (प्रथा, रीति, प्रणाली अथवा परम्परा) है तथा (माया से) अतीत अथवा परे रहना ही गुरुमुखों का पंथ है ॥ ३ ॥

नाना वर्णों और अनेक (रूपों) में (जो परमात्मा की) सर्वव्यापिनी ज्योति है (वही) हमारी अधारी है। [विशेष :—अधारी = योगी मेरुदण्ड को सीधा रखने के लिए लकड़ी की बनी हुई इसी वस्तु विशेष का सहारा लेते हैं। इसे हाथों से पकड़ कर मेरुदण्ड को सीधा रखते हैं। शरीर के थकने पर यह विशेष रूप से सहायक सिद्ध होती है।] नानक कहते हैं, 'हे भरथरी सुनो, (वास्तविक) योगी (वही) है जो परब्रह्म में एकनिष्ठ ध्यान (लगाता है)। ॥ ४ ॥ ३ ॥ ३७ ॥

[३८]

गुड़ करि गिम्रानु धिम्रानु करि धावै करि करणी कसु पाईऐ ।
भाठी भवनु प्रेम का पोचा इतु रसि ग्रमिउ चुग्राईऐ ॥१॥
बाबा मनु मतवारो नाम रसु पीवै सहज रंग रचि रहिम्रा ।
ग्रहिनिसि बनी प्रेम लिव लागी सबदु ग्रनाहद गहिम्रा ॥१॥रहाउ॥
पूरा साचु पिम्राला सहजे तिसहि पिम्राए जा कउ नदरि करे ।
ग्रंमृत का वापारी होवै किम्रा मदि छूछै भाउ धरे ॥२॥
गुर की साखी ग्रंमृत बाणी पीवत ही परवाणु भइम्रा ।
दर दरसन का प्रीतमु होवै मुकति बैकुंठै करै किम्रा ॥३॥
सिफती रता सद बैरागी जूऐ जनमु न हारै ।
कहु नानक सुणि भरथरि जोगी खीवा ग्रंमृत धारै ॥४॥४॥३८॥

(परमात्मा के) ज्ञान को गुड़ बनाग्रो, ध्यान को महुग्रा ग्रौर शुभ करणी को बबूल की छाल—(इन सब को एक में) मिला दो। श्रद्धा (भवनु <भावनी=श्रद्धा) को भट्टी ग्रौर प्रेम को पोचा [पोचा=भाप ठंडी रखने के लिए ग्रर्क निकालनेवाले पात्र के ऊपरी भाग में गीली मिट्टी ग्रौर गीले कपड़े लपेट देते हैं] बनाग्रो; (इस प्रकार) ग्रमृत रस (वाली मदिरा) चुवाग्रो ॥ १ ॥

हे बाबा, नाम रूपी रस पीकर मन मतवाला हो जाता है ग्रौर सहजावस्था के रंग में वह रंग जाता है। ग्रहर्निश प्रेम की लिव (एकनिष्ठ धारणा) लग गई है, (ग्रौर मन ने) ग्रनाहत शब्द को ग्रहण कर लिया है ॥ १ ॥ रहाउ ॥

जिसके ऊपर (प्रभु) कृपादृष्टि करता है, उसी को पूर्ण सत्य का प्याला सहज भाव से पिलाता है। (जो) ग्रमृत (मदिरा) का व्यापारी होता है, (वह) तुच्छ (सांसारिक) मद से क्यों प्रेम (भाउ=भाव) करे ? ॥ २ ॥

गुरु की शिक्षा ग्रमृत-वाणी है, (उसके) पीते ही (शिष्य) प्रामाणिक हो जाता है। (जो व्यक्ति) (परमात्मा के) दरवाजे पर (उसके) दर्शन का प्रेमी होता है वह मुक्ति ग्रौर बैकुण्ठ क्या करेगा ? [विशेष : देखिए—"हरी दरसन के जन मुकति न मांगहि" श्री गुरु ग्रंथ साहिब, कलिग्रान, महला ४, पृष्ठ १३२४] ॥ ३ ॥

(जो परमात्मा की) स्तुति में रत है, वह सदैव वैरागी है, (वह जीवन रूपी) जुए की बाजी में (ग्रपना) जन्म नहीं हारता है। नानक कहते हैं कि (हे) भरथरी, सुनो, (नाम रूपी) ग्रमृत की धार में योगी मस्त (हो जाता है) ॥ ४ ॥ ४ ॥ ३८ ॥

[३९]

खुरासान खसमाना कीम्रा हिंदुसतानु डराइम्रा ।
ग्रापै दोसु न देई करता जमु करि मुगलु चड़ाइम्रा ॥
एती मार पई करलाणै तैं की दरदु न ग्राइम्रा ॥१॥
करता तू सभना का सोई ।
जे सकता सकते कउ मारे ता मनि रोसु न होई ॥१॥रहाउ॥

सकता सीहु मारे पै वगै खसमै सा पुरसाई ।
रतन विगाड़ि विगोए कुतीं मुइग्रा सार न काई ।
ग्रापे जोड़ि विछोड़े ग्रापे वेखु तेरी वडिग्राई ॥२॥
जे को नाउ धराए वडा साद करे मनि भाणे ।
खसमै नदरी कीड़ा ग्रावै जेते चुगै दाणे ॥
मरि मरि जीवै ता किछु पाए नानक नामु वखाणे ॥३॥५॥३६॥

विशेष:—बाबर ने १५२१ ई० में ऐमनाबाद पर ग्राक्रमण किया ग्रौर उसे नष्ट-भ्रष्ट कर दिया। गुरु नानक देव ने इस ग्राक्रमण को स्वयं ग्रपनी ग्राँखों से देखा था। निम्न-लिखित पद में उसी का संकेत है —

ग्रर्थ :—(हे परमात्मा),(बाबर ने खुरासान पर शासन किया), किन्तु खुरासान को (तो ग्रपना समझ कर) (तूने) बचा रक्खा ग्रौर (बेचारे) हिन्दुस्तान को (बाबर के ग्राक्रमण के द्वारा) ग्रातङ्कित किया। हे कर्त्ता, (तू इन सब खेलों का जिम्मेदार है), पर ग्रपने ऊपर दोष न लेने के लिए मुगलों को यम रूप में बना कर हिन्दुस्तान पर ग्राक्रमण कराया। इतनी मार-काट हुई (कि लोग) करुणा से चिल्ला उठे, (किन्तु हे प्रभु), तुझे क्या (जरा भी) दर्द नहीं उत्पन्न हुग्रा ? ॥ १ ॥

(हे स्वामी), तू तो सभी का कर्त्ता है, (केवल मुगलों का ही नहीं, हिन्दुग्रों का भी है)। यदि (कोई) शक्तिशाली (किसी) शक्तिशाली को मारता है, तो मन में क्रोध नहीं उत्पन्न होता ॥ १ ॥ रहाउ ॥

पर यदि शक्तिशाली सिंह (निरपराध) पशुग्रों के झुण्ड पर (ग्राक्रमण कर) उन्हें मारता है, (तो उन पशुग्रों के) स्वामी को कुछ तो पुरुषार्थ दिखाना चाहिए। [यहाँ निरपराध पशुग्रों से तात्पर्य निरीह प्रजा से है ग्रौर उनके स्वामी का ग्रभिप्राय लोदी-पठान शासकों से है] इन पठान कुत्तों ने हीरे (के समान हिन्दुस्तान) को बिगाड़ कर नष्ट-भ्रष्ट कर दिया है [तात्पर्य यह कि पठान शासक मुगलों के सामने ग्रड़े नहीं, ग्रौर हिन्दुस्तान ऐसा बहुमूल्य देश ऐसे ही गंवा बैठे]। इनके मरने के पश्चात्, इनकी कोई खोज-खबर नहीं करता। (इस प्रकार) (हे प्रभु), (तू) स्वयं ही मिलाता है ग्रौर (फिर तू ही) वियोग भी कराता है (इन सब संयोग ग्रौर वियोग से खेलों में) ग्रपनी बड़ाई (ग्राप ही) देखता है ॥ २ ॥

यदि कोई ग्रपना बड़ा नाम रखता है ग्रौर मन में बड़े स्वाद का ग्रनुभव करता है, किन्तु खसम—पति (परमात्मा) की दृष्टि में वह निरा कीड़ा है जो दाने चुगता फिरता है। बार-बार (ग्रहंभाव से) मर कर जीवित हो, तभी (कोई) कुछ पा सकता है। 'नानक' नाम की प्रशंसा करता है ॥ ३ ॥ ५ ॥ ३६ ॥

१ओं सतिगुर प्रसादि ॥ रागु आसा, महला १, घरु २ ॥

असटपदीआ

[१]

उतरि ग्रवघटि सरवरि न्हावै । बकै न बोलै हरिगुण गावै ॥
जलु ग्राकासी सुंनि समावै । रसु सतु झोलि महा रसु पावै ॥१॥

ऐसा गिग्रानु सुनहु ग्रभ मोरे । भरिपुरि धारि रहिग्रा सभ ठउरे ॥१॥रहाउ॥
सचु व्रतु नेमु न कालु संतावै । सतिगुर सबदि करोधु जलावै ॥
गगनि निवासि समाधि लगावै । पारसु परसि परमु पदु पावै ॥२॥
सचु मन कारणि ततु बिलोवै । सुभर सरवरि मैलु न धोवै ।
जै सिउ राता तैसो होवै । ग्रापे करता करे सु होवै ॥३॥
गुर हिव सीतलु ग्रगनि बुझावै । सेवा सुरति बिभूति चड़ावै ।
दरसनु ग्रापि सहज घरि ग्रावै । निरमल बाणी नादु वजावै ॥४॥
ग्रंतरि गिग्रानु महा रसु सारा । तीरथ मजनु गुर वीचारा ॥
ग्रंतरि पूजा थानु मुरारा । जोती जोति मिलावणहारा ॥५॥
रसि रसिग्रा मति एकै भाइ । तखत निवासी पंच समाइ ॥
कार कमाई खसम रजाइ । ग्रविगत नाथु न लखिग्रा जाइ ॥६॥
जल महि उपजै जल ते दूरि । जल महि जोति रहिग्रा भरपूरि ॥
किसु नेड़ै किसु ग्राखा दूरि । निधि गुण गावा देखि हदूरि ॥७॥
ग्रंतरि बाहरि ग्रवरु न कोइ । जो तिसु भावै सो फुनि होइ ॥
सुणि भरथरि नानकु कहै बीचारु । निरमल नामु मेरा ग्राधारु ॥८॥१॥

(योगी विषयों की) दुर्गम घाटी से उत्तर कर (सत्संग के) सरोवर में स्नान करे । (वह) न कुछ बके, न बोले, (मौन होकर) हरि का गुणगान करता रहे । (जिस प्रकार) जल ग्राकाश-मण्डल में समाया रहता है, (उसी प्रकार) (योगी) ग्रफुर ब्रह्म शून्य-पण्डल) में समाया रहे । सच्चे (नाम रूपी) रस को मथ कर महा ग्रानन्द को प्राप्त करे ॥ १ ॥

ऐ मेरे ग्रन्तःकरण, ऐसे ज्ञान को सुनो । (हरी) सभी स्थानों में परिपूर्ण है (ग्रौर सब को) धारण कर रहा है ॥ १ ॥ रहाउ ॥

(यदि कोई साधक) सत्य (परमात्मा) को व्रत-नियम करके (धारण कर ले), (तो उसे) काल संताप नहीं देता । सद्गुरु के शब्द द्वारा (वह साधक) कोध को भी जला दे ग्रौर दशम द्वार के निवास स्थान में (सहज) समाधि लगा कर बैठ जाय । (इस प्रकार) (गुरु रूपी) पारस मणि का स्पर्श करके परम पद को प्राप्त करे ॥ २ ॥

(साधक) मन की परम शान्ति ग्रौर सुख के लिए (परम) तत्व (परमात्मा) का मंथन करे, परिपूर्ण सरोवर में (ग्रपने को) इस प्रकार धोवे कि (रंचमात्र) मैल न रहे, जिस (प्रभु) से प्रेम करता है, (उसी के) समान हो जाय, (वह परमात्मा की मर्जी के ऊपर ग्रपने को छोड़ दे ग्रौर यह समझे कि) जो कुछ कर्त्तार करता है, (वही) भला है ॥ ३ ॥

गुरु बर्फ (के समान) शीतल है, (साधक उसकी शीतलता में ग्रपनी त्रिविध) ग्रग्नि (दैहिक, दैविक एवं भौतिक तापों) को बुझा दे । सेवा की वृत्ति को विभूति (बनाकर शरीर पर) लगावे । (तीनों गुणों को लाँध कर) ग्रपनी सहजावस्था के घर में ग्राना ही (उसका) दर्शन हो । पवित्र (परमात्मा की कीर्ति का) वाणी (द्वारा गुणगान करना) (शृङ्गी) बजाने का नाद हो ॥४॥

आन्तरिक ज्ञान का होना ही महान रस का तत्त्व हो तथा गुरु (के वचनों पर) विचार ही तीर्थस्थान हो। (मन) के अन्तर्गत मुरारी (परमात्मा) का निवास स्थान है, (इसी को समझना) (वास्तविक) पूजा है। (परमात्मा की) ज्योति के साथ (अपनी) ज्योति मिला देना (वास्तविक योग है) ।।५।।

बुद्धि में एक भाव का होना ही रस में अनुरक्त होना है। वह श्रेष्ठ पुरुष तख्त पर बैठने वाले (राजा—परमात्मा) में समा जाता है। वह स्वामी के आज्ञानुसार कर्म करता है। अव्यक्त (परमात्मा), (जो सभी का) नाथ (स्वामी है) देखा नहीं जा सकता है ।।६।।

(जिस प्रकार) जल में उत्पन्न होकर भी कमल जल से निर्लिप्त रहता है, (उसी प्रकार) (संसार-रूपी) जल में (परमात्मा की) ज्योति है (और वह सर्वत्र परिपूर्ण और निर्लेप है)। (अतएव) मैं कैसे कहूँ (कि फलाँ व्यक्ति) (परमात्मा के) समीप है और (फलाँ व्यक्ति) (परमात्मा से) दूर है, (फलाँ व्यक्ति अच्छा है और फलाँ बुरा है) ? (मैं तो उस गुणों के भण्डार परमात्मा को) सर्वत्र विराजमान देख कर उसका गुणगान करता हूँ ।।७।।

भीतर और बाहर (उस परमात्मा को छोड़ कर) और कोई नहीं है; जो उसे अच्छा लगता है, वही फिर होता है। ऐ भरथरी (योगी), सुनो, नानक विचार (की बातें) कह रहा है कि (प्रभु का) निर्मल नाम ही मेरा (नानक का) आधार है ।।८।।१।।

[२]

सभि जप सभि तप सभ चतुराई। ऊझड़ि भरमै राहि न पाई ।।
बिनु बूझे को थाइ न पाई। नाम बिहूणै माथे छाई ।।१।।
साच धणी जगु आइ बिनासा। छूटसि प्राणी गुरमुखि दासा ।।१।।रहाउ।।
जगु मोहि बाधा बहुती आसा। गुरमती इकि भए उदासा ।।
अंतरि नामु कमलु परगासा। तिन्ह कउ नाही जम की त्रासा ।।२।।
जगु त्रिअ जितु कामणि हितकारी। पुत्र कलत्र लगि नामु विसारी ।।
बिरथा जनमु गवाइआ बाजी हारी। सतिगुरु सेवे करणी सारी ।।३।।
बाहरहु हउमै कहै कहाए। अंदरहु मुकतु लेपु कदे न लाए।
माइआ मोहु गुरसबदि जलाए। निरमल नामु सद हिरदै धिआए ।।४।।
धावतु राखै ठाकि रहाए। सिख संगति करमि मिलाए।
गुर बिनु भूलो आवै जाए। नदरि करे संजोगि मिलाए ।।५।।
रूड़ो कहउ न कहिआ जाई। अकथ कथउ नह कीमति पाई ।।
सभ दुख तेरे सूख रजाई। सभि दुख मेटे साचै नाई ।।६।।
कर बिनु वाजा पग बिनु ताला। जे सबदु बुझै ता सचु निहाला ।।
अंतरि साचु सभे सुख नाला। नदरि करे राखे रखवाला ।।७।।
त्रिभवण सूझै आपु गवावै। बाणी बूझै सचि समावै ।।
सबदु वीचारे एक लिव तारा। नानक धंनु सवारणहारा ।।८।।२।।

सारे जप, सारे तप तथा सारी चतुराइयाँ (बिना भगवद्भक्ति के व्यर्थ हैं)। (उन सब के आचरण से परमात्मा की प्राप्ति ठीक उसी भाँति नहीं होती, जिस भाँति) उजाड़ स्थान

में भटकने से मार्ग की प्राप्ति नहीं होती। बिना (परमात्मा को समझे हुए) कोई भी (वास्तविक) स्थान नहीं पाता है। नाम के बिना मत्थे में राख पड़ती है ॥१॥

सत्य (परमात्मा ही) धनी है—शाश्वत है, जगत् तो उत्पन्न और विनष्ट होता रहता है। प्राणी गुरु के द्वारा सेवक बन कर मुक्त होता है ॥१॥ रहाउ ॥

जगत् मोह में बंध कर बहुत आशाएं (करता है) (परन्तु) कुछ लोग गुरु की शिक्षा द्वारा (जगत् से) उदासीन—विरक्त हो जाते हैं। (ऐसे लोगों के) हृदय में नामरूपी कमल विकसित हुआ है और उन्हें यम का भय नहीं रहता है ॥२॥

संसार स्त्री के द्वारा जीता गया है (और) वह स्त्री का ही प्रेमी है। पुत्र, कलत्र के निमित्त उसने नाम को भुला दिया है। (इन प्रपंचों में पड़ कर उसने) व्यर्थ ही जन्म गंवा दिया और (जीवन रूपी) बाजी हार गया। (शिष्य) सदगुरु की आराधना करे, तभी करनी उत्तम होती है ॥३॥

(सद्गुरु की आराधना करनेवाला व्यक्ति) बाह्य (व्यवहारों में) अहंकार करता-कराता (सा प्रतीत होता है)। (किन्तु) भीतर से वह अहंकार-विहीन होने के कारण) मुक्त है (और) कभी लिपायमान नहीं होता है। (वह) माया और मोह को गुरु के शब्द द्वारा जला देता है और (परमात्मा का) निर्मल नाम सदैव (अपने) हृदय में ध्यान करता है ॥४॥

(जो व्यक्ति) (मन को विषयों में से) दौड़ने से रोक रखते हैं, ऐसे सिक्खों की संगति (परमात्मा की) बड़ी कृपा से ही मिलती है। (मनुष्य) गुरु के बिना (इस संसार में) भटकता रहता है (और बारंबार इस जगत्) में आता-जाता रहता है। (परमात्मा) कृपा करके संयोग से (अपने में) मिला लेता है ॥५॥

(मैं) सुन्दर (हरी का) वर्णन करना (चाहता) हूँ, (पर) कर नहीं पाता। अकथनीय (परमात्मा) को कहना (तो अवश्य चाहता) हूँ, (पर) उसकी कीमत नहीं पा सकता हूँ। (हे प्रभु); समस्त दुःख तेरी आज्ञा मानने से सुख (हो गए), सच्चे नाम ने समस्त दुःखों को मिटा दिया ॥६॥

यदि (किसी को) नाम की समझ आ जाय, (तो) सचमुच ही (वह) निहाल हो जाता है। (वह आंतरिक संगीत में निमग्न हो जाता है), (उसे) हाथों के बिना बाजा बजता हुआ (प्रतीत होता है) और पैरों के बिना पूरी ताल (की अनुभूति होती है)। (जिसके) अंतःकरण में सत्य (परमात्मा) है, (उसके) साथ सारे सुख हैं। रक्षक (प्रभु) (उसके ऊपर) कृपा-दृष्टि करके (सदैव) (उसकी) रक्षा करता है ॥७॥

(यदि कोई अपने) आपेपन को गँवा दे, (तो) त्रिभुवन की समझ आ जाती है। (यदि) (गुरु की) वाणी समझने लगे, तो (वह) सत्य (परमात्मा) में समा जाय। (जो) एकनिष्ठ ध्यान से (गुरु के) शब्द को विचारता है, (ऐसे गुरुमुख को सँवारने वाला (हरी) धन्य है ॥८॥२॥

[३]

लेख असंख लिखि लिखि मानु। मनि मानिऐ सचु सुरति वखानु ॥
कथनी बदनी पड़ि पड़ि भारु। लेख असंख अलेखु अपारु ॥१॥

ऐसा साचा तूं एको जाणु । जंमणु मरणा हुकमु पछाणु ॥१॥रहाउ॥
माइआ मोहि जगु बाधा जमकालि । बांधा छूटै नामु सम्हालि ॥
गुरु सुखदाता अवरु न भालि । हलति पलति निबही तुधु नालि ॥२॥
सबदि मरै तां एक लिव लाए । अचरु चरै तां भरमु चुकाए ।
जीवन मुकति मनि नामु वसाए । गुरमुखि होइ त सचि समाए ॥३॥
जिनि धरि साजी गगनु अकासु । जिनि सभ थापी थापि उथापि ॥
सरब निरंतरि आपे आपि । किसै न पूछे बखसे आपि ॥४॥
तू पुरु सागरु माणकु हीरु । तू निरमलु सचु गुणी गहीरु ॥
सुखु मानै भेटै गुर पीरु । एको साहिबु एकु वजीरु ॥५॥
जगु बंदी मुकते हउ मारी । जगि गिआनी विरला आचारी ॥
जगि पंडितु विरला वीचारी । बिनु सतिगुरु भेटे सभ फिरै अहंकारी ॥६॥
जगु दुखीआ सुखीआ जनु कोइ । जगु रोगी भोगी गुण रोइ ॥
जगु उपजै बिनसै पति खोइ । गुरमुखि होवै बूझै सोइ ॥७॥
महघो मोलि भारि अफारु । अटल अछलु गुरमती धारु ॥
भाइ मिलै भावै भइ कारु । नानकु नीचु कहै बीचारु ॥८॥३॥

(परमात्मा के सम्बन्ध में) असंख्य लेख लिखे गए हैं (और लिखने वाले) लिख लिख कर मान करते हैं । (किन्तु यदि) मन मान जाय (अपनी चंचलता का त्याग करके शान्त हो जाय), तभी सत्य की सुरति (ध्यान) का कुछ वर्णन हो सकता है, (नहीं तो) कथन करना, वर्णन करना, पढ़ना (आदि) (एक प्रकार का) बोझ ही है । (परमात्मा के संबंध में) लेख तो असंख्य हैं, (किन्तु) अपार (हरी) लेखों से परे हैं ॥१॥

ऐसे सच्चे (परमात्मा) को तुम एक ही समझो । जन्म-मरण को (उस प्रभु का) हुक्म ही समझो ॥१॥ रहाउ ॥

माया के मोह एवं काल (रूपी) यम के बंधनों में (समस्त) जगत् बंधा हुआ है । (जो व्यक्ति) (परमात्मा के) नाम को स्मरण करता है, (वही) बंधनों से छूटता है । सुख का देनेवाला (एक मात्र) गुरु ही है, औरों को मत खोजो । इस लोक और परलोक में (गुरु ही) तुम्हारे साथ निबहेगा (वही सच्चा साथी होगा) ॥२॥

(यदि कोई) (गुरु के) शब्द में (अपने आपेपन से) मरता है, तभी (वह) (परमात्मा के) एकनिष्ठ ध्यान में लग सकता है । (जब कोई) न चलनेवाले (अचर) (परमात्मा) में विचरण करता है, (तभी उसका) भ्रम समाप्त होता है । (वह) मन में नाम बसा कर जीवन्मुक्त (हो जाता है) । (जब कोई) गुरुमुख होता है, तब (वह) सत्य (परमात्मा) में समा जाता है ॥३॥

जिसने धरती, आकाश (आदि को) रचा है, जिसने सब को स्थापित किया है और स्थापित करके (जो) (फिर उन्हें) ढहा देता है, (वह परमात्मा) अपने आप ही सभी के अंतर (व्याप्त हो रहा है) । वह किसी से पूछता नहीं, (स्वयं ही) (सब को) देता है ॥४॥

(हे हरी), तू ही पूर्ण सागर है, तू ही माणिक, हीरा है । तू ही निर्मल, सच्चा और गुणों से गंभीर है । (जो व्यक्ति) गुरु-पीर का दर्शन करता है, वही सुख पाता है (और उसे

ही यह बोध होता है कि) (वही परमात्मा) साहब है और वही वजीर है, (अर्थात् वही प्रभु स्वयं ही सब कुछ है) ।।५।।

संसार बंदी (के समान) है, (जिन्होंने) अहंकार को मारा है, (वे ही) मुक्त हैं। जगत् में (वाचक) ज्ञानी (तो बहुत से हैं), (किन्तु उस ज्ञान पर वास्तविक) आचरण करने वाला कोई विरला ही है। जगत् में पंडित (तो बहुत से हैं), (किन्तु) विचारवान (पंडित) कोई विरला ही है। बिना सद्गुरु के मिले सभी अहंकारी (बन कर) फिरते रहते हैं ।।६।।

(सारा) जगत् दुःखी है, कोई विरला ही पुरुष सुखी है। (समस्त) जगत् रोगी और भोगी है और गुणों (त्रिगुणात्मक गुण—सत्व, रज, तम) में रोता रहता है। (इस प्रकार) प्रतिष्ठा खोकर जगत् उपजता-विनसता रहता है। जो गुरु द्वारा दीक्षित होता है, वही (इसके रहस्य) को समझता है ।।७।।

(हरी) कीमत में (बहुत) मंहगा है और (उसका) वजन बहुत अधिक है। (वह) अटल और अछल है (किन्तु) गुरु की शिक्षा द्वारा धारण किया जा सकता है। वह भाव (प्रेम) के द्वारा मिलता है और (उससे) भय करके किए हुए कार्य (उसे) अच्छे लगते हैं। तुच्छ नानक विचार करके (उपर्युक्त) बातों को कहता हैं ।।८।।३।।

[४]

एकु मरै पंचे मिलि रोवहि। हउमै जाइ सबदि मलु धोवहि ।।
समझि सूझि सहज घरि होवहि। बिनु बूझे सगली पति खोवहि ।।१।।
कउणु मरै कउणु रोवै ओही। करण कारण सभसै सिरि तोही ।।१।।रहाउ।।
मूए कउ रोवै दुखु कोइ। सो रोवै जिसु बेदन होइ ।।
जिसु बीती जाणै प्रभ सोइ। आपे करता करै सु होइ ।।२।।
जीवत मरणा तारे तरणा। जै जगदीस परमगति सरणा ।।
हउ बलिहारी सतिगुर चरणा। गुरु बोहिथु सबदि भै तरणा ।।३।।
निरभउ आपि निरंतरि जोति। बिनु नावै सूतक जगि छोति ।।
दुरमति बिनसै किआ कहि रोति। जनमि मूए बिनु भगति सरोति ।।४।।
मूए कउ सचु रोवहि मीत। त्रैगुण रोवहि नीता नीत ।।
दुखु सुखु परहरि सहजि सुचीत। तनु मनु सउपउ क्रिसन परीत ।।५।।
भीतरि एक अनेक असंख। करम धरम बहु संख असंख ।।
बिनु भै भगती जनमु बिरथ। हरि गुण गावहि मिलि परम रंथ ।।६।।
आपि मरै मारै भी आपि। आपि उपाए थापि उथापि ।।
सुसटि उपाई जोती तू जाति। सबदु वीचारि मिलणु नही भ्राति ।।७।।
सूतकु अगनि भखै जगु खाइ। सूतकु जलि थलि सभ ही थाइ ।।
नानक सूतकि जनमि मरीजै। गुरपरसादी हरि रसु पीजै ।।८।।४।।

एक (मनुष्य) मर जाता है, तो पाँच (सम्बन्धी) मिलकर रोते हैं, (वे पाँच संबंधी हैं—माता, पिता, भाई, स्त्री और पुत्र हैं); [अथवा इसका अर्थ इस प्रकार भी हो सकता है— एक मन मर जाता है, तो पाँच ज्ञानेन्द्रियों के विषय, शब्द, स्पर्श, रूप, रस और गंध इस-

लिये रोने लगते हैं कि हमें भोगने वाला मन नहीं रहा । अब हमें कौन भोगेगा] ? उस (व्यक्ति) का अहंकार नष्ट हो जाता है, (जो) (गुरु के) शब्द में (अपने) मलों को धो देता है । (वह) (वास्तविकता को) समझ-बूझ कर (अपने आत्म स्वरूप रूपी) गृह में निवास करता है । (जो) (वास्तविकता को) नहीं समझते हैं, (वे अपनी) सारी प्रतिष्ठा खो देते हैं) ॥१॥ रहाउ ॥

कौन मरता है ? कौन उसके निमित्त (हाय हाय करके) रोता है ? (हे हरी), सब के ऊपर तू ही करण-कारण है (तू ही सर्व सामर्थ्यवान् है) ॥१॥ रहाउ ॥

मृत (व्यक्ति) के लिए दुःख से कोई ही रोता है । रोता वही है, जिसे (अपना) दुःख होता है । जिसके ऊपर बीतती है, (वही) उस प्रभु को जानता है (और यह अनुभव करता है कि) जो कुछ कर्त्ता (परमात्मा) करता है, वही होता है ॥२॥

(यदि कोई) जीवित अवस्था में ही (अहंकार भाव से) मर जाता है, (तो वह स्वयं तो) तरता ही है, (दूसरों को भी) तार देता है । (हे) जगदीश, (तेरी) जय हो, (तेरी) शरण में (आने से) परम गति (प्राप्ति होती है) । मैं सदगुरु के चरणों पर बलिहारी हूँ । गुरु जहाज है; उसके शब्द के द्वारा भाव (भै)— संसार तरा जाता है ॥३॥

(वह परमात्मा) आप ही निर्भय है; (उसकी) ज्योति (घट घट में) निरन्तर (व्याप्त हो रही है) । बिना नाम के संसार में सूतक और छूत है । दुर्बुद्धि (के कारण) (जगत्) नष्ट होता है, (जब दोष अपना ही है, तब) क्या कह कर रोता है ? बिना भक्ति और श्रवण के लोग) जन्मते मरते रहते हैं ॥४॥

मृत (व्यक्ति) के लिए मित्र ही सचमुच रोते हैं । त्रिगुण में फँस कर तो (लोग) नित्य प्रति रोते रहते हैं । (वास्तव में मनुष्य का लक्ष्य यह होना चाहिए) कि (वह) दुःख-सुख त्याग कर सहज भाव से ही सुन्दर पितावाला हो जाय । (मैं तो अपना) तन मन परमात्मा की प्रीति में सौंपता हूँ ॥५॥

(सृष्टि में) अनेक और असंख्य (जीव) हैं, (किन्तु उन सब के) भीतर एक (हरी ही) है । उन जीवों के कर्म और धर्म (विभिन्न शास्त्रों एवं मत मतान्तरों के अनुसार) शंख और अशंख, (अर्थात् अनन्त) हैं । (किन्तु) बिना (परमात्मा के) भय और भक्ति के जन्म व्यर्थ ही है । (अतएव) परमार्थी (पुरुष) (परस्पर) मिलकर परमात्मा का गुणगान करते हैं ॥ ६ ॥

(हरी सब कुछ है) (वह) आप ही मरता है और आप ही मारता है । आप ही उत्पन्न करता है, आप ही स्थापित कर के (उसका) संहार भी करता है । (हे प्रभु), तूने ही सृष्टि उत्पन्न की है, तू ही ज्योति (प्रकाश) है (और) तू ही जाति है । (गुरु के) शब्द को विचार कर (परमात्मा से) मेल होता है, नहीं तो भ्रान्ति ही (रहती है), (और उस भ्रान्ति के कारण जीव जगत् में भटकता रहता है) ॥ ७ ॥

(वास्तविक) सूतक [मरणोपरान्त जो सूतक हिन्दुओं के यहाँ माना जाता है] (तृष्णा की) अग्नि है, (जो समस्त) जगत् को भक्षण कर रही है ! (यह सूतक) जल, स्थल और सभी स्थानों में है । नानक कहते हैं (कि उसी सूतक में) (लोग) जन्मते और मरते रहते हैं । गुरु की कृपा से ही (इस सूतक को त्याग कर) हरि-प्रेम का रस पिया जाता है ॥ ८॥४॥

[५]

आपु वीचारै सु परखे हीरा । एक द्रसटि तारे गुर पूरा ॥
गुरु मानै मन ते मनु धीरा ॥१॥
ऐसा साहु सराफी करै । साची नदरि एक लिव तरै ॥१॥ रहाउ ॥
पूंजी नामु निरंजन सारु । निरमलु साचि रता पैकारु ॥
सिफति सहज घरि गुरु करतारु ॥२॥
आसा मनसा सबदि जलाए । राम नराइणु कहै कहाए ।
गुर ते वाट महलु घरु पाए ॥३॥
कंचन काइआ जोति अनूपु । त्रिभवण देवा सगल सरूपु ॥
मै सो धनु पलै साचु अखूटु ॥४॥
पंच तीनि नव चारि समावै । धरणि गगनु कल धारि रहावै ॥
बाहरि जातउ उलटि परावै ॥५॥
मूरखु होइ न आखी सूझै । जिहवा रसु नही कहिआ बूझै ॥
बिखु का माता जग सिउ लूझै ॥६॥
ऊतम संगति ऊतम होवै । गुण कउ धावै अवगण धोवै ॥
बिनु गुर सेवे सहजु न होवै ॥७॥
हीरा नामु जवेहर लालु । मनु मोती है तिस का मालु ॥
नानक परखै नदरि निहालु ॥८॥५॥

(जो) निज स्वरूप को विचार करता है, वही (हरिनाम रूपी) हीरे को परख सकता है । पूर्ण गुरु एक दृष्टि (मात्र) से तार देता है । गुरु (यदि प्रसन्न हो जाय, (तो) मन से ही मन को अपने आप धैर्य हो जाता है ॥ १ ॥

(गुरु) ऐसा साहु है और ऐसी सर्राफी करता है कि (उसकी) सच्ची (कृपा-) -दृष्टि से एकनिष्ठ ध्यान लग जाता है (और) (मनुष्य) तर जाता है ॥१ ॥ रहाउ ॥

निरंजन (माया रहित) (हरी) का नाम श्रेष्ठ पूँजी है । निर्मल (शिष्य) सत्य में रत हुआ पैकार (चतुर, गुणज्ञ) है [पैकार=निरीक्षग; प्राचीन काल में पैकार टकसाल की राख में सोने-चाँदी का निरीक्षग करते थे] । स्तुति द्वारा 'गुरु-करतार' (परमात्मा) सहज भाव से (अपने) घर (शरीर) में (उसे) प्राप्त हो जाता हैं ॥ २ ॥

(गुरु के) शब्द द्वारा (शिष्य) आशा और इच्छा जला दे और 'राम', 'नारायण' (परमात्मा का नाम) (स्वयं) जपे (और दूसरों से भी) जप कराए । (वह) गुरु द्वारा (परमात्मा की प्राप्ति का) मार्ग, (उसका) महल (और उसका) घर पा जाता है ॥ ३ ॥

(हरी के महल और घर पानेवाले भक्त) की काया कंचन (की भाँति कान्तियुक्त हो जाती है); (और उसके अन्तर्गत परमात्मा की) अनुपम ज्योति (प्रकाशित होती है) । समस्त त्रिभुवन (परमात्मा) देव का ही स्वरूप (दिखलाई पड़ता) है । मेरे पल्ले वही सच्चा और न नष्ट होनेवाला धन है ॥ ४ ॥

(वह परमात्मा) पंच (तत्त्वों) तीन (भुवनों) नव (खण्डों) और चार (दिशाओं) में समाया हुआ है; पृथ्वी और आकाश को (अपनी) शक्ति (कला) से धारण किए हुए है ।

(वही प्रभु) (हमारे) बहिर्मुख होते हुए (मन को) उलटा कर (अंतर्मुख) करता है।

[**विशेष :**—उपर्युक्त पंक्तियों का अर्थ इस प्रकार भी किया जा सकता है—पंच कामादिकों (काम, क्रोध, लोभ, मोह और अहंकार), तीन गुणों (सत्व, रज और तम), चार (अन्तःकरण—मन, बुद्धि, चित्त और अहंकार) और नव (गोलकों—दो नासिका छिद्र दो आँखें, दो कान, एक मुख, एक मूत्रेन्द्रिय-द्वार और एक मलेन्द्रिय-द्वार) को (जिस व्यक्ति) ने) समाहित कर लिया है, (वशीभूत कर लिया है), जिसने धरणी को शक्ति के साथ गगन (मण्डल) में धारण कर लिया है, (अर्थात् स्थूल विषयों से उठ कर सूक्ष्म परमात्मा में टिक गया है, और 'गगन-मण्डल' में सुरति लगा दी है), (जिसने) बाहर जाती हुई इन्द्रियों को उलट कर (अपने में) (अंतर्मुख) कर लिया, (वह धन्य है) ।] ॥ ५ ॥

(जो) मूर्ख है, (उसे) आँखों से सुझाई नहीं पड़ता; (उसकी) जीभ मीठी नहीं (होती) और (वह) कहना नहीं मानता। (वह) माया के विष में मतवाला होकर जगत् से लड़ता रहता है ॥ ६ ॥

(मनुष्य) उत्तम (पुरुषों की) संगति में उत्तम हो जाता है, (इसके फलस्वरूप) वह गुणों को (ग्रहण करने के लिए) दौड़ता है और अवगुणों को धो देता है। बिना गुरु की सेवा (किए हुए) (वह) सहज (योगी) नहीं हो सकता ॥ ७ ॥

(हरी का) नाम हीरा, रत्न और लाल है। (मनुष्य का) मन (भी) उस (अपूर्व धन) का (अमूल्य) मोती है। नानक कहते हैं (कि साधक उपर्युक्त धन की) परख करता है और (परमात्मा की) कृपादृष्टि (प्राप्त करके) निहाल हो जाता है ॥ ८ ॥ ५ ॥

[६]

गुरमुखि गिआनु धिआनु मनि मानु । गुरमुखि महली महलु पछानु ।
गुरमुखि सुरति सबदु नीसानु ॥१॥
ऐसे प्रेम भगति वीचारी । गुरमुखि साचा नामु मुरारी ॥१॥रहाउ॥
अहिनिसि निरमलु थानु सु थानु । तीन भवन निहकेवल गिआनु ॥
साचे गुर ते हुकमु पछानु ॥२॥
साचा हरखु नाही तिसु सोगु । अंमृत गिआनु महा रसु भोगु ॥
पंच समाई सुखी सभु लोगु ॥३॥
सगली जोति तेरा सभु कोई । आपे जोड़ि विछोड़े सोई ॥
आपे करता करे सु होई ॥४॥
ढाहि उसारे हुकमि समावै । हुकमो वरतै जो तिसु भावै ॥
गुर बिनु पूरा कोइ न पावै ॥५॥
बालक बिरधि न सुरति परानि । भरि जोबनि बूडै अभिमानि ॥
बिनु नावै किआ लहसि निदानि ॥६॥
जिसका अंनु धनु सहजि न जाना । भरमि भुलाना फिरि पछुताना ॥
गलि फाही बउरा बउराना ॥७॥

बूडत जगु देखिश्रा तउ डरि भागे । सतिगुरि राखे से वडभागे ॥
नानक गुर की चरणी लागे ॥८॥६॥

गुरु के उपदेश द्वारा ज्ञान, ध्यान (प्राप्त होता है) (श्रौर) मन मान जाता है (शान्त हो जाता) है । गुरु की शिक्षा द्वारा महल के स्वामी (महली) के महल की पहचान होती है । गुरु के उपदेश द्वारा ही सुरति (ध्यान) श्रौर (गुरु का) शब्द प्राप्त होता है, (जिसके फलस्वरूप) (परमात्मा के यहाँ) निशान (प्राप्त होता है) ॥ १ ॥

इस प्रकार प्रेमाभक्ति (रागात्मिका भक्ति) विचार की जाती है कि गुरु की शिक्षा द्वारा मुरारी (परमात्मा) का सच्चा नाम (प्राप्त होता है) ॥ १ ॥ रहाउ ॥

निर्मल (हरी) स्थान—स्थानान्तरों में ग्रहर्निश (निरन्तर) (व्याप्त है) । तीनों भुवनों में (एक हरी को ही व्याप्त देखना) यही निष्केवल ज्ञान है । (इस प्रकार) सच्चे गुरु से (परमात्मा के) हुक्म कौ पहचानना चाहिए (श्रौर उसके श्रनुसार जीवन व्यतीत करना चाहिए ।) ॥ २ ॥

(साधक को) (परमात्मा के मिलन का) सच्चा हर्ष (होता है), उसे (तनिक भी) शोक नहीं होता । (वह) ज्ञानामृत के महान् रस का रसास्वादन करता है । (उसके) पंच कामादिक नष्ट हो जाते हैं श्रौर घर के सभी लोग सुखी हो जाते हैं (श्रर्थात् उसकी सारी श्रान्तरिक वृत्तियाँ सुखी हो जाती हैं) ॥३॥

(हे प्रभु), सब में तेरी ही ज्योति (व्याप्त) है । (प्रभु) स्वयं ही जोड़ता है श्रौर स्वयं ही वियोग कराता है । (वह) कर्त्ता (पुरुष) जो करता है, वही होता है ॥४॥

(परमात्मा ही) नष्ट करता है, (श्रौर फिर) निर्माण करता है, (वह) (श्रपने) हुक्म से (श्रपने में) मिला लेता है । (जैसा) उसे श्रच्छा लगता है, (उसके) हुक्म के श्रनुसार वैसा ही होता है । बिना गुरु के पूर्ण (परमात्मा) को कोई नहीं प्राप्त कर सकता है ॥५॥

बचपन श्रौर वृद्धावस्था में प्राणी को कोई स्मृति नहीं रहती । पूर्ण युवावस्था में (मनुष्य) श्रभिमान में डूबा रहता है । बिना (परमात्मा के) नाम के श्रन्त में (वह) क्या प्राप्त करेगा ? (श्रर्थात् कुछ भी नहीं) ॥६॥

(जिसके द्वारा) श्रन्न श्रौर धन दिए गए हैं, (उस परमात्मा को) सहज (ज्ञान) द्वारा (मनुष्य) नहीं जान सका । (वह मनुष्य) भ्रम में भटकता रहता है श्रौर बार बार पछताता रहता है ॥७॥

(जब मैंने) जगत् को डूबते हुए देखा, तब (मैं) डर कर भगा (श्रौर गुरु की शरण में पड़ गया) । (जिनकी) सद्गुरु ने रक्षा की है, वे (सचमुच ही) बड़े भाग्यशाली हैं । नानक कहते हैं (कि वे भाग्यशाली) गुरु के चरणों में लग गए हैं ॥८॥६॥

[७]

गावहि गीते चीति श्रनीते । राग सुणाइ कहावहि बीते ॥
बिनु नावै मनि झूठु श्रनीते ॥१॥
कहा चलहु मन रहहु घरे ।
गुरमुखि राम नामि तृपतासे खोजत पावहु सहजि हरे ॥१॥रहाउ॥

कामु क्रोध मनि मोहु सरीरा । लबु लोभु अहंकारु सु पीरा ॥
राम नाम बिनु किउ मनु धीरा ॥२॥
अंतरि नावणु साचु पछाणै । अंतरि की गति गुरमुखि जाणै ॥
साच सबद बिनु महलु न पछाणै ॥३॥
निरंकार महि आकारु समावै । अकल कला सचु साचि टिकावै ॥
सो नरु गरभ जोनि नही आवै ॥४॥
जहां नामु मिलै तह जाउ । गुर परसादी करम कमाउ ॥
नामे राता हरिगुण गाउ ॥५॥
गुर सेवा ते आपु पछाता । अंमृतु नामु वसिआ सुखदाता ॥
अनदिनु बाणी नामे राता ॥६॥
मेरा प्रभु लाए ता को लागै । हउमै मारै सबदे जागै ॥
ऐथै ओथै सदा सुखु आगै ॥७॥
मनु चंचलु बिधि नाही जाणै । मनमुखि मैला सबदु न पछाणै ॥
गुरमुखि निरमलु नामु वखाणै ॥८॥
हरि जीउ आगै करी अरदासि । साधू जन संगति होइ निवासु ॥
किलविख दुख काटे हरिनामु प्रगासु ॥९॥
करि बीचारु आचारु पराता । सतिगुर बचनी एको जाता ॥
नानक रामनामि मनु राता ॥१०॥७॥

(लोग बाहर से) (पवित्र) गीत गाते हैं, किन्तु चित्त में अनीति (बरतते हैं)। (वे लोग) (नाना प्रकार के) राग सुनाकर, (लोगों द्वारा) वीतराग कहे जाते हैं। (किन्तु) बिना नाम के (उनके) मन में झूठ और अनीति (भरी हुई है) ॥१॥

(हे मन), क्यों चलायमान होते हो ? (अपने आत्मस्वरूपी) गृह में ही निवास करो। गुरु की शिक्षा द्वारा राम नाम में तृप्त हो (और) हरी को खोज कर सहज भाव से प्राप्त करो ॥१॥ रहाउ ॥

मन और शरीर में काम, क्रोध, मोह, लालच, लोभ और अहंकार (भरे हैं), (इसी कारण) पीड़ा है। बिना राम नाम के मन (भला) कैसे धैर्यशाली हो सकता है ? ॥२॥

(जब साधक) आन्तरिक स्नान करे, (तभी) वह सत्य (परमात्मा) को पहचान सकता है। गुरु की शिक्षा द्वारा (साधक) आन्तरिक दशा को जान सकता है। बिना (गुरु के) सच्चे शब्द द्वारा (कोई भी) (परमात्मा के) महल को नहीं पहचान सकता ॥३॥

(जो साधक) निरंकार (हरी में) (समस्त) आकारों को टिका हुआ (देखता है) और सत्य (परमात्मा की) कलारहित कला (शक्ति) में (अपने को) सच्चे भाव से टिका देता है, ऐसा मनुष्य (मुक्त हो जाता है) (और पुनः) गर्भ-योनि में नहीं आता ॥४॥

जहाँ नाम मिलता है, वहीं (मैं) जाता हूँ, गुरु की कृपा से (नाम जपने का उत्तम) कर्म कमाता हूँ (और) नाम में ही अनुरक्त हो हरिगुण गाता हूँ ॥५॥

गुरु की सेवा से (मैंने) अपने आप को पहचान लिया है और आनन्ददायक अमृत नाम (मेरे मन में) बस गया है। मैं निरन्तर (गुरु की वाणी) और नाम में अनुरक्त हूँ ॥६॥

मेरा प्रभु जब नाम में लगाता है, तभी कोई नाम में लगता है। (यदि कोई) अहंकार को मारता है, (तभी वह) (गुरु के) शब्द में जगता है (अन्यथा सांसारिक मोह में सोता रहता है)। (जो परमात्मा में अनुरक्त हैं),(उन्हें) यहाँ, वहाँ और आगे (परलोक में) सदैव सुख (प्राप्त होता) है ॥७॥

मन चंचल है, (अतएव परमात्मा से मिलने की) विधि नहीं जानता। मनमुख मैला होता है, (अतएव गुरु के) शब्द को नहीं पहचान सकता। गुरु की शिक्षा द्वारा (शिष्य) निर्मल नाम की व्याख्या करता है ॥८॥

(मैं) हरी जी के आगे प्रार्थना करता हूँ कि साधु-जन की संगति में (मेरा) निवास हो परमात्मा के नाम का प्रकाश (समस्त) कल्मषों (पापों) और दुःखों को काट देता है ॥९॥

विचार करके (शुभ) आचारों की प्राप्ति हो गई और सदगुरु के वचनों द्वारा (मैंने) एक (परमात्मा) को जान लिया। नानक कहते हैं कि रामनाम में (मेरा) मन अनुरक्त हो गया है ॥१०॥७॥

[८]

मनु मैगलु साकतु देवाना। बनखंडि माइआ मोहि हैराना ॥
इत उत जाहि काल के चापे। गुरमुखि खोजि लहै घरु आपे ॥१॥

बिनु गुर सबदै मनु नही ठउरा।
सिमरहु राम नामु अति निरमलु अवर तिआगहु हउमै कउरा ॥१॥रहाउ॥

इहु मनु मुगधु कहहु किउ रहसी। बिनु समझे जम का दुखु सहसी ॥
आपे बखसे सतिगुरु मेलै। कालु कंटक मारे सचु पेलै ॥२॥

इहु मनु करमा इहु मनु धरमा। इहु मनु पंच ततु ते जनमा।
साकतु लोभी इहु मनु मूड़ा। गुरमुखि नामु जपै मनु रूड़ा ॥३॥

गुरमुखि मनु असथाने सोई। गुरमुखि त्रिभवणि सोझी होई ॥
इहु मनु जोगी भोगी तपु तापै। गुरमुखि चीन्है हरि प्रभु आपै ॥४॥

मनु बैरागी हउमै तिआगी। घटि घटि मनसा दुबिधा लागी ॥
राम रसाइणु गुरमुखि चाखै। दरि घरि महली हरि पति राखै ॥५॥

इहु मनु राजा सूर संग्रामि। इहु मनु निरभउ गुरमुखि नामि।
मारे पंच अपुनै वसि कीए। हउमै ग्रासि इकतु थाइ कीए ॥६॥

गुरमुखि राग सुआद अन तिआगे। गुरमुखि इहु मनु भगती जागे ॥
अनहद सुणि मानिआ सबदु वीचारी। आतमु चीन्हि भए निरंकारी ॥७॥

इहु मनु निरमलु दरि घरि सोई। गुरमुखि भगति भाउ धुनि होई ॥
अहिनिसि हरि जसु गुरपरसादि। घटि घटि सो प्रभु आदि जुगादि ॥८॥

राम रसाइणि इहु मनु राता। सरब रसाइणु गुरमुखि जाता ॥
भगति हेतु गुर चरण निवासा। नानक हरि जन के दासनि के दासा ॥९॥८॥

(यह) मन हाथी, शाक्त और दीवाना है और माया के वनखण्ड में मोहित होकर हैरान (फिरता है)। काल का दबाया हुआ (यह मन) इधर-उधर फिरता है। गुरु की शिक्षा द्वारा (मन) अपने (वास्तविक) घर को प्राप्त कर लेता है ॥१॥

बिना गुरु के शब्द के मन को कहीं भी ठौर नहीं प्राप्त होता। (हे भाई) अत्यन्त निर्मल रामनाम का स्मरण करो और कड़वे अहंकार को त्याग दो ॥१॥ रहाउ ॥

यह मन अनजान (मूर्ख) है, (भला) बताओ यह कैसे सुखी होगा ? बिना (सत्य परमात्मा को) समझे यम का दुःख सहना पड़ेगा। (परमात्मा) स्वयं ही (जीव को) क्षमा करके सदगुरु से मिलाता है। (सदगुरु) सत्य (परमात्मा) की प्रेरणा से कण्टक के समान (दुःखदायी) काल को मार डालता है ॥२॥

यह मन जो पंच तत्वों से उत्पन्न हुआ है, (शुभ और मंद) कर्म करनेवाला और धर्म (इत्यादि) करनेवाला है। यह मूर्ख मन शाक्त (माया का उपासक) और लोभी है। (किन्तु यही मूढ़ मन) गुरु की शिक्षा द्वारा नाम जप कर सुन्दर हो जाता है ॥३॥

गुरु की शिक्षा द्वारा यही (मन) (अपने वास्तविक) स्थान को (प्राप्त कर लेता है) और गुरु की शिक्षा द्वारा ही (इसे) त्रिभुवन की समझ आ जाती है। यह मन योगी, भोगी और तप तपनेवाला है और यह गुरु द्वारा प्रभु हरी को पहचान लेता है ॥४॥

(शिष्य का) मन वैरागी और अहंकार को त्यागने वाला होता है। प्रत्येक घट में इच्छा और दुबिधा लगी हुई है। (शिष्य) गुरु की शिक्षा द्वारा राम-रसायन का आस्वादन करता है, (जिस कारण) हरी (राजा), महल का स्वामी (अपने) दरवाजे और घर पर (शिष्य की) प्रतिष्ठा रखता है ॥५॥

यह मन राजा है और संग्राम में शूरवीर है। यह मन गुरु की शिक्षा द्वारा नाम (प्राप्त करके) निर्भय हो जाता है, पंच कामादिकों को मार कर अपने वश में कर लेता है और अहंकार को ग्रस कर एक स्थान में (केन्द्रीभूत करके) बाँध देता है ॥६॥

गुरु की शिक्षा द्वारा यह मन अन्य (अन) रागों और रसों को त्याग देता है और भक्ति में जग जाता है। (यह मन) (गुरु के) शब्द पर विचार करके अनाहत (शब्द) सुनने लगता है और शान्त हो जाता है तथा आत्म-साक्षात्कार करके निरंकारी हो जाता है ॥ ७ ॥

उस हरी के दरवाजे और घर में (रहकर) यह मन निर्मल हो जाता है। गुरु द्वारा (इसे) भक्ति, प्रेम (और नाम की) ध्वनि प्राप्त होती है। गुरु की कृपा द्वारा (यह) अहर्निश हरि के यश (के गान में) लग जाता है और (उसे) आदि काल युग-युगान्तरों तथा घट-घट में वही प्रभु (दिखाई पड़ने लग जाता है) ॥ ८ ॥

राम-रसायन (का आस्वादन करके) यह मन मतवाला (हो जाता है)। सब के रसायन (हरी) को गुरु द्वारा समझ लिया जाता है। भक्ति (की प्राप्ति) के हेतु गुरु के चरणों को (अपने मन में) स्थान दिया है। नानक कहते हैं कि (मैं) हरि के दासों का दास हो गया हूं ॥ ९ ॥ ८ ॥

[९]

तनु बिनसै धनु का को कहीऐ। बिनु गुर रामु नामु कत लहीऐ।
राम नाम धनु संगि सखाई। अहिनिसि निरमलु हरि लिव लाई ॥१॥

राम नाम बिनु कवनु हमारा ।
सुख दुख सम करि नामु न छोडउ आपे बखसि मिलावणहारा ॥१॥रहाउ॥
कनिक कामनी हेतु गवारा । दुबिधा लागे नामु विसारा ॥
जिसु तूं बखसहि नामु जपाइ । दूतु न लागि सकै गुन गाइ ॥२॥
हरि गुरु दाता राम गुपाला । जिउ भावै तिउ राखु दइआला ॥
गुरमुखि रामु मेरै मनि भाइआ । रोग मिटे दुखु ठाकि रहाइआ ॥३॥
अवरु न अउखधु तंत न मंता । हरि हरि सिमरणु किलविख हंता ॥
तूं आपि भुलावहि नामु विसारि । तूं आपे राखहि किरपा धारि ॥४॥
रोगु भरमु भेद मनि दूजा । गुर बिनु भरमि जपहि जपु दूजा ॥
आदि पुरख गुर दरसन देखहि । विणु गुर सबदै जनमु कि लेखहि ॥५॥
देखि अचरजु रहे बिसमादि । घटि घटि सुर नर सहज समाधि ॥
भरिपुरि धारि रहे मन माही । तुम समसरि अवरु को नाही ॥६॥
जा की भगति हेतु मुखि नामु । संत भगत की संगति रामु ॥
बंधन तोरे सहजि धिआनु । छूटै गुरमुखि हरि गुर गिआनु ॥७॥
ना जमदूत दूखु तिसु लागै । जो जनु रामनामि लिव जागै ॥
भगति वछलु भगता हरि संगि । नानक मुकति भए हरि रंगि ॥८॥६॥

शरीर के नष्ट होने पर धन किसका कहा जाय ? बिना गुर के राम नाम (रूपी धन) किस प्रकार प्राप्त किया जाय ? राम नाम (रूपी) धन ही (अन्तिम समय का साथी) है। (साधक) अहर्निश हरि में लिव (एकनिष्ठ ध्यान) लगा कर पवित्र हो जाता है ॥ १ ॥

राम नाम के बिना हमारा कौन (दूसरा) है ? (मैं) दुःख-सुख को समान समझ कर नाम को नहीं छोड़ता हूं; (प्रभु) क्षमा करके स्वयं ही अपने मे मिलानेवाला है ॥ १ ॥ रहाउ ॥

गंवार व्यक्ति ने कामिनी और काञ्चन के निमित्त दुबिधा में पड़कर नाम को भुला दिया है। (हे प्रभु), जिसे तू देता है, (उसी से) (अपना) नाम जपाता है। (तेरे गुणों का) गान करने से यमदूत नही लग सकते ॥ २ ॥

हरी ही दाता गुरु है, (वही) राम, गोपाल है। हे दयालु (प्रभु) जैसा तुझे अच्छा लगे, वेसा (मुझे) रख। गुरु के उपदेश द्वारा 'राम' मेरे मन को अच्छे लगने लगे हैं। (इसी कारण) (समस्त मानसिक) रोग मिट गए हैं और दुःख भी समाप्त हो गए हैं ॥ ३ ॥

कल्मष (पाप) को हरण करनेवाले हरि-स्मरण (के अतिरिक्त) न और कोई औषधि है, न तंत्र है और न मंत्र है। (हे प्रभु), तू नाम विस्मृत करा कर अपने आप को भुला देता है। तू ही कृपा करके (भक्तों की) रक्षा करता है ॥ ४ ॥

(यदि) मन में (हरी के बिना) द्वैतभाव है (तो मनुष्य के) रोग और भ्रम (बने रहते हैं)। गुरु के बिना भ्रम में पड़कर (वे) द्वैत का जप करते रहते हैं। गुरु का दर्शन करने से आदि पुरुष (परमात्मा) का दर्शन हो जाता है। बिना गुरु के शब्द के जन्म किस लेखे में है ? ॥ ५ ॥

(परमात्मा के) आश्चर्य को देख कर (भक्तगण) आश्चर्यान्वित हो गए। घट घट में देवताओं और मनुष्यों (अन्तर्गत) सहज समाधि (लग गई)। (हे हरी) सर्वव्यापी (भरपूर)

हो कर स्वयं ही (सब के) मन में स्थित हो कर (सभी को) धारण कर रहे हो (संभाल रहे हो) तुम्हारे समान और कोई नहीं है ॥ ६ ॥

जिसकी भक्ति के निमित्त मुख से नाम जपा जाता है, वह 'राम' संत-भक्तों की संगति में (प्राप्त होता है) । (हरी का) सहज ध्यान (माया के) बंधनों को तोड़ देता है । गुरु द्वारा प्राणी हरी का ज्ञान प्राप्त करके मुक्त हो जाता है ॥ ७ ॥

जो पुरुष रामनाम के लिव (एकनिष्ठ ध्यान) में जगता है, उसे यमदूत के दुःख नहीं लगते । भक्त-वत्सल हरी (अपने) भक्तों के साथ ही रहता है । नानक कहते हैं (कि जो व्यक्ति) हरि के रंग में रंगे हैं, (वे) मुक्त (हो जाते) हैं ॥ ८ ॥ ६ ॥

[१०]

इकतुकी

गुरु सेवे सो ठाकुर जानै । दूखु मिटै सचु सबदि पछानै ॥१॥
रामु जपहु मेरी सखी सखैनी । सतिगुरु सेवि देखहु प्रभु नैनी ॥१॥रहाउ॥
बंधन मात पिता संसारि । बंधन सुत कंनिआ अरु नारि ॥२॥
बंधन करम धरम हउ कीआ । बंधन पुतु कलतु मनि बीआ ॥३॥
बंधन किरखी करहि किरसान । हउमै डंनु सहै राजा मंगै दान ॥४॥
बंधन सउदा अणवीचारी । तिपति नाही माइआ मोह पसारी ॥५॥
बंधन साह संचहि धनु जाइ । बिनु हरि भगति न पवई थाइ ॥६॥
बंधन बेदु बादु अहंकार । बंधनि बिनसै मोह विकार ॥७॥
नानक राम नाम सरणाई । सतिगुरि राखे बंधु न पाई ॥८॥१०॥

(जो) गुरु की सेवा करता है, वह ठाकुर (स्वामी, परमात्मा) को जान जाता है । (वह) (गुरु के) शब्द द्वारा सत्य (परमात्मा) को पहचान लेता है (और उसका) दुःख मिट जाता है ॥ १ ॥

(हे) मेरी सखी-सहेलियों राम का जप करो; सद्गुरु की सेवा करके प्रभु को (अपने) नेत्रों से देखो ॥ १ ॥ रहाउ ॥

सांसारिक माता-पिता बंधन हैं । [अथवा, संसार में माता-पिता बंधन हैं] । पुत्र, कन्या और स्त्री भी बन्धन हैं ॥ २ ॥

अहंकार में किए हुए (सारे) कर्म, धर्म भी बंधन हैं । (यदि) मन में द्वैत भाव है, (तो) पुत्र-कलत्र बंधन हैं ॥ ३ ॥

किसान बंधन में ही कृषि करते हैं । अहंकार (के कारण मनुष्य) दण्ड सहता है और राजा दान (धन, माल) माँगता है ॥ ४ ॥

विवेकहीन सौदा बंधन है । माया, मोह के प्रसार में तृप्ति नहीं मिलती ॥ ५ ॥

साहु धन-संचय करते हैं, यह बंधन है, (क्योंकि) जानेवाला है । बिना हरि-भक्ति के (परमात्मा के यहाँ) स्थान नही प्राप्त होता है ॥ ६ ॥

अहंकार से वेद-पाठ और वाद-विवाद बंधन हैं । मोह के विकार के कारण (मनुष्य) बंधन में (पड़कर) नष्ट हो जाता है ॥ ७ ॥

नानक कहते हैं कि रामनाम की शरण में (जाने से) और सद्गुरु द्वारा रक्षा करने पर, (मनुष्य) बंधन में नहीं पड़ता ॥ ८ ॥ १० ॥

१ओं सतिगुर प्रसादि ॥ अटपदीआ, घरु ३ ॥

[११]

जिन सिरि सोहनि पटीआ मांगी पाइ संधूर ।
से सिर काती मुंनीअन्हि गल विचि आवै धूड़ि ।
महला अंदरि होदीआ हुणि बहणि न मिलन्हि हदूरि ॥१॥
आदेसु बाबा आदेसु ॥
आदि पुरख तेरा अंतु न पाइआ करि करि देखहि वेस ॥१॥रहाउ॥
जदहु सीआ वीआहीआ लाड़े सोहनि पासि ।
हीडोली चड़ि आईआ दंद खंड कीते रासि ॥
उपरहु पाणी वारीऐ झले झिमकनि पासि ॥२॥
इकु लखु लहन्हि बहिठीआ लखु लहन्हि खड़ीआ ।
गरी छुहारे खांदीआ माणन्हि सेजड़ीआ ॥
तिन्ह गलि सिलका पाईआ तुटन्हि मोतसरीआ ॥३॥
धनु जोबनु दुइ वैरी होए जिन्ही रखे रंगु लाइ ।
दूता नो फुरमाइआ ले चले पति गवाइ ॥
जे तिसु भावै दे वडिआई जे भावै देइ सजाइ ॥४॥
अगो दे जे चेतीऐ तां काइतु मिलै सजाइ ।
साहां सुरति गवाईआ रंगि तमासै चाइ ॥
बाबरवाणी फिरि गई कुइरु न रोटी खाइ ॥५॥
इकना वखत खुआईअहि इकन्हा पूजा जाइ ।
चउके विणु हिंदवाणीआ किउ टिके कढहि नाइ ॥
रामु न कबहू चेतिओ हुणि कहणि न मिलै खुदाइ ॥६॥
इकि घरि आवहि आपणै इकि मिलि मिलि पुछहि सुख ।
इकन्हा एहो लिखिआ बहि बहि रोवहि दुख ॥
जो तिसु भावै सो थीऐ नानक किआ मानुख ॥७॥११॥

विशेष : ११ वीं और १२ वीं अष्टपदियों में बाबर के आक्रमण का जिक्र है। बाबर ने सन् १५२१ ई० में ऐमनाबाद पर आक्रमण किया। इन आक्रमणों में स्त्रियों एवं तत्कालीन शासकों के भोगों और ऐश्वर्यों का वर्णन है और यह भी बताया गया है कि भोग कितने क्षणभंगुर और असार हैं। अतएव परमात्मा के भजन में लगना चाहिए।

अर्थ :—जिन (स्त्रियों) के सिर की माँग में पट्टी थी और उस मांग में (शृंगार के लिए) सिन्दूर डाला गया था, (उनके) उन सिरों (की केशराशि) कैंची से मूँड़ दी गई है

श्रौर धूल उड़-उड़ कर (उनके गले तक पहुँचती हैं । (जो) महलों के श्रंतर्गत निवास करती थीं, (उन्हें) श्रब बाहर (सारे लोगों के) समीप बैठने का स्थान भी नहीं मिलता है ॥ १ ॥

हे बाबा, नमस्कार है, (तुझे) नमस्कार है। हे श्रादि पुरुष (परमात्मा), तेरा श्रन्त नहीं पाया जाया जाता, (तू) नाना भाँति के वेश धारण कर देखता है ॥ १ ॥

(वे स्त्रियाँ) विवाहिता थीं श्रौर (श्रपने) प्यारे (पतियों) के पास सुशोभित थीं । (वे) (उन) पालकियों में बैठ कर श्राई थीं, (जो) हाथीदाँत के टुकड़ों से जड़ी थीं। (उन स्त्रियों के) ऊपर पानी छिड़का जाता था (श्रौर हीरे-मोती से) जड़े हुए पंखे (उनके) पास चमकते थे ॥ २ ॥

एक लाख (रुपये) तो उनके खड़े होने पर (न्यौछावर किए जाते थे) श्रौर एक लाख रुपये उनके बैठने पर [श्रर्थात् उन स्त्रियों के ऊपर रुपयों की वर्षा होती थी । उनके उठने-बैठने पर लाख-लाख रुपये न्योछावर किए जाते थे] । (जो स्त्रियाँ) गरी-छुहारे खाती थीं श्रौर सेजों पर रमण करती थीं, (उनके) गले में रस्सी पड़ी हुई श्रौर (उनकी) मोती की लड़ियाँ टूट रही हैं ॥ ३ ॥

धन श्रौर यौवन दोनों ही (उन स्त्रियों के) वैरी सिद्ध हुए, (क्योंकि उन्होंने) श्रपने रंग में (उन स्त्रियों को) लगा रक्खा था। (जब परमात्मा की) श्राज्ञा हुई, तब यम-दूतों (निर्दयी श्रौर क्रूर सिपाहियों) को हुक्म हुश्रा (श्रौर वे उन स्त्रियों की) प्रतिष्ठा गँवा कर लेकर चल पड़े । (श्रतएव) यदि उसे (परमात्मा को) श्रच्छा लगता है, (तो वह) बड़प्पन देता है श्रौर यदि (उसे) श्रच्छा लगता है, (तो वह) सजा देता है ॥ ४ ॥

यदि पहले से ही सचेत हुए होते (परमात्मा का स्मरण किए होते) तो क्यों सजा मिलती ? (तत्कालीन राज्य करनेवालों) राजाश्रों ने रंग श्रौर तमाशों के चाव में (श्रपने कर्त्तव्य का) स्मरण गँवा दिया, (श्रर्थात्, डटकर बाबर का न तो मुकाबला किया श्रौर न प्रजा की ही रक्षा की) । (इसी कारण) (श्रब) बाबर की दुहाई (श्राज्ञा) हो गई है, (जिसके फलस्वरूप) कुमारों को भी रोटियाँ खाने को (नहीं मिलती है) ॥ ५ ॥

एक (मुसलमानों) के (नमाज़ का) वक्त खो गया है (नष्ट हो चुका है) श्रौर एक (हिन्दुश्रों की) पूजा भी जाती रही । बिना चौके के हिन्दू-स्त्रियाँ कैसे स्नान करें, चंदन लगावें (श्रौर पूजा करें) ? जिन (व्यक्तियों ने) कभी राम (नाम) नहीं चेता था, (वे ही श्रब मुसलमानों को प्रसन्न करने के लिए) 'खुदा' (शब्द) कहते हैं, (फिर भी जालिम) उन्हें 'खुदा' भी नहीं कहने देते ॥ ६ ॥

(जिन स्त्रियों के पति जीवित) (श्रपने) घर लौट श्राए हैं, (उनसे उनकी स्त्रियाँ) मिल-मिल कर कुशल-मंगल (सुख) का समाचार पूछती हैं । कोई कोई (स्त्रियाँ, जिनके पतियों को बाबर के नृशंस सिपाहियों ने मार डाला है), (उनके) (भाग्य में) यही लिखा है कि वे बैठ-बैठ कर (जीवन पर्यन्त श्रपने दुःखों पर) रोती रहें । नानक कहते हैं कि जो उसे (परमात्म को) श्रच्छा लगता है, वही होता है; मनुष्य का क्या (सामर्थ्य है) ? ॥ ७ ॥ ११ ॥

[१२]

कहा सु खेल तबेला घोड़े कहा भेरी सहनाई ।
कहा सु तेगबंद गाडेरड़ि कहा सु लाल कवाई ॥

कहा सु आरसीआ मुह बंके ऐथै दिसहि नाही ॥१॥
इहु जगु तेरा तू गोसाई ।
एक घड़ी महि थापि उथापे जरु वंडि देवै भांई ॥१॥रहाउ॥
कहा सु घर दर मंडप महला कहां सु बंक सराई ।
कहा सु सेज सुखाली कामणि जिसु वेखि नीद न पाई ।
कहा सु पान तंबोली हरमा होईआ छाई माई ॥२॥
इसु जरि कारणि घणी विगुती इनि जर घणी खुआई ।
पापा बाझहु होवै नाही मुइआ साथि न जाई ॥
जिस नो आपि खुआए करता खुसि लए चंगिआई ॥३॥
कोटी हू पीर वरजि रहाए जा मीरु सुणिआ धाइआ ।
थान मुकाम जले बिज मंदर मुछि मुछि कुइर रुलाइआ ॥
कोई मुगलु न होआ अंधा किनै न परचा लाइआ ॥४॥
मुगल पठाणा भई लड़ाई रण महि तेग वगाई ।
ओन्ही तुपक ताणि चलाई ओन्ही हसति चिड़ाई ॥
जिन्ह की चीरी दरगह फाटी तिन्हा मरणा भाई ॥५॥
इक हिंदवाणी अवर तुरकाणी भटिआणी ठकुराणी ।
इकन्हा पेरण सिर खुर पाटे इकन्हा वासु मसाणी ॥
जिन्ह के बंके घरी न आइआ तिन्ह किउ रैणि विहाणी ॥६॥
आपे करे कराए करता किस नो आखि सुणाईऐ ॥
दुखु सुखु तेरे भाणै होवै किसथै जाइ रूआईऐ ॥
हुकमी हुकमि चलाए विगसै नानक लिखिआ पाईऐ ॥७॥१२॥

(तुम्हारे) वे खेल, अस्तबल, घोड़े कहाँ हैं ? तुम्हारे नगाड़े और शहनाइयाँ (भी नहीं दिखाई पड़ रही हैं), (वे) कहाँ हैं ? तलवारों की म्यानें तथा रथ कहाँ हैं ? वे लाल (आकर्षक और रोबीली) वर्दियाँ कहाँ हैं ? वे दर्पण और वे सुन्दर मुख कहाँ हैं ? यहाँ तो नहीं दिखाई पड़ रहे हैं ॥ १ ॥

(हे हरि) यह जगत् तेरा है, तू ही (इसका) स्वामी है । एक घड़ी भर में तू इसे स्थापित करता है (और फिर) नष्ट करता है । (तू अपने इच्छानुसार) सुवर्ण (दौलत) भाइयों को बाँट देता है ॥ १ ॥ रहाउ ॥

(तुम्हारे) वे घर, दरवाजे, मंडप (और) महल कहाँ हैं ? (वे) सुन्दर सरायं कहाँ हैं ? जिसे देख कर नींद नहीं पड़ती थी, (वह) सुखदायनी सेज (और उसे सुशोभित करनेवाली) कामिनी कहाँ हैं ? वे पान (देनेवाली) तमोलिनें और परदों में रहनेवाली स्त्रियाँ कहाँ हैं ? (वे सब) माया की छाया (के समान) (विलीन हो गई हैं) ॥ २ ॥

इस सोने (दौलत) के कारण बहुत से लोग नष्ट हो गए (और) बहुत से इसी दौलत के कारण (कुमार्ग में पड़ कर) विलीन हो गए । (यह धन) बिना पाप किए आता नहीं और मरने पर साथ भी नहीं जाता । जिसे (हरि) स्वयं नष्ट करना चाहता है, (उसकी) अच्छाइयों को बलात् ले लेता है ॥ ३ ॥

जब (हिन्दुस्तान के निवासियों ने) मीर (बाबर) को (चढ़कर) दौड़ते हुए सुना (तो) करोड़ों पीरों ने उसे रोकने के लिए (टोने-टोटके किए)। (किन्तु उन टोने-टोटकों का कुछ भी परिणाम न निकला) (और बड़े-बड़े) स्थान तथा निवास स्थान और वज्र के समान (सुदृढ़) महल जल गए; टुकड़े टुकड़े करके शाहजादे (कुंवर) (मिट्टी में) मिला दिए गए। (पीरों के) (कागज के) परचों से (जिन पर टोने-टोटके लिखे गए थे), कोई भी मुगल अंधा नहीं हुआ, (अर्थात् टोने-टोटकों से मुगलों का कुछ भी बाल-बाँका नहीं हुआ) ॥ ४ ॥

मुग़लों और पठानों में (भयानक) लड़ाई हुई। रण में तलवारें (खूब) चलाई गई। उन्होंने (मुग़लों ने) तान-तान कर तुपकें चलाईं और उन्होंने (पठानों ने) हाथी उत्तेजित कर के (चिढ़ा कर) आगे बढ़ाया। जिनकी चिट्ठी (परमात्मा के) दरबार से फाड़ दी गई थी, अरे भाई, उनका मरना (आवश्यक हो गया)। [पंजाब में यह प्रथा प्रचलित है कि मौत के खबर की चिट्ठी का सिर फाड़ दिया जाता है]। ॥ ५ ॥

(जिन स्त्रियों की दुर्दशा मुग़लों ने की, उनमें से) कुछ तो हिन्दुवानियाँ, कुछ तुरकानियाँ, कुछ भाटिनें (भट्टों की स्त्रियाँ) और कुछ ठकुरानियाँ थीं। (इनमें से) कुछ स्त्रियों (तुरकानियों) के (बुरके) सिर से पैर तक फाड़ दिए गए, (और) कुछ को (हिन्दू स्त्रियों को) श्मशान में निवास मिला (अर्थात् मार डाली गई)। जिन (स्त्रियों) के सुन्दर (पति) घर नहीं लौटे, उन (बेचारियों) ने (अपनी) रातें किस प्रकार काटीं ? ॥ ६ ॥

कर्त्ता (प्रभु) स्वयं ही करता और कराता है; (उसकी बातें) किससे कह कर सुनाई जायँ ? (हे प्रभु), दुःख-सुख (सब) तेरी ही आज्ञा से होते हैं; (अतएव) किसके पास जाकर रोया जाय ? वह हुक्म का स्वामी (हरी) (सभी को) (अपने) हुक्म में चलाता है और विकसित होता है; नानक कहते हैं (कि जो कुछ उसका) लिखा होता है, (वही) प्राप्त होता है ॥ ७ ॥ १२ ॥

ੴ सतिगुर प्रसादि ॥ आसा काफी, महला १, घरु ८ ॥

असटपदीआ [१३]

जैसे गोइलि गोइली तैसे संसारा।
कूड़ु कमावहि आदमी बांधहि घरबारा ॥१॥
जागहु जागहु सूतिहो चलिआ वणजारा ॥१॥रहाउ॥
नीत नीत घर बांधीअहि जे रहणा होई।
पिंडु पवै जीउ चलसी जे जाणै कोई ॥२॥
ओही ओही किआ करहु है होसी सोई।
तुम रोवहुगो ओस नो तुम्ह कउ कउणु रोई ॥३॥
धंधा पिटिहु भाई हो तुम्ह कूड़ु कमावहु।
ओहु न सुणही कतही तुम्ह लोक सुणावहु ॥४॥

जिस ते सुता नानका जागाए सोई ।
जे घरु बूझै आपणा तां नीद न होई ॥५॥

जे चलदा लै चलिआ किछु संपै नाले ।
ता धनु संचहु देखि कै बूझहु बीचारे । ६॥

वणजु करहु मखसूद लैहु मत पछोतावहु ।
अउगण छोडहु गुण करहु ऐसे ततु परावहु ॥७॥

धरम भूमि सतु बीजु करि ऐसी किरस कमावहु ।
तां वापारी जाणीअहु लाहा लै जावहु ॥८॥

करमु होवै सतिगुरु मिलै बूझै बीचारा ।
नामु वखाणै सुणे नामु नामे बिउहारा ॥९॥

जिउ लाहा तोटा तिवै वाट चलदी आई ।
जो तिसु भावै नानका साई वडिआई ॥१०॥१३॥

जिस प्रकार चारागाह में ग्वाला (थोड़े समय के लिए होता है और वह मालिक नहीं होता), इसी प्रकार संसार हैं। (संसार के) आदमी (बड़े यत्नपूर्वक) (अपना) घर बार बनाते हैं, (पर यह सब) झूठ (व्यर्थ) ही कर रहे हैं ॥ १ ॥

ऐ सोनेवाले जगो, जगो; वनजारा चला गया है ॥ १ ॥ रहाउ ॥

यदि (इस संसार में) सदैव रहना हो, तभी नित्य रहनेवाले घर का निर्माण किया जाय। यदि कोई (विवेकी होकर) समझे, तो (वास्तविक बात यह है कि) शरीर ढह जायगा और आत्मा चला जायगा ॥ २ ॥

(अरे मनुष्य), 'ओफ, ओफ', (हाय हाय) क्यों कर रहे हो ? (परमात्मा ही) (वर्तमान में) है और (भविष्य में) रहेगा ; (उसी का किया हुआ सब कुछ होता है)। तुम तो उस (मृत प्राणी) के लिए रोते हो, (किन्तु भला बताओ) तुम्हारे लिए कौन रोयेगा ? ॥ ३ ॥

(हे) भाई, तुम झूठ में प्रवृत्त होकर, व्यर्थ ही सिर पीट कर (कष्ट पा रहे हो)। वह (मृत व्यक्ति) किसी भी प्रकार (तुम्हारे रोने-धोने को) नहीं सुन सकता, तुम संसार को (यह सब रोना-चिल्लाना) सुना रहे हो ॥ ४ ॥

नानक कहते हैं कि जिस (परमात्मा के) द्वारा (वह) (अज्ञान में) सुलाया गया है, वही उसे (ज्ञान में) जगा सकता है। जो मनुष्य (अपने वास्तविक) घर को पहचान लेता है, उसे फिर (मोह) निद्रा नहीं आती है ॥ ५ ॥

जो (प्राणी) (इस संसार से) चलते हुए (अपने) साथ कुछ (पारमार्थिक) सम्पत्ति ले कर चलता है, (उसकी उस सम्पति को) देख कर, उसी धन का संग्रह करो (और उसी सत्य-धन के ऊपर) विचार कर, समझने (की चेष्टा करो) ॥ ६ ॥

(हे साधक, तुम) (सत्य धन) का व्यापार करो, (और अपने) प्रयोजन, लक्ष्य को (सिद्ध करो); (यहाँ) पछताओ मत। अवगुणों का त्याग करो और गुणों को (ग्रहण) करो; इस प्रकार (परमात्मा रूपी) तत्व को प्राप्त करो ॥ ७ ॥

धर्म को भूमि बनाओ (और) सत्य का बीज (बोओ); इस प्रकार की कृषि करो। तभी (तुम) (सच्चे) व्यापारी जाने जाओगे और लाभ लेकर जाओगे ॥ ८ ॥

(यदि परमात्मा की) कृपा हो, तभी सद्गुरु मिलता है और तभी (वह) विचार समझता है, नाम की व्याख्या करता है, नाम ही सुनता है और नाम का ही व्यवहार करता है ॥ ९ ॥

जिस प्रकार लाभ (सुख) होता है, उसी प्रकार नुकसान (दुःख) भी होता है; यही परम्परा चलती आई है। हे नानक, जो कुछ उसे अच्छा लगता है, वही बड़ाई है ॥ १० ॥ १३ ॥

[१४]

चारे कुंडा ढूढीआ को नीम्ही मैडा।
जो तुधु भावै साहिबा तू मैं हउ तैडा ॥१॥
दरु बीभा मै नीम्हि को कै करी सलामु।
हिको मैडा तू धणी साचा मुखि नामु ॥१॥रहाउ॥
सिधा सेवनि सिध पीर मागहि रिधि सिधि।
मै इकु नामु न वीसरै साचे गुर बुधि ॥२॥
जोगी भोगी कापड़ी किआ भवहि दिसंतर।
गुर का सबदु न चीन्हही ततु सारु निरंतर ॥३॥
पंडित पाधे जोइसी नित पड़हि पुराणा।
अंतरि वसतु न जाणनी घटि ब्रहमु लुकाणा ॥४॥
इकि तपसी बन महि तपु करहि नित तीरथ वासा।
आपु न चीनहि तामसी काहे भए उदासा ॥५॥
इकि बिंदु जतन करि राखदे से जती कहावहि।
बिनु गुर सबद न छूटही भ्रमि आवहि जावहि ॥६॥
इकि गिरही सेवक साधिका गुरमती लागे।
नामु दानु इसनानु दृढ़ु हरि भगति सु जागे ॥७॥
गुर ते दरु घरु जाणीऐ सो जाइ सिञाणै।
नानक नामु न वीसरै साचे मनु मानै ॥८॥१४॥

(हे प्रभु) (मैंने) चारों ओर ढूंढ़ा, (किन्तु मुझे यह ज्ञात हुआ कि) मेरा कोई नहीं है। हे साहब, यदि तुझे अच्छा लगे, (तो मैं बताऊंगा) कि तू मेरा है और मैं तेरा हूँ ॥ १ ॥

(तुझे छोड़कर) मेरे लिए (और कोई) दरवाजा नहीं है; (भला बताओ, मैं तुझे छोड़कर) और किसे सलाम करूं ? मेरा एक तू ही धनी (मालिक) है तेरा सच्चा नाम (मैं) मुख से जपता हूँ ॥ १ ॥ रहाउ ॥

(बहुत से लोग) सिद्ध, पीर (बनने के लिए) सिद्धों की सेवा करते हैं (और) ऋद्धि-सिद्धि (आदिक शक्तियाँ) माँगते हैं। (किन्तु, हे प्रभु), (मेरी यही माँग है कि) सच्चे गुरु की दी हुई बुद्धि द्वारा मुझे एक तेरा नाम कभी न भूले ॥ २ ॥

योगी, भोगी (तथा अन्य) वेशभूषा धारणकरने वाले (फकीर) किस निमित्त देश-देशान्तरों में भ्रमण करते रहते हैं ? (वे लोग) न तो गुरु के शब्द को पहचानते हैं और न एकरस (निरन्तर) सार तत्त्व (परमात्म-तत्त्व) को ही (पहचानते हैं) ॥ ३ ॥

पंडित, पढ़ानेवाले और ज्योतिषी नित्य पुराण पढ़ते हैं । (किन्तु वे लोग) हृदय में (स्थित) वस्तु तथा घट-घट में अन्तर्हित ब्रह्म को नहीं जानते हैं ॥ ४ ॥

कुछ तपस्वी वन में तप करते हैं और तीर्थ स्थानों में निवास करते हैं । (किन्तु वे) तमोगुणी अपने आप को नहीं पहचानते; (वे) किस लिए विरक्त हुए हैं ? ॥ ५ ॥

कुछ (लोग) वीर्य की यत्न से रक्षा करते हैं, वे यती कहलाते हैं । (किन्तु) बिना गुरु के शब्द के (वे) मुक्त नहीं होते; वे (संसार-चक्र में) भटक कर आते-जाते रहते हैं, (जन्मते-मरते रहते हैं) ॥ ६ ॥

कुछ गृहस्थी सेवक, गुरु द्वारा की गई बुद्धि में लगकर साधन सम्पन्न (होते हैं) (वे) नाम, दान और स्नान (की रहनी को) दृढ़ करके हरि की भक्ति में जग गए हैं ॥ ७ ॥

गुरु से ही (अपने वास्तविक) दरवाजे और घर (का पता) जाना जाता है, (जिसे) आगे जाकर मनुष्य प्राप्त कर लेता है । हे नानक, (यदि हरि का) नाम विस्मृत न हो (निरन्तर स्मरण रहे), तो सत्य (हरी) से मन मान जाता है (और शान्ति प्राप्त हो जाती है) । ॥ ८ ॥ १४ ॥

(१५)

मनसा मनहि समाइ ले भउजलु सचि तरणा ।
आदि जुगादि दइआलु तू ठाकुर तेरी सरणा ॥१॥
तू दातौ हम जाचिका हरि दरसनु दीजे ।
गुरमुखि नामु धिआईऐ मन मंदरु भीजै ॥१॥रहाउ॥
कूड़ा लालचु छाडीऐ तउ साचु पछाणै ।
गुर कै सबदि समाईऐ परमारथु जाणै ॥२॥
इहु मनु राजा लोभीआ लुभतउ लोभाई ।
गुरमुखि लोभु निवारीऐ हरि सिउ बणि आई ॥३॥
कलरि खेती बीजीऐ किउ लाहा पावै ।
मनमुखु सचि न भीजई कूड़ु कूड़ि गडावै ॥४॥
लालचु छोडहु अंधिहो लालचि दुखु भारी ।
साचौ साहिबु मनि वसै हउमै बिखु मारी ॥५॥
दुबिधा छोड़ि कुवाटड़ी मूसहुगे भाई ।
अहिनिसि नामु सलाहीऐ सतिगुर सरणाई ॥६॥
मनमुख पथरु सैलु है ध्रगु जीवणु फीका ।
जल महि केता राखीऐ अभ अंतरि सूका ॥७॥
हरि का नामु निधानु है पूरै गुरि दीआ ।
नानक नामु न वीसरै मथि अंमृतु पीआ ॥८॥१५॥

वासनाओं को मन में समाहित करके (लीन करके) सत्य के द्वारा संसार-सागर तरा जाता है। (हे प्रभु), तू प्रारम्भ से और युग-युगान्तरों से दयालु है, (तू) (मेरा) ठाकुर (स्वामी) हैं, (मैं) तेरी शरण में हूँ ॥ १ ॥

(हे प्रभु,) तू दाता है, हम (तेरे) याचक हैं, हे हरी , हमें दर्शन दे। गुरु कि शिक्षा द्वारा नाम का ध्यान करने से मन रूपी मंदिर (भक्ति से) भीज जाता है ॥ १ ॥ रहाउ ॥

(यदि साधक) झूठ और लालच त्याग दे तभी (वह) सत्य (परमात्मा) को पहचानता है। (यदि शिष्य) गुरु के शब्द में समाहित हो जाय (निमग्न हो जाय), तभी वह परमार्थ को जानता है ॥ २ ॥

यह मन (उस लोभी) राजा (के समान) है, (जो) लोभ में ललचता रहता है। गुरु की शिक्षा द्वारा लोभ का निवारण करो और हरि से (प्रीति) प्रगाढ़ कर लो ॥ ३ ॥

ऊसर भूमि (रेतीली जमीन) में (यदि) कृषि बोई जाय, तो क्या लाभ प्राप्त हो सकता है ? मनमुख सत्य से नहीं भीजता है, (द्रवीभूत नहीं होता)। वह झूठा है और झूठ में ही (अपने को) गाड़ता है ॥ ४ ॥

ऐ अन्धो, (मायाच्छन्न मनुष्यों) लालच छोड़ दो; लालच में (बहुत) भारी दुःख है। (यदि) सच्चा साहब (परमात्मा) मन में बसता है, (तो) अहंकार का विष मर जाता है ॥ ५ ॥

हे भाई, दुबिधा के कुमार्ग को छोड़ दो, (नहीं तो) लूट जाओगे। सद्गुरु की शरण में पड़कर अहर्निश नाम की स्तुति करो ॥ ६ ॥

मनमुख पत्थर की चट्टान है, (अर्थात् जड़ है); उसके नीरस (फीके) जीवन को धिक्कार है। (जिस प्रकार पत्थर की शिला को कितना ही) जल में रखा जाय, किन्तु (उसका) भीतरी भाग सूखा ही रहता है, (उसी प्रकार मनमुख को कितने ही सुन्दर उपदेश दिए जायं, किन्तु उसका) आभ्यन्तर (अन्तःकरण) शुष्क ही रहता है ॥ ७ ॥

हरि का नाम (समस्त सुखों, ऐश्वर्यों का) भाण्डार है; पूर्ण गुरु ने (इसे) प्रदान किया है। हे नानक, (जिन्हें) नाम नहीं विस्मृत होता है (वे ही इसे) मथ कर अमृत पीते हैं ॥ ८ ॥ १५ ॥

[१६]

चले चलणहार वाट वटाइआ ।
धंधु पिटे संसारु सचु न भाइआ ॥१॥
किआ भवीऐ का ढूढीऐ गुर सबदि दिखाइआ ।
ममता मोहु विसरजिआ अपनै घरि आइआ ॥१॥रहाउ॥
सचि मिलै सचिआरु कूड़ि न पाईऐ ।
सचे सिउ चितु लाइ बहुड़ि न आईऐ ॥२॥
मोइआ कउ किआ रोवहु रोइ न जाणहू ।
रोवहु सचि सलाहि हुकमु पछाणहू ॥३॥

हुकमी वजहु लिखाइ आइआ जाणीऐ ।
लाहा पलै पाइ हुकमु सिञाणीऐ ॥४॥
हुकमी पैधा जाइ दरगह भाणीऐ ।
हुकमे सिरि मार बंदि रबाणीऐ ॥५॥
लाहा सचि निआउ मनि वसाईऐ ।
लिखिआ पलै पाइ गरबु वञाइऐ ॥६॥
मनमुखीआ सिरि मार वादि खपाईऐ ।
ठगि मुठी कूड़िआर बंन्हि चलाईऐ ॥७॥
साहिबु रिदै वसाइ न पछोतावही ।
गुनहां बखसणहारु सबदु कमावहो ॥८॥
नानकु मंगै सचु गुरमुखि घालीऐ ।
मैं तुझ बिनु अवरु न कोइ नदरि निहालीऐ ॥९॥१६॥

चलनेवाले (मुसाफिर) (अपना) रास्ता अदल-बदल कर चलते रहते हैं। संसार (व्यर्थ के) प्रपंचों में पड़ा रहता है, (उसे) सत्य (परमात्मा) प्यारा नहीं लगता ॥ १ ॥

(तुम) क्यों (व्यर्थ) भटकते हो ? क्यों (व्यर्थ) ढूंढ़ते हो ? गुरु के शब्द द्वारा (परमात्मा ने अपने आप को) दिखा दिया है । (सच्चा शिष्य) ममता और मोह का विसर्जन करके (अपने वास्तविक) घर में आ गया है ॥ १ ॥ रहाउ ॥

सत्य परमात्मा सत्य द्वारा मिलता है, झूठ से नहीं पाया जाता है, (ऐ साधक), सत्य (परमात्मा) से ही चित्त लगाओ, (ताकि इस संसार में) फिर न आओ ॥ २ ॥

मृत व्यक्ति के लिए क्यों रोते हो ? (तुम) रोना भी नहीं जानते । सत्य (परमात्मा) की स्तुति करने में रोओ, (जिससे उसके) हुक्म को पहचान लो ॥ ३ ॥

(जो हरी के) हुक्म में तनख्वाह (भक्ति-दान) लिखा के आया है, (उसी का इस संसार में) आना (जन्म लेना) (सार्थक) समझो । (जो) (परमात्मा के) हुक्म को मानता है, (उसके) पल्ले (नाम रूपी) लाभ पड़ता है ॥ ४ ॥

(यदि हरी को) अच्छा लगे, तो हुक्म में ही (पुण्यात्मा) दरबार में प्रतिष्ठा के वस्त्र (सिरोपा) पहनता है और हुक्म के ही अंतर्गत (कुछ पापी मनुष्यों के) सिर पर परमात्मा के बन्दीखाने में मार पड़ती है ॥ ५ ॥

सत्य न्याय का वह लाभ मिलता है कि (परमात्मा को) मन में बसा लिया जाय । यदि अहंकार को गंवा दिया जाय, (तो परमात्मा द्वारा) लिखा हुआ (सुन्दर भाग्य) पल्ले पड़ता है ॥ ६ ॥

मनमुखों के सिर पर मार पड़ती है और झगड़े में ही (वे) खप जाते हैं । झूठी (दुनियाँ) ठगी जाकर लूटी जाती है (और) बाँध कर चलाई जाती है ॥ ७ ॥

(जो) साहब (परमात्मा) को (अपने) हृदय में बसाता है, उसे पछताना नहीं पड़ता । (यदि गुरु के) शब्द की कमाई की जाय, (तात्पर्य यह कि उस पर आचरण किया जाय), (तो हरी) (समस्त) गुनाहों (पापों) को क्षमा कर देता है ॥ ८ ॥

नानक (तो उस) सत्य को माँगता है (जो) गुरु की शिक्षा द्वारा कमाया जाता है। रे तो तेरे बिना और कोई नहीं है, (अपनी) कृपा-दृष्टि से मुझे देख ले ॥ ६ ॥ १६ ॥

[१७]

किआ जंगलु ढूढी जाइ मै घरि बनु हरीआवला।
सचि टिकै घरि आइ सबदि उतावला ॥१॥

जह देखा तह सोइ अवरु न जाणीऐ।
गुर की कार कमाइ महलु पछाणीऐ ॥१॥रहाउ॥

आपि मिलावै सचु ता मनि भावई।
चलै सदा रजाइ अंकि समावई ॥२॥

सचा साहिबु मनि वसै वसिआ मनि सोई।
आपे दे वडिआईआ दे तोटि न होई ॥३॥

अबे तबे की चाकरी किउ दरगह पावै।
पथर की बेड़ी जे चड़ै भर नालि बुडावै ॥४॥

आपनड़ा मनु वेचीऐ सिरु दीजै नाले।
गुरमुखि वसतु पछाणीऐ अपना घरु भाले ॥५॥
जंमण मरणा आखीऐ तिनि करतै कीआ।
आपु गवाइआ मरि रहे फिरि मरणु न थीआ ॥६॥

साई कार कमावणी धुर की फुरमाई।
जे मनु सतिगुर दे मिलै किनि कीमति पाई ॥७॥
रतना पारखु सो धणी तिनि कीमति पाई।
नानक साहिबु मनि वसै सची वडिआई ॥८॥१७॥

मैं जंगल में (परमात्मा को) क्या ढूंढने जाऊँ ? मेरे घर में ही हराभरा जंगल है। (गुरु के) शब्द द्वारा मन में सत्य शीघ्र ही टिक जाता है ॥ १ ॥

(मैं) जहाँ देखता हूँ, वहाँ वही (हरी) है; (मैं हरी को छोड़ कर) और को नहीं जानता। गुरु के कार्य को करने से (हरी का) महल पहचाना जाता है ॥ १ ॥ रहाउ ॥

यदि सत्य (परमात्मा) स्वयं अपने से (साधक को) मिलादे, तभी (उसे—साधक को) (सत्य) प्रिय लगता है। (सत्य प्रिय लगने से) (वह) (परमात्मा की) मर्जी के अनुसार चलता है, (जिसके फलस्वरूप) (वह) (हरी के) अंग में समा जाता है ॥ २ ॥

(जिसके) मन में सच्चा साहब (हरी) निवास करता है, (वह) (अपने) मन में ही निवास करता है, (अर्थात् उसका मन हरी स्वरूप हो जाता है और शिष्य उसी में स्थित होकर परमात्मा का निरन्तर सुख लेता रहता है)। (हरी) स्वयं ही बड़ाई प्रदान करता है, उसके देने में किसी प्रकार की कमी नहीं आती ॥ ३ ॥

जिन्हें "अबे तबे" (कहकर सम्बोधित किया जाता है) (ऐसी) नौकरी (करने वाले, संसार में आसक्त पुरुषों को) किस प्रकार (परमात्मा का) दरवाजा प्राप्त हो सकता

है ? पत्थर की (लदी) नाव में जो (व्यक्ति) चढ़ेगा, (तो वह) (उसके बोझ से) डूब जायगा ॥ ४ ॥

(जब) अपना मन (गुरु के पास) बेच दिया जाय, (और साथ ही) (गुरु को) (अपना) सिर भी सौंप दिया जाय, (तब) गुरु के उपदेश द्वारा अपना घर ढूंढने पर (वास्तविक) वस्तु की पहचान होती है ॥ ६ ॥

(जिसे हम) जन्मना, मरना कहते हैं, (उसे) कर्त्तार (हरी ने) ही (निर्मित) किया है। यदि (अपने) आपेपन (अहंभाव) को नष्ट करके मर जाया जाय, तो फिर मरना नहीं होता ॥ ६ ॥

वही कार्य करना चाहिए, (जिसे करने की) वास्तविक (असली हरी ने) आज्ञा दे रक्खी है। (यदि) सद्गुरु को मन (की भेंट चढ़ा कर) मिला जाय, तो फिर कोई उसकी कीमत नहीं पा सकता ॥ ७ ॥

वही धनी (मालिक) रत्नों (गुणों) को परखने वाला है; उसी ने कीमत पाई है। हे नानक, (जिसके) मन में साहब (हरी) बसता है (उसी के पास) सच्ची बड़ाई है ॥ ८ ॥ १७ ॥

[१८]

जिनी नामु विसारिआ दूजै भरमि भुलाई।
मूलु छोडि डाली लगे किआ पावहि छाई ॥१॥

बिनु नावै किउ छूटीऐ जे जाणै कोई।
गुरमुखि होइ त छूटीऐ मनमुखि पति खोई ॥१॥रहाउ॥

जिनी एको सेविआ पूरी मति भाई।
आदि जुगादि निरंजना जन हरि सरणाई ॥२॥

साहिबु मेरा एकु है अवरु नही भाई।
किरपा ते सुखु पाइआ साचे परथाई ॥३॥

गुर बिनु किनै न पाइओ केती कहै कहाए।
आपि दिखावै वाटड़ीं सची भगती द्रिड़ाए ॥४॥

मनमुख जे समझाईऐ भी उझड़ि जाए।
बिनु हरिनामु न छूटसी मरि नरक समाए ॥५॥

जनमि मरै भरमाईऐ हरि नामु न लेवै।
ताकी कीमति ना पवै बिनु गुर की सेवै ॥६॥

जेही सेव कराईऐ करणी भी साई।
आपि करे किसु आखीऐ वेखै वडिआई ॥७॥

गुर की सेवा सो करे जिसु आपि कराए।
नानक सिरु दे छूटीऐ दरगह पति पाए ॥८॥१८॥

जिन्होंने नाम को भुला दिया है, (वे) द्वैतभाव के भ्रम में भटक रहे हैं। जो मूल (परमात्मा) को छोड़ कर डालियों (सांसारिक प्रपंचों) में लग गए हैं, (वे) क्या पावेंगे ? खाक ! ॥ १ ॥

बिना नाम के (कोई) कैसे छूट सकता है ? (जो कोई) जानकार हो, (वही इस बात को ठीक-ठीक) समझ सकता है। (यदि कोई) गुरु द्वारा शिक्षा प्राप्त करे, (तो वही) मुक्त होता है, मनमुख (अपनी) प्रतिष्ठा खो देता है ॥ १ ॥ रहाउ ॥

जिन्होंने एक (परमात्मा) की सेवा की है, हे भाई, (वे) पूर्ण बुद्धि के हैं। निरंजन (हरी) आदि (काल) तथा युग-युगान्तरों से (विराजमान) है। (हम) दास हरी की शरण में आए हैं ॥ २ ॥

हे भाई, मेरा साहब एक है और दूसरा कोई नहीं है। सच्चे (परमात्मा) के दरवाजे (परथाई) पर उसकी कृपा से सुख प्राप्त होता है ॥ ३ ॥

(चाहे) कितना ही कहा कहाया जाय, (किन्तु) गुरु के बिना (हरी को) किसी ने भी नहीं प्राप्त किया है। (परमात्मा) आप ही रास्ता दिखाता है और (हमें) सच्ची भक्ति दृढ़ कराता है ॥ ४ ॥

मनमुख को यदि समझाया भी जाय, तो भी (वह) कुमार्ग में ही जाता है। बिना हरिनाम के (मनुष्य) मुक्त नहीं होगा, मरने के पश्चात् वह नरक में प्रविष्ट होता है ॥ ५ ॥

(इस प्रकार) (वह) जन्मता मरता रहता है (और) (आवागमन के चक्र में) भटकता रहता है; (वह) हरि का नाम नहीं स्मरण करता। बिना गुरु की सेवा के (हरि की दृष्टि में) (उसकी) कोई कीमत नहीं पड़ती ॥ ६ ॥

(हरि) जो भी सेवा कराये, वही हमारी करनी (करणी) होती है। (हरी) आप ही सब कुछ करता है; (अन्य) किसी को क्या कहा जाय (कि वह कुछ करने वाला है)? (परमात्मा स्वयं ही) अपनी महत्ता देख देख कर (प्रसन्न होता है) ॥ ७ ॥

(परमात्मा) जिससे स्वयं (सेवा) कराता है, वही (गुरु की) सेवा कर सकता है, (अन्य कोई भी नहीं)। नानक कहते हैं कि (गुरु को) सिर अर्पित कर (शिष्य) (संसार से) छूटता है (और हरी के) दरवाजे पर प्रतिष्ठा पाता है ॥८॥१८॥

[१९]

रूड़ो ठाकुर माहरो रूड़ी गुरबाणी ।
वडै भागि सतिगुरु मिलै पाईऐ पदु निरबाणी ॥१॥
मै ओलहगीआ ओलहगी हम छोरू थारे ।
जिउ तू राखहि तिउ रहा मुखि नामु हमारे ॥१॥रहाउ॥
दरसन की पिआसा घणी भाणै मनि भाईऐ ।
मेरे ठाकुर हाथि वडिआईआ भाणै पति पाईऐ ॥२॥
साचउ दूरि न जाणीऐ अंतरि है सोई ।
जह देखा तह रवि रहे किनि कीमति होई ॥३॥

आपि करे आपे हरे वेखै वडिआई ।
गुरमुखि होइ निहालीऐ इउ कीमति पाई ।।४।।

जीवदिआ लाहा मिलै गुर कार कमावै ।
पूरबि होवै लिखिआ ता सतिगुरु पावै ।।५।।

मनमुख तोटा नित है भरमहि भरमाए ।
मनमुख अंधु न चेतई किउ दरसनु पाए ।।६।।

ता जगि आइआ जाणीऐ साचै लिव लाए ।
गुर भेटे पारसु भए जोती जोति मिलाए ।।७।।

अहिनिसि रहै निरालमो कार धुर की करणी ।
नानक नामि संतोखीआ राते हरि चरणी ।।८।।१९।।

(मेरा) स्वामी सुंदर और प्रवीण अथवा प्रसिद्ध है, गुरु की वाणी भी सुन्दर है। बड़े भाग्य से सद्गुरु मिलता है (और सद्गुरु के मिलने पर). निर्वाण पद (चतुर्थ पद, मोक्ष पद) की प्राप्ति होती है ।। १ ।।

(हे प्रभु), मैं (तेरे) जूठे वर्त्तन माँजनेवाले नौकर का जूठा माँजनेवाला नौकर हूँ। हम तेरे छोटे दास हैं। तू जैसे रखता है, वैसा ही (मैं) रहता हूँ, मेरे मुख में तेरा ही नाम है ।। १ ।। रहाउ ।।

(तेरे) दर्शन की बड़ी प्यास (उत्कट अभिलाषा) है, तुझे अच्छा लगे, तभी तू मन को अच्छा लगता है। मेरे ठाकुर (परमात्मा) के हाथ में ही बड़ाई है; (उसकी) आज्ञा से प्रतिष्ठा प्राप्त होती है ।। २ ।।

सच्चे (हरी) को दूर नहीं समझना चाहिए, अंतर में (हृदय के अंतर्गत) वही (विराजमान) है। (मैं) जहाँ देखता हूँ, वहीं (वह) रम रहा है; (उसकी) कीमत किस प्रकार हो सकती है ? ।। ३ ।।

(प्रभु) आप ही (निर्माण) करता है और आप ही हरण करता है, (संहार करता है)। (और आप ही अपनी) बड़ाई (महत्ता) देख कर (प्रसन्न होता है)। गुरु की शिक्षा द्वारा (दीक्षित) होकर, (परमात्मा) देखा जाता है (और) इस प्रकार (उसकी) कीमत प्राप्त होती है ।।४।।

जो) गुरु का कार्य करता है, उसे जीवितावस्था में ही (मोक्ष) लाभ होता है। यदि पूर्व से ही (भाग्य में) लिखा हो, तभी सद्गुरु प्राप्त होता है ।। ५ ।।

मनमुखों को नित्य घाटा है, (वे अपने मन्द कर्मों द्वारा) भटकाए हुए (सदैव) भटकते रहते हैं। अन्धा (विवेकहीन) मनमुख (हरी को) नहीं चेतता है; (भला वह उसका) दर्शन कैसे पा सकता है ? ।। ६ ।।

तभी (मनुष्य का) जगत् में आना (जन्म लेना) (सार्थक) समझना चाहिए; (जब) (वह) सत्य (परमात्मा) के एकनिष्ठ ध्यान में लग जाय। गुरु से मिलने पर (शिष्य) पारस-पत्थर (के रूप में) (परिवर्त्तित) हो जाता है और (परमात्मा की परम) ज्योति में (अपनी) ज्योति मिलाकर (एक हो जाता है) ।। ७ ।।

(उपर्युक्त व्यक्ति) अहर्निश निर्लेप रहता है, (और प्रारंभ से परमात्मा द्वारा) नियत कार्य करता है। नानक कहते हैं कि (वह पुरुष) नाम में ही संतुष्ट रहता है और हरि के चरणों में अनुरक्त रहता है ॥ ८ ॥ १६ ॥

[२०]

केता आखणु आखीऐ ता के अंत न जाणा ।
मै निधरिआ धर एक तूं मै ताणु सताणा ॥१॥
नानक की अरदासि है सच नामि सुहेला ।
आपु गइआ सोझी पई गुर सबदी मेला ॥१॥रहाउ॥

हउमै गरबु गवाईऐ पाईऐ वीचारु ।
साहिब सिउ मनु मानिआ दे साचु अधारु ॥२॥

अहिनिसि नामि संतोखीआ सेवा सचु साई ।
ता कउ बिघनु न लागई चालै हुकमि रजाई ॥३॥

हुकमि रजाई जो चलै सो पवै खजानै ।
खोटे ठवर न पाइनी रले जूठानै ॥४॥

नित नित खरा समालीऐ सचु सउदा पाईऐ ।
खोटे नदरि न आवनी ले अगनि जलाईऐ ॥५॥

जिनी आतमु चीनिआ परमातमु सोई ।
एको अंमृतु बिरखु है फलु अंमृतु होई ॥६॥

अमृतु फलु जिनी चाखिआ सचि रहे अघाई ।
तिना भरमु न भेदु है हरि रसन रसाई ॥७॥

हुकमि संजोगी आइआ चलु सदा रजाई ।
अउगणिआरे कउ गुणु नानकै सचु मिलै वडाई ॥८॥२०॥

कितना ही कथन क्यों न किया जाय, (मैं उस हरी का) अन्त नहीं जान सकता। मुझ निराधार का एक तू ही आधार है, (इससे) मुझे प्रबल बल है ॥ १ ॥

नानक की एक प्रार्थना (अरदास) है कि सच्चे (परमात्मा के) नाम द्वारा सुखी (होऊं)। अहंकार के नष्ट होने पर, (वास्तविकता की) सूझ आ गई (और) गुरु के शब्द द्वारा (परमात्मा का) मिलाप हो गया ॥ १ ॥ रहाउ ॥

(यदि) अहंकार का गर्व मिटा दिया जाय, (तो) (परमात्मा के) विचार की प्राप्ति होती है। (मेरा) मन साहब से मान गया है; (साहब ने) (मुझे) (अपने नाम का) सच्चा आधार दे दिया है ॥ २ ॥

अहर्निश नाम में संतुष्ट रहना, यही सच्ची सेवा है · (जो परमात्मा के) हुक्म और इच्छा (के अनुसार) चलता है, उसे (किसी प्रकार का) विघ्न नहीं लगता ॥ ३ ॥

(जो व्यक्ति) (परमात्मा के) हुक्म और इच्छा (के अनुसार) चलता है, (वह खरे सिक्के की भाँति परमात्मा के) खजाने में (प्रामाणिक) समझा जाता है। खोटे (सिक्के) को

(परमात्मा के खजाने में) स्थान नहीं प्राप्त होता, वह जूठे (खोटे सिक्कों) के साथ मिल जाता है ॥ ४ ॥

नित्य प्रति खरा (सिक्का) संभाला जाता है और सच्चा सौदा किया जाता है। खोटे (सिक्के) (परमात्मा की) निगाह में ही नहीं आते (और वे) लिये जाकर आग में तपाए जाते हैं ॥ ५ ॥

जिन्होंने आत्म-साक्षात्कार कर लिया है, वे परामात्मा (के ही रूप) हो जाते हैं, (क्योंकि) एक (हरी) अमृत का वृक्ष है, (जिसमें) फल भी अमृत के ही लगते हैं ॥ ६ ॥

जिन्होंने (परमात्मा के) अमृत फल को चख लिया है, (वे) सत्य (परमात्मा) में ही तृप्त हो जाते हैं। ऐसे (मनुष्यों में) न (किसी प्रकार का) भ्रम है और भेद है, (उनकी) जिह्वा हरि-रस में रसयुक्त हो गई है ॥ ७ ॥

(तू शुभ कर्मों के फल से) (परमात्मा के) हुक्म से संयोगवश (इस संसार में) आया है, (अतएव) सदैव उसकी मर्जी के अनुसार चल। (हे प्रभु), अवगुणी व्यक्ति को गुण प्राप्त हो और नानक को बड़ाई (के रूप में) सत्य (प्राप्त हो) ॥ ८ ॥ २० ॥

(२१)

मनु रातउ हरि नाइ सचु वखाणिआ।
लोका दा किआ जाइ जा तुधु भाणिआ ॥१॥
जउ लगु जीउ पराण सचु धिआईऐ।
लाहा हरि गुण गाइ मिलै सुखु पाईऐ ॥१॥रहाउ॥

सची तेरी कार देहि दइआल तूं।
हउ जीवा तुधु सालाहि मै टेक अधारु तूं ॥२॥

दरि सेवक दरवानु दरदु तूं जाणही।
भगति तेरी हैरानु दरदु गवावही ॥३॥

दरगह नामु हदूरि गुरमुखि जाणसी।
वेला सचु परवाणु सबदु पछाणसी ॥४॥

सतु संतोखु करि भाउ तोसा हरि नामु सेइ।
मनहु छोडि विकार सचा सचु देइ ॥५॥

सचे सचा नेहु सचै लाइआ।
आपे करे निआउ जो तिसु भाइआ ॥६॥

सचे साची दाति देहि दइआलु है।
तिसु सेवी दिनु राति नामु अमोलु है ॥७॥

तूं उतमु हउ नीचु सेवकु कांढीआ।
नानक नदरि करेहु मिलै सचु वांढीआ ॥८॥२१॥

(मेरा) मन हरिनाम में अनुरक्त हो गया है; (मैं) सत्य (हरि का गुण) वर्णन करता हूं। (यदि) मैं तुझे अच्छा लगता हूँ, (तो उसमें) संसार का क्या जाता है? ॥ १ ॥

जब तक (शरीर में) जोव और प्राण हैं, तब तक सत्य (परमात्मा) का ध्यान करना चाहिए। हरि के गुणगान (करने) से लाभ प्राप्त होता है और सुख की प्राप्ति होती है ॥ १ ॥ रहाउ ॥

तेरी सेवा सच्ची होती है, हे दयालु, तू (कृपा करके उस सेवा-वृत्ति को मुझे) प्रदान कर। मैं तेरी स्तुति करके जीवित हूँ। तू ही (मेरा) सहारा और आश्रय है ॥ २ ॥

सेवक (तेरे द्वार का) दरबान है, (उसका) दुःख तू ही जानता है। तेरी भक्ति आश्चर्यमयी है, (वह सारे) दुःखों को दूर कर देती है ॥ ३ ॥

(सेवक) (हरी के) द्वार पर और (उसकी) उपस्थिति में नाम जपता है, (कोई) गुरुमुख ही इसे समझ सकेगा। सच्चा और प्रामाणिक (शिष्य) ही (उपयुक्त) समय पर (गुरु के) शब्द को पहचानेगा ॥ ४ ॥

जो सत्य, संतोष और प्रेम को पाथेय (बनाता है), वही हरि नाम (पाता है)। (यदि) मन से विकार त्याग दिए जायं, तो सच्चा (हरी) सत्य (का दान) देता है ॥ ५ ॥

सत्य के प्रति सच्चा ही स्नेह होता है (और उसमें) सत्य (हरी) लगाता है। जैसा (उस परमात्मा को) अच्छा लगता है, वैसा ही (वह) न्याय करता है ॥ ६ ॥

सच्चे (परमात्मा का) सच्चा दान होता है, दयालु (हरि) कृपा करके (इस दान को) देता है। (जिसका) नाम अमूल्य है, उस (परमात्मा की) (मैं) दिनरात सेवा करता हूँ ॥ ७ ॥

(हे प्रभु), तू उत्तम है, मैं तेरा नीच सेवक कहा जाता हूँ। नानक कहते हैं कि (हे प्रभु) कृपा की दृष्टि करो (जिससे) बिछुड़े हुए को सत्य की प्राप्ति हो ॥ ८ ॥ २१ ॥

[२२]

आवण जाणा किउ रहै किउ मेला होई ।
जनम मरण का दुखु घणो नित सहसा दोई ॥१॥

बिनु नावै किआ जीवना फिटु ध्रिगु चतुराई ।
सतिगुर साधु न सेविआ हरि भगति न भाई ॥१॥रहाउ॥

आवणु जावणु तउ रहै पाइऐ गुरु पूरा ।
राम नामु धनु रासि देइ बिनसै भ्रमु कूरा ॥२॥

संत जना कउ मिलि रहै धनु धनु जसु गाए ।
आदि पुरखु अपरंपरा गुरमुखि हरि पाए ॥३॥

नटूए सांगु बणाइआ बाजी संसारा ।
खिनु पलु बाजी देखीऐ उझरत नही बारा ॥४॥

हउमै चउपड़ि खेलणा झूठे अहंकारा ।
सभु जगु हारै सो जिणै गुर सबदु वीचारा ॥५॥

जिउ अंधुलै हथि टोहणी हरि नामु हमारै ।
राम नामु हरि टेक है निसि दउत सवारै ॥६॥

जिउ तूं राखहि तिउ रहा हरि नाम अधारा ।
अंति सखाई पाइआ जन मुकति दुआरा ॥७॥
जनम मरण दुख मेटिआ जपि नामु मुरारे ।
नानक नामु न वीसरै पूरा गुरु तारे ॥८॥२२॥

(संसार में) आना-जाना (जन्मना, मरना) किस प्रकार समाप्त हो (और किस प्रकार प्रभु से) मिलाप हो ? जन्म-मरण का दुःख बहुत भारी है और द्वैतभाव का भ्रम नित्य बना रहता है ॥ १ ॥

बिना नाम के जीवन क्या है ? (सांसारिक) चतुराई को फटकार है, धिक्कार है । न तो (तू ने) सद्‌गुरु अथवा साधु की ही सेवा की (और) न (तुझे) हरिभक्ति ही प्रिय लगी ॥ १ ॥ रहाउ ॥

आना-जाना (जीवन-मरण) तभी समाप्त होता है, जब पूर्ण गुरु की प्राप्ति हो। पूर्ण गुरु रामनाम की (अपार) धनराशि प्रदान करता है, (जिसके फलस्वरूप) मिथ्या भ्रम नष्ट हो जाता है ॥ २ ॥

(साधक) संत-जनों से युक्त होकर रहे (और इस मिलन के) यश का गुणगान कृतकृत्य होकर करे तथा आदि पुरुष अपरम्पार हरि को गुरु की शिक्षा द्वारा प्राप्त करे ॥ ३ ॥

(जिस प्रकार) मदारी स्वांग रचता है, (उसी प्रकार) यह संसार भी खेल है । (किंचित्) क्षण, पल भर (यह खेल) देखा जाता है; इसे नष्ट होने में कुछ देर नहीं लगती ॥ ४ ॥

झूठ और अहंभाव में (पड़कर) (सारा संसार) अहंकार की चौपड़ खेलता है । (इस खेल में) सारा जगत् हार जाता है; वही जीतता है जो गुरु के शब्द (उपदेश) पर विचार करता है ॥ ५ ॥

जिस प्रकार अंधे के हाथ में छड़ी (सहारा) होती है, (वैसे ही) हमारा (आधार) हरिनाम है । रात-दिन राम और हरि का नाम ही मेरा सहारा है; (वही मुझे) संवारता है ॥ ६ ॥

(हे प्रभु), जिस भाँति तू रखता है, (उसी भाँति) मैं रहता हूँ; (मेरा तो) हरिनाम ही आधार है । दास को अंत समय का साथी और मुक्ति का द्वार (हरी) प्राप्त हो गया है ॥ ७ ॥

मुरारी (परमात्मा) का नाम जपने से जीवन-मरण के दुःख मिट गए हैं । नानक कहते हैं कि (जिसे) नाम नहीं भूलता, (उसे) पूर्ण गुरु (संसार से) तार देता है ॥ ८ ॥ २२ ॥

ੴ सतिगुर प्रसादि ॥ रागु आसा, महला १, पटी लिखी ॥

ससै सोइ सृसटि जिनि साजी सभना साहिबु एकु भइआ ।
सेवत रहे चितु जिन का लागा आइआ तिन का सफलु भइआ ॥१॥

मन काहे भूले मूड़ मना ।
जब लेखा देवहि बीरा तउ पड़िआ ॥१॥

ईवड़ी आदि पुरखु है दाता आपे सचा सोई ।
एना अखरा महि जो गुरमुखि बूझै तिसु सिरि लेखु न होई ॥२॥

ऊड़ै उपमा ता की कीजै जा का अंतु न पाइआ ।
सेवा करहि सेई फलु पावहि जिन्ही सचु कमाइआ ॥३॥

ङङै ङिआनु बूझै जे कोई पड़िआ पंडितु सोई ।
सरब जीआ महि एको जाणै ता हउमै कहै न कोई ॥४॥

ककै केस पुंडर जब हूए विणु साबूणै उजलिआ ।
जम राजे के हेरू आए माइआ कै संगलि बंधि लइआ ॥५॥

खखै खुंदकारु साह आलमु करि खरीदि जिनि खरचु दीआ ।
बंधनि जा कै सभु जगु बाधिआ अवरी का नही हुकमु पइआ ॥ ६ ॥

गगै गोइ गाइ जिनि छोडी गली गोबिदु गरबि भइआ ।
घड़ि भांडे जिनि आवी साजी चाड़ण वाहै तई कीआ ॥ ७ ॥

घघै घाल सेवकु जे घालै सबदि गुरू कै लागि रहै ।
बुरा भला जे सम करि जाणै इन बिधि साहिबु रमतु रहै ॥ ८ ॥

चचै चारि वेद जिनि साजे चारे खाणी चारि जुगा ।
जुगु जुगु जोगी खाणी भोगी पड़िआ पंडितु आपि थीआ ॥ ९ ॥

छछै छाइआ वरती सभ अंतरि तेरा कीआ भरमु होआ ।
भरमु उपाइ भुलाई अनु आपे तेरा करमु होआ तिन गुरू मिलिआ ॥ १० ॥

जजै जानु मंगत जनु जाचै लख चउरासीह भीख भविआ ।
एको लेवै एको देवै अवरु न दूजा मै सुणिआ ॥ ११ ॥

झझै झूरि मरहु किआ प्राणी जो किछु देणा सु दे रहिआ ।
दे दे वेखै हुकमु चलाए जिउ जीआ का रिजकु पइआ ॥ १२ ॥

ञञै नदरि करे जा देखा दूजा कोई नाही ।
एको रवि रहिआ सभ थाई एकु वसिआ मन माही ॥ १३ ॥

टटै टंचु करहु किआ प्राणी घड़ी कि मुहति कि उठि चलणा ।
जूऐ जनमु न हारहु अपणा भाजि पड़हु तुम हरि सरणा ॥ १४ ॥

ठठै ठाढि वरती तिन अंतरि हरि चरणी जिन का चितु लागा ।
चितु लागा सेई जन निसतरे तउ परसादी सुखु पाइआ ॥ १५ ॥

डडै डंफु करहु किआ प्राणी जो किछु होआ सु सभु चलणा ।
तिसै सरेवहु ता सुखु पावहु सरब निरंतरि रवि रहिआ ॥ १६ ॥

ढढै ढाहि उसारै आपे जिउ तिसु भावै तिवै करे ।
करि करि वेखै हुकमु चलाए तिसु निसतारे जा कउ नदरि करे ॥ १७ ॥

णाणै रवतु रहै घटि अंतरि हरि गुण गावै सोई ।
आपे आपि मिलाए करता पुनरपि जनमु न होई ॥ १८ ॥

ततै तारू भवजलु होवा ता का अंतु न पाइआ ।
ना तरना तुलहा हम बूडसि तारि लेइ तारण राइआ ॥ १९ ॥

थथै थानि थानंतरि सोई जा का कीआ सभु होआ ।
किआ भरमु किआ माइआ कहीऐ जो तिसु भावै सोई भला ॥ २० ॥

ददै दोसु न देऊ किसै दोसु करंमा आपणिआ ।
जो मै कीआ सो मै पाइआ दोसु न दीजै अवर जना ॥ २१ ॥

धधै धारि कला जिनि छोडी हरि चीजी जिनि रंग कीआ ।
तिस दा दीआ सभनी लीआ करमी करमी हुकमु पइआ ॥ २२ ॥

नंनै नाह भोग नित भोगै ना डीठा ना संम्हलिआ ।
गली हउ सोहागणि भैणे कंतु न कबहूं मैं मिलिआ ॥ २३ ॥

पपै पातिसाहु परमेसरु वेखण कउ परपंचु कीआ ।
देखै बूझै सभ किछु जाणै अंतरि बाहरि रवि रहिआ ॥ २४ ॥

फफै फाही सभु जगु फासा जम कै संगलि बंधि लइआ ।
गुरपरसादी से नर उबरे जि हरि सरणागति भजि पइआ ॥ २५ ॥

बबै बाजी खेलण लागा चउपड़ि कीते चारि जुगा ।
जीअ जंत सभ सारी कीते पासा ढालणि आपि लगा ॥ २६ ॥

भभै भालहि से फलु पावहि गुरपरसादी जिन कउ भउ पइआ ।
मनमुख फिरहि न चेतहि मूड़े लख चउरासीह फेरु पइआ ॥ २७ ॥

मंमै मोहु मरणु मधुसूदनु मरणु भइआ तब चेतविआ ।
काइआ भीतरि अवरो पड़िआ मंमा अखरु वीसरिआ ॥ २८ ॥

ययै जनमु न होवी कदही जे करि सचु पछाणै ।
गुरमुखि आखै गुरमुखि बूझै गुरमुखि एको जाणै ॥ २९ ॥

रारै रवि रहिआ सभ अंतरि जेते कीआ जंता ।
जंत उपाइ धंधै सब लाए करमु होआ तिन नामु लइआ ॥ ३० ॥

ललै लाइ धंधै जिनि छोडी मीठा माइआ मोहु कीआ ।
खाणा पीणा सम करि सहणा भाणै ता कै हुकमु पइआ ॥ ३१ ॥

ववै वासुदेउ परमेसरु वेखण कउ जिनि वेसु कीआ ।
वेखै चाखै सभु किछु जाणै अंतरि बाहरि रवि रहिआ ॥ ३२ ॥

ड़ाड़ै राड़ि करै किआ प्राणी तिसहि धिआवहु जि अमरु होआ ।
तिसहि धिआवहु सचि समावहु ओसु विटहु कुरबाणु कीआ ॥ ३३ ॥

हाहै होरु न कोई दाता जीअ उपाइ जिनि रिजकु दीआ ।
हरि नामि धिआवहु हरि नामि समावहु अनदिनु लाहा हरिनामु लीआ ॥ ३४ ॥

आइड़ै आपि करे जिनि छोडी जो किछु करणा सु करि रहिआ ।
करे कराए सभ किछु जाणै नानक साइर इव कहिआ ॥ ३५ ॥ १ ॥

विशेष : पट्टी के ऊपर बालक अक्षरों को लिखना सीखते हैं । इस वाणि का नाम पट्टी है । इसमें गुरुमुखी लिपि के पैंतीस अक्षरों को क्रमानुसार लेकर उपदेश दिया गया है । गुरु नानक देव की यह रचना सबसे पहली मानी जाती है । उन्होंने यह वाणी अपने अध्यापक से कही है । इसमें गुरुमुखी के पैंतीस अक्षर आ गए हैं ।

अर्थ : 'ससा' (स) (का अभिप्राय) उस (परमात्मा) से है, जिसने सृष्टि की रचना की है (और जो) सब का स्वामी है । जिनका चित्त (उस परमात्मा में) लग गया है, (वे उसकी निरन्तर) सेवा करते रहते हैं और उन्हीं का इस संसार में आना (जन्म लेना) भी सार्थक हो गया है ॥ १ ॥

हे मन, मूर्ख मन, (तू) (उस हरी को) क्यों भूलता है ? (क्या इसीलिए तू पढ़ गया है) ? भाई, तू पढ़ा हुआ तब समझा जायगा, जब अपने कर्मों का पूरा पूरा हिसाब चुका देगा ॥ १ ॥ रहाउ ॥

'ईअड़ी' (ई) (का अभिप्राय यह है) कि आदि पुरुष (ही एकमात्र) दाता है, वह (परमात्मा) आप ही सच्चा है । जो गुरु द्वारा दीक्षित (शिष्य) इन अक्षरों में (हरी को) समझ लेता है, (तात्पर्य यह है कि विद्या द्वारा परमात्मा को समझ लेता है) उसके सिर पर (किसी कर्म का) हिसाब नहीं रहता ॥ २ ॥

'ऊड़ै' (ऊ) (अर्थ यह है कि) (उसकी) उपमा उससे की जाय, जिसका कहीं अन्त न प्राप्त हो (ऐसी उपमा कोई है नहीं, क्योंकि सभी वस्तुएं देशकाल के अन्तर्गत हैं । अतएव परमात्मा 'निरुपमेय' है) । जिन्होंने (सद्गुरु की) सेवा की है और सच की कमाई की है, (वे ही) (शोभा) पा पाते हैं ॥ ३ ॥

'ङङा' (ङ) :—जो ज्ञान (ब्रह्मज्ञान) जानता है, वही (वास्तविक) पढ़ा हुआ पंडित है । (यदि कोई) सारे जीवों में एक (परमात्मा) को जानता है, तो (वह) अहंकार (की बातें) नहीं कह सकता (कि यह बात मैंने की है) ॥ ४ ॥

'कक्का' (क) : जब केश श्वेत हो गए और साबुन लगाए बिना ही सफेद हो गए, (वृद्धावस्था आ गई), (तो यह समझना चाहिए कि) यमराज के दूत (पकड़ने के लिए) आ गए हैं (और उन्होंने उस व्यक्ति को) माया की जंजीरों में बाँध लिया है ॥ ५ ॥

'खक्खा' (ख) (का तात्पर्य) :—खुदाबंदकार (कर्त्तार) दुनियाँ का बादशाह है, (जिसने मनुष्य को) खरीद कर (भाव यह कि अपना सेवक बना कर) (इस संसार में) खर्च देकर (भेजा है) । जिसके बन्धन में सारा जगत बँधा है, (उसी का हुक्म चलता है), किसी और का हुक्म नहीं चलता ॥ ६ ॥

'गग्गा' (ग) (का तात्पर्य) :—गोविन्द की वाणी, जिन्होंने, गानी छोड़ दी है, वे बातों का ही गर्व करते हैं । (ऐसे कच्चे मनुष्यों को) (सृष्टि का रचयिता) गढ़े हुए बरतन की भाँति आँवें में पकाने के लिए तैयार करेगा, (अर्थात् उन्हें कठोर यंत्रणाएँ देगा) ॥ ७ ॥

'घग्घा' (घ) (का तात्पर्य) : जो सेवक (गुरु के कार्यों) में परिश्रम करता है (वह)

गुरु के शब्द में लगा रहता है। जो बुरे भले को समान भाव से जानता है, वह इस विधि से साहब (परमात्मा) के साथ (सदैव) रमण करता रहता है ॥ ८ ॥

'चच्चा' (च) (का अभिप्राय) : चार वेदों, चार खानियों (अंडज, जेरज, स्वेदज तथा उद्भिज) तथा चार युगों की रचना जिसने की है, (वह हरी) युग-युगान्तरों से (आप ही) निर्लिप्त (योगी) (बना रहता) है, (और आप ही) (चारों) खानियों (के जीव-जन्तुओं के माध्यम से) भोगी (भोक्ता) बना हुआ है (तथा आप ही) पढ़ लिख कर पंडित भी (बना हुआ) है ॥ ९ ॥

'छच्छा' (छ) (का तात्पर्य) : छाया (अविद्या) सारे (जीवों के अंतगर्त वरत रही है; (अविद्या-जनित) भ्रम भी तेरा ही किया हुआ है। (इस प्रकार) भ्रम उत्पन्न करके (तू ने ही) (सब को) (माया में) भटका दिया है; (जिसके ऊपर) तेरी कृपा होती है, उसी को गुरु मिलता है, (जिसके फलस्वरूप वह अविद्या से पार हो जाता है) ॥ १० ॥

'जज्जा' (ज) (का अभिप्राय) : याचक (मंगता) दास (वह) 'ज्ञान' माँगता है, (जिसको) भिक्षा के निमित्त (वह) चौरासी लाख योनियों में भटकता फिरता रहा है। एक (हरी) लेता है और एक ही देता है, मैंने दूसरे (लेने-देनेवाले) को नहीं सुना है ॥ ११ ॥

'झज्झा' (झ) (का आशय) : हे प्राणी, 'झुलस' 'झुलस' कर (दुःखी होकर) क्यों मर रहे हो? जो कुछ उसे देना है, (उसे वह) (बराबर) देता जा रहा है। जिस जिस प्रकार जीवों की रोजी (खुराक) नियत है, (उसी के अनुसार वह) देता है, देखता है (सँभालता है) और (अपना) हुक्म चलाता है ॥ १२ ॥

'ञञा' (ञ) (का अभिप्राय) : 'नजर' करके (गुरु के साथ) जब देखता हूं, (तो हरी को छोड़ कर) और कोई दूसरा नहीं (दिखाई पड़ता)। एक (हरी ही) सभी स्थानों में रमा हुआ है (और) एक (हरी ही) (सभी) के मन में बस रहा है ॥ १३ ॥

'टट्टा' (ट) (का यह अभिप्राय है कि) : ऐ प्राणी, क्या 'टंच' (व्यर्थ का धन्धा) कर रहे हो? एक घड़ी अथवा एक मुहूर्त में (तुम्हें यहाँ से) उठकर चला जाना है। तुम (जीवन के) जुए में अपने जन्म (की बाजी) मत हारो; तुम (शीघ्रातिशीघ्र) भग कर हरी की शरण में पड़ जाओ ॥ १४ ॥

'ठठ्ठा' (ठ) (का आशय) : 'ठंडक' (शीतलता, मन की शान्ति) उन्हीं के हृदय में विराजमान है, जिनका चित्त हरि के चरणों में लगा हुआ है। (हे प्रभु), जिनका चित्त (तेरे चरणों में) लगा है, वे ही प्राणी तर गए हैं, तेरी कृपा से ही (उन्हें) सुख प्राप्त हुआ है ॥ १५ ॥

'डड्डा' (ड) (का मतलब यह है कि) : हे प्राणी, दंभ ('डंफ') क्यों कर रहे हो? जो कुछ भी (रचा) हुआ है, वह सब चलनेवाला है, (नश्वर है); (अतएव), (जो परमात्मा) सब में निरन्तर रम रहा है, उसी की सेवा करो, तभी सुख पावोगे, (अन्यथा नहीं) ॥ १६ ॥

'ढड्ढा' (ढ) (का अभिप्राय यह है कि) : (हरी) स्वयं ही 'ढाहता' है (नष्ट करता) है (और स्वयं) निर्माण करता है; उसे जैसा अच्छा लगता है, (वह) वैसा ही करता है। (वह हरी अपनी सृष्टि) रच-रच करे, उसे देखता है (संभालता) रहता है (और अपना) हुक्म (सब पर) चलाता रहता है; जिसके ऊपर अपनी कृपादृष्टि करता है, उसका निस्तार कर देता है ॥ १७ ॥

'णंणा' (ण) (का अर्थ यह है कि) : जिसके घट (हृदय के) अंतर्गत (हरी) रम रहा है, (वही) उसके गुण गाता है। (वह) कर्त्ता (पुरुष) आप ही अपने में (साधक को) मिला लेता है, (जिससे उसका) जन्म पुनः नहीं होता है ॥ १८ ॥

'तत्ता' (त) (का आशय यह है कि) : यह संसार-जल (भव-सागर) अथाह ["तारू" = जो तैरे बिना न पार किया जा सके, अथाह, गहरा] है, उसका अंत (थाह) नहीं पाया जा सकता। (हे प्रभु), न तो (हम) तैरना (जानते हैं), न (हमारे पास पार उतरने का कोई) बेड़ा ही है, (अतः) हम डूब जायेंगे; हे तारने के राजा (हरी), (हमें) तार ले ॥ १९ ॥

'थत्था' (थ) (का भाव यह है कि) 'स्थान-स्थानान्तरों' में वही (हरी व्याप्त) है, उसी के करने से सब कुछ हुआ है। (अतएव) किसे भ्रम कहा जाय और किसे माया ? जो कुछ उसे अच्छा लगता है, वही भला है ॥ २० ॥

'दद्दा' (द) (का सारांश यह है कि) (मैं) किसी को 'दोष' न दूँ; दोष अपने ही कर्मों का है। जो कुछ मैंने (पूर्व जन्मों में) किया है, (वही) मैं (इस जन्म में) पा रहा हूँ, (अतएव) किसी और को दोष नहीं देना चाहिए ॥ २१ ॥

'धद्धा' (ध) (का अर्थ यह है कि) जिस (हरी) ने अपनी शक्ति टिका रखी है और हर एक चीज विभिन्न रंग की उत्पन्न की है, (उस परमात्मा) का दिया हुआ सभी लेते हैं, (प्रत्येक के) कर्मानुसार (हरी) का हुक्म चढ़ा हुआ है ॥ २२ ॥

'नन्ना' (न) (का सार तत्व यह है कि) 'नाह'—पति (परमात्मा) (सुहागिनी स्त्रियों के साथ) नित्य भोग भोगता है, (किन्तु मैंने) न तो (उसे) देखा है और न स्मरण ही किया है। हे बहिनों, मैं तो केवल बातों की ही सुहागिनी हूँ, (मैं) कन्त से कभी नहीं मिलती हूं ॥ २३ ॥

'पप्पा' (प) (का अभिप्राय यह है कि) 'पातशाह' (बादशाह) परमेश्वर ने देखने के लिए प्रपंच (पंच तत्वों का विस्तार; जगत्) का निर्माण किया है। (वह परमेश्वर ही) सब कुछ देखता है, समझता है और जानता है, (और वही जड़-चेतन के) भीतर बाहर रम रहा है ॥ २४ ॥

'फप्फा' (फ) (का अर्थ यह है कि) सारा जगत् 'फाही' (पाश, बन्धन) में फंसा हुआ है और यमराज की साँकल में बंधा हुआ है। गुरु की कृपा से (इस संसार से) वे ही मनुष्य बचते हैं, जो भग कर हरी की शरण में पड़ गए हैं ॥ २५ ॥

'बब्बा' (ब) (का मतलब यह है कि) (हरी ने) चारों युगों को चौपड़ बना कर (खेल की) 'बाजी' खेलनी प्रारम्भ की है। सारे जीव-जन्तुओं को (उसने अपने इस खेल का) मुहरा बनाया है और स्वयं ही पासा ढालना प्रारम्भ किया है [तात्पर्य यह है कि परमात्मा ने स्वयं ही काल को चार युगों—सत्ययुग, त्रेतायुग, द्वापरयुग और कलियुग—में बाँट कर संसार बनाया है और स्वयं ही जीवों को अपने हुक्म के अनुसार इधर-उधर चलाता रहता है।] ॥ २६ ॥

'भम्भा' (भ) (का भाव यह है कि) जो (व्यक्ति) (उस हरी को) खोजते हैं ('भालते हैं'), वे ही (मोक्ष—)-फल पाते हैं; गुरु की कृपा से जिन्हें (परमात्मा का) भय लगता है, (वे ही मुक्तिफल पाते हैं)। मनमुख इधर-उधर फिरते रहते हैं; वे मूर्ख (परमात्मा) को नहीं

चेतते (स्मरण करते), (जिस कारण) चौरासी लाख योनियों में (बारबार) फेरा लगाते रहते हैं ॥ २७ ॥

'मम्मा' (म) (का तात्पर्य यह है कि) मोह (के वशीभूत होकर) 'मरण' और 'मधुसूदन' को (मनुष्य ने) तभी चेता (स्मरण किया), जब मरणकाल आ पहुँचा। (जब तक) शरीर के भीतर (जान थी), (तब तक) (वह) और ही कुछ पढ़ता रहा, (तात्पर्य यह कि विषय-विकारों में रत रहा) और 'म' अक्षर को ही भूल गया था, (भाव यह है कि 'म' वर्ण से प्रारम्भ होने वाले 'मरण' और 'मधुसूदन' याद ही न रहे) ॥ २८ ॥

'यय्या' (य) (का आशय यह है कि) यदि (साधक) सत्य को पहचान ले, तो फिर कभी जन्म नहीं हो सकता। (ऐसा शिष्य) गुरु के उपदेश को ही कहता है, गुरु की शिक्षा को ही समझता है और गुरु की शिक्षा द्वारा एक (हरी) को ही जानता है ॥ २९ ॥

'रर्रा' (र) (का मन्तव्य यह है कि) (हरी) ने जितने जीवों की रचना की है, (उन) सभी के अन्तर्गत वह 'रम' रहा है। (उसी हरी ने) जीवों को उत्पन्न करके, उन सब को (अपने-अपने) धंधों में लगाया है, (जिनके ऊपर उसकी) कृपा होती है, वे ही नाम लेते हैं ॥ ३० ॥

'लल्ला' (ल) (का अर्थ यह है कि) जिसने (हरी ने) (सभी जीवों) उनके धंधों में 'लगा' कर छोड़ दिया है और माया के मीठे आकर्षणों तथा मोह को बनाया है। अतएव खाने-पीने आदि को (तात्पर्य यह है कि सुख भोगने हों तथा अन्य दुःख सहन करने हों उन्हें) सम भाव से ही सहन करना चाहिए (और यह भावना करनी चाहिए) कि उसकी इच्छा के हुक्म के अनुसार सब कुछ हो रहा है ॥ ३१ ॥

'वव्वा' (व) (का मतलब यह है कि) 'वासुदेव' परमेश्वर ने देखने के निमित्त अनेक वेश धारण किया है। (वही वासुदेव, परमेश्वर अनेक वेश धारण करके) सब को देखता है, चखता है (रसास्वादन करता है) और सब कुछ जानता है; (वही) (सब के) भीतर-बाहर रम रहा है ॥ ३२ ॥

'ड़ड़ा' (ड़) (से यह माने है कि) हे प्राणी, तुम क्यों 'रार' (झगड़ा) कर रहे हो? (तुम) उसका ध्यान करो, जो अमर है। उसी (हरी) का ध्यान करो और सत्य (परमात्मा) में समाहित हो जाओ और उसके ऊपर (अपने को) कुरबान कर दो ॥ ३३ ॥

'हाहा' (ह) (से यह समझो कि) (हरी को छोड़ कर) कोई और ('होरु') दाता नहीं है; उसी ने जीवों को उत्पन्न करके उनकी रोटी (भोजन, खुराक) दी है। (अतएव) हरी नाम का ही स्मरण करो, हरिनाम में समाहित हो जाओ और रात दिन हरि नाम का ही लाभ ग्रहण करो ॥ ३४ ॥

'आइड़ा' (आ) (से अभिप्राय यह है कि) जिस (प्रभु) ने 'आप ही' सब सृष्टि बना रक्खी है, वही जो कुछ करने को है, सब कुछ करता है। नानक कवि इस प्रकार कहते हैं कि वह सब कुछ करता कराता है और सब कुछ जानता है ॥ ३५ ॥ १ ॥

[विशेष एकाध स्थान पर गुरु नानक देव ने अपने लिए 'शायर' शब्द का प्रयोग भी किया है; उदाहरणार्थ—"नानक साइरु इव कहतु है सचे परवदगारा" (धनासरी, महला १]।

१ ओं सतिगुर प्रसादि ॥ रागु आसा, महला १, छंत, घरु १ ॥

(१)

मुंध जोबनि बालड़ीए मेरा पिरु रलीआला राम ।
धन पिर नेहु घणा रसि प्रीति दइआला राम ।
धन पिरहि मेला होइ सुआमी आपि प्रभु किरपा करे ।
सेजा सुहावी संगि पिर कै सात सर अंमृत भरे ॥
करि दइआ मइआ दइआल साचे सबदि मिलि गुण गावहो ।
नानका हरि वरु देखि बिगसी मुंध मनि ओमाहओ ॥ १ ॥
मुंध सहजि सलोनड़ीए इक प्रेम बिनंती राम ।
मै मनि तनि हरि भावै प्रभ संगमि राती राम ॥
प्रभि प्रेम राती हरि बिनंती नामि हरि कै सुखि वसै ।
तउ गुण पछाणहि ता प्रभु जाणहि गुणह वसि अवगण नसै ॥
तुध बाझु इकु तिलु रहि न साका कहणि सुनणि न धीजए ।
नानका प्रिउ प्रिउ करि पुकारे रसन रसि मनु भीजए ॥ २ ॥
सखीहो सहेलड़ीहो मेरा पिरु वणजारा राम ।
हरिनामो वणंजड़िआ रसि मोलि अपारा राम ॥
मोलि अमोला सच घरि ढोलो प्रभ भावै ता मुंध भली ।
इकि संगि हरि कै करहि रलीआ हउ पुकारी दरि खली ॥
करणा कारणा समरथ सीधर आपि कारजु सारए ।
नानक नदरी धन सोहागणि सबदु अभ साधारए ॥ ३ ॥
हम घर साचा सोहिलड़ा प्रभ आइअड़े मीता राम ।
रावे रंगि रातड़िआ मनु लीअड़ा दीता राम ॥
आपणा मनु दीआ हरि वरु लीआ जिउ भावै तिउ रावए ।
तनु मनु पिर आगै सबदि सभागै घरि अंमृत फलु पावए ॥
बुधि पाठि न पाईऐ बहु चतुराईऐ भाइ मिलै मनि भाणे ।
नानक ठाकुर मीत हमारे हम नाही लोकाणे ॥ ४ ॥ १ ॥

ये यौवन में (उन्मत्त) मुग्ध बाले, मेरा पति राम आनन्दी स्वभाव वाला है। (यदि जीव रूपी) स्त्री में पति का गहरा प्रेम हो, तो दयालु पति 'राम' प्रसन्न होकर (अपनी) प्रीति (प्रदान करता) है। फिर प्रभु-पति आप कृपा करता है और स्त्री का पति के साथ मेल होता है। प्रियतम के साथ में (उसकी) सेज सुहावनी (लगती) है, (और) स्त्री के सातों सरोवर (पंच ज्ञानेन्द्रियाँ, मन तथा बुद्धि) अमृत से भर जाते हैं। (हे) दयालु (प्रभु) (मेरे ऊपर) दया और ममता करो, ताकि मैं (गुरु के) सच्चे शब्द से मिलकर, (तुम्हारा) गुण-गान करूँ। नानक कहते हैं कि हरि-वर (पति) को देखकर स्त्री बहुत अधिक प्रसन्न हुई है (और उसके) मन में बहुत उत्साह है ॥ १ ॥

हे स्वाभाविक सौन्दर्यवाली स्त्री, मेरी एक प्रेमपूर्ण प्रार्थना है कि राम (में मेरा सहज और एकनिष्ठ अनुराग हो)। मुझे तन-मन से हरि प्रिय लगे और प्रभु राम के संगम में नित्य अनुरक्त रहूँ। (मैं) (नित्य) प्रभु के प्रेम में अनुरक्त रहूँ, हरि की ही प्रार्थना (करूँ) और हरि का नाम सहज भाव से (सुखपूर्वक) (मेरे हृदय में) वास करे। (यदि) तू भी उसके गुणों को पहचानो, तो उसे प्रभु समझ कर जानने लगोगी, (जिसके फलस्वरूप तुम्हारे हृदय में) गुण बस जायँगे और अवगुण नष्ट हो जायेंगे। (हे प्रभु), (सच्ची अनुरागिनी स्त्री) तेरे बिना तिल मात्र (एक निमिष) भी नहीं रह सकती। उसे कहने सुनने से धैर्य नहीं प्राप्त होता। नानक कहते हैं (कि वह स्त्री) (अहर्निश) "हे प्रिय, हे प्रिय" कह कर पुकारती है, जिससे (उसकी) रसना रसमयी हो जाती है और मन (प्रेम में) भीग जाता है ॥ २ ॥

हे सखी-सहेलियो, (मेरा) प्रियतम राम, (अनोखा) बनजारा है। (वह) हरिनाम का व्यापार करता है, वह राम (नाम) रस (आनन्द) और मूल्य में अपार है। प्यारा प्रभु जो मूल्य में अमूल्य है और सत्य के घर में (रहता है); (यदि) वह चाहे, (तो) (जीव रूपी) स्त्री भली हो जाती है। कुछ (सुहागिनी स्त्रियाँ) (पति) हरी के संग में आनन्द कर रही हैं, (और मैं दुहागिनी) (उसके) दरवाजे पर खड़ी होकर पुकारती हूँ। श्रीधर (परमात्मा) सभी कारणों का कारण है और समर्थ है, वही (सारे) कार्यों को संवारता है। नानक कहते हैं कि (जिसके ऊपर परमात्मा की) कृपादृष्टि पड़े, तो (वह स्त्री) सुहागिनी हो जाती है और शब्द उसके अन्तःकरण को संवारता है (सुधारता है।) ॥ ३ ॥

हमारे घर में सच्चा 'सोहिला' (खुशी का गीत) (गाया जा रहा है), (क्योंकि) प्रभु तथा मित्र राम, (हमारे घर में) आ गए हैं। प्रेम में अनुरक्त (पति-परमात्मा) (मेरे साथ) रमण कर रहा है; मैंने (उस पति) राम का मन ले लिया है (और अपना मन) उसे दे दिया है। अपने मन को देकर, हरि रूपी वर को (प्राप्त कर) लिया है। (अब उसे) जैसा अच्छा लगता है, वैसे ही (मेरे साथ) रमण करता है। (जो जीवात्मा रूपी स्त्री) प्रियतम के सम्मुख अपने तन-मन को (समर्पित करती है), (वह गुरु के) सौभाग्यशाली वचनों द्वारा (अपने) घर (अन्तःकरण) में ही अमृत-फल को प्राप्त कर लेती है। (तीव्र) बुद्धि, (सद्ग्रन्थों के पाठ) (अथवा) बहुत सी चतुराइयों से (पति-परमात्मा) नहीं प्राप्त किया जा सकता; (वह तो) प्रेम द्वारा मिलता है, (वह भी तब, जब उसके) मन को अच्छा लगे। नानक कहते हैं (कि हे) प्रभु, (तू ही) हमारा मित्र है, हम गैर लोग नहीं हैं ॥ ४ ॥ १ ॥

[२]

अनहदो अनहदु वाजै रुण झुणकारे राम।
मेरा मनो मेरा मनु राता लाल पिआरे राम॥
अनदिनु राता मनु बैरागी सुंन मंडलि घरु पाइआ।
आदि पुरखु अपरंपरु पिआरा सतिगुरि अलखु लखाइआ॥
आसणि बैसणि थिरु नाराइणु तितु मनु राता वीचारे।
नानक नामि रते बैरागी अनहद रुणझुणकारे॥ १॥

तितु अगम तितु अगम पुरे कहु कितु बिधि जाईऐ राम।
सचु संजमो सारि गुणा गुर सबदु कमाईऐ राम ॥
सचु सबदु कमाईऐ निज घरि जाईऐ पाईऐ गुणी निधाना।
तितु साखा मूलु पतु नही डाली सिरि सभना परधाना।
जपु तपु करि करि संजम थाकी हठि निग्रहि नही पाईऐ।
नानक सहजि मिले जगजीवन सतिगुर बूझ बुझाईऐ ॥ २ ॥

गुरु सागरो रतनागरु तितु रतन घणेरे राम।
करि मजनो सपत सरे मन निरमल मेरे राम।
निरमल जलि नाए जा प्रभ भाए पंच मिले वीचारे।
कामु करोधु कपटु बिखिआ तजि सचु नामु उरिधारे॥
हउमै लोभ लहरि लब थाके पाए दीन दइआला।
नानक गुर समानि तीरथु नही कोई साचे गुर गोपाला ॥ ३ ॥

हउ बनु बनो देखि रही तृणु देखि सबाइआ राम।
त्रिभवणो तुझहि कीआ सभु जगतु सबाइआ राम ॥
तेरा सभु कीआ तूं थिरु थीआ तुधु समानि को नही।
तूं दाता सभ जाचिक तेरे तुधु बिनु किसु सालाही ॥
अणमंगिआ दानु दीजै दाते तेरी भगति भरे भंडारा।
राम नाम बिनु मुकति न होई नानकु कहै वीचारा ॥ ४ ॥ २ ॥

हे भाई, (परमात्मा का मिलन हुआ है) और अनाहत शब्द [आत्म-मण्डल का संगीत, जो बिना बजाये बजता है; वह श्रवणेन्द्रिय का विषय नहीं है। केवल आन्तरिक एकाग्रता में अनुभव किया जाता है] अनाहत गति से 'रुनझुन रुनझुन' बज रहा है। हे प्यारे, लाल राम, मेरा मन मेरा मन (तुझ में) अनुरक्त हो गया है। मेरा (माया से) वीतराग मन प्रतिदिन (हरी में) अनुरक्त हो गया है, वह शून्य-मण्डल (निर्विकल्प अवस्था) में घर पा गया है—स्थित हो गया है। सद्गुरु ने आदि पुरुष, अपरंपार, प्रियतम तथा अलक्ष्य (हरी) को दिखा दिया है—साक्षात्कार करा दिया है। नारायण (अपने) आसन पर स्थिर होकर बैठा है। (अर्थात् परमात्मा अचल और अडिग है); उसमें मन विचार द्वारा लग गया है। नानक कहते हैं कि वैरागी पुरुष नाम में अनुरक्त हैं; उन्हें ही (आत्म-मण्डल का) अनाहत और 'रुनझुन रुनझुन' (ध्वनि वाला आत्म-संगीत सुनाई पड़ रहा है) ॥ १ ॥

हे भाई, उस अगम, उस अगम पुर में, (जहाँ परमात्मा का निवास है), किस विधि से पहुँचा जाय ? गुरु के शब्द से सत्य, संयम तथा श्रेष्ठ गुणों की कमाई की जाय; सत्य शब्द की कमाई करने से (अपने वास्तविक) घर में पहुँचा जाता है, (और वहीं) गुणों के भाण्डार (हरी की) प्राप्ति होती है। वहाँ न शाखाएँ हैं, न मूल है, न पत्ते हैं और न डालियाँ हैं, (वह प्रभु) सभों का शिरमौर है (और) प्रधान है। जप-तप करके (तथा) संयम करके (सारी दुनियाँ) थक गई है (किन्तु परमात्मा की प्राप्ति उसे नहीं हुई), (इसी प्रकार) हठपूर्वक (इन्द्रियों का) निग्रह करने से भी (हरी की) प्राप्ति नहीं होती। नानक कहते हैं कि सद्गुरु के द्वारा सूझ-बूझ देने पर जग-जीवन (परमात्मा) सहज ही प्राप्त हो जाता है ॥ २ ॥

हे भाई, गुरु सागर है, रत्नाकर है, उसमें बहुत से रत्न हैं। हे भाई, हे मेरे मन, (गुरु रूपी) सप्त-सागर में स्नान करो और निर्मल हो जाओ। जब प्रभु को (साधक) अच्छा लगे, (तभी) ऐसे निर्मल जल में स्नान किया जा सकता है, (अन्यथा नहीं), (तभी) विचार द्वारा पंच महा गुणों (सत्य, संतोष, दया, धर्म और धैर्य) का मिलाप होता है और काम, क्रोध, कपट, विषय त्याग कर, सत्य नाम को हृदय में धारण किया जाता है। दीनदयालु (परमात्मा) के पाने पर, अहंकार, लोभ और लालच की लहरें समाप्त हो जाती हैं। नानक कहते हैं कि गुरु के समान कोई भी तीर्थ नहीं है; सच्चा गुरु गोपाल (हरी, परमात्मा) ही है ॥ ३ ॥

हे भाई, मैं वन वन में (ढूंढ़ती और) देखती फिरी, सारी तृणराशि को देखती फिरी, (अन्त में इस निष्कर्ष पर पहुँची कि) यह समस्त तीनों भुवनोंवाला संसार, तू ने ही बनाया है। (हे प्रभु), तेरा ही रचा हुआ सब कुछ है, (किन्तु तू) स्थिर है; तेरे समान अन्य कोई नहीं है। तू ही (एक) दाता, (और) सब तेरे याचक हैं; (मैं) तुम्हारे बिना (अन्य) किसकी स्तुति करूँ? हे दाता, तू बिना माँगे ही दान देता है; तेरा भाण्डार भक्ति से परिपूर्ण है। नानक यह विचार करके कहता है कि बिना रामनाम के मुक्ति नहीं हो सकती ॥ ४ ॥ २ ॥

(३)

मेरा मनो मेरा मनु राता राम पिआरे राम।
सचु साहिबो आदि पुरखु अपरंपरो धारे राम।
अगम अगोचरु अपर अपारा पारब्रहमु परधानो।
आदि जुगादी है भी होसी अवरु झूठा सभु मानो॥
करम धरम की सार न जाणै सुरति मुकति किउ पाईऐ।
नानक गुरमुखि सबद पछाणै अहिनिसि नामु धिआईऐ॥ १॥
मेरा मनो मेरा मनु मानिआ नामु सखाई राम।
हउमै ममता माइआ संगि न जाई राम॥
माता पित भाई सुत चतुराई संगि न संपै नारे।
साइर की पुत्री परहरि तिआगी चरन तलै वीचारे॥
आदि पुरखि इकु चलतु दिखाइआ जह देखा तह सोई।
नानक हरि की भगति न छोडउ सहजे होइ सु होई॥ २॥
मेरा मनो मेरा मनु निरमलु साचु समाले राम।
अवगण मेटि चले गुण संगम नाले राम॥
अवगण परहरि करणी सारी दरि सचै सचिआरो।
आवणु जावणु ठाकि रहाए गुरमुखि ततु वीचारो॥
साजनु मीतु सुजाणु सखा तूं सचि मिलै वडिआई।
नानक नामु रतनु परगासिआ ऐसी गुरमति पाई॥ ३॥
सचु अंजनो अंजनु सारि निरंजनि राता राम।
मनि तनि रवि रहिआ जगजीवनो दाता राम॥
जगजीवनु दाता हरि मनि राता सहजि मिलै मेलाइआ।

साध सभा संत जना की संगति नदरि प्रभू सुखु पाइआ ॥
हरि की भगति रते बैरागी चूके मोह पिआसा ।
नानक हउमै मारि पतीणे विरले दास उदासा ॥ ४ ॥ ३ ॥ ४ ॥ ३ ॥

हे प्रिय भाई, मेरा मन, मेरा मन राम में अनुरक्त हो गया है। (मेरे मन ने) सच्चे साहब, आदि पुरुष, अपरंपार (हरी) को धारण कर लिया है। परब्रह्म, अगम, अगोचर, सबसे परे, अपार है; (वही सब का) प्रधान है। (वह परब्रह्म) आदि तथा युग-युगान्तरों में (वर्तमान काल में) है, (भूतकाल में) था और (भविष्य में) रहेगा; अन्य सभी (वस्तुओं) को झूठी समझो। (मेरा मन) कर्मकाण्ड तथा धर्म (की बातों की) खबर नहीं जानता, (उसे यह पता भी नहीं है कि) आत्मिक जागरण (सुरति) तथा मुक्ति किस प्रकार पाई जाती है। नानक कहते हैं (कि मेरा मन) गुरु द्वारा, उसकी वाणी द्वारा (केवल इतनी बात) जानता है कि अहर्निश (हरि के) नाम का ध्यान करना चाहिए ॥ १ ॥

हे भाई, मेरा मन, मेरा मन मान गया है (शान्त हो गया है)। नाम ही मेरा साथी है। हे भाई, अहंकार, ममता और माया (धन-सम्पत्ति) साथ में नहीं जाती हैं। माता, पिता, भाई, पुत्र, चतुराई, संपत्ति और स्त्री भी साथ में नहीं जाती। समुद्र की पुत्री—लक्ष्मी—माया को हटा कर त्याग दिया है और विचार के द्वारा उसे पैरों के नीचे (रौंद डाला है)। आदि पुरुष (परमात्मा) ने एक कौतुक मुझे यह दिखाया है कि जहाँ देखता हूँ, वहाँ वही (दिखाई पड़ता है)। नानक कहते हैं (कि मैं) हरि की भक्ति नहीं छोड़ता हूँ, सहज भाव से जो कुछ होना हो, वह हो ॥ २ ॥

हे भाई, मेरा मन, मेरा मन सच्चे (हरी) को स्मरण कर करके निर्मल हो गया है। (मेरा मन) अवगुणों को मिटा कर (परमात्मा की ओर) चलता है, (क्योंकि) उसके साथ ही गुणों का संगम (गंगा, यमुना, सरस्वती के मिलने का स्थान, प्रयागराज) है। [भावार्थ यह कि मन के अंतर्गत परमात्मा के नाम की उपस्थिति प्रयागराज—तीर्थराज है, जिस नाम रूपी संगम में स्नान करने से सारे पाप धुल जाते हैं—"अंतरगति तीरथि मलि नाउ"]। अवगुणों को त्याग कर मैं शुभ कार्यों को करता हूँ, (जिस कारण) सच्चे (हरी) के दरवाजे पर सच्चा ही (सिद्ध) होता हूँ। गुरु की शिक्षा द्वारा तत्व का विचार करने से, मेरा आना-जाना (जन्म-मरण) समाप्त हो गया है। (हे प्रभु), तू ही मेरा साजन, मित्र और चतुर सखा है; सत्य (हरी) के द्वारा ही बड़ाई प्राप्त होती है। नानक कहते हैं कि गुरु के द्वारा ऐसी बुद्धि प्राप्त हो गई है कि नाम-रत्न प्रकाशित हो गया है ॥ ३ ॥

हे भाई, सत्य (हरी) अंजन है, इस अंजन को लगा कर (मैं) निरंजन (माया रहित हरी) में अनुरक्त हो गया। हे भाई, (मैं) तन और मन से जगजीवन, दाता (हरी) में रम रहा हूँ। (जिस व्यक्ति का) मन जगत् के जीवन, दाता तथा हरी में अनुरक्त है, (वह) सहज ही (परमात्मा से) मिलता है, (प्रभु उसे स्वयं अपने में) मिला लेता है। प्रभु की कृपादृष्टि से साधुओं की सभा और संतों की संगति में सुख की प्राप्ति हो गई है। (जो) हरि की भक्ति में रत से हैं, (वे) वैराग्यवान् हो गए; (उनका) (सांसारिक) मोह तथा (माया की) पिपासा समाप्त हो गई। नानक कहते हैं कि अहंकार के मारने से (परमात्मा में) प्रतीति बढ़ गई है; विरले ही दास विरक्त होते हैं ॥ ४ ॥ ३ ॥ ४ ॥ ३ ॥

१ ओं सतिगुर प्रसादि । घरु २

(४)

तूं सभनी थाई जिथै हउ जाईं साचा सिरजणहारु जीउ ।
सभना का दाता करम बिधाता दूख बिसारणहारु जीउ ।।
दूख बिसारणहारु सुग्रामी कीता जाका होवै ।
कोटकोटंतर पापा केरे एक घड़ी माँह खोवै ।।
हंसि सि हंसा बग सि बगा घट घट करे बीचारु जीउ ।
तूं सभनी थाई जिथै हउ जाई साचा सिरजणहारु जीउ ।। १ ।।
जिन्ह इक मनि धिम्राइम्रा तिन्ह सुखु पाइम्रा ते विरले संसारि जीउ ।
तिन जमु नेड़ि न म्रावैं गुर सबदु कमाव कबहु न म्रावहि हारि जीउ ।।
ते कबहु न हारहि हरि हरि गुण सारहि तिन्ह जमु नेड़ि न म्रावै ।
जंमणु मरणु तिन्हा का चूका जो हरि लागे पावै ।।
गुरमति हरि रसु हरि फलु पाइम्रा हरि हरि नाम उरधारि जीउ ।
जिन्ह इक मनि धिम्राइम्रा तिन्ह सुखु पाइम्रा ते विरले संसारि जीउ ।। २ ।।
जिनि जगतु उपाइम्रा धंधै लाइम्रा हउ तिसै विटहु कुरबाणु जीउ ।
ता की सेव करीजै लाहा लीजै हरि दरगह पाईऐ माणु जीउ ।।
हरि दरगह मानु सोई जनु पावै जो नरु एकु पछाणै ।
म्रोहु नव निधि पावै गुरमति हरि धिम्रावै नित हरि गुण म्राखि वखाणै ।।
म्रहिनिसि नामु तिसै का लीजै हरि ऊतमु पुरखु परधानु जी ।
जिनि जगतु उपाइम्रा धंधै लाइम्रा हउ तिसै विटहु कुरबानु जीउ ।। ३ ।।
नामु लैन्हि सि सोहहि तिन्ह सुख फल होवहि मानहि से जिणि जाहि जीउ ।
तिन फल तोटि न म्रावै जा तिसु भावै जे जुग केते जाहि जीउ ।।
जे जुग केते जाहि सुम्रामी तिन फल तोटि न म्रावै ।
तिन जरा न मरणा नरकि न परणा जो हरि नामु धिम्रावै ।।
हरि हरि करहि सि सूकहि नाही नानक पीड़ न खाहि जीउ ।
नामु लैन्हि सि सोहहि तिन्ह सुख फल होवहि मानहि से जिणि जाहि जीउ ।।
४ ।। १ ।। ४ ।।

हे सच्चे सिरजनहार, जहाँ भी मैं जाता हूँ, तू सभी स्थानों में (विराजमान दिखाई देता है)। हे जी, (प्रभु), तू सभी का दाता है और सभी के कर्मों का विधाता है, और तू ही दुःखों को भुलानेवाला है। हे स्वामी, (तू ही) दुःखों को भुलाने वाला है और तेरा ही किया हुआ सब कुछ होता है। (हे प्रभु), (तू) (जीवों के) करोड़ों पापों को एक घड़ी में नष्ट करनेवाला है। (परमात्मा सभी जीवों के कर्मों का विधाता है, अतः जीवों के पाप-पुण्यों का इस प्रकार निर्णय करता है); जो-जो हंस (पुण्यात्मा) हैं, वे हंस, और जो जो बगुले

(पापात्मा; पाखण्डी) हैं वे बगुले दिखाई (पड़ते हैं)। हे सच्चे सिरजनहार, जहाँ भी मैं जाता हूँ, तू सभी स्थानों में (विराजमान दिखाई देता है) ॥१॥

जिन्होंने एकाग्र मन से तेरा ध्यान किया है, उन्होंने ही सुख पाया है; (हे जी, प्रभु) ऐसे (लोग) संसार में विरले ही होते हैं। ऐ जी, ऐसे (पुरुषों के) निकट यमराज नहीं जाते; (वे) गुरु के शब्दों की कमाई करते हैं, वे (जीवन में) कभी हारते नहीं हैं। जो हरी के चरणों में लग गए हैं, उनका जन्म-मरण समाप्त हो चुका है। (ऐसे व्यक्तियों ने) गुरु की बुद्धि द्वारा 'हरि-हरि' का नाम हृदय में धारण करके, हरि-रस और हरि के फल को प्राप्त कर लिया है। (ऐ जी प्रभु), जिन्होंने एकाग्र मन से तेरा ध्यान किया है, उन्होंने ही सुख पाया; ऐसे (लोग) संसार में विरले ही होते हैं ॥२॥

ऐ जी, जिस (प्रभु ने) जगत् उत्पन्न करके (उसके सभी प्राणियों को अपने अपने) कर्म में लगाया है, उस (प्रभु के) ऊपर कुरबान (न्यौछावर) हो जाना चाहिए। (हे प्राणी), उसी (प्रभु) की सेवा करो, लाभ प्राप्त करो तथा हरि के दरवाजे पर प्रतिष्ठा प्राप्त करो। जो पुरुष एक (हरी) को पहचानता है, वही हरी के दरवाजे पर प्रतिष्ठा पाता है। वह गुरु की शिक्षा द्वारा हरि का ध्यान करके (हरि-प्राप्ति रूपी) नवविधि को पा लेता है, (वह) नित्य ही हरि के गुण का कथन और वर्णन करता है। अहर्निश उसी (प्रभु) का नाम लेना चाहिए (क्योंकि) हरी ही उत्तम और प्रधान पुरुष है। ऐ जी, जिस (प्रभु ने) जगत् उत्पन्न करके, (उसके सभी प्राणियों को अपने-अपने) धंधे में लगाया है, उस (प्रभु के) ऊपर न्यौछावर हो जाना चाहिए ॥३॥

ऐ जी, (जो) (हरि का) नाम लेते हैं; वे सुशोभित होते हैं, उन्हें (लौकिक तथा पारमार्थिक) सुख और फल (प्राप्त) होते हैं; (जो परमात्मा को) मानते हैं, वे (इस संसार की बाजी में) जीत कर जाते हैं। ऐ जी, यदि उस (परमात्मा) को अच्छा लगता है, तो चाहे कितने युग बीत जायँ उन (भक्तों) के फल (की प्राप्ति में) किसी प्रकार की कमी नहीं आने पाती। हे स्वामी, चाहे कितने ही युग बीत जायं, उन (परमात्मा के स्मरण करने वालों भक्तों के) फलों में (किसी भी प्रकार की) कमी नहीं आने पाती है। जो हरि के नाम का ध्यान करते हैं, उन्हें (न तो) वृद्धावस्था (सताती है) और न मरण (का भय रहता है), और न वे नरक में ही पड़ते हैं। ऐ जी, जो (व्यक्ति) 'हरी हरी' करते हैं, वे सूखते नहीं (दुःखी नहीं होते); नानक (कहते हैं) कि (उन्हें कोई) पीड़ा भी नहीं सहन करनी पड़ती। ऐ जी, (जो व्यक्ति) (हरि का) नाम लेते हैं, वे सुशोभित होते हैं, उन्हें (लौकिक तथा पारमार्थिक) सुख और फल प्राप्त होते हैं; (जो परमात्मा को) मानते हैं, वे (इस संसार की बाजी में) जीत कर जाते हैं ॥४॥१॥४॥

१ ओं सतिगुर प्रसादि, घरु ३ ॥

[५]

तूं सुणि हरणा कालिआ की वाड़ीऐ राता राम।
बिखु फलु मीठा चारि दिन फिरि होवै ताता राम।

फिरि होइ ताता खरा माता नाम बिनु परतापए।
ओह जेव साइर देइ लहरी बिजुल जिवै चमकए॥
हरि बाझु राखा कोइ नाही सोइ तुझहि विसारिआ।
सचु कहै नानक चेति रे मन मरहि हरणा कालिआ॥ १॥

भवरा फूलि भवंतिआ दुखु अति भारी राम।
मै गुरु पूछिआ आपणा साचा बीचारी राम॥
बीचारि सतिगुरु मुझै पूछिआ भवरु बेली रातओ।
सूरजु चड़िआ पिंडु पड़िआ तेलु तावणि तातओ॥
जम मगि बाधा खाहि चोटा सबद बिनु बेतालिआ।
सचु कहै नानकु चेति रे मन मरहि भवरा कालिआ॥ २॥

मेरे जीअड़िआ परदेसीआ कितु पवहि जंजाले राम।
साचा साहिबु मनि वसै की फासहि जम जाले राम॥
मछुली विछुंनी नैण रुंनी जालु बधिकि पाइआ।
संसारु माइआ मोहु मीठा अंति भरमु चुकाइआ॥
भगति करि चितु लाइ हरि सिउ छोडि मनहु अंदेसिआ।
सचु कहै नानकु चेति रे मन जीअड़िआ परदेसीआ॥ ३॥

नदीआ वाह विछुंनिआ मेला संजोगी राम।
जुगु जुगु मीठा विसु भरे को जाणै जोगी राम॥
कोई सहजि जाणै हरि पछाणै सतिगुरू जिनि चेतिआ।
बिनु नाम हरि के भरम भूले पचहि मुगध अचेतिआ॥
हरि नामु भगति न रिदै साचा से अंति धाही रुंनिआ॥
सचु कहै नानकु सबदि साचै मेलि चिरी विछुंनिआ॥ ४॥ १॥ ५॥

हे काले हिरन सुन, तू (विषयों की) बाड़ी (बाग) में क्यों अनुरक्त है? विष (रूप) फल चार दिन के लिए मीठा है, फिर यह गरम (कष्टदायक) हो जायगा। (जिस फल के ऊपर) तू अत्यधिक मस्त हुआ है, (वह) पुनः गरम (कष्टदायी) हो जायगा; (इस प्रकार) बिना नाम के (तू) परितप्त होगा। (वह विषय रूपी फल इसी भाँति नश्वर और क्षणभंगुर हैं), जैसे समुद्र लहरें देता है अथवा जैसे बिजली चमकती है। [जिस भाँति समुद्र की लहरें अथवा बिजली की चमक अस्थिर है, उसी भाँति माया के विषय भी क्षणभंगुर हैं]। हरि के बिना तेरी कोई रक्षा नहीं कर सकता, और उसी को तू ने भुला दिया है। नानक सच कहता है, हे मन चेत जाओ, काला हिरन (विषयों की बाड़ी में उलझ कर) मर जायगा॥१॥

(मायिक पदार्थों के) फूलों के ऊपर भ्रमण करनेवाले, ऐ भौंरे, तुझे बहुत ही दुःख होगा। मैंने सच्चे विचार द्वारा अपने गुरु से पूछा है। विचार द्वारा सद्गुरु से मैंने पूछ लिया है कि (यह जीव रूपी) भौंरा (विषय-रूपी) फूल-बेलों में रत हुआ है, (इसकी क्या अवस्था होगी)? (जब आयु की रात समाप्त हो गई और) दिन चढ़ आया, तो शरीर ढह कर ढेर हो जायगा (और उसी प्रकार तपाया जायगा), जिस प्रकार तेल तौनी के ऊपर तपाया जाता है। (मनुष्य) शब्द के बिना बैताल (भूत) है; नाम के बिना वह यमराज के मार्ग में बांधा जायगा

और चोटें खायगा। नानक सच कहता है, हे मन चेत जाओ, काला भौंरा (मायिक पदार्थों के फूलों में रम कर) मर जायगा ॥२॥

हे मेरे परदेशी जीव, तू किस जंजाल में पड़ गया है? हे भाई (जिसके) मन में सच्चा साहब वास करता है; (तो) क्या वह यम-जाल में फँस सकता है? (अर्थात् वह नहीं फँस सकता है)। जब वधिक (शिकारी ने) अपना जाल बिछाया, (तो मछली) (जल से) बिछुड़ कर (जाल में फँस गई और) नेत्रों (में आँसू) भर कर रोई। अंत में उसका भ्रम दूर हो गया (और उसे विश्वास हो गया कि) संसार में जो कुछ भी था (वह निरा) माया का मीठा मोह ही था। (अतः, हे परदेशी, जीव) मन की सारी आशंकाओं को त्याग कर, हरि से चित्त लगा कर भक्ति करो। नानक सच कहता है, अरे परदेशी मन, अरे जीव, चेत जाओ ॥३॥

हे भाई, नदियों और नालों के विछोह होने पर, (उनका पुनः) मिलाप संयोगवश ही होता है ; (इसी प्रकार जीवात्मा और परमात्मा का मिलाप भाग्य से ही होता है)। माया के इस मीठे विष को (सारा संसार) युग-युगान्तरों से ग्रहण करता आ रहा है; हे भाई, कोई विरला योगी ही (इस रहस्य को) जानता है। जिसने सद्गुरु को (भलीभाँति) समझ लिया है, ऐसा कोई (विरला ही) सहजावस्था (तुरीयावस्था) को जानता है और हरी को पहचानता है। बिना हरी के नाम के (स्मरण किए हुए) मूर्ख और बुद्धिविहीन (प्राणी) भ्रम में भटकते रहते हैं और नष्ट हो जाते हैं। जिनमें न हरिनाम की भक्ति है और न जिनके हृदय में सच्चा परमात्मा है, वे अन्तकाल में ढाढ़ें मार कर रोते हैं। नानक सच कहता है कि (परमात्मा) (गुरु के) सच्चे शब्द (के माध्यम) से चिरकाल से (जो) बिछुड़ी हुई (जीवात्माएँ) हैं, (उन्हें अपने में) मिलाता है ॥ ४ ॥ १ ॥ ५ ॥

ੴ सतिनामु करता पुरखु निरभउ निरवैरु
अकाल मूरति अजूनी सैभं गुर प्रसादि

रागु आसा, महला १,

वार सलोका नालि, सलोक भी, महले पहले के लिखे ॥

टुंडे असराजै की धुनी ॥

सलोकु बलिहारी गुर आपणे दिउहाड़ी सदवार।
जिनि माणस ते देवते करत न लागी वार ॥ १ ॥

नानक गुरू न चेतनी मनि आपणै सुचेत।
छुटे तिल बूआड़ जिउ सुञे अंदरि खेत ॥
खेतै अंदरि छुटिआ कहु नानक सउ नाह।
फलीअहि फुलीअहि बपुड़े भी तन विचि सुआह ॥ २ ॥

विशेष : एक देश का राजा सारंग था। अपनी पहली स्त्री के मरने के बाद उसने दूसरी शादी कर ली। दूसरी रानी, राजा की प्रथम रानी के पुत्र, असराज के ऊपर मोहित हो

गई। परन्तु असराज ने अपना धर्म नहीं छोड़ा। रानी ने असराज के ऊपर मिथ्या दोषारोपण लगा कर उसे मौत की सजा दिलवा दी। राजा का मंत्री बड़ा ही बुद्धिमान् था। उसने असराज को मरवाया नहीं, उसके हाथ बंधवा कर उसे एक कुंए में डलवा दिया। एक काफिला उधर से जा रहा था। कुछ व्यक्तियों ने असराज को कुंए से बाहर निकाल लिया। असराज उसी काफिले के साथ अन्य देश को चला गया। संयोगवश, कुछ समय बीतने के पश्चात्, वह उस देश का राजा बना दिया गया। इसी समय राजा सारंग के देश में अकाल पड़ गया। असराज ने अपने पिता सारंग की सहायता की। इस प्रकार पिता-पुत्र का फिर मेल हो गया। कुछ कवियों ने इस घटना पर 'वारें' बनाईं। उन्हीं 'वारों' की ध्वनि के आधार पर 'आसा' राग की यह वार है। इस वार की ध्वनि का नमूना इस प्रकार है—

"भबकिओ शेर सरदूल राइ रण मारू बज्जे"

सलोकु : (मैं) अपने (उस) गुरु के ऊपर (एक) दिन में सौ बार बलिहारी होता हूँ, जिस गुरु ने मनुष्यों से देवते बना दिए और बनाने में (कुछ) देरी नहीं लगी ॥ १ ॥

हे नानक, (जो मनुष्य) गुरु को नहीं चेतते और अपने मन में चतुर (बने हुए) हैं, (वे इस प्रकार हैं), जैसे खाली, झूठे तिल सूने खेत में (यों ही) छोड़ दिए गए हैं। [बुआड़= खाली तिलों का पौदा, जो तिलों के खेत में उगता है, जिसकी फलियों में तिल नहीं होते]। हे नानक, ऐसे खेत में छोड़े हुए खाली तिलों के सौ पति होते हैं। वे बिचारे फूलते भी हैं, फलते भी हैं, फिर भी उनके शरीर में (तिलों के स्थान में) खाक ही होती है ॥ २ ॥

[**विशेष** : जब हम अपने मन में चतुर बन कर गुरु को मन से भुला देते हैं और गुरु के नेतृत्व की आवश्यकता नहीं समझते हैं, तो कामादिक सौ पति= स्वामी मन में आ बसते हैं। तात्पर्य यह कि मन किसी न किसी विकार का शिकार बना रहता है।]

पउड़ी **आपीन्है आपु साजिओ आपीन्है रचिओ नाउ ॥**
दुयी कुदरति साजीऐ करि आसणु डिठो चाउ।
दाता करता आपि तूं तुसि देवहि करहि पसाउ।
तूं जाणोई सभसै दे लैसहि जिंदु कवाउ ॥
करि आसणि डिठो चाउ ॥ १ ॥

पउड़ी : (अकाल पुरुष ने) अपने आप ही अपने को निर्मित किया और आप ही ने अपना नाम (और रूप) धारण किया। [परमात्मा की सत्ता दो रूपों में है—एक निर्गुण अवस्था और दूसरी सगुण अवस्था। अपने आप में वह निर्गुण रूप में है और सृष्टि के सम्बन्ध से वह सगुण है, जिसे 'नाम-रूप' भी कहते हैं]। ('नाम रूप' रचने के पश्चात्) उसने अपनी कुदरत (माया, शक्ति) रची (और फिर उसी में) आसन जमा कर (तात्पर्य यह की कुदरत में व्यापक होकर) (इस जगत् का) आप ही तमाशा देखने लग पड़ा है।

(हे प्रभु), तू आप ही (जीवों को) दान देनेवाला है (और आप ही इन्हें) बनाने वाला है। (तू आप ही) संतुष्ट होकर (जीवों को) देता है (और उनके ऊपर) कृपा करता है। तू सभी (जीवों का) जाननेवाला है। जीवन और उसकी पोशाक [शरीर से अभिप्राय है] देकर (तू आप ही) उन्हें ले लेगा (तात्पर्य यह है तू आप ही प्राण और शरीर देता है

ग्रौर ग्राप ही फिर ले लेता है)। (तू हो) (कुदरत में) ग्रासन जमा कर तमाशा देख रहा है ॥ १ ॥

सलोकुः सचे तेरे खंड सचे ब्रहमंड।
सचे तेरे लोग्र सचे ग्राकार ॥
सचे तेरे करणे सरब बीचार ॥
सचा तेरा ग्रमरु सचा दीबाणु।
सच तेरा हुकमु सचा फुरमाणु ॥
सचा तेरा करमु सचा नीसाणु ॥
सचे तुधु ग्राखहि लख करोड़ि।
सचै सभि ताणि सचै सभि जोरि ॥
सची तेरी सिफति सची सालाह।
सची तेरी कुदरति सचे पातिसाह ॥
नानक सचु धिग्राइनि सचु ।
जो मरि जंमै सु कचु निकचु ॥ ३ ॥

वडी वडिग्राई जा वडा नाउ।
वडी वडिग्राई जा सचु निग्राउ ॥
वडी वडिग्राई जा निहचल थाउ।
वडी वडिग्राई जाणै ग्रालाउ ॥
वडी वडिग्राई बुझै सभि भाउ ॥
वडी वडिग्राई जा पुछि न दाति।
वडी वडिग्राई जा ग्रापे ग्रापि ॥
नानक कार न कथनी जाइ।
कीता करणा सरब रजाइ ॥ ४ ॥

विसमादु नाद विसमादु वेद।
विसमादु जीग्र विसमादु भेद ॥
विसमादु रूप विसमादु रंग।
विसमादु नागे फिरहि जंत ॥
विसमादु पउणु विसमादु पाणी।
विसमादु ग्रगनी खेडहि विडाणी ॥
विसमादु धरती विसमादु खाणी।
विसमादु सादि लगहि पराणी ॥
विसमादु संजोगु विसमादु विजोगु।
विसमादु भुख विसमादु भोगु ॥
विसमादु सिफति विसमादु सालाह।
विसमादु उझड़ विसमादु राह ॥

विसमादु नेड़ै विसमादु दूरि ।
विसमादु देखै हाजरा हजूरि ॥
वेखि विडाणु रहिआ विसमादु ।
नानक बूझणु पूरै भागि ॥ ५ ॥

कुदरति दिसै कुदरति सुणीऐ कुदरति भउ सुख सारु ।
कुदरति पाताली आकासी कुदरति सरब आकारु ॥
कुदरति वेद पुराण कतेबा कुदरति सरब वीचारु ।
कुदरति खाणा पीणा पैन्हणु कुदरति सरब पिआरु ॥
कुदरति जाती जिनसी रंगी कुदरति जीअ जहान ।
कुदरति नेकीआ कुदरति बदीआ कुदरति मानु अभिमानु ॥
कुदरति पउणु पाणी बैसंतरु कुदरति धरती खाकु ।
सभ तेरी कुदरति तूं कादिरु करता पाकी नाई पाकु ॥
नानक हुकमै अंदरि वेखै वरतै ताको ताकु ॥ ६ ॥

सलोक : (हे सच्चे बादशाह) तेरे (उत्पन्न किए हुए) खण्ड और ब्रह्माण्ड सच्चे हैं, (तात्पर्य यह है खण्ड और ब्रह्माण्ड निर्मित करने का तेरा यह क्रम सदा के लिए अटल है)। तेरे (बनाए हुए अनन्त) लोक और आकार (भी) सच्चे हैं। तेरे काम और तेरे समस्त विचार सच्चे हैं।

(हे सच्चे बादशाह) तेरी बादशाही और तेरे दरबार सच्चे हैं; तेरा हुक्म और तेरे (शाही) फरमान भी सच्चे हैं। तेरी बख्शिश सच्ची है और तेरी उन बख्शिशों के चिह्न भी सच्चे हैं। लाखों, करोड़ों (जीव), (जो तुझे) स्मरण कर रहे हैं, (वे भी) सच्चे हैं, (तात्पर्य यह है कि अनन्त जीवों का तुझे स्मरण करना भी एक अलौकिक कार्य है, जो तेरे द्वारा सदैव के लिए चलाया हुआ है)। (ये खण्ड, ब्रह्माण्ड, लोक, आकार, जीव-जन्तु आदि) (सच्चे परमात्मा की) शक्ति और बल के (अन्तर्गत) हैं; (तात्पर्य यह है कि इन सब की सत्ता और सहारा प्रभु आप ही है)।

तेरी स्तुति और गुणगान करना भी सत्य है—(एक अटल सिलसिला है, जो युग-युगान्तरों से चला आ रहा है)। हे सच्चे बादशाह, तेरी कुदरत (माया, शक्ति, प्रकृति) भी सच्ची है (और यह न समाप्त होनेवाली क्रिया है)। हे नानक, (जो जीव उस सच्चे और अविनाशी प्रभु का) स्मरण करते हैं, वे भी सत्य हैं, (क्योंकि उस प्रभु का स्मरण करने से, वे स्वयं वही हो जाते हैं)। (पर जो परमात्मा का स्वरूप नहीं समझते) और जन्मते मरते रहते हैं, वे (अब भी) कच्चों में कच्चे, अर्थात् नितान्त कच्चे हैं ॥ ३ ॥

विशेष : गुरु नानक देव ने उपर्युक्त 'सलोक' में बतलाया है कि परमात्मा के बनाए हुए खण्ड, ब्रह्माण्ड, लोक आकार, जीव-जन्तु आदि का क्रम भ्रम रूप नहीं है, बल्कि सत्य परमात्मा की सत्य रचना है। मोटे रूप से सृष्टि का यह क्रम अनादि और शाश्वत नियम है। हाँ, इसमें जो पृथक् पृथक् पदार्थ, जीव-जन्तु और शरीरादिक दिखाई पड़ते हैं, वे नश्वर हैं। जो उस प्रभु का स्मरण करते हैं, वे उसका रूप हो जाते हैं।

सलोकु : (परमात्मा की) महत्ता इसमें है कि उसका नाम बहुत ही बड़ा है। (उस प्रभु की) महत्ता बड़ी महान् है, (क्योंकि उस प्रभु का) न्याय महान् है। उसकी यह एक बहुत भारी विशेषता है कि उसका स्थान अडिग है। (प्रभु की यह एक) बहुत बड़ी महत्ता है (कि वह सारे जीवों के) आलाप (प्रार्थना, पुकार) जानता है। (और समस्त जीवों की भावनाओं को) अपने आप जानता है।

(परमात्मा की यह एक और) विशेषता है कि किसी से पूछ कर (जीवों को) दान नहीं देता। (वह स्वयं जीवों को अनन्त दान देता रहता है), क्योंकि उसके समान और कोई नहीं है), वह आप ही अपने समान है।

हे नानक, (परमात्मा के) कार्य (सृष्टि-रचना) का वर्णन नहीं किया जा सकता। (उसकी) रची हुई समस्त सृष्टि-रचना (करणा), उसके हुक्म के अन्तर्गत हुई है ॥ ४ ॥

(परमात्मा की आश्चर्यमयी कुदरत को पूर्ण भाग्य से ही समझा जा सकता है। कुदरत की अनन्तता देख कर मन में हैरानी उत्पन्न होती है)।

(असंख्य) नाद, (चार) वेद, (अनन्त) जीव (और उनके) असंख्य भेद, (जीवों और अन्य पदार्थों के असंख्य) रूप, और उनके रंग—(इन सब वस्तुओं को देख कर) आश्चर्यमयी अवस्था उत्पन्न हो रही है।

(अनेक) जंतु (सदैव) नंगे ही फिर रहे हैं, (कितने ही) पवन हैं, (कितने ही) जल हैं, (अनेक) अग्नियाँ हैं, (जो) आश्चर्यमय खेल खेल रही हैं; [अग्नि के अनेक प्रकार हैं—यथा बड़वाग्नि, दावाग्नि, जठाराग्नि, क्रोधाग्नि, चिन्ताग्नि, ज्ञानाग्नि आदि]। पृथ्वी (तथा पृथ्वी) के जीवों को चार खानियाँ (अंडज, जेरज, उद्भिज और स्वेदज) (आदि को देख कर) मन में आश्चर्यमयी भावनाएँ तथा घबड़ाहट उत्पन्न हो रही है।

(अनन्त) जीव (पदार्थों के) स्वाद में लग रहे हैं; (कितने जीवों का) संयोग है, (कितनों का) वियोग है, (कितनों को) भूख (सता रही है), (कितनों को) (दुर्लभ पदार्थों का) भोग है; (कहीं पर कुदरत के स्वामी की) स्तुति एवं प्रशंसा हो रही हैं, (कहीं पर) कुराह है (और कहीं पर) (सुंदर) राह है,—(इन सब आश्चर्यमय खेलों को देख कर) (मन में) आश्चर्यमयी अवस्था उत्पन्न हो रही है।

(कोई कहता है कि परमात्मा) समीप है, (कोई कहता है कि) दूर है, (और कोई कहता है कि) (वह) सर्वत्र विराजमान (व्यापक) होकर (सभी जीवों को) देख रहा है, (खोज-खबर ले रहा है)। (इन सब आश्चर्यमय कौतुकों को देख कर) आह्लादमयी, आश्चर्यमयी अवस्था प्राप्त हो रही है। हे नानक, (परमात्मा के इन कौतुकों को) बड़े भाग्य से ही समझा जा सकता है ॥ ५ ॥

(हे प्रभु), (जो कुछ) दिखाई दे रहा है (और जो कुछ) सुनाई पड़ रहा है, (वह सब तेरी ही) कुदरत है। (यह) भय, (जो) सुखों का सार है, तेरी ही कुदरत है। पाताल से लेकर आकाश तक (तेरी ही) कुदरत है। ये सारे आकार (दृश्यमान जगत) तेरी ही कुदरत (के परिणाम) हैं।

(हिन्दुओं के) वेद और पुराण, (मुसलमानों के) कुरान (आदि धार्मिक ग्रन्थ) (तथा) समस्त विचार (तेरी ही) कुदरत (के स्वरूप हैं)। (जीवों के) खाने, पीने, पहनने

(आदि के व्यवहार) और जगत् के समस्त प्यार—(ये सब तेरी ही) कुदरत (के कारण हैं)।

जातियों, वस्तुओं, रंगों, जगत् के जीवों में तेरी ही कुदरत वरत रही है। (संसार की कितनी ही) भलाइयों, बुराइयों, मान और अभिमान में (तेरी ही) कुदरत (दृष्टिगोचर हो रही है)।

पवन, पानी, अग्नि, पृथ्वी की खाक (आदि पंच भूत) (तेरी ही) कुदरत (के परिणाम) हैं। (हे प्रभु, इस प्रकार सब ओर) (तेरी) कुदरत (वरत रही है), तू कुदरत का स्वामी है, (तू ही इसका) निर्माता है। तेरी बड़ाई पवित्र से पवित्र है; (तू आप पवित्र सत्ता वाला है)। [नाई<फ़ारसी, नाईदन = बड़ाई करनी, बड़ाई।]

हे नानक, (प्रभु इस सारी कुदरत को) अपने हुक्म (के अन्तर्गत) (रख कर) (सब को) देख रहा है, (संभाल कर रहा है) (और सारे स्थानों पर अकेला) आप ही आप वरत रहा है, (विराजमान है) ॥ ६ ॥

पउड़ी आपीन्है भोग भोगि कै होइ भसमड़ि भउर सिधाइआ।
वडा होआ दुनीदारु गलि संगलु घति चलाइआ॥
अगै करणी कीरति वाचीऐ वहि लेखा करि समझाइआ॥
थाउ न होवी पउदीई हुणि सुणीऐ किआ रूआइआ॥ २॥
मंनि अंधै जनमु गवाइआ॥ २॥

पउड़ी : (मायासक्त मनुष्य) स्वयं ही भोग भोग कर, भस्म की ढेरी हो जाता है (और जीवात्मा रूपी) भौंरा (शरीर त्याग कर) चला जाता है। (सांसारिक प्रपंचों में फंसा हुआ) दुनियाबी मनुष्य, (जब) मरता है, (तो वह) गले में जंजीर डालकर (यमदूतों द्वारा) आगे चलाया जाता है।

परलोक में (धर्मराज के दरबार में) (परमात्मा की स्तुति रूपी) वाणी और कीरति-कर्म [कीरति=मनुष्य के पूर्व जन्मों के कर्मों के किए हुए संस्कार-जनित कर्म] पढ़े जाते हैं, (स्वीकार किए जाते हैं); वहीं पर (जीव के किए हुए कर्मों का) लेखा (भली भाँति उसे) समझा दिया जाता है।

(माया के भोगों में फँसे रहने के कारण), उसके ऊपर मार पड़ती है, (और बचने के लिए) (कोई) स्थान नहीं मिलता, (शरण नहीं मिलती)। उस समय उसका कोई रुदन (करुण-प्रलाप) नहीं सुना जाता।

अंधे मनवाला (विवेकहीन मनुष्य) (अपना अमूल्य) जन्म (माया की क्षुद्र वस्तुओं में) नष्ट कर देता है॥ २॥

सलोकु भै विचि पवणु वहै सद वाउ।
भै विचि चालहि लख दरीआउ॥
भै विचि अगनि कढै वेगारि।
भै विचि धरती दबी भारि॥
भै विचि इंदु फिरै सिर भारि।
भै विचि राजा धरम दुआरु॥

भै विचि सूरजु भै विचि चंदु ।
कोह करोड़ी चलत न अंतु ॥
भै विचि सिध बुध सुर नाथ ।
भै विचि आडाणे आकास ।
भै विचि जोध महाबल सूर ।
भै विचि आवहि जावहि पूर ॥
सगलिआ भउ लिखिआ सिरि लेखु ।
नानक निरभउ निरंकारु सचु एकु ॥ ७ ॥

नानक निरभउ निरंकारु होरि केते राम रवाल ।
केतीआ कंन्ह कहाणीआ केते बेद बीचार ॥
केते नचहि मंगते गिड़ि मुड़ि पूरहि ताल ।
बाजारी बाजार महि आइ कढहि बाजार ॥
गावहि राजे राणीआ बोलहि आल पताल ।
लख टकिआ के मुंदड़े लख टकिआ के हार ॥
जितु तनि पाईअहि नानका से तन होवहि छार ॥
गिआनु न गलीई ढूढीऐ कथना करड़ा सारु ।
करमि मिलै ता पाईऐ होर हिकमति हुकमु खुआरु ॥ ८ ॥

सलोक : वायु सदैव ही (परमात्मा के) भय में बह रही है। लाखों नद भी भय में ही प्रवाहित हो रहे हैं। भय में ही आग बेगार कर रही है। समस्त पृथ्वी (परमात्मा के) भय के भार के कारण दबी हुई है (अपनी मर्यादा में स्थित है)।

(परमात्मा के भय में ही) इन्द्र राजा सिर के बल फिर रहा है, (तात्पर्य यह है कि बादल उसके हुक्म में ही उड़ रहे हैं)। धर्मराज का दरबार भी (परमात्मा के) भय में ही है। सूर्य और चन्द्रमा भी (उसी के) भय में (आकाश में स्थित हैं)। (वे दोनों) करोड़ों कोस चलते हैं, (फिर भी उनके मार्ग का) अन्त नहीं होता।

सिद्ध, बुद्ध, देवतागण और नाथ—(सभी) (परमात्मा के) भय में हैं। (ऊपर) तना हुआ आकाश भी, (जो दिखाई देता है), (वह भी) (परमात्मा के) भय में है। महाबली योद्धागण और शूरवीर—(सभी परमात्मा के) भय में हैं। सारे के सारे (जीव), (जो जगत् में) आते-जाते रहते हैं, (जन्मते और मरते रहते हैं), (वे सभी) भय में हैं।

(इस प्रकार) (सारे जीवों के मत्थे के ऊपर) भय (का) लेख लिखा हुआ है, (तात्पर्य यह है कि प्रभु का नियम ही ऐसा है कि सभी के ऊपर परमात्मा का भय है, जिसके फलस्वरूप वे सब अपनी अपनी मर्यादा में वरत रहे हैं)। हे नानक, (केवल) एक सच्चा निरंकार ही निर्भय (भय-रहित) है ॥ ७ ॥

हे नानक, (एक) निरंकार ही निर्भय है और कितने ही राम धूल हैं। कितने ही कृष्ण की कहानियाँ और कितने वेदों के विचार भी (धूल हैं)। कितने ही (मनुष्य) मंगते (बन कर) नाचते हैं, (वे) झुककर, मुड़कर ताल पूरी करते हैं, (भाव-प्रदर्शित करते हैं)। बाजारी लोग [रासधारियों की ओर संकेत है] भी बाजार में अपना बाजार लगाते हैं।

(वे लोग) राजा-रानियों (के स्वरूप बना कर) गाते हैं और आकाश-पाताल (अनाप-शनाप) (की बातें) बोलते हैं। (वे लोग पुरस्कार में) लाखों रुपयों की बालियाँ और लाखों रुपयों के हार (पाते हैं)। (किन्तु वे बेचारे इस बात को नहीं जानते कि इन बालियों और इन हारों को) जो शरीर पहनते हैं, (वे सब अन्त में) खाक हो जाते हैं। [तो भला बताओ, इस नाचने-गाने तथा बालियों और हारों को पहनने से ज्ञान किस प्रकार प्राप्त हो सकता है] ?

ज्ञान (निरी) बातों से नहीं ढूँढ़ा जा सकता, (ज्ञान-प्राप्ति का) कथन (उतना ही) कठिन है, (जितना) 'लोहा'। (परमात्मा की) कृपा हो, (तभी) ज्ञान की प्राप्ति होती है। (कृपा के बिना ज्ञान-प्राप्ति के लिए) और चतुराइयाँ तथा हुक्म (आदि) व्यर्थ हैं ॥ ८ ॥

पउड़ी : नदरि करहि जे आपणी ता नदरी सतिगुरु पाइआ ।
एहु जीउ बहुते जनम भरंमिआ ता सतिगुरि सबदु सुणाइआ ॥
सतिगुर जेवडु दाता का नहीं सभि सुणिअहु लोक सबाइआ ।
सतिगुरि मिलिऐ सचु पाइआ जिन्ही विचहु आपु गवाइआ ॥
जिनि सचो सचु बुझाइआ ॥ ३ ॥

पउड़ी : (हे प्रभु), यदि तू, (जीव के ऊपर) अपनी कृपा-दृष्टि करे, तभी (उसे) तेरी कृपा-दृष्टि से सद्गुरु मिल पाता है।

यह (बेचारा) जीव (जब) अनेक जन्मों में भटक चुका (और संयोगवशात् जब तेरी कृपा-दृष्टि हुई), (तब) सद्गुरु ने अपना शब्द सुनाया।

ऐ सारे लोगों, ध्यान देकर सुनो, सद्गुरु के समान और कोई दाता नहीं है।

जिन (मनुष्यों) ने अपने अन्तर्गत से अहंभाव नष्ट कर दिया, उन्हें उस सद्गुरु के मिलने से शान्ति प्राप्त हो गई, जिसने निष्केवल सच्चे (प्रभु) की सूझ पाई है। (तात्पर्य यह है कि जो मनुष्य अपने अन्तःकरण से आपापन गँवाते हैं, उन्हें उस सद्गुरु के मिलने से सच्चे परमात्मा की प्राप्ति हो जाती है, जो सद्गुरु सदैव स्थिर रहनेवाले प्रभु की सूझ-बूझ प्रदान करता है) ॥ ३ ॥

सलोक : घड़ीआ सभे गोपीआ पहर कंन्ह गोपाल ।
गहणे पउणु पाणी बैसंतरु चंदु सूरजु अवतार ॥
सगली धरती मालु धनु वरतणि सरब जंजाल ।
नानक मुसै गिआन विहूणी खाइ गइआ जम कालु ॥ ६ ॥
वाइनि चेले नचनि गुर । पैर हलाइनि फेरन्हि सिर ॥
उडि उडि रावा झाटै पाइ । वेखै लोकु हसै घरि जाइ ॥
रोटीआ कारणि पूरहि ताल । आपु पछाडहि धरती नालि ॥
गावनि गोपीआ गावनि कान्ह । गावनि सीता राजे राम ॥
निरभउ निरंकारु सचु नामु । जाका कीआ सगल जहानु ॥
सेवक सेवहि करमि चड़ाउ । भिंनी रैणि जिन्हा मनि चाउ ॥
सिखी सिखिआ गुर वीचारि । नदरी करमि लघाए पारि ॥
कोलू चरखा चकी चकु । थल वारोले बहुतु अनंतु ॥

लाटू माधाणीआ अनगाह । पंखी भउदीआ लैनि न साह ॥
सूए चाड़ि भवाईअहि जंत । नानक भउदिआ गणत न अंत ॥
बंधन बंधि भवाए सोइ । पइऐ किरति नचै सभु कोइ ॥
नचि नचि हसहि चलहि से रोइ । उडि न जाही सिध न होहि ॥
नचणु कुदणु मन का चाउ । नानक जिन्ह मनि भउ तिन्हा मनि भाउ ॥ १० ॥

सलोक : (सारी घड़ियाँ गोपियाँ हैं, (दिन के सारे) प्रहर कृष्ण है, पवन, पानी और आग ही गहने हैं, (जिन्हें उन गोपियों ने धारण किये हैं) । (रासधारी लोग रासों में अवतारों का स्वाँग बना-बना कर गाते हैं, प्रकृति के रास-नृत्य में) चंद्रमा और सूर्य दो अवतार हैं । सारी पृथ्वी (रास के रंगमंच का) धन और माल है । (जगत् के) सारे प्रपंच (रास के) व्यवहार हैं । हे नानक, इस ज्ञान के बिना (सारी दुनिया) ठगी जा रही है और उसे यम-काल खाए जा रहा है ॥ ९ ॥

(रासों में) चेले बाजे बजाते हैं और गुरु नाचते हैं । (नाचते समय गुरु) पैरों को हिलाते हैं और सिर घुमाते हैं (तात्पर्य यह कि पैर हिला कर तो ताल में ताल मिलाते हैं और सिर हिला कर भाव प्रदर्शित करते हैं) । (पैरों को ताल के साथ पटकने से) धूल उड़-उड कर उनके (सिर के) बालों में पड़ती है । (रास देखनेवाले उन्हें नाचते हुए) देख कर हंसते हैं । (उनका यह तमाशा देख कर), (वे अपने अपने) घर चले जाते हैं । रोटी के निमित्त (वे रासधारी) ताल पूरी करके (नाचते हैं) और अपने आप को पृथ्वी पर पछाड़ते हैं । (इस प्रकार रासलोला में वे) गोपो और कृष्ण (बन कर) गाते हैं । (कभी कभी) सीता तथा राजा राम (का स्वांग बना कर भी) गाते हैं ।

(जिस प्रभु का) सारा जगत बनाया हुआ है, जो निर्भय, निरंकार और सत्य नाम वाला है, (उसकी) केवल (वे ही) सेवक आराधना करते हैं, (जिनके प्रन्तगेत) (परमात्मा की कृपादृष्टि से) चढ़ती कला है, जिनके मन में (स्मरण करने का) उत्साह है, उन (सेवकों की जीवन रूपी) रात आनन्द से (व्यतीत होती है) । (उपर्युक्त) शिक्षा, (जिन्होंने) गुरु के उपदेश से सीख ली है, कृपा-दृष्टिवाला प्रभु (अपनो) कृपा द्वारा (उन्हें संसार सागर से) पार उतार देता है ।

(नाचने और फेरा लगाने से जोवन का उद्धार नहीं हो सकता । बहुत सी वस्तुएँ तथा जीव सदैव चक्कर लगाते रहते हैं; किन्तु इस चक्कर लगाने से क्या लाभ होता है ? क्या उनकी मुक्ति हो जाती है ?) कोल्हू, चरखा, चक्की, (कुम्हार की) चाक, रेतीले मैदानों के बहुत से बवण्डर, लट्टू, मथानो, अन्न दाबनेवाले फल्हे, [फल्हे=लकड़ी की बनी हुई वस्तु विशेष] (सदैव घूमते रहते हैं) । पक्षी, भँभीरियाँ (एक साँस में) (उड़ती रहती हैं) और साँस नहीं लेतीं (तात्पर्य यह कि एक गति से निरन्तर उड़ती रहती हैं और विश्राम नहीं करतीं) । (बहुत से) जानवरों को शूल चुभो कर घुमाया जाता है । (इस प्रकार) हे नानक, चक्कर लगाने वाले (जीवों और वस्तुओं) का अन्त नहीं है । (इस भाँति, वह प्रभु जीवों को माया के) बंधनों में जकड़ कर घुमाता रहता है । सभी कोई (जीव) अपने किए हुए कर्मों के संस्कारों के अनुसार नाचते रहते हैं । (जो जीव) नाच नाच कर हंसते हैं, (वे) (अंत में) रो रो कर (इस संसार से) विदा होते हैं । (वे भी) (नाचने-कूदने से) उड़ नहीं

जाते, (अर्थात् किसी ऊंची अवस्था में उड़ कर नहीं पहुंच जाते) और न वे सिद्ध ही हो जाते हैं।

(अतएव) नाचना-कूदना तो (केवल) मन की उमंग है, हे नानक, प्रेम केवल उन्हीं के मन में है, जिनके मन में (परमात्मा का) भय है ॥ १० ॥

पउड़ी : नाउ तेरा निरंकारु है नाइ लइऐ नरकि न जाईऐ।
जीउ पिंडु सभु तिसदा दे खाजै आखि गवाईऐ ॥
जे लोड़हि चंगा आपणा करि पुंनहु नीच सदाईऐ।
जे जरवाणा परहरै जरु वेस करेदी आईऐ ॥
को रहै न भरीऐ पाईऐ ॥ ४ ॥

पउड़ी : (हे प्रभु), तेरा नाम निरंकार है, यदि तेरा नाम स्मरण किया जाय, तो नरक में नहीं जाना पड़ता।

यह जीव और शरीर सब कुछ उसी (प्रभु) का ही है। वही जीवों को खाने के लिए (भोजन) देता है, (कितनों को वह प्रभु देता है, इस बात को) कहना, (अपनी वाणी को) नष्ट करना है।

हे जीव यदि तू वास्तव में अपनी भलाई चाहता है, तो शुभ कर्म करके भी अपने आपको नीच ही कहला।

यदि कोई बुढ़ापे को त्यागना चाहे. (तो यह यत्न व्यर्थ है), (क्योंकि) बुढ़ापा वेश धारण करके आ ही जाता है। पनघड़ी की प्याली, भर जाने पर, कोई यहाँ नहीं रह सकता। [पाई=पनघड़ी की प्याली]; (भाव यह है कि जब साँसें पूरी हो जाती हैं, तो कोई भी प्राणी यहाँ नहीं रह सकता) ॥ ४ ॥

सलोकु : मुसलमाना सिफति सरीअति पड़ि पड़ि करहि बीचारु।
बंदे से जि पवहि विचि बंदी वेखण कउ दीदारु ॥
हिन्दू सालाही सालाहनि दरसनि रूपि अपारु।
तीरथ नावहि अरचा पूजा अगरवासु बहकारु ॥
जोगी सुंनि धिआवन्हि जेते अलख नामु करतारु।
सूखम मूरति नामु निरंजन काइआ का आकारु ॥
सतीआ मनि संतोखु उपजै देणै कै वीचारि।
देदे मंगहि सहसा गूणा सोभ करे संसारु ॥
चोरा जारा तै कूड़िआरा खाराबा वेकार।
इकि होदा खाइ चलहि ऐथाऊ तिना भी काई कार ॥
जलि थलि जीआ पुरीआ लोआ आकारा आकार ॥
ओइ जि आखहि सु तूं है जाणहि तिना भि तेरी सार।
नानक भगता भुख सालाहणु सचु नामु आधारु ॥
सदा अनंदि रहहि दिनु राती गुणवंतिआ पाछारु ॥ ११ ॥
मिटी मुसलमान की पेड़ै पई कुम्हिआर।
घड़ि भांडे इटा कीआ जलदी करे पुकार ॥

जलि जलि रोवै बपुड़ी झड़ि झड़ि पवहि अंगिआर ।
नानक जिनि करतै कारणु कीआ जो जाणै करतारु ।। १२ ।।

सलोक : मुसलमानों को शरीअत की प्रशंसा (सबसे अधिक अच्छी लगती है)। (वे) शरीअत को पढ़ पढ़ कर यह विचार करते हैं (कि) परमात्मा का दीदार (दर्शन) पाने के लिए, (जो व्यक्ति) शरीअत की बन्दगी में पड़ते हैं, वे ही (उसके) बन्दे हैं।

हिन्दू (अपने धार्मिक ग्रन्थों द्वारा) स्तुति-योग्य, दर्शनीय (सुंदर) स्वरूपवाले तथा अपार (हरी) की प्रशंसा करते हैं। (वे) तीर्थों में नहाते हैं, (मूर्त्तियों की) पूजा-अर्चा करते हैं और अगर (आदि) सुगन्धित (द्रव्यों का व्यवहार करते हैं)।

योगीगण शून्य-(समाधि) लगाकर कर्त्तार (परमात्मा) का ध्यान करते हैं और 'अलख' 'अलख' (उस प्रभु के) नाम (उच्चारण करते हैं)। (योगियों के मतानुसार परमात्मा) सूक्ष्म स्वरूप वाला है, निरंजन (मायारहित) नामवाला है, और सारा आकार (दृश्यमान जगत्) (उसी की) काया है।

(किसी पात्र) को देने के विचार से दानियों के मन में संतोष उत्पन्न होता है; (किन्तु पात्रों को) दे दे कर (वे मन ही मन परमात्मा से) हजारों गुना अधिक माँगते हैं और (बाहर) जगत (उनके दान की) बड़ाई करता है।

(दूसरी ओर जगत् में अनन्त) चोर, पर-स्त्री-गामी, झूठे, गोंड़े और बिकारी भी हैं, (जो पाप कर कर के) पिछली की हुई कमाई को समाप्त करके (खाली हाथ इस संसार से) चल पड़ते हैं, (पर ये सब भी परमात्मा के रंग हैं), उन्हें भी (उसी ने) कोई (ऐसे-वैसे) कार्य (सौंपे) हैं।

जल में (रहनेवाले) तथा स्थल पर (निवास करने वाले), (अनन्त) पुरियों, लोकों तथा अन्य दृश्यमान जगत् (आकारा आकार) में (अनन्त) जीव (हैं)। वे जो कुछ भी कहते हैं, (हे कर्त्तार तू) उन्हें सब कुछ जानता है, उन्हें भी तेरा ही सहारा (आसरा) है।

हे नानक, भक्त-जनों को (केवल प्रभु की) स्तुति की ही भूख रहती है; (हरी का) सच्चा नाम ही उनका आधार है। वे सदैव दिन-रात आनन्द में रहते हैं और (अपने आप को) गुणवानों के चरणों की धूलि समझते हैं ।। ११ ।।

[मुसलमान यह ख्याल करते हैं कि देहावसान के पश्चात् जिनका शरीर जलाया जाता है, वे दोजख की आग में जलते हैं। गुरु नानक देव निम्नलिखित पद में यह बतलाते हैं कि मुसलमानों का शव मरणोपरान्त पृथ्वी में गाड़ा जाता है। संयोगवश यदि उनके शव की मिट्टी कुम्हार के हाथ में पड़ जाय, तो उसकी क्या दुर्दशा होगी] ?

अर्थ : मुसलमानों की मिट्टी (जहाँ वे कब्र में गाड़े जाते हैं), अनेक बार कुम्हार के वश में आ पड़ती है। (कुम्हार उस चिकनी मिट्टी को) गढ़ कर बरतन और ईंटें बनाता है, (आँवें में पड़ कर वह मिट्टी मानों) जलती हुई चिल्लाती है। वह बेचारी जल-जल कर रोती है और उसमें से अंगारे झड़-झड़ कर निकलते हैं। हे नानक, जिस कर्त्तार ने जगत् रचा है, वही (वास्तविक) भेद जानता है ।। १२ ।।

पउड़ी : बिनु सतिगुर किनै न पाइओ बिनु सतिगुर किनै न पाइआ ।
सतिगुर विचि आपु रखिओनु करि परगटु आखि सुणाइआ ॥
सतिगुर मिलिऐ सदा मुकतु है जिनि विचहु मोहु चुकाइआ ।
उतमु एहु बीचारु है जिनि सचे सिउ चितु लाइआ ॥
जगजीवनु दाता पाइआ ॥ ५ ॥

पउड़ी : बिना सद्गुरु (की शरण में गए), किसी ने भी (हरी को) नहीं पाया है। बिना सद्गुरु (की शरण) के किसी ने भी (प्रभु को) नहीं पाया है, (क्योंकि) (प्रभु ने) अपने आप को सद्गुरु के अन्तर्गत रखा है, (तात्पर्य यह है कि सद्गुरु ने प्रभु का साक्षात्कार किया है) । (मैंने इस बात को) प्रकट रूप में (सब को) सुना दी है । (जिस) सद्गुरु ने अपने अंतर्गत से (माया के) मोह को दूर कर दिया है, (यदि वह मनुष्य को मिल जाय), (तो मनुष्य मायिक बन्धनों से) मुक्त हो जाता है ।

(अन्य चतुराइयों की अपेक्षा) यही विचार उत्तम है (कि जिस मनुष्य ने अपने गुरु के माध्यम से) सत्य (परमात्मा से) चित्त युक्त कर दिया है, उसे जग के जीवन का दाता प्राप्त हो गया है ॥ ५ ॥

सलोकु हउ विचि आइआ हउ विचि गइआ ।
हउ विचि जंमिआ हउ विचि मुआ ॥
हउ विचि दिता हउ विचि लइआ ।
हउ विचि खटिआ हउ विचि गइआ ॥
हउ विचि सचिआरु कूड़िआरु ।
हउ विचि पाप पुंन बीचारु ॥
हउ विचि नरकि सुरगि अवतारु ।
हउ विचि हसै हउ विचि रोवै ॥
हउ विचि भरीऐ हउ विचि धोवै ।
हउ विचि जाती जिनसी खोवै ॥
हउ विचि मूरखु हउ विचि सिआणा ।
मोख मुकति की सार न जाणा ॥
हउ विचि माइआ हउ विचि छाइआ ।
हउमै करि करि जंत उपाइआ ॥
हउमै बूझै ता दरु सूझै ।
गिआन विहूणा कथि कथि लूझै ॥
नानक हुकमी लिखीऐ लेखु ।
जेहा वेखहि तेहा वेखु ॥ १३ ॥
पुरखां बिरखां तीरथां तटां मेघां खेतांह ।
दीपां लोआं मंडलां खंडां वरभंडांह ॥
अंडज जेरज उतभुजां खाणी सेतजांह ।
सो मिति जाणै नानका सरां मेरां जंताह ॥

नानक जंत उपाइ कै संमाले सभनाह ।
जिनि करतै करणा कीआ चिंता भि करणी ताह ॥
सो करता चिंता करे जिनि उपाइआ जगु ।
तिसु जोहारी सुअसति तिसु तिसु दीबाणु अभगु ॥
नानक सचे नाम बिनु किआ टिका किआ तगु ॥ १४ ॥

लख नेकीआ चंगिआईआ लख पुंना परवाणु ।
लख तप उपरि तीरथां सहज जोग बेबाण ॥
लख सूरतण संगराम रण महि छुटहि पराण ।
लख सुरती लख गिआन धिआन पड़ीअहि पाठ पुराण ॥
जिनि करतै करणा कीआ लिखिआ आवण जाणु ।
नानक मति मिथिआ करमु सचा नीसाणु ॥ १५ ॥

सलोक : अहंकार में (मनुष्य) (इस जगत् में) आता है (और) अहंकार में (यहाँ से) चला जाता है। अहंकार में ही (वह) जन्म लेता है और अहंकार में ही मर जाता है। अहंकार में ही (वह) देता और अहंकार में ही लेता है। अहंकार में (वह) (किसी वस्तु को) प्राप्त करता है और अहंकार में ही खो देता है।

अहंकार में ही (वह) सच्चा (अथवा) झूठा (होता है)। अहंकार में ही (वह) (अपने) पापों और पुण्यों को विचारता है। अहंकार ही (के कारण) (वह) स्वर्ग अथवा नरक में पड़ता है। अहंकार ही के (वशीभूत), (यह सुख प्राप्त होने पर) हंसता है, (और दुःख मिलने पर) रोता है। अहंकार के (फलस्वरूप) वह (कभी) (पापों से) भर जाता है (और कभी उन पापों को पुण्यों द्वारा) धो देता है। अहंकार में ही (वह) (अपनी) जाति और वर्ण (श्रेणी) खो देता है, (तात्पर्य यह है कि मनुष्यता की ऊँची पदवी से गिर जाता है)। अहंकार (के ही कारण) (वह) मूर्ख (होता है) और अहंकार में ही चतुर (बनता है)। (अहंकार ही में पड़े रहने के कारण) (वह) मोक्ष तथा मुक्ति का पता नहीं जानता।

अहंकार ही (के प्रभाव के कारण) (जीव) माया (में पड़ा रहता है) और अहंकार के ही कारण (उसे) माया का भ्रम (घेरे रहता है)। अहंकार कर करके जीव (अनेक बार) उत्पन्न होते रहते हैं। यदि इस अहंकार (का स्वरूप) (मनुष्य ठीक-ठीक) समझ ले, (तो उसे परमात्मा का दरवाजा) दिखाई पड़ने लगता है। (वास्तविक) ज्ञान के बिना (मनुष्य) (केवल) कथोपकथन (वाद-विवाद) में परेशान रहता है।

हे नानक, (जीव) जिस जिस प्रकार देखते हैं, उसी उसी प्रकार (उनके स्वरूप) दिखाई पड़ते हैं, (तात्पर्य यह है कि जिस नीयत से वे दूसरे प्राणियों से बरतते हैं, उसी प्रकार के उनके आन्तरिक संस्कार बनते हैं, और वही उनका पृथक् अहंकार बन जाता है), पर यह सब लेख भी उसी हुक्म देनेवाले (परमात्मा) की आज्ञा से ही लिखा जाता है ॥ १३ ॥

हे नानक, (वह हरी ही) निम्नलिखित का अनुमान लगा सकता है—मनुष्यों, वृक्षों, तीर्थ-तटों, बादलों, खेतों, द्वीपों, लोकों, मण्डलों, खण्ड-ब्रह्माण्डों, अंडज, जेरज, उद्भिज और स्वेदज (इन चार) खानियों, समुद्रों, पर्वतों (तथा अन्याय) जीव-जन्तुओं आदि का।

(अर्थात् उपर्युक्त की संख्या कितनी है, परमात्मा के बिना और कोई नहीं जान सकता)। हे नानक, सभी जीव-जन्तुओं को उत्पन्न करके (परमात्मा ही) उनकी संभाल करता है। जिस कर्त्ता (परमात्मा ने) जगत् को उत्पन्न किया है, उसी को (उसकी) चिन्ता भी करनी है। (अतएव) वही कर्त्ता जगत् के (हित अथवा कल्याण) की चिन्ता करे, जिसने उसे उत्पन्न किया है। उस (कर्त्ता) को प्रणाम स्वीकार हो, उसका कल्याण हो, उसका दरबार अभंग —शाश्वत है। हे नानक, सच्चे नाम के बिना तिलक अथवा तागे (यज्ञोपवीत) की क्या (गणना) है ॥ १४ ॥

(मनुष्य) (चाहे) लाखों नेकियों और अच्छाइयों को (करे) और लाखों प्रामाणिक पुण्यों (का भी सम्पादन करे), तीर्थों में लाखों ऊर्द्ध तप करे और जंगलों में (योगियों के) सहज योग (की साधना करे), संग्राम में लाखों शूरवीरता (प्रदर्शित करे), और युद्धस्थल में अपने प्राण त्यागे, लाखों श्रुतियों का (अध्ययन करे), लाखों ज्ञान-ध्यान की (बातें करें), और लाखों पुराणादिक (धार्मिक ग्रन्थों) का पाठ करे, (किन्तु) नानक (की दृष्टि में) उपर्युक्त बुद्धियाँ मिथ्या हैं, (परमात्मा की) कृपा ही सच्चा चिह्न है। जिस कर्त्ता ने संसार रचा है, (उसी ने ज़ीवों के) आने-जाने (जन्म-मरण) (के क्रम को भी) लिख कर निर्धारित किया है ॥ १५ ॥

पउड़ी : **सचा साहिबु एकु तूं जिनि सचो सचु वरताइआ।**
जिस तूं देहि तिसु मिलै सचु ता तिन्ही सचु कमाइआ ॥
सतिगुरि मिलिऐ सचु पाइआ जिन्ह कै हिरदै सचु वसाइआ।
मूरख सचु न जाणन्ही मनमुखी जनमु गवाइआ ॥
विचि दुनीआ काहे आइआ ॥ ६ ॥

पउड़ी : (हे प्रभु) तू ही एक सच्चा साहब है, जिसने सत्य को सच्चाई से बरता है। (हे हरी), जिसे तू देता, उसी को सत्य प्राप्त होता है और तब वही सत्य की कमाई करता है। जिसके हृदय में सत्य का निवास है, (ऐसे) सद्गुरु के मिलने पर (मनुष्य) सत्य प्राप्त करता है। मूर्ख सत्य को नहीं जानता, (अपनी) मनमुखता के कारण (उसने) (अमूल्य) जन्म को नष्ट कर दिया है। (वह) इस संसार में क्यों आया है ? ॥ ६ ॥

सलोकु : **पड़ि पड़ि गडी लदीअहि पड़ि पड़ि भरीअहि साथ।**
पड़ि पड़ि बेड़ी पाईऐ पड़ि पड़ि गडीअहि खात ॥
पड़ीअहि जेते बरस बरस पड़ीअहि जेते मास।
पड़ीऐ जेती आरजा पड़ीअहि जेते सास ॥
नानक लेखै इक गल होरु हउमै झखणा झाख ॥ १६ ॥
लिखि लिखि पड़िआ तेता कड़िआ।
बहु तीरथ भविआ तेतो लविआ ॥
बहु भेख कीआ देहो दुखु दीआ।
सहु वे जीआ अपणा कीआ ॥
अंनु न खाइआ सादु गवाइआ।

तदु दुखु पइआ दूजा भाइआ ॥
बसत्र न पहिरै अहिनिसि कहरै ।
मोनि विगूता किउ जागै गुर बिनु सूता ॥
पग उपेताणा अपणा कीआ कमाणा ॥
अलु मलु खाई सिरि छाई पाई ॥
मूरखि अंधै पति गवाई ।
विणु नावै किछु थाइ न पाई ॥
रहै बेबाणी मड़ी मसाणी ।
अंधु न जाणै फिरि पछुताणी ॥
सतिगुरु भेटे सो सुखु पाए ।
हरि का नामु मंनि वसाए ॥
नानक नदरि करे सो पाए ।
आस अंदेसे ते निहकेवलु हउमै सबदि जलाए ॥ १७ ॥

सलोकु : (मनुष्य) चाहे पढ़ पढ़ कर (पुस्तकों से) गाड़ियाँ लाद दे, और पढ़ पढ़ कर (अपनी पुस्तकों से) काफिले (लाद दे), पढ़ पढ़ कर (अपनी पुस्तकों से) नावें (भर दे), पढ़ पढ़ कर (पुस्तकों द्वारा) खत्ते (भर दे), (वह) महीनों (पुस्तकें) पढ़ता रहे, (वह) (अपनी सारी) आयु तक अध्ययन करे, (अपनी अन्तिम) श्वास तक पढ़े, किन्तु नानक के लेखे में केवल एक बात है—(परमात्मा के नाम का स्मरण वास्तविक अध्ययन है) और अन्य (बातों का अध्ययन) अहंकार है, सिर खपाना है ॥ १६ ॥

(जो जितना ही अधिक) लिखता-पढ़ता है, (वह उतना ही) अधिक दग्ध होता है; जो (जितना अधिक) तीर्थों का भ्रमण करता है, (वह उतना ही अधिक (बड़बड़ाता) है; (जो जितना ही अधिक) वेश बनाता है, (वह उतना ही अधिक) शरीर को कष्ट देता है। (हे मेरे) जीव, (अपने किए हुए) कर्मों को सहन करो (भोगो)।

(जो) अन्न नहीं खाता है, (वह) (जीवन के) स्वाद को गँवा देता है। (मनुष्य) द्वैतभाव के कारण बहुत कष्ट पाते हैं। (जो) वस्त्र नहीं धारण करते, वे दिन-रात कराहते हैं (दुखी होते हैं)। (मौनी) मौन धारण कर (अपने को) नष्ट कर देते हैं; जो (अज्ञान में) सो रहा है, (भला बताओ) (वह) गुरु के बिना कैसे जग सकता है ? (चाहे मनुष्य) नंगे ही पैर (क्यों न चले), (किन्तु) उसे (अपने) किए हुए कर्मों को सहना पड़ेगा।

(यदि कोई) गंदगी भक्षण करता है और (अपने) सिर के ऊपर धूल डालता है, तो वह अंधा, मूर्ख (अपनी) प्रतिष्ठा गंवा देता है; बिना नाम के उसे कोई भी (रहने का) स्थान नहीं प्राप्त होता।

(जो) अंधा (मूर्ख मनुष्य) जंगलों, मढ़ियों तथा श्मशानों में रहता है, (वह परमात्मा को) नहीं जानता, (उस अंधे को) अंत में (फिर) पछताना पड़ेगा। (जो व्यक्ति) सद्गुरु से मिलता है और हरि का नाम (अपने) मन में बसाता है, वही सुख पाता है। हे नानक, (जिसके ऊपर परमात्मा अपनी) कृपादृष्टि करता है, वही (उसे) पाता है। (ऐसा व्यक्ति)

आशा और चिन्ता से मुक्त हो जाता है और (गुरु के शब्द द्वारा) अहंकार को जला देता है ॥ १७ ॥

पउड़ी : भगत तेरै मनि भावदे दरि सोहनि कीरति गावदे।
नानका करमा बाहरे दरि ढोअ न लहन्ही धावदे ॥
इकि मूलु न बुझन्हि आपणा अणहोदा आपु गणाइदे।
हउ ढाढी का नीच जाति होरि उतम जाति सदाइदे ॥
तिन्ह मंगा जि तुझै धिआइदे ॥ ७ ॥

पउड़ी : (हे प्रभु), भक्त ही तेरे मन को अच्छे लगते हैं, (वे ही) (तेरे) दरवाजे पर सुशोभित होते हैं और तेरी कीर्त्ति गाते हैं। हे नानक, (जो व्यक्ति) तुम्हारी कृपा से रहित हैं [अथवा इसका अर्थ इस भाँति भी हो सकता है, जो व्यक्ति (शुभ) कर्मों से विहीन हैं], (उन्हें परमात्मा) के दरवाजे में प्रवेश नहीं मिलता (और वे जन्म-जन्मान्तरों में) भटकते रहते हैं। कुछ (तो ऐसे हैं जो) अपना मूल (परमात्मा को) नहीं जानते, (किन्तु वे) अकारण ही (अपनी गणना श्रेष्ठ पुरुषों में) गिनाना चाहते हैं। (हे प्रभु), मैं नीच जाति का भाट हूँ और बहुत से लोग (अपने को) ऊंची जाति का (भाट) कहलवाते हैं। (हे हरी), मैं उन्हीं से माँगता हूँ, जो तेरा (सदैव) ध्यान करते हैं ॥ ७ ॥

सलोकु : कूड़ु राजा कूड़ु परजा कूड़ु सभु संसारु।
कूड़ु मंडप कूड़ु माड़ी कूड़ु बैसणहारु।
कूड़ु सुइना कूड़ु रुपा कूड़ु पैन्हणहारु।
कूड़ु काइआ कूड़ु कपड़ु कूड़ु रुपु अपारु ॥
कूड़ु मीआ कूड़ु बीबी खपि होए खारु।
कूड़ि कूड़ै नेहु लगा विसरिआ करतारु ॥
किसु नालि कीचै दोसती सभु जगु चलणहारु ॥
कूड़ु मिठा कूड़ु माखिउ कूड़ु डोबे पूरु।
नानक वखाणै बेनती तुधु बाझु कूड़ो कूड़ु ॥ १८ ॥
सचु ता परु जाणीऐ जा रिदै सचा होइ।
कूड़ु की मलु उतरै तनु करे हछा धोइ ॥
सचु ता परु जाणीऐ जा सचि धरे पिआरु।
नाउ सुणि मनु रहसीऐ ता पाए मोख दुआरु ॥
सचु ता परु जाणीऐ जा जुगति जाणै जीउ।
धरति काइआ साधि कै विचि देइ करता बीउ ॥
सचु ता परु जाणीऐ जा सिख सची लेइ।
दइआ जाणै जीअ की किछु पुंनु दानु करेइ ॥
सचु तां परु जाणीऐ जा आतम तीरथ करे निवासु।
सतिगुरू नो पुछि कै बहि रहै करे निवासु ॥
सचु सभना होइ दारू पाप कढै धोइ।
नानकु वखाणै बेनती जिन सचु पलै होइ ॥ १९ ॥

सलोकु : राजा मिथ्या (भ्रम रूप) हैं, (उनकी) प्रजा भी मिथ्या है; सारा जगत् भ्रम है। (बड़े-बड़े) मण्डप, (आलीशान) मढ़ियाँ झूठी हैं; (उनमें) बैठनेवाले (मनुष्य भी) मिथ्या हैं। सोना मिथ्या है, चाँदी भी मिथ्या है, (उन्हें) पहननेवाले भी भ्रमरूप ही हैं। (मनुष्य की सुन्दर) काया, (उसके) कपड़े (और उसका) अपार रूप— (सभी) मिथ्या हैं—भ्रमरूप हैं। मियाँ, बीबी भी मिथ्या हैं; (मियाँ बीबी के संम्बन्ध से), (सारे जगत् के स्त्री-पुरुष) खप-खप कर खाक हो रहे हैं।

इस मिथ्या में (फँसे हुए जीव का) मिथ्या से ही स्नेह हो गया है, (जिसके फलस्वरूप) (वह) कर्त्ता पुरुष (परमात्मा) को भूल गया है। (इस परिस्थिति में) किसके साथ दोस्ती की जाय ? सारा जगत् चला जानेवाला, (नश्वर है)।

(यद्यपि समस्त मायिक पदार्थ मिथ्या और भ्रम रूप है, तथापि) यह छल, यह भ्रम मीठा लगता है, शहद की भाँति मीठा लगता है। नानक एक विनती करता है कि (हे प्रभु), तेरे बिना (सब कुछ) मिथ्या ही मिथ्या है ॥१८॥

(मनुष्य को) सच्चा तभी समझना चाहिए, जब उसके हृदय में सत्य (परमात्मा) का निवास हो जाय। (सत्य परमात्मा के हृदय में बसने से) मिथ्या—भ्रम की मैल (मन से) धुल जाती है; (मन के स्वच्छ होने से) (उसका) शरीर भी धुल कर पवित्र हो जाता है (मानसिक अवस्था का प्रभाव शरीर पर भी पड़ता है)।

(मनुष्य को) सच्चा तभी जानना चाहिए, जब (वह) सत्य (परमात्मा) से अपना प्यार धारण कर ले। जो व्यक्ति (हरि के पवित्र) नाम के सुनने (मात्र) से आनन्दित होता है, वही मोक्ष का द्वार पाता है।

(मनुष्य को) सच्चा तभी समझना चाहिए, जब (वह) (आध्यात्मिक) जीवन व्यतीत करने की) युक्ति—उपाय—विधि जाने। (वह इस विधि से) अपनी पृथ्वी रूपी काया को (भली-भाँति) साध कर (तैयार कर) (उसमें) कर्त्ता (के नाम रूपी) बीज बोए।

(मनुष्य को) सच्चा तभी समझना चाहिए, जब (वह) (गुरु से) सच्ची सीख (शिक्षा) ग्रहण करे। (वह) जीवों पर दया-भाव रक्खे, और (दूसरों को आवश्यकता में जान कर उनकी सेवा के लिए) कुछ दान-पुण्य करे।

(मनुष्य को) सच्चा तभी समझना चाहिए, जब वह आत्मा रूपी तीर्थ में निवास करने लगे, (अपने) सद्गुरु से पूछ कर (आत्मा रूपी तीर्थ में) बैठ जाय (स्थित हो जाय), (और उसी में शाश्वत रूप से) निवास करने लगे।

नानक एक विनती करता है कि जिनके पल्ले सत्य (परमात्मा) पड़ जाता है, उनके सारे (दुःखों की) दवा (प्रभु) आप बन जाता है और (उनके सारे) पापों को धोकर (हृदय से बाहर) निकाल देता है ॥१९॥

पउड़ी : दानु महिंडा तली खाकु जे मिलै त मसतकि लाइऐ ।
कूड़ा लालचु छडीऐ होइ इक मनि अलखु धिआईऐ ॥
फलु तेवेहो पाईऐ जेवेही कार कमाईऐ ।
जे होवै पूरबि लिखिआ ता धूड़ि तिना दी पाईऐ ।
मति थोड़ी सेव गवाईऐ ॥ ८ ॥

पउड़ी : (मेरे चित्त में यही आता है कि) मुझे (संतों के) चरणों की धूलि का दान मिले। यदि (यह दान) मिल जाय, तो (मैं) (उसे) अपने मस्तक में लगा लूं। (मेरा मन) मिथ्या—भ्रम रूप लालच को त्याग देना चाहता है और एकनिष्ठ होकर अलख (हरी का) ध्यान करना चाहता है, (क्योंकि मनुष्य) जिस प्रकार के कार्य करता है, उसी प्रकार की फल-प्राप्ति भी (उसे) होती है। यदि पूर्व जन्म में लिखा हुआ हो, तभी उन (संतों की) धूलि प्राप्त होती है। (गुरुमुखों का आश्रय त्याग कर) यदि अपनी अल्प बुद्धि (की टेक रक्खी जाय), तो की हुई परिश्रम की कमाई नष्ट हो जाती है, (क्योंकि उसमें अहंभावना की प्रधानता होती है)। ॥८॥

सलोकु : सचि कालु कूड़ु वरतिआ कलि कालख बेताल।
बीउ बीजि पति लै गए अब किउ उगवै दालि ॥
जे इकु होइ त उगवै रुती हू रुति होइ।
नानक पाहै बाहरा कोरै रंगु न सोइ ॥
भै विचि खुंबि चड़ाईऐ सरमु पाहु तनि होइ।
नानक भगती जे रपै कूड़ै सोइ न कोइ ॥ २० ॥
लबु पापु दुइ राजा महता कूड़ु होआ सिकदारु।
कामु नेबु सदि पुछीऐ बहि बहि करे बीचारु ॥
अंधी रयति गिआन विहूणी भाहि भरे मुरदारु।
गिआनी नचहि वाजे वावहि रूप करहि सीगारु ॥
उचे कूकहि वादा गावहि जोधा का वीचारु।
मूरख पंडित हिकमति हुजति संजै करहि पिआरु ॥
धरमी धरमु करहि गावावहि मंगहि मोख दुआरु।
जती सदावहि जुगति न जानहि छडि बहहि घर बारु ॥
सभु को पूरा आपे होवै घटि न कोई आखै।
पति परवाणा पिछै पाईऐ ता नानक तोलिआ जापै ॥ २१ ॥
वदी सु वजगि नानका सचा वेखै सोइ।
सभनी छाला मारीआ करता करे सु होइ ॥
अगै जाति न जोरु है अगै जीउ नवे।
जिन की लेखै पति पवै चंगे सेई केइ ॥ २२ ॥

सलोकु : सत्य का काल पड़ गया है, झूठ ही (प्रधान रूप से) बरत रहा है; कलियुग (के पापों की) कालिमा के कारण (लोग) भूत बने हैं। (जिन्होंने) (नाम रूपी) बीज बोया है, (वे) प्रतिष्ठा के साथ (यहाँ से) विदा हुए हैं। (अब भला, अधर्म रूपी) दाल किस प्रकार उग सकती है, (शुभ फल दे सकती है)? यदि बीज एक हो (पूरा हो) और ऋतु भी अनुकूल हो (अमृतबेला अथवा ब्रह्ममूहूर्त हो), तभी यह बीज जमेगा।

हे नानक, बिना पाह दिये, कोरे (वस्त्र) में (चमकीला) रंग नहीं चढ़ता [पाह मजीठ आदि लाल रंग चढ़ाने के पहले, पहले एक कच्चा पीला रंग दिया जाता है। पुराने ढंग के अनुसार कपड़े रंगने के पूर्व पाह देना आवश्यक होता था, क्योंकि इसके बिना रंग नहीं चढ़ता था]। (यदि मन को वास्तव में परमात्मा की भक्ति में रंगना है, तो निम्नलिखित विधि

अपनानी चाहिए)—(यदि मन को) (परमात्मा के) भय रूपी हंडे में चढ़ाया जाय (और तत्पश्चात्) लज्जा (पाप कर्मों से शर्म) का पाह लगाया जाय (और फिर) (परमात्मा की) भक्ति के रंग में रंग दिया, (तो अनूठा रंग चढ़ जाता है) और मिथ्यापन का लेश मात्र भी वहाँ नहीं रहेगा ॥२०॥

(जगत् में जीवों के निमित्त) (जीभ का) लालच (मानो) राजा है, पाप वजीर है और झूठ सिक्के बनाने वाला सरदार अथवा चौधरी है। (इस लालच और पाप के दरबार में) काम नायब है, (इसे) बुलाकर सलाह पूछी जाती है (और यह) बैठ-बैठ कर विचार करता है। प्रजा ज्ञान से विहीन होने के कारण अंधी हो गई है, (जिससे) (यह) अग्नि रूपी (तृष्णा) को रिश्वत दे रही है।

(जो व्यक्ति अपने आप को) ज्ञानी (कहलवाते हैं), (वे) नाचते हैं, बाजे बजाते हैं और नाना प्रकार के रूप (वेश, स्वांग) बना कर शृङ्गार करते हैं। (वे ज्ञानी) उच्च स्वर से चिल्लाते हैं, (वे) युद्धों के प्रसंग गाते हैं और योद्धाओं (की शूरवीरता) का वर्णन करते हैं।

पढ़े-लिखे मूर्ख कोरी चालाकी करनी और तर्क-वितर्क करना जानते हैं, (पर वे) (माया के) आकर्षणों (प्यार) को संग्रह करने में तत्पर हैं।

(जो मनुष्य अपने आप को) धर्मी (समझते हैं, वे अपनी समझ में तो) धार्मिक कार्य करते हैं, (पर वे अपना सारा परिश्रम) गँवा देते हैं, (क्योंकि वे अपने धर्म के बदले में) मोक्ष-द्वार माँगते हैं।

(कई मनुष्य ऐसे हैं जो अपने आप को) यती तो कहलवाते हैं, (किन्तु वास्तविक यती बनने) की युक्ति नहीं जानते, (यों ही देखा-देखी) घर-बार छोड़ बैठते हैं।

(अविद्या ग्रस्त) सभी लोग (अपने को) पूर्ण समझते हैं, कोई भी (अपने को) घट कर नहीं समझता। पर हे नानक, मनुष्य तौल में तभी पूरा उतरता है, जब तराजू के दूसरे पलड़े में प्रतिष्ठा रूपी बाट रक्खा जाय (भावार्थ यह कि वही मनुष्य पूर्ण है, जो परमात्मा के दरबार में प्रतिष्ठित हो) ॥२१॥

(जो बात) परमात्मा के यहाँ से नियत है, वही प्रकट होगी, (भाव यह कि वही होकर रहेगी)। सभी छलांग मारते हैं, (प्रयत्न करते हैं) किन्तु होता वही है, जिसे परमात्मा करता है। परमात्मा के द्वार पर (आगे) न कोई जाति है और न कोई जोर ही है, (तात्पर्य यह कि परमात्मा के यहाँ ऊँच-नीच जाति का कोई प्रश्न नहीं है और न किसी के व्यक्तित्व का ही जोर वहाँ चल सकता है)। परमात्मा के यहाँ तो जीवों का नया ही (विधान) चलता है। वहाँ तो वे ही कोई-कोई व्यक्ति भले गिने जाते हैं, जिन्हें (कर्मों के) लेखे (हिसाब) का उस समय आदर प्राप्त होता है, (भावार्थ यह है कि जिन्होंने इस संसार में शुभ कर्म किए हैं, उन्हीं को परमात्मा के दरवाजे पर आदर प्राप्त होता है) ॥२२॥

पउड़ी : धुरि करमु जिना कउ तुधु पाइआ ता तिनी खसमु धिआइआ ।
एना जंता कै वसि किछु नाही तुधु वेकी जगतु उपाइआ ॥
इकना नो तूं मेलि लैहि इकि आपहु तुधु खुआइआ ।
गुर किरपा ते जाणिआ जिथै तुधु आपु बुझाइआ ॥
सहजे ही सचि समाइआ ॥ ९ ॥

पउड़ी : (हे प्रभु) जिन मनुष्यों के ऊपर तू ने प्रारम्भ से ही कृपा की है, उन्होंने पति को (अर्थात् तुझे) स्मरण किया है। इन जीवों के वश में कुछ भी नहीं है (कि वे तुम्हारा स्मरण कर सकें। तू ने नाना भाँति का जगत् उत्पन्न किया है। कुछ (जीवों) को तो तू (अपने चरणों में) युक्त किए रहता है और कुछ (जीवों) को अपने से वियोग कराए रहता है।

जिस (भाग्यवान् व्यक्ति को) तूने अपने आप समझ दे दी है, उसीने सद्गुरु की कृपा से तुझे पहचान लिया है और वह सहज भाव से अपने सत्य (हरि) में समाहित हुआ है ॥६॥

सलोकु: दुखु दारू सुखु रोगु भइआ जा सुखु तामि न होई।
तूं करता करणा मै नाही जा हउ करी न होई ॥ १ ॥

बलिहारी कुदरति वसिआ तेरा अंतु न जाई लखिआ ॥ १ ॥ रहाउ ॥
जाति महि जोति जोति महि जाता अकल कला भरपूरि रहिआ।
तूं सचा साहिबु सिफति सुआल्हिउ जिनि कीती सो पारि पइआ ॥
कहु नानक करते कीआ बाता जो किछु करणा सु करि रहिआ ॥ २३ ॥
कुंभे बधा जलु रहै जल बिनु कुंभु न होइ।
गिआन का बधा मनु रहै गुर बिनु गिआनु न होइ ॥ २४ ॥

सलोकु : (हे प्रभु, तेरी विचित्र माया है कि) विपत्ति (जीवों के रोगों की) दवा (बन जाती) है और सुख (उनके लिए) दुःख (का कारण) हो जाता है; पर यदि (वास्तविक आत्मिक) सुख (जीव को प्राप्त हो जाय), तो (दुःख) नहीं रहता। हे प्रभु, तू निर्माण करने वाला कर्त्ता है, (तू स्वयं ही इन भेदों को समझता है); मेरी सामर्थ्य नहीं है (कि मैं इन रहस्यों को समझ सकूं); यदि मैं अपने आप को कुछ समझ लूं (भाव यह कि जब मैं यह विचार करने लगूं कि मैं तेरे भेद को समझ सकता हूँ) तो यह बात शोभा नहीं देती ॥१॥

हे कुदरत के बीच में बसने वाले (कर्त्तार), मैं तुम्हारे ऊपर बलिहारी होता हूँ। तेरा अन्त नहीं पाया जा सकता ॥१॥ रहाउ ॥

हर एक जाति (जीव) में तेरी ही ज्योति है और तेरी ज्योति में सारे जीव (जाति) हैं; (तू) (सभी स्थानों में) (अपनी) कलारहित कला से व्याप्त है। हे प्रभु तू सत्य (सदैव स्थिर रहने वाला है), तेरी सुहावनी बड़ाई (महत्ता) है; जिस जिसने तेरे गुण गाए हैं, (वे) (इस संसार सागर) से पार हो गए हैं। हे नानक, (तू भी) कर्त्ता पुरुष की (स्तुति और प्रशंसा की) बातें कह; (और यह समझ) कि प्रभु जो कुछ ठीक समझता है, वह कर रहा है, (उसके क्रिया-कलापों में कोई हस्तक्षेप नहीं कर सकता) ॥२३॥

(जिस भाँति) कुम्भ में बँधा हुआ जल रहता है, किन्तु बिना जल के कुम्भ हो नहीं सकता, (बन नहीं सकता), (उसी भाँति) ज्ञान द्वारा बँधा हुआ मन (टिकता) है, किन्तु बिना गुरु (मन) के ज्ञान भी नहीं होता ॥२४॥

पउड़ी : पड़िआ होवै गुनहगारु ता ओमी साधु न मारीऐ।
जेहा घाले घालणा तेवेहो नाउ पचारीऐ ॥
ऐसी कला न खेडीऐ जितु दरगह गइआ हारीऐ।
पड़िआ अतै ओमीआ वीचारु अगै वीचारीऐ ॥
मुहि चलै सु अगै मारीऐ ॥ १० ॥

पउड़ी : (यदि) पढ़ा-लिखा (व्यक्ति) दोषी हो, (तो वह दण्ड का भागी है), किन्तु यदि अनपढ़ साधु है तो उसे मारना नहीं चाहिए। (मनुष्य) जिस प्रकार की करनी करता है, उसी प्रकार का उसके नाम का प्रचार होता है, (पुण्य करने से पुण्यात्मा और पाप करने से पापी कहलाता है)। (अतएव इस संसार में तू) ऐसा खेल मत खेल कि जिससे (परमात्मा के) दरवाजे पर जाकर (तुझे जीवन की बाजी) हारनी पड़े।

पढ़े-लिखे अथवा अनपढ़ का विचार (निर्णय) आगे चलकर (परमात्मा के) दरबार में किया जायगा। जो अपने मुंह के अनुसार (मनमुख होकर) चलता है, आगे (परमात्मा के यहाँ) उसके ऊपर मार पड़ती है ॥१७॥

सलोकु : नानक मेरु सरीर का इकु रथु इकु रथवाहु।
जुगु जुगु फेरि वटाईअहि गिआनी बुझहि ताहि ॥
सतजुगि रथु संतोख का धरमु अगै रथवाहु।
त्रेतै रथु जतै का जोरु अगै रथवाहु ॥
दुआपुरि रथ तपै का सतु अगै रथवाहु।
कलजुगि रथु अगनि का कूड़ु अगै रथवाहु ॥ २५ ॥

साम कहै सेतंबरु सुआमी सच महि आछै साचि रहे।
सभु को सचि समावै।
रिगु कहै रहिआ भरपूरि। राम नामु देवा महि सूरु ॥
नाइ लइए पराछत जाहि। नानक तउ मोखंतरु पाहि ॥
जुज महि जोरि छली चंद्रावलि कान्ह क्रिसनु जादमु भइआ।
परजातु गोपो लै आइआ बिंद्राबन महि रंगु कीआ ॥
कलि महि बेदु अथरबणु हूआ नाउ खुदाई अलहु भइआ।
नील बसत्र ले कपड़े पहिरे तुरक पठाणी अमलु कीआ ॥
चारे वेद होए सचिआर। पड़हि गुणहि तिन्ह चार वीचार ॥
भाउ भगति करि नीचु सदाए। तउ नानक मोखंतरु पाए ॥ २६ ॥

सलोकु : हे नानक, (चौरासी लाख योनियों में) मनुष्य-योनि सर्वश्रेष्ठ (सुमेरु) है; (इस शरीर का) एक रथ है और एक सारथी है। प्रत्येक युग में (रथ और सारथी) बार-बार बदलते रहते हैं, उस (रहस्य) को (कोई) ज्ञानी ही समझ सकता है।

सत्ययुग में संतोष का रथ (था) और धर्म (रथ के अग्र भाग में बैठने वाला) सारथी रहा। त्रेता में संयम का रथ था (और उसके अग्र भाग में बैठने वाला) शौर्य (पराक्रम) सारथी था। द्वापर युग में तप का रथ था (और उसके अग्र भाग में बैठने वाला) सत्य (उसका) सारथी रहा। कलियुग में आग (तृष्णाग्नि) रथ है और झूठ ही (रथ के अग्रिम भाग का) सारथी है ॥२५॥

सामवेद कहता है कि (सत्ययुग में) (संसार के स्वामी का नाम) श्वेताम्बर (प्रसिद्ध है—[श्वेताम्बर शुद्ध सत्त्वगुणी वृत्ति का द्योतक है]; (उस युग में लोग) सत्य की इच्छा करते हैं, सत्य में ही रहते हैं (और अन्त में) सभी सत्य में समाहित हो जाते हैं।

हे नानक, ऋग्वेद का कथन है कि (त्रेतायुग में) (श्री) रामचन्द्र (जी) का नाम सभी देवताओं में सूर्य (की भाँति चमकता है); (वे राम सर्वत्र) परिपूर्ण (व्यापक है)। (उनका) नाम लेने से पाप दूर हो जाते हैं और जीव तब मुक्ति प्राप्त कर लेते हैं।

यजुर्वेद (कहता है कि) (द्वापर में) (जगत् के स्वामी का नाम) यादव-वंशी 'कान्ह' और 'कृष्ण' (प्रसिद्ध) हो गया, (जो) शक्ति के बल पर चन्द्रावली को छल लाया, (अपनी रानी) (सत्यभामा- के कहने से स्वर्ग से) पारिजात वृक्ष लाया (और जिसने) वृन्दावन में (भाँति भाँति के) कौतुक रचे।

कलियुग में अथर्ववेद (प्रधान) हो गया है, (जगत् के स्वामी का नाम)—'खुदा' और 'अल्लाह' पड़ गया है, तुर्कों और पठानों का राज हो गया है, (जिन्होंने) नीले वस्त्र के कपड़े (बनवा कर) पहने हैं।

(हिन्दुओं के अनुसार) चारों वेद सत्य है, उनके पढ़ने और विचारने से सुन्दर (चाह) विचार ज्ञात होते हैं। किन्तु नानक (की दृष्टि में जब व्यक्ति) प्रेमाभक्ति करके (अपने को) नीच कहलवाता है, तभी (वह) मुक्ति प्राप्त करता है ॥२६॥

पउड़ी : सति-गुर विटहु वारिआ जितु मिलिऐ खसमु समालिआ।
जिनि करि उपदेसु गिआन अंजनु दीआ इन्ही नेत्री जगतु निहालिआ ॥
खसमु छोडि दूजै लगे डुबे से वणजारिआ।
सतिगुरू है बोहिथा विरलै किनै वीचारिआ।
करि किरपा पारि उतारिआ ॥ ११ ॥

पउड़ी : (मैं अपने) सद्गुरु के ऊपर बलिहारी होता हूँ, जिसके मिलने से (मैं अपने) स्वामी-पति को स्मरण करता हूँ, जिसने अपना उपदेश देकर (मानो) ज्ञान का अंजन लगा दिया है; (जिसके फलस्वरूप) (मैंने) अपनी इन आँखों से जगत् (की वास्तविकता) को देख लिया है। (जो) बनजारे पति (परमात्मा) को छोड़कर द्वैतभाव में लगते हैं, वे डूब जाते हैं। किसी विरले ने ही यह विचार किया है (कि) सद्गुरु (संसार-सागर से पार उतारने के लिए) जहाज है। (जो सद्गुरु को जहाज समझते हैं, उन्हें) (वह) कृपा करके (संसार-सागर से) पार उतार देता है ॥११॥

सलोकु : सिमल रुखु सराइरा अति दीरघ अति मुचु।
ओइ जि आवहि आस करि जाहि निरासे कितु ॥
फल फिके फुल बकबके कंमि न आवहि पत।
मिठतु नीवी नानका गुण चंगिआईआ ततु ॥
सभु को निवै आप कउ परकउ निवै न कोइ।
धरि ताराजू तोलीऐ निवै सु गउरा होइ ॥
अपराधी दूणा निवै जो हंता मिरगाहि।
सीसि निवाइऐ किआ थीऐ जा रिदै कुसुधे जाहि ॥ २७ ॥

पड़ि पुसतक संधिआ बादं। सिल पूजसि बगुल समाधं ॥
मुखि झूठ बिभूखण सारं। त्रैपाल तिहाल बिचारं।
गलि माला तिलकु लिलाटं। दुई धोती बसत्र कपाटं ॥

जे जाणसि ब्रहमं करमं । सभि फोकट निसचउ करमं ॥
कहु नानक निहचउ धिग्रावै । विणु सतिगुर वाट न पावै ॥ २८ ॥

सलोकु : सेमल का वृक्ष तीर के समान (सीधा), बहुत ऊँचा और बहुत मोटा होता है । पर वे (पक्षी), (जो फल खाने की) आशा से (इस पर) आकर (बैठते हैं), निराश होकर क्यों लौट जाते हैं ? (इसका कारण यह है कि) इसके फल फीके तथा फूल वेस्वाद होते हैं (और इसके) पत्ते भी किसी काम नहीं आते । हे नानक, विनम्रता में मिठास है, गुण है और (इसमें) (सारी) अच्छाइयों के तत्त्व हैं । सभी (मनुष्य) अपने (स्वार्थ के) निमित्त नमित होते हैं; दूसरों के लिए नहीं (झुकते) । तराजू में रख कर (कोई वस्तु) तौली जाय, (तो हमें ज्ञात होता है कि तराजू का जो पलड़ा अधिक) झुका होता है, (उसी का) (वजन) (अधिक) भारी होता है ।

(किन्तु झुकना भी दो प्रकार का होता है, एक तो हृदय की शुद्धता से और दूसरा मलिनता से । मलिनता और कपटवाला झुकना बड़ा भयावह होता है । इसका दृष्टान्त शिकारी का है) । अपराधी (शिकारी) मृग मारता फिरता है; (शिकार करते समय) वह झुक कर दोहरा हो जाता है । [पर उसके झुकने में कितनी हिंसा की भावना व्याप्त है । गोस्वामी तुलसीदास जी की भी एक उक्ति इसी प्रकार की है—"नवनि नीच कै अति दुखदाई । जिमि अंकुस धनु उरग बिलाई ।"—रामचरितमानस, अरण्यकाण्ड] (अतएव) जब तक हृदय अशुद्ध है, शीश झुकाने से क्या हो सकता है ? ॥२७॥

विशेष : निम्नलिखित सलोक गुरु नानक द्वारा बनारस में बनाया गया । कहते हैं कि बनारस के स्थानीय पंडितों ने गुरु नानक देव से कहा कि आप पंडिताऊ वेश धारण कीजिए । इस पर गुरु नानक देव ने निम्नलिखित सलोक बनाकर उच्चारण किया—

अर्थ : (पंडित वेद आदिक धार्मिक पुस्तकों को) पढ़ते हैं और सन्ध्या (करते हैं), (अन्य पंडितों के साथ) वाद-विवाद करते हैं । (वे) पत्थर पूजते (हैं) और बगुले की भाँति समाधि लगाते हैं । वे मुख से झूठ बोलते हैं; (किन्तु उस झूठ को वे उसी प्रकार आकर्षित कर सत्य रूप में दिखाते हैं जिस प्रकार) लोहे के गहने को (सोने का मुलम्मा देकर सोने के गहने के रूप में दिखाया जाता है) । (वे) त्रिपदा (गायत्री) का त्रिकाल में विचार करते हैं, गले में माला पहनते हैं, ललाट पर तिलक लगाते हैं, दो धोतियाँ रखते हैं और सिर पर एक वस्त्र धारण किए रहते हैं । (इन बाह्याचारों की अपेक्षा यह कितना अच्छा होता) यदि (वे) ब्राह्मणोचित अन्य (आन्तरिक) कर्म भी जानते होते; (ये सभी उपर्युक्त कर्म) निश्चय ही फोकट (व्यर्थ) हैं । नानक कहते हैं (कि मनुष्यों को) निश्चयपूर्वक (श्रद्धा और विश्वास पूर्वक) (परमात्मा का) ध्यान करना चाहिए; (किन्तु) यह मार्ग बिना सद्‌गुरु के नहीं प्राप्त होता ॥२८॥

पउड़ी : **कपड़ु रूपु सुहावणा छडि दुनीआ अंदरि जावणा ।**
मंदा चंगा आपणा आपे ही कीता पावणा ॥
हुकम कीए मनि भावदे राहि भीड़ै अगै जावणा ।
नंगा दोजकि चालिआ ता दिसै खरा डरावणा ॥
करि अउगण पछोतावणा ॥ १२ ॥

पउड़ी : (शरीर रूपी) वस्त्र तथा सुहावने स्वरूप को इसी दुनियाँ के अंतर्गत छोड़ कर (जीव) को (परलोक में) जाना है । (प्रत्येक जीव को) अपने किए हुए शुभ और अशुभ कार्यों

(के फल को) स्वयं ही भोगना है। (जिस मनुष्य ने इस जगत् में) मनमानी हुकूमत की है, उसे आगे (परलोक में) बड़े तंग रास्ते से जाना पड़ेगा, (तात्पर्य यह कि अपने किए हुए अत्याचारों के लिए परलोक में बड़े-बड़े कष्ट उठाने पड़ेंगे)। (इस प्रकार के जीव) नंगे दोजख (नरक) में भेजे जाते हैं; उस समय (उसे अपना स्वरूप) बड़ा ही भयावना दिखाई पड़ेगा। (अतएव) अवगुण से (अंत में) पछताना ही पड़ता है ॥१२॥

सलोकु : दइआ कपाहु संतोखु सूतु जतु गंढी सतु वटु।
एहु जनेऊ जीअ का हई त पाडे घतु ॥
ना एहु तुटै न मलु लगै न एहु जलै न जाइ।
धंनु सु माणस नानका जो गलि चले पाइ ॥
चउकड़ि मुलि अणाइआ बहि चउकै पाइआ।
सिखा कंनि चड़ाईआ गुरु ब्राहमणु थिआ।
ओहु मुआ ओहु झड़ि पइआ वेतगा गइआ ॥ २९ ॥
लख चोरीआ लख जारीआ लख कूड़ीआ लख गालि।
लख ठगीआ पहिनामीआ राति दिनसु जीअ नालि ॥
तगु कपाहहु कतीऐ बाम्हणु वटे आइ।
कुहि बकरा रिंन्हि खाइआ सभु को आखै पाइ ॥
होइ पुराणा सुटीऐ भी फिरि पाईऐ होरु।
नानक तगु न तुटई जे तगि होवै जोरु ॥ ३० ॥
नाइ मंनिऐ पति ऊपजै सालाही सचि सूतु।
दरगह अंदरि पाईऐ तगु न तूटसि पूत ॥ ३१ ॥
तगु न इंद्री तगु न नारी।
भलके थुक पवै नित दाड़ी ॥
तगु न पैरी तगु न हथी।
तगु न जिहवा तगु न अखी ॥
वेतगा आपे वतै। वटि धागे अवरा घतै ॥
लै भाड़ि करे वीआहु। कढि कागलु दसे राहु।
सुणि वेखहु लोका एहु विडाणु। मनि अंधा नाउ सुजाणु ॥ ३२ ॥

सलोकु : विशेष : निम्नलिखित सलोक गुरु नानक ने अपने पुरोहित से उस समय कहा, जब वह उन्हें यज्ञोपवीत पहनाने लगा। गुरु नानक देव ने आध्यात्मिक यज्ञोपवीत का निरूपण इस पद में इस प्रकार किया है—

अर्थ : (वह जनेऊ), (जिसकी) कपास दया हो, (जिसका) सूत संतोष हो, (जिसकी) गाँठ संयम हो (और जिसकी) पूरन सत्त्वगुण हो—हे पंडित (यदि तुम्हारे पास) (इस प्रकार का आध्यात्मिक जनेऊ) जीव (के कल्याण के निमित्त हो), तो (मेरे गले में) पहना दो। यह जनेऊ न तो टूटता है, न गंदा होता है, न जलता है और न (कभी) जाता है, (नष्ट होता है)। हे नानक, वे मनुष्य धन्य हैं, (जो) अपने गले में ऐसा जनेऊ पहन कर, (परलोक) जाते हैं।

(हे पण्डित, जो जनेऊ तुम पहनाते फिरते हो, यह ७। तूने) चार कौड़ी देकर मँगवा लिया, (और अपने यजमान के चौके में) बैठ कर (उसके) गले में पहना दिया। (तत्पश्चात् तू ने उसके) कानों में यह उपदेश दिया (कि आज से तेरा) गुरु ब्राह्मण हो गया। (आयु समाप्त होने पर जब) वह (यजमान) मर गया, (तो) वह (जनऊ उसके शरीर से) गिर गया (भाव यह कि चिता में जलाते समय, वह जनेऊ जल कर यहीं गिर गया, जीव के साथ वह नहीं जा सका, इस कारण वह यजमान बेचारा) जनेऊ के बिना ही (संसार से) विदा हो गया ॥२६॥

(मनुष्य) लाखों चोरियाँ और पर-स्त्री-गमन (करता है), (वह) लाखों झूठ (बोलता है) और लाखों गालियाँ (बकता है)। (वह) दिनरात लोगों से (जीव से) लाखों ठगियाँ तथा गुप्त पाप करता है। (यह तो मनुष्य की आन्तरिक दशा है; पर वह बाहर क्या कर रहा है ?) कपास ले आकर सूत (तागा) काता जाता है (और) ब्राह्मण (यजमान के धर आकर) उसे पूर देता है। (धर में आए हुए सम्बन्धियों को) बकरा मार कर और रींध (पका) कर खिलाया जाता है, (तत्पश्चात् धर का प्रत्येक प्राणी) कहता है "(जनेऊ) पहनाया गया है, (जनेऊ) पहनाया गया है)।" पुराना होने पर (जनेऊ) फेंक दिया जाता है और फिर दूसरा पहन लिया जाता है। हे नानक, (यदि) धागे में शक्ति हो, (आध्यात्मिक जनेऊ हो), तो वह नहीं टूट सकता ॥ ३० ॥

(कपास से कात कर सूत के जनेऊ पहनने मात्र से परमात्मा के दरवाजे पर सम्मान नहीं होता; परमात्मा के दरबार में तभी) प्रतिष्ठा प्राप्त होती है, जब (उसका) नाम (हृदय से) माना जाय, (क्योंकि परमात्मा की) स्तुति और प्रशंसा ही सच्चा जनेऊ है। (इस सच्चे जनेऊ को धारण करने से) (उसके) दरबार में (मान) प्राप्त होता है और यह पवित्र तागा (जनेऊ) कभी टूटता भी नहीं ॥ ३१ ॥

(पंडित ने) (अपनी) इन्द्रियों और नाड़ियों को (ऐसा) जनेऊ नहीं पहनाया। (कि वे इन्द्रियाँ विकारों की ओर न जायँ; इसी कारण) प्रतिदिन (उनकी) डाढ़ी पर थूक पड़ता है; (भाव यह कि ऐसे कर्म करते हैं, जिससे नित्य थूके जाते हैं)। (उसने) पैरों को (ऐसा) तागा नहीं पहनाया (कि वे बुरे लोगों के पास न ले जायं) हाथों को (ऐसा) जनेऊ नहीं पहनाया (कि वे बुरे कर्म न करें), जीभ को (कोई ऐसा) जनेऊ नहीं पहनाया (कि वह पराई निन्दा करने से बची रहे); आँखों को (ऐसा) जनेऊ नहीं पहनाया (कि वे पराई स्त्री की ओर न देखें)। (इस प्रकार पंडित) स्वयं तो बिना तागे (जनेऊ) के भटकता फिरता है, (पर कपास के सूत के धागे बट-बट कर औरों को पहनाता (फिरता) है। (अपने यज-मानों की पुत्र-पुत्रियों का) विवाह भाड़े (दक्षिणा) ले लेकर कराता है और पत्रा शोध-शोध कर (उन्हें) मार्ग दिखाता है। ऐ लोगो, सुनो और देखो यह आश्चर्यमय कौतुक ! (पंडित) मन से तो अन्धा है (तात्पर्य यह कि अज्ञानी है), किन्तु नाम (रक्खा है) सयाना ॥ ३२ ॥

पउड़ी : **साहिबु होइ दइआलु किरपा करे ता साई कार कराइसी ।**
सो सेवकु सेवा करे जिसनो हुकमु मनाइसी ॥
हुकमि मंनिऐ होव परवाणु ता खसमै का महलु पाइसी ।
खसमै भावै सो करे मनहु चिंदिआ सो फलु पाइसी ॥
ता दरगह पैधा जाइसी ॥ १३ ॥

पउड़ी : (जिस सेवक के ऊपर) साहब दयालु हो जाय, और कृपा करे तो उसके द्वारा वही कर्म कराता है (जो उसे अच्छा लगता है); जिसे अपने हुक्म में चलाता है, वही सेवक (पति परमात्मा की) सेवा करता है। हुक्म मानने से (सेवक) प्रामाणिक समझा जाता है, (जिसके फलस्वरूप) (वह) खसम (पति-परमात्मा) का महल प्राप्त कर लेता है। जब सेवक वही कार्य करता है, जो पति (परमात्मा) को अच्छा लगता है, तो उसे मनोवांछित फल प्राप्त होता है और (परमात्मा के) दरबार में प्रतिष्ठा के वस्त्र पहन कर जाता है ॥ १२ ॥

सलोकु : गऊ बिराहमण कउ करु लावहु गोबरि तरणु न जाई।
धोती टिका तै जपमाली धानु मलेछां खाई ॥
अंतरि पूजा पडहि कतेबा संजमु तुरका भाई।
छोडीले पाखंडा। नामि लइए जाहि तरंदा ॥ ३३ ॥

माणस खाणे करहि निवाज। छुरी वगाइनि तिन गलि ताग ॥
तिन घरि ब्रहमण पूरहि नाद। उना भी आवहि ओई साद ॥
कूड़ी रासि कूड़ा वापारु। कूड़ु बोलि करहि आहारु ॥
सरम धरम का डेरा दूरि। नानक कूड़ु रहिआ भरपूरि ॥
मथै टिका तेड़ि धोती कखाई। हथि छुरी जगत कासाई ॥
नील वसत्र पहिरि होवहि परवाणु। मलेछ धानु ले पूजहि पुराणु ॥
अभाखिआ का कुठा बकरा खाणा। चउके उपरि किसै न जाणा ॥
देकै चउका कढी कार। उपरि आइ बैठे कूड़िआर ॥
मतु भिटै वे मतु भिटै। इहु अंनु असाडा फिटै ॥
तनि फिटै फेड़ करेनि। मनि जूठै चुली भरेनि ॥
कहु नानक सचु धिआईऐ। सुचि होवै ता सचु पाईऐ ॥ ३४ ॥

सलोकु : विशेष : लाहौर के किसी व्यक्ति ने एक ब्राह्मण को दान में गाय दी। किन्तु सुल्तानपुर के बेंदी नदी के घाट पर वह रोक लिया गया। वहाँ कर वसूल करने वाला एक खत्री था। ब्राह्मण की गाय ने जब गोबर किया, तो खत्री ने उस गोबर से अपना चौका लिपवाया। गुरु नानक देव का शिष्य मरदाना चौके की ओर जाना चाहा, किन्तु वह वहाँ से हटा दिया गया, ताकि चौका अपवित्र न हो जाय। इस पर गुरु नानक देव ने निम्नलिखित 'सलोक' बनाया, जिसका अर्थ इस प्रकार है —

अर्थ : (हे भाई, नदी के घाट पर बैठ कर) गऊ और ब्राह्मण पर तो तुम कर लगा रहे हो (तात्पर्य यह है कि गऊ और ब्राह्मण को पार उतारने के लिये, तो तुम कर वसूल कर रहे हो, किन्तु साथ ही गऊ के गोबर के बल पर संसार से पार उतरना चाहते हो); गोबर के बल पर (संसार-सागर) से नहीं तरा जा सकता। (तुम) धोती (पहनते हो), (मस्तक में) टीका (लगाते हो) और माला (फेरते हो), पर धान्य तो म्लेच्छों का ही खाते हो। अंदर बैठ कर (तुर्क हाकिमों की चोरी चोरी तो) पूजा करते हो, (किन्तु बाहर मुसलमानों को प्रसन्न करने के लिए) कुरान आदि पढ़ते हो और मुसलमानों (तुरकों) के (ढंग का संयम (भी) करते हो, (अर्थात् मुसलमानों की रहनी रहते हो)।

(भाई), यह पाखण्ड छोड़ दो । (परमात्मा का) नाम लो, जिससे (तुम संसार-सागर से) तर जाओगे ॥ ३३ ॥

(मुसलमान काजी तथा अन्य हाकिम) हैं तो मनुष्य-भक्षी (रिश्वतखोर), पर पढ़ते हैं नमाज । (उन काजियों और हाकिमों के मुंशी ऐसे खत्री हैं जो) छुरी चलाते हैं, (तात्पर्य यह कि गरीबों के ऊपर अत्याचार करते हैं), पर उनके गले में जनेऊ हैं। उन (अत्याचारी खत्रियों) के घर ब्राह्मण (जाकर) (शंख) बजाते हैं, (अतएव) उन (ब्राह्मणों) को भी उन्हीं पदार्थों के स्वाद आते हैं (भाव यह, कि वे ब्राह्मण भी उसी अत्याचार से कमाए हुए पदार्थ को खाते हैं)। (उन लोगों की) झूठी पूंजी है और झूठा ही व्यापार है। झूठ बोल कर ही (वे लोग) गुजारा करते हैं (रोटी खाते हैं, रोजी चलाते हैं)। शरम और धर्म का डेरा दूर हो गया है (तात्पर्य यह है कि लोग न तो अपनी लज्जा का ध्यान रखते हैं और न धर्म के ही काम करते हैं)। हे नानक, (सभी स्थानों में) झूठ ही व्याप्त हो गया है।

(वे खत्री) मत्थे में टीका (लगाते हैं), कमर में धोती पहन कर काँछ बाँधते हैं, हाथ में (मानो, वे) छुरी लिए हुए है, और जगत् के लिए कसाई (के समान) हैं। (वे) नीले वस्त्र पहन कर (तुर्क हाकिमों के पास जाते हैं, तभी वे) प्रामाणिक (समझे जाते हैं), (तात्पर्य यह है कि नीले वस्त्र पहन कर जाने से ही, उन्हें मुसलमान हाकिमों के पास जाने की आज्ञा मिलती है)। म्लेच्छों से धान्य लेते हैं (रोजी चलाते हैं) और (फिर भी) पुराणों को पूजते हैं।

(इतने से ही बस नहीं) उनका भोजन वह बकरा है जो (मुसलमानों का) कलमा पढ़ कर हलाल किया गया है। [मुसलमान बकरा मारते समय अथवा खाते समय "बिस्मिल्लाह" उच्चारण करते हैं। हिन्दुओं के लिए इस विधि से मारे हुए बकरे की माँस खाना वर्जित है]। (किन्तु वे लोग कहते रहते हैं कि) (हमारे) चौके में कोई न जाए। चौका देकर लकीर खींच देते हैं। (किन्तु) इस चौके में वे झूठे आकर बैठते हैं। (वे चौके में बैठ कर कहते हैं) 'मत छुओ, मत छुओ', (नहीं तो) 'हमारा अन्न अपवित्र हो जाएगा।' (मनुष्य) अपवित्र शरीर से मलिन कर्म करते हैं और जूठे मन से कुल्ले करते हैं।

नानक कहते हैं कि सच्चे (प्रभु) का ध्यान करो; यदि पवित्रता होगी, तभी सत्य (परमात्मा) की प्राप्ति होगी ॥ ३४ ॥

पउड़ी : चितै अंदरि सभु को वेखि नदरी हेठि चलाइदा।
आपे दे वडिआईआ आपे ही करम कराइदा ॥
वडहु वडा वड मेदनी सिरे सिरि धंधै लाइदा।
नदरि उपठी जे करे सुलताना घाहु कराइदा ॥
दरि मंगनि भिख न पाइदा ॥ १४ ॥

पउड़ी : (प्रभु) सभी (जीवों) को अपने ध्यान में रखता है और प्रत्येक को अपनी नजर के नीचे रख कर चलाता है। (वह) आप ही (जीवों को) बड़ाइयाँ प्रदान करता है (और) आप ही (उन्हें) कर्मों में लगाता है। (प्रभु) बड़े से बड़ा है (तात्पर्य यह कि वह सबसे बड़ा है), (उसकी रची हुई) सृष्टि (बहुत) बड़ी—बेअंत है। (इतनी अनंत सृष्टि होते हुए भी) प्रत्येक जीव को प्रभु (अपने-अपने) कार्य में लगाए हुए है। यदि (प्रभु अपनी)

दृष्टि उलटी कर ले, तो (बड़े बड़े) सुल्तानों को घास (तिनका) बना दे, (अथवा बड़े-बड़े सुल्तानों को घास खाने वाला बना दे)। (यदि वे) दरवाजे-दरवाजे पर (जाकर) माँगें, (तो उन्हें) भीख भी न मिले ॥ १४ ॥

सलोकु: जे मोहाका घरु मुहै घरु मुहि पितरी देइ।
अगै वसतु सिञाणीऐ पितरी चोर करेइ॥
वढीअहि हथ दलाल के मुसफी एह करेइ॥
नानक अगै सो मिलै जि खटे घाले देइ॥ ३५॥
जिउ जोरू सिर नावणी आवै वारोवार।
जूठे जूठा मुखि वसै नित नित होइ खुआरु॥
सूचे एहि न आखीअहि बहनि जि पिंडा धोइ।
सूचे सेई नानका जिन मनि वसिआ सोइ॥ ३६॥

सलोकु: यदि कोई ठग (पराया घर) लूटे और (उस पराये) घर को लूट कर अपने पितरों को (श्राद्ध के रूप में) अर्पित करे, तो परलोक में (वे) वस्तुएं पहचान ली जायंगी (और) पितर लोग चोर (प्रमाणित) होंगे। (परमात्मा वहाँ यह) न्याय करेगा कि दलाल (श्राद्ध कराने वाले ब्राह्मण) का हाथ काट लिया जाय। हे नानक, आगे (परलोक में) तो मनुष्य को वही मिलता है, जो वह प्राप्त करता है, कमाता है और (अपने) हाथों से देता है ॥ ३५ ॥

जिस प्रकार स्त्री को मासिक धर्म सदैव (प्रत्येक महीने में) होता है (और यह अपवित्रता सदैव उसके अन्तर्गत ही उत्पन्न हो जाती है), उसी प्रकार झूठे (मनुष्य) के मुंह में सदैव झूठ ही बसता है और इससे वह सदैव भ्रष्ट (गंदा) रहता है। वे (मनुष्य) पवित्र नहीं कहे जा सकते, जो (केवल) शरीर को ही धोकर (अपनी ओर से पवित्र बन कर) बैठ जाते हैं। हे नानक, केवल वे ही (लोग) पवित्र हैं, जिनके मन में वह (प्रभु) निवास करता है ॥ ३६ ॥

पउड़ी: तुरे पलाणे पउण वेग हर रंगी हरम सवारिआ।
कोठे मंडप माड़ीआ लाइ बैठे करि पासारिआ॥
चीज करनि मनि भावदे हरि बुझन नाही हारिआ।
करि फुरमाइस खाइआ वेखि महलति मरणु विसारिआ॥
जरु आई जोबनि हारिआ ॥ १५ ॥

पउड़ी: (जिनके पास) काठियों समेत (सदैव तैयार रहने वाले) पवन के समान चाल वाले घोड़े (रहते हैं), (जो अपने) महलों को अनेक रंगों से सजाते हैं, (जो मनुष्य) कोठों (उच्च अट्टालिकाओं), मण्डपों, महलों का फैलाव फैला कर (सज-धज से) बैठे हैं, (जो) मनमानी रंगरेलियाँ करते हैं, (नाना भाँति के कौतुक करते हैं), किन्तु हरी को नहीं पहचानते, (वे अपना मानव-जीवन) हार बैठते हैं। (जो मनुष्य दीनों पर) हुकम चला चला कर (अनेक प्रकार का पदार्थ) खाते हैं, (भोग भोगते हैं), और (अपने) महलों को देख कर (अपनी) मृत्यु भुला देते हैं, (देखते-देखते) उनका यौवन हार जाता है, और वृद्धावस्था आ (दबोचती है) ॥ १५ ॥

सलोकु :
जे करि सूतकु मंनीऐ सभ तै सूतकु होइ।
गोहे अतै लकड़ी अंदरि कीड़ा होइ ॥
जेते दाणे अन के जीआ बाझु न कोइ।
पहला पाणी जीउ है जितु पहरिआ सभु कोइ ॥
सूतकु किउ करि रखीऐ सूतकु पवै रसोइ।
नानक सूतकु एव न उतरै गिआनु उतारे धोइ ॥ ३७ ॥

मन का सूतकु लोभु है जिहवा सूतकु कूड़ु।
अखी सूतकु वेखणा परतृअ परधन रूपु ॥
कनी सूतकु कनि पै लाइतबारी खाहि।
नानक हंसा आदमी बधे जमपुरि जाहि ॥ ३८ ॥
सभो सूतकु भरमु है दूजै लगै जाइ।
जंमणु मरणा हुकमु है भाणै आवै जाइ।
खाणा पीणा पवित्रु है दितोनु रिजकु सबाहि।
नानक जिनी गुरमुखि बुझिआ तिन्हा सूतकु नाहि ॥ ३९ ॥

सलोकु : विशेष : एक धनी व्यक्ति ने गुरु नानक देव तथा कुछ ब्राह्मणों को भोजन का निमंत्रण दिया। ठीक उसी समय धनी व्यक्ति के घर में एक सन्तान उत्पन्न हुई। इस समाचार को सुन कर ब्राह्मणों ने (अशुद्धि, सूतक समझ कर) उसके यहाँ भोजन करने से इन्कार कर दिया और वे वहाँ से चले गए। इस पर गुरु नानक देव ने सूतक (अशुद्धि) के संबंध में कई सलोक बनाए, जो निम्नलिखित हैं :—

अर्थ : यदि सूतक माना जाय, तो सभी स्थानों में सूतक होता है। (पशुओं के) गोबर और लकड़ी के भीतर कीड़े होते हैं, (और इन्हीं से भोजन पकाया जाता है)। जितने अन्न के दाने हैं, (उनमें से कोई भी दाना) जीव के बिना नहीं है। सब से पहले पानी ही जिन्दगी है, जिस पानी से (प्रकृति की सारी वस्तुएं एवं मनुष्य) हरे-भरे बने रहते हैं; (इस पानी के बिना भोजन कैसे तैयार हो सकता है)? अतएव सूतक (का विचार) किस प्रकार रक्खा जा सकता है? (क्योंकि) सूतक तो हर समय हमारी रसोईं में पड़ा रहता है। हे नानक, इस प्रकार (हमारे मन से) सूतक नहीं उतर सकता; इसे तो (प्रभु का) ज्ञान (ब्रह्मज्ञान) ही धोकर उतार सकता है ॥ ३७ ॥

(यदि सूतक मानना ही है, तो इस प्रकार का सूतक मानो कि) मन का सूतक लोभ है, जिह्वा का (सबसे बड़ा) सूतक झूठ (बोलना) है। आँखों का सूतक दूसरे का धन तथा दूसरे की स्त्री का स्वरूप देखना है; कानों का सूतक यह है कि बेफिक्र होकर दूसरी की चुगली सुनी जाय। हे नानक, (वाह्य वेश में) हंसों (के समान) मनुष्यों में भी (यदि उपयुक्त सूतक हैं), तो वे बँधे हुए यमपुरी जाते हैं ॥ ३८ ॥

सूतक सब (निरा) भ्रम ही है; (यह सूतक रूपी भ्रम) द्वैतभाव में फंस हुए, (मायासक्त मनुष्यों) को आ कर लग जाता है। (प्रभु के) हुक्म से (जीवों का) जन्मना मरना होता है (और उसकी आज्ञा से जीव का) आना-जाना (निरन्तर) होता रहता है। रोजी के रूप में

जो खाना-पीना (हरी) सभी जीवों को) पहुँचा कर देता है, वे सब पवित्र हैं। हे नानक, जिन (मनुष्यों ने यह बात) समझ ली है, उन्हें सूतक नहीं लगता ॥३९॥

पउडी सतिगुरु वडा करि सालाहीऐ जिसु वडीआ वडिआईआ ।
सहि मेले ता नदरी आईआ ।
जा तिसु भाणा ता मनि वसाईआ ॥
करि हुकमु मसतकि हथु धरि विचहु मारि कढीआ बुरिआईआ ॥
सहि तुठै नउनिधि पाईआ ॥ १६ ॥

पउड़ी :—जिसके अंतर्गत बहुत बड़ाइयाँ (बहुत से गुण हैं), उस सद्गुरु की स्तुति (उसे) (बहुत) बड़ा (मान) कर, करनी चाहिए। (जिन मनुष्यों को प्रभु) पति ने (गुरु से) मिलाया है, (उन्हें ही) वे गुण आँखों से दिखाई देते हैं और यदि (प्रभु को) अच्छा लगे, तो (उनके) मन में भी वे ही गुण आ बसते हैं। (प्रभु) अपने हुक्म के अनुसार उन मनुष्यों के मत्थे पर हाथ रख कर (उनके) मन से सारी बुराइयों को मार कर निकाल देता है। (यदि) पति (परमात्मा) प्रसन्न हो जाय, तो नव निधियाँ प्राप्त हो जाती हैं ॥१६॥

सलोकु पहिला सुचा आपि होइ सुचै बैठा आइ ।
सुचे अगै रखिओनु कोइ न भिटिओ जाइ ॥
सुचा होइ कै जेविआ लगा पड़णि सलोकु ।
कुहथी जाई सटिआ किसु एहु लगा दोखु ॥
अंनु देवता पाणी देवता बैसंतरु देवता लूणु पंजवा पाइआ घिरतु ।
ता होआ पाकु पवितु ॥
पापी सिउ तनु गडिआ थुका पईआ तितु ॥
जितु मुखि नामु न ऊचरहि बिनु नावै रस खाहि ।
नानक एव जाणीऐ तितु मुखि थुका पाहि ॥ ४० ॥
भंडि जंमीऐ भंडि निमीऐ भंडि मंगणु वीआहु ।
भंडहु होवै दोसती भंडहु चलै राहु ॥
भंडु मुआ भंडु भालीऐ भंडि होवै बंधानु ।
सो किउ मंदा आखीऐ जितु जंमहि राजान ॥
भंडहु ही भंडु ऊपजै भंडै बाझु न कोइ ।
नानक भंडै बाहरा एको सचा सोइ ॥
जितु मुखि सदा सालाहीऐ भागा रती चारि ।
नानक ते मुख ऊजले तितु सचै दरबारि ॥ ४१ ॥

सलोकु :—नोट : भूतकाल का अर्थ वर्तमान काल में किया गया है।

अर्थ :—(सब से) (पहले ब्राह्मण नहा धोकर) पवित्र होकर, पवित्र (चौके में) आ बैठता है। उसके आगे (यजमान) वह पवित्र भोजन लाकर रखता है, जिसे किसी ने भी नहीं छुआ है। (ब्राह्मण) पवित्र होकर (उस पवित्र भोजन को) खाता है और खाने के पश्चात् (संस्कृत के) श्लोक पढ़ने लग जाता है। पर उस पवित्र भोजन को (विष्ठा के रूप में) गंदे

स्थान में त्याग आता है। (उस पवित्र भोजन को गंदा बनाने और गंदे स्थान पर त्यागने का) दोष किस पर लगा ? अन्न, पानी, आग और नमक (चारों ही) देवता हैं, (तात्पर्य यह कि ये चारों पवित्र पदार्थ हैं)। पाँचवाँ घी भी पवित्र है, (जो इन चारों में) डाला जाता है। (इन पाँचों को मिलाने से), बड़ा ही पवित्र पकवान तैयार होता है। (पर देवताओं के इस पवित्र शरीर को—इस पवित्र भोजन की) पापियों (पापी मनुष्यों) से संगति होती है, जिस कारण (जब वह मल के रूप में परिवर्तित हो जाता है तो घृणा से उस पर थूक पड़ते हैं (अर्थात् मल देख कर लोग, घृणा से आँखें फेर लेते हैं, नाक दबा लेते हैं और "थू थू" करने लगते हैं)

हे नानक, (उसी तरह यह भी समझ लेना चाहिए कि) जिस मुख से (मनुष्य) नाम नहीं उच्चारण करते और बिना नाम के उच्चारण किए सुन्दर रसमय (पदार्थों को) खाते हैं, (उस मुख पर) भी थूक ही पड़ता है ॥४०॥

स्त्री से ही (मनुष्य) जन्म लेता है, (स्त्री के ही पेट में प्राणी का शरीर, बनता है। स्त्री से ही सगाई और विवाह होता है। स्त्री के ही द्वारा (अन्य लोगों से) संबंध जुड़ता है (दोस्ती होती है) और स्त्री से ही (जगत् की उत्पत्ति का) मार्ग—क्रम चलता है। (जब) (एक) स्त्री मर जाती है, तो (तो दूसरी) स्त्री की खोज की जाती है; स्त्री के ही द्वारा (दूसरों के साथ सम्बन्ध के) बंधन (स्थापित) होते हैं। उस स्त्री को बुरा क्यों कहा जाय, जिससे राजागण भी जन्म लेते हैं ? स्त्री से ही स्त्री उत्पन्न होती है। (इस संसार में) कोई भी (प्राणी) स्त्री के बिना नहीं उत्पन्न हो सकता। हे नानक, केवल एक सच्चा (प्रभु ही) है, जो स्त्री से नहीं जन्मा है, (क्योंकि वह 'अयोनि' और 'स्वयंभू' है)। जिस (प्राणी के) मुख से सदैव (परमात्मा का) गुणगान होता है, (उसी का मत्था) भाग्यों से लाल (रती) और सुन्दर (चारु>चार) है। हे नानक, वे ही मुख उस सच्चे (प्रभु) के दरबार में उज्ज्वल (दिखाई पड़ते) हैं, (जिन मुखों से निरन्तर प्रभु का गुणगान होता रहता है) ॥४१॥

पउड़ी : **सभु को आखै आपणा जिसु नाही सो चुणि कढीऐ ।**
कीता आपो आपणा आपे ही लेखा संढीऐ ॥
जा रहणा नाही ऐतु जगि ता काइतु गारबि हंढीऐ ।
मंदा किसै न आखीऐ पड़ि अखरु एहो बुझीऐ ॥
मूरखै नालि न लुझीऐ ॥ १७ ॥

पउड़ी : (इस संसार में) सब कोई 'अपना अपना' कहते हैं, (तात्पर्य यह कि प्रत्येक जीव को ममता लगी है), जिस व्यक्ति में (ममता) नहीं है, उसे चुन कर (प्रभु पृथक्) कर लेता है। अपने आप किए हुए कर्मों का लेखा आप ही भरना होता है। यदि इस संसार में रहना ही नहीं है, तो अहंकार में पड़ कर क्यों खपा जाय ? केवल यह अक्षर पढ़ कर समझ लिया जाय कि किसी को बुरा नहीं कहना चाहिए और मूर्ख के साथ नहीं झगड़ना चाहिए ॥१७॥

सलोकु : **नानक फिकै बोलिऐ तनु मनु फिका होइ ।**
फिको फिका सदीऐ फिके फिकी सोइ ॥
फिका दरगह सटीऐ मुहि थुका फिके पाइ ।
फिका मूरखु आखीऐ पाणा लहै सजाइ ॥ ४२ ॥

अंदरहु झूठे पैज बाहरि दुनीआ अंदरि फैलु ।
अठसठि तीरथ जे नावहि उतरै उतरै नाही मैलु ।।
जिन्ह पटु अंदरि बाहरि गुदड़ु ते भले संसारि ।
तिन नेहु लगा रब सेती देखन्हे वीचारि ।।
रंगि हसहि रंगि रोवहि चुप भी करि जाहि ।
परवाह नाही किसै केरी बाझु सचे नाह ।।
दरि वाट उपरि खरचु मंगा जबै दे इत खाहि ।।
दीबानु एको कलम एका हमा तुम्हा मेलु ।
दर लए लेखा पीड़ि छुटै नानका जिउ तेलु ।। ४३ ।।

सलोकु : हे नानक, यदि (मनुष्य) रूखा (अप्रिय, कड़ुवा) वचन बोलता रहे, तो उसके तन और मन (दोनों ही) रूखे हो जाते हैं । अप्रिय बोलनेवाला (संसार में) 'अप्रियभाषी' (रूखा) ही प्रसिद्ध हो जाता है और लोग भी उसे अप्रिय (रूखे) वचनों से याद करते हैं । रूखा व्यक्ति (परमात्मा के) दरबार से अस्वीकृत कर दिया जाता है और उसके मुंह पर थूक पड़ता है, (तात्पर्य यह कि वह धिक्कारा जाता है) । (प्रेमविहीन) रूखे व्यक्ति को मूर्ख कहना चाहिए; (प्रेमविहीन) रूखे व्यक्ति को जूतों की सजा मिलती है; (तात्पर्य यह कि प्रत्येक स्थान में सदैव उसका तिरस्कार किया जाता है) ।।४२।।

यदि (मनुष्य) मन से झूठे हैं, पर बाहर से झूठी प्रतिष्ठा बना कर बैठे हैं और (सारी) दुनियाँ में दिखावा बना रक्खे हैं, तो वे चाहे अड़सठ तीर्थों में ही (जा कर) स्नान करें, उनके मन के कपट की मैल कभी नहीं उतरती ।

जिन मनुष्यों के अंतर्गत (कोमलता और प्रेम रूपी) पट है, पर बाहर (सरलता और सादगी रूपी) गूदड़ है, जगत् में वे बड़े ही भले हैं । उनका परमात्मा से (निरन्तर) प्रेम लगा हुआ है और वे (परमात्मा के) दर्शन करने के विचार में (सदैव निमग्न रहते हैं) । (परमात्मा के) प्रेम में (वे) (कभी) हंसते हैं, (कभी) रोते हैं और (कभी) चुप हो जाते हैं, (मौन भाव से स्थित हो जाते हैं) । सच्चे स्वामी (प्रभु) के बिना, उन्हें किसी अन्य की परवाह नहीं होती । (जीवन रूपी) मार्ग में (चलते हुए) (वे लोग) (प्रभु के) दरवाजे से (नाम रूपी) खर्च माँगते हैं, जब वह (प्रभु) देता है, तभी वे खाते हैं ।

हे नानक, (ऐसे भक्तों को यह निश्चय है कि) एक (प्रभु) दरबार लगा कर (फैसला करनेवाला है), (वही) कलम से (लेखा लिखने वाला है), (और सारे भले बुरे जीवों का) मेल भी (उसी के दरवाजे पर होता है) । (प्रभु सब के किए हुए कर्मों का) लेखा माँगता है और बुरे मनुष्यों को ऐसे पेरता है, जैसे तेल ।।४३।।

पउड़ी : आपे ही करणा कीओ कल आपे ही तै धारीऐ ।
देखहि कीता आपणा धरि कची पकी सारीऐ ।।
जो आइआ सो चलसी सभु कोई आई वारीऐ ।
जिसके जीअ पराण हहि किउ साहिबु मनहु विसारीऐ ।।
आपण हथी आपणा आपे ही काजु सवारीऐ ।। १८ ।।

पउड़ी : (हे प्रभु), (तूने) आप ही यह सृष्टि रची है और तूने आप ही इसके अन्तर्गत कला (शक्ति) रख कर इसे धारण कर रक्खी है। भले-बुरे जीवों को उत्पन्न करके, अपने रचे जीवों की तू ही संभाल करता है। (जीवन रूपी चौपड़ के खेल में) कच्ची और पक्की गोटियों (बुरे और अच्छे जीवों की परख तू ही करता है)।

जो भी (प्राणी) (इस संसार में) आया है, वह (निश्चय ही) चला जायगा; सब की बारी (पृथक् पृथक्) आयेगी।

(अतएव, हे भाई), जिस (प्रभु के दिए हुए) जीव और प्राण है, उसे मन से किस प्रकार भुलाना चाहिए ? (अर्थात् ऐसे प्रभु को कभी नहीं भुलाना चाहिए) अपने हाथों से स्वयं अपना कार्य करना चाहिए ॥१८॥

सलोकु : आपे भांडे साजिअनु आपे पूरणु देइ।
इकन्ही दुध समाईऐ इकि चुल्है रहन्हि चड़े॥
इकि निहाली पै सवन्हि इकि उपरि रहिन खड़े।
तिना सवारे नानका जिन कउ नदरि करे॥ ४४॥

सलोकु :—(प्रभु ने) (जीवों के शरीर रूपी) पात्र को स्वयं ही बनाया है और स्वयं ही उन्हें भरता है, (तात्पर्य यह है कि उनके भाग्य में सुख-दुःख भी वही लिखता है)। किसी (पात्र में) दूध भरा रहता है और कोई चूल्हे पर चढ़े रहते हैं (तात्पर्य यह कि कुछ जीवों के भाग्य में सदैव सुख और सुन्दर पदार्थ लिखे रहते हैं और कुछ जीव निरन्तर कष्ट ही सहन करते हैं)। कुछ (भाग्यशाली व्यक्ति) रजाइयों (तोशकों) पर सोते हैं और कुछ (बेचारे) (उनकी रक्षा और सेवा के लिए हाथ बाँधे 'जी हुजूर' कहते हुए) खड़े रहते हैं। पर हे नानक, जिनके ऊपर (प्रभु) कृपादृष्टि करता है, उन्हें संवार लेता है, (भाव यह कि इस संसार-सागर से उनका बेड़ा पार कर देता है) ॥४४॥

१ओं सतिनामु करता पुरखु निरभउ निरवैरु
अकाल मूरति अजूनी सैभं गुर प्रसादि

रागु गूजरी, महला १, चउपदे, घरु १,

सबद [१]

तेरा नामु करी चनणाठीआ जे मनु उरसा होइ ।
करणी कुंगू जे रलै घट अंतरि पूजा होइ ॥१॥
पूजा कीचै नामु धिआईऐ बिनु नावै पुज न होइ ॥१॥रहाउ॥
बाहरि देव पखालीअहि जे मनु धोवै कोइ ।
जूठि लहै जीउ माजीऐ मोख पइआणा होइ ॥२॥
पसू मिलहि चंगिआईआ खड़ु खावहि अंम्रितु देहि ।
नाम विहूणे आदमी ध्रिगु जीवण करम करेहि ॥३॥
नेड़ा है दूरि न जाणिअहु नित सारे संम्हाले ।
जो देवै सो खावणा कहु नानक साचा हे ॥४॥१॥

(हे प्रभु), यदि तेरे नाम को चंदन की लकड़ी का टुकड़ा बनाया जाय, और मन हुरसा [जिस पत्थर पर चंदन घिसा जाता है] हो; और यदि उसमें (शुभ) कर्म (रूपी) कुमकुम (केशर) मिला दिया जाय, तो घट) ही के अन्तर्गत पूजा होने लगती है ॥ १ ॥

नाम का ध्यान करना ही वास्तविक पूजा है, बिना नाम के पूजा नहीं होती है ॥ ? ॥ रहाउ ॥

(लोग) बाहर ठाकुर को धोते हैं, (स्नान कराते हैं), पर यदि कोई व्यक्ति मन को (ठाकुर के समान) धोये, तो (पाप की) जूठ (मैल) नष्ट हो जाय, मन मज्जित हो जाय, (पवित्र हो जाय) और मोक्ष (की ओर) प्रयाण हो जाय ॥२॥

पशुओं में भी अच्छाइयाँ मिलती है; वे घास (तृण) खाते हैं, किन्तु अमृत रूपी (दूध) देते हैं, (अतएव पशु-जाति श्लाघनीय है) । नाम के बिना (मनुष्य का) जोवन और (उसका) कर्म करना धिक्कारने योग्य है ॥३॥

(हे मनुष्यों), (प्रभु) समीप ही है; (उसे) दूर न समझो; वह नित्य (सब की) खोज खबर लेता है और सँभालता है। (अतएव) नानक (इस बात को) सच्चे (रूप में) कहता है कि (जो कुछ सुख-दुःख उसके हुक्म के अनुसार मिलता है) वही हमें खाना है, (अर्थात् दुःख सुख को समान भाव के सहन करना ही हमारा भोजन हो) ॥४॥१॥

[२]

नाभि कमल ते ब्रह्मा उपजे बेद पड़हि मुखि कंठि सवारि।
ता को अंतु न जाई लखणा आवत जावत रहै गुबारि ॥१॥
प्रीतम किउ बिसरहि मेरे प्राणअधार।
जाकी भगति करहि जन पूरे मुनि जन सेवहि गुर वीचारि ॥१॥रहाउ॥
रवि ससि दीपक जाके त्रिभवणि एका जोति मुरारि।
गुरमुखि होइ सु अहिनिसि निरमलु मनमुखि रैणि अंधारि ॥२॥
सिध समाधि करहि नित झगरा दुहु लोचन किआ हेरै।
अंतरि जोति सबदु धुनि जागै सतिगुरु झगरु निबेरै ॥३॥
सुरि नर नाथ बेअंत अजोनी साचै महलि अपारा।
नानक सहजि मिले जगजीवन नदरि करहु निसतारा ॥४॥२॥

(विष्णु के) नाभि कमल से ब्रह्मा जी उत्पन्न हुए और मुंह से कण्ठ संवार कर वेद उच्चारण करने लगे। (वे ब्रह्मा) (उस प्रभु) का अंत न जान सके और अंधकार में (इधर-उधर) आने-जाने लगे (भटकने लगे)। [नाभि-कमल से उत्पन्न होने के पश्चात् ब्रह्मा ने अपने उत्पत्ति-स्थान को जानना चाहा। वे फिर से कमल-नाल में प्रविष्ट हो गए। युग-युगान्तर बीत गए, किन्तु वे अपना उत्पत्ति स्थान न जान सके। अन्त में उन्होंने परब्रह्म की स्तुति की और अपनी अज्ञानता की क्षमा-याचना की] ॥१॥

(हे मेरे मन), मेरे प्राणधार उस प्रियतम को (तुम) क्यों विस्मृत होते हो, जिसकी भक्ति पूर्ण पुरुष करते है और गुरु के विचार द्वारा मुनि जन जिसकी आराधना करते हैं ? ॥ १ ॥ रहाउ ॥

(हे मेरे मन, मेरे प्राणाधार उस प्रियतम को तुम क्यों विस्मृत होते हो), जिसके दीपक सूर्य और चन्द्रमा हैं और जिस मुरारी (परब्रह्म) की एक ज्योति त्रिभुवन में व्याप्त हैं ? (जो) गुरुमुख (गुरू के उपदेश के अनुसार चलने वाला) होता है; वह अहर्निश निर्मल रहता है किन्तु मनमुखों के लिए (सदैव) रात्रि का घनघोर अंधकार (अज्ञान) रहता है ॥२॥

सिद्धगण समाधि लगाते हैं और नित्य वाद-विवाद (तर्क वितर्क) करते हैं, (किन्तु उस परब्रह्म को) क्या वे (अपने) दोनों नेत्रों से देख सकते हैं ? (तात्पर्य यह कि ब्रह्म क्या नेत्रों का विषय हो सकता है) ? (जब) अन्तःकरण में (परमात्मा के प्रेम एवं विश्वास) की ज्योति हो, (नाम स्मरण की निरन्तर) शब्द -ध्वनि जगती रहे, तभी सद्गुरु (द्वैत भाव का सघर्ष (झगड़ा) दूर करता है ॥३॥

हे देवताओं तथा मनुष्यों के स्वामी, अनन्त अयोनि, मुझ नानक को तेरे सच्चे और अपार महल में सहजावस्था द्वारा जगत् का जीवन (हरो) मिल जाय, जिससे तू अपनी कृपा दृष्टि द्वारा (मुझे) तार दे, (मेरा उद्धार कर दे ॥४॥२॥

१ ओं सतिगुर प्रसादि ॥ रागु गूजरी, महला १, घरु १ ॥

असटपदीआं [१]

एक नगरी पंच चोर बसीअले बरजत चोरी धावै ।
त्रिहदस माल रखै जो नानक मोख मुकति सो पावै ॥१॥
चेतहु बासदेउ बनवाली । रामु रिदै जपमाली ॥१॥रहाउ॥
उरध मूल जिसु साख तलाहा चारि बेदु जितु लागे ॥
सहज भाइ जाइ ते नानक पारब्रहम लिव जागे ॥२॥
पारजातु घरि आगनि मेरे पुहप पत्र ततु डाला ।
सरब जोति निरंजन संभू छोडहु बहुतु जंजाला ॥३॥
सुणि सिखवंते नानकु बिनवै छोडहु माइआ जाला ।
मनि बीचारि एक लिव लागी पुनरपि जनमु न काला ॥४॥
सो गुरू सो सिखु कथीअले सो वैदु जि जाणै रोगी ।
तिसु कारणि कंमु न धंधा नाही धंधै गिरही जोगी ॥५॥
कामु क्रोधु अंहकारु तजीअले लोभु मोहु तिस माइआ ।
मनि ततु अविगतु धिआइआ गुर परसादी पाइआ ॥६॥
गिआनु धिआनु सभ दाति कथीअले सेत बरन सभि दूता ।
ब्रहम कमल मधु तासु रसादं जगत नाही सूता ॥७॥
महा गंभीर पत्र पाताला नानक सरब जु आइआ ।
उपदेस गुरू मम पुनहि न गरभं बिखु तजि अंम्रितु पीआइआ ॥८॥१॥

एक (शरीर रूपी) नगरी है, (जिसमें) पाँच चोर (काम, क्रोध, लोभ, मोह, अंहकार बसते हैं । (ये पाँचों) बारबार के रोकने पर भी चोरी करने के लिए दौड़ पड़ते हैं, (बलात् विषयों में प्रवृष्ट कराते हैं) । हे नानक, जो व्यक्ति (तीन गुणों; दस विषयों—पाँच ज्ञानेन्द्रियां और पाँच कर्मेन्द्रियों के ।) —इन तेरह से (अपना आध्यात्मिक) धन बचा कर रक्खे, वही मुक्ति पाता है ॥१॥

(हे मन), वासुदेव, वनमाली (परमात्मा) का स्मरण कर; राम को हृदय में रखना ही जप की माला है ॥१॥ रहाउ ॥

(जिस परब्रह्म परमात्मा का) मूल ऊपर है, शाखा नीचे है चार वेद जिसके (पत्ते) लगे हैं [भाव यह है कि ब्रम्ह रूपी वृक्ष की माया जड़ है, और तीनों गुण—सत्त्व रजस् ; तमस् शाखाएँ हैं । इन तीन गुणों का विस्तार वेद करते हैं । "त्रैगुण्य विषया वेदा"—श्रीमदभगवद्‌गीता

(इन तीन गुणों को छोड़कर) सहजावस्था (चौथी अवस्था) में जाते हैं, हे नानक, परब्रह्म की लिव (एकनिष्ठ ध्यान में) वे ही लोग जगते हैं। ["उर्ध्वमूलमधःशाखमश्वत्थं प्राहुरव्ययम् छन्दांसि यस्य पर्णानि यस्तं वेद स वेदवित् ॥"—श्रीमद्भगवद्गीता अध्याय १५, श्लोक १ तथा "ऊर्ध्वमूलोऽवाक् शाख एषोऽश्वत्थः सनातनः" —कठोपनिषद, अध्याय २, वल्ली ६ मंत्र १] ॥२॥

पारिजात वृक्ष (सभी कामनाओं को पूरा करनेवाला, स्वर्ग का वृक्ष विशेष), (परमात्मा) मेरे घर के आँगन में है। तत्व (ब्रह्म तत्व) उसके पत्ते, पुष्प और डालियाँ हैं। स्वयंभू, निरंजन (माया से रहित परमात्मा) की ज्योति सर्वत्र है।, (वही सब कुछ है, इसी की धारणा करो), (अन्य) बहुत से प्रपंचों को छोड़ दो ॥३॥

नानक विनती करता है, हे शिक्षा ग्रहण करनेवालो (गुरुमुखो) सुनो, सारे माया के प्रपंचों को त्याग दो। मन से विचार कर एक (परमात्मा) में लिव (एकनिष्ठ धारणा) लग गयी, (जिससे) न फिर जन्म होता है, और न काल (सताता) है ॥ ४ ॥

वही वैद्य है, जो रोगी को (ठीक-ठीक) समझता हो, (उसी प्रकार) वही गुरु है और वही उसका सिखाया हुआ शिष्य है, (जो) (रोगी) संसार को) समझते हों (अर्थात् गलती करनेवाले लोगों की गलती समझते हों)। (वह परब्रह्म में लीन है, अतः) उसके निमित्त (कोई) काम या धंधा नहीं है, (वह सांसारिक) प्रपंचों में (फँसा हुआ) गृहस्थी नहीं है, (वह निर्लेप) योगी है ॥ ५ ॥

(ऐसे योगी ने) काम, क्रोध, अहंकार, लोभ, मोह, तृष्णा और माया को त्याग दिया है, (उसने) मन में (परम) तत्व, अव्यक्त (प्रभु) का ध्यान किया है और गुरु की कृपा से (उस प्रभु को) पा लिया है ॥ ६ ॥

ज्ञान और ध्यान को (परमात्मा का) दान ही कहो (समझो); (जिसे यह दान मिल जाता है, उसके (कामादिक विकार रूपी) भूत श्वेत वर्ण के हो जाते हैं, (अर्थात् डर कर के सफेद रंग के हो जाते हैं, उनकी लाली नष्ट हो जाती है)। (उसने) (परब्रह्म रूपी) कमल के (प्रेम रूपी) मधु का रसास्वादन किया है, (वह ब्रह्मज्ञान में निरन्तर) जगता रहता है (और अज्ञान में कभी नहीं) सोता ॥ ७ ॥

(वह ब्रह्म कमल) बहुत गंभीर है, (उसके) पत्ते पाताल हैं, वह सबसे (सारी सृष्टि में) जुड़ा हुआ है। गुरु के उपदेश से मैं फिर गर्भ में (नहीं पड़ूँगा), (गुरु ने) (माया का) विष त्याग कर, (मुझे) (नाम रूपी) अमृत पिला दिया है ॥ ८ ॥ ॥ १ ॥

[२]

कवन कवन जाचहि प्रभ दाते ताके अंत न परहि सुमार।
जैसी भूख होइ अभ अंतरि तूं समरथ सचु देवणहार ॥१॥
ऐजी जपु तपु संजमु सचु अधार।
हरि हरि नामु देहि सुखु पाइऐ तेरी भगति भरे भंडार ॥१॥रहाउ॥
सुंन समाधि रहहि लिव लागे एका एकी सबदु बीचार।
जलु थलु धरणि गगनु तह नाही आपे आपु कीआ करतार ॥२॥

ना तदि माइग्रा मगनु न छाइग्रा ना सूरज चंद न जोति ग्रपार ।
सरब द्दसटि लोचन ग्रभ ग्रंतरि एका नदरि सु त्रिभवण सार ॥३॥
पवणु पाणी ग्रगनि तिनि कीग्रा ब्रहमा बिसनु महेस ग्रकार ।
सरबे जाचिक तूं प्रभु दाता दाति करे ग्रपुनै बीचार ॥४॥
कोटि तेतीस जाचहि प्रभ नाइक दे दे तोटि नाही भंडार ।
ऊधै भांडै कछु न समावै सीधै ग्रंम्रितु परै निहार ॥५॥
सिध समाधी ग्रंतरि जाचहि रिधि सिधि जाचि करहि जैकार ।
जैसी पिग्रास होइ मन ग्रंतरि तैसो जलु देवहि परकार ॥६॥
बडे भाग गुरु सेवहि 'ग्रपुना भेदु नाही गुरदेव मुरार ।
ताकउ कालु नाही जमु जोहै बूझहि ग्रंतरि सबदु बीचार ॥७॥
ग्रब तब ग्रवरु न मागउ हरि पहि नामु निरंजन दीजै पिग्रारि ।
नानक चातृकु ग्रम्रित जलु मागै हरि जसु दीजै किरपा धारि ॥८॥२॥

(दाता) प्रभु से कौन-कौन (लोग), (कितना) माँगते हैं, (उसका वर्णन नहीं किया जा सकता); (उसके) दानों की गणना का ग्रन्त नहीं पाया जा सकता । (हे प्रभु) तू समर्थ है, (जिसके) ग्रन्तःकरण में जैसी भूख होती, (तू) सच्चे रूप में (उसे) (उसी प्रकार) देता है ॥ १ ॥

ऐ जी, (प्रभु), जप, तप, संयम, तथा सत्य (ग्रादि साधक के) ग्राधार हैं । (हे हरी), तेरा भाण्डार भक्ति से भरा हुग्रा है, (मुझे) ''हरी हरी',—यही नाम (दान में) दो (जिससे सच्चे) सुख की प्राप्ति हो ॥ १ ॥ रहाउ ॥

(कुछ भाग्यशाली) शून्य समाधि (निर्विकल्प समाधि, ग्रफुर समाधि) में ग्रपना एकनिष्ठ ध्यान (लिव) लगाए रहते हैं (ग्रौर केवल) एकमात्र, नाम को ही (गुरु के) शब्द (के माध्यम) से विचारते रहते हैं । (उस ग्रफुर समाधि की ग्रवस्था में), जल, थल, धरती, ग्राकाश (कुछ भी) नहीं होते, (वहाँ) केवल कर्तार स्वयं ही होता है ॥ २ ॥

(उस ग्रवस्था में) माया की निमग्नता नहीं होती, न (ग्रज्ञान का) ग्रँधेरा, न सूर्य, न चन्द्रमा ग्रौर न ग्रपार ज्योति ही होती है । सब को देखनेवाली ग्राँखों (सब वस्तुग्रों) का ज्ञान ग्रन्तःकरण में हो जाता है ग्रौर एक ही दृष्टि से तीनों लोकों की सूझ हो जाती है ॥ ३ ॥

उसी (प्रभु ने) पवन, जल, ग्रग्नि, ब्रह्मा, विष्णु ग्रौर महेश के ग्राकार रचे हैं । (हे प्रभु) तू ग्रकेला ही दाता है, ग्रौर सब तेरे याचक हैं; तू ग्रपने विचार के ग्रनुसार (सब को) दान देता है ॥ ४ ॥

तैंतीस करोड़ (देवता) प्रभु, नायक (स्वामी) से माँगते हैं; देते देते उसके भाण्डार में कमी नहीं ग्राती । (किन्तु) उल्टे पात्र में कुछ नहीं समा सकता, सीधे (पात्र) में ग्रमृत पड़ता है, (यह बात तू विचार पूर्वक) देख ले ॥ ५ ॥

सिद्धगण समाधि के ग्रंतर्गत याचना करते हैं: (वे सब) ऋद्धियों-सिद्धियों को माँग कर (प्रभु का) जयजयकार करते हैं । (हे हरी), जिस याचक के मन में जैसी प्यास (चाह) होती है, (तू उसे) उसी प्रकार का जल देता है (इच्छा पूरी करता है) ॥ ६ ॥

बड़े भाग्य से ही (अपने) गुरु की सेवा का अवसर मिलता है; गुरुदेव और मुरारी (परमात्मा में) कोई अन्तर नहीं है। जो (अपने) मन के अन्तर्गत (गुरु के) शब्द को विचार करके समझते हैं उन्हें यम नष्ट करने की दृष्टि से नहीं देखता ॥ ७ ॥

(मैं) किसी समय भी परमात्मा के (अतिरिक्त) अन्य (व्यक्ति से) कुछ नहीं माँगता, मुझे प्रेमपूर्वक नाम-निरंजन की ही (भिक्षा) दो। नानक चातक तो तुम्हारे (नाम रूपी) अमृत जल को माँगता है; (मुझे) कृपा करके (अपने) यश के गुण गान करने का (वरदान) दो ॥८॥२॥

[३]

ऐ जी जनमि मरै आवै फुनि जावै बिनु गुर गति नही काई।
गुरमुखि प्राणी नामे राते नामे गति पति पाई ॥ १ ॥

भाई रे राम नामि चितु लाई।
गुर परसादी हरि प्रभ जाचे ऐसी नाम बडाई ॥ १ ॥ रहाउ ॥

ऐ जी बहुते भेख करहि भिखिआ कउ केते उदरु भरन कै ताई।
बिनु हरि भगति नाही सुखु प्रानी बिनु गुर गरबु न जाई ॥ २ ॥

ऐ जी कालु सदा सिर ऊपरि ठाढे जनमि जनमि बैराई।
साचै सबदि रते से बाचे सतिगुर बूझ बुझाई ॥ ३ ॥

गुर सरणाई जोहि न साकै दूतु न सकै संताई।
अविगत नाथ निरंजनि राते निरभउ सिउ लिव लाई ॥ ४ ॥

ऐ जीउ नामु दिड़हु नामे लिव लावहु सतिगुर टेक टिकाई।
जो तिसु भावै सोई करसी किरतु न मेटिआ जाई ॥ ५ ॥

ऐ जी भागि परे गुर सरणि तुमारी मै अवर न दूजी भाई।
अब तब एको एकु पुकारउ आदि जुगादि सखाई ॥ ६ ॥

ऐ जी राखहु पैज नाम अपुने की तुझ ही सिउ बनि आई।
करि किरपा गुर दरसु दिखावहु हउमै सबदि जलाई ॥ ७ ॥

ऐ जी किआ मागउ किछु रहै न दीसै इसु जग महि आइआ जाई।
नानक नामु पदारथु दीजै हिरदै कंठि बणाई ॥ ८ ॥ ३ ॥

ऐ जी, (प्राणी) जन्म धारण करके मरता है, (इस प्रकार) बारबार आता जाता रहता है; बिना गुरु के (उसकी) कोई भी गति नहीं होती। गुरु की शिक्षा द्वारा प्राणी नाम में अनुरक्त होते हैं और नाम से ही मुक्ति तथा प्रतिष्ठा पाते हैं ॥ १ ॥

हे भाई, राम नाम में ही चित्त लगाना चाहिए। गुरु की कृपा से प्रभु हरी से याचना करनी चाहिए; नाम की (बहुत बड़ी) महत्ता है ॥ १ ॥ रहाउ ॥

ऐ जो (प्रभु), (मनुष्य) भिक्षा-प्राप्ति के लिए तथा उदर भरने क लिए कितने ही वेश बनाते हैं। हे प्राणी, बिना हरि-भक्ति के सुख नहीं (प्राप्त हो सकता है) और बिना गुरु के अहंकार नहीं जाता ॥ २ ॥

ऐ जी, काल सदैव सिर के ऊपर खड़ा है, इससे (प्राणियों की) जन्म-जन्मान्तरों की शत्रुता है। जिन्हें सद्गुरु ने ज्ञान दे दिया है और (जो शिष्य) (उसके) शब्द में अनुरक्त हैं, वे ही (इस संसार के दुःखों से) बचे हैं ॥ ३ ॥

गुरु की शरण में जाने से (काल) देख भी नहीं सकता (और कामादिक) दूत दुःख नहीं दे सकते। अव्यक्त, निरंजन (माया रहित) स्वामी में (मैं) अनुरक्त हो गया हूँ और निर्भय (परमात्मा) से लिव लग गई है ॥ ४ ॥

ऐ जी, नाम ही को दृढ़ करो, नाम में लिव (एकनिष्ठ ध्यान) लगाओ, सद्गुरु ने (नाम का) आसरा दे दिया है। जो (उस प्रभु को) अच्छा लगता है, वही करेगा, (मनुष्य के पूर्व जन्म के किए हुए कर्मों के) संस्कार (कीरति-कर्म) नहीं मेटे जा सकते ॥ ५ ॥

ऐ जी, गुरु, मैं भग कर तेरी शरण पड़ गया हूँ, मुझमें (तुझे छोड़कर) और दूसरा भाव नहीं है। (मैं) हर समय, (उस) एकमात्र एक (प्रभु को) पुकारता हूँ, जो आदि से युग-युगान्तरों से (मेरा) सहायक रहा है ॥ ६ ॥

ऐ जी, (प्रभु), अपने नाम की लज्जा रक्खो; (इस संसार में सभी जीवों का) तुम्हीं से बनेगा। (हे प्रभु), कृपा करके (उस) गुरु का दर्शन कराओ, (जो) अहंकार को (अपने) शब्द से जला देता है ॥ ७ ॥

ऐ जी, (प्रभु), (मैं) (तुझसे) क्या माँगू ? इस जगत् में (कोई वस्तु) स्थिर रहने वाली नहीं दिखाई पड़ती है, (सभी वस्तुएं) आने-जाने वाली हैं (अर्थात् क्षणभंगुर हैं)। (अतएव, हे हरी) नानक को नाम रूपी पदार्थ ही (दान में) दो, जिसे मैं अपने हृदय और कंठ में सँवार के रक्खूं ॥ ८ ॥ ३ ॥

[४]

ऐ जी ना हम ऊतम नीच न मधिम हरि सरणागति हरि के लोग ।
नाम रते केवल बैरागी सोग बिजोग बिसरजित रोग ॥ १ ॥

भाई रे गुर किरपा ते भगति ठाकुर की ।
सतिगुर वाकि हिरदै हरि निरमलु ना जम काणि न जम की बाकी ॥
॥ १ ॥ रहाउ ॥

हरि गुण रसन रवहि प्रभ संगे जो तिसु भावै सहजि हरी ।
बिनु हरि नाम बृथा जगि जीवनु हरि बिनु निहफलमेक घरी ॥
ऐ जी खोटे ठउर नाही घरि बाहरि निंदक गति नही काई ॥
रोसु करै प्रभु बखस न मेटै नित नित चड़ै सवाई ॥ ३ ॥

ऐ जी गुर की दाति न मेटै कोई मेरै ठाकुरि आपि दिवाई ।
निंदक नर काले मुख निंदा जिन्ह गुर की दाति न भाई ॥ ४ ॥

ऐ जी सरणि परे प्रभु बखसि मिलावै बिलम न अधूआ लाई ।
आनद मूलु नाथु सिरि नाथा सतिगुरु मेलि मिलाई ॥ ५ ॥
ऐ जी सदा दइआलु दइआ करि रविआ गुरमति भ्रमनि चुकाई ।
पारसु भेटि कंचनु धातु होई सतसंगति की वडिआई ॥ ६ ॥

हरि जलु निरमलु मनु इसनानी मजनु सतिगुरु भाई ।
पुनरपि जनमु नाही जन संगति जोती जोति मिलाई ॥ ७ ॥

तूं वड पुरखु अगंम तरोवरु हम पंखी तुझ माही ।
नानक नामु निरंजन दीजै जुगि जुगि सबदि सलाही ॥ ८ ॥ ४ ॥

ऐ जी, न तो मैं उत्तम हूँ, न मध्यम हूँ और न नीच हूँ; मैं हरी की शरण में हूँ और हरी का ही जन हूँ। (जो व्यक्ति) नाम में रंगे हुए हैं, (वे ही) पवित्र (निष्केवल) वैरागी हैं, (क्योंकि उन्होंने) शोक, वियोग और रोग विसर्जन कर दिया है (त्याग दिया है) ॥ १ ॥

अरे भाई, गुरु की कृपा से ठाकुर (परमात्मा) की भक्ति (प्राप्त होती है)। सद्गुरु के वचन (उपदेश) द्वारा (यदि) पवित्र परमात्मा हृदय में बस जाय, तो धर्मराज की मुहताजी नहीं रहती (और न उनका कुछ लेखा ही देना ही) बाकी रहता है, (क्योंकि परमात्मा के स्मरण से मन्द कर्म दग्ध हो जाते हैं) ॥ १ ॥ रहाउ ॥

हरि के गुणों में ही रसना रमण करती है, (इस प्रकार मैं निरन्तर) प्रभु के संग में (रहता हूँ); जो परमात्मा को अच्छा लगता है, उसे 'हरि-इच्छा' समझ कर (ग्रहण करता हूँ)। बिना हरिनाम के जगत् में जीवन (व्यतीत करना) व्यर्थ है; हरि-(-स्मरण) के बिना एक घड़ी (भी बितानी) (जन्म को) निष्फल करना है ॥ २ ॥

ऐ जी, खोटे (व्यक्ति) को न घर में ठौर मिलता है और न बाहर; निन्दक (मनुष्य की) कोई भी (शुभ) गति नहीं होती। (खोटों और निन्दकों के निन्दा करने पर भी) प्रभु (अपने भक्तों के ऊपर) गुस्सा करके (अपने) दानों को बन्द नहीं कर देता, बल्कि नित्य नित्य सवाया (और अधिक) देता रहता है ॥ ३ ॥

ऐ जी, गुरु की बख्शिशों को कोई भी नहीं मेट सकता; मेरा ठाकुर (परमात्मा) (गुरु के माध्यम से) स्वयं दिलवाता है। जिन (व्यक्तियों) को गुरु के दान अच्छे नहीं लगते, ऐसे निन्दक मनुष्यों के निन्दा से मुँह काले (भ्रष्ट) होते हैं; (और भक्त का कुछ भी नहीं बिगड़ता) ॥ ४ ॥

ऐ जी, शरण में जाने से प्रभु कृपा करके अपने में मिला लेता है, उसमें वह आधी राई भर (रंच मात्र, तिल मात्र) भी बिलम्ब नहीं लगाता। आनन्द का मूल, नाथों का भी श्रेष्ठ नाथ (हरी), सद्गुरु के मिलने पर, प्राप्त हो गया ॥ ५ ॥

ऐ जी, शाश्वत दयालु (परमात्मा अपनी असीम) दया करके (हृदय में) रमण करने लगा और गुरु द्वारा प्रदत्त बुद्धि से (जन्म-मरण का) दौड़ना समाप्त हो गया। (गुरु रूपी) पारस पत्थर का स्पर्श कर (लोहा ऐसी) धातु (नीच व्यक्ति भी) सोना (सुन्दर व्यक्ति) बन गया; (यह) सत्संगति की महत्ता है ॥ ६ ॥

हरि का नाम निर्मल जल है, मन (उसमें) स्नान करनेवाला है, और (हे) भाई, सद्गुरु स्नान कराने वाला है। (हरी के) जनों (भक्तों) की संगति करके, फिर जन्म नहीं (धारण करना पड़ता); (हरी की) ज्योति में (हमारी) ज्योति (आत्मा) मिल जाती है ॥ ७ ॥

(हे प्रभु), तू महान् पुरुष है, अगम तरुवर (वृक्ष) है, मैं तुझी में एक पक्षी (के समान स्थित हूँ, और तेरे ही सहारे हूँ)। नानक कहता है, (कि हे हरी मुझे) नाम-निरंजन (की भीख) दो, ताकि युग-युगान्तरों तक शब्द द्वारा तेरा गुणगान करूँ ॥ ८ ॥ ४ ॥

१ओं सतिगुर प्रसादि ॥ घरु ४ ॥

[५]

भगति प्रेम आराधितं सचु पिआस परम हितं ।
बिललाप बिलल बिनंतीआ सुख भाइ चित हितं ॥ १ ॥
जपि मन नामु हरि सरणी ।
संसार सागर तारि तारण रम नाम करि करणी ॥ १ ॥ रहाउ ॥
ए मन मिरत सुभ चितं गुर सबदि हरि रमणं ।
मति तत गिआनं कलिआण निधान हरि नाम मनि रमणं ॥ २ ॥
चल चित वित भ्रमाभ्रमं जगु मोह मगन हितं ।
थिरु नाम भगति दिड़ंमती गुर वाकि सबद रतं ॥ ३ ॥
भरमाति भरमु न चूकई जगु जनमि बिआधि खपं ।
असथानु हरि निहकेवलं सतिमती नाम तपं ॥ ४ ॥
इहु जगु मोह हेत बिआपितं दुखु अधिक जनम मरणं ।
भजु सरणि सतिगुर ऊबरहि हरि नामु रिद रमणं ॥ ५ ॥
गुरमति निहचल मनि मनु मनं सहज बीचारं ।
सो मनु निरमलु जितु साचु अंतरि गिआन रतनु सारं ॥ ६ ॥
भै भाइ भगति तरु भवजलु मना चितु लाइ हरि चरणी ।
हरि नामु हिरदै पवित्रु पावनु इहु सरीर तउ सरणी ॥ ७ ॥
लब लोभ लहरि निवारणं हरिनाम रासि मनं ।
मनु मारि तुही निरंजना कहु नानका सरनं ॥ ८ ॥ १ ॥ ५ ॥

विशेष :—निम्नलिखित अष्टपदी काशी के पंडित रामचन्द्र के प्रति कही गयी है ।

अर्थ :—(जो मनुष्य) प्रेमा-भक्ति से सच्चे (हरी) की आराधना करते हैं और अत्यंत प्रेम के प्यासे हैं, वे विलाप से युक्त विनती करते हैं; (इसके फलस्वरूप) प्रेमभाव के कारण (उनके चित्त में) (समस्त) सुख होते हैं ॥ १ ॥

(हे प्राणी), मन से (हरी का) नाम जपो और हरी की शरण में पड़ जाओ । संसार-सागर से तार देनेवाले जहाज़, राम-नाम की करणी करो । (तात्पर्य यह कि ऐसे शुभ कर्म करो, जिससे राम-नाम की प्राप्ति हो । रामनाम की प्राप्ति से ही संसार-सागर तरा जाता है) ॥ १ ॥ रहाउ ॥

हे मरणशील मन, गुरु के शब्द द्वारा पवित्र चित्त से हरि में रमण करो । (अथवा इसका अर्थ निम्नलिखित भी हो सकता है—हे मन, गुरु के उपदेश द्वारा यदि हरि को स्मरण करो, तो मौत भी शुभ हो जाती है) । (एकाग्र) मन से हरिनाम में रमण करने से बुद्धि तत्त्व-ज्ञान वाली (हो जाती है) और कल्याण का भाण्डार प्राप्त हो जाता है ॥ २ ॥

इस संसार में चलायमान चित्त, वित्त (धन) (के पीछे) भटकता रहता है और (सांसारिक) मोह में निमग्न हो जाता है । किन्तु गुरु के वाक्य एवं शब्द में अनुरक्त यह बुद्धि

(इस बात में) दृढ़ हुई है कि (परमात्मा के) नाम की भक्ति ही स्थिर रहने वाली है ॥ ३ ॥

(सारा) जगत् जन्म-(-मरण) की व्याधि में खपता है और भटकता फिरता है; (किन्तु यह भटकना) समाप्त नही होता। हरी का स्थान निष्केवल (परम पवित्र) है; (अतएव) उसके नाम का तप करना ही सच्ची मति (बुद्धि) है ॥ ४ ॥

इस जगत् में मोह का प्रेम व्याप्त है, (इसीलिए) इसे जन्म-मरण का महान् दुःख लगा हुआ है। (इस दुःख की निवृत्ति के लिए) भग कर सद्गुरु की शरण में जा; (वहाँ) हरि का नाम हृदय में बसाने से उबर जायगा ॥ ५ ॥

(यदि) गुरु की निश्चल मति मन में आ जाय, तो मन ज्ञान के विचार को मान जाता है। वह मन पवित्र है, जिसके अन्तर्गत सत्य और ज्ञान-रत्न का सार (भरा) है ॥ ६ ॥

हे मन, संसार-सागर को (हरी के) भय, भक्ति और प्रेम से पार कर ले, और हरि-चरणों में चित्त लगा ले; हृदय में पवित्र और पावन हरी का नाम (रख कर, यह कह—"हे हरी), यह शरीर तेरी शरण में पड़ा हुआ है।" ॥ ७ ॥

हरी के नाम की राशि मन में धारण करो; (यह) लोभ और लालच की लहरों को दूर कर देती है। नानक कहते हैं, (कि हे शिष्य नाम धारण करने के पश्चात्) यह कहो, "हे, निरंजन (हरी) तू ही मेरे मन को मार दे (वशीभूत कर दे); (मैं तेरी) शरण में हूँ।" ॥ ८ ॥ १ ॥ ५ ॥

—o—

१ओं सतिनामु करता पुरखु निरभउ निरवैरु
अकाल मूरति अजूनी सैभं गुर प्रसादि

रागु बिहागड़ा, बिहागड़े की वार, महला १

सलोक : कली अंदरि नानका जिंनां दा अउतारु ।
पुतु जिनूरा धीअ जिंनूरी जोरू जिंना दा सिकदारु ॥ १ ॥
हिंदू मूले भूले अखुटी जांही । नारद कहिआ सि पूज करांही ॥
अंधे गुंगे अंध अंधारु । पाथरु ले पूजहि मुगध गवार ॥
ओहि जा आपि डुबे तुम कहा तरणहारु ॥ २ ॥

सलोक : हे नानक, कलियुग में रहनेवाले (मनुष्य नहीं) भूत जन्म लिए हैं। (उनके) पुत्र छोटे जिन्द हैं, पुत्री भूतिनी तथा स्त्री भूतिनियों की स्वामिनी है ॥ १ ॥

हिन्दू बिलकुल (परमात्मा से) भूले हुए कुमार्ग पर जा रहे हैं। जो नारद ने कहा है, वही पूजा करते हैं। (इन) अंधों और गूंगों के लिए घनघोर अंधकार (बना हुआ) है। (तात्पर्य यह कि ये लोग न तो सही रास्ता देख रहे हैं और न वे प्रभु का गुणगान ही करते हैं)। ये मूर्ख और गँवार पत्थर ले कर पूज रहे हैं।

(हे भाई, जिन पत्थरों की तुम पूजा करते हो) यदि वे स्वयं ही (पानी में) डूब जाते हैं, (तो उन्हें पूज कर) तुम (संसार-सागर से) कैसे तर सकते हो ? ॥ २ ॥

पउड़ी : सभु किछु तेरै वसि है तू सचा साहु ।
भगत रते रंगि एक कै पूरा वेसाहु ॥
अंम्रितु भोजनु नामु हरि रजि रजि जन खाहु ।
सभि पदारथ पाईअनि सिमरणु सचु लाहु ॥
संत पिआरे पारब्रहम नानक हरि अगम अगाहु ॥ १ ॥

पउड़ी : (हे प्रभु), तू सच्चा शाह है और सब कुछ तेरे वश में है। (भजन करने वाले) भक्त एक (हरी के नाम) में रँगे हुए हैं (और उसी का) उन्हें पूरा विश्वास है। (वे) दास, हरी के नाम रूपी अमृत (भोजन) को तृप्त हो हो कर (छक छक कर) करते हैं। उन्हें सारे पदार्थ प्राप्त होते हैं (और वे नाम)-स्मरण रूपी सच्चा लाभ प्राप्त करते हैं।

हे नानक, (मुख्य बात यह है कि) जो परब्रह्म अगम, और अगाध है, (भजन करनेवाले) प्रिय संतगण उसका ध्यान करते हैं ॥ १ ॥

—०—

१ओं सतिनामु करता पुरखु निरभउ निरवैरु
अकाल मूरति अजूनी सैभं गुर प्रसादि

रागु वडहंसु, महला १, घरु १

सबद [१]

अमली अमलु न अंबड़ै मछी नीरु न होइ।
जो रते सहि आपणै तिन भावै सभु कोइ ॥ १ ॥
हउ वारी वंञा खंनीऐ वंञा तउ साहिब के नावै ॥ १ ॥ रहाउ ॥
साहिबु सफलिओ रुखड़ा अंमृतु जाका नाउ।
जिन पीआ ते तृपत भए हउ तिन बलिहारै जाउ ॥ २ ॥
मै की नदरि न आवही वसहि हभीआं नालि।
तिखा तिहाइआ किउ लहै जा सर भीतरि पालि ॥ ३ ॥
नानकु तेरा बाणीआ तू साहिबु मै रासि।
मन ते धोखा ता लहै जा सिफति करी अरदासि ॥ ४ ॥ १ ॥

जिस प्रकार नशेड़ी को नशे की समानता (कोई वस्तु) नहीं कर सकती और मछली के लिए पानी (से प्रिय कोई वस्तु) नहीं होती, उसी प्रकार जो अपने मालिक हरी के प्रेम में रँगे हुए हैं, (उनकी दृष्टि में हरि की समानता कोई भी वस्तु नहीं कर सकती), चाहे उन्हें सारी वस्तु पड़ी मिलें ॥ १ ॥

तुझ साहब के नाम पर मैं वार जाऊं, टुकड़े-टुकड़े होकर कुरबान हो जाऊं ॥ १ ॥ रहाउ ॥

(तू) मेरा साहब फलदार वृक्ष है और तेरा नाम 'अमृत' है। जिन्होंने (तेरे नाम रूपी अमृत को) पी लिया है, वे (पूर्ण रूप से) तृप्त हो गए हैं, मैं उन पर न्यौछावर हो जाता हूं ॥ २ ॥

(हे प्रभु), (तू) तो सभी के साथ बसा हुआ है, (किन्तु) मुझे (तू) दृष्टि में नहीं आ रहा है। जब तालाब के भीतर (भ्रम की) दीवाल (स्थित) हो, तो प्यासे (बेचारे) की प्यास किस प्रकार नष्ट हो ? ॥ ३ ॥

हे नानक, मैं तो तेरा ही वणिक (व्यापारी) हूं, तू (मेरा) साहब (प्रभु, स्वामी) है और (मेरी) राशि है। मन से (माया का) भ्रम तभी दूर हो सकता है, जब (एकनिष्ठ होकर) (परमात्मा की) स्तुति एवं प्रार्थना की जाय ॥ ४ ॥ १ ॥

[२]

गुणवंती सहु राविआ निरगुणि कूके काइ ।
जे गुणवंती थी रहै ता भी सहु रावण जाइ ॥ १ ॥
मेरा कंतु रीसालू की धन अवरा रावे जी ॥ १ ॥ रहाउ ॥
करणी कामण जे थीऐ जे मनु धागा होइ ।
माणकु मुलि न पाईऐ लीजै चिति परोइ ॥ २ ॥
राहु दसाई न जुलां आखां अंमड़ीआसु ।
तै सह नालि अकूअणा किउ थीवै घरवासु ॥ ३ ॥
नानक एको बाहरा दूजा नाही कोइ ।
तै सही लगी जे रहै भी सहु रावै सोइ ॥ ४ ॥ २ ॥

गुणवती (स्त्री) पति के साथ रमण करती है, गुण-विहीन (स्त्री) (उसके इस भाग्य पर ईर्ष्या के वशीभूत हो) क्यों रोती है ? यदि (कोई गुणविहीन स्त्री) गुणवती हो जाय, तो वह भी पति को भोगने के लिए जा सकती है ॥ १ ॥

मेरा कंत (अत्यन्त) रसिक है, फिर स्त्री अन्य वस्तुओं की ओर क्यों आनन्द लेने जाती है ? ॥ १ ॥ रहाउ ॥

यदि शुभ कर्म जादू-टोने का माणिक्य (लाल, रत्न) हो (और) मन (उसे गूंथने वाला) धागा हो, (तात्पर्य यह कि मन शुभ कर्मों को पिरोकर हरी से युक्त कर दे), तो इस माणिक्य के मूल्य को (कोई भी वस्तु) नहीं पा सकती; इसे चित्त के धागे में पिरो लेना चाहिए ॥ २ ॥

(मैं) रास्ता तो पूछती हूँ , (पर उस ओर) चलती नहीं (और) कहती (यह) हूँ (कि मैं) (परमात्मा के पास) पहुँच गई हूँ तुझ प्रियतम से (मेरी) बोलचाल नहीं है; (ऐसी परिस्थिति में मेरा) घर में निवास किस प्रकार हो सकता है ? ॥ ३ ॥

हे नानक, एक (परमात्मा) के बिना और कोई दूसरा नहीं है। तुझ पति के साथ जो स्त्री जुड़ी रहे, तो वह भी पति के साथ रमण कर सकती है ॥ ४ ॥ २ ॥

[३]

मोरी रुणझुण लाइआ भैणे सावणु आइआ ।
तेरे मुंध कटारे जेवडा तिनि लोभी लोभ लोभाइआ ॥
तेरे दरसन विटहु खंनीऐ वंञा तेरे नाम विटहु कुरबाणो ।
जा तू ता मै माणु कीआ है तुधु बिनु केहा मेरा माणो ॥
चूड़ा भंनु पलंघ सिउ मुंधे सणु बाही सणु बाहा ।
एते वेस करेदीए मुंधे सहु रातो अवराहा ॥

ना मनीग्रारु न चूड़ीग्रा ना से वंगुड़ीग्राहा ।
जो सह कंठि न लगीग्रा जलनु सि बाहड़ीग्रहा ॥
सभि सहीग्रा सहु रावणि गईग्रा हउ दाधी कै दरि जावा ।
ग्रंमाली हउ खरी सुचजी तै सहि एकि न भावा ॥
माठि गुंदाई पटीग्रा भरीऐ माग संधूरे ।
ग्रगै गई न मंनीग्रा मरउ विसूरि विसूरे ॥
मै रोवंदी सभु जगु रुना रुंनड़े वणहु पंखेरू ।
इकु न रुना मेरे तनका बिरहा जिनि हउ पिरउ विछोड़ी ॥
सुपनै ग्राइग्रा भी गइग्रा मै जलु भरिग्रा रोइ ।
ग्राइ न सका तुझ कनिं पिग्रारे भेजि न सका कोइ ॥
ग्राउ सभागी नीदड़ीए मतु सहु देखा सोइ ॥
तै साहिब की बात जि ग्राखै कहु नानक किग्रा दीजै ।
सीसु वढे करि बैसणु दीजै विणु सिर सेव करीजै ॥
किउ न मरीजै जीग्रड़ा न दीजै जा सहु भइग्रा विडाणा ॥ १ ॥ ३ ॥

मोर (खुशी में) मीठी-मीठी बोल बोली रहे हैं; ऐ बहिनों सावन ग्रा गया है । (हे हरी), तेरे कटाक्ष (ग्रत्यन्त रसयुक्त) हैं; उन्होंने (मुझ) स्त्री का मन लोभियों की भाँति लोभ देकर लुभा लिया है । (हे प्रभु), तेरे दर्शन के ऊपर (मैं) खण्ड-खण्ड होकर (टुकड़े-टुकड़े होकर) (न्यौछावर) हूँ, तेरे नाम के ऊपर (मैं) कुरबान हूँ । यदि तू (मेरा स्वामी है), तो मैं मान करती हूँ (ग्रौर मेरा मान करना सार्थक है); तेरे बिना मेरा मान किस प्रकार का हो सकता है ?

हे स्त्री, ग्रपनी चूड़ियों को पलंग समेत तोड़ दे, ग्रौर ग्रपनी बाँहों को (पलंग की) पाटियों के साथ (नष्ट कर दे), (क्योंकि) इतने वेश ग्रौर शृङ्गार करनेवाली ऐ स्त्री, तेरा पति ग्रौरों के साथ रमण कर रहा है । न तो (तुम्हारे पास) (गुरु रूपी) मनिहार है ग्रौर न (भक्ति रूपी) चूड़ियाँ ग्रौर छोटी चूड़ियाँ ही हैं । जो बाँहें पति के गले के साथ नहीं लगतीं, वे जल जायं । (मेरी) सारी सखियाँ पति के साथ रमण करने गयी हैं; (विरह में) दग्ध मैं किसके दरवाजे पर जाऊं ? हे सखी, मैं तो ग्रच्छी ग्रौर सुचज्जी (सुन्दर ग्राचरणवाली स्त्री) हूँ, जब कि तुम पति को जरा भी ग्रच्छी नहीं लगती (तात्पर्य यह की जब तक मैं पति को ग्रच्छी नहीं लगती, तब तक किस प्रकार सुचज्जी (सुन्दर ग्राचरणवाली) हो सकती हूँ) ?

(मैंने बालों को बार-बार) दबाकर—बैठाकर गूँथा, (बालों के बीच से) पट्टी निकाली ग्रौर माँग सिंदूर से भरा । (इतना सब बाह्य शृंगार करने पर भी) ग्रागे जाकर (परलोक में) (पति-परमात्मा द्वारा) नहीं स्वीकार की गई; (ग्रतएव मैं) विसूर-विसूर कर मर रही हूँ । मुझे रोती हुई देख कर सारा जगत् रोने लगा, (यहाँ तक कि) वन के पक्षी भी रोने लगे । पर मेरे शरीर का (वह) वियोग, जो मेरा प्रियतम से वियोग करा दिया है, न रोया (ग्रौर न दूर हुग्रा) ।

(मेरा प्रियतम) स्वप्न में (मेरे पास) ग्राया भी ग्रौर चला भी गया; (मैं उसके वियोग में) ग्राँसू भर कर रोई (जी भर कर रोई) । हे प्रियतम, न तो मैं तेरे पास ग्रा सकी

और न (तुझ तक) किसी को भेज ही सकी। हे भाग्यशालिनी नींद, (तू ही) आ जा, कदाचित् (सोते-सोते स्वप्न में ही) पति का दर्शन हो जाय। नानक कहते हैं कि तुझ साहब प्रभु की जो बातें कहता है, उसे क्या दिया जाय ? (इस प्रश्न का उत्तर यह है कि) उसे (अपना) सिर काटकर बैठने को दिया जाय और (उसकी) सेवा बिना सिर के ही की जाय। यदि प्रियतम बेगाना हो गया है, तो क्यों न मर कर प्राण दे दिए जायँ ? ॥ १ ॥ ३ ॥

१ओ सतिगुर प्रसादि ॥ वडहंसु महला १,

छंत [१]

काइआ कूड़ि विगाड़ि काहे नाईऐ ।
नाता सो परवाणु सचु कमाईऐ ॥
जब साच अंदरि होइ साचा तामि साचा पाईऐ ।
लिखे बाझहु सुरति नाही बोलि बोलि गवाईऐ ॥
जिथै जाइ बहीऐ भला कहीऐ सुरति सबदु लिखाईऐ ।
काइआ कूड़ि बिगाड़ि काहे नाईऐ ॥ १ ॥

ता मै कहिआ कहणु जा तुझै कहाइआ ।
अंमृतु हरि का नामु मेरै मनि भाइआ ॥
नामु मीठा मनहि लागा दूखि डेरा ढाहिआ ।
सूखु मन महि आइ वसिआ जामि तै फुरमाइआ ॥
नदरि तुधु अरदासि मेरी जिनि आपु उपाइआ ।
ता मै कहिआ कहणु जा तुझै कहाइआ ॥ २ ॥

वारी खसमु कढाए किरतु कमावणा ।
मंदा किसै न आखि झगड़ा पावणा ॥
नह पाइ झगड़ा सुआमि सेती आपि आपु वञावणा ।
जिसु नालि संगति करि सरीकी जाइ किआ रूआवणा ॥
जो देइ सहणा मनहि कहणा आखि नाही वावणा ।
वारी खसमु कढाए किरतु कमावणा ॥ ३ ॥

सभ उपाईअनु आपि आपे नदरि करे ।
कउड़ा कोइ न मागै मीठा सभ मागै ॥
सभु कोइ मीठा मंगि देखै खसम भावै सो करे ।
किछु पुंन दान अनेक करणी नाम तुलि न समसरे ॥
नानका जिन नामु मिलिआ करमु होआ धुरि कदे ।
सभ उपाईअनु आपि आपे नदरि करे ॥ ४ ॥ १ ॥

शरीर को झूठ से बिगाड़ कर, क्यों स्नान करते हो ? (उस हरी की दृष्टि में) स्नान करना तब प्रामाणिक होता है, (जब) सत्य की कमाई की जाय। जब सत्य के अन्तर्गत सच्चा

बना जाय, तभी सत्य (परमात्मा) की प्राप्ति होती है। (परमात्मा की ओर से हुक्म) न लिखा हो, तो सुरति (स्मृति, सूझ) नहीं (प्राप्त) होती; (केवल) बड़बड़ाने (मात्र से मनुष्य) नष्ट हो जाता है। (अतएव) जहाँ भी जाकर बैठा जाय, अच्छी बातें कही जायँ और सुरति में (ध्यान में, स्मृति में) शब्द को (नाम को) लिखा जाय। शरीर को झूठ से बिगाड़ कर, क्यों स्नान करते हो ? ॥ १ ॥

मैं (तेरा नाम) तब कह सका (स्मरण कर सका), जब तूने (मुझसे) कहलवाया, (स्मरण कराया)। अमृत के समान हरी का नाम मेरे मन को बहुत ही अच्छा लगा। (हरी का) नाम मन को (बहुत ही) मीठा लगा; (अभी तक जो मेरा निवास दुःख के डेरे में था), वह दुःख का डेरा फट गया, (अर्थात् मेरे समस्त दुःखों का नाश हो गया)। (हे प्रभु), जब से तूने हुक्म दिया, (तब से) सुख (मेरे) मन में आकर बस गया। (हे हरी) (मेरी शक्ति) अरदास (प्रार्थना) करनी हैं, कृपा की दृष्टि करनी—(यह) तेरा (काम) है। हे प्रभु, तूने अपने आप ही अपने को उत्पन्न किया है। मैं (तेरा नाम) तब कह सका, जब तूने (मुझसे) कहलवाया ॥ २ ॥

खसम—पति (परमात्मा) (हमारी कमाई हुई) कीरति (पिछले किए हुए कर्म) के अनुसार हमारी बारी देता है (जन्म देता है); (अतएव) किसी को बुरा कह कर झगड़े में नहीं पड़ना चाहिए। (किसी के साथ झगड़े में पड़ना, वास्तव में पति परमात्मा के साथ झगड़े में पड़ना है, क्योंकि करता सब कुछ वही है)। इसलिए स्वामी के साथ झगड़े में पड़ कर अपने आपको नष्ट नहीं करना चाहिए। जिसके साथ (तुम्हारी) संगति है, उससे बराबरी (प्रतिस्पर्द्धा) करके क्यों रोते हो ? जो कुछ (परमात्मा) दे, (उसे स्वयं) सहना चाहिए, (अपने) मन को समझाना चाहिए, (मुख से) कह कर व्यर्थ नहीं बकना चाहिए (क्योंकि बकने से परमात्मा का हुक्म तो बदलेगा नहीं)। [वावण=बजाना—संसार में ढिंढोरा पीटना, बकना]। पति (हमारी की हुई) कीरति के अनुसार (हमारी) बारी देता है (जन्म देता है) ॥ ३ ॥

(परमात्मा ने) सभी को स्वयं रचा है और स्वयं ही उनके ऊपर नज़र रखता है (देखभाल करता है)। सभी लोग मीठा ही माँगते हैं, कोई भी (व्यक्ति) कड़ुवा नहीं माँगता। सभी कोई मीठा माँग कर देख लें, (लेकिन) स्वामी करता वही है, जो उसे अच्छा लगता है। पुण्य, दान तथा (इसी प्रकार के अन्य) शुभ कर्म (परमात्मा के) नाम की तुलना अथवा समता नहीं कर सकते। हे नानक, जिन्हें नाम की प्राप्ति हुई है, उनके ऊपर निश्चय ही कभी परमात्मा की कृपा हुई होगी। (परमात्मा ने) स्वयं ही सभी को रचा है और स्वयं ही सबके ऊपर कृपा दृष्टि रखता है ४ ॥ १ ॥

[२]

करहु दइआ तेरा नामु वखाणा ॥
सभ उपाईऐ आपि आपे सरब समाणा ॥
सरबे समाणा आपि तू है उपाइ धंधै लाईआ ।

इकि तुझही कीए राजे इकना भिख भवाईआ ॥
लोभु मोहु तुझु कीआ मीठा एतु भरमि भुलाणा ।
सदा दइआ करहु अपणी तामि नामु वखाणा ॥ १ ॥
नामु तेरा है साचा सदा मै मनि भाणा ।
दूखु गइआ सुखु आइ समाणा ॥
गावनि सुरि नर सुघड़ सुजाणा ॥
सुरि नर सुघड़ सुजाण गावहि जो तेरै मनि भावहे ।
माइआ मोहे चेतहि नाही अहिला जनमु गवावहे ॥
इकि मूड़ मुगध न चेतहि मूले जो आइआ तिसु जाणा ।
नामु तेरा सदा साचा सोइ मै मनि भाणा ॥ २ ॥
तेरा वखतु सुहावा अंमृतु तेरी बाणी ।
सेवक सेवहि भाउ करि लागा साउ पराणी ।
साउ प्राणी तिना लागा जिनी अंमृतु पाइआ ।
नामि तेरै जोइ राते नित चड़हि सवाइआ ॥
इकु करमु धरमु न होइ संजमु जामि न एकु पछाणी ।
वखतु सुहावा सदा तेरा अंमृत तेरी बाणी ॥ ३ ॥
हउ बलिहारी साचे नावै ।
राजु तेरा कबहु न जावै ॥
राजो त तेरा सदा निहचलु एहु कबहु न जावए ।
चाकरु त तेरा सोइ होवै जोइ सहजि समावए ॥
दुसमन त दूखु न लगै मूले पापु नेड़ि न आवए ।
हउ बलिहारी सदा होवा एक तेरे नावए ॥ ४ ॥
जुगह जुगंतरि भगत तुमारे ।
कीरति करहि सुआमी तेरै दुआरे ॥
जपहि त साचा एकु मुरारे ॥
साचा मुरारे तामि जापहि जामि मंनि वसावहे ।
भरमो भुलावा तुझहि कीआ जामि एहु चुकावहे ॥
गुरपरसादी करहु किरपा लेहु जमहु उबारे ।
जुगह जुगंतरि भगत तुमारे ॥ ५ ॥
वडे मेरे साहिबा अलखु अपारा ।
किउकरि करउ बेनंती हउ आखि न जाणा ।
नदरि करहि ता साचु पछाणा ॥
साचो पछाणा तामि तेरा जामि आपि बुझावहे ।
दूख भूख संसारि कीए सहसा एहु चुकावहे ॥
बिनवंति नानकु जाइ सहसा बुझै गुर बीचारा ।
वडा साहिबु है आपि अलख अपारा ॥ ६ ॥

तेरे बंके लोइरण दंत रीसाला ।
सोहणे नक जिन लंमड़े वाला ॥
कंचन काइग्रा सुइने की ढाला ।
सोवंन ढाला कृसन माला जपहु तुसी सहेलीहो ।
जम दुग्रारि न होहु खड़ीग्रा सिख सुणहु महेलीहो ॥
हंस हंसा बग बगा लहै मन की जाला ।
बंके लोइण दंत रीसाला ॥ ७ ॥

तेरी चाल सुहावी मधुराड़ी बाणी ।
कुहकनि कोकिला तरल जुग्राणी ॥
तरला जुग्राणी ग्रापि भाणी इछ मन की पूरीए ।
सारंग जिउ पगु धरै ठिमि ठिमि ग्रापि ग्रापु संधूरए ॥
स्री रंग राती फिरै माती उदकु गंगावाणी ।
बिनवंति नानकु दासु हरि का तेरी चाल सुहावी मधुराड़ी बाणी ॥ ८ ॥ २ ॥

(हे प्रभु, तू मेरे ऊपर) दया कर, (ताकि मैं) तेरे नाम का वर्णन करूं । (हे हरी), तू ने स्वयं ही सब की उत्पत्ति की है, ग्रौर स्वयं ही सब में व्याप्त है । (हे प्रभु), तू ही सब में समाया है ग्रौर सब को उत्पन्न करके तूने उन्हें (ग्रपने ग्रपने) धन्धे में लगा दिया है । कुछ (लोगों) को तुझी ने राजा बनाया है ग्रौर कुछ को तू ही भीख मँगाता फिरता है । (मनुष्य को) लोभ ग्रौर मोह तू ही मीठा लगाता है ग्रौर इसी भ्रम में (मनुष्य को) भुला रक्खा है । (हे प्रभु), (तू मेरे ऊपर ग्रपनी) शाश्वत दया कर, ताकि मैं तेरे नाम का वर्णन करूं ? ॥ १ ॥

(हे हरी), तेरा नाम सत्य है, मेरे मन में सदैव तेरी ही मर्जी रहती है (ग्रर्थात् जो तेरी मर्जी होती है, वही मेरे मन को ग्रच्छा लगता है) । (इस प्रवृत्ति के कारण) (मेरे सारे) दुःख समाप्त हो गए हैं (ग्रौर मेरे ग्रन्तःकरण में) सुख ग्राकर समा गया है । जो चतुर तथा सयाने पुरुष, तथा देवता हैं, (वे तेरा) गुणगान करते हैं । (वे ही) देवता, चतुर ग्रौर सयाने पुरुष (तेरा) गुणगान करते हैं, जो तेरे मन को ग्रच्छे लगते हैं । (जो) माया में मोहित हैं, (वे) चेतते नहीं (ग्रौर ग्रपना मनुष्य का) जीवन व्यर्थ ही गंवा देते हैं । कुछ (ऐसे मूढ़ ग्रौर गंवार हैं, (जो इस बात को (बिलकुल भी नहीं चेतते कि (जो भी प्राणी इस संसार में) ग्राया है, उसे (ग्रवश्यमेव यहाँ से) जाना है । (हे प्रभु) तेरा नाम सच्चा है; वही मेरे मन में (तेरी) इच्छा (के रूप) में रहता है ॥ २ ॥

(हे प्रभु, जिस वक्त तू याद ग्राये) तेरी (स्मृति का वह) वक्त (बहुत ही) सुहावना (होता) है । तेरी (स्तुति करनेवाली) वाणी ग्रमृतस्वरूपिणी (होती है) जिन प्राणियों को (हरि नाम का) स्वाद लग गया है, (वे) सेवक प्रेम से (परमात्मा की) ग्राराधना करते हैं । जिन्होंने (हरि-नाम) का ग्रमृत प्राप्त कर लिया है, उन्हीं प्राणियों को स्वाद की प्रतीति होती है । जो (व्यक्ति) तेरे नाम में ग्रनुरक्त हैं, उनका (रंग नित्य सवाई चढ़ता है, (तात्पर्य यह है कि वे नित्य फलते-फूलते हैं) । जब तक, (तुझ) एक को नहीं पहचान लिया जाता, (तब तक) न कुछ कर्म होता है, न धर्म (होता है) ग्रौर न संयम (होता है),

(क्योंकि बिना परमात्मा के पहचाने सारे कर्म, धर्म और संयम व्यर्थ हैं)। (हे प्रभु, तेरी स्मृति का) वक्त सदैव सुहावना होता है; (वह) वाणी (जिससे) तेरी (स्तुति होती है), अमृतस्वरूपिणी (होती है) ॥ ३ ॥

(हे हरी), मैं तेरे सच्चे नाम पर बलिहारी होता हूँ। (हे प्रभु) तेरा राज्य [कभी नहीं मिटता। तेरा राज्य] सदैव निश्चल है, यह कभी नहीं जाता (नष्ट होता)। जो (व्यक्ति) सहजावस्था में समा जाता है, वही तेरा (वास्तविक) चाकर होता है। (उसे) न तो शत्रु (सताते हैं) और दुःख भी बिलकुल नहीं लगता, पाप भो (उसके) समीप नहीं फटकता। (हे प्रभु), मैं तेरे एक नाम पर सदैव बलिहारी होता हूँ ॥ ४ ॥

हे स्वामी, तेरे भक्त युग-युगान्तरों से तेरे द्वार पर (तेरी) कीत्ति का गुणगान करते हैं। (वे सच्चे एक मुरारी को ही जपते हैं। जब (तू) (उनके) मन में बसा देता है, तभी वे सच्चे मुरारी को जपते हैं। (माया के) 'भ्रम में भटकाना'—(यह खेल) तेरा ही किया हुआ है, (रचा है); जब यह (भ्रम) समाप्त कर दे, तभी गुरु की कृपा से (अपने भक्तों को) यम से बचा लेता है। युग-युगान्तरों से भक्तगण (तेरा गुणगान कर रहे हैं) ॥ ५ ॥

हे मेरे साहब, (तू) बड़ा है, अलख है और अपार है; मैं (तेरी) प्रार्थना किस प्रकार करूँ ? मैं कहना नहीं जानता (अर्थात् मुझमें यह शक्ति नहीं है कि वाणी द्वारा तेरी महत्ता का वर्णन कर सकूँ)। (यदि तू) अपनी कृपादृष्टि करे (तभी मैं) सत्य को पहचान सकता हूँ; (बिना तेरी कृपा दृष्टि के सत्य का साक्षात्कार नहीं हो सकता)। (हे स्वामी), तेरे सत्य को तभी पहचाना जाता है, जब (तू) कृपा करके (उस सत्य को) समझा दे। (हे हरी), (तुझी ने) इस संसार में दुःख और भूख को रचा है (और इस) भ्रम को तू ही निवृत्त कर सकता है। नानक विनयपूर्वक कहते हैं कि (जब) गुरु के विचार द्वारा समझे, तभी संशय की निवृत्ति हो सकती है। हे साहब, (तू) महान् है, अलख है और अपार है ॥ ६ ॥

(हे प्रभु), तेरे नेत्र बाँके हैं और दाँत सुहावने हैं। [रीसाला=रस का घर, सुहावना]। (तेरी नासिका सुन्दर है (और तेरी) केशराशि लम्बी है। (तेरी) काया सोने की है और सोने में ही ढली हुई है। उस सोने से ढली (काया) में वैजयंती-माला (कृष्ण-माला) है। ऐ सहेलियो, तुम सब (उसका) जप करो। हे महिलाओं, (स्त्रियों) (मेरी) शिक्षा सुनो, (उस प्रभु का जप करने से) तुम सब यम के द्वार पर (लेखा देने के लिए) नहीं खड़ी की जाओगी। (परमात्मा के स्मरण से) मन की मैल नष्ट हो जायगी; इससे बड़े से बड़े बगुले (पाखण्डी,) महान् से महान् हंस (पवित्रात्मा) (हो जायँगे)। (हे प्रभु), तेरे नेत्र बाँके और दाँत सुहावने हैं ॥ ७ ॥

(हे हरी) तेरी चाल (बड़ी) सुहावनी है और तेरी वाणी (अत्यन्त) मधुर है। (तेरी वाणी) कोयल की कूक समान (मीठी है) (और तुम्हारा) यौवन कान्तिमय है। (तेरी वह) तरल युवावस्था ऐसी है, जो मन की इच्छा पूरी होने से (स्वयं अपने आप में मस्त है)। (तू) उस हाथी के समान ठुमुक ठुमुक के पैर रखता है, जो स्वयं अपने आप में मस्त है। (जीव रूपी स्त्री उपर्युक्त गुणों वाले) हरी के प्रेम में गंगा जी के जल के समान मत्त होकर फिर रही है। हरि का दास नानक विनय करता है (कि हे प्रभु) तेरी चाल बड़ी सुहावनी तथा वाणी (अत्यन्त) मधुर है ॥ ८ ॥ २ ॥

१ओं सतिगुर प्रसादि ॥ रागु वडुहंसु, महला १, घरु ५

अलाहणीआ [१]

धंनु सिरंदा सचा पातिसाहु जिनि जगु धंधै लाइआ ।
मुहलति पुनी पाई भरी जानीअड़ा घति चलाइआ ।
जानी घति चलाइआ लिखिआ आइआ रुंने वीर सबाए ।
कांइआ हंस थीआ वेछोड़ा जां दिन पुंने मेरे माए ॥
जेहा लिखिआ तेहा पाइआ जेहा पुरबि कमाइआ ॥
धंनु सिरंदा सचा पातिसाहु जिनि जगु धंधै लाइआ ॥ १ ॥

साहिबु सिमरहु मेरे भाईहो सभणा एहु पइआणा ।
एथै धंधा कूड़ा चारि दिहा आगै सरपर जाणा ॥
आगै सरपर जाणा जिउ मिहमाणा काहे गारबु कीजै ।
जितु सेविऐ दरगह सुखु पाईऐ नामु तिसै का लीजै ॥
आगै हुकमु न चलै मूले सिरि सिरि किआ विहाणा ।
साहिबु सिमरहु मेरे भाईहो सभना एहु पइआणा ॥२॥

जो तिसु भावै संम्रथ सो थीऐ हीलड़ा एहु संसारो ।
जलि थलि महिअलि रवि रहिआ साचड़ा सिरजणहारो ॥
साचा सिरजणहारो अलख अपारो ता का अंतु न पाइआ ।
आइआ तिन का सफलु भइआ है इक मनि जिनी धिआइआ ॥
ढाहे ढाहि उसारे आपे हुकमि सवारणहारो ।
जो तिसु भावै संम्रथ सो थीऐ हीलड़ा एहु ससारो ॥३॥

नानक रुंना बाबा जाणीऐ जे रोवै लाइ पिआरो ।
वालेवे कारणि बाबा रोईऐ रोवणु सगल बिकारो ॥
रोवणु सगल बिकारो गाफलु संसारो माइआ कारणि रोवै ।
चंगा मंदा किछु सूझै नाही इहु तनु एवै खोवै ॥
एथै आइआ सभु को जासी कूड़ि करहु अहंकारो ।
नानक रुंना बाबा जाणीऐ जे रोवै लाइ पिआरो ॥४॥१॥

विशेष :— शोक के उन गीतों को 'अलाहणीआं' कहते हैं जो किसी की मृत्यु के समय गाये जाते हैं। उन्हीं के आधार पर गुरु नानक देव ने निम्नलिखित शब्दों का उच्चारण किया है। ये शब्द वैराग्य से पूर्ण हैं। गुरु नानक देव ने 'मायिक पदार्थों' के लिए रोना मना किया है। उन्होंने सच्ची मौत का मरना सिखाया है।

अर्थ : वह रचयिता धन्य है, (जो सच्चा बादशाह है और जिसने सभी जगत् के प्राणियों को (अपने अपने) धंधे में लगा रक्खा है। जब (आयु) की अवधि पूरी हो गयी (और जीवन रूपी पनघड़ी) की प्याली भर गयी (और श्वास रुक गए), (तो इस प्यारे मित्र जीवात्म

को यमदूतों ने) पकड़ कर आगे चला दिया। [पाई पन=धड़ी की प्याली जिसके तले में छेद होता है, जिसके द्वारा पानी प्याली में आकर भरता रहता है। जब प्याली भर जाती है, तो वह डूब जाती है]। प्रिय (जानी) (जीवात्मा) (शरीर से पृथक् करके) आगे चला दिया गया। (जब परमात्मा के यहाँ से) लिखा हुआ (हुक्मनामा) आया, (और जीवात्मा इस शरीर से पृथक् हो गया), तो सारे सगे-सम्बन्धी रोने लगे।, हे मेरी माता, जब (आयु के) दिन पूरे हो गए, तो काया से हंस (जीवात्मा) का वियोग हो गया। (मरणोपरान्त) पूर्व (जन्मों के) कर्मानुसार जैसा परमात्मा का) लिखा हुआ था, (विधान था), वैसे ही (फल की) प्राप्ति हुई। (वह) सृष्टि-रचयिता और सच्चा बादशाह धन्य है, जिसने जगत (के सभी प्राणियों को अपने अपने) धंधे में लगाया है ॥१॥

हे मेरे भाइयो, साहब (प्रभु) का स्मरण करो; सभी को यहाँ से (इस संसार से) प्रयाण करना है, (कूच करना है)। यहाँ (इस संसार) के (सारे) धंधे झूठे हैं और चार दिन के हैं, निस्सन्देह ही (यहाँ से) परलोक प्रयाण करना है (इस संसार से) परलोक में (आगे) अवश्य प्रयाण करना है; (यहाँ तो तुम चार दिन के) मेहमान के समान हो; (अतएव) गर्व क्यों करते हो ? (अत:) जिस (प्रभु की) आराधना से (उसके) दरबार में सुख प्राप्त हो, (उसी के) नाम का स्मरण करो। परलोक में (तुम्हारा) हुक्म बिल्कुल न चलेगा, और (हर एक के) सिर पर क्या बीतेगी, (इसे कौन बता सकता है) ? हे मेरे भाइयो, साहब (परमात्मा) का स्मरण करो; सभी के यहाँ से —(इस संसार से) प्रयाण करना है, (कूच करना है) ॥२॥

(उस) समर्थ (सर्वशक्तिमान् परमात्मा) को जो रुचता है, वही होता है; यह संसार तो हीला-हवाला (बहाना; झूठा) है (वह सृष्टि का) सच्चा सिरजनहार जल-थल में पृथ्वी और आकाश के मध्य—(सभी स्थानों में) रम रहा है। (वह) सच्चा सिरजनहार अलख और अपार है, उसका अन्त नहीं पाया जा सकता। (इस संसार में) उन्हीं का आना (जन्म धारण करना) सफल हुआ है, जिन्होंने एक मन से (परमात्मा का) ध्यान किया है। (वह प्रभु) स्वयं ही ढाहता है (संहार करता है) और ढाह कर फिर बनाता है (रचता है); (वह अपने) हुक्म से (सब को) सँवारता है। (उस) समर्थ (सर्वशक्तिमान् परमात्मा) को जो रुचता है, वही होता है; यह संसार तो हीला-हवाला (बहाना, झूठा) है ॥३॥

नानक कहते हैं कि हे बाबा, रोना तब (सफल) समझना चाहिए, जब प्रियतम (परमात्मा) के लिए रोना हो। हे बाबा, (जो) रोना (सांसारिक) पदार्थों के लिए होता है, (वह) रोना सब व्यर्थ है।

(मायिक) पदार्थों के लिए रोना सब व्यर्थ है, (किन्तु सारा) संसार गाफिल है, (इस तथ्य को नही समझता) और माया के निमित्त रोता है। (प्राणी को अपना) भला—बुरा कुछ नहीं सूझ पड़ता, (वह) इस (अमूल्य मानव) तन को यों ही नष्ट कर देता है। (इस बात को भलीभाँति समझ लो कि) यहाँ (इस संसार में) (जो कोई भी) आया है, सब किसी को जाना होगा, (फिर) अहंकार करना झूठा है। नानक कहते हैं कि हे बाबा, रोना तब सार्थक समझना चाहिए, जब प्रियतम (परमात्मा) के लिए रोना हो ॥४॥१॥

[२]

आवहु मिलहु सहेलीहो सचड़ा नामु लएहां ।
रोवह बिरहा तनका आपणा साहिबु संम्हालेहां ॥
साहिबु सम्हालिह पंथु निहालिह असा भि ओथै जाणा ।
जिस का कीआ तिन ही लीआ होआ तिसै का भाणा ॥
जो तिनि करि पाइआ सु आगै आइआ असी कि हुकमु करेहा ।
आवहु मिलहु सहेलीहो सचड़ा नामु लएहा ॥ १ ॥
मरणु न मंदा लोका आखीऐ जे मरि जाणै ऐसा कोइ ।
सेविहु साहिबु संम्रथु आपणा पंथु सुहेला आगै होइ ॥
पंथि सुहेलै जावहु तां फलु पावहु आगै मिलै वडाई ।
भेटै सिउ जावहु सचि समावहु तां पति लेखै पाई ॥
महली जाइ पावहु खसमै भावहु रंग सिउ रलीआ माणै ।
मरणु न मंदा लोका आखीऐ जे कोई मरि जाणै ॥ २ ॥
मरणु मुणसा सूरिआ हकु है जो होइ मरनि परवाणो ।
सूरे सेई आगै आखीअहि दरगह पावहि साची माणो ॥
दरगह माणु पावहि पति सिउ जावहि आगै दूखु न लागै ।
करि एकु धिआवहि तां फलु पावहि जितु सेविऐ भउ भागै ॥
ऊचा नही कहणा मन महि रहणा आपे जाणै जाणो ।
मरणु मुणसां सूरिआ हकु है जो होइ मरहि परवाणो ॥ ३ ॥
नानक किसनो बाबा रोईऐ बाजी है इहु संसारो ।
कीता वेखै साहिबु आपणा कुदरति करे बीचारो ॥
कुदरति बीचारे धारण धारे जिनि कीआ सो जाणै ।
आपे वेखै आपे बूझै आपे हुकमु पछाणै ॥
जिनि किछु कीआ सोई जाणै ताका रूपु अपारो ।
नानक किसनो बाबा रोईऐ बाजी है इहु संसारो ॥४॥२॥

हे सहेलियो, आओ, मिलो और (परमात्मा के) सच्चे नाम को लो । (यदि तुम्हें रोना ही है), तो (अपने) तन के वियोग के लिए रोओ (तात्पर्य यह कि परमात्मा से जो हम लोगों का वियोग हुआ है, उसके लिए रोओ) और अपने साहब को याद करो । साहब (परमात्मा) का स्मरण करो और उस मार्ग की प्रतीक्षा करो (कि जिस मार्ग से और लोग गए हैं, उसी मार्ग से और) वहीं हमें भी जाना है । (यह समझो कि) जिस (प्रभु ने यह शरीर) रचा है, उसी ने (उसे) ले भी लिया और उसका हुक्म (पूरा) हो गया । जो (कुछ) उस (हरी) ने कर दिया, वही हमारे सामने आया; (अब) हम क्या हुक्म कर सकते हैं ? (हम कुछ नहीं कर सकते, विवश हैं) । हे सहेलियो, आओ, मिलो और (परमात्मा के) सच्चे नाम को लो ॥१॥

हे लोगो, मरने को बुरा मत कहो; यदि कोई ऐसा (निम्नलिखित ढंग का) मरना जानता है, (तो मरना बुरा नहीं है) । अपने समर्थ (सर्वशक्तिमान्) साहब (परमात्मा) की

सेवा करो, जिससे आगे मार्ग का (परलोक) सुहावना हो जायगा।यदि इस सुहावने मार्ग से जाओगे, तो (समस्त) फलों को पाओगे और आगे (परमात्मा के दरबार में) प्रतिष्ठा प्राप्त होगी। (यदि तुम सेवा और प्रेम की) भेंट लेकर (उस परमात्मा के दरबार में) जाओगे तो तुम सत्य में समा जाओगे और तुम्हारी प्रतिष्ठा होगी। (परमात्मा के) महल में जाकर स्थान प्राप्त कर लोगे, खसम को अच्छे लगोगे और आनन्द से खुशियाँ मानोगे।, अतः हे लोगो, जो कोई (वास्तविक) मरना जानता है, उस मरने को बुरा नहीं कहना चाहिए ॥२॥

उन्हीं शूरवीर पुरुषों का मरना सत्य (सफल) है, जो प्रामाणिक हो कर मरते है। आगे (परलोक में) भी (वे लोग) शूरवीर कहे जायेंगे और (परमात्मा के) दरबार में सच्चा मान पायेंगे। (ऐसे शूरवीर) (परमात्मा के) दरबार में मान पायेंगे और प्रतिष्ठा के साथ (यहाँ से) जायेंगे; (उन्हें) आगे (परलोक में भी) (किसी प्रकार का) दुःख नहीं होगा।

(हरी को) एक समझ कर ध्यान किया जाय, तभी फल की प्राप्ति होती है, (उस हरी के) स्मरण करने से (सारे) भय भग जाते हैं। (अपने को) ऊँचा नहीं कहना चाहिए, (अपने) मन को काबू में रखना चाहिए। जाननेवाला (प्रभु) स्वयं ही सब कुछ जानता है। (उन्हीं) शूरवीर पुरुषों का मरना सत्य (सफल) है, (जो) प्रामाणिक होकर मरते हैं ॥ ३ ॥

नानक कहते हैं कि हे बाबा, किसके निमित्त रोया जाय ? यह संसार खेल है। साहब (प्रभु) (अपने द्वारा) रची हुई (वस्तुओं को) देखता रहता है; (वह अपनी) कुदरत (माया, शक्ति, प्रकृति) का स्वयं ही विचार करता है। (प्रभु स्वयं ही अपनी) कुदरत का विचार करता है, (वही) सब का निर्माण करता है और सब को धारण करता है, जिसने इस समस्त जगत को रचा है, वही इसे जानता है, (दूसरा कौन जान सकता है) ? (प्रभु) आप ही देखता है, आप ही समझता है और आप ही (अपने) हुक्म को पहचानता है। जिस (प्रभु) ने (यह सब) कुछ रचा है, वही (इसे) जान सकता है; उसका रूप अपार है। नानक कहते हैं कि हे बाबा किसके निमित्त रोया जाय ? यह संसार खेल है ॥४॥२॥

[३]

दखणी

सचु सिरंदा सचा जाणीऐ सचड़ा परवदगारो।
जिनि आपीनै आपु साजिआ सचड़ा अलख अपारो ॥
दुइ पुड़ जोड़ि विछोड़िअनु गुर बिनु घोरु अंधारो।
सूरजु चंदु सिरंजिअनु अहिनिसि चलतु वीचारो ॥ १ ॥

सचड़ा साहिबु सचु तू सचडा देहि पिआरो ॥रहाउ॥

तुधु सिरजी मेदनी दुखु सुखु देवणहारो।
नारी पुरख सिरजिऐ बिखु माइआ मोहु पिआरो ॥
खाणी बाणी तेरीआ देहि जीआ आधारो।
कुदरति तखतु रचाइआ सचि निबेड़णहारो ॥ २ ॥

आवागवणु सिरजिआ तू थिरु करणैहारो ।
जंमणु मरणा आइ गइआ बधिकु जीउ बिकारो ॥
भूडड़ै नामु विसारिआ बूडड़ै किआ तिसु चारो ।
गुण छोडि बिखु लदिआ अवगुण का वणजारो ॥ ३ ॥

सदड़े आए तिना जानीआ हुकमि सचे करतारो ।
नारी पुरख विछुंनिआ विछुड़िआ मेलणहारो ॥
रूपु न जाणै सोहणीऐ हुकमि बधी सिरिकारो ।
बालक बिरधि न जाणनी तोड़नि हेतु पिआरो ॥ ४ ॥

नउ दर ठाके हुकमि सचै हंसु गइआ गैणारे ।
सा धन छुटी मुठी झूठि विधणीआ मिरतकड़ा अंङनड़े बारे ।
सुरति मुई मरु माईऐ महल रुंनी दरबारे ।
रोवहु कंत महेलीहो सचे के गुण सारे ॥ ५ ॥

जलि मलि जानी नवालिआ कपड़ि पटि अंबारे ।
वाजे वजे सची बाणीआ पंच मुए मनु मारे ॥
जानी विछुंनड़े मेरा मरणु भइआ ध्रिगु जीवणु संसारे ।
जीवतु मरै सु जाणीऐ पिर सचड़ै हेति पिआरे ॥ ६ ॥

तुसी रोवहु रोवण आईहो झूठि मुठी संसारे ।
हउ मुठड़ी धंधै धावणीआ पिरि छोडिअड़ी विधणकारे ॥
घरि घरि कंतु महेलीआ रूड़ै हेति पिआरे ।
मै पिरु सचु सालाहणा हउ रहसिअड़ी नामि भतारे ॥ ७ ॥

गुरि मिलिऐ वेसु पलटिआ साधन सचु सीगारो ।
आवहु मिलहु सहेलीहो सिमरहु सिरजणहारो ॥
बईअरि नामि सोहागणी सचु सवारणहारो ।
गावहु गीतु न बिरहड़ा नानक ब्रहम बीचारो ॥ ८ ॥ ३ ॥

(सृष्टि का) रचयिता सच्चा है । (उसे) सच्चा समझना चाहिए; वही सच्चा परवरदिगार (पालनकर्त्ता) है जिसने अपने आप अपने को रचा है, (जो स्वयंभू है), (वही प्रभु) सच्चा, अलख और अपार है । (हरी ने) दोनों पाटे—(तात्पर्य यह कि पृथ्वी और आकाश बना कर) जोड़ दिया है—(इसी से सारे जगत् की रचना हुई है) और फिर (जीवों को तथा सृष्टि की प्रत्येक वस्तु को) पृथक् पृथक् कर दिया है । गुरु के बिना घनघोर अन्धकार रहता है, (परमात्मा की समझ नहीं आती) । (उसी प्रभु ने) सूर्य और चन्द्रमा रचे हैं; (वह) अहर्निश (सूर्य और चन्द्रमा की) चाल को विचारता है, (निगरानी करता है, निरीक्षण करता है) ॥१॥

सच्चे साहब तू ही (एक) सच्चा है, (तू) अपना सच्चा प्यार दे ॥रहाउ॥

(हे हरी) तू ने ही (सारी) मेदिनी (सृष्टि) बनाई है, (तू ही) दुःख-सुख का देनेवाला है । (तूने ही) स्त्री-पुरुष बनाए हैं; माया के विष तथा मोह के प्रति प्यार (आकर्षण)

(का भी निर्माण तू ने ही किया है)। तू ने ही (जीवों की) चार खानियाँ (अण्डज, जेरज, स्वेदज तथा उद्भिज) (और उनकी पृथक्-पृथक्) बोलियाँ (बनाई हैं) (और सारे) जीवों को आधार भी (तू ही) देता है। (हरी ने) कुदरत को (अपने बैठने का) तख़्त बनाया है और उसी पर बैठ कर सच्चे न्याय से फैसला करता है, (भावार्थ यह कि परमात्मा कुदरत में निवास करता है। कुदरत के भीतर ही भले-बुरे का निर्णय होता रहता है और साथ ही साथ सजा या सहायता मिलती रहती है) ॥२॥

(हे प्रभु, तू ही ने) आवागमन की रचना की है (और अपनी कृपा से) उन्हें स्थिर करनेवाला भी तू ही है (भावार्थ यह कि जन्म-मरण को काट कर निश्चल कर देनेवाला तू ही है)। जन्मने-मरने से (निरन्तर) आना-जाना होता रहता है। (यह जीव) विकारों के कारण बद्ध हो गया है, (बन्दी हो गया है)। इस भोंड़े (जीव) ने नाम भुला दिया है। इस डूबे हुए का वश ही क्या है, (चारा ही क्या है) ? उसने गुणों को छोड़ कर (माया के) विष का ही (बोझा) लादा है; (इस प्रकार) अवगुण का ही व्यापारी बना हुआ है ॥३॥

जो (गुरु का) उपदेश (लेकर) आए हैं, वे (परमात्मा के अत्यन्त) प्यारे हैं (और वे) सच्चे कर्त्तार के हुक्म में (रत हैं)। (प्रभु ने ही) नारी (जीवात्मा) और पुरुष (परमात्मा) का वियोग कराया है; (और वही) फिर विछुड़े हुओं को मिला सकता है। (यमदूतों के) सिर पर तो हुक्म का कार्य है, अतएव वे रूप नहीं पहचानते कि सुन्दर है (कि नहीं)। (भावार्थ यह है कि उन्हें तो जो हुक्म होता है, वही करना होता है। वे यह नहीं देखते कि अमुक व्यक्ति सुन्दर है, उसे न मारा जाय)। (यमदूत) बालक और वृद्ध (का भेद भी) नहीं जानते। (वे) सुहृदों का प्रेम तोड़ देते हैं ॥४॥

सच्चे (परमात्मा) के हुक्म से (शरीर के) नौ दरवाजे (दो कान, दो नाक, दो आँखें, एक मुख, तथा लिंग और गुदा के द्वार) बन्द हो गए और हंस (जीवात्मा) आकाश (परलोक) में चला गया। स्त्री (पति से) छूट गयी है (यह) झूठ से ठगी जाकर विधवा हो गई है (और) मुर्दा (उसके हृदय रूपी) आँगन में पड़ा हुआ है। हे माँ, (उसके) मरने से (उसकी) वुद्धि भी मारी गयी; (अब वह स्त्री) (परमात्मा के) महल और दरबार में रो रही है। पति (परमेश्वर) की स्त्रियों, यदि (तुम्हें) रोना ही है तो सच्चे (परमात्मा) के गुणों को स्मरण करके प्रेम से रोओ ॥५॥

फिर प्राणी (जानी) को मल-मल कर स्नान कराया जाता है (और शव को) बहुत से रेशमी वस्त्रों में लपेटते हैं; (तदन्तर) (अनेक) बाजे वजाए जाते हैं (और) सत्य वाणी उच्चरित की जाती है, ("राम नाम सत्य है" आदि वाक्य कहे जाते हैं) और सम्बन्धी (माता, पिता, भ्राता, स्त्री तथा पुत्र) मन मार के (शोक में) मृतक के समान हो जाते हैं। (पति के देहान्त के पश्चात् स्त्री कहती है कि) "प्रियतम के विछुड़ने से मेरा ही मरण हो गया। मेरा जीवन संसार में व्यर्थ है।" सच्चा मरना तो तब समझना चाहिए, जब सच्चे पति के प्रेम में जीवित भाव से मरा जाय ॥६॥

(ऐ रोने के निमित्त) आई हुई (स्त्रियो), तुम (सब) रोओ; (तुम सब) संसार के झूठे (मायिक प्रपंचों) में ठगी गई हो। मैं (भी) ठगी हुई हूँ, (सांसारिक) धंधों में

भटकती हूँ; (मैं) पति द्वारा छोड़ी गयी हूँ, (पति-परित्यक्ता हूँ) और पति-रहित (दुहागिन्यों का-सा) कार्य (कर रही हूँ)। घर-घर में पति का (निवास है); (किन्तु उसकी वास्तविक) स्त्रियाँ (वे ही) हैं, (जो अपने) सुन्दर (पति) से प्यार (करती हैं)। मैंने भी (जब) सच्चे पति (हरी) की स्तुति की, तो अपने भर्त्ता (परमात्मा) के नाम से हर्षित हुई— आनन्दित हुई ॥७॥

गुरु के मिलने से वेश पलट गया (तात्पर्य यह कि स्वभाव परिवर्त्तित हो गया) और स्त्री (जीवात्मा) का सच्चा शृङ्गार (बन गया)। (अरी) सहेलियो, आओ मिलकर (सच्चे) सिरजनहार का स्मरण करो। स्त्री सच्चे सँवारनेवाले (बनानेवाले, परमात्मा के) नाम से सुहागिनी होती है। नानक कहते हैं कि (हे सखियो), वियोग के गीत मत गाओ, (बल्कि) ब्रह्म का विचार करो ॥८॥३॥

[४]

जिनि जगु सिरजि समाइआ सो साहिबु कुदरति जाणोवा।
सचड़ा दूरि न भालीऐ घटि घटि सबदु पछाणोवा॥
सचु सबदु पछाणहु दूरि न जाणहु जिनि एह रचना राची।
नामु धिआए ता सुखु पाए बिनु नावै पिड काची।
जिनि थापी बिधि जाणै सोई किआ को कहै वखाणो।
जिनि जगु थापि वताइआ जालु सो साहिबु परवाणो। १॥
बाबा आइआ है उठि चलणा अधपंधै है संसारोवा॥
सिरि सिरि सचड़ै लिखिआ दुखु सुखु पुरबि बीचारोवा॥
दुखु सुखु दीआ जेहा कीआ सो निबहै जीअ नाले।
जेहे करम कराए करता दूजी कार न भाले॥
आपि निरालमु धंधै बाधी करि हुकमु छडावणहारा।
अजु कलि करदिआ कालु बिआपै दूजै भाइ विकारो॥ २॥
जम मारग पंथु न सुझई उझड़ु अंध गुबारोवा।
ना जलु लेफ तुलाईआ ना भोजन परकारोवा॥
भोजन भाउ न ठंडा पाणी ना कापड़ु सीगारो।
गलि संगलु सिरि मारे ऊभौ ना दीसै घर बारो॥
इबके राहे जंमनि नाही पछुताणे सिरि भारो।
बिनु साचे को बेली नाही साचा एहु बीचारो॥ ३॥
बाबा रोवहि रवहि सुजाणीअहि मिलि रोवै गुण सारेवा।
रोवै माइआ मुठड़ी धंधड़ा रोवणहारेवा।
धंधा रोवै मैलु न धोवै सुपनंतरु संसारो॥
जिउ बाजीगरु भरमै भूलै झूठि मुठी अहंकारो।
आपे मारगि पावणहारा आपे करम कमाए॥
नामि रते गुरि पूरै राखे नानक सहजि सुभाए॥ ४॥ ४॥

जो (प्रभु) जगत् को रचकर (उसमें) व्याप्त है, (अथवा जो प्रभु जगत् को रच कर (फिर उसे अपने में) समाहित कर लेता है), उस साहब (परमात्मा) को कुदरत (के माध्यम से) जानो। (उस) सच्चे हरी को दूर मत खोजने जाओ, (बल्कि गुरु के) शब्द द्वारा (उसे) घट-घट में पहचानने (की चेष्टा करो)। सत्यस्वरूप (परमात्मा को गुरु के) शब्द द्वारा पहचानो; (उस प्रभु को) दूर न समझो, जिसने यह (समस्त) रचना रची है। नाम की आराधना से ही सुख की प्राप्ति होती है; बिना नाम के (मनुष्य-जीवन की) बाजी कच्ची रहती है। जिस (हरी) ने (सृष्टि) स्थापित की है, (रची है), (वही इसकी) विधि जानता है, और कोई क्या वर्णन कर सकता है ? जिस (स्वामी) ने जगत् को स्थापित करके, (उसके ऊपर मोह रूपी) जाल बिछा दिया है, उसे मालिक करके समझो (प्रामाणिक मानो) ॥१॥

(हे) बाबा, (जो भी) (इस संसार में) आया है, (उसे यहाँ से) उठ कर चला जाना है, यह संसार तो अधूरा ही रास्ता है, (पूरी मंजिल नहीं है)। (अतएव यहाँ डेरा नहीं जमाना है, आगे चलना है)। सत्य पुरुष के पूर्व (कर्मों) ने विचारानुसार (प्रत्येक प्राणी के) भाल में सुख-दुःख लिख दिया है। (अतएव जीव ने) जैसा किया है, (उसी के अनुसार परमात्मा ने उसके भाग्य में) सुख-दुख दे दिया है, और यह जीव के साथ तक निबहेगा। (तात्पर्य यह कि जीव के अन्त समय तक सुख-दुःख बने रहेंगे)। कर्त्ता पुरुष जो कर्म कराये, (उसी को करना चाहिए); (अन्य) दूसरे कार्यों को नहीं खोजना चाहिए। (प्रभु) आप तो निर्लेप है, (किन्तु सारे जगत् को माया के) धंधों (प्रपंचों) में बाँध रक्खा है, वह आप ही हुक्म करके (जीवों को माया के बंधनों से) छुड़ाता है। द्वैत भाव में लग कर (जीव) विकार करता है (और कहता है कि कल से नाम जपूँगा; इस प्रकार आजकल करते हुए काल आ धमकता है (व्याप्त हो जाता है) ॥२॥

यमराज का मार्ग उजाड़ और घनघोर अंधकारमय है, (अतः) सुझाई नहीं पड़ता। (उस मार्ग में) न रजाई है, न तोशक और न विविध प्रकार के भोजन ही हैं; न (कोई आदर) भाव करता है, न भोजन है, न ठंडा पानी है, न कपड़ों आदि का शृङ्गार ही है। (यम का मार्ग तय करते समय) गले में जंजीर पड़ी रहती है और ऊपर से सिर पर मार पड़ती है, घर-बार (कुछ भी) दिखाई नहीं पड़ता। उस समय (मरने के पश्चात्) के बोए हुए बीज नहीं जामते (तात्पर्य यह कि उस समय के किए हुए यत्न काम में नहीं आते), और सिर के ऊपर पापों का भार (लाद कर जीव अत्यधिक) पछताता है। बिना सच्चे (परमात्मा) के, (उस समय) कोई भी मित्र (सहायक) नहीं होता; यही विचार सच्चा है ॥ ३ ॥

हे बाबा, (ठीक-ठीक) रोना-चीखना वे ही जानते हैं, (जो गुरु से) मिल कर (हरी के) गुण स्मरण कर कर के रोते हैं। (जो सृष्टि) माया की मोही हुई होती है, (वह) (जगत् के) धंधों के लिए रोती है। (इस प्रकार सारा जगत् मायिक) प्रपंचों के लिए रोता है। (और अपनी आन्तरिक) मैल नहीं धोता है; (यह) संसार स्वप्न के अंतर्गत का स्वप्न है, (नितान्त मिथ्या है)। जिस प्रकार बाजीगर (अपने खेल में) भटकता और भूलता है, (उसी प्रकार (दुनिया) झूठ और अहंकार में ठगी गयी है। (मनुष्य) स्वयं मार्ग प्राप्त करने वाला है और स्वयं ही कर्म करता है। हे नानक, जो नाम में अनुरक्त हैं, पूर्ण गुरु उनकी रक्षा करता है (और वे स्वाभाविक ही सहजावस्था में निमग्न हो जाते हैं) ॥ ४ ॥ ४ ॥

[५]

बाबा आइआ है उठि चलणा इहु जगु झूठु पसारोवा ।
सचा धरु सचड़ै सेवीऐ सचु खरा सचिआरोवा ॥
कूड़ि लबि जां थाइ न पासी अगै लहै न ठाओ ।
अंतरि आउ न बैसहु कहीऐ जिउ सुंञै घरि काओ ॥
जंमणु मरणु वडा वेछोड़ा बिनसै जगु सबाए ।
लबि धंधै माइआ जगतु भुलाइआ कालु खड़ा रूआए ॥१॥
बाबा आवहु भाईहो गलि मिलह मिलि मिलि देह आसीसा हे ।
बाबा सचड़ा मेलु न चुकई प्रीतम कीआ देह असीसा हे ॥
असीसा देवहो भगति करेवहो मिलिआ का किआ मेलो ।
इकि भूले नावहु थेहहु थाहहु गुरसबदी सचु खेलो ॥
जम मारगि नही जाणा सबदि समाणा जुगि जुगि साचै वेसे ।
साजण सैण मिलहु संजोगी गुर मिलि खोले फासे ॥२॥
बाबा नांगड़ा आइआ जग महि दुखु सुखु लेखु लिखाइआ ।
लिखिअड़ा साहा ना टलै जेहड़ा पुरबि कमाइआ ॥
बहि साचै लिखिआ अंमृतु बिखिआ जितु लाइआ तितु लागा ।
कामणिआरी कामण पाए बहुरंगी गलि तागा ।
होछी मति भइआ मनु होछा गुड़ु सा मखी खाइआ ।
नामरजादु आइआ कलि भीतरि नांगो बंधि चलाइआ ॥ ३ ॥
बाबा रोवहु जे किसै रोवणा जानीअड़ा बंधि पठाइआ है ।
लिखिअड़ा लेखु न मेटीऐ दरि हाकारड़ा आइआ है ॥
हाकारा आइआ जा तिसु भाइआ रुंने रोवणहारे ।
पुत भाई भातीजे रोवहि प्रीतम अति पिआरे ।
भै रोवै गुण सारि समाले को मरै न मुइआ नाले ।
नानक जुगि जुगि जाण सिजाणा रोवहि सचु समाले ॥ ४ ॥ ५ ॥

हे बाबा, (जो भी व्यक्ति इस संसार में) आया है, उसे (यहाँ से) उठ कर चला जाना है; यह जगत् झूठा प्रसार है। सच्चा घर तो सच्चे (परमात्मा) की आराधना से मिलता है, अत्यधिक सत्यवादी (होने से ही सच्चा घर) प्राप्त होता है)। झूठ और लोभ से (मनुष्य) स्थान नहीं पा सकेगा, और आगे (परलोक में भी उसे) ठिकाना नहीं मिलेगा। (ऐसे व्यक्तियों को कोई भी यह) नहीं कहेगा कि "भीतर आओ और बैठो"। (उनकी दशा ठीक उसी प्रकार की होती है), जिस प्रकार सूने घर में कौवे (की होती है)। [जैसे कौवा सूने घर में आकर बैठता है और चला जाता है, उसी प्रकार वे मनुष्य भी हरी के दरबार में खाली ही रहेंगे]। जन्मना-मरना बड़ा वियोग है सारा जगत् (इसी में) नष्ट हो रहा है। माया के धंधे और लोभ में सारा संसार भूला हुआ है और काल खड़ा-खड़ा सबको रुलाता है ॥ १ ॥

हे बाबा, आओ, (सभी) भाइयों से गले मिलो (और गले) मिल-मिल कर एक दूसरे को आशीर्वाद दो। हे बाबा, (परस्पर यही) आशीर्वाद दो कि प्रियतम (परमात्मा) का सत्य

मिलाप कभी न समाप्त हो. (यह मिलाप शाश्वत और अखण्ड हो)। यही आशीर्वाद दो कि भक्ति करो, (किन्तु जो व्यक्ति परमात्मा से) आगे से ही मिले हुए हैं, (उन्हें आशीर्वाद देकर) मिलाने की क्या आवश्यकता है ? (अरे, आशीर्वाद देकर मिलाप कराना ही हो, तो उन्हें आशीर्वाद दो) जो नाम (और सत्संग रूपी) ठौर-ठिकाने से भूले हुए हैं; (उनसे यह कहो कि) गुरु के उपदेश द्वारा सच्ची खेल खेलो। (उनसे यह बतलाओ कि) यम के मार्ग में न जाओ, उस शब्द रूपी हरी में समाए रहो जिसका युग-युगान्तरों में सच्चा वेश है। (उन) सज्जन-साथियों से बड़े संयोग से मेल होता है, जिन्होंने गुरु से मिलकर माया के बंधनों को खोल दिया है ॥ २ ॥

हे बाबा, (परमात्मा के यहाँ से) दुःख-सुख (भोगने का) लेखा (हिसाब) लिखाकर (इस संसार में मनुष्य) नंगा ही आया है। जो कुछ पूर्व जन्मों के कर्मानुसार (दुःख-सुख भोगने को) लिख दिया गया है, वह मुहूर्त्त—समय [साहा=व्याह का मुहूर्त्त] नहीं बदलता है। (सच्चे हरी ने) अमृत और विष (सुख तथा दुःख भोगने को) लिख दिया है; जिधर (उस प्रभु ने मनुष्य को) लँगाया है, उधर (वह) लगा है। (माया रूपी) जादूगरनी ने जादू डाल दिया है और गले में अनेक रंगवाले धागों को बाँध दिया है। [तात्पर्य यह है कि माया ने अनेक आकर्षणों में बाँध छोड़ा है—(जादूगर टोने के निमित्त अनेक रंग-बिरंगे धागे बाँधा करते हैं)]। ओछी (नीच, तुच्छ बुद्धि के (संसर्ग से) मन भी ओछा हो गया, (जिससे) वह गुड़ को मक्खी समेत निगल गया है। जीव कलियुग (संसार) में बेमरजाद (नंगा) ही आया; और नंगा ही बाँध कर यहाँ से चला दिया गया। (आमतौर से लोग संसार में नंगे नहीं रहते, इसलिए नंगा होना मर्यादा से विहीन है) ॥ ३ ॥

हे बाबा, यदि और किसी के निमित्त रोना हो, तो रोओ—(जीव तो यहाँ है नहीं, वह तो इस शरीर से निकल गया है) प्यारे जीव को तो बाँध कर (अन्यत्र) भेज दिया गया है। जो कुछ (पहले से) लिखा हुआ है, वह नहीं मिटता, (परमात्मा के) दरवाजे से बुलावा आ गया है। यदि उस (हरी को), अच्छा लगा, तो बुलावा आ गया, (अब) रोनेवाले रोवें। पुत्र, भाई, भतीजे तथा अन्य अत्यधिक स्नेही जन रोते है। मरे हुए के साथ कोई भी नहीं मरता है, (सब रो रोकर चुप हो जाते हैं); पर जो परमेश्वर को डर कर तथा उसके गुणों की याद करके रोता है, (वह बहुत ही अच्छा है)। हे नानक, (जो व्यक्ति) सच्चे नाम को सँभाल कर (याद कर) रोते हैं, वे युग-युगान्तरों तक चतुर समझे जाते हैं ॥ ४ ॥ ५ ॥

१ओं सतिगुर प्रसादि ॥ वडहंस की वार, महला १

ललां बहलीमा की धुनि गावणी

सलोकु : **जालउ ऐसी रीति जितु मै पिआरा वीसरै।**
नानक साई भली परीति जितु साहिब सेती पति रहै ॥१॥

विशेष :—ललां और बहिलीमा कांगड़े प्रान्त के राजपूत जमीन्दार थे। एक बार ललां के प्रान्त में दुर्भिक्ष पड़ गया। उसने बहिलीमा से फसल का छठा भाग देना स्वीकार करके,

उसके (बहिलीमा के) पहाड़ी नाले का पानी लिया। किन्तु फसल हो जाने के अनन्तर, ललां ने छठा भाग देने से इंकार कर दिया। इस कारण दोनों में लड़ाई छिड़ गई। लड़ाई में बहिलीमा की विजय हुई। इस लड़ाई का वर्णन भाटों ने 'वार' में किया, जिसका उदाहरण निम्नलिखित है—

"काल ललां दे देस दा खोइआ बहिलीमा।
हिस्सा छठा मनाइकै जल नहरों दीमा॥"

सद्‌गुरु का निर्देश है कि नानक के निम्नलिखित पदों को उपर्युक्त धुन में गाया जाय।

सलोकु : मैं उस रीति को जला दूँ, जिससे मेरा प्रियतम (प्रभु) मुझसे विस्मृत हो। (अर्थात् मैं उस प्रकार की क्रियाओं को करने के लिए बिलकुल भी तैयार नहीं हूँ, जिससे मेरे प्रियतम के भूलने का अंदेशा हो)। हे नानक, वही प्रीति भली है, जिससे साहब के साथ प्रतिष्ठा बनी रहे॥ १॥

पउड़ी :
हरि इको दाता सेवीऐ हरि इकु धिआईऐ।
हरि इको दाता मंगीऐ मन चिंदिआ पाईऐ॥
जे दूजे पासहु मंगीऐ ता लाज मराईऐ।
जिनि सेविआ तिनि फलु पाइआ तिसु जन की सभ भुख गवाईऐ॥
नानकु तिन विटहु वारिआ जिन अनदिनु हिरदै हरि नामु धिआईऐ॥१॥

पउड़ी : एक ही दाता हरी की सेवा करनी चाहिए, एक हरी का ही ध्यान करना चाहिए। एक दाता हरी से ही माँगना चाहिए, (उससे) माँगने से मनोवांछित (फल) की प्राप्ति हो जाती है। यदि दूसरे से माँगना हो, तो लज्जा से मर जाना चाहिए। जिस (मनुष्य) ने हरी की आराधना की है, उसने (समस्त) फल पा लिया है उस व्यक्ति की सारी भूख (तृष्णा) दूर हो गयी है। हे नानक, मैं उनके ऊपर न्यौछावर हूँ, जो निरन्तर (अपने) हृदय में हरि के नाम का ध्यान करते हैं॥ १॥

सलोकु :
घर ही मुंधि विदेसि पिरु नित झूरे संम्हाले।
मिलदिआ ढिल न होवई जे नीअति रासि करे॥२॥
नानक गली कूड़ीआ बाझु परीति करेइ।
तिचरु जाणै भला करि जिचरु लेवै देइ॥३॥

सलोकु : (जीव रूपी) स्त्री के घर में ही पति है, पर (वह उसे) विदेश में समझकर दुःखी होती है (और उसकी) नित्य याद करती है। यदि (जीवरूपी स्त्री) अपनी नीयत साफ कर ले, तो (पति परमात्मा से) मिलने में (तनिक-भी) देर नहीं लगती॥ २॥

हे नानक, (परमात्मा से) प्रेम किए बिना अन्य बातें झूठी हैं। (मनुष्य स्वार्थी है); वह तभी तक (किसी को) भला करके मानता है, जब तक उसे कुछ मिलता-जुलता रहे (तात्पर्य यह कि वह भगवान् से निष्काम प्रेम नहीं करता, अतः उसके सारे कर्म निष्फल हैं)॥ ३॥

पउड़ी :
जिनि उपाए जीअ तिनि हरि राखिआ।
अंम्रित सचा नाउ भोजनु चाखिआ॥

तिपति रहे आघाइ मिटि भभाखिआ ।
सभ अंदरि इकु वरतै किनै विरलै लाखिआ ॥
जन नानक भए निहालु प्रभ की पाखिआ ॥२॥

पउड़ी : जिस (हरी) ने जीवों की उत्पत्ति की है, उसी ने उनकी रक्षा भी की है। (जो जीव) (परमात्मा के) सच्चे नाम रूपी भोजन को करते हैं, (वे इससे) अघा कर तृप्त हो जाते हैं, (और उनकी अन्य) भूख मिट जाती है। सभी (जड़-चेतन) के अंतर्गत एक (परमात्मा) ही वरत रहा है, (व्याप्त है); (किन्तु इस तथ्य को) कोई विरला ही समझ पाता है। हे नानक, (ऐसा) भक्त प्रभु की शरण में जाकर निहाल (धन्य) हो जाता है ॥ २ ॥

१ओं सतिनामु करता पुरखु निरभउ निरवैरु
अकाल मूरति अजूनी सैभं गुर प्रसादि

रागु सोरठि, महला १, घरु १, चउपदे

सबद [१]

सभना मरणा आइआ वेछोड़ा सभनाह ।
पुछहु जाइ सिआणिआ आगै मिलणु किनाह ॥
जिन मेरा साहिबु वीसरै वडड़ी वेदन तिनाह ॥ १ ॥
भी सालाहिहु साचा सोइ । जाकी नदरि सदा सुखु होइ ॥ रहाउ ॥
वडा करि सालाहणा है भी होसी सोइ ।
सगला दाता एकु तू माणस दाति न होइ ॥
जो तिसु भावै सो थीऐ रंन कि रंनै होइ ॥ २ ॥
धरती उपरि कोट गड़ केती गई वजाइ ।
जो असमानि न मावनी तिन नकि नथा पाइ ॥
जे मन जाणहि सूलीआ काहे मिठा खाहि ॥ ३ ॥
नानक अउगुण जेतड़े तेते गली जंजीर ।
जे गुण होनि त कटीअनि से भाई से वीर ॥
अगै गए न मंनीअनि मारि कढहु वेपीर ॥ ४ ॥ १ ॥

सभी का मरना आवश्यक है और सब का वियोग भी (अवश्यम्भावी) है । किसी चतुर (सयाने) के पास जाकर पूछो कि (मर कर) किसी को (हरी का) मिलाप परलोक में होगा ? जिन्होंने मेरे साहब को भुला दिया है, उन्हें बड़ी वेदना होगी (तात्पर्य यह कि उन्हें अनेक कष्ट भोगने पड़ेंगे) ॥१॥

उस सच्चे (परमात्मा) की फिर, (पुन:—बारबार) स्तुति करो, जिसकी कृपादृष्टि से सदैव सुख प्राप्त होता है ॥रहाउ॥

महान् (समझ) कर, (उसकी) स्तुति करो, (वही प्रभु) (वर्तमान में) है, (भूत में) था (और भविष्य में) रहेगा । (हे प्रभु), एक तू ही सब का दाता है; मनुष्य के (दिए हुए) दान हो नहीं सकते । जो (उस प्रभु को) भाता है वही होता है; स्त्रियों की भाँति रोने से क्या होता है ? ॥२॥

धरती के ऊपर कोट (दुर्ग) और गढ़ बनाकर, कितने ही (लोग) (नौबत) बजा गए, (तात्पर्य यह कि राज्य कर कए) । जो (लोग अहंकार से) आकाश में भी नहीं समाते थे, उनकी नाक में (गुलामों की भाँति) नाथ डाल दी गई। हे मन, यदि (तू) (विषयों को) शूली की भाँति जानता, तो (उन्हें) मीठे (की भाँति) क्यों खाता ? ।।३।।

हे नानक, (जिस मनुष्य में) जितने अवगुण होते हैं, (उसके गले में उतनी ही जंजीरे (पड़ेंगी) । यदि गुण हों, (तभी ये जंजीरे) कटेंगीं; गुण ही हमारे भाई और मित्र हैं । (जिनके गुरु नहीं हैं, मरणोपरान्त) आगे (परलोक में) वे माने नहीं जायेंगे, (स्वीकार नहीं किए जायेंगे) और बेपीर (निगुरा) कह कर (परमात्मा के दरबार से वे) निकाल दिए जायेंगे ।।४।।१।।

[२]

मनु हाली किरसाणी करणी सरमु पाणी तनु खेतु ।
नामु बीजु संतोखु सुहागा रखु गरीबी वेसु ।।
भाउ करम करि जंमसी से घर भागठ वेखु ।। १ ।।
बाबा माइआ साथि न होइ ।
इनि माइआ जगु मोहिआ विरला बूझै कोइ ।। रहाउ ।।
हाणु हटु करि आरजा सचु नामु करि वथु ।
सुरति सोच करि भांडसाल तिसु विचि तिसनो रखु ।।
वणजारिआ सिउ वणजु करि लै लाहा मन हसु ।। २ ।।
सुणि सासत सउदागरी सतु घोड़े लै चलु ।
खरचु बंनु चंगिआईआ मतु मन जाणहि कलु ।।
निरंकार कै देसि जाहि ता सुखि लहहि महलु ।। ३ ।।
लाइ चितु करि चाकरी मंनि नामु करि कंमु ।
बंनु बदीआ करि धावणी ताको आखै धंनु ।।
नानक वेखै नदरि करि चड़ै चवगण वंनु ।। ४ ।। २ ।।

मन को हलवाहा, (शुभ) करनी को कृषि (खेती का व्यवसाय), लज्जा अथवा श्रम को पानी तथा शरीर को खेत बनाओ; नाम को बीज तथा संतोष को अपना भाग्य (बनाओ) । (सब कुछ करने के पश्चात् कृषि की फल-प्राप्ति के लिए भाग्य का अवलम्बन लेना पड़ता है, क्योंकि कृषि में ईति, भीति आदि आशंकाएँ बनी रहती हैं) । नम्रता (गरीबी वेश) को ही रक्षा करनेवाली (वाड़) बना । भावपूर्ण कार्य करने से (यह बीज) जमेगा; (जो लोग इस प्रकार की खेती करते हैं), उनके घरों को भाग्यशाली देखोगे ।।१।।

हे बाबा, माया साथ नहीं जाती । इस माया ने ही जगत् को मोहित किया है; कोई बिरला ही (इस तथ्य को) समझता है ।।रहाउ।।

नित्य नाश होती हुई आयु को दूकान बनाओ और (परमात्मा के) सच्चे नाम को सौदा समझो । ध्यान और विचार को गोदाम बनाओ, उसी में (हरी के) नाम रूपी सौदे को रक्खो । (सन्त रूपी) व्यापारियों के साथ व्यापार करो और (भक्ति रुपी) लाभ प्राप्त करके प्रसन्न हो ।।२।।

शास्त्र-श्रवण को ही सौदागरी बनाओ, (और उस सौदे को) सत्य रूपी घोड़े पर (लाद कर ले जाओ । शुभ कर्मों को ही पाथेय (मार्ग का खर्च) (बना कर) बाँधो; ऐ मन कल (का भरोसा) मत समझो, (जो कुछ करना हो, उसे आज ही कर लो, कल पर मत टालो) । (हे प्राणी, यदि उपर्युक्त सौदे को लेकर उपर्युक्त विधि से) निरंकार (परमात्मा के) देश में जायगा, तो सुख के साथ (उस प्रभु का) महल प्राप्त हो जायगा ॥३॥

(परमात्मा में) चित्त के लगाने को नौकरी समझो, नाम को (निश्चयपूर्वक) मानना ही, (उस नौकरी का) काम है, पापों को रोकना ही (उस नौकरी की) दौड़धूप है; (इस प्रकार की नौकरी करनेवाले को लोग "धन्य धन्य" कहेंगे । हे नानक, यदि (हरि तेरी ओर) कृपादृष्टि से देखेगा, तो तेरा चौगुना रंग चढ़ेगा ॥४॥२॥

[३]

चउतुके

माइ बाप को बेटा नीका ससुरै चतुरु जवाई ।
बाल कंनिआ कउ बापु पिआरा भाई कौ अति भाई ॥
हुकमु भइआ बाहरु घरु छोडिआ खिन महि भई पराई ।
नामु दानु इसनानु न मनमुखि तितु तनि धूड़ि धुमाई ॥ १ ॥

मनु मानिआ नामु सखाई ।
पाइ परउ गुर कै बलिहारै जिनि साची बूझ बुझाई ॥ रहाउ ॥
जग सिउ झूठ प्रीति मनु बेधिआ जन सिउ वादु रचाई ।
माइआ मगनु अहिनिसि मगु जोहै नामु न लेवै मरै बिखु खाई ॥
गंधण वैणि रता हितकारी सबदै सुरति न आई ।
रंगि न राता रसि नहि बेधिआ मनमुखि पति गवाई ॥ २ ॥

साध सभा महि सहजु न चाखिआ जिहबा रसु नही राई ।
मनु तनु धनु अपुना करि जानिआ दर की खबरि न पाई ॥
अखी मीटि चलिआ अंधिआरा घरु दरु दिसै न भाई ।
जम दरि बाधा ठउर न पावै अपुना कीआ कमाई ॥ ३ ॥

नदरि करे ता अखी वेखा कहणा कथनु न जाई ।
कंनी सुणि सुणि सबदि सलाही अंम्रितु रिदै वसाई ॥
निरभउ निरंकारु निरवैरु पूरन जोति समाई ।
नानक गुर विणु भरमु न भागै सचि नामि वडिआई ॥ ४ ॥ ३ ॥

माँ-बाप को बेटा तथा ससुर को चतुर दामाद प्यारा होता है । बच्चों और कन्याओं को बाप प्यारा होता है और भाई को भाई अति प्रिय होता है । (किन्तु जब परमात्मा का) हुक्म होता है, (तो जीव) घर-बाहर दोनों को छोड़ देता है और क्षण मात्र में (उसकी सारी सम्पति) पराये की हो जाती है । जो मनमुख 'नाम, दान और स्नान' (में निष्ठा नहीं रखता) उसके शरीर में धूल उड़ उड़ कर पड़ती है (अर्थात् वह बरबाद होता है) ॥१॥

(जब मैंने) नाम को (अपना) सहायक बनाया, तो (मेरा) मन मान गया (शान्त हो गया) । (मैं) गुरु के पाँव पड़ता हूँ, (उन पर) बलिहारी होता हूँ, जिन्होंने सच्चा ज्ञान समझा दिया है ॥रहाउ॥

(मनमुख का) मन जगत् की झूठी प्रीति से बिंधा हुआ है (और वह हरी के) दासों के साथ झगड़ा मचाता रहता है । (वह) माया में निमग्न हुआ अहर्निश (माया का) रास्ता देखता रहता है । (वह) नाम नहीं लेता (और विषय रूपी) विष खा कर मरता रहता है । (वह) गन्दे वचन (बात) में रत रहता है और उसका प्रेमी हो गया है, (परमात्मा अथवा गुरु के) शब्द का उसे ध्यान नहीं आता । (वह हरी के प्रेम में नहीं अनुरक्त होता है और न (उसके) रस में ही उसका मन बेधता है (द्रवीभूत होता है); (इस प्रकार) मनमुख (अपनी) प्रतिष्ठा गंवा देता है ॥२॥

(उस मनमुख ने) सत्संगति में सहजावस्था का रसास्वादन नहीं किया । (उसकी) जीभ में राई भर भी (नाम-उच्चारण का) रस नहीं आया । (वह अहंता वश) तन, मन, धन को अपना मान बैठा, (उसे) (परमात्मा के) दरवाजे की (जरा भी) खबर नहीं मिली । (अंत में वह अपनी) आँखें बन्द कर अंधकार में चल पड़ा; (उस समय उसे) घर बार तथा भाई-बन्धु कुछ भी नहीं दिखाई पड़ते (अथवा हे भाई, उस समय उसे अपना घर और दरवाजा कुछ भी नहीं सूझ पड़ता) । अपनी ही की हुई कमाई के कारण, (वह) यमराज के दरवाजे पर बाँधा जाता है (और उसे कोई बचने का) स्थान नहीं मिलता ॥ ३ ॥

यदि (परमात्मा) कृपादृष्टि करे, तभी (वह) आँखों से देखा जा सकता है (अन्यथा नहीं); (उसके सम्बन्ध में) कुछ कथन नहीं किया जा सकता । कानों से सुन सुन कर शब्द द्वारा (प्रभु का) गुणगान करना चाहिए, (जिससे नाम रूपी) अमृत हृदय में समा जाय । (प्रभु) निर्भय, निरंकार और निर्वैर है, (उसकी) पूर्ण ज्योति (सर्वत्र) समायी हुई है । हे नानक, गुरु के बिना भ्रम नहीं भागता), (भ्रम नहीं निवृत्त होता); सच्चे नाम की (बहुत बड़ी) महत्ता है ॥ ४ ॥ ३ ॥

[४]

दुतुके

पुड़ु धरती पुड़ु पाणी आसणु चारि कुंट चउबारा ।
सगल भवण की मूरति एका मुखि तेरै टकसाला ॥ १ ॥
मेरे साहिबा तेरे चोज विडाणा ।
जलि थलि महीअलि भरिपुरि लीणा आपे सरब समाणा ॥ रहाउ ॥
जह जह देखा तह जोति तुमारी तेरा रूपु किनेहा ।
इकतु रूपि फिरहि परछंना कोइ न किसही जेहा ॥ २ ॥
अंडज जेरज उतभुज सेतज तेरे कीते जंता ।
एकु पुरबु मै तेरा देखिआ तू सभना माहि रवंता ॥ ३ ॥
तेरे गुण बहुते मै एकु न जाणिआ मै मूरखु किछु दीजै ।
प्रणवति नानक सुनि मेरे साहिबा डुबदा पथरु लीजै ॥ ४ ॥ ४ ॥

(हे प्रभु) (तेरी एक फर्श का तख्ता धरती है, और दूसरी फर्श का तख्ता पानी (बादल, तात्पर्य यह कि आकाश) है, चारों दिशाओं के चौपाल में (तेरे बैठने का) आसन है। समस्त भुवनों की एक ही मूर्त्ति है, (अर्थात् समस्त सृष्टि का एक ही स्वामी है) और (प्रभु के ही) मुंह पर (खोटे-खरे मनुष्यों की) टकसाल (की भाँति) (परख होती है) ॥ १ ॥

हे मेरे साहब, तेरे कौतुक आश्चर्यमय हैं। (तू ही) जल, थल तथा धरती और आकाश के बीच में भरपूर लीन है (व्याप्त है) (और तू ही सर्वत्र समाया हुआ है) ॥ रहाउ ॥

(हे हरी), जहाँ-जहाँ भी (मैंने) देखा है, वहाँ वहाँ तेरी ही ज्योति दिखायी पड़ी है; तेरा रूप किस प्रकार है ? (हे प्रभु) तू एक रूप में ही परिच्छिन्न होकर (सब जगह) विचरण कर रहा है, (किन्तु फिर भी) कोई (एक रूप) किसी (दूसरे रूप से) नहीं मिलता ॥ २ ॥

(जीवों की चार खानियों)—अंडज, जेरज, उद्भिज और स्वदेज—के प्राणी तेरे ही द्वारा निर्मित किए गए हैं। (हे प्रभु), मैंने तेरा एक माहात्म्य यह देखा है (कि) तू सब में रमा हुआ है ॥ ३ ॥

तेरे अनन्त गुण हैं, (मैं उनमें से) एक भी नहीं जानता; मुझ मूर्ख को भी कुछ (एकाध) गुण दे दे। नानक विनयपूर्वक कहता है, "हे मेरे साहब सुन, मुझ पाप से भरे हुए पत्थर के समान भारी (वजनी) (व्यक्ति) को तार दे।" ॥ ४ ॥ ४ ॥

[५०]

हउ पापी पतितु परम पाखंडी तूं निरमलु निरंकारी।
अंम्रत चाखि परम रसि राते ठाकुर सरणि तुमारी ॥ १ ॥
करता तू मै माणि निमाणी।
माणु महतु नामु धनु पलै साचै सबदि समाणे ॥ रहाउ ॥
तू पूरा हम ऊरे होछे तू गउरा हम हउरे।
तुझ ही मन राते अहिनिसि परभाते हरि रसना जपि मन रे ॥ २ ॥
तुम साचे हम तुम ही राचे सबदि भेदि फुनि साचे।
अहिनिसि नामि रते से सूचे मरि जनमे से काचे ॥ ३ ॥
अवरु न दीसै किसु सालाही तिसहि सरीकु न कोई।
प्रणवति नानकु दासनिदासा गुरमति जानिआ सोई ॥४॥५॥

(हे स्वामी) मैं पापी, पतित एवं महान् पाखण्डी हूँ; तू (परम) निर्मल और निराकार स्वरूप है। हे ठाकुर, तेरी शरण में आकर (मैंने नाम रूपी) अमृत का रसास्वादन किया है और महान् आनन्द में अनुरक्त हो गया हूँ ॥ १ ॥

हे कर्त्ता, तू मुझ मानरहित का मान है। मेरे लिए यही मान बड़ाई है कि नाम-धन मेरे पल्ले हो और (मैं) सच्चे शब्द में रत रहूँ ॥ रहाउ ॥

तू पूर्ण है मै ऊन (कम) और ओछा हूँ; तू गंभीर है और मैं हल्का हूँ। (मैं) अहर्निश तथा प्रभात में तुझी में मन से अनुरक्त हुआ हूँ; अरे मन रसना से हरि का जप कर ॥२॥

(हे प्रभु) तू सच्चा है और मैं तुझी में रँगा हूँ; (गुरु के) शब्द द्वारा भेद जानकर सच्चा हो गया हूँ। जो (व्यक्ति) अहर्निश नाम में रत हैं, (वे ही) पवित्र हैं; (जो नाम को नहीं पहचानते) और (बारंबार) जन्मते-मरते रहते हैं (अर्थात् आवागमन के चक्र पड़ते रहते हैं), वे कच्चे हैं ॥ ३ ॥

(मुझे तो हरि के समान कोई) और नहीं दिखाई पड़ता; (फिर) किसकी स्तुति करूँ ? उस (प्रभु) के समान कोई भी नहीं है। नानक विनयपूर्वक कहता है (कि हे प्रभु मैं तेरे) दासों का दास हूँ और गुरु की बुद्धि-द्वारा (मैंने) उस तत्त्व को (परमात्म-तत्त्व) को जान लिया है ॥ ४ ॥ ५ ॥

[६]

अलख अपार अगंम अगोचर ना तिसु कालु न करमा ।
जाति अजाति अजोनी संभउ ना तिसु भाउ न भरमा ॥१॥

साचे सचिआर विटहु कुरबाणु ।
ना तिसु रूप वरनु नही रेखिआ साचै सबदि नीसाणु ॥रहाउ॥

ना तिसु मात पिता सुत बंधप ना तिसु कामु न नारी ।
अकुल निरंजन अपर परंपरु सगली जोति तुमारी ॥२॥

घट घट अंतरि ब्रहमु लुकाइआ घटि घटि जोति सबाई ।
वजर कपाट मुकते गुरमती निरभै ताड़ी लाई ॥३॥

जंत उपाइ कालु सिरि जंता वसगति जुगति सबाई ।
सतिगुरु सेवि पदारथु पावहि छूटहि सबदु कमाई ॥४॥

सूचै भाडै साचु समावै विरले सूचाचारी ।
तंतै कउ परमतंतु मिलाइआ नानक सरणि तुमारी ॥५॥६॥

(परमात्मा) अलख, अपार, अगम तथा अगोचर है, न तो उसमें काल (का भय) है, (क्योंकि वह काल का भी काल 'महाकाल' है) और न उसमें कर्मों (का बन्धन ही है, क्योंकि वह सब से निर्लिप्त है)। किसी जाति का न होना ही उसकी जाति है; (वह) अयोनि और स्वयंभू है, उसमें कोई भी भाव अथवा भ्रम नहीं हैं ॥ १ ॥

(मैं तो) सच्चे (अन्तःकरण से) सत्यस्वरूप (परमात्मा) के पर कुरबान हूँ। न तो उसका (कोई) रूप है, न वर्ण है और न रेखा है वह (गुरु के) सच्चे शब्द द्वारा प्रकट होता है ॥ रहाउ ॥

न तो उसके (परमात्मा के) माता-पिता हैं, न पुत्र और भाई हैं, न उसमें कोई काम की इच्छा है (और) न उसकी कोई स्त्री ही है। (हे प्रभु, तू) कुलरहित है, निरंजन (माया से रहित) है, अपरंपार है, किन्तु फिर भी सारी ज्योति (सत्ता) तेरी ही है ॥ २ ॥

घट-घट में ब्रह्म ही अन्तर्हित है (छिपा है) तथा घट घट में और सभी स्थानों में (उसकी) ज्योति (व्याप्त) है। गुरु के उपदेश द्वारा (बुद्धि का) वज्र-कपाट (वज्र के समान किवाड़ा)

खुल जाता है, (तब यह ज्ञान होता है कि बुद्धि में) निर्भय (हरी) हो समाधि लगा कर (स्थित है) ॥ ३ ॥

(हरी ने ही) जीव उत्पन्न करके उनके सिर के ऊपर काल को बनाया है (और उसी ने) सब के जीवन की युक्ति अपने वश में रक्खी है। (मनुष्य) सद्‌गुरु की सेवा करके (नाम रूपी) पदार्थ पा जाते हैं (और गुरु के उपदेश पर आचरण करके (भव-बंधन से) मुक्त हो जाते हैं ॥ ४ ॥

पवित्र पात्र (भांड) में पवित्र (हरी) समाता है, किन्तु कोई बिरले ही पवित्र आचार-वाले होते हैं। हे नानक, (जीव रूपी) तत्त्व को (परमात्मा रूपी परम तत्त्व) प्राप्त हो गया है; (मैं) तेरी शरण में हूँ ॥ ५ ॥ ६ ॥

[७]

जिउ मीना बिनु पाणीऐ तिउ साकत मरै पिआस ।
तिउ हरि बिनु मरीऐ रे मना जो बिरथा जावै सासु ॥१॥

मन रे राम नाम जसु लेइ ।
बिनु गुर इहु रसु किउ लहउ गुरु मेलै हरि देइ ॥रहाउ॥

संत जना मिलु संगती गुरमुखि तीरथु होइ ।
अठसठि तीरथ मजना गुर दरसु परापति होइ ॥२॥

जिउ जोगी जत बाहरा तपु नाही सतु संतोखु ।
तिउ नामै बिनु देहुरी जमु मारै अंतरि दोखु ॥३॥

साकत प्रेमु न पाईऐ हरि पाईऐ सतिगुर भाइ ।
सुख दुख दाता गुरु मिलै कहु नानक सिफति समाइ ॥४॥७॥

जैसे मीन बिना पानी के (मर जाता है), वैसे ही शाक्त (माया का उपासक) भी (विषय-वासना की) प्यास में मर जाता है। उसी प्रकार हे मन, यदि तेरी श्वास (भगवत्-चिन्तन के) बिना व्यर्थ व्यतीत होती है, तो (तुझे भी) मर जाना चाहिए ॥ १ ॥

अरे मन, राम की कीर्त्ति को ग्रहण कर। (किन्तु) विना गुरु के इस रस को (तू) कैसे प्राप्त करेगा ? (तू) गुरु से मिल। (वही) (तुझे) हरी देगा ॥ रहाउ ॥

संतजनों की संगति में मिलना ही गुरुमुखों के लिए तीर्थ है। गुरु के दर्शन की प्राप्ति हो जाना ही अड़सठ तीर्थों का स्नान (मज्जन), है ॥ २ ॥

जिस प्रकार संयम के बिना (कोई) योगी नहीं हो सकता और सत्य तथा संतोष के बिना (वास्तविक) तप नहीं होता है; उसी प्रकार शरीर भी नाम के बिना(व्यर्थ है); (इसके) आन्तरिक दोषों (के लिए) यमराज (इसे) मारेंगे ॥ ३ ॥

शाक्त (माया का उपासक) होने से (हरी का प्रेम) नहीं प्राप्त कर सकता। हरी तो सद्‌गुरु में प्रेम करने से प्राप्त होता है। नानक कहते हैं कि सुख-दुःख के देनेवाले गुरु के मिलने से, (शिष्य हरि के) यश में समाहित हो जाता है ॥ ४ ॥ ७ ॥

[८]

तू प्रभ दाता दानि मति पूरा हम थारे भेखारी जीउ ।
मै किआ मागउ किछु थिरु न रहाई हरि दीजै नामु पिआरी जीउ ॥१॥
घटि घटि रवि रहिआ बनवारी ।
जलि थलि महीअलि गुपतो वरते गुरसबदी देखि निहारी जीउ ॥रहाउ॥
मरत पइआल अकासु दिखाइओ गुरि सतिगुरि किरपा धारी जीउ ।
सो बहमु अजोनी है भी होनी घट भीतरि देखु मुरारी जीउ ॥२॥
जनम मरन कउ इहु जगु बपुड़ो इनि दूजै भगति विसारी जीउ ।
सतिगुरु मिलै त गुरमति पाईऐ साकत बाजी हारी जीउ ॥३॥
सतिगुरि बंधन तोड़ि निरारे बहुड़ि न गरभ मझारी जीउ ।
नानक गिआन रतनु परगासिआ हरि मनि वसिआ निरंकारी जीउ ॥४॥८॥

हे प्रभु, तू दाता है; तू दान और बुद्धि में परिपूर्ण हैं, हम तो तेरे भिखारी (याचक) हैं । (हे हरो), मैं (तुझसे) क्या मांगूं ? (इस जगत् में, तो) कोई भी (वस्तु) स्थिर नहीं रहती। (हे हरो), मुझे प्यारी (वस्तु) नाम दे ॥ १ ॥

बनवारी (परमात्मा) घट-घट में रम रहा है । (वही परमात्मा) जल में, थल में और पृथ्वी-आकाश के मध्य में गुप्त रूप से विराजमान है (व्याप्त हैं, परिपूर्ण है); गुरु के शब्द द्वारा देख कर (मैंने उस प्रभु का) दर्शन किया है ॥ रहाउ ॥

सद्गुरु ने कृपा करके मृत्युलोक, पाताल लोक, तथा आकाश में (व्याप्त) (हरी का) दर्शन करा दिया । वह अजन्मा ब्रह्म (वर्तमान में) है, (भूतकाल में) था, (और भविष्य में) रहेगा; उस मुरारी (परमेश्वर) को अपने घट में देख लो ॥ २ ॥

जन्मने-मरने के लिए तो यह बेचारा जगत् ही बना है; द्वैतभाव में पड़कर (इसने) भक्ति को भुला दिया है । (यदि) सद्गुरु से मिला जाय, तभी गुरु की (वास्तविक) बुद्धि प्राप्त होती है; शाक्त (शक्ति अथवा माया का उपासक, तो द्वैतभाव में होने के कारण जीवन की) बाजी हार जाता है ॥ ३ ॥

सद्गुरु बंधनों को तोड़ कर निराला (स्वतंत्र, पृथक्) कर देता है, (जिससे) फिर माता के गर्भ के मध्य नहीं (आना पड़ता) । हे नानक, (गुरु द्वारा प्रदत्त) ज्ञान-रूपी रत्न प्रकाशित हो गया और निरंकारी हरी मन में बस गया ॥ ४ ॥ ८ ॥

[९]

जिसु जलनिधि कारणि तुम जगि आए सो अंम्रित गुर पाही जीउ ।
छोडहु वेसु भेख चतुराई दुबिधा इहु फलु नाही जीउ ॥१॥
मन रे थिरु रहु मतु कत जाही जीउ ।
बाहरि ढूढत बहुतु दुखु पावहि घरि अंम्रितु घट माही जीउ ॥रहाउ॥

अवगुण छोडि गुणा कउ धावहु करि अवगुण पछुताही जीउ ।
सर अपसर की सार न जाणहि फिरि फिरि कीच बुडाही जीउ ॥२।
अंतरि मैलु लोभ बहु झूठे बाहरि नावहु काही जीउ ।
निरमल नामु जपहु सद गुरमुखि अंतर की गति ताही जीउ ॥३॥
परहरि लोभु निंदा कूड़ु तिआगहु सचु गुर बचनी फलु पाही जीउ ।
जीउ भावै तिउ राखहु हरि जीउ जन नानक सबदि सलाही जीउ ॥४॥६॥

जिस (अमृत)-सागर के निमित्त तुम इस जगत् में उत्पन्न हुए हो, वह अमृत गुरु के पास है। [जीउ=जो, संबोधन का चिह्न है। पद में लालित्य लाने एवं पद-पूर्ति के लिए "जीउ"--(जी) का प्रयोग किया गया है]। चतुराई और पाखण्ड का वेश—दिखावा छोड़ दो; दुविधा में इस (अमृत—)—फल की प्राप्ति नहीं होती ॥ १ ॥

अरे मन, स्थिर हो जा, कहीं (इधर-उधर) मत भटक। (उस अमृत को) बाहर ढूंढने में बहुत दुःख पायेगा; घर ही में घट के भीतर अमृत है ॥ रहाउ ॥

अवगुण छोड़ कर गुणों की ओर दौड़ो; (यदि संयोगवश कभी) अवगुण (पाप) हो जाय, (तो उसके निमित्त) पश्चाताप करो (प्रायश्चित करो)। (साधारणतया प्राणियों को) अच्छे-बुरे की (कुछ) खबर (होश) नहीं है, (अतएव वे अवगुणों को करके) बार-बार (पापों के) कीचड़ में (फँस कर) डूबते हैं ॥ २ ॥

(तुम्हारे) अंतर्गत (अंतःकरण में) मैल (पाप), लोभ (और) अनेक झूठ (आदि अवगुण) (भरे हैं); तो फिर बाहरी स्नान किस लिए करते हो? (उससे क्या लाभ होगा ?)। गुरु द्वारा (प्रदत्त) सदैव निर्मल (हरी का) नाम जपो; उसी के द्वारा अन्तःकरण की गति (शुद्धि) (होगी) ॥ ३ ॥

लोभ का परित्याग कर दो, निन्दा तथा झूठ भी त्याग दो। गुरु के वचन द्वारा सच्चा फल प्राप्त होगा। हे हरि जी, तुझे जैसा अच्छा लगे, वैसा ही रख, दास नानक तो गुरु के शब्द द्वारा तेरा गुणगान करता है ॥४॥६॥

[१०]

पंचपद

अपना घरु मूसत राखि न साकहि की परघरु जोहन लागा ।
घरु दरु राखहि जे रसु चाखहि जो गुरमुखि सेवकु लागा ॥१॥
मन रे समझु कवन मति लागा ।
नामु विसारि अनरस लोभाने फिरि पछुताहि अभागा ॥रहाउ॥
आवत कउ हरख जात कउ रोवहि इहु दुखु सुखु नाले लागा ।
आपे दुख सुख भोगि भोगावै गुरमुखि सो अनरागा ॥२॥
हरि रसि ऊपरि अवरु किआ कहीऐ जिनि पीआ सो तृपतागा ।
माइआ मोहित जिनि इहु रसु खोइआ जा साकत दुरमति लागा ॥३॥
मन का जीउ पवन पति देही देही महि देउ समागा ।
जे तू देहि त हरि रसु गाई मनु तृपतै हरि लिव लागा ॥४॥

साध संगति महि हरि रसु पाईऐ गुरि मिलिऐ जम भउ भागा ।
नानक राम नामु जपि गुरमुखि हरि पाए मसतकि भागा ॥५॥१०॥

तू अपने लुटते हुए घर की रक्षा तो कर नहीं सकता; फिर क्यों दूसरे के घर को (लूटने की) दृष्टि से देखने लगा ? (तात्पर्य यह है कि तू औरों को लूट कर ऐश्वर्य भोगना चाहता है, पर पाप तेरी आत्मा को लूट रहे हैं और तुझे खबर भी नहीं) ! यदि तू हरि-रस पिये, (तभी) अपना घरबार बचा सकता है; (यह काम वही कर सकता है), जो गुरु द्वारा सेवक बन कर, (नाम में अनुरक्त रहे) ॥१॥

अरे मन, समझ किस बुद्धि में लगा हुआ है । (तू) नाम छोड़ कर अन्य रसों में लुब्ध है; अरे अभागे (चेत जा, नहीं तो) फिर पछतायेगा ॥रहाउ॥

(माया—सम्पत्ति) (जब) आती है, (तो मनुष्य) हर्षित होता है, (और जब यह) जाती है, (तो वह) रोता है; (इस प्रकार) ये सुख-दुःख (मनुष्य के) साथ लगे हुए हैं । जो गुरुमुख है वह वैरागी (अनरागी) होता है, (क्योंकि वह जानता है कि परमात्मा) स्वयं ही सुख-दुःख के भोगों को (जीवों से) भोगाता है ॥२॥

हरि-रस (के आस्वादन के) उपरान्त और क्या कहा जाय ? (तात्पर्य यह कि हरि-रस से बढ़ कर कोई अन्य रस नहीं है) । जिसने (इस रस को) पिया है, वह तृप्त हो गया है । माया में मोहित होकर, जिसने इस (परम) रस को खो दिया, वह शाक्त (माया का उपासक) जाकर दुर्बुद्धि में लग गया ॥३॥

जो देव मन का प्राण और प्राणों का स्वामी है, (वह चैतन्य ब्रह्म) देह-देह (घट-घट) में समाया हुआ है, (अर्थात् जो प्रभु मन और प्राणों का आधार है, वह घट-घट में व्याप्त है) । (हे प्रभु), यदि तू देता है, तभी हरि रस का गुणगान होता है, (तभी) मन तृप्त होता है और हरि से लिव (एकनिष्ठ धारणा) लगती है ॥४॥

सत्संगति में ही हरि-रस प्राप्त होता है; गुरु से मिलने पर यम का भय भग जाता है । हे नानक, (पूर्व जन्मों के) भाग्यानुसार गुरु द्वारा राम नाम जप के हरि की प्राप्ति हो गयी ॥५॥१०॥

[११]

सरब जीआ सिरि लेखु धुराहू बिनु लेखै नही कोई जीउ ।
आपि अलेखु कुदरति करि देखै हुकमि चलाए सोई जीउ ॥१॥

मन रे राम जपहु सुखु होई ।
अहिनिसि गुरु के चरन सरेवहु हरि दाता भुगता सोई ॥रहाउ॥

जो अंतरि सो बाहरि देखहु अवर न दूजा कोई जीउ ।
गुरमुखि एक द्रिसटि करि देखहु घटि घटि जोति समोई जीउ ॥२॥

चलतौ ठाकि रखहु घरि अपनै गुर मिलिऐ इह मति होई जीउ ।
देखि अद्रिसटु रहउ बिसमादी दुखु बिसरै सुखु होई जीउ ॥३॥

पीवउ अपिउ परम सुखु पाईऐ निज घरि वासा होई जीउ ।
जनम मरण भव भंजनु गाईऐ पुनरपि जनमु न होई जीउ ॥४॥

ततु निरंजनु जोति सबाई सोहं भेदु न कोई जीउ ।
अपरंपर पारब्रहमु परमेसरु नानक गुर मिलिआ सोई जीउ ॥५॥११॥

सारे जीवों के सिर के ऊपर (परमात्मा के दरबार से) कर्मानुसार (पहले से ही) लेख लिखा रहता है, (जिसके अनुसार उन्हें सुख-दुःख भोगने पड़ते हैं), इस लेख के बिना कोई भी जीव नहीं है । स्वयं (परमात्मा के ऊपर) कोई भी लेख नहीं है, (क्योंकि वह कर्मों से निर्लिप्त है) । (वह) कुदरत (माया, शक्ति अथवा प्रकृति) की रचना करके, (उसकी) देखरेख करता है (और उसे अपने) हुक्म के अनुसार चलाता है ॥१॥

अरे मन, राम का जप करो, (जिससे) सुख हो । अहर्निश गुरु के चरणों की आराधना करो; (वही) हरी दाता है (और वही दान लेकर) भोगने वाला है ॥रहाउ॥

जो (हरी) (तुम्हारे) अंतर्गत (विराजमान है), (वही सृष्टि के) बाहर है, (उसी को सर्वत्र) देखो; (उसे छोड़ कर) और कोई, दूसरा नहीं है । गुरु की शिक्षा द्वारा (द्वैत मिटा कर) एक (अद्वैत) दृष्टि से देखो (कि उसी की) ज्योति घट-घट में समायी हुई है ॥२॥

चलायमान (मन को) अपने ही घर (हृदय) में टिका कर रखो; (किन्तु) यह मति (बुद्धि) सद्गुरु के मिलने पर ही प्राप्त होती है । अदृष्ट (परमात्मा) को देख कर (साक्षात्कार करके), आश्चर्यमयी स्थिति (विस्माद अवस्था) में (स्थित रहो); (इसके फलस्वरूप) (सारे) दुःख विस्मृत हो जाते हैं (और अनन्त) सुख की प्राप्ति होती है ॥३॥

(नाम रूपी) अमृत का पान करो और परम सुख पाओ, (इससे) तुम्हारा निवास अपने घर में हो जायगा, (तात्पर्य यह कि आत्मज्ञान हो जायगा) । जन्म-मरण तथा संसार (के दुःखों को) नष्ट करनेवाले (परमात्मा का) गुणगान करो, (इससे तुम्हारा) फिर जन्म नहीं होगा ॥४॥

वह माया से रहित हरी (निरंजन) सब का तत्त्व है और सभी जगह उसकी ज्योति (सत्ता) है, उसमें और मुझमें कोई भी अन्तर नहीं है । हे नानक, अपरंपार, परब्रह्म और परमेश्वर (मुझे) गुरु के रूप में मिला है, (मेरा गुरु परब्रह्म परमेश्वर आप है) ॥ ॥११॥

१ ओं सतिगुर प्रसादि ॥ घरु ३

[१२]

जा तिसु भावा तदही गावा । ता गावे का फलु पावा ॥
गावे का फलु होई । जा आपे देवै सोई ॥१॥

मन मेरे गुर बचनी निधि पाई । ताते सच महि रहिआ समाई ॥रहाउ॥

गुर साखी अंतरि जागी । ता चंचल मति तिआगी ॥
गुर साखी का उजीआरा । ता मिटिआ सगल अंध्यारा ॥२॥

गुरुचरनी मनु लागा । ता जमु का मारगु भागा ॥
भै विचि निरभउ पाइआ । ता सहजै कै घरि आइआ ॥३॥

भणति नानकु बूझै को बीचारी । इसु जग महि करणी सारी ।
करणी कीरति होई । जा आपे मिलिआ सोई ॥४॥१॥१२॥

जब उस प्रभु को अच्छा लगा, तभी (उसका) गुणगान किया और तभी (उसके गुणगान करने का) फल प्राप्त किया । (प्रभु के) गुणगान का तभी फल प्राप्त होता है, जब (प्रभु) अपने आप (उस फल को) दे ॥१॥

हे मेरे मन, गुरु के वचनों से (सभी सुखों का) भाण्डार प्राप्त हो गया । उसी के कारण (मैं) सत्य में समाहित हो गया ॥रहाउ॥

गुरु की शिक्षा अन्तःकरण के अन्तर्गत प्रकाशित हो गयी; इससे (मैंने) चंचल बुद्धि त्याग दी; (गुरु की शिक्षा धारण करने से बुद्धि की चंचलता समाप्त हो गई, बुद्धि स्थिर हो गयी) । गुरु की शिक्षा का प्रकाश (हो गया), उससे सारा अन्धकार मिट गया ॥ २ ॥

(जब) गुरु के चरणों में मन लग गया, तो यमराज का मार्ग समाप्त हो गया । (परमात्मा के) भय के अन्तर्गत (मैंने) निर्भय (हरी) को पा लिया; जिसके फलस्वरूप (मैं) सहजावस्था वृत्ति में टिक गया ॥ ३ ॥

नानक कहता है कि कोई विरला विचारवान् ही इस बात को समझता है कि इस संसार में सर्वोत्तम करनी क्या है । वह करनी हरि की कीर्त्ति (का गुणगान) है, जो तभी प्राप्त होती है, जब वह हरी आप मिले ॥ ४ ॥ १ ॥ १२ ॥

१ओं सतिगुर प्रसादि ॥ सोरठि, महला १, घरु १

असटपदीआं, चउतुकी [१]

दुबिधा न पड़उ हरि बिनु होरु न पूजउ मड़ै मसाणि न जाई ।
तृसना राचि न पर घरि जावा तृसना नामि बुझाई ॥
घर भीतरि घरु गुरू दिखाइआ सहजि रते मन भाई ।
तू आपे दाना आपे बीना तू देवहि मति साई ॥१॥

मनु बैरागि रतउ बैरागी सबदि मनु बेधिआ मेरी माई ।
अंतरि जोति निरंतरि बाणी साचे साहिब सिउ लिव लाई ॥रहाउ॥

असंख बैरागी कहहि बैराग सो बैरागी जि खसमै भावै ।
हिरदै सबदि सदा भै रचिआ गुर की कार कमावै ।
एको चेतै मनूआ न डोलै धावतु वरजि रहावै ॥
सहजे माता सदा रंगि राता साचे के गुण गावै ॥२॥

मनूआ पउरण बिंदु सुखवासी नामि वसै सुख भाई ।
जिहबा नेत्र सोत्र सचि राते जलि बूझी तुझहि बुझाई ॥
आस निरास रहै वैरागी निज घरि ताड़ी लाई ।
भिखिआ नामि रजे संतोखी अंमृतु सहजि पीआई ॥३॥
दुबिधा विचि बैरागु न होवी जब लगु दूजी राई ।
सभु जगु तेरा तू एको दाता अवरु न दूजा भाई ॥
मनमुखि जंत दुखि सदा निवासी गुरमुखि दे वडिआई ।
अपर अपार अगंम अगोचर कहणै कीम न पाई ॥४॥
सुंन समाधि महा परमारथु तीनि भवण पति नामं ।
मसतकि लेखु जीआ जगि जोनी सिरि सिरि लेखु सहामं ॥
करम सुकरम कराए आपे आपे भगति द्रिड़ामं ।
मनि मुखि जूठि लहै भै मानं आपे गिआनु अगामं ॥५॥
जिन चाखिआ सेई सादु जाणनि जिउ गुंगे मिठिआई ।
अकथै का किआ कथीऐ भाई चालउ सदा रजाई ॥
गुरु दाता मेले ता मति होवै निगुरे मति न काई ।
जिउ चलाए तिउ चालह भाई होरि किआ को करे चतुराई ॥६॥
इकि भरमि भुलाए इकि भगती राते तेरा खेलु अपारा ।
जितु तुधु लाए तेहा फलु पाइआ तू हुकमि चलावणहारा ॥
सेवा करी जे किछु होवै अपणा जीउ पिंडु तुमारा ।
सतिगुरि मिलिऐ किरपा कीनी अंमृतु नामु अधारा ॥७॥
गगनंतरि वासिआ गुण परगासिआ गुण महि गिआन धिआनं ।
नामु मनि भावै कहै कहावै ततो ततु बखानं ॥
सबदु गुर पीरा गहिर गंभीरा बिनु सबदै जगु बउरानं ।
पूरा वैरागी सहजि सुभागी सचु नानक मनु मानं ॥८॥१॥

(मैं) द्वैतभाव में नहीं पड़ता, (एकमात्र) हरी के बिना और किसी को नहीं पूजता, कब्रों और मरघटों में नहीं जाता। (मैं) तृष्णा में लग कर पराए घर नहीं जाता, (हरी के पवित्र) नाम ने (मेरी सारी) तृष्णा शान्त कर दी है। घर में (हृदय में) ही गुरु ने (वास्तविक) घर (आत्मस्वरूप) दिखा दिया है। हे भाई, हमारे मन सहजावस्था (तुरीय पद, चतुर्थ पद में) रत हो गए हैं। (हे हरी तू) आप ही सब कुछ जानता और देखता है; जो तू देता है (उसी में सन्तुष्ट रहना) निर्मल बुद्धि है ॥ १ ॥

मन वैराग्य-भावना में रँग कर वैरागी हो गया है। हे मेरी माँ, हरि-नाम (शब्द) ने मेरा मन बेध दिया है। अन्तःकरण में (हरी की) अखण्ड ज्योति (बस गई है) और उसकी वाणी (भलीभाँति हृदय में टिक गई है) और सच्चे साहब से एकनिष्ठ ध्यान लग गया है ॥ रहाउ ॥

असंख्य वैरागी 'वैराग्य वैराग्य' कथन तो करते हैं, किन्तु जो पति (परमात्मा) को अच्छा लगता है, वही वैरागी है। जिसका मन नाम द्वारा सदा हरी के भय में लगा रहे, वही

सद्गुरु के कार्य करता है। (साधक) एक (परमात्मा) को चेते, मन को भटकने न दे और दौड़ते हुए मन को रोक रक्खे। (वह) सहजावस्था में निमग्न रहे और सदैव (परमात्मा के) प्रेम में अनुरक्त रहे (और) सत्य (परमात्मा का) गुणगान करता रहे ॥ २ ॥

वायु के समान चंचल मन यदि थोड़ी देर भी (बिंदु मात्र भी) टिक कर बैठे, तो हे भाई, (वह) नाम में स्थिर हो सकता है; (उसकी) जिह्वा, नेत्र और श्रवण—(सब के सब) सत्य में अनुरक्त हो जाते हैं, (उसकी तृष्णाग्नि) बुझ जाती है, (हे हरी, उसे, तू ही) बुझाता है। (जो) आशा-निराशा दोनों से विरक्त रहता है, (वही) अपने (वास्तविक, घर (आत्म-स्वरूप) में समाधि लगा सकता है; (वह) नाम रूपी भिक्षा से तृप्त एवं सन्तुष्ट रहता है और सहजावस्था (चतुर्थ पद, तुरीय पद) के अमृत को पीता है ॥ ३ ॥

जब तक दुबिधा है और राई भर (तिलमात्र, तनिक) भी द्वैतभाव है, (तब तक) वैराग्य नहीं होता। (हे प्रभु), सारा जगत् तेरा है, तू ही एक दाता है, हे भाई, (प्रभु को छोड़ कर कोई) दूसरा (दाता) नहीं है। मनमुख प्राणी सदैव दुःख में ही निवास करते हैं; गुरु के उपदेशानुसार (चलने से, हरी शिष्य को) बड़ाई देता है। (हरी) अपरंपार, अगम तथा अगोचर है, (उसकी) कीमत कहने में नहीं आती ॥ ४ ॥

(हे प्रभु), (तेरा) नाम ही शून्य समाधि, परम परमार्थ (मोक्ष-पद) तथा तीनों भुवनों का स्वामी है। जीवों के मत्थे पर (उस हरी की मर्जी का) लेख है, (उसी के अनुसार वे) जगत् में जन्म लेते हैं और अपने-अपने सिर के लेख के अनुसार दुःख-सुख सहते हैं। (हरी ही) कर्म और शुभ कर्म कराता है (और वही) भक्ति भी दृढ़ कराता है। (परमात्मा का) भय मानने से मन और मुख की जूठ (अपवित्रता, गंदगी) नष्ट हो जाती है (और हरी) आप ही अगम ज्ञान (ब्रह्मज्ञान, तत्त्वज्ञान) देता है ॥ ५ ॥

जिन्होंने (परमात्म-रस का) आस्वादन किया है, वे ही (उसका) स्वाद जानते हैं, (किन्तु उस स्वाद का वर्णन करना उतना ही कठिन है) जितना कि गूँगे का मिठाई (के स्वाद का वर्णन करना)। हे भाई, अकथनीय (हरी) का क्या कथन किया जाय ? (अतएव सर्वोत्तम उपाय यही है कि) उसकी मर्जी के अनुसार चला जाय, (जीवन व्यतीत किया जाय) (जब) दाता गुरु से मिला जाय, तभी (इस प्रकार की) बुद्धि होती है, गुरु से विहीन व्यक्ति में कोई भी बुद्धि नहीं (होती)। हे भाई, (अन्तिम सिद्धान्त यही है कि) जैसा (प्रभु) चलाए, उसी प्रकार चलो; कोई और क्या चतुराई कर सकता है ? ॥ ६ ॥

(हे स्वामी) कुछ लोग तो (माया के) भ्रम में भटकते रहते हैं और कुछ लोग भक्ति में अनुरक्त हैं; तेरा खेल अपार है। (हे प्रभु), जिसे (तू भक्ति में) लगाता है, वही फल पाता है; तू (सभी के ऊपर) हुक्म चलानेवाला है। यदि कोई वस्तु अपनी हो, तो सेवा करूँ (मैं क्या सेवा कर सकता हूँ ? सारी वस्तुएँ तो तेरी ही दी हुई हैं), जीव (प्राण) और शरीर (ये सब तो) तेरे ही हैं। सद्गुरु ने मिलने पर कृपा की, (उसी ने) अमृत-नाम का आधार दिया। ॥ ७ ॥

(साधक) गगन-मण्डल (दशम द्वार अथवा आत्मिक मण्डल) में निवास करता है, (वहीं से उसके) गुणों का प्रकाश होता है और गुणों में ही ज्ञान, ध्यान (स्वाभाविक रीति से) आ जाते हैं। (ऐसे साधक के) मन को (हरी का) नाम अच्छा लगता है, (वह स्वयं नाम)

कहता है, (जपता) है और दूसरों से भी (नाम) जपाता है, वह तत्व-तत्त्व का ही वर्णन करता है। शब्द (नाम) ही गुरु है, पीर है, अत्यन्त गहरा और गम्भीर है; शब्द (नाम) के बिना सारा जगत् बौराया बौराया (फिरता) है। जिसका चित्त सत्य को मानता है, वह पूर्ण बैरागी है और स्वाभाविक ही बड़ा भाग्यशाली है ॥ ८ ॥ १ ॥

[२]

तितुकी

आसा मनसा बंधनी भाई करम धरम बंधकारी।
पाप पुंनि जगु जाइआ भाई बिनसै नामु विसारी ॥
इह माइआ जगि मोहणी भाई करम सभे वेकारी ॥१॥
सुणि पंडित करमाकारी।
जितु करमि सुखु ऊपजै भाई सु आतम ततु बीचारी ॥रहाउ॥
सासतु बेदु बकै खड़ो भाई करम करहु संसारी।
पाखंडि मैलु न चूकई भाई अंतरि मैलु विकारी ॥
इन बिधि डूबी माकुरी भाई ऊंडी सिर कै भारी ॥२॥

दुरमति घणी विगूती भाई दूजै भाइ खुआई।
बिनु सतिगुर नामु न पाईऐ भाई बिनु नामै भरमु न जाई ॥
सतिगुरु सेवे ता सुखु पाए भाई आवणु जाणु रहाई ॥३॥
साचु सहजु गुर ते ऊपजै भाई मनु निरमलु साचि समाई।
गुरु सेवे सो बूझै भाई गुर बिनु मगु न पाई ॥
जिसु अंतरि लोभु कि करम कमावै भाई कूड़ु बोलि बिखु खाई ॥४॥

पंडित दही बिलोईऐ भाई विचहु निकलै तथु।
जलु मथीऐ जलु देखीऐ भाई इहु जगु एहा वथु ॥
गुर बिनु भरमि विगूचीऐ भाई घटि घटि देउ अलखु ॥५॥

इहु जगु तागो सूत को भाई दहदिसि बाधो माइ।
बिनु गुर गाठि न छूटई भाई थाके करम कमाइ ॥
इहु जगु भरमि भुलाइआ भाई कहणा किछू न जाइ ॥६॥
गुर मिलिऐ भउ मनि वसै भाई भै मरणा सचु लेखु।
मजनु दानु चंगिआईआ भाई दरगह नामु विसेखु ॥
गुरु अंकसु जिनि नामु द्रिड़ाइआ भाई मनि वसिआ चूका भेखु ॥७॥

इहु तनु हाटु सराफ को भाई वखरु नामु अपारु।
इहु वखरु वापारी सो द्रिड़ै भाई गुर सबदि करे वीचारु ॥
धनु वापारी नानका भाई मेलि करे वापारु ॥८॥२॥

हे भाई, आशा और इच्छा बन्धन डालने वाले हैं; (सारे) कर्मकाण्ड और धर्म (पूजापाठ, तीर्थयात्रा आदि) बन्धन में बाँधने वाले हैं, (क्योंकि इन सबसे एक प्रकार का

सात्विक अहंकार बढ़ता है)। पाप-पुण्यों में ही जगत् जन्मा है, (तात्पर्य यह है कि जब तक मनुष्य पाप-पुण्य मिश्रित कर्म करता रहता है, तब तक वह जन्म के अंतर्गत आता रहता है) और नाम को भुला कर विनष्ट होता है। हे भाई, संसार में यह माया मोहित कर देने वाली है। (माया में किए हुए) सारे कर्म विकार उत्पन्न करनेवाले हैं ॥ १ ॥

हे कर्मकाण्ड करने वाले पंडित, सुनो। हे भाई, जिस कर्म से (वास्तविक) सुख उत्पन्न होता है, वह है आत्म-तत्व का विचारना ॥ रहाउ ॥

(हे पंडित), तू खड़ा होकर शास्त्र-वेद तो बकता है, किन्तु कर्म दुनियादारी ही करता है। हे भाई, पाखण्ड से मैल नहीं दूर होती। तुम्हारे मन में (विषयों का) विकार भरा हुआ है। हे भाई, इसी प्रकार मकड़ी भी सिर के बल उल्टी होकर (आप ही अपने जाल में उलझ कर) मर जाती है। (तू भी दिखानेवाले झूठे कर्म धर्म करके, उन्हीं के पापों के साथ नष्ट हो जाता है) ॥ २ ॥

दुर्बुद्धि से (सारी की सारी सृष्टि) अत्यधिक बरबाद हुई (और माया के) द्वैतभाव के कारण (वह) भटक गई (कुमार्ग पर चली गयी) हे भाई, बिना सद्गुरु के नाम की प्राप्ति नहीं होती और बिना नाम के (संसार का) भ्रम भी नहीं दूर होता। (जब) सद्गुरु की सेवा की जाती है, तभी सुख की प्राप्ति होती है। (और तभी) आना-जाना (जन्म-मरण) समाप्त होता है ॥ ३ ॥

हे भाई, सच्चे (आत्मज्ञान का) स्वाभाविक जीवन गुरु से ही प्राप्त होता है और मन निर्मल होकर सत्य (परमात्मा में) समाहित हो जाता है। हे भाई (जो व्यक्ति) गुरु की आराधना करता है, वही (सच्चा आत्मज्ञान) समझता है, बिना गुरु के (आध्यात्मिक जीवन का) मार्ग नहीं पाता है। जिसके अंतर्गत लोभ है, वह क्या कर्म करता है ? (उसके कर्म करने का कोई भी लाभ नहीं है) यह तो झूठ बोल कर (माया का) विष खाता रहता है ॥ ४ ॥

हे भाई, (वास्तविक) पंडित के दही मथने पर, (उसमें से) तथ्य (असली वस्तु, मक्खन) निकलता है। जल के मथने पर जल ही दिखाई पड़ता है, (अर्थात् जल मथने से जल ही निकलता है)। यह संसार इसी प्रकार की (पानी ही के समान) वस्तु है। घट-घट में अलक्ष्य देव (परमात्मा) (के होते हुए भी) गुरु के बिना भ्रम (अज्ञान में) नष्ट होना पड़ता है, (क्योंकि अलक्ष्य परमात्मा समझ में नहीं आता, उसकी समझ गुरु से ही प्राप्त होती है) ॥ ५ ॥

हे भाई, यह जगत् सूत के धागे के समान है, (जिसे) दसों दिशाओं से माया ने बाँध रक्खा है (और उसमें अज्ञान की गाँठें पड़ गयी हैं)। बिना गुरु के (माया की) गाँठ नहीं खुलती; (इस गाँठ को खोलने के लिए कितने ही लोग कर्म करके थक गए हैं।) (इस प्रकार) यह जगत् (अज्ञान के) भ्रम में भूला हुआ है, (इसके संबंध में) कुछ कहा नहीं जा सकता ॥ ६ ॥

हे भाई, गुरु से मिलो, (तभी परमात्मा का) भय मन में बसता है; भय द्वारा (अहंभाव का) मरना ही सच्चा लेख है (सुंदर भाग्य है)। स्नान, दान तथा शुभ कर्म यह है (कि परमात्मा के) दरबार से विशेष (वस्तु) नाम (प्राप्त हो)। गुरु के अंकुश (तात्पर्य यह कि शिक्षा) से जिसने नाम को दृढ़ कर लिया है, उसके (मन में) नाम बस गया है (और उसके सारे बाह्य वेश आदि समाप्त हो गए हैं ॥ ७ ॥

हे भाई, यह शरीर सर्राफ़ की दूकान है, अपार नाम ही (इस शरीर रूपी दूकान का सौदा है। इस सौदे को वह व्यापारी पक्की तरह—दृढ़तापूर्वक प्राप्त करता है जो गुरु के उपदेश द्वारा विचार करता है। हे नानक, वह व्यापारी धन्य है, जो गुरु से मिल कर (नाम का) व्यापार करता है ॥ ८ ॥ २ ॥

[३]

जिनी सतिगुरु सेविआ पिआरे तिन के साथ तरे।
तिना ठाक न पाईऐ पिआरे अंमृत रसन हरे ॥
बूडे भारे भै बिना पिआरे तारे नदरि करे ॥१॥

भी तू है सालाहणा पिआरे भी तेरी सालाह।
विणु बोहिथ भै डुबीऐ पिआरे कंधी पाई कहाह ॥१॥रहाउ॥

सालाही सालाहणा पिआरे दूजा अवरु न कोइ।
मेरे प्रभ सालाहनि से भले पिआरे सबदि रते रंगु होइ ॥
तिस की संगति जे मिलै पिआरे रसु लै ततु विलोइ ॥२॥

पति परवाना साच का पिआरे नामु सचा नीसाणु।
आइआ लिखि लै जावणा पिआरे हुकमी हुकमु पछाणु ॥
गुर बिनु हुकमु न बूझीऐ पिआरे साचे साचा ताणु ॥३॥

हुकमै अंदरि निमिआ पिआरे हुकमै उदर मझारि।
हुकमै अंदरि जंमिआ पिआरे ऊधउ सिर कै भारि।
गुरमुखि दरगह जाणीऐ पिआरे चलै कारज सारि ॥४॥

हुकमै अंदरि आइआ पिआरे हुकमे जावो जाइ।
हुकमे बंनि चलाईऐ पिआरे मनमुखि लहै सजाइ ॥
हुकमे सबदि पछाणीऐ पिआरे दरगह पैधा जाइ ॥५॥

हुकमे गणत गणाईऐ पिआरे हुकमे हउमै दोइ।
हुकमे भवै भवाईऐ पिआरे अवगणि मुठी रोइ ॥
हुकमु सिञापै साह का पिआरे सचु मिलै वडिआई होइ ॥६॥

आखणि अउखा आखीऐ पिआरे किउ सुणीऐ सचु नाउ।
जिनी सो सालाहिआ पिआरे हउ तिन बलिहारै जाउ ॥
नाउ मिलै संतोखीआ पिआरे नदरी मेलि मिलाउ ॥७॥

काइआ कागदु जे थीऐ पिआरे मनु मसवाणी धारि।
ललता लेखणि सच की पिआरे हरि गुण लिखहु वीचारि ॥
धनु लेखारि नानका पिआरे साचु लिखै उरिधारि ॥८॥३॥

हे प्यारे, जिन्होंने सद्‌गुरु की आराधना की, उनके काफ़िले (संसार-सागर) पार हो गए। उन्हें (परलोक में कोई) रोक नहीं पाता; अमृत-नाम से उनकी रसना हरी (मीठी) कर

देता है। जो परमात्मा के भय बिना (पापों के भार से) भारी (वजनी) हुए थे, वे डूब गए; (यदि परमात्मा) कृपादृष्टि करे, (तो उन्हें भी तार दे)॥ १ ॥

हे प्यारे, (परमात्मा) बार-बार (फिर-फिर, प्रत्येक दशा में) तेरा गुणगान करना चाहिए और तेरी ही स्तुति करनी चाहिए। बिना जहाज के (मनुष्य) भयावह—डरावने (समुद्र) में डूबता है, उस किनारे वह कैसे लग सकता है ? ॥ १ ॥ रहाउ ॥

हे प्यारे, श्लाघनीय—प्रशंसनीय (हरी) की ही प्रशंसा करनी चाहिए; उसके बिना कोई दूसरा नहीं है। जो मेरे प्रभु की स्तुति करते हैं, वे (बहुत) भले हैं; शब्द (नाम) में अनुरक्त होने से, (बड़ा) रंग (आनन्द) होता है। यदि ऐसे पुरुष की संगति प्राप्त हो जाय, तो (नाम के) रस को लेकर परमात्म-तत्व रूपी (मक्खन) को मथना चाहिए ॥२॥

हे प्यारे, सच्चा परवाना प्रतिष्ठा (पति) का होता है और उसके ऊपर नाम का चिह्न (निशान) होता है। जगत् में जो यह सच्चा परवाना लिखा कर ले जाता है, (वही धन्य है); हुक्म करनेवाले (हरी) का हुक्म पहचानो। गुरु के बिना हुक्म समझा नहीं जा सकता; उस सच्चे (हरी) का सत्य ही बल है ॥३॥

हे प्यारे, (मनुष्य परमात्मा के) हुक्म से ही (माता के) गर्भ में स्थित हुआ और हुक्म से ही उल्टे सिर के बल जन्म धारण किया। (सारे मनुष्यों में) गुरुमुख को ही परमात्मा के दरबार में मान प्राप्त हुआ और अपना कार्य बना लिया (जन्म सार्थक कर लिया) ॥४॥

हे प्यारे, (जीव) (परमात्मा के) हुक्म के अंतर्गत ही (इस संसार में) आया है और जाते समय भी हुक्म से ही जाता है। हुक्म से ही (जीव अपने कर्मानुसार) बाँधा जाकर (यमपुर की ओर) चलाया जाता है (और हुक्म से ही) मनमुख सजा पाता है। हुक्म द्वारा ही शब्द—नाम के माध्यम से (हरी को) पहचाना जाता है (और परमात्मा के) दरबार में जाकर मनुष्य सिरोपा (प्रतिष्ठा के वस्त्र) पाता है ॥५॥

हे प्यारे, (मनुष्य) (परमात्मा के) हुक्म द्वारा गिनती गिनने में पड़ जाता है, (कि मैंने अमुक अमुक कर्म किए और इनका अमुक (अमुक फल होना चाहिए); हुक्म से ही अहंकार और द्वैत भाव उत्पन्न होते हैं। हुक्म के अनुसार ही (वह कर्मों के बन्धन में पड़ कर) भटकता फिरता है; (हुक्म से ही) अवगुणों में मोहित (सृष्टि) रोती है—दुःखी होती है ॥६॥

हे प्यारे, नाम कहने में (बहुत) कठिन है। फिर किस प्रकार सच्चा नाम सुना जाय ? जिन (भक्तों) ने नाम की प्रसंसा की है, मैं उन पर बलिहारी हो जाता हूँ। (यदि) नाम प्राप्त हो जाय, तो मैं संतुष्ट हो जाऊं; किन्तु कृपा-दृष्टि करने वाला (हरी) यदि इसे दे, तभी मिल सकता है ॥७॥

यदि शरीर कागज हो जाय, और मन को दावात धारण कर लिया (मान लिया जाय), जीभ सत्य लिखने वाली कलम हो, तो हरी के गुणों को विचारपूर्वक लिखो। हे नानक, वह लेखक धन्य है, जो हृदय में धारण करके सत्य लिखता है ॥८॥३॥

[४]

दुतुकी

तू गुणदातो निरमलो भाई निरमलु ना मनु होइ।
हम अपराधी निरगुणे भाई तुझही ते गुणु सोइ ॥१॥

मेरे प्रीतमा तू करता करि वेखु ।
हउ पापी पाखंडीआ भाई मनि तनि नाम विसेखु ।।रहाउ।।

बिखु माइआ चितु मोहिआ भाई चतुराई पति खोइ ।
चित महि ठाकुरु सचि वसै भाई जे गुर गिआनु समोइ ।।२।।

रूड़ो रूड़ो आखीऐ भाई रूड़ो लाल चलूलु ।
जे मनु हरि सिउ बैरागीऐ भाई दरि घरि साचु अभूलु ।।३।।

पाताली आकासि तू भाई घरि घरि तू गुण गिआनु ।
गुर मिलिऐ सुखु पाइआ भाई चूका मनहु गुमानु ।।४।।

जलि मलि काइआ माजीऐ भाई भी मैला तनु होइ ।
गिआनि महा रसि नाईऐ भाई मनु तनु निरमलु होइ ।।५।।

देवी देवा पूजीऐ भाई किआ मागउ किआ देहि ।
पाहणु नीरि पखालीऐ भाई जल महि बूडहि तेहि ।।६।।

गुर बिनु अलखु न लखीऐ भाई जगु बूडै पति खोइ ।
मेरे ठाकुर हाथि वडाईआ भाई जै भावै तै देइ ।।७।।

बईअरि बोलै मीठुली भाई साचु कहै पिर भाइ ।
बिरहै बेधी सचि वसी भाई अधिक रही हरि नाइ ।।८।।

सभु को आखै आपणा भाई गुर ते बुझै सुजानु ।
जो बीधे से उबरे भाई सबदु सचा नीसानु ।।९।।

ईधन अधिक सकेलीऐ भाई पावकु रंचक पाइ ।
खिनु पलु नामु रिदै बसै भाई नानक मिलणु सुभाइ ।।१०।।४।।

(हे हरी), तू गुणों का दाता और पवित्र है, (किन्तु हमारा) मन निर्मल नहीं है। (हे प्रभु) हम अपराधी और गुणहीन हैं, तुझी से (शुभ) गुण प्राप्त हो सकते हैं ।।१।।

हे मेरे प्रियतम, तू कर्ता है (और तू ही सृष्टि) रच कर उसकी देखभाल करता है। मैं पापी और पाखण्डी हूं; मेरे तन मन में नाम विशेष रूप से बसा दे ।।रहाउ।।

चित्त माया के विष में मोहित हो कर चतुरता से अपनी प्रतिष्ठा खो बैठता है। यदि गुरु द्वारा (प्रदत्त) ज्ञान मन में समा जाय, तो चित्त में ठाकुर (स्वामी, प्रभु) सच्ची (रीति से) बस जाता है ।।२।।

हे भाई, (सभी कोई) 'सुन्दर सुन्दर' कहते हैं, (लेकिन) सुन्दर गहरे लाल रंग का है [चलूल=फारसी चूं—लाला, लाला के फूल के समान लाल]। यदि मन हरी (के प्रेम) में बैरागी हो जाय, तो हरी के महल और दरबार में सच्चा और भूल से रहित गिना जाता है ।।३।।

(हे प्रभु) तू ही आकाश और पाताल में है। प्रत्येक घर में (प्रत्येक स्थान में) तू ही (सारे) गुण है (और तू ही) ज्ञान है। (जब मैं) गुरु से मिला, (तभी) सुख पाया और (मेरे) मन से अभिमान नष्ट हो गया ।। ४ ।।

पानी से मल-मल कर शरीर को (खूब) धोया जाय, किन्तु (वह फिर भी) गंदा

हो जाता है। (अतएव) हे भाई, ज्ञान के महा रस (अमृत) में स्नान करो, (जिससे) तन और मन—(दोनों ही) निर्मल हो जायँ ॥ ५ ॥

देवी-देवताओं को पूजकर (उनसे) क्या माँगूं और (वे) दे ही क्या सकते हैं? पत्थर (की मूर्तियों) को (यदि) पानी में धोया जाय, तो वे डूब जाती हैं, तब वे औरों को कैसे तार सकती हैं ? ॥ ६ ॥

गुरु के बिना अलक्ष्य (हरी) को नहीं लखा जा सकता, नहीं समझा जा सकता, बिना गुरु के (संसार) प्रतिष्ठा खोकर डूब जाता है। मेरे ठाकुर (स्वामी) के हाथ में (सारी) बड़ाइयाँ हैं; जिसे अच्छा लगता है, उसे (वह) देता है ॥ ७ ॥

यदि पति-(परमात्मा के) प्रेम में स्त्री सत्य का जप करे, तो (वह) मृदुभाषिणी हो जाती है। वह विरह की बिंधी हुई सत्य में निवास करती है और हरि के नाम में (भलीभाँति रंग जाती है) ॥ ८ ॥

(हरी को) सभी कोई 'अपना अपना' कहते हैं; किन्तु जो व्यक्ति गुरु के द्वारा (हरी का स्वरूप) समझता है, (वही) चतुर है। (जो व्यक्ति) हरि के प्रेम में बिंधे हुए हैं, वे तर गए, (उनके ऊपर) नाम शब्द का सच्चा चिह्न लगता है—(मुहर लगती है) ॥९॥

जिस प्रकार खूब इंधन एकत्र किया जाय और रत्ती भर (रंच मात्र) अग्नि डाल दी जाय, (तो सारा इंधन दग्ध हो जाता है), उसी प्रकार क्षण और पल मात्र भी यदि हरी का नाम मन में बस जाय, (तो समस्त पाप दग्ध हो जाते हैं) और स्वाभाविक ही (परमात्मा का) मिलाप हो जाता है ॥ १० ॥ ४॥

१ ओं सतिगुर प्रसादि ॥ रागु सोरठि, महला १, वार

सलोकु : सोरठि सदा सुहावणी जे सचा मनि होइ ।
दंदी मैलु न कतु मनि जीभै सचा सोइ ॥
ससुरै पेईऐ भै वसी सतिगुरु सेवि निसंग ।
परहरि कपड़ु जे पिर मिलै खुसी रावै पिरु संगि ॥
सदा सीगारी नाउ मनि कदे न मैलु पतंगु ॥
देवर जेठ मुए दुखि ससू का डरु किसु ।
जे पिर भावै नानका करम मणी सभु सचु ॥१॥
ता की रजाइ लेखिआ पाइ अब किआ कीजै पांडे ।
हुकम होआ हासलु तदे होइ निबड़िआ हंडहि जीअ कमांदे ॥२॥

सलोकु : सोरठ रागिनी तभी सदैव सुहावनी होती है, यदि इसके द्वारा गाया और सुना गया सच्चा हरी मन में बस जाय और (स्त्री—प्राणी के) दातों में मैल न लगे (तात्पर्य यह कि हराम की चीज खा कर मुंह मैला न करे), मन में (वैर-विरोध का) घाव न हो और जीभ पर उस सच्चे (हरी) का नाम हो। [कतु—अरबी, जख्म, घाव]

ससुराल और मायके (नैहर) (तात्पर्य यह कि लोक-परलोक) में (हरी के) भय में रहा जाय और सद्गुरु की निशंक होकर सेवा की जाय। कपड़े (सांसारिक शृङ्गार) त्याग कर ही यदि पति का मिलाप हो सके, तो (स्त्री को) उससे मिलकर प्रसन्नता होती है और (उसके मन में) कभी पाप (मैल) का पतिंगा नहीं लगता।

उसके देवर और जेठ (सांसारिक विकार) दुःखी होकर मर गए, तो सास (माया) का किसे डर है ? हे नानक, (पति-परमात्मा को) मन में बसा कर, यदि (जीवात्मा रूपी) स्त्री पति परमात्मा को अच्छी लगे, तो उसके कर्म (ललाट) में भाग्य का टीका समझो। (उसे हर स्थान में) सच्चा (प्रभु) ही दिखाई पड़ता है ॥ १ ॥

हे पंडित, इस (समय दुःख करने से) कुछ नहीं बन सकता, प्रभु की मर्जी के अनुसार (अपने ही किए पूर्व कर्मों के अनुसार) लिखा लेख (भाग्य) मिलता है; जब प्रभु का हुक्म हुआ, तभी जो कुछ होना था, वह हुआ (और उसी लेख के अनुसार) जीव (कर्म) करते फिरते हैं ॥ २ ॥

1ओं सतिनामु करता पुरखु निरभउ निरवैरु
अकाल मूरति अजूनी सैभं गुर प्रसादि

रागु धनासरी, महला १, चउपदे, घरु १,

सबद [१]

जीउ डरतु है आपणा कै सिउ करी पुकार ।
दूख विसारणु सेविआ सदा सदा दातारु ॥१॥
साहिबु मेरा नीत नवा सदा सदा दातारु ॥१॥रहाउ॥

अनदिनु साहिबु सेवीऐ अंति छडाए सोइ ।
सुणि सुणि मेरी कामणी पारि उतारा होइ ॥२॥
दइआल तेरै नामि तरा । सद कुरबाणै जाउ ॥१॥रहाउ॥

सरबं साचा एकु है दूजा नाही कोइ ।
ताकी सेवा सो करे जाकउ नदरि करेइ ॥३॥

तुधु बाझु पिआरे केव रहा ।
सा वडिआई देहि जितु नामि तेरे लागि रहां॥
दूजा नाही कोइ जिसु आगै पिआरे जाइ कहा ॥१॥रहाउ॥

सेवी साहिबु आपणा अवरु न जाचउ कोइ ।
नानकु ताका दासु है बिंद बिंद चुख चुख होइ ॥४॥
साहिब तेरे नाम विटहु बिंद बिंद चुख चुख होइ ॥१रहाउ॥४॥१॥

(अपने पापों का स्मरण करके) मेरा जी डर रहा है; मैं किससे अपनी पुकार करूं ? (इसीलिए) (मैं) दुःखों के भुला देनेवाले (दुःखों के दूर करनेवाले) हरी की सेवा करता हूं, जो सदैव दयालु है ॥ १ ॥

मेरा साहब नित्य नवीन है और सदैव से ही दयालु है ॥ १ ॥ रहाउ ॥

प्रतिदिन साहब (स्वामी) की आराधना करनी चाहिए, अंत में (लोगों को दुःखों से) वह छुड़ाता है । (हरी का नाम) सुन-सुन कर, हे मेरी सखी, मुक्ति हो जाती है । [कामणी=स्त्री, सहेली] ॥ २ ॥

हे दयालु (परमात्मा), तेरे नाम से (मैं) तर जाता हूँ; मैं (उस नाम पर) सदैव कुरबान होता हूँ ॥ १ ॥ रहाउ ॥

सर्वत्र (सभी स्थानों में) एक सच्चा (हरी ही) (व्यापक है)। (उसे छोड़ कर) दूसरा कोई और नहीं है। उस (परमात्मा की) सेवा वही कर सकता है, (जिसके ऊपर) वह कृपादृष्टि करता है ॥ ३ ॥

हे प्यारे तेरे बिना, मैं किस तरह रह सकता हूँ? (हे प्रभु) मुझे वही बड़ाई दे, जिससे (मैं) तेरे नाम में लगा रहूँ। हे प्यारे, मेरे लिए कोई दूसरा ऐसा नहीं है, जिसके सम्मुख जा कर (अपने दुःखों-सुखों को) कहूँ ॥ १ ॥ रहाउ ॥

(मैं) अपने साहब की आराधना करता हूँ, और किसी से भी नहीं याचना करता। नानक, उस (प्रभु) का दास है, (जिसके ऊपर) पल-पल में (वह) कुरबान-कुरबान होता है ॥ ४ ॥

हे मालिक, तेरे नाम के ऊपर (मैं) पल-पल में टुकड़े टुकड़े होऊँ, कुरबान होऊँ ॥ १ ॥ रहाउ ॥ ४ ॥ १ ॥

[२]

हम आदमी हां इक दमी मुहलति मुहतु न जाणा।
नानक बिनवै तिसै सरेवहु जाके जीअ पराणा ॥१॥
अंधे जीवना वीचारि देखि केते के दिना ॥१॥रहाउ॥
सासु मासु सभु जीउ तुमारा तूं मै खरा पिआरा।
नानकु साइरु एव कहतु है सचे परवदगारा ॥२॥
जे तू किसै न देही मेरे साहिबा किआ को कढै गहणा।
नानकु बिनवै सो किछु पाईऐ पुरबि लिखे का लहणा ॥३॥
नामु खसम का चिति न कीआ कपटी कपटु कमाणा।
जम दुआरि जा पकड़ि चलाइआ ता चलदा पछुताणा ॥४॥
जब लगु दुनीआ रहीऐ नानक किछु सुणीऐ किछु कहीऐ।
भालि रहे हम रहणु न पाइआ जीवतिआ मरि रहीऐ ॥५॥२॥

हम आदमी हैं, एक दम भर रहनेवाले हैं; हमें पता नहीं हैं कि जीवन की अवधि और मुहूर्त्त कितना है। (इसीलिए) नानक विनय करता है कि तुम उसकी सेवा करो, जिसके जीव और प्राण है (अर्थात् जो जीव और प्राण का स्वामी है) ॥१ ॥

हे अन्धे (मूर्ख मनुष्य), विचार करके देखो कि हमें कितने दिन जीना है ॥ १ ॥ रहाउ ॥

(हे प्रभु), सारी साँसें, शरीर और प्राण तेरे ही हैं। नानक शायर (कवि) इस प्रकार कहता है, "हे सच्चे पालनकर्त्ता, (हरी) तू मुझे अत्यधिक प्रिय है।" ॥२॥]

हे मेरे साहब, यदि तू किसी को दान न दे, तो कोई क्या गहने रख कर ले सकता है [गहना काढ़ना—कोई आभूषण गिरवी रख कर कोई वस्तु अथवा रुपये आदि ले लेना];

(अर्थात् मनुष्य के पास कोई ऐसी वस्तु नहीं है, जिसे रख कर वह हरी से कोई दान ले सके। यदि किसी को परमात्मा का दान मिलता है, तो वह कृपा से ही मिलता है। हम में कोई भी गुण ऐसा नहीं है, जो परमात्मा के दान के बदले में दिया जा सके)। नानक विनय करता है, (कि हमें) वही कुछ प्राप्त होता है, जो पहले से ही (हरी की ओर से) हमें प्राप्त होना लिखा रहता है ॥ ३ ॥

पति (परमात्मा) का नाम चित्त में (धारण) नहीं किया और यह कपटी (पाखण्डी) मनुष्य (अहर्निश) कपट ही करता रहा। यमराज के दरवाजे की ओर जब पकड़ कर घसीटा गया, तब (घसिट कर) चलते हुए पछताने लगा ॥ ४ ॥

जब तक संसार में जीवित रहिए, तब तक (हरी का नाम) कहिए (जपिए) और सुनिए। (हमने अत्यधिक) खोज की (पर इस संसार में स्थिर) रहने की (कोई भी युक्ति दृष्टि में नहीं आई); (किन्तु अन्त में इसी सिद्धान्त पर पहुँचा कि) जीवित भाव से मर कर (इस दुनियाँ में) रहा जाय। (तात्पर्य यह कि अहंभाव से मर कर दुनिया में रह कर कर्म किए जायं) ॥ ५ ॥ २ ॥

१ओं सतिगुर प्रसादि ॥ घरु दूजा ॥

[३]

किउ सिमरी सिवरिआ नही जाइ। तपै हिआउ जीअड़ा बिललाइ ॥
सिरजि सवारे साचा सोइ। तिसु विसरिऐ चंगा किउ होइ ॥१॥
हिकमति हुकमि न पाइआ जाइ। किउकरि साचि मिलउ मेरी माइ ॥१॥रहाउ॥
वखरु नामु देखण कोई जाइ। ना को चाखै ना को खाइ ॥
लोकि पतीणै ना पति होइ। ता पति रहै राखै जा सोइ ॥२॥
जह देखा तह रहिआ समाइ। तुधु बिनु दूजी नाही जाइ।
जे को करै कीते किआ होइ। जिसनो बखसे साचा सोइ ॥३॥
हुणि उठि चलणा मुहति कि तालि। किआ मुहु देसा गुण नही नालि ॥
जैसी नदरि करे तैसा होइ। विणु नदरी नानक नही कोइ ॥४॥१॥३॥

(हे प्रभु), (मैं) किस प्रकार (तेरा) स्मरण करूँ? स्मरण नहीं करते बनता। (मेरा) हृदय दग्ध होता है और मन बिललाता है। वही सच्चा (प्रभु) सृष्टि रच कर (उसे) संवारता है, (उसका शृङ्गार करता है)। (भला), उसे भूलने पर भला (अच्छा) कैसे बना जा सकता है ॥१॥

किसी भी चालाकी अथवा हुकम (ज़ोर) के द्वारा (सच्चा हरी) प्राप्त नहीं किया जा सकता। हे मेरी माँ, किस प्रकार सत्य (हरी) से मिलूँ? ॥ १ ॥ रहाउ ॥

नाम रूपी सौदा कोई विरला ही देखने (परखने, खोजने) जाता है। इसे न तो कोई चखता है और न खाता है (तात्पर्य यह है कि सच्चे अन्त:करण से न तो कोई नाम का जप

करता है और न उसका कोई रसास्वादन ही करता है) (सांसारिक) लोगों की तसल्ली (सन्तोष) से प्रतिष्ठा नहीं प्राप्त होती। प्रतिष्ठा तो तभी होती है, जब (परमात्मा) (उसे) रक्खे ॥ २ ॥

(हे प्रभु), जहाँ मैं देखता हूँ, वहीं तू समाया है (व्याप्त है); तेरे बिना (मेरे लिये) कोई अन्य जगह (स्थान—आश्रय) नहीं है। यदि कोई करना चाहता है, तो उसके करने से क्या होता है ? जिसे वह सच्चा (प्रभु) देता है, (उसी को मिलता है) ॥३॥

मुझे तुरन्त ही उठकर चले जाना है—एक मुहुर्त्त में और ताली बजने मात्र में। (हरी को) क्या मुँह दिखाऊँगा ? (मुझमें) तो कुछ भी गुण नहीं है। (प्रभु) जैसी दृष्टि करता है (मनुष्य) वैसा ही हो जाता है, (तात्पर्य यह कि यदि प्रभु की कृपादृष्टि होती है, तो मनुष्य अच्छा हो जाता है और यदि उसकी कोप की दृष्टि होती है, तो वह बुरा बन जाता है)। (हे प्रभु), बिना (तेरी) दृष्टि के कोई भी मनुष्य नहीं है (सभी के ऊपर तेरी दृष्टि है) ॥ ४ ॥ १ ॥ ३ ॥

[४]

नदरि करे ता सिमरिआ जाइ। आतमा द्रवै रहै लिव लाइ ॥
आतमा परातमा एको करै। अंतर की दुबिधा अंतरि मरै ॥१॥
गुर परसादी पाइआ जाइ। हरि सिउ चितु लागै फिरि कालु न खाइ ॥१॥रहाउ॥
सचि सिमरिऐ होवै परगासु। ताते बिखिआ महि रहै उदासु ॥
सतिगुर की ऐसी वडिआई। पुत्र कलत्र विचे गति पाई ॥२॥
ऐसी सेवकु सेवा करै। जिस का जीउ तिसु आगै धरै ॥
साहिब भावै सो परवाणु। सो सेवकु दरगह पावै माणु ॥३॥
सतिगुर की मूरति हिरदै वसाए। जो इछै सोई फलु पाए ॥
साचा साहिबु किरपा करै। सो सेवकु जम ते कैसा डरै ॥४॥
भनति नानकु करे बीचारु। साची बाणी सिउ धरे पिआरु ॥
ता को पावै मोख दुआरु। जपु तपु सभु इहु सबदु है सारु ॥५॥२॥४॥

यदि (हरी) कृपा करे, तभी उसका स्मरण किया जा सकता है, (अन्यथा नहीं)। (प्रभु की कृपा-दृष्टि से ही) (साधक की) आत्मा द्रवीभूत हो जाती है और (हरी के) एक निष्ठ [ध्यान में लग जाती है। (वह साधक) (अपनी) आत्मा को] परमात्मा से (युक्त करके) एक कर देता है (और उसके) अन्तःकरण का द्वैतभाव (उसके) अन्तर्गत ही समाप्त हो जाता है ॥ १ ॥

गुरु की कृपा से ही (हरी) पाया जाता है। हरी से चित्त लग जाने पर फिर काल नहीं भक्षण करता ॥१॥ रहाउ ॥

सत्यस्वरूप (परमात्मा) का स्मरण करने से (ब्रह्मज्ञान का) प्रकाश हो जाता है। इस कारण (ब्रह्मज्ञानी माया के) विष में भी उदासीन उपराम रहता है (तात्पर्य यह कि सांसारिक कार्यों को करता हुआ भी ब्रह्मज्ञानी निर्लिप्त रहता है। सद्गुरु की ऐसी महत्ता है

(कि उसकी शिक्षा पर चलने से शिष्य) पुत्र-कलत्र के बीच रहते हुए भी (गृहस्थी में रहते हुए) मुक्ति पा लेता है ॥ २ ॥

सेवक (परब्रह्म की) ऐसी आराधना करे कि जिस (प्रभु का) जीव है, उसे समर्पित कर दे (तात्पर्य यह कि अपना जीवन परमात्मा की आज्ञा में व्यतीत करे, जो उसे अच्छा लगे, उसे शिरोधार्य करे) । (जो) प्रभु को अच्छा लगता है, वही प्रामाणिक है और वही सेवक (परमात्मा के) दरबार में सम्मान पाता है ॥३॥

जो सद्गुरु की मूर्त्ति [मूर्त्ति का भाव सद्गुरु के गुण, आचरण और माहात्म्य से है] (अपने) हृदय में बसा लेता है; वह जो इच्छा करता है, वही फल पा लेता है । (जिसके) ऊपर सच्चा साहब कृपा करता है, वह सेवक यमराज से क्यों डरे ? ॥४॥

नानक सोच विचार कर प्रार्थना करता है कि यदि कोई (गुरु की) सच्ची वाणी से प्यार करे तो वही मोक्ष-द्वार प्राप्त करता है । शब्द (नाम-जप) ही (वास्तविक) जप-तप और सब कुछ है ॥५॥२॥

[५]

जीउ तपतु है बारोबार । तपि तपि खपै बहुतु बेकार ।
जै तनि वाणी विसरि जाइ । जिउ पका रोगी बिललाइ ॥१॥

बहुता बोलणु झखणु होइ । विणु बोले जाणै सभु सोइ ॥१॥रहाउ॥

जिनि कन कीते अखी नाकु । जिनि जिहवा दिती बोले तातु ॥
जिनि मनु राखिआ अगनी पाइ । वाजै पवणु आखै सभ जाइ ॥२॥

जेता मोहु परीति सुआद । सभा कालख दागा दाग ॥
दाग दोस मुहि चलिआ लाइ । दरगह बैसण नाही जाइ ॥३॥

करमि मिलै आखणु तेरा नाउ । जितु लगि तरणा होरु नही थाउ ॥
जे को डूबै फिरि होवै सार । नानक साचा सरब दातार ॥४॥३॥५॥

जीव बारंबार दग्ध होता रहता है । वह दग्ध हो होकर खप जाता है और बहुत विकारयुक्त हो जाता है । जिस शरीर (मनुष्य) को गुरुवाणी भूल जाय, वह पक्के रोगी के समान बिललाता है (चीखता) है ॥ १ ॥

बहुत बोलना तो व्यर्थ बकना होता है । (हरी) बिना बोले ही सब कुछ समझता है ॥१॥ रहाउ ॥

जिसने हमारे कान, आँख और नाक बनायी हैं; जिसने जिह्वा प्रदान की, जो तुरन्त बोलती है, जिसने मन को (हमें) (माता के गर्भ की) उष्णता में डाल कर (फिर) बचा रक्खा (और जिस हरी की कृपा से कानों में हवा) जाकर बजती है (ध्वनि उत्पन्न होती है) (और सारी बातें) जाकर (कंठ से) उच्चरित होती हैं, (उस परमात्मा का स्मरण करना चाहिए) ।

जितने भी मोह, (सांसारिक) प्रीति और स्वाद (आकर्षण) हैं, (वे सब आत्मा को) (कलुषित बनाने के लिए) कालिख हैं, जो उसे दागों से भर देते हैं । (जो मनुष्य इन) दागों

को, (इन) दोषों को (अपने) मुंह में लगा कर जाता है, उसे (परमात्मा के) दरबार में बैठने नहीं मिलता ॥३॥

(हे प्रभु), (तेरी) कृपा से ही तेरा नाम कहने (जपने) को मिलता है। उसी (नाम-जपने) से ही (संसार-सागर से) तरा जा सकता है, इसके अतिरिक्त अन्य कोई आश्रय नहीं है। यदि कोई डूबा भी हो, तो (नाम जपने से) उसकी भी खोज ली जाती है (हरी सँभाल करता है)। हे नानक, सच्चा (हरी) ही सब का दाता है ॥४॥ ३॥ ५ ॥

[६]

चोरु सलाहे चितु न भीजै । जे बदी करे ता तसू न छीजै ॥
चोर की हामा भरे न कोइ । चोरु कीआ चंगा किउ होइ ॥१॥
सुणि मन अंधे कुते कूड़िआर । बिनु बोले बूझीऐ सचिआर ॥१॥रहाउ॥
चोरु सुआलिउ चोरु सिआणा । खोटे का मुलु एकु दुगाणा ॥
जे साथि रखीऐ दीजै रलाइ । जा परखीऐ खोटा होइ जाइ ॥२॥
जैसा करे सु तैसा पावै । आपि बीजि आपे ही खावै ॥
जे वडिआईआ आपे खाइ । जेही सुरति तेहै राहि जाइ ॥३॥
सउ कूड़ीआ कूड़ु कबाड़ु । भावै सभु आखउ संसारु ॥
तुधु भावै अधी परवाणु । नानक जाणै जाणु सुजाणु ॥४॥४॥६॥

(यदि कोई) चोर (खोटा व्यक्ति) किसी की श्लाघा (प्रशंसा) भी करे, (तो उससे उसका) चित्त नहीं प्रसन्न होता। यदि (वह चोर) बुराई भी करता है, (तो तनिक) घाटा भी नहीं होता। चोर की हामी कोई भी नहीं भरता (चोर का जामिन कोई भी नहीं होता)। जो काम चोर ने किया है, वह सुंदर कैसे हो सकता है ? ॥ १ ॥

हे अंधे कुत्ते और झूठे मन सुनो; सच्चा (हरी) बिना बोले ही सब कुछ जानता है ॥१॥ रहाउ ॥

चाहे चोर सुहावना (बन जाय) और चतुर (दिखाई दे), किन्तु है वह खोटा ही। खोटे का मूल्य दो गंडे हैं (अत्यन्त तुच्छ है)। चाहे खोटे रुपये को (अन्य खरे सिक्कों के) साथ रखिये (अथवा उनमें बिलकुल) मिला दीजिए, किन्तु जब उसकी परख होगी, तो खोटा ही निकलेगा ॥२॥

(मनुष्य) जैसा करता है, वैसा ही पाता है; (वह) आप ही बोता है और आप ही (उसके फल) खाता है। यदि (कोई खोटा मनुष्य) स्वयं ही (अपनी) बड़ाइयाँ करे, (तो बड़ा नहीं बन जाता), जैसी उसकी बुद्धि है, वैसे ही राह चलेगा। तात्पर्य यह कि वह अपनी बुद्धि के अनुसार कार्य करेगा) ॥३॥

यदि (खोटा आदमी) सौ झूठी (बातें) करे और बुरी वस्तुओं को अच्छी बना कर दिखाये, और सारा (संसार धोखा खाकर उसे अच्छा) कहे, किन्तु है वह खोटा ही। [कबाड़=टूटी फूटी चीजों को अच्छी बना कर बेचना, जैसा कबाड़ी लोग करते हैं]। (हे प्रभु, यदि) तुझे अच्छा लगे, तो अर्द्ध (पुरुष) (अपूर्ण व्यक्ति) भी प्रामाणिक हो जाये। हे नानक, वह जानकार (त्रिकालज्ञ प्रभु) सब कुछ जानता है ॥४॥ ॥४॥ ६॥

[७]

काइआ कागदु मनु परवाणा । सिर के लेख न पड़ै इआणा ॥
दरगह घड़ीअहि तीने लेख । खोटा कामि न आवै वेखु ॥१॥
नानक जे विचि रुपा होइ । खरा खरा आखै सभु कोइ ॥१॥रहाउ॥
कादी कूड़ु बोलि मलु खाइ । ब्राहमणु नावै जीआ घाइ ॥
जोगी जुगति न जाणै अंधु । तीने ओजाड़े का बंधु ॥२॥
सो जोगी जो जुगति पछाणै । गुर परसादी एको जाणै ॥
काजी सो जो उलटी करै । गुर परसादी जीवतु मरै ॥
सो ब्राहमणु जो ब्रहमु बीचारै । आपि तरै सगले कुल तारै ॥३॥
दानसबंदु सोई दिलि धोवै । मुसलमाणु सोई मलु खोवै ॥
पड़िआ बूझै सो परवाणु । जिसु सिरि दरगह का नीसाणु ॥४॥५॥७॥

शरीर कागज है और मन (स्वभाव, आचरण) (उसके ऊपर लिखा हुआ) परवाना (आदेशपत्र) है। मूर्ख (अज्ञानी) पुरुष (अपने) मत्थे के ऊपर (लिखा हुआ परमात्मा का) लेख नहीं पढ़ता। परमात्मा के दरबार में तीन प्रकार के लेख लिखे जाते है (उत्तम, मध्यम और निकृष्ट)। (विचार करके) देखो (जो) खोटा है, (वह) काम नहीं आता ॥१॥

हे नानक, जिस (सिक्के) में चाँदी होती है, (उसी को) सब 'खरा-खरा' कहते हैं; (और वही काम में आता है, खोटा सिक्का काम में नहीं आता, वह खोटों में फेंक दिया जाता है)॥ ॥ रहाउ ॥

काजी झूठ बोल बोल कर मल (हराम की कमाई) खाता है। ब्राह्मण जीवों को मार कर (दुःख देकर), (फिर प्रदर्शन के लिए तीर्थों में) नहाता फिरता है। योगी अंधा (अज्ञानी) है, वह (परमात्मा से मुक्त होने की) युक्ति नहीं जानता; (उपर्युक्त) तीनों ही उजाड़ के समान हैं ॥२॥

(वास्तव में) (सच्चा) योगी वही है, जो (परमात्मा से मिलन की) युक्ति जानता है और (वह) गुरु की कृपा से एक मात्र (हरी को ही) जानता है। काजी वही है, जो (माया की ओर से चित्त) उलट ले, (मोड़ ले) और गुरु की कृपा से जीवित ही (अपने अहंकारों से) मर जाय; वही ब्राह्मण है, जो ब्रह्म-तत्व का विचार करता है; (ऐसा ब्राह्मण) स्वयं तो तरता ही है, अपने समस्त वंश को भी तार देता है ॥३॥

जो (अपना) हृदय धोता है, (शुद्ध करता है), वही चतुर है। [दानशमंद—फ़ारसी,=चतुर, सयाना, बुद्धिमान, अक्लमंद]। जो पापों का मल नष्ट कर दे, वही (वास्तव में) मुसलमान है। जो पढ़े हुए (शास्त्रों) को समझता है, (आचरण करता है) वही प्रामाणिक है—(लोक में भी, परलोक में भी) और (उसी के) मत्थे पर (हरी के) दरबार में प्रामाणिकता की मुहर लगती है [निशान=चिह्न, छाप, मुहर] ॥ ४ ॥५ ॥ ७ ॥

१ओं सतिगुर प्रसादि ॥ घरु ३

[८]

कालु नाही जोगु नाही नाही सत का ढबु ।
थानसट जग भरिसट होए डूबता इव जगु ॥
कल महि राम नामु सारु ।
अखी त मीटहि नाक पकड़हि ठगण कउ संसारु ॥१॥रहाउ॥

आंट सेती नाकु पकड़हि सूझते तिनि लोअ ।
मगर पाछै कछु न सूझै एहु पदमु अलोअ ॥२॥

खत्रीआ त धरमु छोडिआ मलेछ भाखिआ गही ।
सृसटि सभ एक बरन होई धरम की गति रही ॥३॥

असट साज साजि पुराण सोधहि करहि बेद अभिआसु ।
बिनु नाम हरि के मुकति नाही कहै नानकु दासु ॥४॥१॥६॥८॥

विशेष : यह पद एक पाखण्डी ब्राह्मण के प्रति कहा गया है। वह ब्राह्मण अपने इष्ट स्थान पर बैठ कर लोगों से यह कहता था कि मैं त्रिकालज्ञ हूँ और मुझे तीनों लोकों का ज्ञान है। पर जब उसने अपनी आँखें बन्द की, तो किसी ने उसके ठाकुर की पूजा की चौकी, उसके पीछे ही रख दी और वह उसे न पा सका। इसी घटना को देखकर गुरु नानक देव ने निम्नलिखित 'सबद' कहा —

अर्थ : (आजकल) न तो, वह समय है, न योग है और न सात्त्विक (जीवन व्यतीत करने का) ढब, (ढंग-तरीका) ही (किसी को मालूम) है। संसार के इष्टस्थान (पूजा-स्थान) भ्रष्ट हो गए हैं; (इस प्रकार) सारा जगत् डूब रहा है॥ १ ॥

(इस) कलियुग में रामनाम ही श्रेष्ठ वस्तु है। (पाखंडी लोग) संसार को ठगने के लिए आँख बन्द करके नाक पकड़ते हैं (जैसे कि प्राणायाम द्वारा समाधि में स्थित हो रहे हैं) ॥१॥ रहाउ ॥

अँगूठे और पास की दो अँगुलियों की सहायता से (आंट से) नाक पकड़ते हैं (और यह दम्भ भरते हैं कि प्राणायाम द्वारा समाधि में स्थिति होकर मुझे) तीनों लोकों का ज्ञान है। किन्तु पीछे की वस्तु उन्हें नहीं सुझाई पड़ती; यह (कैसा अनोखा) पद्मासन है ! ॥२॥

क्षत्रियों ने (दासता में पड़कर अपना) धर्म त्याग दिया और म्लेच्छों की भाषा ग्रहण कर ली। (सारी) सृष्टि एकवर्ण (वर्णसंकर) हो गई है, [तात्पर्य यह है कि लोग तमोगुणी हो गए हैं, उन्हें अपने कर्म-धर्म की ओर तनिक भी ध्यान नहीं है—गुरु नानक का अभिप्राय 'एकवर्ण' से यह है कि 'दासता की एकता'। वैसे तो गुरु नानक देव जी जाति प्रथा के विरोधी थे—"फकड़ जाती फकड़ नाउ"] ॥ ३ ॥

(पाठ एवं अर्थ बोध के) आठों अंग (अथवा व्याकरण) शोध-शोध कर पुराणों का विचार करते हैं और वेदों का अभ्यास करते हैं, (पर यह सब अपरा ही विद्या है, इनसे परमात्मा की प्राप्ति नहीं होती)। दास नानक यह कहता है कि बिना हरि के नाम के मुक्ति नहीं हो सकती ॥ ४ ॥ १ ॥ ६ ॥ ८ ॥

१ओं सतिगुर प्रसादि ॥ आरती

[९]

गगन मै थालु रबि चंदु दीपक बने तारिका मंडल जनक मोती ।
धूपु मलआनलो पवणु चवरो करे सगल बनराइ फूलंत जोती ॥१॥

कैसी आरती होइ भवखंडना तेरी आरती ।
अनहता सबद बाजंत भेरी ॥ १ ॥ रहाउ ॥

सहस तव नैन नन नैन है तोहि कउ सहस मूरति नना एक तोही ।
सहस पद बिमल नन एक पद गंध बिनु सहस तव गंध इव चलत मोही ॥२॥

सभ महि जोति जोति है सोइ । तिस कै चानणि सभ महि चानणु होइ ॥
गुर साखी जोति परगटु होइ । जो तिसु भावै सु आरती होइ ॥३॥

हरि चरण कमल मकरंद लोभित मनो अनदिनो मोहि आही पिआसा ।
क्रिपा जलु देहि नानक सारिंग कउ होइ जाते तेरै नामि वासा ॥४॥१॥७॥९॥

विशेष : गुरु नानक देव ने जगन्नाथपुरी के पंडितों को यह आरती सुनाई थी। इस पद में सगुण ब्रह्म के विराट्-स्वरूप का बड़ा ही मनोहर चित्रण किया गया है।

अर्थ : (हे प्रभु तुम्हारी विराट् आरती के निमित्त) आकाश रूपी थल में सूर्य और चन्द्रमा दीपक बने हुए हैं और तारामण्डल (उस थाल में) मोती के रूप में जड़े हैं। मलय चन्दन की सुगन्धि (तुम्हारी आरती की) धूप है। वायु चंवर कर रहा है। हे ज्योतिस्वरूप, बनों के खिले हुए सारे पुष्प (तुम्हारी आरती के लिए) पुष्प बने हुए हैं ॥ १ ॥

तुम्हारी आरती (सीमित आरती) कैसे हो सकती है ? हे भवखण्डन, तुम्हारी आरती कैसे हो सकती है ? अनाहत शब्द (तुम्हारी आरती में) नगाड़े (के रूप में) बज रहा है ॥१॥ रहाउ ॥

तुम्हारे सहस्रों नेत्र हैं, (फिर भी) एक भी नेत्र नहीं है। सहस्रों [मूर्तियाँ तुम्हारी ही हैं, (फिर भी) तुम एक मूर्ति भी नहीं हो। तुम्हारे सहस्रों] पवित्र चरण हैं, (तथापि) एक भी चरण नहीं हैं। (इसी प्रकार) तुम्हारी एक भी घ्राणेन्द्रिय के बिना सहस्रों घ्राणेन्द्रियाँ हैं। मैं तुम्हारे इस (अद्भुत) चरित्र पर मोहित हूँ ॥२॥

हे ज्योतिस्वरूप (परमात्मा), तुम्हारी ज्योति सभी में है। (तुम्हारी ही ज्योति के) प्रकाश से सारी वस्तुएं प्रकाशित होती हैं। यह (परमात्मा का अद्वितीय प्रकाश) गुरु के उपदेश से (अपने में) प्रकट होता है। जो तुम्हें अच्छा लगता है, वही (वास्तविक) आरती है ॥३॥

हरि के कमल रूपी चरणों के मकरंद में मेरा (भौंरा रूपी) मन सदैव लोभी बना रहता है। मुझे प्रतिदिन (तुम्हारे प्रेम रूपी मकरंद की) प्यास बनी रहती है। नानक कहते हैं (कि हे प्रभु) मुझ पपीहे को अपनी कृपा का जल दो, जिससे तुम्हारे नाम में ही निवास हो ॥ ४ ॥ १ ॥ ७ ॥ ६ ॥

१ ओं सतिगुर प्रसादि ॥ धनासरी महला १, घरु २

असटपदीआं [१]

गुरु सागरु रतनी भरपूरे । अंमृतु संत चुगहि नही दूरे ॥
हरि रसु चोग चुगहि प्रभ भावै । सरवर महि हंसु प्रानपति पावै ॥१॥
किआ बगु बपुड़ा छपुड़ी नाइ । कीचड़ि डूबै मैलु न जाइ ॥१॥रहाउ॥
रखि रखि चरन धरे वीचारी । दुबिधा छोडि भए निरंकारी ॥
मुकति पदारथु हरि रसु चाखे । आवण जाण रहे गुरि राखे ॥२॥
सरवर हंसा छोडि न जाइ । प्रेम भगति करि सहजि समाइ ॥
सरवर महि हंसु हंस महि सागरु । अकथ कथा गुर वचनी आदरु ॥३॥
सुंन मंडल इकु जोगी बैसे । नारि न पुरखु कहहु कोऊ कैसे ।
त्रिभवण जोति रहे लिव लाई । सुरि नर नाथ सचे सरणाई ॥४॥
आनंद मूलु अनाथ अधारी । गुरमुखि भगति सहजि वीचारी ।
भगतिवछल भै काटणहारे । हउमै मारि मिले पगु धारे ॥५॥
अनिक जतन करि कालु संताए । मरणु लिखाइ मंडल महि आए ॥
जनमु पदारथु दुबिधा खोवै । आपु न चीनसि भ्रमि भ्रमि रोवै ॥६॥
कहतउ पड़तउ सुणतउ एक । धीरज धरमु धरणीधर टेक ॥
जतु सतु संजमु रिदै समाए । चउथे पद कउ जे मनु पतीआए ॥७॥
साचे निरमल मैलु न लागै । गुर कै सबदि भरम भउ भागै ॥
सूरति मूरति आदि अनूपु । नानक जाचै साचु सरूपु ॥८॥१॥

गुरु समुद्र है और रत्नों से (सुन्दर गुणों से) परिपूर्ण है। वहाँ संतगण (हंसों की भाँति) अमृत (रूपी मोती) चुगते हैं (और वे) वहाँ से दूर नहीं जाते। (वे संतगण) हरि-रस (रूपी) चारे को चुगते हैं और प्रभु को (बहुत) अच्छे लगते हैं। (सद्गुरु रूपी) सरोवर में हंस (संत) प्राणों के स्वामी (हरी) को प्राप्त कर लेता है ॥ १ ॥

बगुला बेचारा क्या कीचड़ वाली छोटी तलैया (गड़ही) में नहाता है ? (वह तो) कीचड़ में ही डूबता है उसकी गंदगी नहीं दूर होती ॥ १ ॥ रहाउ ॥

(विचारवान् पुरुष) सँभल सँभल कर विचारपूर्वक कदम रखता है। (वह) दुबिधा को त्याग कर निरंकारी (निरंकार प्रभु का अनुगामी) हो जाता है, मुक्ति रूपी

(अमूल्य) पदार्थ (पा लेता है) और हरि-रस (का आस्वादन करता है); गुरु ने उसे बचा लिया और उसके जन्म-मरण समाप्त हो गए ॥ २ ॥

(सद्गुरु रूपी) सरोवर को (गुरुमुख रूपी) हंस कभी नहीं त्यागते; (वे) प्रेमा-(रागात्मिका) भक्ति करके सहजावस्था (तुरीय पद, चतुर्थ पद में) समा जाते हैं। सरोवर में हंस और हंस में सरोवर समाया रहता है। (तात्पर्य यह गुरु में शिष्य और शिष्य में गुरु समाया रहता है)। (शिष्य) गुरुवाणी द्वारा अकथनीय (हरी) की कथा और उसका सम्मान करता रहता है ॥३॥

शून्यमण्डल (निर्विकल्प अवस्था) में एक योगी (हरी) रहता है। न वह स्त्री है और न पुरुष। कोई उसके सम्बन्ध में क्या कह सकता है? तीनों लोक (तात्पर्य यह कि सारी सृष्टि) उसकी ज्योति में ध्यान लगाए रखती है। देवतागण, मनुष्य और (योगियों के) नाथ उस सच्चे (प्रभु को) शरण में पड़े रहते हैं ॥ ४ ॥

(हरी) आनन्द का मूल है और अनाथों का नाथ है। गुरुमुख लोग भक्ति और स्वाभाविक (आत्मज्ञान) द्वारा, उसका विचार करते हैं। (वह हरी) भक्त-वत्सल तथा भय को काटने वाला है। अहंकार को मार कर (साधक हरि से) मिलता है (और उसके मार्ग पर) चरण रखता है ॥ ५ ॥

(चाहे) अनेक यत्न किए जायँ, (किन्तु फिर भी) काल दु:ख देता है। (क्योंकि) मरना (तो हम अपने भाग्य में ही) लिखा कर, इस संसार में आए हैं। दुबिधा (द्वैतभाव) में पड़कर जन्म के (अमूल्य) पदार्थ (परमात्मा) को खो देते हैं। (इस प्रकार मनुष्य) अपने आप को नहीं पहचानता (और संसार-चक्र में चौरासी लक्ष योनियों के अंतर्गत) भटक-भटक कर रोता है ॥ ६ ॥

यदि साधक का मन सहजावस्था (तुरीयावस्था, चतुर्थ पद, निर्वाण पद) में आरूढ़ हो जाय, (तो वह एक हरी का ही वर्णन करता है, उसी को) पढ़ता है (और उसी को) सुनता है। धरणीधर (परमात्मा) (के प्रति उसकी) टेक ही (उसमें) धैर्य और धर्म (आदि शुभ गुणों को) दे देती है। (इसके फलस्वरूप) यत, सत और संयम (स्वाभाविक रीति से) (उसके) हृदय में समा जाते हैं ॥७॥

(जो) सच्चे (हरी) द्वारा निर्मल (पवित्र होते हैं) उन्हें मैल नहीं लगती। गुरु के शब्द द्वारा (उनके) भ्रम और भय भग जाते हैं। नानक उस सच्चे स्वरूप वाले (हरी) की याचना करता है जो सुहावनी मूर्त्ति वाला, (सब से) आदि और अनुपम (उपमा से परे) है ॥ ८ ॥ १ ॥

[२]

सहजि मिलै मिलिआ परवाणु। ना तिसु मरणु न आवणु जाणु ॥
ठाकुर महि दासु दास महि सोइ। जह देखा तह अवरु न कोइ ॥१॥

गुरमुखि भगति सहज घरु पाईऐ। बिनु गुर भेटे मरि आईऐ जाईऐ ॥१॥रहाउ॥

सो गुरु करउ जि साचु द्रिड़ावै॥ अकथु कथावै सबदि मिलावै।
हरि के लोग अवर नही कारा। साचउ ठाकुरु साचु पिआरा ॥२॥

तन महि मनूआ मन महि साचा । सो सांचा मिलि साचे राचा ॥
सेवकु प्रभ कै लागै पाइ । सतिगुरु पूरा मिलै मिलाइ ॥३॥

आपि दिखावै आपे देखै । हठि न पतीजै ना बहु भेखै ॥
घड़ि भाडे जिनि अंमृतु पाइआ । प्रेम भगति प्रभि मनु पतीआईआ ॥४॥

पड़ि पड़ि भूलहि चोटा खाहि । बहुतु सिआणप आवहि जाहि ॥
नामु जपै भउ भोजनु खाइ । गुरमुखि सेवक रहे समाइ ॥५॥

पूजि सिला तीरथ बनवासा । भरमत डोलत भए उदासा ॥
मनि मैलै सूचा किउ होइ । साचि मिलै पावै पति सोइ ॥६॥

आचारा वीचारु सरीरि । आदि जुगादि सहजि मनु धीरि ।
पल पंकज महि कोटि उधारे । करि किरपा गुरु मेलि पिआरे ॥७॥

किसु आगै प्रभ तुधु सालाही । तुधु बिनु दूजा मै को नाही ।
जिउ तुधु भावै तिउ राखु रजाइ । नानक सहजि भाइ गुण गाइ ॥८॥२॥

(जो साधक हठ-निग्रह किए बिना) सहज (आत्मज्ञान) द्वारा (हरी से) मिलता है, (वही) प्रामाणिक (समझा) जाता है । उस व्यक्ति का मरना नहीं होता और उसका आना-जाना भी समाप्त हो जाता है । (दास और स्वामी में अभेद भाव सम्बन्ध स्थापित हो जाता है) ठाकुर में सेवक और सेवक में ठाकुर (समाए रहते हैं) । जहाँ भी देखा जाय, (एक हरी को छोड़ कर) और कोई दूसरा नहीं है ॥१॥

गुरु की शिक्षा द्वारा भक्ति और सहज घर (सहजावस्था,) तुरीय पद, चतुर्थ पद पाया जाता है । बिना गुरु का दर्शन किए मर कर आते जाते रहिए ॥ १ ॥ रहाउ ॥

(मैं उसको) गुरु बनाता हूँ, जो (हृदय में) सत्य (परमात्मा) को दृढ़ कराता है । वह अकथनीय (हरी) को समझाता है और शब्द-ब्रह्म से मिलाप करा देता है । हरि के लोगों (भक्तों) को (सिवाय भजन के) और कोई कार्य नहीं रहता । उन्हें सच्चा ठाकुर और (उसका) सत्य प्यारा लगता है ॥ २ ॥

वह (मनुष्य) सच्चा है (जो) सच्चे (हरी) से मिलकर (उसके रंग) में रंग गया है, (इसी कारण) (उसके) शरीर तथा मन में सच्चा (हरी) बस गया है । वह सेवक प्रभु के चरणों में लगता है, जिसे पूर्ण सद्गुरु (स्वयं) मिले और (हरी के साथ) मिला दे ॥ ३ ॥

(हरी) स्वयं ही दिखाता (समझाता) है (और) स्वयं ही देखता (समझता) है । (परमात्मा) हठ-निग्रह (आदि) से तथा अनेक (बाह्य) वेशों से नहीं प्रसन्न होता । (मनुष्यों के शरीर अथवा मन रूपी) पात्र गढ़ कर, जिसने (नाम रूपी) अमृत डाला है, (उस) प्रभु का मन प्रेमा (रागात्मिका) भक्ति से प्रसन्न होता है ॥ ४ ॥

(सांसारिक मनुष्य) पढ़-पढ़ कर (माया में और अधिक) भटकते हैं और चोटें (ठोकरें) खाते हैं, (वे) अत्यधिक चतुराई (के फलस्वरूप) (संसार-चक्र में) आते-जाते रहते है । गुरु की शिक्षा पर आचरण करनेवाला सेवक नाम जपता है, और (परमात्मा के) भय का भोजन करता है (खाता है), (ऐसा सेवक हरी में) समाहित हो जाता है ॥५॥

(बहुत से लोग) पत्थर (की मूर्ति) पूजते हैं, तीर्थों, वनों में वास करते हैं, उदासी (विरक्त, त्यागी) होकर (इधर-उधर) भटकते फिरते हैं, (किन्तु उनका) मन गंदा ही है, (अतएव वे) कैसे पवित्र हो सकते हैं ? (जो) सत्य (हरी अथवा गुरु) से मिले, वही प्रतिष्ठा पाता है ॥६॥

जो शरीर (जीवन) के प्रति विचारवान् (और शुभ) आचार (करनी) (करने वाला है) (अर्थात् जिसमें विद्या और आचरण दोनों ही हैं), (जिसका) मन आदि तथा युग-युगान्तरों से (सदैव से) सहजावस्था में तथा धैर्य में टिका रहता है, (ऐसा गुरु मुझे प्राप्त हो)। हे प्यारे हरी, मुझे ऐसा गुरु मिलाओ, जो आँख के पलक मारने में करोड़ों को तार देता है। [पंकज=कमल—तात्पर्य कमल के समान आँखें—आँखें। पल=पलक मारना] ॥७॥

(हे प्रभु), किसके आगे (तेरी) प्रशंसा करूं ? मेरे लिए तेरे बिना और कोई दूसरा नहीं है। जैसे तुझे अच्छा लगे, वैसे ही (अपनी) मर्जी में (आज्ञा में) मुझे रख। नानक, तो सहजभाव से (हरी के) गुण गाता है ॥ ८ ॥ २ ॥

१ओं सतिगुर प्रसादि ॥ धनासरी, महला १

छंत [१]

तीरथि नावण जाउ तीरथु नामु है।
तीरथु सबद बीचारु अंतरि गिआनु है।
गुर गिआनु साचा थानु तीरथु दस पुरब सदा दसाहरा।
हउ नामु हरि का सदा जाचउ देहु प्रभ धरणीधरा।
संसारु रोगी नामु दारू मैलु लागै सच बिना।
गुरवाकु निरमलु सदा चानणु नित साचु तीरथु मजना ॥१॥

साचि न लागै मैलु किआ मलु धोईऐ।
गुणहि हारु परोइ किस कउ रोईऐ ॥
वीचारि मारै तरै तारै उलटि जोनि न आवए।
आपि पारसु परम धिआनी साचु साचे भावए।
आनंदु अनदिनु हरखु साचा दूख किलविख परहरे ॥
सचु नामु पाइआ गुरि दिखाइआ मैलु नाही सच मने ॥२॥

संगति मीत मिलापु पूरा नावणो।
गावै गावणहारु सबदि सुहावणो ॥
सालाहि साचे मंनि सतिगुरु पुंन दान दइआमते ॥
पिर संगि भावै सहजि नावै बेणी त संगमु सतसते ॥
आराधि एकंकारु साचा नित देइ चड़ै सवाइआ।
गति संगि मीता संत संगति करि नदरि मेलि मिलाइआ ॥३॥

कहणु कहै सभु कोइ केवडु आखीऐ ।
हउ मूरखु नीचु अजाणु समझा साखीऐ ।।
सचु गुर की साखी अंमृत भाखी तितु मनु मानिआ मेरा ।
कूचु करहि आवहि बिखु लादे सबदि सचै गुरु मेरा ।।
आखणि तोटि न भगति भंडारी भरिपुरि रहिआ सोई ।
नानकु साचु कहै बेनंती मनु मांजै सचु सोई ।।४।।१।।

(मैं) तीर्थ में स्नान करने जाता हूँ, (हरी का) नाम ही (वास्तविक) तीर्थ है। शब्द (नाम) का विचार करना तथा मन में हरी का ज्ञान होना (वास्तविक) तीर्थ है। गुरु का (दिया हुआ) सच्चा ज्ञान (असली) तीर्थ स्थान है। यही दस पर्व है और यही (दस पापों को हरने वाला) शाश्वत 'दशहरा पर्व है [दस पर्व' जिनमें स्नान करना पवित्र माना जाता है, निम्नलिखित हैं—अष्टमी, चतुर्दशी, अमावस्या, संक्रान्ति, पूर्णमासी, उत्तरायण तथा दक्षिणायण (लगने पर), व्यतीपात, चन्द्रग्रहण और सूर्यग्रहण]। [दशहरा—ज्येष्ठ सुदी दशमी; यह गंगा की जन्मतिथि है, जो दस प्रकार के पापों को हरनेवाली है]। मैं सदैव प्रभु के नाम की याचना करता हूँ; हे धरणीधर प्रभु, (उस नाम की भिक्षा मुझे) दो। (सारा) संसार (अविद्याग्रस्त) रोगी है, [उन रोगियों की) औषधि नाम है; बिना सत्य (परमात्मा को धारण किए अंतःकरण में निरन्तर) मैल लगती है। गुरु का पवित्र वाक्य शाश्वत (ज्ञान का) प्रकाश है; (यही) शाश्वत और सत्य तीर्थ का स्नान है ।।१।।

सच्चे को मैल नहीं लगती; मैल क्या धो रहे हो ? गुणों का हार गूंथ कर (जब गले में पहन लिया, तो फिर किस निमित्त रोना है ? विचार के द्वारा (अपने अहंभाव को) मार दे, (तो आप) तरता है (और दूसरों को भी) तार देता है और फिर उलट कर योनि के अंतर्गत नहीं आता। (वह) स्वयं पारस और महान् ध्यानी होता है। इस प्रकार का सच्चा पुरुष सच्चे हरी को अच्छा लगता है। (उसे) प्रतिदिन आनन्द और सच्चा हर्ष होता है। (वह) दुःखों और कल्मषों (पापों) को त्याग देता है। गुरु के दिखाने पर, उसे सच्चे नाम की प्राप्ति हो गई। उसके सच्चे मन में मैल नहीं (रह गई)।। २ ।।

(हरी रूपी) मित्र की संगति का मिलाप पूर्ण स्नान है। गानेवाला (गायक, संगीतज्ञ) परमात्मा के गुण गाता है और नाम (शब्द) के द्वारा (वह) सुहावना हो जाता है। सद्गुरु को मान कर सच्चे (हरी) की स्तुति करना, यही पुण्य, दान और दयावाली बुद्धि है। पति (परमात्मा) की संगति में प्रसन्न हो और उसके सहज (प्रेम) में स्नान करे, तो सच्ची उत्तम त्रिवेणी का संगम (प्रयागराज) मिल जाता है; [त्रिवेणी-गंगा, यमुना और सरस्वती का संगम—प्रयाग]। यही सच्ची बुद्धि है। सच्चे एकंकार (हरी) की आराधना करो; (वह) नित्य ही देता है (और उसकी आराधना से) सवाया रंग चढ़ता है। मुक्ति (गति) हरी मित्र की संगति तथा संतों की संगति में होती है, (और इस संगति का) मिलाप उसकी कृपादृष्टि से होता है ।। ३ ।।

(हे प्रभु, तेरी महत्ता का) कथन सभी करते हैं; (परन्तु तू) कितना बड़ा है, (इसका) कथन (कौन) कर सकता है ? हम मूर्ख, नीच और अज्ञानी है; (गुरु के उपदेश से) (मैंने) (तत्त्व को) समझ लिया है। सच्चे गुरु की शिक्षा (अमृत) (के समान उत्तम) कही गयी है;

उस (शिक्षा) से मेरा मन मान गया है। (मनुष्य) विष (पापों) से लदे हुए आते हैं (जन्म लेते हैं) और वैसे ही कूच कर जाते हैं; सच्चे शब्द (नाम) के द्वारा मेरा गुरु (मिलता है और आवागमन समाप्त हो जाता है)। (हरी की महत्ता की) कथा और भक्ति के भाण्डार की (कोई) कमी नहीं है; (हरी) सभी स्थानों में व्याप्त (भरपूर;) परिपूर्ण है। 'नानक' सच्ची विनती करता है, कि सच्चा वही (व्यक्ति) है जो मन को माँजता है (शुद्ध करता है) ॥ ४ ॥ १ ॥

[२]

जीवा तेरै नाइ मनि आनंद है जीउ ।
साचो साचा नाउ गुण गोविंदु है जीउ ॥
गुर गिआनु अपारा सिरजणहारा जिनि सिरजी तिनि गोई ।
परवाणा आइआ हुकमि पठाइआ फेरि न सकै कोई ॥
आपे करि वेखै सिरि सिरि लेखै आपे सुरति बुझाई ।
नानक साहिबु अगम अगोचरु जीवा सची नाई ॥१॥

तुम सरि अवरु न कोइ आइआ जाइसी जीउ ।
हुकमी होइ निबेड़ु भरमु चुकाइसी जीउ ॥
गुरु भरमु चुकाए अकथु कहाए सच महि साचु समाणा ।
आपि उपाए आपि समाए हुकमी हुकमु पछाणा ॥
सची वडिआई गुर ते पाई तू मनि अंति सखाई ।
नानक साहिबु अवरु न दूजा नामि तेरै वडिआई ॥२॥

तू सचा सिरजणहारु अलख सिरंदिआ जीउ ।
एकु साहिबु दुइ राह वाद वधंदिआ जीउ ॥
दुइ राह चलाए हुकमि सबाए जनमि मुआ संसारा ।
नाम बिना नाही को बेली बिखु लादी सिरि भारा ॥
हुकमी आइआ हुकमु न बूझै हुकमि सवारणहारा ।
नानक साहिबु सबदि सिञापै साचा सिरजणहारा ॥३॥

भगत सोहहि दरबारि सबदि सुहाइआ जीउ ।
बोलहि अंमृत बाणि रसन रसाइआ जीउ ॥
रसन रसाए नामि तिसाए गुर कै सबदि विकाणे ।
पारस परसिऐ पारसु होए जा तेरै मनि भाणे ।
अमरापदु पाइआ आपु गवाइआ बिरला गिआन वीचारी ।
नानक भगत सोहनि दरि साचै साचे के वापारी ॥४॥

भूख पिआसो आथि किउ दरि जाइसा जीउ ।
सतिगुरु पूछउ जाइ नामु धिआइसा जीउ ॥
सचु नामु धिआई साचु चवाई गुरमुखि साचु पछाणा ।
दीनानाथु दइआलु निरंजनु अनदिनु नामु वखाणा ॥

करणी कार धुरहु फुरमाई आपि मुआ मनु मारी।
नानक नामु नामु महारसु मीठा तृसना नामि निवारी ॥५॥२॥

विशेष : यहाँ पद के अंत में "जीउ" शब्द का प्रयोग हुआ है। इसका कई बार प्रयोग हुआ है। यह संबोधन सूचक शब्द है। गुरुवाणी में एकाध स्थल पर ऐसे पद मिलते हैं, जहाँ 'राम' 'भाई' 'जीउ' 'बलिराम जीउ', आदि शब्द प्रयुक्त हुए हैं।

अर्थ : (हे प्रभु), (मैं) तुम्हारे नाम (के ही सहारे) जीता हूँ, (उसी से) मन में आनन्द रहता है। सच्चे 'गोविन्द' का सच्चा ही नाम है और (उसके) सच्चे ही गुण हैं। गुरु के (दिए हुए) अपार ज्ञान से (यह बोध हुआ कि एकमात्र हरी ही सृष्टि का) सिरजनहार है; जो हरी (सृष्टि) रचता है, (वही उसे अपने में) लीन कर लेता है। (मौत का) परवाना आ गया, (उसे हरी ने अपने) हुक्म से भेजा; (उस हुक्म को) कोई फेर नहीं सकता। (हरी) स्वयं ही (सृष्टि) रच कर, उसकी देखभाल करता है, प्रत्येक के सिर पर (उसके हुक्म की) लिखावट (लिखी हुई है); (इस वस्तु को हरी) आप ही सुरति (ऊँची वृत्ति) द्वारा समझता है। हे नानक, प्रभु (साहब) अगम और अगोचर है; (मैं तो उसी के) नाम से जीता हूँ ॥ १ ॥

(हे प्रभु), तेरे समान और कोई नहीं है; (तेरे बिना जो कोई और है वह तो) आता जाता (जन्मता मरता) रहता है; (भला वह तेरे बराबर क्यों हो सकता है ? तू तो अजन्मा और अविनाशी है)। (हरी के) हुक्म से ही छुटकारा (मोक्ष) होगा (और उसी से) भ्रम भी समाप्त होगा। गुरु ही (अविद्याजनित) भ्रम दूर करता है, और अकथनीय (हरी) का कथन करता है, (जिसके फलस्वरूप) सत्य (हरी) में सच्चा (शिष्य) समा जाता है। (प्रभु) आप ही (संसार) उत्पन्न करता है और आप ही (उसे अपने में) लीन कर लेता है हुक्म मानेवाले (हरी) का हुक्म (गुरु द्वारा ही) समझा जाता है। (हे प्रभु, तेरी) सच्ची महत्ता गुरु से ही प्राप्त होती है; अन्तिम समय में, तू ही, मन का साथी है। हे साहब, तुझे छोड़ कर और कोई दूसरा नहीं है; तेरे नाम में ही बड़ाई (महत्ता) है ॥ २ ॥

(हे हरी) तू ही, सिरजनहार है, अलक्ष्य रूप से सृष्टि रचने वाला है। साहब एक (हरी ही) है, मार्ग दो हैं, [श्रेयस् (परमात्मा का मार्ग) और प्रेयस् (माया का मार्ग)।] (इसी प्रकार) झगड़े (दुःख) बढ़ते हैं। दो मार्ग चलाए गए हैं—(एक परमात्मा प्राप्ति का और दूसरा माया का); सब (मनुष्य) हुक्म के अन्तर्गत हैं; (माया में आसक्त होने के कारण सारा) संसार जन्मता-मरता रहता है। नाम के बिना कोई भी सहायक नहीं (होता); (नाम के बिना मनुष्य माया के) विष का भार (बोझा) सिर पर लाद कर (संसार से चला जाता है)। (मनुष्य परमात्मा के) हुक्म से ही (इस संसार में आया है), (किन्तु माया के वशीभूत होने के कारण वह) हुक्म नहीं समझता। (अंत में) हुक्म ही (उसे) सँवारने वाला (होता) है। हे नानक, सच्चा सिरजनहार (परमात्मा) (गुरु के शब्द द्वारा ही) सूझ पड़ता है ॥ ३ ॥

(परमात्मा के) दरबार में भक्तगण सुशोभित (होते हैं); (वे) शब्द (नाम) के द्वारा सुहावने लगते हैं। (वे) अमृत वाणी बोलते हैं (और उस वाणी से अपनी) जीभ रसयुक्त (मीठी) बनाते हैं। (वे भक्तगण अपनी) जीभ रसयुक्त बनाते हैं, (वे) नाम के ही

प्यासे हैं और गुरु के शब्द पर बिके हुए हैं। (हे हरी), यदि वे तेरे मन को अच्छे लगें, (तो वे उसी भाँति परिवर्त्तित हो गए, जैसे), जैसे पारस को छूकर पारस हो जाता है। अपने मन को गँवा देने से (साधक अथवा शिष्य) अमर पद प्राप्त कर लेता है। ज्ञान पर विचार करनेवाला कोई विरला ही होता है। हे नानक, भक्तगण (परमात्मा के) सच्चे दरवाजे पर सुशोभित होते हैं, (वे लोग) सच्चे (प्रभु) के व्यापारी होते हैं ॥ ४ ॥

(मैं) माया का भूखा-प्यासा (लोभी) (हूँ); (हरी के) दरबार में किस प्रकार जाऊंगा? सद्गुरु (के पास) जाकर पूछूं, (वही) नाम रूपी (अमृत) पिलायेगा। (सद्गुरु ने) सत्य (हरी का) नाम पिला दिया; (उसने) सच्चे नाम का उच्चारण किया और गुरु की शिक्षा द्वारा मैंने सत्य (परमात्मा) को पहचान लिया। (सद्गुरु की शिक्षा के कारण मैं) दीनानाथ, दयालु निरंजन (हरी) (का नाम) स्मरण करने लगा। (यह नाम स्मरण की) करनी और कार्य (परमात्मा के दरबार से) पहले से ही हुक्म किए गए हैं; (इस प्रकार धीरे-धीरे) अहंभाव मिट गया और मन को जीत लिया। हे नानक, नाम रूपी महा मीठा रस (अमृत) (प्राप्त हो गया) (और उसी) नाम ने (सारी) तृष्णा का निवारण कर दिया ॥ ५ ॥ २ ॥

[३]

पिर संगि मूठड़ीऐ खबरि न पाईआ जीउ।
मसतकि लिखिअड़ा लेखु पुरबि कमाइआ जीउ।
लेखु न मिटाई पुरबि कमाइआ किआ जाणा किआ होसी।
गुणी अचारि नहीं रंगि राती अवगुण बहि बहि रोसी ॥
धनु जोबनु आक की छाइआ बिरधि भए दिन पुंनिआ।
नानक नाम बिना दोहागणि छूटी झूठि विछुंनिआ ॥१॥

बूडी घरु घालिउ गुर कै भाइ चलो।
साचा नामु धिआइ पावहि सुखि महलो ॥
हरिनामु धिआए ता सुखु पाए पेईअड़ै दिन चारे।
निज घरि जाइ बहै सचु पाए अनदिनु नालि पिआरे ॥
विणु भगती घरि वासु न होवी सुणिअहु लोक सबाए।
नानक सरसी ता पिरु पाए राती साचै नाए ॥२॥

पिरु धन भावै ता पिर भावै नारी जीउ।
रंगि प्रीतम राती गुर कै सबदि वीचारी जीउ ॥
गुर सबदि वीचारी नाह पिआरी निवि निवि भगति करेई।
माइआ मोहु जलाए प्रीतमु रस महि रंगु करेई ॥
प्रभ साचे सेती रंगि रंगेती लाल भई मनु मारी।
नानक साचि वसी सोहागणि पिर सिउ प्रीति पिआरी ॥३॥

पिर घरि सोहै नारि जे पिर भावए जीउ।
झूठे वैण चवे कामि न आवए जीउ ॥

झूठु अलावै कामि न आवै ना पिरु देखै नैणी ।
अवगुणिआरी कंति विसारी छूटी विधण रैणी ॥
गुर सबदु न मानै फाही फाथी सा धन महलु न पाए ।
नानक आपे आपु पछाणै गुरमुखि सहजि समाए ॥४॥
धन सोहागणि नारि जिनि पिरु जाणिआ जीउ ।
नाम बिना कूड़िआरि कूड़ु कमाणिआ जीउ ॥
हरि भगति सुहावी साचे भावी भाइ भगति प्रभ राती ।
पिरु रलीआला जोबनि बाला तिसु रावे रंगि राती ।
गुर सबदि विगासी सहु रावासी फलु पाइआ गुणकारी ।
नानक साचु मिलै वडिआई पिर घरि सोहै नारी ॥५॥३॥

प्रियतम (हरी तो तेरे) संग में ही है, (किन्तु विषयों में) मोहित होनेवाली, (ऐ स्त्री) तुझे खबर नहीं है। तेरे पूर्व कर्मों के अनुसार (हरी का) हुक्म ही ऐसा हुआ था (कि तू साथ होते हुए भी उस हरी को न पहचाने)। (अतएव) पूर्व जन्म का कमाया हुआ लेख (भाग्य) नहीं मिटता; कौन जानता है कि क्या होगा? (जो) (स्त्री) गुणों, आचारों (और हरी के) रंग में नहीं अनुरक्त हुई, वह बैठ-बैठ कर अपने अवगुणों के लिए रोयेगी। धन और यौवन आक की छाया के समान (क्षुद्र और क्षणभंगुर हैं); वृद्ध हो जाने पर (आयु के) दिन पूरे हो जाते हैं। हे नानक, (जीव रूपी स्त्री) नाम के बिना दुहागिनी रह गई, (उसे पति-परमात्मा ने) त्याग दिया और (वह) झूठ के द्वारा बिछुड़ गई ॥ १ ॥

हे डूबी हुई (स्त्री), तू ने (अपने) घर को नष्ट कर दिया है; (अब यदि अपने असली घर को फिर बसाना हो, तो) गुरु के भावानुसार चल (यदि तू) सच्चे नाम का ध्यान कर, तो सुखपूर्वक (अपने वास्तविक) महल में (निवास) पा लेगी। हरिनाम के ध्यान करने से ही सुख प्राप्त होता है, मायके—नैहर (संसार) में तो (केवल) चार दिन (रहने हैं)। तू सत्यस्वरूप (हरी) के पाने पर अपने (वास्तविक) घर में जाकर बस जायगी और प्रतिदिन प्रियतम के साथ (रहेगी)। बिना (हरी की) भक्ति के (अपने वास्तविक) घर में निवास नहीं होता, समस्त लोगो, (इस तथ्य को तुम लोग, कान खोलकर) सुन लो। हे नानक, (वह सौभाग्यशालिनी स्त्री,) तभी आनन्दित होकर प्रियतम को प्राप्त कर लेती है, जब सच्चे नाम में अनुरक्त हो जाय ॥ २ ॥

यदि (जीव रूपी) स्त्री (परमात्मा रूपी) पति को अच्छी लगे, तो प्रियतम (हरी) उसे प्यारा लगता है। सद्गुरु के उपदेश पर विचार करके, (वह स्त्री) प्रियतम हरी के रंग में रँग गई है। गुरु के शब्द पर विचार करके (वह) पति को प्यारी हो गई है और नमित होकर (अभिमान रहित होकर) भक्ति करती है। (वह) माया और मोह को जला कर आनन्दपूर्वक (हरि से) प्रेम करती है। (वह) सच्चे प्रभु (के अनुराग) में रँगी हुई है और अपने मन को मार कर (जीत कर) सुहावनी हो गई है। हे नानक, सत्यस्वरूप (परमात्मा) में बस कर, (वह स्त्री) सुहागिनी हो गयी है, (उस) प्रियतमा की प्रीति प्रियतम (हरी) से (हो गयी है) ॥ ३ ॥

पति के घर में स्त्री तभी शोभित होती है, यदि पति उसे प्यारा लगे। (आन्तरिक प्रेम

के बिना) यदि (स्त्री) झूठे और मीठे वचन बोले, तो वे किसी काम नहीं आते। वह (कितना ही अधिक) झूठा आलाप करे, (किन्तु उसकी झूठी बातें) काम में नहीं आयेंगी और (वह) पति (परमात्मा को) आँखों से नहीं देखेगी। पति (परमात्मा) ने उस अवगुणी स्त्री को भुला दिया है, (उस) पति-परित्यक्ता की रातें पति से विहीन हो गयी हैं। गुरु के शब्दों को (वह स्त्री) नहीं मानती, (इसी से वह) बन्धनों में फँस जाती है, (और उसे पति-परमात्मा का) महल नहीं प्राप्त होता। हे नानक, जो (जीव रूपी स्त्री) अपने आप को पहचान लेती है, तो (वह) गुरु की शिक्षा द्वारा (आत्मज्ञान के) सहज सुख में समा जाती है ॥ ४ ॥

वह (जीव रूपी) सुहागिनी स्त्री धन्य है, जिसने (परमात्मा रूपी) पति को पा लिया है। नाम के बिना झूठी स्त्री झूठे कर्मों को करती है। हरि की भक्ति में (वह) सुहावनी हो गई है। वह सच्चे प्रभु को अच्छी लगती है और भक्ति-भाव कर प्रभु में अनुरक्त हो गई है। प्रियतम (हरी) विनोदी—आनन्द—कौतुकी है, वह (चिर) युवा है। (उसके) अनुराग में रंगी हुई स्त्री उसे भोगती है। गुरु के उपदेश से वह विकसित हो गई है और पति के साथ (उसने) रमण किया है तथा (अद्भुत) गुणकारी फल (परमात्मा) को पा लिया है। हे नानक, सत्य-(परमात्मा) के मिलने पर, बड़ाई प्राप्त होती है और प्रियतम (हरी) के घर में (जीव रूपी) स्वरूप स्त्री सुशोभित होती है ॥ ५ ॥ ३ ॥

१ओं सतिनामु करता पुरखु निरभउ निरवैरु
अकाल मूरति अजूनी सैभं गुर प्रसादि

रागु तिलंग, महला १, घरु १

सबद [१]

यक अरज गुफतम पेसि तो दर गास कुन करतार ।
हका कबीर करीम तू बे ऐब परवदगार ॥१॥

दुनीआ मुकामे फानी तहकीक दिल दानी ।
मम सर मूइ अजराईल गिरफतह दिल हेचि न दानी ॥१॥रहाउ॥

जन पिसर पदर बिरादरां कस नेस दसतंगीर ।
आखिर बिअफतम कस न दारद चूं सवद तकबीर ॥२॥

सब रोज गसतम दर हवा करदेम बदी खिआल ।
गाहे न नेकी कार करदम मम ईं चिनी अहवाल ॥३॥

बदबखत हम चु बखील गाफिल बे नजर बेबाक ।
नानक बुगोयद जनु तुरा तेरे चाकारां पा खाक ॥४॥१॥

हे कर्त्तार, मैंने तेरे पास एक विनती की है; कान लगा के सुन । तू सच्चा है, बड़ा है, दयालु है, दोष रहित और पालनकर्त्ता है ॥१॥

दुनिया नश्वर स्थान है, (यह बात) दिल में सच मानो । मेरे सिर के बाल मौत के फरिश्ते, अजराईल ने पकड़े हैं ; हे मन, तू कुछ नही समझता । [उस दिनो पापियों के सिर के बालों को पकड़ कर खींचा जायगा—कुरान, सूरत रहमान, आयत ४०] ॥१॥रहाउ॥

स्त्री, पुत्र, पिता, भाई, कोई भी सहायक नहीं है । यदि अन्त में डिग पड़ा, तो उस समय कोई रख (बचा) नहीं सकता, जब मौत का समय आ जाता है । [तकबीर=जनाजा, वह नमाज है जो मुरदे को दफ़नाते समय पढ़ते हैं ।] ॥२॥

दिन-रात मैं लालच में फिरता रहा और बुराई ही सोचता रहा; (मैंने) कभी नेकी का काम नहीं किया । मेरा इसी प्रकार हाल रहा है ॥३॥

(मैं) अभागा, साथ ही चुगलखोर, भूलनेवाला, निर्लज्ज और निडर हूँ। हे नानक, मैं कहता हूँ कि मैं तेरा दास हूँ और तेरे दासों की चरण-धूलि हूँ ॥४॥१॥

ੴ सतिगुर प्रसादि ॥ घरु २ ॥

[२]

भउ तेरा भांग खलड़ी मेरा चीतु ।
मै देवाना भइआ अतीतु ॥
कर कासा दरसन की भूख ।
मै दरि मागउ नीतानीत ॥१॥

तउ दरसन की करउ समाइ ।
मै दरि मागतु भीखिआ पाइ ॥१॥रहाउ॥

केसरि कुसम मिरगमै हरणा सरब सरीरी चढ़णा ।
चंदन भगता जोति इनेही सरबे परमलु करणा ॥२॥

घिअ पट भांडा कहै न कोइ ।
ऐसा भगतु वरन महि होइ ॥
तेरै नामि निवे रहे लिव लाइ ।
नानक तिन दरि भीखिआ पाइ ॥३॥१॥२॥

विशेष : निम्नलिखित 'शब्द' बाबर बादशाह के प्रति कहा गया है।

अर्थ : (हे हरी), तेरा भय मेरी भंग (नशा) है ; मेरा मन (भंग पीने के लिए) 'खलड़ू' है। ["खलड़ू"–'इसमें भंग आदि पदार्थ रखते हैं, यह मरे हुए पशुओं के चमड़े का बनता है]। मैं दीवाना और सबसे परे (त्यागी) हो गया हूँ। मेरे हाथ (भँगते—भिखमंगे के) प्याले हैं ; मुझे तेरे दर्शन की भूख है और तेरे दरवाजे पर नित्य नित्य माँगता हूँ ॥१॥

(मैं) तेरे दर्शन का अभ्यास करता हूँ। मैं तेरे दरवाजे पर माँगता हूँ ; (मेरी प्रार्थना है कि मैं) भिक्षा पाऊँ ॥१॥रहाउ॥

केशर, फूल, मृगमद (कस्तूरी) तथा सोना—(ये वस्तुएँ) सब के शरीर पर चढ़ती हैं (तात्पर्य यह कि सभी ऊँच-नीच मनुष्य उपर्युक्त वस्तुओं का सत्कार करते हैं और अपनी अपनी शक्ति के अनुसार इन्हें वरतते हैं)। चंदन और संतो की बड़ाई (ज्योति) भी ऐसी ही है — (ये दोनों ही) सभी (ऊँच-नीच) को सुगन्धित कर देते हैं ॥ २ ॥

घी और रेशमी वस्त्र को कोई निन्दनीय नहीं कहता। इसी प्रकार (हरी के) भक्त (चाहे जिस) वर्ण (जाति) में हो, (उनकी कोई निन्दा नहीं करता)। जो तेरे नाम में लग कर नम्र हो जाता है और तेरे ही में लिव (एकनिष्ठ ध्यान) लगाए रहता है ; नानक ऐसे (भक्त के) दरवाजे की भीख माँगता है ॥३॥१॥२॥

१ओं सतिगुर प्रसादि ॥ घरु ३ ॥

[३]

इहु तनु माइआ पाहिआ पिआरे लीतड़ा लबि रंगाए ।
मेरै कंत न भावै चोलड़ा पिआरे किउ धन सेजै जाए ॥१॥

हंउ कुरबानै जाउ मिहरवाना हंउ कुरबानै जाउ ।
हंउ कुरबानै जाउ तिना कै लैनि जो तेरा नाउ ॥
लैनि जो तेरा नाउ तिना कै हंउ सद कुरबानै जाउ ॥१॥रहाउ॥

काइआ रंङणि जे थीऐ पिआरे पाईऐ नाउ मजीठ ।
रङणवाला जे रंङै साहिबु ऐसा रंगु न डीठ ॥२॥

जिन के चोले रतड़े पिआरे कंतु तिना कै पासि ।
धूड़ि तिना की जे मिलै जी कहु नानक की अरदासि ॥३॥

आपे साजे आपे रंगे आपे नदरि करेइ ।
नानक कामणि कंतै भावै आपे ही रावेइ ॥४॥१॥३॥

इस शरीर (हमारे जीवन) में माया की पाह लगी है और (वह) लोभ में रँगा हुआ है; [पाह=मजीठ आदि लाल रंग चढ़ाने के पूर्व कोरे कपड़े को पीले रंग से रँगते हैं, इसी को 'पाह लगाना' कहते हैं। बिना 'पाह दिए' कपड़े पर रंग नहीं चढ़ता)। मेरे पति (परमात्मा) को ऐसा चोला—शरीर (सांसारिक जीवन) अच्छा नहीं लगता ; इसलिए स्त्री (जीवात्मा) को किस प्रकार सेज पर जाने मिले, (जिससे पति-परमात्मा का मिलाप हो) ? ॥१॥

हे कृपालु (परमात्मा), मैं तेरे ऊपर कुरबान हो जाता हूं , मैं तेरे ऊपर कुरबान हो जाता हूं। (हे प्रभु), जो तेरा नाम स्मरण करते हैं , मैं उनके ऊपर कुरबान हो जाता हूं। जो तेरा नाम लेते हैं , मैं उनके ऊपर सदैव कुरबान हो जाता हूँ ॥१॥रहाउ॥

यदि शरीर रंगवाली मिट्टी बन जाय , तभी नाम रूपी मजीठ का (पक्का रंग) चढ़ता है। यदि रंगनेवाला साहब इस रंग में रंग दे , (तो बहुत ही अच्छा हो) और ऐसा रंग कभी न देखा गया होगा ॥२॥

जिनके चोले (शरीर) (इस रंग में) रंगे हुए हैं, पति (परमात्मा) उनके पास ही है। हे नानक , मेरी यह प्रार्थना है ऐसे (संतों के चरणों की) धूलि मुझे मिल जाय ॥३॥

(प्रभु) आप ही सँवारता है, आप ही रंगता है और आप ही कृपादृष्टि करता है। हे नानक, यदि पति को स्त्री अच्छी लगती है , तो स्वयं ही उसे भोगता है (अंगीकार करके अपनी बना लेता है) ॥४॥१॥३॥

[४]

इआनड़ीए मानड़ा काइ करेहि ।
आपनड़ै घरि हरि रंगो की न माणेहि ॥

सहु नेड़ै धन कंमलीए बाहरु किआ ढूढेहि ।
भै कीआ देहि सलाईआ नैणी भाव का करि सीगारो ॥
ता सोहागणि जाणीऐ लागी जा सहु धरे पिआरो ॥१॥

इआणी बाली किआ करे जा धन कंत न भावै ।
करण पलाह करे बहुतेरे सा धन महलु न पावै ॥
विणु करमा किछु पाईऐ नाही जे बहुतेरा धावै ॥
लब लोभ अहंकार की माती माइआ माहि समाणी ॥
इनी बाती सहु पाईऐ नाही भई कामणि इआणी ॥२॥

जाइ पुछहु सोहागणी वाहै किनी बाती सहु पाईऐ ।
जो किछु करे सो भला करि मानीऐ हिकमति हुकमु चुकाईऐ ॥
जाकै प्रेमि पदारथु पाईऐ तउ चरणी चितु लाइऐ ॥
सहु कहै सा कीजै तनु मनो दीजै ऐसा परमलु लाईऐ ।
एव कहहि सोहागणी भैणे इनी बाती सहु पाईऐ ॥३॥

आपु गवाईऐ ता सहु पाईऐ अउरु कैसी चतुराई ।
सहु नदरि करि देखै सो दिनु लेखै कामणि नउनिधि पाई ॥
आपणे कंत पिआरी सा सोहागणि नानक सा सभराई ॥
ऐसै रंगि राती सहज की माती अहिनिसि भाइ समाणी ।
सुंदरि साइ सरूप बिचखणि कहीऐ सा सिआणी ॥४।२॥४॥

ऐ अज्ञानिनी (स्त्री), मान क्यों करती है ? अपने घर (मन) में (हरी के प्रेम का) रस क्यों नहीं लेती ? हे मूर्ख स्त्री, (तेरा) पति (परमात्मा) तेरे पास ही है, (फिर) बाहर क्यों ढूंढ़ती फिरती है ? (हरी के) भय (के सुरमे की) सलाइयाँ (अपनी) आँखों में लगा और प्रेम का शृङ्गार कर ॥१॥

(हे स्त्री) तू तभी (पति के साथ युक्त) सुहागिनी स्त्री समझी जायगी, यदि पति के साथ प्रेम कर ले ॥१॥

यदि स्त्री पति को नहीं अच्छी लगती, तो मूर्ख नवयुवती कर ही क्या सकती है ? (वह स्त्री) चाहे (अत्यधिक) कारुण्य-प्रलाप करे, (किन्तु), (पति-परमात्मा का) महल नहीं पाती। चाहे वह बहुत ही दौड़धूप (क्यों न) करे, किन्तु बिना भाग्य के (वह) कुछ भी नहीं पाती। (ऐसी मूर्ख स्त्री) लालच, लोभ और अहंकार में मत्त होने (के कारण) (माया) में डूब गयी। इन बातों से (स्त्री) पति को नहीं पाती और (वह) स्त्री मूर्ख हो जाती है ॥२॥

(हे स्त्री), जाकर सुहागिनी स्त्रियों से पूछो कि किन बातों से (उन्होंने) पति (परमात्मा) को प्राप्त किया है ? (वे निम्नलिखित उत्तर देंगी)। (परमात्मा) जो कुछ भी करता है, उसे भला समझ कर स्वीकार करना चाहिए और चालाकी तथा जोर (हुक्म) को त्याग देना चाहिए। जिसके प्रेम के द्वारा (नाम अथवा मुक्ति का) पदार्थ पाया जाता है, उसके चरणों में चित लगाना चाहिए। जो पति (परमात्मा) आज्ञा दे, वही करो, (अपना)

तन और मन (उन्हें) अर्पित कर दो (और सद्गुणों की) सुगन्धि को (अपने शरीर में) लगाओ । इस प्रकार वे सुहागिनी (स्त्रियाँ) कहती हैं , 'हे बहिनो, इन्हीं बातों (उपायों) से पति (परमात्मा) पाया जाता है, ॥३॥

(अपने) आपाभाव को मिटा देने से ही पति (परमात्मा) की प्राप्ति होती ; अन्य चतुराइयों से क्या (लाभ) ? (जिस दिन) पति-(परमात्मा) कृपादृष्टि करके देखता है , वही दिन लेखे में हैं (अन्य दिन व्यर्थ हैं) ; (उस दिन) स्त्री नव-निद्धियाँ पा जाती है । हे नानक जो (अपने) कंत को प्यारी है , (वही स्त्री) सुहागिनी है, (वही) पूर्ण सौभाग्यशालिनी है । (वह स्त्री) इस प्रकार के रंग में रँगी रहती है , सहजावस्था (चतुर्थ पद , तुरीय पद , निर्वाण पद, मोक्ष पद) में मत्त रहती है और अर्हनिश (परमात्मा के) प्रेम में निमग्न रहती है ; उसी 'स्त्री' को सुंदरी , स्वरूपवाली , गुणोंवाली तथा चतुर कहना चाहिये ॥४॥२॥

[५]

जैसी मै आवै खसम की बाणी तैसड़ा करी गिआनु वे लालो ।
पाप की जंञ लै काबलहु धाइआ जोरी मंगै दानु वे लालो ॥
सरमु धरमु दुइ छपि खलोए कूड़ु फिरै परधानु वे लालो ।
काजीआ बामणा की गलि थकी अगदु पड़ै सैतानु वे लालो ॥
मुसलमानीआ पड़हि कतेबा कसट महि करहि खुदाइ वे लालो ।
जाति सनाती होरि हिंदवाणीआ एहि भी लेख लाइ वे लालो ॥
खून के सोहिले गावीअहि नानक रतु का कुंगू पाइ वे लालो ॥१॥
साहिब के गुण नानकु गावै मास पुरी विचि आखु मसोला ।
जिनि उपाई रंगि रवाई बैठा वेखै वखि इकेला ॥
सचा सो साहिबु सचु तपावसु सचड़ा निआउ करेगु मसोला ।
काइआ कपड़ु टुकु टुकु होसी हिंदुसतानु समालसी बोला ॥
आवनि अठतरै जानि सतानवै होरु भी उठसी मरद का चेला ।
सच की बाणी नानकु आखै सचु सुणाइसी सच की बेला ॥२॥३॥५॥

विशेष : यह 'शब्द' बाबर बादशाह के सैदपुर (ऐमनाबाद) के आक्रमण के अवसर पर 'भाई लालो' को सम्बोधित करके कहा गया है ।

अर्थ : हे लालो, जैसा जैसा पति (परमात्मा) का हुकम मेरे पास पहुँचता है , वैसा ही वैसा ज्ञान (का प्रकाश) करता हूँ । (बाबर) पाप (जुल्म) की बारात लेकर काबुल से चढ़ आया है और जबर्दस्ती (हिन्दू रूपी कन्या का) दान माँगता है । शर्म और धर्म दोनों ही छिप गए हैं और झूठ प्रधान होकर फिर रहा है (तात्पर्य यह की झूठों का ही जोर और बोलबाला है) । काजियों और ब्राह्मणों की बात समाप्त हो गई है , (तात्पर्य यह कि उन्हें कोई नहीं पूछता है) और (अब उनके स्थान पर) विवाह शैतान पढ़वाता है (कराता है), [तात्पर्य यह कि लड़कियों को बलात् छीन कर आक्रमणकारी अपनी पत्नी बनालेते हैं, पंडितो अथवा काजियों के द्वारा विवाह अथवा निकाह कराने की आवश्यकता नहीं समझी जाती] ।

मुसलमानिनें दुःखी होकर कुरान पढ़ रही हैं और खुदा के आगे दुआएं कर रही हैं। (मुगल) सिपाही मुसलमान पठानियों के ऊपर भी अत्याचार कर रहे हैं। अन्य हिन्दू ऊंची और नीची स्त्रियों को भी इस गिनती में समझ लो। खून के गीत गाये जा रहे हैं ; (और) हे नानक, रक्त का केशर (स्थान स्थान पर) पड़ रहा है ॥१॥

नानक (कहते हैं कि) मैं साहब (प्रभु का) गुण गाता हूं और इस मांस (लोथों) से भरी हुई नगरी में यह आख्यान कहता हूं कि जिस (प्रभु ने यह सृष्टि) रची है (और पृथक् पृथक्) रंग में रंगी है, (वह) आप अकेला बैठा हुआ (सब कुछ) देख रहा है। वह साहब (प्रभु) सच्चा है, (उसका) न्याय भी सच्चा है और (वह) सच्चे न्याय वाला हुकम भी करेगा। शरीर रूपी कपड़ा टुकड़े टुकड़े हो जायगा और हिन्दुस्तान मेरे वाक्य को याद करेगा। (मुगल) (संवत) ७८ में आयेंगे और ९७ में चले जायेंगे और (तभी) एक और मर्द का चेला (शूरवीर) उत्पन्न होगा। [यहां सम्बत् १५७८ विक्रमी में बाबर के ऐमनाबाद के आक्रमण तथा सं० १५९७ वि० में हुमायूं के भारत छोड़ने का संकेत है। 'मरद का चेला' का भाव 'शेरशाह' सूरी से प्रतीत होता है, जिसने मुगल राज्य को भारतवर्ष से निकाल कर अपना राज्य स्थापित किया। यह सचमुच ही 'मरद का चेला' कहलाने के योग्य था, क्योंकि सर्वप्रथम इसी मुसलमान शासक ने हिन्दुओं और मुसलमानों के लिए समान कानून बनाने की चेष्टा की।]। नानक (कहते हैं कि) मैं सच्ची बात कह रहा हूँ, क्योंकि सत्य (वस्तु) सुनाने की (यही) सत्य वेला है। (बाबर के चले जाने पर इस बात को सुनाने का क्या लाभ होगा ?) ॥२॥३॥५॥

१ओं सतिगुर प्रसादि ॥ घरु २ ॥

[६]

जिनि कीआ तिनि देखिआ किआ कहीऐ रे भाई ।
आपे जाणै करे आपि जिनि वाड़ी है लाई ॥१॥
राइसा पिआरे का राइसा जितु सदा सुखु होई ॥रहाउ॥
जिनि रंगि कंतु न राविआ सा पछो रे ताणी ।
हाथ पछोड़ै सिरु धुणै जब रैणि विहाणी ॥२॥
पछोतावा ना मिलै जब चूकैगी सारी ।
ता फिरि पिआरा रावीऐ जब आवैगी वारी ॥३॥
कंतु लीआ सोहागणी मै ते वधवीएह ।
से गुण मुझै न आवनी कै जी दोसु धरेह ॥४॥
जिनी सखी सहु राविआ तिन पूछउगी जाए ।
पाइ लगउ बेनती करउ लेउगी पंथु बताए ॥५॥
हुकमु पछाणै नानका भउ चंदनु लावै ।
गुण कामण कामणि करै तउ पिआरे कउ पावै ॥६॥

जो दिलि मिलिआ सु मिलि रहिआ मिलिआ कहीऐ रे सोई ।
जे बहुतेरा लोचीऐ बाती मेलु न होई ॥७॥

धातु मिले फुनि धातु कउ लिव लिवै कउ धावै ।
गुर परसादी जाणीऐ तउ अनुभउ पावै ॥८॥

पानावाड़ी होइ घरि खरु सार न जाणै ।
रसीआ होवै मुसक का तब फूलु पछाणै ॥९॥

अपिओ पीवै जो नानका भ्रमु भ्रमि समावै ।
सहजे सहजे मिलि रहै अमरा पदु पावै ॥१०॥१॥९

जिस (हरी) ने (संसार) बनाया है, उसी ने (इसकी) देखभाल (खबरदारी) की है । अरे भाई, और क्या कहा जा सकता है ? जिस (प्रभु) ने (यह संसार रूपी) वाटिका लगाई है, वह स्वयं ही (इसकी गतिविधि) जानता है और स्वयं ही (इसके संबंध में देखभाल) करता है ॥ १ ॥

(मैं अपने) प्यारे (परमात्मा का) 'रासो'—कथा-प्रसंग कह रहा हूँ; जिसे सुनकर सदैव सुख होगा ॥ रहाउ ॥

जिस (स्त्री—जीवरूपी स्त्री) ने प्रेम के साथ पति (परमात्मा) के साथ रमण नहीं किया, वह (अंत में) पछताती है । जब रात (आयु) बीत जाती है, (तो वह) (शोक में) हाथ पटकती है और (अपना) सिर धुनती है ॥ २ ॥

जब (जीवन रूपी शतरंज के खेल की) गोटियाँ (मुहरे) समाप्त हो जायंगी, (अर्थात् जीवन लीला समाप्त हो जायगी) (तो) पछतावे का भी (अवसर) नहीं मिलता । फिर तो प्यारे के साथ, तभी रमण किया जा सकता है, जब (मनुष्य-जन्म की) बारी पुनः आयेगी ॥ ३ ॥

उन सुहागिनियों ने (परमात्मा रूपी) पति को प्राप्त किया है, जो (गुणों में) मुझसे बढ़ कर हैं । वे गुण मुझमें नहीं आते (तो फिर किस प्रकार) चित्त में (हरी को) दोष दूं ? ॥ ४ ॥

जिन सखियों ने पति (परमात्मा) के साथ रमण किया है, उनके पास जाकर (मैं पति से मिलने की विधि) पूछूंगी । (मैं उनके) पाँव लगूँगी, विनती करूँगी और रास्ता पूछ लूँगी ॥ ५ ॥

हे नानक, (जब जीवात्मा रूपी) स्त्री (प्रभु के) हुक्म को पहचाने, (उसके) भय का चंदन (अपने अंगों में) लगाए, और (पति को वशीभूत करने के लिए) गुणों का टोना करे, तभी वह प्रियतम को पा सकती है, (अन्यथा नहीं) ॥ ६ ॥

जो (मनुष्य) दिल से (हरी से) मिलता है, वह (हरी से सदैव) मिला रहता है (युक्त रहता है), वास्तविक मिलन वही कहलाता है । चाहे (परमात्मा से मिलने की) बहुत ही इच्छा की जाय, किन्तु (कोरी) बातों से मिलाप नहीं होता; (इसके लिए जीवन की रहनी परमावश्यक है) ॥ ७ ॥

(जिस प्रकार) धातु से मिल कर धातु एक हो जाती है, (उसी प्रकार) प्रेम प्रेम की ओर दौड़ता है (भाव यह कि) जिस प्रकार सोने आदि धातु का आभूषण, तोड़ा और गलाया जा कर फिर अपनी असली धातु में मिल जाता है और कोई अन्तर नहीं रहता, उसी प्रकार प्रेमी मनुष्य (प्रेमस्वरूप परमात्मा की ओर आकर्षित किया जाता है और अंत में तद्रूप हो जाता है)। गुरु की कृपा द्वारा जब समझ आ जाती है, तो निर्भय (हरि) प्राप्त हो जाता है ॥ ८ ॥

घर में पनवाड़ी (पानों की क्यारी) हो, पर गधा उसकी कद्र नहीं जानता। जो (मनुष्य) सुगन्धि का प्रेमी (रसिक) हो, वही फूल को पहचान सकता है ॥ ९ ॥

हे नानक, जो अमृत पीता है, उसका भ्रम में भटकना स्वतः ही समाप्त हो जाता है, (वह) सहज ही (हरी से) मिल जाता है और अमर पद पा लेता है ॥ १० ॥ १ ॥ ६ ॥

१ओं सतिनामु करता पुरखु निरभउ निरवैरु अकाल मूरति अजूनी सैभं गुर प्रसादि

रागु सूही, महला १, चउपदे, घरु १

सबद [१]

भांडा धोइ बैसि धूपु देवहु तउ दूधै कउ जावहु ।
दूधु करम फुनि सुरति समाइणु होइ निरास जमावहु ॥१॥
जपहु त एको नामा । अवरि निराफलु कामा ॥१॥रहाउ॥
इहु मनु ईटी हाथि करहु फुनि नेत्रउ नीद न आवै ।
रसना नामु जपहु तब मथीऐ इन बिधि अंमृतु पावहु ॥२॥
मन संपटु जितु सतसरि नावणु भावन पाती तृपति करे ।
पूजा प्राण सेवकु जे सेवे इन्ह बिधि साहिबु रवतु रहै ॥३॥
कहदे कहहि कहे कहि जावहि तुम सरि अवरु न कोई ।
भगतिहीणु नानकु जनु जंपै हउ सालाही सचा सोई ॥४॥१॥

बरतन धोकर बैठ कर (उसमें) धूप दो, तब फिर दूध लेने के लिए जाओ । (भावार्थ यह कि मन को पवित्र करके रोको, तभी शुभ काम का सम्पादन हो सकता है) । (शुभ) कर्म दूध है, फिर सुरति (दूध जमाने का) जामन है , (संसार से) निष्काम होकर (दूध) जमाओ ॥१॥

एक (परमात्मा) के ही नाम का जप करो । अन्य कार्य निष्फल हैं ॥१॥रहाउ॥

इस मन को (नेती में बांधने की) गुल्ली बना कर हाथ में पकड़ो । (अविद्या में) नींद न आना ही (मथानी की) नेती हो, जिह्वा से नाम जपना ही, (दही) मथना हो, इस विधि (दही मथ कर) मक्खन रूपी अमृत प्राप्त करो ॥२॥

मन को (परमात्मा के रखने का) संपुट (डिब्बा) बनावे, (और उसे) सतसंग रूपी नदी में स्नान करावे, भाव (श्रद्धा, प्रेम) के पत्र चढ़ावे और (परमात्मा को) तृप्त करे । प्राण तक देकर जो सेवक सेवा-रूपी पूजा करे तो, वही इन विधियों से साहब (परमात्मा) के साथ रमण करता रहेगा ॥३॥

कथन करनेवाले (तेरी महिमा का) कथन करते हैं और कथन करते करते (इस संसार से) चले जाते हैं, (किन्तु तेरी महिमा का पार नहीं पाते)। (हे प्रभु), तेरे समान कोई दूसरा नहीं है। हे नानक, भक्ति से रहित दास विनती करता है कि मैं सच्चे (परमात्मा) की ही स्तुति करता रहूँ ॥४॥१॥

१ओं सतिगुर प्रसादि ॥ घरु २ ॥

[२]

अंतरि वसै न बाहरि जाइ। अंम्रितु छोडि काहे बिखु खाइ ॥१॥
ऐसा गिआनु जपहु मन मेरे। होवहु चाकर साचे केरे ॥१॥रहाउ॥
गिआनु धिआनु सभु कोई रवै। बांधनि बांधिआ सभु जगु भवै ॥२॥
सेवा करे सु चाकरु होइ। जलि थलि महीअलि रवि रहिआ सोइ ॥३॥
हम नही चंगे बुरा नही कोइ। प्रणवति नानकु तारे सोइ ॥४॥१॥२॥

(हे मन,) (हरी तेरे) अंतर्गत ही बसता है, (कहीं) बाहर मत जा। (तू) अमृत छोड़ कर, विष क्यों खाता है ? ॥१॥

हे मेरे मन, ऐसे ज्ञान को दृढ़ कर कि सच्चे प्रभु के सेवक हो जा ॥१॥रहाउ॥

ज्ञान-ध्यान की बातें सब कोई करते हैं; (पर वास्तव में) सारा जगत् (माया के) बंधन में बंधा हुआ फिरता है ॥२॥

जो प्रभु की सेवा करता है, वही (उसका) दास होता है। (वह हरी) जल, थल तथा पृथ्वी और आकाश के मध्य में रमा हुआ है ॥३॥

हम अच्छे नहीं हैं, कोई भी बुरा नहीं है। नानक विनती करता है कि वही (हरी ही) तारता है (नहीं तो मनुष्य स्वयं कभी भी तरने योग्य नहीं हो सकता ॥ ४ ॥ १ ॥ २ ॥

१ओं सतिगुर प्रसादि ॥ घरु ६ ॥

[३]

उजलु कैहा चिलकणा घोटिम कालड़ी मसु।
धोतिआ जूठि न उतरै जे सउ धोवा तिसु ॥१॥

सजण सेई नालि मै चलदिआ नालि चलंन्हि।
जिथै लेखा मंगीऐ तिथै खड़े दसंन ॥१॥रहाउ॥

कोठे मंडप माड़ीआ पासहु चितवीआहा।
ढठीआ कंमि न आवन्ही विचहु सखणीआहा ॥२॥

बगा बगे कपड़े तीरथ मंझि वसंन्हि।
घुटि घुटि जीआ खावणे बगे ना कहीअन्हि ॥३॥

सिंमल रुखु सरीरु मै मै जन देखि भुलंन्हि ।
से फल कंमि न आवन्ही ते गुण मै तनि हंन्हि ॥४॥
अंधुलै भारु उठाइआ डूगर वाट बहुतु ।
अखी लोड़ी ना लहा हउ चड़ि लंघा कितु ॥५॥
चाकरीआ चंगिआईआ अवर सिआणप कितु ।
नानक नामु समालि तू बधा छुटहि जितु ॥६॥१॥३॥

विशेष : यह पद मुलतान जिले में स्थित तुलंभा गाँव के निवासी, शेख सज्जन के प्रति कहा गया है। शेख सज्जन ठग था। (वह) ऊपरी वेश तो साधु का बनाए था ; किन्तु मनुष्यों की हत्या करता था। गुरु नानक देव ने इसका उद्धार किया उन्होंने उसकी बुराइयों को दूर करके अपना शिष्य बनाया और उसे वहां का प्रचारक बना दिया।

अर्थ : काँसा धातु सफेद और चमकीली होती है, (पर यदि वह) रगड़ी जाय, तो काली स्याही हो जाती है। (आन्तरिक) जूठ (अपवित्रता) (बाहरी) सफाई से नहीं दूर होती है, चाहे उसे सौ बार ही (क्यों न) धोया जाय ॥१॥

(सज्जन ठग के नाम के वास्तविक अर्थ की ओर संकेत करते हुए गुरु नानक देव कहते हैं कि) सज्जन वे ही होते हैं, जो जहां भी जाते हैं, (वहां साथी बन कर) साथ जाते हैं। (उनसे) जिस स्थान पर (जब भी जीवन की बुराइयों और अच्छाइयों का) लेखा माँगा जाता है, उसी स्थान पर खड़े-खड़े (अपना हिसाब) दिखा देते हैं ॥१॥रहाउ॥

(चाहे) (बड़ी, बड़ी) अट्टालिकाएँ और मंडप (महल) निर्मित कर लिए जायं और पास से चित्रित भी कर दिए जायं, (किन्तु) ढ़िढ़ोरा (डुग्गी) पीटना (बाह्य प्रदर्शन) कुछ भी काम नहीं आयेगा, (क्योंकि) भीतर से (ये सब ऊपरी तड़क-भड़क) खाली हैं ॥२॥

बगुलों के साफ कपड़े (पंख) होते हैं और तीर्थों में (तात्पर्य यह कि तीर्थस्थान से सम्बद्ध जलाशयों में) निवास करते हैं, (किन्तु वे) घा[illegible] घोंट कर जीवों (मछलियों आदि) को खाते हैं, (अतएंव वे अपनी इस हिंसक मनोवृत्ति के कारण) साफ—निर्दोष नहीं कहे जा सकते। [उपर्युक्त पंक्तियों का तात्पर्य शेख सज्जन से है—तुम भी सज्जनों का वेश बना कर, हिंसा कर रहे हो अतएव तुम्हारी और बगुले की समान अवस्था है।] ॥३॥

मेरा शरीर (जीवन) सेमल के वृक्ष के समान है। (बाह्य दृष्टि से खूब फूला हुआ है, उसी प्रकार मेरी बाह्य वेशभूषा एवं आचार आदि को) देखकर लोग भूल जाते हैं भ्रमित हो जाते हैं। जिस प्रकार (सेमल वृक्ष के फल) किसी काम नहीं आते हैं , (उसी प्रकार) मेरे शरीर में (जो ऊपरी) गुण हैं (वे किसी भी काम नहीं आते) ॥४॥

अन्धे ने (मैंने) (पाप का बहुत भारी) बोझा उठाया है, मार्ग बहुत ही पहाड़ी है। (मैं) आंखो से रास्ता ढूंढ़ता (तो अवश्य) हूँ, (किन्तु) पाता नहीं हूँ; मैं किस प्रकार पहाड़ चढ़ कर लाँघू ? (गुरु नानक देव ने इन तुकों में सारे अवगुण अपने में दिखा कर शेख सज्जन को लज्जित किया है।) ॥५॥

(हरी के नाम के बिना) अन्य सेवाएं , नेकियाँ (अच्छाइयाँ) तथा चतुराइयाँ किस काम की ? हे नानक, तू नाम को सम्हाल, (जिससे तू) (बुरे कर्मों के) बन्धनों से मुक्त हो जा ॥६॥१॥३॥

[४]

जप तप का बंधु बेड़ुला जितु लंघहि वहेला ।
ना सरवरु ना ऊछलै ऐसा पंथु सुहेला ॥१॥
तेरा एको नामु मंजीठड़ा रता मेरा चोला सद रंग ढोला ॥१॥रहाउ॥
साजन चले पिआरिआ किउ मेला होई ।
जे गुण होवहि गंठड़ीऐ मेलेगा सोई ॥२॥
मिलिआ होइ न वीछुड़ै जे मिलिआ होई ।
आवागउणु निवारिआ है साचा सोई ॥३॥
हउमै मारि निवारिआ सीता है चोला ।
गुर बचनी फलु पाइआ सह के अंमृत बोला ॥४॥
नानकु कहै सहेलीहो सहु खरा पिआरा ।
हम सह केरीआ दासीआ साचा खसमु हमारा ॥५॥२॥४॥

(हे मनुष्य), जप-तप के बेड़े को बाँधो, (जिससे संसार-सागर को) शीघ्रता से पार कर लो । (नाम के द्वारा) रास्ता ऐसा सुखदायी हो जायगा (जैसा कि) समुद्र (का मार्ग होता) नहीं और यदि हो भी तो उछाल नहीं मारेगा ॥१॥

(हे हरी), तेरा एक नाम भी मजीठी रंग है; हे प्रियतम, (उस मजीठी रंग में) मेरा चोला (वस्त्र, शरीर) पक्के रंगवाला हो गया है । ('ढोला'=दक्षिणी पंजाब में 'ढोला' एक प्रसिद्ध प्रेमी हो गया है । ढोला ऐसा प्रसिद्ध प्रेमी हुआ कि उसका नाम ही 'प्रियतम अथवा प्रेमी' के अर्थ में प्रयुक्त होने लगा] ॥१॥रहाउ॥

साजन (अपनी) प्यारियों की ओर चल पड़े हैं; किस प्रकार मिलाप होगा ? (इस प्रश्न का उत्तर निम्नलिखित ढंग से गुरु नानक देव देते हैं)—(यदि उन स्त्रियों को) गांठ में (पल्ले) गुण हों, तो वह (प्यारा आप ही उन्हें अपने में) मिला लेगा ॥२॥

यदि (सच्चा) मिलाप हो, तभी मिलने के पश्चात् विछोह नहीं होता । जो सच्चा (प्रभु) है, उसने आवागमन (जन्मना-मरना) निवारण कर दिया है । जिसने अहंकार को मारकर निवारण कर दिया है, उसका शरीर शीतल हो गया है, (तात्पर्य यह कि उसके त्रिविधि ताप शान्त हो गए हैं । [इसका दूसरा अर्थ इस प्रकार भी हो सकता है—"जिसने अहंकार को मार कर दूर कर दिया है, उसने पति—परमेश्वर के मिलने के लिए यह चोला सिया है ।]

[विशेष : उपर्युक्त पद में 'चोला' और 'सीता' शब्द श्लिष्ट हैं, जिनके निम्नलिखित अर्थ हैं—चोला—(१) वस्त्र (२) शरीर । सीता=(१) सिया (२) शीतल] (उस व्यक्ति को) गुरु के उपदेश द्वारा पति (परमात्मा के) अमृत वचन रूपी फल प्राप्त हो गए हैं ॥४॥

नानक कहते हैं कि हे सहेलियो, पति (परमात्मा) बहुत प्यारा है । हम सभी पति (परमात्मा) की दासियाँ हैं, वही हमारा सच्चा पति है ॥ ५ ॥ २ ॥ ४ ॥

[५]

जिन कउ भांडै भाउ तिना सवारसी ।
सूखी करै पसाउ दूख विसारसी ॥
सहसा मूले नाहि सरपर तारसी ॥१॥
तिना मिलिआ गुरु आइ जिन कउ लीखिआ ।
अंमृत हरि का नाउ देवै दीखिआ ॥
चालहि सतिगुर भाइ भवहि न भीखिआ ॥२॥
जाकउ महलु हजूरि दूजे निवै किसु ।
दरि दरवाणी नाहि मूले पुछ तिसु ॥
छुटै ता कै बोलि साहिबु नदरि जिसु ॥३॥
घले आणे आपि जिसु नाही दूजा मतै कोइ ।
ढाहि उसारे साजि जाणै सभ सोइ ॥
नाउ नानक बखसीस नदरी करमु होइ ॥४॥३॥५॥

जिनके पात्र (शरीर, तात्पर्य यह कि अन्तःकरण) में प्रेम है, उन्हें (परमात्मा) संवारेगा। (वह) प्रसन्न होकर उन्हें सुखी करेगा है और (उनके) सारे दुःखों को विस्मृत कर देगा। (इसमें) बिलकुल संशय नहीं है, (वह उन्हें) अवश्य तार देगा । ॥ १ ॥

जिन्हें (परमात्मा के यहाँ से पहले से) लिखा है, उन्हें गुरु आकर मिल जाता है और हरि के अमृत-नाम की दीक्षा देता है। (जो) सद्‌गुरु के भावानुसार चलते हैं, (उन्हें स्थान-स्थान-पर) भिक्षा (माँगने के लिए) नहीं घूमना पड़ता ॥ २ ॥

जिसका महल सामने (निकट, समीप) ही है, (तात्पर्य यह कि परमात्मा ही घर जिसके पास है), वह दूसरे से क्या झुके ? (अन्य से याचना क्यों करे) ? (जो हरी के नाम में अनुरक्त हैं, उनके लिए) परमात्मा के द्वार पर दरवानी (पहरा) नहीं है, जिससे (वहाँ) बिलकुल पूछना पड़े। जिसके ऊपर साहब कृपादृष्टि करता है, उसका बोलना (बकवाद करना) समाप्त हो जाता है ॥ ३ ॥

(वह प्रभु) आप ही हमें भेजता या ले आता है, जिसे (उस प्रभु को) कोई दूसरा सलाह देनेवाला नहीं है। (वही) प्रभु नष्ट करता है, (नष्ट करके) फिर निर्माण करके साजता है (और वही) सब कुछ जानता है। (जब प्रभु की) दृष्टि और कृपा होती है, हे नानक, (तभी) (उसके) नाम की बख़शिश मिलती है ॥ ४ ॥ ५ ॥

[६]

भांडा हछा सोइ जो तिसु भावसी ।
भांडा अति मलीणु धोता हछा न होइसी ॥
गुरू दुआरै होइ सोझी पाइसी ।
एतु दुआरै धोइ हछा होइसी ॥
मैले हछे का वीचारु आपि वरताइसी ।

मतु को जाणै जाइ अगै पाइसी ॥
जेहे करम कमाइ तेहा होइसी ।
अंमृतु हरि का नाउ आपि वरताइसी ॥
चलिआ पति सिउ जनमु सवारि वाजा वाइसी ।
माणसु किआ वेचारा तिहु लोक सुणाइसी ॥
नानक आपि निहाल सभि कुल तारसी ॥१॥४॥६॥

जो (उस प्रभु को) अच्छा लगेगा, वही अच्छा पात्र (मनुष्य) सिद्ध होगा। जो बहुत मलिन पात्र है (पापी मनुष्य है), वह (बाहर के) धोने से अच्छा नहीं होगा।

गुरु के द्वार पर होने से ही (जाने से ही) समझ प्राप्त होगी । इसी द्वार पर (अन्तःकरण) धोने से (मनुष्य) अच्छा होगा।

पापात्मा (मैले) और पुण्यात्मा (अच्छे) का विचार (निर्णय) (प्रभु) स्वयं करेगा। किसी को यह नहीं समझना चाहिए कि आगे जाकर (अवश्य स्थान) प्राप्त होगा, (क्योंकि मनुष्य अपने कर्मों का निर्णय नहीं कर सकता। वह निर्णय तो परमात्मा ही करता है)।

(मनुष्य) जिस प्रकार के कर्म करता है, उसी प्रकार का (फल भी प्राप्त) होगा। हरि के अमृत नाम को (प्रभु ही) बरतेगा (प्रदान करेगा); (ऐसा मनुष्य) (अपना) जन्म संवार कर प्रतिष्ठा के साथ (प्रभु के यहाँ) जाता है; (उसके जाने पर उसकी कीर्त्ति का) बाजा बजेगा॥

एक बेचारे मनुष्यलोक का क्या कहना है, ऐसे मनुष्य की कीर्त्ति का डंका तीनों लोकों में बजेगा। हे नानक, (ऐसा व्यक्ति) स्वयं तो निहाल होता ही है , वह अपने समस्त कुल को भी तार देगा ॥१॥४॥६॥

[७]

जोगी होवै जोगवै भोगी होवै खाइ ।
तपीआ होवै तपु करे तीरथि मलि मलि नाइ ॥१॥
तेरा सदड़ा सुणीजै भाई जे को बहै अलाइ ॥१॥रहाउ॥
जैसा बीजै सो लुणे जो खटे सुो खाइ ।
अगै पुछ न होवई जे सणु नीसाणै जाइ ॥२॥
तैसो जैसा काढीऐ जैसी कार कमाइ ।
जो दमु चिति न आवई सो दमु बिरथा जाइ ॥३॥
इहु तनु वेची बै करी जे को लए विकाइ ।
नानक कंमि न आवई जितु तनि नाही सचा नाउ ॥४॥५॥७॥

(यदि कोई) योगी होता है , (तो वह) अपना योग पूर्ण करना (चाहता) है। (और कोई) भोगी होता है , तो वह भोग भोगना (चाहता) है। (यदि कोई) तपस्वी होता है , (तो वह) तप करता है और तीर्थों में मल मल कर स्नान करता है ॥१॥

हे प्यारे, मैं तो तेरा सन्देशा ही सुनना चाहता हूँ, यदि कोई बैठकर सुनावे ॥१॥रहाउ॥

(मनुष्य) जैसा बोता है, वैसा ही काटता है, और जो प्राप्त करता है, वही खाता है। यदि कोई (नाम के) परवाने के साथ (समेत) जाय, (तो उसकी) आगे (परलोक में) पूछ नहीं होती ॥२॥

(मनुष्य) जैसा कर्म करता है, वैसा ही कहा जाता है। जिस साँस में (परमात्मा) चित्त में नहीं आता है, वह साँस व्यर्थ ही जाती है ॥३॥

(प्रियतम को पाने के निमित्त) यदि कोई व्यक्ति (मेरे) इस शरीर को बिक्री में खरीदे, तो (मैं इसे) वय कर सकती हूँ हे नानक, जिस शरीर में सच्चे (हरी के) नाम का (निवास) नहीं होता, (वह शरीर) (किसी भी) काम नहीं आता ॥४॥५॥७॥

१ओं सतिगुर प्रसादि ॥ घरु ७ ॥

[८]

जोगु न खिथा जोगु न डंडै जोगु न भसम चड़ाईऐ ।
जोगु न मुंदी मूंडि मुडाइऐ जोगु न सिङी वाईऐ ।
अंजन माहि निरंजनि रहीऐ जोग जुगति इव पाईऐ ॥१॥
गली जोगु न होई ।
एक द्रिसटि करि समसरि जाणै जोगी कहीऐ सोई ॥१॥रहाउ॥
जोगु न बाहरि मड़ी मसाणी जोगु न ताड़ी लाईऐ ।
जोगु न देसि दिसंतरि भविऐ जोगु न तीरथि नाईऐ ॥
अंजन माहि निरंजनि रहीऐ जोग जुगति इव पाईऐ ॥२॥
सतिगुरु भेटै ता सहसा तूटै धावतु वरजि रहाईऐ ।
निझरु झरै सहज धुनि लागै घर ही परचा पाईऐ ॥
अंजन माहि निरंजनि रहीऐ जोग जुगति इव पाईऐ ॥३॥
नानक जीवतिआ मरि रहीऐ ऐसा जोगु कमाईऐ ।
वाजे बाझहु सिङी वाजै तउ निरभउ पदु पाईऐ ॥
अंजन माहि निरंजनि रहीऐ जुग जुगति तउ पाईऐ ॥४॥१॥८॥

योग (की प्राप्ति) न तो कंथा (पहनने) में है, न डंडा (लेने) में है, और न शरीर पर भसम लगाने में है। योग न तो (कानों में) मुद्रा (पहनने) में है, न मुंड़ मुड़वाने में (सिर घोंटाने में) और न श्रृङ्गी (बाजा) बजाने ही में है। (यदि) माया के बीच में (रहते हुए) निरंजन (माया से रहित हरी) से (युक्त) रहा जाय, (तो यही) योग की (वास्तविक) युक्ति है (और इसी से योग) प्राप्त होता है ॥१॥

(निरी, कोरी) बातों से ही योग (की प्राप्ति) नहीं होती। (जो) एक दृष्टि करके (सभी को) समान समझे, (उसी को वास्तविक) योगी कहा जाता है ॥१॥रहाउ॥

योग बाहर—कब्रों (समाधिस्थलों) (अथवा) स्मशानों (के बीच रहने में) नहीं है (और बाह्य) ध्यान लगाने में भी योग नहीं है। देश, देशान्तरों के भ्रमण करने में भी

योग नहीं है और न तीर्थादिकों के स्नान में ही योग (की प्राप्ति होती) है। (यदि) माया के बीच में (रहते हुए) निरंजन (माया से रहित हरी) से (युक्त) रहा, जाय (तो यही) योग की (वास्तविक) युक्ति है (और इसी से योग) प्राप्त होता है ॥२॥

सद्गुरु मिले, (तभी) भ्रम टूट सकता है (और विषयों की ओर) दौड़ते हुए (मन को) रोक कर रखा जा सकता है ; तभी (आत्मानंद का) निर्झर (निरन्तर) झरने लगता है और सहजावस्था में वृत्ति (धुनि) लग जाती है (और) (अपने) घर ही में (आत्म-स्वरूप में ही परमात्मा का) परिचय प्राप्त हो जाता है। (यदि) माया के बीच में (रहते हुए) निरंजन (माया से रहित हरी) से (युक्त) रहा जाय, (तो यही) योग की (वास्तविक) युक्ति है (और इसी से योग) प्राप्त होता है ॥३॥

हे नानक, ऐसा योग कमाओ कि जीवितावस्था में ही (अहंकार से) मर कर रहो। (जब) बिना बजाए ही (नाम की) शृङ्गी बजती रहे, तभी निर्भय पद की प्राप्ति होती है। (यदि) माया के बीच में (रहते हुए) निरंजन (माया से रहित हरी) से युक्त रहा जाय, (तो यही) योगी की (वास्तविक) युक्ति है (और तभी योग) प्राप्त होता है ॥४॥१॥८॥

[९]

कउणु तराजी कवणु तुला तेरा कवणु सराफु बुलावा।
कउणु गुरू कै पहि दीखिआ लेवा कै पहि मुलु करावा ॥१॥
मेरे लाल जीउ तेरा अंतु न जाणा।
तूं जलि थलि महीअलि भरिपुरि लीणा तूं आपे सरब समाणा ॥१॥रहाउ॥
मनु ताराजी चितु तुला तेरी सेव सराफु कमावा।
घट ही भीतरि सो सहु तोली इन बिधि चितु रहावा ॥२॥
आपे कंडा तोलु तराजी आपे तोलणहारा।
आपे देखै आपे बूझै आपे है वणजारा ॥३॥
अंधुला नीच जाति परदेसी खिनु आवै तिलु जावै।
ता की संगति नानकु रहदा किउ करि मूड़ा पावै ॥४॥२॥९॥

कौन तराज़ू है, कौन तौल (माप) है और तेरा कौन सर्राफ है (जो तौल करने के लिए) बुलाया गया है ? किस गुरु के पास दीक्षा ली है और किससे (उस परम तत्त्व का मूल्य) कराया है ? ॥१॥

हे मेरे लाल जी (प्रियतम), (मैं) तेरा अन्त नहीं जान सका। (हे प्रभु), तू जल, थल तथा पृथ्वी और आकाश के बीच में पूर्ण रूप से व्याप्त है, तू स्वयं ही सर्वत्र समाया हुआ है ॥१॥रहाउ॥

मन तराज़ू है, चित्त तौल है, 'तेरी सेवा की कमाई' मेरे लिए सर्राफ है, (तात्पर्य यह कि सेवा के द्वारा मन में प्रियतम हरी के परखने की कला उत्पन्न होती है)। अपने हृदय के अंतर्गत उस प्रियतम को तौलूं—(इस प्रकार, अपने चित्त को स्थिर कर रक्खूं।—(यही) तौलने की सच्ची विधि है ॥२॥

प्रभु आप ही 'कुंडा' है [कुंडा=तराज़ू की डाँड़ी के मध्य में जो सुई खड़ी होती और अधिक वजन वाले पलड़े की ओर झुकती है।] , आप ही वजन हैं, आप ही तराज़ू हैं और

आप ही (सब को) तौलने वाला है। (वह) आप ही देखता है, आप ही समझता है और आप ही बनजारा है। [वणजारा=छोटे व्यापारी जो अपना समान किसी पशु पर लाद कर बेंचते हैं] ॥३॥

(मन) अंधा, नीच और परदेशी (बेगाना) है; (वह एक) क्षण में आता है (और तिल मात्र में) जाता है, (तात्पर्य यह एक क्षण भी मन स्थिर नहीं रह सकता)। इस प्रकार के (मन की) संगति में (मैं) (नानक) रहता हूँ; (मैं) मूर्ख किस प्रकार हरी को प्राप्त कर सकता हूँ ॥४॥२॥६॥

१ओं सतिगुर प्रसादि ॥ रागु सूही, महला १, घरु १

असटपदीआं

[१]

सभि अवगण मै गुणु नही कोई । किउकरि कंत मिलावा होई ॥१॥
ना मै रूपु न बंके नैणा । ना कुल ढंगु न मीठे बैणा ॥१॥रहाउ॥
सहजि सीगार कामणि करि आवै । ता सोहागणि जा कंतै भावै ॥२॥
ना तिसु रूपु न रेखिआ काई । अंति न साहिबु सिमरिआ जाई ॥३॥
सुरति मति नाही चतुराई । करि किरपा प्रभ लावहु पाई ॥४॥
खरी सिआणी कंत न भाणी । माइआ लागी भरमि भुलाणी ॥५॥
हउमै जाई ता कंत समाई । तउ कामणि पिआरे नव निधि पाई ॥६॥
अनिक जनम बिछुरत दुखु पाइआ । करु गहि लेहु प्रीतम प्रभ राइआ ॥७॥
भणति नानक सहु है भी होसी । जै भावै पिआरा तै रावेसी ॥८॥१॥

मुझमें सभी अवगुण हैं, कोई भी गुण नहीं है। (भला, मुझ अवगुणोंवाली से) कंत (पति) का मिलाप किस प्रकार हो सकता है ? न तो मुझमें रूप (सौन्दर्य) है और न (मेरे) नेत्र ही बाँके (सुन्दर) हैं; न तो मुझमें कुल का ही ढंग है, (तात्पर्य यह कि मैं कुलीना भी नही हूँ) और न मुझमें मीठी वाणी ही है ॥१॥रहाउ॥

स्त्री सहजावस्था की रहनी को (अपना) शृङ्गार करके आए, (तभी कंत से मिलाप हो सकता है)। जब स्त्री कंत को अच्छी लगती है, तभी (वह) सुहागिनी (समझी जाती है) ॥२॥

उस (हरी का) न तो कोई रूप है और न (उसकी) कोई रेखा ही है। (वह प्रभु) अंत में स्मरण भी नहीं किया जा सकता (अतएव उसका अभी से स्मरण करना चाहिए) ॥३॥

न तो मुझ में सुरति (ध्यान) है, न बुद्धि है (और न) कोई चतुराई ही है। हे प्रभु कृपा करके (अपने) चरणों में (मुझे) लगा ले ॥४॥

मैं अच्छी चतुर हूँ (कि चतुर बन कर के भी) कंत की प्रसन्नता न (प्राप्त कर सकी) मैं माया में पड़ कर भ्रम में भटक गई ॥५॥

(यदि स्त्री का) अहंकार नष्ट हो जाय, (तभी वह) कंत में समा सकती है और तभी वह नव निद्धियों वाले प्रियतम को पा सकती हैं। [नव निद्धि=नाना भाँति के सुखों के

सामान; साधारणतया इनकी संख्या ६ मानी जाती है—(१) पद्म (सोना-चाँदी), (२) महापद्म (हीरे और जवाहर), (३) शंख (सुन्दर-सुन्दर भोजन और वस्त्र), (४) मकर (शस्त्र विद्या की प्राप्ति तथा राजदरबारों में मान), (५) कच्छप (कपड़े तथा दाने का व्यापार), (६) कुन्द (सोने का व्यापार), (७) नील (मोती-मूंगे का व्यापार) (८) मुकुन्द (राग आदि ललित कलाओं की प्राप्ति) (६) खर्व] ।।६।।

(हे हरी), अनेक जन्मों में (तुझसे) बिछुड़ कर (बहुत) दुःख पाए हैं। हे मेरे प्रियतम ,प्रभु , राजा , (अब मेरे) हाथ पकड़ कर (बचा ले) ।।७।।

नानक कहता है कि प्रभु (हरी) (वर्त्तमान काल में) है, (भूतकाल में) था (और भविष्य में) रहेगा। प्रियतम जिसे चाहता है, उसे भोगता है, (तात्पर्य यह कि जिस भक्त को प्रभु चाहता है, उसे अपना बना कर मानता है) ।।८।।१।।

ੴ सतिगुर प्रसादि ।। घरु ६ ।।

[२]

कचा रंगु कसुंभ का थोड़ड़िआ दिन चारि जीउ ।
विणु नावै भ्रमि भुलीआ ठगि मुठी कूड़िआरि जीउ ।।
सचे सेती रतिआ जनमु न दूजी बार जीउ ।।१।।

रंगे का किआ रंगीऐ जो रते रंगु लाइ जी ।
रंगणवाला सेवीऐ सचे सिउ चितु लाइ जीउ ।।१।।रहाउ।।

चारे कुंडा जे भवहि बिनु भागा धनु नाहि जीउ ।
अवगणि मुठी जे फिरहि बधिक थाइ न पाहि जीउ ।।
गुरि राखे से उबरे सबदि रते मन माहि जीउ ।।२।।

चिटे जिनके कपड़े मैले चित कठोर जीउ ।
तिन मुखि नामु न ऊपजै दूजै विआपे चोर जीउ ।।
मूलु न बूझहि आपणा से पसूआ से ढोर जीउ ।।३।।

नित नित खुसीआ मनु करे नित नित मंगै सुख जीउ ।
करता चिति न आवई फिरि फिरि लगहि दुख जीउ ।।
सुख दुख दाता मनि वसै तितु तनि कैसी भुख जीउ ।।४।।

बाकी वाला तलबीऐ सिरि मारे जंदारु जीउ ।
लेखा मंगै देवणा पुछै करि बीचारु जीउ ।।
सचे की लिव उबरै बखसे बखसणहारु जीउ ।।५।।

अन को कीजै मितड़ा खाकु रलै मरि जाइ जीउ ।
बहु रंग देखि भुलाइआ भुलि भुलि आवै जाइ जीउ ।।
नदरि प्रभू ते छुटीऐ नदरी मेलि मिलाइ जीउ ।।६।।

गाफल गिम्रान विहूणिम्रा गुर बिनु गिम्रानु न भालि जीउ ।
खिंचोताणि विगुचीऐ बुरा भला दुइ नालि जीउ ॥
बिनु सबदै भै रतिम्रा सभ जोही जम कालि जीउ ॥७॥
जिनि करि कारणु धारिम्रा सभसै देइ म्राधारु जीउ ।
सो किउ मनहु विसारीऐ सदा सदा दातारु जीउ ॥
नानक नामु न वीसरै निधारा म्राधारु जीउ ॥८॥१॥२॥

विशेष : इस पद में 'जीउ' शब्द प्रत्येक तुक में लगा हुम्रा है । 'जीउ' का तात्पर्य 'जी' है । यह संबोधन-सूचक शब्द है । गुरु नानक देव जी के एकाध पदों में इस प्रकार संबोधन-सूचक शब्द के प्रयोग मिलते हैं, जैसे 'राम' 'जीउ' 'भाई' 'पिम्रारे' 'बलिराम जीउ' म्रादि ।

म्रर्थ : कुसुंभी रंग कच्चा म्रौर थोड़े (दिनों) का—चार दिनों का होता है, (तात्पर्य यह कि मायिक पदार्थों के म्राकर्षण नश्वर म्रौर क्षणभंगुर होते हैं) । (मनमुख स्त्री) नाम-विहीन होने के कारण (माया के) भ्रम में भूली रही म्रौर यह झूठी (स्त्री) ठगी जाकर लूटी गयी । सच्चे (हरी) से म्रनुरक्त हो जाने पर, (फिर) दूसरी बार जन्म नहीं (धारण करना पड़ता) ॥१॥

नाम में रंगे हुए (व्यक्ति) को (माया के) रंग में किस प्रकार रंगा जाय ? (तात्पर्य यह कि जो व्यक्ति हरि के मजीठी रंग में रँगा हुम्रा है, उसे माया के कुसुंभी रंग में नहीं रंगा जा सकता) । (जो नाम के रंग में) सच्चा रंगनेवाला (गुरु) है, (उसी सच्चे से) चित्त लगाना चाहिए (म्रौर उसी की) सेवा करनी चाहिए ॥१॥रहाउ॥

चाहे (लोग संसार की) चारों दिशाम्रों में भटके, किन्तु बिना (पूर्व जन्मों के) भाग्य के (नाम रूपी) धन नहीं प्राप्त होता । म्रवगुणों द्वारा लूटे जाकर जो (माया के बन्धनों) में बंधे हुए (कैदियों की तरह) फिरते रहते हैं, उन्हें ठिकाना नहीं मिलता । जिन (भाग्यवानों की) गुरु ने रक्षा की है, वे ही बचे हैं (म्रौर उनका) मन शब्द (नाम) से रंग गया है ॥२॥

जिनके वस्त्र (खूब) उजले हैं, पर चित्त मैला म्रौर कठोर है, उनके मुख से नाम नहीं निकलता, वे चोरों (की भाँति) द्वैतभाव में निमग्न रहते हैं । (जो व्यक्ति) म्रपना मूल स्थान (उत्पत्ति-स्थान) नहीं समझते, वे पशुम्रों म्रौर ढोरों के समान हैं ॥ ३ ॥

(मनुष्य) नित्य-नित्य (नयी-नयी) खुशियों में मन लगाता है म्रौर नित्य नित्य (नवीन) सुखों को माँगता है । उसके चित्त में कर्त्ता पुरुष (परमात्मा का) (ध्यान) नहीं म्राता, (म्रतएव वह) बार-बार दुःखों में लगता है । जिसके मन में सुखों म्रौर दुःखों का देनेवाला (हरी) बस जाता है, उसके शरीर में भूख कैसे लगेगी ? ॥ ४ ॥

(किए हुए कर्मों की) बाकी निकालनेवाला—(यमराज) (शीघ्र ही हिसाब लेने के लिए) बुलायेगा (म्रौर बाकी निकलने पर) यम सिर में (तड़ियाँ) मारेगा । जब (कर्मों का) लेखा माँगा जाता है, (तो उसे म्रवश्य) देना होगा । हिसाब पूछ कर (उस पर) विचार किया जायगा । सच्चे (परमात्मा) के एकनिष्ठध्यान से मनुष्य (संसार-सागर से) उबर जाता है; क्षमा करनेवाला (प्रभु ही मनुष्य को) क्षमा करता है ॥ ५ ॥

(यदि मनुष्य परमात्मा को छोड़कर) किसी म्रन्य को (म्रपना) मित्र बनाता है, (तो वह) मर जायगा म्रौर खाक में मिल जायगा । (मनुष्य माया के) म्रनेक रंगों को देख

कर (उसी में) भटक गया है; (वह बार-बार) भटक भटक कर (जन्म मरण के चक्कर में) आता-जाता रहता है। (किन्तु हरी की) कृपादृष्टि से (वह भवबन्धन से) छूट जायगा (और वह परमात्मा उसे अपने में सदैव के लिये) मिला लेगा ॥ ६ ॥

ऐ ज्ञान-विहीन, गाफिल (मनुष्य), गुरु के बिना ज्ञान को मत खोज, (क्योंकि गुरु के बिना ज्ञान नहीं प्राप्त होता है)। (मनुष्य) बुरे-भले की खींचातानी (संघर्ष) में नष्ट होता है; ये दोनों (भले और बुरे मनुष्य के) साथ ही रहते हैं। बिना (गुरु के) शब्द तथा (परमात्मा के) भय में रंगे हुए, यमराज-काल देखता रहता है ॥ ७ ॥

जिसने सृष्टि रच कर धारण कर रक्खी है, और जो सब को आश्रय देता है, उस शाश्वत दाता (प्रभु) को (भला) मन से कैसे भुलाया जाय ? नानक उस नाम को (कभी) न भूले, जो निराधारों का आधार है ॥ ८ ॥ १ ॥ २ ॥

१ओं सतिगुर प्रसादि ॥ सूही, महला १ काफी, घरु १०

[३]

माणस जनमु दुलंभु गुरमुखि पाइआ ।
मनु तनु होइ चुलंभु जे सतिगुर भाइआ ॥१॥

चलै जनमु सवारि वखरु सचु लै ।
पति पाइ दरबारि सतिगुर सबदि भै ॥१॥रहाउ॥
मनि तनि सचु सलाहि साचे मनि भाइआ ।
लालि रता मनु मानिआ गुरु पूरा पाइआ ॥२॥

हउ जीवा गुण सारि अंतरि तू वसै ।
तूं वसहि मन माहि सहजे रसि रसै ॥३॥

मूरख मन समझाइ आखउ केतड़ा ।
गुरमुखि हरि गुण गाइ रंगि रंगेतड़ा ॥४॥

नित नित रिदै समालि प्रीतमु आपणा ।
जे चलहि गुण नालि नाही दुखु संतापना ॥५॥

मनमुख भरमि भुलाणा ना तिसु रंगु है ।
मरसी होइ विडाणा मनि तनि भंगु है ॥६॥

गुर की कार कमाइ लाहा घरि आणिआ ।
गुरबाणी निरबाणु सबदि पछाणिआ ॥७॥

इक नानक की अरदासि जे तुधु भावसी ।
मै दीजै नाम निवासु हरि गुण गावसी ॥८॥१॥३॥

मनुष्य का जन्म बहुत ही दुर्लभ है; (वास्तव में) गुरुमुखों को ही (यह जीवन) प्राप्त है, (तात्पर्य यह कि गुरुमुख ही मानव जीवन की वास्तविक कीमत जानते हैं)। यदि

सद्गुरु को (मनुष्य) अच्छा लगने लगा, तो उसके तन और मन दोनों ही शीतल हो जाते हैं ॥ १ ॥

सद्गुरु की शिक्षा और भय के द्वारा (मनुष्य) सच्चाई का सौदा लेकर और अपना जन्म संवार कर (इस संसार से) विदा होता है, (वह परमात्मा के) दरबार में प्रतिष्ठा पाता है ॥ १ ॥ रहाउ ॥

तन और मन से सत्य (परमात्मा की) स्तुति करने पर मन सच्चे (हरी को) अच्छा लगने लगा । पूर्ण गुरु के पा जाने पर, मन लाल (प्रियतम) में अनुरक्त होकर मान गया ॥२॥

मैं (तेरे) गुणों का स्मरण करके जीता हूँ, (हे प्रभु), तू मेरे अन्तःकरण में वसता है । (हे प्रभु), तू (मेरे) मन में निवास करता है, (और मन) सहज ही भाव से आनन्द से भर जाता है ॥ ३ ॥

(हे मेरे) मूर्ख मन, (मैं) तुझे कितना समझा समझा कर कहूँ ? गुरु के द्वारा हरि के गुणों को गा कर, (उसके) रंग में रंग जा ॥ ४ ॥

अपने प्रियतम (परमात्मा) को नित्य नित्य हृदय में स्मरण कर । यदि गुणों को (अपने) साथ लेकर चले, तो दुःख संताप नहीं देगा ॥ ५ ॥

मनमुख (माया के) भ्रम में भटक गया है उसे कोई रंग (आनन्द) नहीं है, (भाव यह कि मनमुख में प्रेम की लगन लगती ही नहीं) । (मनमुख) मर कर बेगाना हो जाता है (और उसके) तन और मन विघ्न स्वरूप हो जाते हैं ॥ ६ ॥

गुरु का कार्य करके (उसका) लाभ घर में ले आया । गुरु की वाणी और उसके उपदेश द्वारा सहजावस्था (निर्वाण पद, चतुर्थ पद, तुरीयपद) को पहचान लिया ॥ ७ ॥

(हे प्रभु), यदि तुझे अच्छा लगे, तो नानक की यह प्रार्थना है कि मुझे नाम में निवास दे, (ताकि) (तेरा) गुण गाऊँ ॥ ८ ॥ १ ॥ ३ ॥

[४]

जिउ आरणि लोहा पाइ भंनि घड़ाईऐ ।
तिउ साकतु जोनी पाइ भवै भवाईऐ ॥१॥

बिनु बूझे सभु दुखु दुखु कमावणा ।
हउमै आवै जाइ भरमि भुलावणा ॥१॥रहाउ॥

तूं गुरमुखि रखणहारु हरि नामु धिआईऐ ।
मेलहि तुझै रजाइ सबदु कमाईऐ ॥२॥

तूं करि करि वेखहि आपि देहि सु पाईऐ ।
तूं वेखहि थापि उथापि दरि बीनाईऐ ॥३॥

देही होवगि खाकु पवणु उडाईऐ ।
इहु किथै घरु अउताकु महलु न पाईऐ ॥४॥

दिहु दीवी अंध घोरु घबु मुहाईऐ ।
गरबि मुसै घरु चोरु किसु रूआईऐ ॥५॥

गुरमुखि चोरु न लागि हरि नामि जगाईऐ ।
सबदि निवारी आगि जोति दीपाईऐ ॥६॥
लालु रतनु हरि नामु गुरि सुरति बुझाईऐ ।
सदा रहै निहकामु जे गुरमति पाईऐ ॥७॥
राति दिहै हरि नाउ मंनि वसाईऐ ।
नानक मेलि मिलाइ जे तुधु भाईऐ ॥८॥२॥४॥

जिस प्रकार भट्टी में लोहा डाल कर तोड़ कर गढ़ा जाता है (लोहा गढ़ने के लिए उसे बार-बार भट्टी में डाला जाता है), उसी प्रकार शक्ति (माया का उपासक) योनि के अंतर्गत पड़कर (बार-बार) (इस संसार में) भटकता रहता है ॥ १ ॥

बिना (हरी को) समझे हुए सब दुःख ही होते हैं और दुःख ही कमाना होता है। (इस प्रकार) अहंकार (के वशीभूत) (मनुष्य) आता जाता रहता है और भ्रम में भटकता रहता है ॥ १ ॥ रहाउ ॥

(हे हरी), तू गुरु द्वारा बचा लेनेवाला है; (अतएव) हरी का नाम स्मरण करना चाहिए। (यदि तेरी) मर्जी हो, (तो) तू (गुरु) मिला देता है (और फिर हम उसका) शब्द कमाते हैं, (उसके शब्द पर आचरण करके अपना जीवन बनाते हैं) ॥ २ ॥

तू (सृष्टि) रच-रच कर (उसे) देखता रहता है; (उसकी देखभाल करता रहता है); (तू, जो कुछ) देता है, (वही हम) पाते हैं। तू (अपनी ही) निगरानी में (सृष्टि को) बना बिगाड़ कर देखता रहता है ॥ ३ ॥

(यह) शरीर खाक हो जायगा (और शरीर में स्थित) प्राण भी उड़ जायेंगे। (संसार में मनुष्यों के) घरों की जो बैठकें थीं, वे किधर (चली गईं) ? (अब तो उनकी) जगह भी नहीं मिलती। [अउताक < फ़ारसी ओताक = बैठक। महल (अरबी) = मकान, इलाका, मौका, कदर] ॥ ४ ॥

(यद्यपि) सूर्य स्थित है, (फिर भी) घनघोर अंधकार है और घर (तात्पर्य यह कि घर का माल-असबाब) लूटा जा रहा है। (यह घर) अहंकार (के हाथों) लूटा जा रहा है; यह घरेलू चोर है; फ़िर (किससे) रोयें (और अपना दुखड़ा सुनायें) ? ॥ ५ ॥

गुरु द्वारा (अहंकार रूपी) चोर नहीं लगता, (क्योंकि वह) नाम (के पहरेदार द्वारा) जगाता रहता है। (गुरु ने अपनी) शिक्षा द्वारा (तृष्णा की) अग्नि शान्त कर दी (और अन्तःकरण में ज्ञान के दीपक की) ज्योति प्रदीप्त कर दी ॥ ६ ॥

गुरु ने नाम रूपी लाल और रत्न को ध्यान द्वारा समझा दिया। यदि गुरु की शिक्षा प्राप्त हो जाती है, (तो शिष्य) सदैव निष्काम (भाव से संसार में) रहता है ॥ ७ ॥

(वह शिष्य) रात-दिन (अपने) मन में हरिनाम बसा लेता है। नानक कहते हैं (कि हे प्रभु), यदि तुझे अच्छा लगता है, (तो) तू (उसे) (अपने में) मिला लेता है ॥ ८ ॥ २ ॥ ४ ॥

[५]

मनहु न नामु विसारि अहिनिसि धिआईऐ ।
जिउ राखहि किरपा धारि तिवै सुखु पाईऐ ॥१॥

मै अंधुले हरि नामु लकुटी टोहणी ।
रहउ साहिब की टेक न मोहै मोहणी ॥१॥रहाउ॥

जह देखउ तह नालि गुरि देखालिआ ।
अंतरि बाहरि भालि सबदि निहालिआ ॥२॥

सेवी सतिगुर भाइ नामु निरंजना ।
तुधु भावै तिवै रजाइ भरमु भउ भंजना ॥३॥

जनमत हो दुखु लागै मरणा आइ कै ।
जनमु मरणु परवाणु हरि गुण गाइ कै ॥४॥

हउ नाही तू होवहि तुध ही साजिआ ।
आपे थापि उथापि सबदि निवाजिआ ॥५॥

देही भसम रुलाइ न जापी कह गइआ ।
आपे रहिआ समाइ सो विसमादु भइआ ॥६॥

तूं नाही प्रभ दूरि जाणहि सभ तू है ।
गुरमुखि वेखि हदूरि अंतरि भी तू है ॥७॥

मै दीजै नाम निवासु अंतरि सांति होइ ।
गुण गावै नानक दासु सतिगुरु मति देइ ॥८॥३॥५॥

(हे मनुष्य), मन से नाम को मत भुलावो; अहर्निश (उसी का) ध्यान करो। जिस प्रकार कृपा कर के (प्रभु) रक्खे, उसी प्रकार (रहो) (और उसी में) सुख पाओ ॥१॥

मुझ अंधे के लिए हरि का नाम टटोलने की लकडी (छड़ी) है। मैं (अपने) साहब के आसरे रहता हूं. (इसलिए) मोहिनी (माया) मुझे नहीं मोहित कर सकती ॥१॥रहाउ॥

(मैं) जहाँ देखता हूँ, वहीं (प्रभु मेरे) साथ है; गुरु ने (इस वस्तु को मुझे) दिखा दिया है। भीतर और बाहर खोज कर (गुरु के) शब्द द्वारा (इसे) देख लिया है ॥२॥

(मैं) प्रेम से सद्गुरु की सेवा करता हूँ, (जिसके द्वारा) नाम निरंजन (की प्राप्ति होती है। हे भ्रम और भय को नष्ट करनेवाले (हरी) (जैसा) तुझे अच्छा लगे, वैसी आज्ञा (मुझे) दे ॥३॥

जन्म लेते ही मरने का दुःख आकर घेर लेता है। (किन्तु साधक) हरि का गुण गाकर जन्म-मरण (से छूट कर) (परमात्मा के यहाँ) प्रामाणिक समझा जाता है ॥४॥

(हे प्रभु) मैं नहीं (हूँ) तू ही है, तुझी ने (सब कुछ) बनाया है। तू आप ही उत्पन्न करके नाश करता है, (पर किसी विरले को ही) नाम (शब्द) के द्वारा बड़ाई देता है ॥५॥

शरीर को खाक में मिला कर, पता नहीं, (जीव) कहाँ चला जाता है? आश्चर्यमयी अवस्था यह है कि दोनों दशाओं में—रचनावाली और संहारवाली में—मनुष्य के रहने में और न रहने में (प्रभु) आप ही समाया हुआ है ॥६॥

हे प्रभु, तू दूर नहीं है, तू सब कुछ जानता है। गुरु की शिक्षा द्वारा (उस प्रभु को) समीप ही देखो; (हे प्रभु) तू ही (सबके) अन्तर्गत है ॥७॥

(हे प्रभु मुझे अपने) नाम में निवास दे, (जिससे कि) हृदय शान्त हो जाय। हे सद्गुरु, (मुझे) बुद्धि दे ताकि दास नानक (प्रभु का) गुणगान करे ॥८॥३॥५॥

१ओं सतिगुर प्रसादि ॥ रागु सूही, महला १

(१)

कुचजी

मंञु कुचजी अंमावणि डोमड़े हउ किउ सहु रावणि जाउ जीउ।
इकदू इकि चड़ंदीआ कउणु जाणै मेरा नाउ जीउ ॥
जिन्ही सखी सहु राविआ से अंबी छावड़ीएहि जीउ।
से गुण मंञु न आवनी हउ कै जी दोस धरेउ जीउ ॥
किआ गुण तेरे विथरा हउ किआ किआ घिना तेरा नाउ जीउ।
इकतु टोलि न अंबड़ा हउ सद कुरबाणै तेरै जाउ जीउ ॥
सुइना रुपा रंगुला मोती त माणिकु जीउ।
से वसतू सहि दितीआ मैं तिन्ह सिउ लाइआ चितु जीउ ॥
मंदर मिटी सदड़े पथर कीते रासि जीउ।
हउ एनी टोली भुलीअसु तिसु कंत न बैठी पासि जीउ ॥
अंबरि कूंजा कुरलीआ बग बहिठे आइ जीउ।
सा धन चली साहुरै किआ मुहु देसी अगै जाइ जीउ ॥
सुती सुती झालु थीआ भुली वाटड़ीआसु जीउ।
तै सह नालहु मुतीअसु दुखा कूं धरीआसु जीउ ॥
तुधु गुण मै सभि अवगणा इक नानक की अरदासि जीउ।
सभि राती सोहागणी मै डोहागणि काई राति जीउ ॥१॥

विशेष : इस पद में बुरे आचारवाली स्त्री का वर्णन है। इस पद में 'लहिंदी' भाषा के शब्दों का आधिक्य है।

यहाँ 'जीउ' शब्द संबोधन-सूचक है। जीउ का तात्पर्य 'जी' से है। यह सभी पंक्तियों में प्रयुक्त हुआ है।

यह 'कुचज्जी' वाणी कामरूप (आसाम) की रानी नूरशाह के प्रति कही गई है। नूरशाह अपने जादू-टोने के लिए प्रसिद्ध थी। उसने गुरु नानक देव को भी अपने जादू-टोने के वशीभूत करना चाहा, पर असफल रही। गुरु नानक देव ने इस पर 'कुचज्जी' वाणी का उच्चारण किया।

अर्थ : मैं अत्यधिक बुरे आचरण वाली (कुचज्जी) और दोषों वाली हूँ; (भला) मैं किस प्रकार (अपने पति) (परमात्मा) के पास रमण करने के लिए जा सकती हूँ ? (उस स्वामी की दासियाँ तो) एक एक से बढ़-चढ़ कर हैं; मुझ (निकम्मी का) नाम वहाँ कौन जानता है ? (तात्पर्य यह कि वहाँ मेरी कौन परवाह करेगा) ?

जिन सखियों ने पति के साथ रमण किया है वे आम (वृक्ष) की छाया के नीचे हैं (भाव यह कि वे परम सुखी हैं)। उनके गुण मुझमें नहीं है, (अतएव) मैं किसे दोष दूँ ?

मैं तेरे किन गुणों को विस्तापूर्वक (कहूँ) ? और तेरे किन किन नामों को लूं ? मैं तेरी एक बड़ाई तक भी नहीं पहुँच सकती; मैं तुझ पर सदैव कुरबान हो जाती हूँ ॥

सोना, चाँदी, आनन्द प्रदान करनेवाले मोती माणिक्य—आदि (मूल्यवान) वस्तुएं (मेरे) पति (परमात्मा) ने मुझे दी है। मैंने इन्हीं में अपना चित लगा दिया है (और दाता को भूल गयी) ॥

मिट्टी के बनाए गए और पत्थरों द्वारा सजाए हुए (बड़े-बड़े) मकानों (आदि) में, बड़ाई और शोभा के सामानों में मैं (बिलकुल) भूली रही और अपने उस पति के पास नहीं बैठी, (जिसने यह सब वस्तुएँ मुझे दी);

आकाश में (भाव यह कि सिर में) क्रौंच पक्षियों का कुरलना (आवाज करना) सुनाई पड़ने लगा, (तात्पर्य यह कि वृद्धावस्था के कारण सिर भाँय भाँय करने लगा) और बगुले आकर बैठ गए (यानी बाल सफेद हो गए) हैं। स्त्री (अपने) ससुराल (परलोक) चली है, आगे (परलोक में) जाकर वह क्या मुँह दिखायेगी ?

(अज्ञान निद्रा में) सोते ही सोते सबेरा हो गया (आयु रूपी रात्रि व्यतीत हो गई) (और वह स्त्री अपना) मार्ग भूल गई। (ऐ मूर्ख स्त्री), तू पति के साथ बिछुड़ गई और दुःखों को ही एकत्र किया ॥

(हे प्रभु), तुझ में तो (सभी) गुण हैं, और (मुझमें) सारे अवगुण हैं। नानक की एक प्रार्थना है— (हे प्रभु), (तूने) सुहागिनों को तो सारी रातें (दे रक्खी है); मुझ दुहागिनी को भी कोई रात दो ॥१॥

(२)

सुचजी

जा तू ता मै सभु को तू साहिबु मेरी रासि जीउ।
तुधु अंतरि हउ सुखि वसा तूं अंतरि साबासि जीउ ॥
भाणै तखति वडाईआ भाणै भीख उदासि जीउ।
भाणै थल सिरि सरु वहै कमलु फुलै आकासि जीउ ॥
भाणै भव जलु लंघीऐ भाणै मंझि भरीआसि जीउ।
भाणै सो सहु रंगुला सिफति रता गुणतासि जीउ ॥
भाणै सहु भीहावला हउ आवणि जाणि मुईआसि जीउ।
तू सहु अगमु अतोलवा हउ कहि कहि ढहि पईआसि जीउ ॥
किआ मागउ किआ कहि सुणी मै दरसन भूख पिआसि जीउ।
गुर सबदी सहु पाइआ सचु नानक की अरदासि जीउ ॥२॥

(हे प्रभु), यदि तू है, तो मेरे लिए सब कुछ है ; हे साहब, तू ही मेरी राशि (पूंजी है। तेरे भीतर मैं सुखी होकर निवास करता हूं; यदि तू मेरे भीतर है, तो (मेरी) बड़ाई (प्रशंसा) है ॥

(हे हरी), यदि तुझे अच्छा लगे, (तो मुझे) सिंहासन पर (बैठा कर) बड़ाइयाँ (दे), (और यदि तुझे) अच्छा लगे (तो मुझे) उदासी (बना कर घर घर) भीख मँगवा। (हे स्वामी) यदि तुझे अच्छा लगे, तो स्थल में समुद्र बह चले और आकाश में कमल खिल पड़े (भाव यह है कि परमात्मा असंभव को संभव तथा अशक्य को शक्य बना सकता है। यदि उसकी कृपा हो, तो शुष्क और नीरस हृदयों में प्रेम तथा भक्ति की मंदाकिनी प्रवाहित होने लगे) ॥

(हे स्वामी), यदि तुझे अच्छा लगे (तो मेरा जहाज) संसार-सागर के पार लगा दे और यदि तुझे अच्छा लगे (तो यह जहाज) पानी से भर कर (डुबा दे) (हे प्रभु) यदि तुझे अच्छा लगे, तो तू मुझे रंगीला (आनन्दमय) होकर (दिखाई देता है) और गुणों के भाण्डार (हरी) की स्तुति में मैं लग जाता हूँ॥

(हे साहब), यदि तुझे अच्छा लगे (तो तू मुझे) डरावना (दिखाई पड़ सकता है) और मैं जन्म-मरण (के चक्कर में पड़ कर) मर सकता हूँ। हे पति (परमात्मा) तू अगम और अतुलनीय हैं ; मैं तेरा कथन कथन करते अपनी विह्वलता में गिर पड़ती हूँ ॥

(हे प्रभु), मैं तुझसे क्या माँगूँ , क्या कहूँ सुनूँ ? मुझे तो तेरे दर्शन की ही भूख और प्यास है। नानक की यह सच्ची प्रार्थना है कि गुरु के उपदेश द्वारा मैंने पति (परमात्मा) को पा लिया है ॥-॥

१ओं सतिगुर प्रसादि ॥ रागु सूही, महला १, घरु १

[१]

छंत

भरि जोबनि मै मत पेईअड़ै घरि पाहुणी बलिराम जीउ।
मैली अवगणि चिति बिनु गुर गुण न समावनी बलिराम जीउ ॥
गुण सार न जाणी भरमि भुलाणी जोबनु बादि गवाइआ।
वरु घरु दरु दरसनु नही जाता पिर का सहजु न भाइआ ॥
सतिगुरि पूछि न मारगि चाली सूती रैणि विहाणी।
नानक बालतणि राडेपा बिनु पिर धन कुमलाणी ॥१॥
बाबा मै वरु देहि मै हरि वरु भावै तिसकी बलिराम जीउ।
रवि रहिआ जुग चारि त्रिभवण बाणी जिसकी बलिराम जीउ ॥
त्रिभवण कंतु रवै सोहागणि अवगणवंती दूरे।
जैसी आसा तैसी मनसा पूरि रहिआ भरपूरे ॥
हरि की नारि सु सरब सुहागणि रांड न मैलै वेसे।
नानक मै वरु साचा भावै जुगि जुगि प्रीतम तैसे ॥२॥
बाबा लगनु गणाइ हंभी वंञा साहुरै बलिराम जीउ।
साहा हुकमु रजाइ सो न टलै जो प्रभु करै बलिराम जीउ ॥
किरतु पइआ करतै करि पाइआ मेटि न सकै कोई।

जाञी नाउ नरहु निहकेवलु रवि रहिआ तिहु लोई ॥
माइ निरासी रोइ विछुंनी बाली बालै हेते ।
नानक साच सबदि सुख महली गुर चरणी प्रभु चेते ॥३॥
बाबुलि दितड़ी दूरि ना आवै घरि पेईऐ बलिराम जीउ ।
रहसी वेखि हदूरि पिरि रावी घरि सोहीऐ बलिराम जीउ ॥
साचे पिर लोड़ी प्रीतम जोड़ी मति पूरी परधाने ।
संजोगी मेला थानि सुहेला गुणवंती गुर गिआने ॥
सतु संतोखु सदा सचु पलै सचु बोलै पिर भाए ।
नानक विछुड़ि ना दुखु पाए गुरमति अंकि समाए ॥४॥१॥

विशेष : इस छंद में यत्र-तत्र पद के अंत में 'बलिराम जीउ' का प्रयोग किया गया है। यह शब्द संबोधन-सूचक है। इसका अर्थ है मैं राम के ऊपर बलिहारी हो जाती हूँ।

अर्थ : मैं भरी जवानी (के अहंकार) में मदमस्त हूँ। (मुझे यह पता नहीं है कि) पीहर (मैके) में मैं थोड़े दिनों की मेहमान हूँ। (तात्पर्य यह कि इस संसार में थोड़े दिन रहने हैं)। मैं मैली हूँ (मेरे) चित्त में (बहुत से) अवगुण हैं। बिना गुरु के गुण (मुझमें) नहीं प्रवेश करते; मैं राम के ऊपर बलिहारी हो जाती हूँ। मैंने गुणों की सूझ को नहीं जाना, (अतएव माया के) भ्रम में पड़ कर भटक गई (और अपनी) जवानी को व्यर्थ ही गंवा दिया। (मैंने) न तो पति को, न (उसके) घरबार को और न (उसके) दर्शन को ही जाना। प्रियतम का स्वभाव भी मुझे अच्छा न लगा। सद्गुरु से पूछ कर (मैं) सन्मार्ग पर भी नहीं चली (इस प्रकार सोने में ही) (सारी आयु रूपी) रात्रि बीत गई। हे नानक, (इस प्रकार अवगुणों वाली स्त्री) युवावस्था में ही राँड़ हो गई और बिना प्रियतम के (वह स्त्री) मुरझा (कुम्हला) गई ॥१॥

(हे सद्गुरु रूपी) पिता, मुझे वर से (मिला) दे, मुझे हरी ही वर अच्छा लगता है। मैं उस राम के ऊपर न्यौछावर हो जाती हूँ जो चारों युगों में व्याप्त है (और जिसका) हुक्म (वाणी) तीनों भुवनों पर (चलता) है। त्रिभुवन का कंत सुहागिनियों (के साथ) रमण करता है, किन्तु अवगुणी (स्त्रियों से) दूर रहता है। (अपनी) आशा (के अनुसार मनुष्य) इच्छा करते हैं और परिपूर्ण हरी (उन इच्छाओं को पूरा करता है। हरी की स्त्री तो सदैव सुहागिनी (रहती) है, (किन्तु) मलिन वेश (अवगुणों) के कारण रांड़ (सदैव दुहागिनी बनी रहती है)। हे नानक, मुझे तो सच्चा वर (हरी) अच्छा लगता है ; वह प्रियतम युग-युगान्तरों में वैसा ही (एक समान) रहता है ॥२॥

हे (सद्गुरु रूपी) पिता, मुहूर्त्त निकलवा ले, (ताकि) मैं भी (अपने) ससुराल (पति-परमात्मा के यहाँ) जाऊं ; मैं राम पर बलिहारी हो जाता हूँ। शाह तो वह है जो अपनी मर्जी (के अनुसार) हुक्म करता है, और जो (कुछ) (वह) प्रभु करता है, वह टलता नहीं है। पूर्व जन्मों के कर्मानुसार जैसे संस्कार कर्त्ता पुरुष ने बना दिए हैं, (वे ही संस्कार) पड़ गए हैं, (उन्हें) कोई मेट नहीं सकता। बारात का स्वामी—दूल्हा [जंञ=बारात। जांञी=बारात का स्वामी, अर्थात् दूल्हा] मेरा वह हरी है, जिसका नाम 'नरह निहकेवल' (अर्थात् मनुष्यों से निर्लेप हरी हैं), (फिर भी वह) तीनों लोकों में व्याप्त है।

माता (माया) लड़की और लड़के (जीवात्मा और परमात्मा) के मिलन से रोती है , [क्योंकि लड़की—(जीवात्मा) माँ — (माया) से] बिछुड़ जाती है । हे नानक, सच्चे शब्द द्वारा (पति-परमात्मा के) महलों में (वह सुहागिनी स्त्री) सुख पूर्वक निवास करती है और गुरु के चरणों में लग कर प्रभु को चेतती है ॥३॥

(सद्‌गुरु रूपी) पिता ने (माया के देश से) इतनी दूर ससुराल (कर) दिया है, (कि वह जीव रूपी सुहागिनी स्त्री) लौट कर फिर मायके (माया के प्रदेश) में नहीं आती ; (मैं) राम पर न्योछावर हो जाती हूँ । (वह स्त्री) पति (परमात्मा) को समीप देख कर बहुत आनन्दित हुई पति, ने उसके साथ रमण किया, (जिससे वह) घर में सुहावनी लगती है । सच्चे पति को उसकी आवश्यकता थी , तभी तो उस प्रियतम ने (उसे अपने साथ) युक्त कर लिया (जोड़ लिया , मिला लिया) ; (इसी कारण उस स्त्री को) बुद्धि पूर्ण (हो गई) (और वह) प्रधान (मान्य हो गई) । संयोग (सुन्दर भाग्य) से (उसका) मिलाप (पति-परमात्मा से) हुआ है , सुखदायक स्थान में (उसका निवास हुआ है), गुरु के ज्ञान से वह गुणवंती बन गई है । सत्व गुण और संतोष उसके सच्चे पल्ले में पड़े हैं , (जिससे वह) सत्य ही बोलती है और प्रियतम (उसे) चाहता है । हे नानक, न तो वह (पति-परमात्मा से) बिछुड़ती है और न दुःख पाती है ; गुरु की शिक्षा द्वारा वह (हरी के) अंक में समा गई है ॥४॥१॥

ੴ सतिगुर प्रसादि ॥ घरु २ ॥

[२]

हम घरि साजन आए । साचै मेलि मिलाए ॥
सहजि मिलाए हरि मनि भाए पंच मिले सुखु पाइआ ।
साई वसतु परापति होई जिसु सेती मनु लाइआ ॥
अनदिनु मेलु भइआ मनु मानिआ घर मंदर सोहाए ।
पंच सबद धुनि अनहद वाजे हम घरि साजन आए ॥१॥

आवहु मीत पिआरे । मंगल गावहु नारे ॥
सचु मंगलु गावहु ता प्रभ भावहु सोहिलड़ा जुग चारे ।
अपनै घरि आइआ थानि सुहाइआ कारज सबदि सवारे ॥
गिआन महा रसु नेत्री अंजनु त्रिभवण रूपु दिखाइआ ।
सखी मिलहु रसि मंगलु गावहु हम घरि साजनु आइआ ॥२॥

मनु तनु अंमृति भिंना । अंतरि प्रेमु रतंना ॥
अंतरि रतनु पदारथु मेरै परम ततु वीचारो ।
जंत भेख तू सफलिओ दाता सिरि सिरि देवणहारो ॥
तू जानु गिआनी अंतरजामी आपे कारणु कीना ।
सुनहु सखी मनु मोहनि मोहिआ तनु मनु अंमृति भीना ॥३॥

ग्रातम रामु संसारा । साचा खेलु तुम्हारा ॥
सचु खेलु तुम्हारा ग्रगम ग्रपारा तुधु बिनु कउणु बुझाए ।
सिध साधिक सिग्राणे केते तुझ बिनु कवणु कहाए ॥
कालु बिकालु भए देवाने मनु राखिग्रा गुरि ठाए ।
नानक ग्रवगण सबदि जलाए गुण संगमि प्रभु पाए ॥४॥१॥२॥

हमारे घर में मित्रगण (गुरुमुख) ग्रा गए । सच्चे (हरी) ने (उनका) मिलाप करा दिया । (उन संतों ने मुझे) सहजावस्था से मिला दिया है , (जिससे) मन को हरी ग्रच्छा लगने लगा । संत-जनों (पंच) के मिलने से बहुत सुख की प्राप्ति हुई । जिस (वस्तु) से मन लगाया था, वह वस्तु प्राप्त हो गई । (उस प्रभु से) शाश्वत मिलन हो गया , (जिससे) मन मान गया ग्रौर घर तथा महल सुहावने हो गए। (मेरे ग्रंतर्गत) पाँच (बाजों की) ध्वनि (बिना बजाए ही) ग्रनाहत गति से बजने लगी ; हमारे घर में मित्रगण ग्रा गए । [पंच शब्द =तार, धातु , चाम, घड़े तथा फूँक से बजाए जाने वाले बाजे ।] ॥१॥

हे प्यारे मित्रो, ग्राग्रो । हे नारियो, (सत्संगियों), मंगल के गीत गाग्रो । यदि (प्रभु के) सच्चे मंगल के गीत गाग्रो तभी उस प्रभु को ग्रच्छे लगोगे; (उसकी) बड़ाई चारों युगों में (व्याप्त है) । (ग्रात्मस्वरूप) धर में (हरी) ग्राकर बस गया है, (जिससे हृदय रूपी) स्थान सुहावना हो गया है, शब्द (नाम) से (सारे) कार्य बन गए हैं । ब्रह्मज्ञान नेत्रों का परम ग्रमृतमय ग्रंजन है, (इसी ग्रंजन से) त्रिभुवन के स्वरूप (हरी) को दिखाता है । हे सखियो (गुरुमुखो), मिलकर ग्रानन्दपूर्वक मंगल-गीत गाग्रो। हमारे घर में (परमात्मा रूपी) साजन ग्रा गया है ॥२॥

मेरे तन ग्रौर मन ग्रमृत में भीग गए हैं । (मेरे) ग्रन्तःकरण में प्रेम रूपी रत्न (प्रकट हो गया है) । परम तत्त्व (परमात्म-तत्त्व) के विचार से मेरे ग्रन्तःकरण में (नाम रूपी) रत्न-पदार्थ (प्रकट हो गया है) । (हे हरी) , जीव भिखारी है ग्रौर तू सफल दाता, है (ऐसा दाता, जो सबकी इच्छाग्रों को पूर्ण करता है) । प्रत्येक प्राणी—जीव को (तू ही) देनेवाला है । (हे प्रभु), तू ही सज्ञान (सयाना है) , ज्ञानी (ज्ञाता) ग्रौर ग्रन्तर्यामी है, (ग्रौर) तूने ही सृष्टि रची है । हे सखियो (गुरुमुखो) , सुनो हरी ने मन को मोहित कर लिया है, (जिससे मेरे) तन ग्रौर मन ग्रमृत में भीग गए हैं ॥ ३ ॥

(हे प्रभु) ; तू ही संसार का ग्रात्मा राम है, (ग्रर्थात् हे हरी तू ही समस्त संसार में रम रहा है) । (हे हरी) , तेरा खेल सच्चा है ; (वह) ग्रगम ग्रौर ग्रपार है ; तेरे बिना (सृष्टि के इस ग्रनन्त रहस्य को) कौन समझा सकता है ? कितने ही सिद्ध, साधक तथा सयाने लोग हैं ; (किन्तु) बिना (तुझे जाने हुए) कौन व्यक्ति (सिद्ध, साधक ग्रथवा सयाना) कहलवा सकता है ? (ग्रर्थात् कोई भी नहीं; तेरे ही जानने से वे लोग सिद्ध, साधक ग्रादि बनते है; बिना तेरे उनका कोई पृथक् ग्रस्तित्व नहीं है) । मरण ग्रौर जन्म पागल हो गए । गुरु ने मन को ठिकाने रख दिया है, (गुरु ने मन को ग्रपने स्वरूप में प्रतिष्ठित कर दिया है) । हे नानक, गुरु के उपदेश द्वारा (मैंने) ग्रवगुणों को दग्ध कर दिया है ग्रौर गुणों के मेल के कारण प्रभु को पा लिया है । [विशेष काल-मृत्यु ॥ बिकालु=मृत्यु नहीं, (ग्रर्थात्, मृत्यु का उलटा

जन्म)। काल बिकालु भए देवाने=जन्म और मरण पगले हो गए हैं, (अर्थात जन्म-मरण समाप्त हो गए।] ॥ ४ ॥ १ ॥ २ ॥

१ओं सतिगुर प्रसादि ॥ घरु ३ ॥

[३]

आवहो सजणा हउ देखा दरसनु तेरा राम।
घरि आपनड़ै खड़ी तका मै मनि चाउ घनेरा राम ॥
मनि चाउ घनेरा सुणि प्रभ मेरा मै तेरा भरवासा।
दरसनु देखि भई निहकेवल जनम मरण दुखु नासा ॥
सगली जोति जाता तू सोई मिलिआ भाइ सुभाए।
नानक साजनु कउ बलि जाईऐ साचि मिले घरि आए ॥१॥
घरि आइअड़े साजना ता धन खरी सरसी राम।
हरि मोहिअड़ी साच सबदि ठाकुर देखि रहंसी राम ॥
गुण संगि रहंसी खरी सरसी जा रावी रंगि रातै।
अवगण मारि गुणी घरु छाइआ पूरै पुरखि बिधातै ॥
तसकर मारि वसी पंचाइणि अदलु करे वीचारे।
नानक राम नामि निसतारा गुरमति मिलहि पिआरे ॥२॥

वरु पाइअड़ा बालड़ीऐ आसा मनसा पूरी राम।
पिरि राविअड़ी सबदि रली रवि रहिआ नह दूरी राम ॥
प्रभु दूरि न होई घटि घटि सोई तिस की नारि सबाई।
आपे रसीआ आपे रावे जिउ तिसदी वडिआई ॥
अमर अडोलु अमोलु अपारा गुरि पूरै सचु पाईऐ।
नानकु आपे जोग सजोगी नदरि करे लिव लाईऐ ॥३॥
पिरु उचड़ीऐ माड़ड़ीऐ तिहु लोआ सिरताजा राम।
हउ विसम भई देखि गुणा अनहद सबद अगाजा राम ॥
सबदु वीचारी करणी सारी राम नामु नीसाणो।
नाम बिना खोटे नही ठाहर नामु रतन परवाणो ॥
पति मति पूरी पूरा परवाना ना आवै ना जासी।
नानक गुरमुखि आपु पछाणै प्रभ जैसे अबिनासी ॥४॥१॥३॥

हे साजन (हरी), आओ, मैंने तेरा दर्शन कर लिया है। (मैं) अपने घर में खड़ी होकर तुझे ताक रही हूँ, (तेरी प्रतीक्षा कर रही हूँ); मेरे मन (तेरे मिलन की) उत्कट चाह है। हे मेरे प्रभु, सुन, मेरे मन में (तेरे मिलन की) उत्कट इच्छा है; मुझे तेरा ही भरोसा है। हे स्वामी) (तेरा) दर्शन करके (मैं) निर्लेप, (असंग) हो गई हूँ (और मेरे) जन्म-मरण के दुःख नष्ट हो गए हैं। (हे प्रभु), सब में तेरी ही ज्योति है (और उसी

ज्योति से (तू) जाना जाता है ; प्रेम से (तू) स्वाभाविक ही मिल जाता है। हे नानक, मैं अपने साजन (प्रभु) पर न्यौछावर हो जाती हूँ, सत्य (वाली जिन्दगी व्यतीत करने से) (वह हरी) (हृदय रूपी), घर में आ (बसता है) ॥ १ ॥

घर में साजन (हरी) के आने पर (जीवात्मा रूपी) स्त्री अत्यधिक प्रसन्न होती है। सच्चे शब्द (नाम) द्वारा हरि ने उसे मोहित किया है, (अतएव) ठाकुर (प्रभु) को देख कर (वह) आनन्दित होती हैं। रंग में अनुरक्त, अर्थात् आनन्दस्वरूप (हरी) ने जब (जीव रूपी) स्त्री को माना है, तो वह गुणों के संग में अत्यधिक आनन्दित और प्रफुल्लित हुई है। सिरजनहार पुरुष (हरी) ने गुणों से (हृदय रूपी) घर को छा दिया है, (जिसके फलस्वरूप काम क्रोधादि) चोरों को मार कर सूक्ष्म बुद्धि आ बसी है और (वह सत्य-झूठ का) निर्णय करती है, [अथवा (कामादिक) चोरों को मार कर पंचायत (न्याय) करने वाली (बुद्धि) आ बसी है और विचारपूर्वक (सत्य और झूठ) का न्याय करती है अथवा (कामादिक) चोरों को मार कर (बुद्धि) पंचों के समूह (सत्य, संतोष, दया, धर्म और धैर्य) के वशीभूत हो गई है और विचारपूर्वक (सत्य-झूठ का) निर्णय करती है ।] हे नानक, राम नाम ने (मुझे) पार उतार दिया है ; गुरु की शिक्षा द्वारा (शिष्य) प्यारे (हरी) को प्राप्त हो जाते हैं ॥ २ ॥

ज्ञान-विहीन लड़की ने (हरी रूपी) वर प्राप्त कर लिया है, (जिससे उसकी समस्त) आशाएं और इच्छाएं पूरी हो गई हैं। प्रियतम (हरी) ने (उसे) भोगा है और शब्द द्वारा (उसे अपने में) मिला लिया है ; अब उसे प्रत्यक्ष व्यापक हरी रमा हुआ दिखाई पड़ता है, (वह) दूर नहीं है। प्रभु दूर नहीं हैं; घर घर में (वही) है। सभी कोई (समस्त प्राणी) (उसी की) स्त्रियाँ हैं। (प्रभु) आप ही रसिक है और आप ही रमण करता है, जैसा कि (उसकी) बड़ाई के (अनुरूप है)। (वह प्रभु) अगर, अडिग, अमूल्य और अपार है ; पूर्ण गुरु से (उस) सत्यस्वरूप (हरी) की प्राप्ति होती है। हे नानक, (प्रभु) आप ही संयोग मिलाने वाला है। जब (वह) कृपादृष्टि करता है, (तो भूले हुओं को मार्ग दिखा कर) अपने एकनिष्ठ ध्यान (लिव) में जोड़ लेता है ॥ ३ ॥

प्रियतम (हरी) ऊंचे मंडप वाला (दशम द्वार वाला, सबसे ऊंचे निवास वाला) है और तीनों लोकों का सिरताज है। मैं (उसके गुणों को देखकर विस्माद अवस्था (आश्चर्यमयी आनन्दमयी अवस्था) में पड़ गई और अनाहत शब्द प्रकट हो गया है। (मैंने) शब्द (नाम) (के ऊपर) विचार करके श्रेष्ठ करनी (का आचरण किया), (जिसके फलस्वरूप) राम नाम का निशान (चिह्न, हस्ताक्षर) (प्राप्त हो गया)। नाम से विहीन (पुरुष) खोटे (होते हैं), (उन्हें) स्थान नहीं (प्राप्त होता) ; (जिसने नाम रूपी रत्न (पा लिया है), (वही) प्रामाणिक है। (ऐसे व्यक्ति की) पूर्ण बुद्धि है, (और उसकी पूर्ण) प्रतिष्ठा होती है, (उसे) पूरा परवाना (प्राप्त हो गया है) ; (वह आत्मस्वरूप में स्थित हो गया है, अतः) न वह कहीं आता है और न कहीं जायगा (तात्पर्य यह कि वह जीवन-मरण के बंधनों से मुक्त हो गया है)। हे नानक, गुरु की शिक्षा द्वारा (शिष्य) अपने आप को तथा अविनाशी प्रभु को पहचान लेता है ॥ ४ ॥ १ ॥ ३ ॥

१ओं सतिगुर प्रसादि ॥ घरु ४ ॥

[४]

जिनि कीआ तिनि देखिआ जगु धंधड़ै लाइआ
दानि तेर घटि चानणा तनि चंदु दीपाइआ ॥
चंदो दीपाइआ दानि हरि कै दुखु अंधेरा उठि गइआ ।
गुण जंञ लाड़े नालि सोहै परखि मोहणीऐ लइआ ॥
बीवाहु होआ सोभ सेती पंच सबदी आइआ ।
जिनि कीआ तिनि देखिआ जगु धंधड़ै लाइआ ॥१॥
हउ बलिहारी साजना मीता अवरीता ।
इहु तनु जिन सिउ गाडिआ मनु लीअड़ा दीता ॥
लीआ त दीआ मानु जिन्ह सिउ से सजन किउ वीसरहि ।
जिन्ह दिसि आइआ होहि रलीआ जीअ सेती गहि रहहि ॥
सगल गुण अवगणु न कोई होहि नीता नीता ।
हउ बलिहारी साजना मीता अवरीता ॥२॥
गुणा का होवै वासुला कढि वासु लईजै ।
जे गुण होवनि साजना मिलि साझ करीजै ॥
साझ करीजै गुणह केरी छोडि अवगण चलीऐ ।
पहिरे पटंबर करि अडंबर आपणा पिड़ु मलीऐ ॥
जिथै जाइ बहीऐ भला कहीऐ झोलि अंम्रितु पीजै ।
गुणा का होवै वासुला कढि वासु लईजै ॥३॥
आपि करे किसु आखीऐ होरु करे न कोई ।
आखण ताकउ जाईऐ जे भूलड़ा होई ॥
जे होइ भूला जाइ कहीऐ आपि करता किउ भुलै ।
सुणे वेखे बाझु कहीऐ दानु अणमंगिआ दिवै ॥
दानु देइ दाता जगि बिधाता नानका सचु सोई ।
आपि करे किसु आखीऐ होरु करे न कोई ॥४॥१॥४॥

जिस (प्रभु) ने (सृष्टि) उत्पन्न की है, उसी ने (उसकी) देखभाल (निगरानी) भी की है; (उसी ने समस्त) जगत् को धंधे (रोजगार, आजीविका) में लगाया है। (हे प्रभु) तेरी कृपा से (मेरे) अन्तःकरण में प्रकाश हो गया है; (मेरे) शरीर में चन्द्रमा का प्रकाश हो गया है (तात्पर्य यह है कि मुझे ब्रह्मज्ञान हो गया है)। हरी के दान (कृपा) से (अन्तःकरण में) चन्द्रमा का प्रकाश हो गया है, (जिसके फलस्वरूप) दुःख और अन्धकार (अज्ञान) समाप्त हो गए हैं। (परमात्मा रूपी) दूल्हे के साथ गुणों की बारात सुशोभित है, (जिसे जिज्ञासु रूपी) स्त्री ने परख कर चुन लिया है। (जीवात्मा रूपी

स्त्री तथा परमात्मा रूपी पति का) विवाह बड़े ठाट-बाट (शोभा) के साथ हो गया है; (उस विवाह में) पंच शब्दों का बाजा भी बजने लगा [पंच प्रकार के बाजों के शब्द निम्नलिखित हैं--धातु चाम, तार, घड़े, तथा फूंक के द्वारा बजाये जाने वाले बाजों का शब्द। पंच शब्द आत्मानन्द का प्रतीकार्थ है। आत्मा एवं परमात्मा के विवाह—मिलन में परमानन्द की अनुभूति होती है।] जिस (प्रभु) ने (सृष्टि) उत्पन्न की है, उसी ने (उसकी) देखभाल (निगरानी) भी की है; (उसी ने समस्त) जगत् को धंधे (रोजगार, आजीविका) में लगाया है ॥ १ ॥

मैं (अपने) (उन) साजन मित्रों के ऊपर न्यौछावर हूं, (जो) आवरण तथा दोष से रहित हैं। जिन गुरुमुखों के साथ (अपना) शरीर मिला दिया है और जिनके पास मन (अन्तः करण के भाव) खोले हैं; (उन साजन मित्रों के ऊपर मैं न्यौछावर हूं)। मैंने (अपना) मन देकर जिनसे (वस्तु) ली है, (भला) वे सज्जन क्यों भूल सकते हैं ? जिन्हें देखकर आनन्द प्राप्त हो, (उन्हें सामने पाकर) हृदय से लगा लेना चाहिए। (सन्तों के मिलन में) गुण ही गुण हैं, कोई भी अवगुण नहीं हैं, (उनके मिलने में) सदैव (आनन्द) होता है। मैं (अपने उन) साजन मित्रों के ऊपर न्यौछावर हूं, (जो) आवरण तथा दोष-रहित हैं ॥ २ ॥

यदि गुणों की सुगंधि के डिब्बे (संतजन) मिल जायँ, तो उनसे (गुण रूपी) सुगन्धि ग्रहण कर लीजिए। यदि साजन (संत पुरुषों) के गुण मिल जायं, तो उनसे साझा कर लीजिए, (अर्थात् गुणों को व्यवहार में लाइए)। गुणों का साझा करके तथा अवगुणों का त्याग कर, (इस संसार में) चलना चाहिए (वरतना चाहिए)। पाटम्बर वस्त्र पहनिये (तात्पर्य यह कि शुद्ध-जीवन व्यतीत कीजिए) (और गुणों की) सजधज (आडम्बर) कीजिए तथा खेल के मैदान को स्थापित कीजिए (अर्थात् अपने जीवन के आदर्शों का दृढ़तापूर्वक निर्वाह कीजिए)। जहाँ भी जाकर बैठिए, (अपनी गुण-ग्रहण करने वाली वृत्ति से, सभी को) भला कहिए और हाथों से झकझोर कर अमृत पीजिए (तात्पर्य यह कि वृत्ति को सुन्दर बना कर परमात्म-रस का पान कीजिए)। यदि गुणों की सुगन्धि के डिब्बे (सन्त जन) मिल जायँ, तो उनसे (गुण रूपी) सुगन्धि ग्रहण कर लीजिए ॥ ३ ॥

(प्रभु) स्वयं ही (सब कुछ) करता है ; (उसकी रचना की बातें) किससे कही जायँ ? (क्योंकि एक हरी को छोड़कर) और कोई करनेवाला नहीं है। यदि कोई भूला हो, तो उसके सम्बन्ध में कथन करने के लिए जाना चाहिए ; (अतएव) यदि कोई भूल किए हो, तो उसके सम्बन्ध में जाकर कहो ; स्वयं कर्त्ता पुरुष किस प्रकार भूल कर सकता है ? (प्रभु) बिना कुछ कहे ही, (सब कुछ) सुनता और देखता है ; (वह) बिना माँगे ही दान देता है। हे नानक, वही सच्चा (प्रभु), दाता, जगत् का रचयिता, (बिना किसी के माँगे ही) दान देता है। (प्रभु) स्वयं ही (सब कुछ) करता है ; (उसकी रचना की बातें) किससे कही जायँ ? (क्योंकि एक हरी को छोड़कर) और कोई करनेवाला नहीं है ॥ ४ ॥ १ ॥ ४ ॥

[५]

मेरा मनु राता गुण रवै मनि भावै सोई ।
गुर की पउड़ी साच की साचा सुखु होई ॥
सुखि सहजि आवै साचि भावै साच की मति किउ टलै ।
इसनानु दानु सुगिआनु मजनु आपि अछलिओ किउ छलै ॥

परपंच मोह बिकार थाके कूड़ु कपटु न दोई ।
मेरा मनु राता गुण रवै मनि भावै सोई ॥१॥

साहिबु सो सालाहीऐ जिनि कारणु कीआ ।
मैलु लागी मनि मैलिऐ किनै अंमृतु पीआ ॥
मथि अंमृतु पीआ इहु मनु दीआ गुर पहि मोलु कराइआ ।
आपनड़ा प्रभु सहजि पछाता जा मनु साचै लाइआ ॥
तिसु नालि गुण गावा जे तिसु भावा किउ मिलै होइ पराइआ ।
साहिबु सो सालाहीऐ जिनि जगतु उपाइआ ॥२॥

आइ गइआ की न आइओ किउ आवै जाता ।
प्रीतम सिउ मनु मानिआ हरि सेती राता ॥
साहिब रंगि राता सच की बाता जिन बिंब का कोटु उसारिआ ।
पंचभू नाइको आपि सिरंदा जिनि सच का पिंडु सवारिआ ॥
हम अवगणिआरे तू सुणि पिआरे तुधु भावै सचु सोई ।
आवण जाणा ना थीऐ साची मति होई ॥३॥

अंजनु तैसा अंजीऐ जैसा पिर भावै ।
समझै सूझै जाणीऐ जे आपि जाणावै ॥
आपि जाणावै मारगि पावै आपे मनूआ लेवए ।
करम सुकरम कराए आपे कीमति कउणु अभेवए ॥
तंतु मंतु पाखंडु न जाणा रामु रिदै मनु मानिआ ।
अंजनु नामु तिसै ते सूझै गुरसबदी सचु जानिआ ॥४॥

साजन होवनि आपणे किउ परघर जाही ।
साजन राते सच के संगे मन माही ॥
मन माहि साजन करहि रलीआ करम धरम स ाईआ ।
अठसठि तीरथ पुंन पूजा नामु साचा भाइआ ॥
आपि साजे थापि वेखै तिसै भाणा भाइआ ।
साजन रांगि रंगोलड़े रंगु लालु बणाइआ ॥५॥

अंधा आगू जे थीऐ किउ पाधरु जाणै ।
आपि मुसै मति होछीऐ किउ राहु पछाणै ॥
किउ राहि जावै महलु पावै अंध की मति अंधली ।
विणु नाम हरि के कछु न सूझै अंधु बूडौ धंधली ॥
दिनु राति चानणु चाउ उपजै सबदु गुर का मनि वसै ।
करि जोड़ि गुर पहि करि बिनंती राहु पाधरु गुरु दसै ॥६॥

मनु परदेसी जे थीऐ सभु देसु पराइआ ।
किसु पहि खोलहउ गंठड़ी दूखी भरि आइआ ॥
दूखी भरि आइआ जगतु सबाइआ कउणु जाणै बिधि मेरीआ ।

आवणे जाणे खरे डरावणे तोटि न आवै फेरीआ ।
नाम विहूणे ऊणे झूणे ना गुरि सबदु सुणाइआ ।
मनु परदेसी जे थीऐ सभु देसु पराइआ ॥७॥

गुर महली घरि आपणै सो भरपुरि लीणा ।
सेवकु सेवा ता करे सच सबदि पतीणा ॥
सबदे पतीजै अंकु भीजै सु महलु महला अंतरे ।
आपि करता करे सोई प्रभु आपि अंति निरंतरे ॥
गुर सबदि मेला तां सुहेला बाजंत अनहद बीणा ।
गुर महली घरि आपणै सो भरपुरि लीणा ॥८॥

कीता किआ सालाहीऐ करि वेखै सोई ।
ता की कीमति ना पवै जे लोचै कोई ॥
कीमति सो पावै आपि जाणावै आपि अभुलु न भुलए ।
जैजैकारु करहि तुधु भावहि गुर कै सबदि अमुलए ॥
हीणउ नीचु करउ बेनंती साचु न छोडउ भाई ।
नानक जिनि करि देखिआ देवै मति साई ॥९॥२॥५॥

मेरा मन (हरी में) अनुरक्त है, और (उसी के) गुणों को उच्चारण करता है, (और हरी ही मेरे) मन को अच्छा लगता है । (यह गुणों का उच्चारण करना) गुरु की (दिखलाई हुई) सीढ़ी है, (जो) सत्यस्वरूप (हरी) तक पहुँचा देती है (और इससे सच्चा सुख) (प्राप्त) होता है । (जब मन) सहजावस्था के सुख में आ जाता है (टिक जाता है), (तो) सत्य प्रिय लगता है । यह सत्य की प्रतिपालो बुद्धि कभी नहीं टलती (तात्पर्य यह सत्य में स्थित होनेवाली बुद्धि कभी विचलित नहीं होती, वह निश्चयात्मिका होती है) । स्नान, दान, ज्ञान तथा मज्जन आदि, उसे न छले जानेवाले (भक्त) को किस प्रकार छल सकते हैं ? (क्योंकि वह तो परमात्मा की प्रेमा भक्ति में आरूढ़ है) । (सांसारिक) प्रपंच, मोह तथा विकार समाप्त हो गए हैं, झूठ, कपट तथा द्वैतभाव (भी) नहीं (रह गए हैं) । मेरा मन (हरी में) अनुरक्त है, (उसी के) गुणों का उच्चारण करता है, (और हरी ही मेरे) मन को अच्छा लगता है ॥ १ ॥

उस साहब की स्तुति करनी चाहिए, जिसने सृष्टि (की रचना) की है । मैल लगने से मन गंदा हो जाता है, (भला अशुद्ध मन होने से) किस व्यक्ति ने (परमात्मा के प्रेम रूपी) अमृत को पिया है ? (अर्थात् मलिन मन से परमात्मा का प्रेम रूपी अमृत पीना असम्भव है) । इस मन को गुरु को दिया है और उसी से इसका मूल्य कराया है, (जिसके फलस्वरूप) (इस मन ने) मथ कर (परमात्मा के प्रेम रूपी) अमृत को पिया है । जब मन को सच्चे (प्रभु) में लगाया, तो सहज भाव से ही अपने प्रभु को पहचान लिया । (जिसने सच्चे प्रभु में अपना मन लगाया है, उसके) साथ (मिलकर मैंने परमात्मा का) गुणगान किया, (यह गुणगान) उसे (परमात्मा को) (बहुत) अच्छा लगा । उस साहब की स्तुति करनी चाहिए, जिसने सृष्टि की रचना की है ॥ २ ॥

(यदि हरी हृदय में) आ गया, तो शेष क्या रह गया ? फिर जन्म-मरण क्यों हो ? (तात्पर्य यह कि जन्म-मरण नहीं होते)। प्रियतम से मन मान गया और हरी में (वह) अनुरक्त हो गया। सत्य (परमात्मा) की बातों से साहब (प्रभु में) मन अनुरक्त हो गया; (वह ऐसा अद्‌भुत सिरजनहार है) कि उसने (वीर्य के) बुलबुले से (शरीर रूपी) कोट का निर्माण किया है। पंच भूत (आकाश, पवन, अग्नि, जल, पृथ्वी) के शरीर का आप ही (हरी ही) नायक (स्वामी) है (और) आप ही (उसे बनानेवाला है) उस (प्रभु) ने शरीर को सच्चे रूप में संवारा है। हे प्यारे, तू सुन, हम अवगुण करनेवाले हैं; जो तुझे अच्छा लगता है, वही सच्चा (होता) है। (ऐसे व्यक्ति की) सच्ची बुद्धि हो जाती है (और) उसका आना-जाना नहीं होता ॥ ३ ॥

ऐसा (नाम का) अंजन आँखों में लगाओ, जैसा प्रियतम (परमात्मा) को अच्छा लगे। यदि (परमात्मा) स्वयं ही अपनी जानकारी करा दे, (तभी मनुष्य द्वारा) (वह) समझा जाता है, सुझाई पड़ता है और जाना जाता है। (प्रभु जब) स्वयं बतलाता है, तभी (मनुष्य) मार्ग पाता है, (अन्यथा वह अविद्या के अंधकार में भटकता रहता है)। (प्रभु) स्वयं ही मन को प्रेरित कर के (अपनी ओर आकर्षित कर लेता है)। प्रभु (जीवों से) कर्म और सुकर्म स्वयं ही कराता है। (उस) अभेद (हरी की) कीमत कौन जान सकता है ? (मैं) न तो (कोई) तंत्र जानता हूँ, न मंत्र (जानता हूँ) और न कोई बाह्य प्रदर्शन (पाखण्ड ही) (मुझे ज्ञात है)। मेरे हृदय में राम (समा गये हैं) और (उसी से) (मेरा) मन मान गया है। (नाम रूपी) अंजन उसी को सूझता है, जिसने गुरु के उपदेश द्वारा सत्य स्वरूप (हरी) को जाना है ॥ ४ ॥

यदि सत्संगी (गुरु) अपने (घर ही में) मिल जायं, तो अन्य (द्वैत बुद्धिवालों के) घर में क्यों टक्कर मारा जाय ? ये सत्संगी सज्जन सच्चे (हरी) के प्रेमी होते हैं (और वही हरी) इन (सत्संगियों) के मन में (सदैव स्थित) रहता है। उनके मन में सत्संगी गुरु सदैव आनन्द करते हैं, (जिसके फलस्वरूप उनमें) सभी कर्म, धर्म (स्वाभाविक ही आ जाते हैं)। जिसके मन को) सच्चा नाम अच्छा लगने लगता है, उसे अड़सठ तीर्थों (के स्नान का) पुण्य तथा (सारी) पूजाओं (के फल स्वाभाविक ही प्राप्त हो जाते हैं)। (हरी) आप ही (सृष्टि) रचता है (और उस सृष्टि की) स्थापना करके (स्वयं ही उसकी) देखभाल करता है; जो उसे अच्छा लगता है, वही उसकी मर्जी होती है। सत्संगी (गुरु) ने (हरी के) (प्रेम के) रंग में रँग कर (मजीठी रंग का) लाल बना दिया है, (अर्थात् परमात्मा के गहरे अनुराग में रंग कर पक्का बना दिया है) ॥ ५ ॥

यदि अगुआ (गुरु; उपदेश कर्ता) अंधा हो, तो किस प्रकार मार्ग जाना जाय ? (वह अंधा गुरु तो) ओछी बुद्धि के कारण स्वयं लूटा जा रहा है, (भला वह) किस प्रकार मार्ग जान सकता है ? (जब वह स्वयं अविद्या के अंधकार में भटक रहा है, तो दूसरों को क्या मार्ग बतायेगा ? उसकी स्थिति तो ठीक वैसी ही है जैसे अंधों को अंधे मार्ग-प्रदर्शक की होती है)। वह किस प्रकार राह पर चलकर (हरी का) महल पा सकता है ? अंधे की बुद्धि भी अंधी ही होती है। बिना हरी के नाम के कुछ भी नहीं सुझाई पड़ता; अंधा सांसारिक धंधों (प्रपंचों) में ही डूबा रहता है। (जिसके) मन में गुरु का शब्द बसता है, (उसके मन में) अहर्निश (ज्ञान का) प्रकाश तथा उत्साह (चाव)—उमंग—उल्लास उत्पन्न होते रहते हैं। हाथ जोड़ कर गुरु के पास प्रार्थना करो कि गुरु (परमात्मा का) मार्ग दिखाये ॥ ६ ॥

यदि मन (परमात्मा की ओर से) परदेशी (बेगाना) हो जाय, तो सारा देश पराया हो जाता है। किसके आगे (अपने हृदय के) दुःख की गठरी (पोटली) खोलूं ? (सारा संसार) दुःख से भरा पड़ा है। समस्त जगत दुःख से भरा हुआ हैं, (ऐसी परिस्थिति में) कौन मेरी दशा (हालत) जान सकता है ? आने-जाने (जन्म-मरण का चक्र) बड़ा ही डरावना है; (जब तक जीव अज्ञान में रत रहता है) जन्म-मरण के फेरे (चक्कर) में कमी नहीं आती। नाम से विहीन (लोग) रिक्त (खाली) और उदास (रहते है); (ऐसे लोगों को) गुरु ने भी (अपना) उपदेश नहीं सुनाया है। यदि मन (परमात्मा की ओर से) परदेशी (बेगाना) हो जाय, तो उसे सारे लोग परदेशी प्रतीत होते हैं ॥ ७ ॥

जो व्यक्ति गुरु के घर द्वारा (अपने आन्तरिक) घर को (ढूंढ़ता है), (वह अपने भीतर परमात्मा की अखण्ड और शाश्वत सत्ता की अनुभूति करके उसी में) पूर्ण रूप से लीन हो जाता है। (जब गुरु के) सच्चे शब्द द्वारा (परमात्मा में) (अनन्य) प्रतीति हो जाय, तभी सेवक (सेवा के उच्चादर्शों को समझता है) और (सच्ची) सेवा करता है। (जब गुरु के) शब्द में (दृढ़) प्रतीति हो जाय, और हृदय (प्यार से) भीग जाय, (तभी साधक हरी का निवास) अपने अन्तःकरण में (देखता है)। कर्त्ता (पुरुष) आप ही निर्माण करता है आप ही अंत तक निरन्तर (विद्यमान) रहता है। (जीव का) गुरु के शब्द द्वारा मिलाप हो, तभी वह सुखी होता है तभी (आनन्द का प्रतीक), अनाहत वीणा बजती है, [अनाहत शब्द आत्म-मण्डल का संगीत है, जो बिना बजाये बजता है। सिक्ख गुरुओं के अनुसार यह कानों का विषय नहीं, केवल आन्तरिक एकाग्रता की परम अनुभूति है।] जो व्यक्ति गुरु के घर द्वारा (तात्पर्य यह कि गुरु के उपदेश द्वारा) (अपने आन्तरिक) घर (आत्मस्वरूप) को ढूंढ़ता है, (वह अपने अन्तःकरण में परमात्मा की अखण्ड और शाश्वत सत्ता की अनुभूति करके, उसी में) (पूर्ण रूप से) लीन हो जाता है ॥ ८ ॥

(परमात्मा की) कृति (सृष्टि) की क्या प्रशंसा करते हो ? (हरी ही ने उसकी) रचना की है और वही (उसको) देखभाल करता है। यदि कोई इच्छा भी करे (तो भी) (वह) उस (हरी की) कीमत को नहीं पा सकता। (जिसे प्रभु) स्वयं बोध कराए, वही उसकी कीमत पा सकता है; (प्रभु अकेला ही) भूल नहीं करनेवाला है, (वही अकेला) नहीं भूल करता, (शेष सभी प्राणी तो पग-पग पर भूलें करते रहते हैं)। (हे प्रभु, जो) तुझे अच्छे लगते हैं, वे गुरु के अमूल्य शब्दों द्वारा तेरा जयजयकार करते हैं (तात्पर्य यह कि तुझ द्वारा निर्मित सृष्टि की प्रशंसा न करके वे तेरी प्रशंसा करते हैं)। मैं तुच्छ और हीन (प्राणी) विनती करता हूँ कि हे भाई, सत्य (परमात्मा) को न छोड़ूं। हे नानक, जिस (हरी) ने (सृष्टि) रचकर (उसकी) देखभाल की है, वही (श्रेष्ठ) बुद्धि प्रदान करता है ॥ ६ ॥ २ ॥ ५ ॥

ੴ सतिगुर प्रसादि ॥ वार सूही की, सलोका नालि महला १

सलोकु : **सूहा रंगु सुपनै निसी बिनु तागे गलि हारु।**
सचा रंगु मजीठ का गुरमुखि ब्रहम बीचारु ॥
नानक प्रेम महा रसी सभि बुरिआईआ छारु ॥१॥

सलोकु : (माया के) कुसुंभी रंग रात के स्वप्न की भाँति (क्षणभंगुर) हैं (अथवा) उस हार के समान हैं, जो तागे के बिना गले में (स्थित) हो। (और दूसरी ओर) गुरु के द्वारा ब्रह्म का विचार करना मजीठ के पक्के रंग के समान है। हे नानक, जो (जीवात्मा) प्रेम के महा रस में रसी (आनन्दित) हुई, (उसकी) सारी बुराइयां (जल कर) खाक हो जाती हैं ॥ १ ॥

पउड़ी : एहु जगु आपि उपाइओनु करि चोज विडानु ।
पंच धातु विचि पाईअनु मोहु झूठु गुमानु ॥
आवै जाइ भवाईऐ मनमुख अगिआनु ।
इकना आपि बुझाइओनु गुरमुखि हरि गिआनु ॥
भगति खजाना बखसिओनु हरि नामु निधानु ॥१॥

पउड़ी : आश्चर्यजनक कौतुक करके इस जगत की रचना (हरी ने) आप ही की है। (उसी हरी ने शरीर में) पंच धातु (भूत—आकाश, वायु, अग्नि, जल और पृथ्वी) प्रविष्ट कराए हैं और साथ ही मोह, झूठ और अहंकार (आदि विकार भी) प्रविष्ट कराए हैं। अज्ञानी मनमुख (अविद्या में) रत होने के कारण (संसार-चक्र में) आता जाता और भटकता रहता है। कुछ (व्यक्तियों) को गुरु की शिक्षा द्वारा हरि का ज्ञान करा कर (परमात्मा) स्वयं ही उन्हें समझा देता है, (बोध करा देता है)। (परमात्मा उन्हें) हरि नाम प्रदान कर देता है, (जो समस्त सुखों) का निधान और भक्ति का भाण्डार है ॥ १ ॥

सलोकु : वाहु खसम तू वाहु जिनि रचि रचना हम कीए ।
सागर लहरि समुंद सर वेलि वरस वराहु ।
आपि खड़ोवहि आपि करि आपीणै आपाहु ॥
गुरमुखि सेवा थाइ पवै उनमनि ततु कमाहु ।
मसकति लहहु मजूरीआ मंगि मंगि खसम दराहु ॥
नानक पुर दर वेपरवाह तउ दरि ऊणा नाहि को सचा वेपरवाहु ॥२॥
ऊजल मोती सोहणे रतना नालि जुड़ंनि ।
तिन जरु वैरी नानका जि बुढे थीइ मरंनि ॥३॥

सलोक : हे स्वामी, तू धन्य है, तू धन्य है, जिसने (सृष्टि-) रचना रच कर हमें बनाया है। (सृष्टि-रचना और सृष्टि रचयिता का वही संबंध है), जो समुद्र की लहरों और समुद्र-सर का है और हरी-भरी बेलि तथा बरसने वाले काले बादल का है, जो उस वेलि को वृष्टि द्वारा सींच कर हरी भरी करता है। (हरी) आप ही (सृष्टि) रच कर (उसके बीच में) आप ही स्थित रहता है (तात्पर्य यह कि वही सृष्टि को सहारा देता है)। (हरी) आप ही आप हैं। (यदि) गुरु की शिक्षा द्वारा सेवा करो और सहजावस्था (उन्मनी अवस्था) में होकर तत्त्व स्वरूप हरी का अभ्यास करो, (तो उसका) स्थान प्राप्त हो जाता है। (अपने) परिश्रम (की कमाई) की मजदूरी स्वामी के दरवाजे पर माँग माँग कर ली जाती है। हे नानक, उस बेपरवाह (परमात्मा) का दरवाजा पूर्ण है, तुम्हारा (यहाँ जीव से तात्पर्य है) दरवाजा तो खाली है। [उनमनि (अवस्था=योगियों के मन की ऊँची अवस्था को 'उनमनी' अवस्था कहते हैं। इसी को 'सहजावस्था' भी कहते हैं।] ॥ २ ॥

जो (मनुष्य) उज्ज्वल और सुहावने मोतियों तथा रत्नों के साथ जुड़े हैं, [तात्पर्य यह कि (जिनके दाँत) मोती के समान श्वेत और सुहावने हैं और जिनकी (आँखें) रत्नों की भाँति कान्तिमयी है], उनका शत्रु वृद्धावस्था है और जो बूढ़े होकर मर जायँगे ॥ ३ ॥

पउड़ी : हरि सालाही सदा सदा तनु मनु सउपि सरीरु ।
गुर सबदी सचु पाइआ सचा गहिर गंभीरु ॥
मनि तनि हिरदै रवि रहिआ हरि हीरा हीरु ।
जनम मरण का दुखु गइआ फिरि पवै न फीरु ॥
नानक नामु सलाहि तू हरि गुणी गहीरु ॥२॥

पउड़ी : अपने तन, मन और शरीर को समर्पित करके हरी की सदैव ही स्तुति करनी चाहिये । गुरु के शब्द (उपदेश, शिक्षा) से (मैंने) सत्यस्वरूप, अगाध और गंभीर (हरी) को पा लिया है । हीरों में श्रेष्ठ हीरा हरी तन, मन और हृदय में रम रहा है, (व्याप्त है) । (हरी के प्राप्त हो जाने पर) जन्म तथा मरण के दुःख समाप्त हो गये (और) अब फिर (पुनर्जन्म) का फेरा नहीं पड़ेगा । हे नानक, तू गुणी और गंभीर हरि के नाम की स्तुति कर ॥ २ ॥

सलोकु : नानक इहु तनु जालि जिनि जलिए नामु विसारिआ ।
पउदी जाइ परालि पिछै हथु न अंबड़ै तितु निवंधै तालि ॥४॥
नानक मन के कंम फिटिआ गणत न आवही ।
किती लहा सहंम जा बखसे ता धका नही ॥५॥

सलोक : हे नानक, जिस जले हुए (शरीर ने) नाम को भुला दिया है, उस शरीर को जला दो । (पापों का) पुआल इकट्ठा होता जाता है, (और उन्हें फेंकने के लिए) पीछे (शरीर रूपी) ताल के नीचे हाथ नहीं पहुँचेगा [तात्पर्य यह कि शरीर रूपी तालाब में पापों का घास-फूस इकट्ठा होता रहता है । यदि उन्हें साथ ही साथ साफ न करते जायँ, तो बाद में उनकी सफाई करनी बहुत कठिन हो जाती हैं । इसी प्रकार निम्न रुचिवाले शरीर को नीचा तालाब कहा गया है, जिसमें पाप-कर्मों का पुआल पड़ता रहता है । यदि नाम के द्वारा इस गंदगी को साथ ही साथ साफ न करते जायँ, तो बाद में यह काम हमारी सामर्थ्य से बाहर हो जाता है ।] ॥ ४ ॥

हे नानक, मन के काम बिगड़े हुए हैं, (वे इतने बिगड़े हुए हैं कि) उनकी गणना नहीं की जा सकती । (उन बिगड़े हुए कामों के) कितने दुःख (मुझे) पाने हैं ; (यह मुझे ज्ञात नहीं है) । (पर) यदि (हरी) बख्श दे, तो (उन दुःखों का) धक्का (मुझे) नहीं लग सकता ॥ ५ ॥

पउड़ी : सचा अमरु चलाइओनु करि सचु फुरमाणु ।
सदा निहचलु रवि रहिआ सो पुरखु सुजाणु ।
गुरपरसादी सेवीऐ सचु सबदि नीसाणु ।
पूरा थाटु बणाइआ रंगु गुरमति माणु ॥
अगम अगोचरु अलखु है गुरमुखि हरि जाणु ॥३॥

पउड़ी : (प्रभु ने) सच्चा हुक्म करके (अपनी) सच्ची आज्ञा चलाई है। वह सुजान पुरुष (परमात्मा) सदैव (शाश्वत) निश्चल है (और वही सर्वत्र व्याप्त है)। गुरु की कृपा से (उसकी) आराधना करनी चाहिए; (गुरु के) शब्द (उपदेश) द्वारा जीवन का सच्चा निशान (चिह्न अथवा आदर्श) (प्राप्त होता है)। (शब्द द्वारा जीवन का सच्चा निशान—लक्ष्य प्राप्त हुआ) और पूरा ठाट बन गया। (अब) गुरु द्वारा प्रदत्त बुद्धि में स्थिर होकर खुशियाँ मनाओ। (जो हरी) अगम, अगोचर और अलक्ष्य है, उस हरी को गुरु की शिक्षा द्वारा जानो ॥ ३ ॥

सलोकु : नानक बदरा माल का भीतरि धरिआ आणि।
खोटे खरे परखीअनि साहिब कै दीबाणि ॥६॥

नावण चले तीरथी मनि खोटै तनि चोर।
इकु भाउ लथी नातिआ दुइ भा चड़ीअसु होर ॥
बाहरि धोती तूमड़ी अंदरि विसु निकोर।
साध भले अणनातिआ चोर सि चोरा चोर ॥७॥

सलोक : हे नानक, रुपयों की थैली (मनुष्य) लाकर (अपने घर के) भीतर रखता है (और उन्हें परखता है); (इसी प्रकार) प्रभु के दरबार में खोटे और खरे (मनुष्यों) की परख होगी। [बदरा < अरबी बदरह=तोड़ा; थैली] ॥ ६ ॥

(लोग) तीर्थों में स्नान करने तो जाते हैं, (किन्तु वे) मन के खोटे और शरीर के चोर (होते हैं)। स्नान करने से एक भाग (तात्पर्य यह कि शरीर का बाहरी मल) तो (जरूर) उतर जाता है, (किन्तु मैल का) दूसरा भाग तो और अधिक चढ़ जाता है, [तात्पर्य यह कि शरीर की बाहरी गंदगी तो अवश्य नष्ट हो जाती है, किन्तु मानसिक गंदगी—अहंकार और पाखण्ड तो और भी अधिक बढ़ जाते हैं।] तुमड़ी (तितलौकी कड़वी लौकी) को (चाहे बाहर से खूब) धो दिया जाय, (किन्तु भीतर वह) अत्यधिक विषयुक्त (तीती; कड़वी) होती है [अथवा इस पंक्ति का अर्थ इस प्रकार भी हो सकता है—(पाखण्डी व्यक्ति) बाहर से धोती (पहने हैं) और तुमड़ी लिए हैं, किन्तु (उसके) भीतर अत्यधिक विष है]। साधु लोग बिना नहाए (भी) भले हैं; (पर) जो चोर हैं (वे नहा कर भी) चोर ही रहते हैं ॥ ७ ॥

पउड़ी : आपे हुकमु चलाइदा जगु धंधै लाइआ।
इकि आपे ही आपि लाइअनु गुर ते सुख पाइआ ॥
दहदिस इहु मनु धावदा गुरि ठाकि रहाइआ।
नावै नो सभ लोचदी गुरमती पाइआ ॥
धुरि लिखिआ मेटि न सकीऐ जो हरि लिखि पाइआ ॥४॥

पउड़ी : (प्रभु अपना) हुक्म आप ही चलाता है (और सारे) जगत् को (उसी ने) धंधे (आजीविका) में लगाया है। कुछ (व्यक्तियों को प्रभु ने) अपने आप ही अपने साथ लगाया है (और उन्होंने) गुरु द्वारा सुख प्राप्त किया है। यह मन दशों दिशाओं में दौड़ता है; गुरु ने (मन की इस दौड़धूप को) रोक रक्खी है। सभी (मनुष्य) नाम की इच्छा करते

हैं (चाहते हैं), किन्तु यह गुरु द्वारा दी गई बुद्धि से (ही) प्राप्त होता है। जो (कुछ) प्रारंभ से ही हरी ने लिख दिया है, (उसे कोई भी) नहीं मिटा सकता ॥ ४ ॥

सलोकु : दुइ दीवे चउदह हट नाले । जेते जीअ तेते वणजारे ॥
खुल्हे हट होआ वापारु । जो पहुचै सो चलणहारु ॥
धरम दलालु पाए नीसाणु । नानक नामु लाहा परवाणु ॥
घरि आए वजी वाधाई । सच नाम की मिली वडिआई ॥८॥

राती होवनि कालीआ सुपेदा सेवंन ।
दिहु बगा तपै घणा कालिआ काले वंन ॥
अंधे अकली बाहरे मूरख अंध गिआनु ।
नानक नदरी बाहरे कबहि न पावहि मानु ॥९॥

सलोक : (चन्द्रमा और सूर्य) दो दीपक हैं, चौदह (भुवन) बाजार है। जितने भी जीव हैं, सभी व्यापारी हैं। (चौदह भुवनों की) हाटों के खुलने पर, (जीवों का) व्यापार (चालू) हो जाता है। इन हाटों में जो भी (जीव रूपी) व्यापारी आता है, वही चला जाता है। धर्मराज ही (इन हाटों के) दलाल हैं। (वे जीव के शुभ अथवा अशुभ कर्म रूपी व्यापार के माल पर) (अपना) निशान लगा देते हैं। हे नानक, (इस चौदह भुवनों की हाटों में जो) नाम का लाभ (कमाते हैं), (वे ही) प्रामाणिक हैं। (नाम रूपी लाभ पा जाने से) (अपने) घर (आत्मस्वरूप रूपी घर) में आ जाने से, वधाइयाँ बजती हैं और सच्चे नाम की बड़ाई मिलती है ॥ ८ ॥

रात (चाहे कितनी ही) काली हो, किन्तु सफेद (वस्तुओं के रंग) सफेद ही रहते हैं (तात्पर्य यह कि समय चाहे जितना खराब क्यों न हो, अच्छे लोग अपना स्वभाव नहीं बदलते, वे अच्छे ही बने रहते हैं)। दिन (चाहे कितना ही) सफेद हो (और कितना ही) तपता हो (पर) काली (वस्तुओं के रंग) काले ही बने रहते हैं (तात्पर्य यह कि समय कितना ही अच्छा क्यों न हो, किन्तु बुरे लोग बुरे ही बने रहते हैं)। अंधे (अज्ञानी) बुद्धि से रहित होते हैं; (वे) मूर्ख और अंधी समझ वाले (होते हैं)। हे नानक, वे लोग (परमात्मा की) कृपादृष्टि से रहित हैं (और) कभी मान नहीं पाते ॥ ९ ॥

पउड़ी : काइआ कोटु रचाइआ हरि सचै आपे ।
इकि दूजै भाइ खुआइअनु हउमै विचि विआपे ॥
इहु मानस जनमु दुलंभु सा मनमुख संतापे ।
जिसु आपि बुझाए जो बुझसी जिसु सतिगुरु थापे ॥
सभु जगु खेलु रचाइओनु सभ वरतै आपे ॥५॥

पउड़ी : सच्चे हरी ने स्वयं ही (प्राणियों के) शरीर रूपी कोट की रचना की है। कुछ लोग द्वैतभाव और अहंभावना में व्याप्त होकर (मार्ग) भूले हुए हैं, (कुमार्ग पर हैं)। यह मानव-जन्म (अति) दुर्लभ है; (इसकी कीमत को न समझ कर) मनमुख दुःख पाते हैं। जिसे (परमात्मा) स्वयं ही समझाता है, वही समझेगा; जिसे सद्गुरु स्थापित करता है,

(वही स्थापित होगा, स्थित होगा)। (हरी ने) सारे जगत् को खेल (के समान) रचा है (और उस जगत् के मध्य में) आप ही बरत रहा है ॥ ५ ॥

सलोकु : चोरा जारा रंडीआ कुटणीआ दीबाणु।
बेदीना की दोसती बेदीना का खाणु ॥
सिफती सार न जाणनी सदा वसै सैतानु।
गदहु चंदनि खउलीऐ भी साहू सिउ पाणु ॥
नानक कूड़ै कतिऐ कूड़ा तणीऐ ताणु।
कूड़ा कपड़ु कछीऐ कूड़ा पैनणु माणु ॥१०॥

बांगा बुग्गू सिङीआ नाले मिली कलाण।
इकि दाते इकि मंगते नामु तेरा परवाणु ॥
नानक जिनी सुणि कै मंनिआ हउ तिना विटहु कुरबाणु ॥११॥

सलोक : चोरों, व्यभिचारियों, वेश्याओं, कुटनियों—(इन सब की आपस में) मजलिस लगती है, (साथ साथ उठते-बैठते और सलाह करते हैं)। (इन) अधर्मियों की (आपस में) मित्रता है (और आपस में) खाने-पीने का (व्यवहार) है। (अतएव वे लोग परमात्मा की) प्रशंसा और उसका तत्व नहीं जानते। उनमें सदैव शैतान ही बसता है। (तात्पर्य यह कि वे लोग सदैव पापयुक्त कर्म करते हैं)। गधे को (चाहे जितना) चंदन लगाइए (मलिए), (किन्तु) फिर भी वह खाक (धूल) में पड़ता (लोटता) है। हे नानक, झूठ के कातने से, झूठ का ही ताना-बाना बनता है (तात्पर्य यह कि बुरे कर्मों का बुरा ही फल होता है; जैसे कर्म किए जाते हैं, वैसे ही फल भी प्राप्त होते हैं)। (इस प्रकार) झूठ का कपड़ा नाप कर उसे पहनना और उसके पहनने का मान करना झूठा ही है ॥ १० ॥

(मुल्ले) बाँग (देकर), (फकीर) तूती (बजा कर), (और योगी) शृङ्गी (बजा कर) (और मंगते जिन्हें) 'कल्याण हो' 'कल्याण हो' कहकर माँगना ही मिला है (माँगते हैं)। (इस प्रकार संसार में) कुछ लोग पाते हैं और कुछ लोग माँगते हैं; पर तेरे दरवाजे का प्रमाण तो नाम ही है। हे नानक, जिन्होंने (तेरा नाम) सुनकर, (उसपर) मनन किया, मैं उनके ऊपर कुरबान हूँ ॥ ११ ॥

पउड़ी : माइआ मोहु सभु कूड़ु है कूड़ो होइ गइआ।
हउमै झगड़ा पाइओनु झगड़ै जगु मुइआ ॥
गुरमुखि झगड़ु चुकाइओनु इको रवि रहिआ।
सभु आतम रामु पछाणिआ भउजल तरि गइआ ॥
जोति समाणी जोति विचि हरि नामि समइआ ॥६॥

पउड़ी : माया और मोह सब झूठे हैं, (वे सब) झूठे हो जाते हैं, (नश्वर हैं)। (इस संसार के) लोग अहंकार और झगड़े में पड़कर, (अंत में) झगड़े में ही मर जाते हैं। गुरु की शिक्षा द्वारा (साधक) झगड़े (संघर्ष) को समाप्त कर देता है (और यह जानता है कि) एक (परमात्मा ही सर्वत्र) रमा हुआ है। (वह साधक) सर्वत्र आत्मा राम को

पहचान कर संसार-सागर से तर जाता है। (इस प्रकार) (जीवात्मा की) ज्योति (परमात्मा की अखण्ड) ज्योति में (मिल जाती है) और (जीवात्मा) हरिनाम में समा जाता है।

[**विशेष :** उपर्युक्त पउड़ी में क्रियाएँ भूतकाल की हैं, किन्तु अर्थ की सुविधा की दृष्टि से उनका अनुवाद वर्त्तमान काल की क्रियाओं में किया गया है] ॥ ६ ॥

सलोकु

सतिगुर भीखिआ देहि मै तूं संम्रथु दातारु ।
हउमै गरबु निवारीऐ कामु क्रोधु अहंकारु ॥
लबु लोभु परजालीऐ नामु मिलै आधारु ॥
अहिनिसि नवतन निरमला मैला कबहूं न होइ ।
नानक इह बिधि छुटीऐ नदरि तेरी सुखु होइ ॥१२॥
इको कंतु सबाईआ जितो दरि खड़ीआह ।
नानक कंतै रतीआ पुछहि बातड़ीआह ॥१३॥
सभे कंतै रतीआ मै दोहागणि कितु ।
मै तनि अवगण एतड़े खसमु न फेरे चितु ॥१४॥
हउ बलिहारी तिन कउ सिफति जिना दै वाति ।
सभि राती सोहागणी इक मै दोहागणि राति ॥१५॥

सलोक : (हे) सद्गुरु, मुझे भिक्षा दे, (क्योंकि) तू समर्थ दाता है। (तू मेरे) अहंभाव, गर्व, काम, क्रोध (एवं) अहंकार का निवारण कर। (मेरे) लालच और लोभ को प्रज्वलित कर दे (जला डाल), (जिससे) मुझे नाम का आश्रय प्राप्त हो जाय। (हे प्रभु, तू) अहर्निश नवीन शरीर वाला और निर्मल है, (तू शाश्वत पवित्र है) कभी मलिन नहीं होता है। हे नानक, तेरी कृपादृष्टि हो जाने से, इसी विधि से छुटकारा होता है और सुख (प्राप्त) होता है ॥ १२ ॥

जितनी भी (जीवात्मा रूपी स्त्रियाँ उसके) दरवाजे पर खड़ी हैं, उन सब का एक ही स्वामी (कंत) है। हे नानक, (जो परमात्मा में) अनुरक्त हैं (वे उसके दरवाजे पर खड़ी होकर, (उससे मिलने की) बातें पूछती हैं ॥ १३ ॥

सभी (शुभ गुणोंवाली स्त्रियाँ) कंत में अनुरक्त हैं, मैं दुहागिनी किस (गणना में) हूँ ? मेरे शरीर में इतने अवगुण हैं, फिर भी वह खसम (स्वामी) मेरी ओर से चित्त नहीं फेरता ॥ १४ ॥

मैं उन (सौभाग्यशालिनी स्त्रियों) पर न्यौछावर हूँ, जिनके मुँह में (प्रभु की) स्तुति है, (अर्थात् जो अहर्निश प्रभु के गुणगान में अनुरक्त हैं)। (पति परमात्मा) सारी रातें सुहागिनों को देता है; एक रात मुझे दुहागिनी को भी दे ॥ १५ ॥

पउड़ी :

दरि मंगतु जाचै दानु हरि दीजै कृपा करि ।
गुरमुखि लेहु मिलाइ जनु पावै नामु हरि ॥
अनहद सबदु वजाइ जोती जोति धरि ।
हिरदै हरि गुण गाइ जै जै सबदु हरि ॥
जग महि वरतै आपि हरि सेती प्रीति करि ॥७॥

पउड़ी : (हे प्रभु, मैं) मँगता (तेरे) दरवाजे पर दान की याचना करता हूँ, (हे) हरी कृपा करके (मुझे) (दान) दे। गुरु द्वारा (मुझे अपने में) मिला ले, (जिससे) (यह) जन (भक्त) हरि के नाम को पा जाय। (हे प्रभु, मेरे अन्तर्गत) अनाहत शब्द (आत्मिक मंडल का संगीत, जो बिना बजाये बजता है) बजा और (मुझ जीवात्मा की) ज्योति (अपनी अखण्ड) ज्योति में मिला ले। (हे प्रभु, ऐसा विधान रच कि) हृदय हरी के गुण गाये (और मुंह) हरी के 'जय जय' शब्द करे। (सारे) जगत् में (हरी) आप ही बरत रहा है, (अतएव उसी) हरी से प्रीति कर ॥ ७ ॥

सलोकु : जिनी न पाइओ प्रेम रसु कंत न पाइओ साउ।
सुंञे घर का पाहुणा जिउ आइआ तिउ जाउ ॥१६॥

सउ ओलाम्हे दिने के राती मिलनि सहंस।
सिफति सलाहणु छडि के करंगी लगा हंसु ॥
फिटु इवेहा जीविआ जितु खाइ वधाइआ पेटु।
नानक सचे नाम विणु सभो दुसमन हेतु ॥१७॥

सलोक : जिन्होंने प्रेम रस को तथा परमात्मा के स्वाद को नहीं पाया; वे सूने घर के मेहमान (की भाँति) हैं; (सूने घर के मेहमान) जैसे आते हैं, वैसे ही चले जाते हैं ॥ १६ ॥

(जीव) दिन में सैकड़ों और रात में हजारों (पापों को करके) प्रायश्चित (सहन करता है)। [ओलाम्हे=उपालम्भ, प्रायश्चित]। (जीव रूपी) हंस (परमात्मा की) स्तुति और प्रशंसा (रूपी मोती) को (खाना) छोड़कर (विषय रूपी मुरदार खाने में लग गया है। [करंगी=पंजाबी करंग=मुए हुए पशुओं की ठठरी]। ऐसे (मनुष्यों) के जीवन को धिक्कार है, जिन्होंने (विषय रूपी मुरदार को) खा खा कर अपना पेट बढ़ाया है। हे नानक, सच्चे नाम के बिना सभी प्रकार के प्यार हमारे दुश्मन—वैरी ही हैं ॥ १७ ॥

पउड़ी : ढाढी गुण गावै नित जनमु सवारिआ।
गुरमुखि सेवि सलाहि सचा उर धारिआ ॥
घरु दरु पावै महलु नामु पिआरिआ।
गुरमुखि पाइआ नाम हउ गुर कउ वारिआ ॥
तू आपि सवारहि आपि सिरजनहारिआ ॥८॥

पउड़ी : (परमात्मा के) यश का गुणगान करनेवाला, (उसके) गुणों का गान करके (अपने) जन्म को संवार लेता है। गुरु द्वारा सेवा और स्तुति करके वह (अपने) हृदय में सच्चे (प्रभु) को धारण कर लेता है। जो नाम को धारण कर लेता है, वह अपने वास्तविक घर (तात्पर्य यह कि अपने प्रभु के महल) को प्राप्त करता है। (मैंने) गुरु द्वारा नाम को प्राप्त कर लिया है; मैं गुरु के ऊपर न्योछावर हूँ। (हे प्रभु), तू आप ही संवारने वाला और आप ही सिरजनेवाला है ॥ [टिप्पणी: उपर्युक्त पउड़ी में 'सवारिआ', 'उरधारिआ' आदि क्रियाएं भूत काल की हैं, किन्तु अनुवाद में स्वाभाविकता के लिए इनका अर्थ वर्तमान काल की क्रियाओं में लिखा गया है]॥ ८ ॥

सलोकु : दीवा बलै अंधेरा जाइ ।
बेद पाठ मति पापा खाइ ॥
उगवै सुरु न जापै चंदु ।
जह गिआन प्रगासु अगिआनु मिटंतु ॥
बेद पाठ संसार की कार ।
पढ़ि पढ़ि पंडित करहि बीचार ॥
बिनु बूझे सभ होइ खुआर ।
नानक गुरमुखि उतरसि पार ॥१८॥

सबदै सादु न आइओ नामि न लगो पिआरु ।
रसना फिका बोलणा नित नित होइ खुआरु ॥
नानक पइऐ किरति कमावणा कोइ न मेटणहारु ॥१९॥

सलोक : दीपक के जलने पर अन्धकार (स्वतः) नष्ट हो जाता है। वेद-पाठ पाप वाली बुद्धि को खा जाता है। सूर्य के उदय होने पर, चन्द्रमा नहीं दिखाई देता (क्योंकि) जहाँ ज्ञान का प्रकाश होता है, (वहाँ) अज्ञान स्वतः मिट जाता है। (पर हो क्या रहा है ?) वेदपाठ सांसारिक व्यवहार (मात्र बन गया है)। (वेदों को) पढ़ पढ़ कर पंडित गण तर्क-वितर्क (विचार) तो करते हैं, (किन्तु उसे समझते नहीं), समझे बिना (सभी पंडित) बरबाद होते हैं। हे नानक, ये गुरु द्वारा ही पार उतर सकते हैं ॥ १८ ।

(जिन व्यक्तियों को) शब्द—नाम में स्वाद नहीं आता और नाम में प्यार नहीं होता, (वे) जीभ से नीरस (फीका) बोलते हैं और नित्य नष्ट होते रहते हैं। (किन्तु) किए हुए कर्मों के द्वारा जो स्वभाव और संस्कार (किरत) बन जाते हैं, (उसी के अनुसार जीव) कर्म करते हैं, (उसे) कोई मेट नहीं सकता ॥ १९ ॥

पउड़ी : जि प्रभु सालाहे आपणा सो सोभा पाए ।
हउमै विचहु दूरि करि सचु मंनि बसाए ।
सचु बाणी गुण उचरै सचा सुखु पाए ।
मेलु भइआ चिरी विछुंनिआ गुर पुरखि मिलाए ॥
मनु मैला इव सुधु है हरि नामु धिआए ॥९॥

पउड़ी : जो अपने प्रभु की स्तुति करता है, वही शोभा पाता है। (वह अपने) बीच (अन्तःकरण) से अहंकार को दूर कर सत्य (परमात्मा) को अपने मन में बसा लेता है। (वह प्रभु की) सच्ची वाणी और गुणों का उच्चारण करता है (और जिसके फलस्वरूप वह) सच्चा सुख पाता है। (इस प्रकार) चिरकाल से बिछुड़ी हुई (जीवात्मा का परमात्मा से) मेल हो जाता है। (उन्हें) सद्गुरु-पुरुष ने मिलाया है। हरि के (निर्मल) नाम (को) ध्यान करने से मलिन मन पवित्र हो जाता हैं ॥ ९ ॥

सलोकु : काइआ कूमल फुल गुण नानक गुपसि माल ।
एनी फुली रउ करे अवर कि चुणीअहि डाल ॥२०॥

पहिल बसंतै आगमनि पहिला मउलिओ सोइ।
जितु मउलिऐ सभ मउलीऐ तिसहि न मउलिहु कोइ ॥२१॥

सलोक : (पवित्र) काया की कोमल पत्तियों (किशलय) तथा गुणों के फूलों की नानक माला गूंथता है। (प्रभु) इसी प्रकार के फूलों को पसन्द करता है। और डालों को चुन कर (फूल तोड़ने की क्या आवश्यकता) है ? (परमात्मा के उपहार योग्य माला तो उपर्युक्त विधि से ही निर्मित होती है) ॥ २० ॥

सबसे पहले वसन्त ऋतु आती है, (तब सारी वस्तुएं प्रफुल्लित होती हैं); (पर वसन्त ऋतु के आगमन के) पूर्व ही (परमात्मा) प्रफुल्लित है। जिस (परमात्मा के) प्रफुल्लित होने से सारी (वस्तुएं) प्रफुल्लित होती हैं, उसे कोई भी नहीं प्रफुल्लित कर सकता है ॥ २१ ॥

१ओं सतिनामु करता पुरखु निरभउ निरवैरु अकाल मूरति अजूनी सैभं गुर प्रसादि

रागु बिलावलु महला १, चउपदे, घरु १

सबद

[१]

तू सुलतानु कहा हउ मीआ तेरी कवन वडाई ।
जा तू देहि सु कहा सुआमी मै मूरखु कहणु न जाई ।।१।।
तेरे गुण गावा देहि बुझाई । जैसे सच महि रहउ रजाई ।।१।। रहाउ ।।
जो किछु होवा सभु किछु तुझ ते तेरी सभ असनाई ।
तेरा अंतु न जाणा मेरे साहिब मैं अंधुले किआ चतुराई ।।२।।
किआ हउ कथी कथे कथि देखा मै अकथु न कथना जाई ।
जो तुधु भावै सोई आखा तिलु तेरी वडिआई ।।३।।
एते कूकर हउ बेगाना भउका इसु तन ताई ।
भगति हीणु नानकु जे होइगा ता खसमै नाउ न जाई ।।४।।१।।

(हे प्रभु), तू तो सुलतान (बादशाह—तात्पर्य यह कि सबसे बड़ा) है, (यदि) मैं (तुझे) मियाँ (अथवा चौधरी) कहूँ, तो इसमें तेरी कौन सी प्रतिष्ठा होगी ? (तात्पर्य यह कि तेरी महिमा अनन्त है । मैं उस महिमा का जितना भी वर्णन करूँ, सब अल्प ही है) । (अतएव) जो तू (मुझे) देता है, (उसी के अनुसार) हे स्वामी, मैं तेरा कथन करता हूं । मुझ मूर्ख से (तेरा) कुछ भी कथन नहीं किया जा सकता ॥ १ ॥

(हे हरी, मुझे ऐसी) बुद्धि दे, जिससे तेरे गुणों का गान करूं और जिससे (मैं तेरा) हुक्मी बन्दा होकर सत्य में निवास करूं ॥ १ ॥ रहाउ ॥

जो कुछ भी उत्पन्न हुआ है, सब कुछ तुझी से (हुआ) है । तेरी जानकारी सब से है, (अर्थात् तू जड़ और चेतन्य सब कुछ जानता है) । हे मेरे साहब, मैं तेरा अन्त नहीं जानता; मुझ अन्धे में क्या चतुराई हो सकती है ॥ १ ॥ २ ॥

मैं (तेरी महिमा का) क्या कथन करूँ ? मैंने कथन कर कर के देख लिया (कि

तू) अकथनीय है और (तेरे संबंध में) कथन नहीं किया जा सकता । जो कुछ तुझे अच्छा लगता है, (उसी के अनुसार मैं) तिल मात्र (थोड़ी सी) (तेरी) महिमा कहता हूं ॥ ३ ॥

ये (बहुत से) भूंकने वाले कुत्ते (अवगुणी मनुष्य हैं); मैं (उन्हीं कुत्तों में से एक हूं), मैं इस शरीर के निमित्त ही भूंकता रहता हूं। (हाँ, मुझे यह चिन्ता अवश्य है कि मैं) भाव-भक्ति से रहित हूँ; पर प्रभु हरी का नाम तो (किसी भी दशा में) निष्फल नहीं जा सकता। (क्योंकि वह बख्शने वाला दाता है और मैं उसका कुत्ता कहलाता हूं) ॥ ४ ॥ १ ॥

[२]

मनु मंदरु तनु वेस कलंदरु घट ही तीरथि नावा ।
एकु सबदु मेरै प्रानि बसतु है बाहुड़ि जनमि न आवा ॥१॥
मनु बेधिआ दइआल सेती मेरी माई । कउणु जाणै पीर पराई ॥
हम नाही चिंत पराई ॥१॥ रहाउ ॥
अगम अगोचर अलख अपारा चिंता करहु हमारी ।
जलि थलि महीअलि भरिपुरि लीणा घटि घटि जोति तुम्हारी ॥२॥
सिख मति सभ बुधि तुम्हारी मंदिर छावा तेरे ।
तुझ बिनु अवरु न जाणा मेरे साहिबा गुण गावा नित तेरे ॥३॥
जीअ जंत सभि सरणि तुम्हारी सरब चिंत तुधु पासे ।
जो तुधु भावै सोई चंगा इक नानक की अरदासे ॥४॥२॥

मैंने शरीर से फकीर (कलंदर) के वेश पहने हैं, और मन को (परमात्मा के रहने के लिए) मन्दिर (बनाया है) और (मैं) अपने घट के ही तीर्थ में स्नान करता हूं; एक हरी का नाम ही मेरे प्राणों में बसता है, (इसीलिए) मैं फिर जन्म के अन्तर्गत नहीं आऊंगा ॥ १ ॥

हे मेरी माँ, (मेरा) मन दयालु (परमात्मा) से बिंध गया है। पराई पीर को कौन जान सकता है ? (तात्पर्य यह है कि मेरे प्रेम की व्याकुलता को और कौन जान सकता है) ? हम तो हरी के बिना और किसी का ख्याल तक नहीं करते ॥ १ ॥ रहाउ ॥

(हे) अगम, अगोचर, अलख और अपार (हरी) हमारी चिन्ता कर। (तू) जल, स्थल तथा धरती और आकाश के बीच में पूर्ण रूप से व्याप्त है; घट-घट में तेरी ही ज्योति (विराजमान) है ॥ २ ॥

(हे हरी) सारी शिक्षा, मति और बुद्धि तेरी ही (प्रदान की हुई) हैं। (सारे) घर और विश्राम के स्थान तेरे ही (दिए हुए हैं)। हे मेरे साहब, मैं तुझे छोड़कर अन्य किसी को नहीं जानता; (इसीलिए) नित्य तेरा गुणगान करता हूं ॥ ३ ॥

सारे जीव-जन्तु तेरी शरण में पड़े हुए हैं और सभी की चिन्ता तुझे है। (हे हरी), जो (कुछ) तुझे रुचे, वही (मुझे) अच्छा लगे, यही एक नानक की प्रार्थना है ॥ ४ ॥ २ ॥

[३]

आपे सबदु आपे नीसानु । आपे सुरता आपे जानु ॥
आपे करि करि वेखै ताणु । तू दाता नामु परवाणु ॥१॥
ऐसा नामु निरंजन देउ । हउ जाचिकु तू अलखु अभेउ ॥१॥ रहाउ ॥
माइआ मोहु धरकटी नारी । भूंडी कामणि कामणिआरि ॥
राजु रूपु झूठा दिन चारि । नामु मिलै चानणु अंधिआरि ॥२॥
चखि छोड़ी सहसा नही कोइ । बापु दिसै वेजाति न होइ ॥
एके कउ नाही भउ कोइ । करता करे करावै सोइ ॥३॥
सबदि मुए मनु मन ते मारिआ । ठाकि रहे मनु साचै धारिआ ॥
अवरु न सूझै गुर कउ वारिआ । नानक नामि रते निसतारिआ ॥४॥३॥

(हरी) आप ही शब्द (रूप) है (और) आप ही चिह्न (निशान) रूप में है। (वह) आप ही श्रोता हैं और आप ही ज्ञाता (जानने वाला) है। [इस वाणी के 'रहाउ' से स्पष्ट रूप से प्रकट हो जाता है कि इसका केन्द्रीय विषय 'नाम' है। नाम उच्चारण 'शब्द' और 'निशान' (चिह्न) दोनों दशाओं में हो सकता है, क्योंकि हरी दोनों दशाओं में विराजमान है—वही शब्द और 'चिह्न' दोनों स्वरूप हैं। हरी आप ही मनुष्य में स्थित होकर, उसे सत्ता देकर स्वयं ही नाम को सुनता और समझता है]। (हरी) आप ही सब शक्ति है और (सृष्टि की रचना) कर के, उसे देखता है, (उसकी देखभाल और निगरानी करता है)। (हे प्रभु), तू (सभी का) दाता है (और तेरा) नाम (सबसे बढ़कर) प्रामाणिक है ॥ १ ॥

ऐसा (तेरा) नाम है और (ऐसा तू) निरंजन (माया से रहित) देव है। मैं तेरा याचक हूं; तू अलक्ष्य और भेद-रहित हैं ॥ १ ॥ रहाउ ॥

माया के मोह, धिक्कारी हुई (व्यभिचारिणी), भोंड़ी (बदसूरत) और जादू-टोने करने वाली स्त्री के मोह के सदृश हैं। [धरकटी<धिक्कृत, धिक्कारी हुई, बदचलन अथवा व्यभिचारिणी। कामणिआरि=जादू-टोने करने वाली स्त्री]। राज्य (सांसारिक वैभव) नश्वर है और चार दिन (के रहनेवाले हैं)। (हरी का) नाम प्राप्त हो जाय, तो (माया के) अन्धकार में (ज्ञान का) प्रकाश (हो जाता है) ॥ २ ॥

(मैंने) माया को चख कर छोड़ दिया है, (इसमें) कोई भी संशय नहीं है। [व्यभिचारणी माया का पुत्र वेश्या के पुत्र के समान होता है। उसका कोई एक पिता नहीं होता है, अतः वह 'बेजाति' माना जाता है], (किन्तु जिसका) पिता (प्रत्यक्ष) दिखलाई पड़ता हो, वह 'बेजाति' का नहीं हो सकता। [तात्पर्य यह है कि जिसने माया को त्याग कर हरी का पुत्र बनना स्वीकार कर लिया है, वह हरी की जाति का है और उसकी महिमा का उत्तराधिकारी है]। एक (हरी) के (हो जानेवाले को) किसी का भी भय नहीं है, (क्योंकि वह इस बात को भलीभाँति जानता है कि) कर्त्ता-पुरुष जो कुछ भी करता है, वही होता है, (अन्यथा कुछ भी नहीं होता) ॥ ३ ॥

शब्द के द्वारा (अहंभाव से) मर जाय और (ज्योतिर्मय) मन से (अहंकारयुक्त) मन को मार दे। मन को (माया की ओर से) रोक कर, सच्चे (हरी) में टिकाए। (गुरु के अतिरिक्त) अन्य कोई न सूझ पड़े; गुरु के ऊपर ही न्यौछावर हो जाया जाय। नानक (कहते हैं कि इस प्रकार) नाम में अनुरक्त होकर (साधक का) उद्धार हो जाता है।

[टिप्पणी : उपर्युक्त पंक्तियों में क्रियाएँ भूतकाल की व्यवहृत हैं, किन्तु अर्थ में स्वाभाविकता के लिए उनका प्रयोग वर्त्तमान काल में किया गया है।] ॥ ४ ॥ ३ ॥

[४

गुरबचनी मनु सहज धिआने। हरि कै रंगि रता मनु माने।
मनमुख भरमि भुले बउराने। हरि बिनु किउ रहीऐ गुर सबदि पछाने ॥१॥
बिनु दरसन कैसे जीवउ मेरी माई।
हरि बिनु जीअरा रहि न सकै खिनु सतिगुरि बूझ बुझाई ॥१॥ रहाउ ॥
मेरा प्रभु विसरै हउ मरउ दुखाली। सासि गिरासि जपउ अपुने हरि भाली ॥
सद बैरागनि हरि नामु निहाली। अब जाने गुरमुखि हरि नाली ॥२॥
अकथ कथा कहीऐ गुर भाइ। प्रभु अगम अगोचरु देइ दिखाइ ॥
बिनु गुर करणी किआ कार कमाइ। हउमै मेटि चलै गुर सबदि समाइ ॥३॥
मनमुखु विछुड़ै खोटी रासि। गुरमुखि नामि मिलै साबासि ॥
हरि किरपाधारी दासनिदास। जन नानक हरि नाम धनु रासि ॥४॥४॥

गुरु के वचनों द्वारा मन सहज-ध्यान (करने वाला) हो गया है; (तात्पर्य यह कि मन स्वाभाविक ही हरी के ध्यान में लगा रहता है)। हरि के रंग में रँगने से मन मान जाता है, (स्थिर हो जाता है और अपनी चंचलता त्याग देता है)। (इसके विपरीत) मनमुख भ्रमित होकर पागल (के समान) भटकता रहता है। हरि के बिना, किस प्रकार शान्ति हो ? (हरि को) गुरु के शब्द द्वारा पहचाना जाता है ॥ १ ॥

हे मेरी माँ, बिना (हरि के) दर्शन के कैसे जीवित रहूँ ? बिना हरी के मेरा जी क्षण भर नहीं रह सकता; सद्गुरु ने (अन्त में) मुझे समझ दे दी, (और परमात्मा से मिला दिया) ॥ १ ॥ रहाउ ॥

(जिस क्षण) मेरा प्रभु विस्मृत होता है, (उस क्षण) मैं दुःखी होकर मर जाती हूँ। (इसीलिये मैं) (प्रत्येक) श्वास में और (प्रत्येक) ग्रास में, (तात्पर्य यह कि निरन्तर) हरि को जपती हूँ (और उसे) खोजती हूँ। (मैं) सदैव की वैरागिनी थी, (किन्तु) हरि नाम (को पाकर) निहाल हो गयी—कृतार्थ हो गयी। गुरु की शिक्षा द्वारा मैंने अब हरी को अपने साथ जान लिया ॥ २ ॥

हे भाई, (हरी की) अकथनीय कहानी गुरु के द्वारा (कुछ सीमा तक) कही जाती है। (गुरु ही) अगम, अगोचर प्रभु को दिखा देता है। बिना गुरु के क्या करनी करते हो और क्या कार्य करते हो ? (अर्थात् गुरु के बिना कितनी ही करनी तथा कार्य करने व्यर्थ सिद्ध होते हैं)। (जो व्यक्ति) गुरु के शब्द द्वारा अहंकार को मिटाकर चलता है, (वह प्रभु में) समा जाता है ॥ ३ ॥

मनमुख (अपनी) खोटी पूंजी (दुर्गुणों) के कारण (परमात्मा से) बिछुड़ जाता है। गुरु की शिक्षा द्वारा (शिष्य) नाम में मिल जाता है ; (वह) धन्य है। हरि ने (अत्यन्त) कृपा करके (मुझे) (अपने) दासों का दास बना लिया। हे नानक, जन (भक्त) (के पास) हरिनाम की ही धनराशि होती है ॥ ४ ॥ ४ ॥

१ओं सतिगुर प्रसादि ॥ बिलावलु, महला १, घरु १०

असटपदीआं [१]

निकटि वसै देखै सभु सोई। गुरमुखि विरला बूझै कोई ॥
विणु भै पइऐ भगति न होई। सबदि रते सदा सुखु होई ॥१॥
ऐसा गिआनु पदारथु नामु। गुरमुखि पावसि रसि रसि मानु ॥१॥ रहाउ ॥
गिआनु गिआनु कथै सभु कोई। कथि कथि बादु करे दुखु होई ॥
कथि कहणै ते रहै न कोई। बिनु रस राते मुकति न होई ॥२॥
गिआनु धिआनु सभु गुर ते होई। साची रहत साचा मनि सोई ॥
मनमुख कथनी है परु रहत न होई। नावहु भूले थाउ न कोई ॥३॥
मनु माइआ बंधिओ सर जालि। घटि घटि बिआपि रहिओ बिखु नालि ॥
जो आंजै सो दीसै कालि। कारजु सीधो रिदै समालि ॥४॥
सो गिआनी जिनि सबदि लिव लाई। मनमुखि हउमै पति गवाई ॥
आपे करतै भगति कराई। गुरमुखि आपे दे वडिआई ॥५॥
रैणि अंधारी निरमल जोति। नाम बिना झूठे कुचल कछोति।
वेदु पुकारै भगति सरोति। सुणि सुणि मानै वेखै जोति ॥६॥
सासत्र सिम्रिति नामु द्रिड़ामं। गुरमुखि सांति उतमा करमं ॥
मनमुखि जोनी दूख सहामं। बंधन तूटे इकु नामु वसामं ॥७॥
मंने नामु सची पति पूजा। किसु वेखा नाही को दूजा।
देखि कहउ भावै मनि सोइ। नानकु कहै अवरु नही कोइ ॥८॥१॥

(हरि) (सभी के अति निकट बसता है और (सब कुछ) देखता है। कोई विरला ही (पुरुष) गुरु की शिक्षा द्वारा (इस तथ्य को) समझता है। (मन में) बिना (परमात्मा का भय पाए हुए भक्ति नहीं होती। (हरी के) शब्द—नाम में अनुरक्त होने से शाश्वत सुख (प्राप्त) होता है ॥ १ ॥

ऐसा (हरी का) नाम ज्ञान-पदार्थ है। (ऐसे पवित्र और शक्तिशाली) नाम को गुरु द्वारा प्राप्त करके स्वाद से मानो ॥१॥रहाउ॥

सभी कोई 'ज्ञान ज्ञान' कथन करते हैं। कथन कर कर के वाद-विवाद करते हैं, (इस वाद विवाद से) दुःख होता है, (आन्तरिक शान्ति नहीं प्राप्त होती)। कथन (एवं वाद-

विवाद) किए बिना कोई भी नहीं रहता, (अर्थात् सभी व्यक्ति कथन एवं वादविवाद के चक्कर में पड़ जाते हैं)। (किन्तु कोरे कथन से कुछ भी हाथ में नहीं आता)। (परमात्मा के) रस में अनुरक्त हुए बिना मुक्ति नहीं (प्राप्त) हो सकती ॥२॥

ज्ञान और ध्यान सब (कुछ) गुरु से (प्राप्त) होते हैं। सच्चे मन से ही सच्ची रहनी (प्राप्त) होती है। मनमुख तो (केवल) कथन करनेवाला है, किन्तु (वह) रहनी नहीं रहता। (हरि के) नाम के भूलने से कोई भी स्थान नहीं (प्राप्त होता है) ॥३॥

माया ने मन को (संसार रूपी) तालाब के जाल में बाँध रक्खा है। घट-घट में (प्रत्येक प्राणी के हृदय में माया का यह जाल) व्याप्त है (बिछा है); (उस जाल में) (माया का) विष भी साथ ही है। जो उत्पन्न होता है, वह काल (के अधीन) दिखलाई पड़ता है। (परमात्मा को) हृदय में स्मरण करने से कार्य सिद्ध होता है ॥४॥

जिसने नाम—शब्द में एकनिष्ठ ध्यान लगाया है, वही ज्ञानी है। मनमुख तो अहंकार (में पड़कर अपनी) प्रतिष्ठा गंवा देता है। करता-पुरुष स्वयं ही अपनी भक्ति (साधकों से) कराता है। गुरु की शिक्षा द्वारा (परमात्मा) आप ही (शिष्य को) बड़ाई प्रदान करता है ॥५॥

(आयु रूपी) रात्री अंधेरी है; (इसमें परमात्मा की) ज्योति का निर्मल (प्रकाश) है। नाम के बिना (लोग) झूठे, मैले-कुचैले और अछूत, अपवित्र होते हैं। वेद भक्ति की ध्वनि का पुकार पुकार (कर प्रतिपादन करता है)। इस ध्वनि को सुन सुन कर (जो व्यक्ति) मानता है, (वह परमात्मा की उस) ज्योति को देखता है ॥६॥

(जितने भी) शास्त्र और स्मृतियाँ हैं, (सभी) नाम को ही दृढ़ करते हैं। गुरु द्वारा यह उत्तम कर्म (करके) शान्ति मिलती है। (किन्तु) मनमुख होने से योनि (के अन्तर्गत आकर) दुःख सहना पड़ता है। एक (परमात्मा के) नाम को (हृदय में) बसाने से बंधन टूटता है ॥७॥

नाम को मानना ही सच्ची प्रतिष्ठा और पूजा है। (परमात्मा को छोड़ कर) और किसे देखूँ? (वह आप ही सब कुछ है), दूसरा कोई नहीं। (सब कुछ) देखकर (मैं) कहता हूँ कि वही (प्रभु) मन को अच्छा लगता है। नानक कहता है (कि उस प्रभु को छोड़ कर) और कोई नहीं है ॥८॥१॥

[२]

मन का कहिआ मनसा करै। इहु मनु पुंनु पापु उचरै ॥
माइआ मद माते तृपति न आवै। तृपति मुकति मनि साचा भावै ॥१॥
तनु धनु कलत सभु देखु अभिमाना। बिनु नावै किछु संगि न जाना ॥१॥ रहाउ ॥
कीचहि रस भोग खुसीआ मन केरी। धनु लोकां तनु भसमै ढेरी ॥
खाकू खाकु रलै सभु फैलु। बिनु सबदै नही उतरै मैलु ॥२॥
गीत राग घन ताल सि कूरे। त्रिहु गुण उपजै बिनसै दूरे ॥
दूजी दुरमति दरदु न जाइ। छूटै गुरमुखि दारू गुण गाइ ॥३॥
धोती ऊजल तिलकु गलि माला। अंदरि क्रोधु पड़हि नाटसाला ॥
नामु विसारि माइआ मदु पीआ। बिनु गुर भगति नाही सुखु थीआ ॥४॥

सूकर सुआन गरदभ मंजारा । पसू मलेछ नीच चंडाला ॥
गुर ते मुहु फेरे तिन्ह जोनि भवाईऐ । बंधनि बाधिआ आईऐ जाईऐ ॥५॥

गुर सेवा ते लहै पदारथु । हिरदै नामु सदा किरतारथु ॥
साची दरगह पूछ न होइ । मानै हुकमु सीझै दरि सोइ ॥६॥

सतिगुर मिलै त तिस कउ जाणै । रहै रजाई हुकमु पछाणै ।
हुकमु पछाणि सचै दरि वासु । काल बिकाल सबदि भए नासु ॥७॥

रहै अतीतु जाणै सभु तिसका । तनु मनु अरपै है इहु जिसका ॥
ना ओहु आवै ना ओहु जाइ । नानक साचे साचि समाइ ॥८॥२॥

मन के कथनानुसार (मनुष्य) मर्ज़ी (पूरी) करता है । (इस प्रकार) यह मन (निरन्तर) पाप-पुण्य को भक्षण करता रहता है [उचरै < उ + चरै = (१) वह चरे ; भक्षण करे । (२) विशेष रूप से भक्षण करे] । माया के मद में मत्त होने से तृप्ति नहीं होती; (वास्तविक) तृप्ति और मुक्ति तो यह है कि सच्चे मन में (परमात्मा) अच्छा लग जाय ॥१॥

तू (यह भलीभाँति) देख ले कि तन , धन और स्त्री सब कुछ अभिमान ही है । बिना नाम के और कुछ भी साथ नहीं जाता ॥१॥रहाउ॥

(इस संसार में) (खूब) रस भोग कर लीजिए और मन की खुशियाँ मना लीजिए , लोक में धन (संग्रह कर लीजिए ; पर साथ ही यह भी समझ लीजिए कि यह) शरीर भस्म की ढेर (हो जाने वाला है) । ये सारे विस्तार , (आडम्बर के फैलाव) खाक-खाक में मिल जायंगे । बिना शब्द—नाम के (आन्तरिक) मल नहीं दूर होता है ॥२॥

(संसार के) गीत, राग तथा बहुत से ताल (आदि) झूठे हैं । (ये संसारिक वैभव, राग, ताल आदि) तीनों गुणों से उपजते हैं , (ये) नष्ट हो जाते हैं (और मनुष्य जीवन को परमात्मा से) दूर करने वाले हैं । द्वैतभाव वाली दुर्मति (में होने से) दुःख दूर नहीं होता । गुरु के द्वारा (परमात्मा के) गुणगान (रूपी औषधि (दारू) से (वह दुःख) छूटता है ॥३॥

(जो व्यक्ति) उजली धोती (पहने हैं), ललाट में तिलक (लगाए हैं) ,और गले में माला पहने हैं , (किन्तु जिनके) अन्तर्गत क्रोध (भरा हुआ है), (वे किसी धार्मिक ग्रंथ को) पढ़ते हुए (ऐसे लगते हैं), (मानो) नाट्यशाला में (कोई नाट्य-अभिनय कर रहा हो) । [तात्पर्य यह कि उनका धार्मिक पाठ अभिनय मात्र है , उसके अनुरूप जीवन नहीं ढाला गया है] । (इस प्रकार सांसारिक मनुष्य) नाम को भुला कर माया की मदिरा पीते रहते हैं । (किन्तु) बिना गुरु के न भक्ति ही (प्राप्त) होती है और न सुख ही होता है ॥४॥

(गुरु से विहीन प्राणी) शूकर , श्वान , गर्दभ तथा मार्जार (बिल्ले) , पशु, लेच्छ , नीच और चाण्डाल हैं । जो गुरु से मुँह फेरे हुए हैं , (विमुख हैं) , (वे) (नाना प्रकार की) योनियों में भ्रमित किए जाते हैं । (वे यमराज के) बन्धनों में बाँधे जाकर आते-जाते रहते हैं ॥५॥

गुरु की सेवा से (नाम रूपी) पदार्थ प्राप्त होता है । (जिसके हृदय में नाम है, (वह) सदैव कृतार्थ है । (ऐसे व्यक्ति की परमात्मा के) सच्चे दरबार में (किसी प्रकार की) पूछ-ताछ नहीं होती , (अर्थात् उसे कर्मों का लेखा नहीं देना होता और न इन सब के लिए उसकी

पूछ ही होती है)। (जो व्यक्ति) (परमात्मा के) हुक्म को मानता है, वही उसके दरवाजे पर कामयाब होता है ॥६॥

(जब) (साधक को) सद्गुरु प्राप्त होता है; तभी (वह) उस (परमात्मा) को जानता है; (वह) हुक्म को पहचान कर (उसकी) आज्ञा में रहता है। (प्रभु के) हुक्म को पहचानने से सच्चे दरवाजे पर निवास होता है। मरण और जन्म नाम—शब्द के द्वारा नष्ट हो जाते हैं। [काल=मरण। बिकाल=मृत्यु का विपरीत, तात्पर्य जन्म] ॥७॥

(साधक) सब से अतीत होकर रहे और सारी (वस्तुएँ उसी (प्रभु) की जाने; (वह) अपने तन और मन को उसे अर्पित करे जिसके ये सब हैं। हे नानक, (इस वृत्तिवाला साधक) न कहीं आता है और न जाता है; (वह) सच्चा (साधक) सत्य में ही समा जाता है ॥८॥२॥

१ओं सतिगुर प्रसादि ॥ बिलावलु, महला १, थिती, घरु १०, जति

[१]

एकम एकंकारु निराला। अमरु अजोनी जाति न जाला ॥
अगम अगोचरु रूपु न रेखिआ। खोजत खोजत घटि घटि देखिआ ॥
जो देखि दिखावै तिस कउ बलि जाई। गुरपरसादि परम पदु पाई ॥१॥
किआ जपु जापउ बिनु जगदीसै। गुर कै सबदि महलु घरु दीसै ॥१॥ रहाउ ॥
दूजै भाइ लगे पछुताणे। जम दरि बाधे आवण जाणे ॥
किआ लै आवहि किआ ले जाहि। सिरि जम कालु सि चोटा खाहि ॥
बिनु गुर सबद न छूटसि कोइ। पाखंडि कीन्है मुकति न होइ ॥२॥
आपे सचु कीआ कर जोड़ि। अंडज फोड़ि जोड़ि विछोड़ि ॥
धरति अकासु कीए बैसण कउ थाउ। राति दिनंतु कीए भउ भाउ ॥
जिनि कीए करि वेखणहारा। अवरु न दूजा सिरजणहारा ॥३॥
त्रितीआ ब्रहमा बिसनु महेसा। देवी देव उपाए वेसा ॥
जोती जाती गणत न आवै। जिनि साजी सो कीमति पावै ॥
कीमति पाइ रहिआ भरपूरि। किसु नेड़ै किसु आखा दूरि ॥४॥
चउथि उपाए चारे वेदा। खाणी चारे बाणी भेदा ॥
असट दसा खटु तीनि उपाए। सो बूझै जिसु आपि बुझाए ॥
तीनि समावै चउथै वासा। प्रणवति नानक हम ताके दासा ॥५॥
पंचमी पंच भूत बेताला। आपि अगोचरु पुरखु निराला ॥
इकि भ्रमि भूले मोह पिआसे। इकि रसु चाखि सबदि त्रिपतासे।
इकि रंगि राते इकि मरि धूरि। इकि दरि घरि साचै देखि हदूरि ॥६॥
झूठे कउ नाही पति नाउ। कबहु न सूचा काला काउ ॥
पिंजरि पंखी बंधिआ कोइ। छेंरी भरमै मुकति न होइ ॥
तउ छूटै जा खसमु छडाए। गुरमति मेले भगति द्रिड़ाए ॥७॥

खसटी खटु दरसन प्रभ साजे । अनहद सबदु निराला वाजे ॥
जे प्रभ भावै ता महलि बुलावै । सबदे भेदे तउ पति पावै ॥
करि करि वेस खपहि जलि जावहि । साचै साचे साचि समावहि ॥८॥

सपतमी सतु संतोख सरीरि । सात समुंद भरे निरमल नीरि ॥
मजनु सीलु सचु रिदै बीचारि । गुर कै सबदि पावै सभि पारि ॥
मनि साचा मुखि साचउ भाइ । सचु नीसाणै ठाक न पाइ ॥९॥

असटमी असट सिधि बुधि साधै । सचु निहकेवलु करमि अराधै ।
पउणु पाणी अगनी बिसराउ । तही निरंजनु साचो नाउ ॥
तिसु महि मनूआ रहिआ लिव लाइ । प्रणवति नानकु कालु न खाइ ॥१०॥

नाउ नउमी नवे नाथ नव खंडा । घटि घटि नाथु महा बलवंडा ॥
आई पूता इहु जगु सारा । प्रभ आदेसु आदि रखवारा ॥
आदि जुगादी है भी होगु । ओहु अपरंपरु करणै जोगु ॥११॥

दसमी नामु दानु इसनानु । अनदिनु मजनु सचा गुण गिआनु ॥
सचि मैलु न लागै भ्रमु भउ भागै । बिलमु न तूटसि काचै तागै ॥
जिउ तागा जगु एवै जाणहु । असथिरु चीतु साचि रंगु माणहु ॥१२॥

एकादसी इकु रिदै वसावै । हिंसा ममता मोहु चुकावै ॥
फलु पावै ब्रतु आतम चीनै । पाखंडि राचि ततु नही बीनै ॥
निरमलु निराहार निहकेवलु । सूचै साचे ना लागै मलु ॥१३॥

जह देखउ तह एको एका । होरि जीअ उपाए वेकी वेका ॥
फलोहार कीए फलु जाइ । रस कस खाए सादु गवाइ ॥
कूड़ै लालचि लपटै लपटाइ । छूटै गुरमुखि साचु कमाइ ॥१४॥

दुआदसि मुद्रा मनु अउधूता । अहिनिसि जागहि कबहि न सूता ॥
जागतु जागि रहै लिव लाइ । गुर परचै तिसु कालु न खाइ ॥
अतीत भए मारे बैराई । प्रणवति नानक तह लिव लाई ॥१५॥

दुआदसी दइआ दानु करि जाणै । बाहरि जातो भीतरि आणै ॥
बरती बरत रहै निहकाम । अजपा जापु जपै मुखि नाम ॥
तीनि भवण महि एको जाणै । सभि सुचि संजम साचु पछाणै ॥१६॥

तेरसि तरवर समुद कनारै । अंम्रितु मूलु सिखरि लिव तारै ॥
डर डरि मरै न बूडै कोइ । निडरु बूडि मरै पति खोइ ॥
डर महि घरु घर महि डरु जाणै । तखति निवासु सचु मनि भाणै ॥१७॥

चउदसि चउथे थावहि लहि पावै । राजस तामस सत काल समावै ॥
ससीअर कै घरि सूरु समावै । जोग जुगति की कीमति पावै ॥
चउदसि भवन पाताल समाए । खंड ब्रहमंड रहिआ लिव लाए ॥१८॥

अमावसिआ चंदु गुपतु गैणारि । बुझहु गिआनी सबदु बीचारि ॥
ससीअरु गगनि जोति तिहु लोई । करि करि वेखै करता सोई ॥
गुर ते दीसै सो तिस ही माहि । मनमुखि भूले आवहि जाहि ॥१६॥

घरु दरु थापि थिरु थानि सुहावैं । आपु पछाणै जा सतिगुरु पावै ॥
जह आसा तह बिनसि विनासा । फुटै खपरु दुबिधा मनसा ॥
ममता जाल ते रहै उदासा । प्रणवति नानक हम ताके दासा ॥२०॥१॥

विशेष : थिती=तिथि । महीने में चंद्रमा की गति के अनुसार दो पक्ष होते हैं और एक एक पक्ष में पन्द्रह तिथियाँ होती हैं । उनके नाम एकम से लेकर चतुर्दशी या चौदसि तक समान होते हैं । केवल कृष्णपक्ष की अन्तिम तिथि अमावस्या कही जाती है और शुक्लपक्ष की अन्तिम तिथि पूर्णमासी अथवा पूर्णिमा । इन तिथियों के एक एक के नाम गिनाकर गुरु नानक ने सांसारिक मनुष्यों को चेतावनी देकर भक्ति, ज्ञान एवं वैराग्य की ओर आकृष्ट किया है ।

जति : जोड़ी बजाने का एक ढंग ।

अर्थ : [पहिली तिथि 'एकम' है । इसके द्वारा गुरु जी ने बतलाया है कि] (हरी) एक ही है और सबसे निराला (पृथक्) है । (वह प्रभु) अमर और अयोनि है ; (उसकी) न (कोई) जाति है (और) न (उसे कोई) जंजाल—प्रपंच—बन्धन ही है । (वह) अगम और अगोचर (इन्द्रियों की पहुँच से परे) है ; न (उसका कोई) रूप है और न (उसकी कोई) रेखा है । खोजते खोजते (मैंने उसे) घट-घट में (व्याप्त) देखा । जो (ऐसे प्रभु को स्वयं) देख कर (दूसरों को) दिखावे, उसके ऊपर मैं न्यौछावर हूँ । गुरु की कृपा से (मैंने) परम पद को पा लिया है ॥१॥

(मैं) बिना जगदीश (परमात्मा) के (और) जप क्या करूँ ? गुरु के शब्द द्वारा (परमात्मा का) महल और घर दिखाई पड़ता है ॥१॥रहाउ॥

द्वितीया (दुइज) तिथि द्वारा यह अभिप्राय है कि द्वैतभाव में लग कर मनुष्य पछताता है । दरवाजे पर यमराज बाँधता है और आना जाना बना रहता है । (मनुष्य) क्या लेकर (इस संसार में) आता है और क्या लेकर यहाँ से चला जाता है ? वह (मनुष्य) सिर पर काल रूपी यमराज की चोटें खाता है । (इस प्रकार) बिना गुरु के शब्द के कोई भी नहीं छूटेगा । (अनेक) पाखण्ड करने से मुक्ति नहीं प्राप्त होती ॥२॥

सच्चे (हरी) ने आप ही अपने हाथों से सृष्टि की रचना की । (जगत् के) अंडे (के समान गोलाकर) को तोड़कर दो भाग किये । फिर दोनों के सिरों को मिलाकर बीच से एक दूसरों से अलग कर दिया । इस प्रकार धरती और आसमान रहने के लिए दो स्थान बनाए । (उसी हरी ने) रात और दिन तथा भय और प्रेम उत्पन्न किया । जिस (प्रभु) ने सृष्टि की रचना की है , वही उसकी निगरानी करनेवाला भी है । (उस प्रभु को छोड़ कर) अन्य कोई सिरजनहार नहीं है ॥३॥

तृतीया (से यह मतलब यह है कि सच्चे हरी ने ही) ब्रह्मा, विष्णु महेश—(त्रिदेवों (तथा अनेक) देवी—देवताओं के (पृथक् पृथक्) वेश उत्पन्न किए हैं । (उस प्रभु ने इतनी अधिक) ज्योतिवाली जातियों (की रचना की कि उनकी) गणना ही नहीं की जा सकती ।

जिसने (उनका) निर्माण किया है, वही उनकी कीमत पा सकता है । (वही प्रभु उनकी) कीमत पाकर परिपूर्ण रूप से (विराजमान है) (उसकी सृष्टि में भला) किसे निकट कहा जाय और किसे दूर कहा जाय ? ॥४॥

चउथी (चतुर्थी तिथि से यह समझना चाहिए कि उसी हरी ने) चारों वेदों की उत्पत्ति की है । (उसीने जीवों की) चार खानियाँ—अंडज, जेरज, उद्भिज, स्वेदज तथा विभिन्न वाणियां (बोलियों) की रचना को है अठारह (पुराणों), षट् (शास्त्रों) और तीन (गुणों) की उत्पत्ति ने (उसी प्रभु की है) । (इस रहस्य को) वही समझ सकता है , जिसे वह स्वयं समझा दे । जो तीन अवस्थाओं —जाग्रत, स्वप्न तथा सुषुप्ति को पार कर (अथवा तीन गुणों—सत्व , रज और तम को पार कर) चौथी अवस्था—तुरीयावस्था, सहजावस्था, चतुर्थ पद , निर्वाण पद , मोक्ष पद में स्थित हो जाय , नानक विनय करके कहते हैं हम ऐसे पुरुष के दास हैं ॥५॥

पंचमी (से यह आशय है कि) पंच तत्त्वों में (जिनमें यह सारा संसार वरत रहा है) भूत हैं (तात्पर्य है कि पंचभौतिक संसार में रहनेवाले जोव भूतों-की तरह इधर उधर घूम रहे हैं) , किन्तु (हरी) आप मन वाणी से परे, निराला पुरुष है । कुछ लोग तो मोह की प्यास में भ्रमित होकर भटक रहे हैं और कुछ लोग (हरी) रस का आस्वादन करके शब्द—नाम में तृप्त हो गए हैं । कुछ लोग तो (प्रेम के) रंग में रंगे हैं और कुछ मर कर धूल हो रहे हैं । कुछ लोग सच्चे घर और सच्चे दरवाजे पर (हरी को अति) निकट से देखते हैं ॥६॥

झूठे (व्यक्ति) को न प्रतिष्ठा (प्राप्त होती है) और न नाम ही (प्राप्त होता है) । काला कौवा कभी नहीं पवित्र होता है । (यदि) कोई पक्षी पिंजड़े में बंधा हो और (पिंजड़े के) छिद्रों की ओर घूमता हो , तो (उसकी इस क्रिया से उसकी) मुक्ति नहीं हो सकती । वह तभी छूट सकता है, जब स्वामी कृपा करके छुटकारा दे । गुरु की बुद्धि द्वारा मिलने से ही भक्ति की दृढ़ता प्राप्त होती है ॥७॥

षष्ठी (छट्ठि) तिथि द्वारा गुरु नानक देव जी का यह उपदेश है कि) प्रभु (हरी ने) छः दर्शनों—शास्त्रों [वेदान्त अथवा उत्तर मीमांसा (व्यास कृत) , पूर्व मीमांसा अथवा कर्म काण्ड (जैमिनि कृत) , योग (पतञ्जलि कृत) , न्याय (गौतम कृत) , वैशेषिक (कणाद कृत) तथा सांख्य (कपिल द्वारा रचित)] की रचना की है । (प्रभु की रचना में) अनाहत शब्द तो निराले ढंग से बजता है ; (अनाहत शब्द आत्मिक-मण्डल का वह शाश्वत संगीत है, जो बिना बजाए ही बजता है) । यदि प्रभु को अच्छा लगता है , तो (वह साधक को अपने) महल में बुला लेता है । (यदि) (गुरु के) शब्द द्वारा (अपने मन को बेध दे , तभी) (प्रभु के निकट) प्रतिष्ठा पा सकता है (पाखण्डी लोग तो अनेक प्रकार के) वेश बना बना कर नष्ट होकर जल जाते हैं ; किन्तु सच्चे (साधक) तो सत्य स्वरूप (हरी) में ही समा जाते हैं ॥८॥

सप्तमी (तिथि द्वारा गुरु नानक महाराज यह समझाते हैं कि) यदि शरीर में (तात्पर्य यह कि जीवन में) सत्य , संतोष (आदि गुण) हों , तो सातों समुद्र (पंच ज्ञानेन्द्रियाँ , मन और बुद्धि) (नाम के अमृत जल से) भर जाते हैं ; [तात्पर्य यह कि अत्यधिक आनन्द की प्राप्ति हो जाती है] । हृदय में सच्चे (हरी) को विचार कर शील (पवित्रतापूर्वक जीवन) ही (सच्चा) स्नान है । गुरु का शब्द सभी को तार देता है । (जिसके) मन और मुख सच्चे

हैं (और जिसमें) सच्चा भाव है , (उन्हें) सत्य रूपी निशान (परवाना) प्राप्त होता है , (जिससे) उनकी कोई रोक नहीं होती ।।६।।

अष्टमी (तिथि से यह भाव है कि) (साधक) अष्ट सिद्धियों वाली बुद्धि के ऊपर विजय प्राप्त करे (तात्पर्य यह चमत्कारी शक्तियों की ओर बुद्धि न जाने दे । (वह) सच्चे और निष्केवल (हरी की) (शुभ) कर्मों द्वारा आराधना करे और वायु, जल तथा अग्नि (के क्रमशः रजोगुणी , सत्वगुणी , एवं तमोगुणी स्वभाव को) भुला दे ; ऐसे ही स्थान में (अर्थात् ऐसे ही मनुष्य के शुद्ध अन्तःकरण में) सच्चा नाम बसता है । ऐसे (सच्चे नाम) में (साधक का मन लिव (एकनिष्ठ ध्यान) लगा कर रहता है । नानक विनती करके कहता है (कि ऐसे साधक को) काल नहीं खाता है , (अर्थात् वह आवागमन के चक्र से मुक्त हो कर साक्षात् परमात्म-स्वरूप हो जाता है और उस पर काल का कोई वश नहीं चलता है) ॥१०॥

नवमी (से यह आशय है कि हरी का) नाम (योगियों के बड़े) नौ नाथों , (पृथ्वी के) नौ खण्डों (और प्रत्येक) घट का महा बलवंत (शक्तिशाली) स्वामी है । उस माता (रूपी हरी) की सन्तान यह सारा जगत् है । (उस) आदि रक्षक प्रभु को (हम सब का) प्रणाम है । (वह प्रभु) आदिकाल (एवं) युग-युगान्तरों से है, था (और) रहेगा ; (तात्पर्य यह कि परमात्मा भूतकाल में था, वर्त्तमान में है और भविष्य में रहेगा । वह अपरंपार (प्रभु सभी कुछ) करने में समर्थ है ।। ११ ।।

दशमी (तिथि द्वारा गुरु नानक देव यह समझाते हैं कि) नाम (जपो), दान दो (बाँट कर खाओ) और स्नान करो (पवित्र रहो) । (हरी के) गुणों का सच्चा ज्ञान (लेना ही)—इसी को नित्य का स्नान (समझो) । सच्चे (व्यक्ति को) मैल नहीं लगती (और उसके समस्त) भ्रम और भय भग जाते हैं । कच्चे तागे को टूटने में विलम्ब नहीं लगता । (अतएव इस बात को) जानो कि जैसे तागा (कच्चा) है, वैसे ही यह जगत् भी (कच्चा है) । (यदि) सच्चे (परमात्मा में) आनन्द माना जाय, (तभी) चित्त स्थिर होता है ।। १२ ।।

एकादशी (तिथि से यह शिक्षा लेनी चाहिए कि) एक (परमात्मा को) (अपने) हृदय में बसा ले और हिंसा, ममता तथा मोह को समाप्त कर दे । (इसका) फल होगा—(सत्य) व्रत की प्राप्ति और आत्म-स्वरूप की पहचान । पाखण्ड में अनुरक्त होने से (पाखण्डी व्यक्ति) (परमात्म -) तत्व को नहीं देख सकता । (हरी) निर्मल, निराहारी और निर्लेप (निष्केवल) है । (इस प्रकार के) पवित्र (हरी) द्वारा जो (व्यक्ति) पवित्र होता है, उसे मैल नहीं लग सकती ।। १३ ।।

(मैं) जहाँ देखता हूँ, (वहाँ) एक ही एक (एक मात्र हरी ही) (दिखाई पड़ता है) ; (उसी एक हरी ने) भाँति भाँति के जीव उत्पन्न किए हैं । (इन जीवों में से कुछ तो ऐसे हैं, जो सदैव) फलाहार ही करते हैं, (पर इस फलाहार का) (वास्तविक) फल, (उनसे) चला जाता है । (कुछ लोग ऐसे हैं जो नाना प्रकार की) रसमयी (वस्तुओं को) खाते हैं, (पर फिर भी स्वाद) गँवा देते हैं । (इस प्रकार दोनों प्रकार के लोग—(१) फलाहारी तथा (२) अनेक प्रकार की स्वादिष्ट वस्तुओं को खाने वाले) झूठी लालच में

लिपटे हुए हैं। गुरु द्वारा सच्ची कमाई करने से ही (मनुष्य सांसारिक प्रपंचों एवं बन्धनों से) छूटता है ॥१४॥

द्वादशी (तिथि द्वारा गुरु नानक देव यह कहते है कि जिनका) मन (बाह्य वेश की बारह) मुद्राओं से उपराम (अवधूत) हो गया है, वे अहर्निश (ब्रह्मज्ञान के परम पकाश में) जगते हैं और (अज्ञान रूपी निद्रा में) कभी नहीं सोते। [१२ मुद्राएँ निम्नलिखित हैं :— ५ चिह्न ब्रह्मचारियों के— यज्ञोपवीत, मृगचर्म, मुंज-मेखला, कमण्डलु एवं शिखा (चोटी), ३ चिह्न वैष्णवों के— तिलक, कंठी एवं तुलसी की माला, २ चिह्न शैवों के— रुद्राक्ष की माला और त्रिपुण्ड, १ चिह्न योगियों का— मुद्रा तथा १ चिह्न संन्यासियों का— त्रिदण्ड]। (ऐसा साधक) (परमात्मा में) लिव (एकनिष्ठ ध्यान) लगा कर (सदैव) जागता रहता है। गुरु के (सच्चे) परिचय हो जाने से, ऐसे (व्यक्ति को) काल नहीं भक्षण करता। (ऐसे पुरुष) वास्तविक त्यागी (अतीत) हैं; (उन्होंने कामादिक) शत्रुओं का हनन किया है। नानक विनयपूर्वक कहता है कि ऐसी (भूमिका में) लिव (एकनिष्ठ ध्यान) लगाना चाहिए ॥१५॥

द्वादशी (तिथि द्वारा गुरु नानक महाराज पुनः समझाते हैं कि) (प्राणियों पर) दया (और असहायों) को दान देना— (यही द्वादशी तिथि) समझनी चाहिए और बाहर जानेवाले मन को (प्रयत्न एवं धैर्यपूर्वक) भीतर ले आना चाहिए, (तात्पर्य यह कि विषयों में भटकते हुए बहिर्मुख मन को प्रयत्न पूर्वक अन्तर्मुख करना चाहिये)। व्रत रखने वाला (साधक) निष्काम होने का व्रत ले। (वह साधक) (निरन्तर) अजपा जप करता रहे (और इस प्रकार उसके) मुख में (सदैव) नाम (की धार प्रवाहित होती रहे) [अजपा जाप=से यह अभिप्राय है कि जो जप बिना जिह्वा को हिलाए-डुलाए हो। यह जप श्वास-प्रश्वास द्वारा होता रहता है। किन्तु इस जप की प्राप्ति के लिए वाणी-जप आवश्यक है। वाणी जप से अजपा जप होता है। अजपा जप जब परिपक्व हो जाता है, तब 'लिव' जप होता है। लिव जप में सभी बाह्य-साधक छूट जाते हैं और एक मात्र हरि का आन्तरिक प्रेम प्रबल हो जाता है। गुरुओं के अनुसार लिव-जप सर्व श्रेष्ठ जप है]। तीनों लोकों में एक मात्र (हरी) को ही जाने। सत्य का साक्षात्कार करना (पहचानना) ही सारी पवित्रता (एवं सारा) संयम है ॥१६॥

त्रयोदशी (तिथि द्वारा यह बतलाया जाता है कि मनुष्य का जीवन) समुद्र के तट के वृक्ष (की भाँति क्षण-भंगुर है, जो किसी भी क्षण समुद्र की तरंगों में लीन हो सकता है)। पर उसका मूल अमर हो सकता है, यदि उसकी शिखा लिव (एक-निष्ठ ध्यान) के तार से बँधी रहे; (तात्पर्य यह कि मनुष्य उस क्षण अमरणधर्मा हो सकता है, जिस क्षण वह अपनी वृत्तियों को परमात्मा की शाश्वत और अखण्ड सत्ता में नियोजित कर दे)। [शिखर =चोटी, शिखा; दशम द्वार; मन की ऊँची वृत्ति]। (जो व्यक्ति हरी के) डर में हैं, (उसका, डर मर जाता है, (ऐसा, कोई भी (व्यक्ति) (संसार-सागर में) नहीं डूबता। (किन्तु जो व्यक्ति परमात्मा से) निडर है, (वह अपनी) प्रतिष्ठा खोकर डूब मरता है। (परमात्मा के) भय में (अपना वास्तविक) घर, (और अपने) घर में (परमात्मा का)

भय जानना चाहिए। (यदि) अच्छा (हरी) मन को अच्छा लगने लगे, (तो शाही) तख्त का निवास (प्राप्त होता है) ॥१७॥

चतुर्दशी (तिथि का यह अभिप्राय है कि यदि कोई) चतुर्थ स्थान— तुरीयावस्था को प्राप्त करता है, (तो उसके) रजोगुण, तमोगुण एवं सत्वगुण काल में समा जाते है, (अर्थात् वह त्रिगुणात्मक बन्धनों से मुक्त होकर त्रिगुणातीत हो जाता है); चन्द्रमा के घर में सूर्य आकर समा जाता है, [भावार्थ यह कि मनुष्य की अज्ञानावस्था के चन्द्रमा में गुरु का उपदेश रूपी सूर्य आकर बस जाता है]। (ऐसा शिष्य—साधक) योग-विधियों के (समस्त) मूल्य को (अकस्मात् ही) पा जाता है। (वह इस महायोग के कारण इतना व्यापक और महान् हो जाता है कि) (वह) चतुर्दश भुवनों एवं (समस्त) पाताल में व्याप्त हो जाता है; वह समस्त खण्ड-ब्रह्माण्डों में एकनिष्ठ ध्यान (लिव) लगाकर (परिपूर्ण) हो जाता हे ॥१८॥

अमावस्या (तिथि से गुरु नानक देव यह समझाते हैं कि इस तिथि में) (व्यष्टिगत) चन्द्रमा (समष्टिगत चिदाकाश के) आकाश में अन्तर्हित हो जाता है। ऐ ज्ञानी, (गुरु के) शब्द को विचार कर (इस परम रहस्य को) समझने (की चेष्टा करो)। चन्द्रमा में, गगन में और तीनों लोकों में (उसी परमात्मा की अखण्ड और सर्वव्यापिनी) ज्योति (व्याप्त है)। वही कर्त्ता-पुरुष (सृष्टि) रच रच कर, (उसकी) देखभाल करता है। गुरु से (यह महान् रहस्य) दिखाई पड़ता है (कि परमात्मा की वह अखण्ड और सर्वव्यापिनी ज्योति) उस (शिष्य) के भीतर भी है। (किन्तु) मनमुख (इस रहस्य को नहीं समझता, वह तो अपनी इन्द्रिय-परायणता के कारण बारंबार इस संसार-चक्र में) भटक कर आता-जाता रहता है ॥१९॥

जब (शिष्य) सद्गुरु को पा लेता है, (तभी वह परमात्मा के सच्चे) घर और दरवाजे पर स्थापित होता है (और तभी वह आत्मस्वरूप के) स्थिर स्थान में सुशोभित होता है (और तभी वह) अपने आप को पहचानता है। जहाँ पर आशा होती है, वहाँ (मनुष्य) नष्ट होकर बरबाद हो जाता है। (गुरु के प्राप्त हो जाने पर) द्वैतभाव एवं (मनमुखी) वासनाओं का खप्पर फूट जाता है। (ऐसा व्यक्ति) ममता के समूह से उदासीन हो जाता है; नानक विनयपूर्वक कहता है कि हम ऐसे (व्यक्ति के) दास हैं ॥२०॥ १॥

१ओं सतिगुर प्रसादि ॥ बिलावलु, महला १, दखणी,

छंत [१]

मुंध नवेलड़ीआ गोइलि आई राम।
मटुकी डारि धरी हरि लिव लाई राम॥
लिअ लाइ हरि सिउ रही गोइलि सहजि सबदि सीगारीआ।
कर जोड़ि गुर पहि करि बिनंती मिलहु साचि पिआरीआ॥
धन भाइ भगती देखि प्रीतम काम क्रोधु निवारिआ ॥१॥
नानक मुंध नवेल सुंदरि देखि पिरु साधारिआ ॥१॥

सचि नवेलड़ीए जोबनि बाली राम ।
आउ न जाउ कही अपने सहि नाली राम ॥
नाह अपने संगि दासी मै भगति हरि की भावए ।
अगाधि बोधि अकथु कथीऐ सहजि प्रभ गुण गावए ॥
राम नाम रसाल रसीआ रवै साचि पिआरीआ ।
गुरि सबदि दीआ दानु कीआ नानका वीचारीआ ॥२॥
स्रीधर मोहिअड़ी पिर संगि सूती राम ।
गुर कै भाइ चलो साचि संगूती राम ॥
धन साचि संगूती हरि संगि सूती संगि सखी सहेलीआ ।
इक भाइ इक मनि नामु वसिआ सतिगुरु हम मेलीआ ॥
दिनु रैणि घड़ी न चसा विसरै सासि सासि निरंजनो ।
सबदि जोति जगाइ दीपकु नानका भउ भंजनो ॥३॥
जोति सबाइड़ीए त्रिभवण सारे राम ।
घटि घटि रवि रहिआ अलख अपारे राम ॥
अलख अपार अपारु साचा आपु मारि मिलाईऐ ।
हउमै ममता लोभु जालहु सबदि मैलु चुकाईऐ ॥
दर जाइ दरसनु करी भाणै तारि तारणहारिआ ।
हरि नामु अंमृतु चाखि तृपती नानका उर धारिआ ॥४॥१॥

विशेष : इस पद में कुछ पंक्तियों के अन्त में 'राम' शब्द का प्रयोग हुआ है । 'राम' संबोधन का चिह्न है । 'गुरु नानक' की बाणी में कुछ पद ऐसे हैं, जिनके अंत में इस प्रकार के सम्बोधन प्रयुक्त हुए हैं, जैसे 'राम', 'राम जी', 'बलिराम जीउ', 'पिआरे', आदि ।

अर्थ : युवा स्त्री, (इस संसार रूपी) चारागाह में (थोड़े दिन के लिए) आई है । (वह चतुर स्त्री—शुद्ध जीवात्मा) (माया की) मटकी नीचे रख कर (तात्पर्य यह कि सांसारिक वस्तुओं से उपराम होकर), हरी में लिव (एकनिष्ठ ध्यान) लगा कर बैठ गई है । (वह) हरी में लिव (एकनिष्ठ ध्यान) लगा कर बैठ गई है; (उसने) स्वाभाविक ढंग से शब्द द्वारा अपना शृङ्गार किया है । (वह) हाथ जोड़कर गुरु से प्रार्थना करती है कि हे सच्चे प्रियतम मुझे मिलो । स्त्री का प्रेम और भक्ति देख कर प्रियतम (परमात्मा) उसके काम और क्रोध को दूर करता है । हे नानक, नयी, सुन्दरी स्त्री प्रियतम को देख कर, उसके आसरे हो गई है ॥१॥

हे सत्य (में प्रतिष्ठित होनेवाली) नयी स्त्री, हे युवती बाले, (तू) और कहीं न आ न जा, अपने प्रियतम के संग ही (रह) । (मैं) अपने स्वामी के संग में हूँ, (उनकी) दासी हूँ, मुझे हरि की भक्ति अच्छी लगती है । (जिस प्रभु का) बोध (ज्ञान) अगाध है (और जो) अकथनीय है, (उसका) कथन करना चाहिए और सहज भाव से उस प्रभु का गुणगान करना चाहिए । राम नाम रस का घर है; रसिक (परमात्मा) (अपनी) सच्ची प्रियतमाओं के साथ रमण करता है । हे नानक, गुरु ने विचार करके उपदेश दिया हैं (और शिष्य को) (महान्) दान दिया है ॥२॥

श्रीधर (परमात्मा) द्वारा मोहित की हुई स्त्री अपने पति (परमात्मा) के ही साथ शयन करती है। गुरु के भावानुसार चलने से (वह) सच्चे (हरी) के साथ जुड़ी हुई है। सत्य (परमात्मा) के साथ जुड़ी होने से, (वह सौभाग्यशालिनी स्त्री अपने पति) हरी के साथ ही शयन करती है, (और उसके) साथ में (उसकी) सखियाँ-सहेलियाँ (भी आनन्द मनाती हैं)। एक रस और एकाग्र मन होने से (हमारे अन्तर्गत) नाम बस गया है; सद्गुरु ने हमें (परमात्मा से) मिला दिया है। (अब परिणाम यह हुआ है) कि निरंजन (माया से रहित हरी) दिन, रात, घड़ी तथा पल का तीसवाँ भाग भी नहीं भूलता है; (वह) प्रत्येक साँस में (याद आता रहता है)। [विशेष :—चसा=पन्द्रह बार आँखों की पलकों के गिरने को 'विसा' कहा जाता है। पन्द्रह 'विसों' का एक 'चसा' होता है। तीस 'विसों' का एक 'पल' और साठ पल की एक घड़ी होती है।] हे नानक, भय को नष्ट करनेवाले हरी ने (गुरु के) शब्द की ज्योति द्वारा (हृदय में) (ज्ञान का) दीपक प्रज्वलित कर दिया है ॥३॥

हे सभी के मध्य आई हुई (परमात्मा की सर्वव्यापिनी और अखण्ड) ज्योति, (तू) सारे त्रिभुवन में (व्याप्त) है। अलक्ष्य और अपार हरी घट-घट में रमा हुआ है। (हे साधक, अपने) आपेपन को मार कर (अपने को) अलक्ष्य, अपार, सच्चे हरी से मिला दो। अहंकार, ममता और लोभ को (गुरु के) शब्द द्वारा जला दो (और आन्तरिक) मैल को समाप्त कर दो। (परमात्मा के) दरवाजे पर जाकर (मैंने) उसका दर्शन किया (और) तारनेवाले हरी ने (अपनी) आज्ञा से—मर्जी से—इच्छा से (मुझे संसार-सागर से) तार लिया। हे नानक, (मैं) हरि के अमृत नाम को चख कर तृप्त हो गई और (उस नाम को अपने) हृदय में धारण कर लिया ॥४॥१॥

[२]

मै मनि चाउ घणा साचि विगासी राम।
मोही प्रेम पिरे प्रभि अबिनासी राम ॥
अविगतो हरि नाथु नाथह तिसै भावै सो थीऐ।
किरपालु सदा दइआलु दाता जीआ अंदरि तूं जीऐ ॥
मै अवरु गिआनु न धिआनु पूजा हरि नामु अंतरि बसि रहे।
भेखु भवनी हठु न जाना नानका सचु गहि रहे ॥१॥
भिनड़ी रैणि भली दिनस सुहाए राम।
निज घरि सूतड़ीए पिरमु जगाए राम ॥
नवहाणि नव धन सबदि जागी आपणे पिर भाणीआ।
तजि कूड़ कपटु सुभाउ दूजा चाकरी लोकाणीआ।
मै नामु हरि का हारु कंठे साच सबदु नीसाणिआ।
करि जोड़ि नानकु साचु मागै नदरि करि तुधु भाणीआ ॥२॥
जागु सलोनड़ीऐ बोलै गुरबाणी राम।
जिनि सुनि मंनिअड़ी अकथ कहाणी राम ॥
अकथ कहाणी पदु निरबाणी को विरला गुरमुखि बूझए।
ओहु सबदि समाए आपु गवाए त्रिभवण सोझी सूझए ॥

रहै अतीतु अपरंपरि राता साचु मनि गुण सारिआ ।
ओहु पूरि रहिआ सरब ठाई नानका उरि धारिआ ॥३॥

महलि बुलाइड़ीऐ भगति सनेही राम ।
गुरमति मनि रहसी सीझसि देही राम ॥
मनु मारि रीझै सबदि सीझै त्रैलोक नाथ पछाणए ।
मनु डीगि डोलि न जाइ कतही आपणा पिरु जाणए ॥
मै आधारु तेरा तू खसमु मेरा मै ताणु तकीआ तेरओ ।
साचि सूचा सदा नानक गुर सबदि झगरु निबेरओ ॥४॥२॥

मेरे मन में अत्यधिक चाव (उमंग) है; मैं सच (हरी) द्वारा विकसित हो गई । अविनाशी, प्रियतम, प्रभु ने मुझे (अपने महान्) प्रेम में मोहित कर लिया । अव्यक्त हरी स्वामियों का भी स्वामी है; (जो कुछ) उसे अच्छा लगता है, वही होता है । हे कृपालु, हे सदैव दया करनेवाले दाता, जीवों के अन्तर्गत तू ही जीवित है, (अर्थात् तेरी ही सत्ता से प्राणधारियों का जीवन है) । मुझमें (तुझे छोड़कर) न और कोई ज्ञान है, न ध्यान है और न पूजा है; (मेरे) अन्तर्गत हरि का नाम ही बस रहा है । हे नानक (मैं) न (तो कोई) वेश (बनाना) जानता हूँ, न (तीर्थादिकों में) भ्रमण ही (करता हूँ) (और न कोई) हठ-निग्रह ही जानता हूँ;—मैंने तो सत्य (हरी) को ही ग्रहण कर रक्खा है ॥१॥

रात्रि (आनन्द से) भीगी हुई और दिन सुहावने (प्रतीत होते हैं) । (मैं) अपने घर में सोई थी, प्रियतम (हरी ने मुझे अज्ञान-निद्रा से) जगा कर (अपने स्वरूप में स्थित कर दिया है) । नवयुवती, नयी स्त्री (गुरु के) शब्द द्वारा जग गई है और अपने प्रियतम (परमात्मा) को अच्छी लगी है । (उस स्त्री ने) झूठ, कपट-स्वभाव तथा दूसरे मनुष्यों की चाकरी (नौकरी) छोड़ दी है (और एक नाम परमात्मा में लिव लगायी है) । मेरे गले में हरी के नाम का हार और सच्चे शब्द का निशान पड़ा है । नानक हाथ जोड़ कर सत्य (की भीख) माँगता है; (हे प्रभु) कृपादृष्टि करो (ताकि मैं) तुझे अच्छा लगूँ ॥२॥

ऐ सुन्दर नेत्रोंवाली स्त्री, (उठो), जागो और गुरुवाणी बोलो । जिस (गुरुवाणी को) सुन कर (परमात्मा की) अकथनीय कहानी को मानो, समझो । (परमात्मा की) अकथनीय कहानी तथा निर्वाण पद—चतुर्थ पद—तुरीय पद को कोई विरला ही पुरुष गुरु की शिक्षा द्वारा समझता है । वह (पुरुष) अपनेपन को गंवा कर शब्द—नाम में समा जाता है और (उसे) तीनों लोकों का ज्ञान हो जाता है । (सच्चा शिष्य) सच्चे मन से (परमात्मा के) गुणों को याद करके अपरंपार (परमात्मा) में अनुरक्त हो कर सबसे अतीत (त्यागी, निर्लिप्त) हो गया है । हे नानक, (उस साधक ने उस हरी को अपने) अन्तःकरण में धारण कर लिया है जो सभी स्थानों में परिपूर्ण है (व्याप्त है) ॥३॥

भक्ति से स्नेह करनेवाले उस (परमात्मा) ने (तुझे) अपने महल में बुलाया है । गुरु की बुद्धि द्वारा तू मन में प्रसन्न है और तू ने अपने शरीर (जीवन) को भी सफल कर लिया है । (जो) अपने (चंचल) मन को मार कर (गुरु के) शब्द में रीझता है, (वही) सिद्ध होता है और त्रिलोकीनाथ (हरी) को पहचानता है । (तेरा) मन डिग कर और डोल कर (चंचल होकर) कहीं भी न जाने पावे, (तू अपने) प्रियतम को पहचान । (हे प्रभु) मुझे

तेरा ही आधार है, तू ही मेरा पति है, मुझे तेरा ही बल और सहारा है। हे नानक, सच्चा सदैव ही पवित्र (होता है), गुरु के शब्द ने (मेरे) झगड़े को समाप्त कर दिया है ॥४॥२॥

१ओं सतिगुर प्रसादि ॥ बिलावलु की वार, महला १

सलोकु : कोई वाहे को लुणै को पाए खलिहानि ।
नानक एव न जापई कोई खाइ निदानि ॥१॥
जिसु मनि वसिआ तरिआ सोइ ।
नानक जो भावै सो होइ ॥२॥

सलोकु : कोई तो (खेत) बोता है और कोई (उसे) काटता है, और कोई उसे खलिहान में लाता है। (पर) हे नानक, यह नहीं दिखाई पड़ता कि अंत में किसे खाना है ॥१॥

जिसके मन में (हरी) बस गया है, वही (इस संसार-सागर से) पार होता है। हे नानक, (जो कुछ) उस हरी को अच्छा लगता है, वही होता है ॥२॥

पउड़ी : पारब्रहमि दइआलि सागरु तारिआ ।
गुरि पूरै मिहरवानि भरमु भउ मारिआ ॥
काम क्रोधु बिकरालु दूत सभि हारिआ ।
अंमृत नामु निधानु कंठि उर धारिआ ॥
नानक साधू संगि जनमु मरणु सवारिआ ॥१॥

पउड़ी : दयालु परब्रह्म ने (मुझे) (इस संसार रूपी) सागर से तार दिया है। मेहरबान (कृपालु) पूर्ण गुरु ने (मेरे) भ्रम और भय को समाप्त कर दिया है। काम क्रोध (इत्यादि) विकराल दूत सब हार खाकर (बैठ गए हैं)। (मैंने) अमृत के भण्डार (हरी के) नाम को अपने गले और हृदय में धारण कर लिया है। हे नानक, साधु-संग में मैंने अपना जन्म-मरण बना लिया है ॥१॥

——

१ओं सतिनामु करता पुरखु निरभउ निरवैरु अकाल मूरति अजूनी सैभं गुर प्रसादि ॥

रामकली महला १, घरु १, चउपदे

सबद

[१]

कोई पड़ता सहसाकिरता कोई पड़ै पुराना ।
कोई नामु जपै जपमाली लागै तिसै धिआना ॥
अब ही कब ही किछू न जाना तेरा एको नामु पछाना ॥१॥
न जाणा हरे मेरी कवन गते ।
हम मूरख अगिआन सरनि प्रभ तेरी ॥
करि किरपा राखहु मेरी लाज पते ॥१॥ रहाउ ॥
कबहू जीअड़ा ऊभि चड़तु है कबहू जाइ पइआले ।
लोभी जीअड़ा थिरु न रहतु है चारे कुंडा भाले ॥२॥
मरणु लिखाइ मंडल महि आए जीवणु साजहि माई ।
एकि चले हम देखह सुआमी भाहि बलंती आई ॥३॥
न किसी का मीतु न किसी का भाई न किसै बापु न माई ।
प्रणवति नानक जे तू देवहि अंते होइ सखाई ॥४॥१॥

विशेष : योगियों के गुरुओं की वाणी 'रामकली' राग में अधिक मात्रा में पाई जाती है। इस राग को योगियों ने बहुत अपनाया है। सिक्ख-गुरुओं ने योगियों से वार्तालाप करने के लिए 'रामकली' राग का अधिकता से प्रयोग किया है। [मुसलमान फकीरों से वार्तालाप करने के लिये सिक्ख-गुरुओं ने 'आसा', 'सूही' और 'तिलंग' रागों का अधिकता से व्यवहार किया है, क्योंकि उन फकीरों में ये राग बहुत प्रचलित थे।]

अर्थ : कोई तो संस्कृत, (जिसमें वेद लिखे गए हैं) पढ़ता है और कोई पुराण पढ़ता है। कोई माला से जप करता है, (ताकि) उसका ध्यान लगे। (मैं तो) 'अब तब' कुछ भी नहीं जानता; (हे प्रभु, मैंने) तेरे एक नाम को ही पहचाना है ॥ १ ॥

हे हरी, (मैं कुछ भी) नहीं जानता कि मेरी क्या गति होगी ? हे प्रभु, मैं मूर्ख और अज्ञानी हूँ; तेरी शरण में पड़ा हूँ। हे स्वामी, कृपा करके मेरी लज्जा रखो ॥ १ ॥ रहाउ ॥

कभी तो यह जी (मन) (खूब) ऊँचे (आकाश में चढ़ जाता है और कभी पाताल में चला जाता है ; (तात्पर्य यह कि कभी तो चित्तवृत्ति खूब ऊंचे चढ़ जाती है और कभी नीचें गिर जाती है) । (इस प्रकार) यह लोभी जी (मन) स्थिर नहीं रहता ; यह चारों दिशाओं में खोजता रहता है ॥ २ ॥

(मनुष्य तो परमात्मा के यहाँ से अपना) मरण लिखा कर संसार के बीच आया है, (किन्तु) हे माँ, (इस संसार में आकर वह) (स्थायी) जीवन की साज साजने लगता है। हें स्वामी, हमारे देखते देखते कुछ (लोग) तो (इस संसार से) विदा हो गए ; (मृत्यु की) आग जलती हुई चली आ रही है (मौत सभी को बारी बारी से जलाती चली आ रही है) ॥ ३ ॥

(इस संसार में कोई) न किसी का मित्र है, न (कोई) किसी का भाई है, न (कोई) किसी का माता-पिता है, (क्योंकि यहाँ के नाते क्षण-भंगुर हैं) । नानक विनय करके के कहता है (कि हे प्रभु) यदि तू (कृपा करके नाम का दान) दे, तो अन्त में वही सहायक (सिद्ध) होगा ॥ ४ ॥ १ ॥

[२]

सरब जोति तेरी पसरि रही ।
जह जह देखा तह नरहरी ॥१॥
जीवन तलब निवारि सुआमी ।
अंध कूपि माइआ मनु गाडिआ किउकरि उतरउ पारि सुआमी ॥१॥ रहाउ ॥
जह भीतरि घटि भीतरि बसिआ बाहरि काहे नाही ।
तिन की सार करे नित साहिबु सदा चित मन माही ॥२॥
आपे नेड़ै आपे दूरि । आपे सरब रहिआ भरपूरि ।
सतगुरु मिलै अंधेरा जाइ । जह देखा तह रहिआ समाइ ॥३॥
अंतरि सहसा बाहरि माइआ नैणी लागसि बाणी ।
प्रणवति नानक दासनिदासा परतापहिगा प्राणी ॥४॥२॥

(हे प्रभु), तेरी ज्योति सर्वत्र फैल रही है। (मैं) जहाँ भी देखता हूँ, नरहरी (परमात्मा) (दिखाई पड़ रहा है) ॥ १ ॥

(हे हरी), जीवन की इच्छाओं का निवारण कर। (मेरा मन) माया के अंधे (घनघोर अंधकारपूर्ण) कुएं में गड़ा हुआ है ; हे स्वामी, (मैं) वहाँ से किस प्रकार (बाहर) निकलूँ ? ॥ १ ॥ रहाउ ॥

जिनके हृदय के अन्तर्गत (परमात्मा) बसा हुआ है, (भला उनके) बाहर क्यों न हो ? (तात्पर्य यह कि परमातमा जिनके भीतर बसा हुआ है, उनके बाहर भी वही है)। साहब (प्रभु) ऐसे (व्यक्तियों) की सदैव खोज-खबर करता है और उनका सदैव (अपने) मन में चिन्तन करता है ॥ २ ॥

(प्रभु) आप ही समीप है और आप ही दूर है और आप ही सर्वत्र व्याप्त हो रहा है। सद्गुरु के प्राप्त होने पर ही अन्धकार (अज्ञान) दूर होता है। (मैं तो) जहाँ देखता हूँ, वहीं प्रभु व्याप्त (दिखलाई) पड़ता है ॥ ३ ॥

(प्राणियों के) अन्तर्गत (भीतर) तो संशय (व्याप्त है) और बाहर माया नेत्रों में बाणों की भाँति लगती है। दासों का दास नानक विनयपूर्वक कहता है कि प्राणी (इस माया के कारण) बहुत ही दुखी होगा ॥ ४ ॥ २ ॥

[३]

जितु दरि वसहि कवनु दरु कहीऐ दरा भीतरि दरु कवनु लहै।
जिसु दर कारणि फिरा उदासी सो दरु कोई आइ कहै ॥१॥
किन बिधि सागरु तरीऐ। जीवतिहा नह मरीऐ ॥१॥ रहाउ ॥
दुखु दरवाजा रोहु रखवाला आसा अंदेसा दुइ पट जड़े।
माइआ जलु खाई पाणी घरु बाधिआ सत कै आसणि पुरखु रहे ॥२॥
किते नामा अंतु न जाणिआं तुम सरि नाही अवरु हरे।
ऊचा नही कहणा मन महि रहणा आपे जाणै आपि करे ॥३॥
जब आसा अंदेसा तब ही किउ करि एकु कहै।
आसा भीतरि रहै निरासा तउ नानक एकु मिलै ॥४॥
इन बिधि सागरु तरीऐ। जीवतिआ इउ मरीऐ ॥१॥ रहाउ दूजा ॥४॥३॥

जिस दरवाजे में (वह प्रभु) बसता है, (वह) कौन सा दरवाजा कहा जाता है ? (शरीर के) दरवाजे के भीतर कौन से स्थान पर (परमात्मा का) दरवाजा प्राप्त होता है ? जिस (परमात्मा के) दरवाजे (की प्राप्ति) के लिए (बहुत से लोग) विरक्त (उदासीन) होकर फिर रहे हैं, उस दरवाजे को (भला) कोई आकर (बात तो) बतलाए ॥ १ ॥

किस उपाय से (यह संसार रूपी) सागर तरा जाय ? जीवित भाव से तो मरा नहीं जा सकता। (किस प्रकार जीवित भाव से मरा जाय) ? ॥ १ ॥ रहाउ ॥

(उस दरवाजे का पता गुरु नानक देव इस प्रकार बतलाते हैं)—दुःख तो दरवाजा है, रोष—क्रोध (उस दुःख के दरवाजे का) रक्षक—प्रहरी है ; आशा और चिन्ता के दो किवाड़े (पट) जड़े हुए हैं। माया के जल की (अगाध) खाई है और पानी में घर बनाया है। (इन सब कठिनाइयों के लाँघने के पश्चात् परमात्मा) सत्य के आसन पर (विराजमान) (दिखलाई पड़ता) है ॥ २ ॥

(हे प्रभु), (तेरे) कितने नाम है, उनका अन्त नहीं जाना जाता, (अर्थात् तेरे अनन्त नाम हैं, उनकी गणना नहीं हो सकती)। हे हरी, तेरे समान (और कोई) दूसरा नहीं है। (मनुष्य अपने को) ऊंचा न कहे, वह अपने मन में (अन्तर्मुखी वृत्ति में) स्थित रहे ; जो कुछ (वह) करता है, उसे आप ही जानता है ॥ ३ ॥

जब तक (मन में) आशा और चिन्ता है, तब तक (भला बताओ मनुष्य) एक (हरी) को किस प्रकार कह सकता है, (स्मरण कर सकता है) ? हे नानक, (जब

मनुष्य) अन्तःकरण से आशाओं के प्रति निराश हो जाता है, तभी उसे एक (हरी) प्राप्त होता है ॥ ४ ॥

इस प्रकार (संसार रूपी) समुद्र को तरा जाता है और इसी (विधि से) जीवित भाव से मरा जाता है ॥ १ ॥ रहाउ ॥ दूजा ॥ ४ ॥ ३ ॥

[४]

सुरति सबदु साखी मेरी सिङी बाजै लोकु सुणे ।
पतु झोली मंगण कै ताई भीखिआ नामु पड़े ॥१॥
बाबा गोरखु जागै ।
गोरखु सो जिनि गोइ उठाली करते बार न लागै ॥१॥ रहाउ ॥
पाणी प्राण पवणि बंधि राखे चंदु सूरजु मुखि दीए ।
मरण जीवण कउ धरती दीनी एते गुण विसरे ॥२॥
सिध साधिक अरु जोगी जंगम पीर पुरस बहुतेरे ।
जे तिन मिला त कीरति आखा ता मनु सेव करे ॥३॥
कागद लूणु रहै घ्रित संगे पाणी कमलु रहै ।
ऐसे भगत मिलहि जन नानक तिन जमु किआ करे ॥४॥४॥

(गुरु नानक देव ने इस शब्द में बतलाया है कि वास्तविक योगी कौन है)। गुरु की शिक्षा मेरे लिए शृङ्गी बाजा का बजना है और (वही शिक्षा) मेरे लिए सुरति तथा शब्द है। (क्योंकि मेरी सुरति में वह शब्द टिकता है); और लोग इस नाद को सुनते हैं। प्रतिष्ठा अथवा इज्जत ही माँगने के लिए झोली है (और उस झोली में) नाम की भीख पड़ती है ॥ १ ॥

हे बाबा, वह गोरख (परमात्मा) जागती ज्योति है। गोरख (परमात्मा) वही है, जिसने (समस्त) पृथ्वी को उठा रक्खी है (थाम्ह रखी है); (परमात्मा को सृष्टि-रचना) करने में (तनिक भी) देर नहीं लगती ॥ १ ॥ रहाउ ॥

(उसी प्रभु ने) प्राणों को पवन और जल आदि से बाँध रक्खा है; चंद्रमा और सूर्य दो मुख्य (बड़े) दीपक दिए हैं। (प्राणियों के) मरने और जीने के लिए इस धरती का निर्माण किया है; (फिर भी प्राणी) इन सभी उपकारों को भूल जाता है ॥ २ ॥

(बड़े बड़े) सिद्ध, साधक, योगी, जंगम, पीर तथा अन्य बड़े बड़े पुरुषों—जिनके साथ भी मैं मिलूँ हरि की कीर्त्ति कहूँगा; (मैं किसी सम्प्रदाय अथवा वर्ग विशेष से सम्बन्धित नहीं हूँ, सभी मेरे हैं और सभी की मैं) मन से सेवा करता हूँ ॥ ३ ॥

कागज और नमक घी के साथ होने से निर्लेप रहते हैं और कमल भी पानी में निर्लेप रहता है; उसी प्रकार भक्त भी सबसे मिलते हैं, (किन्तु) उनका यम क्या बिगाड़ सकता है? ४ ॥ ४ ॥

[५]

सुरिण माछिंद्रा नानकु बोलै । वसगति पंच करे नह डोलै ।।
ऐसी जुगति जोग कउ पाले । आपि तरै सगले कुल तारे ।।१।।
सो अउधूत ऐसी मति पावै । अहिनिसि सुंन समाधि समावै ।।१।। रहाउ ।।
भिखिआ भाइ भगति भै चलै । होवै सु तृपति संतोखि अमुलै ।।
धिआन रूपि होइ आसणु पावै । सचि नामि ताड़ी चितु लावै ।।२।।
नानकु बोलै अंमृत बाणी । सुरिण माछिंद्रा अउधू नीसाणी ।
आसा माहि निरासु वलाए । निहचउ नानक करते पाए ।।३।।
प्रणवति नानकु अगमु सुणाए । गुर चेले की संधि मिलाए ।
दीखिआ दारू भोजनु खाइ । छिअ दरसन की सोझी पाइ ।।४।।५।।

विशेष : यह और इसके साथ के दो शब्द गोरख-हटड़ी के योगियों के प्रति उच्चारण किये गए हैं।

अर्थ : नानक कहता है, हे मत्स्येन्द्रनाथ सुनो। (काम, क्रोध, लोभ, मोह और अहंकार)—इन पाँचों को वश में करो और अपने आसन से (तनिक भी) न विचलित हो। इस प्रकार की युक्ति से योग कमाओ, (जिससे) स्वयं भी तर जावो और अपने समस्त कुल को भी तार दो ।। १ ।।

वही अवधूत ऐसी बुद्धि पाता है कि अहर्निश शून्य समाधि—निर्विकल्प समाधि—अफुर समाधि में लीन रहता है ।। १ ।। रहाउ ।।

(योगी की वास्तविक) भिक्षा यह है कि (वह) भक्ति-भाव और भय में चले। सम्यक् संतोष (व्रत को धारण करना ही) (योगी की सच्ची) तृप्ति है। (हरी का) ध्यान रूप हो जाना ही (यही योगी का सच्चा) आसन है। सत्य नाम चित्त में लगाना ही (यही योगी का) ताड़ी—ध्यान लगाना है ।। २ ।।

नानक अमृत वाणी बोलता है ; ऐ मत्स्येन्द्रनाथ, अवधूतों की निशानी सुनो—(योगी) आशा में निराश होकर (अपनी आयु) व्यतीत करे। हे नानक, (इस प्रकार का योगी) निश्चय ही कर्त्ता-पुरुष को पाता है ।। ३ ।।

नानक विनयपूर्वक बड़ी गुप्त बात सुनाता है—वह ईश्वर और जीव की सन्धि—मिलाप (की युक्ति बताता है)। (साधक) (गुरु के) उपदेश को औषधि और भोजन (बना कर) खाये। (इससे) छः शास्त्रों—(वेदान्त (उत्तर मीमांसा), पूर्व मीमांसा, न्याय, योग, वैशेषिक एवं सांख्य)—सभी की समझ आ जाती है ।। ४ ।। ५ ।।

[६]

हम डोलत बेड़ी पाप भरी है पवरणु लगै मतु जाई ।
सनमुख सिध भेटन कउ आए निहचउ देहि वडिआई ।।१।।
गुर तारि तारणहारिआ ।
देहि भगति पूरन अविनासी हउ तुझ कउ बलिहारिआ ।।१।। रहाउ ।।

सिध साधक जोगी अरु जंगम एकु सिधु जिनी धिआइआ ।
परसत पैर सिझत ते सुआमी अखरु जिन कउ आइआ ॥२॥
जप तप संजम करम न जाना नामु जपी प्रभ तेरा ।
गुरु परमेसरु नानक भेटिओ साचै सबदि निबेरा ॥३॥६॥

हमारी (जीवन की) नौका पापों (के भार से) भरी हुई है, (अतएव) डगमगा रही है, (भय यह लग रहा है कि) हवा लगने से कहीं यह डूब न जाय। (हे परमात्मा), सामने सिद्धगण मिलने के लिए आए हैं, हमें निश्चय ही मिलने का मान प्रदान (कर) ॥ १ ॥

हे तारनेवाले गुरु (मुझे) तार दे। हे पूर्ण, अविनाशी (परमात्मा) मुझे भक्ति प्रदान कर, मैं तुझ पर बलिहारी हूँ ॥ १ ॥ रहाउ ॥

वे ही (वास्तविक) सिद्ध, साधक, योगी और जंगम हैं, जिन्होंने एक सिद्ध (परमात्मा) का ध्यान किया है। वे स्वामी (हरी) के चरण-स्पर्श करते ही सिद्ध (सफल) हो गए हैं, जिन्हें अक्षर (गुरु-उपदेश) प्राप्त हुआ है ॥ २ ॥

(हे प्रभु), मैं जप, तप, संयम, कर्म (कुछ भी) नहीं जानता, (केवल) तेरा नाम (मात्र) जपता हूँ। नानक ने गुरु (रूपी) परमेश्वर का साक्षात्कार कर लिया है (और उसके) सच्चे शब्द के द्वारा छुटकारा प्राप्त हो गया है ॥ ३ ॥ ६ ॥

[७]

सुरती सुरति रलाईऐ एतु । तनु करि तुलहा लंघहि जेतु ॥
अंतरि भाहि तिसै तू रखु । अहिनिसि दीवा बलै अथकु ॥१॥
ऐसा दीवा नीरि तराइ । जितु दीवै सभ सोझी पाइ ॥१॥रहाउ॥

हछी मिटी सोझी होइ । ता का कीआ मानै सोइ ॥
करणी ते करि चकहु ढालि । ऐथै ओथै निबही नालि ॥२॥

आपे नदरि करे जा सोइ । गुरमुखि बिरला बूझै कोइ ॥
तितु घटि दीवा निहचलु होइ ॥
पाणी मरै न बुझाइआ जाइ । ऐसा दीवा नीरि तराइ ॥३॥

डोलै वाउ न वडा होइ । जापै जिउ सिंघासणि लोइ ॥
खत्री ब्राहमणु सूदु कि वैसु । निरति न पाईआ गणी सहंस ॥
ऐसा दीवा बाले कोइ । नानक सो पारंगति होइ ॥४॥७॥

सभी ज्ञानों के स्वामी (परमात्मा के साथ) इस प्रकार सुरति लगाइए—(अपने) इस शरीर को नौका बनाइए—जिससे तर जाइए। (तेरे) अन्तर्गत तृष्णा की अग्नि है, (उसे) तू रोक रख। अहर्निश (ज्ञान का) अखण्ड दीपक (हृदय के अन्तर्गत) जले ॥ १ ॥

ऐसा (ज्ञान रूपी) दीपक (हृदय रूपी) नीर में (प्रज्वलित करो) कि जिसके प्रकाश से सभी को ज्ञान प्राप्त हो ॥ १ ॥ रहाउ ॥

अच्छे विचार ही इस दीपक के लिए मिट्टी हों। इस प्रकार की मिट्टी के बने हुए दीपक को परमात्मा प्रामाणिक मानता है। शुभ करणी के चाक पर उस मिट्टी को ढालो। (इस प्रकार के दीपक तैयार होने से) यहाँ (इस लोक) और वहाँ (परलोक) दोनों के साथ निर्वाह होता है ॥ २ ॥

(परमात्मा) जब स्वयं ही कृपादृष्टि करता है, (तभी) गुरु की कृपा द्वारा कोई विरला (इस रहस्य को) समझता है और तभी उसके घट में (ज्ञान के) दीपक का निश्चल (प्रकाश) होता है। (ऐसे ज्ञान का दीपक) पानी में मरता (डूबता) नहीं; (उसकी अखण्ड ज्योति जलती रहती है, कभी) बुझती नहीं। ऐसा दीपक पानी में भी तैरता रहता है ॥ ३ ॥

(इस दीपक को) वायु हिला नहीं सकती और न वह बुझता ही है। (इस दीपक के) प्रकाश में (परमात्मा इस प्रकार) दिखाई पड़ता है (जैसे वह हृदय रूपी) सिंहासन पर विराजमान है। क्षत्रियों, ब्राह्मणों, शूद्रों अथवा वैश्यों आदि ने (उस दीपक के निर्णय के लिए) हजारों गिनतियाँ कीं, पर उसका निर्णय (कीमत) (वे) न पा सके। नानक कहते हैं कि जो कोई व्यक्ति इस प्रकार (ज्ञान का दीपक अपने अन्तःकरण में) जलाता है, वही पारंगत होता है ॥ ४ ॥ ७ ॥

[८]

तुधनो निवणु मंनणु तेरा नाउ । साचु भेट बैसणु कउ थाउ ॥
सतु संतोखु होवै अरदासि । ता सुणि सदि बहाले पासि ॥१॥
नानक बिरथा कोइ न होइ । ऐसी दरगह साचा सोइ ॥१॥रहाउ॥
प्रापति पाता करम पसाउ । तू देवहि मंगत जन चाउ ॥
भाडै भाउ पवै तितु आइ । धुरि तै छोडी कीमति पाइ ॥२॥
जिनि किछु कीआ सो किछु करै । अपनी कीमति आपे धरै ॥
गुरमुखि परगटु होआ हरिराइ । ना को आवै ना को जाइ ॥३॥
लोक धिकारु कहै मंगत जन मागत मानु न पाइआ ।
सह कीआ गला दर कीआ बाता तै ता कहणु कहाइआ ॥४॥८॥

तुम्हारा नाम मानना तुझसे विनम्र होना है। सत्य की भेंट देनी होती है, जिससे बैठने का स्थान मिलता है; (यदि) सत्य और सन्तोष की प्रार्थना की जाय, (तो) उसे सुन कर (परमात्मा) सदैव (अपने) पास बैठा लेता है ॥ १ ॥

हे नानक, वह सच्चा (परमात्मा) ऐसा है और उसका दरबार ऐसा है कि वहाँ कोई प्राणी व्यर्थ नहीं गिना जाता (परमात्मा के दरबार में प्रत्येक जीव की थोड़ी सी थोड़ी कमाई की गणना की जाती है और उसका उसे पुरस्कार मिलता है) ॥ १ ॥ रहाउ ॥

(परमात्मा के यहाँ) कृपा और दान का भाण्डार प्राप्त होता है। मुझ याचक के मन में यही उमंग है कि तू यह दान (मुझे) दे। हृदय रूपी पात्र में प्रेम (अकस्मात ही) आ पड़ता है। यह कीमत तू ने असल (परमात्मा) से ही पाई है ॥ २ ॥

जिस (प्रभु ने सब) कुछ किया है, वही (सब) कुछ करता भी है। वह अपनी कीमत आप ही जानता है, (दूसरा कोई भी उसकी कीमत नहीं जान सकता)। गुरु की शिक्षा द्वारा राजा हरी हृदय में प्रकट हुआ है। (वह निश्चल है), न तो कहीं आता है और न कहीं जाता है ॥ ३ ॥

लोग याचकों (मंगतों) को धिक्कारते हैं और कहते हैं कि याचक-जनों को कभी मान नहीं मिला करता। पर मैं कहता हूँ कि (ये पारमार्थिक बातें) तू ने आप ही मुझसे कहलाया है, (अतएव मैं धिक्कार का पात्र नहीं हो सकता हूँ) ॥ ४ ॥ ८ ॥

[९]

सागर महि बूंद बूंद महि सागरु कवणु बुझै बिधि जाणै।
उतभुज चलत आपि करि चीनै आपे ततु पछाणै ॥१॥
ऐसा गिआनु बीचारै कोई। तिसते मुकति परमगति होई ॥१॥रहाउ॥
दिन महि रैणि रैणि महि दिनीअरु उसन सीत बिधि सोई।
ताकी गति मिति अवरु न जाणै गुर बिनु समझ न होई ॥२॥
पुरख महि नारि नारि महि पुरखा बुझहु ब्रहम गिआनी।
धुनि महि धिआनु धिआन महि जानिआ गुरमुखि अकथ कहानी ॥३॥
मन महि जोति जोति महि मनूआ पंच मिले गुर भाई।
नानक तिन कै सदि बलिहारी जिन एक सबदि लिव लाई ॥४॥९॥

जो जीवन की युक्ति को जानता हो, वही इस (परम रहस्य को समझ सकता है कि) समुद्र में बूंद है और बूंद में समुद्र है, (अर्थात्) (परमात्मा में जीवात्मा है और जीवात्मा में परमात्मा है)। उद्भिज तथा जंगम (चलते हुए) की रचना आप ही करके आप ही (उन्हें) पहचानता है तथा आप ही (उनका) भेद समझता है ॥ १ ॥

(जब) कोई इस प्रकार का ज्ञान विचार करता है, (तभी) उस (ज्ञान) से मुक्ति-परम गति (प्राप्त) होती है ॥ १ ॥ रहाउ ॥

दिन में रात और रात में सूर्य, इसी प्रकार उष्णता में शीत (और शीत में उष्णता व्याप्त हैं)। (उस प्रभु की) गति-मिति अन्य कोई नहीं समझ सकता; गुरु के बिना इसकी समझ नहीं हो सकती ॥ २ ॥

पुरुष (के वीर्य से) नारी और नारी (के रज एवं उदर से) पुरुष (उत्पन्न होते है); ऐ ब्रह्मज्ञानी (परमात्मा के इस विचित्र रहस्य को) समझने की (चेष्टा) करो। गुरु-शब्द की ऐसी अकथनीय कहानी है कि शब्द की ध्वनि उठते ही ध्यान लग जाता है और ध्यान लगते ही (परमात्मा का) ज्ञान हो जाता है। (तात्पर्य यह है कि अन्य साधनों में उच्चारण, ध्यान और ज्ञान की तीन पृथक्-पृथक् अवस्थाएं है, जो बड़े परिश्रम से प्राप्त होती हैं। पर गुरु-शब्द की कमाई से तीनों अवस्थाएं एक साथ मिल जाती हैं) ॥ ३ ॥

मन में (परमात्मा की) ज्योति है और (परमात्मा की) ज्योति में मन है; पाँचों ज्ञानेन्द्रियाँ मिलकर (एकाग्रता प्राप्त कर) गुरु-भाई के सदृश (मित्रवत) हो गई हैं। हे नानक,

(मैं) उन पर सदैव बलिहारी होता हूँ, जिन्होंने एक शब्द—नाम में (अपना) एकनिष्ठ ध्यान (लिव) लगाया है॥४॥९॥

[१०]

जा हरि प्रभि किरपाधारी । ता हउमै विचहु मारी ॥
सो सेवकि राम पिआरी । जो गुरसबदी बीचारी ॥१॥

सो हरि जनु हरि प्रभ भावै ॥
अहिनिसि भगति करे दिनु राती लाज छोडि हरि के गुण गावै ॥१॥रहाउ॥

धुनि बाजे अनहद घोरा । मनु मानिआ हरि रसि मोरा ॥
गुर पूरै सचु समाइआ । गुरु आदि पुरखु हरि पाइआ ॥२॥

सभि नाद बेद गुरबाणी । मन राता सारिगपाणी ॥
तह तीरथ वरत तप सारे । गुर मिलिआ हरि निसतारे ॥३॥

जह आपु गइआ भउ भागा । गुर चरणी सेवकु लागा ॥
गुरि सतगुरि भरमु चुकाइआ । कहु नानक सबदु मिलाइआ ॥४॥१०॥

जब प्रभु हरी ने कृपा कर दी है, तो भीतर से अहंकार को मार दिया है। वही सेविका राम की सच्ची प्यारी है, जिसने गुरु के शब्द पर (भलीभाँति) विचार किया है ॥ १ ॥

वही हरि-भक्त प्रभु हरी को अच्छा लगता है, जो अहर्निश, दिन-रात (प्रभु की) भक्ति करता है और लज्जा त्याग कर हरि का गुणगान करता है ॥ १ ॥ रहाउ ॥

अनाहत की घनघोर ध्वनि बजने लगी । हरि-रस से मेरा मन मान गया ([illegible] हो गया)। पूर्ण गुरु द्वारा (मेरे अन्तर्गत) सत्य (परमात्मा) समा गया (व्याप्त हो गया)। गुरु द्वारा आदि पुरुष हरी को पा लिया ॥ २ ॥

गुरुवाणी ही नाद है और गुरुवाणी ही वेद है। (मेरा) मन परमात्मा (सारङ्गपाणि) में अनुरक्त हो गया है। (उसी हरी में) समस्त तीर्थ, व्रत, और तप हैं। गुरु के मिलने पर हरि (मिला) और (उसने) विस्तार कर दिया ॥ ३ ॥

जहाँ आपापन नष्ट हो गया, (वहाँ) भय दूर हो गया; सेवक गुरु के चरणों में लग गया। सद्गुरु ने भ्रम दूर कर दिया। नानक कहता है (कि गुरु ने शिष्य को शब्द से) मिला दिया ॥ ४ ॥ १० ॥

[११]

छादन भोजनु मागतु भागै । खुधिआ दुसट जलै दुखु आगै ॥
गुरमति नही लीनी दुरमति पति खोई । गुरमति भगति पावै जन कोई ॥१॥

जोगी जुगति सहज घरि वासै ।
एक द्रसटि एको करि देखिआ भीखिआ भाइ सबदि त्रिपतासै ॥१॥रहाउ॥

पंच बैल गडीग्रा देह धारी रामकला निबहै पति सारी ॥
धर तूटी गाड़ी सिर भारि । लकरी बिखरि जरी मंभ भारि ॥२॥

गुर का सबदु बीचारि जोगी । दुखु सुखु सम करणा सोग बिग्रोगी ॥
भुगति नामु गुर सबदि वीचारी । ग्रसथिरु कंधु जपै निरंकारी ॥३॥
सहज जगोटा बंधन ते छूटा । कामु क्रोधु गुर सबदी लूटा ॥
मन महि मुंद्रा हरि गुर सरणा । नानक राम भगति जन तरणा ॥४॥११॥

(योगी) भोजन और वस्त्र के लिए माँगता फिरता है। (वह यहाँ) दुष्ट भूख में जलता रहता है और भविष्य में (जन्म-मरण के) दुःख के रूप में जलता है। (उस अभागे ने) गुरु की शिक्षा नहीं ग्रहण की (और अपनी) दुर्बुद्धि द्वारा प्रतिष्ठा गंवा दी। कोई (विरला ही) व्यक्ति गुरु की बुद्धि द्वारा भक्ति प्राप्त करता है ॥ १ ॥

(सच्चे) योगी की युक्ति यह है कि वह सहजावस्था के गृह में निवास करता है। वह एक दृष्टि से एक (परमात्मा) को सभी में देखता है; उसकी भिक्षा (यह) है (कि) वह प्रेम से शब्द (नाम) द्वारा तृप्त होता है ॥ १ ॥ रहाउ ॥

पंच ज्ञानेन्द्रियाँ बैल (होकर) (इस) शरीर (रूपी) गाड़ी को चलाती हैं। राम की शक्ति से सारी प्रतिष्ठा का निर्वाह होता जाता है। जब (नाम रूपी) गाड़ी का धुरा टूट जाता है, (तो शरीर रूपी) गाड़ी सिर के बल ढह जाती है और गाड़ी की सारी लकड़ियाँ अपने भार से बिखर कर जल जाती हैं ॥ २ ॥

हे योगी, गुरु के शब्द पर विचार करो। दुःख, सुख, शोक और वियोग को एक समान समझो। (योगियों का) भोजन नाम हो, जो गुरु के शब्द के विचार द्वारा (प्राप्त हुआ हो)। (योगी) स्थिर शरीर से निरंकारी परमात्मा का जप करे (इससे जीवन स्थिर हो जायगा) ॥ ३ ॥

(ऐ योगी), सहजावस्था का लंगोटा (बाँध), (जिससे तू सांसारिक) बंधनों से छूट जाय। गुरु के शब्द द्वारा काम क्रोध को लुटा दे (समाप्त कर दे)। गुरु की शरण में हो कर हरी को मन में बसाना (यही तेरी) मुद्रा हो। हे नानक, राम की भक्ति से ही भक्तगण तरते हैं ॥ ४ ॥ ११ ॥

१ओं सतिगुर प्रसादि ॥ रामकली, महला १

असटपदीआं [१]

सोई चंदु चड़हि से तारे सोई दिनीग्रर तपत रहै ।
सा धरती सो पउणु झुलारे जुग जीग्र खेले थाव कैसे ॥१॥
जीवन तलब निवारि ।
होवै परवाणा करहि धिङाणा कलि लखण वीचारि ॥१॥रहाउ॥
किते देसि न ग्राइग्रा सुणीऐ तीरथ पासि न बैठा ।
दाता दानु करहि ता नाही महलि उसारि न बैठा ॥२॥

जे को सतु करे सो छीजै तप घरि तपु न होई ।
जे को नाउ लए बदनावी कलि के लखरण एई ॥३॥

जिसु सिकदारी तिसहि खुग्रारी चाकर केहे डरणा ।
जा सिकदारै पवै जंजीरी ता चाकर हथहु मरणा ॥४॥

ग्राखु गुरणा कलि ग्राईऐ ।
तिहु जुग केरा रहिग्रा तपावसु जे गुरण देहि त पाईऐ ॥१॥रहाउ॥

कलि कलवाली सरा निबेड़ी काजी कृसना होग्रा ।
बारणी ब्रहमा वेदु ग्रथरबरणु करणी कीरति लहिग्रा ॥५॥

पति विरणु पूजा सत विरणु संजम जत विरणु काहे जनेऊ ।
नावहु धोवहु तिलक चड़ाग्रहु सुच विरणु सोच न होई ॥६॥

कलि परवारणु कतेब कुरारणु । पोथी पंडित रहे पुरारण ॥
नानक नाउ भइग्रा रहमारणु । करि करता तू एको जारणु ॥७॥

नानक नामु मिलै वडिग्राई । एदू ऊपरि करमु नही ॥
जे घरि होदै मंगरिग जाईऐ । फिरि ग्रोलामा मिलै तही ॥८॥१॥

विशेष : कहते हैं कि एक बार गुरु नानक देव जी एक तीर्थ में गए। मरदाने ने पूछा, "लोग तीर्थों में भी क्यों पाप करते हैं ?" पास के एक पंडित ने उत्तर दिया, "कलियुग ग्राया हुग्रा है। इसी कारण धर्म की ग्लानि हो गई है।" इस पर गुरु नानक देव जी ने समझाया, "कलियुग तो ग्रपना ही स्वभाव है, जिसके ग्रनुसार हम पाप करते हैं। हर युग में पृथ्वी, सूर्य, चन्द्रमा एक समान वरत रहे हैं। फिर यह मानने की क्या ग्रावश्यकता है कि मनुष्यों में कोई विशेष युग बरतता है ? ग्रतएव जब हम शुभ कर्म करें, तभी सतयुग है ग्रौर बुरा कर्म करें तो कलियुग।"

ग्रर्थ : वही चन्द्रमा (ग्राकाश) में चढ़ा है ग्रौर वही तारागण भी (दिखाई पड़ते हैं), वही सूर्य भी (पृथ्वी पर) तपता है। वही पृथ्वी स्थित है, वही पवन झूलता है, (फिर) युग जीवों के बीच खेलता है (बरतता है)—इस बात को मानने का स्थान कैसे हो सकता है ? (तात्पर्य यह कि इस बात के मानने को कोई भी गुंजाइश नहीं कि युगों का प्रभाव मनुष्यों के स्वभाव पर पड़ता है) ॥ १ ॥

जीवन की इच्छाग्रों को दूर करो, (कलियुग ग्राप ही दूर हो जायगा)। जो यहाँ धींगाधींगी करता है, वही प्रामाणिक समझा जाता है—यही कलियुग का लक्षण है; इसे विचार करो—समझो ॥ १ ॥ रहाउ ॥

यह कभी नहीं सुना (कि कलियुग) फलाने (ग्रमुक) देश में ग्राया था ग्रथवा ग्रमुक तीर्थस्थान में बैठा देखा गया था। जहाँ कोई दाता दान करता है वहाँ भी (कलियुग) नहीं (बैठा) देखा गया न कहीं महल ही बना कर बैठा दिखाई पड़ रहा है ॥ २ ॥

(कलियुग के) लक्षण यह हैं कि जो कोई सत-धर्म करे वह छीजता है (नष्ट होता है) तप करनेवालों के घर में तप पूरा नहीं होता है; जो कोई (हरी का) नाम ले (उसकी) बदनामी होती हैं, ये ही कलियुग के लक्षण हैं ॥ ३ ॥

जिसे सरदारी मिली होती है, उसी की अप्रतिष्ठा (बेइज्ज़ती) होती है, (भला) नौकरों को किसका डर है ? जब भी सरदारों (के पैरों में) जंजीरें पड़ती हैं, तो (वे) नौकरों के ही हाथ मरते हैं (तात्पर्य यह है कि नौकर कृतज्ञता के स्थान पर कृतघ्नता करते हैं और स्वामियों को टुकड़े टुकड़े कर डालते हैं) ॥ ४ ॥

(हरी का) गुण गान करो, (क्योंकि) कलियुग आया है। पहिले तीनों युगों का न्याय अब नष्ट हो गया है; यदि (तू अपने) गुणों को दे, (तो उसके बदले में नाम को) पाले (और नाम ही इस युग का प्रमुख सार है) ॥ १ ॥ रहाउ ॥

इस कलह (दुःख वाले) कलियुग में फैसला शर्रा (मुसलमानों की धार्मिक पुस्तक) करती है (और नीला वस्त्र पहन कर) काजी ही कृष्ण बना हुआ है। आजकल की वाणी क्या है ? ब्रह्मा का अथर्वण वेद। किन्तु अमल में क्या आ रहा है ? हरि की कीर्त्ति (यश) ॥५॥

बिना प्रतीति के पूजा किस काम की ? बिना सत्य के संयम किस काम का ? और बिना पवित्रता के जनेऊ किस काम का ? नहाते हो, धोते हो, तिलक लगाते हो, किन्तु (आन्तरिक) पवित्रता के बिना पवित्रता कैसे आ सकती है ? ॥ ६ ॥

कलियुग में कुरान ही प्रामाणिक ग्रंथ है। पोथी, पंडित और पुराण दूर हो गए हैं (नहीं माने जाते)। हे नानक, (इस युग में परमात्मा का नाम भी) 'रहमान' पड़ गया है। (हे भाई), तू उस कर्त्ता को (सभी समय) एक करके समझ ॥ ७ ॥

हे नानक, नाम से ही बड़ाई प्राप्त होती है, इससे बढ़ कर कोई भी कर्म नहीं है। यदि (कोई वस्तु) घर में होते हुए (बाहर) माँगने जाइए, तो फिर वहाँ उलाहना ही मिलता है; (तात्पर्य यह कि परमात्मा तेरे भीतर ही है तू बाहर क्यों भटकता फिरता है) ? ॥ ८ ॥ १ ॥

[२]

जगु परबोधहि मड़ी बधावहि । आसणु तिआगि काहे सचु पावहि ॥
ममता मोहु कामणि हितकारी । ना अउधूती ना संसारी ॥१॥
जोगी बैसि रहहु दुबिधा दुखु भागै । घरि घरि मागत लाज न लागै ॥१॥रहाउ॥
गावहि गीत न चीनहि आपु । किउ लागी निवरै परतापु ॥
गुर कै सबदि रचै मन भाइ । भिखिआ सहज वीचारी खाइ ॥२॥
भसम चड़ाइ करहि पाखंड । माइआ मोहि सहहि जम डंडु ॥
फूटै खापरु भीख न भाइ । बंधनि बाधिआ आवै जाइ ॥३॥
बिंदु न राखहि जती कहावहि । माई मागत त्रै लोभावहि ॥
निरदइआ नही जोति उजाला । बूडत बूडे सरब जंजाला ॥४॥
भेख करहि खिथा बहु थटूआ । झूठो खेलु खेलै बहु नटूआ ॥
अंतरि अगनि चिंता बहु जारे । विणु करमा कैसे उतरसि पारे ॥५॥
मुंद्रा फटक बनाई कानि । मुकति नही बिदिआ बिगिआनि ॥
जिहवा इंद्री सादि लुोभाना । पसू भए नही मिटै नीसाना ॥६॥

त्रिविधि लोगा त्रिविधि जोगा । सबदु वीचारै चूकसि सोगा ॥
ऊजल साचु सु सबदु होइ । जोगी जुगति वीचारे सोइ ॥७॥

तुझ पहि नउनिधि तू करणै जोगु । थापि उथापे करे सु होगु ॥
जतु सतु संजमु सचु सु चीतु । नानक जोगी त्रिभवण मीतु ॥८॥२॥

(हे योगी), तू जगत् को तो उपदेश देता है, किन्तु (अपनी पेट-पूजा के निमित्त) मठ बनाता है। (स्वयं तो) अडोलता के आसन को त्याग बैठा है, भला सत्य कैसे पा सकता है ? तू ममता, मोह और स्त्री का प्रेमी है। तू न तो त्यागी है और न संसारी ही है, (संशय के भूले में भूल रहा है। इस लोक को तो नष्ट ही कर चुका है, परलोक भी नष्ट कर रहा है) ॥ १ ॥

हे योगी, (अपने स्वरूप में) स्थिर हो जाओ, (जिससे तेरे) द्वैतभाव और दुःख दूर हो जायँ। (हे योगी), तुझे घर घर में माँगते हुए लज्जा नहीं लगती ? ॥ १ ॥ रहाउ ॥

(तू अलख निरंजन का) गीत तो गाता है, किन्तु अपने (वास्तविक) स्वरूप को नहीं पहचानता। तेरा लगा हुआ परिताप (दुःख) किस प्रकार दूर हो ? (हे योगी), गुरु के शब्दों में (अपने मन को प्रेम से अनुरक्त कर (साथ ही) सहजावस्था की भिक्षा विचारपूर्वक खा ॥ २ ॥

(तू) भस्म (विभूति) लगा कर पाखण्ड करता है; माया और मोह में पड़ कर यमराज के डंडे सहता है। (तेरा हृदय रूपी) खप्पर फूट गया है, (जिससे) नाम रूपी भिक्षा (उसमें) नहीं आती। (तू) (माया के) बंधनों में बाँधा जा कर (इस संसार-चक्र में) आता-जाता रहता है ॥ ३ ॥

(तू) वीर्य की तो रक्षा नही करता, (फिर भी) यती कहलाता है। तीनों गुणों में लुब्ध होकर माया माँगता है। (तू) दया-रहित है, (पावन परमात्मा की) ज्योति का प्रकाश (तेरे अन्तःकरण में नहीं होता)। (तू) नाना प्रकार के (सांसारिक) जंजालों में डूबा हुआ है ॥ ४ ॥

(तू नाना प्रकार के) वेश बनाता है, और बहुत प्रकार के कंथे साजता है। मदारी की भाँति अनेक प्रकार के झूठे खेलों को खेलता हैं। (तेरे) हृदय में चिंता की अग्नि बड़े वेग से प्रज्वलित हो रही है। बिना (शुभ) कर्मों के (संसार-सागर से) (तू) कैसे पार उतर सकता है ? ॥ ५ ॥

कानों में स्फटिक (बिल्लौर) की मुद्रा पहनता है। (हे योगी, तू मन में अच्छी तरह से समझ ले कि) विद्या और विज्ञान से मुक्ति नहीं (प्राप्त हो सकती)। (तू) जीभ तथा (अन्य) इन्द्रियों के स्वाद में लुब्ध हुआ है। (इस कारण तू) पशु हो गया है (और आज तक भी इसका) चिह्न नहीं मिट रहा है ॥ ६ ॥

(सांसारिक) लोगों की भाँति योगीगण भी त्रिगुणात्मक माया में ग्रसे रहते हैं। (जो योगी गुरु के) शब्द को विचारता है, (उसी का) शोक दूर होता है, (क्योंकि) वह शब्द उज्ज्वल (पवित्र) और सच्चा होता है। ऐसा ही योगी योग की (वास्तविक) युक्ति पहचानता है ॥ ७ ॥

(हे प्रभु), तेरे ही पास नौ निद्धियाँ है—[नवनिद्धियाँ निम्नलिखित हैं—१ पद्म (सोना चाँदी), २ महा पद्म (हीरे-जवाहर), ३ शंख (सुन्दर सुन्दर भोजन और वस्त्र), ४ मकर (शस्त्रविद्या की प्राप्ति और राज-दरबार में सम्मान), ५ कच्छप (कपड़े और अन्न की सौदागरी), ६ कुन्द (सोने का व्यापार), ७ नील (मोती मूँगे का व्यापार) ८ मुकंद (राग आदि ललित कलाओं की प्राप्ति), ९ खर्ब ।] तू ही आराधना करने योग्य है । (तू ही) निर्माण करता है, (और फिर) ढाहता है (नष्ट करता है), और जो करता है, वही होता है । हे नानक, (जिस योगी में) यत, सत, संयम, सत्य और सुन्दर चित्त है, वह योगी तीनों लोकों का मित्र है ॥८ ॥ २॥

[३]

खटु मटु देही मनु वैरागी । सुरति सबदु धुनि अंतरि जागी ।
बाजे अनहदु मेरा मनु लीणा । गुरबचनी सचि नामि पतीणा ॥१॥

प्राणी राम भगति सुखु पाईऐ ।
गुरमुखि हरि हरि मीठा लागै हरि हरि नामि समाईऐ ॥१॥रहाउ॥

माइआ मोहु विवरजि समाए । सति गुरु भेटै मेलि मिलाए ॥
नामु रतनु निरमोलकु हीरा । तितु राता मेरा मनु धीरा ॥२॥

हउमै ममता रोगु न लागै । राम भगति जम का भउ भागै ।
जमु जंदारु न लागै मोहि । निरमल नामु रिदै हरि सोहि ॥३॥

सबदु बीचारि भए निरंकारी । गुरमति जागे दुरमति परहारी ॥
अनदिनु जागि रहे लिव लाई । जीवन मुकति गति अंतरि पाई ॥४॥

अलिपत गुफा महि रहहि निरारे । तसकर पंच सबदि संघारे ॥
परघर जाइ न मनु डोलाए । सहज निरंतरि रहउ समाए ॥५॥

गुरमुखि जागि रहे अउधूता । सद बैरागी ततु परोता ॥
जगु सूता मरि आवै जाइ । बिनु गुर सबद न सोझी पाइ ॥६॥

अनहद सबदु वजै दिनु राती । अविगत की गति गुरमुखि जाती ॥
तउ जानी जा सबदि पछानी । एको रवि रहिआ निरबानी ॥७॥

सुंन समाधि सहज मनु राता । तजि हउ लोभा एको जाता ।
गुर चेले अपना मनु मानिआ । नानक दूजा मेटि समानिआ ॥ ८ ॥३॥

षट-चक्रों वाला देह रूपी मठ है, (उसमें रहनेवाला) वैराग्यवान् मन हैं, उसके अन्तर्गत आत्मिक ज्ञानवाला शब्द गूँज रहा है। यही सुरति की उठती ध्वनि (समझो)। अनाहत शब्द बज रहा है, मेरा मन उसमें लीन हो गया है । गुरु के उपदेश से (मेरा मन) सत्य नाम में मान गया ।

विशेष : [योग के अनुसार शरीर के छ: चक्र माने जाते हैं—जिन्हें श्वास लाँघ कर दशम द्वार तक पहुँचती हैं । छः चक्र निम्नलिखित हैं—१ मूलाधार (गुदा-मण्डल का चक्र)

२ स्वाधिष्ठान (लिङ्ग के मूल में स्थित), ३ मणिपूर (नाभि-मण्डल में स्थित), ४ अनाहत (हृदय में स्थित), ५ विशुद्ध (कण्ठ में स्थित), ६ अज्ञा चक्र (दोनों भौंहों के मध्य में स्थित)] ॥ १ ॥

हे प्राणी, राम की भक्ति द्वारा सुख प्राप्त कर। गुरु की शिक्षा द्वारा तुझे 'हरि हरि' (का उच्चारण करना) मीठा लगने लगे और तू हरि नाम में ही समा जा ॥ १ ॥ रहाउ ॥

माया और मोह को रोक कर (मेरा मन हरी में) समाहित हो गया है। सद्गुरु से मिलने पर हो, (वही परमात्मा से) मिलाप कराता है। नामरत्न रूपी अमूल्य हीरे में मेरा (मन) अनुरक्त हो गया है और उसी में वह टिक गया है ॥ २ ॥

राम की भक्ति से अहंकार और ममता का रोग नहीं लगता और यम का भय भी भग जाता है। मुझे जालिम यमराज भी नही लगता, (क्योकि) हरि का निर्मल नाम (मेरे) हृदय में सुशोभित है ॥ ३ ॥

गुरु के शब्द पर विचार करके (मैं) निरंकार (हरी का) हो गया हूँ। दुर्बुद्धि का परित्याग करके गुरु की बुद्धि में जग गया हूँ। (मैं) अहर्निश (सदैव) परमात्मा का एकनिष्ठ ध्यान लगा कर जग गया हूँ। (मैंने) जीवन्मुक्ति-अवस्था को (अपने) अन्तःकरण में ही पा ली है ॥ ४ ॥

(मैं) (शरीर की) निर्लिप्त गुफा में निराले भाव से रहता हूँ। (गुरु के) शब्द द्वारा पंच कामादिक चोरों का संहार कर दिया है। दूसरों के घरों में (विषयों में) जा कर मन नहीं डगमगाता हूँ (विचलित करता हूँ)। मैं सदैव ही सहजावस्था—तुरीयावस्था—चतुर्थ पद में समाया रहता हूँ ॥ ५ ॥

(जो) गुरु की शिक्षा द्वारा अवधूत (त्यागी) बन कर जगते हैं, (ऐसे साधक) तत्व को अपने अन्तर्गत धारण करके सदैव विरागी (बने रहते) हैं। (सारा) जगत् (अज्ञान निद्रा में) सोया हुआ है और मर मर आता जाता रहता है; बिना गुरु के शब्द के उसे ज्ञान नहीं होता ॥ ६ ॥

अनाहत शब्द (आत्मिक-मण्डल का संगीत जो बिना बजाए ही बजता रहता है) दिन-रात बजता रहता है। अव्यक्त (हरी) की गति गुरु की शिक्षा द्वारा जान ली गई। जब गुरु का शब्द पहचाना जाता है, तभी (अव्यक्त हरी की गति) जानी जाती है। (बोध हो जाने पर यही अनुभव होता है कि) एक मात्र निर्लिप्त (हरी) (सर्वत्र) रम रहा है ॥ ७ ॥

शून्य-समाधि (निर्विकल्प समाधि—अफुर समाधि) में सहज भाव से ही मेरा मन लग गया है। अहंभाव और लोभ को त्याग कर एक (हरी) को जान लिया है। अपना मन गुरु का चेला (हो गया) और मान गया है। हे नानक, वह द्वैतभाव को मेट कर (पूर्ण परमात्मा में) समाहित हो गया है ॥ ८ ॥ ३ ॥

[४]

साहा गणहि न करहि बीचारु। साहे ऊपरि एकंकारु ॥
जिसु गुरु मिलै सोई बिधि जाणै। गुरमति होइ त हुकमु पछाणै ॥१॥
झूठु न बोलि पाडे सचु कहीऐ। हउमै जाइ सबदि घरु लहीऐ ॥१॥रहाउ॥

गणि गणि जोतकु कांडी कीनी । पड़ै सुणावै ततु न चीनी ॥
सभसै ऊपरि गुर सबदु वीचारु । होर कथनी बदउ न सगली छारु ॥२॥

नावहि धोवहि पूजहि सैला । बिनु हरि राते मैलो मैला ॥
गरबु निवारि मिलै प्रभु सारथि । मुकति प्रान जपि हरि किरतारथि ॥३॥

वाचे वादु न बेदु वीचारै । आपि डुबै किउ पितरा तारै ॥
घटि घटि ब्रहमु चीनै जनु कोइ । सतिगुर मिलै त सोझी होइ ॥४॥

गणत गणीऐ सहसा दुखु जीऐ । गुर की सरणि पवै सुखु थीऐ ॥
करि अपराध सरणि हम आइआ । गुर हरि भेटे पुरबि कमाइआ ॥५॥

गुर सरणि न आईऐ ब्रहमु न पाईऐ । भरमि भुलाईऐ जनमि मरि आईऐ ॥
जमदरि बाधउ मरै विकारु । ना रिदै नामु न सबदु अचारु ॥६॥

इकि पाधे पंडित मिसर कहावहि । दुबिधा राते महलु न पावहि ॥
जिसु गुर परसादी नामु अधारु । कोटि मधे का जनु आपारु ॥७॥

एकु बुरा भला सचु एकै । बूझु गिआनी सतगुर की टेकै ॥
गुरमुखि विरली एको जाणिआ । आवणु जाणा मेटि समाणिआ ॥८॥

जिन कै हिरदै एकंकारु । सरब गुणी साचा वीचारु ।
गुर कै भाणै करम कमावै । नानक साचे साचि समावै ॥९॥४॥

न तो (हम) शुभ दिन—शुभ मुहूर्त्त आदि गिनते हैं (और न इन सब का विचार ही करते हैं । एकंकार (परमात्मा) शुभ मुहर्त्त आदि से बहुत ऊपर है । जिसे गुरु प्राप्त होता है, वही (इसकी वास्तविक) विधि जानता है । गुरु की शिक्षा (यदि वास्तविक रूप) से हो तभी (परमात्मा के) हुक्म की पहचान होती है ।

[विशेष=साहा=सु+आह=सु=सुन्दर, आह=दिन,=शुभ दिन ; शुभ मुहूर्त्त ॥] ॥ १ ॥

हे पाण्डे (पंडित) झूठ न बोलो, सत्य भाषण करो । (गुरु के) शब्द द्वारा अहंकार नष्ट होता है, (तभी अपने वास्तविक) घर (आत्मस्वरूप) की प्राप्ति होती है ॥१॥

ज्योतिषी ने (ज्योतिष के अनुसार) गणना कर कर के पत्रा बनाया । (वह राशि के अनुसार लोगों को फल) पढ़ कर सुनाता है, किन्तु (परम) तत्त्व को नहीं जानता । (ऐ ज्योतिषी, यह बात समझ लो कि) गुरु के शब्दों पर विचार करना सर्वोपरि (तत्त्व) है । (मैं) अन्य (और) बातें नहीं करता, (क्योंकि) ये सारी (बातें) खाक हैं ॥२॥

(हे पंडित, तू) स्नान करता है, सफाई करता है और मूर्त्ति-पूजा करता है, (किन्तु) बिना हरि में अनुरक्त हुए मैले का मैला ही (बना है) । अहंकार दूर कर के अर्थ-सहित (धन सहित) परमात्मा से मिल, (तात्पर्य यह कि धन की ममता त्याग कर इसे दीन-दुखियों में वितरित कर दे) । प्राणों से हरि को जप और मुक्ति (प्राप्त कर) कृतार्थ (हो) ॥३॥

(हे पंडित), (तू) वेद नहीं पढ़ता, (बल्कि) झगड़ा बाँचता है ; तू स्वयं तो डूबता है, (भला अपने) पितरों को कैसे तारेगा ? कोई विरला ही जन प्रत्येक घट में ब्रह्म पहचानता है । (जब) सद्गुरु प्राप्त होता है, (तभी) समझ आती है ॥४॥

(मुहूर्तादिक की) गणना करने से हृदय के लिए संशय और दुख (बने रहते हैं)। गुरु की शरण में पड़ने से ही सुख होता है। हम अपराध करके गुरु की शरण में आये हैं। हमने (अपने) पूर्व (जन्मों के शुभ कर्मों की) कमाई से ही गुरु (रूपी) हरी से मिलाप किया है ॥५॥

गुरु की शरण में आए बिना ब्रह्म की प्राप्ति नहीं होती। (परिणाम यह होता है कि संसार-चक्र में) भ्रमित होकर भटकना पड़ता है (और बार बार) जन्म मरण के अन्तर्गत आना पड़ता है। हृदय में नाम और शब्द की रहनी न होने के कारण यमराज के दरवाजे पर बंध कर विकारों में मरना पड़ता है ॥६॥

कुछ लोग 'पाधे' (पुरोहित), 'पंडित' और 'मिसिर' कहलाते हैं। (किन्तु वे सब) द्वैतभाव में लगे हैं। जिससे (परमात्मा का) महल नहीं पाते। गुरु की कृपा से जिसका आधार हरी-नाम हो गया है, करोड़ों में कोई विरला ही ऐसा अद्वितीय पुरुष है ॥७॥

(वह) (एक परमात्मा ही) निश्चयपूर्वक (सत्य ही) आप बुरा और भला हो रहा है। हे ज्ञानी, (इस गुह्य रहस्य को) सद्‌गुरु के आसरे समझ। किसी विरले ही (साधक ने) गुरु के उपदेश द्वारा एक (परमात्मा को) जाना है। (वे अपने इस ज्ञान के फलस्वरूप) जन्म-मरण समाप्त कर उसमें समा गए हैं ॥८॥

जिनके हृदय में एकंकार (अद्वैत ब्रह्म का) निवास है, वे समस्त गुण वाले हैं और उनका विचार सच्चा है। (वे लोग इस संसार में लोक कल्याणार्थ) गुरु के आदेशानुसार कर्म करते हैं। हे नानक, (अन्त में), (वे) सच्चे (पुरुष) सत्य (परमात्मा) में समाहित हो जाते हैं ॥९॥४॥

[५]

हठु निग्रहु करि काइआ छीजै। वरतु तपनु करि मनु नहि भीजै ॥
राम नाम सरि अवरु न पूजै ॥१॥

गुरु सेवि मना हरि जन संगु कीजै।
जमु जंदारु जोहि नही साकै सरपनि डसि न सकै हरि का रसु पीजै ॥१॥रहाउ॥

बादु पड़ै रागी जगु भीजै। त्रैगुण बिखिआ जनमि मरीजै ॥
राम नाम बिनु दुखु सहीजै ॥२॥

चाड़सि पवनु सिंघासनु भीजै। निउली करम खटु करम करीजै ॥
राम नाम बिनु बिरथा सासु लीजै ॥३॥

अंतरि पंच अगनि किउ धीरजु धीजै। अंतरि चोरु किउ सादु लहीजै ॥
गुरमुखि होइ काइआ गड़ लीजै ॥४॥

अंतरि मैलु तीरथ भरमीजै। मनु नहीं सूचा किआ सोच करीजै।
किरतु पइआ दोसु का कउ दीजै ॥५॥

अंनु न खाहि देही दुखु दीजै। बिनु गुर गिआन तृपति नही थीजै ॥
मनमुखि जनमै जनमि मरीजै ॥६॥

सतिगुरि पूछि संगति जन कीजै । मनु हरि राचै नही जनमि मरीजै ॥
राम नाम बिनु किआ करमु कीजै ॥७॥

ऊंदर दूंदर पासि धरीजै । धुर की सेवा रामु रवीजै ।
नानक नामु मिलै किरपा प्रभ कीजै ॥८॥५॥

हठयोग (आदि की क्रियाओं के) निग्रह करने से, काया छीजती है (कमजोर होती है)। (अनेक प्रकार के) व्रत एवं तप करने से मन रसार्द्र नहीं होता, (अर्थात् परमात्मा के प्रेम में भीजता नहीं)। राम नाम के समान अन्य (कोई साधन) समता नहीं कर सकता ॥१॥

हे मन, गुरु की सेवा कर तथा हरि के भक्तों का संग कर। (इसका फल यह होगा कि तुझे) जालिम यमराज देख नहीं सकेगा, (तात्पर्य यह कि दुःख न दे सकेगा), (माया रूपी) सर्पिणी भी (तुझे) न डस सकेगी, (अतएव) हरि का (अमृत) रस पी ॥१॥ रहाउ॥

(हे योगी, तू) विवादों में पड़ता है, सांसारिक रागों आदि के द्वारा (मन को) तृप्त करना चाहता है। त्रिगुणात्मक (माया के) विषयों में पड़ कर (तू) जन्मता और मरता रहता है। (इस प्रकार) बिना राम नाम के (अनेक) दुःखों को सहता है ॥२॥

(हे योगी, तू) वायु को दशम द्वार में चढ़ाता है और उसका स्वाद लेता है; नेवली आदि षट्-कर्मों को करता है। परन्तु राम नाम के बिना (तू) व्यर्थ ही साँसें ले रहा है ॥

[विशेष—हठयोग के षट् कर्म निम्नलिखित हैं— १ धोती (कपड़े की पट्टी निगल कर भीतरी सफाई करके बाहर निकाल देना), २ नेती (नासिका रन्ध्र से सूत डाल कर मुँह से निकाल कर सफाई करना), ३ नेवली (पेट को चारों ओर घुमा कर अतड़ियों की सफाई करना), ४ वसती (बाँस की नली गुदा द्वार में डाल कर श्वास द्वारा उससे पेट में पानी खींच लेना, पेट की सफाई करके फिर उसी नली से पानी को निकाल देना), ५ त्राटक (आँखों को किसी विशेष केन्द्र-विन्दु पर स्थिर कर एक दृष्टि से उसे देखना) तथा ६ कपाल-भाति (लुहार की भट्टी के समान श्वासों को भीतर ले जाना और बाहर निकालना, जिससे नाड़ियों की शुद्धि हो)।] ॥३॥

(हे योगी) (तेरे) अन्तर्गत पंच (कामादिकों की) अग्नियाँ जल रही हैं, (भला तू) कैसे धैर्य धारण करेगा? (तेरे) अन्तर्गत (कामादिक) चोर (छिपे) हैं, (भला परमात्मा के अमृत-रस का) कैसे स्वाद ले सकेगा? (तू) गुरु के द्वारा शिक्षित होकर काया रूपी गढ़ को जीत ॥ ४ ॥

(यदि) अन्तःकरण में मल है, (पर) तीर्थ भ्रमण करते हो, (तो इससे कोई लाभ नहीं होगा)। (यदि) मन ही पवित्र नहीं है, (तो) (स्नानादिक) पवित्रता क्या करते हो? (यह तेरे पूर्व जन्म के किए कर्मों के) संस्कार (किरत) हैं, (भला इसके लिये) दोष किसे दिया जाय? ॥ ५ ॥

(हे योगी, तू) अन्न नहीं खाता और शरीर को कष्ट देता है। (किन्तु यह समझ लो कि शरीर को कष्ट देने से कोई भी लाभ नहीं है); बिना गुरु के न तो ज्ञान होता है और न तृप्ति (ही होती है)। मनमुख जन्मता है और जन्म कर (फिर) मरता है ॥ ६ ॥

(हे योगी, तू) सद्गुरु से पूछ कर (हरि के) भक्तों की संगति कर (जिससे तेरा)

मन हरि में अनुरक्त हो, (अन्यथा) जन्मता मरता रहेगा। राम नाम के बिना तू कर्मों को क्या करता है ? (बिना राम नाम के ये समस्त कर्म बन्धनप्रद कर्म ही है, मुक्तिप्रद नहीं हैं) ॥ ७ ॥

चूहे की भाँति (भीतर ही भीतर) शोर मचानेवाले (मन के संकल्पों-विकल्पों को) दूर कर दो, (ताकि मन स्थिर होकर) असली (परमात्मा द्वारा) (दिखलाई हुई) सेवा में, अर्थात् राम नाम (के स्मरण में) रम सके। नानक (कहता है कि) हे प्रभु, कृपा करो, जिससे नाम प्राप्त हो।

[विशेष : ऊँदर=चूहा। दूँद=शोर, द्वन्द्व] ॥ ८ ॥ ५ ॥

[६]

अंतरि उतभुज अवरु न कोई। जो कहीऐ सो प्रभ ते होई ॥
जुगह जुगंतरि साहबु सचु सोई। उतपति परलउ अवरु न कोई ॥१॥
ऐसा मेरा ठाकुर गहिर गंभीरु।
जिनि जपिआ तिन ही सुखु पाइआ हरि कै नामि न लगै जम तीरु ॥१॥ रहाउ ॥
नाम रतनु हीरा निरमोलु। साचा साहिब अमरु अतोलु ॥
जिहवा सूची साचा बोलु। घरि दरि साचा नाही रोलु ॥२॥
इकि बन महि बैसहि डूगरि असथानु। नामु बिसारि पचहि अभिमानु ॥
नाम बिना किआ गिआन धिआनु। गुरमुखि पावहि दरगहि मानु ॥३॥
हठु अहंकारु करै नही पावै। पाठ पड़ै ले लोक सुणावै ॥
तीरथि भरमसि बिआधि न जावै। नाम बिना कैसे सुखु पावै ॥४॥
जतन करै बिंदु किवै न रहाई। मनूआ डोलै नरकै पाई।
जमपुरि बाधो लहै सजाई। बिनु नावै जीउ जलि बलि जाई ॥५॥
सिध साधिक केते मुनि देवा। हठि निग्रह न तृपतावहि भेवा।
सबदु वीचारि गहहि गुर सेवा। मनि तनि निरमल अभिमान अभेवा ॥६॥
करमि मिलै पावै सचु नाउ। तुम सरणागति रहउ सुभाउ।
तुम ते उपजिओ भगतो भाउ। जपु जापउ गुरमुख हरि नाउ ॥७॥
हउमै गरबु जाइ मन भीनै। झूठि न पावसि पाखंडि कीनै।
बिनु गुर सबद नही घरु बारु। नानक गुरमुखि ततु बीचारु ॥८॥६॥

(सृष्टि की चारों खानियों)—उद्भिज, अंडज, जेरज, स्वेदज—की (उत्पत्ति) (उस हरी के) अन्तर्गत ही है, अन्य कोई (रचयिता अथवा सृष्टिकर्त्ता) नहीं है। जिस (वस्तु) को कहो, (नाम लो), वह (सब), प्रभु से ही होती है। युग-युगान्तरों से वही सच्चा साहब (विद्यमान) है। (उसके अतिरिक्त) अन्य दूसरा कोई (सृष्टि की) उत्पत्ति और प्रलय करनेवाला नहीं है ॥ १ ॥

मेरा ठाकुर (स्वामी, प्रभु) बहुत ही गहरा और गंभीर है। जिन्होंने (उस प्रभु को) जपा है, उन्होंने सुख पाया है। हरि का नाम (जपने से) यमराज का वाण (तीर) नहीं लगता ॥ १ ॥ रहाउ ॥

नाम रूपी रत्न अमूल्य हीरा है। वह साहब सच्चा, अमर और अतुलनीय है। (उसकी) जिह्वा पवित्र है, (जिसे नाम रूपी रत्न प्राप्त हुआ है) ; (अतएव उस) सच्चे (प्रभु) को बोलो (जपो)। (हृदय रूपी) घर के दरवाजे के बीच सच्चे (परमात्मा का निवास है), (वहाँ किसी प्रकार का) द्वन्द्व—गड़बड़ी नहीं हैं—(पूर्ण स्थिति है) ॥ २ ॥

कुछ मनुष्य तो वनों (में जा कर तपस्या के निमित्त) बैठ जाते हैं, और (कुछ लोग) पर्वतों (पर जाकर अपना डेरा जमाते हैं)। (किन्तु, वे लोग) नाम को भुला कर (तपस्या के) अभिमान में जलते हैं। नाम के बिना क्या ज्ञान है और क्या ध्यान है? (अर्थात् ज्ञान-ध्यान सभी नाम के बिना व्यर्थ हैं)। गुरु के अनुगामी ही (परमात्मा के)दरबार में प्रतिष्ठा पाते हैं ॥ ३ ॥

हठ और अहंकार करने से (परमात्मा की) प्राप्ति नहीं होती। (अहंकार में मनुष्य) पाठ करता है और लोगों को (एकत्र करके) सुनाता है, तीर्थों में भ्रमण करता है, (किन्तु, मन की) व्याधि नहीं जाती। (भला), नाम के बिना (वह कैसे सुख पा सकता है ? ॥ ४ ॥

(ब्रह्मचर्य धारण करने का अनेक) यत्न करता है, (किन्तु) वीर्य किसी भी प्रकार नहीं (स्थिर) होता। मन (अनेक रमणियों से रमण करने के लिए) चंचल होता रहता है (और अन्त में) नरक में (जाकर) पड़ता है। वह (अपने किए पापों के कारण) यमपुरी में बाँधा जा कर सजा पाता है। (इस प्रकार) बिना नाम (की प्राप्ति) के जीव जल-बल जाता है ॥ ५ ॥

कितने ही सिद्ध, साधक, मुनि तथा देवतागण हठ-निग्रह करते हैं (किन्तु वे) लोग (अपने अन्त:करण के) रहस्य को नहीं तृप्त कर सकते। (यदि वे) (गुरु के) शब्द को विचार कर गुरु-सेवा ग्रहण कर लें, (तो वे) तन और मन से निर्मल हो जायँ और अभिमान-विहीन हो जायँ। [अभेवा=अभाव। "अभिमान अभेवा" का अभिप्राय "अभिमानविहीन" है।] ॥ ६ ॥

(यदि परमात्मा की) कृपा हो, (तभी) सच्चे नाम की प्राप्ति होती है। (हे प्रभु), (मैं) सुन्दर (सच्चे) भाव से तेरा शरणागत हूँ। भक्ति और भाव की उत्पत्ति तुझी से होती है। (मैं) गुरु द्वारा हरि नाम का जप जपता हूँ ॥ ७ ॥

(परमात्मा के स्वरूप में) मन के भीजने से ही अहंकार और गर्व नष्ट होते हैं। झूठ और पाखण्ड करने से (परमात्मा की) प्राप्ति नहीं होती। बिना गुरु के शब्द के घरबार (तात्पर्य यह कि परमात्मा का स्थान) नहीं (प्राप्त होता)। हे नानक, गुरु द्वारा इस तत्त्व का विचार कर ॥ ८ ॥ ६ ॥

[७]

जिउ आइआ तिउ जावहि बउरे जिउ जनमे तिउ मरणु भइआ।
जिउ रस भोग कीए तेता दुखु लागै नामु विसारि भवजलि पइआ ॥१॥
तनु धनु देखत गरबि गइआ।
कनिक कामनी सिउ हेतु वधाइहि की नामु विसारहि भरमि गइआ ॥१॥ रहाउ ॥

जतु सतु संजमु सीलु न राखिआ प्रेत पिंजर महि कासटु भइआ ।
पुंनु दानु इसनानु न संजमु साध संगति बिनु बादि जइआ ॥२॥
लालचि लागै नामु बिसारिओ आवत जावत जनमु गइआ ।
जा जमु धाइ केस गहि मारै सुरति नही मुखि कालि गइआ ॥३॥
अहिनिसि निंदा ताति पराई हिरदै नामु न सरब दइआ ।
बिनु गुर सबद न गति पति पावहि राम नाम बिनु नरकि गइआ ॥४॥
खिन महि वेस करहि नटूआ जिउ मोह पाप महि गलतु गइआ ।
इत उत माइआ देखि पसारी मोह माइआ कै मगनु भइआ ॥५॥
करहि बिकार विथार घनेरे सुरति सबद बिनु भरमि पइआ ।
हउमै रोगु महा दुखु लागा गुरमति लेवहु रोगु गइआ ॥६॥
सुख संपति कउ आवत देखै साकत मनि अभिमानु भइआ ।
जिस का इहु तनु धनु सो फिरि लेवै अंतरि सहसा दूखु पइआ ॥७॥
अंति कालि किछु साथि न चालै जो दीसै सभु तिसहि मइआ ।
आदि पुरखु अपरंपरु सो प्रभु हरि नामु रिदै लै पारि पइआ ॥८॥
मूए कउ रोवहि किसहि सुणावहि भै सागरि असरालि पइआ ।
देखि कुटंबु माइआ गृह मंदरु साकतु जंजालि परालि पइआ ॥९॥
जा आए ता तिनहि पठाए चाले तिनै बुलाइ लइआ ।
जो किछु करणा सो करि रहिआ बखसणहारै बखसि लइआ ॥१०॥
जिनि पृभु चाखिआ राम रसाइणु तिन की संगति खोजु भइआ ।
रिधि सिधि बुधि गिआनु गुर ते पाइआ मुकति पदारथु सरणि पइआ ॥११॥
दुखु सुखु गुरमुखि सम करि जाणा हरख सोग ते बिरकतु भइआ ।
आपु मारि गुरमुखि हरि पाए नानक सहजि समाइ लइआ ॥१२॥७॥

विशेष : कहते हैं कि गुरु नानक देव ने यह वाणी एक धनी मानी से उच्चरित की। यह व्यक्ति गुरु महाराज का दर्शन करने आया था।

अर्थ : अरे बावले, (तू इस संसार में) जैसे आया है, वैसे ही (यहाँ से) चला भी जायगा ; (इसी प्रकार) जैसे तुम जन्मे थे, (वैसे) मर भी जाओगे। जितने ही तू रस और भोग किए हैं, उतने ही तुझे दुःख लगेंगे ; नाम को भूल कर (तू) इस संसार-सागर में पड़ जायगा ॥ १ ॥

(तू अपने) तन और धन को देख कर गर्व में आ गया है। कांचन और कामिनी से (तू ने अपना) प्रेम बढ़ाया है। नाम को भुला कर क्यों भ्रमित हो गया है ? ॥ १ ॥ रहाउ ॥

(तू ने) यत, सत, संयम और शील का अभ्यास नहीं किया है, (अतएव) प्रेत के पिंजर (शरीर) में काठ (की भाँति शुष्क हो कर) रहेगा। (तात्पर्य यह कि तू कोमल-हृदय मनुष्य नहीं रहेगा, बल्कि प्रेतयोनि में सूखी लकड़ी की भाँति नीरस होकर रहेगा)।

न (तुझ में) पुण्य है, न दान है, न स्नान (पवित्रता) है और न संयम है। साधु-संगति के बिना (तेरा) जन्म-लेना व्यर्थ हो गया ॥ २ ॥

लालच में पड़कर (तू ने) नाम को भुला दिया और (तेरा) यह जीवन (जन्म) आने-जाने में ही चला गया। जब यमराज दौड़कर (तेरा) केश पकड़ कर मारेंगे, और (जब तू) काल के मुख में पड़ जायगा, (तो तुझे प्रायश्चित करने की भी) स्मृति नहीं रहेगी ॥ ३ ॥

(तू) अहर्निश दूसरों की निन्दा और ईर्ष्या (ताति) करता है; न तो तेरे हृदय में (हरि का नाम) है और न सर्व (प्राणियों) पर दया ही है। बिना गुरु के शब्द के (तेरी) न गति ही होगी और न (तू) प्रतिष्ठा ही पायेगा; राम नाम के बिना (तू निश्चय ही) नरक जायगा ॥ ४ ॥

(तू) किसी क्षण मदारियों की भाँति (लोगों को दिखाने के लिये सच्चरित्रों का) वेश बनाता है, (परन्तु तू) मोह और पाप के बीच ही डूबा हुआ है, (वाह्य वेश से कुछ भी नहीं होता है)। (अपनी) माया (धन-दौलत) के इधर-उधर के फैलाव को देख कर तू माया के मोह में निमग्न हो गया है ॥ ५ ॥

(तू) बड़े विस्तार से विकार (पाप) करता है और विना (गुरु के) शब्द की स्मृति से, भ्रम में पड़ गया है। (तुझे) अहंकार के रोग का महान् दुःख लग गया है; गुरु की शिक्षा लेने से ही यह रोग जायगा ॥ ६ ॥

शाक्त (माया का उपासक) सुख और सम्पत्ति को आते हुए देख कर मन में (बहुत) अभिमान करने लगता है। (जिस प्रभु का) यह तन और धन है, (यदि) वह फिर (इन्हें) ले लेता है, (तो उसके) अन्तःकरण में संशय और दुःख हो जाते हैं ॥ ७ ॥

अन्तिम समय में कोई भी (वस्तु) साथ नहीं जायगी; जो कुछ भी (वस्तु यहाँ) दिखाई पड़ रही है, सब (उस प्रभु की) माया है, (और माया नश्वर है) वह प्रभु ही (परमात्मा ही) आदि पुरुष और अपरंपार है; (जो व्यक्ति उस प्रभु का) नाम (अपने) हृदय में धारण करता है, उसका उद्धार हो जाता है (वह पार हो जाता है) ॥ ८ ॥

(तू) मृत (व्यक्ति) के लिए रोता है। (तू अपना यह रोना-धोना) किसे सुनाता है? (संभव है कि वह मृत व्यक्ति) भयानक संसार-सागर में पड़ा हो। शाक्त (माया का उपासक) कुटुम्ब, धन-दौलत, घर, महल (आदि) देख कर प्रपंच के पलाल (धान का पियरा तात्पर्य यह कि तुच्छ कर्मों) में पड़ गया है। [**विशेष : असरालि=साँप, तात्पर्य यह कि भयानक**] ॥ ९ ॥

(जब मनुष्य इस संसार में) आता है, तो उस (हरी का) भेजा हुआ (आता है), और उसके बुलाने से ही (वह इस संसार से) चला जाता है। (प्रभु को) जो कुछ भी करना है, कर दिया है, क्षमा करनेवाला (परमात्मा) (सदैव ही) क्षमा करता है ॥ १० ॥

ऐ भाई, जिन्होंने राम-रसायन चक्खा है, उन्हीं की संगति की खोज कर। गुरु की शरण में जाने से ही अष्ट सिद्धियाँ, नव निद्धियाँ, बुद्धि, ज्ञान तथा मुक्ति रूपी पदार्थ प्राप्त होते हैं ॥ ११ ॥

गुरु की शिक्षा द्वारा (शिष्य) दुःख और सुख को समान समझने लगता है और हर्ष तथा शोक से विरक्त—निर्लिप्त हो जाता है। हे नानक, गुरु द्वारा जो (अपने) अहंभाव को मारता है, वही हरी को पाता है और सहजावस्था में समा जाता है।

[विशेष : सहजावस्था : सहजावस्था आत्मा को ऊंची ज्ञानमयी स्थिति है। यह तीनों गुणों से परे की अवस्था है। इसमें आत्मा स्थिर होकर अपने स्वरूप में टिक जाती है। ऐसी अवस्था में मनुष्य का जीवन सहज हो जाता है। भलाई और प्रेम उसके भीतर से फूट फूट कर निकलते हैं। उसका सारा जीवन आडम्बरविहीन और स्वाभाविक हो जाता है।] ॥ १२ ॥ ७ ॥

[८]

रामकली दखणी

जतु सतु संजमु साचु द्रिड़ाइआ साच सबदि रस लीणा ॥१॥
मेरा गुरु दइआलु सदा रंगि लीणा।
अहिनिसि रहै एक लिव लागी साचे देखि पतीणा ॥१॥ रहाउ ॥
रहै गगन पुरि द्रिसटि समैसरि अनहत सबदि रंगीणा ॥२॥
सतु बंधि कुपीन भरिपुरि लीणा जिहवा रंगि रसीणा ॥३॥
मिले गुर साचे जिनि रचु राचे किरतु वीचारि पतीणा ॥४॥
एक महि सरब सरब महि एका एह सतिगुरि देखि दिखाई ॥५॥
जिनि कीए खंड मंडल ब्रहमंडा सो प्रभु लखनु न जाई ॥६॥
दीपक ते दीपकु परगासिआ त्रिभवण जोति दिखाई ॥७॥
सचै तखति सच महली बैठे निरभउ ताड़ी लाई ॥८॥
मोहि गइआ बैरागी जोगी घटि घटि किंगुरी वाई ॥९॥
नानक सरणि प्रभू की छूटे सतिगुर सचु सखाई ॥१०॥८॥

विशेष : इस अष्टपदी में गुरु की महिमा प्रदर्शित की गई है। गुरु ही वास्तविक योगी है। गुरु परमात्मा के सान्निध्य रूपी दशम द्वार में समाधि लगाए रहता है। योगियों की शब्दावली में गुरु की महिमा वर्णन की गई है।

अर्थ : (मेरे गुरु ने) जत, सत, संयम और सत्य को दृढ़ किया है और (वह) शब्द नाम के रस में निमग्न है ॥ १ ॥

मेरा दयालु गुरु सदैव आनन्द में लीन है। (वह) अहर्निश एक (परमात्मा में) लिव (एकनिष्ठ ध्यान) लगाये रहता है और सत्य (परमात्मा) को देख कर विश्वास करता है, भरोसा करता है ॥ १ ॥ रहाउ ॥

(मेरा गुरु सदैव ही) गगनपुरी में—दशम द्वार में—ऊंची आत्मिक अवस्था में रहता है; उसकी दृष्टि—समदृष्टि है, (अतएव वह) अनाहत शब्द (आत्मिक-मण्डल के वास्तविक आनन्द) में रमा रहता है ॥ २ ॥

(गुरु) सत्य का कौपीन बाँधकर पूर्ण रूप से (परमात्मा में) लीन रहता है (और उसकी) जिह्वा (हरि-रस के आस्वादन में) रसी रहती है ॥ ३ ॥

सच्चे गुरु को (वह हरी) प्राप्त होता है, जिसने (सृष्टि) रचना रची है (और जो) (हमारी) (शुभ) करणी को विचार करके विश्वास करता है, (तात्पर्य यह कि हमारी शुभ करणी हो, तभी परमात्मा हमारे ऊपर प्रसन्न होता है, नहीं तो नहीं ॥ ४ ॥

एक (परमात्मा) में सब (जड़-चेतन) हैं, और सभी (जड़-चेतन) में एक (परमात्मा) है—सद्गुरु ने (इस तथ्य को स्वयं) देखा है (और तब दूसरों को) दिखाया है ॥ ५ ॥

जिस प्रभु ने खण्ड, मण्डल और ब्रह्माण्डों की रचना की है, वह (इन चर्म चक्षुओं से) नहीं देखा जा सकता ॥ ६ ॥

(गुरु रूपी) दीपक ने (साधकों के हृदय रूपी) दीपक को प्रकाशित किया है (और) तीनों लोकों में (हरी की फैली हुई) ज्योति दिखलाई है ॥ ७ ॥

निर्भय (परमात्मा) सच्चे महल में सच्चे सिंहासन (तख्त) पर ध्यान लगा कर बैठा है ॥ ८ ॥

वैरागी योगी (गुरु) ने हमें मोह लिया है और प्रत्येक घट में किंगरी (छोटी सारंगी) बजा दी है; (परमात्मा के आनन्दस्वरूप का परिचय दिया है) ॥ ९ ॥

हे नानक, प्रभु की शरण में पड़ने से (हम सांसरिक बन्धनों से) मुक्त हो गए; सद्गुरु ही सच्चा सहायक है ॥ १० ॥ ८ ॥

[९]

अउहठि हसत मड़ी घरु छाइआ धरणि गगन कल धारी ॥१॥
गुरमुखि केती सबदि उधारी संतहु ॥१॥ रहाउ ॥
ममता मारि हउमै सोखै त्रिभवणि जोति तुमारी ॥२॥
मनसा मारि मनै महि राखै सतिगुर सबदि वीचारी ॥३॥
सिङी सुरति अनाहदि बाजै घटि घटि जोति तुमारी ॥४॥
परपंच बेणु तही मनु राखिआ ब्रहम अगनि परजारी ॥५॥
पंच ततु मिलि अहिनिसि दीपकु निरमल जोति अपारी ॥६॥
रवि ससि लउके इहु तनु किंगुरी वाजै सबदु निरारी ॥७॥
सिव नगरी महि आसणु अउधू अलखु अगंमु अपारी ॥८॥
काइआ नगरी इहु मनु राजा पंच वसहि वीचारी ॥९॥
सबदि रवै आसणि घरि राजा अदलु करे गुणकारी ॥१०॥
कालु बिकालु कहे कहि बपुरे जीवत मुआ मनु मारी ॥११॥
ब्रहमा बिसनु महेस इक मूरति आपे करता कारी ॥१२॥
काइआ सोधि तरै भव सागरु आतम ततु वीचारी ॥१३॥
गुर सेवा ते सदा सुखु पाइआ अंतरि सबदु रविआ गुणकारी ॥१४॥
आपे मेलि लए गुणदाता हउमै तृसना मारी ॥१५॥
त्रै गुण मेटे चउथै वरतै एहा भगति निरारी ॥१६॥
गुरमुखि जोग सबदि आतमु चीनै हिरदै एकु मुरारी ॥१७॥

मनूत्रो असथिरु सबदे राता एहा करणी सारी ॥१८॥
बेदु बादु न पाखंडु अउधू गुरमुखि सबदि बीचारी ॥१९॥
गुरमुखि जोगि कमावै अउधू जतु सतु सबदि वीचारी ॥२०॥
सबदि मरै मनु मारे अउधू जोग जुगति वीचारी ॥२१॥
माइआ मोहु भवजलु है अवधू सबदि तरै कुल तारी ॥२२॥
सबदि सूर जुग चारे अउधू बाणी भगति वीचारी ॥२३॥
एहु मनु माइआ मोहिआ अउधू निकसै सबदि वीचारी ॥२४॥
आपे बखसे मेलि मिलाए नानक सरणि तुमारी ॥२५॥६॥

हृदय हाथ है और शरीर (मढ़ी) घर है, ऐसा (विचार) करने से उन्होंने (योगियों ने) धरती, आकाश सभी स्थानों में (परमात्मा की) कला (शक्ति) देखी है, [योगी घरों में जा कर हाथों से अन्न आदि माँग ले आते हैं। यहाँ गुरु नानक देव ने शरीर को तो घर बनाया है और हृदय को माँगने का हाथ बनाया है] ॥ १ ॥

हे सन्तगण, गुरु के उपदेश से कितने ही (व्यक्तियों ने) शब्द द्वारा (अपना) उद्धार किया है ॥ १ ॥ रहाउ ॥

(जो) ममता को मार कर अहंकार को सुखा दे और त्रिभुवन में तेरी (हरी की) ज्योति (देखे, वही वास्तविक योगी है) ॥ २ ॥

(सच्चा योगी) इच्छाओं को मार कर, (उन्हें) मन में ही (दबा) रखता है और सद्गुरु के शब्दों पर विचार करता है ॥ ३ ॥

(हे प्रभु) घट-घट में तेरी ज्योति का दर्शन करना ही—(यही उन योगियों का) [illegible]ती ([illegible]) है, युक्ति [illegible] है और अनाहत शब्द का सुनना है ॥ ४ ॥

(उन योगियों ने) समस्त जगत् को वेणु समझ कर उसमें (अपना) मन रक्खा है (और उन्होंने अपने) अन्तर्गत ब्रह्म की अग्नि प्रज्वलित की है ॥ ५ ॥

(उन्होंने) पंच-भौतिक (शरीर) को प्राप्त कर (इसके अन्तगंत) सदैव अपार (परमात्मा की) निर्मल ज्योति का दीपक जलाया है ॥ ६ ॥

(शरीर में स्थित) सूर्य (नाड़ी) और चन्द्रमा (नाड़ी), (इस शरीर रूपी किंगरी के) दो लौके हैं; यह शरीर ही किंगरी है। (इन दोनों लौकों के तारों से) निराला शब्द बजता है। [तात्पर्य यह कि सूर्य और चन्द्रमा नाड़ी में जब श्वास की गति नाम की भावना से प्रविष्ट होती है, तो उससे निराला आनन्द प्राप्त होता है] ॥ ७ ॥

(हे अवधूत), सच्चा योगी शिव की नगरी (परमात्मा की नगरी) में आसन लगा कर बैठता है—(उस परमात्मा की पुरी) अलक्ष्य, अगम और अपार है ॥ ८ ॥

(हे योगी) यह शरीर ही नगरी है, (और) यह मन (शरीर रूपी नगरी का राजा है; पंच ज्ञानेन्द्रियाँ (मंत्री अथवा प्रजा के रूप में) विचारपूर्वक (इस नगरी में) बसती है ॥ ९ ॥

मन रूपी राजा हृदय रूपी आसन पर बैठ कर शब्द द्वारा (हरि-यश करता है) और गुणी होकर इन्साफ (न्याय) करता है ॥ १० ॥

(जो) मन को मार कर जीवित ही मर चुका है, (उस व्यक्ति से) बेचारे जीवन और मरण क्या कह सकते हैं ? (अर्थात् जो जीवित अवस्था में ही वासनाओं, इच्छाओं और अहंकार को मार चुका है, वह जीवन मरण से मुक्त हो गया है)।

[**विशेष :** कालु=मरण। विकालु=काल का उलटा, जन्म। अतः कालु विकालु= मरण और जीवन] ॥ ११ ॥

ब्रह्मा, विष्णु और महेश एक ही मूर्त्तियाँ हैं। (इन देवों की) रचना प्रभु ने स्वयं ही की है ॥ १२ ॥

(हे योगी, अपनी) काया की शुद्धि करके तथा आत्म-तत्व विचार करके, (इस) संसार-सागर से तर जा ॥ १३ ॥

गुरु की सेवा से (मुझे) शाश्वत सुख प्राप्त हुआ है और (मेरे) अन्तःकरण में गुणकारी शब्द रम गया है ॥ १४ ॥

गुणदाता (प्रभु) ने (मेरे) अहंकार और तृष्णा को मार कर (अपने में) मिला लिया है ॥ १५ ॥

तीनों गुणोंवाली अवस्था को मिटा कर (लाँघ कर), चौथी अवस्था—सहजावस्था में रहे, यही निराली भक्ति है ॥ १६ ॥

गुरुमुख का योग यह है कि शब्द—नाम के द्वारा (वह) आत्म-तत्व को (खोजता है) और (अपने) हृदय में एक मुरारी (परमात्मा) को पहचानता है ॥ १७ ॥

(यदि) मन स्थिर होकर शब्द में अनुरक्त हो जाय, (तो) यही श्रेष्ठ कार्य है ॥१८॥

(हे अवधूत), (ऐसा योगी) वेद के वाद-विवाद अथवा तर्क-वितर्क तथा पाखण्ड में नहीं पड़ता वह गुरु के उपदेश द्वारा शब्द—नाम का ही विचार करता है ॥ १९ ॥

(हे अवधूत), (ऐसा योगी) गुरु द्वारा योग कमाता है; गुरु के शब्द पर विचार करना ही, (उसका) जत और सत है ॥ २० ॥

(हे अवधूत), (गुरुमुख योगी) (वास्तविक) योग की युक्ति विचार कर (गुरु के) शब्द में (अपने अहंभाव से) मर जाता है और (अपने) मन को भी मार देता है ॥ २१ ॥

(हे अवधूत), माया का मोह ही (कठिन) संसार-सागर है; (किन्तु गुरु के) शब्द द्वारा (योगी) स्वयं तरता है (और अपने) कुल को भी तार देता है ॥ २२ ॥

(हे अवधूत), शब्द द्वारा ही (वे) चारों युगों में योद्धा हुए हैं और (उन्होंने) भक्ति की वाणी का विचार किया है ॥ २३ ॥

(हे अवधूत) यह मन माया में मोहित हो गया है; शब्द को ही विचार कर (यह माया से) निकल सकता है ॥ २४ ॥

नानक (कहता है कि हे प्रभु, मैं) तेरी शरण में हूँ; (तू) स्वयं ही बख्शता है (और अपने में मिला लेता है) ॥ २५ ॥ ९ ॥

१ओं सतिगुर प्रसादि ॥ रामकली, महला १, दखणी, ओअंकारु ॥

ओअंकारि ब्रहमा उतपति। ओअंकारु कीआ जिनि चिति॥
ओअंकारि सैल जुग भए। ओअंकारि बेद निरमए॥

ओअंकारि सबदि उधरे । ओअंकारि गुरमुखि तरे ॥
ओनम अखर सुणहु बीचारु । ओनम अखरु त्रिभवण सारु ॥१॥
सुणि पाडे किआ लिखहु जंजाला ।
लिखु राम नाम गुरमुखि गोपाला ॥१॥ रहाउ ॥

ससै सभु जगु सहजि उपाइआ तीन भवन इक जोती ।
गुरमुखि वसतु परापति होवै चुणि लै माणक मोती ॥
समझै सूझै पड़ि पड़ि बूझै अंति निरंतरि साचा ।
गुरमुखि देखै साचु समाले बिनु साचे जगु काचा ॥२॥

धधै धरमु धरे धरमापुरि गुणकारी मनु धीरा ।
धधै धूलि पड़ै मुखि मसतकि कंचन भए मनूरा ॥
धनु धरणीधरु आपि अजोनी तोलि बोलि सचु पूरा ।
करते की मिति करता जाणै कै जाणै गुरु सूरा ॥३॥
ङिआनु गवाइआ दूजा भाइआ गरबि गले बिखु खाइआ ।
गुर रसु गीत बाद नही भावै सुणीऐ गहिर गंभीरु गवाइआ ॥
गुरि सचु कहिआ अंम्रितु लहिआ मनि तनि साचु सुखाइआ ।
आपे गुरमुखि आपे देवै आपे अंमृतु पीआइआ ॥४॥
एको एकु कहै सभु कोई हउमै गरबु विआपै ।
अंतरि बाहरि एकु पछाणै इउ घरु महलु सिञापै ॥
प्रभु नेड़ै हरि दूरि न जाणहु एको स्रिसटि सबाई ।
एकंकारु अवरु नही दूजा नानक एकु समाई ॥५॥
इसु करते कउ किउ गहि राखहु अफरिओ तुलिओ न जाई ।
माइआ के देवाने प्राणी झूठि ठगउरी पाई ॥
लबि लोभि मुहताजि विगूते इब तब फिरि पछुताई ।
एकु सरेवै ता गति मिति पावै आवणु जाणु रहाई ॥६॥
एकु अचारु रंगु इकु रूपु । पउण पाणी अगनी असरूपु ॥
एको भवरु भवै तिहु लोइ । एको बूझै सूझै पति होइ ॥
गिआनु धिआनु ले समसरि रहै । गुरमुखि एकु विरला को लहै ॥
जिसनो देइ किरपा ते सुखु पाए । गुरू दुआरै आखि सुणाए ॥७॥
ऊरम धूरम जोति उजाला । तीनि भवण महि गुर गोपाला ॥
ऊगविआ असरूपु दिखावै । करि किरपा अपुनै घरि आवै ॥
ऊनवि बरसै नीझर धारा । ऊतम सबदि सवारणहारा ॥
इसु एके का जाणै भेउ । आपे करता आपे देउ ॥८॥
उगवै सूरु असुर संघारै । ऊचउ देखि सबदि बीचारै ॥
ऊपरि आदि अंति तिहु लोइ । आपे करै कथै सुणै सोइ ॥
ओहु बिधाता मनु तनु देइ । ओहु बिधाता मनि मुखि सोइ ॥
प्रभु जग जीवनु अवरु न कोइ । नानक नाम रते पति होइ ॥९॥

राजन राम रवै हितकारि । रण महि लूझै मनूआ मारि ॥
राति दिनंति रहै रंगि राता । तीनि भवन जुग चारे जाता ॥
जिनि जाता सो तिसही जेहा । अति निरमाइलु सीझसि देहा ॥
रहसी रामु रिदै इक भाइ । अंतरि सबदु साचि लिव लाइ ॥१०॥

रोसु न कीजै अंमृतु पीजै रहणु नही संसारे ।
राजे राइ रंक नही रहणा आइ जाइ जुग चारे ॥
रहण कहण ते रहै न कोई किसु पहि करउ बिनंती ।
एकु सबदु रामनाम निरोधरु गुरु देवै पति मती ॥११॥
लाज मरंती मरि गई घूघटु खोलि चली ।
सासु दिवानी बावरी सिर ते संक टली ॥
प्रेमि बुलाई रली सिउ मन महि सबदु अनंदु ।
लालि रती लाली भई गुरमुखि भई निचिंदु ॥१२॥
लाहा नामु रतनु जपि सारु । लबु लोभु बुरा अहंकारु ॥
लाड़ी चाड़ी लाइतबारु । मनमुखु अंधा मुगध गवार ॥
लाहे कारण आइआ जगि । होइ मजूरु गइआ ठगाइ ठगि ॥
लाहा नामु पूंजी वेसाहु । नानक सची पति सचा पातिसाहु ॥१३॥
आइ विगूता जगु जम पंथु । आई न मेटण को समरथु ॥
आथि सैल नीच घरि होइ । आथि देखि निवै जिसु दोइ ॥
आथि होइ ता मुगधु सिआना । भगति बिहूना जगु बउराना ॥
सभ महि वरते एको सोइ । जिस नो किरपा करे तिसु परगटु होइ ॥१४॥
जुगि जुगि थापि सदा निरवैरु । जनमि मरणि नही धंधा धैरु ॥
जो दीसै सो आपे आपि । आपि उपाइ आपे घट थापि ॥
आपि अगोचरु धंधै लोई । जोग जुगति जगजीवनु सोई ॥
करि आचारु सचु सुख होई । नाम विहूणा मुकति किव होई ॥१५॥
विणु नावै वेरोधु सरीर । किउ न मिलहि काटहि मन पीर ।
वाट वटाऊ आवै जाइ । किआ ले आइआ किआ पलै पाइ ॥
विणु नावै तोटा सभ थाइ । लाहा मिलै जा देइ बुझाइ ॥
वणजु वापारु वणजे वापारी । विणु नावै कैसी पति सारी ॥१६॥
गुण वीचारे गिआनी सोइ । गुण महि गिआनु परापति होइ ॥
गुणदाता विरला संसारि । साची करणी गुर वीचारि ॥
अगम अगोचरु कीमति नही पाइ । ता मिलीऐ जा लए मिलाइ ॥
गुणवंती गुण सारे नीत । नानक गुरमति मिलीऐ मीत ॥१७॥
कामु क्रोधु काइआ कउ गालै । जिउ कंचन सोहागा ढालै ॥
कसि कसवटी सहै सु ताउ । नदरि सराफ वंनीस चड़ाउ ॥
जगत पसू अहं कालु कसाई । करि करतै करणी करि पाई ॥
जिनि कीती तिनि कीमति पाई । होर किआ कहीऐ किछु कहणु न जाई ॥१८॥

खोजत खोजत अंमृतु पीआ । खिमा गही मन सतिगुरि दीआ ॥
खरा खरा आखै सभु कोइ । खरा रतनु जुग चारे होइ ॥
खात पीअंत मूए नही जानिआ । खिन महि मूए जा सबदु पछानिआ ॥
असथिरु चीतु मरनि मनु मानिआ । गुर किरपा ते नामु पछानिआ ॥१९॥

गगन गंभीरु गगनंतरि वासु । गुण गावै सुख सहजि निवासु ॥
गइआ न आवै आइ न जाइ । गुर परसादि रहै लिव लाइ ॥
गगनु अगंमु अनाथु अजोनी । असथिरु चीतु समाधि सगोनी ॥
हरि नामु चेति फिरि पवहि न जूनी । गुरमति सारु होर नाम बिहूनी ॥२०॥

घर दर फिरि थाकी बहुतेरे । जाति असंख अंत नही मेरे ॥
केते मात पिता सुत धीआ । केते गुर चेले फुनि हूआ ॥
काचे गुर ते मुकति न हूआ ॥
केती नारि वरु एकु समालि । गुरमुखि मरणु जीवणु प्रभ नालि ॥
दह दिस ढूढि घरै महि पाइआ । मेलु भइआ सतिगुरु मिलाइआ ॥२१॥

गुरमुखि गावै गुरमुखि बोलै । गुरमुखि तोलि तोलावै तोलै ॥
गुरमुखि आवै जाइ निसंगु । परहरि मैलु जलाइ कलंकु ॥
गुरमुखि नाद बेद बीचारु । गुरमुखि मजनु चजु अचारु ॥
गुरमुखि सबदु अंमृतु है सारु । नानक गुरमुखि पावै पारु ॥२२॥

चंचलु चीतु न रहई ठाइ । चोरी मिरगु अंगूरी खाइ ॥
चरन कमल उरधारे चीत । चिरु जीवनु चेतनु नित नीत ॥
चितत ही दीसै सभु कोइ । चेतहि एकु तही सुखु होइ ॥
चिति वसी राची हरि नाइ । मुकति भइआ पति सिउ घरि जाइ ॥२३॥

छीजै देह खुलै इकि गंढि । छेआ नित देखहु जगि हंढि ॥
धूप छाव जे सम करि जाणै । बंधन काटि मुकति घरि आणै ॥
छाइआ छूछी जगतु भुलाना । लिखिआ किरतु धुरे परवाना ॥
छीजै जोबनु जरुआ सिरि कालु । काइआ छीजै भई सिवालु ॥२४॥

जापै आपि प्रभु तिहु लोइ । जुगि जुगि दाता अवरु न कोइ ॥
जिउ भावै तिउ रखहि राखु । जसु जाचउ देवै पति साखु ॥
जागतु जागि रहा तुधु भावा । जा तू मेलहि ता तुझै समावा ॥
जै जैकारु जपउ जगदीस । गुरमति मिलीऐ बीस इकीस ॥२५॥

झखि बोलणु किआ जग सिउ वादु । झूरि मरै देखै परमादु ॥
जनमि मूए नही जीवण आसा । आइ चले भए आस निरासा ॥
झुरि झुरि झखि माटी रलि जाइ । कालु न चांपै हरि गुन गाइ ॥
पाई नवनिधि हरि कै नाइ । आपे देवै सहजि सुभाइ ॥२६॥

ञिआनो बोलै आपे बूझै ॥ आपै समझै आपे सूझै ॥
गुर का कहिआ अंकि समावै । निरमल सूचे साचो भावै ॥

गुर सागरु रतनी नही तोट । लाल पदारथ साचु अखोट ।।
गुरि कहिआ सा कार कमावहु । गुर की करणी काहे धावहु ।।
नानक गुरमति साचि समावहु ।। २७ ।।
टूटै नेहु कि बोलहि सही । टूटै बाह दुहू दिसि गही ।।
टूटि परीति गई बुर बोलि । दुरमति परहरि छाडी ढोलि ।।
टूटै गंठि पड़ै वीचार । गुर सबदी घरि कारजु सारि ।।
लाहा साचु न आवै तोटा । त्रिभवण ठाकुरु प्रीतमु मोटा ।।२८।।
ठाकहु मनूआ राखहु ठाइ । ठहकि मुई अवगुणि पछुताइ ।।
ठाकुरु एकु सबाई नारि । बहुते वेस करे कूड़िआरि ।।
पर घर जाती ठाकि रहाई । महलि बुलाई ठाक न पाई ।।
सबदि सवारी साचि पिआरी । साई सोहागणि ठाकुरि धारी ।।२९।।
डोलत डोलत हे सखी फाटे चीर सीगार ।
डाहपणि तनि सुखु नही बिनु डर बिणठी डार ।।
डरपि मुई घरि आपणै डीठी कंति सुजाणि ।
डरु राखिआ गुरि आपणै निरभउ नामु वखाणि ।।
डूगरि वासु तिखा घणी जब देखा नही दूरि ।
तिखा निवारी सबदु मंनि अंम्रितु पीआ भरपूरि ।।
देहि देहि आखै सभु कोई जै भावै तै देइ ।
गुरू दुआरै देवसी तिखा निवारै सोइ ।।३०।।
ढंढोलत ढूढत हउ फिरी ढहि ढहि पवनि करारि ।
भारे ढहते ढहि पए हउले निकसे पारि ।।
अमर अजाची हरि मिले तिनकै हउ बलि जाउ ।
तिन की धूड़ि अघुलीऐ संगति मेलि मिलाउ ।।
मनु दीआ गुरि आपणै पाइआ निरमल नाउ ।
जिनि नामु दीआ तिसु सेवसा तिसु बलिहारै जाउ ।।
जो उसारे सो ढाहसी तिसु बिनु अवरु न कोइ ।
गुर परसादी तिसु संम्हला ता तनि दूखु न होइ ।।३१।।
णा को मेरा किसु गही णा को होआ न होगु ।
आवणि जाणि विगुचीऐ दुबिधा विआपै रोगु ।।
णाम विहूणे आदमी कलर कंध गिरंति ।
विणु नावै किउ छूटीऐ जाइ रसातलि अंति ।।
गणत गणावै अखरी अगणतु साचा सोइ ।
अगिआनी मतिहीणु है गुर बिनु गिआनु न होइ ।।
तूटी तंतु रबाब की वाजै नही विजोगि ।
विछुड़िआ मेलै प्रभू नानक करि संजोग ।। ।।३२।।
तरवरु काइआ पंखि मनु तरवरि पंखी पंच ।
ततु चुगहि मिलि एक से तिन कउ फास न रंच ।।

उडहि त बेगुल बेगुले ताकहि चोग घणी ।
पंख तुटे फाही पड़ी अवगुणि भीड़ बणी ॥
बिनु साचे किउ छूटीऐ हरि गुण करमि मणी ।
आपि छडाए छूटीऐ वडा आपि धणी ॥
गुरपरसादी छूटीऐ किरपा आपि करेइ ।
अपणैं हाथि वडाईआ जै भावै तै देइ ॥३३॥

थर थर कंपै जीअड़ा थान विहूणा होइ ।
थानि मानि सचु एकु है काजु न फीटै कोइ ॥
थिरु नाराइणु थिरु गुरू थिरु साचा वीचारु ।
सुरि नर नाथह नाथु तू निधारा आधारु ॥
सरबे थान थनंतरी तू दाता दातारु ।
जह देखा तह एक तू अंतु न पारावारु ॥
थान थनंतरि रवि रहिआ गुर सबदी वीचारि ।
अणमंगिआ दानु देवसी वडा अगम अपारु ॥३४॥

दइआ दानु दइआलु तू करि करि देखणहारु ।
दइआ करहि प्रभ मेलि लैहि खिन महि ढाहि उसारि ॥
दाना तू बीना तुही दाना कै सिरि दानु ।
दालद भंजन दुख दलण गुरमुखि गिआनु धिआनु ॥३५॥

धनि गईऐ बहि झूरीऐ धन महि चीतु गवार ।
धनु विरली सचु संचिआ निरमलु नामु पिआरि ॥
धनु गइआ ता जाण देहि जे राचहि रंगि एक ।
मनु दीजै सिरु सउपीऐ भी करते की टेक ॥
धंधा धावत रहि गए मन महि सबदु अनंदु ।
दुरजन ते साजन भए भेटे गुर गोविंद ॥
बनु बनु फिरती ढूढती बसतु रही घरि बारि ।
सतिगुरि मेली मिलि रही जनम मरण दुखु निवारि ॥३६॥
नाना करत न छूटीऐ विणु गुण जमपुरि जाहि ।
ना तिसु एहु न ओहु है अवगुणि फिरि पछुताहि ॥
ना तिसु गिआनु न धिआनु है ना तिसु धरमु धिआनु ।
विणु नावै निरभउ कहा किआ जाणा अभिमानु ॥
थाकि रही किव अपड़ा हाथ नही ना पारु ।
ना साजन से रंगुले किसु पही करी पुकार ॥
नानक प्रिउ प्रिउ जे करी मेले मेलणहारु ॥
जिनि विछोडी सो मेलसी गुर कै हेति अपारि ॥३७॥
पापु बुरा पापी कउ पिआरा । पापि लदे पापे पासारा ॥
परहरि पापु पछाणै आपु । ना तिसु सोगु विजोगु संतापु ॥

नरकि पड़ंतउ किउ रहै किउ बंचै जम कालु ।
किउ आवण जाणा वीसरै झूठु बुरा खै कालु ।।
मनु जंजाली वेड़िआ भी जंजाला माहि ।
विणु नावै किउ छूटीऐ पापे पचहि पचाहि ।।३८।।
फिर फिरि फाही फासै कऊआ । फिरि पछुताना अब किआ हूआ ।।
फाथा चोग चुगै नही बूझै । सतगुरु मिलै त आखी सूझै ।।
जिउ मछुली फाथी जम जालि । विणु गुर दाते मुकति न भालि ।।
फिरि फिरि आवै फिरि फिरि जाइ । इक रंगि रचै रहै लिव लाइ ।।
इव छूटै फिरि फास न पाइ ।।३९।।
बीरा बीरा करि रही बीर भए बैराइ ।
बीर चले घरि आपणै बहिण बिरहि जलि जाइ ।।
बाबुल कै घरि बेटडी बाली बालै नेहि ।
जे लोड़हि वरु कामणी सतिगुरु सेवहि तेहि
बिरलो गिआनी बूझणउ सतिगुरु साचि मिलेइ ।
ठाकुर हाथि वडाईआ जै भावै तै देइ ।।
बाणी बिरलउ बीचारसी जे को गुरमुखि होइ ।
इह बाणी महापुरख की निज घरि वासा होइ ।।४०।।
भनि भनि घड़ीऐ घड़ि घड़ि भंजै ढाहि उसारै उसरे ढाहै ।
सर भरि सोखै भी भरि पोखै समरथ वेपरवाहै ।।
भरमि भुलाने भए दिवाने विणु भागा किआ पाईऐ ।
गुरमुखि गिआनु डोरी प्रभि पकड़ी जिन खिंचै तिन जाईऐ ।।
हरि गुण गाइ सदा रंगि राते बहुड़ि न पछोताईऐ ।
भभै भालहि गुरमुखि बूझहि ता निज घरि वासा पाईऐ ।।
भभै भउजलु मारगु बिखड़ा आस निरासा तरीऐ ।
गुर परसादी आपो चीन्है जीवतिआ इव मरीऐ ।।४१।।
माइआ माइआ करि मुए माइआ किसै न साथि ।
हंसु चलै उठि डुमणो माइआ भूली आथि ।।
मनु झूठा जमि जोहिआ अवगुण चलहि नालि ।
मन महि मनु उलटो मरै जे गुण होवहि नालि ।।
मेरी मेरी करि मुए विणु नावै दुखु भालि ।।
गड़ मंदर महला कहा जिउ बाजी दीबाणु ।
नानक सचे नाम विणु झूठा आवण जाणु ।।
आपे चतुरु सरूपु है आपे जाणु सुजाणु ।।४२।।
जो आवहि से जाहि फुनि आइ गए पछुताहि ।
लख चउरासीह मेदनी घटै न बधै उताहि ।।
से जन उबरे जिन हरि भाइआ ।
धंधा मुआ विगूती माइआ ।।

जो दीसै सों चालसी किस कउ मीतु करेउ ।
जीउ समपउ आपणा तनु मनु आगै देउ ॥
असथिरु करता तू धणी तिसही की मै ओट ।
गुण की मारी हउ मुई सबदि रती मनि चोट ॥४३॥

राणा राउ न को रहै रंगु न तुंगु फकीरु ।
वारी आपो आपणी कोइ न बंधै धीर ॥
राहु बुरा भीहावला सर डूगर असगाह ।
मै तनि अवगण झुरि मुई विणु गुण किउ घरि जाह ॥
गुणीआ गुण ले प्रभ मिले किउ तिन मिलउ पिआरि ।
तिन ही जैसी थी रहां जपि जपि रिदै मुरारि ॥
अवगुणी भरपूर है गुण भी वसहि नालि ।
विणु सतगुर गुण न जापनी जिचरु सबदि न करे बीचारु ॥४४॥

लसकरीआ घर संमले आहे वजहु लिखाइ ।
कार कमावहि सिरि धणी लाहा पलै पाइ ॥
लबु लोभु बुरिआईआ छोडे मनहु विसारि ।
गड़ि दोही पातिसाह की कदे न आवै हारि ॥
चाकरु कहीऐ खसम का सउहे उतर देइ ।
वजहु गवाए आपणा तखति न बैसहि सेइ ॥
प्रीतम हथि वडिआईआ जै भावै तै देइ ।
आपि करे किसु आखीऐ अवरु न कोइ करेइ ॥४५॥

बीजउ सूझै को नही बहै दुलीचा पाइ ।
नरक निवारणु नरह नरु साचउ साचै नाइ ॥
वणु तृणु ढूढत फिरि रही मन महि करउ बीचारु ।
लाल रतन बहु माणकी सतिगुर हाथि भंडारु ॥
ऊतमु होवा प्रभु मिले इक मनि एकै भाइ ।
नानक प्रीतम रसि मिले लाहा लै परथाइ ॥
रचना राचि जिनि रची जिनि सिरिआ आकारु ।
गुरमुखि बेअंतु धिआईऐ अंतु न पारावारु ॥४६॥
ड़ाड़ै रूड़ा हरि जीउ सोई ।
तिसु बिनु राजा अवरु न कोई ॥
ड़ाड़ै गारुड़ तुम सुणहु हरि वसै मन माहि ।
गुर परसादी हरि पाईऐ मतु को भरमि भुलाहि ॥
सो साहु साचा जिसु हरि धनु रासि ।
गुरमुखि पूरा तिसु साबासि ॥
रूड़ी बाणी हरि पाइआ गुर सबदी बीचारि ।
आपु गइआ दुखु कटिआ हरि वरु पाइआ नारि ॥४७॥

सुइना रुपा संचीऐ धनु काचा बिखु छारु ।
साहु सदाए संचि धनु दुबिधा होइ खुआरु ॥
सचिआरी सचु संचिआ साचउ नामु अमोलु ।
हरि निरमाइलु ऊजलो पति साचो सचु बोलु ॥
साजनु मीतु सुजाणु तू तू सरवरु तू हंसु ।
साचउ ठाकुर मनि वसै हउ बलिहारी तिसु ॥
माइआ ममता मोहणी जिनि कीती सो जाणु ।
बिखिआ अंमृतु एकु है बूझै पुरखु सुजाणु ॥४८॥

खिमा विहूणे खपि गए खूहणि लख असंख ।
गणत न आवै किउ गणी खपि खपि मुए बिसंख ॥
खसमु पछाणै आपणा खूलै बंधु न पाइ ।
सबदि महली खरा तू खिमा सचु सुख भाइ ॥
खरचु खरा धनु धिआनु तू आपे वसहि सरीरि ।
मनि तनि मुखि जापै सदा गुण अंतरि मनि धीरि ॥
हउमै खपै खपाइसी बीजउ वथु विकारु ।
जंत उपाइ विचि पाईअनु करता अलगु अपार ॥४९॥

सृसटे भेउ न जाणै कोइ । सृसटा करै सु निहचउ होइ ॥
संपै कउ ईसरु धिआईऐ । संपै पुरबि लिखे की पाईऐ ॥
संपै कारणि चाकर चोर । संपै साथि न चालै होर ॥
बिनु साचे नही दरगह मानु । हरि रसु पीवै छुटै निदानि ॥५०॥

हेरत हेरत हे सखी होइ रही हैरानु ।
हउ हउ करती मै मुई सबदि रवै मनि गिआनु ॥
हार डोर क कन घणे करि थाकी सीगारु ।
मिलि प्रीतम सुखु पाइआ सगल गुणा गलि हारु ॥
नानक गुरमुखि पाईऐ हरि सिउ प्रीति पिआरु ।
हरि बिनु किनि सुखु पाइआ देखहु मनि बीचारि ॥
हरि पड़णा हरि बूझणा हरि सिउ रखहु पिआरु ।
हरि जपीऐ हरि धिआईऐ हरि का नामु अधारु ॥५१॥

लेखु न मिटई हे सखी जो लिखिआ करतारि ।
आपे कारणु जिनि कीआ करि किरपा पगु धारि ।
करते हथि वडिआईआ बूझहु गुर वीचारि ।
लिखिआ फेरि न सकीऐ जिउ भावी तिउ सारि ॥
नदरि तेरी सुखु पाइआ नानक सबदु वीचारि ।
मनमुख भूले पचि मुए उबरे गुर वीचारि ॥
जि पुरखु नदरि न आवई तिस का किआ करि कहिआ जाइ ।
बलिहारी गुर आपणे जिनि हिरदै दिता दिखाइ ॥५२॥

पाधा पड़िआ आखीऐ बिदिआ बिचरै सहजि सुभाइ ।
बिदिआ सोधै ततु लहै राम नाम लिव लाइ ।।
मनमुख बिदिआ बिक्रदा बिखु खटे बिखु खाइ ।।
मूरख सबदु न चीनई सूझ बूझ नह काइ ।।५३।।
पाधा गुरमुखि आखीऐ चाटड़िआ मति देइ ।
नामु समालहु नामु संगरहु लाहा जग महि लेइ ।।
सची पटी सचु मनि पड़ीऐ सबदु सु सारु ।
नानक सो पड़िआ सो पंडितु बीना जिसु राम नामु गलि हारु ।।५४।।१।।

विशेष : "दखणी" शब्द का सम्बन्ध "राग रामकली" से है, न कि 'ओअंकारु' से। 'ओअंकारु' तो वाणी का नाम है, क्योंकि इस वाणी में ओंकार परमात्मा का वर्णन है। यह वाणी ५२ अक्षरों को लेकर 'पट्टी' के तर्ज पर लिखी गई है। अंत में 'पट्टी' शब्द भी आया है। यह वाणी काशी में चतुरदास आदि पंडितों को सुनाई गयी थी।

अर्थ : ओंकारस्वरूप (परमात्मा से) ब्रह्मा की उत्पत्ति हुई, (और ब्रह्मा ने अपने) चित्त में ओंकारस्वरूप (परमात्मा का ही) चिन्तन किया। ओंकार से ही वेद उत्पन्न हुए। ओंकार से ही शब्द द्वारा (लोग) तर गए। ओंकार से ही गुरु को मानने वाले तर गए। "ऊँ नमः" अक्षर का भाव सुनो। 'ऊँ नमः' अक्षर त्रिभुवन का तत्व है ।। १ ।।

ऐ पांडे (पंडित), सुनो, क्या प्रपंच लिख रहे हो ? (यदि तुम्हें कुछ लिखना ही है तो) गुरु के द्वारा गोपाल का 'राम नाम' लिखो ।। १ ।। रहाउ ।।

'सस्से' ('स' अक्षर द्वारा कहते हैं कि) सारे जगत् को (उस प्रभु ने) सहज ही उत्पन्न किया और तीनों लोकों में एक ज्योति (स्थापित की)। गुरु की शिक्षा द्वारा ही (नाम रूपी) वस्तु की प्राप्ति होती है। (मानव, ऐ साधक, तू) (नाम रूपी) माणिक-मोती (इस संसार-सागर में) चुन ले। (ऐ साधक), समझ और पढ़-पढ़कर जान कि (मनुष्य के) अन्तःकरण में निरन्तर रूप से सत्य (हरी ही व्याप्त है)। गुरु की शिक्षा से उस सत्य का दर्शन कर और उसे सम्हाल अथवा स्मरण कर। बिना सच्चे (हरी) के सारा जगत् कच्चा है ।। २ ।।

"धधे" ('ध' द्वारा यह कथन है कि) धर्म की पुरी अथवा सत्संग में धर्म धारण कर; (यह सत्संग) अत्यन्त गुणकारी है और मन को धैर्य देनेवाला है। (सत्संग की) धूल जब मत्थे और मुंह पर पड़ती है, तो रद्दी और निकम्मा लोहा भी सोना हो जाता है, (भाव यह कि बुरा मनुष्य भी अच्छा हो जाता है)। वह धरणीधर, (परमात्मा) धन्य है। वह अयोनि (हरी) पूर्ण रूप से सत्य तोलता है और बोलता है। कर्त्ता पुरुष की मिति कर्त्ता पुरुष ही जानता है अथवा शूरमा गुरु जानता है ।। ३ ।।

(मनुष्य) द्वैतभाव में (पड़कर) आत्म-ज्ञान गंवा देता है और (माया का) विष खा कर गर्व में गल जाता है। (ऐसे द्वैतवादी व्यक्ति के लिए) गुरु के (अमृत) रस का गीत व्यर्थ है, न तो (उसे) (वह गीत) अच्छा ही लगता है और न (वह) सुनता ही है; (इस प्रकार वह) गहरे और गंभीर (परमात्म-तत्त्व) को गंवा देता है। गुरु के सत्य कथन से ही (फिर उसने) अमृत प्राप्त किया (और उसके) तन मन सत्य (की प्राप्ति से) सुखी

हो गए। गुरु की शिक्षा (प्रभु) स्वयं ही देता है, (वह) आप ही (नाम-पदार्थ) देता है (और वह) आप ही अमृत पिलाता है ॥ ४ ॥

(मुख से) सभी कोई (परमात्मा) 'एक है', 'एक है'—ऐसा कहते हैं, (पर हृदय से अनुभव नहीं करते), (इसीलिए वे) अहंकार के गर्व में व्याप्त हो जाते हैं। (जो व्यक्ति) भीतर और बाहर एक (परमात्मा) को पहचानता है, उसे इस विधि से (उस परमात्मा का) महल और घर जान पड़ता है। प्रभु समीप ही है, (उस) हरी को दूर न समझो, सारी सृष्टि में एक हरी ही है। हे नानक, एक ओंकारस्वरूप (परमात्मा) ही है, और दूसरा कोई नहीं है; एक (प्रभु ही सर्वत्र) व्याप्त है ॥ ५ ॥

इस कर्त्ता पुरुष (परमात्मा) को किस प्रकार पकड़ कर रख सकते हो ? यह न पकड़ा जा सकता है और न तौला जा सकता है ? हे माया के झूठे (आकर्षणों की) ठगौरी में पड़ कर (विमुग्ध हुए) पगले प्राणी, (तुम सब लालच, लोभ और मुहताजी में अब तब (सदैव ही) नष्ट हो रहे हो। (अभी चेत जाओ, समय है), नहीं तो पछताओगे। यदि एक (परमात्मा) की सेवा करोगे, तभी गति-मिति पाओगे (और तभी) आना-जाना (जीवन-मरण) समाप्त होगा।

[विशेष ठगउरी : <ठगमूलि (संस्कृत) वह नशीली जड़ी, जिसे ठग लोग राहगीरों को खिला कर बेहोश करते हैं। माया भी ठगनेवाली है। इसीलिए 'ठगउरी' कहा गया है।] ॥६॥

एक (परमात्मा का) ही आचार है, (उसी का) रंग है और उसी का रूप है। (एक परमात्मा आप ही) पवन, जल तथा अग्निस्वरूप है। एक जीवात्मा (भ्रमर) तीनों लोकों में भ्रमण कर रहा है, (जीवात्मा भी परमात्मा का ही स्वरूप है)। (जो व्यक्ति) इस एक (परमात्मा को) जान लेता है, (वह) सुलझ जाता है (और उसकी) प्रतिष्ठा होती है। (वह) व्यक्ति ज्ञान और ध्यान (का आश्रय) लेकर सम भाव से रहता है। गुरु की शिक्षा द्वारा कोई विरला ही एक (परमात्मा) को प्राप्त करता है। प्रभु (जिसके ऊपर) कृपा करके (इस ज्ञान को) देता है, वही इसे पाता है। गुरु के द्वारा (इस ज्ञान को) कहला कर सुनाता है ॥ ७ ॥

उर्मि और धूल [तात्पर्य यह कि लहरों (जल) तथा धूलमय (पृथ्वी)—जल थल] में उसी की ज्योति का प्रकाश है। गुरु रूपी गोपाल (परमात्मा) तीनों भुवनों में व्याप्त है। प्रकाश में गुरु द्वारा प्रकट होकर स्पष्ट रूप से दिखाई पड़ता है। (वह) कृपा करके अपने (हृदय रूपी) घर में ले आ कर स्थित करता है। निरन्तर—एकरस से (निर्झर की भाँति) झुक कर (अमृत) धार की वर्षा होती है। (गुरु का) उत्तम शब्द ही इसे संवारनेवाला है। (जो) इस एक का भेद जानता है, वह आप ही कर्त्ता और आप ही देव है ॥ ८ ॥

(जब साधक के अन्तःकरण में नाम रूपी) सूर्य उदय होता है, (तो, वह) (कामादिक) असुरों का संहार कर देता है। (वह) ऊंची दृष्टि से शब्द द्वारा विचार करता है, तो उसे तीनों लोकों के ऊपर, आदि और अंत में एक (हरी ही) कर्त्ता, वक्ता और श्रोता (दिखाई पड़ता) है। वही विधाता (रचयिता) (प्राणियों को) तन और मन देता है (और) वही

विधाता (उनके) मन और मुख में (व्याप्त) है । प्रभु ही जगत का जीवन है, और (दूसरा) कोई नहीं है । हे नानक, नाम में अनुरक्त होने से प्रतिष्ठा होती है ॥ ९ ॥

(जो व्यक्ति) राजा राम का प्रेमी होकर (उनमें) रमण करता है (वह संसार रूपी) रणक्षेत्र में युद्ध करके मन को मार देता है । (वह) रात दिन (प्रभु के) रंग में रंगा रहता है । तीनों भुवनों और चारों युगों में (एक प्रभु ही) जाना जाता है, (प्रसिद्ध है) । जो (ऐसे प्रभु को इस रूप में) जान लेता है, वह उसी के सदृश हो जाता है । वह अत्यन्त पवित्र हो जाता है और उसका शरीर (जन्म) सफल हो जाता है, (तात्पर्य यह कि वह जीवन्मुक्त हो जाता है) । (वह) एक भाव से राम को हृदय में (धारण कर के) प्रसन्न रहेगा । वह (अपने) अन्तःकरण में (गुरु का) शब्द (धारण कर) (तथा परमात्मा से) सच्ची लिव लगा कर (सदैव ही आनन्दित रहेगा) ॥ १० ॥

(हरी से) क्रोध नहीं करो, (उसके नाम का) अमृत पियो, (यह समझ लो कि) इस संसार में नहीं रहना है । राजा, राय और कंगाल (किसी को भी) यहाँ नहीं रहना है; (वे सब) आते-जाते रहते हैं; चारों युगों (की यही प्रणाली रही है) । यह कहने से कि यहीं रहना है कोई नहीं रुकता, (क्योंकि सभी लोग जगत् को अपना मान बैठे हैं); (अतएव मैं) किससे प्रार्थना करूं ? एक राम नाम ही ऐसा शब्द है, जिसका प्रभाव रोका नहीं जा सकता, (जो विशेष रूप से उद्धार करनेवाला है); प्रतिष्ठा देनेवाली बुद्धि द्वारा गुरु ही इसे प्रदान करता है ॥ ११ ॥

मारनेवाली लोक-लज्जा (अब) मर गई है (अतएव वह स्त्री—जीवात्मा) अब प्रकट हो कर (घूंघट खोल कर) (अपना जीवन) व्यतीत करती है । अविद्या रूपी सास पगली हो गई है अब उसकी शंका सिर से टल गई है । प्रेमस्वरूप (परमात्मा) ने प्रेम से (उसे) बुलाया है; उसके मन में (परमात्मा के) शब्द का आनन्द आ गया है । लाल (अनुरागमय परमात्मा) में रंग कर (वह) लाल रंगवाली (अनुरागमयी) हो गयी; गुरु की शिक्षा द्वारा (वह) निश्चिन्त हो गई ॥ १२ ॥

नाम-रत्न ही (परम) लाभ है; (अतएव इसी) सार-तत्व को जपो । लालच, लोभ और अहंकार (बहुत ही) बुरे हैं । (किसी को छोड़ने के लिए) इधर-उधर से ले आ कर बातें कहनी तथा चुगली करनी (लाइतबारु)—(ये बातें भी बहुत ही बुरी हैं) । मनमुख अंधा (अज्ञानी), मूर्ख और गँवार है । वह लाभ के निमित्त इस जगत् में आया; (किन्तु) (बेगारी का) मजदूर होकर (वह ठगिनी माया से) ठगाता फिरता है । नाम की पूंजी का व्यापार करो—यही लाभ है । हे नानक, सच्चे पातशाह (बादशाह) की सच्ची प्रतिष्ठा होती है ॥ १३ ॥

(यह) संसार यम के पथ (का अनुगामी होने के कारण), यहाँ (आकर) नष्ट हो जाता है । माया (के प्रभाव) को मेटने में कोई भी समर्थ नहीं है । (यदि) माया की सेज (सैल) नीच के घर में भी हो, तो उसे देख कर (धनी, निर्धन) दोनों ही विनम्र होते हैं । यदि माया (धन-धान्य) हो, तो मूर्ख भी सयाना हो जाता है । भक्ति के बिना (सारा) जगत् बौराया है । वही एक (परमात्मा) सभी में बरत रहा है; (किन्तु) जिसके ऊपर कृपा करता है, उसी पर प्रकट होता है ॥ १४ ॥

निर्वैर (परमात्मा) युग-युगान्तरों से सदैव विराजमान है। उसे न तो जन्म-मरण है, (न वह किसी) धंधे में ही दौड़ता है। जो कुछ भी दिखाई पड़ रहा है, वह सब (परमात्मा) आप ही आप है। वह आप ही (सब को) उत्पन्न करता है और आप ही घट-घट को स्थापित करता है। (परमात्मा) आप तो अगोचर हैं, (किन्तु) लोग धंधे में (लिप्त हैं)। योग की युक्ति में ही वह जग-जीवन (परमात्मा) है। उत्तम कर्मों के करने से ही सत्य और सुख (की प्राप्ति) होती है। बिना (परमात्मा के) नाम के मुक्ति (भला) किस प्रकार प्राप्त हो सकती है ? ॥ १५ ॥

बिना नाम के शरीर ही विरोधी हो जाता है। (नाम) क्यों नही मिलता, (जिससे हम अपने) मन की पीड़ा काट लें ? पथिक—मुसाफिर (जीवात्मा) वाट पर आता जाता है। (समझ में नहीं आता कि वह) क्या ले कर (इस संसार में) आया है और क्या पल्ले में लेकर (यहाँ से) (चला जाता है)। बिना नाम के सभी स्थानों में घाटा है। यदि (गुरु नाम को) समझा दे, तभी लाभ मिल सकता है। (सच्चा) व्यापारी (राम नाम का ही) व्यापार करता हैं। बिना नाम के श्रेष्ठ मान (वास्तविक सम्मान) कैसे (मिल सकता है) ? ॥ १६ ॥

(जो) गुणों को विचारता है, (वहीं) ज्ञानी होता है। गुणों (को अपनाने) में ही ज्ञान की प्राप्ति होती है। (किन्तु) इस संसार में कोई विरला ही गुणों को प्रदान करनेवाला है। सच्ची करनी को गुरु के द्वारा विचार करो। अगम, अगोचर (मन और इन्द्रियों से परे परमात्मा) की कीमत नहीं प्राप्त होती। यदि (परमात्मा अपने में) मिला ले, तभी (उसकी कीमत) प्राप्त होती है। गुणवती स्त्री नित्य प्रति (अपने पति परमात्मा के) गुणों को याद करती है। नानक (कहता है कि) हे मित्र गुरु की शिक्षा को प्राप्त करो ॥ १७ ॥

काम और क्रोध काया को (उसी प्रकार) गला डालते हैं, (जिस भाँति) सोने को सोहागा गला देता है। जो सोना (जितनी ही अधिक) कसौटी के कस को (तथा अग्नि के) ताप को सहता है, सर्राफ की दृष्टि में वह उतने ही (सुन्दर) वर्ण वाला होता है। जगत् पशु है और अहंकार रूप काल-कसाई है। कर्त्ता-पुरुष ने (रचना) रच कर, (जीवों के) हाथ में करनी डाल दी है। (भाव यह कि जो जैसा कर्म करते हैं, वे वैसा फल पाते हैं)। जिस प्रभु ने सृष्टि-रचना की है, वही उसकी कीमत जान सकता है। (प्रभु की रचना के सम्बन्ध में) और क्या कहा जाय ? कुछ कहते नहीं बनता है ॥ १८ ॥

खोजते-खोजते (नाम रूपी) अमृत (मैंने) पी लिया। (मेरे) मन ने जब क्षमा ग्रहण कर ली, (तब) सद्गुरु ने (नाम रूपी अमृत) दे दिया। सभी कोई 'खरा खरा' कहते हैं। किन्तु खरा रत्न चारों युगों में (कोई विरला ही होता है); (तात्पर्य यह कि सच्चे साधक और सिद्ध बहुत कम होते हैं)। (जीवन पर्यन्त) खाते-पीते मर गए, (किन्तु परमात्मा को) नहीं जान पाए। यदि शब्द—नाम को पहचान लिया तो क्षण मात्र में (अहंभावना से) मृत्यु हो गयी। (अहंकार से) इस भाँति मरने से चित्त स्थिर हो गया, और मन मान गया (शान्त हो गया)। (इस प्रकार) गुरु की कृपा से नाम पहचान लिया गया ॥ १९ ॥

(हरी) आकाश की भाँति गंभीर (और व्यापक है); जब यह व्यापक हरी हृदय रूपी आकाश में बस जाता है, (तो जीवात्मा उसका) गुणगान करने लगती है और उसका

निवास सहजावस्था के सुख में हो जाता है। (ऐसा व्यक्ति) न तो जन्मता मरता है (और न कहीं) आता जाता है। (वह) गुरु की कृपा से (परमात्मा में) लिव लगाए (स्थिर भाव से विराजमान रहता है)। (परमात्मा) गगन की भाँति (व्यापक और निर्लिप्त है), (वह) (मन, वाणी, इन्द्रिय से) परे (अगम) है, उसका कोई नाथ नहीं है, अयोनि है। (ऐसे परमात्मा में) चित्त का स्थिर हो जाना ही सगुण (एक रस वाली अथवा सजाति-प्रत्यय) समाधि है। (ऐ मनुष्य), (तू) हरि-नाम का स्मरण कर (जिससे) फिर योनि के अन्तर्गत न पड़। गुरुमत ही श्रेष्ठ मत है और (मत) नाम के विहीन हैं ॥ २० ॥

(मैं) बहुत से घरों-दरवाजों में फिरते फिरते थक गया। (मैं) (जितने) असंख्य जन्म (धारण कर चुका हूँ), उनका अन्त नहीं है। कितनी (बार मैं) माता, पिता, पुत्र और पुत्री हो चुका हूँ। फिर कितनी ही बार गुरु और शिष्य भी हुआ हूँ। किन्तु कच्चा गुरु (होने) से मुक्त नहीं हो सका। यह समझ (कि परमात्मा ही) एक पति है और कितनी ही उसकी स्त्रियाँ हैं। गुरुमुख का मरना-जीना उस प्रभु पति के साथ ही होता है। दशों दिशाओं में ढूंढते ढूंढते, (अन्त में) घर में ही (उस प्रभु को मैंने) पा लिया। सद्गुरु ने (मेरा और परमात्मा का) मिलाप कराया और मेल हो गया ॥ २१ ॥

गुरुमुख (गुरु का अनुयायी) (हरी) ही गाता और (हरी ही) बोलता है। वह स्वयं (हरी की) तोल करता है और (दूसरों से भी उसकी) तोल करवाता है, (तात्पर्य यह कि वह स्वयं हरी को परखता है और दूसरों से भी परखवाता है)। गुरुमुख (अपने) पापों को त्याग कर और कलंकों को जला कर असंग—निर्लिप्त होकर आता-जाता है। गुरुवाणी नाद-वेद का विचार है और गुरुवाणी ही स्नान (पवित्रता), आचरण और शुभ कर्मकाण्ड है, (तात्पर्य यह कि गुरुवाणी के अभ्यास से ही उपर्युक्त पुण्य अपने आप आ जाते हैं)। गुरुवाणी का शब्द अमृत का भी सार है। हे नानक, गुरु की शिक्षा द्वारा ही (संसार-सागर से) पार पाया जाता है ॥ २२ ॥

चंचल चित्त (एक) स्थान पर नहीं रहता। (जीव रूपी) मृग (पाप रूपी) नए अंकुरों (खेती) को चोरी से खाता है [विशेष : उपर्युक्त पंक्ति का इस भाँति भी अर्थ हो सकता है—(कामादि) मृग (शुभ गुणों की) खेती को चोरी से खाते हैं]। (यदि परमात्मा के) कमलवत चरणों को हृदय और चित्त में धारण किया जाय, (तो मनुष्य को) नित्य नित्य शाश्वत जीवन तथा चेतनता (प्राप्त होती है)। सभी कोई चिन्ताकुल ही दिखाई पड़ते हैं। (यदि वे) एक (हरी को) चेतें, तभी सुख प्राप्त हों। जिसके चित्त में (हरी का) नाम बसता है, (वह उसी में) अनुरक्त हो जाता है। वह मुक्त हो कर प्रतिष्ठा के साथ (परमात्मा के) घर में जाता है ॥ २३ ॥

शरीर नष्ट होने से (जो अंगों की) एक गाँठ बँधी होती है (वह मानो खुल जाती है, (तात्पर्य यह कि शरीर-नष्ट-भ्रष्ट हो कर पंच तत्व, पंच भूतों में मिल जाते हैं)। (फिर कर) देख लो, यह जगत् नाशवान और अनित्य है। (जो व्यक्ति) धूप और छाया (दुःख और सुख) को समान (समझ) कर जानता है; (वह) (अपने समस्त सांसारिक) बन्धनों को काट कर अपने घर में मुक्ति ले आता है। यह (माया की) छाया खोखली है, (किन्तु सारा) संसार (इसी में) भूला हुआ है। किरत के अनुसार निश्चय ही (परमात्मा का) परवाना

लिखा हुआ है। वृद्धावस्था (आ जाती है), और युवावस्था नष्ट होने लगती है; (देखते देखते) सिर पर काल आ पहुँचता है। शरीर भी नष्ट हो कर (तालाब के) शिवार (घास के समान विखर जाता है।)

[**विशेष :** किरत—अपने किए हुए कर्मों के संस्कार दृढ़ होकर हमारे स्वभाव के अंग बन जाते हैं, इसी को 'किरत' कहा जाता है] ॥ २४ ॥

प्रभु आप ही तीनों लोकों में प्रतीत होता है। (वही) युग-युगान्तरों का दाता है, (उसके अतिरिक्त) और कोई (दाता) नहीं है। (हे प्रभु), (तुझे) जैसा अच्छा लगे, वैसा (मुझे) रख और रक्षा कर। (मैं उस प्रभु की) कीर्त्ति—बड़ाई की याचना करता हूँ, (वह मुझे) प्रतिष्ठा और शाख (विश्वास) देता है। (हे प्रभु), (मैं) जागते-जागते जग गया, (तात्पर्य यह कि मुझे तेरा ज्ञान हो गया), और तुझे अच्छा लगने लगा। यदि (तू), (मुझे अपने में) मिलाता है, तभी (मैं तुझ में) मिलता हूँ। हे जगदीश (परमात्मा), (मैं तेरा) जयजयकार मनाता हूँ (जपता हूँ)। गुरु की शिक्षा द्वारा (शिष्य) बीस विस्वे नहीं इक्कीस विस्वे (निश्चय ही) (परमात्मा से) मिलता है।

[**विशेष :- बीस-इक्कीस :** (बीस-विस्वे)—यह पुराना मुहावरा है, जिसका अर्थ 'निश्चय ही' होता है। बीस-इक्कीस का तात्पर्य यह है कि 'बीस विस्वे नहीं बल्कि इक्कीस विस्वे', अर्थात् 'बिलकुल निश्चय'] ॥ २५ ॥

जगत् से क्या झगड़ा किया जाय ? (उस जगत् से) बोलना व्यर्थ बकवास करना है। (यह जगत् तो) प्रमाद में रोना रोकर मरते हुए देखा जा रहा है। (सारा जगत्) जन्मता-मरता रहता है, (पर, सच्चे) जीवन की आशा (उसे) नहीं होती। (किन्तु संसार के दुःख के थपेड़ों में, अपनी) आशाओं से निराश हो कर, वह आकर चला जाता है। दुखड़ा रो रोकर तथा व्यर्थ वकवाद कर (उसका शरीर) मिट्टी में मिल जाता है। (किन्तु जो व्यक्ति) हरी का गुणगान करता है, उसे काल नहीं दबा सकता। (वह) हरि के नाम द्वारा नव निद्धियों को पा लेता है। हरी (अपना अमृत रूपी नाम) साधक को (अपने) सहज स्वभाव से देता है ॥ २६ ॥

(प्रभु) आप ही ज्ञान की बातें कहता है और आप ही (उसे) समझता भी है; वह आप ही समझता है (और आप ही दूसरों को) सुझाता है (समझाता है)। गुरु का कहना जिसके अंग में समा जाता है, (भाव यह कि जो गुरु के कथन को स्वीकार कर लेता है), (वह) निर्मल, पवित्र और सत्य (परमात्मा) को अच्छा लगने लगता है। गुरु (गुण रूपी) रत्नों का सागर है, (उसमें कोई) कमी नहीं है। (गुरु में) सच्चे लाल-पदार्थ भरे हैं, (वे) न समाप्त होने वाले हैं। (अतएव) गुरु (जो कुछ भी) कहे, उसी कार्य को करो। गुरु की करनी की ओर क्यों दौड़ते हो ? (गुरु के कर्म उसकी लीला मात्र हैं। वे हमारी समझ के परे हैं)। हे नानक, गुरु की शिक्षा द्वारा सच्चे (परमात्मा) में समा जाओ ॥ २७ ॥

सामने बोलने से प्रेम टूट जाता है, (भाव परमात्मा का हुक्म मानने ही में सुख है, तर्क-वितर्क करने में ठीक नहीं है)। दो (विपरीत) दिशाओं में खींचने से बाँह टूट जाती है और बुरा बोलने से (कुवाच्य कहने से) प्रीति टूट जाती है। बुरी मतिवाली (स्त्री) को पति त्याग देता है। यदि (प्रेम की) गाँठ टूट जाय, तो विचार द्वारा वह फिर पड़ सकती है,

(तात्पर्य यह कि टूटा हुआ सम्बन्ध फिर जुड़ सकता है, यदि मनुष्य यह विचार करे कि मुझसे क्या भूल हुई थी और क्यों वियोग हुआ है)। गुरु के शब्द द्वार (अपने वास्तविक) घर (आत्मस्वरूपी घर) का कार्य सँभालो; (इससे) सत्य (परमात्मा) का लाभ होगा (और किसी प्रकार का) घाटा नहीं होगा। त्रिभुवन का स्वामी (अपने भक्तों का) बड़ा प्रेमी है ॥ २८ ॥

मन को रोको और (अपने) स्थान पर रक्खो। (जीवात्मा रूपी स्त्रियाँ आपस में) टक्कर खा खा कर मर गई (और अपने) अवगुणों के कारण पछताती हैं। स्वामी तो एक मात्र (परमात्मा) है, (और लोग तो) सब उसकी स्त्रियाँ हैं। झूठी (स्त्री) अनेक वेश धारण करती है। (किन्तु) दूसरे के घर में जाती हुई रोक दी जाती है। (पर जब उसे) महल में (पति-परमात्मा ने स्वयं) बुला लिया, (तो उसे कोई) रुकावट नहीं होती। जो (स्त्री) शब्द द्वारा संवारी गई है, (वही परमात्मा की) सच्ची प्रियतमा है। वही सुहागिनी है, (जिसे) स्वामी (परमात्मा) ने अंगीकार कर लिया है ॥ २९ ॥

हे सखी, (प्रियतम की खोज में) डोलते डोलते (मेरे सारे) वस्त्र फट गए और शृङ्गार (बिखर गए)। ईर्ष्या से शरीर में सुख नहीं होता (और) बिना (परमात्मा के) डर के (सारा) समूह (डार) नष्ट हो जाता है। (जब मैं संसार के) भय से अपने घर में ही मरने लगी, तो सुजान कंत ने (कृपादृष्टि से) मुझे देखा। मेरे गुरु ने निर्भय (परमात्मा) के नाम का वर्णन करके (मेरा) भय रोक दिया। (जब मैं अहंकार रूपी) पर्वत पर बसती थी, तो मेरे अन्तर्गत अत्यंत तृषा (सांसारिक तृष्णा) थी, (किन्तु) जब (मैंने) (ज्ञान की दृष्टि से) देखा, तो (तृषा निवारण करनेवाले पति परमात्मा को) अति निकट—(दूर नहीं) पाया। (मैंने) शब्द—नाम का मनन करके (अपनी सांसारिक) प्यास का निवारण कर दिया (और नाम रूपी) अमृत (पेट) भर कर पिया। सभी कोई यही कहते हैं—("हे प्रभु), दो, दो", (किन्तु) जो (उसे) अच्छा लगता है, उसी को वह देता है। गुरु के द्वार पर ही (परमात्मा) देगा; और वही गुरु तृषा निवारण करेगा ॥ ३० ॥

ढूँढ़ती ढूंढ़ती मैं फिर रही हूँ (पर पति परमात्मा को नहीं पा रही हूँ) (संसार एक नदी के समान है, जिसका पार करना अत्यन्त कठिन है। साधारणतया अधिकांश मनुष्य इसके किनारे पर ही) ढह ढह के गिर पड़ते हैं। (जो) (पापों के बोझ से) भारी हैं, (वे तो) ढह ढह के गिर पड़ते हैं, (और जो पुण्यों से) हल्के हैं, (वे) पार हो जाते हैं। (जिन्हें) अमर और अयाचक (बेमुहताज) हरी प्राप्त होता है, उन पर मैं बलिहारी हो जाती हूँ। उनकी धूलि (संसार से) मुक्त करती है (छुड़ाती है); (अतएव) सत्संगति के मिलाप में मिलो, (क्योंकि यह सत्संगति मोक्ष-दायिनी है)। गुरु के द्वारा (मैंने) अपना मन (परमात्मा को) दे दिया है, (जिसके फलस्वरूप) (उनका) निर्मल नाम पा लिया है। जिस (गुरु ने) मुझे (हरी का) नाम दिया है, उसकी सेवा करूंगा, और उस पर बलिहारी हो जाता हूँ। जिस (प्रभु ने) (सृष्टि का) निर्माण किया है, (वही इसका) विनाश भी करेगा; उसके बिना दूसरा और कोई न (रचयिता है, न पालनकर्त्ता है और न संहारकर्त्ता है)। गुरु की कृपा से (यदि) वह स्मरण किया जाय, (तो) शरीर में कष्ट नहीं हो सकता ॥ ३१ ॥

(इस संसार में) मेरा कोई नही है; अतः किसे (रक्षा के लिए) पकड़ूँ? (प्रभु के अतिरिक्त) दूसरा न कोई हुआ है और न होगा। आने-जाने में (जन्म धारण करने में और

मरने में) (मनुष्य) नष्ट होता है (और उसे) द्वैतभाव का (महान्) रोग व्याप्त हो जाता है (ग्रस लेता है)। नाम से विहीन मनुष्य रेत की दीवाल की भाँति (क्षणभंगुर हैं) और गिर जाते हैं। बिना नाम के (मनुष्य का) छुटकारा किस भाँति हो सकता है ? अंत में वह (यहाँ से) रसातल (पाताल—निम्न लोकों, नरक से अभिप्राय है) को जाता है। उस सच्चे और अगणित (अनन्त) प्रभु को (मनुष्य) गिनती देकर अक्षरों द्वारा वर्णन करता है, (पर भला वह अनन्त ब्रह्म की किस प्रकार गणना कर सकता है) ? (माया में ग्रस्त) अज्ञानी (मनुष्य) बुद्धिहीन है, (तभी तो वह परमात्मा को गिनती के अन्तर्गत ले आना चाहता है)। गुरु के बिना ब्रह्मज्ञान नहीं हो सकता। (परमात्मा से) बिछुड़े हुए जीव, रबाब के टूटे तार की भाँति है, (जिस भाँति टूटे तार से कोई स्वर नहीं निकल सकता, उसी भाँति बिछुड़े जीव में आनन्द का कोई स्वर नहीं निकलता)। हे नानक, उन बिछुड़े हुओं को प्रभु ही संयोग से (अपने में) मिला लेता है ॥ ३२ ॥

शरीर रूपी वृक्ष पर मन रूपी पक्षी (निवास करता है), [शरीर मन का अधिष्ठान है। मन का स्वरूप संकल्प-विकल्प करना और सुख-दुःख भोगना है। मन, बुद्धि, चित्त और अहंकार के समूह को 'अन्तःकरण चतुष्टय' कहते हैं। इसलिए अगली तुकों में पक्षी का रूप बहु वचन लिखा गया है। गुरुवाणी में 'मन' का अर्थ प्रायः 'जीवात्मा' होता है]। (उस काया रूपी वृक्ष पर) एक और पक्षी है, (जो) श्रेष्ठ (पंच) है—(यह है 'परमात्मा')। [इस प्रकार, मन रूपी पक्षी और परमात्मा रूपी पक्षी एक ही काया रूपी वृक्ष पर निवास करते हैं]। एक (परमात्मा) से मिल कर, (जब वे पक्षी) (मन, बुद्धि, चित्त, अहंकार) तत्त्व (परमात्म-तत्त्व) चुगते हैं, (तो उन्हें) रंच मात्र भी फाँस (में पड़ने का भय नहीं रहता—वे सांसारिक बन्धनों में नहीं आते)। (किन्तु यदि वे पक्षी परमात्मा से) पृथक् पृथक् हो कर उड़ते हैं (और विषय रूपी) सुन्दर चारे को देखते हैं, तो उनके पंख टूट जाते हैं, (अर्थात् साधन-सम्पत्ति-विहीन हो जाते हैं और किए पापों की) भीड़ आकर इकट्ठी हो जाती है। (बंधन में पड़ जाने से) बिना सत्य (परमात्मा) के किस प्रकार छूटा जाय ? हरी—गुण रूपी मणि—कृपा (से ही प्राप्त होती है)। (प्रभु-हरी) (जब) आप (इस बंधन से) छुड़ाए, (तभी जीव) छूट सकता है, (क्योंकि) वह स्वामी (बहुत) बड़ा है। (जब) (प्रभु) आप ही कृपा करे, तभी गुरु की कृपा से जीव (बंधनों से) छूट सकता है, (अन्यथा नहीं)। उसी (प्रभु के) अपने हाथ में बड़ाई हैं; (किन्तु) जिसे (देने को) प्रिय लगती है, उसी को (वह) प्रदान करता है ॥ ३३ ॥

(जब) जीव (अपने वास्तविक स्थान से विछुड़ कर) स्थान-विहीन हो जाता है, (तो वह) थरथर काँपने लगता है। स्थान वाला और मान वाला एक सच्चा (हरी) ही है, (उसके द्वारा बनाया हुआ कोई भी) काम, नहीं बिगड़ता है। (इस जगत् में) नारायण स्थिर है, गुरु स्थिर है, सच्चा विचार (ब्रह्मज्ञान) स्थिर है, (बाकी सब कुछ नश्वर और अनित्य हैं)। (हे हरी), देवताओं, मनुष्यों और नाथों का नाथ (तू ही है), निराधारों का आधार भी (तू ही है)। हे दाताओं का दाता, तू सभी स्थान-स्थानान्तरों (में व्याप्त है, रमा है)। जहाँ देखता हूँ, वहाँ एक तू ही (दिखाई देता है), तेरा विस्तार और अन्त नहीं है। गुरु के शब्दों पर विचार करने से (यह भलीभाँति अनुभव हो जाता है कि) तू ही स्थान-स्थानान्तरों में रमा हुआ है। हे महान्, अगम अपार (हरी), तू विना माँगे ही दान देगा ॥ ३४ ॥

हे दयालु (प्रभु, तू) (सृष्टि) रच कर (उसको) देखभाल करने वाला है ; (मुझे) दया का दान (दे)। हे प्रभु, तू दया करके (मुझे अपने में) मिला ले, (क्योंकि तू सर्व-सामर्थ्यवान् है, जिससे सब कुछ सम्भव है। तू) क्षण (मात्र) में (सृष्टि को) नष्ट कर सकता है, (और क्षण मात्र ही में उसका) निर्माण भी कर सकता है। तू ही ज्ञाता है, तू ही द्रष्टा है (और तू ही) श्रेष्ठ दानों को देनेवाला है। (हे प्रभु), (तू ही) दरिद्रता को नष्ट करनेवाला तथा दुःखों को दलनेवाला है ; गुरु द्वारा ही (तेरा) ज्ञान और ध्यान (प्राप्त होता है) ॥ ३५ ॥

धन के चले जाने से (मनुष्य) बैठ कर (बहुत) दुःखी होता है ; मूर्ख का चित्त धन में ही रहता है। (किन्हीं) विरलों ने ही प्रेम द्वारा पवित्र नाम रूपी सच्चे धन का संग्रह किया है। एक (परमात्मा) के रंग में (जो व्यक्ति) रंगे हैं, (उनकी मनस्थिति धन में नहीं रमती) ; (वे तो) धन चला गया, (तो उसे) चले जाने देते हैं, (उसकी चिन्ता नहीं करते)। (वे लोग तो) मन देकर और सिर सौंप कर भी कर्त्ता-पुरुष का आश्रय (पकड़े रहते हैं)। (साधक के) मन में (जब) शब्द—नाम का आनन्द प्राप्त हो जाता है, (तो सांसारिक) धंधों (प्रपंचों) (के पीछे) दौड़ना समाप्त हो जाता है। जब गुरु-गोविन्द मिल जाता है, तो दुष्ट व्यक्ति भी सज्जन हो जाते हैं। जिस वस्तु (परमात्म-वस्तु को) वन वन में ढूंढ़ती फिरती थी, (वह तो) (अपने हृदय रूपी) घर में ही (उपस्थित) थी। मैं सद्गुरु से मिली, और अपना जन्म-मरण दुःख (सदैव के लिए) दूर कर के उनके साथ मिल कर (एक) हो गई ॥ ३६ ॥

नाना प्रकार के (कर्मों के) करने से छुटकारा नहीं प्राप्त होता। ऐसे (मनुष्यों के लिये) न यही लोक मिलता है और न परलोक ही प्राप्त होता है ; (वे अपने) अवगुणों (के कारण) बार बार पछताते हैं। उनमें न ज्ञान है, न ध्यान है, न धर्म है और न ध्यान है। बिना नाम (की प्राप्ति के मनुष्य) निर्भय कैसे (हो सकता है ? (नाम विहीन पुरुष) अहंकार (के अवगुणों) को किस प्रकार समझ सकता है ? मैं (मार्ग में) रुक गई हूँ, (उस प्रियतम तक) कैसे पहुंचूं ? (उसका) न (कोई) हाथ से (थाह पायी जा सकती है) और न पार ही है। न तो वे रंगीले प्रियतम ही हैं, फिर (भला) किसके पास पुकार करूं ? नानक कहते हैं, (कि हे जीवात्मा रूपी स्त्री), यदि तू 'हे प्रिय, हे प्रिय' की रट लगाओ, तो मिलाने वाला प्रियतम (निश्चित रूप से तुझे अपने में) मिला लेगा। जिसने विछोह कराया है, वही गुरु के अपार प्रेम के माध्यम से (तुझे अपने में) मिला लेगा ॥ ३७ ॥

(यद्यपि) पाप बुरा है, (फिर भी) पापी (मनुष्य को) (पाप करना) प्रिय लगता है। (पापी मनुष्य) पाप (के बोझ से ही) लदता है और (व्यवहार में भी पाप का) विस्तार करता है। (जो व्यक्ति) पाप को त्याग कर अपने आप को (आत्मस्वरूप) को पहचान लेता है, उसे न तो शोक होता है, न वियोग होता है और न (किसी प्रकार का) संताप होता है। (मनुष्य) नरक में पड़ने से किस प्रकार बचे ? (और वह) काल (रूपी) यमराज से किस प्रकार बचे ? (उसका) आना जाना (जन्म धारण करना और मरना) किस प्रकार भूले (समाप्त हो) ? [इसका उत्तर यह है कि झूठ का परित्याग करे, क्योंकि] झूठ (बहुत ही) बुरा और नाश करनेवाला है। (यह) मन जंजालों (प्रपंचों) में, बन्धनों

से घिरा हुआ है। बिना नाम का (आश्रय ग्रहण किए हुए) (मनुष्य) किस प्रकार छूट सकते हैं ? (वे तो बिना नाम के) पापों में सड़ते-गलते हैं ? ॥३८॥

(कौवा) कौवे की वृत्ति वाला दुष्ट मनुष्य बार बार जाल में फंसता है और बार बार पछताता है। (किन्तु) अब (पछताने से) हो क्या सकता है ? (वह) फँसा हुआ (जीव रूपी पक्षी) (विषय रूपी) चारे को चुगता है, और यह नहीं समझता (कि यह चारा नहीं है बल्कि मेरी मृत्यु का सामान है)। (यदि संयोगवश उसे) सद्गुरु प्राप्त हो जाए, तो उसे आँखों से सुझाई पड़े। (उस फंसे हुए जीव की ठीक वही दशा होती है), जैसे मछली यमराज के जाल में फंस गई हो। बिना दाता गुरु के मुक्ति मत खोजो, (यह नहीं प्राप्त हो सकती ; और बिना मुक्ति-प्राप्ति के जीव) बार बार आता है और बार बार जाता है, (जन्म-मरण के चक्र में निरन्तर पड़ता रहता है)। (गुरु की शिक्षा से) एक (हरी) के रंग में रंग जाय और उसके एकनिष्ठ ध्यान में निमग्न रहे— (मनुष्य) इस प्रकार (जाल से) छूटता है और फिर जाल में नहीं पड़ता ॥३६॥

(शरीर रूपी बहिन जीवात्मा रूपी भाई के चले जाने पर) "हे भाई, हे भाई", करती रहती है, किन्तु भाई (जीवात्मा) तो बैरी (के समान) हो गया है और एक बार भी अपनी बहिन (शरीर) की ओर नहीं देखता है। भाई (जीवात्मा) तो अपने घर चल देता है और बहिन (शरीर) (भाई के) वियोग में जल जाती है। पिता के घर की पुत्री (इस संसार में जीवात्मा), (अभी खेत में—माया में) (अन्य) बालिकाओं तथा बालकों (माया के आकर्षणों से) स्नेह करती है। किन्तु हे कामिनी (स्त्री), यदि तू सचमुच (परमात्मा रूपी) वर को चाहती है, (तो इस खेल की बालिकाओं और बालकों को— मायिक आकर्षणों को त्याग दे और) सद्गुरु की सेवा कर, (क्योंकि वही पति-परमात्मा से मिलायेगा दूसरा कोई नहीं)। ब्रह्मज्ञानी को समझनेवाला विरला ही होता है ; सद्गुरु को सच्चा (परमात्मा) प्राप्त होता है। ठाकुर (परमात्मा) के हाथ में ही (सारी) बड़ाई है, जिस पर उसकी कृपा हो, उसी को प्रदान करता है। कोई विरला ही व्यक्ति गुरुवाणी पर विचार करता है ; यदि कोई गुरुमुख हो तो। महापुरुष (सद्गुरु) की इस वाणी (पर विचार करने से अपने आत्मस्वरूप के घर में निवास होता है) ॥४०॥

(सर्व शक्तिमान् प्रभु) तोड़ तोड़ करके बनाता है और बना बना कर तोड़ता है ; ढहा कर निर्माण करता है और निर्माण करके फिर ढहाता है। (वह प्रभु) (संसार रूपी) सागर को भर कर सुखाता है और (उसे) फिर भरता और पोषण करता है, (तात्पर्य यह कि सर्व सामर्थ्यवान् हरी सृष्टि उत्पन्न करता है, पालन करता है और संहार करता है। उसके उत्पत्ति-पालन-संहार का यह चक्र अनवरत गति से चलता रहता है)। (किन्तु प्राणी माया में आसक्त हो कर) भ्रम में भूल गए हैं और पगले हो गये हैं। बिना भाग्य के (वे बेचारे) क्या पा सकते हैं ? गुरुमुखों की तो ज्ञान रूपी डोरी प्रभु ने (स्वयं) पकड़ रक्खी है ; (वह प्रभु उन्हें) जिधर खींचता है, (वे) उधर जाते हैं। (वे) हरि का गुणगान कर सदा (उसके) रंग में रंगे रहते हैं और फिर कभी नही पछताते हैं। 'भभै' ('भ' से यह अभिप्राय है कि हरी को) खोजो और गुरु द्वारा समझो, तभी अपने (वास्तविक) निज घर में निवास पा सकते हो। 'भभै' (से यह भी अभिप्राय है कि) संसार-सागर (के तरने का) मार्ग

(बहुत ही) कठिन है ; आशा-निराशा (से परे होकर यह संसार-सागर) तरा जा सकता है। गुरु की कृपा से अपने आप को पहचाने; इस प्रकार जोवित ही (अहंकार से) मर जाय; (यही जीवन्मुक्ति है और यही सहजावस्था है) ॥४१॥

(सभी लोग) 'माया माया' कह कर मर गये, (किन्तु) माया किसी के साथ नहीं गई। दुचित्ता हंस (जीवात्मा) (यहाँ से) उठ कर चलता बना और माया यहीं [आथि= अत्र] भूली रह गई। झूठा मन (जीवात्मा) यमराज द्वारा देखा जाता (दुख पाता है) (और वह अपने) साथ अवगुण ही लेकर जाता है। यदि (मनुष्य के) साथ गुण होते हैं, तो (अहंकारी) मन (ज्योतिर्मय) मन में उलट कर मर जाता है, (तात्पर्य यह कि अहंकारी मन अपने स्वरूप को त्याग कर ज्योतिर्मय मन में परिवर्तित हो जाता है। लोग (अहङ्कार में आकर) 'मेरी मेरी' (कह) कर मर गए, (इस प्रकार, इस संसार में) बिना नाम के (संसारिक) वस्तुओं के लिये प्रयास करना (दुःख ही खोजना है। गढ़, घर, महल और कचहरी कहाँ हैं ? (ये सब, बाजीगर के) खेल (की भाँति) (नश्वर और अनित्य हैं) । हे नानक, नाम के बिना (सारा जगत्) झूठा है और आना-जाना (जीवन मरण) चलता रहता है। (प्रभु) आप ही चतुर, सुहावने रूपवाला, जाननेवाला और सयाना है ॥ ४२ ॥

जो (प्राणी) (इस संसार में) आते हैं, (वे निश्चित रूप में यहाँ से) चले जाते हैं, (इस प्रकार वे) बारंबार आ-जा कर (जन्म धारण कर और मर कर) पछताते रहते हैं। (उनके लिए) चौरासी लाख योनिवाली मेदिनी (सृष्टि) है; (जिससे) न घटना है और न जिसके ऊपर बढ़ना है, (अर्थात् उन्हें पूरे चौरासी लाख योनियों में चक्कर लगाना पड़ेगा)। वे ही (मनुष्य इस चौरासी लाख योनि के भ्रमण से) उबरते हैं, जिन्हें हरि प्रिय लगता है। (सांसारिक) प्रपंचों के नष्ट हो जाने पर, माया भी नष्ट हो जाती है। (इस संसार में) जो (कुछ भी) दिखाई पड़ रहा है, सब चला जायगा; (अतः) किसे (अपना) मित्र बनाऊँ ? (मैं) (परमात्मा के सम्मुख अपना जी) प्राण सौंपता हूँ, (उसी के) आगे (अपना) तन और मन देता हूँ। हे स्वामी, (इस संसार में) तू ही एक स्थिर है, (शेष सभी वस्तुएँ अनित्य और नश्वर हैं), अतएव मैं उसी प्रभु की शरण (पकड़ रहा हूँ)। गुणों की मारी हुई सारी अहंभावना मर जाती है; शब्द—नाम (अथवा गुरु के उपदेश) में अनुरक्त होने से मन को (आन्तरिक) चोट लगती है, (जिससे वह अपनी चंचलता को त्याग कर आत्मस्वरूप में सहज भाव से स्थिर हो जाता है) ॥४३॥

(इस जगत् में) राणा, राव, रंक (गरीब), ऊंचा (अमीर, प्रधान, मुखिया) और फ़कीर कोई भी नहीं रहता। अपनी अपनी बारी (सभी को जाना है); कोई (यहाँ) ठहर नहीं सकता। (परमात्मा की प्राप्ति का) मार्ग (बहुत) बुरा और भयानक (दुर्गम) है— (इसमें) अथाह समुद्र और पर्वत हैं। मेरे शरीर में अवगुण ही अवगुण हैं, (इसीलिए) दुखी होकर मर रही हूं; बिना गुणों के (अपने वास्तविक) घर में (आत्मस्वरूपी घर में) कैसे जाना होगा ? गुणियों ने (अपने) गुणों को लेकर प्रभु से साक्षात्कार कर लिया; मैं उन (गुणियों) से किस प्रकार प्यार से मिलूं ? हृदय में मुरारी (परमात्मा) का नाम जप जप कर मैं उन्हीं के समान हो रही हूँ। (मनुष्य) अवगुणों से परिपूर्ण हैं, (किन्तु इसके) साथ ही साथ (उसमें) गुण भी वसते हैं। (पर) बिना सद्गुरु के (वे) गुण दिखलाई नहीं पड़ते;

जब तक (गुरु के) शब्द के ऊपर विचार नहीं किया जाता, (तब तक गुण प्रकट नहीं होते) ॥४४॥

(वे) सिपाही (जो जीवन का खेल खेलने के लिए तैयार हैं अपने अपने) डेरे सम्हाल लिए हैं; (वे लोग प्रभु परमात्मा के यहां से अपनी) तनख्वाह लिखा कर (इस संसार में) काम करने के लिए आए हैं। वे (अपने) सिर (के बल पर) मालिक का काम करते हैं और पल्ले में लाभ पाते हैं। (परमात्मा के ऐसे सिपाहियों—उसके भक्तों ने) लालच, लोभ (आदि) बुराइयों को त्याग कर मन से भी भुला दिया है, (उनके मन में भी लालच, लोभ आदि के संस्कार नहीं जाग्रत होते)। (वे शरीर रूपी) गढ़ में पातशाह (हरी) की दुहराई (दोही) देते हैं, (और वे जीवन के युद्धस्थल में) कभी नहीं हारते। (इसके विपरीत) (अपने को) स्वामी का नौकर तो कहे, (किन्तु स्वामी के) सामने उत्तर-प्रत्युत्तर दे—(ऐसा नौकर) अपनी तनख्वाह गँवा देता है, (और स्वामी भी उसे) तख्त पर (ऊँची पदवी पर) नहीं रहने देता। प्रियतम (हरी) के ही हाथ में (सारी) बड़ाइयां हैं; जिस पर उसकी कृपा होती है, उसी को प्रदान करता है। (प्रभु सब कुछ) आप ही करता है; (और किसे कर्त्ता) कहा जाय ? (एक परमात्मा को छोड़कर) अन्य कोई भी नहीं कर्त्ता है ॥४५॥

(मुझे) दूसरा कोई नहीं सूझ पड़ता है, जो आसन लगा कर बैठे, (अर्थात् दूसरों पर हुक्म करे; हुक्म करनेवाला एक परमात्मा को छोड़कर और दूसरा कोई नहीं है)। नरक निवारण करने वाला नरों का नर (परमात्मा) ही है; वह सच्चे नाम करके सच्चा है। (मैं) वनों के तृण-तृण तक को ढूंढ़ती फिरी और मन में विचार करती रही—(कि नाम रूपी) लाल, रत्न और माणिक्य बहुमूल्य है, (किन्तु) इसका भाण्डार सद्गुरु के हाथ में है। (जो) एक मन (वाला हो) और एक भाव (वाला हो) (और साथ ही गुणों में) उत्तम हो, (उसी को) प्रभु प्राप्त होता है। नानक कहते हैं (कि ऐसे व्यक्ति से) प्रियतम (परमात्मा) (बड़े) प्रेम से मिलता है (और वह व्यक्ति) परलोक के लिए लाभ लेकर जाता है। जिस प्रभु ने (समस्त) सृष्टि-रचना रची है, जिसने समस्त आकार (स्वरूप) का सृजन किया है और जिसका न अन्त है, न विस्तार, (उस) अनन्त (हरी) का गुरु द्वारा ध्यान करो ॥४६॥

ड़ाड़े (ड़) (से यह अभिप्राय है कि एकमात्र) वही हरी सुन्दर (रूड़ा) है। उसके बिना (इस सृष्टि का) और कोई राजा नहीं है। 'ड़ाड़े' ('ड़' के द्वारा गुरु नानक जी कहते हैं कि ऐ मनुष्य), तू गारुड़ मंत्र सुन--(गारुड़ सर्प का विष-नाशक मंत्र है और इस मंत्र का देवता गरुड़ है; अज्ञान रूपी विष को नष्ट करनेवाला गुरु-मंत्र ही गारुड़-मंत्र है); (गुरु के उपदेश द्वारा) हरि को मन में बसाना हो (गारुड़-मंत्र है)। गुरु की कृपा से ही हरि पाया जाता है; (यह ध्रुव सिद्धान्त है), कोई भ्रम में न भूले। वही सच्चा साहूकार है, जिसके पास हरि रूपी धन की पूँजी (राशि) है। जो पूर्ण गुरुमुख (गुरु का अनुयायी) है, उसे धन्य है। (गुरु की) सुन्दर वाणी तथा गुरु के शब्दों पर विचार करने से (मैंने) हरि को पा लिया। (जीवात्मा रूपी) स्त्री ने (जब) हरी रूपी वर पा लिया, (तो उसका) अहंभाव दूर हो गया और दुःख कट गया ॥४७॥

सोने-चाँदी का संग्रह तो किया जाय; (पर) यह धन कच्चा (नश्वर) है, विष (के समान है) और खाक (हो जानेवाला है)। (इस संसार में) धन-संग्रह करके (लोग)

साहूकार कहलाते हैं, (किन्तु) द्वैतभाव में नष्ट हो जाते हैं। सच्चा (मनुष्य तो) सत्य (हरी) का संग्रह करता है; (हरी का) सच्चा नाम अमूल्य है। हरी निर्मल (माया से रहित) और उज्ज्वल (पवित्र) है; (उसकी) सच्ची प्रतिष्ठा और सच्ची वाणी है। (हे हरी), [तू ही साजन है, तू ही मित्र है, तू ही सुजान है, तू ही सरोवर है और तू ही] (उस सरोवर में विहार करनेवाला) हंस है। (जिसके) मन में सच्चा ठाकुर (स्वामी, प्रभु) निवास करता है, मैं उस (व्यक्ति) पर बलिहारी हूँ। (संसार को) मोहनेवाली माया और ममता का जिस (परमात्मा) ने निर्माण किया है, (वही इनके रहस्य को) जाने। जो सुजान पुरुष (परमात्मा) को जानता है, (उसकी दृष्टि में) विष और अमृत (दुःख और सुख) एक (समान) हैं ॥४८॥

लाखों, असंख्य (मनुष्य) बिना क्षमा (धारण किए) कुँएं में (पड़ कर) खप गए (नष्ट हो गए)। (जितने लोग नष्ट हो गए, उनकी) गिनती नहीं की जा सकती; (फिर मैं उनकी) गणना किस प्रकार करूं ? (केवल इतना कह सकता हूँ कि) असंख्य व्यक्ति (बिना क्षमा के) खप खप कर मर गए। (यदि कोई अपने) पति (परमात्मा) को पहचान ले, तो उसके बन्धन खुल जाते हैं (और फिर वह) बन्धनों में नहीं पड़ता। तू शब्द—नाम द्वारा खरा (पवित्र) होकर (परमात्मा के) महलों में (जाने का अधिकारी हो जायगा) और क्षमाभाव तथा सत्य स्वभावतः ही (सहज भाव से, सुखपूर्वक) (तेरे अन्तःकरण में प्रविष्ट हो जायँगे। फिर तेरे शरीर में खर्च के लिए ध्यान रूपी खरा (पवित्र) धन (अपने आप) आकर बस जायगा, (तात्पर्य यह कि सहज ध्यान के द्वारा तू सहज स्थिति में स्थित हो जायगा)। तेरे तन, मन और मुख सदैव (हरी का) जप करते रहेंगे, अन्तःकरण में गुणों (का समावेश हो जायगा) और मन में धैर्य (टिक जायगा)। अहंकार में (जीव) खपता-खपाता रहता है; (हरी के बिना) दूसरी वस्तु ही विकार (रूप) है। (कर्त्ता पुरुष) प्राणियों को रच कर (उनके बीच में) स्वतः प्रविष्ट हो गया; (किन्तु फिर भी वह) कर्त्ता पुरुष सबसे पृथक् (निर्लिप्त) और अपार है ॥४९॥

सृष्टि-रचयिता का भेद कोई भी नही जान सकता। (जो कुछ) सृष्टि-निर्माता करता है, वह निश्चित रूप से होता है। (मनुष्य) धन के निमित्त ईश्वर का ध्यान करते हैं; (किन्तु वे यह नहीं जानते कि) पूर्व के कर्मानुसार ही संपत्ति प्राप्त होती है। संपत्ति के ही निमित्त (बड़े बड़े विश्वसनीय) नौकर चोर बन जाते हैं, (किन्तु उनके साथ) संपत्ति नहीं जाती। बिना सत्य (परमात्मा की आराधना किए) (उसके) दरबार में मान नहीं प्राप्त होता। हरि के (अमृत) रस पीने से ही (अंत में) मनुष्य) का छुटकारा होता है ॥५०॥

हे सखी, (मैं प्रियतम परमात्मा) को देख देख कर (विस्माद अवस्था—आश्चर्यमयी अवस्था, में पड़ कर हैरान हो गई। (इस विस्माद अवस्था की प्राप्ति से) 'मैं मैं' करने वाली अहंभावना मर गई; शब्द—नाम में रमण करने से मन में ब्रह्मज्ञान हो गया। हार, विवाह के समय के आभूषण (डोर), तथा कंगन (आदि) बहुत से (आभूषणों को पहन कर) और (नाना भाँति के अन्य) शृङ्गारों (से सज कर) थक गई। (किन्तु इन शृङ्गारों से कुछ भी नहीं हुआ; जब) प्रियतम से मिली, तभी सुख की प्राप्ति हुई; (इस प्रकार) समस्त गुणों के हार (परमात्मा को मैंने अपने) गले में (धारण कर लिया)। हे नानक, गुरु के द्वारा ही

(प्रियतम) हरी से प्रीति और प्यार प्राप्त होता है। मन में विचार करके (यह) देखो कि हरी के बिना किसने सुख पाया है ? (अतएव, तुम) हरी को ही पढ़ो, हरी को ही समझो और हरी से ही प्रेम रखो; हरी को जपो, हरि का ही ध्यान करो और हरि-नाम को ही (अपना) आश्रय बनाओ ॥५१॥

हे सखी, कर्त्तार ने जो लेख लिख दिया है, वह (कभी) नहीं मिटता। (हरी) जो स्वयं (सृष्टि का मूल) कारण है (और) जिसने (समस्त सृष्टि) रची है, वही कृपा करके (साधक के अन्त:करण में) चरण रखता है, (तात्पर्य यह कि उसे प्राप्त होता है)। कर्त्ता पुरुष के हाथ में समस्त बड़ाइयाँ (विभूतियाँ) है, गुरु के द्वारा विचार करके (उन्हें) समझो। (हे प्रभु) (तेरा) लिखा हुआ लेख, (कोई) मेट नहीं सकता, (अतएव, हे हरी) जैसे तुझे अच्छा लगे, वैसे (मेरी) संभाल कर। नानक का कथन है कि तेरी कृपादृष्टि से तथा (गुरु के) शब्द को विचार कर (मैंने) बहुत सुख पाया। मनमुख (माया में) भूल कर (भटक कर) जल कर (दुखी होकर) मर गए (और गुरुमुख) गुरु द्वारा विचार करके (इस संसार-सागर) से तर गए। जो (व्यक्ति) (कर्त्ता) पुरुष की कृपादृष्टि में नहीं आता, उसे क्या कह कर वर्णन किया जाय ? (मैं तो) अपने गुरु पर बलिहारी हूँ, जिसने (कर्त्ता पुरुष को) (मेरे) हृदय ही में दिखा दिया ॥५२॥

(उसी) शिक्षक को पढ़ा हुआ कहना चाहिए, (जो) सहज भाव से (ब्रह्म) विद्या का उच्चारण करे (कथन करे)। [विशेष=बिचरै=बि+चरै) विशेष रूप से उच्चारण करे।] (इस प्रकार) विद्या का शोधन करके, राम नाम में लिव लगा कर तत्वज्ञान प्राप्त करे। मनमुख (व्यक्ति) तो विद्या बेंचता है; (अत:) वह विष ही कमाता है और विष ही खाता है। मूर्ख (मनुष्य) (गुरु का) शब्द नही पहचानता (समझता), (क्योंकि, उसे) कोई सूझ-बूझ नहीं है ॥५३॥

गुरुमुख (गुरु के अनुयायी) को ही (सच्चा) शिक्षक कहना चाहिए; वह जिज्ञासुओं (शिष्यों) को (वास्तविक) बुद्धि प्रदान करता है—(कि) नाम का स्मरण करो, नाम का ही संग्रह करो और जगत् में लाभ प्राप्त करो, (क्योंकि) नाम की प्राप्ति से बढ़ कर कोई भी लाभ नहीं है। मन में सत्य का होना ही सच्ची पट्टी है; श्रेष्ठ शब्द—नाम को धारण करना ही (वास्तविक) पढ़ना है। हे नानक, वही व्यक्ति पढ़ा है, वही पंडित है, वही चतुर है, जिसके गले में राम नाम का हार है ॥५४॥१॥

१ओं सतिगुर प्रसाद ॥ रामकली, महला १, सिध गोसटि

सिध सभा करि आसणि बैठे संत सभा जैकारो।
तिसु आगै रहरासि हमारी साचा अपर अपारो॥
मसतकु काटि धरी तिसु आगै तनु मनु आगै देउ।
नानक संतु मिलै सचु पाईऐ सहज भाइ जसु लेउ ॥१॥
किआ भवीऐ सचि सूचा होइ।
साच सबद बिनु मुकति न कोइ ॥१॥ रहाउ ॥

कवन तुम्हे किआ नाउ तुमारा कउनु मारगु कउन सुआओ ।
साचु कहउ अरदासि हमारी हउ संत जना बलि जाओ ॥
कह बैसहु कह रहीऐ बाले कह आवहु कह जाहो ।
नानकु बोलै सुणि बैरागी किआ तुमारा राहो ॥२॥
घटि घटि बैसि निरंतरि रहीऐ चालहि सतिगुर भाए ।
सहजे आए हुकमि सिधाए नानक सदा रजाए ॥
आसणि बैसणि थिरु नाराइणु ऐसी गुरमति पाए ।
गुरमुखि बूझै आपु पछाणै सचे सचि समाए ॥३॥
दुनीआ सागरु दुतरु कहीऐ किउकरि पाईऐ पारो ।
चरपटु बोलै अउधू नानक देहु सचा बीचारो ॥
आपे आखै आपे समझै तिसु किआ उतरु दीजै ।
साचु कहहु तुम पारगरामी तुझु किआ बैसणु दीजै ॥४॥
जैसे जल महि कमलु निरालमु मुरगाई नैसाणे ।
सुरति सबदि भवसागरु तरीऐ नानक नामु वखाणे ।
रहहि इकांति एको मनि वसिआ आसा माहि निरासो ।
अगमु अगोचरु देखि दिखाए नानकु ता का दासो ॥५॥
सुणि सुआमी अरदासि हमारी पूछउ साचु बीचारो ।
रोसु न कीजै उतरु दीजै किउ पाईऐ गुर दुआरो ॥
इहु मनु चलतउ सच घरि बैसै नानकु नामु अधारो ।
आपे मेलि मिलाए करता लागै साचि पिआरो ॥६॥
हाटी बाटी रहहि निराले रूखि बिरखि उदिआने ।
कंद मूलु अहारो खाईऐ अउधू बोलै गिआने ॥
तीरथि नाईऐ सुखु फलु पाईऐ मैलु न लागै काई ।
गोरखपूतु लोहारीपा बोलै जोग जुगति बिधि साई ॥७॥
हाटी बाटी नीद न आवै पर घरि चितु न डोलाई ।
बिनु नावै मनु टेक न टिकई नानक भूख न जाई ॥
हाटु पटणु घरु गुरू दिखाइआ सहजे सचु वापारो ।
खंडित निद्रा अलप अहारं नानक ततु बीचारो ॥८॥
दरसनु भेख करहु जोगिंद्रा मुंद्रा झोली खिंथा ।
बारह अंतरि एकु सरेवहु खटु दरसन इक पंथा ॥
इन बिधि मनु समझाईऐ पुरखा बाहुड़ि चोट न खाईऐ ।
नानकु बोलै गुरमुखि बूझै जोग जुगति इव पाईऐ ॥९॥
अंतरि सबदु निरंतरि मुंद्रा हउमै ममता दूरि करी ।
कामु क्रोधु अहंकारु निवारै गुर कै सबदि सु समझ परी ॥
खिंथा झोली भरिपुरि रहिआ नानक तारै एकु हरी ।
साचा साहिबु साची नाई परखै गुर की बात खरी ॥१०॥

ऊंधउ खपरु पंच भू टोपी कांइआ कड़ासरगु मनु जागोटी ।
सतु संतोखु संजमु है नालि । नानक गुरमुखि नामु समालि ॥११॥

कवनु सु गुपता कवन सु मुकता ।
कवनु सु अंतरि बाहरि जुगता ॥
कवनु सु आवै कवनु सु जाइ ।
कवनु सु त्रिभवण रहिआ समाइ ॥१२॥
घटि घटि गुपता गुरमुखि मुकता ।
अंतरि बाहरि सबदि सु जुगता ॥
मनमुखि बिनसै आवै जाइ ।
नानक गुरमुखि साचि समाइ ॥१३॥
किउकरि बाधा सरपनि खाधा ।
किउकरि खोइआ किउकरि लाधा ॥
किउकरि निरमलु किउकरि अंधिआरा ।
इहु ततु बीचारै सु गुरू हमारा ॥१४॥
दुरमति बाधा सरपनि खाधा ॥
मनमुखि खोइआ गुरमुखि लाधा ॥
सतिगुर मिलै अंधेरा जाइ ।
नानक हउमै मेटि समाइ ॥१५॥
सुंन निरंतरि दीजै बंधु ।
उडै न हंसा पड़ै न कंधु ॥
सहज गुफा घरु जाणै साचा ।
नानक साचे भावै साचा ॥१६॥
किसु कारणि ग्रिहु तजिओ उदासी ।
किसु कारणि इहु भेखु निवासी ॥
किसु वखर के तुम वणजारे ।
किउकरि साथु लंघावहु पारे ॥१७॥
गुरमुखि खोजत भए उदासी । दरसन कै ताई भेख निवासी ॥
साच वखर के हम वणजारे । नानक गुरमुखि उतरसि पारे ॥१८॥
कितु बिधि पुरखा जनमु वटाइआ । काहे कउ तुझु इहु मनु लाइआ ।
कितु बिधि आसा मनसा खाई । कितु बिधि जोति निरंतरि पाई ॥
बिनु दंता किउ खाईऐ सारु । नानक साचा करहु बीचारु ॥१९॥
सतिगुर कै जनमे गवनु मिटाइआ । अनहति राते इहु मनु लाइआ ॥
मनसा आसा सबदि जलाई । गुरमुखि जोति निरंतरि पाई ॥
त्रैगुण मेटे खाईऐ सारु । नानक तारे तारणहारु ॥२०॥
आदि कउ कवनु बीचारु कथीअले सुंन कहा घर वासो ।
गिआन की मुद्रा कवन कथीअले घटि घटि कवन निवासो ॥

काला का ठीगा किउ जलाईअले किउ निरभउ घरि जाईऐ ।
सहज संतोख का आसणु जाणै किउ छेदे बैराईऐ ॥
गुर कै सबदि हउमै बिखु मारै ता निज घरि होवै वासो ।
जिन रचि रचिआ तिसु सबदि पछाणै नानक ता का दासो ॥२१॥

कहा ते आवै कहा इहु जावै कहा इहु रहै समाई ।
एसु सबद कउ जो अरथावै तिसु गुर तिलु न तमाई ॥
किउ ततै अविगतै पावै गुरमुखि लगै पिआरो ।
आपे सुरता आपे करता कहु नानक बीचारो ॥
हुकमे आवै हुकमे जावै हुकमे रहै समाई ।
पूरे गुर ते साचु कमावै गति मिति सबदे पाई ॥२२॥

आदि कउ बिसमादु बीचारु कथीअले सुंन निरंतरि वासु लीआ ।
अकलपत मुद्रा गुर गिआनु बीचारीअले घटि घटि साचा सरब जीआ ॥
गुरबचनी अविगति समाईऐ ततु निरंजनु सहजि लहै ।
नानक दूजी कार न करणी सेवै सिखु सु खोजि लहै ।
हुकमु बिसमादु हुकमि पछाणै जीअ जुगति सचु जाणै सोई ।
आपु मेटि निरालमु होवै अंतरि साचु जोगी कहीऐ सोई ॥२३॥

अविगतो निरमाइलु उपजे निरगुण ते सरगुणु थीआ ।
सतिगुर परचै परम पदु पाईऐ साचै सबदि समाइ लीआ ॥
एके कउ सचु एका जाणै हउमै दूजा दूरि कीआ ।
सो जोगी गुर सबदु पछाणै अंतरि कमलु प्रगासु थीआ ॥
जीवतु मरै ता सभु किछु सूझै अंतरि जाणै सरब दइआ ।
नानक ताकउ मिलै वडाई आपु पछाणै सरब जीआ ॥२४॥

साचौ उपजै साचि समावै साचे सूचे एक मइआ ।
झूठे आवहि ठवर न पावहि दूजै आवागउणु भइआ ॥
आवागउणु मिटै गुर सबदी आपे परखै बखसि लइआ ।
एका बेदन दूजै बिआपी नामु रसाइणु वीसरिआ ॥
सो बूझै जिसु आपि बुझाए गुर कै सबदि सु मुकतु भइआ ।
नानक तारे तारणहारा हउमै दूजा परहरिआ ॥२५॥

मनमुखि भूलै जम की काणि । पर घरु जोहै हाणे हाणि ॥
मनमुखि भरमि भवै बेबाणि । वेमारगि मूसै मंत्रि मसाणि ॥
सबदु न चीनै लवै कुबाणि । नानक साचि रते सुखु जाणि ॥२६॥

गुरमुखि साचे का भउ पावै । गुरमुखि बाणी अघड़ु घड़ावै ॥
गुरमुखि निरमल हरि गुण गावै । गुरमुखि पवित्रु परम पदु पावै ॥
गुरमुखि रोमि रोमि हरि धिआवै । नानक गुरमुखि साचि समावै ॥२७॥

गुरमुखि परचै बेद बीचारी । गुरमुखि परचै तरीऐ तारी ॥
गुरमुखि परचै सु सबदि गिआनी । गुरमुखि परचै अंतर बिधि जानी ॥
गुरमुखि पाईऐ अलख अपारु । नानक गुरमुखि मुकति दुआरु ॥२८॥
गुरमुखि अकथु कथै बीचारि । गुरमुखि निबहै सपरिवारि ॥
गुरमुखि जपीऐ अंतरि पिआरि । गुरमुखि पाईऐ सबदि अचारि ॥
सबदि भेदि जाणै जाणाई । नानक हउमै जालि समाई ॥२९॥
गुरमुखि धरती साचै साजी । तिस महि ओपति खपति सु बाजी ॥
गुर कै सबदि रपै रंगु लाइ । साचि रतउ पति सिउ घरि जाइ ॥
साच सबद बिनु पति नही पावै । नानक बिनु नावै किउ साचि समावै ॥३०॥
गुरमुखि असटसिधी सभि बुधी । गुरमुखि भवजलु तरीऐ सच सुधी ॥
गुरमुखि सर अपसर बिधि जाणै । गुरमुखि परविरति निरविरति पछाणै ॥
गुरमुखि तारे पारि उतारे । नानक गुरमुखि सबदि निसतारे ॥३१॥
नामे राते हउमै जाइ । नामि रते सचि रहे समाइ ।
नामि रते जोग जुगति बीचारु । नामि रते पावहि मोख दुआरु ॥
नामि रते त्रिभवण सोझी होइ । नानक नामि रते सदा सुखु होइ ॥३२॥
नामि रते सिध गोसटि होइ । नामि रते सदा तपु होइ ॥
नामि रते सचु करणी सारु । नामि रते गुण गिआन बीचारु ॥
बिनु नावै बोलै सभु वेकारु । नानक नामि रते तिन कउ जैकारु ॥३३॥
पूरे गुर ते नामु पाइआ जाइ । जोग जुगति सचि रहै समाइ ॥
बारह महि जोगी भरमाए संनिआसी छिअ चारि ।
गुर कै सबदि जो मरि जीवै सो पाए मोख दुआरु ॥
बिनु सबदै सभि दूजै लागे देखहु रिदै बीचारि ।
नानक वडे से वडभागी जिनी सचु रखिआ उरधारि ॥३४॥
गुरमुखि रतनु लहै लिव लाइ । गुरमुखि परखै रतनु सुभाइ ॥
गुरमुखि साची कार कमाइ । गुरमुखि साचे मनु पतीआइ ॥
गुरमुखि अलखु लखाए तिसु भावै । नानक गुरमुखि चोट न खावै ॥३५॥
गुरमुखि नामु दानु इसनानु । गुरमुखि लागै सहजि धिआनु ॥
गुरमुखि पावै दरगह मानु । गुरमुखि भउ भंजनु परधानु ॥
गुरमुखि करणी कार कराए । नानक गुरमुखि मेलि मिलाए ॥३६॥
गुरमुखि सासत्र सिम्रिति बेद । गुरमुखि पावै घटि घटि भेद ॥
गुरमुखि वैर विरोध गवावै । गुरमुखि सगली गणत मिटावै ॥
गुरमुखि राम नामि रंगि राता । नानक गुरमुखि खसमु पछाता ॥३७॥
बिनु गुर भरमै आवै जाइ । बिनु गुर घाल न पवई थाइ ॥
बिनु गुर मनूआ अति डोलाइ । बिनु गुर त्रिपति नही बिखु खाइ ॥
बिनु गुर बिसीअरु डसै मरि वाट । नानक गुर बिनु घाटे घाट ॥३८॥

जिस गुरु मिलै तिसु पारि उतारै । अवगण मेटै गुणि निसतारै ॥
मुकति महा सुख गुर सबदु बीचारि । गुरमुखि कदे न आवै हारि ॥
तनु हटड़ी इहु मनु वणजारा । नानक सहजे सचु वापारा ॥३९॥

गुरमुखि बांधिओ सेतु बिधातै । लंका लूटी दैत संतापै ॥
रामचंदि मारिओ अहिरावणु । भेदु बभीखण गुरमुखि परचाइणु ॥
गुरमुखि साइरि पाहण तारे । गुरमुखि कोटि तेतीस उधारे ॥४०॥

गुरमुखि चूकै आवण जाणु । गुरमुखि दरगह पावै माणु ॥
गुरमुखि खोटे खरे पछाणु । गुरमुखि लागै सहजि धिआनु ॥
गुरमुखि दरगह सिफति समाइ । नानक गुरमुखि बंधु न पाइ ॥४१॥

गुरमुखि नामु निरंजन पाए । गुरमुखि हउमै सबदि जलाए ॥
गुरमुखि साचे के गुण गाए । गुरमुखि साचै रहै समाए ॥
गुरमुखि साचि नामि पति ऊतम होइ । नानक गुरमुखि सगल भवण की सोझी होइ ॥४२॥

कवण मूलु कवण मति वेला । तेरा कवणु गुरू जिस का तू चेला ॥
कवण कथा ले रहहु निराले । बोलै नानकु सुणहु तुम बाले ॥
एसु कथा का देइ बीचारु । भवजलु सबदि लंघावणहारु ॥४३॥

पवन अरंभु सतिगुर मति वेला । सबदु गुरू सुरति धुनि चेला ॥
अकथ कथा ले रहउ निराला । नानक जुगि जुगि गुर गोपाला ॥
एकु सबदु जितु कथा वीचारी । गुरमुखि हउमै अगनि निवारी ॥४४॥

मीण के दंत किउ खाईऐ सारु । जितु गरबु जाइ सु कवणु आहारु ॥
हिवै का घरु मंदरु अगनि पिराहनु । कवन गुफा जितु रहै अवाहनु ॥
इत उत किस कउ जाणि समावै । कवन धिआनु मनु मनहि समावै ॥४५॥

हउ हउ मै मै विचहु खोवै । दूजा मेटै एको होवै ॥
जगु करड़ा मनमुखु गावारु । सबदु कमाईऐ खाईऐ सारु ॥
अंतरि बाहरि एको जाणै । नानक अगनि मरै सतिगुर कै भाणै ॥४६॥

सच भै राता गरबु निवारै । एको जाता सबदु वीचारै ॥
सबदु वसै सचु अंतरि हीआ । तनु मनु सीतलु रंगि रंगीआ ॥
कामु क्रोधु बिखु अगनि निवारे । नानक नदरी नदरि पिआरे ॥४७॥

कवन मुखि चंदु हिवै घरु छाइआ । कवन मुखि सूरजु तपै तपाइआ ॥
कवन मुखि कालु जोहत नित रहै । कवन बुधि गुरमुखि पति रहै ॥
कवनु जोधु जो कालु संघारै । बोलै बाणी नानक बीचारै ॥४८॥

सबदु भाखत ससि जोति अपारा । ससि घरि सूरु वसै मिटै अंधिआरा ॥
सुखु दुखु सम करि नामु अधारा । आपे पारि उतारणहारा ॥
गुर परचै मनु साचि समाइ । प्रणवति नानकु कालु न खाइ ॥४९॥

नाम ततु सभ ही सिरि जापै । बिनु नावै दुखु कालु संतापै ।।
ततो ततु मिलै मनु मानै । दूजा जाइ इकतु घरि आनै ।।
बोलै पवना गगनु गरजै । नानक निहचलु मिलणु सहजै ।।५०।।
अंतरि सुंनं बाहरि सुंनं त्रिभवण सुनमसुंनं ।
चउथे सुंनै जो नरु जाणै ता कउ पापु न पुंनं ।।
घटि घटि सुंन का जाणै भेद । आदि पुरखु निरंजन देउ ।।
जो जनु नाम निरंजन राता । नानक सोई पुरखु बिधाता ।।५१।।
सुंनो सुंन कहै सभु कोई । अनहत सुंन कहा ते होई ।।
अनहत सुंनि रते से कैसे । जिस ते उपजे तिस ही जैसे ।।
ओइ जनमि न मरहि न आवहि जाहि । नानक गुरमुखि मनु समझाहि ।।५२।।
नउ सर सुभर दसवै पूरे । तह अनहत सुंन वजावहि तूरे ।।
साचै राचे देखि हजूरे । घटि घटि साचु रहिआ भरपूरे ।।
गुपती बाणी परगटु होइ । नानक परखि लए सचु सोइ ।।५३।।
सहज भाइ मिलीऐ सुखु होवै । गुरमुखि जागै नीद न सोवै ।।
सुंन सबदु अपरंपरि धारै । कहते मुकतु सबदि निसतारै ।।
गुर की दीखिआ से सचि राते । नानक आपु गवाइ मिलण नही भ्राते ।।५४।।
कुबुधि चवावै सो कितु ठाइ । किउ ततु न बूझै चोटा खाइ ।।
जमदरि बाधे कोइ न राखै । बिनु सबदै नाही पति साखै ।।
किउकरि बूझै पावै पारु । नानक मनमुखि न बुझै गवारु ।।५५।।
कुबुधि मिटै गुर सबदु बीचारि । सतिगुरु भेटै मोख दुआर ।।
ततु न चीनै मनमुखु जलि जाइ । दुरमति विछुड़ि चोटा खाइ ।।
मानै हुकमु सभे गुण गिआन । नानक दरगह पावै मानु ।।५६।।
साचु वखरु धनु पलै होइ । आपि तरै तारे भी सोइ ।।
सहजि रता बूझै पति होइ । ता की कीमति करै न कोइ ।।
जह देखा तह रहिआ समाइ । नानक पारि परै सच भाइ ।।५७।।
सु सबद का कहा वासु कथीअले जितु तरीऐ भवजलु संसारो ।
त्रै सत अंगुल वाई कहीऐ तिसु कहु कवनु अधारो ।।
बोलै खेलै असथिरु होवै किउकरि अलखु लखाए ।
सुणि सुआमी सचु नानकु प्रणवै अपणे मन समझाए ।।
गुरमुखि सबदे सचि लिव लागै करि नदरी मेलि मिलाए ।
आपे दाना आपे बीना पूरै भागि समाए ।।५८।।
सु सबद कउ निरंतरि वासु अलखं जह देखा तह सोई ।
पवन का वासा सुंन निवासा अकल कला धर सोई ।।
नदरि करे सबदु घट महि वसै विचहु भरमु गवाए ।
तनु मनु निरमलु निरमल बाणी नामो मंनि वसाए ।
सबदि गुरू भवसागरु तरीऐ इत उत एको जाणै ।
चिहनु वरनु नही छाइआ माइआ नानक सबदु पछाणै ।।५९।।

त्रै सत ग्रंगुल वाई ग्रउधू सुंन सचु ग्राहारो ।
गुरमुखि बोलै ततु विरोलै चीनै ग्रलख ग्रपारो ॥
त्रै गुण मेटै सबदु वसाए ता मनि चूकै ग्रहंकारो ।
ग्रंतरि बाहरि एको जाणै ता हरि नामि लगै पिग्रारो ॥
सुखमना इड़ा पिंगुला बूझै जा ग्रापे ग्रलखु लखाए ।
नानक तिहु ते ऊपरि साचा सतिगुर सबदि समाए ॥६०॥
मन का जीउ पवनु कथीग्रले पवनु कहा रसु खाई ।
गिग्रान की मुद्रा कवन ग्रउधू सिध की कवन कमाई ॥
बिनु सबदै रसु न ग्रावै ग्रउधू हउमै पिग्रास न जाई ।
सबदि रते ग्रंमृतु रसु पाइग्रा साचे रहे ग्रघाई ॥
कवन बुधि जितु ग्रसथिरु रहीऐ कितु भोजन तृपतासै ।
नानक दुखु सुखु सम करि जापै सतिगुर ते कालु न ग्रासै ॥६१॥
रंगि न राता रस नही माता । बिनु गुर सबदै जलि बलि ताता ॥
बिंदु न राखिग्रा सबदु न भाखिग्रा । पवनु न साधिग्रा सचु न ग्रराधिग्रा ॥
ग्रकथ कथा ले सम करि रहै । तउ नानक ग्रातमराम कउ लहै ॥६२॥
गुर परसादी रंगे राता । ग्रंमृतु पीग्रा साचे माता ॥
गुर वीचारी ग्रगनि निवारी । ग्रपिग्रो पीग्रो ग्रातम सुखु धारी ॥
सचु ग्राराधिग्रा गुरमुखि तरु तारी । नानक बूझै को वीचारी ॥६३॥
इहु मनु मैगलु कहा बसीग्रले कहा बसै इहु पवना ।
कहा बसै सु सबदु ग्रउधू ता कउ चूकै मन का भवना ॥
नदरि करे ता सतिगुरु मेले ता निज घरि वासा इहु मनु पाए ।
ग्रापै ग्रापु खाइ ता निरमलु होवै धावतु वरजि रहाए ॥
किउ मूलु पछाणै ग्रातमु जाणै किउ ससि घरि सूरु समावै ।
गुरमुखि हउमै विचहु खोवै तउ नानक सहजि समावै ॥६४॥
इहु मन निहचलु हिरदै वसीग्रले गुरमुखि मूलु पछाणि रहै ।
नाभि पवनु घरि ग्रासणि बैसै गुरमुखि खोजत ततु लहै ॥
सु सबदु निरंतरि निज घरि ग्राछै त्रिभवण जोति सु सबदि लहै ।
खावै दूख भूख साचे की साचे ही तृपतासि रहै ॥
ग्रनहद बाणी गुरमुखि जाणी बिरलो को ग्ररथावै ।
नानकु ग्राखै सचु सुभाखै सचि रपै रंगु कबहू न जावै ॥६५॥
जा इहु हिरदा देह न होती तउ मनु कैठै रहता ।
नाभि कमल ग्रसथंभु न होतो ता पवनु कवन घरि सहता ॥
रूपु न होतो रेख न काई ता सबदि कहा लिव लाई ।
रकतु बिंदु की मड़ी न होती मिति कीमति नही पाई ॥
वरनु भेखु ग्रसरूपु न जापी किउकरि जापसि साचा ।
नानक नामि रते बैरागी इब तब साचो साचा ॥६६॥

हिरदा देह न होती अउधू तउ मनु सुंनि रहै बैरागी ।
नाभि कमलु असथंभु न होतो ता निज घरि बसतउ पवनु अनरागी ॥
रूपु न रेखिआ जाति न होती तउ अकुलीणि रहतउ सबदु सुसारु ।
गउनु गगनु जब तबहि न होतउ त्रिभवण जोति आपे निरंकारु ॥
वरनु भेखु असरूपु सो एको एको सबदु विडाणी ।
साच बिना सूचा को नाही नानक अकथ कहाणी ॥६७॥
कितु कितु बिधि जगु उपजै पुरखा कितु कितु दुखि बिनसि जाई ।
हउमै विचि जगु उपजै पुरखा नामि विसरिऐ दुखु पाई ॥
गुरमुखि होवै सु गिआनु ततु बीचारै हउमै सबदि जलाए ।
तनु मनु निरमलु निरमल बाणी साचै रहे समाए ॥
नामे नामि रहै बैरागी साचु रखिआ उरिधारे ।
नानक बिनु नावै जोगु कदे न होवै देखहु रिदै बीचारे ॥६८॥
गुरमुखि साचु सबदु बीचारै कोइ ।
गुरमुखि सचु बाणी परगटु होइ ॥
गुरमुखि मनु भीजै विरला बूझै कोइ ।
गुरमुखि निज घरि वासा होइ ॥
गुरमुखि जोगी जुगति पछाणै ।
गुरमुखि नानक एको जाणै ॥६९॥
बिनु सतिगुर सेवे जोगु न होई ।
बिनु सतिगुर भेटे मुकति न कोई ॥
बिनु सतिगुर भेटे नामु पाइआ न जाइ ।
बिनु सतिगुर भेटे महा दुखु पाइ ॥
बिनु सतिगुर भेटे महा गरब गुबारि ॥
नानक बिनु गुर मुआ जनमु हारि ॥७०॥
गुरमुखि मनु जीता हउमै मारि ।
गुरमुखि साचु रखिआ उरधारि ॥
गुरमुखि जगु जीता जमु कालु मारि बिदारि ॥
गुरमुखि दरगह न आवै हारि ॥
गुरमुखि मेलि मिलाए सो जाणै ।
नानक गुरमुखि सबदि पछाणै ॥७१॥
सबदै का निबेड़ा सुणि तू अउधू बिनु नावै जोगु न होई ।
नामे राते अनदिनु माते नामै ते सुखु होई ॥
नामै ही ते सभु परगटु होवै नामे सोझी पाई ।
बिनु नावै भेख करहि बहुतेरे सचै आपि खुआई ॥
सतिगुर ते नामु पाईऐ अउधू जोग जुगति ता होई ।
करि बीचारु मनि देखहु नानक बिनु नावै मुकति न होई ॥७२॥

तेरी गति मिति तू है जाणहि किआ को आखि बखाणै ।
तू आपे गुपता आपे परगटु आपे सभि रंगि माणै ॥
साधिक सिध गुरू बहु चेले खोजत फिरहि फुरमाणै ।
मागहि नामु पाइ इह भिखिआ तेरे दरसन कउ कुरबाणै ॥
अबिनासी प्रभि खेलु रचाइआ गुरमुखि सोझी होई ।
नानक सभि जुग आपे वरतै दूजा अवरु न कोई ॥७३॥

विशेष : सिध गोसटि (सिद्ध-गोष्ठो) : गुरु नानक देव की सिद्धों के साथ अचल वटाले (देखो भाई गुरुदास, वार १, पौड़ी ३९-४४) और गोरख हटड़ी (पुरातन जनम साखी के अनुसार) नामक दोनों स्थानों में वार्ता हुई थी । 'सिद्ध गोष्ठी' में दोनों स्थानों की वार्त्ताओं का सार है । इसमें 'हठयोग' और 'नाम स्मरण' के सम्बन्ध में विचार किया गया है । उपर्युक्त स्थानों में गुरु नानक देव का दीवान सजा का और सिद्ध आकर आसन लगा कर बैठ गए । इस लम्बी वाणी में उन्हीं समयों के प्रश्नोत्तर हैं ।

अर्थ : सिद्धगण (गुरु नानक देव के दरबार में आए और) सभा में आसन लगा कर बैठ गए (और उन्होंने कहा), "हे संतों की सभा, तेरा जयजयकार हो" (तुझे हमारा नमस्कार है) । [इस पंक्ति की अग्रिम पंक्तियों में गुरु नानक देव का उत्तर है—] (हम) तो उस (परमात्मा) के आगे ही प्रार्थना करते हैं, जो अपरंपार है । उस (परमात्मा) के आगे मस्तक काट कर रख देना चाहिए (अहंभाव को बिलकुल नष्ट कर देना चाहिए); (उसके) सम्मुख तन-मन भी समर्पित कर देना चाहिए । नानक (का कथन है) कि संत (गुरु) के मिलने पर ही, सत्य (परमात्मा) प्राप्त होता है, फिर सहज भाव से (स्वाभाविक ही) प्रतिष्ठा (यश) ग्रहण करो, (तात्पर्य यह कि परमात्मा की प्राप्ति से यश स्वाभाविक ही प्राप्त हो जाता है) ॥१॥

(योगियों की भाँति) फिरते रहने से क्या (होता है) ? सत्य द्वारा ही पवित्र हो सकता है । सच्चे शब्द—नाम के बिना कोई मुक्त नहीं हो सकता ॥१॥ रहाउ ॥

(योगीगण गुरु नानक देव से प्रश्न करते हैं), "तुम कौन हो ? तुम्हारा नाम क्या है ? तुम्हारा पंथ क्या है ? और क्या प्रयोजन है ?" (इस पर गुरु नानक देव जी सीधा सा एक उत्तर देते हैं)—"मैं सच्ची बात कहता हूँ; मेरी यही प्रार्थना है कि मैं सन्तजनों पर बलिहारी हूँ ।" (योगियों अथवा सिद्धों ने गुरु नानक देव से फिर प्रश्न किया)—'हे बालक, तुम कहाँ बैठते हो ? कहाँ रहते हो ? कहाँ आते हो ? और कहाँ जाते हो ? हे वैराग्यवान्, तुम्हारा मार्ग क्या है ?"—(इन प्रश्नों को) सुन कर (गुरु नानक देव) कहते हैं—॥२॥

(गुरु नानक देव सिद्धों—योगियों को उत्तर देते हैं), "जो (हरी) प्रत्येक घट (हृदय) में विराजमान है; (उस हरी में हम लोग अच्छी तरह तन मन से) निरन्तर निवास करते हैं और सद्गुरु के हुक्म के अनुसार चलते हैं (यही हमारा मार्ग है) । हम सहज स्वभाव से यहाँ आ गए हैं (और जब परमात्मा का) हुक्म होगा, तो चले जायंगे । नानक तो सदैव ही (प्रभु की) मर्जी में रहता है । (हमने) आसन में तथा बैठने में नारायण ही को स्थिर समझा है—(ऐसी बुद्धि हमने) गुरु के द्वारा पाई है । जो व्यक्ति गुरु के द्वारा अपने आप को समझता है, वह सच्चा (व्यक्ति) सत्यस्वरूप हरी में ही समा जाता है ।" ॥३॥

चरपट (एक योगी विशेष) पूछता है, "हे अवधूत (त्यागी), नानक, (सुनिए), (यह) जगत् दुस्तर सागर कहा जाता है। (मुझसे) बताइए कि किस प्रकार (इससे) पार हुआ जाय ? (इस समस्या—प्रश्न पर) (आप अपने सच्चे विचार दीजिए, (प्रकट कीजिए) । (चरपट योगी के उपर्युक्त प्रश्न को सुन कर गुरु नानक जी इस प्रकार कहते हैं)— "(हे योगी), तू आप ही प्रश्न करता है और आप ही समझता है, (भला) ऐसे (व्यक्ति) को क्या उत्तर दिया जाय ? (तात्पर्य यह कि तूने तो जगत् को स्वयं ही दुस्तर कह दिया है, इसका उत्तर भी नहीं हो सकता, क्योंकि जो दुस्तर है, वह तरा किस प्रकार जा सकता है) ? हे पार पहुँचे हुए (सिद्ध), ['पारगरामी' शब्द गुरु नानक देव ने व्यंग्य रूप में कहा है], सत्य बता, तुझे (इस विचार में) क्या बैठने दिया जाय ? (तात्पर्य यह कि तू ने तो इसका निर्णय पहले से कर लिया है; जगत् को दुस्तर समझ कर पहले छोड़ बैठा है और इससे अपने को पार पहुँचा हुआ मान लिया है। भला जिस वस्तु को तू छोड़ बैठा, उससे पार कैसे हो गया ? तुझे तो विचार में बैठने नहीं देना चाहिए, क्योंकि तू तो प्रश्न करके, उसका उत्तर स्वयं देकर फिर पूछने बैठा है कि संसार को किस प्रकार तरना चाहिए) ॥४॥

(गुरु नानक जी इस पद में योगियों को और भी स्पष्ट उत्तर देते हैं)—जिस प्रकार जल में (रहते हुए भी) कमल निर्लिप्त रहता है और (जिस प्रकार) जल-मुर्गी नदी के सामने (नदी में तैरती है, और उसके पंखे नहीं भीजते हैं), (उसी प्रकार तुम लोग भी संसार में रहते हुए, इससे अलिप्त रहो) । अपनी सुरति (स्मृति) शब्द—नाम में लगा कर, संसार-सागर तरना चाहिए। नानक (तो हरी के) नाम का वर्णन करता है। एकान्त में रहकर एकनिष्ठ मन में निवास करे और आशाओं में निराश रहे। स्वयं अगम, अगोचर (हरी) का साक्षात्कार करे (और दूसरों को भी साक्षात्कार कराए; नानक कहते हैं कि ऐसे (पुरुषों के) हम दास हैं ॥५॥

(उन सिद्धों—योगियों में से एक सिद्ध प्रश्न करता है)— "हे स्वामी, हमारी प्रार्थना सुनिए, (मैं) सच्चे विचार पूछता हूँ। प्रश्न सुन कर क्रोध न कीजिए, (और विचार-पूर्वक स्पष्ट) उत्तर दीजिए—गुरु के द्वार की किस प्रकार प्राप्ति होती है ?" (गुरु नानक देव उत्तर देते हैं)—"नानक (कहता है, यदि (हरि-नाम) मनुष्य का आसरा बन जाय, तो यह चलायमान मन अपने असली घर में टिक जाता है। (यदि) सत्य (परमात्मा) प्रिय लगने लगे, तो कर्त्ता पुरुष स्वयं ही (अपने में जीव को मिला) लेता है ॥ ६ ॥

(उन योगियों में एक योगी—"लोहारीपा, गोरखनाथ का शिष्य गुरु नानक से कहता है कि— "हम लोग हाट और रास्तों से निराले (पृथक्), (भाव से) रूखों-वृक्षों तथ वनों में निवास करते हैं। कन्दमूल (आदि) का आहार करते हैं, (और हे) अवधूत (नानक), (हम लोग) ज्ञान की ही बातें बोलते हैं। तीर्थों में स्नान करने से सुख तथा फल की प्राप्ति होती है (और इससे) किसी प्रकार की मैल नहीं लगती। (और हम सिद्ध —योगी सदैव ही भ्रमण कर करके तीर्थों में स्नान करते हैं, अतः हम निष्पाप हैं) ।" गोरखनाथ जी का पुत्र लोहारीपा कह रहा है कि यही योग की विधि है ॥ ७ ॥

(गुरु नानक देव लोहारीपा की बातों को काट कर अपनी बातों का प्रतिपादन करते हैं)— हाट और बाट में जिसे (अज्ञान) नींद न आवे, (और) पर-स्त्री (तथा पर-धन) में

जिसका चित्त चलायमान नहीं होता, (वही सच्चा योगी है)। बिना नाम के मन को टिकने के लिए कहीं सहारा नहीं मिलता, (और बिना नाम के आन्तरिक) क्षुधा भी नहीं शान्त होती। गुरु ने (मेरे भीतर) बाजार, शहर और घर दिखा दिया है, (जहाँ) स्वाभाविक ही सत्य का व्यापार होता रहता है। मैं थोड़ा (मैं) सोता हूँ और अल्पाहार करता हूँ और तत्व का विचार करता हूँ॥८॥

"हे योगिराज, (परमात्मा का) दर्शन ही, तुम्हारा वेश हो (और यही) तुम्हारी मुद्रा, झोली तथा कंथा हो। (अपने) छः दर्शनों को (परमात्मा का) एक पंथ बनाओ और (योगियों के) बारह सम्प्रदायों में (एक हरी की ही) आराधना करो। ऐ (योगी) पुरुष, इस प्रकार अपने मन को समझाओ और फिर (सांसारिक) चोटें मत खाओ।" नानक कहते हैं (योग की इन सूक्ष्म बातों को) (कोई) गुरुमुख ही समझ सकता है ? इस प्रकार योग की युक्ति प्राप्त होती है ॥ ९ ॥

(योग की आन्तरिक विधि गुरु नानक इस प्रकार बताते हैं)— अन्तःकरण में निरन्तर शब्द— नाम को बसाना ही, (यही योगी की) मुद्रा है। (साथ ही वास्तविक योगी) अहंकार तथा ममता का भी निवारण करे। (जो साधक— योगी काम, क्रोध तथा अहंकार का निवारण करता है, उसी को गुरु के शब्द समझ पड़ते हैं। 'एक मात्र हरी ही (संसार-सागर से) तारता है'—(यह भाव) योगी का कंथा है, (उस परमात्मा में) पूर्ण रूप से निवास करना, (यही तुम्हारी) झोली की पूर्णता हो। (हरी ही) सच्चा साहब है और सच्चे नाम-वाला है ; गुरु की दिखाई हुई इस बात को (शिष्य) परख कर देख लेता है (कि उसकी बात) खरी है, (तात्पर्य यह कि गुरु की बताई हुई बात सच्ची निकलती है,) ॥ १० ॥

(गुरु नानक देव आध्यात्मिक रूपक के माध्यम से वास्तविक योग बतलाते हैं)— (सांसारिक विषयों से) उलटी हुई (चित्तवृत्ति ही) (तुम्हारा) खप्पर हो, पंच तत्त्वों (से दैवी गुणों को ग्रहण करना यही तुम्हारी) टोपी हो, तुम्हारा शरीर ही मृगासन हो और मन कोपीन (लंगोटी) हो— (इन्हीं वस्तुओं की साधना वास्तविक योगाभ्यास है)। सत्य, सन्तोष और संयम (तुम्हारे) साथी (यहाँ शिष्य से अभिप्राय है) हों। हे नानक, गुरु के द्वारा नाम का स्मरण कर।

[विशेष: पंच भूतों के दैवी गुण निम्नलिखित हैं— आकाश से निर्लिप्तता, वायु से समदृष्टि भाव, अग्नि से मैल जलाना, पानी से (आन्तरिक अशुद्धियों को) धोना तथा पृथ्वी से धैर्य और क्षमा भाव ग्रहण करना] ॥ ११ ॥

[ऊपर के ११ पद सिद्धों— योगियों और गुरु नानक देव के प्रश्नोत्तर के रूप में हैं। इसके बाद के पदों में सामान्य बातें कही गई हैं और किसी विशेष योगी से प्रश्नोत्तर नहीं है।]

कौन सा (पुरुष) गुप्त है ? कौन मुक्त है ? और कौन सा (व्यक्ति) भीतर और बाहर से (परमात्मा से) युक्त है ? कौन (व्यक्ति) आता है और कौन जाता है ? और कौन (व्यक्ति) त्रिभुवन में व्याप्त (हरी में) समा जाता है ? ॥ १२ ॥

घट-घट में (व्याप्त) हरी ही गुप्त है। गुरुमुख (गुरु का अनुयायी) ही मुक्त है ? (जो) भीतर-बाहर शब्द— नाम (से युक्त है), वही युक्त है। मनमुख (इस संसार में) आता और जाता है और नष्ट होता है नानक कहते हैं कि गुरुमुख (त्रिभुवन में व्याप्त) सच्चे (हरी में समा जाता है)॥ १३ ॥

किस प्रकार (जोव) बंधा है और किस प्रकार सर्पिणी (माया) ने (उसे) खा लिया है ? किस प्रकार (जोव ने) (हरी को) खो दिया और किस प्रकार (उसे) प्राप्त किया ? (जीव) किस प्रकार निर्मल (पवित्र) होता है ? और किस प्रकार (उसके) अंधकार (अज्ञान) का नाश होता है ? जो इन तत्त्वों का विचार करे, वह हमारा गुरु है ।। १४ ।।

दुर्बुद्धि ने ही (जीव को) बाँध रक्खा है और सर्पिणी (माया ने (उसे) खा लिया है। मनमुख ने (हरी को) खो दिया है और गुरुमुख ने (हरी को) प्राप्त कर लिया है। सद्गुरु के मिलने पर ही अंधकार नष्ट होता है। नानक कहते हैं कि अहंकार को मेट कर (जीव परमात्मा में) समा जाता है ।।१५।।

शून्यावस्था (अफुर अवस्था में) (मन को) बाँध दो, (टिका दो)। फिर (मन रूपी) हंस नहीं उड़ता और (शरीर रूपी) दीवाल भी नहीं गिरती। (योगी) सहजावस्था—चतुर्थ अवस्था—तुरीयवस्था रूपी गुफा को (अपना) सच्चा घर जानता है। हे नानक, सच्चे (प्रभु) को सच्चा (मनुष्य) ही अच्छा (लगता) है ।।१६।।

किस कारण घरबार छोड़ कर उदासी (विरक्त; त्यागी) हो गए ? किस कारण इस वेश में निवास दिया, (तात्पर्य यह कि इस वेश को धारण किया) ? तुम किस सौदे के बनजारे (व्यापारी हो) ? किस प्रकार (इस) साथ (समूह) को पार करोगे ?

गुरुमुखों को खोजते हुए (मैं) (विरक्त-त्यागी हो गया। (प्रभु के) दर्शन के निमित्त इस वेश को धारण किया। हम सत्य रूपी सौदे के ही व्यापारी हैं और गुरुमुखों के द्वारा साथियों (समूह) को पार उतारेंगे ।।१८।।

(हे पुरुष), किस विधि से (तू ने) अपने जीवन को पलट दिया है, (जिससे मनुष्य से देवता बने हुए दिखाई पड़ते हो) ? किस (वस्तु) में तू ने अपना मन जोड़ा है, (अपनी चित्तवृत्ति कहाँ टिकाई है) ? किस उपाय से (तूने) (जीवों को बन्धन में डालनेवाली) आशा और इच्छा को खा लिया है ? किस विधि से (तूने हरी की अखण्ड और) निरन्तर ज्योति प्राप्त की है ? बिना दाँतों के तू ने (विकार रूपी) लोहे को किस प्रकार भक्षण कर लिया ? हे नानक, (इस वस्तु का) सच्चा सच्चा विचार करो ।।१६।।

सद्गुरु के घर में आकर जन्म लिया, तो (उसने) आवागमन को मिटा दिया। [तात्पर्य यह है कि सद्गुरु के सम्पर्क में आने से पिछले संस्कारों (किरत) को मिटा कर गुरु के आदेशानुसार नवोन आध्यात्मिक जीवन बिताना प्रारम्भ किया, जिसके फलस्वरूप पिछले संस्कार दग्ध हो गए परमात्मा और अब की भक्ति का आनन्दमय जीवन प्राप्त हो गया, जिससे जीवन और मरण समाप्त हो गए।] अनाहत (आत्म-मण्डल के संगीत) में (मैं) अनुरक्त हूँ (और उसी से) इस मन को युक्त कर दिया है। (गुरु के) शब्द द्वारा (मैंने) आशा और इच्छा भी जला दी है। गुरु की शिक्षा द्वारा (परमात्मा की अखण्ड और) निरन्तर ज्योति प्राप्त की है। तीनों गुणों—सत्व, रज, तम—को मिटा कर (विकार रूपी) लोहे को खा गया। हे नानक, तारनेवाला (हरी) ही (जीवों को) तारता है ।।२०।।

(सृष्टि-रचना के पूर्व) आदि (काल) की क्या अवस्था थी ? इसका किस प्रकार विचार करते हो ? उस समय) शून्य (निरंकार) कहाँ बसता था ? ज्ञान की कौन कौन सी मुद्राएँ कहलाती हैं ? [योगियों के पाँच प्रकार के साधन—(खेचरी, भूचरी, चेचरी, गोचरी

और उन्मनी) को मुद्रा कहते हैं ।] और घट घट में कौन निवास करता है ? काल (यमराज) का सोंटा (लट्ठ) किस प्रकार जलाया जाय ? और निर्भय (परमात्मा) के घर में किस प्रकार जाया जाय ? सहज संतोष का आसन किस प्रकार जाने ? और (कामादिक) वैरियों का किस प्रकार नाश करे ?

[**विशेष :** "सहज संतोख का आसणु जाणै किउ छेदे बैराईऐ" पंक्ति में 'किउ' शब्द 'देहरी दीपक' है; अतः यह शब्द दोनों स्थानों में प्रयुक्त होगा—जैसे 'सहज संतोख का आसणु जाणै किउ ?" तथा "किउ छेदे बैराईऐ ?" ।] (यदि) गुरु के शब्द द्वारा अहंकार के विष को मार दे, तभी आत्मस्वरूप के घर में निवास प्राप्त हो सकता है । जिस (परमात्मा) ने (समस्त सृष्टि) रच रक्खी है, उसके शब्द—नाम को जो पहचानता है, (मैं) नानक उसका दास हूँ ॥२१॥

(यह जीव) कहाँ से आता है ? कहाँ जाता है ? (अन्त में) (यह) कहाँ समा जाता है ? इस शब्द का जो (ठीक ठीक) अर्थ लगा ले, (वह पूर्ण गुरु है) और उस में तिल भर भी (रंच मात्र) इच्छा नहीं है, (वह पूर्णकाम, तृप्त और समृद्ध है) । तत्त्वरूप अव्यक्त (हरी) को (जीवात्मा) किस प्रकार प्राप्त करे ? गुरु के द्वारा (हरी के प्रति) प्रेम कैसे उत्पन्न हो ? जो (परमात्मा) आप ही श्रोता है और आप ही वक्ता है, हे नानक, (ऐसे प्रभु के सम्बन्ध में अपने) विचार बतलाओ । (गुरु नानक देव का यह उत्तर है)—(परमात्मा के) हुक्म से (जीव) उत्पन्न होता है (और उसी के) हुक्म से (वह) यहाँ से जाता है (और अन्त में उसके) हुक्म में ही समा जाता है । पूर्ण गुरु से ही सत्य कमाया जाता है (और उसके) शब्द से ही (जीव की) गति-मिति प्राप्त होती है ॥२२॥

(सृष्टि के प्रारम्भ के) पूर्व (आदिकाल) के विचार का कथन करना आश्चर्यमय है । उस समय शून्य (निर्गुण हरी) अपने आप में निवास किए था, (तात्पर्य यह कि वह अपनी ही महिमा में प्रतिष्ठित था) । गुरु की शिक्षा पर विचार करके कल्पना-रहित हो जाना ही मुद्रा है । जो सब को जीवन प्रदान करनेवाला है, वह सच्चा हरी घट-घट में व्याप्त है । गुरु के वचन से (साधक) अव्यक्त (परमात्मा) में समा जाता है और (उसे) तत्व-रूप निरंजन सहज ही प्राप्त हो जाता है । नानक कहते हैं कि जो शिष्य (गुरु और परमात्मा की) सेवा के अतिरिक्त अन्य कार्य नहीं करता, (वह) (परमात्मा को) खोज कर पा लेता है । (परमात्मा का) हुक्म आश्चर्यमय (अनिर्वचनीय) है । (ऐसे) हुक्म को जो पहचान लेता है, वह जीवन की सच्ची युक्ति जान लेता है । जो अपने अहंभाव को मेट कर अन्तःकरण से निर्लिप्त हो जाता है, (उसी को) सच्चा योगी कहना चाहिए ॥२३॥

अव्यक्त और माया रहित स्वयं ही उत्पन्न हुआ—(इसीसे वह स्वयंभू है) फिर निर्गुण (ब्रह्म) से सगुण ब्रह्म उत्पन्न हुआ । [गुरुवाणी में परमात्मा के निर्गुण और सगुण दोनों ही स्वरूप बतलाए गए हैं । निर्गुण स्वरूप में तो कोई सृष्टि नहीं हुई । निर्गुण ब्रह्म स्वयं अपनी महिमा में प्रतिष्ठित है । फिर उसने सृष्टि रचना की और अपने आप को प्रकृति के रूप में दिखलाया । गुरुवाणी में परमात्मा के जितने भी गुण वर्णन किए गए है, वे सब सगुण ब्रह्म में हैं । निर्गुण ब्रह्म तो स्वयं अपनी महिमा में प्रतिष्ठित है ।] सद्गुरु से एक हो जाने से (घुलमिल जाने से) परम पद की प्राप्ति होती है । (सद्गुरु शिष्य को) अपने सच्चे शब्द में मिला लेता है । एक (परमात्मा)

को वह निश्चित रूप से एक ही जानता है और अहंभाव तथा द्वैतभाव को दूर कर देता है । जो (गुरु के) शब्द को पहचानता है, वही (वास्तविक) योगी है और (उसका) हृदय-कमल प्रकाशित हो जाता है । जो (व्यक्ति) जीवित ही (अहंभाव से) मर जाता है, उसे सब कुछ सुनाई पड़ने लगता है और वह (अपने) अन्तःकरण में (सभी प्राणियों के ऊपर) दया करनेवाले (हरी) को जान लेता है । हे नानक, उस (व्यक्ति) को निश्चित बड़ाई प्राप्त होती है, जो अपने आप को सभी प्राणियों के भीतर देखता है, (तात्पर्य यह कि वह परमात्मा की एक ज्योति घट-घट में देखता है) ॥२४॥

(गुरुमुख) सच्चे (हरी) से उत्पन्न होता है और (अन्त में) सत्य (हरी) में ही समा जाता है । (जो व्यक्ति) सत्य (परमात्मा) के द्वारा पवित्र हुए हैं, वे सत्य के साथ एकाकार हो जाते हैं । (जो व्यक्ति) झूठ (द्वैतभाव) में आते हैं, उन्हें (परमात्मा का) स्थान नहीं प्राप्त होता । वे द्वैतभाव के कारण आवागमन (के चक्र) में पड़ते रहते हैं । यह आवागमन (जन्म-मरण का चक्र) गुरु के शब्द द्वारा ही मिटता है; (परमात्मा) आप ही परख कर, उसे बख्श देता है । द्वैतभाव के कारण यह वेदना (समस्त जीवन) में व्याप्त हो जाती है; नाम रूपी रसायन के (सेवन करने से) (यह वेदना) मिट जाती है । (किन्तु इस रहस्य को) वही समझता है, जिसे (परमात्मा) स्वयं ही समझा देता है; (ऐसा व्यक्ति) गुरु के शब्द से मुक्त हो जाता है । हे नानक, तारनेवाला (हरी) अहंकार और द्वैतभाव को दूर करके स्वयं ही तार देता है ॥२५॥

मनमुख यमराज की लज्जा (शरम) में भटकता है । वह दूसरों की स्त्री अथवा धन को ताकता है, जिसमें हानि ही हानि है । मनमुख भ्रमित हो कर सुनसान, निर्जन (उजाड़) स्थानों में भटकता है । स्मशान में मंत्र पढ़नेवाला योगी कुमार्ग में पड़ कर लूटा जाता है । (वह) (गुरु के) शब्द को नहीं समझता और कुवाच्य (दुर्वचन) बोलता है । हे नानक, सत्य में अनुरक्त होने को ही सुख समझो ॥२६॥

गुरुमुख सत्य (परमात्मा) का भय पाता है । गुरुमुख की वाणी असाध्य मन को भी (साध्य) बना देती है, (तात्पर्य यह कि गुरुमुख की वाणी से बुरा से बुरा मनुष्य अच्छा हो जाता है)। गुरुमुख निर्मल (पवित्र) हरि का गुणगान करता है । गुरुमुख परम पवित्र पद (आत्म पद, तुरीय पद, सहज पद, मोक्ष पद अथवा निर्वाण पद) पाता है । गुरुमुख रोम-रोम से हरि का ध्यान करता है । नानक कहते हैं कि गुरुमुख सत्य स्वरूप (हरी) में समा जाता है ॥२७॥

गुरुमुख के परिचय से वेदों का विचार (स्वतः) हो जाता है । गुरुमुख के परिचय से (संसार-सागर से सुगमता पूर्वक) तरा जाता है । गुरुमुख के परिचय से और उसके शब्द से (शिष्य) ज्ञानी हो जाता है । गुरुमुख के परिचय से आन्तरिक विधियों का ज्ञान होता है, (अर्थात् वह ऐसी युक्ति जान लेता है, जिससे अन्तःकरण वश में हो जाय और आध्यात्मिक जीवन बिताने की युक्ति ज्ञात हो जाय) । गुरु की शिक्षा द्वारा अलख और अपार ब्रह्म की प्राप्ति हो जाती है । नानक कहते हैं (कि संक्षेप में यह कि) गुरु की शिक्षा ही मोक्ष का द्वार है ॥ २८ ॥

गुरु की शिक्षा (और उसके) विचार द्वारा अकथनीय (ब्रह्म) का कथन होता है । गुरु की शिक्षा द्वारा परिवार (के साथ रहते हुए धर्म एवं जीवन का) निर्वाह हो जाता है । गुरु द्वारा (हरी का नाम) आन्तरिक प्रेम से जपा जाता है । गुरु की शिक्षा के आचरण द्वारा

शब्द—नाम की प्राप्ति होती है। शब्द के द्वारा बिंध कर (साधक स्वयं हरी को) जानता है और दूसरों को भी जनाता है। नानक कहते हैं कि (वह) अहंकार को जला कर (हरी में) समा जाता है ॥ २६ ॥

गुरुमुखों के लिये ही (गुरुमुखों की उत्पत्ति के लिए ही) सच्चे (हरी) ने सृष्टि रची है। उस धरती में (जीवों का) उत्पन्न होना अथवा मरना उसका खेल है। गुरु के शब्द द्वारा (साधक) प्रेम से रँगा जाता है। सत्य में अनुरक्त होने के कारण (वह साधक अथवा शिष्य) प्रतिष्ठा से (अपने वास्तविक) घर में जाता है। सच्चे शब्द के बिना (मनुष्य को) प्रतिष्ठा नहीं प्राप्त होती है। नानक कहते है कि बिना नाम के (मनुष्य) सत्यस्वरूप (हरी में) (भला) कैसे समा सकता है? ३० ॥

गुरुमुख (गुरु का अनुयायी) होने से अष्ट-सिद्धियाँ तथा समस्त बुद्धियाँ प्राप्त होती हैं। सच्ची शुद्धि होने के कारण गुरुमुख संसार-सागर से तर जाता है। गुरुमुख भले-बुरे की विधि (सत्-असत् का विवेक) जानता है। गुरुमुख प्रवृत्ति और निवृत्ति (मार्ग) को (भलीभाँति) पहचानता है। गुरुमुख (औरों को) तार कर पार उतारता है? (पर गुरु के शब्द द्वारा ही तरता है, उसकी अपनी कुछ भी शक्ति नहीं है)। इस प्रकार, हे नानक, (वह) गुरु के शब्द द्वारा विस्तार करता है ॥ ३१ ॥

नाम (शब्द) में अनुरक्त होने से अहंकार नष्ट हो जाता है। नाम में अनुरक्त होने से (साधक) सत्य, (हरी में) समा जाता है। नाम में अनुरक्त होने से योग की युक्ति का विचार (सफल होता है)। नाम में लगने से (शिष्य को) मोक्ष का द्वार प्राप्त हो जाता है। नाम में ही लगने से तीनों भुवनों की समझ हो जाती है (कि उनके अन्तर्गत परमात्मा की अखण्ड ज्योति व्याप्त हो रही है) नानक कहते हैं कि नाम में अनुरक्त होने से सदैव ही सुख प्राप्त होता है ॥ ३२ ॥

नाम में अनुरक्त होने से सिद्धों के साथ (सफल) गोष्ठी होती है। नाम में लगे रहने से शाश्वत तप होता रहता है। नाम में लगना ही सच्ची करनी का सार-तत्व है। नाम में अनुरक्त होने से ही (समस्त) गुण, ज्ञान और विचार (प्राप्त होते हैं)। बिना नाम के बोलना सब व्यर्थ ही है। नानक कहते हैं कि जो व्यक्ति नाम में अनुरक्त हैं, उनका जयजयकार है ॥ ३३ ॥

पूर्ण गुरु से ही नाम पाया जाता है। सत्य में युक्त रहना यह योग की युक्ति है)। बारह पंथों में योगी और दश सम्प्रदायों में संन्यासी भ्रमते रहते हैं। ["दस नाम संनिआसीआं जोगी बारह पंथ चलाए"—भाई गुरदास।] किन्तु गुरु के शब्द में जो (व्यक्ति अपने अहंभाव से) मरता है, वही मोक्ष का द्वार पाता है। हृदय में विचार करके देख लो बिना शब्द (नाम) में (अनुरक्त हुए) सभी द्वैतभाव में लगे हैं। नानक कहते हैं वे मनुष्य अत्यन्त बड़भागी हैं जिन्होंने अपने हृदय में सत्यस्वरूप (हरी) को धारण कर रक्खा है ॥ ३४ ॥

गुरुमुख (हरी में) लिव लगा कर (हरी रूपी) रत्न प्राप्त करता है और वह इस रत्न को स्वाभाविक ही परख लेता है। गुरुमुख (गुरु द्वारा दिखाई गई) सच्ची करनी करता है। गुरु की शिक्षा द्वारा (साधक) सच्चे (हरी को) मन से विश्वास करता है। गुरु द्वारा (जब परमात्मा की कृपा होती है), तो (उसे) अलक्ष्य (हरी) दिखलाई पड़ जाता है। नानक कहते हैं कि गुरु का अनुयायी कभी चोट नहीं खाता है ॥ ३५ ॥

गुरु के द्वारा (हरी का) नाम, दान और स्नान (पवित्रता आदि गुण) प्राप्त होते हैं। गुरु के द्वारा सहजावस्था में ध्यान लग जाता है और गुरु की शिक्षा द्वारा ही (शिष्य) (हरी के) दरबार में सम्मान पाता है। गुरुमुख भय को नष्ट करनेवाले और प्रधान (हरी) को प्राप्त कर लेता है। गुरुमुख (गुरु की बताई हुई) सच्ची करनी और कार्य (स्वयं करता है और दूसरों से भी) कराता है। नानक कहते हैं कि गुरुमुख को (हरी अपने में) मिला कर एक कर लेता है ॥३६॥

गुरुमुख शास्त्रों, स्मृतियों और वेद के ज्ञान को जानता है। गुरुमुख घट-घट के भेद को अपने घट में जानता है, (अर्थात् वह यह समझता है कि जो हरी मेरे घट में रम रहा है, वही प्रत्येक घट में व्याप्त है)। गुरुमुख वैर-विरोध को नष्ट कर देता है। गुरुमुख (अहंकार में होने वाले) सारे हिसाब-किताब को मिटा देता है। गुरुमुख रामनाम के रंग में रंगा रहता है। नानक कहते हैं कि गुरुमुख पति (परमात्मा) को पहचान लेता है ॥३७॥

बिना गुरु के (मनुष्य माया के) भ्रम में पड़कर आता-जाता रहता है (जन्मता मरता रहता है)। बिना गुरु के की हुई कमाई (परमात्मा के यहाँ) प्रामाणिक नहीं होती। बिना गुरु के मन (चंचल होकर) अत्यधिक डोलता रहता है। बिना गुरु के (मनुष्य माया) का विष खाता है, (जिससे) तृप्त नहीं होता है। बिना गुरु के (मनुष्य को) (विषयों का) सर्प डस लेता है, और (वह) रास्ते ही में मर जाता है। नानक कहते हैं कि (इस प्रकार) बिना गुरु के घाटा ही घाटा है ॥३८॥

जिसे गुरु मिलता है, उसे (संसार-सागर से) पार उतार देता है। (वह गुरु शिष्य के) अवगुणों को दूर कर, गुणों द्वारा उसका उद्धार कर देता है। (गुरु के) शब्द पर ही विचार करने से मुक्ति और महान् आनन्द (की प्राप्ति होती है)। गुरुमुख (इस संसार के युद्ध में) कभी हार कर नहीं आता। शरीर हाट (बाजार) है और यह मन (उस बाजार का) व्यापारी है, (तात्पर्य है मन रूपी व्यापारी से ही शरीर रूपी बाजार चलता है। यदि व्यापारी सच्चा है, तो बाजार भी सुन्दर ढंग से चलता है)। नानक कहते हैं (कि इस शरीर रूपी बाजार में मन रूपी व्यापारी) सहज भाव से सत्य (परमात्मा) का व्यापार करता है ॥३९॥

विशेष : निम्नलिखित, (४० वें पद में) श्रीरामचन्द्र जी द्वारा सेतु-बाँधने और लंका जीतने के रूपक के माध्यम से गुरु नानक देव ने गुरुमुख की महत्ता प्रदर्शित की है।

अर्थ : गुरुमुखों ने विधाता (कर्त्तार, परमात्मा रूपी) पुल बाँध कर देह रूपी लंका जीत ली। (देह रूपी लंका से जब समस्त अवगुण लूट लिए गए), (तो कामादिक) दैत्यों को (अत्यंत) संताप हुआ। (इस प्रकार) (गुरुमुख रूपी) रामचन्द्र ने अहंकार रूपी रावण को मार डाला। गुरु द्वारा जो परिचय (ज्ञान) प्राप्त हुआ, यह विभीषण का भेद (बताना था)। गुरुमुखों ने (संसार—)—सागर से (पापी) पत्थरों को तार दिया। गुरुमुखों ने तैंतीस करोड़ (तात्पर्य यह कि असंख्य मनुष्यों) का उद्धार किया ॥४०॥

गुरु के द्वारा (मनुष्य) का आना-जाना (जन्मना, मरना) समाप्त हो जाता है। गुरु के उपदेश द्वारा (परमात्मा के) दरबार में सम्मान प्राप्त होता है। गुरु के उपदेश द्वारा ही खोटों-खरों (बुरों और अच्छों) की पहचान होती है। गुरु के द्वारा ही सहज ध्यान लगता है।

गुरुमुख (परमात्मा की) स्तुति द्वारा (उसके) दरबार में प्रवेश पा जाता है। नानक कहते हैं कि गुरु का अनुयायी बंधन में नहीं पड़ता ॥४१॥

गुरुमुख निरंजन नाम (माया से रहित नाम) को पा जाता है। गुरुमुख शब्द—नाम के द्वारा अहंकार को जला देता है। गुरुमुख सत्यस्वरूप (हरी) के गुण गाता है। गुरुमुख सत्यस्वरूप (हरी) में समा जाता है। सत्य नाम के द्वारा गुरुमुख की उत्तम प्रतिष्ठा होती है। नानक कहते हैं कि गुरुमुख को समस्त भुवनों की समझ आ जाती है (कि एक हरी समस्त भुवनों में व्याप्त है) ॥४२॥

(योगीगण नानक महाराज से फिर प्रश्न करते हैं)—(जीवन का) मूल (प्रारम्भ) कहाँ है ? और किसका मत (धर्म-ग्रहण करने की) वेला है ? (तात्पर्य यह कि कौन धर्म मानने योग्य है) ? तेरा कौन गुरु है, जिसका तू शिष्य है ? किन विचारों को लेकर तू (संसार से) निर्लिप्त रहता है ? हे बालक नानक, (इन प्रश्नों को) सुनकर (हमें इनके उत्तर) बता। इन बातों का विचार करके यह भी बतला (कि जिस शब्द की तूने इतनी महत्ता बतलाई है) उस शब्द के द्वारा गुरु (किस प्रकार) संसार-सागर से पार उतारता है ? ॥४३॥

(गुरु नानक देव उपर्युक्त प्रश्नों का उत्तर इस प्रकार देते हैं)—"प्राण (पवन) ही (जीवन का) आरम्भ (मूल) है। और यह वेला सद्गुरु के मत की है, (अर्थात् सद्गुरु-का धर्म ही इस समय का युगधर्म है)। शब्द गुरु है और शब्द में सुरति का निरन्तर टिकना, यही वेला है। युग-युगान्तरों, से (भूत, वर्त्तमान और भविष्य काल में रहनेवाले) अकथनीय (हरी की) कथा (विचार) (हृदय में धारण कर) (इस संसार के मायिक प्रपंचों से) निराला निर्लेप रहता हूँ। (केवल) गुरु-शब्द ही एक ऐसा है, जिसके द्वारा हरी की कथा विचारी जाती है। गुरु द्वारा ही अहंकार की अग्नि का निवारण होता है ॥४४॥

मोम के दाँतों से लोहा कैसे चबाया जाय ? (तात्पर्य यह कि अपनी आत्मिक निर्बलता से अहंकार कैसे दूर किया जाय) ? जिस (वस्तु) से गर्व दूर हो जाय, वह कौन सा आहार है ? बर्फ का तो घर है और पोशाक (लिवास) आग की है; (भाव यह कि तमोगुणी मन नश्वर शरीर में रहता है; जिस प्रकार बर्फ को आग गला देती है, वैसे ही तमोगुणी मन शरीर को नष्ट कर देता है)। वह कौन सी गुफा है, जहाँ (मन) स्थिर रहे ? किसे प्रत्येक स्थान में (विराजमान) जान कर लीन (निमग्न) हो ? वह कौन सा ध्यान है, जिसे मन अपने आप में समाहित रहे ? ॥४५॥

(उपर्युक्त प्रश्नों का उत्तर इस पद में दिया गया है)—अहंकार और 'मैं पन' (की भावना को) (अपने) में से मिटा दे और द्वैतभाव को मिटा दे, (तो परमात्मा के साथ) (मनुष्य) एक हो जाता है। जगत् बहुत कठोर (कड़ा) है और मनमुख गंवार है, (तात्पर्य यह कि मनमुख अपनी मूर्खता से जगत् की कठिनाइयों को नहीं दूर कर सकता)। (यदि) शब्द—नाम की कमाई की जाय, (तो अहंकार रूपी) लोहा खाया जा सकता है। अंदर और बाहर एक परमात्मा को ही जाने। नानक कहते हैं कि सद्गुरु की इच्छा से ही (शरीर में स्थित) अग्नि (तमोगुणी अग्नि अथवा तृष्णा की अग्नि) शान्त होती है ॥४६॥

सत्य (परमात्मा) के भय में लगने से गर्व का निवारण हो जाता है। (हरी को) एक जान कर, (उसके) शब्द नाम के ऊपर विचार करे। सत्य शब्द हृदय के अन्तर्गत बसने

से तन-मन शीतल हो जाते हैं (और मनुष्य हरी के) रंग में रँग जाता है। नानक कहते हैं कि परमात्मा की कृपादृष्टि से काम-क्रोध रूपी विष की अग्नि का निवारण हो जाता है ॥४७॥

किस प्रकार चन्द्रमा (मनुष्य का मन) ठंडक का घर और अंधेरा बना रहता है ? किस प्रकार प्रकाश करता हुआ सूर्य (ज्ञान) प्रचण्ड होता है ? किस प्रकार काल का देखना समाप्त होता है ? किस विधि से गुरु के द्वारा प्रतिष्ठा होती है ? कौन और (ऐसा) शूरवीर है, जो काल का भी संहार करता है ? नानक (इन प्रश्नों को) विचारता है (और उनके उत्तर में) इस प्रकार बचन बोलता है ॥ ४८ ॥

शब्द—नाम का उच्चारण करने से चन्द्रमा में (भाव यह कि चन्द्रमा की भाँति ठंडे और अंधेरे मन में) अनन्त प्रकाश हो जाता है। (जिस प्रकार) चन्द्रमा के घर में सूर्य आकर बसता है, तो चन्द्रमा का अन्धकार नष्ट हो जाता है, (तात्पर्य यह कि जब ज्ञान रूपी सूर्य का प्रकाश अंधकारयुक्त (अज्ञानी) मन में पड़ता है, तो मन में परम प्रकाश हो जाता है और उसकी नैराश्य-भावना (ठंडक) दूर हो जाती है)। (हरी के) नाम का आश्रय लेकर सुख-दुख को समान (समझा जा सकता है)। (परमात्मा) आप ही (संसार-सागर से) पार उतारने-वाला है। गुरु की प्रतीति से मन सत्य (परमात्मा) में टिक जाता है। नानक विनय-पूर्वक कहता है (कि ऐसे व्यक्ति को) काल भक्षण नहीं करता, (वह काल के पाश से मुक्त हो जाता है) ॥ ४६ ॥

नाम-तत्व सब का शिरोमणि प्रतीत होता है। (परमात्मा के) तत्व से (जब) (जीवात्मा का) तत्त्व मिल जाता है; तो मन मान जाता है, (तात्पर्य यह कि मन अपनी चंचलता को त्याग कर शान्त हो जाता है)। (इससे) द्वैतभाव चला जाता है और हृदय में एक भाव (अद्वैतभाव) आ जाता है। (ऐसी अवस्था में) प्राण बोलने लगते हैं, (भाव यह कि प्राणों में नवीन उमंग आ जाती है, जिससे नवीन जीवन की लहर चल पड़ती है) और गगन (दशम द्वार) गरजने लगता है, (तात्पर्य यह कि परमात्मा के मिलाप की अवस्था प्रबल हो जाती है)। नानक कहते हैं, (कि तब मन) निश्चल हो जाता है और (हरी के साथ) मिलाप भी सहज ही हो जाता है ॥ ५० ॥

शून्य (निर्गुण हरी) (सबके) भीतर है, वही (सब के) बाहर भी है; (इस प्रकार समस्त) त्रिभुवन शून्य (निर्गुण हरी) से (ही व्याप्त है)। जो व्यक्ति चतुर्थ पद—सहजावस्था के द्वारा शून्य (निर्गुण हरी) को जानता है, उसे पाप-पुण्य (का लेप) नहीं लगता। सारे घटों के बीच निर्गुण और व्यापक हरी का भेद जो अपने घट में भी जानता है, वह आदि पुरुष और निरंजन देव (का ही स्वरूप है)। जो व्यक्ति निरंजन (निर्गुण हरी) के नाम में अनुरक्त है, (उसमें शक्ति का आगमन होता है और वह औरों के जीवन का) निर्माता हो जाता है—ऐसा नानक (का कथन है) ॥५१॥

सभी कोई 'शून्य शून्य' ('निर्गुण ब्रह्म', 'निर्गुण ब्रह्म') कहते हैं। किन्तु उस अनाहत शून्य—(निर्गुण हरी) (की प्राप्ति) किस प्रकार हो ? जो अनाहत (निर्गुण हरी) में अनुरक्त हैं, वे किस प्रकार के मनुष्य हैं ? इसका उत्तर यह है कि जो अनाहत शून्य में निमग्न हैं), वे उसी के समान हैं, जिससे उत्पन्न हुए हैं। ऐसे (पुरुष) न जन्मते हैं, न मरते हैं, न (कहीं) आते हैं (और) न (कहीं) जाते हैं, (क्योंकि वे निर्गुण परमात्मा से मिलकर एक हो गए हैं)। नानक कहते हैं कि गुरु के द्वारा मन को समझाओ ॥५२॥

नौ गोलकों (दो नासिका-रन्ध्र, दो श्रवणेन्द्रिय के रन्ध्र, दो आँखें, एक मुख, एक शिश्नद्वार और एक गुदा-द्वार) को (पूर्ण रीति से) भर दे, और फिर दशम द्वार को पूर्ण रीति से भरे, (तात्पर्य यह कि इन्द्रियों को विवेक, वैराग्य और अभ्यास द्वारा इतना अधिक साध ले, कि विषयों के प्रति न तो उनको इच्छा हो और न आसक्ति हो और परमात्मा के चिन्तन की वृत्ति भी परमात्मा से सदैव युक्त रहे), वहाँ अनाहत-शून्य का तूर्य (तुरही बाजा) बजने लगता है, (तात्पर्य यह कि आत्मिक-मण्डल का संगीत होने लगता है; पूर्ण आनन्द प्राप्त होने लगता है) । (ऐसे साधक) सत्य (परमात्मा) में अनुरक्त होकर, (उसे) अति निकट देखते हैं (और यह अनुभव करते हैं कि) सत्य (परमात्मा) प्रत्येक घट में परिपूर्ण है (व्याप्त है) । वाणी का गुप्त अर्थ भी प्रकट हो जाता है । नानक कहते हैं कि जिस सत्य की ओर वाणी संकेत करती थी, वह प्रत्यक्ष हो जाता है ॥५३॥

सहज भाव से (परमात्मा के साथ) मिलने से, (परम) सुख होता है । गुरुमुख (परमात्मा से सहज भाव से मिल कर) (ज्ञान में) जगता है, (वह फिर अज्ञान-निद्रा में) नहीं सोता । शून्य-शब्द (अजपा जाप) (उसे) अपरंपार (हरी) में धारण किए रहता है—टिकाए रखता है । (वह) नाम जपते हुए मुक्त होकर (औरों को भी) शब्द द्वारा तार तार देता है । गुरु के उपदेश (दीक्षा) से (वह) सत्य (परमात्मा) में अनुरक्त हुआ है । नानक कहते हैं कि (वह) आपापन गंवा कर (परमात्मा से) मिला है, (अतः अब उसमें) कोई भ्रान्ति—संशय-भावना नहीं है ॥५४॥

(जो व्यक्ति शब्द को छोड़ कर) दुर्बुद्धि (की बातें) बोलता है, (भाव यह कि मूर्खतापूर्ण बातें करता है), (उसका) क्या ठिकाना है ? (वह) (परमात्मा के) तत्त्व को क्यों नहीं समझता, (जिसके फलस्वरूप) चोटें खाता है ? (वह) यमराज के दरवाजे पर बांधा जाता है और उसकी रक्षा कोई भी नहीं कर सकता । बिना नाम के (उसकी) न तो कोई प्रतिष्ठा होती है और न कोई साख । (ऐसा व्यक्ति) (परमात्मा को) कैसे समझे, (जिससे वह संसार-सागर से) पार हो ? नानक कहते हैं कि मनमुख और गंवार (परमात्मा को) नहीं समझता ॥५५॥

गुरु के शब्द पर विचार करने से कुबुद्धि मिट जाती है । सद्गुरु से मिलने पर मोक्ष का द्वार (प्राप्त हो जाता है) । मनमुख तत्व को नहीं पहचानता, (जिससे वह) जल जाता है । (वह अपनी) दुर्बुद्धि (के कारण परमात्मा से) बिछुड़ कर चोटें खाता है । (परमात्मा का) हुक्म मानने पर सभी गुण और ज्ञान (अपने आप आ जाते हैं) । नानक कहते हैं (कि ऐसा व्यक्ति) (परमात्मा के) दरबार में सम्मान पाता है ॥५६॥

(यदि) (मनुष्य के) पल्ले—पास में सत्य के सौदे का धन होता है, (तो) वह स्वयं तरता है (और दूसरों को भी) तारता है । (जो परमात्मा को) समझ कर सहजावस्था—चतुर्थ पद में अनुरक्त है, (उसकी महान्) प्रतिष्ठा होती है । ऐसे व्यक्ति की कीमत को कोई भी नहीं आँक सकता । (ऐसा व्यक्ति) जहाँ भी देखता है, वहाँ ही (पूर्ण निर्गुण ब्रह्म को) व्याप्त (देखता है) । नानक कहते हैं इस सत्य भाव के कारण, वह संसार से पार हो जाता है ॥५७॥

(यह योगियों का प्रश्न है)—उस शब्द का निवास कहाँ माना जाता है, जिसके द्वारा संसार-सागर तरा जाता है ? [योगी यह मानते हैं कि जब साँस ली जाती तो दश अंगुल तक साँस नासिका के बाहर जाती हैं। अतएव वे इसके सम्बन्ध में पूछते हैं)—दश अंगुल (तीन + सात) तक वायु (निकलने का) (जो प्रमाण) माना जाता है, उसका आधार क्या है ? (जो सत्ता हमारे अन्तर्गत) बोलती है, क्रीड़ा करती है, वह किस प्रकार स्थिर हो ? अलक्ष्य (परमात्मा) किस प्रकार दिखाई पड़े ? नानक विनयपूर्वक कहता है—हे स्वामी, सुनो। मैं उस बात को निवेदन करता हूँ—जिसके द्वारा अपने मन को समझाया है, (तात्पर्य यह कि मैं अनुभव की बात बताता हूँ)। गुरुमुख (गुरु का अनुयायी) सच्चे शब्द—नाम में लिव लगाता है (और हरी उस पर) कृपादृष्टि करके (अपने में) मिला लेता है। (प्रभु) आप ही द्रष्टा है और आप ही ज्ञाता है, (जिस व्यक्ति का) पूरा भाग्य होता है, (वही) (परमात्मा में) प्रविष्ट होता है ॥५८॥

वह शब्द (नाम) सभी स्थानों में परिपूर्ण है। वह सर्वव्यापक है, (अतएव) अलक्ष्य है। जिस प्रकार पवन का निवास है, उसी प्रकार शून्य का भी निवास है (निर्गुण हरी पवन की भाँति सर्वव्यापी है; वह निष्कल हरी (अपनी) कलाओं से युक्त है—(जिस प्रकार वायु का झोंका आवे, तो प्रतीत होता है, उसी प्रकार जिन्हें परमात्मा की कृपा प्राप्त है, उन्हें वह सर्वव्यापी प्रतीत होता है)। (वह परमात्मा) अपनी ऐसी कला से सर्वव्यापी हो रहा है, जिसमें किसी कला का निर्माण दृष्टि में नहीं आता। (यदि) परमात्मा कृपादृष्टि करे, तभी शब्द का (हृदय रूपी) घट में निवास होता है (और मनुष्य के) बीच से सारे भ्रम दूर हो जाते हैं। नाम को हृदय में बसाने से तन और मन निर्मल हो जाते हैं और वाणी भी पवित्र हो जाती है। गुरु के शब्द से संसार-सागर तरा जाता है; यहाँ और वहाँ एक (परमात्मा) को ही जाने, (उसके अतिरिक्त और दूसरा कोई नहीं है)। नानक कहते हैं कि (वह मनुष्य) शब्द के द्वारा इस बात को जानता है (कि परमात्मा) चिह्न और वर्ण से परे है; न उसमें माया है और न छाया है; (वह परमात्मा माया और छाया का निर्माता है) ॥५९॥

हे अवधूत (त्यागी, विरक्त) श्वासों (दस अंगुल पर्यन्त निकली हुई वायु) के द्वारा शून्य (निर्गुण हरी का) नाम जपना तथा सत्य (बोलना) यही श्वासों (जीवन) का आसरा है। गुरुमुख तत्व को मंथन कर के बोलता है (और वह) अलक्ष्य और अपार हरी को पहचानता है (साक्षात्कार करता है)। यदि शब्द—नाम (को हृदय में) बसा कर तीनों गुणों—सत्व, रज और तम—को मेट दे, तभी मन से अहंकार का नाश होता है। (जब) भीतर और बाहर एक (परमात्मा) को जानता है, तभी हरि का नाम प्यारा लगता है। जब अलख (हरी) स्वयं ही बोध कराता है, तभी (तीन नाड़ियों)—इड़ा, पिंगला और सुषुम्ना—के ज्ञान का बोध होता है। नानक कहते हैं कि सच्चा (हरी) इन तीनों नाड़ियों के ज्ञान से ऊपर (परे) है, (और वह) सद्‌गुरु के शब्द से जुड़ा हुआ है ॥६०॥

(योगीगण फिर प्रश्न करते हैं)—मन का जीवन वायु (प्राणवायु) कही जाती है, किन्तु वायु को खाने के लिए कहाँ से रस प्राप्त होता है ? हे अवधूत (नानक) ज्ञान की क्या मुद्राएं है ? और सिद्धों की वास्तविक कमाई क्या है ? (अब आगे गुरु नानक देव उत्तर देते हैं)—बिना शब्द के (श्वासों को) रस नहीं प्राप्त होता, (अर्थात् शब्द ही श्वासों को स्थिर

करने वाला रस है) (और बिना शब्द के) अहंकार की प्यास दूर नहीं होती। (भाव यह कि अहंकार शब्द से दूर होता है)। (जो व्यक्ति) शब्द—नाम में रत हैं, (उन्हीं को) (परमात्म-रस रूपी) अमृत प्राप्त होता है और सत्य (हरी को पाकर (वे) तृप्त हो जाते हैं। (इस पंक्ति में योगियों का प्रश्न है और आगे की पंक्ति में गुरु नानक देव का उत्तर है)—वह कौन सी बुद्धि है, जिससे स्थिर भाव से रहा जाता है ? कौन सा भोजन है, जिससे तृप्ति होती है ? नानक कहते हैं कि जब सुख दुख समान प्रतीत होने लगें, (तब मन स्थिर हो जाता है) और फिर (ऐसे प्राणी को) काल भी नहीं ग्रसता ॥६१॥

बिना गुरु शब्द के (परमात्मा के) रंग में नहीं रँग सका (और उसके) रस में भी मतवाला नहीं हो सका, (इसलिये मनुष्य बार बार) दग्ध होकर जलता-बलता रहता है। गुरु के शब्द का भी उच्चारण नहीं किया, (इसलिये) वीर्य की भी रक्षा नहीं कर सका। प्राणवायु स्थिर नहीं कर सका, क्योंकि सच्चे (हरी की) आराधना नहीं की। यदि कोई अकथनीय हरी की कथा कह कर दुःख-सुख को समान कर लेता है, तो वही आत्माराम (घट घट व्यापी हरी) को प्राप्त कर लेता है ॥ ६२ ॥

गुरु की कृपा से (हरी के) रंग में रँग गया और (परमात्म-रूपी) अमृत पीकर सत्य (परमात्मा) में मतवाला हो गया। गुरु (के शब्दों पर) विचार करके (वासना की) अग्नि को शान्त कर दिया। (हरिनाम के) अमृत को पीकर आत्म-सुख को धारण किया। गुरु की शिक्षा द्वारा सत्य (परमात्मा) की आराधना करके (संसार-सागर से) तर गया। नानक कहते हैं कि कोई (विरला ही इस रहस्य को) समझ सकता है ॥ ६३ ॥

यह (अहंकार में मतवाला) मन (रूपी) हाथी कहाँ बसता है ? यह प्राणवायु कहाँ बसती है ? हे अवधूत, (नानक) वह शब्द कहाँ बसता है, जिससे मन का चक्कर लगाना समाप्त हो जाता है ? (यदि) (प्रभु) कृपादृष्टि करे, तभी सद्गुरु का मिलाप होता है और तभी यह मन अपने (आत्मस्वरूपी) घर में निवास पाता है। (यदि मनुष्य) आप ही अपने अहंकार को खाये, तभी (यह) पवित्र होता है (और तभी मायिक प्रपंचों के पीछे) दौड़ना समाप्त होता है। किस प्रकार अपने मूल को (मनुष्य) पहचाने, किस प्रकार आत्मा को जाने और किस प्रकार (ठंडे और अँधेरे) चन्द्रमा (मन) में (ज्ञान रूपी) सूर्य आकर बस जाय ? नानक कहते हैं कि गुरु की शिक्षा द्वारा अहंकार को (अपने) भीतर से नष्ट करे, (तभी) सहजावस्था—तुरीयावस्था—चतुर्थ पद में समा सकता है ॥ ६४ ॥

हृदय (आत्मस्वरूप) में बसने से, यह मन निश्चल होता है। गुरु की शिक्षा द्वारा मूल (कर्त्ता पुरुष) पहचाना जाता है। नाभि रूपी घर में प्राणवायु आसन करके बैठती है; (श्वासों का आना-जाना नाभि से ही माना जाता है)। गुरु द्वारा खोजने से ही यह तत्त्व प्राप्त होता है। वह शब्द (हरी) जो निरन्तर (सभी प्राणियों में) है, अपने हृदय में भी आ जाय, तो तीनों भुवनों में बसनेवाली ज्योति शब्द द्वारा प्राप्त हो जाती है। [यह उत्तर है— "कहा बसै सु सबद" का। यहाँ 'शब्द' कई अर्थों में प्रयुक्त हुआ है।] सच्चे (हरी) की भूख (समस्त) दुखों को खा जाती है (और साधक) सत्य (हरी) में ही तृप्त रहता है। अनाहत नाद (आत्मिक-मण्डल का संगीत) गुरु के द्वारा जाना जाता है। कोई विरला

ही (इसका वास्तविक) अर्थ समझता है। नानक जो कुछ भी कहता है, सत्य ही कहता है; सत्य (हरी) में रँगने से, (उसका रँग) कभी नहीं जाता है ॥ ६५ ॥

(योगियों का प्रश्न है)— जब यह हृदय और शरीर नहीं थे (तात्पर्य यह कि जब इनका निर्माण नहीं हुआ था), तो मन किस स्थान पर रहता था ? जब नाभि-कमल (प्राणों का) स्थम्भ— सहारा नहीं था, तो प्राणवायु किस घर में टिकती थी ? (श्वासों का आसरा नाभि को माना गया है)। जब न कोई रूप था, न रेखा थी, तब शब्द द्वारा किस प्रकार लिव लग सकती थी ? जब (माता के) रज (और पिता के) वीर्य (से निर्मित) यह शरीर नहीं था, (तो परमात्मा की) मिति और कीमत तो पाई नहीं जाती थी ? जब न कोई वर्ण तथा रूप दिखते थे, उस समय सत्य (परमात्मा) कैसे दिखाई देता था ? (गुरु नानक देव ने अंतिम प्रश्न का उत्तर पहले दिया है। प्रश्न यह था कि जब हरी का न कोई वर्ण है न रूप है, तो उसका ध्यान किस प्रकार किया जाता था ?); (उत्तर इस प्रकार है)— नानक (कहता है) कि हे वैरागी, (जब प्रभु के) नाम में अनुरक्त होया जाय, तो (प्रत्येक स्थान में) सच्चा (हरी दिखने लग जाता है) ॥ ६६ ॥

विशेष : यहाँ पहले प्रश्नों के उत्तर दिये जा रहे हैं। इन प्रश्नों के उत्तर में विशेष बात यह है कि संसार निर्माण के पूर्व सारी चेतन सत्ता जो पृथक् पृथक् प्रतीत हो रही हैं, (जैसे प्राण, वायु, पृथ्वी, आकाश, आदि) वह अपने आदि स्रोत— निर्गुण ब्रह्म में लीन थीं।

अर्थ :—हे अवधूत, वैरागी, जब हृदय और शरीर न थे, (जब ये सत्ता में नहीं आए थे), उस समय मन शून्य (निर्गुण ब्रह्म) में ही स्थित था। नाभि-कमल (जो प्राणवायु का) सहारा है, नहीं था, तो उस समय वायु (प्राणवायु) अपने निज घर (निर्गुण स्वरूप) में ही बसती थी। जब न कोई रूप था, न कोई रेखा थी, उस समय तत्त्व रूप शब्द कुल-रहित (परमात्मा—निर्गुण ब्रह्म) में बसता था। जिस समय पृथ्वी, (भुवन) और आकाश नहीं थे, उस समय त्रिभुवन में व्याप्त (परमात्मा की अखण्ड) ज्योति अपने ही निरंकार स्वरूप में स्थित थी। (समस्त) वर्ण, वेश और रूप (एक हरी के ही हैं); एक आश्चर्य रूप शब्द (परमात्मा) के ही (सारे वर्ण, वेश और रूप हैं)। सत्यस्वरूप (हरी), जिसकी कहानी अकथनीय है, (उसे जाने बिना), कोई भी (प्राणी) पवित्र नहीं हो सकता ॥६७॥

(हे सम्माननीय) पुरुष, किस-किस ढंग से जगत् की उत्पत्ति होती है और किस-किस दुःख से यह नष्ट हो जाता है ? (आगे की पंक्तियों में गुरु नानक देव का उत्तर है)—(हे सम्माननीय) पुरुष, अहंकार से जगत् उत्पन्न होता है और नाम भूलने पर दुःख पाता है। (जो व्यक्ति) गुरु द्वारा दीक्षित होता है, वही ब्रह्मज्ञान के तत्त्व पर विचार करता है और शब्द—नाम के द्वारा अहंकार जला देता है। (उसके) तन और मन निर्मल हो जाते हैं (और उसकी) वाणी भी पवित्र हो जाती है। वह सत्यस्वरूप (हरी) में समाया रहता है। (वह अहर्निश) नाम में ही (अनुरक्त होने के कारण संसार से) विरागी—विरक्त रहता है और अपने हृदय में सच्चे (हरी) को धारण किए रहता है। नानक (का यह मत है) कि नाम के बिना योग कभी (सिद्ध) नहीं हो सकता; (इस तथ्य को) हृदय में विचार कर देख लो ॥६८॥

कोई (विरला) ही गुरु के द्वारा सत्य शब्द—(हरी) का विचार करता है। गुरु के द्वारा ही सच्ची वाणी प्रकट होती है। गुरु द्वारा मन (परमात्मा के प्रेम-रस में) भीगता है, (इस तथ्य को) कोई (विरला) ही समझ सकता है। गुरु की शिक्षा द्वारा ही अपने निज घर (आत्मस्वरूप) में निवास होता है। गुरु द्वारा ही योगी (योग की) युक्ति को समझ लेता है। नानक कहते हैं कि गुरु द्वारा ही (साधक) एक (परमात्मा) को जानता है ॥६६॥

बिना सद्‌गुरु की सेवा किये योग (कभी सिद्ध) नहीं होता। बिना सद्‌गुरु के मिले कोई मुक्ति भी नहीं मिलती। [भेटे = भेंट लेकर मिलने को भेंटना कहते हैं]। बिना सद्‌गुरु के मिले, नाम भी नहीं पाया जाता। बिना सद्‌गुरु के मिले, अत्यधिक दुःख प्राप्त होता है। बिना सद्‌गुरु के मिले अहंकार के महान् अन्धकार में (रहना पड़ता है)। हे नानक, बिना गुरु के मिले (मनुष्य) जन्म—जीवन (की बाजी) हार कर (सांसारिक प्रपंचों में ही) मर जाता है ॥७०॥

गुरुमुख (गुरु के अनुयायी) ने अहंकार को नष्ट कर मन जीत लिया है। गुरुमुख ने सत्यस्वरूप (हरी) को हृदय में धारण कर रक्खा है। गुरुमुख ने यमराज-काल (मृत्यु) को मार कर विदीर्ण करके, जगत् जीत लिया है। गुरुमुख (परमात्मा के) दरबार में कभी हार कर नहीं आता, (तात्पर्य यह कि शुभ गुणों के आचरण से परमात्मा के दरबार में उसकी प्रतिष्ठा होती है)। जिसे गुरु के द्वारा संयोग करके मिलाता है, वही (इस रहस्य को) जान सकता है। नानक कहते हैं कि गुरुमुख शब्द—नाम को (सच्चे रूप में) पहचानता है ॥७१॥

विशेष :—७२ वें और ७३ वें पद में सारी गोष्ठी का सारांश दिया गया है कि नाम के बिना योग नहीं सिद्ध हो सकता। नाम से ही वास्तविक सुख, पूर्ण ज्ञान और मुक्ति मिलती है। यह नाम गुरु के द्वारा प्राप्त होता है।

अर्थ :—हे अवधूत योगी, तू सारे उपदेश—गोष्ठी (शब्द) का निर्णय सुन; बिना नाम के योग कभी नहीं (प्राप्त) हो सकता (जो व्यक्ति) नाम में अनुरक्त है, वह सदैव (प्रतिदिन) मतवाला बना रहता है; नाम से सुख प्राप्त होता है। नाम से ही समस्त (रहस्य) प्रकट हो जाते हैं; नाम से ही सूझ-बूझ—समझ प्राप्त होती है। बिना नाम के (लोग) बहुत से वेश बनाते हैं, (पर उस हरी को नहीं पा सकते, क्योंकि) प्रभु को उन्होंने भुला दिया है। हे अवधूत, सद्‌गुरु से नाम प्राप्त होता है और तभी योग की युक्ति भी (ज्ञात) होती है। नानक (का यह कथन है कि) विचार करके मन में (अच्छी तरह से) समझ ले कि बिना नाम के मुक्ति नहीं (प्राप्त) होती ॥७२॥

(हे प्रभु), अपनी गति-मिति तू स्वयं ही जानता है, कोई कह कर (उसे) क्या वर्णन करे ? तू आप ही गुप्त है, आप ही प्रकट है और आप ही सभी रंगों (आनन्दों) में (पड़कर) आनन्द मनाता है। तेरी ही आज्ञा से असंख्य साधक-सिद्ध एवं गुरु-शिष्य (तुझे) खोजते फिरते हैं। वे नाम माँगते हैं (और कहते हैं कि)—"यह भिक्षा हमें प्राप्त हो"; वे तेरे दर्शन के निमित्त कुरबान (न्यौछावर) हैं। अविनाशी प्रभु ने ऐसा खेल रचा है, (कि वह समझ में नहीं आता); (हाँ), गुरु की शिक्षा द्वारा उसकी समझ होती है। नानक कहता

है कि सभी युगों में (प्रभु) आप ही बरत रहा है, (उसके अतिरिक्त) कोई दूसरा नहीं है ।।७३।।

१ओं सतिगुर प्रसादि ।। रामकली की वार, महला १,

जोधै वीरै पूरबाणी की धुनी,

सलोकु : सतो पापु करि सतु कमाहि । गुर दीखिआ घरि देवण जाहि ।।
इसतरी पुरखै खटिऐ भाउ । भावै आवउ भावै जाउ ।।
सासतु बेदु न मानै कोइ । आपो आपै पूजा होइ ।।
काजी होइ कै बहै निआइ । फेरे तसबी करे खुदाइ ।।
वढी लैकै हकु गवाए । जे को पूछै ता पड़ि सुणाए ।।
तुरक मंत्रु कनि रिदै समाहि । लोक मुहावहि चाड़ी खाहि ।।
चउका दे कै सुचा होइ । ऐसा हिंदू वेखहु कोइ ।।
जोगी गिरही जटा बिभूत । आगै पाछै रोवहि पूत ।।
जोगु न पाइआ जुगति गवाई । कितु कारणि सिरि छाई पाई ।।
नानक कलि का एहु परवाणु । आपे आखणु आपे जाणु ।।१।।

हिंदू कै घरि हिंदू आवै । सूतु जनेऊ पड़ि गलि पावै ।
सुतु पाइ करे बुरिआई । नाता धोता थाइ न पाई ।।
मुसलमानु करे वडिआई । विणु गुर पीरै को थाइ न पाई ।।
राहु दसाइ ओथै को जाइ । करणी बाझहु भिसति न पाइ ।।
जोगी कै घरि जुगति दसाइ । तित कारणि कनि मुंद्रा पाइ ।।
मुंद्रा पाइ फिरै संसारि । जिथै किथै सिरजणहारु ।।
जेते जीअ तेते वाटाऊ । चीरी आई ढिल न काऊ ।।
एथै जाणै सु जाइ सिञाणै । होरु फकड़ हिंदू मुसलमाणै ।।
सभना का दरि लेखा होइ । करणी बाझहु तरै न कोइ ।।
सचो सचु वखाणै कोइ । नानक अगै पुछ न होइ ।।२।।

विशेष :—जोधा और वीरा दो राजपूत थे । ये दोनों भाई-भाई थे । ये "राबिनहुड" की भाँति जंगल में रहते थे । अकबर इन्हें वश में ले आना चाहता था । किन्तु उन्होंने कहलवाया, "हम ऐसे-वैसे राजपूत नहीं हैं, जो अपनी पुत्रियों को देकर तुम्हारे गुलाम हुए हैं ।" अकबर ने इन पर चढ़ाई कर दी । ये दोनों भाई युद्धस्थल में लड़कर स्वर्गधाम सिधारे । चारणों ने इनके शौर्य के गीत बनाए, जिसका उदाहरण निम्नलिखित है—

"सनमुख होए राजपूत शूतरी रणकारीआं ।
इंदर सणे अप्पछरां मिलि करनि जुहारीआं ।।"

इस वार की पौड़ियों को गाने का संकेत इसी वार की तर्ज पर किया गया है ।।

अर्थ : सलोकु :—दानी लोग पाप से एकत्र किए (धन) से दान देते हैं (और दानी होने का दम्भ भरते हैं)। गुरु शिष्यों के घर पर दीक्षा (शिक्षा) देने जाते हैं। स्त्री-पुरुष से धन के लिए प्रेम है। (जब धन नहीं है), तो चाहे कोई आए (और चाहे) जाए। कोई शास्त्र-वेद नहीं मानता है, (सब मनमुख हो गए हैं); अपने-अपने स्वार्थ की पूजा होती है। काजी होकर न्याय करने के लिए बैठता है। (लोगों को दिखलाने के लिये) तस्वीह (माला) फेरता है और "खुदा, खुदा" करता है। रिश्वत लेकर सच्चाई (ईमानदारी) गंवा देता है। यदि कोई पूछता है (कि ऐसा क्यों करते हो), तो (उसे कोई न कोई शर्रा या मिसला) पढ़ कर सुना देता है॥ (उपर्युक्त वर्णन तो मुसलमानों के सम्बन्ध में है अब हिन्दुओं की दशा का चित्रण करते हैं)—(हिन्दू लोग) तुरकों का मंत्र—इस्लामी कलमा कानों और हृदय में बसाते हैं; वे लोगों को लूटते हैं और चुगली करते हैं। चौका देकर पवित्र होते हैं—इस प्रकार के हिन्दू को देखो। योगी गृहस्थ होते हैं (और) जटा (रखते) हैं तथा (शरीर में) भस्म—विभूति लगाते हैं। (उनके मरने पर उनके) आगे-पीछे (होकर) पुत्र रोते हैं। इस प्रकार योग को नहीं प्राप्त किया, (और योग की) युक्ति भी गँवा दी। (पता नहीं) किस कारण सिर में (व्यर्थ) राख डाली? हे नानक, कलियुग का यही प्रमाण है कि आप ही कहनेवाले और आप ही जाननेवाले बन बैठते हैं॥१॥

हिन्दुओं के घर में हिन्दू (तात्पर्य यह कि ब्राह्मण) आता है। (वह कुछ मंत्र) पढ़ कर सूत का यज्ञोपवीत गले में पहना देता है। सूत (का यज्ञोपवीत) पहन कर भी (वह प्राणी बुराई नहीं छोड़ता) और बुराई करता जाता है। केवल (बाह्य सफाई)—नहाने-धोने से ही, (मनुष्य) (परमात्मा के यहाँ) स्थान नहीं पाता। मुसलमान (अपने धर्म की) प्रशंसा करता है। (किन्तु) बिना पीर-गुरु के कोई भी (खुदा के दरबार में) कबूल नहीं होता। राह पूछ कर उस स्थान पर कोई बिरला ही पहुँचता है। बिना (शुभ) कर्म किए बिहिश्त (स्वर्ग) की प्राप्ति नहीं होती। (मनुष्य) योगी के घर में योग की युक्ति पूछने के लिए जाता है। उस (परमात्मा की प्राप्ति) के निमित्त कानों में मुद्रा पहनता है। मुद्रा पहन कर संसार में विचरण करता है। पर वह सिरजनहार तो जहाँ-तहाँ (सर्वत्र) है। जितने जीव हैं, उतने ही पथिक हैं। (परमात्मा के यहाँ से) चिट्ठी (मौत की पुकार) आ गई, तो इसमें कोई ढील नहीं पड़ेगी; (तब तो वहाँ जाना ही पड़ेगा)। जो इस संसार में उस (प्रभु) को जानता है, वही आगे (उसे) प्राप्त करता है। (बिना प्रभु के जाने) हिन्दू-मुसलमान सब व्यर्थ (फोकट) हैं। (परमात्मा के) दरवाजे पर सभी का लेखा होता है, (चाहे वह हिन्दू हो, अथवा मुसलमान)। बिना (शुभ) करनी के कोई भी (इस संसार-सागर से) नहीं तर सकता। यदि कोई सच्चा ही सच्चा कहता है, तो आगे (परमात्मा के दरबार में) जाकर (कर्मों के हिसाब-किताब के लिए) उसकी पूछ नहीं होती॥२॥

पउड़ी हरि का मंदरु आखीऐ काइआ कोटु गड़ु।
अंदरि लाल जवेहरी गुरमुखि हरि नामु पड़्॥
हरि का मंदरु सरीरु अति सोहणा हरि हरि नामु द्रिड़ु।
मनमुख आपि खुआइअनु माइआ मोह नित कड़ु॥
सभना साहिबु एकु है पूरै भागि पाइआ जाई॥१॥

पउड़ी : शरीर को हरि का रहनेवाला घर कहना चाहिए, (बल्कि उसका) किला ही कहना चाहिए। गुरु के द्वारा हरि-नाम पढ़ो, (तो इसके) अन्तर्गत लाल-जवाहर (के समान अमूल्य गुण प्राप्त होंगे)। हरी के रहने का स्थान, (यह) शरीर बड़ा ही सुहावना है, (किन्तु) हरी-हरी नाम को दृढ़ करो। मनमुख अपने आप को नष्ट कर देते हैं; (वे) माया-मोह में ही नित्य दग्ध होते रहते हैं। सभी (प्राणियों) का स्वामी एक मात्र (हरी) है, वह बड़े भाग्यों से पाया जाता है ॥ १ ॥

सलोकु ना सति दुखीआ ना सति सुखीआ ना सति पाणी जंत फिरहि।
ना सति मूंड मुडाई केसी ना सति पड़िआ देस फिरहि ॥
ना सति रुखी बिरखी पथर आपु तछावहि दुख सहहि।
ना सति हसती बधे संगल ना सति गाई घाहु चरहि ॥
जिसु हथि सिधि देवै जे सोई जिसनो देइ तिसु आइ मिलै।
नानक ताकउ मिलै वडाई जिसु घटि भीतर सबदु रवै ॥
सभि घटि मेरे हउ सभनी अंदरि जिसहि खुआई तिसु कउणु कहै।
जिसहि दिखाला वाटड़ी तिसहि भुलावै कउणु ॥
जिसहि भुलाई पंध सिरि तिसहि दिखावै कउणु ॥३॥
सो गिरही जो निग्रहु करे। जपु तपु संजमु भीखिआ करै ॥
पुंन दान का करे सरीरु। सो गिरही गंगा का नीरु ॥
बोले ईसरु सति सरूपु। परम तंत महि रेख न रूपु ॥४॥
सो अउधूती जो धूपे आपु। भिखिआ भोजनु करै संतापु ॥
अउहठ पटण महि भीखिआ करै। सो अउधूती सिव पुरि चड़ै ॥
बोलै गोरखु सति सरूप। परम तंत महि रेख न रूपु ॥५॥
सो उदासी जि पाले उदासु। अरध उरध करे निरंजनु वासु ॥
चंद सूरज की पाए गंढि। तिसु उदासी का पड़ै न कंधु ॥
बोलै गोपीचंदु सति सरूपु। परम तंत महि रेख न रूपु ॥६॥
सो पाखंडी जि काइआ पखाले। काइआ की अगनि ब्रहमु परजाले ॥
सुपनै बिंदु न देई झरणा। तिसु पाखंडी जरा न मरणा ॥
बोलै चरपटु सति सरूपु। परम तंत महि रेख न रूपु ॥७॥
सो बैरागी जि उलटे ब्रहमु। गगन मंडल महि रोपै थंमु ॥
अहिनिसि अंतरि रहै धिआनि। ते बैरागी सत समानि ॥
बोलै भरथरि सति सरूपु। परम तंत महि रेख न रूपु ॥८॥
किउ मरै मंदा किउ जीवै जुगति। कंन पड़ाइ किआ खाजै भुगति ॥
आसति नासति एको नाउ। कउणु सु अखरु जितु रहै हिआउ ॥
धूप छाव जे समकरि सहै। ता नानकु आखै गुरु को कहै ॥
छिअ वरतारे वरतहि पूत। ना संसारी ना अउधूत ।
निरंकारि जो रहै समाइ। काहे भिखिआ मंगणि जाइ ॥९॥

सलोक : दुखी होने में सत् (की प्राप्ति); (तात्पर्य सिद्धि) नहीं है, न सुखी होने में सिद्धि है और न जल-जन्तुओं की भाँति पानी के फिरने में ही सिद्धि है। न तो सिर के बाल मुँढ़ाने में सिद्धि है, न पढ़ने में सिद्धि है और न देश-देशान्तरों के भ्रमण में ही सिद्धि है। रूख-वृक्ष एवं पत्थर (की भाँति स्थिर हो जाने में भी) सिद्धि नहीं है; (बहुत से लोग) अपने आप को कटाते हैं तथा दुःख सहते हैं, (इसमें भी सिद्धि नहीं है)। (सांसारिक ऐश्वर्यों में—उदाहरणार्थ) हाथियों को साँकल के बाँधने और गायों के इधर-उधर चरने में भी सिद्धि नहीं है। वह (परमात्मा) जिसके हाथ में सिद्धि देता है, (उसे ही सिद्धि प्राप्त होती है); जिसे वह देता है, उसी को (सिद्धि) आकर मिलती है। नानक कहता है कि उसी व्यक्ति को बड़ाई प्राप्त होती है, जिसके हृदय के भीतर शब्द—नाम का स्मरण होता है। (परमात्मा कहता है) —"सभी घटों के भीतर मैं हूँ, जिसे मैं भुलावा दे दूँ; उसे और कौन मार्ग बता सकता है ? और जिसे मैं मार्ग दिखला दूँ, उसे कौन भुलावा दे सकता है ? जिसे मार्ग के प्रारम्भ में ही भुला दूँ (भटका दूँ), उसे (मार्ग), कौन दिखा सकता है ?" ॥ ३ ॥

वही (वास्तविक) गृहस्थ है, जो (इन्द्रियों तथा मन का) निग्रह करता है; (वह) (परमात्मा से) जप, तप और संयम की भिक्षा माँगे, (अपने) शरीर को पुण्य-दान (करने वाला) बनावे। जो गंगा-जल (की भाँति पवित्र और निर्मल है), वही गृहस्थ है। ईश्वर [एक आदर्श गृहस्थ का नाम है], कहता है, (कि वह परमात्मा) सत्य-स्वरूप है; उस परम तत्व में कोई रेखा अथवा रूप नहीं है। [अथवा उपर्युक्त पंक्तियों का इस भाँति भी अर्थ हो सकता है—ईश्वर (परमात्मा) सत्यस्वरूप कहलाता है। उस परम तत्व में कोई रूप-रेखा नहीं हैं।] ॥ ४ ॥

वही अवधूत है, जो अपनापन जला दे; (और) कष्ट-सहन को ही भिक्षा का भोजन बनावे। (वह) (हृदय रूपी) नगर में (ज्ञान की) भिक्षा माँगे। वही (वास्तविक) अवधूत है, जो परमात्मा के देश में चढ़ता है। गोरखनाथ (अवधूत—योगी विशेष) कहते हैं कि परमात्मा सत्यस्वरूप है; उस परम तत्व में कोई रेखा अथवा रूप नहीं है ॥ ५ ॥

वही (वास्तविक) उदासी है, जो उदासीन—विरक्त धर्म का (यथोचित) पालन करता है। (वह) नीचे-ऊँचे (सभी स्थानों में) उस निरंजन का निवास-स्थान समझे। वह अपने ही अन्तर्गत चन्द्रमा (की शीतलता) और सूर्य (का ज्ञान) एकत्र करे। ऐसे उदासी के शरीर का नाश नहीं होता। गोपीचंद (उदासी विशेष का नाम) कहते है कि परमात्मा सत्य स्वरूप है। उस परम तत्व में कोई रेखा अथवा रूप नहीं है ॥ ६ ॥

वही (सच्चा) पाखण्डी है, जो शरीर को धोता है, (तात्पर्य यह कि शुद्ध करता है)। (वह) शरीर की अग्नि में ब्रह्माग्नि प्रज्वलित करे। (वह) स्वप्न में भी वीर्य को न गिरने दे; ऐसे पाखण्डी की न जरावस्था (वृद्धावस्था) होती है, और मरण ही होता है। चर्पटनाथ कहते हैं कि परमात्मा सत्यस्वरूप है; उस परम तत्व में न कोई रेखा है और न कोई रूप है।

[**विशेष :** पाखण्डी एक मत है, जिसके अनुसार लोगों की दृष्टि से बचने के लिए जान-बूझ कर और के और कर्म किए जाते हैं। यह वाम मार्ग का एक पंथ है] ॥ ७ ॥

वही (वास्तविक) वैरागी है, जो ब्रह्म को (मन की ओर) उलटे और आश्रय (स्वयम्भ) रूप (परमात्मा को) दशम द्वार में आरोपित कर दे। (वह) अहर्निश आन्तरिक ध्यान में (निमग्न) रहे। वह वैरागी सत्यस्वरूप (परमात्मा) का ही रूप हो जाता है। भरथरी कहते हैं कि परमात्मा सत्यस्वरूप है। उस परम तत्व में कोई रेखा अथवा रूप नहीं है ॥ ८ ॥

कान फड़वा कर भोजन करने से क्या (लाभ) ? (भला) इससे बुराई क्यों मरे और (वास्तविक) जीवन की युक्ति किस प्रकार (प्राप्त हो) ? वह कौन सा अक्षर है, जिसके साथ हृदय (स्थिर होकर) टिके ? वह केवल नाम ही है, जो (संसार के) 'अस्ति' (होने में) और 'नाऽस्ति' (न होने में) विद्यमान था)। नानक कहते हैं (कि हे योगी, तुझे) कोई गुरु ही समझा सकता है कि धूप-छाँह (दुःख सुख) को समान समझो। (लोग ऊपर कहे हुए) छः व्यवहारों (तात्पर्य यह है कि (१), गृहस्थ, (२), अवधूत, (३) उदासी, (४) पाखण्डी, (५) वैरागी, और (६) कनफटा)—के बीच पुत्र (शिष्य) होकर वरत रहे हैं; किन्तु न तो वे सुन्दर गृहस्थ ही होते हैं, और न त्यागी विरक्त ही। जो (व्यक्ति) निर्गुण (परमात्मा) में लीन हो जायगा, (वह भला, द्वार द्वार) भीख क्यों माँगने जायगा ? ॥ ९ ॥

पउड़ी : **हरि मंदरु सोई आखीऐ जिथहु हरि जाता।**
मानस देह गुर बचनी पाइआ सभु आतम रामु पछाता ॥
बाहरि मूलि न खोजीऐ घर माहि बिधाता।
मनमुख हरि मंदर की सार न जाणनी तिनी जनमु गवाता ॥
सभ महि इकु वरतदा गुर सबदी पाइआ जाई ॥ २ ॥

पउड़ी : जहाँ पर हरि जाना गया, उसी (स्थान) को "हरि-मन्दिर" कहना चाहिए। मनुष्य के देह में गुरु के उपदेश द्वारा (हरी को प्राप्त किया और) सभी (स्थानों) में आत्मा-राम को पहचाना। (कहीं) बाहर मूल (आदि पुरुष) को खोजने मत जाओ, (तुम्हारे) घर (हृदय) में ही रचयिता (कर्ता-पुरुष) विद्यमान है। मनमुख "हरि-मन्दिर" का पता (खोज-खबर) नहीं जानते, उन्होंने (मायिक प्रपंचों में ही) अपना (अमूल्य मानव)-जन्म गँवा दिया। सभी में एक (परमात्मा) वरत रहा है, (किन्तु) वह गुरु के शब्दों से ही पाया जाता है ॥ २ ॥

सलोकु : **नानक आखै रे मना सुणीऐ सिख सही।**
लेखा रबु मंगेसीआ बैठा कढि वही ॥
तलबा पउसनि आकीआ बाकी जिना रही।
अजराईलु फरेसता होसी आइ तई ॥
आवणु जाणु न सुझई भीड़ी गली फही।
कूड़ निखुटे नानका ओड़कि सचि रही ॥ १० ॥

सलोक : नानक कहता है कि ऐ मन, (तू) सच्ची शिक्षा सुन—परमात्मा (अपनी) वही निकाल कर (कर्मों का) लेखा-जोखा माँगने बैठेगा। उन बागियों (मनमुखों) के बुलावे आ पड़ेंगे, जिनके (जिम्मे) लेखे का बाकी (हिसाब) है। फरिश्ता अजराईल (मुसलमानों के अनुसार मौत का देवता) (द्वार पर) तैयार होकर (सजा देने के लिए) आया होगा। उस

समय तंग गले में फंसी हुई (जीवात्मा) को आना-जाना कुछ नहीं सूझेगा। हे नानक, (ऐसी परिस्थिति में) झूठे हार जाते हैं, अन्त में सत्य ही में बचाव (रक्षा) है ॥ १० ॥

पउड़ी : हरि का सभु सरीरु है हरि रवि रहिआ सभु आपै ।
हरि की कीमति ना पवै किछु कहणु न जापै ॥
गुरपरसादी सालाहीऐ हरि भगती रापै ।
सभु मनु तनु हरिआ होइआ अहंकारु गवापै ॥
सभु किछु हरि का खेलु है गुरमुखि किसै बुझाई ॥३॥

पउड़ी : (जितने भी शरीर दिखाई पड़ रहे हैं), सभी हरि के शरीर हैं, और हरी आप ही सभी (शरीरों) में व्याप्त है। हरी की कीमत नहीं पाई जा सकती और कुछ कहने को भी नहीं सूझ पड़ता। गुरु की कृपा से, (हरी की) स्तुति करके, उसकी भक्ति में रंग जाना चाहिए। (ऐसा करने से) सारा तन, मन हरा (प्रफुल्लित) हो जाय और (सारे) अहंकार को नष्ट कर दे। (यह) सब कुछ हरी का खेल है; गुरु के द्वारा किसी को (यह रहस्य) समझ पड़ता है ॥ ३ ॥

सलोकु : सहंसर दान दे इंद्रु रोआइआ । परसुराम रोवै घरि आइआ ॥
अजै सु रोवै भीखिआ खाइ । ऐसी दरगह मिलै सजाइ ॥
रोवै रामु निकाला भइआ । सीता लखमणु विछुड़ि गइआ ॥
रोवै दहसिरु लंक गवाइ । जिनि सीता आदी डउरू वाइ ॥
रोवहि पांडव भए मजूर । जिन कै सुआमी रहत हदूरि ॥
रोवै जनमेजा खुइ गइआ । एकी कारणि पापी भइआ ॥
रोवहि सेख मसाइक पीर । अंति कालि मतु लागै भीड़ ॥
रोवहि राजे कंन पड़ाइ । घरि घरि मागहि भीखिआ जाइ ॥
रोवहि किरपन संचहि धनु जाइ । पंडित रोवहि गिआनु गवाइ ॥
बाली रोवहि नाहि भतारु । नानक दुखीआ सभु संसारु ॥
मंने नाउ सोई जिणि जाइ । अउरी करम न लेखै लाइ ॥११॥

सावणु राति अहाड़ दिहु कामु क्रोधु दुइ खेत ।
लबु वत्र दरोगु बीउ हाली राहकु हेत ॥
हलु बीचारु बिकार मण हुकमी खटे खाइ ।
नानक लेखै मंगिऐ अउतु जणेदा जाइ ॥१२॥

भउ भुइ पवितु पाणी सतु संतोखु बलेदु ।
हलु हलेमी हाली चितु चेता वत्र वखत संजोगु ॥
नाउ बीजु बखसीस बोहल दुनीआ सगल दरोग ।
नानक नदरी करमु होइ जावहि सगल विजोग ॥१३॥

सलोक : (गौतम ऋषि की पत्नी अहल्या का धोखे में सतीत्व नष्ट करने के लिए) इन्द्र को सहस्र भगोंवाला (बनने का) दण्ड दे कर रुलाया गया। (श्री रामचन्द्र जी के द्वारा शक्ति ले लेने पर) परशुराम घर आ कर रोने लगे। (श्री रामचन्द्र के पितामह राजा) अज

ने जो (अभक्ष्य) भिक्षा (एक साधु को खाने को दी थी, पीछे अपने भाग में उसी को) खाने के लिए पा कर रोने लगे। (परमात्मा के) दरबार में (किए हुए अपराधों की) सजा इसी प्रकार मिलती है। देश-निकाला होने पर राम को भी दुखी होना पड़ा। (श्री रामचन्द्र के साथ वन में सीता और लक्ष्मण भी आए, किन्तु (वन में) सीता का वियोग हो गया। दस सिरोंवाला रावण (अपनी सोने की) लंका गँवा कर बहुत रोया, जिस (रावण) ने (भिखारी के वेश में) डमरू बजा कर सीता का हरण किया था। जिन पाण्डवों के स्वामी (श्री कृष्ण) उनके सदैव समीप रहते थे, (प्रारब्धवश अज्ञातवास में उन्हें भी राजा विराट के दरबार में) मजदूर बन कर दुखी होना पड़ा। राजा जन्मेजय को कुराह में जाने के कारण रोना पड़ा। एक पाप के कारण (अश्वमेध यज्ञ में एक ब्राह्मण के मारने के अपराध के निमित्त) (राजा जन्मेजय को) (कोढ़ी के रूप में) पापी होना पड़ा। शेख, मशायख (शेख का बहु वचन) (सभी) रोते हैं। (वे यह सोच कर दुखी होते हैं कि कहीं) अन्तिम समय में कोई विपत्ति (तंगी) न आ जाय। (भरथरी, गोपीचन्द आदि) राजे कान फड़वा कर रोते हैं; वे घर घर जा कर भीख माँगते हैं। कृपण धन संग्रह करते हैं और धन चले जाने पर दुखी होते हैं। पंडितगण अपना ज्ञान गँवा कर रोते हैं। (जिस लड़की का) पति घर नहीं है, वह लड़की (अपने पति के लिए) रोती है। हे नानक, (इस प्रकार) सारा संसार दुखी है। जो व्यक्ति नाम को मानते हैं, वे ही जीतते हैं। (नाम के अतिरिक्त) और कर्म लेखे में नहीं लाने चाहिए ॥ ११ ॥

[निम्नलिखित 'बारहवें सलोक' में मनमुखों की खेती का वर्णन है]। (मनमुखों के) रात-दिन सावन और असाढ़ (की फ़सलें) हैं, जिनमें काम-क्रोध के खेत बोए जाते हैं, (भाव यह कि दिन रात काम क्रोध में रत रहना ही मनमुखों को असाढ़ और सावन की खेती है)। लालच ही (उनके खेतों के) बोने का समय है, झूठ बीज है, मोह हल चला कर बोनेवाला (किसान) है। विकारी (बुरा) विचार ही हल है, मन के हुक्म के अनुसार वह (ऐसी कृषि) पैदा करता है और खाता है। नानक कहते हैं कि लेखा माँगने के समय में जननेवाला (पिता) निपूता ही आता-जाता है, (तात्पर्य यह कि हिसाब-किताब के समय उसका जीवन व्यर्थ ही साबित होता है) ॥ १२ ॥

["तेरहवें सलोक" में गुरु नानक देव ने गुरुमुखों की खेती के रूपक के माध्यम से चित्रित की है]। (गुरुमुखों की खेती में परमात्मा का) भय ही पृथ्वी है, पवित्रता ही (उस खेती के के लिए) जल है; सत्य और संतोष (दो) बैल हैं, विनम्रता ही हल है, चित्त हल चलानेवाला है, (परमात्मा का) स्मरण ही खेतों की नमी वाली अवस्था है, (परमात्मा से) मिलन—संयोग, यही बोने का (उपयुक्त) समय है; (हरि का) नाम ही बीज है, (भगवान् की) कृपा खलिहान है। (इस खेती को छोड़कर) और सारी दुनिया झूठी है। नानक कहते हैं कि यदि कृपालु (हरी) की कृपादृष्टि हो जाय, तो समस्त विछोह दूर हो जायं ॥ १३ ॥

पउड़ी :

मनमुखि मोहु गुबारु है दूजै भाइ बोलै।
दूजै भाइ सदा दुखु है नित नीरु विरोलै ॥
गुरमुखि नामु धिआईऐ मथि ततु कढोलै।
अंतरि परगासु घटि चानणा हरि लधा टोलै ॥
आपे भरमि भुलाइदा किछु कहणु न जाई ॥४॥

पउड़ी : मनमुख के (हृदय में सदेव) मोह (रूपी) अंधकार (व्याप्त) रहता है, (जिससे वह अहर्निश) द्वैतभाव में ही बोलता है। द्वैतभाव (के आवरण में) सदैव दुःख ही दुःख है। (द्वैतभाव में आचरण करके सुख पाना ठीक उसी प्रकार है, जिस प्रकार) नित्य पानी को मथ कर (मक्खन प्राप्त करना); (तात्पर्य यह कि द्वैतभाव के आचरण से सुख की आशा करना ठीक उसी भाँति है, जिस भाँति पानी मथ कर मक्खन की प्राप्ति की आशा रखना)। गुरुमुख नाम का ध्यान करता है। (वह) (उस नाम रूपी दही) को मथ कर तत्त्व रूपी (मक्खन) निकालता है। उसके अन्तःकरण में, और घट (शरीर) में (ज्ञान का) प्रकाश हो गया है; (उसने) ढूंढ़ कर (परमात्मा को) प्राप्त कर लिया है। (जीव) आप ही (अज्ञान में) भ्रमित होकर भटकता रहता है, (परमात्मा की इस लीला के संबंध में) कुछ कहा नहीं जा सकता ॥४॥

सलोकु : नानक इहु जीउ मछुली झीवरु तृसना कालु ।
मनूआ अंधु न चेतई पड़ै अचिंता जालु ॥
नानक चितु अचेतु है चिंता बधा जाइ ।
नदरि करे जे आपणी ता आपे लए मिलाइ ॥१४॥

सलोक : नानक कहते हैं कि यह प्राणी (जीव) मछली (के समान) है और तृष्णा रूपी काल मल्लाह (के समान) है। (किन्तु) अन्धा (अज्ञानी) मन (कुछ) समझता नहीं, (जिससे) बिना जाने ही (धोखे में) (काल के) जाल में पड़ जाता है। हे नानक, (यह) चित्त (अत्यंत) असावधान है (और अपनी) चिन्ताओं के कारण ही बाँधा जाता है। (हाँ), यदि (प्रभु) अपनी कृपादृष्टि करे, तो स्वयं ही (भटकते हुए जीव को) अपने में मिला कर (एक कर लें) ॥ १४ ॥

पउड़ी : से जन साचे सदा सदा जिनी हरि रसु पीता ।
गुरमुखि सचा मनि वसै सचु सउदा कीता ॥
सभु किछु घर ही माहि है वडभागी लीता ॥
अंतरि तृसना मरि गई हरि गुण गावीता ॥
आपे मेलि मिलाइअनु आपे देइ बुझाई ॥५॥

पउड़ी : जिन (व्यक्तियों) ने हरि-रस को पी लिया है, वे पुरुष सदेव सदेव से सच्चे हो गए हैं। गुरु की शिक्षा द्वारा सच्चा (परमात्मा) मन में (आकर) बस जाता है; (उन्होंने) सच्चे सौदे को किया है। सभी कुछ (वस्तु) इसी घर (शरीर) में है, बड़भागी (अत्यन्त भागशाली) ही ने (उसे) (प्राप्त) कर लिया है। हरि का गुणगान करने से आन्तरिक तृष्णा शान्त हो जाती है। (प्रभू) स्वयं अपने में (प्राणी को) मिला लेता है और स्वयं (उसे) बोध करा देता है ॥ ५ ॥

सलोकु : वेलि पिंञाइआ कति वुणाइआ ।
कटि कुटि करि खुंबि चड़ाइआ ॥
लोहा वढे दरजी पाड़े सूई धागा सीवै ।
इउ पति पाटी सिफती सीपै नानक जीवत जीवै ॥

होइ पराणा कपड़ पाटै सूई धागा गंढै ।
माहु पखु किहु चलै नाही घड़ी मुहतु किछु हंढै ॥
सचु पुराणा होवै नाही सीता कदे न पाटै ।
नानक साहिबु सचो सचा तिचरु जापी जापै ॥१५॥

सच की काती सचु सभु सारु ।
घाड़त तिस की अपर अपार ॥
सबदे साण रखाई लाइ ।
गुण की थेकै विचि समाइ ॥
तिसदा कुठा होवै सेखु ।
लोहू लबु निकथा वेखु ॥
होइ हलालु लगै हकि जाइ ।
नानक दरि दीदारि समाइ ॥१६॥

कमरि कटारा बंकड़ा बंके का असवारु ।
गरबु न कीजै नानका मतु सिरि आवै भारु ॥१७॥

सलोक : (पहले रुई को) ओट कर, (फिर) धुन कर, (फिर) कातकर, (तब) बुना जाता है । (तत्पश्चात् फिर उस बुने हुए वस्त्र को) काट कूट कर (ठीक कर), (रंगने के पहले) खुंब पर चढ़ाया जाता है। [खुंब=जिस पात्र में वस्त्र तपाये जाते हैं; उसे खुंब कहते हैं] । (तत्पश्चात् उस वस्त्र को) लोहा (तात्पर्य यह कि)—कैंची काटती है, (तब) दरजी उसे फाड़ता है (और अंत में) सुई-धागा से उसे सीते हैं । इसी प्रकार फटी हुई प्रतिष्ठा को (परमात्मा की) स्तुति करनेवाला (पुरुष) (उसके गुणगान रूपी सुई-तागे से) सी देता है । हे नानक, (इस प्रकार वह व्यक्ति अमरत्व का) जीवन जीता है । (यदि) वस्त्र पुराना होकर फट जाता है, तो सुई-धागा (उसे) सी देते हैं, (परन्तु ऐसा वस्त्र बहुत दिनों तक नहीं चलता, वह अन्त में फट ही जाता है; इसी प्रकार सांसारिक जीवन बहुत दिनों तक नहीं चलता, चाहे वह कितनी सुंदर युक्ति से क्यों न रहा जाय) । (सांसारिक जीवन) महीना, पक्ष कुछ भी नहीं चलता; घड़ी, मुहूर्त्त में ही (वह) नष्ट हो जाता है । सत्य पुराना (कभी) नहीं होता, (क्योंकि वह शाश्वत और चिर-नवीन है) । सत्य सिया जाने पर (फिर) कभी नहीं फटता, (तात्पर्य यह कि सत्य का साक्षात्कार कर लेने पर, फिर च्युत होने का भय नहीं रहता) । नानक कहते हैं कि साहब (परमात्मा) शाश्वत सत्य है; हम इसे जितना अधिक जपते रहें, यह उतना ही अधिक स्थायी और शाश्वत (हमें) दिखलाई पड़ता है ॥ १५ ॥

विशेष : १६ वें 'सलोक' में गुरु नानक देव जी ने बताया है कि मनुष्य-जीवन 'हलाल' का जीवन किस प्रकार बनाया जा सकता है । इसे रूपक के माध्यम से अभिव्यक्त किया है । जो मनुष्य इस प्रकार अपने को 'हलाल' करता है, वही परमात्मा के दरबार में पहुँचता है ।

अर्थ : सत्य की छुरी (बनावे) और सारा लोहा भी (उस छुरी का) सत्य का ही हावे । अपरंपार (निर्गुण हरी) ही उस (छुरी) की बनावट हो । (उस छुरी को) शब्द रूपी—नाम रूपी सान पर (पैनी करके) ले आ । (शुभ) गुणों की म्यान में (इस ज्ञान रूपी छुरी को) रख । यदि शेख इस प्रकार की छुरी का कुट्ठा किया हुआ हो (हनन किया हुआ

हो), (तात्पर्य यह कि यदि शेख का जीवन इस प्रकार निर्मित किया गया हो), तो (ऐसे शेख के) लोभ रूपी रक्त को निकला हुआ हो समझो। (ऐसा पुण्यात्मा) हलाल होकर हक— सत्य (हरी) में जा लगता है और उसके दर्शन से उसके दरबार में प्रविष्ट हो जाता है। ['हलाल'=जिस जानवर का रक्त बिलकुल निकल जाय, उसे 'हलाल' कहते हैं] ॥ १६ ॥

(चाहे) कमर में सुन्दर कटार (बँधी हो) और सुन्दर (घोड़े पर) सवार हो. (पर) नानक कहते हैं, (कि इस सांसारिक ऐश्वर्य पर) फूले मत समाओ, (क्योंकि यह क्षणभंगुर है) बल्कि सिर के बल पड़ जाओ (और अपनी विनम्रता प्रदर्शित करो) ॥१७॥

पउड़ी : **सो सतसंगति सबदि मिलै जो गुरमुखि चलै ।**
सचु धिआइनि से सचे जिन हरि खरचु धनु पलै ॥
भगत सोहनि गुण गावदे गुरमति अचलै ।
रतन बीचारु मनि वसिआ गुर कै सबदि भलै ॥
आपे मेलि मिलाइदा आपे देइ वडिआई ॥६॥

पउड़ी : जो गुरमुखों के कथनानुसार चलता है, उसे सत्संगति में शब्द—नाम की प्राप्ति होती है। जिनके पास (पल्ले) हरि-धन रूपी खर्च है, वे सच्चे (पुरुष) सत्यस्वरूप (हरी) का ही ध्यान करते हैं। ऐसे भक्त गुरु द्वारा दी गई बुद्धि में अचल हैं, (वे प्रभु का) गुणगान करके (उसके दरबार में) सुशोभित होते हैं। गुरु के उत्तम (भले) उपदेश द्वारा (उनके) मन में विचार रूपी रत्न बस गया है। (प्रभु) (साधक को) स्वयं ही अपने में मिलाता है और स्वयं ही बड़ाई (प्रतिष्ठा) प्रदान करता है ॥ ६ ॥

सलोकु : **सरवर हंस धुरे ही मेला खसमै एवै भाणा ।**
सरवर अंदरि हीरा मोती सो हंसा का खाणा ॥
बगुला कागु न रहई सरवरि जे होवै अति सिआणा ।
ओना रिजकु न पइओ ओथै ओन्हा होरो खाणा ॥
सचि कमाणै सचो पाईऐ कूड़ै कूड़ा माणा ।
नानक तिन कौ सतिगुरु मिलिआ जिना धुरे पैया परवाणा ॥१८॥

साहिबु मेरा उजला जेको चिति करेइ ।
नानक सोई सेवीऐ सदा सदा जों देइ ॥
नानक सोई सेवीऐ जितु सेवीऐ दुखु जाइ ।
अवगुण वंञनि गुण रवहि मनि सुखु वसै आइ ॥ १९ ॥

सलोक : (गुरु रूपी) सरोवर और (गुरुमुख रूपी) हंस का मिलाप प्रियतम (हरी) ने अपनी मर्जी के अनुसार पहले से रच रक्खा है। (उस गुरु रूपी) सरोवर में (जो गुण रूपी) हीरा और मोती हैं, वे ही (गुरुमुख रूपी) हंसों के आहार हैं। जो अत्यन्त चतुर (सांसारिक बुद्धि वाले) (मनमुख रूपी) बगुले और कौवे हैं, वे (गुरु रूपी) सरोवर में नहीं रह सकते। (उनका विषय रूपी) आहार (घोंघें, मेढक आदि) उस स्थान पर नहीं प्राप्त होता, उनका आहार (विषय—मेढक, घोंघा) तो अन्य ही है। (गुरु रूपी सरोवर में तो गुण रूपी हीरा मोती विद्यमान हैं, और वह मनमुख रूपी बगुलों और कौओं को प्रिय नहीं है)।

सत्य की कमाई से सत्य की ही प्राप्ति होती है। झूठों का झूठ ही भाग होता है। नानक कहते हैं कि जिन्हें प्रारम्भ से ही (परमात्मा का) परवाना (हुक्म) मिला रहता है, उन्हें ही गुरु प्राप्त होता है ॥ १८ ॥

यदि कोई (परमात्मा को) चित्त में स्मरण करे, (तो) वह मेरा साहब (परम) प्रकाशक (अनुभव होता) है। हे नानक, उसी प्रभु की आराधना कर जो सदैव सदैव देता ही रहता है। हे नानक, उसी प्रभु की सेवा करनी चाहिए, जिसकी सेवा से (समस्त) दुःख नष्ट हो जाते हैं, अवगुण दूर हो जाते हैं, गुण अन्दर आ कर बस जाते हैं और मन में सुख आकर निवास करने लगता है ॥ १९ ॥

पउड़ी : आपे आपि वरतदा आपि ताड़ी लाईअनु ।
आपे ही उपदेसदा गुरमुखि पतीआईअनु ।
इकि आपे उझड़ि पाइअनु इकि भगती लाइअनु ।
जिसु आपि बुझाए सो बूझसी आपे नाइ लाईअनु ॥
नानक नामु धिआईऐ सची वडिआई ॥७॥

पउड़ी : (प्रभु) आप ही (सर्वत्र) बरत कर रहा है, आप ही ताड़ी (ध्यान) लगा कर (अपने में) (निमग्न) हैं, (तात्पर्य यह कि प्रभु अपनी ही महिमा में स्वयं प्रतिष्ठित है)। (वह) स्वयं ही उपदेश देता है और स्वयं ही गुरु के द्वारा धैर्य प्रदान कराता है। कुछ कुछ (व्यक्तियों) को (वह) स्वयं कुमार्ग में डाल देता है और कुछ को भक्ति में लगाता है। (वह प्रभु) स्वयं जिसे समझाता है, वही समझता है; (प्रभु) स्वयं ही (साधक को अपने) नाम में लगाता है। हे नानक, नाम का ध्यान कर (वही) सच्ची बड़ाई (प्रतिष्ठा) है ॥ ७ ॥

१ओं सतिनामु करता पुरखु निरभउ निरवैरु अकाल मूरति अजूनी सैभं गुर प्रसादि

रागु मारू महला १, चउपदे, घरु १

सबद [१]

सलोकु : साजन तेरे चरन की होइ रहा सदा धूरि ।
नानक सरणि तुहारीआ पेखउ सदा हजूरि ॥१॥

सलोकु : हे साजन, (मैं) सदैव तेरे चरणों की धूलि हो रहा हूँ । (मैं) नानक (सदैव) तेरी शरण में (रह कर), (तुझे) सदैव (अपने) सामने देखता रहूँ ॥ १ ॥

सबद : पिछहु राती सदड़ा नामु खसम का लेहि ।
खेमे छत्र सराइचे दिसनि रथ पीड़े ।
जिनी तेरा नामु धिआइआ तिन कउ सदि मिले ॥१॥
बाबा मैं करमहीणु कूड़िआर ।
नामु न पाइआ तेरा अंधी भरमि भूला मनु मेरा ॥१॥रहाउ॥
साद कीते दुख परफुड़े पूरबि लिखे माइ ।
सुख थोड़े दुख अगले दूखे दूखि विहाइ ॥२॥
विछुड़िआ का किआ वीछुड़े मिलिआ का किआ मेलु ।
साहिबु सो सालाहीऐ जिनि करि देखिआ खेलु ॥३॥
संजोगी मेलावड़ा इनि तनि कीते भोग ।
विजोगी मिलि विछुड़े नानक भी संजोग ॥४॥१॥

सबद : (जिन्हें) पिछली रात्रि (ब्राह्म-मुहूर्त अथवा अमृत वेला) में (प्रभु का) बुलावा होता है, (वे ही) पति (परमात्मा) का नाम लेते हैं। उनके लिए तम्बू, छत्र, कनातें और रथ (सदैव) कसे तैयार मिलते हैं, (तात्पर्य यह कि उन्हें बड़ाई प्राप्त होती है)। (हे प्रभु) जिन्होंने, तेरे नाम का ध्यान किया है, उन्हें (तू) बुलाकर देता है ॥ १ ॥

हे बाबा, मैं भाग्यहीन और झूठा हूँ । (मैं) अज्ञानी—अन्धे ने तेरे नाम को नहीं पाया, मेरा मन (सांसारिक प्रपंचों में) भ्रमित होकर भटक गया । ॥ १ ॥ रहाउ ॥

स्वादों के करने से दुःख प्रफुल्लित हुए, (अर्थात् स्वादों के चक्कर में पड़ने से दुःखों की ही अभिवृद्धि हुई)। हे माँ, (मेरे ये दुःख) पहले के लिखे थे। (मानव-जीवन में) सुख थोड़े हैं और दुःख बहुत से हैं; (सारी आयु) दुःख ही दुःख में व्यतीत होती है ॥ २ ॥

(जो हरी से) बिछुड़े हैं, उनका और विछोह क्या हो सकता है ? (क्योंकि बड़ा से बड़ा वियोग तो संसार में यही है)। जो (प्रभु परमात्मा से) मिले हैं, उनका और मिलाप क्या हो सकता है ? (क्योंकि प्रभु-मिलन से बढ़ कर और कौन मिलन हो सकता है) ? उस प्रभु की स्तुति करनी चाहिए, जो (सृष्टि-रचना का) खेल रच कर, उसे देख रहा है। (तात्पर्य यह कि सृष्टि रच कर उसकी देखभाल कर रहा है) ॥ ३ ॥

संयोग करके (मानव-जन्म में) (हरी से) मेल हुआ; पर इस शरीर में आकर भोगों में रम गए और इस प्रकार वियोग में आ कर मिल कर भी (प्रभु से) बिछुड़ गए। पर हे नानक, संयोग (लौट कर) फिर भी (प्राप्त हो सकता है) ॥ ४ ॥ १ ॥

[२]

मिलि मात पिता पिंडु कमाइआ। तिनि करते लेखु लिखाइआ ॥
लिखु दाति जोति वडिआई। मिलि माइआ सुरति गवाई ॥१॥

मूरख मन काहे करसहि माणा। उठि चलणा खसमै भाणा ॥१॥रहाउ॥

तजि साद सहज सुखु होई। घर छडणे रहै न कोई ॥
किछु खाजै किछु धरि जाइऐ। जे बाहुड़ि दुनीआ आईऐ ॥२॥
सजु काइआ पटु हढाए। फुरमाइसि बहुतु चलाए ॥
करि सेज सुखाली सोवै। हथी पउदी काहे रोवै ॥३॥
घर घुंमणवाणी भाई। पाप पथर तरणु न जाई ॥
भउ बेड़ा जीउ चड़ाऊ। कहु नानक देवै काहू ॥४॥२॥

माता-पिता के संयोग से (यह) शरीर प्राप्त किया। (फिर) उस (शरीर) में कर्त्ता-पुरुष ने (अपनी मर्जी का) लेख लिख दिया। (कर्त्ता-पुरुष की लिखावट) 'ज्योति' और 'बड़ाई' की थी—[तात्पर्य यह कि हमारे शरीर में हरी ने दो दातें—बख्शिशें रक्खीं; पहली तो अपनी ज्योति की, जिसके प्रकाश के द्वारा मनुष्य को 'सत्' और 'असत्' का बोध होता है, और दूसरी, बड़ाई (प्रतिष्ठा) की, जिसके सहारे मनुष्य ऊँचे उठने की अभिलाषा करता है। ये दोनों भाव हमारे अन्तर्गत 'प्रभु के संयोग' का कार्य करते हैं और हमें परमात्मा की ओर खींच ले जाते हैं]। किन्तु हमारे अन्तर्गत अपनी किरति (संस्कार) के अनुसार नीचे गिराने वाले भाव भी होते हैं, जो 'वियोग' का काम करते हैं। वे (निम्न भाव हमें) माया के (आकर्षण में डाल कर) (हरी की) सुरति नष्ट कर देते हैं ॥ १ ॥

अरे मूर्ख मन, अभिमान क्यों कर रहा है ? पति (परमात्मा) के आदेशानुसार (तुझे यहाँ से) उठ कर चले जाना है ॥१ ॥ रहाउ ॥

(अरे मनुष्य), (माया के) स्वादों को त्याग दे, तो सहजावस्था—तुरीयावस्था—चतुर्थ पद का सुख (प्राप्त) हो। घर छोड़ने पर, कोई भी नहीं रह सकता। (अतएव) कुछ

तो खाग्रो ग्रौर कुछ (शुभ कर्म के रूप में भविष्य के लिए) रख जाग्रो । यदि फिर कर दुनियाँ में ग्राना पड़े, (तो तेरी रखी हुई वस्तुएं—शुभ कर्म के रूप में तेरा साथ दें) ॥ २ ॥

(ग्ररे मानव), शरीर को वस्त्रों से सजा कर (खूब ऐश्वर्य) भोगता है । (ग्रपना) हुक्म भी बहुत चलाता है । ग्राराम देनेवाली सेजों को रच कर (खूब सुखपूर्वक) सोता है । (किन्तु फिर) (यमराज के) हाथों में पड़कर रोता क्यों है ? ॥ ३ ॥

(एक तो) घर-गृहस्थी ही भंवर है, (ग्रौर दूसरे) पापों के पत्थर (गले में बंधे हैं) पापों के पत्थरों के साथ (संसार-सागर) तरा नहीं जा सकता । (ग्रतएव परमात्मा के) भय रूपी बेड़े पर जीव को चढ़ा दे (ग्रौर भवसागर पार हो जा) । नानक कहता है कि किसी विरले को ही (प्रभु इस शुभ ग्रवसर को प्राप्त करने का सौभाग्य) प्रदान करता है ॥ ४ ॥ २ ॥

[३]

करणी कागदु मनु मसवाणी बुरा भला दुइ लेख पए ।
जिउ जिउ किरतु चलाए तिउ चलीऐ तउ गुण नाही ग्रंतु हरे ॥१॥

चित चेतसि की नही बावरिग्रा ।
हरि बिसरत तेरे गुण गलिग्रा ॥१॥रहाउ॥

जाली रैनि जालु दिनु हूग्रा जेती घड़ी फाही तेती ।
रसि रसि चोग चुगहि नित फासहि छूटसि मूड़े कवन गुणी ॥२॥

काइग्रा ग्रारणु मनु विचि लोहा पंच ग्रगनि तितु लागि रही ।
कोइले पाप पड़े तिसु ऊपरि मनु जलिग्रा संनी चिंत भई ॥३॥

भइग्रा मनूरु कंचनु फिरि होवै जे गुरु मिलै तिनेहा ।
एकु नामु ग्रंमृतु ग्रोहु देवै तउ नानक तृसटसि देहा ॥४॥३॥

(हमारा) कर्म कागज है (ग्रौर उस कागज पर लिखने का साधन, तात्पर्य) दवात मन है; बुरे ग्रौर भले (दो प्रकार के) लेख (नित्य) लिखे जा रहे हैं । (ये लेख हमारे किरत-कर्म, स्वभाव बन जाते हैं) । ये ही किरत (संस्कार) जिस जिस प्रकार (कर्म करने के लिए) (हमें) चलाते हैं (प्रेरित करते हैं), उस उस प्रकार (हम चलते हैं, (कर्म करने के लिए प्रेरित होते हैं) । (कर्मों के प्रभाव को क्षीण करने के लिए, शुभ गुणों के बरतने की ग्रावश्यकता है । परमात्मा ही शुभ गुणों का भाण्डार है) । हरी के गुणों का ग्रन्त नहीं है ॥ १ ॥ ग्ररे बावले चित्त, (तू शुभ गुणों के भाण्डार, प्रभु, परमात्मा का) स्मरण क्यों नहीं करता ? हरि के विस्मरण से तेरे गुण नष्ट हो रहे हैं ॥१॥ रहाउ ॥

(हमें फंसाने के लिए) रात जाली (छोटी जाल) ग्रौर दिन जाल (बने हैं), (दिन ग्रौर रात में) जितनी घड़ियाँ हैं, उतने ही पाश (बन्धन हैं) हैं, (तात्पर्य यह कि प्रत्येक घड़ी में माया के ग्राकर्षण पाश की भाँति हमें बाँधते रहते हैं) । (हम) ग्रानन्द से—स्वाद ले ले कर (जाल ग्रौर जाली में पड़े हुए) चारे को (मायिक ग्राकर्षणों को) चुगते हैं ग्रौर नित्य फँसते जाते हैं । ग्ररे मूर्ख किन गुणों से (इस जाल ग्रौर जाली के पाशों से) मुक्त होगे ? ॥२॥

(यह) शरीर भट्ठी है और मन (उस शरीर रूपी भट्ठी में डाला हुआ) लोहा है; पंच कामादिक अग्नियाँ हैं, जो (शरीर रूपी भट्ठी में) लगी हैं (और मन रूपी लोहे को जला रही हैं)। पाप रूपी कोयले (उस शरीर रूपी भट्ठी में) पड़ कर, (उस) मन रूपी लोहे को (और भी अधिक) दग्ध कर रहे हैं चिंता रूपी संसी से (मन जकड़ कर पकड़ा गया है, जिससे वह छूटकर कहीं जा भी नहीं सकता) ॥ ३ ॥

यदि ऐसे लोगों को गुरु मिल जाय, तो उनका (मन रूपी) निकम्मा लोहा फिर कंचन हो सकता है, (तात्पर्य यह कि अहंकारी और विषयासक्त मन गुरु के प्राप्त होने पर ज्योतिमंय मन के रूप में परिवर्त्तित हो सकता है) (जब) वह (गुरु) एक नाम रूपी अमृत प्रदान करेगा, तभी यह शरीर (जीवन) स्थिर होगा, (अन्यथा जीवन का भटकना कभी समाप्त नहीं होगा ॥ ४ ॥ ३ ॥

[४]

बिमल मझारि बससि निरमल जल पदमनि जावल रे ।
पदमनि जावल जल रस संगति संग दोख नही रे ॥१॥

दादर तू कबहि न जानसि रे ।
भखसि सिबालु बससि निरमल जल अंमृतु न लखसि रे ॥१॥रहाउ॥

बसु जल नित न वसत अलीअल मेर चचा गुन रे ।
चंद कुमुदिनी दूरहु निवससि अनुभउ कारनि रे ॥२॥

अंमृत खंडु दूधि मधु संचसि तू बन चातुर रे ।
अपना आपु तू कबहु न छोडसि पिसन प्रीति जिउ रे ॥३॥

पंडित संगि वसहि जन मूरख आगम सास सुने ।
अपना आपु तू कबहु न छोडसि सुआन पूछि जिउ रे ॥४॥

इकि पाखंडी नामि न राचहि इकि हरि हरि चरणी रे ।
पूरबि लिखिआ पावसि नानक रसना नामु जपि रे ॥५॥४॥

विशेष : इस 'सबद' में गुरु नानक जी ने बताया है कि मनुष्य की दो वृत्तियाँ होती हैं, एक 'कमल' वाली है, और दूसरी 'दादुर' वाली वृत्ति है। गुरुमुखों की 'कमल' वाली वृत्ति और मनमुख की 'दादुर' वृत्ति है।

अर्थ : पवित्र (सरोवर) में निर्मल जल बसता है उस (सरोवर में) कमल और शेवाल (सिवार) (दोनों ही) हैं। कमल शेवाल और जल (दोनों की) संगति करता हुआ, संग दोष से रहित रहता है, (अर्थात् दोनों से निर्लिप्त रहता है) ॥ १ ॥

हे दादुर, तू (कमल की इस निर्लिप्त वृत्ति) को कभी नहीं जानता। तू भी (कमल की ही भाँति) उसी सरोवर में निवास करता है, पर अमृत जल (की विशेषता नहीं जानता, (तू सदैव) सिवार (एक प्रकार की तालाब की घास) का ही भक्षण करता है ॥१॥ रहाउ॥

हे दादुर, तू नित्य जल में निवास करता है और भौरें वहाँ नहीं वसते। पर फिर भी वे भौरे कमल के गुणों की चर्चा में मत्त रहते हैं। (चंद्रमा और कुमुदिनी का अन्य उदाहरण

लो)। चंद्रमा और कुमुदिनी (परस्पर कितनी) दूर निवास करते हैं। (किन्तु चन्द्रमा को उदय हुआ जानकर कुमुदिनी भी आनन्द से खिल उठती है। यह क्यों) ? (कुमुदिनी की प्रसन्नता का कारण चन्द्रमा की महत्ता का) अनुभव करना है। इसी कारण (कुमुदिनी इतनी दूर रहते हुए भी खिल जाती है)। (यही दशा परमात्मा के भक्तों की है। वे परमात्मा की समीपता का अनुभव करते हुए, सदैव आनन्दित रहते हैं) ॥ २ ॥

(हे दादुर, अब तो) तू चतुर बन, और अमृत के खण्ड दूध और मधु आदिक (सुमधुर वस्तुओं का) संग्रह कर, (अर्थात् हे मनमुख, अब तो चतुर बन कर सात्त्विकी वृत्तियों का संचय कर)। किन्तु यह निश्चय है कि) तू अपने स्वभाव को कभी नहीं छोड़ेगा, जिस प्रकार चुगलखोर (अच्छी से अच्छी) प्रीति पाकर भी (अपने चुगली करनेवाले स्वभाव को नहीं छोड़ सकता, उसी प्रकार तू भी अपने स्वभाव को नहीं छोड़ेगा)।

उपर्युक्त पद का अर्थ कुछ सिक्ख विद्वान् इस भाँति करते हैं—[हे जल (वन) में ही अपने आप को चतुर समझनेवाले दादुर, देख, दूध में अमृत-खण्ड मधु आदिक वस्तुएं पड़ी हैं, पर जोंक (पिसन) उन्हें छोड़ कर केवल रक्त चूसने में ही प्रीति रखती है। उसी प्रकार तू भी अपने स्वभाव को न छोड़ते हुए गंदगी ही भक्षण करता है।] ॥ ३ ॥

पंडितों के साथ मूर्ख व्यक्ति निवास करते हैं और (नाना प्रकार के) वेद-शास्त्र सुनते हैं, (किन्तु वे अपने स्वभाव को नहीं त्यागते, वे मूर्ख के मूर्ख बने रहते हैं), (उसी प्रकार) तू भी अपने स्वभाव को कभी नहीं त्यागेगा, जैसे कुत्ते की पूंछ (को चाहे जितनी सीधी की जाय, किन्तु वह टेढ़ी की टेढ़ी ही रहती है) ॥ ४ ॥

कुछ ऐसे पाखण्डी हैं, (जो) (हरि के) नाम में अनुरक्त नहीं होते, और कुछ ऐसे (भक्त हैं), (जो सदैव) हरि के चरणों में हो लगे हैं। हे नानक, पूर्व का लिखा हुआ (अवश्य) पावोगे; हे जीभ, (हरि का) नाम जप ॥ ५ ॥ ४ ॥

[५]

सलोकु : पतित पुनीत असंख होहि हरि चरनी मनु लाग।
अठसठि तीरथ नामु प्रभ नानक जिसु मसतकि भाग। १।

सलोकु : हरि के चरणों में मन लगाने से असंख्य पतित (तत्क्षण) पुनीत हो जाते हैं। हे नानक, प्रभु का (केवल एक नाम) अड़सठ तीर्थों (के समान) है) (किन्तु) जिसके भाग्य में होता है, (वही ऐसे पवित्र नाम को पाता है) ॥ १ ॥

सबद : सखी सहेली गरबि गहेली।
सुणि सह की इक बात सुहेली ॥१॥
जो मै बेदन सा किसु आखा माई।
हरि बिनु जीउ न रहै कैसे राखा माई ॥१॥रहाउ॥
हउ दोहागणि खरी रंञाणी।
गइआ सु जोबनु धन पछुताणी ॥२॥
तू दाना साहिबु सिरि मेरा।
खिजमति करी जनु बंदा तेरा ॥३॥

भणति नानकु ग्रंदेसा एही ।
बिनु दरसन कैसे रवउ सनेही ॥४॥५॥

सबदु : अहंकार में ग्रसी हुई, ऐ सखी-सहेलो, प्रियतम की (एक) सुखदायिनी बात सुन ॥ १ ॥

हे माँ, मेरे अन्तर्गत जो कुछ वेदना है, उसे मैं कह रही हूँ । बिना हरि के मेरे प्राण नहीं रहते । अरी माँ, (मैं कैसे उन प्राणों को) धारण करूँ ? ॥ १ ॥ रहाउ ॥

मैं दुहागिनी हूँ (और) बहुत ही दुखी हूँ । युवावस्था चली गई है, (और अब) स्त्री पछता रही है ॥ २ ॥

(हे प्रभु), तू (सर्व) ज्ञाता है और सुमेरु का भी सिर है, (तात्पर्य यह कि सर्वोपरि हैं) । (मैं) तेरी खिदमत (सेवा) करता हूँ । (मैं तेरा) बंदा (दास) हूँ ॥ ३ ॥

नानक कहता है कि (मुझे केवल एक) यही चिन्ता है कि दर्शन के बिना स्नेही (प्रेमी) से कैसे रमण करूँ ? ॥ ४ ॥ ५ ॥

[६]

मुल खरीदी लाला गोला मेरा नाउ सभागा ।
गुर की बचनी हाटि बिकाना जितु लाइआ तितु लागा ॥१॥

तेरे लाले किआ चतुराई । साहिब का हुकमु न करणा जाई ॥१॥रहाउ॥

मा लाली पिउ लाला मेरा हउ लाले का जाइआ ।
लाली नाचै लाला गावै भगति करउ तेरी राइआ ॥२॥

पीअहि त पाणी आणी मीरा खाहि त पीसण जाउ ।
पखा फेरी पैर मलोवा जपत रहा तेरा नाउ ॥३॥

लूणहरामी नानकु लाला बखसिहि तुधु वडिआई ।
आदि जुगादि दइआपति दाता तुधु विणु मुकति न पाई ॥४॥६॥

(मैं तो आम बाजार में) मूल्य देकर खरीदा हुआ (स्वामी हरी का) गुलाम हूँ । (तेरा) गुलाम ही मेरा नाम है, (और मैं तेरा गुलाम होकर) सौभाग्यशाली हूँ । गुरु के वचनों पर मैं हाट-हाट में बिका हूँ और जिस (कार्य) में (उसने मुझे) लगा दिया है, उसी में (मैं) लगा हूँ ॥ १ ॥

तेरे गुलाम की क्या चतुराई हो सकती है ? (हे प्रभु), (तुझ) साहब का हुक्म मुझसे (ठीक-ठीक) नहीं माना जाता ॥ १ ॥ रहाउ ॥

(हे स्वामी), मेरे रग रग में तेरे प्रति सेवा-भाव समाया हुआ है । मेरे आगे-पीछे का सारा सम्बन्ध तेरे सेवक ही होने का है । (हे प्रभु), दासी (लाली) नाचती है और दास गाता है, हे राय (स्वामी), मैं तेरी भक्ति करता हूँ । [उपर्युक्त पंक्तियों का यही भाव है कि हे स्वामी, मेरी पीढ़ियों से तेरी सेवा होती आ रही है । मैं खानदानी गुलाम हूँ । (उस समय में बादशाहों और अमीरों के पास कई पीढ़ियों से गुलाम चले आते थे । जिनका एक मात्र सेवा करना ही धर्म था । न तो उनका कोई निजी अधिकार था, और न कोई निजी सम्पत्ति) ॥२॥

हे स्वामी, (यदि) (तू) जल पी, तो तुझे जल ले आऊँ (और यदि तू) खा, (तो तेरे निमित्त आटा) पीसने जाऊँ, (तात्पर्य यह कि जो कुछ भी तुझे मंज़ूर हो, वही काम मैं करूँ) । (यदि तेरी आज्ञा हो तो) पंखा झलूं, पैर दबाऊँ; (जो कुछ भी कार्य करता रहूँ) तेरा नाम (अवश्य) जपता रहूँ ॥ ३ ॥

हे नानक, (मैं) नमकहरामी सेवक हूँ । (यदि मेरे अवगुणों को) क्षमा कर दे, (तो इसमें तेरी) बड़ाई ही है । हे दया के स्वामी, (तू) आदि काल तथा युग-युगान्तरों से है । तेरे बिना मुक्ति नहीं प्राप्ति की जा सकती ॥ ४ ॥ ६ ॥

[७]

कोई आखै भूतना को कहै बेताला ।
कोई आखै आदमी नानकु बेचारा ॥१॥

भइआ दिवाना साहु का नानकु बउराना ।
हउ हरि बिनु अवरु न जाना ॥१॥रहाउ॥

तउ देवाना जाणीऐ जा भै देवाना होइ ।
एकी साहिब बाहरा दूजा अवरु न जाणै कोइ ॥२॥

तउ देवाना जाणीऐ जा एका कार कमाइ ।
हुकमु पछाणै खसम का दूजी अवर सिआणप काइ ॥३॥

तउ देवाना जाणीऐ जा साहिब धरे पिआरु ।
मंदा जाणै आप कउ अवरु भला संसारु ॥४॥७॥

बेचारे नानक को कोई भूत कहता है, कोई बेताल कहता है, तो कोई आदमी कहता है ॥ १ ॥

नानक अपने शाह (परमात्मा के प्रेम में डूब कर) दीवाना और पगला हो गया है । मैं हरी के बिना अन्य किसी (बड़े से बड़े सांसारिक व्यक्ति) को नहीं जानता ॥ १ ॥ रहाउ ॥

(वास्तव में उसी व्यक्ति को सच्चा) दीवाना तब समझना चाहिए, जब वह (परमात्मा के) भय में दीवाना हो; और (वह) एक साहब (हरी) को छोड़ कर दूसरे और (व्यक्ति) को न जाने ॥ २ ॥

(मनुष्य को सच्चा) दीवाना, तभी समझना चाहिए, जब (वह) एक (परमात्मा) का ही काम करे । पति परमात्मा का हुक्म पहचाने, (यही बुद्धिमानी है); और बुद्धिमानी किस लिए है ? ॥ ३ ॥

मनुष्य को सच्चा दीवाना, तभी समझना चाहिए, जब वह (अपने हृदय में) साहब का प्रेम धारण करे; वह अपने को (बहुत) निकृष्ट समझे, और संसार (के सभी प्राणियों को) भला समझे ॥ ४ ॥ ७ ॥

[८]

इहु धनु सरब रहिआ भरपूरि ।
मनमुखि फिरहि सि जाणहि दूरि ॥१॥

सो धनु वखरु नामु रिदै हमारै ।
जिसु तू देहि तिसै निसतारै ॥१॥रहाउ॥

न इहु धनु जलै न तसकरु लै जाइ ।
न इहु धनु डूबै न इसु धन कउ मिलै सजाइ ॥२॥

इसु धन की देखहु वडिग्राई ।
सहजे माते ग्रनदिनु जाई ॥३॥

इक बात ग्रनूप सुनहु नर भाई ।
इसु धन बिनु कहहु किनै परम गति पाई ॥४॥

भरणति नानकु ग्रकथ की कथा सुरणाए ।
सतिगुरु मिलै त इहु धनु पाए ॥५॥८॥

यह (हरि-नाम) धन सर्वत्र पूर्ण रूप से भरा हुग्रा है, (किन्तु) मनमुख भटकते रहते हैं ग्रौर इसे बहुत दूर जानते हैं ॥ १ ॥

यह (हरिनाम) धन का सौदा हम सब के हृदय में है; (किन्तु, हे प्रभु), जिसे तू (यह धन) देता है, उसी का यह निस्तार करता है ॥ १ ॥ रहाउ ॥

यह (हरिनाम रूपी) धन न तो जल सकता है, न (इसे) चोर (चुराकर) ले जा सकता है । न यह धन डूब सकता है, ग्रौर न इस धन (वाले) को कोई सजा ही मिल सकती है ॥ २ ॥

इस धन की बड़ाई को तो देखो । (जिसके पास यह धन है, वह) सहजावस्था में लीन हुग्रा, प्रतिदिन व्यतीत करता है, (तात्पर्य यह है कि सहजावस्था में वह सदैव प्रफुल्लित रहता है) ॥ ३ ॥

हे भाई, मनुष्य (इस धन के सम्बन्ध में) एक ग्रौर ग्रनुपम बात सुनो—इस धन के बिना, (भला) बताग्रो, किसी (व्यक्ति) ने परम गति प्राप्त की है ? ॥ ४ ॥

नानक कहता है ग्रौर ग्रकथनीय (हरी) की कथा सुनाता है । जब (मनुष्य) सदगुरु से मिले तभी इस धन को प्राप्त कर सकता है, (ग्रन्यथा नहीं) ॥ ५ ॥ ८ ॥

[९]

सूर सरु सोसि लै सोम सरु पोखि लै जुगति करि मरतु सु सनबंधु कीजै ।
मीन की चपल सिउ जुगति मनु राखीऐ उडै नह हंसु नह कंधु छीजै ॥१॥
मूड़े काइचे भरमि भुला । नह चीनिग्रा परमानंदु बैरागी ॥१॥रहाउ॥
ग्रजर गहु जारि लै ग्रमर गहु मारि लै भ्राति तजि छोडि तउ ग्रपिउ पीजै ।
मीन की चपल सिउ जुगति मनु राखीऐ उडै नह हंसु नह कंधु छीजै ॥२॥
भरणति नानकु जनो रवै जे हरि मनो मन पवन सिउ ग्रंम्रितु पीजै ।
मीन की चपल सिउ जुगति मनु राखीऐ उडै नह हंसु नह कंधु छीजै ॥३॥९॥

सूर्य के स्वर (इड़ा नाड़ी), (तात्पर्य यह कि तमोगुणी स्वभाव) को जला कर सुखा डाल, चन्द्रमा के स्वर (पिंगला), (तात्पर्य यह कि सत्वगुणी स्वभाव) का पोषण

कर, (वृद्धि कर) और युक्तिपूर्वक मरुत (वायु—प्राणवायु को रोक कर), (सुषुम्ना नाड़ी में) सम्बन्ध स्थापित कर। [समस्त पंक्ति का भावार्थ है तमोगुणी स्वभाव को जलाना ही इड़ा-नाड़ी में प्राणी को ले जाना है; सत्त्वगुण बढ़ाना ही पिंगला नाड़ी में प्राणों को स्थित करना है और जीवन को युक्तिपूर्वक बिताना ही प्राणों को सुषुम्ना में स्थिर करना है]। मीन के समान मन की चंचल गति को युक्तिपूर्वक रोकनी चाहिए। (इससे) आत्मा (अपने सत्-स्वरूप में टिक जायगी और) (इधर-उधर) नहीं भटकेगी; और फिर शरीर भी नहीं नष्ट होगा, (अर्थात्, जीवन-मरण समाप्त हो जायगा) ॥ १ ॥

ऐ मूर्ख, (मनुष्य) किस लिए भ्रम में भूला हुआ है ? (तू ने) निर्लेप परमानंद रूप (हरी को) नहीं समझा ॥ १ ॥ रहाउ ॥

(तू) वृद्ध न होनेवाली (माया) को पकड़ कर जला डाल, और न मरनेवाले (मन) को पकड़ कर मार डाल। भ्रान्ति को त्याग दे, (तथा अन्य मायिक आकर्षणों को) छोड़, तभी (हरिनाम रूपी) अमृत पी सकता है। मीन के समान मन की चंचल गति को युक्तिपूर्वक रोकनी चाहिए, (इससे) आत्मा (अपने सत्-स्वरूप में टिक जायगी और) (इधर-उधर) नहीं भटकेगी; और फिर शरीर भी नष्ट नहीं होगा, (अर्थात्, जीवन-मरण समाप्त हो जायगा) ॥ २ ॥

नानक कहता है, हे मनुष्यो, (सुनो), जो हरी को मन ही मन स्मरण करता है उसकी प्राणवायु के साथ-साथ अमृत भीतर जाता है (और वह व्यक्ति आनन्दपूर्वक रस) अमृत को पीता है; (तात्पर्य यह कि वह व्यक्ति श्वास-प्रश्वास में नाम जपता हुआ आनन्द में तन्मय रहता है)। मीन के समान मन की चंचल गति को युक्तिपूर्वक रोकनी चाहिए; (इससे) आत्मा (अपने सत्-स्वरूप में टिक जायगी और) (इधर-उधर) नहीं भटकेगी, और फिर शरीर भी नष्ट नहीं होगा, (अर्थात्, जीवन-मरण समाप्त हो जायगा) ॥ ३ ॥ ६ ॥

[१०]

माइआ मुई न मनु मुआ सरु लहरी मै मतु।
बोहिथु जल सिरि तरि टिकै साचा वखरु जितु ॥
माणकु मन महि मनु मारसी सचि न लागै कतु।
राजा तखति टिकै गुणी भै पंचाइण रतु ॥१॥
बाबा साचा साहिबु दूरि न देखु।
सरब जोति जगजीवना सिरि सिरि साचा लेखु ॥१॥रहाउ॥

ब्रहमां बिसनु रिखी मुनि संकरु इंदु तपै भेखारी।
मानै हुकमु सोहै दरि साचै आकी मरहि अफारी।
जंगम जोध जती संनिआसी गुरि पूरै वीचारी।
बिनु सेवा फलु कबहु न पावसि सेवा करणी सारी ॥२॥

निधनिआ धनु निगुरिआ गुरु निमाणिआ तू माणु।
अंधुलै माणकु गुरु पकड़िआ निताणिआ तू ताणु ॥

होम जपा नही जाणिश्रा गुरमती साचु पछाणु ।
नाम बिना नाही दरि ढोई झूठा आवण जाणु ॥३॥
साचा नामु सलाहीऐ साचे ते तृपति होइ ।
गिआन रतनि मनु माजीऐ बहुड़ि न मैला होइ ॥
जब लगु साहिबु मनि वसै तब लगु बिघनु न होइ ।
नानक सिरु दे छुटीऐ मनि तनि साचा सोइ ॥४॥१०॥

(मनुष्य) न तो माया को मार सका और न मन को ही वशीभूत कर सका; (वह) संसार-सागर की लहरों में ही मत्त है। जिसके अन्तर्गत सच्चे (हरि के नाम का) सौदा है, ऐसा शरीर रूपी जहाज इस (संसार रूपी) सागर की लहरों पर तैर कर पार लग कर टिक जाता है। (नाम रूपी) माणिक्य, जो मन के भीतर है, वही (अहंकारी) मन को मारता है, (वशीभूत करता है); सत्य के कारण, उसमें कटौती नहीं होती। (परमात्मा के) भय के कारण, (जीवात्मा) पाँच गुणों—सत्य, संतोष, दया, धर्म और धैर्य—में अनुरक्त होता है; (और इन्हीं) गुणों के कारण (जीवात्मा रूपी) राजा सिंहासन (तख्त) पर विराजमान होता है ॥ १ ॥

हे बाबा, सच्चे साहब (हरी) को दूर न देख। वह जगजीवन है और उसकी ज्योति सर्वत्र है और प्रत्येक सिर के ऊपर (उसकी) सच्ची लिखावट है, (तात्पर्य यह कि प्रत्येक प्राणी उसके विधान के अन्तर्गत हैं) ॥ १ ॥ रहाउ ॥

ब्रह्मा, विष्णु, ऋषि, मुनि, शंकर, इन्द्र, तपस्वी, भिखारी (कोई भी हों) इनमें से जो भी उसके हुक्म को मानता है, (वह उसके) सच्चे दरवाजे पर सुशोभित होता है; (जो उसका हुक्म नहीं माननेवाले हैं—(बागी अथवा विद्रोही हैं), वे फूल-फूल कर (अत्यन्त दुखी होकर) मर जाते हैं। पूर्ण गुरु के द्वारा (यह) विचार किया गया है कि जंगम—(योगियों का एक सम्प्रदाय विशेष), योद्धा, यती, संन्यासी आदि बिना सेवा के फल नहीं प्राप्त कर सकते; सेवा ही सर्वश्रेष्ठ करनी है ॥ २ ॥

(सद्‌गुरु ही) निर्धनियों का धन है, गुरु-विहीनों (निगुरों) का गुरु है, मान-विहीनों का मान है। (मैं) अज्ञानी—(अन्धे) ने गुरु रूपी माणिक्य को पकड़ लिया है, (क्योंकि) तू ही शक्तिहीनों की शक्ति है। (मैं) होम, जप आदि (कोई भी वस्तु) नहीं जानता; गुरु की सच्ची शिक्षा की ही (मुझे) पहचान (परिचय, जानकारी) है। नाम के बिना (हरी के) दरवाजे पर कोई भी आसरा—पनाह—नहीं होता; (सारी वस्तुएँ) मिथ्या हैं; (नाम के बिना मनुष्य का) आना-जाना (बना रहता है) ॥ ३ ॥

(हे साधक), सच्चे नाम की स्तुति करो, (क्योंकि) उसी सच्चे (नाम) से (वास्तविक) तृप्ति होती है। ब्रह्मज्ञान रूपी रत्न से मन को पवित्र करो, (ऐसा करने से मन निर्मल हो जायगा और) फिर मैला नहीं होगा। जब तक साहब (प्रभु, हरी) मन में बसता है, तब तक कोई भी विघ्न-बाधा नहीं उपस्थित होती। हे नानक, (परमात्मा को अथवा सद्‌गुरु को) सिर समर्पित कर (सर्व त्याग करके), (इस संसार-सागर से) छुटकारा पावो; (इससे तुम) तन मन से सच्चे हो जाओगे ॥ ४ ॥ १० ॥

[११]

जोगी जुगति नामु निरमाइलु ता कै मैलु न राती ।
प्रीतम नाथु सदा सचु संगे जनम मरण गति बीती ॥१॥

गुसाई तेरा कहा नामु कुसे जाती ।
जा तउ भीतरि महलि बुलावहि पूछउ बात निरंती ॥१॥रहाउ॥

ब्रहमणु ब्रहमु गिग्रान इसनानी हरि गुण पूजे पाती ।
एको नामु एकु नाराइणु त्रिभवण एका जोती ॥२॥

जिहवा डंडी इहु घटु छाबा तोलउ नामु अजाची ।
एको हाटु साहु सभना सिरि वणजारे इक भाती ॥३॥

दोवै सिरे सतिगुरू निबेड़े सो बूझै जिसु एक लिव लागी जीवहु रहै निभराती ।
सबदु बसाए भरमु चुकाए सदा सेवकु दिनु राती ॥४॥

ऊपरि गगनु गगन परि गोरखु ता का अगमु गुरू पुनि वासी ।
गुर बचनी बाहरि घरि एको नानकु भइग्रा उदासी ॥५॥११॥

(वह) योगी, (जिसकी) योग-युक्ति निर्मल नाम है, उसे रत्ती भर भी मैल नहीं लगती। जिसके साथ प्रियतम, नाथ (हरी) सदैव है, उसकी जन्म-मरण की अवस्था समाप्त हो जाती है ॥ १ ॥

हे गोस्वामी, तेरा नाम कैसा है, (और वह) किस प्रकार जाना जाता है ? यदि (तू) अपने महल के भीतर बुला ले, तो मैं अभेदता की बातें पूछूं ॥ १ ॥ रहाउ ॥

(जो) ब्रह्मज्ञान में स्नान करता है, (वही) ब्राह्मण है। हरि के गुणों का गान करना ही पत्रों द्वारा (परमात्मा की) पूजा करनी है। एक ही नाम है, एक नारायण है और त्रिभुवन में (उसी नारायण की) ज्योति व्याप्त है—(इसी की अनुभूति ब्रह्मज्ञान है) ॥ २ ॥

(यह) जीभ (तराजू की) डांड़ी है, (और) यह हृदय (घट) पलड़ा है, (इस तराजू पर मैं) अतुलनीय नाम को तौलता हूँ। (हरी का दरवाजा) हाट है, (और वही उसका) तथा सभी का साह (स्वामी) है, (गुरुमुख) एक ही प्रकार के बनजारे हैं, (जो उसके दरबार रूपी हाट में एकत्र होते हैं) ॥ ३ ॥

सद्गुरु लोक-परलोक (दोनों छोरों) का (अन्तिम) निर्णय करता है (अर्थात् सद्गुरु साधक के लोक-परलोक दोनों को सुधारता है); (जिसे) एक (परमात्मा) से लिव लग गई है, वही (इस परम रहस्य को) समझता है; (उसका) मन भी भ्रान्ति-रहित हो जाता है। जो सेवक दिन-रात शब्द को अपने मन में बसा लेता है, (उसका) भ्रम सदैव के लिए नष्ट हो जाता है ॥ ४ ॥

सब से ऊपर (श्रेष्ठ) गगन (दशम-द्वार) है, और वहाँ गोरख (आत्मा) का निवास है। फिर अगम गुरु (परमात्मा) वहाँ (जीवात्मा) का सह-निवासी हैं, (अर्थात् वहाँ जीवात्मा और परमात्मा एक हैं)। नानक कहता है कि गुरु के उपदेश द्वारा (मेरे लिए) घर और बाहर एक हो गए हैं, (इसीलिए अब मैं सच्चा) उदासी, (त्यागी, विरक्त) हो गया हूँ ॥ ५ ॥ ११ ॥

१ओं सतिगुर प्रसादि ॥ घरु ५ ॥

[१२]

अहिनिसि जागै नीद न सोवै । सो जाणै जिसु वेदन होवै ॥
प्रेम के कान लगे तनि भीतरि वैदु कि जाणै कारी जीउ ॥१॥
जिसनो साचा सिफती लाए । गुरमुखि विरले किसै बुझाए ॥
अंमृत की सार सोई जाणै जि अंमृत का वापारी जीउ ॥१॥ रहाउ ॥
पिर सेती धन प्रेमु रचाए । गुर कै सबदि तथा चितु लाए ।
सहज सेती धन खरी सुहेली तृसना तिखा निवारी जीउ ॥ २ ॥
सहसा तोड़े भरमु चुकाए । सहजे सिफती धणखु चड़ाए ॥
गुर कै सबदि मरै मनु मारै सुंदरि जोगा धारी जीउ ॥३॥
हउमै जलिआ मनहु विसारे । जमपुरि वजहि खड़ग करारे ॥
अब कै कहिऐ नामु न मिलई तू सहु जीअड़े भारी जीउ ॥४॥
माइआ ममता पवहि खिआली । जमपुरि फासहिगा जमजाली ॥
हेत के बंधन तोड़ि न साकहि ता जमु करे खुआरी जीउ ॥५॥
ना हउ करता ना मै कीआ । अंमृतु नामु सतिगुरि दीआ ।
जिसु तू देहि तिसै किआ चारा नानक सरणि तुमारी जीउ ॥६॥१॥१२॥

(हरी का प्रेमी) दिन-रात (उसके प्रेम में) जगता है, (वह अज्ञान की) निद्रा में नहीं सोता । (किन्तु इस मर्म को) वही जान सकता है, जिसके (हृदय में प्रेम की) वेदना हो । जिसके शरीर में प्रेम के तीर लग जाते हैं, (भला), वैद्य (उसकी) औषधि क्या जान सकता है ? ॥ १ ॥

सच्चा (परमात्मा) जिसे (अपनी) स्तुति में लगाता है, (वही उसकी स्तुति करता है) । किसी विरले ही गुरुमुख को (वह अपने स्वरूप का) बोध कराता है । जो व्यक्ति अमृत का व्यापारी होता है, वही अमृत का पता जानता है ॥ १ ॥ रहाउ ॥

जिस प्रकार स्त्री (अपने) पति के साथ प्रेम करती है, उसी प्रकार (शिष्य को भी) अपने गुरु के शब्द में चित्त लगाना चाहिए । उस अत्यन्त सुखी स्त्री ने सहज भाव से (पूर्ण आनन्द और शान्ति से) (अपनी) तृष्णा और तृषा (प्यास) का निवारण कर दिया ॥ २ ॥

(जो साधक) संशय तोड़ देता है, भ्रम नष्ट कर देता है और सहज भाव से (परमात्मा की) स्तुति का धनुष चढ़ाता है, (तात्पर्य यह कि सहज रीति से परमात्मा के गुणगान में लीन रहता है), गुरु के शब्द द्वारा (अपने अहंकार से) मर जाता है और मन को मार देता है, वही सुन्दर योग को धारण करनेवाला (पुरुष) है ॥ ३ ॥

(जो) अहंकार में जला पड़ा है, (उसने अपने) मन को भी भुला दिया है । यमपुरी में (ऐसे व्यक्तियों के ऊपर) कठिन—भयंकर तलवारें खड़केंगी (चलेंगी) । मार पड़ते समय माँगने से नाम नहीं मिलेगा; तब तो हे जीव, तुझे कठोर (भारी) सजा सहनी पड़ेगी ॥ ४ ॥

(हे जीव, तू अभी) माया और ममता के चिन्तन में पड़ा है, (किन्तु स्मरण रख), यमपुरी में यमजाल में अवश्य फँसाया जायगा। (यदि) तू मोह के बन्धन नहीं तोड़ सकता, (तो समझ ले कि) यमराज (तुझे अत्यधिक) दुखी बनायेगा ॥ ५ ॥

न तो मैंने (आगे) कुछ किया है और न (अब) कुछ कर रहा हूँ। सद्गुरु ने मुझे (हरिनाम रूपी) अमृत प्रदान कर दिया है। (हे प्रभु), जिसे तू देता है, उसके ऊपर किसी का क्या चारा (चल सकता) है ? नानक तो तेरी शरण में है ॥ ६ ॥ १ ॥ १२ ॥

१ओं सतिगुर प्रसादि ॥ मारू, महला १, घरु १

असटपदीआं [१]

वेद पुराण कथे सुणे हारे मुनी अनेका ।
अठसठि तीरथ बहु घणा भ्रमि थाके भेखा ॥
साचो साहिबु निरमलो मनि मानै एका ॥१॥

तू अजरावरु अमरु तू सभ चालणहारी ।
नामु रसाइणु भाइ लै परहरि दुखु भारी ॥१॥ रहाउ ॥

हरि पड़ीऐ हरि बुझीऐ गुरमती नामि उधारा ।
गुरि पूरै पूरी मति है पूरै सबदि वीचारा ॥
अठसठि तीरथ हरि नामु है किलविख काटणहारा ॥२॥

जलु बिलोवै जलु मथै ततु लोड़ै अंधु अगिआना ।
गुरमती दधि मथीऐ अंमृतु पाईऐ नामु निधाना ॥
मनमुख ततु न जाणनी पसू माहि समाना ॥३॥

हउमै मेरा मरी मरु मरि जंमै वारोवार ।
गुर कै सबदे जे मरै फिरि मरै न दूजी वार ॥
गुरमती जग जीवनु मनि वसै सभि कुल उधारण हार ॥४॥

सचा वखरु नामु है सचा वापारा ।
लाहा नामु संसारि है गुरमती वीचारा ॥
दूजै भाइ कार कमावणी नित तोटा सैसारा ॥५॥

साची संगति थानु सचु सचे घरबारा ।
सचा भोजनु भाउ सचु सचु नामु अधारा ॥
सची बाणी संतोखिआ सचा सबदु वीचारा ॥६॥

रस भोगण पातिसाहीआ दुख सुख संघारा ।
मोटा नाउ धराईऐ गलि अउगण भारा ॥
माणस दाति न होवई तू दाता सारा ॥७॥

अगम अगोचर तू धणी अविगतु अपारा ।
गुर सबदी दरु जोईऐ मुकते भंडारा ॥
नानक मेलु न चूकई साचे वापारा ॥८॥१॥

बहुत से मुनि वेदों और पुराणों का कथन और श्रवण करके हार गए; (अनेक) वेशधारी अड़सठ तीर्थों का अत्यधिक भ्रमण करके थक गए, (किन्तु शान्ति न प्राप्त कर सके)। एक सच्चे और निर्मल साहब (हरी के स्मरण से ही यह) मन मानता हे, (शान्त होता है) ॥ १ ॥

(हे प्रभु, तू) अजर है, अवर (सबसे परे) है, अमर है और सभी को चलानेवाला है। (जो व्यक्ति) तेरे नाम-रसायन को प्रेमपूर्वक लेता है, वह महान् दुःखों को दूर कर लेता है ॥ १ ॥ रहाउ ॥

(हे शिष्य), हरी को ही पढ़ और हरी को ही समझ; गुरु द्वारा नाम (लेने से) उद्धार होता है। पूर्ण गुरु में ही पूर्ण बुद्धि होती है (और उसी में) पूर्ण शब्द का विचार है। हरिनाम ही अड़सठ तीर्थ है (और वही) पापों को काटनेवाला है ॥ २ ॥

अंधा, अज्ञानी (मनुष्य) पानी बिलोता है और पानी मथता है, (किन्तु उस पानी के मथने से) तत्व (मक्खन) निकालना चाहता है, (तात्पर्य यह कि सांसारिक कार्यों को तो करता है और चाहता है परम सुख)। (यदि) गुरु के उपदेश द्वारा (शब्द को) मथा जाय, तो नाम-निधान (रूपी मक्खन) प्राप्त होता है। मनमुख तत्त्व को नहीं जानता, (वह अपने तमोगुणी स्वभाव के कारण) पशु-स्वभाव में ही समा जाता है ॥ ३ ॥

(जो व्यक्ति) 'अहंकार' और 'मैंपन' की मृत्यु में मरता है, (वह) बारंबार जन्मता और मरता रहता है। (जो व्यक्ति) गुरु के शब्द द्वारा (अपने अहंभाव से) मर जाता है, (वह) फिर दूसरी बार नहीं मरता। गुरु की शिक्षा द्वारा (जिसके) मन में जगजीवन (हरी) बसता है, (वह व्यक्ति अपने) समस्त कुल का उद्धारकर्त्ता हो जाता है ॥ ४ ॥

नाम ही सच्चा सौदा है और सच्चा व्यापार है। गुरु द्वारा विचार करने से (हरि का) नाम संसार (का परम) लाभ प्रतीत होता है। (एक हरी को छोड़ कर) अन्य द्वैत भाव में कार्य करने से संसार में नित्य घाटा ही घाटा होता है ॥ ५ ॥

(गुरुमुखों की) सच्ची संगति होती है, (उनका) स्थान सच्चा होता है (और उनका) घर-बार भी सच्चा ही होता है। (उनका) भोजन सच्चा होता है, उनका प्रेम (भाव) भी सच्चा ही होता है। उनका सहारा (आधार) सच्चा (हरि का) नाम होता है। (वे) सच्ची वाणी और सच्चे शब्द के विचार से संतुष्ट होते हैं ॥ ६ ॥

बादशाही आनन्द और भोग (और अन्य सांसारिक) दुःख-सुख (मनुष्य का) संहार करते हैं, (तात्पर्य यह कि अमूल्य मानव-जीवन आनन्द, भोग और रँगरलियाँ मनाने में ही नष्ट हो जाता है)। (मनुष्य अपना) नाम तो बहुत बड़ा रखता है, किन्तु (उसके) गले में अवगुणों का भार है। (हे प्रभु), मनुष्य के दिए हुए कोई दान नहीं होते, (असली और) श्रेष्ठ दाता तो तू ही है ॥ ७ ॥

हे स्वामी, तू अगम, अगोचर और अविनाशी है। गुरु के शब्द द्वारा (हरी का) दरवाजा ढूंढ़ा जाय, तो मुक्ति का भाण्डार प्राप्त हो जाता है। हे नानक, सच्चे व्यापार का

मिलाप कभी समाप्त नहीं होता, (तात्पर्य यह कि सच्चे व्यापार—सच्ची भक्ति से परमात्मा की प्राप्ति सदैव के लिये हो जाती है) ॥ ८ ॥ १ ॥

[२]

बिखु बोहिथा लादिआ दीआ समुंद मंझारि ।
कंधी दिसि न आवई ना उरवारु न पारु ॥
वंझी हाथि न खेवटू जलु सागरु असरालु ॥१॥
बाबा जगु फाथा महा जालि ।
गुरपरसादी उबरे सचा नामु समालि ॥१॥ रहाउ ॥
सतिगुरू है बोहिथा सबदि लंघावणहारु ।
तिथै पवणु न पावको ना जलु ना आकारु ॥
तिथै सचा सचि नाइ भवजल तारणहारु ॥२॥
गुरमुखि लंघे से पारि पए सचे सिउ लिव लाइ ।
आवागउणु निवारिआ जोती जोति मिलाइ ।
गुरमती सहजु ऊपजै सचे रहै समाइ ॥३॥
सपु पिड़ाई पाईऐ बिखु अंतरि मनि रोसु ।
पूरबि लिखिआ पाईऐ किसनो दीजै दोसु ॥
गुरमुखि गारड़ु जे सुणे मंने नाउ संतोसु ॥४॥
मागर मछु पहाईऐ पूंडी जाणु बताइ ।
गु[illegible]ति [illegible] [illegible]ऐ मिलि मिलि पछुताइ ॥
जंमणु मरणु न सुझई किरतु न मेटिआ जाइ ॥५॥
हउमै बिखु पाइ जगतु उपाइआ सबदु वसै बिखु जाइ ।
जरा जोहि न सकई साचि रहै लिव लाइ ॥
जीवन मुकतु सो आखीऐ जिसु विचहु हउमै जाइ ॥६॥
धंधै धावत जगु बाधिआ ना बूझै वीचारु ।
जंमणु मरणु विसारिआ मनमुख मुगधु गवारु ॥
गुरि राखे से उबरे सचा सबदु वीचारि ॥७॥
सूहटु पिंजरि प्रेम कै बोलै बोलणहारु ।
सचु चुगै अंमृतु पीऐ उडै न एका वार ॥
गुरि मिलिऐ खसमु पछाणीऐ कहु नानक मोख दुआरु ॥८॥२॥

(मनुष्य) विषयों का जहाज लाद कर संसार-सागर में डाल देता है। (परिणाम यह होता है उसे संसार-सागर का) किनारा नहीं दिखाई पड़ता, (सुझाई पड़ता); (उसे) न तो यह पार दिखाई देता है और न वह पार। न तो हाथ में बांस (लग्गी) है, न मल्लाह है (और इसके विपरीत) संसार-सागर का जल बड़ा ही भयावह है ॥ १ ॥

हे बाबा, यह संसार (माया के) महा जाल में फंसा हुआ है। गुरु की कृपा से सच्चे नाम को स्मरण करके (इस महा जाल से) बचा जा सकता है ॥ १ ॥ रहाउ ॥

सद्गुरु (संसार-सागर से पार उतरने के लिए) जहाज है, (वह अपने) शब्द द्वारा (मनुष्यों को) पार लगा देता है। (उस सद्गुरु रूपी जहाज का आश्रय लेने से) वहाँ वायु, अग्नि, जल तथा अन्य किसी प्रकार के आकार (का भय) नहीं (रह जाता)। उस स्थान पर (सद्गुरु के सान्निध्य में) सत्य (परमात्मा है), (और उसका) सच्चा नाम है, (जो) संसार-सागर से पार करनेवाला है ॥ २ ॥

गुरु के माध्यम से (जो व्यक्ति) सच्चे (परमात्मा) से लिव लगा कर (संसार-सागर) लांघना चाहते हैं, वे उसके पार हो जाते हैं। (सद्गुरु ने) (शिष्य के) आवागमन (जन्म-मरण) का निवारण कर दिया और (जीवात्मा की) ज्योति को (परमात्मा की) ज्योति से मिलाकर (उन्हें एक कर दिया)। गुरु की शिक्षा द्वारा ही सहजावस्था—तुरीयावस्था की उत्पत्ति होती है, (जिसके फलस्वरूप शिष्य) सत्यस्वरूप (परमात्मा) में समाहित हो जाता है ॥ ३ ॥

चाहे साँप को पिटारी (में डाल कर) बंद कर दिया जाय, (फिर भी) (उसके) भीतर विष (और उसके) मन में रोष रहता है (उसी प्रकार मनुष्य अपने आप को चाहे किसी वेश में परिवर्तित कर दे, तो भी उसके भीतर विषय रूपी विष विद्यमान रहते हैं) किन्तु इसमें उसका कोई दोष नहीं है, वह तो अपने पूर्व जन्म के कर्मों के स्वभाव के अनुसार व्यवहार कर रहा है। (हाँ, यदि वह) गुरु के द्वारा शब्द—नाम रूपी गारुड़-मंत्र सुने और नाम को माने, तो उसके (विषय रूपी) विष दूर हो जायँ (और उसका मन) संतुष्ट—शान्त हो जाय ॥ ४ ॥

(जिस प्रकार समुद्र अथवा अन्य बड़े जलाशयों में) कूंडी (काँटा) और जाल डाल कर मगरमच्छ फंसाए जाते हैं, (उसी प्रकार माया के विषयों द्वारा) दुर्बुद्धि (मनुष्य) फंसाया जाता है, (वह बंधन में फँसने के कारण बार-बार पछताता है। (उसे) जन्म-मरण की सूझ नहीं होती, (उसके किए हुए कर्मों के पूर्व) संस्कार नहीं मेटे जा सकते ॥ ५ ॥

(प्रभु ने) अहंकार का विष डाल कर जगत की उत्पत्ति की, (तात्पर्य यह कि अहंकार ही सृष्टि की उत्पति का मूल कारण है); (यदि मनुष्य के मन में) शब्द—नाम का निवास हो जाय, (तो अहंकार का) विष दूर हो जाता है। (ऐसे मनुष्य को) वृद्धावस्था दुःख नहीं दे सकती, (क्योंकि वह) सत्य में लिव लगाए रहता है। जिसके भीतर से अहंकार नष्ट हो जाता है, उसी को जीवन्मुक्त कहना चाहिए ॥ ६ ॥

(सारा) जगत प्रपंचों (के पीछे) दौड़ते हुए बँधा है; (किसी व्यक्ति में) इस विचार की समझ नहीं होती। मूर्ख और गँवार मनमुख ने जन्म-मरण (के कष्टों को) भुला दिया है, (इसी से वह मनमानी काम करता है)। जिसकी गुरु रक्षा करता है, वह सच्चे शब्द को विचार कर बच जाता है ॥ ७ ॥

(हरी के) प्रेम के पिंजड़े में (पड़कर) (जीवात्मा रूपी) तोता (सुगा) प्रेम के बोल बोलता है। (वह प्रेम रूपी पिंजड़े) में सत्य रूपी (चारा) चुगता और (परमात्मा के प्रेम

रस रूपी) अमृत (का जल) पीता है, और वह यहाँ से एक बार भी नहीं उड़ता, (तात्पर्य यह कि जीवात्मा रूपी तोते का जन्म-मरण समाप्त हो जाता है)। नानक कहते हैं कि गुरु से मिलकर पति (परमात्मा) को पहचानो, वही (गुरु ही) मोक्ष का द्वार है ॥ ८ ॥२ ॥

[३]

सबदि मरै ता मारि मरु भागो किसु पहि जाउ ।
जिसकै डरि भै भागीऐ अंमृतु ताको नाउ ॥
मारहि राखहि एकु तू बीजउ नाही थाउ ॥१॥

बाबा मै कुचीलु काचउ मति हीन ।
नाम बिना को कछु नही गुरि पूरै पूरी मति कीन ॥१॥ रहाउ ॥

अवगणि सुभर गुण नही बिनु गुण किउ घरि जाउ ।
सहजि सबदि सुखु ऊपजै बिनु भागा धनु नाहि ।
जिन कै नामु न मनि वसै से बाधे दूख सहाहि ॥२॥

जिनी नामु विसारिआ से कितु आए संसारि ।
आगै पाछै सुखु नही गाडे लादे छारु ॥
विछुड़िआ मेला नही दूखु घणो जम दुआरि ॥३॥

अगै किआ जाणा नाहि मै भूले तू समझाइ ।
भूले मारगु जो दसे तिस कै लागउ पाइ ॥
गुर बिनु दाता को नही कीमति कहणु न जाइ ॥४॥

साजनु देखा ता गलि मिला साचु पठाइओ लेखु ।
मुखि धिमाणै धन खड़ी गुरमुखि आखी देखु ॥
तुधु भावै तू मनि वसहि नदरी करमि विसेखु ॥५॥

भूख पिआसो जे भवै किआ तिसु मागउ देइ ।
बीजउ सूझै को नही मनि तनि पूरनु देइ ॥
जिनि कीआ तिनि देखिआ आपि वडाई देइ ॥६॥

नगरी नाइकु नवतनो बालकु लील अनूपु ॥
नारि न पुरखु न पंखणू साचउ चतुरु सरूपु ॥
जो तिसु भावै सो थीऐ तू दीपकु तू धूपु ॥७॥

गीत साद चाखे सुणे बाद साद तनि रोगु ।
सचु भावै साचउ चवै छूटै सोग विजोगु ॥
नानक नामु न वीसरै जो तिसु भावै सु होगु ॥८॥३॥

(हे साधक), शब्द—नाम में (अहंकार-भावना से) मर कर, (इस) मृत्यु को मार, (नहीं तो) भग कर किसके पास जायगा ? जिस हरी के भय से भय अपने आप नष्ट हो जाता है, उसका नाम ही अमृत (अमर करनेवाला) है। (हे प्रभु), एक तू ही मार

सकता है और रक्षा भी कर सकता है; मेरे लिए (तुझे छोड़ कर) दूसरा कोई स्थान नहीं है ॥ १ ॥

हे बाबा, मैं गन्दा, कच्चा और बुद्धिहीन हूँ। नाम के बिना कोई कुछ भी नहीं हो सकता; पूर्ण गुरु ने पूर्ण बुद्धि प्रदान की है ॥ १ ॥ रहाउ ॥

मैं अवगुणों से भली-भाँति परिपूर्ण हूँ, (मुझमें कोई भी) गुण नहीं है; बिना गुणों के अपने (वास्तविक) घर (परमात्मा के निकट) कैसे जाऊँ ? सहज (पूर्ण स्थिरता और शान्ति प्रदान करनेवाले) शब्द के द्वारा सुख उत्पन्न होता है। (परन्तु) बिना भाग्य के (यह) धन (हाथ में) नहीं आता। जिनके मन में नाम नहीं बसता, वे बांधे जाते हैं और दुःख सहन करते हैं ॥ २ ॥

जिन (व्यक्तियों) ने नाम भुला दिया है, (भला) वे संसार में आए ही क्यों ? (उत्पन्न ही क्यों हुए) ? (उन्हें) आगे-पीछे (कहीं भी) सुख नहीं है; वे राख से लदे हुए छकड़े हैं, (तात्पर्य यह कि उनके शरीर पापों से भरे हुए हैं)। जो बिछुड़े हैं, उनका मेल नहीं होता और यम के द्वार पर (उन्हें) महान् कष्ट (भोगना होगा) ॥ ३ ॥

(मार्ग में) आगे क्या है, (यह) मेरा जाना हुआ नहीं है; (हे प्रभु), (मार्ग) भटके हुओं को तू ही (मार्ग) दिखाता है, (समझाता है)। भूले हुए को जो मार्ग दिखाता है (बताता है), (मैं) उसके चरणों में लगता हूँ। गुरु के बिना कोई भी दाता (इस संसार में) नहीं है; (उस गुरु की) कीमत कही नहीं जा सकती ॥ ४ ॥

पति (साजन) के देखने पर, उससे गले लग कर मिल; सत्य रूपी चिट्ठी (लिखावट) उसने भेजी है। स्त्री मुंह (लटकाए) सोच-विचार (ध्यान) में खड़ी है; हे स्त्री, उसे (पति-परमात्मा को) गुरु द्वारा आँखों से देख ले। (हे हरी), जब तुझे अच्छा लगता है, तभी तू मन में बसता है; (जिसके मन में तू बसता है, उसके ऊपर विशेष) कृपादृष्टि होती है ॥ ५ ॥

(जो स्वयं ही) भूख-प्यास में (इधर-उधर) भटक रहा है, उससे क्या माँगूं ? (वह माँगने पर) दे ही (क्या सकता) है ? देनेवाला और कोई दूसरा नहीं दिखाई पड़ता; जो (हमारे) शरीर और मन में पूर्ण रूप (से व्याप्त) है, (यही) देता है। (जिस प्रभु ने हमारी) रचना की है, वही (हमारी) देखभाल भी करता है (और वह) आप ही बड़ाई देता है ॥ ६ ॥

(शरीर रूपी) नगरी का स्वामी (हरी है), (वह) नवीन शरीरवाला है और बालकों (की भाँति) नित्य (नई-नई) अनुपम लीला कर रहा है। (वह हरी) स्त्री, पुरुष और पक्षियों (की सीमा से परे है); (वह) चतुर और सत्यस्वरूप है। जो (कुछ) उस प्रभु को अच्छा लगता है, वही होता है; (हे प्रभु), तू ही (प्रकाश रूपी) दीपक है (और तू ही सुगन्धि रूपी) धूप है ॥ ७ ॥

(मैंने बहुत से) गीतों को सुना, (और अनेक) स्वादों का रसास्वादन किया, (किन्तु सारे) स्वाद व्यर्थ हैं और शरीर में रोग (उत्पन्न करनेवाले हैं)। (यदि मनुष्य) सत्य (परमात्मा से ही) प्रेम करे, सत्य ही बोले, (तो वह सांसारिक) शोक और (परमात्मा के) वियोग से छूट जाता है। हे नानक, नाम को नहीं भुलाना चाहिए; जो उस (प्रभु) को अच्छा लगेगा, वही होगा ॥ ८ ॥ ३ ॥

[४]

साची कार कमावणी होरि लालच बादि ।
इहु मनु साचै मोहिआ जिहवा सचि सादि ॥
बिनु नावै को रसु नही होरि चलहि बिखु लादि ॥१॥
ऐसा लाला मेरे लाल को सुणि खसम हमारे ।
जिउ फुरमावहि तिउ चला सचु लाल पिआरे ॥१॥ रहाउ ॥
अनदिनु लाले चाकरी गोले सिरि मीरा ।
गुर बचनी मनु वेचिआ सबदि मनु धीरा ॥
गुर पूरे साबासि है काटै मन पीरा ॥२॥
लाला गोला धणी को किआ कहउ वडिआईऐ ।
भाणै बखसे पूरा धणी सचु कार कमाईऐ ॥
विछुड़िआ कउ मेलि लए गुर कउ बलि जाईऐ ॥३॥
लाले गोले मति खरी गुर की मति नीकी ।
साची सुरति सुहावणी मनमुख मति फीकी ॥
मनु तनु तेरा तू प्रभू सचु धीरक धुरकी ॥४॥
साचै बैसणु उठणा सचु भोजनु भाखिआ ।
चिति सचै वितो सचा साचा रसु चाखिआ ॥
साचै घरि साचै रखे गुर बचनि सुभाखिआ ॥५॥
मनमुख कउ आलसु घणो फाथे ओजाड़ी ।
फाथा चुगै नित चोगड़ी लगि बधा पिछाड़ी ॥
गुरपरसादी मुकतु होइ साचे निज ताड़ी ॥६॥
अनहति लाला बेधिआ प्रभ हेति पिआरी ।
बिनु साचे जीउ जलि बलउ झूठे वेकारी ॥
बादि कारा सभि छोडीआ सची तरु तारी ॥७॥
जिनी नामु विसारिआ तिना ठउर न ठाउ ।
लाले लालचु तिआगिआ पाइआ हरि नाउ ॥
तू बखसहि ता मेलि लैहि नानक बलि जाउ ॥८॥४॥

(सच्चे साधक) सच्ची करनी करते हैं; (उनके लिए) (संसार के) और लोभ व्यर्थ हैं । (ऐसे मनुष्यों का) मन सत्य (परमात्मा) में मोहित है (और उनकी) जिह्वा सच्चे (नाम के) स्वाद (में रत) है । बिना नाम के (इस संसार में) कोई रस नही है; और (सांसारिक) लोग (माया का) विष लाद कर (यहाँ से चले जाते हैं) ॥ १ ॥

हमारे स्वामी (हरी के समान) और कौन सुना जाता है ? मैं अपने लाल (प्रियतम, स्वामी) का ऐसा गुलाम हूँ कि जो कुछ भी वह आज्ञा देता है, उसी में मैं चलता हूँ; (वह हमारा) प्यारा लाल सत्यस्वरूप है ॥ १ ॥ रहाउ ॥

(मैं) प्रतिदिन (अपने स्वामी की) सेवावाली चाकरी में हूँ; (मुझ) सेवक के सिर पर (मेरा) स्वामी (मीरा) है। गुरु के आदेशानुसार (मैंने अपने मन को) बेच दिया और शब्द—नाम में (मेरा) मन धैर्यवान् हो गया है। (उस) पूर्ण गुरु को धन्य है, (जिसने) मन की पीड़ा काट दी है ॥ २ ॥

स्वामी (हरी) के गुलाम की क्या बड़ाई बतलाई जाय ? पूर्ण स्वामी (अपनी) मर्जी से (किसी भी मनुष्य को) बख्श देता है, (हरी के आदेश से मनुष्य को) सत्य कार्य करने चाहिए। (गुरु ही हरी से) बिछुड़े हुए (मनुष्यों को उससे) मिलाता है; (ऐसे गुरु पर) बलिहारी हो जाना चाहिए ॥ ३ ॥

गुरु को बुद्धि उत्तम होने से, (उसके) सेवक की बुद्धि भी उत्तम और स्वच्छ हो गई है। सच्ची (वृत्ति) होने के कारण (उसकी सुरति) सुहावनी हो गई है; (किन्तु जो व्यक्ति) मनमुख हैं, (उनकी) बुद्धि फीकी (होती है)। (गुरुमुख यह समझता है कि हे प्रभु, यह मेरा) मन और शरीर सब कुछ तेरा ही है. तू ही (मेरा) प्रभु है; सत्य प्रारम्भ से ही उन्हें धैर्य प्रदान करनेवाला होता है ॥ ४ ॥

(गुरुमुखों का) सत्य में ही बैठना और उठना (होता है); (वे) सत्य का ही भोजन करते हैं। (उनके) चित्त में सत्य (हरी) के होने से, उनका धन भी सच्चा ही होता है; (वे) सत्य-रस (परमात्म-प्रेम) का ही आस्वादन करते हैं। जिन (गुरुमुखों) की वाणी गुरु के उपदेश (वचन) द्वारा सुन्दर हो गई है, उन्हें सत्य (हरी) ने (अपने) सत्य घर में रक्खा है ॥ ५ ॥

मनमुख को (हरी के भजन करने में) बहुत आलस्य होता है; (वह संसार के विकट) वन में फँस गया है। (वह) फंसा हुआ (प्राणी) (माया के पदार्थ रूपी) चारे के चुगने में लग कर (हरी से) सम्बन्ध बिगाड़ लेता है। गुरु की कृपा से अपने सच्चे स्वरूप में ताड़ी (ध्यान) लगा कर (वह) मुक्त हो सकता है ॥ ६ ॥

(प्रभु का) दास अपने स्वामी के प्रेम और प्यार में निरन्तर बिंधा रहता है। (जो) सच्चे (हरी) के बिना हैं, (वे) झूठे और विकारी हैं, (उनका) जी जलता-बलता रहता है। (हे मनुष्य) सारे व्यर्थ कार्यों को त्याग दे; (प्रभु की) सच्ची तैराकी तैर ॥ ७ ॥

जिन्होंने नाम भुला दिया है, उनका कोई भी ठौर-ठिकाना नहीं होता। (प्रभु के) सेवक ने (सांसारिक) लोभ का परित्याग कर दिया, (जिससे उसे) हरि के नाम की प्राप्ति हो गई। (हे हरी यदि) तू कृपा करे, तो अपने में मिला लेता है। नानक (तुझ पर) बलिहारी है ॥ ८ ॥ ४ ॥

[५]

लालै गारबु छोडिआ गुर कै भै सहजि सुभाई ॥
लालै खसमु पछाणिआ वडी वडिआई ॥
खसमि मिलिऐ सुखु पाइआ कीमति कहणु न जाई ॥१॥

लाला गोला खसम का खसमै वडिआई ।
गुरपरसादी उबरे हरि की सरणाई ॥१॥ रहाउ ॥

लाले नो सिरिकार है धुरि खसमि फुरमाई ।
लालै हुकमु पछाणिग्रा सदा रहै रजाई ॥
ग्रापे मीरा बखसि लए वडी वडिग्राई ॥२॥

ग्रापि सचा सभु सचु है गुर सबदि बुझाई ।
तेरी सेवा सो करे जिसनो लैहि तू लाई ॥
बिनु सेवा किनै न पाइग्रा दूजै भरमि खुग्राई ॥३॥

सो किउ मनहु विसारीऐ नित देवै चड़ै सवाइग्रा ।
जीउ पिंडु सभु तिसदा साहु तिनै विचि पाइग्रा ॥
जा कृपा करे ता सेवीऐ सेवि सचि समाइग्रा ॥४॥

लाला सो जीवतु मरै मरि विचहु ग्रापु गवाए ।
बंधन तूटहि मुकति होइ तृसना ग्रगनि बुझाए ॥
सभ महि नामु निधानु है गुरमुखि को पाए ॥५॥

लाले विचि गुणु किछु नही लाला ग्रवगणिग्रारु ।
तुधु जेवडु दाता को नही तू बखसणहारु ॥
तेरा हुकमु लाला मंने एह करणी सारु ॥६॥

गुरु सागरु ग्रंमृतसरु जो इछे सो फलु पाए ।
नामु पदारथु ग्रमरु है हिरदै मंनि वसाए ॥
गुर सेवा सदा सुखु है जिसनो हुकमु मनाए ॥७॥

सुइना रुपा सभ धातु है माटी रलि जाई ।
बिनु नावै नालि न चलई सतिगुरि बूझ बुझाई ॥
नानक नामि रते से निरमले साचै रहे समाई ॥८॥५॥

(प्रभु के) सेवक ने गुरु से भय ग्रोर सहज (शान्त) स्त्रभाव (सीख कर) ग्रहंकार का परित्याग कर दिया है। सेवक ने पति (परमात्मा) को पहचान लिया है; (इससे वह) बहुत बड़ी बड़ाई (का पात्र बना है)। स्वामी (हरी) के मिलने से (उसे) (परम) सुख प्राप्त हुग्रा है; (उस सुख की) कीमत कही नहीं जा सकती ॥ १ ॥

(सच्चा साधक) प्रभु का दास—सेवक है ; स्वामी की ही (सारी) बड़ाई है। गुरु की कृपा से हरि की शरण में (जाने से), सेवक तर जाते हैं ॥ १ ॥ रहाउ ॥

(प्रभु का हुक्म मानना ही) दास के सिर का कार्य है, (प्रभु ने) प्रारम्भ मे ही उसे (हुक्म में लगने की) ग्राज्ञा दे दी है। (सच्चा) सेवक (प्रभु के) हुक्म को पहचान कर सदैव उसकी ग्राज्ञा में (रत) रहता है। मालिक—स्वामी ने (हरि ने सेवक के ऊपर) स्वयं ही बड़ी कृपा की है ; (यह उसकी) बड़ी महत्ता है ॥ २ ।

गुरु के उपदेश से (शिष्य को यह) बोध हुग्रा है कि (प्रभु) स्वयं भी सच्चा है, (ग्रौर उसकी) समस्त (रचना भी) सच्ची है। (हे प्रभु) तेरी सेवा वही (भाग्यशाली) कर सकता है, जिसे तूने पकड़ कर उसमें लगा दिया है। बिना सेवा के किसी ने भी

(हरी को) नहीं प्राप्त किया है ; (बिना सेवा के मनुष्य) द्वैतभाव में पड़ कर नष्ट हो गए हैं ।। ३ ।।

(भला, उस प्रभु को) मन से कैसे भुलाया जाय, जो नित्य देता रहता है, (और जिसका दिया हुआ) सवाया बढ़ता रहता है ? (प्राणिमात्र के) समस्त प्राण और शरीर उसी (प्रभु) के हैं ; (समस्त प्राणियों के) भीतर (उसी प्रभु ने) श्वास भी डाल रखी है, (जिसके सहारे प्राणी जीते हैं)। जब (वह प्रभु) कृपा करता है, तभी (उसकी) आराधना हो सकती है ; सेवा करने से (साधक) सत्य (हरी में) समा जाते हैं ।। ४ ।।

(सच्चा) सेवक वही है, जो जीते ही मर जाय, (और इस प्रकार मर कर अपने) अन्तर्गत से (इस मरने के) अहंकार को भी दूर कर दे। (जो साधक अपनी) तृष्णा की अग्नि को बुझा देता है, (उसके) बन्धन टूट जाते हैं (और वह) मुक्त हो जाता है। सभी के अन्तर्गत (हरि के) नाम का भाण्डार है ; गुरु के उपदेश द्वारा कोई विरला ही (साधक इस नाम रूपी धन को) पाता है ।। ५ ।।

(मुझ) सेवक में कोई भी गुण नहीं है, (मैं) सेवक (बहुत ही) अवगुणी हूँ। (हे प्रभु), तुझसे बड़ा कोई भी दाता नहीं है, तू ही क्षमा करनेवाला है। तेरा दास तेरे हुक्म को माने, (यही उसके लिए) श्रेष्ठ करनी है ।। ६ ।।

गुरु (नाम रूपी) अमृत का सागर है ; (शिष्य गुरु के पास) जो कुछ भी इच्छा करे, वही (उसे) प्राप्त होता है। (शिष्य) नाम रूपी अमर पदार्थ (को गुरु से ग्रहण करके उसे अपने) मन और हृदय में बसा लेता है। गुरु की सेवा ही शाश्वत सुख है ; जिससे (प्रभु) हुक्म मनवाता है, (वही इस हुक्म को मानता है) ।। ७ ।।

सोना; चाँदी सभी धातु हैं, (और एक न एक दिन) मिट्टी में मिल जाती हैं। (हरी के) नाम के बिना (कोई अन्य वस्तुएँ मनुष्य के) साथ नहीं जातीं ; सद्गुरु ही इस समझ को समझाता है। हे नानक, जो नाम में रत हैं, वे ही निर्मल (पवित्र) हैं, (वे) सत्य (परमात्मा) में समा जाते हैं ।। ८ ।। ५ ।।

[६]

हुकमु भइआ रहणा नही धुरि फाटे चीरे ।
एहु मनु अवगणि बाधिआ सहु देह सरीरै ।।
पूरै गुरि बखसाईअहि सभि गुनह फकीरै ।।१।।

किउ रहीऐ उठि चलणा बुझु सबद बीचारा ।
जिसु तू मेले सो मिलै धुरि हुकमु अपारा ।।१।। रहाउ ।।
जिउ तू राखहि तिउ रहा जो देहि सु खाउ ।।
जिउ तू चलावहि तिउ चला मुखि अंमृत नाउ ।।
मेरे ठाकुर हथि वडिआईआ मेलहि मनि चाउ ।।२।।

कीता किआ सालाहीऐ करि देखै सोई ।
जिनि कीआ सो मनि वसै मै अवरु न कोई ।।
सो साचा सालाहीऐ साची पति होई ।।३।।

पंडितु पड़ि न पहुचई बहु आल जंजाला ।
पाप पुंन दुइ संगमे खुधिआ जम काला ॥
विछोड़ा भउ वीसरै पूरा रखवाला ॥४॥

जिन को लेखै पति पवै से पूरे भाई ।
पूरे पूरी मति है सची वडिआई ॥
देदे तोटि न आवई लै लै थकि पाई ॥५॥

खार समुद्र ढंढोलीऐ इकु मणीआ पावै ।
दुइ दिन चारि सुहावणा माटी तिसु खावै ॥
गुरु सागरु सति सेवीऐ दे तोटि न आवै ॥६॥

मेरे प्रभ भावनि से ऊजले सभ मैलु भरीजै ।
मैला ऊजलु ता थीऐ पारस संगि भीजै ।
वंनी साचे लाल की किनि कीमति कीजै ॥७॥

भेखी हाथ न लभई तीरथि नही दाने ।
पूछउ बेद पड़ंतिआ मूठी विणु माने ॥
नानक कीमति सो करे पूरा गुरु गिआने ॥८॥९॥

प्रारम्भ से ही चिट्ठी के फटने से, (तात्पर्य यह कि हरी के पास से फटी हुई चिट्ठी आने से)—(यह समझ लेना चाहिए कि अब उसका) हुक्म हो गया है। (अब इस संसार में) नहीं रहना है। [उत्तरी भारत में कहीं कहीं यह रिवाज है कि मृत्यु का संदेशा देनेवाली चिट्ठी को ऊपरी भाग में फाड़ दिया जाता है]। यह मन अवगुणों से बँधा हुआ है और इस देह-शरीर में (अवगुणों के कारण) दुःख ही सहायक है। (किन्तु यह विश्वास है कि) मुझ फकीर (दास) के अपराध पूर्ण गुरु द्वारा क्षमा किए जायेंगे ॥ १ ॥

(इस संसार से) उठ कर चलना किस प्रकार समाप्त हो, (तात्पर्य यह कि जन्म-मरण का चक्र किस प्रकार समाप्त हो) ? (इस बात को गुरु के) शब्द के द्वारा विचार करके समझ। (हे प्रभु), जिसे तू अपने में मिलाता है, वही तुझ में) मिलता है ; यह अनन्त हुक्म प्रारम्भ से ही (लिखा रहता है) ॥ १ ॥ रहाउ ॥

(हे प्रभु, मेरी यही इच्छा है कि) जिस प्रकार तू (मुझे) रक्खे, (मैं) उसी प्रकार रहूँ। तू जो (कुछ भी) दे, (मैं) वही खाऊँ। तू जिस प्रकार मुझे चलावे, (व्यवहार में लगावे), मैं तेरा अमृत रूपी नाम मुख में रख कर, उसी प्रकार चलूँ (तात्पर्य यह कि उसी प्रकार व्यवहार करूँ, जैसा तू मुझे करने के लिए प्रेरणा दे)। मेरे ठाकुर के हाथ में सभी बड़ाइयाँ (ऐश्वर्य) हैं ; मेरे मन में यही चाव है कि मुझे (वह अपने में) मिला ले ॥ २ ॥

(परमात्मा द्वारा उत्पन्न) किए हुए (जीव) की क्या प्रशंसा की जाय, जब कि (उन्हें उत्पन्न करके हरी उनकी स्वयं) देखभाल (निगरानी) करता है ? जिस (प्रभु ने हम सब का निर्माण) किया है, वह (मेरे) मन में निवास करे, मेरे लिए (तो उस प्रभु के अतिरिक्त) और कोई दूसरा नहीं है। उस सच्चे (हरी) की प्रशंसा करने से सच्ची प्रतिष्ठा होती है ॥ ३ ॥

पंडित पढ़ कर (परमात्मा के पास) नहीं पहुँच पाता, (क्योंकि वह) बहुत से घरेलू प्रपंचों (टंटों) में (उलझा रहता है)। (वह) पाप-पुण्य के बंधनों में (तथा सांसारिक विषयों की) भूख में यमराज के दुःखों का भागी होता है। जिसका रक्षक पूर्ण (हरी) हो जाय, वह (प्रभु से) वियोगी (पुरुष) भय को भूल जाता है (और प्रभु हरी से मिल कर एक हो जाता है) ॥ ४ ॥

जिनके हिसाब में (परमात्मा के यहाँ से) प्रतिष्ठा होती है, हे भाई, (वे ही) पूर्ण (व्यक्ति) हैं। (ऐसे) पूर्ण (व्यक्ति) की बुद्धि भी पूर्ण होती है (और उनकी) सच्ची बड़ाई होती है। (प्रभु हरी के) देने में (किसी प्रकार की) कमी नहीं आती, लेते लेते (हम भले ही) थक जाते हैं ॥ ५ ॥

खारे समुद्र के ढूँढ़ने पर (मनुष्य) एकाध रत्न पा जाता है। (ऐसे समुद्र का रत्न) दो-चार दिनों के लिए सुहावना होता है ; (फिर) मिट्टी उसे खा लेती है, (अर्थात् वह नष्ट हो जाता है)। (अतएव) सच्चे गुरु रूपी सागर की सेवा करो, (वह गुरु रूपी सागर अनन्त गुण रूपी रत्नों से परिपूर्ण है); उसके देने में किसी प्रकार की कमी नहीं आती ॥ ६ ॥

मेरे प्रभु को जो (व्यक्ति) अच्छे लगते हैं, वे ही उजले (पवित्र) हैं, (बाकी और) सब लोग मैल से भरे हुए हैं। (जब) (गुरु रूपी) पारस के साथ भीजा हो, (अर्थात् स्पर्श हो), तो मैला भी निर्मल हो जाता है, (अर्थात् अवगुणी व्यक्ति भी गुणी हो जाता है)। नाम रूपी सच्चे लाल के प्राप्त होने से जो रंग उस पर चढ़ा है, उसकी कीमत नहीं हो सकती ॥ ७ ॥

अनेक वेश बनाने से, तीर्थयात्रा करने एवं (बहुत) दान देने से (यह नाम रूपी सच्चा रत्न) हाथ में नहीं आता। वेद-पढ़ने वालों (के पास जाकर) पूछ लो कि बिना (इस नाम रूपी रत्न के) माने (समस्त जगत्) लूटा गया है। नानक कहते हैं कि जिससे पूर्ण गुरु और उसका ज्ञान प्राप्त हो गया, (वही इस नाम रूपी सच्चे रत्न की) कीमत कर सकता है ॥ ८ ॥ ६ ॥

[७]

मनमुखु लहरि घरु तजि विगूचै अवरा के घर हेरै।
ग्रिह धरमु गवाए सतिगुरु न भेटै दुरमति घूमन घेरै ॥
दिसंतरु भवै पाठ पड़ि थाका तृसना होइ वधेरै ॥
काची पिंडी सबदु न चीनै उदरु भरै जैसे ढोरै ॥१॥

बाबा ऐसी रवत रवै संनिआसी।
गुर कै सबदि एक लिव लागी तेरै नामि रते तृपतासी ॥१॥रहाउ॥

धोती गेरू रंगु चड़ाइआ वसत्र भेख भेखारी।
कापड़ फारि बनाई खिंथा झोली माइआ धारी ॥
घरि घरि मागै जगु परबोधै मनि अंधै पति हारी।
भरमि भुलाणा सबदु न चीनै जूऐ बाजी हारी ॥२॥

अंतरि अगनि न गुर बिनु बूझै बाहरि पूअर तापै ।
गुर सेवा बिनु भगति न होवी किउकरि चोनसि आपै ॥
निंदा करि करि नरक निवासी अंतरि आतम जापै ।
अठसठि तीरथ भरमि विगूचहि किउ मलु धोपै पापै ॥३॥

छाणी खाकु बिभूत चड़ाई माइआ का मगु जोहै ।
अंतरि बाहरि एकु न जाणै साचु कहे ते छोहै ॥
पाठु पड़ै मुखि झूठो बोलै निगुरे की मति ओहै ।
नामु न जपई किउ सुखु पावै बिनु नावै किउ सोहै ॥४॥

मूंडु मुडाइ जटा सिख बाधी मोनि रहै अभिमाना ।
मनूआ डोलै दहदिस धावै बिनु रत आतम गिआना ॥
अंमृतु छोडि महा बिखु पीवै माइआ का देवाना ।
किरतु न मिटई हुकमु न बूझै पसूआ माहि समाना ॥५॥

हाथ कमंडलु कापड़ीआ मनि तृसना उपजी भारी ।
इसत्री तजि करि कामि विआपिआ चितु लाइआ पर नारी ॥
सिख करे करि सबदु न चीनै लंपटु है बाजारी ।
अंतरि बिखु बाहरि निभराती ता जमु करे खुआरी ॥६॥

सा संनिआसी जो सतिगुर सेवै विचहु आपु गवाए ।
छादन भोजन की आस न करई अचिंतु मिलै सो पाए ।
बकै न बोलै खिमा धनु संग्रहै तामसु नामि जलाए ।
धनु गिरही संनिआसी जोगी जि हरि चरणी चितु लाए ॥७॥

आस निरास रहै संनिआसी एकसु सिउ लिव लाए ।
हरि रसु पीवै ता साति आवै निजघरि ताड़ी लाए ॥
मनूआ न डोलै गुरमुखि बूझै धावतु वरजि रहाए ।
गृहु सरीरु गुरमती खोजे नामु पदारथु पाए ॥८॥

ब्रहमा बिसनु महेसु सरेसट नामि रते वीचारी ।
खाणी बाणी गगन पताली जंता जोति तुमारी ॥
सभि सुख मुकति नाम धुनि बाणी सचु नामु उरधारी ॥
नाम बिना नही छूटसि नानक साची तरु तू तारी ॥९॥७॥

मनमुख किसी जोश (अथवा क्षणिक वैराग्य की) लहर में आकर (अपना) घर त्याग कर नष्ट होता है (और फिर पेट भरने के लिए) दूसरों के घरों की ओर ताकता है। (वह अपने) गृहस्थ-धर्म को नष्ट कर देता है ; सद्गुरु के न मिलने से, दुर्बुद्धि के भँवर में पड़ा रहता है। (वह) देश-देशान्तरों में भ्रमण करता है; (धार्मिक ग्रंथों के) पाठ करके थक जाता है ; (किन्तु उसकी) तृष्णा और भी अधिक बढ़ती जाती है। इस कच्चे (नश्वर) शरीर से, (यह) शब्द—नाम नहीं पहचानने (की चेष्टा करता) और पशु के समान अपना पेट भरता रहता है ॥ १ ॥

ऐ बाबा, संन्यासी को इस प्रकार रहनी रहनी चाहिए—(वह) गुरु के शब्द में एकनिष्ठ लिव लगाए रहे (और हे प्रभु), तेरे ही नाम में वह तृष्ट होता रहे ॥ १ ॥ रहाउ ॥

(किन्तु पाखण्डी संन्यासी) गेरू घोल कर (अपने) वस्त्र रंग लेता है और भिखारी का सा वेश बना लेता है। मायाधारी संन्यासी कपड़ों को फाड़ कर कंथा और झोली बना लेता है। (यह स्वयं तो) घर घर में (भीख) माँगता है, किन्तु जगत् को उपदेश देता (फिरता) है ; वह मन से अंधा है (विवेक-विहीन) है, (और अपनी) प्रतिष्ठा गँवा देता है। (वह माया के) भ्रम में भटक गया है, शब्द—नाम नहीं पहचानता ; वह (जीवन रूपी) जुए की बाजी हार जाता है ॥ २ ॥

ऐसे मनुष्य के भीतर तो (तृष्णा की) अग्नि जल रही है, किन्तु बिना गुरु के यह समझ नहीं आती। (वह) बाहर से धूनी तापता है, (पर इस धूनी तापने से कुछ भी नहीं होता)। गुरु की सेवा के बिना भक्ति नहीं प्राप्त हो सकती (और बिना भक्ति-प्राप्ति के मनुष्य) अपने आप को (असली स्वरूप को) कैसे पहचान सकता है ? (ऐसा मनुष्य) (दूसरों की) निन्दा कर-कर के नरक का निवासी होता है (और उसके) भीतर घनघोर अन्धकार प्रतीत होता है [विशेष आ—तम=घनघोर अंधकार]। (वह) अड़सठ तीर्थों में भ्रमण करके नष्ट होता है। (उसके) पापों की मैल (भला) किस प्रकार धोई जाय ? ॥ ३ ॥

(वह) खाक छान कर, विभूति (भभूत) बना कर (अपने शरीर में) मल कर माया का मार्ग देखता है। (वह) एक (परमात्मा) को भीतर-बाहर नहीं जानता है (और यदि उसे कोई) सत्य (वस्तु) बतलाता है, (तो वह) क्रुद्ध होता है। (वह) पाठ पढ़ता है, (किन्तु साथ ही) मुख से झूठ भी बोलता है ; उसकी बुद्धि बिना गुरु की है, (इसीलिए वह ठीक मार्ग पर नहीं चलता)। (वह) नाम तो जपता नहीं (और बिना नाम के जपे) किस प्रकार सुख पा सकता है ? बिना नाम के वह कैसे सुशोभित होगा ? ॥ ४ ॥

(कुछ लोग तो) मूंड़ मुड़ा लेते हैं, (सिर घुटा लेते हैं), (कुछ लोग) जटा (रख लेते हैं), (कुछ लोग लम्बी) शिखा (चोटी) (रखते हैं) (और कुछ लोग) अभिमान में मौन धारण कर लेते हैं। (किन्तु) बिना आत्म-ज्ञान (ब्रह्मज्ञान) में रत हुए (उनका) मन (स्थिर न होकर) दसों दिशाओं में दौड़ता रहता है। माया में दीवाने होकर (वे नाम रूपी) अमृत (को पीना) छोड़ कर, (विषयों के) महा विष को पीते हैं। (उनके पूर्व जन्मों के कर्मों द्वारा निर्मित) संस्कार (किरत) नहीं मिटते, (जिससे वे परमात्मा के) हुकम को नहीं समझते (और अन्त में वे) पशु (योनि में) समा जाते हैं ॥ ५ ॥

कापड़ी (सम्प्रदाय विशेष का साधु) हाथ में कमण्डल ले लेता है, (जिससे कि लोग उसे त्यागी और विरक्त समझें, किन्तु उसके) मन में बहुत भारी तृष्णा उत्पन्न रहती है। (उसने अपनी) स्त्री तो छोड़ दी है ; (किन्तु) कामातुर होने के कारण (वह) पर-नारी का चिन्तन करता है। वह शिक्षा तो देता है, (किन्तु स्वयं) शब्द नहीं पहचानता है, वह (महान्) लम्पट और बाजारी (संसारी) है। उसके भीतर तो विष (भरा हुआ है) ; (किन्तु) बाहर से (वह ऐसा ढोंग—पाखण्ड रचता है कि) शान्त (दिखाई पड़े), पर यम-राज (ऐसे मनुष्य को अवश्य) बरबाद करेंगे ॥ ६ ॥

जो सद्गुरु की सेवा करता है (और अपने) भीतर से आपापन (अहंकार) नष्ट कर देता है, वही (वास्तविक) संन्यासी है। (वह) वस्त्र और भोजन की (कुछ भी) आशा नहीं करता, (जो कुछ) बिना चिन्ता किए (स्वाभाविक रूप से) मिल जाता है, उसी को पाकर (संतुष्ट रहता है)। (वह) बकवास नहीं करता, क्षमा-धन का संग्रह करता है और तमोगुण को (हरि के) नाम द्वारा जला डालता है। (ऐसा) गृहस्थ, संन्यासी अथवा योगी धन्य है, जो हरि के चरणों में (अपना) चित्त लगाता है ॥ ७ ॥

(जो) (समस्त) आशाओं से निराश हो जाता है और एक (परमात्मा से) लिव लगाए रहता है, (वही) संन्यासी है। (जो व्यक्ति) हरि-रस पीता है (और अपने) निज घर (आत्म-स्वरूप) में ताड़ी लगाता है, (ध्यान लगाता है), उसी को शान्ति प्राप्त होती हैं। (जो व्यक्ति) मन से चलायमान नहीं होता, और गुरु की शिक्षा द्वारा दौड़ते हुए (मन को) रोक रखता है, (वह हरी को) समझता है। (जो व्यक्ति) गुरु की शिक्षा द्वारा (अपने) गृह रूपी शरीर में ही खोजता है, (वह) नाम रूपी पदार्थ पा जाता है ॥ ८ ॥

ब्रह्मा, विष्णु, महेश (इसीलिए) श्रेष्ठ है (कि वे) नाम को विचार कर (उसमें) रत हुए हैं। (हे प्रभु), तेरी ज्योति (चारों) खानियों में—(अंडज, जेरज, उद्भिज और स्वेदज) (तथा उनकी) बोलियों में, आकाश में, पाताल में, (तथा सभी) प्राणियों में व्याप्त हो रही है, (अर्थात् ये सब तेरी ही सत्ता से प्रकाशित हैं)। समस्त सुख और मुक्ति नाम और वाणी के उच्चारण में हैं; (इसीलिए मैं) सत्यनाम को हृदय में धारण करता हूँ। हे नानक, नाम के बिना (कोई भी) नहीं मुक्त होगा, (अतएव) सच्ची तैराकी तैर ॥ ९ ॥ ७ ॥

[८]

माता पिता संजोगि उपाए रकतु बिंदु मिलि पिंडु करे।
अंतरि गरभ उरधि लिव लागी सो प्रभु सारे दाति करे ॥१॥
संसारु भवजलु किउ तरै।
गुरमुखि नामु निरंजनु पाईऐ अफरिओ भारु टरै ॥१॥रहाउ॥
ते गुण विसरि गए अपराधी मै बउरा किआ करउ हरे।
तू दाता दइआलु सभै सिरि अहिनिसि दाति समारि करे ॥२॥
चारि पदारथ लै जगि जनमिआ सिव सकती घरि वासु धरे।
लागी भूख माइआ मगु जोहै मुकति पदारथु मोहि खरे ॥३॥
करण पलाव करे नही पावै इत उत ढूढत थाकि परे।
कामि क्रोधि अहंकारि विआपे कूड़ कुटंब सिउ प्रीति करे ॥४॥
खावै भोगै सुणि सुणि वेखै पहिरि दिखावै काल घरे॥
बिनु गुर सबद न आपु पछाणै बिनु हरि नाम न काल टरे ॥५॥
जेता मोहु हउमै करि भूले मेरी मेरी करते छीनि खरे।
तनु धनु बिनसै सहसै सहसा फिरि पछुतावै मुखि धूरि परे ॥६॥

बिरधि भइग्रा जोबनु तनु खिसिग्रा कफु कंठु बिरूधो नैनहु नीर ढरे ।
चरण रहे कर कंपण लागे साकत रामु न रिदै हरे ॥७॥
सुरति गई काली हू धउले किसै न भावै रखिग्रो घरे ।
बिसरत नाम ऐसे दोख लागहि जमु मारि समारे नरकि खरे ॥८॥
पूरब जनम को लेखु न मिटई जनमि मरै का कउ दोसु धरे ।
बिनु गुर बादि जीवणु होरु मरणा बिनु गुर सबदै जनमु जरे ॥९॥
खुसी खुग्रार भए रस भोगण फोकट करम विकार करे ।
नामु बिसारि लोभि मूलु खोइग्रो सिरि धरमराइ का डंडु परे ॥१०॥
गुरमुखि राम नाम गुण गावहि जा कउ हरि प्रभु नदरि करे ।
ते निरमल पुरख ग्रपरंपर पूरे ते जग महि गुर गोंविद हरे ॥११॥
हरि सिमरहु गुर वचन समारहु संगति हरि जन भाउ करे ।
हरि जन गुरु परधानु दुग्रारै नानक तिन जन की रेणु हरे ॥१२॥८॥

(प्रभु ने) माता-पिता के संयोग से—ग्रर्थात् (माता के) रज (ग्रौर पिता के) वीर्य से इस शरीर की उत्पत्ति की। (माता के) गर्भ के ग्रन्तर्गत (जीव) ऊर्ध्व होकर, (जिस हरी से) लिव (ध्यान) लगाए था, वही प्रभु बाहर भी संभाल करता है ग्रौर दान देता है ॥ १ ॥

इस संसार-सागर को किस प्रकार तरा जाय ? गुरु द्वारा निरंजन (माया से रहित) नाम पाने से ग्रहंकार-जनित (पापों का) बड़ा बोझा टल जाता है ॥ १ ॥ रहाउ ॥

(परमात्मा के रचे हुए) वे सारे गुण भूल गए ; (मैं) ग्रपराधी हूँ ; हे हरी, मैं बावला क्या करूँ ? (हे हरी), तू दाता है, दयालु है ग्रौर सभी के सिर पर है, (ग्रर्थात् सबका स्वामी है) ; (तू) दिन-रात संभाल कर (याद करके) (सभी को) दान देता रहता है ॥ २ ॥

(मनुष्य) चार पदार्थों (ग्रर्थ, धर्म, काम ग्रौर मोक्ष) को (लक्ष्य बनाकर) जन्म लेता है, (किन्तु जगत् में ग्राकर वह इन्हें भूल कर) शिव की शक्ति (माया) ही में निवास करने लगता है। (विषयों की) भूख लगने पर वह माया का ही मार्ग देखने लगता है ग्रौर महान मोह में मुक्ति रूपी पदार्थ को (भुला देता है ॥ ३ ॥

(मनुष्य माया के जंगल में भटक कर सही रास्ता नहीं पाता) (वह) कारुण्य-प्रलाप करता है, (किन्तु मार्ग) नहीं पाता ; (वह) इधर-उधर ढूँढ कर थककर पड़ जाता है। काम, क्रोध ग्रौर ग्रहंकार (उसे) व्याप्त हो जाते है ; भूठे कुटुम्ब मे वह प्रीति करता है ॥४॥

(मनुष्य) काल के घर में (तात्पर्य यह की नश्वर संसार में) (नाना भाँति के व्यंजनों को) खाता है, (ग्रनेक भोगों को) भोगता है ; (सुन्दर संगीत) सुनता है, (सुन्दर स्वरूप) देखता है, (ग्रौर ग्राकर्षण वस्त्र तथा ग्राभूषण) पहन कर (दूसरों को) दिखाता है। बिना गुरु की शिक्षा के वह (ग्रपने वास्तविक स्वरूप को)—ग्रपने ग्राप को नहीं पहचान पाता ग्रौर बिना हरिनाम (के प्राप्त किए) काल (उसके सिर पर से) नहीं टलता ॥ ५ ॥

(मनुष्य) जितना ही मोह और अहंकार करके (हरी को) भूलता है, (उतना ही) "मेरी मेरी" (अर्थात्, यह वस्तु "मेरी है, मेरी है") कहता है, (किन्तु काल सभी वस्तुओं को) भली-भाँति छीन कर, (उसे ले जाता है)। (जो) भ्रम रूप उसका शरीर और धन था, (वह सब) नष्ट हो जाता है (और उसके साथ ही साथ) भ्रम भी दूर हो जाता है और मुख में धूल पड़ने से वह पछताता है ॥ ६ ॥

(धीरे धीरे मनुष्य) वृद्ध हो जाता है, यौबन और शरीर खिसक जाते हैं, कंठ में कफ अवरुद्ध हो जाती है और नेत्रों से जल बहने लगता है, चरण शिथिल पड़ जाते हैं, हाथ कंपने लगते हैं; (किन्तु ऐसी अवस्था में भी वह) शाक्त (माया का उपासक) (अपने) हृदय में राम-हरी को नहीं धारण करता ॥ ७ ॥

(वृद्धावस्था में) (मनुष्य की) स्मरण-शक्ति (सुरति) नष्ट हो जाती है, काले (बाल) श्वेत हो जाते हैं, (ऐसे वृद्ध व्यक्ति को) किसी को घर में रखना अच्छा नहीं लगता। (हरि) नाम के विस्मरण से ही मनुष्य को इस प्रकार के दोष लगते हैं, (तात्पर्य यह मानव-जीवन में वृद्धावस्था के दुःख सहन करने पड़ते हैं)। (अन्त में ऐसे मायासक्त व्यक्तियों को) यम मार-मार के संभाल लेता है (अपने वश में कर लेता है) और नरक में ले जाता है ॥ ८ ॥

पूर्व जन्म में किए हुए कर्मों का प्रभाव नहीं जाता, (जिससे मनुष्य बार-बार) जन्मता और मरता रहता है; (परन्तु) किसे दोष दिया जाय ? बिना गुरु के (अमूल्य मानव-जीवन) व्यर्थ है; (बिना गुरु के बारबार) मरना पड़ता है; और बिना गुरु-शब्द के जन्म जल जाता है, (तात्पर्य यह कि जन्म नष्ट हो जाता है) ॥ ९ ॥

रसों के भोगने की खुशी में (मनुष्य) ख्वार (दुखी) हो रहे हैं (और उसी खुशी के पाने के लिए वे) अधर्म और विकार पूर्ण (पापपूर्ण) कर्म कर रहे हैं। (मनुष्य) नाम को भुला कर लोभ के कारण मूल भी गँवा बैठा है, (इन्ही कारणों से उसके सिर पर) धर्मराज (यमराज) के डंडे पड़ते हैं ॥ १० ॥

गुरु द्वारा (वे ही पुरुष) रामनाम का गुण गाते हैं, जिनके ऊपर प्रभु हरी कृपादृष्टि करता है। ऐसे पुरुष निर्मल, अपरम्पार और पूर्ण होते हैं। वे संसार में गुरु और गोविन्द हरी के ही स्वरूप हैं ॥ ११ ॥

(हे मनुष्य), हरी का स्मरण कर, गुरु के वचनों को सँभाल (स्मरण रख) और हरि-भक्तों की संगति में भाव (प्रेम) रख। हरी का भक्त ही गुरु है (और वह उसके) दरवाजे का प्रधान है। हे हरी, नानक ऐसे भक्तों के (चरण की) रज है ॥ १२ ॥ ८ ॥

१ओं सतिगुर प्रसादि ॥ मारू काफी, महला १, घरु २

[९]

आवउ वंञउ डुमणी किती मित्र करेउ ।
साधन ढोई न लहै वाढी किउ धीरेउ ॥१॥

मैडा मनु रता ग्रपनड़े पिर नालि ।
हउ घोलि घुमाई खनीऐ कीती हिक भोरी नदरि निहालि ॥१॥रहाउ॥
पेईग्रड़ै डोहागणी साहुरड़ै किउ जाउ ।
मै गलि ग्रउगण मुठड़ी बिनु पिर झूरि मराउ ॥२॥
पेइग्रड़ै पिरु संमला साहुरड़ै घरि वासु ।
सुखि सवंधि सोहागणी पिरु पाइग्रा गुणतासु ॥३॥
लेफु निहाली पट की कपड़ु ग्रंगि बणाइं ।
पिरु मुती डोहागणी तिन डुखी रैणि विहाइ ॥
किती चखउ साडड़े किती वेस करेउ ।
पिर बिनु जोबनु वादि गइग्रमु वाढी झूरेदी झूरेउ ।।५॥
सचे संदा सदड़ा सुणीऐ गुर वीचारि ।
सचे सचा बैहणा नदरी नदरि पिग्रारि ॥६॥
गिग्रानी ग्रंजनु सच का डेखै डेखणहारु ।
गुरमुखि बूझै जाणीऐ हउमै गरबु निवारि ॥७॥
तउ भावनि तउ जेहीग्रा मू जेहीग्रा कितीग्राह ।
नानक नाहु न वीछुड़ै तिन सचै रतड़ीग्राह ॥८॥१॥६॥

विशेष : 'काफी' एक रागिनी है, जो निम्नलिखित पदों में 'मारू' राग के साथ मिलाई गई है। इसमें 'लहंदा' भाषा के प्रयोग अधिक हुए हैं, 'वंञउ', 'डुंमणी', 'मैडा', 'डोहागणी', 'थीऐ; ग्रादि।

ग्रर्थ : मैं दुःखिनी, (दुचित्ती, उदास) ग्राती-जाती रहती हूँ ग्रौर कितनों को हो (ग्रपना) मित्र बनाती हूँ। स्त्री को पनाह नहीं मिलती ; (वह प्रियतम से) बिछुड़ी हुई किस प्रकार धैर्य धारण करे ? ॥ १ ॥

मेरा मन ग्रपने प्रियतम के साथ ग्रनुरक्त हो गया है। हे प्रियतम, (यदि तू) रंचमात्र एक कृपादृष्टि से देख लें, तो मैं टुकड़े-टुकड़े होकर (तुझ पर) बलिहारी हो जाऊँ ॥१॥रहाउ॥

मैं तो पीहर—नैहर में (तात्पर्य यह कि इस जन्म में) दुहागिनी (छूटी हुई) हूँ ; (भला मैं) ससुराल में (प्रियतम हरी के यहाँ) किस प्रकार जा सकती हूँ ? मुझ में बहुत से ग्रवगुण हैं ; (ग्रौर उन ग्रवगुणों से) मैं मोही गयी हूँ ; बिना प्रियतम (हरि) के (मैं) दुखी होकर मर रही हूँ ॥ २ ॥

(यदि) प्रियतम (हरी) को नैहर (इस संसार) में स्मरण किया जाय, तो (जीवात्मा रूपी स्त्री का) ससुराल में (हरी के) घर निवास हो जाता है ग्रौर वह सुहागिनी गुणों के भाण्डार प्रियतम (हरी) को पाकर सुख से शयन करती है ॥ ३ ॥

स्त्री चाहे रेशम की तोशक ग्रौर रजाई (का भले ही व्यवहार करे), (ग्रौर ग्रपने) शरीर को (सुन्दर) वस्त्रों से सुसज्जित कर ले, (किन्तु यदि वह ग्रपने) प्रियतम की छोड़ी हुई है, तो वह दुहागिनी है (ग्रौर उसकी ग्रायु रूपी) रात्रि दुःख में ही व्यतीत होती है ॥ ४ ॥

(चाहे मैं) कितने ही स्वादों को चक्खूं , कितने ही वेश बनाऊँ , (किन्तु) बिना प्रियतम के (मेरा) यौवन व्यर्थ चला जाता है ; (प्रियतम से) बिछुड़ी हुई (मैं) दुःख में ही दुखी होती हूँ ॥ ५ ॥

सच्चे का उपदेश गुरु के विचार द्वारा सुनो । सच्चे का (सत्संग रूपी) सच्चा स्थान है ; (प्रभु की) कृपादृष्टि हो , (तभी उसके) प्रेम में (मनुष्य लग पाता है) ॥ ६ ॥

ज्ञानी सत्य का श्रंजन लगाकर देखनेवाले (हरी) को देखता है । गुरु की शिक्षा द्वारा (साधक) श्रहंकार श्रौर गर्व का निवारण करके (हरी को) समझता श्रौर जानता है ॥ ७ ॥

(हे प्रभु, हरी) , जो तुझे श्रच्छे लगते हैं , वे तेरे ही समान हैं ; मेरे समान (तुच्छ) तो कितने ही हैं । हे नानक , (जिनसे) पति (परमात्मा) नहीं बिछुड़ता , वे ही सत्य (परमात्मा में ठीक-ठीक) श्रनुरक्त हैं ॥ ८ ॥ १ ॥ ९ ॥

[१०]

ना भैणा भरजाईश्रा ना से ससुड़ीश्राह ।
सचा साकु न तुटई गुरु मेले सहीश्राह ॥१॥

बलिहारी गुर श्रापणे सद बलिहारै जाउ ।
गुर बिनु एता भवि थकी गुरि पिरु मेलिमु दितमु मिलाइ ॥१॥रहाउ॥

फुफी नानी मासीश्रा देर जेठानड़ीश्राह ।
श्रावनि वंञनि ना रहनि पूर भरे पहीश्राह ॥२॥

मामे तै मामाणीश्रा भाइर बाप न माउ ॥
साथ लदे तिन नाठीश्रा भीड़ घणी दरिश्राउ ॥३॥

साचउ रंगि रंगावलो सखी हमारो कंतु ।
सचि विछोड़ा ना थीऐ सो सहु रंगि रवंतु ॥४॥

सभे रुती चंगीश्रा जितु सचे सिउ नेहु ।
सा धन कंतु पछाणिश्रा सुखि सुती निसि डेहु ॥५॥

पतणि कूके पातणी वंञहु ध्रुकि विलाड़ि ।
पारि पवंदड़े डिठु मैं सतिगुर बोहिथि चाड़ि ॥६॥

हिकनी लदिश्रा हिकि लदि गए हिकि भारे भर नालि ।
जिनी सचु वणंजिश्रा से सचे प्रभ नालि ॥७॥

ना हम चंगे श्राखीश्रह बुरा न दिसै कोइ ।
नानक हउमै मारीऐ सचे जेहड़ा सोइ ॥८॥२॥१०॥

(इन) बहिनों , भौजाइयों श्रौर सासुश्रों के बीच (कोई भी जीवात्मा रूपी स्त्री) नहीं रहती । सच्चा सम्बन्ध (तो परमात्मा का ही है) , (जो) कभी नहीं टूटता ; गुरु निश्चय ही (सही ही) (उससे) मिलाता है ॥ १ ॥

(मैं) अपने गुरु पर बलिहारी हूँ, उस पर सदैव बलिहारी हूँ। गुरु के बिना मैं इतना भटक कर थक गई, (परन्तु) कहीं भी शरण नहीं मिली। गुरु ने (मुझे अपने साथ) मिला कर, (फिर) पति (परमात्मा) से मिला दिया ॥ १ ॥ रहाउ ॥

फूफी, नानी, मौसी, देवर, जेठानी—ये सब सम्बन्धी आते-जाते रहते हैं, ये (स्थिर) नहीं रहते; (ऐसे आनेजाने वाले) पथिकों से (मार्ग) भरा-पूरा रहता है, (अर्थात् वे संसार-चक्र में आते-जाते रहते हैं) ॥ २ ॥

मामा और मामी, भाई तथा माँ-बाप (इस संसार में कोई भी) नहीं रहते। (इन चार दिन के) पाहुनों के जो काफिले लदे हुए हैं, (वे सब नश्वर हैं)। (संसार रूपी) सागर में (आवागमन—जन्म-मरण की) यह बड़ी भीड़ बनी रहती है ॥ ३ ॥

हे सखी, हमारा कंत (पति) सच्चे रंग का रसिक—रंगीला—मौजी है। (जो स्त्री) उस पति (परमात्मा) को प्यार से स्मरण करती है, उसका सत्य (परमात्मा) से (कभी) बिछोह नहीं होता ॥ ४ ॥

जिस समय सत्य (हरी) से प्रेम होता है, (उस समय) सारी ऋतुएं सुहावनी (सुन्दर) हो जाती हैं। स्त्री (अपने) कंत को पहचान कर रात-दिन सुख-पूर्वक (उसके साथ) शयन करती है ॥ ५ ॥

(गुरु रूपी) मल्लाह पुकार कर कहता है कि दौड़ कर (इस संसार-सागर से) पार हो जाओ। मैंने सद्‌गुरु रूपी जहाज पर चढ़ कर (अपने को संसार-सागर के) पार पहुँचा हुआ देखा ॥ ६ ॥

कुछ लोग लद चुके हैं, (तात्पर्य यह कि यहाँ से जाने के लिए तैयार हो चुके हैं), कुछ लोग लद कर चले गए हैं और कुछ लोग (पापों के) भारी बोझे के साथ हैं। (किन्तु) जिन्होंने सत्य (परमात्मा) का ही व्यापार किया है, (उन्हें न कहीं आना है और न कहीं जाना है), वे सत्य प्रभु के साथ ही हैं ॥ ७ ॥

हम (अपने को) अच्छा नहीं कहते हैं, (हमें) कोई भी (व्यक्ति) बुरा नहीं दिखाई पड़ता है। हे नानक, (जो व्यक्ति) अहंकार को मारता है, (वह) सत्य (परमात्मा) के ही समान होता है ॥ ८ ॥ २ ॥ १० ॥

[११]

ना जाणा मूरखु है कोई ना जाणा सिआणा ।
सदा साहिब कै रंगे राता अनदिनु नामु वखाणा ॥१॥

बाबा मूरखु हा नावै बलि जाउ ।
तू करता तू दाना बीना तेरै नामि तराउ ॥१॥

मूरखु सिआणा एकु है एक जोति दुइ नाउ ।
मूरखा सिरि मूरखु है जि मंने नाही नाउ ॥२॥

गुरदुआरै नाउ पाईऐ बिनु सतिगुर पलै न पाइ ।
सतिगुर कै भाणै मनि वसै ता अहिनिसि रहै लिव लाइ ॥३॥

राजं रंगं रूपं मालं जोबनु ते जूआरी।
हुकमी बाधे पासै खेलहि चउपड़ि एका सारी ॥४॥
जगि चतुरु सिआणा भरमि भुलाणा नाउ पंडित पड़हि गावारी।
नाउ विसारहि बेदु समालहि बिखु भूले लेखारी ॥५॥
कलर खेती तरवर कंठे बागा पहिरहि कजलु झरै।
एहु संसारु तिसै की कोठी जो पैसे सो गरबि जरै ॥६॥
रयति राजे कहा सबाए दुहु अंतरि सो जासी।
कहत नानकु गुर सचे की पउड़ी रहसी अलखु निवासी ॥७॥३॥११॥

(मैं) न तो किसी को मूर्ख समझता हूँ और न किसी को चतुर। साहब (हरी) के रंग में रँगा हुआ (मैं) सदैव (उसके) नाम का वर्णन करता हूँ ॥ १ ॥

हे बाबा, हाय (मैं तो) मूर्ख हूँ! (किन्तु प्रभु के) नाम के ऊपर बलिहारी हूँ। (हे हरी), तू कर्त्ता है, तू ज्ञाता है, (तू) द्रष्टा है; तेरे नाम के द्वारा (मैं) तर जाऊँगा ॥ १ ॥ रहाउ ॥

मूर्ख और चतुर (सयाने), (हरी की सृष्टि में) एक हैं; (कहने के लिए मूर्ख और चतुर) दो नाम हैं, (किन्तु वास्तव में उन दोनों के बीच परमात्मा की) एक ही ज्योति है। (मेरी दृष्टि में) जो (व्यक्ति) हरी का नाम नहीं मानता, वह मूर्खों का शिरोमणि है ॥ २ ॥

गुरु के द्वार पर नाम पाया जाता है; बिना सद्गुरु के (नाम रूपी धन) पल्ले नहीं पड़ता। सद्गुरु के आदेशानुसार, (जिस व्यक्ति के मन में) नाम बस जाता है, तो (वह) अहर्निश (उसी में) लिव (एकनिष्ठ ध्यान) लगाए रहता है ॥ ३ ॥

(जिनके) राज्य, सुख-सामग्री, रूप, सम्पत्ति और यौवन है, (वे सब) जुआड़ी (के समान हैं), (क्योंकि जैसे जुआड़ी का धन क्षणभंगुर है, वैसे यौवन, रूप, सम्पत्ति आदि भी क्षणभंगुर हैं)। (परमात्मा के) हुक्म में बंधे हुए (सभी प्राणी (सृष्टि रूपी) चौपड़ के खेल में (अपनी-अपनी) मुहरों के पासे खेल रहे हैं ॥ ४ ॥

चतुर और सयाना संसार नाम को भुला कर भ्रम में भटक रहा है; (नाम के बिना) मूर्ख पण्डित (व्यर्थ ही शास्त्रादिक) अध्ययन करते हैं। (जो विद्वान्) नाम को भुला कर वेद को ही संभालते हैं (स्मरण करते हैं), वे (माया के) विष में भूल कर (व्यर्थ की बातें) लिखते हैं ॥ ५ ॥

(जिस प्रकार) बालू (अथवा) बंजर की खेती तथा नदी के किनारे के वृक्ष (क्षणभंगुर हैं), (उसी प्रकार नाम के बिना अन्य साधन भी मिथ्या हैं); (संसार में) बहुत से लोग सफेद (कपड़े) तो पहनते हैं, (किन्तु उनके भीतर से) कालिख झड़ती है, (तात्पर्य यह कि बहुत से लोग बाह्य वेश तो साधु का बनाए रहते हैं, किन्तु भीतर से अत्यन्त कलुषित होते हैं)। यह संसार तृष्णा की कोठरी है, (जो व्यक्ति इसमें) प्रविष्ट होता है, वह अहंकार में जलता है ॥ ६ ॥

प्रजा और राजा सब कहाँ है? (अर्थात् सभी क्षणभंगुर हैं); (जो व्यक्ति भी) द्वैत-भाव में है, वह चला जाता है, (नष्ट हो जाता है)। नानक कहते हैं कि गुरु ही सत्य (पर-

मात्मा की प्राप्ति की) सीढ़ी है, (उसी के उपदेश से यह अनुभव होता है कि) वह अलक्ष्य (हरी) ही सदैव रहता है ॥ ७ ॥ ३ ॥ ११ ॥

१ओं सतिगुर प्रसादि ॥ मारू सोलहे, महला १,

[१]

साचा सचु सोई अवरु न कोई ।
जिनि सिरजी तिन ही फुनि गोई ॥
जिउ भावै तिउ राखहु रहणा तुम सिउ किआ मुकराई है ॥१॥

आपि उपाए आपि खपाए । आपे सिरि सिरि धंधै लाए ॥
आपे वीचारी गुणकारी आपे मारगि लाई है ॥२॥

आपे दाना आपे बीना । आपे आपु उपाइ पतीना ॥
आपे पउणु पाणी बैसंतरु आपे मेलि मिलाई है ॥३॥

आपे ससि सूरा पूरो पूरा । आपे गिआनि धिआनि गुरु सूरा ॥
कालु जालु जमु जोहि न साकै साचे सिउ लिव लाई है ॥४॥

आपे पुरखु आपे ही नारी । आपे पासा आपे सारी ॥
आपे पिड़ बाधी जगु खेलै आपे कीमति पाई है ॥५॥

आपे भवरु फुलु फलु तरवरु । आपे जलु थलु सागरु सरवरु ॥
आपे मछु कछु करणी करु तेरा रूपु न लखणा जाई है ॥६॥

आपे दिनसु आपे ही रैणी । आपि पतीजै गुर की बैणी ॥
आदि जुगादि अनाहदि अनदिनु घटि घटि सबदु रजाई है ॥७॥

आपे रतनु अनूप अमोलो । आपे परखे पूरो तोलो ॥
आपे किसही कसि बखसे आपे दे लै भाई है ॥८॥

आपे धनखु आपे सरबाणा । आपे सुघड़ सरूपु सिआणा ॥
कहता बकता सुणता सोई आपे बणत बणाई है ॥९॥

पउणु गुरू पाणी पित जाता । उदर संजोगी धरती माता ॥
रैणि दिनसु दुइ दाई दाइआ जगु खेलै खेलाई है ॥१०॥

आपे मछुली आपे जाला । आपे गऊ आपे रखवाला ॥
सरब जीआ जगि जोति तुमारी जैसी प्रभि फुरमाई है ॥११॥

आपे जोगी आपे भोगी । आपे रसीआ परम संजोगी ॥
आपे वेबाणी निरंकारी निरभउ ताड़ी लाई है ॥१२॥

खाणी बाणी तुझहि समाणी । जो दीसै सभ आवण जाणी ॥
सेई साह सचे वापारी सतिगुर बूझ बुझाई है ॥१३॥

सबदु बुझाए सतिगुरु पूरा। सरब कला साचे भरपूरा ॥
अफरिओ वेपरवाहु सदा तू ना तिसु तिलु न तमाई हे ॥१४॥

कालु बिकालु भए देवाने। सबदु सहज रसु अंतरि माने ॥
आपे मुकति तृपति वर दाता भगति भाइ मनि भाई हे ॥१५॥

आपि निरालमु गुरगम गिआना। जो दीसै तुझ माहि समाना ॥
नानकु नीचु भिखिआ दरि जाचै मै दीजै नामु वडाई हे ॥१६॥१॥

विशेष : सोलह पदों वाले शब्द को 'सोलहे' कहा गया है, पर सोलहे १५, १७ तथा २१ पदों के भी आए हैं।

अर्थ : वही (एक) सत्यस्वरूप (हरी) ही सत्य हैं; (उसके अतिरिक्त) और कोई दूसरा नहीं है। जिस (प्रभु) ने (यह सृष्टि) रची है, वही फिर इसका नाश करता है। (हे हरी), तुझे जैसा रुचे, वैसे मुझे रख, (और मुझे भी वैसे ही) रहना है; तुझसे क्या उज़्र की जाय? ॥ १ ॥

(प्रभु) आप ही (सृष्टि) उत्पन्न करता है, आप ही (उसका) संहार करता है और आप ही प्रत्येक प्राणी को धंधे में लगता है। (प्रभु) आप ही विचारवान् और गुणवान् है और आप ही (भटके हुए प्राणियों को) मार्ग पर लगाता है ॥ २ ॥

(प्रभु) आप ही ज्ञाता है, आप ही द्रष्टा है और आप ही अपने को (सृष्टि के रूप में) उत्पन्न करके प्रसन्न होता है। (वह) आप ही पवन, जल और अग्नि (आदि पंच तत्व) है और आप ही (इन पंच तत्त्वों का) मेल मिला कर (प्राणियों के शरीर का निर्माण करता है) ॥ ३ ॥

(वह) परिपूर्ण (हरी) आप ही चन्द्रमा है और आप ही सूर्य है। आप ही ज्ञान-ध्यान है और आप ही शूरवीर गुरु है। (जो व्यक्ति) सच्चे (परमात्मा) से लिव लगाता है, (उसे) यमराज के काल का जाल दुःख नहीं दे सकता ॥ ४ ॥

(हरी) आप ही पुरुष है और आप ही नारी है। आप ही (संसार रूपी) चौपड़ है और आप ही (जीव रूपी) मुहर है। (हे प्रभु), तू ने यह खेल रच दिया है और (सारा) जगत् इसी में खेल रहा है और तू स्वयं ही इसकी कीमत का (अनुमान करता है) ॥ ५ ॥

(हे प्रभु, तू) आप ही भंवर है, फूल, फल है और वृक्ष है। (तू) आप ही जल, थल, सागर और सरोवर है। आप ही मच्छ और कच्छप है, आप ही करण और कारण है। (हे हरी), तेरा रूप नहीं देखा जा सकता है ॥ ६ ॥

(हे हरी, तू) आप ही दिन है और आप ही रात है। गुरु के वचनों में (तू शिष्य के रूप में) आप ही प्रसन्न होता है। आदि काल तथा युग-युगान्तरों से प्रतिदिन और निरन्तर घट-घट में (प्राणी-प्राणी में) तेरा ही हुकम और मरजी बरत रही हैं ॥ ७ ॥

(हे प्रभु, तू) आप ही अनुपम और अमूल्य रत्न है और आप ही (उस अनुपम रत्न को) पूरी तौल है परखनेवाला (जौहरी) है। (तू) आप ही (अपनी) कसौटी पर कस कर किसी-किसी (गुरुमुख रूपी) रत्न को बख्श देता है, (तात्पर्य यह कि मुक्त कर देता है)। हे भाई, (प्रभु) आप ही देता है और आप ही लेता है ॥ ८ ॥

(हे हरी, तू) आप ही धनुष है और आप ही बाण चलानेवाला है। (तू) आप ही सुन्दर स्वरूपवाला और चतुर है। (तू आप ही) कथन करनेवाला, वक्ता और श्रोता है और आप ही (अपने को) बनानेवाला है ॥ ९ ॥

पवन (सृष्टि भर का) गुरु है और जल ही मानो पिता है; अपने उदर के संयोग से (सभी को उत्पन्न करने से) पृथ्वी ही माता है, (पृथ्वी माता इसलिये कहलाती है कि यह भी माता के समान सभी वस्तुओं को अपने उदर में रखती है और उदर से उत्पन्न करती है)। रात्रि और दिन दोनों ही दाई और दाया हैं [दाया = दाई का पति]। सारा जगत् इसी (विराट् खेल में) खेलता रहता है ॥ १० ॥

(हे प्रभु, तू) आप ही मछली है और आप ही (उसे फँसानेवाला) जाल है। (तू) आप ही गाय और आप ही (उसकी) रक्षा करनेवाला (ग्वाला) है। (हे निरंकार हरी), समस्त जीवों और (सारे) जगत् में तेरी ही ज्योति (व्याप्त) है। (हे स्वामी, तेरी) आज्ञा (सभी के ऊपर) है ॥ ११ ॥

(सृष्टि में निर्लिप्त रहने के कारण, हे प्रभु, तू) आप ही योगी है, (और जीव रूपी भोक्ता के अन्तर्गत विराजमान होने से) तू भोगी भी है। आप ही संयोग करानेवाला परम रसिक भी है। (हे स्वामी, तू) आप ही वाणी से रहित निरंकार-देव, और निर्भयस्वरूप है; तू आप ही अपने ध्यान में (निमग्न है), (तात्पर्य यह कि स्वयं ही अपनी महिमा में प्रतिष्ठित) है ॥ १२ ॥

(हे प्रभु, चारों) खानियों के जीव—(अंडज, जेरज, स्वेदज और उद्भिज) (और उनकी) बोलियाँ तुझ में ही समाहित हो जाती हैं। (इस सृष्टि में तुझे छोड़कर) जो भी (वस्तुएँ) दिखाई पड़ती है, (सभी) आने-जाने वाली हैं, (नश्वर हैं)। जिन्हें सद्गुरु ने समझ दी है, (वे ही) साह (परमात्मा) के सच्चे व्यापारी हैं ॥ १३ ॥

पूर्ण सद्गुरु शब्द के द्वारा (अपने शिष्य को यह) समझा देता है कि सच्चा परिपूर्ण (हरी) समस्त कलाओं (शक्तियों) (से युक्त है)। (हे स्वामी) तू पहुँच के बाहर है और बेपरवाह है, तुझ में तिल भर भी लालच अथवा इच्छा नहीं है ॥ १४ ॥

(जो साधक) शब्द—नाम रूपी सहज रस को अपने अन्तर्गत मानते हैं, (तात्पर्य यह कि नाम का रसास्वादन करते हैं), उनके लिए मरण और जन्म (काल-विकाल) दीवाने हो जाते हैं, (भाव यह कि उनके जन्म-मरण समाप्त हो जाते हैं)। (हे प्रभु, तू) आप ही मुक्ति-तृप्ति के वरों को देनेवाला है; मन को अच्छी लगनेवाली प्रेमा भक्ति (को भी तू ही प्रदान करता है) ॥ १५ ॥

(हे हरी) तू आप निर्लेप हैं; (किन्तु) गुरु-गम्य ज्ञान से (यह बोध होता है कि) जो कुछ भी दिखाई पड़ता है, (वह) तुझ में ही समा जाता है। नीच नानक, तेरे दरवाजे पर यही भीख माँगता है कि मुझे (अपने) नाम की महत्ता प्रदान कर ॥ १६ ॥ १ ॥

[२]

आपे धरती धउलु अकासं। आपे साचे गुण परगासं।
जती सती संतोखी आपे आपे कार कमाई हे ॥१॥

जिसु करणा सो करि करि वेखै । कोइ न मेटै साचे लेखै ॥
आपे करे कराए आपे आपे दे वडिआई हे ॥२॥
पंच चोर चंचल चितु चालहि । पर घर जोहहि घरु नही भालहि ॥
काइआ नगरु ढहे ढहि ढेरी बिनु सबदे पति जाई हे ॥३॥
गुर ते बूझै त्रिभवणु सूझै । मनसा मारि मनै सिउ लूझै ॥
जो तुधु सेवहि से तुधु ही जेहे निरभउ बाल सखाई हे ॥४॥
आपे सुरगु मछु पइआला । आपे जोति सरूपी बाला ॥
जटा बिकट बिकराल सरूपी रूपु न रेखिआ काई हे ॥५॥
बेद कतेबी भेदु न जाता । ना तिसु मात पिता सुत भ्राता ॥
सगले सैल उपाइ समाए अलखु न लखणा जाई हे ॥६॥
करि करि थाकी मीत घनेरे । कोइ न काटै अवगुण मेरे ॥
सुरि नर नाथु साहिबु सभना सिरि भाइ मिलै भउ जाई हे ॥७॥
भूले चूके मारगि पावहि । आपि भुलाइ तू है समझावहि ॥
बिनु नावै मै अवरु न दीसै नावहु गति मिति पाई हे ॥८॥
गंगा जमुना केल केदारा । कासी कांती पुरी दुआरा ॥
गंगा सागरु बेणी संगमु अठसठि अंकि समाई हे ॥९॥
आपे सिध साधिक बीचारी । आपे राजनु पंचा कारी ॥
तखति बहै अदली प्रभु आपे भरमु भेदु भउ जाई हे ॥१०॥
आपे काजी आपे मुला । आपि अभुलु न कबहू भुला ॥
आपे मिहर दइआपति दाता ना किसै को बैराई हे ॥११॥
जिसु बखसे तिसु दे वडिआई । सभसै दाता तिलु न तमाई ॥
भरपुरि धारि रहिआ निहकेवलु गुपतु प्रगटु सभ ठाई हे ॥१२॥
किआ सालाही अगम अपारै । साचे सिरजणहार मुरारै ॥
जिसनो नदरि करे तिसु मेले मेलि मिलै मेलाई हे ॥१३॥
ब्रहमा बिसन महेसु दुआरै । ऊभे सेवहि अलख अपारै ॥
होर केती दरि दीसै बिललादी मै गणत न आवै काई हे ॥१४॥
साची कीरति साची बाणी । होर न दीसै बेद पुराणी ॥
पूंजी साचु सचे गुण गावा मै धर होर न काई हे ॥१५॥
जुगु जुगु साचा है भी होसी । कउणु न मूआ कउणु न मरसी ॥
नानकु नीचु कहै बेनंती दरि देखहु लिव लाई हे ॥१६॥२॥

(हे प्रभु, तू) आप ही पृथ्वी है (और आप ही उस पृथ्वी को धारण करने वाला धर्म रूपी) बैल है, (आप ही) आकाश है। आप ही सच्चे गुणोंवाला और प्रकाश-स्वरूप है। (तू), आप ही यती; सत्वगुणी और संतोषी है और आप ही (सारे) कार्यों को करता है ॥ १ ॥

(जो हरी के द्वारा किया हुआ सृष्टि-रूपी) कार्य है, उसे रच-रच कर, (हरी स्वयं उसकी) देखभाल करता है। (उस हरी की) सच्ची लिखावट को कोई भी

(व्यक्ति) मेट नहीं सकता। (प्रभु) स्वयं ही करता है, स्वयं ही (जीवों को प्रेरित करके उनके द्वारा) कराता है और स्वयं ही प्राणियों को बड़ाई प्रदान करता है ॥ २ ॥

(काम, क्रोध, मद, लोभ और अहंकार—ये) पाँचों चोर चंचल चित्त को (और भी) चलायमान करते हैं। (ये पाँचों चित्त को अपने साथ मिलाकर) दूसरों का घर ताकते हैं, किन्तु अपने वास्तविक घर (आत्मस्वरूप) को नहीं देखते। यह शरीर रूपी नगर ढह ढह कर ढेर हो जाता है ; बिना शब्द—नाम के अनुभव किए (प्राणी की) प्रतिष्ठा चली जाती है ॥ ३ ॥

गुरु से समझने पर (शिष्य को) त्रिभुवन की समझ आ जाती है। (अतः, शिष्य को) वासनाओं—इच्छाओं अथवा संकल्पों को वशीभूत करके मन से ही युद्ध करना चाहिए। (हे प्रभु) जो (लोग) तेरी सेवा करते हैं, वे तेरे ही समान हैं ; हे निर्भय (हरी, तू) बाल्यावस्था से ही उनका मित्र है ॥ ४ ॥

(हे प्रभु, तू) आप ही स्वर्गलोक, मर्त्यलोक और पाताललोक है ; आप ही ज्योति है और आप ही रूपवान नवयुवक है ; विकट (भयानक) जटाओंवाला और विकराल स्वरूपवाला भी (तू) आप ही है ; (साथ ही, हे हरी) न तेरा कोई रूप है और न तेरी कोई रेखा है ; (अतएव हरी सगुण और निर्गुण दोनों आप हो है) ॥ ५ ॥

वेद और कतेब (मुसलमानों के धार्मिक ग्रन्थ) (हरी का) भेद नहीं जान सके। (उस हरी के) न कोई माता-पिता हैं, न पुत्र हैं और न भाई हैं। सारे पर्वतों को उत्पन्न करके (उन्हें फिर अपने में) लीन कर लेता है ; वह अलक्ष्य हरी (इन चर्म-चक्षुओं से) नहीं देखा जा सकता ॥ ६ ॥

(मैं) बहुत से मित्र बना-बना कर थक गयी ; किन्तु मेरे अवगुणों को कोई भी नहीं काट सका, (दूर कर सका) ; जो साहब देवता, मनुष्य और नाथ आदि सभी के सिर पर है, (उसी से) प्रेमपूर्वक मिलने से (संसार का) भय दूर हो जाता है ॥ ७ ॥

(हे प्रभु), भूले-भटकों को (तू ही) (ठीक) मार्ग पर लगाता है। (तू) स्वयं ही (प्राणियों को मार्ग से) भटकाता है, (और फिर तू ही उन्हें मार्ग भी) बताता है। मुझे तो नाम के बिना और कुछ भी नहीं दिखाई पड़ता। नाम से ही गति-मिति पाई जाती है ॥ ८ ॥

गंगा, यमुना (आदि पवित्र नदियाँ), (श्री कृष्ण की) क्रीड़ाभूमि (वृन्दावन), केदारनाथ, काशी, कांची, जगन्नाथपुरी, द्वारिकापुरी, गंगासागर, त्रिवेणी (गंगा, यमुना और सरस्वती) का संगम (प्रयागराज) (तथा अन्य) अड़सठ तीर्थस्थान, (हरी के ही) अंक में समाए हैं।

[विशेष : 'कांती' को कुछ सिक्ख विद्वानों ने 'मथुरापुरी' बतलाया है; किन्तु मेरी समझ में इसका अभिप्राय 'कांची' (कांजीवरम्) से है, जो मद्रास प्रान्त में है। यह शैवों और वैष्णवों का प्रसिद्ध तीर्थ स्थान है। 'कांतीपुरा' नेपाल राज्य का भी प्रसिद्ध स्थान है] ॥ ९ ॥

(हे हरी, तू) आप ही सिद्ध, साधक और विचारवान् है। आप ही राजा और पंचायत का कार्य करनेवाला—न्याय करनेवाला है (तात्पर्य यह कि ईश्वर आप ही न्यायकारी है)। न्यायकर्त्ता (हरी ही) सिंहासन पर बैठ कर (न्याय करता है) ; (हे प्रभु, तेरा साक्षात्कार करने पर साधकों के सारे) भ्रम, भेद और भय दूर हो जाते हैं ॥ १० ॥

(हे स्वामी, तू) आप ही काजी है (और आप ही) मुल्ला है। (तू) आप ही न भूल करनेवाला है और (तूने) कभी भूल नहीं की है। (हे प्रभु, तू) आप ही कृपा है, दयापति है और दाता है ; (तू) किसी का भी वैरी नहीं है ॥ ११ ॥

(हे प्रभु; तू) (जिसके ऊपर) कृपा करता है, उसे बड़ाई प्रदान करता है। (तू) सभी का दाता है और (तुझमें) तिल मात्र भी लालच नहीं हैं। हे निष्केवल (निर्लेप हरी), (तूने सभीको) पूर्णरूप से धारण किया है ; (तू) सभी स्थानों में गुप्त और प्रकट रूप से (विराजमान) है ॥१२॥

सच्चे सिरजनहार मुरारी, अगम और अपार (परमात्मा की) क्या प्रशंसा की जाय ? जिसके ऊपर (वह) कृपादृष्टि करता है, (उसे गुरु से) मेल मिलाता है, (तत्पश्चात् उसके माध्यम से स्वयं अपने) मेल में मिला लेता है ॥ १३ ॥

(हे प्रभु), ब्रह्मा, विष्णु, महेश तेरे दरवाजे पर खड़े होकर (तुझ) अलख, अपार की सेवा करते हैं। और कितनी ही (शक्तियाँ) तेरे दरवाजे पर बिलखती हुई दिखलाई पड़ती हैं ; (उनमें से) किसी की गणना मुझे नहीं आ सकती, (अर्थात्, वे असंख्य हैं और उनकी गणना नहीं हो सकती) ॥ १४ ॥

वेदों और पुराणों में (उस प्रभु की) सच्ची कीर्त्ति और सच्ची वाणी है, (इसके अतिरिक्त) और कुछ भी नहीं दिखाई पड़ता। (हरी ही) सच्ची पूंजी है ; (इसलिए मैं उस) सच्चे (हरी) का गुणगान करता हूँ ; मुझे तो और कोई आसरा (आश्रय) नहीं है ॥ १५ ॥

युग-युगान्तरों से (वही) सच्चा (हरी) (वर्तमान काल में) है, (भूतकाल में) था (और भविष्य में) रहेगा। (उस अविनाशी परमात्मा के अतिरिक्त इस दृश्यमान जगत् में) कौन (ऐसा जड़ अथवा चेतन है) जो नहीं मरा अथवा जो नहीं मरेगा ? (परमात्मा के अतिरिक्त इस जगत् में सभी कुछ नाशवान है)। नीच नानक एक विनती करता है (कि हे मनुष्य), लिव (एकनिष्ठ ध्यान) लगाकर (उस हरी का) दरवाजा देख, (जिससे तेरे सारे दुःख नष्ट हो जायेंगे और संसार मुक्त होगा) ॥ १६ ॥ २ ॥

[३]

दूजी दुरमति अंनी बोली। काम क्रोध की कची चोली ॥
घरि वरु सहजु न जाणै छोहरि बिनु पिर नीद न पाई हे ॥१॥

अंतरि अगनि जले भड़कारे। मनमुखु तके कुंडा चारे ॥
बिनु सतिगुर सेवे किउ सुखु पाईऐ साचे हाथि वडाई हे ॥२॥

कामु क्रोधु अहंकारु निवारे। तसकर पंच सबदि संघारे ॥
गिआन खड़गु लै मन सिउ लूझै मनसा मनहि समाई हे ॥३॥

मा की रकतु पिता बिंदु धारा। मूरति सूरति करि आपारा ॥
जोति दाति जेती सभ तेरी तू करता सभ ठाई हे ॥४॥
तुझ ही कीआ जंमण मरणा। गुर ते समझ पड़ी किआ डरणा ॥
तू दइआलु दइआ करि देखहि दुखु दरदु सरीरहु जाई हे ॥५॥
निज घरि बैसि रहे भउ खाइआ। धावत राखे ठाकि रहाइआ ॥
कमल बिगास हर सर सुभर आतम रामु सखाई हे ॥६॥

मरणु लिखाइ मंडल महि आए । किउ रहीऐ चलणा परथाए ॥
सचा अमरु सचे अमरापुरि सा सचु मिलै वडाई हे ॥७॥

आपि उपाइआ जगतु सबाइआ । जिनि सिरिआ तिनि धंधै लाइआ ॥
सचै ऊपरि अवर न दीसै साचे कीमति पाई हे ॥८॥

ऐथै गोइलड़ा दिन चारे । खेलु तमासा धुंधूकारे ॥
बाजी खेलि गए बाजीगर जिउ निसि सुपनै भखलाई हे ॥९॥

तिन कउ तखति मिली वडिआई । निरभउ मनि वसिआ लिव लाई ॥
खंडी ब्रहमंडी पाताली पुरीई त्रिभवण ताड़ी लाई हे ॥१०॥

साची नगरी तखतु सचावा । गुरमुखि साचु मिलै सुखु पावा ॥
साचे साचै तखति वडाई हउमै गणत गवाई हे ॥११॥

गणत गणीऐ सहसा जीऐ किउ सुखु पावै दूऐ तीऐ ॥
निरमलु एकु निरंजनु दाता गुर पूरे ते पति पाई हे ॥१२॥

जुगि जुगि विरली गुरमुखि जाता । साचा रवि रहिआ मनु राता ॥
तिस की ओट गही सुखु पाइआ मनि तनि मैलु न काई हे ॥१३॥

जीभ रसाइणि साचै राती । हरि प्रभु संगी भउ न भराती ॥
स्रवण स्रोत रजे गुर बाणी जोती जोति मिलाई हे ॥१४॥

रखि रखि पैर धरे पउ धरणा । जत कत देखउ तेरी सरणा ॥
दुखु सुखु देहि तू है मनि भावहि तुझही सिउ बणि आई हे ॥१५॥

अंत कालि को बेली नाही । गुरमुखि जाता तुधु सालाही ॥
नानक नामि रते बैरागी निजघरि ताड़ी लाई हे ॥१६॥३॥

द्वैतभाव और दुर्बुद्धि के कारण (जीवात्मा रूपी स्त्री) अंधी और बौली (बनकर फिरती है)। उसने काम क्रोध की कच्ची (नश्वर) चोली पहनी है। अपने घर (शरीर) के भीतर ही पति (परमात्मा) और (उसका) सहज प्रेम स्थित है, (पर वह) छोकरी (भोलीभाली—अनजान लड़की) उसे नहीं जानती ; बिना प्रियतम के उसे नींद नहीं लग सकती ॥ १ ॥

(मनमुख के) भीतर (तृष्णा की भयंकर) अग्नि 'भड़ भड़' करके जल रही है ; मनमुख (तृष्णा से) चारों दिशाओं में ताकता फिरता है, (जिससे उसे सुख प्राप्त हो)। (किन्तु) बिना सद्गुरु की सेवा किए (उसे) सुख कैसे प्राप्त हो सकता है ? सच्चे (गुरु अथवा परमात्मा) के हाथ में ही सारी बड़ाइयाँ हैं ॥ २ ॥

(जो साधक) काम, क्रोध और अहंकार का निवारण करता है, शब्द—नाम के द्वारा पाँच चोरों—(काम, क्रोध, लोभ, मोह और अहंकार)—का संहार करता है और ज्ञान की तलवार लेकर मन से जूझता है, (उसकी सारी) वासनाएँ—कामनाएं (उसके ज्योतिर्मय) मन में लीन हो जाती हैं ॥ ३ ॥

(हे हरी), माता के रज एवं पिता के वीर्य की धार से (तू ने) अनन्त आकारों (मूरति सूरति) का निर्माण किया है। जितने भी प्रकाश और दान हैं, सब तेरे ही हैं; तू सभी स्थानों का निर्माता (रचयिता) है ॥ ४ ॥

(हे स्वामी), तू ने ही जन्म और मरण बनाए हैं; (मुझे) गुरु से यह समझ आई (कि तू ही सब कुछ है); (अतएव) अब क्या डरा जाय ? हे दयालु (हरी), तू, दया (की दृष्टि से) मेरी ओर देख ले, (जिससे मेरे) शरीर के दुःख और दरिद्र नष्ट हो जायँ ॥ ५ ॥

अपने (आत्मस्वरूपी) घर में बैठ जाने से, भय समाप्त हो गया। दौड़ते मन को (मैंने) रोका (और उसे रोकर) असली स्वरूप में टिका दिया। (इसी कारण, मेरा हृदय-रूपी) कमल विकसित हो गया, (इन्द्रिय रूपी) सरोवर हरे-भरे होकर प्रेम से लबालब भर गए, (तात्पर्य यह कि पूर्ण आनन्द प्राप्त हो गया) ॥ ६ ॥

(मनुष्य परमात्मा के यहाँ) मरना लिखा कर (भूमण्डल) (मर्त्यलोक) में आता है। (अतएव, वह यहाँ सदैव) किस प्रकार रह सकता है ? (अन्त में तो) परलोक जाना ही है। सच्चे (लोग) अमर (परमात्मा) की सच्ची अमरपुरी में (जाते हैं); वह सत्य स्वरूप (हरी) उन्हें मिलता है; (यही उनकी) बड़ाई है ॥ ७ ॥

(हरी ने) आप ही समस्त जगत् को उत्पन्न किया है। जिस (हरी ने) सब को रचा है, उसी ने (सबको अपने अपने) धंधे में भी लगाया है। सत्य (हरी) के ऊपर (कोई) और (दूसरा) नहीं दिखाई पड़ता; सच्चे (पुरुषों) के द्वारा ही उसकी कीमत पाई जाती है ॥८॥

इस (संसार रूपी) चारागाह में चार दिन रहना है। यहाँ अंधकार (अज्ञान) में सारे खेल-तमाशे होते हैं। (जीवात्मा रूपी) बाजीगर अपनी अपनी बाजी खेल कर चले गये; जिस प्रकार रात्रि की स्वप्नावस्था में (मनुष्य) बड़बड़ाता है, (पर उसकी वास्तविकता नहीं होती), (उसी प्रकार संसार के समस्त व्यवहार और क्रिया-कलाप भी मिथ्या ही हैं) ॥ ९ ॥

(जिन्होंने) लिव लगा कर निर्भय हरी को (अपने) मन में बसा लिया है, उन्हें (हरी के) तख्त (सिंहासन) पर बड़ाई प्राप्त होती है। (ऐसे सिद्ध पुरुष सदैव यही देखते हैं कि) (हरी ही) खण्डों, ब्रह्माडों, पाताल तथा त्रिभुवन की (समस्त) पुरियों में ताड़ी (ध्यान) लगाकर (बैठा है), (अर्थात् हरी ही सर्वत्र व्याप्त है) ॥ १० ॥

(शरीर रूपी) सच्ची नगरी में (हृदय रूपी) सिंहासन पर सत्यस्वरूप (हरी) का (निवास है)। गुरु द्वारा (यह) सत्य (हरी) मिलता है, (जिससे) सुख की प्राप्ति होती है। सच्चे (व्यक्तियों) को (हरी के) सच्चे तख्त की बड़ाई प्राप्त होती है, (ऐसे व्यक्ति) अहंकार की गणना को नष्ट कर देते हैं, (तात्पर्य यह है कि वे लोग परमात्मा का साक्षात्कार करके अपने समस्त अहंभाव को मिटा देते हैं) ॥ ११ ॥

(मनमुख अहंकार में अपने कर्मों की) गिनती गिनता रहता है और संशय में जीवित रहता है। (वह) त्रिगुणात्मक (माया के) द्वैतभाव में कैसे सुख पा सकता है ? एक (हरी ही) निर्मल, निरंजन और दाता है; पूर्ण गुरु से ही प्रतिष्ठा प्राप्त होती है ॥ १२ ॥

युग-युगान्तरों में किसी विरले (साधक) ने ही गुरु के द्वारा (सत्यस्वरूप हरी को) जाना है। (जो) सत्य (हरी सर्वत्र) रम रहा है, (उसमें मेरा) मन अनुरक्त हो गया है। (मैंने) उस (प्रभु की) शरण ग्रहण की, (जिससे मुझे परम) सुख प्राप्त हुआ (और मेरे) तन और मन में किसी प्रकार की मैल नहीं रह गई ॥ १३ ॥

(मेरी) जीभ सच्चे (राम-) -रसायन में अनुरक्त है। (मुझे) प्रभु, हरी संगी (मिल गया है, जिससे मुझमें) भय और भ्रम नहीं (रह गए हैं)। मेरे कान गुरुवाणी की ध्वनि से तृप्त हो गए हैं ; (और मुझ जीवात्मा की) ज्योति (परमात्मा की अखण्ड और सर्व व्यापिनी) ज्योति से मिल गई है ॥ १४ ॥

(मैंने इस) पृथ्वी पर सोच सोच कर पैर रक्खे हैं, (अर्थात्, विचारपूर्वक जीवन व्यतीत किए हैं)। (मैं) जहाँ कहीं भी देखता हूँ, (तेरी ही) शरण (खोजता हूँ), (तात्पर्य यह है कि मैं जहाँ भी रहता हूँ, तेरी ही शरण पकड़ता हूँ)। (हे प्रभु, तू चाहे मुझे) दुःख दे, (और चाहे) सुख दे, (किन्तु दोनों ही दशाओं में) तू (मेरे) मन को अच्छा लगता है। (मेरी) तुझ ही से बनती है ॥ १५ ॥

(हे प्रभु) अंतकाल में (तुझे छोड़कर) कोई (अन्य) सहायक नहीं होता। गुरु की शिक्षा से (तुझे) जान कर (मैंने) तेरी स्तुति की। हे नानक, वैरागी (त्यागी, विरक्त) ने (तेरे) नाम में अनुरक्त हो कर, अपने (वास्तविक) घर में (आत्मस्वरूप में) ध्यान लगाया है ॥ १६ ॥ ३ ॥

[४]

आदि जुगादी अपर अपारे । आदि निरंजन खसम हमारे ॥
साचे जोग जुगति वीचारी साचे ताड़ी लाई हे ॥१॥
केतड़िआ जुग धुंधूकारै । ताड़ी लाई सिरजणहारै ॥
सचु नामु सची वडिआई साचै तखति वडाई हे ॥२॥
सतजुगि सतु संतोखु सरीरा । सति सति वरतै गहिर गंभीरा ॥
सचा साहिबु सचु परखै साचै हुकमि चलाई हे ॥३॥
सत संतोखी सतिगुरु पूरा । गुर का सबदु मने सो सूरा ॥
साची दरगह साचु निवासा मानै हुकमु रजाई हे ॥४॥
सतजुगि साचु कहै सभु कोई । सचि वरतै साचा सोई ॥
मनि मुखि साचु भरमु भउ भंजनु गुरमुखि साचु सखाई हे ॥५॥
त्रेतै धरम कला इक चूकी । तीनि चरण इक दुबिधा सूकी ॥
गुरमुखि होवै सु साचु वखाणै मनमुखि पचै अवाई हे ॥६॥
मनमुखि कदे न दरगह सीझै । बिनु सबदै किउ अंतर रीझै ॥
बाधे आवहि बाधे जावहि सोझी बूझ न काई हे ॥७॥
दइआ दुआपरि अधी होई । गुरमुखि विरला चीनै कोई ॥
दुइ पग धरमु धरे धरणीधर गुरमुखि साचु तिथाई हे ॥८॥

राजे धरमु करहि परथाए । ग्रासा बंधे दान कराए ॥
राम नाम बिनु मुकति न होई थाके करम कमाई हे ॥९॥

करम धरम करि मुकति मंगाही । मुकति पदारथ सबदि सलाही ॥
बिनु गुर सबदै मुकति न होई परपंचु करि भरमाई हे ॥१०॥

माइग्रा ममता छोडी न जाई । से छूटे सचु कार कमाई ।
ग्रहिनिसि भगति रते वीचारी ठाकुर सिउ बणि ग्राई हे ॥११॥

इकि जप तप करि करि तीरथ नावहि । जिउ तुधु भावै तिवै चलावहि ॥
हठि निग्रहि ग्रपतीजु न भीजै बिनु हरि गुर किनि पति पाई हे ॥१२॥

कलीकाल महि इक कल राखी । बिनु गुर पूरे किनै न भाखी ॥
मनमुखि कूड़ु वरतै वरतारा बिनु सतिगुर भरमु न जाई हे ॥१३॥

सतिगुर वेपरवाहु सिरंदा । ना जम काणि न छंदा बंदा ॥
जो तिसु सेवे सो ग्रबिनासी ना तिसु काल संताई हे ॥१४॥

गुर महि ग्रापु रखिग्रा करतारे । गुरमुखि कोटि ग्रसंख उधारे ॥
सरब जीग्रा जग जीवनु दाता निरभउ मैलु न काई हे ॥१५॥

सगले जाचहि गुर भंडारी । ग्रापि निरंजनु ग्रलख ग्रपारो ।
नानकु साचु कहै प्रभ जाचै मै दीजै साचु रजाई हे ॥१६॥४॥

हे ग्रादिकालीन ग्रौर युग-युगान्तरों (में विराजमान, हरी), हे सब से परे ग्रौर ग्रपार (प्रभु), हे ग्रादि निरंजन (ग्रौर) हमारे स्वामी, हे सच्चे, तुझसे युक्त होने की युक्ति (मैं) विचारता हूँ ग्रौर तुझ सच्चे से ताड़ी लगाता हूँ, (ध्यान जोड़ता हूँ) ॥ १ ॥

सिरजनहार (हरी) ने कितने ही युगों के घनघोर ग्रंधकार में शून्य-समाधि लगाई, [तात्पर्य यह कि सृष्टि-रचना के पूर्व ग्रनन्त युगों तक घनघोर ग्रन्धकार था । उस समय निर्गुण हरी ग्रपनी ही महिमा में प्रतिष्ठित था] । (हरी के) सच्चे नाम की सच्ची महत्ता है ग्रौर (उसके) सच्चे सिंहासन की भी सच्ची बड़ाई है ॥ २ ॥

(शून्य समाधि के पश्चात्, फिर ग्रपने सगुण रूप के ग्रन्तर्गत हरी ने युगों का निर्माण किया । सतयुग का वर्णन करते हुए गुरु नानक देव जी कहते हैं कि)—सतयुग के शरीरों में, (तात्पर्य यह कि मनुष्यों में) सत् ग्रौर सन्तोष (की प्रमुखता थी) । (लोग) गहरे ग्रौर गंभीर होते थे ग्रौर सत्य ही सत्य का व्यवहार करते थे । सच्चा साहब (हरी) (उनकी) सच्चाई परख कर (ग्रपना) सच्चा हुक्म चलाता था ॥ ३ ॥

पूर्ण सद्गुरु सच्चा ग्रौर सन्तोषी होता था । जो (व्यक्ति) गुरु की शिक्षा मानता था, वह शूरवीर होता था । (सतयुग के लोग) सच्चे दरबार में सच्चे (हरी) का निवास (समझ कर), (उसका) हुक्म ग्रौर मर्जी मानते थे ॥ ४ ॥

सतयुग में सभी लोग सत्य बोलते थे (ग्रौर यह ध्रुव नियम है कि) (जो कोई) सत्य का व्यवहार करता है, (वह) सच्चा ही होता है । (उस समय मनुष्यों के) मन ग्रौर मुख

(दोनों) में सत्य होता था; (सत्य का यह व्यवहार उनके) भ्रम और भय को दूर कर देता था (और इस प्रकार के) गुरुमुखों (सत्यवादी पुरुषों) का सत्य ही सहायक होता था ॥ ५ ॥

त्रेतायुग में (धर्म रूपी बैल के चार पैरों में से एक पैर टूट गया), धर्म की एक कला (शक्ति) का ह्रास हो गया । उस युग में (धर्म के चार पैरों में से) तीन पैर रह गए; (धर्म के एक पैर का स्थान द्विविधा ने ले लिया और) दुविधा प्रबल पड़ गई । (यदि) गुरुमुख (सत्यवादी पुरुष) हो, (तो) वह सत्य (परमात्मा) का वर्णन करता है; मनमुख तो व्यर्थ की बातों में पचता है—दग्ध होता है ॥ ६ ॥

मनमुख (हरी के) दरबार में कभी नही सफल होता है । बिना (गुरु के) शब्द के अन्तःकरण किस प्रकार प्रसन्न हो ? (ऐसे मनमुख व्यक्ति) बंधे ही आते हैं और बँधे ही चले जाते हैं; (उन्हें) कोई समझ-बूझ नहीं होती है ॥ ७ ॥

द्वापरयुग में (धर्म की दूसरी कला) दया (के चले जाने पर) धर्म की आधी शक्ति रह जाती है, (क्योंकि चार कलाओं में से सत्य और दया का ह्रास हो जाता है) । गुरु की शिक्षा द्वारा कोई विरला ही (साधक इस रहस्य को) समझता है । (इस प्रकार, द्वापरयुग में) पृथ्वी को धारण करनेवाले धर्म (रूपी बैल) के (केवल) दो चरण रह जाते हैं; गुरु के द्वारा ही उसके स्थान पर सत्य प्राप्त होता है ॥ ८ ॥

राजा लोग किसी स्वार्थ की पूर्त्ति के लिए धर्म करते हैं, (निस्वार्थ भाव से नहीं); (इस प्रकार) (वे) आशा के बंधन में बंध कर दान करते हैं । (अतएव चाहे जितने कर्मों को कर के (मनुष्य) थक जायं किन्तु राम नाम के बिना मुक्ति नहीं हो सकती ॥ ९ ॥

(लोग) कर्म-धर्म (कर्मकाण्ड) करके मुक्ति माँगते हैं, (किन्तु कर्मकाण्ड से मुक्ति नहीं प्राप्त होती) । शब्द—नाम की स्तुति करने से ही मुक्ति-पदार्थ (प्राप्त होता है) । (लोग चाहे) जितना (जगत् के) प्रपंचों (कर्मकांडों) को करके भ्रमित हों, (किन्तु) बिना गुरु के शब्दों के मुक्ति नहीं प्राप्ति हो सकती ॥ १० ॥

(सांसारिक मनुष्यों से) माया और ममता नहीं छोड़ी जा सकती है । (जो साधक गुरु के द्वारा) सच्ची करनी की कमाई करते हैं, वे ही (माया और ममता से) छूटते हैं । (ऐसे व्यक्ति) विचारपूर्वक अहर्निश (हरी की) भक्ति में रत रहते हैं ; ठाकुर—स्वामी (हरी) से उनकी खूब बनती है ॥ ११ ॥

कुछ लोग जप-तप करके तीर्थादिकों में स्नान करते हैं । (हे प्रभु) तुझे जैसा रुचता है, वैसा ही उन्हें चलाता है, (कार्य में लगाता है) । हठपूर्वक (इन्द्रियों के) निग्रह करने से यह अविश्वसनीय (मन) (हरी के प्रेम में) नहीं भीजता—अनुरक्त होता है । (भला बताओ) बिना हरि रूपी गुरु (के मिले हुए) किसने प्रतिष्ठा पाई हूँ ? ॥ १२ ॥

कलियुग में धर्म की केवल एक कला (शक्ति) (हरी ने) बचा रक्खी है । बिना पूर्ण गुरु के कोई भी (हरी का वर्णन) नहीं कर सका ; (अर्थात् बिना पूर्ण गुरु के हरी का साक्षात्कार हो ही नहीं सकता और बिना साक्षात्कार के कोई व्यक्ति हरी का क्या वर्णन कर सकेगा ?) । मनमुख तो (सदैव) झूठे ही व्यवहारों में बरतता है ; बिना सद्गुरु के (उसका) भ्रम नहीं मिट सकता ॥ १३ ॥

विशेष : [निम्नलिखित पद में 'सद्गुरु' शब्द का प्रयोग परमात्मा के लिए हुआ है ।]

अर्थ : सद्गुरु बेपरवाह और सिरजनहार है ; न तो (उसे) यम का (कोई) भय है, और न (तो उसमें) बंदे (मनुष्य) की दीनता—मुहताजी ही है। (जो साधक) उसकी आराधना करता हैं, वह अविनाशी (परमात्मा) ही (हो जाता है); (उसे फिर) काल संतप्त नहीं करता ॥ १४ ॥

कर्त्तार (कर्त्तापुरुष, परमात्मा) ने अपने आपको गुरु में रक्खा है और गुरु के माध्यम से (उसने) करोड़ों—असंख्य (व्यक्तियों) का उद्धार किया है। जगत् के सभी जीवों का जीवनदाता निर्भय हरी ही है ; उसमें किसी प्रकार की मैल (कलमष, पाप) नहीं है ॥ १५ ॥

समस्त (प्राणी) गुरु रूपी भंडारी से ही याचना करते हैं, (क्योंकि हरी स्वयं तो) निरंजन (माया से रहित) अलक्ष्य और अपार है, (इसीलिए उसने भांडार का भंडारी गुरु को बनाया है)। हे प्रभु, नानक सत्य कहता है ; और हे आज्ञा देनेवाले (हरी), (तुझसे) यही माँगता है कि (मुझे) सत्य (की भीख) दे ॥ १६ ॥ ४ ॥

[५]

साचै मेले सबदि मिलाए । जा तिसु भाणा सहजि समाए ।
त्रिभवण जोति धरी परमेसरि अवरु न दूजा भाई हे ॥१॥

जिसके चाकर तिसकी सेवा । सबदि पतीजै अलख अभेवा ॥
भगता का गुणकारी करता बखसि लए वडिआई हे ॥२॥

देदे तोटि न आवै साचे । लै लै मुकरि पउदे काचे ॥
मूलु न बूझहि साचि न रीझहि दूजै भरमि भुलाई हे ॥३॥

गुरमुखि जागि रहे दिन राती । साचे की लिव गुरमति जाती ॥
मनमुख सोइ रहे से लूटे गुरमुख साबतु भाई हे ॥४॥

कूड़े आवै कूड़े जावै । कूड़े राती कूड़ु कमावै ॥
सबदि मिले से दरगह पैधे गुरमुखि सुरति समाई हे ॥५॥

कूड़ि मुठी ठगी ठगवाड़ी । जिउ वाड़ी ओजाड़ि उजाड़ी ॥
नाम बिना किछु सादि न लागै हरि बिसरिऐ दुखु पाई हे ॥६॥

भोजनु साचु मिलै आघाई । नामु रतनु साची वडिआई ॥
चीनै आपु पछाणै सोई जोती जोति मिलाई हे ॥७॥

नावहु भुली चोटा खाए । बहुतु सिआणप भरमु न जाए ।
पचि पचि मुए अचेत न चेतहि अजगरि भारि लदाई हे ॥८॥

बिनु बाद बिरोधहि कोई नाही । मै दिखालिहु तिसु सालाही ॥
मनु तनु अरपि मिलै जगजीवनु हरि सिउ बणत बणाई हे ॥९॥
प्रभ की गति मिति कोइ न पावै । जे को वडा कहाइ वडाई खावै ॥
साचे साहिब तोटि न दाती सगली तिनहि उपाई हे ॥१०॥

वडी वडिग्राई वेपरवाहे । ग्रापि उपाए दानु समाहे ।
ग्रापि दइग्रालु दूरि नही दाता मिलिग्रा सहजि रजाई हे ॥११॥

इकि सोगी इकि रोगि विग्रापे । जो किछु करे सु ग्रापे ग्रापे ॥
भगति भाउ गुर की मति पूरी ग्रनहदि सबदि लखाई हे ॥१२॥

इकि नागे भूखे भवहि भवाए । इकि हठु करि मरहि न कीमति पाए ॥
गति ग्रविगत की सार न जाणै बूझै सबदु कमाई हे ॥१३॥

इकि तीरथि नावहि ग्रंनु न खावहि । इकि ग्रगनि जलावहि देह खपावहि ॥
राम नाम बिनु मुकति न होई कितु बिधि पारि लघाई हे ॥१४॥

गुरमति छोडहि उझड़ि जाई । मनमुखि रामु न जपै ग्रवाई ॥
पचि पचि बूडहि कूड़ु कमावहि कूड़ि कालु बैराई हे ॥१५॥

हुकमे ग्रावै हुकमे जावै । बूझै हुकमु सो साचि समावै ॥
नानक साचु मिलै मनि भावै गुरमुखि कार कमाई हे ॥१६॥५॥

(जब साधक) सत्य (गुरु) से मिलता है, (तो वह गुरु उसे) शब्द—नाम से मिला देता है। (यदि) उस (हरी की) इच्छा हुई, (तो वह) सहजावस्था में समा जाता है। परमेश्वर ने तीनों भुवनों (को प्रकाशित करनेवाली) ज्योति (हमारे ग्रन्तर्गत) रख दी है, (जिससे ग्रब) ग्रौर कोई दूसरा ग्रच्छा ही नहीं लगता ॥ १ ॥

जिसका चाकर हो, उसी की सेवा (करनी चाहिए); (तात्पर्य यह कि हरी के सेवक को एकमात्र हरी की ही ग्राराधना करनी चाहिए)। ग्रलख ग्रौर ग्रभेद (हरी) शब्द—नाम के द्वारा प्रसन्न होता है। कर्त्ता (हरी) भक्तों का कल्याण करनेवाला है; (वह उन्हें) क्षमा करके (ग्रपनी शरण में) लेकर बड़ाई प्रदान करता है ॥ २ ॥

सच्चे प्रभु को (प्राणियों के) देने में (किसी प्रकार की) कमी नहीं ग्राती; किन्तु कच्चे (ग्रविवेकी ग्रौर ग्रज्ञानी) लोग, (हरी से) ले ले कर मुकर जाते हैं। वे (कच्चे लोग) द्वैतभाव के भ्रम में भटक कर न तो ग्रपने मूलस्वरूप (ग्रात्म-स्वरूप) को समझते हैं ग्रौर न सत्य (हरी) में ही रीझते हैं—(प्रसन्न होते हैं) ॥ ३ ॥

गुरुमुख (हरी के चिन्तन में) ग्रहर्निश जगते रहते हैं; गुरु की बुद्धि द्वारा (गुरुमुख ने) सत्य (हरी) में लिव लगाना जान लिया है। मनमुख (ग्रज्ञान-निद्रा में) सोते रहते हैं, (इसी से वे माया द्वारा) लूटे जाते हैं; (किन्तु) गुरुमुख सही-सलामत रहते है ॥ ४ ॥

(मनमुख) झूठ में ही ग्राते हैं ग्रौर झूठ में ही चले जाते हैं, (तात्पर्य यह कि झूठ में ही मनमुख का जन्म-मरण होता है)। झूठ में ग्रनुरक्त होने से, वे झूठ में समा जाते हैं। (जो साधक) शब्द—नाम से मिलते हैं, वे (हरी के) दरबार में सम्मान पाते हैं। गुरु की शिक्षा द्वारा (वे) (हरी की) सुरति में समा जाते हैं ॥ ५ ॥

झूठी (जीवात्मा रूपी स्त्री) (कामादिक) ठगों की वाड़ी में ठगों गई है। जिस प्रकार (पशु ग्रादि) वाड़ी उजाड़ देते हैं, (उसी प्रकार शरीर रूपी) वाड़ी को (कामादिकों ने) उजाड़ दिया है। (वास्तव में) नाम के बिना कुछ स्वाद नहीं ग्राता; हरि के विस्मृत होने पर (बहुत) दुःख प्राप्त होता है ॥ ६ ॥

सच्चे भोजन (परमात्मा) के मिलने पर ही (साधक) अघाता है—तृप्त होता है। नाम रूपी रत्न के मिलने पर ही सच्ची बड़ाई प्राप्त होती है। (यदि साधक) अपने आप को पहचाने, तो (उस हरी को भी) पहचान लेता है (और उसकी) ज्योति (परमात्मा की अखण्ड) ज्योति से मिल जाती है ॥ ७ ॥

नाम के भूलने पर (मनुष्य) चोटें खाते हैं, (तात्पर्य यह कि यातनाएँ सहते हैं)। बहुत सयानापन (चतुरता) होने पर भी भ्रम नहीं दूर होता। अविवेकी—मूर्ख मनुष्य (पापों के) बहुत भार (बोझ) से लदे हुए पच पच कर मर जाते हैं, (किन्तु फिर भी) नहीं सावधान होते हैं ॥ ८ ॥

कोई भी व्यक्ति बिना झगड़े और विरोध के नहीं है; (यदि कोई व्यक्ति ऐसा है, तो) मुझे दिखा दो, (मैं) उसकी प्रशंसा करूं, और तन-मन (उसे) अर्पित करूँ, ताकि जगत् का जीवन (हरी) मुझे प्राप्त हो जाय और हरी से मेरी बात बन जाय ॥ ९ ॥

प्रभु की गति-मिति कोई भी नहीं पा सकता। यदि कोई व्यक्ति अपने को बड़ा कहलाता है, तो बड़ाई ही (उसे) खा जाती है, (तात्पर्य यह कि मान उसे ले डूबता है)। सच्चे साहब के दानों में (किसी प्रकार की) कमी नही है; सारी (सृष्टि) की उत्पत्ति उसी (प्रभु) ने की है ॥ १० ॥

बेपरवाह (हरी) की महत्ता (बड़ाई) (बहुत) बड़ी हैं। आपही (सारे प्राणियों को) उत्पन्न करके (उन्हें) दान पहुँचाता है, (तात्पर्य यह कि स्वयं प्राणियों को उत्पन्न करता है और स्वयं ही उनकी खोज-खबर लेता है)। (प्रभु) आप ही दयालु हैं; (वह) दाता दूर नहीं है; आज्ञा प्रदान करनेवाला (परमात्मा) (साधकों से) स्वाभाविक ही मिल जाता है, (क्योंकि वह दूर तो है नहीं) ॥ ११ ॥

(संसार में) कुछ लोग शोकातुर हैं और कुछ लोग रोग में फँसे हैं; (अतएव प्रभु) जो कुछ भी करता हैं, वह अपने ही आप करता है। गुरु की पूर्ण बुद्धि से प्रेमाभक्ति प्राप्त होती है; (गुरु के) अनाहत शब्द द्वारा (हरी विषयक) समझ आती है ॥१२॥

कुछ लोग नंगे और भूखे (रहकर) (तीर्थादिकों में) भटकते रहते हैं; कुछ लोग हठ-निग्रह करके मरते हैं, (किन्तु प्रभु हरी की) कीमत नहीं जान पाते। (ऐसे लोग) अव्यक्त (अविनाशी हरी) की गति का पता नहीं जानते; (उसे तो) (गुरु के) शब्द की कमाई द्वारा ही जान सकते हैं ॥१३॥

कुछ लोग तीर्थों में स्नान करते हैं और अन्न नहीं खाते हैं, (फलाहार आदि करते हैं); कुछ लोग आग में जला कर देह को खपा देते हैं। (किन्तु) बिना रामनाम के मुक्ति नहीं प्राप्त हो सकती; (बिना रामनाम के) किस प्रकार (संसार-सागर से) पार हुआ जा सकता है ? ॥१४॥

(जो लोग) गुरु की बुद्धि का परित्याग करते हैं, वे कुमार्ग पर चले जाते हैं। अवारणीय (अमोड़, जो रोका न जा सके) मनमुख रामनाम को नहीं जपता; (मनमुख) पच-पच कर (संसार-सागर में) डूबते हैं; (वे) झूठ ही कमाते हैं (और अन्त में इसी) झूठ के कारण काल उनका वैरी हो जाता है ॥१५॥

(सारे प्राणी प्रभु के) हुक्म से आते हैं और (उसी के) हुक्म से चले जाते हैं। (जो व्यक्ति परमात्मा के इस) हुक्म को समझता है, वह सत्यस्वरूप (हरी) में ही समा जाता है। नानक कहते हैं कि गुरु के द्वारा कार्य करने से सत्य (हरी) प्राप्त हो जाता है, (जो) मन को (बहुत ही) अच्छा लगता है ॥१६॥५॥

[६]

आपे करता पुरखु बिधाता । जिनि आपे आपि उपाइ पछाता ॥
आपे सतिगुरु आपे सेवकु आपे स्रिसटि उपाई हे ॥१॥

आपे नेड़ै नाही दूरे । बूझहि गुरमुखि से जन पूरे ॥
तिनकी संगति अहिनिसि लाहा गुर संगति एह वडाई हे ॥२॥

जुगि जुगि संत भले प्रभ तेरे । हरि गुण गावहि रसन रसेरे ॥
उसतति करहि परहरि दुखु दालदु जिन नाही चित पराई हे ॥३॥

ओइ जागत रहहि न सूते दीसहि । संगति कुल तारे साचु परीसहि ॥
कलिमल मैलु नाही ते निरमल ओइ रहहि भगति लिव लाई हे ॥४॥

बूझहु हरिजन सतिगुर बाणी । एहु जोबनु सासु है देह पुराणी ॥
आजु कालि मरि जाईऐ प्राणी हरि जपु जपि रिदै धिआई हे ॥५॥

छोडहु प्राणी कूड़ कबाड़ा । कूड़ मारे कालु उछाहाड़ा ॥
साकत कूड़ि पचहि मनि हउमै दुहु मारगि पचै पचाई हे ॥६॥

छोडिहु निंदा ताति पराई । पड़ि पड़ि दझहि साति न आई ॥
मिलि सत संगति नामु सलाहहु आतम रामु सखाई हे ॥७॥

छोडहु काम क्रोधु बुरिआई । हउमै धंधु छोडहु लंपटाई ।
सतिगुर सरणि परहु ता उबरहु इउ तरीऐ भवजलु भाई हे ॥८॥

आगै बिमल नदी अगनि बिखु झेला । तिथै अवरु न कोई जीउ इकेला ॥
भड़ भड़ अगनि सागरु दे लहरी पड़ि दझहि मनमुख ताई हे ॥९॥

गुर पहि मुकति दानु दे भाणै । जिनि पाइआ सोई बिधि जाणै ॥
जिन पाइआ तिन पूछहु भाई सुखु सतिगुर सेव कमाई हे ॥१०॥

गुर बिनु उरझि मरहि बेकारा । जमु सिरि मारे करे खुआरा ॥
बाधे मुकति नाही नर निंदक डूबहि निंद पराई हे ॥११॥

बोलहु साचु पछाणहु अंदरि । दूरि नाही देखहु करि नंदरि ॥
बिघनु नाही गुरमुखि तरु तारी इउ भउजलु पारि लंघाई हे ॥१२॥

देही अंदरि नामु निवासी । आपे करता है अबिनासी ॥
ना जीउ मरै न मारिआ जाई करि देखै सबदि रजाई हे ॥१३॥

ओहु निरमलु है नाही अंधिआरा । ओहु आपे तखति बहै सचिआरा ॥
साकत कूड़े बंधि भवाईअहि मरि जनमहि आई जाई हे ॥१४॥

गुर के सेवक सतिगुर पिआरे । ओइ बैसहि तखति सु सबदु वीचारे ॥
ततु लहहि अंतरगति जाणहि सतसंगति साचु वडाई हे ॥१५॥
आपि तरै जनु पितरा तारे । संगति मुकति सु पारि उतारे ॥
नानकु तिसका लाला गोला जिनि गुरमुखि हरि लिव लाई हे ॥१६॥६॥

(प्रभु) आप ही कर्त्तापुरुष और सृष्टि-रचयिता (विधाता) है। जिस (प्रभु) ने अपने आप को उत्पन्न किया है, (वही अपने आप को) पहचानता है। (प्रभु हरी) आप ही सद्गुरु है, आप ही सेवक है और आप ही ने सृष्टि उत्पन्न की है ॥१॥

(प्रभु) आप ही समीप है, (वह) दूर नहीं है। (जो व्यक्ति) गुरु के द्वारा (उपर्युक्त बातें) समझते हैं, वही पूर्ण पुरुष हैं। (ऐसे पूर्ण पुरुष की) संगति में अहर्निश (सदैव) लाभ ही लाभ है। गुरु की संगति में ऐसी ही बड़ाई (प्राप्त होती) है ॥२॥

(हे हरी) तेरे संत युग-युगान्तरों से भले (अच्छे) रहे हैं; वे जीभ द्वारा आनन्द से हरि का गुणगान करते हैं। वे दुःख-दारिद्र्य का परित्याग करके (प्रभु की) स्तुति करते हैं; उन्हें दूसरों से चिन्ता (भय) नहीं है ॥३॥

वे (ब्रह्मज्ञान में) जगते रहते हैं; (और कभी अज्ञान की निद्रा में) सोते हुए नहीं दिखाई पड़ते। (वे भगवान् के भक्त) सत्य को परोस कर (वितरित कर) संगति और कुलों को तारते हैं। (उन्हें) पापों की मैल नहीं (लगती), वे निर्मल रहते हैं; वे (हरी की) भक्ति में लिव लगाए रहते हैं ॥४॥

ऐ हरि के भक्तो, सद्गुरु की वाणी समझो—यह यौवन, श्वास और देह पुराने हो जाने वाले हैं। यह (नश्वर) प्राणी आज अथवा कल में (निश्चित ही) मर जायगा, (अतएव) हृदय में ध्यान धर के हरि का जप करो ॥५॥

ऐ प्राणी, झूठी गप्पें छोड़; झूठ बोलनेवाले को काल उछल कर मारता है। साकत (माया के उपासक) झूठ में दग्ध होते हैं; (जिनके) मन में अहंकार है (और जो) द्वैत भाव में हैं वे पच-पच कर (दग्ध हो हो कर) (नष्ट हो जाते हैं)।

[विशेष—कबाड़ा=टूटी-फूटी वस्तुओं को अच्छी बनाकर दिखाना, जैसा कि कबाड़ी लोग करते हैं; तात्पर्य यह कि गप्पें मारना] ॥६॥

(ऐ प्राणी), पराई निन्दा और ईर्ष्या त्याग दे; (बड़े-बड़े विद्वान्) पढ़-पढ़ कर दग्ध होते हैं, (उन्हें) शान्ति नहीं आती। (अतएव, हे प्राणी) सत्संगति में मिल कर (हरी के) नाम की प्रशंसा कर, (क्योंकि) सभी में रमा हुआ (परमात्मा) ही (सब का) सखा है ॥७॥

(हे प्राणी), काम, क्रोध (आदि) बुराइयों को त्याग दे, अहंकार के धंधों (प्रपंचों) एवं लम्पटता को भी त्याग दे। (तू यदि) सद्गुरु की शरण में पड़ेगा, तभी उबर (बच) सकेगा; हे भाई, इस प्रकार संसार-सागर से तर कर (पार हो) ॥८॥

(हे मनुष्य), (इस संसार से जाने पर) आगे आग की निर्मल नदी है और विष की लपटें (निकल रहीं हैं), (तात्पर्य यह कि नारकीय यंत्रणाएँ हैं); वहाँ और कोई नहीं है, अकेला जीव (मात्र) है। अग्नि का सागर 'भड़भड़' शब्द करके (प्रचण्ड रूप से) (लपट रूपी) लहरें निकाल रहा है; मनमुख उसी स्थान पर पड़ कर दग्ध होते हैं ॥९॥

गुरु के पास मुक्ति है, (जिसे) वह अपनी मर्जी—इच्छा के अनुसार देता है। जिस (भाग्यशाली) ने इसे प्राप्त किया है, वही (इसकी प्राप्ति की) विधि जानता है। हे भाई, जिन्होंने (इसे) प्राप्त किया है, उनसे पूछो; (वे लोग यही उत्तर देंगे कि) आनन्दपूर्वक सद्‌गुरु की सेवा करके (यह वस्तु) कमाई गई है ॥१०॥

(मनमुख) गुरु के बिना विकारों में उलझ कर मरते हैं। यमराज (उनके) सिर पर (चोटें) मार-मार कर (उन्हें) दुखी करता है। (माया के विषयों में) बद्ध (प्राणियों को) मुक्ति नहीं (प्राप्त होती); लोगों की निन्दा करनेवाले (प्राणी) पराई निन्दा में ही डूब (मरते) हैं ॥११॥

(हे प्राणी), सत्य बोलो (और अपने) अन्तर्गत (स्थिर हरी को) पहचानो। (अपनी) दृष्टि डाल कर देखो, (प्रभु हरी) दूर नहीं है। गुरु की शिक्षा द्वारा तैराकी तैरो, (इससे) कोई भी विघ्न नहीं (आयेंगे); इस प्रकार (कुशल तैराकी तैर कर तुम) संसार-सागर से पार हो जाओगे ॥१२॥

जीवात्मा (देही) के अन्तर्गत परमात्मा (नाम) का निवास है। (वह) अविनाशी (परमात्मा) स्वयं ही रचयिता है। (परमात्मा द्वारा निर्मित यह) जीव न तो मरता है और न मारा जाता है, अपनी इच्छावाला हरी [रज़ा वाला हरी=रजाई] (अपने) शब्द (हुक्म) द्वारा (सृष्टि) रच-रच कर (उसकी) देखभाल करता है ॥१३॥

वह (परमात्मा) (परम) निर्मल है, (उसमें रंचमात्र) अंधकार (अज्ञान) नहीं है। वह सच्चा (हरी) स्वयं ही सिंहासन पर बैठ कर (न्याय करता है)। शाक्त (माया के उपासक) झूठ में बंध कर भटकते रहते हैं (और बारंबार) जन्मते-मरते तथा आते-जाते रहते हैं ॥१४॥

गुरु के सेवक सद्‌गुरु (परमात्मा) के अत्यंत प्यारे हैं। जो (व्यक्ति) (गुरु के) शब्दों पर विचार करते हैं, (वे हरी के दरबार में) सिंहासन पर बैठते हैं। वे (परमात्म-)-तत्व को प्राप्त कर लेते हैं और आन्तरिक दशा को जान लेते हैं; (सचमुच ही) सत्संगति की सच्ची महत्ता है ॥१५॥

हरि-भक्त (गुरुमुख) स्वयं तरता है (और अपने) पितरों को भी तार देता है। (इस प्रकार) सत्संगति से मुक्ति होती है, (और वह मुक्ति लोगों को संसार-सागर से) पार उतार देती है। जिन्होंने गुरु के उपदेश द्वारा परमात्मा से समाधि (लिव) लगाई है, नानक उनका गुलाम है ॥१६॥६॥

[विशेष—लाला=फ़ारसी, ग़ुलाम, दास, सेवक। गोला=ग़ुलाम, सेवक]

[७]

केते जुग वरते गुबारै। ताड़ी लाई अपर अपारै॥
धुंधूकारि निरालमु बैठा ना तदि धंधु पसारा हे ॥१॥
जुग छतीह तिनै वरताए। जिउ तिसु भाणा तिवै चलाए॥
तिसहि सरीकु न दीसै कोई आपे अपर अपारा हे ॥२॥

गुपते बूझहु जुग चतुआरे । घटि घटि वरतै उदर मझारे ॥
जुगु जुगु एका एकी वरतै कोई बूझै गुर वीचारा हे ॥३॥

बिंदु रकतु मिलि पिंडु सरीआ । पउणु पाणी अगनी मिलि जीआ ॥
आपे चोज करे रंग महली होर माइआ मोह पसारा हे ॥४॥

गरभ कुंडल महि उरध धिआनी । आपे जाणै अंतरजामी ।
सासि सासि सचु नामु समाले अंतरि उदर मझारा हे ॥५॥

चारि पदारथ लै जगि आइआ । सिव सकती घरि वासा पाइआ ॥
एकु विसारे ता पिड़ हारे अंधुलै नामु विसारा हे ॥६॥

बालकु मरै बालक की लीला । कहि कहि रोवहि बालु रंगीला ॥
जिस का सा सो तिन ही लीआ भूला रोवणहारा हे ॥७॥

भरि जोबनि मरि जाहि कि कीजै । मेरा मेरा करि रोवीजै ॥
माइआ कारणि रोइ विगूचहि ध्रिगु जीवणु संसारा हे ॥८॥

काली हू फुनि धउले आए । विणु नावै गथु गइआ गवाए ॥
दुरमति अंधुला बिनसि बिनासै मूठे रोइ पूकारा हे ॥९॥

आपु वीचारि न रोवै कोई । सतिगुरु मिलै त सोझी होई ॥
बिनु गुर बजर कपाट न खूलहि सबदि मिलै निसतारा हे ॥१०॥

बिरधि भइआ तनु छीजै देही । रामु न जपई अंति सनेही ॥
नाम विसारि चले मुहि कालै दरगह झूठु खुआरा हे ॥११॥

नामु विसारि चले कूड़िआरी । आवत जात पड़ै सिरि छारी ॥
साहुरड़ै घरि वासु न पाए पेईअड़ै सिरि मारा हे ॥१२॥

खाजै पैझै रली करीजै । बिनु अभ भगती वादि मरीजै ॥
सर अपसर की सार न जाणै जमु मारै किआ चारा हे ॥१३॥

परविरती नरविरति पछाणै । गुर कै संगि सबदि घरु जाणै ॥
किसही मंदा आखि न चलै सचि खरा सचिआरा हे ॥१४॥

साच बिना दरि सिझै न कोई । साच सबदि पैझै पति होई ।
आपे बखसि लए तिसु भावै हउमै गरबु निवारा हे ॥१५॥

गुर किरपा ते हुकमु पछाणै । जुगह जुगंतर की बिधि जाणै ॥
नानक नामु जपहु तरु तारी सचु तारे तारणहारा हे ॥१६॥७॥

विशेष : परमात्मा पहले निर्गुण था । तत्पश्चात् सगुण होकर उसने सृष्टि-रचना की और जीव उत्पन्न किए । जन्म के समय मनुष्य उच्च आदर्शों को लेकर आता है; पर संसार की माया में पड़कर वह उन आदर्शों को भूल जाता है । वह दुर्बुद्धि में पड़ कर हरी का स्मरण नहीं करता । गुरु के कपाट खोलने पर, वह परमात्मा के हुकम को पहचान कर सत्य में लगता है ।

अर्थ : कितने ही युगों तक अंधकार विद्यमान था। अनन्त और अपरंपार (निर्गुण हरी अपने में ही) ताड़ी लगाए था। (उस समय) अंधकार में—शून्यावस्था में निर्लिप्त (हरी) बैठा था; उस समय कोई धंधे (प्रपंच) और प्रसार (सृष्टि के फैलाव) नहीं थे ॥१॥

इस प्रकार छत्तीस युग, (तात्पर्य यह कि अनन्त समय) व्यतीत हो गए। जिस प्रकार उस (प्रभु) की इच्छा होती है, उसी प्रकार (वह) (सृष्टि-क्रम) चलाता है। उसके समान कोई (दूसरा) नहीं दिखाई पड़ता; (वह प्रभु) आप ही सबसे परे और अनन्त है ॥२॥

चारों युगों में गुप्त होकर सभी (जड़-चेतन में) वह (हरी) ही बरतता था—(विद्यमान था)। घट-घट में तथा हृदय-हृदय में वही बरतता था। युग-युगान्तरों में एक मात्र (हरी ही) विद्यमान था, (है और रहेगा); (इस तत्त्व को) कोई विरला ही गुरु के विचार द्वारा समझ पाता है ॥३॥

(हरी ने) (पिता के) वीर्य (तथा माता के) रक्त (रज) से शरीर का निर्माण कर दिया; पवन, जल और अग्नि (आदिक पंच तत्वों) से जीव खड़ा कर दिया। (शरीर रूपी) रंग महल में (हरी ही) कौतुक—लीला कर रहा है; और माया तथा मोह का प्रसार (फैलाव) भी (उसी ने) कर रक्खा है ॥४॥

(माता के) गर्भ में (जीव) ऊर्ध्व होकर (हरी के) ध्यान में लीन रहता है। (उसकी इस दशा को) अन्तर्यामी (हरी) ही जानता है। जीव (माता के) उदर-मध्य श्वास-श्वास से सच्चे नाम को स्मरण करता है ॥५॥

(मनुष्य) चार पदार्थों—(अर्थ, धर्म, काम और मोक्ष)—के (आदर्शों की प्राप्ति को लक्ष्य बना कर) इस जगत् में उत्पन्न हुआ; (किन्तु अपने आदर्शों को भूल कर उसने) शिव की शक्ति (परमात्मा की शक्ति)—माया के घर में अपना निवास बना लिया। अंधे (अज्ञानी) मनुष्य ने नाम को बिसरा दिया; (यदि मनुष्य) एक (परमात्मा) के नाम को भुला देता है, तो (संसार रूपी) खेल, (तात्पर्य यह कि अमूल्य मानव-जीवन) हार जाता है ॥६॥

(जब) बालक मर जाता है, (तो उसके माता-पिता अपने बालक की) लीलाओं को (याद करते हैं) और "बालक बड़ा रँगीला" था, कह-कह कह रोते हैं। (किन्तु) रोनेवाला (इस बात को) भूल जाता है कि जिस (हरी) का (वह बालक) था, उसी ने (उसे) ले लिया, (अतः रोना-पीटना व्यर्थ है) ॥७॥

(यदि) भरी जवानी में ही (लोग) मर जाते हैं, तो क्या किया जा सकता है ? (केवल) 'मेरा मेरा' कह कर (उसके परिवार के लोग) रोते हैं। माया के कारण (लोग) रो-रो कर नष्ट होते हैं (और कहते हैं कि) हाय, संसार के जीवन को धिक्कार है ॥८॥

(धीरे धीरे अवस्था बढ़ती है और) फिर काले बाल सफेद हो जाते हैं। बिना नाम के उनकी (अमूल्य जीवन रूपी) पूँजी-नष्ट हो जाती है, (वे उसे) नष्ट कर देते हैं। दुर्बुद्धि अंधा (अविवेकी) पुरुष (स्वयं) नष्ट होता है और (दूसरों को भी) नष्ट करता है; (जब), वह ठगा जाता है, (तो) रो-रो कर बिलखता है ॥९॥

(यदि) कोई अपने आपको (अपने वास्तविक स्वरूप) को विचारता है, (तो) वह नहीं रोता है। (किन्तु) सद्गुरु के मिलने पर ही (इस प्रकार की) समझ (प्राप्त) होती

है। बिना गुरु के (अज्ञान रूपी) वज्रवत किवाड़े नहीं खुलते; (गुरु के) शब्द के प्राप्त होने पर ही उद्धार होता है ॥१०॥

वृद्ध हो जाने पर जीवात्मा का शरीर छीजने लगता है। (किन्तु ऐसी अवस्था में भी) वह अन्तिम समय के साथी राम को नहीं जपता। (अन्त में वे) नाम भुला कर और मुंह काला करके (यहां से) चले जाते हैं; (अपनी) झूठ के कारण (वे) (हरी के) दरबार में दुखी होते हैं ॥११॥

(माया में आसक्त) झूठे लोग नाम भुला कर (इस संसार से) चले जाते हैं। (उनके) आने-जाने में सिर पर राख पड़ती है, (अर्थात् बेइज्जती होती है)। माया के (इस लोक) में भी उनके सिर पर मार पड़ती है और ससुराल (परलोक) में भी (उन्हें) घर में निवास नहीं मिलता ॥१२॥

(माया में आसक्त प्राणी) खाता, पहनता और मौज उड़ाता है। (किन्तु) बिना आन्तरिक भक्ति के, (वह), व्यर्थ ही मर जाता है। उसे भले-बुरे की समझ नहीं होती; (यदि उसे) यमराज मारता है, तो (किसी का, क्या चारा हो सकता है) ? ॥ १३ ॥

(मनुष्य को) प्रवृत्तिमार्ग और निवृत्तिमार्ग के (यथोचित रूप को) समझना चाहिए। (तत्पश्चात्) गुरु की सत्संगति से (उसके) उपदेश द्वारा (अपने वास्तविक) घर (आत्मस्वरूप) को जानना चाहिए। (संसार में) किसी को बुरा कह कर व्यवहार नहीं करना चाहिए; मनुष्य सत्य द्वारा ही खरा और सच्चा होता है ॥ १४ ॥

सत्य के बिना कोई भी (व्यक्ति) (हरी के) दरवाजे पर सफल नहीं होता। सत्य शब्द——नाम के द्वारा ही (मनुष्य परमात्मा के दरबार में सम्मान के) वस्त्र पहनने को पाता है (और उसकी) प्रतिष्ठा होती है। (यदि हरी को) अच्छा लगता है, तो स्वयं ही उसे क्षमा कर देता है (और उसके) अहंकार तथा गर्व को दूर कर देता है ॥ १५ ॥

गुरु की कृपा द्वारा (साधक परमात्मा के) हुक्म को पहचान लेता है (और वह युग-युगान्तरों की (साधना की) विधि भी जान जाता है, (तात्पर्य यह कि उसे यह भलीभाँति ज्ञात हो जाता है किस युग में ज्ञानमार्ग की साधना श्रेयस्कर है और किस युग में भक्तिमार्ग, अथवा कर्ममार्ग की। अन्त में वह इस निष्कर्ष पर पहुँचता है कि इस युग में नाम-जपना ही सर्वश्रेष्ठ साधना है)। हे नानक, नाम जपो और (संसार-सागर) सच्ची तैराकी मे तैरो; (ऐसा करने से) तारनेवाला (हरी) (निश्चय ही) तार देगा ॥१६॥१॥७ ॥

[८]

हरि सा मीतु नाही मै कोई। जिनि तनु मनु दीआ सुरति समोई ॥
सरब जीआ प्रतिपालि समाले सो अंतरि दाना बीना हे ॥१॥

गुरु सरवरु हम हंस पिआरे। सागर महि रतन लाल बहु सारे ॥
मोती माणक हीरा हरि जसु गावत मनु तनु भीना हे ॥२॥

हरि अगम अगाहु अगाधि निराला। हरि अंतु न पाईऐ गुर गोपाला ॥
सतिगुर मति तारे तारणहारा मेलि लए रंगि लीना हे ॥३॥

सतिगुर बाझहु मुकति किनेही । ओहु आदि जुगादी राम सनेही ॥
दरगह मुकति करे करि किरपा बखसे अवगुण कीना हे ॥४॥

सतिगुरु दाता मुकति कराए । सभि रोगु गवाए अंमृतु रसु पाए ॥
जमु जागाति नाही करु लागै जिसु अगनि बुझी ठरु सीना हे ॥५॥

काइआ हंस प्रीति बहु धारी । ओहु जोगी पुरखु ओह सुंदरि नारी ॥
अहिनिसि भोगै चोज बिनोदी उठि चलतै मता न कीना हे ॥६॥

सृसटि उपाइ रहे प्रभ छाजै । पउण पाणी बैसंतरु गाजै ॥
मनूआ डोलै दूत संगति मिलि सो पाए जो किछु कीना हे ॥७॥

नामु विसारि दोख दुख सहीऐ । हुकमु भइआ चलणा किउ रहीऐ ॥
नरक कूप महि गोते खावै जिउ जल ते बाहर मीना हे ॥८॥

चउरासीह नरक साकतु भोगाईऐ । जैसा कीचै तैसो पाईऐ ॥
सतिगुर बाझहु मुकति न होई किरति बाधा ग्रसि दीना हे ॥९॥

खंडेधार गली अति भीड़ी । लेखा लीजै तिल जिउ पीड़ी ॥
मात पिता कलत्र सुत बेली नाही बिनु हरि रस मुकति न कीना हे ॥१०॥

मीत सखे केते जग माही । बिनु गुर परमेसर कोई नाही ॥
गुर की सेवा मुकति पराइणि अनदिनु कीरतनु कीना हे ॥११॥

कूड़ु छोडि साचे कउ धावहु । जो इछहु सोई फलु पावहु ॥
साच वखर के वापारी विरले लै लाहा सउदा कीना हे ॥१२॥

हरि हरि नामु वखरु लै चलहु । दरसनु पावहु सहजि महलहु ॥
गुरमुखि खोजि लहहि जन पूरे इउ समदरसी चीना हे ॥१३॥

प्रभ बेअंत गुरमति को पावहि । गुर के सबदि मन कउ समझावहि ॥
सतिगुर की बाणी सति सति करि मानहु इउ आतम रामै लीना हे ॥१४॥

नारद सारद सेवक तेरे । त्रिभवणि सेवक वडहु वडेरे ॥
सभ तेरी कुदरति तू सिरि सिरि दाता सभु तेरो कारणु कीना हे ॥१५॥

इकि दर सेवहि दरदु वंञाए । ओइ दरगह पैधे सतिगुरू छडाए ॥
हउमै बंधन सतिगुरि तोड़े चितु चंचलु चलणि न दीना हे ॥१६॥

सतिगुर मिलहु चीनहु बिधि साई । जितु प्रभ पावहु गणत न काई ॥
हउमै मारि करहु गुर सेवा जन नानक हरि रंगि भीना हे ॥१७॥२॥८॥

हरी के समान मेरा कोई दूसरा मित्र नहीं है; जिस (हरी) ने मुझे तन और मन दिए हैं, (उसी ने) (मेरे अन्तर्गत) सुरति भी प्रविष्ट की है, (अर्थात् स्मरण-शक्ति भी उसी ने प्रदान की है)। (जो) समस्त जीवों को पालता और संभालता है, (वही) ज्ञाता और द्रष्टा (हरी) हमारे भीतर भी है ॥ १ ॥

गुरु सरोवर है और हम (उसके) प्रिय हंस है। (गुरु रूपी) सागर में (बहुमूल्य गुण और हरि-यश रूपी) बहुत से लाल और रत्न (विद्यमान) हैं। हरियश रूपी मोती,

माणिक्य और हीरा का गुणगान करने से मेरे तन और मन भीग जाते हैं, (प्रसन्न हो जाते हैं।) ॥ २ ॥

हरी अगम, अथाह, अगाध और निराला है। उसका का अन्त नहीं पाया जा सकता। गुरु रूपी हरी (गोपाल) द्वारा ही (वह जाना जाता है)। सद्‌गुरु के उपदेश द्वारा तारने वाला हरी (साधकों को) तार देता है और अपने प्रेम में लीन करके मिला लेता है ॥ ३ ॥

सद्‌गुरु के बिना (भला) मुक्ति कैसी ? (अर्थात्, सद्‌गुरु के बिना मुक्ति किसी प्रकार भी नहीं प्राप्त हो सकती)। वह राम (हरी) आदि काल से तथा युगों से (हमारा) स्नेही (सहायक) है। (वह हरी अपने) दरबार में कृपा करके मुक्त कर देता है और (सारे) किए हुए अपराधों को क्षमा कर देता है ॥ ४ ॥

दाता सद्‌गुरु ही (शिष्यों को) मुक्त कराता है; वह (साधकों के) सभी रोगों को नष्ट कर देता हे (और हरि-प्रेम रूपी) अमृत को प्राप्त कराता है। (हरी के प्रेम में) जिसकी (आन्तरिक) अग्नि तृष्णा शान्त हो जाती है, और (जिसका) सीना ठंडा हो जाता है (छाती शीतल हो जाती है), (उसके ऊपर) कर वसूल करनेवाले यमराज का कर नहीं लगता (तात्पर्य यह कि वह यमराज के कष्टों से बच जाता है) ॥ ५ ॥

जीव रूपी हंस (शरीर रूपी स्त्री से) अनेक प्रकार की प्रीति करता है। वह (जीवात्मा) तो योगी पुरुष है, (अर्थात् योगी के समान चक्कर लगा कर चला जानेवाला है) और यह (शरीर) सुन्दर स्त्री है। वह कौतुकी और विनोदी (जीवात्मा) अहर्निश (उस शरीर रूपी सुन्दर स्त्री) को भोगता है, (और उसके साथ विविध भाँति के) चोज (कौतुक, विनोद) करता है, (किन्तु अन्त में जब) उठ कर चल देता है, (तो उस शरीर रूपी स्त्री से) सलाह नहीं करता, (उसे यों ही छोड़ कर चल देता है) ॥ ६ ॥

सृष्टि उत्पन्न करके प्रभु (हरी) उसमें छा रहा—व्याप्त हो रहा है। पवन, जल और अग्नि (आदि पंच तत्त्वों से निर्मित यह शरीर) गर्जता है; और मन (कामादिक) दूतों की संगति में मिल कर (विषयों में) डोलता रहता है। (अन्त में मनुष्य) जो कुछ किए रहता है, वही पाता है ॥ ७ ॥

(मनुष्य) नाम को भुला कर (बहुत से) दोषों और दुःखों को सहन करता है। (अन्त में जब परमात्मा का) हुक्म हो जाता है, (तो वह इस संसार से) चल देता है; (भला तब वह) किस प्रकार रह सकता है ? (मनुष्य अपने घृणित और पापपूर्ण कर्मों के अनुसार) नरक-कूप में (पड़ कर) गोते खाता है, (और उसे उसी प्रकार कष्ट होता है), जिस प्रकार जल से बाहर कर देने पर मछली (को कष्ट होता है) ॥ ८ ॥

चौरासी (लाख योनियों में भ्रमण रूपी) नरक शाक्तों (माया में आसक्त व्यक्तियों) को भोगाए जाते हैं। (मनुष्य) जैसा करता हे, वैसा ही (फल) पाता है। बिना सद्‌गुरु के मुक्ति नहीं हो सकती। (पूर्व जन्म के किए हुए कर्मों से) संस्कारों (किरत) के बंधन में वह जकड़ कर ग्रस लिया गया है ॥ ९ ॥

(आगे जहाँ जीवात्मा को जाना है, वह) गली बहुत ही तंग (सँकरी) है और खाँड़े की धार के समान तीक्ष्ण है। (वहाँ, कर्मों के) लेखे लिए जायंगे, (यदि कर्म घृणित

और पापमय है, तो मनुष्य उसी प्रकार कोल्हू में पेरे जायँगे), जिस भाँति तिल (कोल्हू में डाल कर) पेरा जाता है। (उस समय) माता, पिता, स्त्री और पुत्र (कोई भी) सहायक नहीं होंगे ; बिना हरी के प्रेम के (कोई भी व्यक्ति) मुक्त नहीं कर सकता ॥ १० ॥

जगत् में मित्र और संगी-साथी (चाहे) कितने ही हों, (किन्तु) बिना गुरु अथवा परमेश्वर के (अन्त में) कोई भी (साथ) नहीं (निबाहता)। मुक्ति का आसरा गुरु की सेवा ही है ; (उस सेवा में) प्रति दिन हरि-कीर्तन किया जाता है ॥ ११ ॥

(हे मनुष्य, यदि तुम) झूठ त्याग कर सत्य की ओर दौड़ने लगो (प्रवृत्त हो जाओ), (तो तुम जिस फल की) इच्छा करो, वही फल पा जाओ। किन्तु (इस) सत्य (रूपी) सौदे के विरले ही व्यापारी होते हैं ; वे (सत्य रूपी) सौदे से (मुक्ति रूपी) लाभ प्राप्त करते हैं ॥ १२ ॥

(हे साधक, यदि तुम) हरि-नाम रूपी सौदे को लेकर चलो, (तो) सहज ही (हरी के) महलों में (उसका) दर्शन पा जाओगे। पूर्ण पुरुष गुरु की शिक्षा द्वारा (हरी को) खोज कर प्राप्त कर लेते हैं ; इस प्रकार (वे लोग) समदर्शी हरी को पहचान लेते हैं ॥ १३ ॥

गुरु की शिक्षा द्वारा कोई (विरला) ही अनन्त प्रभु को पाता है। (अतएव; हे साधक), गुरु के उपदेश द्वारा (अपने चंचल) मन को समझाओ और सद्गुरु की सत्य वाणी को सत्य ही मानो ; इस प्रकार आत्माराम (हरी) में लीन हो जाओ ॥ १४ ॥

(हे हरी), नारद (ऋषि) और सरस्वती देवी— (सभी) तेरे सेवक हैं और त्रिभुवन में (जो) बड़े से बड़े (लोग) हैं (वे सब) भी तेरे सेवक हैं। (हे प्रभु), सारी कुदरत तेरी ही है, तू प्रत्येक (जीव) का दाता है ; यह सारा कारण (संसार) तेरा ही बनाया हुआ है ॥ १५ ॥

कुछ लोग (हरी के) दरवाजे में (उसकी) आराधना करके, (अपने) दुःख-दर्दों को नष्ट कर देते हैं। सद्गुरु (उन्हें सभी प्रकार के बन्धनों से) छुड़ा देता है (और वे) (परमात्मा के) दरबार में (सम्मान का वस्त्र) पहनतेहैं ॥ १६ ॥

(हे साधक), सद्गुरु से मिल कर वह विधि समझ लो, (जिससे) प्रभु को प्राप्त कर लो (और कर्मों का) कोई हिसाब न रह जाय। अहंकार को मार कर गुरु की सेवा करो; सेवक नानक तो हरी के प्रेम में भीग गया है ॥१७॥२॥८॥

[९]

असुर सघारण रामु हमारा। घटि घटि रमईआ रामु पिआरा ॥
नाले अलखु न लखीऐ मूले गुरमुखि लिखु वीचारा हे ॥१॥

गुरमुखि साधू सरणि तुमारी। करि किरपा प्रभि पारि उतारी ॥
अगनि पाणी सागरु अति गहरा गुरु सतिगुरु पारि उतारा हे ॥२॥

मनमुख अंधुले सोझी नाही। आवहि जाहि मरहि मरि जाही ॥
पूरबि लिखिआ लेखु न मिटई जमदरि अंधु खुआरा हे ॥३॥

इकि आवहि जावहि घरि वासु न पावहि। किरत के बाधे पाप कमावहि ॥
अंधुले सोझी बूझ न काई लोभु बुरा अहंकारा हे ॥४॥

पिर बिनु किग्रा तिसु धन सीगारा । पर पिर राती खसमु विसारा ॥
जिउ बेसुग्रा पूत बापु को कहीऐ तिउ फोकट कार विकारा हे ॥५॥
प्रेत पिंजर महि दूख घनेरे । नरकि पचहि ग्रगिग्रान ग्रंधेरे ॥
धरमराइ की बाकी लीजै जिनि हरि का नामु विसारा हे ॥६॥
सूरजु तपै ग्रगनि बिखु झाला । ग्रपतु पसू मनमुखु बेताला ॥
ग्रासा मनसा कूड़ु कमावहि रोगु बुरा बुरिग्रारा हे ॥७॥
मसतकि भारु कलर सिरि भारा । किउकरि भवजलु लंघसि पारा ।
सतिगुरु बोहिथु ग्रादि जुगादी राम नामि निसतारा हे ॥८॥
पुत्र कलत्र जगि हेतु पिग्रारा । माइग्रा मोहु पसरिग्रा पासारा ॥
जम के फाहे सति गुरि तोड़े गुरमुखि ततु बीचारा हे ॥९॥
कूड़ि मुठी चालै बहु राही । मनमुखु दाझै पड़ि पड़ि भाही ॥
ग्रंमृत नामु गुरू वड दाणा नामु जपहु सुखसारा हे ॥१०॥
सतिगुरु तुठा सचु द्रिड़ाए । सभि दुख मेटे मारगि पाए ॥
कंडा पाइ न गडई मूले जिसु सतिगुर राखणहारा हे ॥११॥
खेहू खेह रलै तनु छीजै । मनमुखु पाथरु सैलु न भीजै ॥
करण पलाव करे बहुतेरे नरकि सुरगि ग्रवतारा हे ॥१२॥
माइग्रा बिखु भुइग्रंगम नाले । इनि दुबिधा घर बहुते गाले ॥
सतिगुरु बाझहु प्रीति न उपजै भगति रते पतीग्रारा हे ॥१३॥
साकत माइग्रा कउ बहु धावहि । नामु विसारि कहा सुखु पावहि ॥
त्रिहु गुण ग्रंतरि खपहि खपावहि नाही पारि उतारा हे ॥१४॥
कूकर सूकर कहीग्रहि कूड़िग्रारा । भउकि मरहि भउ भउ भउ हारा ॥
मनि तनि झूठे कूड़ु कमावहि दुरमति दरगह हारा हे ॥१५॥
सतिगुरु मिलै त मनूग्रा टेकै । राम नामु दे सरणि परेकै ॥
हरि धनु नामु ग्रमोलकु देवै हरि जसु दरगह पिग्रारा हे ॥१६॥
राम नामु साधू सरणाई । सतिगुर बचनी गति मिति पाई ॥
नानक हरि जपि हरि मन मेरे हरि मेले मेलणहारा हे ॥१७॥३॥९॥

हमारा राम (कामादिक) ग्रसुरों का संहार करनेवाला है । (वह) प्यारा राम घट-घट में रमा हुग्रा है । (वह) ग्रलक्ष्य (प्रभु) समीप ही है, किन्तु बिलकुल भी नहीं देखा जा सकता । गुरु द्वारा वह लिखा हुग्रा (वर्णित) (परमात्मा) मिल जाता है, (वह गुरु ही के लेख द्वारा) विचारा जाता है ॥१॥

गुरुमुख या साधु (वही है), जो तेरी शरण में (ग्राता है); प्रभु कृपा करके (उन्हें संसार-सागर से) पार उतार देता है । (विषयों की) ग्रग्नि रूपी जल का सागर बहुत ही गहरा है, सद्गुरु ही (उस सागर से) पार उतारता है ॥२॥

अंधे (अज्ञानी) मनमुखों को समझ नहीं होती। (वे अपनी अज्ञानता के कारण) (बारंबार) आते-जाते रहते हैं और मर-मर कर (इस संसार से) चले जाते हैं। (किन्तु) पहले का लिखा हुआ (भाग्य) लेख नहीं मिटता, (अतएव) वे अंधे यमराज के दरवाजे पर दुखी होते हैं ॥३॥

कुछ लोग (इस संसार में) आते-जाते, जन्मते-मरते रहते हैं और (अपने वास्तविक) घर में (परमात्मा के दरबार) में स्थान नहीं पाते। (वे अपने पूर्व जन्म के लिए हुए कर्मों के) संस्कारों (किरत) में बंध कर पाप ही कमाते हैं। उन अंधों में कोई सूझ-बूझ नहीं होती, (क्योंकि वे) लोभ और बुरे अहंकार में (फंसे हुए हैं) ॥४॥

बिना प्रियतम के स्त्री का शृङ्गार किस काम का ? (अपने वास्तविक) पति (हरी) को भूल कर (वह) पर-पति (विषयों) में आसक्त हुई है। जिस प्रकार वेश्या के पुत्र का पिता किसे कहा जाय ? (तात्पर्य यह कि उसका पिता कोई नहीं होता), (उसी प्रकार प्रभु हरी को न माननेवाला होता है)। उसके सारे कार्य व्यर्थ और बेकार होते हैं ॥५॥

(जो शरीर मन रूपी) प्रेत के रहने का पिंजड़ा है, (उसमें) बहुत से दुःख हैं। (दुष्कर्मी व्यक्ति) अज्ञानान्धकार के (घनघोर) नरक में दग्ध होते हैं। जिन्होंने हरि-नाम को बिसराया है, उनके जिम्मे धर्मराज का (हिसाब) बाकी रहता है; (अर्थात् उन्हें कर्मों के अनुसार फल भोगना रहता है) ॥६॥

(मनमुख अपनी) आशा और वासना (की पूर्त्ति की लिए) झूठ ही कमाते हैं; (उनके अहंकार का) रोग बहुत ही बुरा (भयानक) होता है। (इसीलिए मनमुख जब यहाँ से प्रस्थान करते हैं, तो उन्हें नारकीय यंत्रणाएं सहनी पड़ती हैं। (उनके निमित्त) सूर्य अग्नि की भाँति तपता है और उससे विष की लपटें निकलती हैं। प्रतिष्ठाहीन, पशु और वैताल (भूत) मनमुख (उसी भयंकर अग्नि में दग्ध होता है) ॥७॥

(मनमुख के) मस्तक पर (पाप रूपी) रेतीली मिट्टी का भारी बोझा (लदा) होता है। (ऐसी परिस्थिति में वह) संसार-सागर से किस प्रकार पार हो ? (इस प्रश्न का उत्तर यह है—) आदि और युग-युगान्तरों से (संसार-सागर से पार करने के लिए) सद्‌गुरु ही जहाज है; राम नाम के द्वारा (सद्‌गुरु महा पापियों का भी) उद्धार कर देता है ॥८॥

(सांसारिक प्राणी) पुत्र-स्त्री और जगत् के निमित्त प्रेम तथा माया के मोह के फैले हुए प्रसार (फैलाव) (में बँध जाता है)। किन्तु जिन्होंने गुरु का अनुयायी होकर तत्त्व का विचार किया हैं, उनके (सारे) यम-पाश सद्‌गुरु (परमात्मा) तोड़ डालता है ॥६॥

झूठ की ठगी हुई (दुनियाँ एक को छोड़ कर) कई और मार्गों से चलती है। मनमुख (विषयों में लिप्त होने के कारण) अग्नि में पड़-पड़ कर दग्ध होता है। गुरु ने अमृत रूपी (हरी के) नाम का महान् दान दे दिया है; अतएव समस्त सुखों के तत्त्व—नाम को जपो ॥१०॥

सद्‌गुरु संतुष्ट होकर नाम को दृढ़ करता है। (वह) सारे दुःखों को मेट कर (सही) मार्ग बताता है। जिसकी रक्षा करनेवाला सद्‌गुरु है, उसके पाँवों में बिलकुल भी काँटा नहीं गड़ता ॥११॥

खाक से खाक में मिल कर (यह) शरीर नष्ट हो जाता है। (किन्तु इस तथ्य को देख कर भी) पत्थर की शिला (के समान) मनमुख (का अन्तःकरण) नहीं द्रवीभूत होता (और

वह अपनी ही चाल चलता है)। वह बारंबार (अपने बुरे-भले कर्मों के अनुसार) नरक और स्वर्ग में पड़ता रहता है। (किन्तु जब नरक में जाता है तो) अत्यधिक कारुण्य-प्रलाप करता है ॥१२॥

(मन रूपी) साँप को माया का विष जकड़े हुए है। इस द्वैतभाव (दुविधा) ने बहुत से घरों को गलाया है, (नष्ट किया है)। (यह ध्रुव सिद्धान्त है कि) सद्गुरु के बिना (हरी-विषयक) प्रीति नहीं उत्पन्न होती; (जो व्यक्ति हरी की) भक्ति में अनुरक्त है, (वही) प्रसन्न होता है ॥१३॥

शाक्त (माया के उपासक) माया के निमित्त अत्यधिक दौड़ते-धूपते रहते हैं। (किन्तु वे) नाम को भुला कर (भला) सुख कहाँ पा सकते है ? वे इस त्रिगुणात्मक (संसार) में खप-खुप जाते हैं; (वे इस संसार-सागर से) पार नहीं उतर पाते हैं ॥१४॥

झूठों को कूकर और शूकर कहना चाहिए। वे भयभीत होकर 'भों-भों' भूंक कर मर जाते हैं। (वे) तन और मन (दोनों ही) से झूठे हैं, वे झूठ ही कमाते हैं (और अपनी इसी) दुर्बुद्धि के कारण (हरी के) दरबार में हार जाते हैं ॥१५॥

(भाग्यवश, यदि) सद्गुरु मिल जाय, तो (वही) (शिष्य के) मन को स्थिर करता है। शरण में पड़े हुए को, (सद्गुरु ही) रामनाम देकर (उसका उद्धार करता है)। (सद्गुरु ही) हरि-नाम रूपी अमूल्य धन देता है; (हरी के) दरबार में हरि-यश ही प्यारा होता है ॥१६॥

राम नाम (का आश्रय लेने से), साधु की शरण में (जाने से) एवं सद्गुरु के वचनों से (शिष्य को) गति-मिति प्राप्त हो जाती है। नानक कहते हैं कि हरि जपने से हरी मेरे मन में (बस गया है) और मिलानेवाले (हरी) ने (मुझे) अपने में मिला लिया है ॥१७॥३॥६॥

[१०]

घरि रहु रे मन मुगध इआने। राम जपहु अंतरगति धिआने ॥
लालच छोडि रचहु अपरंपरि इउ पावहु मुकति दुआरा हे ॥१॥
जिसु बिसरिए जमु जोहणि लागै। सभि सुख जाहि दुखा फुनि आगै ॥
राम नामु जपि गुरमुखि जीअड़े एहु परम ततु वीचारा हे ॥२॥
हरि हरि नामु जपहु रसु मीठा। गुरमुखि हरि रसु अंतरि डीठा ॥
अहिनिसि रामु रहहु रंगि राते एहु जपु तपु संजमु सारा हे ॥३॥
राम नामु गुरबचनी बोलहु। संत सभा महि इहु रसु टोलहु ॥
गुरमति खोजि लहहु घरु अपना बहुड़ि न गरभ मझारा हे ॥४॥
सचु तीरथि नावहु हरि गुण गावहु। ततु वीचारहु हरि लिव लावहु ॥
अंत कालि जमु जोहि न साकै हरि बोलहु रामु पिआरा हे ॥५॥
सतिगुरु पुरखु दाता वड दाणा। जिसु अंतरि साचु सु सबदि समाणा ॥
जिस कउ सतिगुरु मेलि मिलाए तिसु चूका जम भै भारा हे ॥६॥

पंच ततु मिलि काइआ कीनी । तिस महि राम रतनु लै चीनी ॥
आतम रामु रामु है आतम हरि पाईऐ सबदि वीचारा हे ॥७॥

सत संतोखि रहहु जन भाई । खिमा गहहु सतिगुर सरणाई ॥
आतमु चीनि परातमु चीनहु गुर संगति इहु निसतारा हे ॥८॥

साकत कूड़ कपट महि टेका । अहिनिसि निंदा करहि अनेका ॥
बिनु सिमिरन आवहि फुनि जावहि ग्रभ जोनी नरक मझारा हे ॥९॥

साकत जम की काणि न छूटै । जम का डंडु न कबहू मूकै ॥
बाकी धरमराइ की लीजै सिरि अफरिओ भारु अफारा हे ॥१०॥

बिनु गुर साकतु कहहु को तरिआ । हउमै करता भवजलि परिआ ॥
बिनु गुर पारु न पावै कोई हरि जपीऐ पारि उतारा हे ॥११॥

गुर की दाति न मेटै कोई । जिसु बखसे तिसु तारे सोई ॥
जनम मरण दुखु नेड़ि न आवै मनि सो प्रभु अपर अपारा हे ॥१२॥

गुर ते भूले आवहु जावहु । जनमि मरहु फुनि पाप कमावहु ॥
साकत मूड़ अचेत न चेतहि दुखु लागै ता रामु पुकारा हे ॥१३॥

सुखु दुखु पुरब जनम के कीए । सो जाणै जिनि दातै दीए ॥
किस कउ दोसु देहि तू प्राणी सहु अपना कीआ करारा हे ॥१४॥

हउमै ममता करदा आइआ । आसा मनसा बंधि चलाइआ ॥
मेरी मेरी करत किआ ले चाले बिखु लादे छार बिकारा हे ॥१५॥

हरि की भगति करहु जन भाई । अकथु कथहु मनु मनहि समाई ॥
उठि चलता ठाकि रखहु घरि अपुनै दुखु काटे काटणहारा हे ॥१६॥

हरि गुर पूरे की ओट पराती । गुरमुखि हरि लिव गुरमुखि जाती ॥
नानक राम नामि मति ऊतम हरि बखसे पारि उतारा हे ॥१७॥४॥१०॥

ऐ मूर्ख और अज्ञानी मन (अपने वास्तविक) घर (आत्मस्वरूपी घर) में रहो, (कहीं अन्यत्र मत भटको)। अन्तर्मुखी ध्यान से राम को जपो। लालच त्याग कर अपरंपार (सब से परे, हरी) में अनुरक्त हो; इस प्रकार (ऐसा करने से तुम) मुक्ति का द्वार पा जाओगे ॥१॥

जिस (राम नाम) का विस्मरण होने से यमराज (मनुष्य को दुःख देने के लिए) प्रतीक्षा करने लगता है, (और जिसके भूलने से) सारे सुख नष्ट हो जाते हैं और दुःख आगे आने लगते हैं, (ऐसे राम नाम को, हे प्राणी, क्यों भूलते हो) ? हे जीव, गुरु के द्वारा राम नाम का जप कर; यही परम तत्त्व (और महान्) विचार है ॥२॥

(हे प्राणी), (अमृत रूपी) मीठे रस, हरिनाम का जप करो। गुरु के माध्यम से हरि-रस हृदय में (स्पष्ट रूप से) दिखाई पड़ता है, (अनुभव होता है)। (हे साधक), अहर्निश राम के रंग में रंगे रहो। यही जप, तप और संयम का सार है ॥३॥

(हे साधक), गुरु के उपदेशानुसार राम नाम जपो। संतों की सभा में इस (राम-नाम-के) रस को ढूँढ़ो। गुरु के द्वारा (अपना वास्तविक) घर (आत्मस्वरूपी घर) प्राप्त कर लो, (ताकि) फिर गर्भ के मध्य में न (आना पड़े) ॥४॥

(ऐ साधक, तुम) सत्य के तीर्थ में स्नान करो और हरि का गुणगान करो। (परम) तत्त्व का विचार करो (और) हरि में लिव (एकनिष्ठ ध्यान) लगाओ। (ऐसा करने से) यमराज (तुम्हें दुःख देने के लिए) प्रतीक्षा नहीं करेंगे, (अतएव हे साधक), प्यारे राम और हरी को बोलो (जपो) ॥५॥

सद्गुरु पुरुष दाता है और बहुत बड़े दान (देनेवाला है)। उस सदगुरु के अन्तर्गत सत्य (हरी) और (उसका) शब्द—नाम समाया हुआ है। जिस (व्यक्ति) को सदगुरु (अपने) साथ मिला कर (हरी) से मिलाता है, उसका यमराज का बोझा समाप्त हो जाता है ॥६॥

(हरी ने) पंच तत्त्वों को मिलाकर काया का निर्माण किया है और उस (काया) में राम रूपी रत्न रक्खा है, (अर्थात्, जीवों की काया में परमात्मा का निवास है); (उस राम रूपी अलौकिक रत्न को) पहचानना चाहिए। जीवात्माएँ (आतम), परमात्मा हैं और परमात्मा स्वयं भी जीवात्माओं में है। (ऐसा हरी) गुरु की वाणी के विचार द्वारा मिलता है ॥७॥

हे (हरी के) भक्त, भाई, सत्य और संतोष (का आश्रय ग्रहण करो)। सदगुरु की शरण में पड़ कर क्षमा धारण करो। गुरु की संगति में रहकर (सब से पहले) आत्मा को पहचानो, (तत्पश्चात्) परमात्मा का साक्षात्कार करो; इस प्रकार, (तुम्हारा) निस्तार हो जायगा ॥८॥

शाक्त (माया का उपासक) झूठ और कपट में ही आश्रय (सहारा) लेता है। (वह) अहर्निश (दूसरों की) अनेक प्रकार की निन्दा करता रहता है। बिना (हरी के स्मरण के) (शाक्त लोग) गर्भ-योनि तथा नरक में बारबार आते-जाते रहते हैं ॥९॥

शाक्त के लिए यमराज का भय (कभी) नहीं समाप्त होता। उनके ऊपर यमराज का डंडा कभी नहीं समाप्त होता। उनसे धर्मराज का बाकी हिसाब (पूरा-पूरा) लिया जाता है; अहंकारी लोगों के सिर पर (पाप का) बहुत भारी बोझा है ॥१०॥

बिना गुरु के (भला) बताओ कौन शाक्त तरा है ? (वह शाक्त) तो अहंकार करता हुआ संसार-सागर में ही पड़ा रहता है।। बिना गुरु के कोई भी व्यक्ति (संसार-सागर का) पार नहीं पा सकता; (अतएव गुरु की शिक्षा द्वारा) हरि का जप करो; (हरि नाम-जप ही) (तुम्हें) पार उतार देगा ॥११॥

गुरु की दाति—बख्शिश को कोई मेट नहीं सकता। जिसके (अवगुणों को गुरु) क्षमा कर देता है, उसे वह (हरी) तार देता है। जिसके मन में अपरंपार (सब से परे) प्रभु (बस) गया है, जन्म-मरण के दुःख उस (व्यक्ति) के समीप नहीं आ सकते ॥१२॥

(यदि तुम) गुरु से भूले हुए हो, (तो इस संसार-चक्र में) आते-जाते रहो। जन्म धारण करो और मरो और फिर पाप की कमाई करो। विवेकहीन, मूर्ख शाक्त (माया के उपासक) इस बात को नहीं चेतते; यदि (उनके ऊपर) दुःख पड़ता है, तब राम को पुकारते हैं ॥१३॥

पूर्व जन्म के कर्मानुसार (प्राणियों को) सुख-दुःख प्राप्त होता रहता है। जिस दाता (हरी) ने सुख-दुख (भोगने को) दिए हैं, वहीं (इस रहस्य को) जान सकता है। (अतएव) हे प्राणी, तू (दुःख की प्राप्ति के लिए) किसे दोष देता है ? अपने किये हुये (बुरे कर्मों) के अनुसार कठिन (दुख) सहन कर ॥ १४ ॥

(हे प्राणी), (तू) अहंकार और ममता करता हुआ (इस जगत् में) (अब तक) चला आया ; (किन्तु) आशा और वासना के (बंधनों में) बँधे होने के कारण, यहाँ से चला दिया गया। (तू इस संसार में) 'मेरी मेरी' तो (अवश्य) करता रहा ; (किन्तु भला बताओ यहाँ से, तू, कौन सी वस्तु ले कर अपने साथ चला ? (माया का) विष और विचारों की छार ही लाद कर (तू) इस संसार से चला गया ॥ १५ ॥

हे भक्त, भाई, हरी की भक्ति करो। मन को मन में ही समाहित कर के अकथनीय (परमात्मा) का कथन करो। (अपने) उठ कर चलते हुये (मन) को— चलायमान (मन) को अपने (वास्तविक) घर, (आत्मस्वरूपी घर) में टिकाओ ; (ऐसा करने से) (दुःखों को) काटनेवाला हरी (तुम्हारे) दुखों को काट देगा ॥ १६ ॥

(गुरुमुख ने) हरी रूपी पूर्ण गुरु की शरण पहचान ली है। गुरु-परायण शिष्य ने हरी की लगन गुरु द्वारा जान ली है। हे नानक, रामनाम (के जपने से) मति उत्तम हो जाती है और हरी (साधकों को) क्षमा करके (उन्हें संसार सागर से) पार उतार देता है। ॥ १७ ॥ ॥ ४ ॥ १० ॥

[११]

सरणि परे गुरदेव तुमारी। तू समरथु दइआलु मुरारी ॥
तेरे चोज न जाणै कोई तू पूरा पुरखु बिधाता हे ॥१॥
तू आदि जुगादि करहि प्रतिपाला। घटि घटि रूपु अनूपु दइआला ॥
जिउ तुधु भावै तिवै चलावहि सभु तेरो कीआ कमाता हे ॥२॥
अंतरि जोति भली जग जीवन। सभि घट भोगै हरि रसु पीवन ॥
आपे लेवै आपे देवै तिहु लोई जगत पित दाता हे ॥३॥
जगतु उपाइ खेलु रचाइआ। पवणै पाणी अगनी जीउ पाइआ ॥
देही नगरी नउ दरवाजे सो दसवा गुपतु रहाता हे ॥४॥
चारि नदी अगनी असराला। कोई गुरमुखि बूझै सबदि निराला ॥
साकत दुरमति डूबहि दाझहि गुरि राखे हरि लिव राता हे ॥५॥
अपु तेजु वाइ प्रिथमी आकासा। तिन महि पंच ततु घरि वासा ॥
सतिगुर सबदि रहहि रंगि राता तजि माइआ हउमै भ्राता हे ॥६॥
इहु मनु भीजै सबदि पतीजै। बिनु नावै किआ टेक टिकीजै।
अंतरि चोरु मुहै घरु मंदरु इनि साकति दूतु न जाता हे ॥७॥
दुंदर दूत भूत भीहाले। खिंचोताणि करहि बेताले ॥
सबद सुरति बिनु आवै जावै पति खोई आवत जाता हे ॥८॥

कूड़ु कलरु तनु भसमै ढेरी। बिनु नावै कैसी पति तेरी॥
बाधे मुकति नाही जुग चारे जमकंकरि कालि पराता हे॥९॥

जमदरि बाधे मिलहि सजाई। तिसु अपराधी गति नही काई॥
करणपलाव करे बिललावै जिउ कुंडी मीनु पराता हे॥१०॥

साकतु फासी पड़ै इकेला। जम वसि कीआ अंधु दुहेला॥
राम नाम बिनु मुकति न सूझै आजु कालि पचि जाता हे॥११॥

सतिगुर बाझु न बेली कोई। ऐथै ओथै राखा प्रभु सोई॥
राम नामु देवै करि किरपा इउ सललै सलल मिलाता हे॥१२॥

भूले सिख गुरू समझाए। उझड़ि जादे मारगि पाए॥
तिसु गुर सेवि सदा दिनु राती दुख भंजन संगि सखाता हे॥१३॥

गुर की भगति करहि किआ प्राणी। ब्रहमै इंद्रि महेसि न जाणी॥
सतिगुरु अलखु कहहु किउ लखीऐ जिसु बखसे तिसहि पछाता हे॥१४॥

अंतरि प्रेमु परापति दरसनु। गुरबाणी सिउ प्रीति सु परसनु॥
अहिनिसि निरमल जोति सबाई घटि दीपकु गुरमुखि जाता हे॥१५॥

भोजन गिआनु महारसु मीठा। जिनि चाखिआ तिनि दरसनु डीठा॥
दरसनु देखि मिले बैरागी मनु मनसा मारि समाता हे॥१६॥

सतिगुरु सेवहि से परधाना। तिन घट घट अंतरि ब्रहमु पछाना॥
नानक हरि जसु हरि जन की संगति दीजै जिन सतिगुर हरि प्रभु जाता हे॥
॥१७॥५॥२२॥

हे गुरुदेव, हम तेरी शरण में पड़े हैं। तू समर्थ है, दयालु है और परमात्मा (मुरारी) है। (हे प्रभु), तेरे कौतुक को कोई भी नहीं जान सकता; तू पूर्ण पुरुष और विधाता (सिरजनहार) है॥ १॥

तू आदि काल तथा युग-युगान्तरों से (सारे प्राणियों की) प्रतिपाल करता आया है। हे दयालु (हरी) तेरा अनूप (अद्वितीय) रूप घट-घट में (व्याप्त है)। (हे प्रभु), जैसा तुझे अच्छा लगता है, (तू) उसी प्रकार (प्राणियों को प्रेरित करके) चलाता है। सभी (प्राणी तेरे) किए हुए के अनुसार (अपने-अपने कार्यों को) कर रहे हैं॥ २॥

हे जगत् के जीवन हरी, (तेरी) आन्तरिक ज्योति भली प्रकार से (संसार के प्राणियों के अन्तर्गत) व्याप्त है। हरी ही सारे शरीरों को भोगता है और उनके स्वाद को ग्रहण करता है। हरी आप ही लेता है और आप ही देता है; वही संसार के तीनों लोकों का पिता और दाता है॥ ३॥

(हरी ने) जगत् उत्पन्न करके खेल रचा है; पवन, जल और अग्नि (आदि पंच तत्त्वों) से प्राणियों का निर्माण किया है। इस देह रूपी नगरी में नव दरवाजे (दो कानों के छिद्र, दो आँखें, दो नासिका के द्वार, एक मुख, एक गुदा द्वार और एक शिश्न-द्वार) भी (उसी ने) बनाए हैं; दशम द्वार (बना कर) उसे गुप्त रक्खा है॥ ४॥

अग्नि की भयानक चार नदियाँ हैं—हिंसा, मोह, लोभ और क्रोध—

[यथा—हंसु, हेतु लोभु क्रोधु चारे नदीआ अगि।
पवहि दझहि नानका तरीऐ चरनी लगि ॥
महला १, वार, माझ।]

(गुरु के) निराले (अद्वितीय) शब्द द्वारा कोई विरला ही गुरुमुख (इस तथ्य को) समझता है। दुर्बुद्धि शाक्त (माया के उपासक उपर्युक्त नदियों में) डूबते हैं और दग्ध होते हैं; (जिसकी) गुरु रक्षा करता है, (वह उपर्युक्त नदियों से बच कर) हरी की लिव में अनुरक्त रहता है ॥ ५ ॥

जल, अग्नि, पवन, पृथ्वी और आकाश (इन पंच भूतों के संयोग से हरी ने प्राणियों का शरीर बनाया है। इन (प्राणियों) में से जो पंच तत्व, (तात्पर्य यह कि जो सत्वगुणी) हैं उनके बीच गुरुमुखों का निवास है। गुरुमुख सद्गुरु के उपदेश के रंग में रँगे होते हैं; (वे) माया, अहंकार और भ्रान्ति (भ्रम) का त्याग कर देते हैं ॥ ६ ॥

यह मन (जब) शब्द—नाम में विश्वास करता है, तभी (प्रेम-रस में) भीजता है। बिना नाम के (भला) यह किस आसरे में टिक सकता है? अहंकार रूपी भीतरी चोर शरीर रूपी गृह को लूट रहा है, किन्तु इस शाक्त को, (मायासक्त को) उस दूत—चोर का ज्ञान नहीं है ॥ ७ ॥

(कामादिक बड़े ही) द्वन्द्वालु (झगड़ालू) दूत हैं और भयानक भूत हैं। वे बेसुरे भूतों की भाँति खींचातानी—संघर्ष कर रहे हैं, (और जिसके फलस्वरूप मनुष्य कामादिकों का जबर्दस्ती शिकार हो जाता है)। शब्द—नाम की सुरति के बिना (मनुष्य) (इस संसार-चक्र में) आता-जाता रहता है; और इस आने-जाने में वह (अपनी) प्रतिष्ठा खो देता है ॥ ८ ॥

(यह) झूठा शरीर रेत और भस्म की ढेर है, (जो शीघ्र ही ढह जाता है); बिना नाम का (आश्रय लिए, भला) तेरी किस प्रकार प्रतिष्ठा होगी? (ऐसे लोग) (माया में) बँधे हैं; चारों युगों में उनकी मुक्ति नहीं है; यम के सेवक काल ने उन्हें पहचान लिया है, (अतः उन्हें छोड़ नहीं सकता) ॥ ७ ॥

(मनमुख) यमराज के दरवाजे पर बाँधा जाता है और उसे सजा मिलती है। ऐसे अपराधी की कोई (सद्-)-गति नहीं होती। (वह सजा पाने पर) कारुण्य-प्रलाप करके (उसी प्रकार) बिलखता है, जिस प्रकार मछली काँटे में फँस कर (दुखी होती है) ॥१०॥

शाक्त (मायासक्त) अकेले ही (यमराज की) फाँसी में पड़ता है। यमराज उसे (अपने) वश में करके अंधा और दुखी (बनाते हैं। राम-नाम के बिना मुक्ति (की कोई भी विधि) समझ नहीं पड़ती; (वह) आजकल में (शीघ्र ही) दग्ध हो जाता है ॥ ११ ॥

सद्गुरु के बिना (मनुष्य का) कोई भी सहायक नहीं होता। वही प्रभु (सद्गुरु) यहाँ (इस संसार में) और वहाँ (परलोक में) रक्षा करता है। (वह सद्गुरु) कृपा करके रामनाम देता है (और रामनाम में मनुष्य को उसी प्रकार मिला देता है), जैसे पानी से पानी मिलकर (एक हो जाता है) ॥ १२ ॥

भूले हुए शिष्य को गुरु ही समझाता है; कुमार्ग पर जाते हुए (उस शिष्य को) (गुरु ही ठीक) मार्ग पर लगाता है। (जो गुरु) दुःखों को दूर करनेवाला और साथ का सहायक है, (हे साधक) उस गुरु की सदा दिनरात सेवा करो ॥ १३ ॥

साधारण (प्राणी) गुरु की भक्ति क्या कर सकते हैं ? गुरु की सच्ची भक्ति उनकी पहुँच से परे है। ब्रह्मा, इन्द्र और महेश भी (गुरु की सच्ची भक्ति का मर्म) नहीं समझ सके। (ऐसी परिस्थिति में) अलक्ष्य सद्गुरु को किस प्रकार लखा जाय, (जाना जाय) ? जिसके ऊपर (प्रभु) (अपनी) कृपा कर दे, वही (सद्गुरु को) पहचान सकता है ॥ १४ ॥

आंतरिक प्रेम से ही (गुरु का) दर्शन प्राप्त होता है। जिसे गुरु की वाणी में प्रीति हो, (उसे सद्गुरु का) स्पर्श—मेल प्राप्त होता है। ऐसे गुरुमुख को प्रत्येक स्थान पर, और प्रत्येक समय निर्मल ज्योति (फैली हुई दिखाई पड़ती है); (और उसके) हृदय में भी (ज्ञान का) दीपक सदैव जलता हुआ दिखाई पड़ता है ॥ १५ ॥

ज्ञान का भोजन परम स्वादिष्ट और अत्यन्त मीठा होता है। जिन (भाग्यशालियों) ने इसका आस्वादन किया है, (उन्होंने) इसका दर्शन भी किया है। वैरागी (विरक्त, त्यागी) (गुरु का) दर्शन करके (परमात्मा से) मिलते हैं; (वे) ज्योतिर्मय मन के द्वारा वासनाओं—इच्छाओं को मार कर (पूर्ण ब्रह्म में) समाहित हो जाते हैं ॥ १६ ॥

(जो भाग्यशाली) सद्गुरु की आराधना करते हैं, वे प्रधान (श्रेष्ठ) होते हैं। वे प्रत्येक घर (शरीर—जीव) के अन्तर्गत ब्रह्म को पहचान लेते हैं। (हे प्रभु), नानक को हरी का यश और उन हरि-भक्तों की संगति दे, जिन्होंने सद्गुरु के द्वारा प्रभु हरी को पहचान लिया है ॥ १७ ॥ ५ ॥ ११ ॥

[१२]

साचे साहिब सिरजणहारे। जिनि धर चक्र धरे वीचारे ॥
आपे करता करि करि वेखै साचा वेपरवाहा हे ॥१॥

वेकी वेकी जंत उपाए। दुइ पंधी दुइ राह चलाए ॥
गुर पूरे विणु मुकति न होई सचु नामु जपि लाहा हे ॥२॥

पड़हि मनमुख परु बिधि नही जाना। नाम न बूझहि भरमि भुलाना ॥
लै कै वढी देनि उगाही दुरमति का गलि फाहा हे ॥३॥

सिम्रिति सासत्र पड़हि पुराणा। वादु वखाणहि ततु न जाणा ॥
विणु गुर पूरे ततु न पाईऐ सच सूचे सचु राहा हे ॥४॥

सभ सालाहे सुणि सुणि आखै। आपे दाना सचु पराखै ॥
जिन कउ नदरि करे प्रभु अपनी गुरमुखि सबदि सलाहा हे ॥५॥

सुणि सुणि आखै केती बाणी। सुणि कहीऐ को अंतु न जाणी ॥
जा कउ अलखु लखाए आपे अकथ कथा बुधि ताहा हे ॥६॥

जनमे कउ बाजहि वाधाए। सोहिलड़े अगिआनी गाए ॥
जो जनमै तिसु सर पर मरणा किरतु पइआ सिरि साहा हे ॥७॥

संजोगु विजोगु मेरै प्रभि कीए । सृसटि उपाइ दुखा सुख दीए ॥
दुख सुख ही ते भए निराले गुरमुखि सीलु सनाहा हे ॥८॥
नीके साचे के वापारी । सचु सउदा लै गुर वीचारी ॥
सचा वखरु जिसु धनु पलै सबदि सचै ओमाहा हे ॥९॥
काची सउदी तोटा आवै । गुरमुखि वणजु करे प्रभ भावै ॥
पूंजी साबतु रासि सलामति चूका जम का फाहा हे ॥१०॥
सभु को बोलै आपण भाणै । मनमुखु दूजै बोलि न जाणै ॥
अंधुले की मति अंधली बोली आइ गइआ दुखु ताहा हे ॥११॥
दुख महि जनमै दुख महि मरणा । दूखु न मिटै बिनु गुर की सरणा ॥
दूखी उपजै दूखी बिनसै किआ लै आइआ किआ लै जाहा हे ॥१२॥
सची करणी गुर की सिरकारा । आवणु जाणु नही जम धारा ॥
डालि छोडि ततु मूलु पराता मनि साचा ओमाहा हे ॥१३॥
हरि के लोग नही जमु मारै । ना दुखु देखहि पंथि करारै ॥
राम नामु घट अंतरि पूजा अवरु न दूजा काहा हे ॥१४॥
ओड़ न कथनै सिफति सजाई । जिउ तुधु भावहि रहहि रजाई ॥
दरगह पैधे जानि सुहेले हुकमि सचे पातिसाहा हे ॥१५॥
किआ कहीऐ गुण कथहि घनेरे । अंतु न पावहि वडे वडेरे ॥
नानक साचु मिलै पति राखहु तू सिरि साहा पातिसाहा हे ॥१६॥६॥१२॥

साहब ही सच्चा सिरजनहार, जिसने धरती का चक्र (तात्पर्य यह है कि गोल पृथ्वी को) बड़े विचारपूर्वक धारण कर रक्खा है। वह सच्चा और बेपरवाह कर्त्तापुरुष (सृष्टि) रच-रच कर उसकी देखभाल (संभाल) करता है ॥ १ ॥

(उसी कर्त्ता पुरुष ने) पृथक्-पृथक् जन्तुओं (प्राणियों) को उत्पन्न किया है। उसी ने गुरमुख और मनमुख) दो प्रकार की शिक्षावाले (तथा भले और बुरे) दो प्रकार के मार्ग चलाए हैं। बिना पूर्ण गुरु के मुक्ति नहीं हो सकती; (परमात्मा के) सच्चे नाम को जपकर लाभ (प्राप्त करो) ॥ २ ॥

मनमुख (शास्त्रादिक) का अध्ययन (तो अवश्य) करते हैं, पर (वे) (जीवन बिताने की) युक्ति नहीं जानते। (वे) नाम को नहीं समझते हैं, (जिसके फलस्वरूप) भ्रम में भटकते रहते हैं। (वे मनमुख) रिश्वत लेकर गवाही देते हैं, (जिससे ऐसे) दुर्बुद्धियों के गले में (भय की) फाँसी पड़ती है ॥ ३ ॥

(सांसारिक मनुष्य) स्मृतियों, शास्त्रों और पुराणों को तो पढ़ते हैं और तर्क-वितर्क (वाद-विवाद) का वर्णन करते हैं; (किन्तु वास्तविक) तत्व को नही जानते हैं। बिना पूर्ण गुरु के तत्व नहीं पाया जाता; सच्चे और पवित्र आचरणवालों ने सत्य को (अपना) मार्ग बनाया है ॥ ४ ॥

सभी लोग (परमात्मा के सम्बन्ध में) सुन-सुनकर (उसकी) स्तुति करते हैं (और उसके सम्बन्ध में) कथन करते हैं; (किन्तु उसकी महिमा का अंश मात्र भी वर्णन नही कर

पाते हैं)। (प्रभु) आप ही ज्ञाता है (और वही) सत्य को (सच्चे रूप में) परख सकता है। प्रभु (हरी) जिन (भाग्यशालियों) के ऊपर अपनी कृपादृष्टि करता है, (वे) गुरु द्वारा नाम (शब्द) की स्तुति करते हैं ॥ ५ ॥

(कितने ही मनुष्य) (प्रभु हरी के संबंध) में सुन-सुन कर कितनी ही वाणी का कथन करते हैं। (किन्तु) सुनने और कहने से कोई भी (उस परमात्मा का) अन्त नहीं जान सकता। जिसे (प्रभु) स्वयं अलक्ष्य (अपने को) लक्षित करा दे, उसी को अकथ हरी को कथन करनेवाली बुद्धि प्राप्त होती है ॥ ६ ॥

(मनुष्यों के) जन्म लेने पर (बाजे) बजते हैं और बधाइयाँ मिलती हैं; अज्ञानी लोग प्रसन्नता के गीत (भी) गाते हैं। (किन्तु वे लोग यह नहीं समझते) कि (जो व्यक्ति) जन्म लेता है, उसे मरना भी अवश्य होता है। जिस प्रकार के कर्म हैं, उसी प्रकार की लग्न (मृत्यु की तिथि) लिखी रहती है ॥ ७ ॥

(परमात्मा से मिलन और विरह (की अवस्था की सृष्टि) मेरे प्रभु ने ही की है। (उसी प्रभु ने) सृष्टि उत्पन्न करके (जीवों को उनके कर्मानुसार) सुख और दुःख भी दिए हैं। (आदर्श शिष्य) गुरु के द्वारा शील का कवच (धारण कर) दुःख (एवं) सुख से निर्लिप्त हो जाते हैं ॥ ८ ॥

सत्य (परमात्मा) के व्यापारी साफ-सुथरे (पवित्र) होते हैं। गुरु के द्वारा विचार कर (वे) सत्य रूपी सौदे का धन (जिसके) पल्ले है (पास है), सच्चे शब्द द्वारा (उसके अन्तर्गत अपूर्व) उत्साह होता है ॥ ९ ॥

कच्चे (सांसारिक) सौदे में कमी आती है। (यदि कोई साधक) गुरु के द्वारा सच्चे सौदे का) व्यापार करे, (तो वह) प्रभु को अच्छा लगता है। (उस व्यक्ति की) पूंजी (और) राशि पूर्ण (एवं) सुरक्षित रहती है (और उसके लिए) यम के बंधन समाप्त हो जाते हैं ॥ १० ॥

सभी व्यक्ति अपनी-अपनी इच्छा के अनुसार बोलते हैं। द्वैतभाव में होने के कारण मनमुख बोलना भी नहीं जानता ; (वह जभी बोलता है, तभी द्वैतभाव की बातें ही बोलता है)। (माया में) अंधे (व्यक्ति) की बुद्धि और वचन अंधे ही होते हैं, उसे जन्म धारण करने के और मरने के दुःख (सदैव) बने रहते हैं ॥ ११ ॥

(मनमुख) दुःख में ही उत्पन्न होता है और दुःख में ही मरता है। गुरु की शरण में गए बिना, (उसका) दुःख (कभी) नहीं मिटता। (इस प्रकार वह) दुःख में ही उत्पन्न होकर दुःख में ही नष्ट हो जाता है ; (वह इस संसार में) क्या लेकर आया है और क्या लेकर (यहाँ से) चला जाता है ? ॥ १२ ॥

(जो व्यक्ति) गुरु की प्रजा हैं, (तात्पर्य यह कि जो लोग गुरु के होकर रहते हैं,) (उनकी) करनी सच्ची होती है। उनके ऊपर यम (के कानून) की धारा नहीं लगती ; (वे यम के कानून की धारा के अन्तर्गत इस संसार में न आते हैं और न जाते हैं) क्योंकि वे गुरु की हुकूमत में हैं, अतः (यमराज की हुकूमत से परे हो जाते हैं)। उसने (माया रूपी) डाली को त्याग कर (परमात्मा रूपी) मूल को पहचान लिया है, (इसीलिए उसके) मन में (अपूर्व) उल्लास है ॥ १३ ॥

हरि के लोगों (भक्तों) को यम नहीं मारता है (दण्ड देता है) । (वे भक्त) कठिन मार्ग के दुःखों को भी नहीं देखते हैं । (उनके) घट के अन्तर्गत रामनाम की (निरन्तर) पूजा (होती रहती हैं) ; कोई और दूसरी (वस्तु) (उनके हृदय में) नहीं होती ॥ १४ ॥

हरी की सुन्दर (सजी हुई) प्रशंसा का कोई अन्त नहीं है । (हे हरी), जैसा तुझे अच्छा लगे, तेरी ही मर्जी में रहना चाहिए । (जो व्यक्ति हरी के हुक्म और रजा में रहते हैं, वे) सच्चे पातशाह (बादशाह) के हुक्म से (उसके) दरबार में सम्मान का पहनावा पहन कर सुख से जाते हैं ॥ १५ ॥

(अनेक प्रकार से हरी के गुण वर्णन किए जाते हैं, किन्तु) उन गुणों के सम्बन्ध में क्या कहा जा सकता है ? बड़े से बड़े (व्यक्ति भी) (उस हरी के गुणों का) अन्त नहीं पा सकते हैं । नानक कहते हैं (कि हे प्रभु), तू शाहों का श्रेष्ठ पातशाह है, (हे प्रभु, ऐसी कृपा कर जिससे) सत्य (हरी) की प्राप्ति हो ; (मेरी) प्रतिष्ठा रख ॥ १६ ॥ ६ ॥ १२ ॥

[१३]

मारू, महला १, दखणी

काइआ नगरु नगर गड़ अंदरि । साचा वासा पुरि गगनंदरि ॥
असथिरु थानु सदा निरमाइलु आपे आपु उपाइदा ॥१॥

अंदरि कोट छजे हट नाले । आपे लेवै वसतु समाले ।
वजर कपाट जड़े जड़ि जाणै गुर सबदी खोलाइदा ॥२॥

भीतरि कोट गुफा घर जाई । नउ घर थापे हुकमि रजाई ॥
दसवै पुरखु अलेखु अपारी आपे अलखु लखाइदा ॥३॥

पउण पाणी अगनी इक वासा । आपे कीतो खेलु तमासा ॥
बलदी जलि निवरै किरपा ते आपे जलनिधि पाइदा ॥४॥

धरति उपाइ धरी धरमसाला । उतपति परलउ आपि निराला ॥
पवणै खेलु कीआ सभ थाई कला खिंचि ढाहाइदा ॥५॥

भार अठारह मालणि तेरी । चउरु ढुलै पवणै लै फेरी ॥
चंदु सूरजु दुइ दीपक राखे ससि घरि सूरु समाइदा ॥६॥

पंखी पंच उडरि नही धावहि । सफलिओ बिरखु अंमृत फलु पावहि ॥
गुरमुखि सहजि रवै गुण गावै हरि रसु चोग चुगाइदा ॥७॥

झिलिमिलि झिलकै चंदु न तारा । सूरज किरणि न बिजुलि गैणारा ॥
अकथी कथउ चिहनु नही काई पूरि रहिआ मनि भाइदा ॥८॥

पसरी किरणि जोति उजिआला । करि करि देखै आपि दइआला ॥
अनहद रुणझुणकारु सदा धुनि निरभउ कै घरि वाइदा ॥९॥

अनहदु वाजे भ्रमु भउ भाजे । सगल बिआपि रहिआ प्रभु छाजे ॥
सभ तेरी तू गुरमुखि जाता दरि सोहै गुण गाइदा ॥१०॥

आदि निरंजनु निरमलु सोई । अवरु न जाणा दूजा कोई ।
एकंकारु वसै मनि भावै हउमै गरबु गवाइदा ॥११॥
अंमृतु पीआ सतिगुरि दीआ । अवरु न जाणा दूआ तीआ ॥
एको एकु सु अपरपरंपरु परखि खजानै पाइदा ॥१२॥
गिआनु धिआनु सचु गहिर गंभीरा । कोइ न जाणै तेरा चीरा ॥
जेती है तेती तुधु जाचै करमि मिलै सो पाइदा ॥१३॥
करमु धरमु सचु हाथि तुमारै । वेपरवाहु अखुट भंडारै ॥
तू दइआलु क्रिपालु सदा प्रभु आपे मेलि मिलाइदा ॥१४॥
आपे देखि दिखावै आपे । आपे थापि उथापे आपे ॥
आपे जोड़ि विछोड़े करता आपे मारि जीवाइदा ॥१५॥
जेती है तेती तुधु अंदरि । देखहि आपि वैसि बिजमंदरि ॥
नानकु साचु कहै वेनंती हरि दरसनि सुखु पाइदा ॥१६॥१॥१३॥

नगरों और गढ़ों के बीच (एक) काया ही (वास्तविक) नगर है। सच्चे (हरी) का निवास गगनंदर पुरी (दशम द्वार) में है। (वह दशम द्वार) स्थिर स्थान है और सदैव निर्मल है। (प्रभु) अपने आप को स्वयं ही उस स्थान पर टिकाता है ॥ १ ॥

(शरीर रूपी) गढ़ के अन्तर्गत (अनेक) बाजार भी साथ-साथ सजे हैं। (प्रभु) आप ही वस्तु ग्रहण करता है (और) आप ही उसे सँभालता है। (उस शरीर रूपी गढ़ में) वज्र-कपाट जड़े हैं ; (वह हरी) आप ही दरवाजे वंद करना जानता है और गुरु के शब्द द्वारा आप ही दरवाजे खोलता भी है ॥ २ ॥

(शरीर रूपी) गढ़ के अन्तर्गत (दशम द्वार रूपी) गुफा है, (जिसे हरि ने) घर का स्थान (बनाया है) । (उसी हरी ने) अपने हुक्म और मर्जी से नौ-गोलक (रूपी) घरों (दो नासिका के छिद्र, दो आँखें, दो कान, एक मुख, एक शिश्न-द्वार और एक मल-द्वार) की स्थापना की है। दशम (द्वार) में अलक्ष्य और अपार पुरुष (स्वयं निवास) करता है ; वह अलक्ष्य (पुरुष) आप ही अपने को दिखाता है ॥ ३ ॥

पवन, जल, और अग्नि (आदि पंच तत्वों के अन्तर्गत) एक (जीवात्मा) का निवास है। (इस प्रकार) (सृष्टि रचना के) खेल-तमाशे (प्रभु) ने आप ही किया है। जो जलती हुई अग्नि जल से बुझ जाती है, उसी (अग्नि को वड़वाग्नि के रूप में) प्रभु ने अपनी कृपा से समुद्र में डाल रक्खा है, (और वह ज्यों की त्यों बनी रहती है, यही उसकी महत्ता है) ॥ ४ ॥

(प्रभु हरी ने) पृथ्वी रच कर उसे धर्म कमाने के रूप में बनाया है। वह स्वयं उत्पत्ति और प्रलय करता है, (फिर भी) निर्लेप रहता है। (हरी ही ने) श्वासों (पवन) का खेल प्रत्येक स्थान में (और प्रत्येक जीव के अन्तर्गत) रचा है ; (यदि वह) इस शक्ति को (प्राणी के अन्तर्गत से) खींच ले, तो वह ढह कर ढेर हो जाता है ॥ ५ ॥

(समस्त वनस्पतियों का) अठारह भार (तेरे शरीर में मलने के लिये) लेप है। [प्राचीन विचार है कि प्रत्येक पेड़-पौदे का एक-एक पत्ता लेकर एकत्र करके तौला जाय, तो उनका वजन अठारह भार होता है। एक भार का वजन पाँच कच्चे मन के बराबर होता है]। पवन का फेरी लेना (तेरे ऊपर) चंवर करना है। चंद्रमा और सूर्य तेरे दो दीपक के रूप में

रक्खे गये हैं ; और चन्द्रमा के घर में सूर्य आता है, (भाव यह है कि सूर्य से चन्द्रमा प्रकाश ग्रहण करता है) ॥ ६ ॥

(गुरुमुख रूपी वृक्ष के) पाँच (ज्ञानेन्द्रिय रूपी) पक्षी उड़ कर (कहीं) दौड़ते नहीं हैं। (वे गुरुमुख रूपी) वृक्ष फलयुक्त हैं और (नाम)—अमृतफल को पाते हैं। गुरुमुख सहज भाव से (हरी में) रमण करता है और (उसका) गुण गाता है : (वह सदैव) हरि-रस के चारे को चुगता है ॥ ७ ॥

(दशम द्वार अथवा हरी का स्थान) चमक-दमक से प्रकाशित होता रहता है, वहाँ न चन्द्रमा है, न तारागण ; (वहाँ) न सूर्य की किरणें हैं, न बिजली है (और) न आकाश है। (मैं तो) उस अकथनीय अवस्था का वर्णन कर रहा हूँ, जिसका कोई भी चिह्नादिक नहीं है। (वह) मन को अच्छा लगनेवाला (हरी सर्वत्र) परिपूर्ण है ॥ ८ ॥

(ज्ञान की) किरणें (सर्वत्र) फैली हुई हैं, (और उनकी) ज्योति का (सर्वत्र) प्रकाश है। दयालु (हरी ब्रह्मज्ञान की किरणें) रच-रच कर स्वयं (उन्हें) देखता है। (इस ब्रह्मतान की ज्योति के प्रकट होने से) अनाहत शब्द की मीठी ध्वनि (रुणझुणकार) निर्भय हरी के घर में सदैव बजती रहती है ॥ ९ ॥

(हरी के साक्षात्कार होने से) और अनाहत शब्द के बजने से भ्रम और भय (दूर) भग जाते हैं। जो प्रभु सर्वत्र व्याप्त हो रहा है, वह (सभी लोगों की) छाया करता है, (रक्षा करता है)। (समस्त संसार की वस्तुएं) तेरी ही हैं ; तू गुरुद्वारा जाना जाता है ; (जो व्यक्ति गुरु द्वारा तुझे जान लेते हैं, वे) वे तेरा गुणगान करते हुए, (तेरे) दरवाजे पर सुशोभित होते हैं ॥ १० ॥

वह (हरी) आदि है, निरंजन (माया से रहित है) और निर्मल है। (मैं तो उस हरी को छोड़ कर) किसी और को नहीं जानता। (यदि) एक (ब्रह्म हृदय में) बस जाय, (तो) मन को (बहुत) अच्छा लगता है। (प्रभु को हृदय में बसाने से साधक अपने) अहंकार और गर्व को नष्ट कर देता है ॥ ११ ॥

(मैंने) सदगुरु के देने से (हरी रूपी) अमृत पी लिया, (जिसके फलस्वरूप एक ब्रह्म दिखाई देने लगा), (अतः अब मैं) दूसरे तीसरे को नहीं जानता। (वह हरी) एक ही है, वह अनन्त और परे से परे है। (वह अपने भक्तरूपी खरे सिक्कों को) परख कर (अपने) खजाने में डाल देता है ॥ १२ ॥

(वास्तव में) सच्चे (हरी के) ज्ञान और ध्यान (अत्यंत) गहरे और गम्भीर हैं। (हे प्रभु), तेरे विस्तार को कोई भी नहीं जान सकता। (इस संसार में) जितने भी हैं, उतने तुझी से याचना करते हैं। (जिसके ऊपर तेरी) कृपा होती है, वही (तुझे) पाता है ॥ १३ ॥

(हे प्रभु), कर्म, धर्म और सत्य (सब कुछ) तेरे ही हाथ में हैं। (हे) बेपरवाह (हरी) (तेरा) भाण्डार अक्षय है। (हे) प्रभु, तू सदैव ही (प्राणियों पर) दयालु (और) कृपालु है, (तू) आप ही (अपने) में मेल मिलाता है ॥ १४ ॥

(हे स्वामी), (तू) आप ही देखता है (और) आप ही (दूसरों को) दिखाता है। (तू) आप ही स्थापित करता है और आप ही नाश करता है। (तू) आप ही संयोग करता

है और आप ही वियोग करता है; हे कर्त्तापुरुष, (तू) आप ही मारता है और आप ही जिलाता है ॥ १५ ॥

(हे हरी), (संसार की) जितनी (वस्तुएं) हैं, सब तेरे ही अन्तर्गत हैं। (तू) इस (शरीर रूपी) पक्के मन्दिर में बैठकर (सब कुछ) देखता रहता है। नानक सच्ची बिनती करके कहता है (कि मुझे तो) हरि के दर्शन से ही सुख प्राप्त होता है ॥१६॥१॥१३॥

[१४]

दरसनु पावा जे तुधु भावा । भाइ भगति साचे गुण गावा ॥
तुधु भाणे तू भावहि करते आपे रसन रसाइदा ॥१॥
सोहनि भगत प्रभू दरबारे । मुकतु भए हरि दास तुमारे ॥
आपु गवाइ तेरै रंगि राते अनदिनु नामु धिआइदा ॥२॥
ईसरु ब्रहमा देवी देवा । इंद्र तपे मुनि तेरी सेवा ॥
जती सती केते बनवासी अंतु न कोई पाइदा ॥३॥
विणु जाणाए कोइ न जाणै । जो किछु करे सु आपण भाणै ॥
लख चउरासीह जीअ उपाए भाणै साह लवाइदा ॥४॥
जो तिसु भावै सो निहचउ होवै । मनमुखु आपु गणाए रोवै ॥
नावहु भुला ठउर न पाए आइ जाइ दुखु पाइदा ॥५॥
निरमल काइआ ऊजल हंसा । तिसु विचि नामु निरंजन अंसा ॥
सगले दूख अंमृतु करि पीवै बाहुड़ि दुखु न पाइदा ॥६॥
बहु सादहु दूखु परापति होवै । भोगहु रोगु सु अंति विगोवै ॥
हरखहु सोगु न मिटई कबहू विणु भाणे भरमाइदा ॥७॥
गिआन विहूणी भवै सबाई । साचा रवि रहिआ लिव लाई ॥
निरभउ सबदु गुरू सचु जाता जोती जोति मिलाइदा ॥८॥
अटलु अडोलु अतोलु मुरारे । खिन महि ढाहे फेरि उसारे ॥
रूपु न रेखिआ मिति नही कीमति सबदि भेदि पतीआइदा ॥९॥
हम दासन के दास पिआरे । साधिक साच भले वीचारे ॥
मंने नाउ सोई जिणि जासी आपे साचु दृड़ाइदा ॥१०॥
पले साचु सचे सचिआरा । साचे भावै सबदु पिआरा ॥
त्रिभवणि साचु कला धरि थापी साचे ही पतीआइदा ॥११॥
वडा वडा आखै सभु कोई । गुर बिनु सोझी किनै न होई ॥
साचि मिले सो साचे भाए ना वीछुड़ि दुखु पाइदा ॥१२॥
धुरहु विछुंने धाही रुंने । मरि मरि जनमहि मुहलति पुंने ॥
जिसु बखसे तिसु दे वडिआई मेलि न पछोताइदा ॥१३॥

आपे करता आपे भुगता । आपे तृपता आपे मुकता ।।
आपे मुकति दानु मुकतीसरु ममता मोहु चुकाइदा ।।१४।।

दाना कै सिरि दानु वीचारा । करणकारण समरथु अपारा ।।
करि करि वेखै कीता अपणा करणी कार कराइदा ।।१५।।

से गुण गावहि साचे भावहि । तुझ ते उपजहि तुझ माहि समावहि ।।
नानक साचु कहै बेनंती मिलि साचे सुखु पाइदा ।।१६।।२।।१४।।

यदि तुझे रुचता है, तो (तेरा) दर्शन प्राप्त होता है और भाव-भक्ति से सच्चा गुणगान होता है। (हे) कर्त्ता-पुरुष; तू अपनी मर्जी से (प्राणियों को) अच्छा लगता है; (तू) आप ही रसना के अन्तर्गत रस उत्पन्न करता है ।।

(हे) प्रभु, तेरे दरबार में (तेरे) भक्त सुशोभित होते हैं। (हे स्वामी), तेरे भक्त (तेरा चिन्तन करके) मुक्त हो गए हैं। (वे भक्त) अपने आपेपन को नष्ट कर तेरे रंग में अनुरक्त हुए हैं और प्रतिदिन (तेरे) नाम का ध्यान करते हैं ।। २ ।।

शिव, ब्रह्मा, देवी, देवता, इन्द्र, तपस्वी, मुनि (आदि) तेरी सेवा करते हैं। यती, सत्वगुणी एवं कितने ही वनवासी (तेरा ध्यान करते हैं), किन्तु) कोई भी तेरा अन्त नहीं पाता ।। ३ ।।

बिना (प्रभु के) जनाए, कोई भी (उसे) नहीं जान पाता है। हरी जो कुछ भी करता है, अपनी मर्जी से करता है। (उसी प्रभु ने) चौरासी लाख (योनियों के) जीवों की उत्पत्ति की है और अपनी आज्ञा से ही सभी (प्राणियों) से श्वास लिवाता है ।। ४ ।।

जो (कुछ) उस (हरी) को रुचता है, वह निश्चित रूप से होता है। मनमुख अपने आप गणना करता है, (इसीलिए वह) रोता है। (वह मनमुख) नाम को भूल कर (कहीं भी) स्थान नहीं पाता। वह (संसार-चक्र में) आ-जा कर दुःख पाता रहता है ।। ५ ।।

निर्मल काया में उज्ज्वल (पवित्र) हंस (जीवात्मा) का (निवास है)। उस (जीवात्मा) के अन्तर्गत निरंजन (माया से रहित) नाम का अंश (विद्यमान है)। (जो भाग्यशाली व्यक्ति उस नाम का साक्षात्कार कर लेता है, (वह) समस्त दुःखों को अमृत (समझ) कर पीता रहता है (और उसे) दुःख नहीं प्राप्त होता ।। ६ ।।

अनेक स्वादों (के भोगने) में दुःखों की ही प्राप्ति होती है। (इस प्रकार) भोगों में रोग (का भय सदैव बना रहता है); (जो मनुष्य भोगों के भोगने में रत रहता है), वह अन्त में नष्ट हो जाता है। (भोग भोगनेवाले मनुष्यों का) हर्ष और शोक कभी नहीं मिटता; (परमात्मा की) आज्ञा में (अपने को मिलाए) बिना (मनुष्य) भटकता रहता है ।। ७ ।।

ज्ञान के बिना सारी (दुनिया) भटकती रहती है। सच्चा (हरी) (सभी प्राणियों के अन्तर्गत) लिव लगा कर रम रहा है। गुरु के शब्द द्वारा निर्भय और सच्चा (हरी) जाना जाता है, (और उसके जानने पर जीवात्मा परमात्मा से मिलकर उसी प्रकार एक हो जाती है, जिस प्रकार) ज्योति से मिलकर ज्योति (एक हो जाती है) ।। ८ ।।

मुरारी (परमात्मा) अटल, अडोल और अतुलनीय है। (वह सर्व शक्तिमान् हरी) एक क्षण में (तो समस्त जगत्) नष्ट कर देता है (और दूसरे क्षण) फिर (उनका) निर्माण

कर देता है। (उस प्रभु का) न (कोई) रूप है, न (कोई) रेखा है, न कोई मिति है और न कोई कीमत है; (गुरु के शब्द द्वारा, बिंध कर (मनुष्य) प्रसन्न होता है ॥ ९ ॥

(हे) प्यारे (हरी), हम तो (तेरे) दासों के दास हैं, साधक ही सच्चे, भले और विचारवान् होने हैं। (जो साधक) नाम का मनन करता है, (अंत में संसार की बाजी) वही जीतेगा; (प्रभु) आप ही (अपने भक्तों को) अपना सच्चा (नाम) दृढ़ कराता है ॥ १० ॥

सच्चे सत्य के साधक को सत्य (हरी) ही पल्ले (पड़ता है)। सच्चे (हरी को वही मनुष्य) अच्छा लगता है, जिसे शब्द (नाम) प्यारा लगता है। हरी ने त्रिभुवन में सत्य को ही शक्ति (के रूप में) स्थापित किया है, (इसीलिए) (मनुष्य) सच्चा होने से ही आनन्दित होता है ॥ ११ ॥

सभी कोई (परमात्मा को) 'महान्' महान्' कहते हैं, (परन्तु केवल मुख से कहते हैं, हृदय से इस बात को नहीं अनुभव करते); वास्तव में गुरु के बिना (परमात्मा की) समझ किसी को भी नहीं (प्राप्त) होती। (जो व्यक्ति) सत्य (परमात्मा) में लीन होता है, वही सच्चे हरी को अच्छा लगता है; (वह कभी हरी से) बिछुड़ कर दुःख नहीं पाता है ॥ १२ ॥

(जो मनुष्य) (हरी से) प्रारम्भ से ही बिछुड़े हैं, वे ढाढ़े मार कर रोते हैं। (वे बारबार इस संसार में) मर-मर कर जन्मते हैं और (अपना) समय पूरा करते हैं। (प्रभु) जिसके ऊपर कृपा करता है, उसी को बड़ाई प्रदान करता है (और उसे अपने में) मिला लेता है, (जिससे उसे फिर) पछताना नहीं पड़ता है ॥

(प्रभु) आप ही कर्त्ता (निर्माता) है और आप ही भोक्ता है; (वह) आप ही तृप्त है (और) आप ही मुक्त है। (वह आप ही) (मुक्ति रूपी) दान है और आप ही मुक्ति का स्वामी है; (वह जीवों को मुक्ति प्रदान कर उनकी) ममता और मोह को भी आप समाप्त करता है ॥ १४ ॥

(हे प्रभु, तेरा मुक्तिरूपी) दान (अन्य सभी) दानों से श्रेष्ठ विचारा गया है। समर्थ (प्रभु) अपार है और करण (तथा) कारण है। (वह) अपने किए हुए को रच-रच कर स्वयं ही देखता है। (मनुष्यों को प्रेरित करके प्रभु आप ही) उनसे करणी और कार्य कराता है ॥ १५ ॥

(जो व्यक्ति) सच्चे (परमात्मा) को अच्छे लगते हैं, वे ही (उसका) गुणगान करते हैं। (हे हरी), तुझ ही से (जीव) उत्पन्न होते हैं (और अन्त में) तुझ ही में समा जाते हैं। नानक सच्ची विनती (करके) कहता है कि सच्चे (प्रभु) से मिलकर (परम) सुख प्राप्त होता है ॥ १६ ॥ २ ॥ १४ ॥

[१५]

अरबद नरबद धुंधूकारा। धरणि न गगना हुकमु अपारा ॥
ना दिनु रैनि न चंदु न सूरजु सुंन समाधि लगाइदा ॥१॥
खाणी न बाणी पउण न पाणी। ओपति खपति न आवण जाणी ॥
खंड पताल सपत नही सागर नदी न नीरु वहाइदा ॥२॥

ना तदि सुरगु मछु पइआला । दोजकु भिसतु नही खै काला ॥
नरकु सुरगु नही जंमणु मरणा ना को आइ न जाइदा ॥३॥

ब्रहमा बिसनु महेसु न कोई । अवरु न दीसै एको सोई ॥
नारि पुरखु नही जाति न जनमा ना को दुखु सुखु पाइदा ॥४॥

ना तदि जती सती बनवासी । ना तदि सिध साधिक सुखवासी ॥
जोगी जंगम भेखु न कोई ना को नाथु कहाइदा ॥५॥

जप तप संजम ना ब्रत पूजा । ना को आखि वखाणै दूजा ॥
आपे आपि उपाइ विगसै आपे कीमति पाइदा ॥६॥

ना सुचि संजमु तुलसी माला । गोपी कानु न गऊ गुोवाला ॥
तंतु मंतु पाखंडु न कोई ना को वंसु वजाइदा ॥७॥

करम धरम नही माइआ माखी । जाति जनमु नही दीसै आखी ॥
ममता जालु कालु नही माथै ना को किसै धिआइदा ॥८॥

निंदु बिंदु नही जीउ न जिंदो । ना तदि गोरखु ना माछिंदो ॥
ना तदि गिआनु धिआनु कुल ओपति ना को गणत गणाइदा ॥९॥

वरन भेख नही ब्रहमण खत्री । देउ न देहुरा गऊ गाइत्री ॥
होम जग नही तीरथि नावणु ना को पूजा लाइदा ॥१०॥

ना को मुला ना को काजी । ना को सेखु मसाइकु हाजी ॥
रईअति राउ न हउमै दुनीआ ना को कहणु कहाइदा ॥११॥

भाउ न भगति ना सिव सकती । साजनु मीतु बिंदु नही रकती ॥
आपे साहु आपे वणजारा साचो एहो भाइदा ॥१२॥

बेद कतेब न सिंमृत सासत । पाठ पुराण उदै नही आसत ॥
कहता बकता आपि अगोचरु आपे अलखु लखाइदा ॥१३॥

जा तिसु भाणा ता जगतु उपाइआ । बाझु कला आडाणु रहाइआ ॥
ब्रहमा बिसनु महेसु उपाए माइआ मोहु वधाइदा ॥१४॥

विरले कउ गुरि सबदु सुणाइआ । करि करि वेखै हुकमु सबाइआ ॥
खंड ब्रहमंड पाताल अरंभे गुपतहु परगटी आइदा ॥१५॥

ता का अंतु न जाणै कोई । पूरे गुर ते सोझी होई ॥
नानक साचि रते बिसमादी बिसम भए गुण गाइदा ॥१६॥३॥१५॥

विशेष : निम्नलिखित पद में हरी के निर्गुण स्वरूप का वर्णन है ।

अर्थ : कई अरब तथा अरबों से परे (अगणित युगों तक) अन्धकार ही अन्धकार था । (उस समय) न तो पृथ्वी थी और न आकाश था; (प्रभु का) अपार हुक्म (मात्र) था । न दिन था, न रात थी; न तो चन्द्रमा था और न सूर्य; (प्रभु) शून्य-समाधि लगाए था ॥ १ ॥

(उस समय, जीवों की) चार खानियाँ (अंडज, जेरज, स्वेदज और उद्भिज) नहीं थीं(और उनकी) वाणी भी नहीं थी; पवन और जल भी नहीं थे। उत्पत्ति, विनाश, जन्मना-मरना (कुछ भी) नहीं थे। न खण्ड थे, न पाताल और न सप्त सागर ही थे; नदियों में जल भी नहीं बहता था ॥ २ ॥

तब न तो स्वर्गलोक था, न मर्त्यलोक न पाताल। (मुसलमानों के) दोजख और बिहिश्त भी नहीं थे। न तो क्षय था और न काल। (हिन्दुओं के) नरक और स्वर्ग भी नहीं थे; न तो जन्म-मरण थे और न आवागमन ॥ ३ ॥

ब्रह्मा, विष्णु और महेश कोई भी नहीं थे। उस एक (निर्गुण ब्रह्म) को छोड़कर दूसरा और कोई नहीं दिखाई पड़ता था। स्त्री-पुरुष नहीं थे; न जातियां थीं और न जन्म था; कोई दुःख-सुख भी नहीं पाता था ॥ ४ ॥

तब यती, सतोगुणी और वनवासी (कोई) नहीं थे। तब सिद्ध, साधक और सुख भोगनेवाले (भोगी) नहीं थे; योगियों, जंगमों के कोई वेश भी नहीं थे और न कोई नाथ ही संबोधित किया जाता था ॥ ५ ॥

जप, तप, संयम, व्रत, पूजा (कुछ भी) नहीं थे। (उस निर्गुण ब्रह्म को छोड़कर) कोई द्वैतभाव का वर्णन करनेवाला नहीं था। (प्रभु) अपने आप को उत्पन्न करके स्वयं विकसित होता था। (वह) अपनी कीमत स्वयं ही जान सकता था ॥ ६ ॥

शौच (पवित्रता), संयम तथा तुलसी (आदि) की माला भी (नहीं) थी। न गोपियाँ थीं, न कृष्ण (कान्ह); न गौएँ थीं और न ग्वाल-बाल ही थे। तंत्र, मंत्र, पाखण्ड आदि कुछ भी क्रियाएँ न थीं; कोई (कृष्ण से तात्पर्य है) बंशी नहीं बजाता था ॥ ७ ॥

कर्मकाण्ड (और शरम) धर्म भी नहीं थे और न माया रूपी मक्खी ही थी। आँखों से जाति और जन्म के दर्शन भी नहीं होते थे। किसी के भाग्य में न ममता का जाल था और न काल था। कोई किसी का ध्यान भी नहीं करता था। (अर्थात् ध्याता, ध्येय और ध्यान—त्रिपुटी का सर्वथा अभाव था) ॥ ८ ॥

निन्दा और स्तुति (वन्दना) नहीं थीं। जीव-जन्तु (कुछ भी) नहीं थे। न गोरखनाथ थे और न मत्स्येन्द्रनाथ। तब न ज्ञान था, न ध्यान और न कुलों (वंशों) की ही उत्पत्ति थी। कोई कर्मों-धर्मों की गिनती भी नहीं लेता था ॥ ९ ॥

(उस समय) वर्णाश्रम, वेश (आदि) ब्राह्मण, क्षत्रिय (कुछ) नहीं थे। देवता, मंदिर, गौ (और) गायत्री भी नहीं थे। यज्ञ-होम, (कुछ भी) नहीं थे। तीर्थ-स्नान भी नहीं थे (और) न कोई पूजा ही करता था ॥ १० ॥

शेख, मशायख़ (शेख़ का बहुवचन रूप), हाजी (आदि उस समय) नहीं थे। (तब) प्रजा और राजा कोई भी थे; न अहंकार था और न संसार। कोई कुछ कहता-कहलाता भी नहीं था ॥ ११ ॥

(तब) भाव-भक्ति (एवं) शिव-शक्ति नहीं थीं। साजन और मित्र (तथा पिता के) वीर्य (एवं माता के) रज भी नहीं थे। (वह निर्गुण ब्रह्म) स्वयं ही अपना साहु और स्वयं ही अपना बनजारा (व्यापारी) था। (वह स्वयंभू) अपनी सत्य-महिमा में प्रतिष्ठित था ॥१२॥

(मुसलमाना के) कतेब (कुरान आदि धार्मिक ग्रंथ) (तथा हिन्दुओं के) वेद, स्मृति और शास्त्र (कुछ भी) नहीं थे। पाठ, पुराण, सूर्योदय और सूर्यास्त नहीं थे। (इस प्रकार) वह स्वयं कथन करनेवाला वक्ता था। वह अगोचर, वह अलक्ष्य स्वयं ही अपने को प्रदर्शित कर रहा था ॥१३॥

जब उस (प्रभु) की मर्जी हुई, तो उसने (पल मात्र में) जगत् को उत्पन्न कर दिया। (उस प्रभु ने) सृष्टि-रचना को बिना शारीरिक शक्ति के सहारा दिया है। ब्रह्मा, विष्णु, महेश को भी (उसी हरी ने) उत्पन्न किया और माया-मोह की भी वृद्धि की ॥१४॥

(प्रभु, हरी) किसी विरले (भाग्यशाली) को ही गुरु के शब्द सुनाता है। वह अपने हुक्म से सब कुछ रच-रचकर (उनकी) देख भाल करता रहता है (प्रभु ने) खण्ड, ब्रह्माण्ड और पाताल का प्रारम्भ किया (निर्माण किया); (इस प्रकार जो वस्तुएँ अभी तक) गुप्त थीं, उन्हें प्रकाश में लाया (प्रकट किया) ॥१५॥

उस (प्रभु) का कोई अन्त नहीं जान सकता। पूर्ण गुरु से ही उसकी समझ (प्राप्त होती है)। नानक कहते हैं कि जो व्यक्ति सत्य में अनुरक्त होते हैं, वे आश्चर्यान्वित होकर आनन्द (स्वरूप) में स्थित होकर, (उस प्रभु का) गुणगान करते हैं ॥१६॥३॥१५॥

[१६]

आपे आपु उपाइ निराला। साचा थानु कीओ दइआला॥
पउण पाणी अगनी का बंधनु काइआ कोटु रचाइदा ॥१॥

नउ घर थापे थापणहारै। दसवै वासा अलख अपारै॥
साइर सपत भरे जलि निरमलि गुरमुखि मैलु न लाइदा ॥२॥

रवि ससि दीपक जोति सबाई। आपे करि वेखै वडिआई॥
जोति सरूप सदा सुखदाता सचे सोभा पाइदा ॥३॥

गड़ महि हाट पटण वापारा। पूरै तोलि तोलै वणजारा॥
आपे रतनु विसाहे लेवै आपे कीमति पाइदा ॥४॥

कीमति पाई पावणहारै। वेपरवाह पूरे भंडारै॥
सरब कला ले आपे रहिआ गुरमुखि किसै बुझाइदा ॥५॥

नदरि करे पूरा गुरु भेटै। जम जंदारु न मारै फेटै॥
जिउ जल अंतरि कमलु बिगासी आपे बिगसि धिआइदा ॥६॥

आपे बरखै अंम्रितधारा। रतन जवेहर लाल अपारा॥
सतिगुरु मिलै त पूरा पाईऐ प्रेम पदारथु पाइदा ॥७॥

प्रेम पदारथ लहै अमोलो। कबही न घाटसि पूरा तोलो॥
सचे का वापारी होवै सचो सउदा पाइदा ॥८॥

सचा सउदा विरला को पाए। पूरा सतिगुरु मिलै मिलाए॥
गुरमुखि होइ सु हुकमु पछाणै मानै हुकमु समाइदा ॥९॥

हुकमे आइआ हुकमि समाइआ । हुकमे दीसै जगतु उपाइआ ॥
हुकमे सुरगु मछु पइआला हुकमे कला रहाइदा ॥१०॥

हुकमे धरती धउल सिरि भारं । हुकमे पउण पाणी गैणारं ॥
हुकमे सिव सकती घरि वासा हुकमे खेल खेलाइदा ॥११॥

हुकमे आडाणे आगासी । हुकमे जल थल त्रिभवण वासी ॥
हुकमे सास गिरास सदा फुनि हुकमे देखि दिखाइदा ॥१२॥

हुकमि उपाए दस अउतारा । देव दानव अगणत अपारा ॥
मानै हुकमु सु दरगह पैझै साचि मिलाइ समाइदा ॥१३॥

हुकमे जुग छतीह गुदारे । हुकमे सिध साधिक वीचारे ॥
आपि नाथु नथीं सभ जा की बखसे मुकति कराइदा ॥१४॥

काइआ कोटु गड़ै महि राजा । नेब खवास भला दरवाजा ॥
मिथिआ लोभु नाही घरि वासा लबि पापि पछुताइदा ॥१५॥

सतु संतोखु नगर महि कारी । जतु सतु संजमु सरणि मुरारी ॥
नानक सहजि मिलै जगजीवनु गुर सबदी पति पाइदा ॥१६॥४॥१६॥

(उस) निराले (प्रभु ने) अपने आप को (सृष्टि के रूप में) उत्पन्न किया । (उस) दयालु हरी ने (अपना) सच्चा स्थान (समस्त सृष्टि के) अन्तर्गत बनाया । (उसी हरी ने) पवन, जल और अग्नि (आदि पंच तत्वों) को एकत्र करके शरीर रूपी गढ़ का निर्माण किया ॥१॥

स्थापित करनेवाले (हरी ने शरीर के) नौ घरों गोलकों (दो नासिका के छिद्र, दो कान, दो आँखें, एक मुख-द्वार, एक गुदाद्वार, और एक लिंगद्वार) की स्थापना की । दसम द्वार (को रच कर) अलक्ष्य और अपार प्रभ ने (अपना) निवास-स्थान (बनाया) । गुरुमुख के सप्त सरोवर (पांच ज्ञानेन्द्रियां, मन और बुद्धि) (नाम रूपी) निर्मल जल से भर गए हैं, (इससे अब उसे) मैल नहीं लगती ॥२॥

सूर्य और चन्द्रमा (उसके) दीपक हैं (और उन दीपकों के अन्तर्गत) सारा प्रकाश (उसी का) है । (प्रभु) स्वयं ही रच कर (अपनी) महिमा को देखता रहता है । वह सुखदाता (प्रभु) शाश्वत ज्योति-स्वरूप है । सच्चा (हरी स्वयं ही अपनी) शोभा पाता है ॥३॥

(शरीर रूपी) गढ़ के अन्तर्गत बाजार, नगर और व्यापार (चल रहे हैं) । वह बनजारा (व्यापारी) पूरी तौल से (सारी वस्तुओं को) तौल रहा है । प्रभु आप ही (नाम रूपी) रत्न खरीदता और ग्रहण करता है और आप ही उसकी कीमत पाता है ॥४॥

पानेवाला (हरी) आप ही (अपनी) कीमत पाता है । (वह हरी) बेपरवाह है और (उसका) भाण्डार परिपूर्ण है । (प्रभु) समस्त कलाओं (शक्तियों) को लेकर स्वयं ही (स्थित) रहता है । गुरु की शिक्षा द्वारा (प्रभु इस रहस्य को) किसी (बिरले) को ही समझाता है ॥५॥

(यदि प्रभु) कृपादृष्टि करे, (तभी) पूर्ण गुरु प्राप्त होता है । (गुरु के मिलने पर) निर्दयी यमराज धक्के नहीं मारता । (प्रभु अपना) ध्यान करके स्वयं (उसी प्रकार) विकसित होता है, जिस प्रकार जल में कमल विकसित होता है ॥६॥

(हरी) ग्राप ही (नाम रूपी) ग्रमृत-धार, ग्रपार रत्नों, जवाहरों ग्रौर लालों की वर्षा करता हैं। सद्गुरु के मिलने पर पूर्ण (हरी) प्राप्त होता है, (जिससे) प्रेम-पदार्थ की प्राप्ति होती है ॥७॥

(साधक) जिस ग्रमूल्य प्रेम-पदार्थ को प्राप्त कर लेता है, (वह) कभी नहीं घटता है, (क्योंकि उसकी) पूरी तौल होती है। (जो व्यक्ति) सत्य (हरी) का व्यापारी होता है, वही सच्चे सौदे को पाता है ॥८॥

कोई बिरला ही (साधक) सच्चे सौदे (हरी) को पाता है। (यदि) पूर्ण सदगुरु मिले, (तभी) सच्चे सौदे का मिलाप करता है। (यदि कोई गुरुमुख हो, तभी वह हुक्म को पहचानता है; (जो व्यक्ति प्रभु के) हुक्म को मानता है, (वह उसी में) समाहित हो जाता है ॥९॥

(परमात्मा के) हुक्म से ही (समस्त प्राणी इस जगत् में) ग्राए हैं, (ग्रौर उसके) हुक्म से ही (सभी) उसमें विलीन हो जाते हैं। (उसके) हुक्म से ही (यह) जगत् उत्पन्न हुग्रा दिखाई पड़ता है। (उस प्रभु के) हुक्म से स्वर्गलोक, मर्त्यलोक, (ग्रौर) पाताललोक (उत्पन्न हुए हैं) (ग्रौर उसके) हुक्म से (समस्त लोक) शक्ति धारण करते हैं ॥१०॥

(परमात्मा के) हुक्म ही से (धर्म रूपी) बैल के ऊपर पृथ्वी का (सारा) भार है। हुक्म से ही पवन, जल, ग्राकाश (ग्रादि पंच तत्त्व उत्पन्न हुए हैं)। हुक्म से जीवात्मा (शिव) का माया (शक्ति के घर में निवास होता है; ग्रौर हुक्म से ही (परमात्मा जीवात्मा को नाना भाँति के) खेल खिलाता है ॥११॥

हुक्म से ग्राकाश का फैलाव हुग्रा है। हुक्म से ही जल, स्थल ग्रौर त्रिभुवन में (प्राणियों का) वास है। हुक्म से ही सदैव (जीवों की) श्वासें ग्रौर ग्रास (भोजन) चलते हैं; (ग्रौर) फिर हुक्म से ही देख के दिखाता है, (तात्पर्य यह कि हुक्म से ही दृष्टि काम करती है) ॥१२॥

(परमात्मा ने ग्रपने) हुक्म से ही दस ग्रवतारों की उत्पत्ति की। ग्रगणित ग्रौर ग्रपार देवताग्रों तथा दानवों (की भी उत्पत्ति) हुक्म से ही हुई। (जो व्यक्ति परमात्मा के) हुक्म को मानता है, उसे (हरी के) दरबार में प्रतिष्ठा प्राप्त होती है। (वह) सत्य परमात्मा से मिल कर (उसी में) समाहित हो जाता है ॥१३॥

हुक्म से ही (हरी ने) छत्तीस युग (पर्यन्त) (शून्य समाधि में) व्यतीत किया। हुक्म के (ग्रन्तर्गत) ही सिद्ध साधक (एवं) विचारवान् हुए। हरी ग्राप ही नाथ हैं; (उसकी) सारी रचना (उसके) हुक्म में नथी हुई है; (वह प्रभु मनुष्यों को) बख्श कर ग्राप ही उन्हें मुक्ति देता है ॥१४॥

काया रूपी कोट ग्रौर गढ़ में (मन रूपी) राजा का निवास है। (पंच कर्मेन्द्रियाँ नायब हैं, (पंच ज्ञानेन्द्रियाँ) खास सेवक (खवास) हैं, (दशम द्वार रूपी इस गढ़ का) सुन्दर दरवाजा है। (ग्रात्म स्वरूपी) घर में मिथ्या, लोभ ग्रादि का निवास नहीं रहता। लालच ग्रौर पाप के कारण (मनुष्य को) पछताना पड़ता है ॥१५॥

(शरीर रूपी) नगर में सत्य और संतोष कारिन्दे हैं। परमात्मा (मुरारी) की शरण में (जाना ही मनुष्य का) यत, सत्वगुण और संयम हैं। नानक कहते हैं कि सहज भाव से ही जग-जीवन प्राप्त होता है और गुरु के शब्द से ही प्रतिष्ठा प्राप्त होती है ।।१६।।४।।१६।।

[१७]

सुंन कला अपरंपरि धारी । आपि निरालमु अपर अपारी ।।
आपे कुदरति करि करि देखै सुंनहु सुंनु उपाइदा ।।१।।

पउणु पाणी सुंनै ते साजे । स्रसटि उपाइ काइआ गड़ राजे ।।
अगनि पाणी जीउ जोति तुमारी सुंने कला रहाइदा ।।२।।

सुंनहु ब्रहमा बिसनु महेसु उपाए । सुंने वरते जुग सबाए ।।
इसु पदु वीचारे सो जनु पूरा तिसु मिलीऐ भरमु चुकाइदा ।।३।।

सुंनहु सपत सरोवर थापे । जिनि साजे वीचारे आपे ।।
तितु सतसरि मनूआ गुरमुखि नावै फिरि बाहुड़ि जोनि न पाइदा ।।४।।

सुंनहु चंदु सूरजु गैणारे । तिस की जोति त्रिभवण सारे ।।
सुंने अलख अपार निरालमु सुंने ताड़ी लाइदा ।।५।।

सुंनहु धरति अकासु उपाए । बिनु थंमा राखे सचु कल पाए ।।
त्रिभवण साजि मेखुली माइआ आपि उपाइ खपाइदा ।।६।।

सुंनहु खाणी सुंनहु बाणी । सुंनहु उपजी सुंनि समाणी ।।
उतभुज चलतु कीआ सिरि करतै बिसमादु सबदि देखाइदा ।।७।।

सुंनहु राति दिनसु दुइ कीए । ओपति खपति सुखा दुख दीए ।।
सुख दुख ही ते अमरु अतीता गुरमुखि निजघरु पाइदा ।।८।।

साम वेदु रिगु जुजरु अथरबणु । ब्रहमे मुखि माइआ है त्रैगुण ।।
ताकी कीमति कहि न सकै को तिउ बोले जिउ बोलाइदा ।।९।।

सुंनहु सपत पाताल उपाए । सुंनहु भवण रखे लिव लाए ।।
आपे कारणु कीआ अपरंपरि सभु तेरो कीआ कमाइदा ।।१०।।

रज तम सत कल तेरी छाइआ । जनम मरण हउमै दुखु पाइआ ।।
जिसनो क्रिपा करे हरि गुरमुखि गुणि चउथै मुकति कराइदा ।।११।।

सुंनहु उपजे दस अवतारा । स्रसटि उपाइ कीआ पासारा ।।
देव दानव गण गंधरब साजे सभि लिखिआ करम कमाइदा ।।१२।।

गुरमुखि समझै रोगु न होई । इह गुर की पउड़ी जाणै जनु कोई ।।
जुगह जुगंतरि मुकति पराइण सो मुकति भइआ पति पाइदा ।।१३।।

पंच ततु सुंनहु परगासा । देह संजोगी करम अभिआसा ।।
बुरा भला दुइ मसतकि लीखे पापु पुंनु बीजाइदा ।।१४।।

ऊतम सतिगुर पुरख निराले । सबदि रते हरि रसि मतवाले ॥
रिधि बुधि सिधि गिम्रानु गुरू ते पाईऐ पूरै भागि मिलाइदा ॥१५॥

इसु मन माइम्रा कउ नेहु घनेरा । कोई बूझहु गिम्रानी करहु निबेरा ॥
म्रासा मनसा हउमै सहसा नरु लोभी कूड़ु कमाइदा ॥१६॥

सतिगुरु ते पाए वीचारा । सुंन समाधि सचे घर बारा ॥
नानक निरमल नादु सबद धुनि सचु रामै नामि समाइदा ॥१७॥५॥१७॥

सब से परे (अपरंपार हरी) ने शून्य-समाधि धारण की थी । अपरंपार (परमात्मा) (सबसे) निर्लेप है । (निर्गुण हरी) कुदरत—(माया—शक्ति—प्रकृति) को रच कर, (उसकी) देखभाल—निगरानी करता रहता है । शून्य ब्रह्म (शून्य समाधि की अवस्था से कुदरत अथवा प्रकृति की जड़ अवस्था)—शून्य अवस्था उत्पन्न करता है ॥१॥

(उस निर्गुण हरी ने) शून्यावस्था से ही पवन और जल उत्पन्न किया । (शून्यावस्था से ही) सृष्टि उत्पन्न करके काया रूपी गढ़ की रचना की, (जिसमें मन रूपी) राजा को (रक्खा) । अग्नि, जल आदि तत्त्वों (से निर्मित शरीर के अन्तर्गत, हे प्रभु), जीवात्मा को रख दिया, (जो वास्तव में) तेरी ही ज्योति है । (उत्पन्न करने की) शक्ति शून्य में ही विराजमान थी ॥२॥

शून्य से ही ब्रह्मा, विष्णु और महेश उत्पन्न किए गए । शून्य से ही समस्त युग व्यवहार में आए । इस पद को जो (मनुष्य) विचार करता है, वह पूर्ण पुरुष है । ऐसे (व्यक्ति) के मिलने पर भ्रम समाप्त हो जाता है ॥३॥

शून्य से सप्त सरोवरों (पंच ज्ञानेन्द्रियाँ, मन एवं बुद्धि) की स्थापना हुई । (निर्गुण हरी ने उन सप्त सरोवरों की रचना) आप ही विचारपूर्वक की । (यदि) मन उस (सत्संग रूपी) सच्चे सरोवरों में गुरु द्वारा स्नान करे, तो फिर लौट कर योनि के अन्तर्गत नहीं पड़ता ॥४॥

शून्य से ही चन्द्र, सूर्य और आकाश (की उत्पत्ति हुई) । उसी (शून्य) की ज्योति समस्त त्रिभुवन (में व्याप्त है) अलक्ष्य, अपार, निर्लेप और शून्य (हरी) शून्य में ही ताड़ी लगाकर (बैठा है) ॥५॥

शून्य से पृथ्वी और आकाश उत्पन्न हुए । सच्ची कला (शक्ति) को डाल कर बिना किसी आधार के ही (उस प्रभु ने समस्त सृष्टि) धारण कर रक्खी है । (उस निर्गुण हरी ने) त्रिभुवन को रच कर माया की रस्सी में बाँध रक्खा है; (हरी) आप ही सृष्टि उत्पन्न करके आप ही (उसे अपने में) विलीन कर लेता है ॥६॥

शून्य से ही (अंडज, जेरज, उद्भिज और स्वेदज आदि चार) खानियाँ और शून्य से ही (उन सब की) बाणियाँ उत्पन्न हुईं । (ये सब) शून्य से उत्पन्न हुईं और शून्य में ही समा जायँगी । (सबसे पहले हरी ने) उद्भिज (आदि चार खानियों के जीवों) को चलायमान किया और अपने शब्द (हुकम) द्वारा आश्चर्यमय खेल रच दिया ॥७॥

(निर्गुण हरी ने) शून्य से ही दिन और रात, दोनों का निर्माण किया; उत्पत्ति और विनाश शून्य से (उत्पन्न किया); (जीवों को) सुख एवं दुःख भी (शून्य से ही) दिया । गुरुमुख अमर होकर सुख-दुःख से निर्लिप्त हो गया और (उसने अपने निजी घर (हरी के घर) को प्राप्त कर लिया ॥८॥

ब्रह्मा के मुख से त्रिगुणात्मक (चारों वेद)—सामवेद, ऋग्वेद, यजुर्वेद एवं अथर्ववेद निकले (और साथ ही त्रिगुणात्मक) माया भी निकली। (उस निर्गुण परमात्मा की) कीमत कोई भी नहीं कह सकता है। (प्राणी तो) वैसा ही बोलता है; (जैसा प्रभु) बोलवाता है ॥९॥

(निर्गुण हरी ने) शून्य से ही सात पातालों की उत्पत्ति की। (शून्य से ही हरी ने समस्त) भुवनों को (अपने अपने स्थान पर स्थापित कर) रक्खा, (जो प्रभु के ध्यान में) लिव लगाए हैं। अपरंपार (हरी) ने अपने को ही (जगत् का निमित्त और उपादान) कारण बनाया। (हे प्रभु, सभी कोई व्यक्ति) तेरे किए को ही कमाते हैं ॥१०॥

(हे प्रभु,) सत्त्व गुण, तमोगुण (एवं) रजो गुण सभी तेरी छाया (माया)की कला (शक्ति) हैं। (प्राणी तेरे द्वारा उत्पन्न किए) जन्म-मरण, अहंकार आदि (के चक्र में पड़ कर) दुःख पाते रहते हैं। जिस पर (परमात्मा) गुरु द्वारा कृपा करे, (वह) तीनों गुणों से ऊपर उठकर तुरीयावस्था में पहुँच कर मुक्त हो जाता है ॥ ११ ॥

शून्य से ही दस अवतार हुए। (शून्य से ही निर्गुण हरी ने) सृष्टि उत्पन्न करके (उसका) प्रसार किया। (शून्य से ही) देव, दानव, (शिव के) गण एवं गंधर्व निर्मित किए गए। सभी कोई (प्रभु द्वारा) लिखे गये कर्मों को कमाते हैं ॥ १२ ॥

गुरु के द्वारा (जो व्यक्ति शून्य के इस रहस्य को) समझ लेता है, (उसे) रोग नहीं होता। गुरु की इस सीढ़ी को कोई (विरला ही) व्यक्ति जानता है। (जो इस सीढ़ी को जानता है), वह युग-युगान्तरों से मुक्तिपरायण होकर मुक्त हो जाता है, और प्रतिष्ठा पाता है ॥ १३ ॥

पंच तत्त्व (आकाश, वायु, अग्नि, जल एवं पृथ्वी) शून्य से प्रकाशित हुए हैं। (जीव इन तत्त्वों से) देह का संयोगी हो कर, (तात्पर्य यह कि देह से सम्बन्धित होकर) कर्मों का अभ्यास करता है। (जीवों के) मस्तक में भले और बुरे दो (कर्म) लिखे रहते हैं (और उन्हीं के अनुसार वह भले और बुरे दो प्रकार के कर्मों को करके) पाप-पुण्य का बीज बोता है ॥ १४ ॥

(इस जगत् में) सद्गुरु पुरुष उत्तम और निराला है। (वह) शब्द (नाम) में अनुरक्त रहता है और हरि-रस में मतवाला (बना रहता है)। ऋद्धि-सिद्धि, बुद्धि, ज्ञान गुरु से ही प्राप्त होता है। पूर्ण भाग्य से (उसका) मिलाप होता है ॥ १५ ॥

इस मन का माया के साथ अत्यधिक स्नेह है। किसी ब्रह्मज्ञानी से (परमात्म-तत्व) समझ कर, (इस माया की) निवृत्ति करो। लोभी मनुष्य, आशा, इच्छा, अहंकार, संशय में (पड़कर) झूठ ही कमाता है ॥ १६ ॥

(सच्चा शिष्य) सद्गुरु से विचार प्राप्त करता है, (जिससे) सत्य (परमात्मा) की शून्य समाधि के घर-बार में (सदैव स्थित रहता है)। हे नानक, (साधक उस दशा में) शब्द की ध्वनि के साथ निर्मल नाम का नाद सुनता है (और निश्चित रूप में) राम नाम में समा जाता है ॥ १७ ॥ ५ ॥ १७ ॥

[१८]

जह देखा तह दीन दइआला। आइ न जाई प्रभु किरपाला ॥
जीआ अंदरि जुगति समाई रहिओ निरालमु राइआ ॥१॥

जगु तिस की छाइआ जिसु बापु न माइआ । ना तिसु भैण न भराउ कमाइआ ॥
ना तिसु ओपति खपति कुल जाती ओहु अजरावरु मनि भाइआ ॥२॥

तू अकाल पुरखु नाही सिरि काला । तू पुरखु अलेख अगंम निराला ॥
सत संतोखि सबदि अति सीतलु सहज भाइ लिव लाइआ ॥३॥

त्रै वरताइ चउथै घरि वासा । काल बिकाल कीए इक ग्रासा ॥
निरमल जोति सरब जगजीवनु गुरि अनहद सबदि दिखाइआ ॥४॥

ऊतम जन संत भले हरि पिआरे । हरि रस माते पारि उतारे ॥
नानक रेण संत जन संगति हरि गुर परसादी पाइआ ॥५॥

तू अंतरजामी जीअ सभि तेरे । तू दाता हम सेवक तेरे ॥
अंमृत नामु कृपा करि दीजै गुरि गिआन रतनु दीपाइआ ॥६॥

पंच ततु मिलि इहु तनु कीआ । आतम राम पाए सुखु थीआ ॥
करम करतूति अंमृत फलु लागा हरि नाम रतनु मनि पाइआ ॥७॥

ना तिसु भूख पिआस मनु मानिआ । सरब निरंजनु घटि घटि जानिआ ॥
अंमृत रस राता केवल बैरागी गुरमति भाइ सुभाइआ ॥८॥

अधिआतम करम करे दिनु राती । निरमल जोति निरंतरि जाती ॥
सबदु रसालु रसन रसि रसना बेणु रसालु वजाइआ ॥९॥

बेणु रसाल वजावै सोई । जा की त्रिभवण सोझी होई ॥
नानक बूझहु इस बिधि गुरमति हरि राम नामि लिव लाइआ ॥१०॥

ऐसे जन विरले संसारे । गुर सबदु वीचारहि रहहि निरारे ॥
आपि तरहि संगति कुल तारहि तिन सफल जनमु जगि आइआ ॥११॥

घरु दरु मंदरु जाणै सोई । जिसु पूरे गुर ते सोझी होई ॥
काइआ गड़ महल महली प्रभु साचा सचु साचा तखतु रचाइआ ॥१२॥

चतुरदस हाट दीवे दुइ साखी । सेवक पंच नाही बिखु चाखी ॥
अंतरि वसतु अनूप निरमोलक गुरि मिलिऐ हरि धनु पाइआ ॥१३॥

तखति बहै तखतै की लाइक । पंच समाए गुरमति पाइक ॥
आदि जुगादी है भी होसी सहसा भरमु चुकाइआ ॥१४॥

तखति सलामु होवै दिनु राती । इहु साचु वडाई गुरमति लिव जाती ॥
नानक रामु जपहु तरु तारी हरि अंति सखाई पाइआ ॥१५॥१॥१८॥

जहाँ देखता हूँ, वहीं दीनदयालु (हरी) दिखलाई पड़ता है। वह कृपालु प्रभु न (कहीं) आता है और न कहीं जाता है। राजा (हरी) (सभी) जीवों के अन्तर्गत युक्तिपूर्वक व्याप्त है, (किन्तु फिर भी) निर्लेप है ॥ १ ॥

जिस प्रभु के न माँ है, न बाप, (जो स्वयंभू है), जगत् उसका प्रतिबिम्ब है । (उस प्रभु के न बहिन है, न भाई ; न उसकी उत्पत्ति है और न विनाश और न कुल है, न जाति ; वह अजर है और सब से परे हैं और (सब के) मन को अच्छा लगनेवाला है ।। २ ।।

(हे हरी), तू अकाल पुरुष है, तेरे सिर (के ऊपर) काल नहीं है ; तू अलक्ष्य पुरुष है, अगम और निर्लेप है । सत्य, संतोष से अत्यन्त शीतल शब्द (नाम) की प्राप्ति होती है तथा सहज भाव से लिव (एकनिष्ठ धारणा) लगती है ।। ३ ।।

(प्रभु, हरि ने) तीनों गुणों का विस्तार करके तुरीयावस्था में (स्वयं) निवास किया। (उसने) मरण और जन्म (विकालु=काल का उलटा, जन्म) एक ग्रास में खा लिया (अर्थात् जीवन और मरण समाप्त कर दिया)। उस निर्मल ज्योति एवं सर्वमय, जगजीवन (हरी को) गुरु ने अपनी अनहद वाणी द्वारा दिखा दिया ।। ४ ।।

संत-जन उत्तम एवं हरि को प्यारे तथा भले होते हैं। (वे संत गण) हरि के रस में मतवाले (रहते हैं) (और हरी उन्हें) पार उतार देता है । हे नानक, संत-जनों की (चरण-धूलि) एवं संगति गुरु की कृपा से प्राप्त कर ली ।। ५ ।।

(हे हरी), तू अंतर्यामी है और सभी जीव तेरे हैं ; तू (सभी का) दाता है और हम (सब) तेरे सेवक हैं। (हे प्रभु), कृपा करके (अपने) अमृत रूपी नाम को प्रदान कर ; गुरु ने ज्ञान (रूपी) रत्न को प्रकाशित कर दिया ।। ६ ।।

पंच तत्वों के मिलाप से (हरी ने) इस शरीर का निर्माण किया। आत्माराम (हरी) के प्राप्त होने पर सुख की प्राप्ति हुई ; कर्म और करनी के अमृत-फल लग गये और मन ने हरि-नाम रूपी रत्न पा लिया ।। ७ ।।

(जो व्यक्ति) निष्केवल वैरागी गुरु की बुद्धि और प्रेमभाव के अनुसार (हरि-नाम के) अमृत रस में अनुरक्त है, उसे भूख-प्यास नहीं रह जाती, (उसका) मन मान जाता है, (शान्त हो जाता है) क्योंकि) उसने सबसे निर्लेप (निरंजन हरी) को (समस्त) घटों में जान लिया है ।। ८ ।।

(सच्चा शिष्य परमात्मा की) निर्मल और निरंतर ज्योति को जान कर दिनरात आध्यात्मिक कर्म करता है । शब्द (नाम) जो रसों का घर है, उसके रस में रसी हुई जीभ रसीली वेणु बजाती है ।। ९ ।।

(परमात्मा का ज्ञान हो जाने से शिष्य को) त्रिभुवन की समझ आ जाती है (और वह) रसीली वेणु बजाता है । हे नानक, इस प्रकार गुरु की बुद्धि द्वारा हरि और रामनाम में लिव लगा कर, (उस प्रभु को) समझो ।। १० ।।

(जो व्यक्ति) गुरु के शब्द को विचार कर निर्लेप रहते हैं, ऐसे व्यक्ति संसार में विरले ही होते हैं। (वे स्वयं) तो तरते ही हैं, (समस्त) संगति तथा कुल को भी तार देते हैं ; उनका जगत् में जन्म लेकर आना सफल है ।। ११ ।।

जिसे पूर्ण गुरु द्वारा समझ होती है, वह (परमात्मा के) घर, दरवाजे तथा महल को जान लेता है । सच्चा प्रभु ही महल का स्वामी (महली) है (और उसी ने) काया रूपी गढ़ (तथा उसके भीतर) महलों की सच्ची रचना की है (और उसके भीतर) (दशम द्वार रूपी) सच्चे तख़्त को भी रचा है ।। १२ ।।

चौदह भुवनों के हाट (तथा चन्द्रमा और सूर्य के) दीपक (इस बात के) साक्षी हैं (कि) सेवकों और पंचों (श्रेष्ठ जनों) ने (माया के) विष को नहीं चक्खा, (क्योंकि उनके) अन्तर्गत अनुपम और अमूल्य वस्तु हरि-नाम है, (यही हरिनाम उन्हें माया के विष से बचाता है) ; गुरु के मिलने पर ही हरि-धन प्राप्त होता है ॥ १३ ॥

उस तख्त पर वही बैठता है, (जो) उसके योग्य होता है। (पर उसके योग्य कौन है ?)। वह दास जिनके (काम, क्रोध आदि) पंच विकार नष्ट हो गये हैं और जिसने संशय और भ्रम दूर कर दिया है, वह आदि तथा युग-युगान्तरों में व्याप्त तथा (वर्त्तमान में) 'है' (भूतकाल में) 'था' तथा (भविष्य काल में) 'रहेगा' (हरी को पहचान लेता है) ॥ १४ ॥

(ऐसे व्यक्ति के) तख्त को दिन रात सलाम होता है। सत्य हरी की यह बड़ाई गुरु द्वारा (प्रदत्त) लिव से जानी जाती है। हे नानक, राम-नाम जपो (और जीवन को) तैराकी तैरो ; अंत में हरी ही सहायक पाया जाता है ॥ १५ ॥ १ ॥ १८ ॥

[१९]

हरि धनु संचहु रे जन भाई। सतिगुर सेवि रहहु सरणाई ॥
तसकरु चोरु न लागै ता कउ धुनि उपजै सबदि जगाइआ ॥१॥

तू एकंकारु निरालमु राजा। तू आपि सवारहि जन के काजा ॥
अमरु अडोलु अपारु अमोलकु हरि असथिरु थानि सुहाइआ ॥२॥

देही नगरी ऊतमु थाना। पंच लोक वसहि परधाना ॥
ऊपरि एकंकारु निरालमु सुंनि समाधि लगाइआ ॥३॥

देही नगरी नउ दरवाजे। सिरि सिरि करणैहारै साजे ॥
दसवै पुरखु अतीतु निराला आपे अलखु लखाइआ ॥४॥

पुरखु अलेखु सचे दीवाना। हुकमि चलाए सचु नीसाना ॥
नानक खोजि लहहु घरु अपना हरि आतम राम नामु पाइआ ॥५॥

सरब निरंजन पुरखु सुजाना। अदलु करे गुर गिआन समाना ॥
कामु क्रोधु लै गरदनि मारे हउमै लोभु चुकाइआ ॥६॥

सचै थानि वसै निरंकारा। आपि पछाणै सबदु वीचारा ॥
सचै महलि निवासु निरंतरि आवण जाणु चुकाइआ ॥७॥

ना मनु चलै न पउणु उडावै। जोगी सबदु अनाहदु वावै ॥
पंच सबद झुणकारु निरालमु प्रभि आपे वाइ सुणाइआ ॥८॥

भउ वैरागा सहजि समाता। हउमै तिआगी अनहदि राता ॥
अंजनु सारि निरंजनु जाणै सरब निरंजनु राइआ ॥९॥

दुख भै भंजनु प्रभु अबिनासी। रोग कटे काटी जम फासी ॥
नानक हरि प्रभ सो भउ भंजनु गुरि मिलिऐ हरि प्रभु पाइआ ॥१०॥

कालै कवलु निरंजनु जाणै । बूझै करमु सु सबदु पछाणै ॥
आपे जाणै आपि पछाणै सभु तिस का चोजु सबाइआ ॥११॥

आपे साहु आपे वणजारा । आपे परखे परखणहारा ॥
आपे कसि कसवटी लाए आपे कीमति पाइआ ॥१२॥

आपि दइआलि दइआ प्रभि धारी । घटि घटि रवि रहिआ बनवारी ॥
पुरखु अतीतु बसै निहकेवलु गुर पुरखै पुरखु मिलाइआ ॥१३॥

प्रभु दाना बीना गरबु गवाए । दूजा मेटै एकु दिखाए ॥
आसा माहि निरालमु जोनी अकुल निरंजनु गाइआ ॥१४॥

हउमै मेटि सबदि सुखु होई । आपु वीचारे गिआनी सोई ॥
नानक हरि जसु हरि गुण लाहा सत संगति सचु फलु पाइआ ॥१५॥२॥१६॥

हे भाई, भक्त, हरि रूपी धन का संचय कर ; सद्‌गुरु की सेवा कर के उसकी शरण में रह । (जिस भक्त के अन्तर्गत सहज ही) शब्द (नाम) की ध्वनि उत्पन्न होती रहती है और (आत्मस्वरूप में) जागता रहता है, उसे (कामादिक) चोर नहीं लगते ॥ १ ॥

(हे प्रभु), तू एकंकार और निर्लेप राजा है ; तू भक्तों का कार्य आप ही सँवारता है । हे हरी, तू अमर, अडिग, अपार (और) अमूल्य है; तेरा स्थान स्थिर (और) सुहावना है ॥ २ ॥

(वह) देह रूपी नगरी उत्तम स्थान है, (जिसमें सत्य, संतोष, क्षमा, दया और आर्जव आदि) पाँच (गुण) प्रधान होकर बसते हैं । (सभी गुणों के) ऊपर एकंकार और निर्लेप हरी (दशम द्वार में) शून्य-समाधि लगा कर बैठा है ॥ ३ ॥

देह रूपी नगरी में नौ दरवाजे (दो आँखें, दो कान, दो नासिका-छिद्र, एक मुख, एक मलद्वार और एक शिश्न-द्वार) हैं । प्रत्येक व्यक्ति की रचना कर्त्तापुरुष (हरी) ने की की है । दशम (द्वार में) सबसे परे (अतीत) (और) निर्लेप पुरुष (हरी विराजमान है); (वह) अलक्ष्य (प्रभु) आप ही अपने को दिखाता है ॥ ४ ॥

अलक्ष्य पुरुष का सच्चा दीवान है; वह (अपने) हुक्म से सच्चा निशान चलाता है । हे । नानक, अपने (सच्चे) घर को खोज कर प्राप्त कर, और आत्माराम हरी को पा ॥ ५ ॥

सबसे निर्लेप (परमात्मा) सुजान पुरुष है । (वह) न्याय करता है; (और) गुरु के ज्ञान के अन्तर्गत समाया है, (अर्थात् गुरु द्वारा ज्ञान से प्राप्त होता है) । (सद्‌गुरु) काम, क्रोध आदि को गरदन पकड़ कर मार देता है तथा अहंकार और लोभ को भी समाप्त कर देता है ॥ ६ ॥

निरंकार (प्रभु) सच्चे स्थान में निवास करता है । (गुरु के) शब्द द्वारा (सच्चा शिष्य अपने) आप को पहचानता है (उस शिष्य का) निरन्तर सच्चे महल में निवास होता है और वह अपने आवागमन (जन्म मरण) को समाप्त कर देता है ॥ ७ ॥

(ऐसे शिष्य का) मन चलायमान नहीं होता, (वासना रूपी) वायु (उसके चित्त को) विचलित नहीं करती । (वह) योगी (अपने अन्तर्गत) निरन्तर अनाहत शब्द को बजाता रहता है । पाँच प्रकार के शब्दों की मीठी और स्पष्ट ध्वनि निर्लेप प्रभु आप ही बजा कर

सुनाता है। [तार, चाम, धातु, घड़े और फूंक वाले बाजों को पाँच प्रकार के बाजे कहते हैं] ॥ ८ ॥

(सच्चा शिष्य परमात्मा के) भय (और सांसारिक विषयों के) वैराग्य द्वारा सहजावस्था (तुरीयावस्था) में समा जाता है। (वह अहंकार को त्याग कर अनाहत शब्द में अनुरक्त हो जाता है। (वह) (ज्ञान का) अंजन लगा कर माया से रहित हरी निरंजन), तथा सबसे निर्लेप राजा (हरी) को जान लेता है ॥ ६ ॥

अविनाशी प्रभु दुःख और भय को नष्ट करनेवाला है। (ऐसे प्रभु के साक्षात्कार से सांसारिक) रोग कट जाते हैं; (प्रभु का साक्षात्कार) यम की फाँसी को भी काट देता है। हे नानक, वह प्रभु हरी, भय को नष्ट करनेवाला है। गुरु के मिलने पर प्रभु हरी की प्राप्ति होती है ॥ १० ॥

(जो व्यक्ति) निरंजन (हरी) को जानता है, वह काल को ग्रास बना लेता है, (अर्थात् काल को खा जाता है) । (जो) परमात्मा की) कृपा को समझता है, वह शब्द (नाम) को पहचान लेता है। उसी (प्रभु का) सब कौतुक है, (अपने) समस्त (कौतुक को) आप ही जानता है और आप ही पहचानता है ॥ ११ ॥

(प्रभु) आप ही साहूकार है और आप ही व्यापारी है। आप ही पारखी है और आप ही (सब कुछ) परखता है। आप ही (साधकों को) कसौटी पर कसता है और आप ही उनकी कीमत पाता है ॥ १२ ॥

प्रभु आपही दयालु है और आपही (जीवों पर) दया धारण करता है। वह बनवारी (हरी) घट घट में रमण कर रहा है। हरी निर्लेप है, (वह) निष्केवल (भाव से) बसता है। समर्थ गुरु समर्थ (हरी) को मिला देता है ॥ १३ ॥

प्रभु ज्ञाता और द्रष्टा है; (साधकों के) अहंकार को (वही) नष्ट करता है। (प्रभु ही) द्वैतभाव को मिटाकर एक (अपने को; अद्वैत) को दिखाता है। (मनुष्य) योनि के (अंतर्गत जन्म लेता हुआ भी), आशाओं से निर्लिप्त हो जाता है, (क्योंकि वह) अकुल और निरंजन हरी का गुणगान करता है ॥ १४ ॥

अहंकार को मिटाने से, शब्द (नाम में रमण करने से) आनन्द (प्राप्त) होता है। (जो) अपने आप को विचारता है, वही (वास्तविक) ज्ञानी है। हे नानक, हरि-यश (का गुणगान करने से) हरि के गुणों की प्राप्ति होती है और सत्संगति से सच्चे फल की प्राप्ति होती है ॥ १५ ॥ २ ॥ १६ ॥

[विशेष : उपर्युक्त पद में 'चुवाइआ', 'सुणाइआ', 'पाइआ', 'गाइआ' आदि भूतकाल की क्रियाएँ हैं, किन्तु अर्थ की स्वाभाविकता के लिए इनका प्रयोग वर्तमान काल की क्रियाओं में किया गया है।]

[२०]

सचु कहहु सचै घरि रहणा। जीवत मरहु भवजलु जगु तरणा ॥

गुरु बोहिथु गुरु बेड़ी तुलहा मन हरि जपि पारि लंघाइआ ॥१॥

हउमै ममता लोभ बिनासनु । नउ दर मुकते दसवै आसनु ॥
ऊपरि परै परै अपरंपरु जिनि आपे आपु उपाइआ ॥२॥

गुरमति लेवहु हरि लिव तरीऐ । अकलु गाइ जम ते किआ डरीऐ ॥
जत जत देखउ तत तत तुमही अवरु न दुतीआ गाइआ ॥३॥

सचु हरि नामु सचु है सरणा । सचु गुरु सबदु जितै लगि तरणा ॥
अकथु कथै देखै अपरंपरु फुनि गरभि न जोनी जाइआ ॥४॥

सच बिनु सतु संतोखु न पावै । बिनु गुर मुकति न आवै जावै ॥
मूल मंत्र हरि नामु रसाइणु कहु नानक पूरा पाइआ ॥५॥

सच बिनु भवजलु जाइ न तरिआ । एहु समुंदु अथाहु महा बिखु भरिआ ॥
रहै अतीतु गुरमति ले ऊपरि हरि निरभउ कै घरि पाइआ ॥६॥

झूठी जग हित की चतुराई । बिलम न लागै आवै जाई ॥
नामु विसारि चलहि अभिमानी उपजै बिनसि खपाइआ ॥७॥

उपजहि बिनसहि बंधन बंधे । हउमै माइआ के गलि फंधे ॥
जिसु राम नामु नाही मति गुरमति सो जमपुरि बंधि चलाइआ ॥८॥

गुर बिनु मोख मुकति किउ पाईऐ । बिनु गुर राम नाम किउ धिआईऐ ॥
गुरमति लेहु तरहु भव दुतरु मुकति भए सुखु पाइआ ॥९॥

गुरमति क्रिसनि गोबरधन धारे । गुरमति साइरि पाहण तारे ॥
गुरमति लेहु परम पदु पाईऐ नानक गुरि भरमु चुकाइआ ॥१०॥

गुरमति लेहु तरहु सचु तारी । आतम चीनहु रिदै मुरारी ॥
जम के फाहे काटहि हरि जपि अकुल निरंजनु पाइआ ॥११॥

गुरमति पंच सखे गुर भाई । गुरमति अगनि निवारि समाई ॥
मनि मुखि नामु जपहु जगजीवन रिद अंतरि अलखु लखाइआ ॥१२॥

गुरमुखि बूझै सबदि पतीजै । उसतति निंदा किसकी कीजै ॥
चीनहु आपु जपहु जगदीसरु हरि जगंनाथु मनि भाइआ ॥१३॥

जो ब्रहमंडि खंडि सो जाणहु । गुरमुखि बूझहु सबदि पछाणहु ॥
घटि घटि भोगे भोगणहारा रहै अतीतु सबाइआ ॥१४॥

गुरमति बोलहु हरि जसु सूचा । गुरमति आखी देखहु ऊचा ॥
स्रवणी नामु सुणै हरि बाणी नानक हरि रंगि रंगाइआ ॥१५॥३॥२०॥

(यदि) सच्चे घर में रहना है, (तो) सच बोलो। यदि संसार रूपी सागर को तरना है, (तो) जीवित ही मर जाओ, (तात्पर्य यह कि अहंकारविहीन हो जाओ)। गुरु ही जहाज है, गुरु ही नौका और बेड़ा है। हे मन, (गुरु की शरण में जाकर, उसके उपदेश द्वारा) हरि जपो, (वही संसार-सागर से) पार लँघाता है ॥ १ ॥

दशम द्वार में आसन लगाने से, (शरीर के) नव द्वारों (के विषयों से मुक्ति मिलती है) (नव द्वार=दो नासिका छिद्र, दो आँखें, दो कान, एक मुख, एक शिश्न-द्वार एक गुदा-

द्वार) ; (इससे) अहंकार, ममता और लोभ का नाश होता है। (दशम द्वार के) ऊपर परे से परे (हरि) है, जिसने अपने आप को उत्पन्न किया है ॥ २ ॥

(हे साधक), गुरु के द्वारा बुद्धि लेकर, हरि की लिव द्वारा तर जा। बनावट से रहित (हरि) के गुणगान (करने से), यमराज से क्यों डरा जाय ? (हे प्रभु), (मैं) जहाँ-जहाँ देखता हूँ वहाँ-वहाँ तुम्हीं हो, (इसीलिए मैं) अन्य दूसरे का गुणगान नहीं करता ॥ ३ ॥

हरी-नाम ही सच्चा है, (उसकी) शरण ही सच्ची है। गुरु का शब्द ही सच्चा है, जिसके आश्रय से तरा जाता है। (गुरु के शब्द से ही) अकथनीय (परमात्मा) का कथन होता है (और) परे से परे हरी देखा जाता है, (जिसके फलस्वरूप साधक को) पुन: गर्भ और योनि के अन्तर्गत नहीं उत्पन्न होना पड़ता ॥ ४ ॥

सत्य (के आचरण के) बिना सत्वगुण और संतोष की प्राप्ति नही होती। बिना गुरु के मुक्ति नहीं होती, (और बार बार संसार में) आना-जाना पड़ता है। हरिनाम ही मूल मंत्र और रसायन है ; नानक कहते हैं कि (उसी के द्वारा) पूर्ण (ब्रह्म) की प्राप्ति होती है ॥ ५ ॥

सत्य (के आचरण के) बिना संसार-सागर नहीं तरा जाता। यह (संसार रूपी) सागर अथाह है और महान् विष से भरा हुआ है। (साधक) गुरु द्वारा उपदेश ग्रहण कर (लेकर), (इस संसार-सागर से) निर्लिप्त रहता है और निर्भय हरी का घर प्राप्त कर लेता है ॥ ६ ॥

जगत् के प्रेम (मोह) की चतुराई झूठी होती है। (जगत् के प्रेम को नष्ट होते) देर नहीं लगती ; (मनुष्य फिर मर कर) आता-जाता रहता है। अहंकारी (प्राणी) नाम को भुलाकर (इस संसार से) चल देता है ; (इस प्रकार वह) उत्पन्न होकर नष्ट हो जाता है और खप जाता है ॥ ७ ॥

(अहंकारी जीव) (माया के) बंधनों में बंधकर उपजता और नष्ट होता रहता है। (उसके) गले में अहंकार और माया का फंदा (पड़ा रहता है)। जिस (व्यक्ति) को गुरु के उपदेश द्वारा बुद्धि नहीं प्राप्त है और राम नाम में (अनुराग) नहीं है, वह बाँध कर यमपुरी चलाया जाता है ॥ ८ ॥

गुरु के बिना मोक्ष-मुक्ति किस प्रकार प्राप्त की जा सकती है ? बिना गुरु के रामनाम का ध्यान किस प्रकार किया जा सकता है ? (अतएव) गुरु का उपदेश ले कर दुस्तर (कठिन) संसार- (सागर) से तर जा ; (सांसारिक बन्धनो से) मुक्त होने पर ही सुख की प्राप्ति होती है ॥ ९ ॥

गुरु की शिक्षा से ही कृष्ण ने गोवर्धन (पर्वत) धारण किया। गुरु के उपदेश से ही समुद्र पर (श्री रामचन्द्र जी ने) पत्थर तैराये। (इसीलिए) गुरु की शिक्षा लेकर, परमपद को प्राप्त कर ; हे नानक, गुरु (समस्त) भ्रम समाप्त कर देता है ॥ १० ॥

गुरु की शिक्षा लेकर सच्ची तैराकी तैरो और (अपने) हृदय में आत्मरूपी मुरारी (परमात्मा) को पहचानो। (हे साधक), हरि जपकर यमराज के बंधन काट डाल और अकुल निरंजन (माया से रहित हरी) को प्राप्त कर ॥ ११ ॥

संत, मित्र और गुरु भाई की (शाख) गुरु के उपदेश द्वारा ही है। गुरु की शिक्षा तृषाग्नि को दूर कर समाप्त कर देती है। मन और मुख (दोनों) से जगजीवन (हरी) का नाम जपो ; (इससे) हृदय के अन्तर्गत अलक्ष्य हरी दिखलाई पड़ता है ॥ १२ ॥

जिसे गुरु द्वारा समझ आ जाती है, वह नाम से संतुष्ट हो जाता है ; (ऐसी स्थिति में वह) किसकी निन्दा करे और किसकी स्तुति ? (हे शिष्य), अपने आप को पहिचान और जगदीश्वर को जप ; जगन्नाथ हरी मन को (बहुत) प्रिय) लगता है ॥ १३ ॥

जो (प्रभु) खण्ड-ब्रह्माण्ड में (व्याप्त) है, उसे जान, गुरु के उपदेश द्वारा उसे समझ (और उसके) शब्द द्वारा (उस प्रभु को) पहचान। घट-घट में (रम कर जीव रूप से हरी सभी) भोगों को भोगनेवाला है (और फिर भी) सब से अतीत (निर्लेप) रहता है ॥ १४ ॥

गुरु के उपदेश द्वारा हरी के पवित्र यश का कथन करो। गुरु की शिक्षा द्वारा ऊंचे (प्रभु) का आँखों से दर्शन करो। हे नानक, श्रवणों से हरि-संबंधी वाणी (और उसके) नाम का श्रवण करो ; (इस प्रकार) हे प्राणी, वाणी नेत्र और श्रवण (द्वारा) हरि के रंग में रँग जाओ ॥ १५ ॥ ३ ॥ २० ॥

[विशेष : उपर्युक्त पद में भी 'उपाइआ', 'गाइआ', 'जाइआ', 'खपाइआ', 'चलाइआ', 'चुकाइआ', 'लखाइआ', 'भाइआ', 'रंगाइआ', आदि क्रियाएँ भूतकाल की हैं, किन्तु इनका प्रयोग वर्तमान काल के ही लिए अधिक समीचीन प्रतीत होता है। इसी प्रकार अन्य पदों में भी यही बात है।] ॥

[२१]

कामु क्रोधु परहरु पर निंदा। लबु लोभु तजि होहु निचिंदा ॥
भ्रम का संगलु तोड़ि निराला हरि अंतरि हरि रसु पाइआ ॥१॥

निसि दामनि जिउ चमकि चंदाइणु देखै। अहिनिसि जोति निरंतरि पेखै ॥
आनंद रूपु अनूपु सरूपा गुरि पूरै देखाइआ ॥२॥

सतिगुर मिलहु आपे प्रभु तारे। ससि घरि सूरु दीपकु गैणारे ॥
देखि अदिसटु रहहु लिव लागी सभु त्रिभवणि ब्रहमु सबाइआ ॥३॥

अंम्रित रसु पाए त्रिसना भउ जाए। अनभउ पदु पावै आपु गवाए ॥
ऊची पदवी ऊचो ऊचा निरमलु सबदु कमाइआ ॥४॥

अद्रिसट अगोचरु नामु अपारा। अति रसु मीठा नामु पिआरा ॥
नानक कउ जुगि जुगि हरि जसु दीजै हरि जपीऐ अंतु न पाइआ ॥५॥

अंतरि नामु परापति हीरा। हरि जपते मनु मन ते धीरा ॥
दुघट घट भउ भंजन पाईऐ बाहुड़ि जनमि न जाइआ ॥६॥

भगति हेति गुर सबद तरंगा। हरि जसु नामु पदारथु मंगा ॥
हरि भावै गुर मेलि मिलाए हरि तारे जगतु सबाइआ ॥७॥

जिनि जपु जपिओ सतिगुर मति वा के। जमकंकर कालु सेवक पग ताके ॥
ऊतम संगति गति मिति ऊतम जगु भउजलु पारि तराइआ ॥८॥

इहु भउजलु जगतु सबदि गुर तरीऐ । अंतर की दुबिधा अंतरि जरीऐ ॥
पंच बाण ले जम कउ मारै गगनंतरि धणखु चड़ाइआ ॥९॥

साकत नरि सबद सुरति किउ पाईऐ । सबद सुरति बिनु आईऐ जाईऐ ॥
नानक गुरमुखि मुकति पराइणु हरि पूरै भागि मिलाइआ ॥१०॥

निरभउ सतिगुरु है रखवाला । भगति परापति गुर गोपाला ॥
धुनि अनंदु अनाहदु वाजे गुर सबदि निरंजनु पाइआ ॥११॥

निरभउ सो सिरि नाही लेखा । आपि अलेखु कुदरति है देखा ॥
आपि अतीतु अजोनी संभउ नानक गुरमति सो पाइआ ॥१२॥

अंतर की गति सतिगुरु जाणै । सो निरभउ गुर सबदि पछाणै ॥
अंतरु देखि निरंतरि बूझै अनत न मनु डोलाइआ ॥१३॥

निरभउ सो अभ अंतरि वसिआ । अहिनिसि नामि निरंजन रसिआ ॥
नानक हरि जसु संगति पाईऐ हरि सहजे सहजि मिलाइआ ॥१४॥

अंतरि बाहरि सो प्रभु जाणै । रहै अलिपतु चलते घरि आणै ॥
ऊपरि आदि सरब तिहु लोई सचु नानक अंमृत रसु पाइआ ॥१५॥४॥२१॥

(हे प्राणी), काम-क्रोध और पर निन्दा का परित्याग कर ; लालच और और लोभ त्याग कर निश्चिन्त हो जा । भ्रम की सांकल तोड़ कर निर्लिप्त हो जा । अन्तःकरण में ही हरि-रस की प्राप्ति होती है ॥ १ ॥

जिस प्रकार रात्रि के समय (बादलों से आच्छादित अंधकार में) बिजली की चमक के साथ प्रकाश दिखलाई पड़ता है, (उसी प्रकार परमात्मा की आन्तरिक) ज्योति (घट-घट में) निरंतर दिखलाई पड़ती है । (निर्गुण हरी के) आनन्दमय और अद्वितीय स्वरूप को पूर्ण गुरु दिखा देता है ॥ २ ॥

सद्‌गुरु से मिलो, (इससे प्रभु सद्‌गुरु के माध्यम से) आप ही तार देगा और (तुम्हारे हृदय रूपी) आकाश के चन्द्रमा में (मनुष्य की बुद्धि में) (गुरु-ज्ञान रूपी) सूर्य का प्रकाश हो जायगा । अदृष्ट (हरी) को देखकर, लिव लगाकर उसी में टिक जाओगे और समस्त त्रिभुवन में ब्रह्म ही ब्रह्म दिखलाई पड़ेगा ॥ ३ ॥

(निर्गुण हरी के) अमृत-रस पाने पर तृष्णा और भय चले जाते हैं । (जब साधक) ज्ञानपद को पाता है, (तो) (अपने) अहंभाव को गँवा देता है । पवित्र शब्द की कमाई से उच्च पदवी (और) ऊंचे से ऊंचा (स्थान प्राप्त होता है) ॥ ४ ॥

(हरी का) नाम अदृष्ट, अगोचर और अपार है । (वह) प्यारा नाम अत्यन्त रसीला और मीठा (होता है) । (हे हरी), नानक को युग-युगान्तरों में हरि यश प्रदान कर, (ताकि वह) हरि जप करे ; (हरी का) अन्त नही पाया जाता ॥ ५ ॥

हृदय में नाम रूपी हीरे की प्राप्ति से और हरि का जप करने से मन से ही मन धैर्यशील हो जाता है ; (अर्थात् ज्योतिर्मय मन द्वारा अहंकारी मन शान्त हो जाता है), दुर्गम मार्ग के भय को दूर करने वाला (हरी) प्राप्त हो जाता है और फिर जन्म नहीं धारण करना पड़ता ॥ ६ ॥

(सच्चा शिष्य) गुरु के उपदेश द्वारा भक्ति के निमित्त उत्साह (तरंग) (माँगता है); (वह) हरी का यश और नाम रूपी पदार्थ माँगता है। (यदि) हरी चाहे, (तो साधक) गुरु से मिलाकर (अपने में) मिला लेता हैं; हरी ही समस्त जगत् को तारता है ॥ ७ ॥

जो हरी का जप जपता है, उसे गुरु की बुद्धि (मति) आती है, यम के दूत (किंकर, दास) तथा काल उसके सेवक हो जाते हैं। उत्तम संगति से गति-मिति भी उत्तम हो जाती है, और संसार-सागर (सुगमता से) पार तरा जा सकता है ॥ ८ ॥

(हे साधक), इस संसार-सागर को गुरु के उपदेश द्वारा तर जा; आन्तरिक दुविधा को (अपने हृदय के अन्तर्गत जला डाल और दशम द्वार में (शब्द रूपी) धनुष को चढ़ाकर पंच बाणों (सत्य, संतोष, दया, धर्म और धैर्य) से यमराज को मार डाल ॥ ९ ॥

शाक्त मनुष्य में शब्द की स्मृति कैसे आ सकती है? बिना शब्द (नाम) की स्मृति के जन्म-मरण होता रहता है। हे नानक, गुरुमुख ही मुक्तिपरायण होता रहता है; पूर्ण भाग्य से हरी (ऐसे गुरुमुखों से) मिलाता है ॥ १० ॥

निर्भय सद्गुरु ही रक्षक होता है; गुरु-गोपाल से ही भक्ति की प्राप्ति होती है। (गुरु के उपदेश से) अनाहत शब्द की आनन्द-ध्वनि बजती है। गुरु के उपदेश से ही निरंजन (माया से रहित हरी) पाया जाता है ॥ ११ ॥

निर्भय वही है, (जिसके) सिर पर किसी का लेखा (हुक्म) नहीं है। ऐसा अलेख (बिना किसी के हुक्म का, हरी) आप ही हैं; (वह हरी) कुदरत—प्रकृति (के माध्यम) में देखा जाता है (हरी) आप ही सबसे अतीत, अयोनि और स्वयंभू है; हे नानक, ऐसा (प्रभु) गुरु के उपदेश द्वारा प्राप्त होता है ॥ १२ ॥

सद्गुरु ही (साधक की) आन्तरिक अवस्था जानता है। (जो) गुरु के शब्द—उपदेश को पहचानता है, वह निर्भय (हो जाता है)। (साधक अपने) अन्तःकरण को देखकर, (उसके अन्तर्गत) निरन्तर (व्याप्त हरी) को समझ लेता है और अन्यत्र मन नहीं डुलाता है ॥ १३ ॥

(जो सभी के) हृदय के अन्तर्गत बसा है, वही निर्भय (हरी) है (और सच्चा साधक वही है जो) निरंजन (हरी) के नाम में रसयुक्त (बना) है। हे नानक, हरि का यश सत्संगति से प्राप्त होता है और हरी सहज भाव से सहजावस्था में मिला लेता है ॥ १४ ॥

(जो व्यक्ति) अंतर-बाहर उसी प्रभु को जानता है, (वह संसार से) अलिप्त रहता है, और चलायमान (मन) को अपने (आत्मस्वरूपी) घर में ले आकर (स्थित कर देता है)। हे नानक, (जो हरी) सबके ऊपर, सब के आदि में और तीनों लोक में व्याप्त है, (शिष्य) उसी का अमृत रस प्राप्त कर लेता है ॥ १५ ॥ ४ ॥ २१ ॥

[२२]

कुदरति करनैहार अपारा। कीते का नाही किहु चारा ॥
जीअ उपाइ रिजकु दे आपे सिरि सिरि हुकमु चलाइआ ॥१॥

हुकमु चलाइ रहिआ भरपूरे । किसु नेड़ै किसु आखां दूरे ॥
गुपत प्रगट हरि घटि घटि देखहु वरतै ताकु सबाइआ ॥२॥

जिस कउ मेले सुरति समाए । गुर सबदी हरि नामु धिआए ॥
आनद रूप अनूप अगोचर गुर मिलिऐ भरमु जाइआ ॥३॥

मन तन धन ते नामु पिआरा । अंति सखाई चलणवारा ॥
मोह पसार नही संगि बेली बिनु हरि गुर किन सुखु पाइआ ॥४॥

जिस कउ नदरि करे गुरु पूरा । सबदि मिलाए गुरमति सूरा ॥
नानक गुर के चरन सरेवहु जिनि भूला मारगि पाइआ ॥५॥

संत जना हरि धनु जसु पिआरा । गुरमति पाइआ नामु तुमारा ॥
जाचिकु सेव करे दरि हरि कै हरि दरगह जसु गाइआ ॥६॥

सतिगुरु मिलै त महलि बुलाए । साची दरगह गति पति पाए ॥
साकत ठउर नाही हरि मंदर जनम मरै दुखु पाइआ ॥७॥

सेवहु सतिगुर समुंदु अथाहा । पावहु नामु रतनु धनु लाहा ॥
बिखिआ मलु जाइ अम्रितसरि नावहु गुर सरे संतोखु पाइआ ॥८॥

सतिगुर सेवहु संक न कीजै । आसा माहि निरासु रहीजै ॥
संसा दूख बिनासनु सेवहु फिरि बाहुड़ि रोगु न लाइआ ॥९॥

साचे भावै तिसु वडीआए । कउनु सु दूजा तिसु समझाए ॥
हरि गुर मूरति एका वरतै नानक हरि गुर भाइआ ॥१०॥

वाचहि पुसतक वेद पुरानां । इक बहि सुनहि सुनावहि कानां ॥
अजगर कपटु कहहु किउ खुल्है बिनु सतिगुर ततु न पाइआ ॥११॥

करहि बिभूति लगावहि भसमै । अंतरि क्रोधु चंडालु सु हउमै ॥
पाखंड कीने जोगु न पाईऐ बिनु सतिगुर अलखु न पाइआ ॥१२॥

तीरथ वरत नेम करहि उदिआना । जतु सतु संजमु कथहि गिआना ॥
राम नाम बिनु किउ सुखु पाईऐ । बिनु सतिगुर भरमु न जाइआ ॥१३॥

निउली करम भुइअंगम भाठी । रेचक कुंभक पूरक मन हाठी ॥
पाखंड धरमु प्रीति नही हरि सिउ गुर सबद महारसु पाइआ ॥१४॥

कुदरति देखि रहे मनु मानिआ । गुर सबदी सभु ब्रहमु पछानिआ ॥
नानक आतम रामु सबाइआ गुर सतिगुर अलखु लखाइआ ॥१५॥५॥२२॥

कुदरत—प्रकृति का निर्माता अपार (कर्त्ता पुरुष) है । (परमात्मा द्वारा) रचे हुए (किए हुए) जीव का कुछ भी वश नहीं है । (हरी ही) जीवों को उत्पन्न करके, (उन्हें) खूराक देता है और प्रत्येक के ऊपर (अपना) हुकम चलाता है ॥ १ ॥

(प्रभु अपना) हुक्म (सबके ऊपर) चलाकर परिपूर्ण रहता है । (उस प्रभु के शासन में) किसे समीप और किसे दूर कहा जाय ? (अर्थात् प्रभु के लिए न कुछ दूर हैं और न कुछ

समीप, सभी वस्तुएं समान हैं)। (हे साधक), गुप्त और प्रकट हरी को प्रत्येक घट में देख ; सभी के बीच सोच-समझ कर वही बरत रहा है ॥ २ ॥

(प्रभु) जिसे (अपने में) मिलाता है, (वह) उसकी सुरति में समा जाता है ; (वह) गुरु के उपदेश द्वारा हरि के नाम का ध्यान करता है। आनन्दस्वरूप, अद्वितीय (अनुपम) और अगोचर (हरि) गुरु द्वारा प्राप्त होता है ; (उसके प्राप्त होने पर समस्त) भ्रम चले जाते हैं (नष्ट हो जाते हैं) ॥ ३ ॥

(हरी का) नाम तन, मन और धन (सबसे) प्यारा है। चलते समय अंत में (वही प्रभु) सहायक होता है। मोह के प्रसार के साथ में कोई भी सहायक नहीं होता ; बिना हरी और गुरु के किसने सुख प्राप्त किया है ? (अंत में गुरु और परमात्मा ही सहायक होते हैं) ॥ ४ ॥

जिस पर पूर्ण गुरु कृपादृष्टि करता है, (उस) शूरवीर को अपनी बुद्धि द्वारा शब्द--नाम में मिला देता है। हे नानक, गुरु के चरणों की आराधना कर, जिससे भूले हुए भी मार्ग पा गए हैं ॥ ५ ॥

संत-जनों को हरि का धन और (उसका) यश प्यारा होता है। (हे हरी) गुरु के उपदेश द्वारा तेरा नाम पाया जाता है। याचक, हरी के दरवाजे पर (उसकी) सेवा करता है और (उसके) दरबार में उसका यश गाता है ॥ ६ ॥

(यदि) सद्गुरु प्राप्त होता है, (तो वही वास्तविक) घर में (परमात्मा के घर में) बुलाता हैं और परमात्मा के सच्चे दरबार में ही (मनुष्य) शुभ गति और प्रतिष्ठा पाता है। हरी के महल में शाक्त—मनमुख को ठौर (स्थान) नहीं प्राप्त होता ; (वह शाक्त व्यक्ति) जन्म धारण कर और मर कर आता जाता रहता है ॥ ७ ॥

(हे शिष्य), सद्गुरु (रूपी) अथाह समुद्र की सेवा कर, (जिससे) नाम रूपी रत्न, धन और लाभ की प्राप्ति कर। (नाम रूपी) अमृत सरोवर में स्नान कर, (जिससे) विषय रूपी मैल नष्ट हो जाय ; गुरु रूपी सरोवर में ही संतोष की प्राप्ति होती है ॥ ८ ॥

(हे सच्चे शिष्य) सद्गुरु की सेवा कर (और किसी प्रकार की) शंका न कर ; (जगत् की) आशाओं के मध्य निराश होकर रह। संशय और दुःख को नष्ट करनेवाले (हरी) की आराधना कर, (जिससे) फिर लौटकर (सांसारिक) रोग नहीं लगेंगे ॥ ९ ॥

(जो व्यक्ति) सच्चे (हरी) को अच्छा लगता है, उसी की बड़ाई है। कोई और उसके योग्य नहीं है। हरी और गुरु की मूर्ति एक होकर बरत रही है ; हे नानक हरी को गुरु और गुरु को हरी अच्छा लगता है ॥ १० ॥

(लोग) वेदों-पुराणों की (धार्मिक) पुस्तकें बाँचते हैं, कुछ लोग बैठकर कानों से (धार्मिक प्रवचन) स्वयं सुनते हैं और दूसरों को सुनवाते हैं, (किन्तु उनके अज्ञान-कपाट नहीं खुलते)। (भला बताओ), बहुत बड़ा (अज्ञान रूपी) कपाट किस प्रकार खुले ? बिना सद्गुरु के (अज्ञान रूपी कपाट नहीं खुलता और उसके खुले बिना) (परमात्म-) -तत्त्व की प्राप्ति नहीं होती ॥ ११ ॥

(कुछ लोग) विभूति (भस्म) बनाकर, (वही) भस्म (शरीर में) लगाते हैं, (किन्तु उनके अन्तर्गत) क्रोध रूपी चाण्डाल और अहंकार (छिपे रहते हैं)। (ऐसे)

पाखण्ड करने से (वास्तविक) योग की प्राप्ति नहीं होती ; बिना सद्गुरु के अलक्ष्य (परमात्मा) नहीं पाया जाता ॥ १२ ॥

(कुछ लोग) वनों और तीर्थों में (बस कर) नियम-व्रत करते हैं ; (वे) यत, सत्त्वगुण और संयम (का आचरण करते हैं) और ज्ञान का कथन करते हैं। किन्तु रामनाम के बिना सुख की प्राप्ति कैसे हो सकती है ? बिना सद्गुरु के भ्रम का नाश नहीं होता ॥ १३ ॥

(हठयोगियों के) नेवली-कर्म, तथा कुण्डलिनी (का उत्थान) एवं (दशम द्वार रूपी) भट्ठी (की प्राप्ति) तथा रेचक, कुंभक एवं पूरक (आदि प्राणायाम) तथा मन को हठपूर्वक (निग्रह करने की अन्य क्रियाएं) (बाह्य क्रियाएँ) हैं। पाखण्डपूर्ण धर्म से हरि से प्रीति नहीं प्राप्त हो सकती ; गुरु के शब्द से ही महा रस (परमात्म-रस) की प्राप्ति होती है ॥ १४ ॥

(हरी की) कुदरत देखने से (और उस पर मनन करने से) मन मान जाता है, (शान्त हो जाता है)। गुरु के शब्द पर (विचार करने से) सभी (घटों) में ब्रह्म पहचान लिया जाता है। हे नानक, सभी (जड़-चेतन) में व्यापक राम है ; सद्गुरु उस अलक्ष्य (हरी) को दिखा देता है ॥ १५ ॥ ५ ॥ २२ ॥

१ओं सतिगुर प्रसादि ॥ रागु मारू, वार, महला १,

सलोकु : विणु गाहक गुणु वेचीऐ तउ गुणु सहघो जाइ।
गुण का गाहकु जे मिलै तउ गुणु लाख विकाइ ॥
गुण ते गुण मिलि पाईऐ जे सतिगुर माहि समाइ ॥
मोलि अमोलु न पाईऐ वणजि न लीजै हाटि।
नानक पूरा तोलु है कबहु न होवै घाटि ॥१॥

भूली भूली मै फिरी पाधरु कहै न कोइ ॥
पूछहु जाइ सिआणिआ दुखु काटै मेरा कोइ ॥
सतिगुरु साचा मनि वसै साजनु उत ही ठाइ।
नानक मनु तृपतासीऐ सिफती साचै नाइ ॥२॥

महल कुचजी मड़वड़ी काली मनहु कसुध।
जे गुण होवनि ता पिरु रवै नानक अवगुण मुंध ॥३॥

साचु सील सचु संजमी सा पूरी परवारि।
नानक अहिनिसि सदा भली पिर कै हेति पिआरि ॥४॥

सलोकु : (यदि) बिना गाहक के गुण बेचा जाय, तो वह सस्ते में (बिक) जाता है। यदि गुण का कोई (सच्चा) ग्राहक मिल जाय, तो वह लाखों में बिकता है। गुणवाले (गुणी) से ही मिलकर गुण की प्राप्ति होती है। (सारे गुण) सद्गुरु में ही समाए होते हैं। वे गुण अमूल्य है। (उनका कोई) मूल्य नहीं पा सकता, (आँक सकता) और न वे (किसी) हाट

में ही खरीदे जा सकते हैं। हे नानक, (गुणों की) तोल पूरी होती है, (इसमें) किसी प्रकार घटी नहीं होती ॥ १ ॥

मैं भूलती-भूलती फिर रही हूँ, कोई मुझसे (प्रियतम का) मार्ग नहीं बतलाता हैं। (मैं) किसी ज्ञानवान (के पास) (जाकर मार्ग पूछूं,) (कदाचित उनमें से) कोई मेरे दुःख को काट दे। (जिस सच्चे शिष्य के) मन में सच्चा सद्गुरु निवास करता है, साजन (हरी) भी वहीं (उसके मन में) निवास करता हुआ दिखलाई पड़ता हैं। हे नानक, सच्चे नाम की स्तुति से मन तृप्त कर ॥ २ ॥

शरीर के साथ अपने को एक समझने वाली स्त्री, कुचज्जी (बुरे आचरण वाली), मन की काली और अपवित्र होती है। नानक कहते हैं कि हे अवगुणों से भरी हुई स्त्री, (तुझ में) गुण हों, (तभी) (तुझसे) प्रियतम रमण कर सकता है, (अन्यथा नहीं) ॥ ३ ॥

हे नानक, (जो स्त्री) प्रियतम के निमित्त अहर्निश प्यार करती है, (वही) भली है, सच्चे आचरणवाली, सच्ची रहनी वाली और परिवार में पूरी उतरने वाली है ॥ ४ ॥

पउड़ी :
आपणा आपु पछाणिआ नामु निधानु पाइआ।
किरपा करि कै आपणी गुर सबदि मिलाइआ॥
गुर की बाणी निरमली हरि रसु पीआइआ।
हरि रसु जिनी चाखिआ अनरस ठाकि रहाइआ॥
हरि रसु पी सदा तृपति भए फिरि तृसना भुख गवाइआ॥१॥

पउड़ी : नाम-निधान की प्राप्ति से अपने आप (अपने वास्तविक स्वरूप—आत्मा) की पहचान होती है। (प्रभु) अपनी (महती) कृपा करके, गुरु के शब्द में मिला देता है। गुरु की वाणी (अत्यन्त) पवित्र होती है, (वह) हरि रस को मिला देती है। जिन्होंने हरि-रस का आस्वादन कर लिया है, उनके अन्य रस समाप्त हो जाते हैं। (भक्त-गण) हरि-रस पीकर सदैव तृप्त होते हैं, तत्पश्चात् (वे अपनी) तृष्णा और क्षुधा नष्ट कर देते हैं ॥ १ ॥

[**विशेष :** उपर्युक्त पउड़ी में 'पछाड़िआ', 'पाइआ', 'मिलाइआ', 'पीआइआ', 'चाखिआ', 'रहाइआ', 'गवाइआ' आदि शब्द भूतकाल की क्रिया के हैं, परन्तु इतना प्रयोग वर्तमान काल की क्रिया के लिए स्वाभाविक प्रतीत होता है।]

सलोकु :
ससुरै पेईऐ कंत की कंतु अगंमु अथाहु।
नानक धंनु सोहागणी जो भावहि वेपरवाह॥५॥

सलोकु : (जो स्त्री अपने) ससुराल तथा नैहर में अगम, अथाह प्रभु (परमात्मा) की प्यारी होती हैं), (वह स्त्री धन्य हैं)। जो स्त्री बेपरवाह (पति, परमात्मा) को प्यारी होती है, (वही) धन्य है और वही सुहागिनी हैं ॥ ५ ॥

पउड़ी :
तखति राजा सो बहै जि तखतै लाइक होई।
जिनी सचु पछाणिआ सचु राजे सेई॥
एहि भूपति राजे न आखीअहि दूजै भाइ दुखु होई।
कीता किआ सालाहीऐ जिसु जादे बिलम न होई
निहचलु सचा एकु है गुरमुखि बूझै सु निहचलु होई॥२॥

पउड़ी : वही राजा तख्त (सिंहासन) पर बैठता है, जो तख्त के लायक होता है। जिन्होंने सत्य (परमात्मा) को पहचान लिया है, सच्चे राजे वे ही हैं। (इन) भूपतियों को राजा नहीं कहना चाहिए, (क्योंकि ये सब) द्वैतभाव में दुःखी होते हैं। प्रभु के बनाए हुए (प्राणी) की क्या प्रशंसा की जाय ? इन (प्राणियों) के नष्ट होने में विलम्ब नहीं होता। सच्चा और एक (हरी ही) निश्चल है ; गुरु द्वारा (जो इस रहस्य को) समझ लेता है, वह निश्चल हो जाता है ॥ २ ॥

सलोकु : ना मैला ना धुंधला ना भगवा ना कचु।
नानक लालो लालु है सचै रता सचु ॥६॥

हुकमि रजाई साखती दरगह सचु कबूलु।
साहिबु लेखा मंगसी दुनीआ देखि न भूल ॥
दिल दरवानी जो करे दरवेसी दिलु रासि।
इसक मुहबति नानका लेखा करते पासि ॥७॥

अलगउ जोइ मधूकड़उ सारंगपाणि सबाइ।
हीरे हीरा बेधिआ नानक कंठि सुभाइ ॥८॥

सलोकु : (मेरे ऊपर) न मैला (तमोगुण), न धुंधला (रजोगुण), न भगवा (सत्वगुण) (और न इनके कारण माया का) कच्चा रंग चढ़ा है ; हे नानक, सच्चे (नाम की) लाली के कारण सच्चा लाल रंग चढ़ा है, (अर्थात् पूर्ण आनन्द प्राप्त है, क्योंकि) सत्य से सत्य मिल गया है ॥ ६ ॥

रजा वाले (हरी) के हुक्म में रहने से (हरी से) बन आती है। (हरी के) समीप सत्य ही स्वीकार किया जाता है। (हे प्राणी) दुनिया देखकर मत भूल ; (जब) साहब (हरी) (तुझसे कर्मो का) लेखा माँगेगा, (तो क्या देगा) ? दिल की (ठीक-ठीक) निगरानी करनी (और उसे) सीधे रास्ते पर ले जाना, (यही सच्ची) फ़कीरी है। हे नानक, इश्क और मुहब्बत का लेखा (हिसाब) कर्त्तापुरुष के पास है ॥ ७ ॥

जो (मनुष्य) (सांसारिक प्रपंचों से) पृथक् होकर भौंरे की भांति (गुणग्राही होकर) रहता है, (वह) सभी में शारंगपाणि (हरी) को देखता है, (उसका मन रूपी) हीरा (नाम रूपी) हीरे से बेधा गया हैं। हे नानक, (हरी रूपी माला) स्वाभाविक ही (उसके हृदय रूपी) कंठ में आ बसती है ॥ ८ ॥

पउड़ी : मनमुख कालु विआपदा मोहि माइआ लागे।
खिन महि मारि पछाड़सी भाइ दूजै ठागे ॥
फिर वेला हथि न आवई जम का डंडु लागे।
तिन जम डंडु न लगई जा हरि लिव जागे ॥
सभ तेरी तुधु छडावणी सभ तुधै लागे ॥३॥

पउड़ी : मोह और माया में लगने के कारण, मनमुख) (व्यक्ति) को काल व्यापता (सताता) है। द्वैतभाव में लगने (के कारण), (काल उसे) क्षण में पछाड़ देता है। जब यमराज के डंडे (ऊपर) पड़ने लगते हैं, (तो) फिर (उससे बचने की) बेला हाथ में नहीं

आती। जो (व्यक्ति) (हरी के) प्रेम में लगे हैं, उन्हें यमराज का डंडा नहीं लगता। (हे हरी, सारी सृष्टि) तेरी है, तू ही (उसे) मुक्त करता है। सभी (कोई) तुझी से युक्त हैं ॥ ३ ॥

सलोकु : सरबे जोइ अगछमी दूखु घनेरो आथि ।
कालरु लादसि सरु लाघणउ लाभु न पूजी साथि ॥६॥
पूंजी साचउ नामु तू अखुटउ दरबु अपारु ।
नानक वखरु निरमलउ धंनु साहु वापारु ॥१०॥
पूरब प्रीति पिराणि लै मोटउ ठाकुरु माणि
माथै ऊभै जमु मारसी नानक मेलणु नामि ॥११॥

सलोक : सभी के मध्य स्थिर रहनेवाले (अगछमी) हरी को देख ; माया में अत्यधिक दुःख हैं। (मनमुख अथवा शाक्त व्यक्ति) खारी और निकम्मी मिट्टी (कालर) तो लादे है, किन्तु तरना (चाहता) है समुद्र, (भला यह कैसे सम्भव है) ? साथ में न कोई पूंजी है और न कोई लाभ ॥ ९ ॥

(हे हरी) तेरा सच्चा नाम ही (वास्तविक) पूंजी है ; (नाम ही) शाश्वत और अपार द्रव्य है। हे नानक, (यह) सौदा (अत्यन्त) निर्मल है। इस धन का साहु (परमात्मा) (और इसका) व्यापार (हरि-भक्ति) धन्य है ॥ १० ॥

(हे साधक), (हरी की) पुरानी प्रीति पहचान और महान—बडे ठाकुर (प्रभु) को पूज। हे नानक, नाम में मिलने से, (इतनी सामर्थ्य आ जायगी कि) यमराज के भी मुंह के ऊपर मार सकेगा ॥ ११ ॥

पउड़ी : आपे पिंडु सवारिओनु विचि नवनिधि नामु ।
इकि आपे भरमि भुलाइअनु तिन निहफल कामु ॥
इकनी गुरमुखि बुझिआ हरि आतम रामु ।
इकनी सुणि कै मंनिआ हरि ऊतम कामु ॥
अंतरि हरि रंगु उपजिआ गाइआ हरि गुण नामु ॥४॥

पउड़ी : (हे प्रभु, तूने) आप ही (मनुष्यों के) शरीर की रचना की है और (उस शरीर के) मध्य में, नाम रूपी नवनिधि को रक्खा है। कुछ लोगों को (तूने) आप ही भ्रमित करके भुला रक्खा है, (ऐसे व्यक्तियों के) समस्त कार्य निष्फल हो जाते हैं। कुछ लोग गुरु के द्वारा आत्मा में रमे हुए हरी को जान लेते हैं। कुछ लोग (श्रेष्ठ पुरुषों के द्वारा) सुन कर यह बात मान लेते हैं कि हरि (की आराधना ही) उत्तम कार्य है। (सच्चा साधक अपने हृदय में) हरि-प्रेम उपजने पर, हरि के गुणों का गान करता है ॥ ४ ॥

सलोकु : भोलतणि भै मनि वसै हेकै पाधर हीडु ।
अति डाहपणि दुखु घणो तीने थाव भरीडु ॥१२॥
मांदलु बेदि सि बाजणो घणो धड़ीऐ जोइ ।
नानक नामु समालि तू बीजउ अवरु न कोइ ॥१३॥
सागरु गुणी अथाहु किनि हाथाला देखीऐ ।
वडा वेपरवाहु सतिगुरु मिलै त पारि पवा ॥

मझ भरि दुख ब दुख ।

नानक सचे नाम बिनु किसै न लथी भुख ।।१४।।

सलोकु : भोलेपन से (हरी का) भय मन में बसता है; (यही) एक रास्ता है, (यही) एक चाल है । (हममें) अत्यन्त दाहपन (ईर्ष्या, जलन) और घना दुःख है; (ईर्ष्या और दुःख से) तीनों स्थान (मन, वाणी और शरीर) भ्रष्ट रहते हैं ॥ १२ ॥

जो (व्यक्ति) (जीवन में) बहुत 'धड़-धड़' करता है, (तात्पर्य यह कि जो बहुत बकवाद करता है), उसके लिए वेदों में भी वही (बकवाद का) ढोल धड़-धड़ बजता (हुआ प्रतीत होता है) हे नानक, तू नाम को सम्हाल, (नाम के सिवा) और कुछ दूसरा नहीं है ॥ १३ ॥

(संसार रूपी) सागर, तीनों गुणों से युक्त अथाह है । (उसकी) किस भाँति थाह पाई जाय ? बड़े और वेपरवाह सद्‌गुरु की (जब) प्राप्ति हो, तभी (यह) पार पाया जा सकता है । (संसार के) मध्य दुःख ही दुःख भरा है । हे नानक सच्चे (हरी) के नाम बिना किसी की भी भूख नहीं नष्ट होती ॥ १४ ॥

पउड़ी : जिनी अंदरु भालिआ गुर सबदि सुहावै ।
जो इछनि सो पाइदे हरिनामु धिआवै ॥
जिसनो क्रिपा करे तिसु गुरु मिलै सो हरि गुण गावै ।
धरमराइ तिन का मितु है जम मगि न पावै ।
हरिनामु धिआवहि दिनसु राति हरि नामि समावै ।।५।।

पउड़ी : जिन्होंने गुरु के सुहावने उपदेश द्वारा (अपने) अन्तर्गत (परमात्मा को) खोजा है, वे नाम का ध्यान कर, जो कुछ इच्छा करते हैं, पा लेते हैं । जिसके ऊपर (परमात्मा) कृपा करता है, उसी को गुरु प्राप्त होता है और वही हरि के गुण गाता है । धर्मराज उनका मित्र हो जाता है (और वे) यम का मार्ग नहीं पाते हैं । (वे) अहर्निश हरिनाम का ध्यान करते है और अन्त में (उसी) हरिनाम में समा जाते हैं ॥ ५ ॥

सलोकु : सुणीऐ एकु वखाणीऐ सुरगि मिरति पइआलि ।
हुकमु न जाई मेटिआ जो लिखिआ सो नालि ॥
कउणु मूआ मारसी कउणु आवै कउणु जाइ ।
कउणु रहसी नानका किस की सुरति समाइ ।।१५।।
हउ मुआ मै मारिआ पउणु वहै दरीआउ ।
त्रिसना थकी नानका जा मनु रता नाइ ॥
लोइण रते लोइणी कंनी सुरति समाइ ।
जीभ रसाइणि चूनड़ी रती लाल लवाइ ॥
अंदरु मुसकि झकोलिआ कीमति कही न जाइ ।।१६।।

सलोकु : स्वर्गलोक, मृत्युलोक (और) पाताललोक में (एक हरी) सुना जाता है (और उसी का) वर्णन होता है । (उस हरी का) हुक्म मेटा नहीं जा सकता; (उसका) लिखा जो कुछ भी होता है, वह साथ होता है । कौन मरता है और कौन मारता है ? कौन

आता है (जन्म लेता है) और कौन जाता है (मरता है) ? कौन हर्षित होता है और किस सुरति (हरी में) समाती है ? ॥ १५ ॥

(जीव) अहंभाव से मरता है और ममता (उसे) मारती है, और श्वास (प्राणवायु) नदी (के समान) चलती है। हे नानक, जब मन (हरी के) नाम में अनुरक्त हो जाता है, तो तृष्णा शान्त हो जाती है, (समाप्त हो जाती है)। आंखें नेत्रोंवाले हरी में और (उसकी) सुरति नेत्रों में समा जाती है, (तात्पर्य यह कि मनुष्य की सुरति कानों द्वारा हरी के यश-श्रवण में लीन हो जाती है)। जीभ नाम-रसायन को चुगनेवाली है और नामजप कर तथा प्यारे में (अनुरक्त होकर) लाल हो जाती है। (इस पंक्ति का दूसरा अर्थ यह भी हो सकता है—प्रियतम (लाल) के नाम-स्मरण में जीभ चुनरी की भाँति रङ्ग गई है और रस का घर हो रही है); (इसका तीसरा अर्थ यह भी हो सकता है, जीभ नाम रूपी रसायन में लगकर चुन्नी (रत्न) हो गई है, वह स्वयं तो नाम में रंगी ही है, दूसरो को भी नाम में लगाती है)। हृदय सुगन्ध में डूब गया है और उसकी कीमत कही नहीं जा सकती ॥ १६ ॥

पउड़ी : इसु जुग महि नामु निधानु है नामा नालि चलै ।
एहु अखुटु कदे न निखुटई खाइ खरचउ पलै ॥
हरिजन नेड़ि न आवइ जम कंकर जम कलै ।
से साह सचे वणजारिआ जिन हरि धनु पलै ॥
हरि किरपा ते हरि पाईऐ जा आपि हरि घलै ॥६॥

पउड़ी : इस युग में (कलियुग में) नाम ही (समस्त सुखों का) भाण्डार है और नाम ही (मनुष्य के) साथ (अंत में) जाता है, (तात्पर्य यह कि अन्तिम समय में नाम ही साथी होता है)। (नाम) अक्षय है, (यह) खाने-खरचने पर कभी समाप्त नहीं होता (और सदैव) पल्ले (बना रहता है)। यमदूत तथा यमकाल हरि के भक्त के निकट नहीं आते, जिनके पल्ले हरि धन है, वे ही सच्चे साहूकार और व्यापारी हैं। हरी की कृपा से, जब वह (अपने में) मिला ले, तभी उसकी प्राप्ति होती है ॥ ६ ॥

सलोकु : हउमै करी तां तू नाही तू होवहि हउ नाहि ।
बूझहु गिआनी बूझणा एह अकथ कथा मन माहि ॥
बिनु गुर ततु न पाईऐ अलखु वसै सभ माहि ।
सतिगुरु मिलै त जाणीऐ जां सबदु वसै मन माहि
आपु गइआ भ्रमु भउ गइआ जनम मरन दुख जाहि ।
गुरमति अलखु लखाईऐ ऊतम मति तराहि ॥
नानक सोहं हंसा जपु जापहु त्रिभवण तिसै समाहि ॥१७॥
जिनि कीआ तिनि देखिआ आपे जाणै सोइ ।
किसनो कहीऐ नानका जा घरि वरतै सभु कोइ ॥१८॥

सलोक : (हे हरी), (यदि) अहंकार करता हूँ, तो तू नहीं प्राप्त होता, (और यदि) तू प्राप्त हो जाता है, तो अहंभाव नहीं रह जाता। हे ज्ञानी, इस अकथनीय बात को मन में समझने की चेष्टा करो। यद्यपि अलक्ष्य (परमात्मा) सभी (जड़-चेतन) में व्याप्त है, (किन्तु) बिना गुरु के यह तत्व पाया नहीं जाता। यदि सद्गुरु प्राप्त हो, और उसका शब्द मन में बस

जाय, तभी इस तत्व को जाना जा सकता है। अपनापन नष्ट हो जाने से, भय और भ्रम तथा जन्म-मरण के दुःख नष्ट हो जाते है। गुरु के द्वारा अलक्ष्य (हरी) देखा जाता है, (गुरु द्वारा दी गई) उत्तम बुद्धि से ही (संसार-सागर) तरा जाता है। नानक कहते हैं कि हे हंस, (जीवात्मा) सोऽहं (मैं वही हूँ) का जप कर, इसी में तीनों लोक समाए हुए हैं।

जिस (हरी) ने (यह संसार) बनाया है वही (इसकी) देखभाल करता है। जब सब कुछ (अपने) भीतर ही बरतता है, तो हे नानक, अन्य किससे (क्या) कहा जाय ? ॥ १८ ॥

पउड़ी : सभे थोक विसारि इको मितु करि ।
मनु तनु होइ निहालु पापा दहै हरि ॥
आवण जाणा चुकै जनमि न जाहि मरि ॥
सचु नामु आधारु सोगि न मोहि जरि ॥
नानक नामु निधानु मन महि संजि घरि ॥७॥

पउड़ी : सारे पदार्थों को भुला कर, एक (हरी) को ही मित्र बना। हरी (समस्त) पापों को जला डालता है, (जिस कारण, हे प्राणी; तू) तन और मन से निहाल हो जायगा। (तेरे) आवागमन भी समाप्त हो जायँगे और जन्म धारण कर (फिर) नहीं मरोगे। हे प्राणी तू सत्य (हरी) के नाम का आश्रय ग्रहण कर (जिससे) शोक और मोह में दग्ध न हो। हे नानक, नाम रूपी निधान को मन में संग्रह करके रख ॥ ७ ॥

१ओं सतिनामु करता पुरखु निरभउ निरवैरु
अकाल मूरति अजूनीं सैभं गुर प्रसादि

रागु तुखारी, महला १, बारहमाहा

छंत

[१]

तू सुणि किरत करंमा पुरबि कमाइग्रा ।
सिरि सिरि सुख सहंमा देहि सु तू भला ॥
हरि रचना तेरी किग्रा गति मेरी हरि बिनु घड़ी न जीवा ।
प्रिग्र बाझु दुहेली कोइ न बेली गुरमुखि ग्रंम्रतु पीवां ॥
रचना राचि रहे निरंकारी प्रभ मनि करम सु करमा ।
नानक पंथु निहाले साधन तू सुणि ग्रातमरामा ॥१॥

बाबीहा प्रिउ बोले कोकिल बाणीग्रा ।
साधन सभि रस चोले ग्रंकि समाणीग्रा ॥
हरि ग्रंकि समाणी जा प्रभ भाणी सा सोहागणि नारे ।
नव घर थापि महल घरु ऊचउ निजघरि वासु मुरारे ॥
सभ तेरी तू मेरा प्रीतमु निसिबासुर रंगि रावै ।
नानक प्रिउ प्रिउ चवै बबीहा कोकिल सबदि सुहावै ॥२॥

तू सुणि हरि रस भिंने प्रीतम ग्रापणे ।
मनि तनि रवत रवंने घड़ी न बीसरै ॥
किउ घड़ी, बिसारी हउ बलिहारी हउ जीवा गुण गाए ।
ना कोई मेरा हउ किसु केरा हरि बिनु रहणु न जाए ॥
ग्रोट गही हरि चरण निवासे भए पवित्र सरीरा ।
नानक द्रिसटि दीरघ सुखु पावै गुरसबदी मनु धीरा ॥३॥

बरसै ग्रंमृत धार बूंद सुहावणी ।
साजन मिले सहजि सुभाइ हरि सिउ प्रीति बणी ॥

हरि मंदरि आवै जा प्रभ भावै धन ऊभी गुण सारी ।
घरि घरि कंतु रवै सोहागणि हउ किउ कंति विसारी ॥
उनवि घन छाए बरसु सुभाए मनि तनि प्रेमु सुखावै ।
नानक वरसै अंमृत बाणी करि किरपा घरि आवै ॥४॥

चेतु बसंतु भला भवर सुहावड़े ।
बन फूले मंझ बारि मै पिरु घरि बाहुड़ै ॥

पिरु घरि नही आवै धन किउ सुखु पावै बिरहि बिरोध तनु छीजै ।
कोकिल अंबि सुहावी बोलै किउ दुखु अंकि सहीजै ॥
भवरु भवंता फूली डाली किउ जीवा मरु माए ।
नानक चेति सहजि सुखु पावै जे हरि वरु घरि धन पाए ॥५॥

वैसाखु भला साखा वेस करे ।
धन देखै हरि दुआरि आवहु दइआ करे ॥

घरि आउ पिआरे दुतर तारे तुधु बिनु अढु न मोलो ।
कीमति कउण करे तुधु भावां देखि दिखावै ढोलो ॥
दूरि न जाना अंतरि माना हरि का महलु पछाना ।
नानक वैसाखीं प्रभु पावै सुरति सबदि मनु माना ॥६॥

माहु जेठु भला प्रीतम किउ बिसरै ।
थल तापहि सर भार सा धन बिनउ करै ॥

धन बिनउ करेदी गुण सारेदी गुण सारी प्रभ भावा ।
साचै महलि रहै बैरागी आवण देहि त आवा ॥
निमाणी निताणी हरि बिनु किउ पावै सुख महली ।
नानक जेठि जाणै तिसु जैसी करमि मिलै गुण गहिली ॥७॥

आसाड़ु भला सूरजु गगनि तपै ।
धरती दूख सहै सोखै अगनि भखै ॥

अगनि रसु सोखै मरीऐ धोखै भी सो किरतु न हारे ।
रथु फिरै छाइआ धन ताकै टीडु लवै मंझि बारे ॥
अवगण बाधि चली दुखु आगै सुखु तिसु साचु समाले ।
नानक जिस नो इहु मनु दीआ मरणु जीवणु प्रभ नाले ॥८॥

सावणि सरस मना घण वरसहि रुति आए ।
मै मनि तनि सहु भावै पिर परदेसि सिधाए ॥
पिरु घरि नही आवै मरीऐ हावै दामनि चमकि डराए ।
सेज इकेली खरी दुहेली मरणु भइआ दुखु माए ॥
हरि बिनु नीद भूख कहु कैसी कापड़ु तनि न सुखावए ।
नानक सा सोहागणि कंती पिर कै अंकि समावए ॥९॥

भादउ भरमि भुली भरि जोबणि पछुताणी ।
जल थल नीरि भरे बरस रुते रंगु माणी ॥
बरसै निसि काली किउ सुखु बाली दादर मोर लवंते ।
प्रिउ प्रिउ चवै बबीहा बोले भुइअंगम फिरहि डसंते ॥
मछर डंग साइर भर सुभर बिनु हरि किउ सुखु पाईऐ ।
नानक पूछि चलउ गुर अपुने जह प्रभ तह ही जाईऐ ॥१०॥

असुनि आउ पिरा साधन झूरि मुई ।
ता मिलीऐ प्रभ मेले दूजै भाइ खुई ॥
झूठि विगुती ता पिर मुती कुकह काह सि फुले ।
आगै घाम पिछै रुति जाडा देखि चलत मनु डोले ॥
दहदिसि साख हरी हरीआवल सहजि पकै सो मीठा ।
नानक असुनि मिलहु पिआरे सतिगुर भए बसीठा ॥११॥

कतकि किरतु पइआ जो प्रभ भाइआ ।
दीपकु सहजि बलै तति जलाइआ ॥
दीपक रस धन पिर मेलो धन ओमाहै सरसी ।
अवगण मारी मरै न सीझै गुणि मारी ता मरसी ॥
नामु भगति दे निजघरि बैठे अजहु तिनाड़ी आसा ।
नानक मिलहु कपट दर खोलहु एक घड़ी खटु मासा ॥१२॥

मंघर माहु भला हरि गुण अंकि समावए ।
गुणवंती गुण रवै मै पिरु निहचलु भावए ॥
निहचलु चतरु सुजाणु बिधाता चंचलु जगतु सबाइआ ।
गिआनु धिआनु गुण अंकि समाणे प्रभ भाणे ता भाइआ ।
गीत नाद कवित कथे सुणि राम नामि दुखु भागै ।
नानक साधन नाह पिआरी अभ भगती पिर आगै ॥१३॥

पोखि तुखारु पड़ै वणु तृणु रसु सोखै ॥
आवत की नाही मनि तनि वसहि मुखे ॥
मनि तनि रवि रहिआ जगजीवनु गुरसबदी रंगु माणी ।
अंडज जेरज सेतज उतभुज घटि घटि जोति समाणी ॥
दरसनु देहु दइआपति दाते गति पावहु मति देहो ।
नानक रंगि रवै रसि रसीआ हरि सिउ प्रीति सनेहो ॥१४॥

माघि पुनीत भई तीरथु अंतरि जानिआ ।
साजन सहजि मिले गुण गहि अंकि समानिआ ॥
प्रीतम गुण अंके सुणि प्रभ बंके तुधु भावा सरि नावा ।
गंग जमुन तह बेणी संगम सात समुंद समावा ॥

पुंन दान पूजा परमेसुर जुगि जुगि एको जाता ।
नानक माघि महारसु हरि जपि अठसठि तीरथ नाता ॥१५॥

फलगुनि मनि रहसी प्रेमु सुभाइआ ।
अनदिनु रहसु भइआ आपु गवाइआ ॥
मन मोहु चुकाइआ जा तिसु भाइआ करि किरपा घरि आओ ।
बहुते वेस करी पिर बाझहु महली लहा न थाओ ॥
हार डोर रस पाट पटंबर पिरि लोड़ी सीगारी ।
नानक मेलि लई गुरि अपणै घरि वरु पाइआ नारी ॥१६॥

बेदस माह रुती थिती वार भले ।
घड़ी मूरत पल साचे आए सहजि मिले ॥
प्रभ मिले पिआरे कारज सारे करता सभ बिधि जाणै ।
जिनि सीगारी तिसहि पिआरी मेलु भइआ रंगु माणै ।
घरि सेज सुहावी जा पिरि रावी गुरमुखि मसतकि भागो ।
नानक अहिनिसि रावै प्रीतमु हरि वरु थिरु सोहागो ॥१७॥१॥

(हे हरी), तू सुन, (अपने) पिछले कमाए हुए कर्मों की किरत (कमाई) के अनुसार प्रत्येक जीव सुख (अथवा दुःख) सहता है; जो तू दे, वही भला है । हे हरी, (यह सब) तेरी रचना है, इसमें मेरी क्या गति हो सकती है ? बिना हरी के (जीवात्मा रूपी स्त्री) एक घड़ी भी नहीं जी सकती । बिना प्रियतम के (स्त्री) दुःखी रहती है, (उसका) कोई सहायक नहीं (होता); (मैं तो) गुरु के द्वारा अमृत पीती हूँ । निरंकार (हरी) की रचना में (जीव मात्र) रंगे हुए हैं, (पर वास्तव में) हरी जी को मन में बसाना सबसे उत्तम कर्म है । नानक कहता है कि हे आत्माराम (हरी) तू सुन (जीवात्मा रूपी) स्त्री, तेरा पथ निहार रही है ॥ १ ॥

(चित्त रूपी) पपीहा "पी पी" बोलता है (और जीभ रूपी) कोयल प्यार की बोली बोलती है । (जो स्त्री) (पति के) अंक में बसी है, वह सभी रसों को भोगती है । जो (स्त्री) प्रभु को अच्छी लगती है, वही हरी के अंक में समाती है, वही सुहागिनी स्त्री है । (वह स्त्री) नौ गोलकों (दो कान, दो नासिका-रन्ध्र, दो आँखें, एक मुख, एक शिश्न-द्वार, एक गुदा द्वार) (वाले शरीर को) पति का ऊँचा महल बना कर, (और वहाँ) अपने आत्मरूपी घर में हरी का निवास देखती है । हे प्रियतम (हरी), सारी (जीवात्मा रूपी स्त्रियाँ) तेरी हैं; तू मेरा है । (मैं) (तेरे साथ) अहर्निश आनन्द मनाती हूँ । नानक कहता है कि (हे प्रियतम हरी), चित्त रूपी) पपीहा 'पी-पी' बोलता है (और जीभ रूपी) कोयल (प्यार की) कूक से सुशोभित होती है ॥ २ ॥

अपने प्रियतम के हरि-रस में भीजे हुए तथा जिसके तन, मन में (वह हरी) रमा हुआ है; और एक घड़ी भी नहीं भूलता (उसका) हाल, (भावार्थ मेरा हाल) सुन । (मैं उस प्रियतम को एक घड़ी भी क्यों विसराऊँ ? मैं (उसके ऊपर) न्यौछावर हूँ; मैं उसका गुणगान करके ही जीवित हूँ । मैंने हरी के चरणों की शरण ग्रहण की है (और उसी में अपना)

निवास (बनाया है), (इसी कारण) मेरा शरीर पवित्र हो गया है। नानक (का कथन है कि प्रभु की कृपा)—दृष्टि से महान् सुख की प्राप्ति हुई है और गुरु के उपदेश से मन टिक गया है ॥ ३ ॥

(परमात्मा के प्रेम रूपी) अमृत-धार की वर्षा होती है, (उस अमृत-वर्षा की) बूंदें (बड़ी) सुहावनी होती हैं। (गुरु रूपी) मित्र (मुझे) सहज भाव से प्राप्त हो गए हैं; (जिससे) हरी से (गहरी) प्रीति (जुड़) गई है। जब प्रभु को रुचता है, तभी हरी (हृदय रूपी) मन्दिर में आता है (और उस समय जीवात्मा रूपी) स्त्री खड़ी होकर (तत्पर होकर) गुणों को संभालती है, (स्मरण करती है)। घर-घर में (वह) प्रियतम (हरी) सुहागिनियों को भोगता है फिर मुझे उस कंत ने क्यों भुला दिया है ? झुक कर बादल छाए हैं, सुन्दर वर्षा हो रही है, (मेरे) तन और मन में प्रेम सुख दे रहा है। हे नानक, अमृत-वाणी की वर्षा हो रही है, (वह हरी) कृपा करके (हृदय रूपी) घर में आ बसा है ॥ ४ ॥

चैत में वसन्त (कितना सुहावना लगता है); भौरों की गुञ्जार भी (बड़ी) सुहावनी है। वनों में वनराजि फूल पड़ती है; (यदि) मेरे घर प्रियतम आ जायं, (तो वह भी फूल उठे), (तात्पर्य यह कि जिस प्रकार वसन्त के आगमन से वनों में वनराजि फूल उठती है, उसी प्रकार यदि मेरा प्रियतम मेरे घर में आ जाय, तो आनन्द-मंगल हो जाय)। (यदि) प्रियतम घर नहीं लौटता, तो स्त्री कैसे सुख पा सकती है ? विरह के विरोध (संघर्ष) में (उसका) शरीर (निरन्तर) छीजता रहता है। अमराइयों में कोयल सुहावनी बोली बोलती हैं, (भला वियोग का) दुःख अंक (हृदय) में कैसे सहा जाय ? (बिना प्रियतम के बाह्य प्रकृति के उल्लास नारी के हृदय में वेदना का संचार करते हैं)। फूली हुई डालियों में भँवरा चक्कर लगा रहा है। (हे मेरी) माँ, (यह तो) मौत है, (मैं) किस प्रकार जीवित रहूँ ? हे नानक, (यदि) चैत में, स्त्री अपने पति को घर में पा जाय, (तो उसे) सहज सुख की प्राप्ति हो जाय ॥ ५ ॥

वैशाख (महीना बहुत) अच्छा है; (इस महीने में) (वृक्षों की) शाखाएं (खूब) वेश बनाती है, (अर्थात फलती-फलती हैं)। स्त्री (अपने) द्वार (पर खड़ी होकर, प्रियतम) हरी की प्रतीक्षा करती है (और कहती है), "हे प्रियतम, दया करके (अब) घर आ जा और इस दुस्तर (संसार-सागर) को तार; तेरे बिना मेरा कौड़ी (मात्र) भी मूल्य नहीं है। किन्तु (यदि मैं) तुझे अच्छी लगूं, तो मेरी कीमत कौन पा सकता है ? (कोई ऐसे प्रियतम हरी को स्वयं) देख कर (मुझे) दिखावे। (हे प्रभु), मैं तुझे दूर नहीं जानती, (अपने) अंतर्गत ही मानती हूं; (इसी से मैंने) हरि का निवास-स्थान (महल) पहचान लिया है।" हे नानक, (इस प्रकार) वैशाख में (सुहागिनी स्त्री को) प्रभु अच्छा लगता है; (उस प्रभु की) सुरति और शब्द में (युक्त होकर) मन मान जाता है, (शान्त हो जाता है) ॥ ६ ॥

जेठ के सुन्दर (महीने) में, (भला) प्रियतम किस प्रकार भूले ? (सारा) संसार (स्थल) भार के समान तप रहा है। स्त्री (अपने प्रियतम से) विनय करती है। स्त्री (परमात्मा के) गुणों को स्मरण करती हुई विनती करती है कि हे प्रभु मैं तेरे गुणों को याद करती हूं,

ताकि (मैं तुझे) अच्छी लगूँ। निर्लेप (हरी) सच्चे महल में निवास करता है, (यदि वह अपने महल में) आने दे, तो आऊँ। हरी के बिना मैं मान-विहीन और शक्ति-रहित हूँ, (बिना हरी के, जीवात्मा रूपी स्त्री उसके) सुख के महलों में कैसे सुख पा सकती है ? हे नानक, जेठ में (उस प्रभु के) जानने से (जीवात्मा रूपी) उसी के समान हो जाती है। (परमात्मा की) कृपा द्वारा (हरी) प्राप्त होता है, (और जीवात्मा रूपी स्त्री) गुणों को ग्रहण करने वाली (बन जाती है) ॥ ७ ॥

आषाढ़ (के) भले (महीने) में सूर्य आकाश में तपता है। (घोर उष्णता से) पृथ्वी दुःख सहन करती है, (निरन्तर) सूखती है और आग के समान तपती है। अग्नि (रूपी सूर्य) जल (रस) को सुखाता है, (बेचारा जल) सुलग-सुलग कर मरता है, (फिर भी निर्दयी सूर्य का) कार्य जारी है—(वह अपने जलानेवाले स्वभाव से बाज नहीं आता)। (इस सूर्य का) रथ (निरन्तर) फिरता रहता है और स्त्री (गर्मी से रक्षा पाने के लिए) छाया ताकती फिरती है; जंगल में टिड्डे (वृक्षों के नीचे) 'चीं चीं' शब्द करते रहते हैं, (भावार्थ यह कि टिड्डे पानी के लिए तड़पते रहते हैं)। (जो जीवात्मा रूपी स्त्री इस संसार से) अवगुणों (की पोटली) बाँध कर चलती है, (उसे) आगे (परलोक में) दुःख मिलता है; सुख उसी को प्राप्त होता है, (जो) सत्य को संभालती है। हे नानक, जिस (प्रभु) ने इस मन को दिया है, उसी प्रभु के साथ जीवन और मरण (दोनों ही) हैं ॥ ८ ॥

सावन में (वर्षा) ऋतु आ गई है, बादल बरस रहे हैं, (हे मेरे मन) आनन्दित हो, मेरे तन मन को प्रियतम अच्छे लगते हैं, (किन्तु मेरे प्रियतम मुझे छोड़कर) परदेश चले गए हैं। (मेरे) प्रियतम घर नहीं आ रहे हैं, (मैं) शोक में मर रही हूँ; बिजली चमक कर डरा रही हैं। (मैं अपनी) सेज पर अकेली हूं और अत्यधिक दुखी हूँ। हे माँ, यह दुःख मरण (के समान) हो गया है (भला) कहो, हरी के बिना कैसी भूख और नींद ? शरीर पर वस्त्र भी सुखद नहीं प्रतीत होते। हे नानक, जो (स्त्री) प्रियतम के अंक में समा जाती है, वही सुहागिनी है (और सच्चे अर्थ में) कंत वाली (कांता) है ॥ ९ ॥

भादों (के महीने) में (स्त्री) यौवन में भरी है और भ्रम में पड़ कर भूल गई है, (जिससे) पछता रही है। जलाशयों और स्थलों में जल भर गया है। (इस) ऋतु में वर्षा हो रही है (और लोग) रंग मना रहे हैं। अंधेरी (काली) रात्रि में वर्षा हो रही है; (भला बिना प्रियतम के ऐसे समय में) स्त्री को सुख कैसे प्राप्त हो सकता है ? मेढक और मोर बोल हैं। पपीहा 'पी पी' कह कर बोल रहा है। साँप (प्राणियों को) डसते फिरते हैं। मच्छर डंक मारते हैं (काटते हैं), सरोवर लबालब भरे हैं, (ऐसे समय में स्त्री) बिना (प्रियतम) हरी के कैसे सुख पा सकती है ? हे नानक, अपने गुरु से पूछ कर (हरी के मार्ग की ओर) चलो; जहाँ प्रभु हों, वहीं जाओ ॥ १० ॥

आश्विन (का महीना आ पहुँचा), प्रियतम (अब तो) आ जा; (तेरी) स्त्री (तेरे वियोग में) दग्ध हो कर मर रही है। (जीवात्मा रूपी स्त्री प्रियतम हरी से) तभी मिलती है, जब प्रभु (स्वयं कृपा करके) मिलाता है, (वह) द्वैतभाव में नष्ट हो जाती है। झूठी (माया) में (पड़कर वह जीवात्मा रूपी स्त्री) नष्ट होती है और अपने, प्रियतम (हरी) के

द्वारा त्याग दी जाती है। कोकाबेली और कास आदि फूल गए हैं (उपर्युक्त फूलों का रङ्ग श्वेत होता है, तात्पर्य यह कि जवानी गई, वृद्धावस्था आ पहुँची और काले बाल श्वेत हो गए)। आगे-आगे तो धूप (उष्णता चली जा रही है) और पीछे-पीछे जाड़े की ऋतु (चली आ रही है)। (इस) परिवर्त्तन को देखकर मन डरता है। दशों दिशाओं में शाखाएं हरी-हरी (दिखलाई पड़ रही हैं); (प्रत्येक स्थान में) हरियाली (दिखाई पड़ती है)। (वृक्षों में लगे हुए फल) सहज भाव से पक कर मीठे हो रहे हैं। नानक कहते हैं कि हे प्रियतम, आश्विन के महीने में मिलो, (अब तो मेरे और तुम्हारे बीच) मध्यस्थ सद्गुरु हो गए हैं ॥ ११ ॥

कार्त्तिक में उसी को फल प्राप्त होता है, जो (उस) प्रभु को अच्छा लगता है। वही दीपक सहज भाव से जलता है, जो ज्ञान-तत्त्व से जलाया जाता है। (उस) दीपक में प्रेम (रस) का तेल है; (उस दीपक के प्रकाश में) स्त्री और पति—जीवात्मा और परमात्मा का मिलाप होता है, (और फिर जीवात्मा रूपी स्त्री) मिलन के उत्साह से आनन्दित हो जाती है। पापों की मारी हुई (जीवात्मा रूपी स्त्री) मर कर मुक्त नहीं होती, गुणों से ही मारी जाकर (वह) मुक्त होती है। (हे प्रभु) जिन्हें तू नाम और भक्ति देता है, वे अपने वास्तविक घर (आत्मस्वरूप) में बैठते हैं और उन्हें निरन्तर तेरी आशा लगी रहती है। नानक कहते हैं कि हे प्रभु कपट (माया) के दरवाजे को खोल कर मिलो; (अब तो विरह इतना तीव्र हो रहा है कि) एक घड़ी छः महीने के समान हो गई है ॥१२॥

(यदि) हरि के गुण हृदय में समा जायँ, (तो) अगहन का महीना बहुत अच्छा (हो जाय)। गुणवती (स्त्री) गुणस्वरूप (हरी) को स्मरण करती है; (काश कि) मुझे भी निश्चल हरी प्यारा लगता (और मैं भी उसे स्मरण करती)। विधाता (कर्त्तापुरुष ही निश्चल चतुर और सुजान है, (अन्य) समस्त जगत चंचल (और नश्वर) है। (जब) प्रभु की इच्छा—मर्जी होती है, (तभी साधक के) हृदय में ज्ञान, ध्यान (तथा अन्य दैवी) गुण आ बसते हैं, (और वह प्रभु को) प्रिय लगता है। कवियों (के समीप) (मैंने) गीत, संगीत-नाद (एवं अनेक प्रकार की) कविताएँ सुनीं, (किन्तु उनसे कुछ भी न हुआ); (अन्त में) राम नाम सुनने से मेरा दुःख समाप्त हो गया। हे नानक, (जो) स्त्री पति से आन्तरिक भक्ति करती है, वही स्वामी को प्यारी होती है ॥१३॥

पौष (के महीने) में तुषार पड़ता है, वन (के वृक्षों) और तृणों का रस सूख जाता है। (हे प्रभु, तू मेरे) तन, मन तथा मुख में बसा हुआ है, (फिर) क्यों नहीं (मेरे समीप) आता ? (प्रभु ही) तन और मन में रम रहा है, (वही) जगत् का जीवन है; गुरु के उपदेश द्वारा (इस वस्तु के साक्षात्कार से) आनन्द प्राप्त होता है। अंडज, जेरज अथवा पिंडज; स्वेदज तथा उद्भिज (आदि चारों खानियों) के प्रत्येक घट में (हरी की अखण्ड और शाश्वत) ज्योति व्याप्त हो रही है। हे दयापति, हे दाता (अपना दिव्य) दर्शन (मुझे) दे तथा (ऐसी) मति—बुद्धि प्रदान कर कि (मैं) (शुभ) गति पा जाऊं। हे नानक, जिसे हरि से प्रीति और स्नेह हो गया है, (वह जीवात्मा रूपी स्त्री) रस के रसिक (हरी, को प्रेम से भोगती है ॥१४॥

माघ में, ज्ञान-तीर्थ को अपने अन्तर्गत ही जान कर (मैं) पवित्र हो गई। सहज भाव से (मुझे) साजन मिल गए; (उनके) गुणों को ग्रहण करके (मैंने) अपने अन्तःकरण में धारण कर लिया। हे श्रेष्ठ (बाँके) प्रभु सुन, (मैंने) प्रियतम के गुणों को (अप ॰) अंक—

हृदय में (समवा लिया); तुझे अच्छा लगना ही (ज्ञान के) सरोवर में स्नान करना है। (इसी ज्ञान के सरोवर में) गंगा, यमुना, (सरस्वती) का संगम तथा त्रिवेणी—प्रयागराज तथा सातों समुद्र (के पवित्र स्नान) आ जाते हैं। एक परमेश्वर को युग-युगान्तरों में जानना ही (समस्त) पुण्य, दान और पूजा है। हे नानक, माघ में हरी का जप ही महा (अमृत) रस है और यही अड़सठ तीर्थों का स्नान है ॥१५॥

फागुन में, जिन्हें (हरी का) प्रेम अच्छा लग गया, (उनके) मन में प्रसन्नता—उल्लास है। अपनेपन को नष्ट करने से अहर्निश आनन्द प्राप्त हो गया। उस (प्रभु) के अच्छा लगने पर मन के मोह समाप्त हो गए; (हे प्रभु) कृपा कर के (मेरे अन्तःकरण रूपी) घर में आ (बसो) अनेक वेशादिक के बनाने से भी, बिना प्रिय (हरी) के (जाने), (उसके) महल में स्थान नहीं प्राप्त होता। (जब) प्रियतम हरी ने मुझे चाहा, (तो मैं) हार, डोर, पाट, पाटम्बर से सजाई गई। हे नानक, गुरु ने (जीवात्मा रूपी स्त्री को) अपने में मिला लिया, (जिसके फलस्वरूप) स्त्री (जीवात्मा) ने अपने घर (हृदय) में ही वर (परमात्मा) को पा लिया ॥१६॥

(इस प्रकार जब) सच्चा (हरी) सहजभाव से आकर मिल जाता है, तो बारह महीने, (छः) ऋतुएं, (पन्द्रह) तिथियाँ और (सातों) दिन, तथा घड़ी, मुहूर्त्त, पल (सभी कुछ) अच्छे हो जाते हैं, (क्योंकि हरी के मिलने का उल्लास हर क्षण बना रहता है)। प्यारे प्रभु के मिलने पर (सारे) कार्य सिद्ध हो जाते हैं; कर्त्तापुरुष (लोक-परलोक की) समस्त विधियाँ जानता है। जिन (जीवात्मा रूपी स्त्रियों ने शुभ गुणों और सदाचरण से अपना) शृंगार किया है, वे ही (प्रियतम हरी की) प्यारी हैं; (प्रियतम हरी से) मिलन हो जाने से (वे निरन्तर) आनन्द मनाती हैं। जब प्रियतम (हरी) (उन्हें) भोगता है, तो उनके घर और सेज सुहावनी हो जाती हैं। गुरु द्वारा ही मस्तक का भाग्य (जगता) है। हे नानक, प्रियतम हरी (उनके साथ) अहर्निश रमण करता है (और उनका) सौभाग्य—सोहाग स्थिर हो जाता है ॥१७॥१॥

[२]

पहिलै पहरै नैण सलोनड़ीए रैणि अंधिआरी राम।
वखरु राखु मुईऐ आवै वारी राम।
वारी आवै कवणु जगावै सूती जम रसु चूसए।
रैणि अंधेरी किआ पति तेरी चोरु पड़ै घरु मूसए॥
राखणहारा अगम अपारा सुणि बेनंती मेरीआ।
नानक मूरखु कबहि न चेतै किआ सूझै रैणि अंधेरीआ ॥१॥

दूजा पहरु भइआ जागु अचेती राम।
वखरु राखु मुईए खाजै खेती राम॥
राखहु खेती हरि गुर हेती जागत चोरु न लागै।
जम मगि न जावहु ना दुखु पावहु जम का डरु भउ भागै॥
रवि ससि दीपक गुरमति दुआरै मनि साचा मुखि धिआवए।
नानक मूरखु अजहु न चेतै किव दूजै सुखु पावए ॥२॥

तीजा पहरु भइग्रा नीद विग्रापी राम ।
माइग्रा सुत दारा दूखि संतापी राम ।।
माइग्रा सुत दारा जगत पिग्रारा चोग चुगै नित फासै ।
नामु धिग्रावै ता सुखु पावै गुरमति कालु न ग्रासै ।।
जंमणु मरणु कालु नही छोडै विणु नावै संतापी ।
नानक तीजै त्रिबिधि लोका माइग्रा मोहि विग्रापी ।।३।।

चउथा पहरु भइग्रा दउतु बिहागै राम ।
तिन घरु राखिग्रड़ा जुो ग्रनदिनु जागै राम ।।
गुर पूछि जागे नामि लागे तिना रैणि सुहेलीग्रा ।।
गुर सबदु कमावहि जनमि न ग्रावहि तिना हरि प्रभु बेलीग्रा ।।
कर कंपि चरण सरीरु कंपै नैण ग्रंधुले तनु भसम से ।
नानक दुखीग्रा जुग चारे बिनु नाम हरि के मनि वसे ।।४।।

खूली गंठि उठो लिखिग्रा ग्राइग्रा राम ।
रस कस सुख ठाके बंधि चलाइग्रा राम ।।
बंधि चलाइग्रा जो प्रभ भाइग्रा ना दीसै ना सुणीऐ ।
ग्रापण वारी सभसै ग्रावै पकी खेती लुणीऐ ।।
घड़ी चसे का लेखा लीजै बुरा भला सहु जीग्रा ।
नानक सुरि नर सबदि मिलाए तिनि प्रभि कारणु कीग्रा ।।५।।२।।

विशेष : इस पद में रात्रि के चार पहरों की समता मनुष्य की ग्रायु के चार भागों से की गई है । जिस प्रकार निद्रा में सोये हुए व्यक्ति के घर में चोर पैठ कर, उसकी सारी सामग्री चुरा लेते हैं, उसी प्रकार हरि-स्मरण-विहीन प्राणी के हृदय में कामादिक चोर प्रविष्ट होकर, उसके समस्त गुणों को चुरा लेते हैं । अतएव साधक प्राणी को सदैव सचेष्ट रहना चाहिए ।

ग्रर्थ : हे सुन्दर नेत्रोंवाली, (ग्रायु रूपी) रात्रि के पहले पहर में (घनघोर) ग्रन्धकार (ग्रज्ञान) रहता है । हे जिज्ञासु (जीवात्मा), (नाम रूपी) सौदे की (भलीभाँति) रक्षा कर; (तेरे) (जगने की) वारी ग्रायेगी । (यदि) वारी ग्राने पर (ग्रज्ञानता की निद्रा में) सो गई, (तो तुझे) कौन जगायेगा ? (तेरा सभी) ग्रानन्द-रस यमराज चूस लेगा । ग्रँधेरी रात्रि में (तेरी) क्या प्रतिष्ठा होगी ? (कामादिक) चोर प्रविष्ट होकर घर मूस (चुरा) लेंगे । हे ग्रगम, ग्रपार ग्रौर रक्षक (हरी), मेरी प्रार्थना सुन । नानक कहते हैं कि मूर्ख (ग्रज्ञानी) कभी नहीं चेतता; (मोह की) ग्रँधेरी रात्रि में उसे क्या सूझ पड़ेगा ? ।।१।।

रात्रि का दूसरा प्रहर (व्यतीत) हो गया; (हे) मूर्खे, (ग्रब तो जग) हे जिज्ञासु (रूपी स्त्री, नाम रूपी) सौदे की रक्षा कर; (तेरी जीवन रूपी) खेती (काल द्वारा) खाई जा रही है । हरि एवं गुरु के साथ प्रेम करके (ग्रपनी) खेती की रक्षा कर; (यदि तू) जगती रहेगी, (तो कामदिक) चोर नहीं लगेंगे । (ज्ञान में जाग्रत हो जाने पर, तू) यमराज के मार्ग पर नहीं जायगी ग्रौर न दुःख ही पायेगी, यमराज के (समस्त) भय भग जायेंगे । गुरु के उपदेश द्वारा, सूर्य ग्रौर चन्द्रमा के दीपक जल उठते हैं, (तात्पर्य यह कि गुरुपदेश द्वारा ज्ञान

रूपी सूर्य और शीतलता रूपी चंद्रमा उदय हो जाते हैं)। सच्चे मुख से (हरी का नाम ले) और सच्चे मन से (हरी का) ध्यान कर। नानक कहता है कि हे मूर्खे, तू अब भी नहीं सचेत होती; (भला) द्वैतभाव से सुख की प्राप्ति किस प्रकार हो सकती है? ॥२॥

(आयु रूपी रात्रि का) तीसरा प्रहर हो गया; (अज्ञान रूपी) नींद व्याप्त हो गई है। पुत्र और स्त्री की माया में दुःख संतप्त कर रहा है। (मनुष्य) धन, पुत्र और स्त्री तथा जगत् के प्रिय (भोग रूपी) चारे को चुगता है और नित्य उसमें फँसता जाता है। (जब मनुष्य हरी के) नाम का ध्यान करता है, (उसे) तभी सुख प्राप्त होता है; गुरु की बुद्धि द्वारा (साधक को) काल नहीं ग्रसता। (जब तक मनुष्य हरी के नाम का ध्यान नहीं करता), (तब तक उसे) जन्म, मरण एवं काल नहीं छोड़ते हैं; (इस प्रकार) बिना नाम के (मनुष्य) संतप्त होता रहता है। नानक कहता है (कि आयु के) तीसरे (प्रहर में) संसार की त्रिगुणात्मक (माया) एवं मोह व्याप्त हो गए हैं ॥३॥

(आयु रूपी रात्रि का) चौथा प्रहर आ पहुँचा (तात्पर्य यह कि आयु समाप्त होने को आ गई) दिन का प्रकाश (आ गया)। जो सदैव (ज्ञान में) जगता है, (वह) अपने (वास्तविक आत्मस्वरूपी) घर की रक्षा कर लेता है। (जो साधक) गुरु से (ज्ञान) पूछ कर (उसमें) जगता है और नाम में लग जाता है, उसकी (जीवन रूपी) रात्रि सुखदायिनी (हो जाती है)। ऐसे लोग गुरु के शब्द की कमाई करते हैं। (वे) जन्म धारण कर, (फिर इस संसार में) नहीं आते। उनका साथी प्रभु हरि (स्वयं) हो जाता है। (आयु के अंतिम प्रहर में) हाथ-पैर तथा (समस्त) शरीर कंपने लगता है, नेत्र अंधे हो जाते हैं और शरीर भस्म (के समान कान्तिहीन) हो जाता है। हे नानक, बिना हरि के मन में बसे, (संसार के प्राणी) चारों युगों में दुःखी रहते हैं ॥४॥

(पाप-पुण्य के) लेखे की गाँठ खुल गई (और परमात्मा का) हुक्म आ पहुँचा कि चलो। कसैले (आदि छः प्रकार के) रस (तथा जीवन के अन्य) सुख समाप्त हो गए, (संसार के मोहग्रस्त प्राणी यमदूतों द्वारा) बाँध कर चलाये जाते हैं। प्रभु के आदेशानुसार (ऐसे प्राणी) बाँध कर चलाये जाते हैं। (ऐसी दशा में जीव) न तो देखता है और न सुनता है। सभी की (इस संसार से चलने की) बारी आती है; पकी खेती काट ही ली जाती है। (हरी) घड़ी-मुहूर्त्त का लेखा लेगा; जीव को भले-बुरे को सहन करना होगा। हे नानक, (हरी ने) सुर-नरों (भाव महात्माओं) को शब्द द्वारा अपने से मिला लिया है; (उस प्रभु ने) ऐसा कारण रचा है ॥५॥२॥

[३]

तारा चड़िआ लंमा किउ नदरि निहालिआ राम।
सेवक पूर करंमा सतिगुरि सबदि दिखालिआ राम॥
गुर सबदि दिखालिआ सचु समालिआ अहिनिसि देखि बीचारिआ।
धावत पंच रहे घरु जाणिआ कामु क्रोधु बिखु मारिआ॥
अंतरि जोति भई गुर साखी चीने राम करंमा।
नानक हउमै मारि पतीणे तारा चड़िआ लंमा ॥१॥

गुरमुखि जागि रहे चूकी अभिमानी राम ।
अनदितु भोरु भइआ साचि समानी राम ॥
साचि समानी गुरमुखि मनि भानी गुरमुखि साबतु जागे ।
साचु नामु अंमृतु गुरि दीआ हरि चरनी लिव लागे ॥
प्रगटी जोति जोति महि जाता मनमुखि भरमि भुलाणी ।
नानक भोरु भइआ मनु मानिआ जागत रैणि विहाणी ॥२॥

अउगुण वीसरिआ गुणी घरु कीआ राम ।
एको रवि रहिआ अवरु न बीआ राम ॥
रवि रहिआ सोई अवरु न कोई मनही ते मनु मानिआ ।
जिनि जल थल त्रिभवण घटु घटु थापिआ सो प्रभु गुरमुखि जानिआ ॥
करण कारण समरथ अपारा त्रिविधि मेटि समाई ।
नानक अवगण गुणह समाणे ऐसी गुरमति पाई ॥३॥

आवण जाण रहे चूका भोला राम ।
हउमै मारि मिले साचा चोला राम ।
हउमै गुरि खोई परगटु होई चूके सोग संतापै ।
जोती अंदरि जोति समाणी आपु पछाता आपै ॥
पेईअड़ै घरि सबदि पतीणी साहुरड़ै पिर भाणी ।
नानक सतिगुरि मेलि मिलाई चूकी काणि लोकाणी ॥४॥३॥

व्यापक स्वरूप हरी सब को प्रकाशित कर रहा है, वह किस प्रकार देखा जाय ? [लंबा तारा=बड़ा तारा, जो प्रत्यक्ष दिखाई पड़ता है] । जब सेवक पूरे कर्मोंवाला (भाग्य वाला) हो, तो सद्गुरु उसको शब्द द्वारा वह तारा (आत्मप्रकाश) दिखा देता है । गुरु द्वारा शब्द दिखाने पर (साक्षात्कार कराने पर), सत्य संभाल लिया जाता है और अहर्निश देख कर विचार किया जाता है । पंच ज्ञानेन्द्रियाँ दौड़ने से समाप्त हो जाती हैं और (अपना वास्तविक) घर जान लिया जाता है तथा काम-क्रोध के विष मर जाते हैं । गुरु की शिक्षा द्वारा आन्तरिक ज्योति प्रकट हो जाती है और राम के (न्यारे) कर्म जान लिये जाते हैं । हे नानक, अहंकार को मार कर (साधक) तृप्त हो जाता है; व्यापकस्वरूप हरी सब को प्रकाशित कर रहा है ॥१॥

[उपर्युक्त पद में 'दिखालिआ', 'बीचारिआ', 'मारिआ' आदि क्रियाएं भूतकाल की हैं, किन्तु अर्थ की स्वभाविकता के लिए इनका अर्थ वर्तमान काल में लिखा गया है ।]

गुरु के अनुयायी (ज्ञान में) जगते हैं, (उनकी) अभिमानावस्था समाप्त हो जाती है । (उनके लिए) सदैव (ज्ञान का) सवेरा हो जाता है और वे सत्यस्वरूप (हरी) में समा जाते हैं; उन्हें गुरु की शिक्षा अच्छी लगती है और वे सत्य में समा जाते हैं; गुरु की शिक्षा द्वारा वे पूर्ण रूप से जग जाते हैं । गुरु सच्चे नाम रूपी अमृत को दे देता है, जिससे (उनका) एक-निष्ठ ध्यान हरि के चरणों में लग जाता है । (उन्हें) (ज्ञान की अखण्ड) ज्योति प्रकट हो जाती है और (उसी) ज्योति में उन्हें ज्ञान हो जाता है । मनमुख तो भ्रम में भटकते रहते हैं । हे नानक (ज्ञान का) सवेरा हो जाने पर मन मान जाता है (और प्रकाश रूपी ज्ञान में जगने से) (अज्ञान रूपी रात्रि) स्वतः समाप्त हो जाती है ॥२॥

[उपर्युक्त पद में भी भूतकाल की क्रियाओं का प्रयोग वर्तमान काल ही के लिए किया गया है ।]

(सच्चे साधक का मन) अवगुणों को भुलाकर गुणों में (अपना) घर बना लेता है । एक (प्रभु ही सर्वत्र) रम रहा है, और कोई दूसरा नहीं है । (एक हरी ही सर्वत्र) रम रहा है, और कोई नहीं है; मन से ही मन मान जाता है (शान्त हो जाता है) । जिसने जल, स्थल, त्रिभुवन तथा घट-घट (प्राणी-प्राणी) का निर्माण किया है, वह प्रभु गुरु द्वारा जाना जाता है । (हरी ही) करण और कारण है, (वह) अपार तथा सामर्थ्यवान् है, त्रिगुणात्मक माया को मिटाकर समाप्त कर देता है । हे नानक, गुरु के द्वारा ऐसी बुद्धि प्राप्त हो जाती है कि अवगुण गुण में से समा जाते हैं ॥ ३ ॥

(हरी की कृपादृष्टि से जीव के) आवागमन समाप्त हो जाते हैं और (माया का) भुलावा भी समाप्त हो जाता है । अहंकार के मारने से (शरीर रूपी) चोला सच्चा हो जाता है, (अर्थात् सफल हो जाता है) । (जब) गुरु अहंकार को नष्ट कर देता है, (तो हरी अपने आप) प्रकट हो जाता है और शोक तथा संताप नष्ट हो जाते हैं । (जीवात्मा की) ज्योति (परमात्मा की अखण्ड और शाश्वत) ज्योति में लीन हो जाती है, (और जीवात्मा) अपने आप को पहचान लेती है । (जीवात्मा रूपी स्त्री) नेहर (इस लोक) में शब्द—नाम से (अपने) घर में निश्चिन्त हो जाती है और ससुराल (परलोक) में प्रियतम (हरी) को अच्छी लगती है ॥ हे नानक, (जब) सद्गुरु मिल कर (अपने में) मिला लेता है, तो लोगों की मुहताजी समाप्त हो जाती है ॥ ४ ॥ ३ ॥

[४]

भोलावड़ै भुली भुलि भुलि पछोताणी ।
पिरि छोडिअड़ी सुती पिर की सार न जाणी ।
पिरि छोडी सुती अवगणि मुती तिसु धन विधण राते ।
कामि क्रोधि अहंकारि विगुती हउमै लगी ताते ॥
उडरि हंसु चलिआ फुरमाइआ भसमै भसम समाणी ।
नानक सचे नाम विहूणी भुलि भुलि पछोताणी ॥१॥

सुणि नाह पिआरे इक बेनंती मेरी ।
तू निजघरि वसिअड़ा हउ रुलि भसमै ढेरी ॥
बिनु अपने नाहै कोइ न चाहै किआ कहीऐ किआ कीजै ॥
अंमृत नामु रसन रसु रसना गुरसबदी रसु पीजै ।
विणु नावै को संगि न साथी आवै जाइ घनेरी ।
नानक लाहा लै घरि जाईऐ साची सचु मति तेरी ॥२॥

साजन देसि विदेसीअड़े सानेहड़े देदी ।
सारि समाले तिन सजणा मुंध नैण भरेदी ॥

मुंध नैण भरेदी गुण सारेदी किउ प्रभ मिला पिग्रारे ।
मारगु पंथु न जाणउ विखड़ा किउ पाईऐ पिरु पारे ॥
सतिगुर सबदी मिलै विछुंनी तनु मनु ग्रागै राखै ।
नानक ग्रंमृत बिरखु महा रस फलिग्रा मिलि प्रीतम रसु चाखै ॥३॥

महलि बुलाइड़ीऐ बिलमु न कीजै ।
ग्रनदिनु रतड़ीऐ सहजि मिलीजै ॥
सुखि सहजि मिलीजै रोसु न कीजै गरबु निवारि समाणी ।
साचै राती मिलै मिलाई मनमुखि ग्रावण जाणी ॥
जब नाची तब घूघटु कैसा मटुकी फोड़ि निरारी ।
नानक ग्रापै ग्रापु पछाणै गुरमुखि ततु बीचारी ॥४॥४॥

भुलावे में भूलकर (जीवात्मा रूपी स्त्री बार-बार) भटक कर पछताती है। (वह स्त्री) प्रियतम द्वारा छोड़ी गई (सांसारिक प्रपंचों में) सो रही है, (वह) प्रियतम का पता नहीं जानती। (वह) प्रियतम से छोड़ी जाकर सोती है, ग्रवगुणों (के कारण वह) छोड़ी गयी है; ऐसी स्त्री की रात्रि बिना प्रियतम के है, (ग्रर्थात् वह रँड़ापे की रात्रि बिताती है)। वह काम, क्रोध ग्रौर ग्रहंकार द्वारा नष्ट की गई है, इसी से ग्रहंकार में ग्रनुरक्त है। (जब जीव रूपी) हंस (हरी की) ग्राज्ञा से (शरीर से) उड़ कर चला जाता है, तो भस्म (नश्वर देह) भस्म में समाहित हो जाती है। हे नानक, सच्चे नाम के बिना (जीवात्मा रूपी स्त्री) भटक-भटक कर पछताती है ॥ ४ ॥

(हे मेरे) प्रिय नाथ (स्वामी), मेरी एक विनती सुन। तू तो मेरे ही घर में बसता है, (किन्तु इस तथ्य को अनुभव न करने के कारण) मैं भस्म की ढेरी होकर नष्ट हो रहा हूँ। बिना अपने नाथ (पति) के कोई भी नहीं चाहता; (उस सम्बन्ध में) क्या कहा जाय ग्रौर क्या किया जाय ? (हरी का) ग्रमृत नाम, जो रसों का रस है, (उसे) गुरु के शब्द द्वारा रसना से पी। बिना नाम के (प्राणी का) कोई भी संगी-साथी नहीं होता; (जीव का) ग्राना-जाना ग्रधिकता से बना रहता है। हे नानक, (परमात्मा की भक्ति का) लाभ लेकर घर जा, (तभी तेरी) सच्ची मति (सिद्ध होगी) ॥ २ ॥

(जीवात्मा रूपी स्त्री का) पति विदेश चला गया है; (वह स्त्री ग्रपने प्रियतम को) संदेशा भेजती है। वह स्त्री उन सज्जनों को याद करती है ग्रौर नेत्रों में (ग्राँसू) भरती है। स्त्री नेत्रों में (ग्राँसू) भरती है ग्रौर गुणों को याद करती है; (वह सोचती है) कि प्रियतम प्रभु किस प्रकार मिले ? (मैं तो) (प्रियतम के) कठिन मार्ग को नहीं जानती। (जो) प्रियतम (बिल्कुल) पास है, (भला, उसे) कैसे प्राप्त किया जाय ? (यदि जीवात्मा रूपी स्त्री ग्रपना) तन मन गुरु के ग्रागे रख दे; (पूर्ण भाव से ग्रात्म समर्पण कर दे), (तो वह) बिछुड़ी हुई स्त्री सद्गुरु के शब्द द्वारा (परमात्मा से) मिल सकती है। हे नानक, (नाम रूपी) ग्रमृत के वृक्ष में (भक्ति रूपी महान् (फल) फला है, (जिसमें ग्रमृतवत) रस है। प्रियतम (हरी) से मिलकर इस रस का ग्रास्वादन कर ॥ ३ ॥

(हे, हरी के) महल में बुलाई गई (स्त्री), (वहाँ जाने में) देर मत कर; हे प्रतिदिन प्रेम-रस में रत रहनेवाली स्त्री, सहज भाव से (प्रियतम हरी से) मिल।

(हे जीवात्मा रूपी स्त्री) सहजावस्था के सुख में मिल, (किसी प्रकार की) क्रोध न कर; अहंकार को दूर करके (परमात्मा में) समाहित हो जा। सच्चे (हरी) में अनुरक्त (जीवात्मा रूपी स्त्री गुरु द्वारा मिलाए जाने से हरी में) मिल जाती है; किन्तु मनमुख (स्त्री संसार-चक्र में) आती-जाती रहती है। जब नाचना ही है, तो घूँघट कैसा ? (लोक लज्जा की) मटकी तोड़कर पृथक् होना पड़ता है। [भावार्थ यह कि परमात्मा की भक्ति में लोकलज्जा का त्याग करना ही पड़ता है]। हे नानक, (सच्चा साधक) गुरु के द्वारा तत्त्व का विचार करके अपने आप को पहचान लेता है ॥ ४ ॥ ४ ॥

[५]

मेरे लाल रंगीले हम लालन के लाले ।
गुर अलखु लखाइआ अवरु न दूंजा भाले ॥
गुरि अलखु लखाइआ जा तिसु भाइआ जा प्रभि किरपा धारी ।
जगजीवनु दाता पुरखु बिधाता सहजि मिले बनवारी ॥
नदरि करहि तू तारहि तरीऐ सचु देवहु दीनदइआला ।
प्रणवति नानक दासनि दासा तू सरब जीआ प्रतिपाला ॥१॥

भरि पुरि धारि रहे अति पिआरे ।
सबदे रवि रहिआ गुर रूपि मुरारे ॥
गुर रूप मुरारे त्रिभवण धारे ता का अंतु न पाइआ ।
रंगी जिनसी जंत उपाए नित देवै चड़ै सवाइआ ॥
अपरंपरु आपे थापि उथापे तिसु भावै सो होवै ।
नानक हीरा हीरै बेधिआ गुण कै हारि परोवै ॥२॥

गुण गुणहि समाणे मसतकि नाम नीसाणो ।
सचु साचि समाइआ चूका आवण जाणो ॥
सचु साचि पछाता साचै राता साचु मिलै मनि भावै ।
साचे ऊपरि अवरु न दीसै साचे साचि समावै ॥
मोहनि मोहि लीआ मनु मेरो बंधन खोलि निरारे ।
नानक जोती जोति समाणी जा मिलिआ अति पिआरे ॥३॥

सच घरु खोजि लहे साचा गुर थानो ।
मनमुखि नह पाईऐ गुरमुखि गिआनो ॥
देवै सचु दानो सो परवानो सद दाता वड दाणा ।
अमरु अजोनी असथिरु जापै साचा महलु चिराणा ॥
दोति उचापति लेखु न लिखीऐ प्रगटी जोति मुरारी ।
नानक साचा साचै राचा गुरमुखि तरीऐ तारी ॥४॥५॥

हे मेरे आनन्दी प्रियतम (लाल रंगीले), हे मेरे प्यारे (लालन), हम तेरे गुलाम हैं। [फारसी, लाला=गुलाम]। (जब) गुरु अलक्ष्य (हरी) को दिखा देता है, (तो) औरों के खोजने की (आवश्यकता) नहीं रहती। (जब प्रियतम हरी को) अच्छा लगता है, (और वह) कृपा करता है, (तभी) गुरु अलक्ष्य (हरी) का साक्षात्कार कराता है। बनवारी (हरी, परमात्मा) जगत् का जीवन और दाता है, (वही पूर्ण) पुरुष और रचयिता है और सहज भाव से प्राप्त होता है। हे दीनदयालु (गुरु), तू (स्वयं) (संसार-सागर से) तरता है (और जो तेरे सम्पर्क में) आते हैं, उन्हें भी तारता है। (तू) कृपा करके (मुझे) सत्य (हरी) को प्रदान कर। (तेरे) दासों का दास नानक विनती करता है, कि तू सभी जीवों का प्रतिपालक है ॥ १ ॥

विशेष : उपर्युक्त पद में 'लखाइआ', 'भाइआ' आदि शब्द भूतकाल के हैं, किन्तु उनका प्रयोग वर्तमान काल में ही अधिक उपयुक्त प्रतीत होता है।

परिपूर्ण (परमात्मा) में अत्यंत प्यारा (गुरु) धारण किया गया है, (अर्थात् सद्गुरु पूर्ण ब्रह्म में भलीभाँति स्थित है)। मुरारी (हरी) का स्वरूप गुरु शब्द में रमा हुआ है। गुरु स्वरूप मुरारी (हरी) ने त्रिभुवन धारण कर रक्खा है; उसका अन्त नहीं पाया जा सकता। (हरी ने ही) विभिन्न भाँति के जीवों की सृष्टि की है। (वह उन्हें) प्रतिदिन (दान) देता रहता है; (उन दोनों की संख्या उत्तरोत्तर) सवाई बढ़ती जाती है, (अर्थात् हरी के दानों की संख्या निरन्तर बढ़ती जाती है)। अपरंपार (हरी) स्वयं ही निर्माण करता है, (और स्वयं ही) नष्ट करता है। (जो कुछ) उसे अच्छा लगता है, वही होता है। हे नानक, (सद्गुरु गुणों के) हार में अपने को पिरोता है और हीरों में हीरा होकर बेधा जाता है ॥ २ ॥

(इस प्रकार) गुण, गुण में समा जाते हैं और मस्तक में नाम का निशान पड़ता है, अर्थात् भाग्य में नाम जपना लिखा जाता है। (अतएव,) सच्चा (साधक) सच्चे (हरी) में समा जाता है, (और संसार-चक्र में) आना-जाना समाप्त हो जाता है। सच्चा (साधक) सत्य (हरी) को पहचान कर, सत्य में ही अनुरक्त हो जाता है, (जिसके फलस्वरूप) उसे सत्य प्राप्त होता है, (जो) मन को बहुत ही अच्छा लगता है। (वह) सच्चा (साधक) सच्चे (हरी) में समाहित हो जाता है, (और उस) सत्य (हरी) के ऊपर और (कोई वस्तु) नहीं दिखाई पड़ती, (क्योंकि उसी में सभी कुछ प्रतिष्ठित है)। मोहन (हरी) ने मेरे मन को मोहित कर लिया है, (वही सांसारिक) पाशों को खोलकर मुक्त करता है। हे नानक, जब (साधक) अत्यन्त प्रिय (हरी) से मिलता है, (तो वह उसी भाँति एक हो जाता है), (जिस भाँति) ज्योति से ज्योति मिलकर एक हो जाती है। [अथवा जब साधक परमात्मा से मिलता है, तो वह एक हो जाता है, और उसकी परिच्छिन्न ज्योति परमात्मा की अखण्ड और शाश्वत ज्योति से मिलकर एक हो जाती है]॥ ३ ॥

सच्चे गुरु के स्थान खोजने से, सच्चे घर (हरी के घर) की प्राप्ति होती है। मनमुख होने से (ज्ञान) नहीं प्राप्त होता; गुरु के अनुयायी होने से ही ज्ञान प्राप्त होता है। (जो) सच्चे (हरी) का दान देता है, वही प्रामाणिक है, वही सदैव दाता है, और वही बुद्धिमान् है। (सद्गुरु के उपदेश से) अमर, अयोनि और स्थिर (परमात्मा) (तथा उसका) सच्चा और अटल, शाश्वत महल प्रतीत होने लगता है। (ऐसी अवस्था में साधक के) नित्य के

कर्मों के कर्ज का हिसाब नहीं लिखा जाता। मुरारी (हरी) की (अखण्ड और शाश्वत) ज्योति प्रकट हो जाती है। हे नानक, सच्चा (हरी) सच्चे (व्यक्ति) पर ही रीझता है; गुरु के उपदेश द्वारा (संसार-सागर की) तैराकी तैर, (और उसे तैर कर पार हो जा) ॥४॥५॥

[६]

ए मन मेरिआ तू समझु अचेत इआणिआ राम ।
ए मन मेरिआ छडि अवगण गुणी समाणिआ राम ॥
बहु साद लुभाणे किरत कमाणे विछुडिआ नही मेला ।
किउ दुतरु तरीऐ जम डरि मरीऐ जम का पंथु दुहेला ॥
मनि रामु नही जाता साझ प्रभाता अवघटि रुधा किआ करे ।
बंधनि बाधिआ इन बिधि छूटै गुरमुखि सेवै नरहरे ॥१॥
ए मन मेरिआ तू छोडि आल जंजाला राम ।
ए मन मेरिआ हरि सेवहु पुरखु निराला राम ।
हरि सिमरि एकंकारु साचा सभु जगतु जिनि उपाइआ ।
पउणु पाणी अगनि बाधे गुरि खेलु जगति दिखाइआ ॥
आचारि तू वीचारि आपे हरिनामु संजम जप तपो ।
सखा सैनु पिआरु प्रीतमु नामु हरि का जपु जपो ॥२॥
ए मन मेरिआ तू थिरु रहु चोट न खावही राम ।
ए मन मेरिआ गुण गावहि सहजि समावही राम ॥
गुण गाइ राम रसाइ रसीअहि गुर गिआन अंजनु सारहे ।
त्रैलोक दीपकु सबदि चानणु पंच दूत संघारहे ॥
भै काटि निरभउ तरहि दुतरु गुरि मिलिऐ कारज सारए ।
रूपु रंगु पिआरु हरि सिउ हरि आपि किरपा धारए ॥३॥
ए मन मेरिआ तू किआ लै आइआ किआ लै जाइसी राम ।
ए मन मेरिआ ता छुटसी जा भरमु चुकाइसी राम ।
धनु संचि हरि हरि नाम वखरु गुर सबदि भाउ पछाणहे ।
मैलु परहरि सबदि निरमलु महलु घरु सचु जाणहे ॥
पति नामु पावहि घरि सिधावहि झोलि अंम्रित पी रसो ।
हरिनामु धिआईऐ सबदि रसु पाईऐ वडभागि जपीऐ हरि जसो ॥४॥
ए मन मेरिआ बिनु पउड़ीआ मंदरि किउ चड़ै राम ।
ए मन मेरिआ बिनु बेड़ी पारि न अंबड़ै राम ॥
पारि साजनु अपारु प्रीतमु गुर सबद सुरति लंघावए ।
मिलि साध संगति करहि रलीआ फिरि न पछोतावए ॥
करि दइआ दानु दइआल साचा हरिनाम संगति पावओ ।
नानकु पइअंपै सुणहु प्रीतम गुर सबदि मनु समझावओ ॥५॥६॥

विशेष : इस पद की पंक्तियों में 'राम' शब्द का प्रयोग तुक की पूर्ति के लिए किया गया है। गुरु नानक के कुछ पदों में इस प्रकार के 'शब्द' तुकों की पूर्ति के लिए मिलते हैं—यथा, 'राम', 'जी', 'बलिराम जीउ' आदि।

हे मेरे मूर्ख और अज्ञानी मन, तू समझ। हे मेरे मन, तू अवगुणों को त्याग कर गुणी (हरी) में समा जा। किरत कर्मों (किए हुए कर्मों) के स्वभावानुसार तू (शब्द, स्पर्श, रूप, रस, गंध) के अनेक स्वादों में लुब्ध है; (इस भाँति, हरी से) बिछुड़ गया है और मिलाप नहीं हो रहा है। दुस्तर (संसार-सागर) को किस भाँति तरा जाय ? (संसार-सागर के पार हुए बिना) यमराज के भय से (नित्य) मरना होता है; (वास्तव में) यमराज का मार्ग (अत्यन्त) दुःखदायी है। हे मन, (तू ने) राम को नहीं जाना; संध्या और प्रभात समय (तात्पर्य यह कि प्रत्येक क्षण) अवघट (दुर्गम मार्ग) में अवरुद्ध है। (भला ऐसी परिस्थिति में, तू) क्या कर सकता है ? (तू सांसारिक) पाशों में बँधा हुआ इस भाँति मुक्त हो सकता है—गुरु के उपदेश द्वारा नरहरी (परमात्मा) की आराधना करने से ॥ १ ॥

हे मेरे मन, तू घर के (समस्त) प्रपंचों को त्याग दे। हे मेरे मन, (तू) निराले (निर्लिप्त) पुरुष हरी की आराधना कर। (तू, उस) एकंकार और सच्चे हरी की आराधना कर, जिसने समस्त जगत् की रचना की है। गुरु (हरी) ने वायु और जल (आदि पंच तत्वों) को बाँधकर रखा है, (और उन्हीं से) जगत् के खेल को दिखाया है, (अर्थात् पंचभूतों से सारे जगत का निर्माण हरी ने ही किया है)। हे आचारवान् (कर्मकाण्डी) तू स्वयं ही विचार करके देख ले कि हरिनाम ही संयम और जप-तप है। हरिनाम ही सखा, स्वजन [सैनु= स्वजन] और प्यारा प्रियतम है; (अतएव, उसी के नाम का निरन्तर) जप कर ॥ २ ॥

हे मेरे मन, तू (हरी के नाम में) स्थिर रह, (जिससे फिर सांसारिक) चोटें नहीं खायेगा। हे मेरे मन, तू (हरी के नाम का) गुणगान कर, (इससे तू) सहजावस्था में समाहित हो जायगा। राम के गुण गाकर (तू) प्रेम से रसवाला हो जा (और) गुरु (द्वारा प्रदत्त) ज्ञान के अंजन को (अपने नेत्रों में) लगा, जिसके द्वारा तीनों लोकों के दीपक (हरी) का प्रकाश शब्द द्वारा प्राप्त हो जायगा; (उसी हरी के प्रकाश से) (कामादिक) पंचदूतों को मार डालेगा। निर्भय (हरी) (केवल से अपने) भय को काट, (इस प्रकार) दुस्तर (संसार) सागर) को (तू) तर जायगा; (किन्तु इसके लिए) गुरु से मिल, (तभी) कार्य सिद्ध होगा। (जब) हरी आप ही कृपा करता है, (तभी) हरी के रूप रंग से प्रेम होता है। [वास्तव में नानक जी के अनुसार हरी तो अरूप और अवर्ण है, किन्तु यहाँ रूप-रंग से अभिप्राय उसके गुणों से है। हरी के सगुण रूप में गुण संभव हैं। गुरु नानक ने निर्गुण , सगुण और निर्गुण-सगुण तीनों स्वरूप माने हैं। हाँ, वे अवतारवाद को अवश्य नहीं मानते] ॥ ३ ॥

हे मेरे मन, तू क्या लेकर आया है और क्या लेकर (यहाँ से) जायगा ? हे मेरे मन, तू (सांसारिक बंधनों से) तभी छूटेगा, जब (अपने समस्त) भ्रमों को दूर कर देगा। (तू) हरी रूपी धन का संग्रह कर; गुरु के उपदेश द्वारा हरिनाम रूपी सौदे का भाव पहचानो। (गुरु के) शब्द द्वारा (कामादिक) मैल दूर करके निर्मल हो जा और अपने सच्चे घर तथा महल में ठिकाना प्राप्त कर ले। (जब) तू अपने वास्तविक घर (आत्मस्वरूपी घर) को जायगा, तो

प्रतिष्ठा और नाम (यश) पायेगा और नाम के अमृत-रस को झकझोर कर पियेगा। (गुरु के) शब्द द्वारा हरिनाम का ध्यान कर (और आनन्द की) रसानुभूति प्राप्त कर; हरि के यश का स्मरण बड़े भाग्य से होता है ॥ ४ ॥

हे मेरे मन, बिना (साधन की) सीढ़ी के (हरी के) महल तक कैसे चढ़ा जाय ? हे मेरे मन, बिना (गुरु रूपी) नाव के (तू) (संसार सागर के) पार नहीं पहुँचेगा। अपार (परमात्मा), साजन और प्रियतम उस पार है; गुरु के शब्द की सुरति ही (संसार-सागर के पार) लँघा सकती है। (हे मन, तू) साधु-संगति में मिलकर आनन्द मना, (ताकि तुझे) फिर न पछताना पड़े। हे दयालु (स्वामी), दया का सच्चा दान कर, (जिससे साधुओं की) संगति में हरिनाम की प्राप्ति हो। नानक कहता है कि हे प्रियतम गुरु सुन, (अपने) शब्द द्वारा (मेरे) मन को समझा दे ॥ ५ ॥ ६ ॥

१ओं सतिनामु करता पुरखु निरभउ निरवैरु
अकाल मूरति अजूनी सैभं गुर प्रसादि ॥

भैरउ, रागु महला १, घरु १, चउपदे

सबद

[१]

तुझ ते बाहरि कछू न होइ । तू करि करि देखहि जाणहि सोइ ॥१॥
किआ कहीऐ किछु कही न जाइ । जो किछु अहै सभ तेरी रजाइ ॥१॥ रहाउ ।
जो किछु करणा सु तेरै पासि । किसु आगै कीचै अरदासि ॥२॥
आखणु सुनणा तेरी बाणी । तू आपे जाणहि सरब विडाणी ॥३॥
करे कराए जाणै आपि । नानक देखै थापि उथापि ॥४॥१॥

(हे प्रभु), तुझसे बाहर कुछ भी नहीं है । तू ही (सृष्टि) रच रचकर, (उसकी) जानकारी रखता है, (अर्थात्, उसकी देखभाल करता है) ॥१॥

(हे हरी), (तेरे सम्बन्ध में) क्या कहा जाय ? कुछ भी नहीं कहते बनता (इस सृष्टि में) जो कुछ भी हो रहा है, सब तेरी ही मर्जी के अनुसार हो रहा है ॥१॥ रहाउ ॥

(मुझे) जो कुछ भी (प्रार्थना) करनी है, वह तेरे ही पास करनी है । और किसके आगे अरदास (प्रार्थना) की जाय ? ॥२॥

जो कुछ बोलना या सुनना है तेरी वाणी ही है । हे सब प्रकार के कौतुकों को करने वाले, तू (स्वयं ही) अपने आप को जानता है ॥३॥

(हे स्वामिन्, तू जो कुछ भी) करता या कराता है, (उसे) आप ही जानता है । (हे प्रभु, तू) थाप-उथाप (बना-बिगाड़) कर आप ही देखता है ॥४॥१॥

१ओं सतिगुर प्रसादि ॥ घरु २

[२]

गुर कै सबदि तरे मुनि केते इंद्रादिक ब्रहमादि तरे ।
सनक सनंदन तपसी जन केते गुरपरसादी पारि परे ॥१॥

भवजलु बिनु सबदै किउ तरीऐ ।
नाम बिना जगु रोगि बिआपिआ दुबिधा डुबि डुबि मरीऐ ॥१॥ रहाउ ॥

गुरु देवा गुर अलख अभेवा त्रिभवण सोझी गुर की सेवा ।
आपे दाति करी गुरि दातै पाइआ अलख अभेवा ॥२॥

मनु राजा मनु मन ते मानिआ मनसा मनहि समाई ।
मनु जोगी मनु बिनसि बिओगी मनु समझै गुण गाई ॥३॥

गुर ते मनु मारिआ सबदु बीचारिआ ते विरले संसारा ।
नानक साहिबु भरिपुरि लीणा साच सबदि निसतारा ॥४॥१॥२॥

गुरु के उपदेश से कितने ही मुनि तथा इन्द्र और ब्रह्मादिक तर गए । सनक, सनन्दन (सनातन तथा सनतकुमार, ब्रह्मा के पुत्र) तथा कितने ही तपस्वी गुरु की कृपा से ही (संसार-सागर से) पार हो गए ॥१॥

संसार-सागर (भला), बिना (गुरु के) शब्द के कैसे तरा जा सकता है ? (हरी के) नाम के बिना (समस्त) जगत् (दैहिक, दैविक तथा भौतिक) रोगों से ग्रसित है और द्वैतभाव में ही डूब-डूब कर मर रहा है ॥१॥ रहाउ ॥

गुरु ही देव है, गुरु ही अलक्ष्य और अभेद है; गुरु की सेवा से ही त्रिभुवन की जानकारी (प्राप्त होती है ।)। दाता गुरु (जब) आप ही दान करता है, (तभी) अलख और अभेद (परमात्मा) प्राप्त होता है ॥२॥

[निम्नलिखित पंक्तियों में मन की पृथक्-पृथक् दशाओं का वर्णन किया गया है, क्योंकि सब कुछ मन का ही खेल है । सब से पहले मन को राजा कहा गया है । राजा रजोगुणी वृत्तियों का सूचक है । गुरु के उपदेश से मन की रजोगुणी वृत्तियाँ शान्त हो जाती हैं, जिससे वह स्थिर एवं संतुष्ट हो जाता है ।]

मन राजा है; (ज्योतिर्मय) मन से (अहंकारी अथवा रजोगुणी) मन मानता है (और जितनी भी उसकी) इच्छाएँ हैं, वे मन में ही विलीन हो जाती हैं । मन ही योगी है, (किन्तु यह) मन (हरी से) वियोगी होकर नष्ट हो जाता है; मन (परमात्मा का) गुणगान करके समझ जाता है—शान्त हो जाता है ॥३॥

(जिन्होंने) गुरु के द्वारा (उसके) शब्द पर विचार करके (अहंकारी) मन को मार दिया है, वे संसार में विरले ही हैं । हे नानक, (वे लोग) साहब (प्रभु हरी) में पूर्ण रूप से लीन हो गए हैं । सच्चे शब्द के द्वारा उनका विस्तार हो जाता है ॥४॥१॥२॥

[३]

नैनी द्रसटि नही तनु हीना जरि जीतिआ सिरि कालो ।
रूपु रंगु रहसु नही साचा किउ छोडै जम जालो ॥१॥
प्राणी हरि जपि जनमु गइओ ।
साच सबद बिनु कबहु न छूटसि बिरथा जनमु भइओ ॥१॥ रहाउ ॥

तन महि कामु क्रोधु हउ ममता कठिन पीर अति भारी ।
गुरमुखि रामु जपहु रस रसना इन बिधि तरु तू तारी ॥२॥

बहरे करन अकलि भई होछी सबद सहजु नही बूझिआ ।
जनमु पदारथु मनमुखि हारिआ बिनु गुर अंधु न सूझिआ ॥३॥

रहै उदास आस निरासा सहज धिआनि बैरागी ।
प्रणवति नानक गुरमुखि छूटसि राम नामि लिव लागी ॥४॥२॥३॥

विशेष : सामान्य व्यक्ति तो रूप, रस, गन्धादिक के तुच्छ विषयों में ही अमूल्य मानव-जीवन नष्ट कर देते हैं। गुरु द्वारा प्रदर्शित नाम द्वारा ही जीवन सफल होता है।

अर्थ : नेत्रों से दिखाई नहीं पड़ता; वृद्धावस्था का जीता हुआ शरीर हीन हो गया है और सिर के ऊपर काल (मँडरा रहा है)। रूप, रंग के स्वाद सच्चे नहीं हैं, (तात्पर्य यह कि झूठे नाशवान रूप-रस के बीच प्राणी लगा हुआ है), (इसलिये भला) यमराज का जाल उसे किस प्रकार छोड़ सकता है ? ॥१॥

हे प्राणी, हरि को जप; (तेरा) जन्म (योंही) नष्ट होता जा रहा है। (तू) सच्चे शब्द के बिना कभी नहीं छूट सकता; (और बिना मुक्त हुए) तेरा जन्म-धारण करना व्यर्थ ही हुआ ॥१॥ रहाउ ॥

(हे प्राणी, तेरे) शरीर में काम, क्रोध, अहंता और ममता की महान् और कठिन पीड़ा हो रही है। गुरु द्वारा जीभ से प्रेम से रामनाम जप; इस प्रकार (संसार की) तैराकी तैर (और संसार-सागर को पार हो जा) ॥२॥

(हे प्राणी), तेरे कान बहरे हो गए हैं और अकल ओछी हो गई है, (जिससे) सहज भाव से शब्द को नहीं समझ रहा है। मनमुख व्यक्ति जन्म रूपी (अमूल्य) पदार्थ को (विषय भोगों में ही) हार जाता है; बिना गुरु के उस अंधे को (कुछ भी) सुझाई नहीं पड़ता ॥३॥

नानक विनती करके कहता है कि जो विरक्त आशा और निराशा के प्रति उदासीन रहता है और सहज ध्यान में (लिव) लगाए रहता है, (वही) गुरु की शिक्षा द्वारा (संसार से) मुक्त होता है और उसकी लिव (एकनिष्ठ धारणा) राम नाम में लगी रहती है ॥४॥२॥३॥

(४)

भंडी चाल चरण कर खिसरे तुचा देह कुमलानी ।
नेत्री धुंधि करन भए बहरे मनमुखि नामु न जानी ॥१॥
अंधुले किआ पाइआ जगि आइ ।
रामु रिदै नही गुर की सेवा चाले मूलु गवाइ ॥१॥रहाउ॥

जिहवा रंगि नहीं हरि राती जब बोलै तब फीके ।
संत जना की निंदा विआपसि पसू भए कदे होहि न नीके ॥२॥

अंमृत का रसु विरली पाइआ सतिगुर मेलि मिलाए ।
जब लगु सबद भेदु नही आइआ तब लगु कालु संताए ॥३॥

अन को दरु घर कबहू न जानसि एको दरि सचिआरा ।
गुर परसादि परम पदु पाइआ नानकु कहै विचारा ॥४॥३॥४

वृद्धावस्था में (मनुष्य की) चाल—गति मंद हो जाती है; हाथ और पैर ढीले हो जाते हैं; त्वचा और शरीर कुम्हला जाता है। नेत्र धुंध तथा कान बहरे हो जाते हैं; (किन्तु ऐसी अवस्था में भी) मनमुख (हरी के) नाम को नहीं जानता ॥१॥

(हे) अंधे (मनुष्य), इस जगत् में आकर तूने क्या प्राप्त किया ? न तो (तूने) हृदय में राम (नाम) को धारण किया, न तो गुरु की सेवा ही की। (मनुष्य जीवन रूपी) मूलधन को गंवा कर (इस संसार से) विदा हो गया ॥१॥ रहाउ ॥

(हे मनमुख, तेरी) जीभ हरी के प्रेम में नहीं अनुरक्त हुई, (वह) जब भी बोलती है, तभी फीके (बचन) बोलती है। (हे मनमुख, तू) संत-जनों की निन्दा में व्याप्त है। तू पशु हो गया है। (इस प्रकार के गन्दे विचारों से) तू कभी अच्छा नहीं हो सकता ॥२॥

कोई विरला ही (साधक) (हरी नाम के) अमृत-रस को प्राप्त करता है; (यह तभी संभव है), जब सद्‌गुरु इसका मेल मिलाता है। जब तक शब्द—नाम का भेद (रहस्य) (समझ में) नहीं आ जाता, तब तक काल दुःख देता रहता है ॥३॥

(जो साधक) एक सच्चे परमात्मा के दरवाजे के अतिरिक्त अन्य किसी के घर-द्वार को नहीं जानता (वह) गुरु की कृपा से परम पद को प्राप्त कर लेता है; नानक (इस बात को) विचारपूर्वक कहता है ॥४॥३॥४॥

[५]

सगली रैणि सोवत गलि फाही दिनसु जंजालि गवाइआ।
खिनु पलु घड़ी नही प्रभु जानिआ जिनि इहु जगतु उपाइआ ॥१॥
मन रे किउ छूटसि दुखु भारी।
किआ ले आवसि किआ ले जावसि राम जपहु गुणकारी ॥१॥ रहाउ॥
ऊंधउ कवलु मनमुख मति होछी मनि अंधै सिरि धंधा।
कालु बिकालु सदा सिरि तेरै बिनु नावै गलि फंधा ॥२॥
डगरी चाल नेत्र फुनि अंधुले सबद सुरति नही भाई।
सासत्र बेद त्रै गुण है माइआ अंधलउ धंधु कमाई ॥३॥
खोइओ मूलु लाभु कह पावसि दुरमति गिआन विहूणे।
सबदु बीचारि राम रसु चाखिआ नानक साचि पतीणे ॥४॥४॥५॥

(सांसारिक मनुष्य के) सोने में सारी रात भर गले में पाश—बन्धन पड़े रहते हैं; उस व्यक्ति का दिन भी जंजालों (सांसारिक प्रपंचों में ही) व्यतीत होता है। जिस (प्रभु) ने इस जगत् को उत्पन्न किया है, उस प्रभु को (उस मूर्ख प्राणी ने) एक पल, एक क्षण और एक घड़ी भर भी जानने की चेष्टा नहीं की ॥१॥

हे मन (तू, भला संसार के) महान् दुःखों से किस प्रकार छूट सकेगा ? (तू) क्या लेकर (इस संसार में) आया है और क्या लेकर (यहाँ से) जायगा ? (हे मन, तू) राम (नाम) जप, (यह) अत्यंत गुणकारी है ॥१॥ रहाउ ॥

मनमुख का (हृदय रूपी) कमल उलटा है और उसकी बुद्धि ओछी है। मन अन्धा होने के कारण, उसके सिर पर (संसार के) धंधे पड़े रहते हैं। जन्म और मरण सदा तेरे सिर

पर बने रहते हैं [काल=मरण। विकाल का तात्पर्य, काल का विपरीत, अर्थात् जन्म। काल-विकाल=जन्म और मरण] इस प्रकार बिना (हरी के) नाम के तेरे गले में (सदैव) फंदा पड़ा रहता है ॥२॥

(हे मनमुख, तेरी) चाल डगमगाने वाली है और नेत्र अन्धे हैं, हे भाई, तुझे शब्द—नाम की स्मृति नहीं है। (शब्द—नाम को छोड़कर) समस्त शास्त्र और वेद त्रिगुणात्मक हैं। अंधा (मनुष्य) (त्रिगुणात्मक) माया में ही धंधे कमाता है ॥३॥

(अमूल्य जीवन रूपी) मूलधन को (व्यर्थ की सांसारिक बातों में) खो देने से (परमात्मा का भक्ति-रूपी-लाभ कहां से) प्राप्त होगा ? (इस प्रकार) दुर्बुद्धि ज्ञान से विहीन है। नानक ने (तो गुरु के) शब्द उपदेश पर विचार करके राम-रस को चख लिया और सच्चे (परमात्मा) में विश्वास कर लिया ॥४॥४॥५॥

[६]

गुर कै संगि रहै दिनु राती रामु रसनि रंगि राता ।
अवरु न जाणसि सबदु पछाणसि अंतरि जाणि पछाता ॥१॥
सो जनु ऐसा मै मनि भावै ।
आपु मारि अपरंपरि राता गुर की कार कमावै ॥१॥रहाउ॥
अंतरि बाहरि पुरखु निरंजनु आदि पुरख आदेसो ।
घट घट अंतरि सरब निरंतरि रवि रहिआ सचु वेसो ॥२॥
साचि रते सचु अंमृतु जिहवा मिथिआ मैलु न राई ।
निरमलु नामु अंमृत रसु चाखिआ सबदि रते पति पाई ॥३॥
गुणी गुणी मिलि लाहा पावसि गुरमुखि नामि वडाई ।
सगले दूख मिटहि गुर सेवा नानक नामु सखाई ॥४॥५॥६॥

गुरु नानक देव कहते हैं कि हमें तो वह (मनुष्य अच्छा लगता है, जो दिन रात गुरु की संगति में रहकर शब्द पर विचार करता है। और हरी-रस में रहता हुआ गुरु की सेवा करता है। (ऐसा व्यक्ति परमात्मा को छोड़कर) और कुछ भी नहीं जानता; वह शब्द—नाम को पहचानता है, (वह अपने) अन्तर्गत (परमात्मा को) जान कर पहचान लेता है ॥१॥

नानक कहते हैं कि ऐसा व्यक्ति मेरे मन को अच्छा लगता है, जो अपने आप को मार कर अपरंपार (परमात्मा) में अनुरक्त होकर, गुरु (द्वारा निर्दिष्ट) कार्यों को करता है ॥१॥ रहाउ ॥

निरंजन पुरुष अन्तर और बाहर (दोनों में व्याप्त है); उस आदि पुरुष को नमस्कार है। हरी सत्य के वेश में सभी के घट-घट में निरन्तर भाव से रम रहा है ॥२॥

(सच्चे साधक) सत्य (परमात्मा) में अनुरक्त रहते हैं, (उनकी) जिह्वा में सत्य (रूपी) अमृत का निवास रहता है, (उनमें) मिथ्या की राई भर भी मैल नहीं (रहती)। (वे साधक) निर्मल नाम रूपी अमृत रस को चखते हैं, (वे) शब्द में रत रहते हैं, (जिससे उन्हें) प्रतिष्ठा प्राप्त होती है ॥३॥

गुणवान (शिष्य) गुणी (गुरु) से मिलकर (हरि नाम रूपी) लाभ प्राप्त करता है, (इस प्रकार) गुरु द्वारा नाम की बड़ाई प्राप्त होती है। नानक कहते हैं कि गुरु की सेवा से समस्त दुःख मिट जाते हैं और नाम सखा हो जाता है ॥४॥५॥६॥

[७]

हिरदै नामु सरब धनु धारणु गुर परसादी पाईऐ।
अमर पदारथ ते किरतारथ सहज धिआनि लिव लाईऐ ॥१॥
मन रे राम भगति चितु लाईऐ।
गुरमुखि राम नामु जपि हिरदै सहज सेती घरि जाईऐ ॥१॥रहाउ॥
भरमु भेदु भउ कबहु न छूटसि आवत जात न जानी।
बिनु हरिनाम को मुकति न पावसि डुबि मुए बिनु पानी ॥२॥
धंधा करसि सगली पति खोवसि भरमु न मिटसि गवारा।
बिनु गुर सबद मुकति नही कबही अंधुले धंधु पसारा ॥३॥
अकुल निरंजन सिउ मनु मानिआ मन ही ते मनु मूआ।
अंतरि बाहरि एको जानिआ नानक अवरु न दूआ ॥४॥६॥७॥

हृदय में (हरी का) नाम (धारण करना), सभी प्रकार के धनों को धारण करना है ; गुरु की कृपा से (नाम-धन) पाया जाता है। (जिन्हें) (परमात्मा रूपी) अमर पदार्थ प्राप्त होता है, वे ही कृतार्थ होते हैं, (वे लोग) सहज ध्यान (सहजावस्था) में वृत्ति लगाए रहते हैं ॥१॥

हे मन, राम की भक्ति में चित्त लगा। गुरु द्वारा राम नाम हृदय में जप और सहज भाव से (अपने आतम स्वरूपी) घर में जा ॥१॥ रहाउ ॥

(हे प्राणी, तेरे) भ्रम, भेद-भाव और भय कभी नहीं छूटते। (तू इस संसार में) आता-जाता रहता है, पर समझ नहीं आती। बिना हरी के नाम के कोई भी मुक्ति नहीं पाता, (ऐसे प्राणी) बिना पानी के ही डूब मरते हैं ॥२॥

ऐ गंवार, (सांसारिक) धंधों को करने में ही, (तू अपनी) सारी प्रतिष्ठा खो देता है, तेरा भ्रम नहीं मिटता। बिना गुरु के उपदेश के कभी मुक्ति नहीं प्राप्त होती; अंधा (प्राणी) सांसारिक प्रपंचों के प्रसार में ही (लिप्त रहता) है ॥३॥

कुल-रहित और निरंजन (हरी) से मन मान गया (शान्त हो गया) (इस प्रकार) (ज्योतिर्मय) मन द्वारा (अहंकारयुक्त) मन मर गया। नानक कहता है कि अंतर और बाहर (दोनों स्थानों में) एक (हरी) को जान लिया; (अब हरी को छोड़कर) और कोई दूसरी (वस्तु) नहीं (प्रतीत होती) ॥ ४ ॥ ६ ॥ ७ ॥

[८]

जगन होम पुंन तप पूजा देह दुखी नित दूख सहै।
राम नाम बिनु मुकति न पावसि मुकति नामि गुरमुखि लहै ॥१॥

राम नाम बिनु बिरथे जगि जनमा ।
बिखु खावै बिखु बोली बोलै बिनु नावै निहफलु मरि भ्रमना ॥१॥रहाउ॥
पुसतक पाठ बिग्राकरण वखाणै संधिग्रा करम तिकाल करै ।
बिनु गुर सबद मुकति कहा प्राणी राम नाम बिनु उरझि मरै ॥२॥
डंड कमंडल सिखा सुतु धोती तीरथि गवनु ग्रति भ्रमनु करै ।
राम नाम बिनु सांति न ग्रावै जपि हरि हरि नामु सु पारि परै ॥३॥
जटा मुकटु तनि भसम लगाई बसत्र छोडि तनि नगनु भइग्रा ।
रामनाम बिनु तृपति न ग्रावै किरत कै बांधै भेखु भइग्रा ॥४॥
जेते जीग्र जंत जलि थलि महीग्रलि जत्र कत्र तू सरब जीग्रा ।
गुर परसादि राखि ले जन कउ हरि रसु नानक झोलि पीग्रा ॥५॥७॥८॥

यज्ञ, होम, पुण्य, तप, पूजा ग्रादि करने से देह दुखी ही रहती है, (शान्ति नहीं प्राप्त होती), (ग्रतएव) नित्य दुःख सहन करना पड़ता है । राम नाम के बिना मुक्ति नहीं प्राप्त होती । गुरु की ग्राज्ञा में चलनेवाले को नाम प्राप्त होता, (जिससे) मुक्ति (हो जाती है ॥ १ ॥

रामनाम के (प्राप्त किए) बिना, जगत् में जन्म लेना व्यर्थ है । बिना (हरी के) नाम के (मनुष्य विषयों के) विष को ही खाता रहता है ग्रौर विष के वचन बोलता रहता है; (इस प्रकार ग्रमूल्य मानव जीवन) निष्फल हो जाता है ग्रौर मर कर (बारबार संसार-चक्र) में भ्रमित होना पड़ता है ॥ १ ॥ रहाउ ॥

(मनुष्य) (धार्मिक) पुस्तकों का पाठ करता है ग्रौर व्याकरण की व्याख्या करता है तथा त्रिकाल-सन्ध्या-कर्म करता है; (किन्तु) हे प्राणी बिना गुरु के शब्द के मुक्ति किस प्रकार प्राप्त हो सकती है ? रामनाम के बिना (मनुष्य सांसारिक झंझटों में) उलझ कर मर जाता है ॥ २ ॥

(संन्यासीगण) दंड-कमण्डलु तथा (ब्रह्मचारी-गण) शिखा, सूत्र ग्रौर धोती (पहन कर) तीर्थस्थानों में ग्रत्यधिक भ्रमण करते फिरते हैं, (किन्तु) रामनाम के बिना (उन्हें) शान्ति नहीं प्राप्त होती; (हे साधक,) हरि का नाम जप, (जो व्यक्ति) हरि-नाम जपता है, (वह इस संसार-सागर से) पार हो जाता है ॥ ३ ॥

(बहुत से मनुष्य सिर पर) जटा का जूड़ा (मुकुट) रख कर, शरीर में भस्म लगा कर, वस्त्र त्याग कर, शरीर से नग्न हो जाते हैं । (किन्तु) रामनाम के बिना उन्हें मुक्ति नहीं होती, (वे ग्रपने) किरत-कर्मों (संस्कारों) के ग्रधीन होकर इधर-उधर वेश बना कर घूमते रहते है ॥ ४ ॥

जल, स्थल ग्रौर धरती-ग्राकाश के बीच जितने भी जीव-जन्तु हैं तथा जहाँ-तहाँ— सभी स्थानों में (हे प्रभु) तू ही (व्याप्त है), तू ही सभी का प्राण है । हे प्रभु, तू गुरु की कृपा से (ग्रपने) भक्त की रक्षा कर ले; नानक ने हरि-रस को (खूब) झकझोर कर पी लिया है ॥ ५ ॥ ७ ॥ ८ ॥

१ओं सतिगुर प्रसादि ॥ रागु भैरउ, महला १, घरु २

असटपदीआं [१]

आतम महि रामु राम महि आतमु चीनसि गुर बीचारा ।
अंमृत बाणी सबदि पछाणी दुख काटै हउ मारा ॥१॥
नानक हउमै रोग बुरे ।
जह देखां तह एका बेदन आपे बखसै सबदि धुरे ॥१॥ रहाउ॥
आपे परखे परखणहारै बहुरि सूलाकु न होई ।
जिन कउ नदरि भई गुर मेले प्रभ भाणा सचु सोई ॥२॥
पउणु पाणी बैसंतरु रोगी रोगी धरति सभोगी ।
माता पिता माइआ देह सि रोगी रोगी कुटंब संजोगी ॥३॥
रोगी ब्रहमा बिसनु सरुद्रा रोगी सगल संसारा ।
हरि पदु चीनि भए से मुकते गुर का सबदु वीचारा ॥४॥
रोगी सात समुंद सनदीआ खंड पताल सि रोगि भरे ।
हरि के लोक सि साचि सुहेले सरबी थाई नदरि करे ॥५॥
रोगी खट दरसन भेखधारी नाना हठी अनेका ।
बेद कतेब करहि कह बपुरे नह बूझहि इक एका ॥६॥
मिठ रसु खाइ सु रोगि भरीजै कंद मूलि सुखु नाही ।
नामु विसारि चलहि अनमारगि अंत कालि पछुताही ॥७॥
तीरथि भरमै रोगु न छूटसि पड़िआ बादु बिबादु भइआ ।
दुबिधा रोगु सु अधिक वडेरा माइआ का मुहताजु भइआ ॥८॥
गुरमुखि साचा सबदि सलाहै मनि साचा तिसु रोगु गइआ ।
नानक हरिजन अनदिनु निरमल जिन कउ करमि नीसाणु पइआ ॥९॥१॥

गुरु के विचार द्वारा यह बात समझनी है कि जीवात्मा में हरी और हरी में जीवात्मा है। गुरु के उपदेश द्वारा अमृत-नाम पहचाना जाता है, जो (समस्त) दुःखों को काट देता है और अहंकार को मार देता है ॥ १ ॥

हे नानक, अहंकार का रोग बहुत ही बुरा होता है। जहाँ भी (मैं) देखता हूँ, वहाँ (इसी) एक (अहंकार) का ही दुःख है। (गुरु के) शब्द द्वारा (प्रभु) आप ही प्रारम्भ से बख्शता है ॥ १ ॥ रहाउ ॥

परखनेवाला (प्रभु) आप ही (जीवों को) परखता है; (प्रभु के परख लेने पर), फिर, (तीव्र नोकोंवाले) सूजे से (परख) नहीं होती है। [खोटे खरे सोने को परखने के

लिए तीव्र नोकवाले सूजे से छेद किए जाते हैं]। जिनके ऊपर (परमात्मा की) कृपादृष्टि हो जाती है, (उन्हें) गुरु परमात्मा से मिला देता है (और यही प्रभु की) सच्ची आज्ञा है ॥ २ ॥

वायु, जल तथा अग्नि रोगी हैं, भोगोंवाली पृथ्वी भी रोगिणी है। माता, पिता, माया तथा यह देह भी रोगी है। कुटुम्ब से जुड़े हुए (अन्य कुटुम्बी आदि भी) रोगी हैं ॥ ३ ॥

रुद्र सहित ब्रह्मा, विष्णु भी रोगी हैं; (कहने का तात्पर्य यह कि) समस्त संसार ही रोगी है। गुरु के शब्दों पर विचार करके, (जिन्होंने) परमात्मा के चरणों को पहचान लिया है, वे ही मुक्त हुए हैं ॥ ४ ॥

(समस्त) नदियों सहित सातों समुद्र भी रोगी हैं। खण्ड और पाताल भी रोग से भरे (व्याप्त) हैं। हरि के जन ही सच्चे और सौभाग्यशाली हैं, (हरी उनके ऊपर) सभी स्थानों में कृपा करता है ॥ ५ ॥

छः प्रकार वेशधारी—(योगी, संन्यासी, जंगम, बोधी, सरोवड़े तथा वैरागी) रोगी हैं, (इसी प्रकार) नाना प्रकार के अनेक हठी—निग्रही भी रोगी ही हैं। वेद तथा कतेब (कुरान; जंबूर तथा अंजील आदि धार्मिक ग्रन्थ) बेचारे क्या कर सकते हैं ? (वे तो) एक-एक को समझ भी नहीं सकते ॥ ६ ॥

(जो) मीठे (आदि विविध रसों का) आस्वादन करते हैं, वे भी रोग से भरे रहते हैं; कंदमूल (आदि के खाने) में भी सुख नहीं है। (जो व्यक्ति) नाम को भुला कर कुमार्ग पर चलते हैं, वे अन्तकाल में पछताते हैं ॥ ७ ॥

तीर्थादिकों में भ्रमण करने से, (सांसारिक) रोग नहीं छूटते; पढ़ने से वाद-विवाद और भी (बढ़ता) है। दुविधा रोग तो और अधिक बड़ा होता है। (इसी रोग में पड़कर मनुष्य) माया का मुहताज हो जाता है ॥ ८ ॥

(जो साधक) गुरु के उपदेश द्वारा सच्चे मन से सच्चे शब्द—नाम की स्तुति करता है, उसके (सांसारिक) रोग नष्ट हो जाते हैं। हे नानक, जिन (हरिभक्तों के ऊपर परमात्मा की) बख्शिश द्वारा कृपा का निशान पड़ जाता है, वे हरिभक्त सदैव निर्मल रहते हैं ॥ ९ ॥ १ ॥

१ओं सतिनामु करता पुरखु निरभउ निरवैरु
अकाल मूरति अजूनी सैभं गुर प्रसादि

रागु बसंतु, महला १, घरु १, चउपदे, दुतुके

सबद

[१]

माहा माह मुमारखी चड़िआ सदा बसंतु ।
परफड़ु चित समालि सोइ सदा सदा गोबिंदु ।।१।।

भोलिआ हउमै सुरति विसारि ।
हउमै मारि बीचारि मन गुण विचि गुणु लै सारि ।।१।।रहाउ।।

करम पेडु साखा हरी धरमु फुलु फलु गिआनु ।
पत परापति छाव घणी चूका मन अभिमानु ।।२।।

अखी कुदरति कंनी बाणी मुखि आखणु सचु नामु ।
पति का धनु पूरा होआ लागा सहजि धिआनु ।।३।।

माहा रुती आवणा वेखहु करम कमाइ ।
नानक हरे न सूकही जि गुरमुखि रहे समाइ ।।४।।१।।

महीनों में यह महीना मुबारक है, (क्योंकि इसमें) सदा बसन्त चढ़ा रहता है। [इस स्थान पर शाश्वत ब्रह्मानन्द को 'सदा बसन्त' कहा गया है। बसन्त ऋतु तो साल में केवल दो महीने रहती है, पर आत्मानन्द रूपी बसन्त शाश्वत काल के लिए हो जाता है]। हे चित्त, गोविन्द का सदैव स्मरण करके प्रफुल्लित हो जा ।। १ ।।

हे भोले, अहंकार में पड़कर (तूने) (हरी की) स्मृति विसार दी है। (हे साधक), मन में विचार करके अहंकार को मार; (तू) गुणों को सँभाल कर (रख ले), (अर्थात् शुभ गुणों में शुभ गुणों को जोड़ दे) ।। १ ।। रहाउ ।।

कर्म तना है, हरी (का नामजप) उसकी शाखा है, धर्माचरण ही फूल है और ज्ञान-प्राप्ति फल है, हरी की प्राप्ति पत्ते हैं और मन के अभिमान का नष्ट हो जाना घनी छाया है ।। २ ।।

आँखों से (हरी का दर्शन करना), कानों से (उसका श्रवण करना) और मुख से सच्चे नाम की वाणी (उच्चरित करता ही) (सच्ची) कुदरत है। सहजावस्था के ध्यान में लगने से ही प्रतिष्ठा का धन पूरा होता है ॥ ३ ॥

महीने और ऋतुएं तो (निरन्तर) आती-जाती रहती हैं; (अतएव) (हे प्राणी), कर्म कमा कर देख ले। हे नानक, जो व्यक्ति गुरु द्वारा (हरी में) लीन रहते हैं, वे सदैव हरे-भरे रहते हैं (और कभी) सूखते नहीं ॥ ४ ॥ १ ॥

[२]

रुति आइले सरस बसंत माहि।
रंगि राते रवहि सि तेरै चाइ।
किसु पूज चड़ावउ लगउ पाइ ॥१॥
तेरा दासनिदासा कहउ राइ।
जगजीवन जुगति न मिलै काइ ॥१॥रहाउ॥
तेरी मूरति एका बहुतु रूप।
किसु पूज चड़ावउ देउ धूप ॥
तेरा अंतु न पाइआ कहा पाइ ॥
तेरा दासनिदासा कहउ राइ ॥२॥
तेरे साठि संवत सभि तीरथा।
तेरा सचु नामु परमेसरा ॥
तेरी गति अविगति नही जाणीऐ।
अणजाणत नामु वखाणीऐ ॥३॥
नानकु वेचारा किआ कहै।
सभु लोकु सलाहे एकसै ॥
सिरु नानक लोका पाव है ॥
बलिहारी जाउ जेते तेरे नाव है ॥४॥२॥

(उन्हीं भाग्यशाली व्यक्तियों के लिए) वसन्त ऋतु आई है और (वे) (इस वसंत ऋतु में) आनन्दित हैं—(कौन ? इसका वर्णन आगे की पंक्तियों में है)—जो (तेरे नाम में) अनुरक्त हैं और तेरे ही चाव—उत्साह में रमण करते हैं। (हरी को छोड़ कर मैं) किसी और को क्या पूजा चढ़ाऊँ ? ॥ १ ॥

हे राय (हरी, मैं) तेरे दासों का दास हूँ और कह रहा हूँ कि किसी (अन्य साधन) से जीवन की मुक्ति नहीं प्राप्त होती है ॥ १ ॥ रहाउ ॥

(हे प्रभु), तेरी मूर्त्ति (स्थिति) तो एक ही है, (किन्तु) उसके स्वरूप बहुत से हैं। (मैं) किसे पूजा चढ़ाऊँ और (किसे) धूप (आदि सामग्री) निवेदित करूँ ? (हे हरी),

तेरा अन्त नहीं पाया जा सकता, (उसे) किस प्रकार प्राप्त किया जाय ? (मैं) तेरे दासों का दास हूं और निवेदन कर रहा हूँ ॥ २ ॥

(हे प्रभु), साठ संवत् (तात्पर्य यह कि अनन्त वर्ष) और तीर्थ तेरे ही हैं । हे परमेश्वर, तेरा नाम सच्चा है । (हे हरी), तेरी गति अव्यक्त है, (वह) जानी नहीं जाती । (अतएव) बिना जाने ही तेरे नाम का गुणगान (और चिन्तन) करना चाहिए ॥ ३ ॥

(हे स्वामी) बेचारा नानक, तेरा क्या वर्णन करे ? सभी लोग उस एक प्रभु की ही स्तुति करते हैं । (जो गुरुमुख अहर्निश तेरी उपासना में लीन रहते हैं) (उन) लोगों के चरणों में नानक का सिर (समर्पित है) । जितने भी तेरे नाम हैं, (मैं उन सब की) बलैया लेता हूँ ॥ ४ ॥ २ ॥

[३]

सुइने का चउका कंचन कुआर । रुपे कीआ कारा बहुतु बिसथारु ॥
गंगा का उदक करंते की आग । गरुड़ा खाणा दुध सिउ गाडि ॥१॥
रे मन लेखै कबहू न पाइ । जामि न भीजै साच नाइ ॥१॥ रहाउ ॥
दसअठ लीखे होवहि पासि । चारे बेद मुखागर पाठि ॥
पुरबी नावै वरनां की दाति । वरत नेम करे दिन राति ॥२॥
काजी मुलां होवहि सेख । जोगी जंगम भगवे भेख ॥
को गिरही करमा की संधि । बिनु बूझे सभ खड़ीअसि बंधि ॥३॥
जेते जीअ लिखी सिरि कार । करणी उपरि होवगि सार ॥
हुकमु करहि मूरख गावार । नानक साचे के सिफति भंडार ॥४॥३॥

(चाहे) सोने का चौका हो और सोने ही की गागरें हों; (सोने के चौके के चारों ओर) चाँदी की लकीर—रेखा बहुत विस्तार के साथ (खींची गई हो), गंगा-जल (पीने के लिए हो) और यज्ञ की पवित्र अग्नि से (भोजन बनाया गया हो); कोमल भोजन दूध में मिला कर (खाया जाय) ॥ १ ॥

(किन्तु) हे मन, (उपर्युक्त ऐश्वर्य-सामग्रियों से) कभी (हरी के यहाँ का) लेखा-हिसाब नहीं पाया जाता । जब तक (हरी के) सच्चे नाम में अनुरक्त न हुआ जाय, (उपर्युक्त वस्तुएं किसी लेखे में नहीं आतीं) ॥ १ ॥ रहाउ ॥

अठारह पुराण पास ही लिखे हुए पड़े हों, चारों वेदों का पाठ मुखाग्र (कण्ठस्थ) हो, (प्रमुख) त्यौहारों पर स्नान किए जायँ, विविध वर्णों के (विधानानुसार) दान दिए जायँ (और साथ ही) अहर्निश नियम-व्रत किए जायँ; (किन्तु बिना हरी-नाम की प्राप्ति के सभी व्यर्थ हैं) ॥ २ ॥

(चाहे) काजी, मुल्ला और शेख हो (अथवा) भगवे वेशधारी जोगी-जंगम हो अथवा कोई गृहस्थी कर्मों को मिलाने वाला हो—तात्पर्य यह कि कर्मकाण्डी हो, (पर) बिना (हरी को भलीभाँति) समझे हुए, सभी लोग बाँध कर (यहाँ से) ले जाए जाते हैं ॥ ३ ॥

जितने भी जीव हैं; (सभी के) सिर पर (हरी का) हुकम लिखा है। (मनुष्य की) करनी के ऊपर ही तत्व—फ़ैसला, निर्णय होगा। (जो लोगों पर) शासन करने (की भावना रखते हैं), वे गँवार और मूर्ख हैं। हे नानक, सच्चे (हरी) के यश अथवा कीर्त्ति के भाण्डार (भरे पड़े हैं) ॥ ४॥ ३ ॥

[४]

सगल भवन तेरी माइआ मोह। मैं अवरु न दीसै सरब तोह ॥
तू सुरि नाथा देवा देव। हरिनामु मिलै गुर चरन सेव ॥१॥
मेरे सुंदर गहिर गंभीर लाल।
गुरमुखि राम नाम गुन गाए तू अपरंपरु सरब पाल ॥१॥ रहाउ ॥

बिनु साध न पाईऐ हरि का संगु। बिनु गुर मैल मलीन अंगु ॥
बिनु हरि नाम न सुधु होइ। गुर सबदि सलाहे साचु सोइ ॥२॥
जा कउ तू राखहि रखनहार। सतिगुरू मिलावहि करहि सार ॥
बिखु हउमै ममता परहराइ। सभि दूख बिनासे रामराइ ॥३॥
ऊतम गति मिति हरि गुन सरीर। गुरमति प्रगटे राम नाम हीर।
लिव लागी नामि तजि दूजा भाउ। जन नानक हरि गुरु गुर मिलाउ ॥४॥४॥

(हे प्रभु), समस्त भुवनों (लोकों) में तेरी ही माया का मोह फैला हुआ है। मुझे और कुछ भी नहीं दिखाई पड़ता, सब कुछ तू ही तू है। तू देवताओं का नाथ और उनका भी देव है। गुरु के चरणों की सेवा से ही हरिनाम प्राप्त होता है ॥ १ ॥

हे मेरे सुन्दर, गहरे और गंभीर (विचारवाले) स्वामी, (साधक) गुरु के उपदेश द्वारा रामनाम का गुणगान करता है। हे अपरंपार स्वामी, तू सभी का पालनकर्त्ता है ॥ १ ॥ रहाउ ॥

बिना साधु के हरि के संग की प्राप्ति नहीं होती। बिना गुरु के यह मनुष्य का अंग (तात्पर्य यह कि जीवन) मलीन रहता है और उसकी शुद्धि हरि-नाम के बिना नहीं हो सकती। (जो साधक) गुरु के शब्द द्वारा हरी की स्तुति करता है, वही सच्चा होता है ॥ २ ॥

हे रक्षा करनेवाले, (प्रभु), जिसकी तू रक्षा करता है, उसे तू गुरु मिला देता है और (इस प्रकार उसकी) संभाल करता है और उसके अहंकार तथा ममता के विष को दूर करता है। राजा राम ही सारे दुःखों का नाश करता है ॥ ३ ॥

शरीर में हरी के गुणों को धारण करने से, साधक की गति-मिति (अवस्था) ऊँची हो जाती है। गुरु के उपदेश द्वारा ही राम नाम रूपी हीरा प्रकट होता है। द्वैतभाव के त्यागने से रामनाम की लिव (एकनिष्ठ धारणा) लग जाती है। भक्त नानक (का कथन है कि) सद्गुरु ही हरी रूपी गुरु को मिलाता है ॥ ४ ॥

[५]

मेरी सखी सहेली सुनहु भाइ । मेरा पिरु रीसालू संगि साइ ॥
ओहु अलखु न लखीऐ कहहु काइ । गुरि संगि दिखाइओ राम राइ ॥१॥

मिलु सखी सहेली हरि गुन बने ।
हरि प्रभ संगि खेलहि वर कामनि गुरमुखि खोजत मन मने ॥१॥ रहाउ ॥

मनमुखी दुहागणि नाहि भेउ । ओहु घटि घटि रावै सरब प्रेउ ॥
गुरमुखि थिरु चीनै संगि देउ । गुरि नामु द्रिड़ाइआ जपु जपेउ ॥२॥

बिनु गुर भगति न भाउ होइ । बिनु गुर संत न संगु देइ ॥
बिनु गुर अंधुले धंधु रोइ । मनु गुरमुखि निरमलु मलु सबदि खोइ ॥३॥

गुरि मनु मारिओ करि संजोगु । अहिनिसि रावे भगति जोगु ।
गुर संत सभा दुखु मिटै रोगु । जन नानक हरि वरु सहज जोगु ॥४॥५॥

हे मेरी सखी सहेली, भावपूर्वक सुन—मेरा रसिक प्रिय (मेरे) साथ ही है । वह अलक्ष्य प्रभु दिखाई नहीं पड़ता; (भला) बताओ, (उसकी प्राप्ति) किस प्रकार हो ? गुरु का संग राजा राम को दिखा देता है ॥ १ ॥

(हे स्त्री, सच्ची) सखी-सहेलियों से मिल, (उनसे मिलने हो पर) हरि के गुण फबते हैं । प्रभु हरी (रूपी) वर के साथ (सौभाग्यवती) स्त्रियाँ क्रीड़ा करती हैं; गुरु द्वारा (हरी की) खोज करने से मन मान जाता है—शान्त हो जाता है ॥ १ ॥ रहाउ ॥

दुहागिनी मनमुखी (स्त्रियाँ—जीवात्माएँ, हरी से बिछुड़ी होने के कारण) इस भेद को नही जानतीं कि सब का प्रियतम वह (हरी) घट घट में रम रहा है । गुरुमुख शिष्य अपने संग ही हरि देव को स्थिर रूप में जानता है । गुरु ने जपने योग्य हरी के नाम को दृढ़ करा दिया ॥ २ ॥

बिना गुरु के न भक्ति होती है; और न भाव । बिना गुरु के (हरी) संतों का साथ नहीं देता । गुरु के बिना मनुष्य (अज्ञान में) अन्धे रहते हैं (और सांसारिक) प्रपंचों में रोते रहते हैं । मन गुरु के शब्द द्वारा अपनी मैल दूर करके निर्मल हो जाता है ॥ ३ ॥

गुरु ने अपना संयोग (स्थापित करके, शिष्य के अहंकारी) मन को मार दिया (जिससे शिष्य) अहर्निश भक्ति योग में लीन रहता है । गुरु और संत-सभा में दुःख और रोग मिट जाते हैं । नानक भक्त कहता है कि सहज योग से हरि रूपी वर प्राप्त होता है ॥ ४ ॥ ५ ॥

[६]

आपे कुदरति करे साजि । सचु आपि निबेड़े राजु राजि ॥
गुरमति ऊतम संगि साथि । हरि नामु रसाइणु सहजि आथि ॥१॥

मत बिसरसि रे मन राम बोलि ।
अपरंपरु अगम अगोचरु गुरमुखि हरि आपि तुलाए अतुलु तोलि ॥१॥ रहाउ ॥

गुर चरन सरेवहि गुर सिख तोर । गुर सेव तरे तजि मेर तोर ॥
नर निंदक लोभी मनि कठोर । गुर सेव न भाई सि चोर चोर ॥२॥

गुरु तुठा बखसे भगति भाउ । गुरि तुठै पाईऐ हरि महलि ठाउ ॥
परहरि निंदा हरि भगति जागु । हरि भगति सुहावी करमि भागु ॥३॥

गुरु मेलि मिलावै करे दाति । गुर सिख पिआरे दिनसु राति ।
फलु नामु परापति गुरु तुसि देइ । कहु नानक पावहि विरले केइ ॥४॥६॥

(प्रभु) आप ही कुदरत—प्रकृति की रचना करता है। (वह) अपनी हुकूमत करके सत्य निर्णय करता है। (प्रभु ही) उत्तम गुरुमत द्वारा (आध्यात्मिक) संग—साथ (प्रदान करता है)। सहजावस्था में ही नाम रूपी रसायन (प्रकट होता है)। [राजुराजि=राजु=हुकूमत; राजि=राज करके; हुकूमत चला कर। आथि<अस्ति=है]॥ १ ॥

हे मन, राम राम कह; (इसे) भूल मत। अपरंपार, अगम तथा अगोचर हरी अतुलनीय होते हुए भी गुरु के द्वारा अपने को तुलवा देता है॥ १ ॥ रहाउ ॥

(हे प्रभु), तेरे गुरुमुख व्यक्ति गुरु की आराधना करते हैं। (सच्चे शिष्य) गुरु की सेवा से मेरी-तेरी (भावना) को त्याग कर, मुक्त हो जाते हैं। (जो) व्यक्ति निन्दक, लोभी तथा कठोर मन के हैं, (उन्हें) गुरु की सेवा नहीं अच्छी लगती और (वे) चोरों में चोर है, अर्थात् महान् चोर हैं॥ २ ॥

संतुष्ट होने पर गुरु भक्ति और प्रेम प्रदान करता है। गुरु के संतुष्ट होने पर हरि के महलों में स्थान पाया जाता है। (हे शिष्य), निन्दा त्याग कर हरि-भक्ति में जग। हरी की भक्ति का भाग (हिस्सा) (परमात्मा की) कृपा से ही प्राप्त होता है॥ ३ ॥

(परमात्मा अपनी कृपा के) दान से सद्गुरु का मेल मिलाता है (जिसके फलस्वरूप) सद्गुरु और प्रिय शिष्य दिन रात (एक रहते हैं)। सद्गुरु संतुष्ट होकर (हरि-)-नाम-प्राप्ति रूपी फल प्रदान करता है। नानक कहता है कि कोई विरले (भाग्यशाली) ही (हरि-नाम को) प्राप्त करते हैं॥ ४ ॥ ६ ॥

१ओं सतिगुर प्रसादि ॥ बसंतु हिंडोल, घरु २ ॥

[७]

सालग्राम बिप पूजि मनावहु सुकृतु तुलसी माला ।
राम नामु जपि बेड़ा बांधहु दइआ करहु दइआला ॥१॥

काहे कलरा सिंचहु जनमु गवावहु ।
काची ढहगि दिवाल काहे गचु लावहु ॥१॥ रहाउ ॥

कर हरिहट माल टिंड परोवहु तिसु भीतरि मनु जोवहु ॥
अंमृत सिंचहु भरहु किआरे तउ माली के होवहु ॥२॥

कामु क्रोधु दुइ करहु बसोले गोडहु धरती भाई ।
जिउ गोडहु तिउ तुम्ह सुख पावहु किरतु न मेटिआ जाई ॥३॥
बगुले ते फुनि हंसुला होवै जे तू करहि दइआला ।
प्रणवति नानक दासनिदासा दइआ करहु दइआला ॥४॥१॥७॥

हे ब्राह्मण (विप्र), (तू), (हरी को) शालिग्राम बना और शुभ करणी को तुलसी की माला समझ, रामनाम के जप का बेड़ा बाँधो। हे दयालु प्रभु, (हम लोगों के ऊपर) दया कर ॥ १ ॥

(हे प्राणी, तू), बालू वाले रेतीले खेत को सींच कर, क्यों (अपना) जन्म नष्ट कर रहा है? कच्ची (होने के कारण) दीवाल ढह जायगी, फिर चूना क्यों लगा रहा है? (तात्पर्य यह कि धार्मिक दिखावा क्यों कर रहा है?) ॥ १ ॥ रहाउ ॥

(हे साधक), हाथों को (तात्पर्य यह कि सेवा-वृत्ति को) (कुएँ के) अरहट के पात्रों की माला बना और उसके अन्तर्गत (अपने) मन को युक्त कर। (तू, हरि-प्राप्ति रूपी) अमृत से (अपनी जीवन-रूपिणी) क्यारी सींच, तभी (तू) (सच्चे हरी रूपी) माली (का पुत्र) हो सकता है ॥ २ ॥

काम-क्रोध को खुरपे अथवा रम्मे बना (और इन्हीं से) हे भाई, (तू) धरती गोंड़। तू जैसे जैसे (इस प्रकार धरती) गोंड़ेगा, वैसे ही वैसे सुख पायेगा; की हुई कमाई (कभी) निष्फल नहीं जायगी ॥ ३ ॥

हे दयालु (हरी, यदि) तू (कृपा) करे, तो बगुला हंस रूप में परिणत हो जाता है, (अर्थात् अत्यंत तमोगुणी व्यक्ति सत्वगुणी और नीर-क्षीर-विवेकी साधु हो जाता है) हे दयालु हरी, तेरे दासों का दास नानक विनय करता है कि मुझ पर दया कर ॥ ४ ॥ १ ॥ ७ ॥

[८]

साहुरड़ी वथु सभु किछु साझी पेवकड़ै धन वखे ।
आपि कुचजी दोसु न देऊ जाणा नाही रखे ॥१॥
मेरे साहिबा हउ आपे भरमि भुलाणी ।
अखर लिखे सेई गावा अवर न जाणा बाणी ॥१॥ रहाउ ॥
कढि कसीदा पहिरहि चोली तां तुम्ह जाणहु नारी ।
जे घरु राखहि बुरा न चाखहि होवहि कंत पिआरी ॥२॥
जे तूं पड़िआ पंडितु बीना दुइ अखर दुइ नावा ।
प्रणवति नानकु एकु लंघाए जे करि सचि समावां ॥३॥२॥८॥

ससुराल में (परमात्मा के यहाँ) सारी वस्तुओं में (जीवात्मा रूपी स्त्री) का साझा हो जाता है, किन्तु नैहर (मायिक प्रपंचों) में (आत्मिक) धन जुदा—पृथक् ही रहता है। मैं स्वतः कुचज्जी (बुरे आचरण वाली) हूँ, अपने को दोष नहीं देती; मैं उस वस्तु को (आत्मिक धन को) रखना—सँभालना नहीं जानती ॥ १ ॥

हे मेरे साहब, मैं आप ही (माया के) भ्रम में भटकती फिरती हूँ। मेरे सिर पर जो तेरे हुक्म की लिखावट लिखी गई है, उसी के अनुसार करती हूँ, अपनी ओर से अब कोई अन्य बनावट नहीं बन सकती ॥ १ ॥ रहाउ ॥

यदि (नाम रूपी) कसीदे को काढ़ कर, (प्रेम रूपी) चोली धारण कर, तभी तू (सच्चे अर्थ में) स्त्री जानी जा सकती है। (हे जीवात्मा रूपी स्त्री,) यदि (परमात्मा रूपी प्रियतम) तुझे (अपने) घर में रख ले, तो तू बुराई नहीं अनुभव कर सकती और स्वामी को (अत्यन्त) प्यारी हो जायगी ॥ २ ॥

(यदि तू) दो अक्षर के दो नामों को पढ़ ले, तो तू पंडिता और द्रष्टा हो जायगी। नानक विनय करके कहता है एक (हरी) ही उन्हें (इस संसार-सागर से) पार कर सकता है, जो सच्चे भाव से उस (सच्चे हरी में) समाहित हैं ॥ ३ ॥ २ ॥ ८ ॥

[९]

राजा बालकु नगरी काचो दुसटा नालि पिग्रारो ।
दुइ माई दुइ बापा पड़ीग्रहि पंडित करहु बीचारो ॥१॥

सुग्रामी पंडिता तुम्ह देहु मती । किन बिधि पावहु प्रानपती ॥१॥ रहाउ ॥

भीतरि ग्रगनि बनासपति मउली सागरु पंडै पाइग्रा ।
चंदु सूरजु दुइ घर ही भीतरि ऐसा गिग्रानु न पाइग्रा ॥२॥

राम रवंता जाणीऐ इक माई भोगु करेइ ।
ता के लखण जाणीग्रहि खिमा धनु संग्रहेइ ॥३॥

कहिग्रा सुणहि न खाइग्रा मानहि तिन्हा ही सेती वासा ।
प्रणवति नानकु दासनिदासा खिनु तोला खिनु मासा ॥४॥ ३॥९॥

(मन रूपी) राजा बालक है, (शरीर रूपी) नगरी कच्ची (नश्वर) है, और (इसका) प्रेम (कामादिक) दुष्टों से है। (इस शरीर की) दो माताएं (आशा और तृष्णा) और दो पिता (राग और द्वेष) कहे जाते हैं। हे पंडित, (उपर्युक्त तथ्य पर) विचार कर ॥ १ ॥

(हे) स्वामी, (हे) पंडित, तू (मुझे) यह बुद्धि दे कि प्राणपति (हरी) को किस प्रकार प्राप्त करूँ ॥ १ ॥ रहाउ ॥

वनस्पतियों के अन्तर्गत अग्नि है, (तथापि) वे हरी की इच्छा से हरी-भरी (प्रफुल्लित) रहती हैं; सागर भी मर्यादा के भीतर बंधा रहता है; चन्द्रमा और सूर्य (दोनों ही अपने आत्म-स्वरूपी) घर में (स्थित हैं); (तथापि) इस प्रकार का ज्ञान नहीं प्राप्त होता ॥ २ ॥

राम का (वास्तविक) स्मरण करनेवाला उसे समझना चाहिये, जो माया के भोगों से (तृप्त हो जाय), (भाव यह कि माया के भोगों को नश्वर समझ कर, उससे विमुख हो जाय; उन भोगों में आसक्ति न रहे)। उस (राम में रमण करनेवाले का प्रमुख) लक्षण यह है कि वह क्षमा-धन का संग्रह करता है ॥ ३ ॥

ऐसे व्यक्तियों को वासनायुक्त समझना चाहिये, जो कहा सुनते नहीं और खाया हुआ मानते नहीं, (वे कृतघ्नी हैं) । (प्रभु के) दासों का दास नानक कहता है कि (यह मन) क्षण में तोला और क्षण में मासा हो जाता है; (अर्थात् मन की स्थिति सदैव बदलती रहती है, कभी यह ऊँचा हो जाता है, और कभी नीचा) ॥ ४ ॥ ३ ॥ ६ ॥

[१०]

साचा साहु गुरू सुखदाता हरि मेले भुख गवाए ।
करि कृपा हरि भगति द्रिड़ाए अनदिनु हरि गुण गाए ॥१॥

मत भूलहि रे मन चेति हरी ।
बिनु गुर मुकति नाही त्रै लोई गुरमुखि पाईऐ नामु हरी ॥१॥ रहाउ ॥

बिनु भगती नही सतिगुर पाईऐ बिनु भागा नही भगति हरी ।
बिनु भागा सतसंगु न पाईऐ करमि मिलै हरिनामु हरी ॥२॥

घटि घटि गुपतु उपाए वेखै परगटु गुरमुखि संत जना ।
हरि हरि करहि सु हरि रंगि भीने हरि जलु अंम्रित नामु मना ॥३॥

जिन कउ तखति मिलै वडिआई गुरमुखि से परधान कीए ।
पारसु भेटि भए से पारस नानक हरि गुरि संगि थीए ॥४॥४॥१०॥

गुरु ही सच्चा साहु और सुख देनेवाला है; (वह शिष्य को) हरी से मिला कर (उसकी सांसारिक) भूख मिटा देता है । (सद्गुरु) कृपा करके (शिष्य की) हरि-भक्ति दृढ़ करता है, (जिससे वह) प्रतिदिन हरि का गुणगान करता है ॥ १ ॥

हे मन, भूल मत कर, हरी का स्मरण कर । बिना गुरु के त्रैलोक में (कहीं भी) मुक्ति नहीं मिल सकती । गुरु के उपदेश द्वारा ही हरी का नाम पाया जाता है ॥ १ ॥ रहाउ ॥

बिना भक्ति के सद्गुरु की प्राप्ति नहीं होती और बिना भाग्य के हरि-भक्ति नहीं प्राप्त होती । बिना भाग्य के सत्संग भी नहीं पाया जाता । (परमात्मा की कृपा से) हरिनाम मिलता है ॥ २ ॥

(हरी) सृष्टि उत्पन्न करके, (उसकी) देखभाल करता है, (वह घट-घट में रमता हुआ भी गुप्त है; (किन्तु) गुरु द्वारा संत-लोगों के बीच प्रकट होता है । (जो व्यक्ति निरन्तर) हरी-हरी करते हैं, वे उस हरी के रंग में रंग जाते हैं और उनके मन में हरि-नाम रूपी अमृत-जल का (वास होता है) ॥ ३ ॥

जिन्हें (हरी की ओर से) तख्त के ऊपर बैठने की बड़ाई प्राप्त होती है, वे गुरु के द्वारा प्रधान बनाये जाते हैं । (वे) (गुरु रूपी) पारस का स्पर्श करके (स्वयं भी) पारस हो जाते हैं । नानक कहता है कि (वे लोग) सदैव हरी रूपी गुरु के साथ में (एक) हो जाते हैं ॥ ४ ॥ ४ ॥ १० ॥

१ओं सतिगुर प्रसादि ।। बसंतु, महला १, घरु १, दुतुकीआ

असटपदीआं [१]

जगु कऊआ नामु नही चीति । नामु विसारि गिरै देखु भीति ।।
मनूआ डोलै चीति अनीति । जग सिउ तूटी झूठ परीति ।।१।।

कामु क्रोधु बिखु बजरु भारु । नाम बिना कैसे गुन चारु ।।१।। रहाउ ।।

घरु बालू का घूमनघेरि । बरखसि बाणी बुदबुदा हेरि ।।
मात्र बूंद ते धरि चकु फेरि । सरब जोति नामै की चेरि ।।२।।

सरब उपाइ गुरू सिरि मोरु । भगति करउ पग लागउ तोर ।।
नामि रतो चाहत तुझ ओरु । नामु दुराइ चलै सो चोरु ।।३।।

पति खोई बिखु अंचलि पाइ । साच नामि रतो पति सिउ घरि जाइ ।
जो किछु कीन सि प्रभु रजाइ । भै मानै निरभउ मेरी माइ ।।४।।

कामनि चाहै सुंदरि भोगु । पान फूल मीठे रस भोग ।।
खेलै बिगसै तेतो सोग । प्रभ सरणागति कीन्हसि होग ।।५।।

कापड़ पहिरसि अधिकु सीगारु । माटी फूली रूपु बिकारु ।
आसा मनसा बांधो बारु । नाम बिना सूना घरु बारु ।।६।।

गाछहु पुत्री राजकुआरि । नामु भणहु सचु दोतु सवारि ।।
प्रिउ सेवहु प्रभ प्रेम अधारि । गुर सबदी बिखु तिआस निवारि ।।
मोहनि मोहि लीआ मनु मोहि । गुरकै सबदि पछाना तोहि ।।
नानक ठाढे चाहहि प्रभू दुआरि । तेरे नामि संतोखे किरपा धारि ।।८।।१।।

विशेष : राजा शिवनाभ की धरती पर गुरु नानक देव ने अपने पवित्र चरण रक्खे। कहते हैं कि उनके चरण रखते ही राजा शिवनाभ का सूखा बाग हरा-भरा हो उठा। इस पर राजा ने गुरु नानक देव की परीक्षा के लिए अति रूपवती स्त्रियों को भेजा। वे अडिग रहें। उन्होंने इस पद में उन स्त्रियों को समझाया है—

अर्थ : संसार कौवा [अभिप्राय यह कि मायासक्त] है। (जगत्) हरि-नाम को भूल कर (विषय रूपी) चारे को देख कर डिग जाता है। चित्त में बदनीयती (के कारण), मन चलायमान हो जाता है। (यह सब कुछ देख कर हमारी तो) जगत से झूठी प्रीति टूट चुकी है ।। १ ।।

काम-क्रोध का विष वज्रवत भारी है। (हरी) नाम के बिना (शुभ) गुणों के आचार किस प्रकार (प्राप्त हो सकते हैं) ? ।। १ ।। रहाउ ।।

(संसार का रहना उस) बालू के घर (के समान हैं, जो (चारों ओर) समुद्र के चक्र से घिरा होता है। वर्षा-ऋतु में जैसे तुम बुदबुदे की बनावट को देखती हो, (वैसी ही संसार

की भी स्थिति है)। (प्रभु ने) बूंद मात्र से चाक फिरा कर शरीर को बना दिया है। [तात्पर्य यह कि जिस प्रकार कुम्हार अपनी चाक पर अनेक मिट्टी के बरतनों का निर्माण करता है, उसी प्रकार प्रभु ने अपनी चाक पर बिन्दु (वीर्य के एक बूंद) से प्राणियों का शरीर बना देता है]। सारी ज्योतियाँ नाम की ही चेरी हैं ॥ २ ॥

सभी को रचकर, (उनका) शिरमौर गुरु (तू ही) है। (तेरी महिमा का अनुमान कर मैं) तेरी भक्ति करता हूँ और (तेरे) चरणों में पड़ता हूँ। (हे प्रभु, मैं तेरे) नाम में लग कर, तेरी ही ओर देखता रहता हूँ। जो नाम को छिपा कर चलता है, वह चोर है ॥ ३ ॥

(नाम को भुलानेवाला व्यक्ति) प्रतिष्ठा खोकर, पल्ले में (सांसारिक विषय रूपी) विष पाता है। (जो व्यक्ति) सच्चे नाम में अनुरक्त है, (वह) प्रतिष्ठा के साथ (अपने वास्तविक आत्मस्वरूपी) घर में जाता है। जो कुछ (हरी ने) किया है, वह अपनी मर्जी के अनुसार किया है। हे मेरी माँ, जो व्यक्ति हरी के भय को मानता है, वह निर्भय हो जाता है ॥ ४ ॥

स्त्री चाहती है कि सुन्दरी (होऊं) और (विविध प्रकार के) भोग करूँ—(यथा) पान (खाऊं), फूलों (की शय्या पर सोऊं) मीठे रसों (का आस्वादन करूँ)। (किन्तु वह भोगों में जितना अधिक) खिलती और विकसित होती है, (उतना ही अधिक) शोक (भी) करती है। पर जो प्रभु की शरण में है, (वह जो कुछ भी) करना चाहती है, वह हो जाता है ॥ ५ ॥

(स्त्री खूब सुन्दर सुन्दर) कपड़े पहनती है और खूब शृंगार करती है; (किन्तु समझ लो कि) मिट्टी फूली हुई है और विकार रूप हुई है। आशा और मनसा ने (हरी का) दरवाजा रोक रक्खा है। नाम के बिना घरबार सूना है ॥ ६ ॥

हे पुत्री, हे राजकुमारी चली जाओ। दिन संवार कर (अमृत वेला अथवा ब्राह्म-मुहूर्त को संभाल कर) सच्चा नाम जपो। (प्रभु के प्रेम के आधार पर प्रियतम (हरी) की सेवा करो। गुरु के शब्दों द्वारा (विषयों के) विष की तृषा निवारण करो ॥ ७ ॥

मोहन (हरी) ने मेरा मन मोह लिया है। (हे हरी, मैंने) गुरु के शब्द द्वारा तुझे पहचान लिया है। नानक प्रभु के दरवाजे पर खड़ा होकर उसे देखना चाहता है। हे प्रभु, तू यह कृपा कर कि तेरे नाम में (मुझे) संतोष प्राप्त हो ॥८॥१॥

[२]

मनु भूलउ भरमसि आइ जाइ। अति लुबध लुभानउ बिखम माइ ॥
नह असथिरु दीसै एक भाइ। जिउ मीन कुंडलीआ कंठि पाइ ॥१॥

मनु भूलउ समझसि साच नाइ। गुर सबद बीचारे सहज भाइ ॥१॥ रहाउ ॥

मनु भूलउ भरमसि भवर तार। बिल बिरथे चाहै बहु बिकार।
मैगल जिउ फाससि कामहार। कड़ि बंधनि बाधिओ सीस मार ॥२॥

मनु मुगधौ दादरु भगति हीनु। दरि भ्रसट सरापी नाम बीनु ॥
ता कै जाति न पाती नाम लीन। सभि दूख सखाई गुणह बीन ॥३॥

मनु चलै न जाई ठाकि राखु । बिनु हरि रस राते पति न साखु ।
तू आपे सुरता आपि राखु । धरि धारण देखै जाणै आपि ॥४॥

आपि भुलाए किसु कहउ जाइ । गुरु मेले बिरथा कहउ माइ ।
अवगण छोडउ गुण कमाइ । गुर सबदी राता सचि समाइ ॥५॥

सतिगुर मिलिऐ मति ऊतम होइ । मनु निरमलु हउमै कढै धोइ ।
सदा मुकतु बंधि न सकै कोइ । सदा नामु वखाणै अवरु न कोइ ॥६॥

मनु हरि कै भाणै आवै जाइ । सभ महि एको किछु कहणु न जाइ ।
सभु हुकमो वरतै हुकमि समाइ । दूख सूख सभ तिसु रजाइ ॥७॥
तू अभुलु न भूलौ कदे नाहि । गुर सबदु सुणाए मति अगाहि ॥
तू मोटउ ठाकुरु सबद माहि । मनु नानक मानिआ सचु सलाहि ॥८॥२॥

मन (माया के विषयों में) भूल कर और भ्रमित होकर (संसार-चक्र में) आता जाता रहता है । (वह) माया के विषम (आकर्षणों) में अत्यधिक लुब्ध हो गया है । (किसी) एक का प्रेम स्थिर नहीं दिखाई पड़ता । (मन लोभ में फंस कर इस प्रकार मारा जाता है) जैसे मछली (चारे के लोभ के कारण) गले में कुंडी डलवा कर (मारी जाती है) ॥१॥

हे भूले हुए मन, सच्चे नाम को समझ; (तू) सहज भाव से गुरु के शब्दों पर विचार कर ॥१॥ रहाउ ॥

हे मन, (तू) भौंरे की भाँति भटक कर भ्रमित हो रहा है । (नौ) गोलकों—बिलों वाली इन्द्रियाँ व्यर्थ हैं; (इन्हीं के द्वारा मन) बहुत से विकारों में (फँसा जाता है) । (हे मन, तू) कामातुर होकर हाथी की भाँति फँसा जाता है, ([illegible]) बंधन में कस कर बाँधा जाता है और सिर पर मार पड़ती है ॥२॥

हे मूर्ख मन, (तू) भक्ति से हीन होकर दादुर (के समान हो गया है) । (मनुष्य) नाम के बिना (हरि के) दरवाजे से भ्रष्ट तथा शापित हो जाता है । उसकी न जाति है, न पाँति; न (उसका कोई) नाम भी लेता है । गुणों के बिना होने से, समस्त दुःख ही उसके साथी होते हैं ॥३॥

मन (सदैव) चलायमान रहता है, (वह) रोका नहीं जा सकता । बिना हरि-रस में अनुरक्त हुए, न (उसकी कोई) प्रतिष्ठा होती है (और न कोई) शाख ही । (हे प्रभु), तू आप ही सुरतिवाला है, (अतः) आप ही रक्षा कर । धरती को धारण कर तू ही उसे देखता और जानता है ॥४॥

(प्रभु जब) आप ही (मनुष्य को) भुलाता है, तो किससे (इस बात को) कहूँ ? हे माँ, गुरु के मिलने पर ही (यह) व्यथा कही जा सकती है । (गुरु के कहने पर) अवगुणों का त्याग कर गुणों को कमाता हूँ । (जो) गुरु के शब्दों में अनुरक्त होता है, वह सत्य में समाहित हो जाता है ॥५॥

सद्गुरु से मिलने पर बुद्धि उत्तम हो जाती है । (सद्गुरु मन से) अहंकार को काढ़ कर धो देता है, (जिससे) मन निर्मल हो जाता है । (अहंकार निवृत्त हो जाने से (प्राणी)

सदैव के लिए मुक्त हो जाता है, (फिर उसे) कोई बाँध नहीं सकता। (ऐसा व्यक्ति) सदैव नाम का ही वर्णन करता है, अन्य किसी (वस्तु) का नहीं ॥ ६ ॥

(जीवन्मुक्त पुरुषों का) मन हरी की आज्ञा में आता जाता है। सभी में एक (हरी ही व्याप्त है); कुछ कहते नहीं बनता। सभी कुछ (हरी के) हुक्म में बरत रहा है (और अन्त में) हुक्म में ही समा जाता है। उसी (हरी) की ही मर्जी से सब दुःख-सुख होते हैं ॥ ७ ॥

(हे प्रभु); तू न भूलनेवाला है और कभी नहीं भूलता। गुरु का शब्द सुनाने से (साधकों की) बुद्धि अगाध हो जाती है। (हे ठाकुर), तू बहुत बड़ा है (और गुरु के) शब्द में (विद्यमान) है। हे नानक, सत्य की स्तुति करके मन मान गया (शान्त हो गया) ॥ ८ ॥ २ ॥

[३]

दरसन की पिआस जिसु नर होइ। एकतु राचै परहरि दोइ ॥
दूरि दरदु मथि अंमृतु खाइ। गुरमुखि बूझै एक समाइ ॥१॥
तेरे दरसन कउ केती बिललाइ। विरला को चीनसि गुर सबदि मिलाइ ॥१॥
॥ रहाउ ॥

बेद वखाणि कहहि इकु कहीऐ। ओहु बेअंतु अंतु किनि लहीऐ ॥
एको करता जिनि जगु कीआ। बाझु कला धरि गगनु धरीआ ॥२॥
एको गिआनु धिआनु धुनि बाणी। एकु निरालमु अकथ कहाणी ॥
एको सबदु सचा नीसाणु। पूरे गुर ते जाणै जाणु ॥३॥
एको धरमु द्रिड़ै सचु कोई। गुरमति पूरा जुगि जुगि सोई ॥
अनहदि राता एक लिवतार। ओहु गुरमुखि पावै अलख अपार ॥४॥
एको तखतु एको पातिसाहु। सरबी थाई वेपरवाहु।
तिस का कीआ त्रिभवण सारु। ओहु अगमु अगोचरु एकंकारु ॥५॥
एका मूरति साचा नाउ। तिथै निबड़ै साचु निआउ ॥
साची करणी पति परवाणु। साची दरगह पावै माणु ॥६॥
एका भगति एको है भाउ। बिनु भै भगती आवउ जाउ ॥
गुर ते समझि रहै मिहमाणु। हरि रसि राता जनु परवाणु ॥७॥
इत उत देखउ सहजे रावउ। तुझ बिनु ठाकुर किसै न भावउ ॥
नानक हउमै सबदि जलाइआ। सतिगुरि साचा दरसु दिखाइआ ॥८॥३॥

जिस व्यक्ति की (हरी के) दर्शन की प्यास—चाह होती है, वह द्वैत का परित्याग करके, एकत्व भाव—अद्वैतभाव में अनुरक्त रहता है। (वह सांसारिक) दुःखों को दूर करके (भक्ति रूपी) अमृत मथ कर खाता है। गुरु द्वारा (परमात्मा के रहस्य को) समझ कर, (वह) एक हरी में समा जाता है ॥ १ ॥

(हे हरी), तेरे दर्शन के निमित्त कितने ही लोग बिललाते रहते हैं; (किन्तु) गुरु के शब्द के संयोग से—मेल से कोई विरला ही (तुझे) पहचान पाता है ॥ १ ॥ रहाउ ॥

वेद व्याख्या करके कहते हैं कि एक (हरी) को ही कहना चाहिए—जपना चाहिए । वह (हरी) बेअंत है; उसका अंत किसने पाया है ? (अर्थात् किसी ने भी नहीं) ; एक ही कर्त्ता (पुरुष) है, जिसने जगत् की रचना की है । बिना किसी कला के ही आकाश धारण कर रक्खा है ॥ २ ॥

एक गुरुवाणी का उच्चारण ही ज्ञान-ध्यान है । एक निर्लेप (हरी) की ही अकथनीय कहानी—वार्ता है । (गुरु का) एक शब्द ही सच्चा निशान है । (हे साधक), पूर्ण गुरु से जानने योग्य (हरी को) जान ॥ ३ ॥

यदि कोई सत्य को समझे, (तो सारे) धर्म एक हैं । गुरु की बुद्धि द्वारा (यह बोध होता है कि) वही पूर्ण (हरी) युग-युगान्तरों से (व्याप्त है) । (जो, हरी के) अनाहत शब्द में एकाग्र होकर लिव और एकनिष्ठ ध्यान लगाए रखता है, वही गुरुमुख अलक्ष्य और अपार (हरी) को पाता है ॥ ४ ॥

एक पातशाह (बादशाह, अर्थात् परमात्मा) का एक ही तख्त है और वह बेमुहताज सभी स्थानों में (रम रहा है) । तीनों भुवनों के तत्व उसी द्वारा रचे गए हैं; वह (हरी) अगम, अगोचर और एकंकार है ॥ ५ ॥

(हरी का) एक ही स्वरूप—हस्ती है, और उसका नाम सच्चा, (अर्थात् वह सत्य नामवाला है) । वहीं पर (उसी के यहाँ) सच्चे न्याय से निर्णय होता है । सच्ची करनी से ही प्रतिष्ठा और प्रामाणिकता (प्राप्त होती है) और सच्चे दरवाजे पर मान प्राप्त होता है ॥ ६ ॥

एक ही भक्ति और एक ही ज्ञान होना चाहिए । बिना (हरी के) भय और भक्ति के (मनुष्य का) आना-जाना (बना रहता है) । (हे साधक), गुरु के द्वारा (परमात्म तत्व) समझ कर (इस संसार में) मेहमान की भाँति रह । प्रामाणिक व्यक्ति हरि-रस में अनुरक्त रहते हैं ॥ ७ ॥

(हे प्रभु), (मैं) इधर-उधर देखता हूँ और सहजभाव से—प्रेम से (तुझे ही) स्मरण करता हूँ, (क्योंकि) हे ठाकुर (स्वामी) तेरे बिना मुझे कोई और नहीं अच्छा लगता । नानक ने शब्द—नाम के द्वारा अहंकार जला दिया है । सद्गुरु ने मुझे (हरी का) सच्चा दर्शन करा दिया है ॥ ८ ॥ ३ ॥

[४]

चंचलु चीतु न पावै पारा । आवत जात न लागै बारा ॥
दूखु घणो मरीऐ करतारा । बिनु प्रीतम को करै न सारा ॥१॥
सभ ऊतम किसु आखउ हीना । हरि भगती सचि नामि पतीना ॥१॥रहाउ॥
अउखध करि थाकी बहुतेरे । किउ दुखु चूकै बिनु गुर मेरे ॥
बिनु हरि भगती दूख घणेरे । दुख सुख दाते ठाकुर मेरे ॥२॥

रोगु वडो किउ बांधउ धीरा। रोगु बुझै सो काटै पीरा॥
मै अवगण मन माहि सरीरा। ढूढत खोजत गुरि मेले बीरा॥३॥

गुर का सबदु दारू हरि नाउ। जिउ तू राखहि तिवै रहाउ॥
जगु रोगी कह देखि दिखाउ। हरि निरमाइलु निरमलु नाउ॥४॥

घर महि घरु जो देखि दिखावै। गुर महली सो महलि बुलावै॥
मन महि मनूआ चित महि चीता। ऐसे हरि के लोग अतीता॥५॥

हरख सोग ते रहहि निरासा। अंमृतु चाखि हरि नामि निवासा॥
आपु पछाणि रहै लिव लागा। जनमु जीति गुरमति दुखु भागा॥६॥

गुरि दीआ सचु अंमृतु पीवउ। सहजि मरउ जीवत ही जीवउ॥
अपणो करि राखहु गुर भावै। तुमरो होइ सु तुझहि समावै॥७॥

भोगी कउ दुखु रोग विआपै। घटि घटि रवि रहिआ प्रभु जापै।
सुख दुख ही ते गुर सबदि अतीता। नानक रामु रवै हित चीता॥८॥४॥

चित्त चंचल है, (अतः संसार में ही भटकता रहता है, किन्तु) उसका पार नहीं पाता; (चलायमान चित्त के कारण, परमात्मा की समझ नहीं आती, जिससे मनुष्य को संसार-चक्र में) आते-जाते देर नहीं लगती। हे कर्त्तार, अत्यधिक दुःख होने के कारण, (सांसारिक और मायासक्त प्राणी निरन्तर) मरता रहता है। बिना प्रियतम (हरी) के कोई भी खबर नहीं लेता॥ १॥

(इस संसार में) सभी कोई उत्तम हैं; (मैं) हीन किसे कहूँ? हरि-भक्ति (और हरि के) सच्चे नाम से (जीव) तृप्त हो जाता है॥ १॥ रहाउ॥

बहुत सी औषधियों को करके थक गई, (किन्तु मेरे दुःखों की समाप्ति नहीं हुई); (भला) बिना गुरु के मेरे दुःखों की समाप्ति किस प्रकार हो? बिना हरि-भक्ति के दुःखों की अधिकता रहती है। हे मेरे दाता, ठाकुर (मालिक) सभी सुख-दुःख तेरे ही हैं॥ २॥

(इस संसार में) बड़े-बड़े रोग हैं; (मैं) किस प्रकार धैर्य बाँधू? (जो गुरु) रोग को जानता है, (वही) व्यथा काट सकता है। मेरे मन और शरीर में अवगुण ही अवगुण हैं। हे भाई, (वीर), ढूँढ़ते-खोजते गुरु से मिलाप हो गया॥ ३॥

गुरु का शब्द और हरिनाम ही दवाएं हैं। (हे हरी मुझे) जिस भाँति रख, उसी भाँति रहूँ। (सारा) जगत् ही रोगी है, (तो फिर) किससे मिलकर (अपना) रोग दिखाऊँ? हरी ही पवित्र है और (उसका) नाम निर्मल है॥ ४॥

(जो गुरु) (मन रूपी) घर के अन्दर (हरी का) घर देख कर (औरों को) दिखा देता है, वह गुरु के महल द्वारा (हरी के) महल में बुला लेता है। हरी के भक्तगण ऐसे अतीत (वैराग्यवान्) होते हैं कि अपने मन और चित्त के भीतर ही (वास्तविक) मन और चित्त प्राप्त कर लेते हैं। तात्पर्य यह कि अपने ज्योतिर्मय मन द्वारा हरी का साक्षात्कार कर लेते हैं)॥ ५॥

(परमात्मा के भक्तगण) हर्ष और शोक से निराश (उदासीन) हो जाते हैं (वे नाम रूपी) अमृत चखते हैं (और साथ ही) हरिनाम में निवास करते हैं। (वे) अपने वास्तविक स्वरूप को पहचान कर, (उसी के) ध्यान में लगे रहते हैं। गुरु के उपदेश से वे जन्म (की बाजी) जीत लेते हैं (और उनके समस्त) दुःख भग जाते हैं ॥ ६ ॥

गुरु ने (मुझे) सच्चा (नाम रूपी) अमृत दे दिया है, (मैं उसी को) पीता हूं। (मैं गुरु-कृपा से) सहजावस्था में (स्थित होकर अपने अहंभाव से) मर गया हूँ (और अब) जीवित ही जीवन्मुक्त हो गया हूँ। हे गुरु, (यदि तुझे) अच्छा लगे, (तो मुझे) अपना समझ कर रख। [कई प्रतियों में यह पाठ 'राखउ' है। पर आगे की पंक्ति के भावानुसार 'राखहु' ही अधिक समीचीन प्रतीत होता है]। (हे प्रभु, जो व्यक्ति) तेरा हो जाता है, वह तुझी में समा जाता है ॥ ७ ॥

दुःख और रोग रोगियों को ही व्यापते हैं। (क़िन्तु) (जो भाग्यशाली साधक) गुरु के उपदेश द्वारा दुःख-सुख से अतीत हो गए हैं, (उन्हें) घट-धट में रमता हुआ प्रभु (स्पष्ट) प्रतीत होता है। नानक तो दिली प्रेम से राम में रमण करता है ॥ ८ ॥ ४ ॥

[५]

इकतुकीआ

मतु भसम अंधूले गरबि जाहि। इनि बिधि नागे जोगु नाहि ॥१॥
मूढ़े काहे बिसारिओ तै राम नाम। अंत कालि तेरै आवै काम ॥रहाउ॥
गुर पूछि तुम करहु बीचारु। जह देखउ तह सारिगपाणि ॥२॥
किआ हउ आखा जां कछू नाहि। जाति पति सभ तेरै नाइ ॥३॥
काहे मालु दरबु देखि गरबि जाहि। चलती बार तेरो कछू नाहि ॥४॥
पंच मारि चितु रखहु थाइ। जोग जुगति की इहै पांइ ॥५॥
हउमै पैखड़ु तेरै मनै माहि। हरि न चेतहि मूड़े मुकति जाहि ॥६॥
मत हरि विसरिऐ जम वसि पाहि। अंत कालि मूड़े चोट खाहि ॥७॥
गुर सबदु बिचारहि आपु जाइ। साच जोगु मनि वसै आइ ॥८॥
जिनि जीउ पिंडु दिता तिसु चेतहि नाहि। मड़ी मसाणी मूड़े जोगु नाहि ॥९॥
गुण नानकु बोलै भली बाणि। तुम होहु सुजाखे लेहु पछाणि ॥१०॥५॥

हे भस्म के अन्धे, भला तू गर्व क्यों करता है? ['भस्म के अन्धे' का भाव यह है कि जिसने भस्म लगाने के अहंकार में वास्तविकता की सुधि-बुधि खो दी है और अहंभाव में अन्धा हो गया है। मत, अरबी, शब्द है,=भला, क्यों]। हे नागे, इस विधि में योग नहीं है ॥ १ ॥

हे मूढ़, तूने राम नाम क्यों विसार दिया? तेरे अन्तिम समय में वही काम आयेगा। ॥ १ ॥ रहाउ ॥

(हे साधक), गुरु से पूछ कर इस बात पर विचार कर (कि हरी सर्वत्र व्याप्त है)। (मैं तो) जहाँ देखता हूँ, वहाँ हरी (शारंगपाणि) ही (दिखलाई पढ़ता है) ॥ २ ॥

जब मेरा कुछ है ही नहीं, तो मैं क्या कह सकता हूँ। (मेरी) जाति और प्रतिष्ठा तो तेरे नाम से ही बनी है ॥ ३ ॥

(हे अहंकारी), माल और द्रव्य देख कर क्यों गर्व करता है ? (अन्त में) चलते समय तेरा कुछ भी नहीं होगा ॥ ४ ॥

पंच कामादिकों को मार कर, चित्त ठिकाने रख; योग की युक्ति की यही बुनियाद है ॥ ५ ॥

अहंकार का बंधन तेरे मन में है। [पैखड़ु=जानवरी के पैरों को बाँधने की रस्सी, जिससे वे अपने स्थान से आगे न बढ़ सकें]। हे मूढ़, हरि का स्मरण नहीं करता, (जिससे तू) मुक्त हो जा ॥ ६ ॥

(हे मनुष्य) हरि को मत भूल, यम पास ही बसता है। (हरि को भज, नहीं तो) हे मूर्ख, अन्तिम समय में चोटें खायगा ॥७॥

(हे शिष्य), गुरु के शब्दों पर विचार कर, (जिससे तेरा) आपापन नष्ट हो जाय और वास्तविक (सच्चा) योग (तेरे) मन में आ बसे ॥ ८ ॥

(हे मूर्ख) जिस (हरी) ने (तुझे) प्राण और शरीर दिए है, (तू) तू उसका स्मरण नहीं करता। हे मूढ़, मढ़ी-मसाणी में योग नहीं है ॥ ९ ॥

नानक गुणोंवाली भली बात (वाणी) कहता है। तू (तो) सुन्दर आँखोंवाला है, इसे (भलीभाँति) पहचान ले ॥ १० ॥ ५ ॥

[६]

दुबिधा दुरमति अधुली कार। मनमुखि भरमै मझि गुबार ॥१॥
मनु अंधुला अंधुली मति लागै। गुर करणी बिनु भरमु न भागै ॥१॥रहाउ॥
मनमुखि अंधुले गुरमति न भाई। पसू भए अभिमानु न जाई ॥२॥
लख चउरासीह जंत उपाए। मेरे ठाकुर भाणे सिरजि समाए ॥३॥
सगली भूलै नही सबदु अचारु। सो समझै जिसु गुरु करतारु ॥४॥
गुर के चाकर ठाकुर भाणे। बखसि लीए नाही जम काणे ॥५॥
जिन कै हिरदै एको भाइआ। आपे मेले भरमु चुकाइआ ॥६॥
बे मुहताजु बेअंतु अपारा। सचि पतीजै करणैहारा ॥७॥
नानक भूले गुरु समझावै। एकु दिखावै साचि टिकावै ॥८॥६॥

दुबिधा और दुर्बुद्धि (अज्ञानता की) अन्धी लकीरें हैं। मनमुख (अज्ञानता के) अन्धकार में भटकता फिरता है ॥ १ ॥

अन्धा मन, अन्धी बुद्धि में लगता है। गुरु (द्वारा निर्दिष्ट) कार्यों में लगे बिना भ्रम नहीं दूर होता है ॥ १ ॥ रहाउ।

मनमुख अंधे (अज्ञानी) होते हैं, (जिससे उन्हें) गुरु द्वारा प्रदत्त बुद्धि अच्छी नहीं लगती। (वे अज्ञानता में) पशु हो गए हैं, फिर भी (उनका) अभिमान नहीं दूर होता ॥ २ ॥

मेरे ठाकुर (स्वामी, हरी) ने चौरासी लक्ष जीवों की उत्पत्ति की है; (वह) अपनी मरजी से (जीवों को) उत्पन्न करके अपने में ही लीन कर लेता है ॥ ३ ॥

(संसार के) सभी (प्राणी) भूल में पड़े हैं; (उनके पास) न तो शब्द नाम है और आचार। जिसके (पास) गुरु रूपी कर्त्ता-पुरुष है, वही (इस रहस्यपूर्ण बात को समझता है ॥ ४ ॥

गुरु के चाकर—सेवक ठाकुर के आज्ञानुसार (चलते हैं); (ऐसे सेवकों को हरी) बख्श लेता है; (उन्हें) यमराज का भी कोई भय नहीं रहता ।। ५ ।।

जिनके हृदय में एक (हरी) अच्छा लग जाता है, (उन्हें वह हरी) आप ही अपने में मिला लेता है (और उनका) भ्रम समाप्त कर देता है ।। ६ ।।

(वह हरी) बेमुहताज, बेअंत और अपार है; वह कर्त्तार सत्य से ही प्रसन्न होता है ।। ७ ।।

नानक कहता है कि (हरि-पथ से) भूले-भटकों को गुरु ही समझाता है; (गुरु उन्हें) एक (हरी) को दिखा कर सत्य में टिका देता है ।। ८ ।। ६ ।।

[७]

आपे भवरा फूल बेलि । आपे संगति मीत मेलि ।।१।।
ऐसी भवरा बासुले । तरवर फूले बन हरे ।।१।।रहाउ।।
आपे कवला कंतु आपि । आपे रावे सबदि थापि ।।२।।
आपे बछरू गऊ खीरु । आपे मंदरु थंम्हु सरीरु ।।३।।
आपे करणी करणहारु । आपे गुरमुखि करि बीचारु ।।४।।
तू करि करि देखहि करणहारु । जोति जीअ असंख देइ अधारु ।।५।।
तू सरु सागरु गुण गहीरु । तू अकुल निरंजनु परम हीरु ।।६।।
तू आपे करता करण जोगु । निहकेवलु राजन सुखी लोगु ।।७।।
नानक ध्रापे हरि नाम सुआदि । बिनु हरि गुर प्रीतम जनमु बादि ।।८।।७।।

(हरी) आप ही भौंरा, आप ही फूल तथा आप ही बेलि है; आप ही सत्संगति है, आप ही मित्र है और आप ही मिलाप है ।। १ ।।

(गुरुमुख रूपी) भौंरा (प्रभु की अद्वैतमयी) सुगन्ध की बास लेता है; (जिसके लिए समस्त) तरुवर फूले रहते हैं और (समस्त) वन हरे-भरे बने रहते हैं । [तात्पर्य यह है कि उसे सर्वत्र आनन्द ही आनन्द दिखलाई पड़ता है] ।। १ ।। रहाउ ।।

(हरी) आप ही माया (कमला है) और आप ही (उस माया का) कंत– स्वामी है । (गुरु के) शब्द की स्थापना करके आप ही उसमें आनन्द करता है ।। २ ।।

(प्रभु) आप ही बछड़ा है, आप ही गाय और आप ही दूध है; शरीर रूपी मन्दिर का आप ही खंभा है ।। ३ ।।

(हरी) आप ही करनी और आप ही (उस करनी को) करनेवाला है । गुरु के उपदेश द्वारा आप ही विचार भी करता है ।। ४ ।।

(हे प्रभु), हे कर्त्ता पुरुष, तू (सृष्टि) रच-रच कर, (उसकी) देखभाल करता है और अगणित जीवों की ज्योति को आसरा देता है ।। ५ ।।

(हे प्रभु), तू गुणों का गम्भीर सागर है । तू कुल-रहित, निरंजन (माया से परे) और महान् हीरा है ।। ६ ।।

(हे स्वामी), तू आप ही कर्त्ता है, और करने योग्य (कर्म भी) है । हे राजन्, तू निष्केवल है और तेरे (सभी) लोग (प्रजा) सुखी हैं ।। ७ ।।

नानक हरि-नाम के स्वाद में तृप्त होता है। प्रियतम हरी और गुरु के बिना जन्म व्यर्थ है ॥ ८ ॥ ७ ॥

१ओं सतिगुर प्रसादि ॥ बसंत हिंडोलु, घरु २

[८]

नउ सत चउदह तीनि चारि करि महलति चारि बहाली ।
चारे दीवे चहु हथि दीए एका एकी वारी ॥१॥
मिहरवान मधुसूदन माधौ ऐसी सकति तुम्हारी ॥१॥ रहाउ ॥
घरि घरि लसकरु पावकु तेरा धरमु करे सिकदारी ।
धरती देग मिलै इक वेरा भागु तेरा भंडारी ॥२॥
नासाबूरु होवै फिरि मंगै नारदु करे खुआरी ।
लबु अधेरा बंदीखाना अउगुण पैरि लुहारी ॥३॥
पूंजी मार पवै नित मुदगर पापु करे कुोटवारी ।
भावै चंगा भावै मंदा जैसी नदरि तुम्हारी ॥४॥
आदि पुरख कउ अलहु कहीऐ सेखा आई वारी ।
देवल देवतिआ करु लागा ऐसी कीरति चाली ॥५॥
कूजा बांग निवाज मुसला नील रूप बनवारी ।
घरि घरि मीआ सभनां जीआं बोली अवर तुमारी ॥६॥
जे तू मीर महीपति साहिबु कुदरति कउण हमारी ।
चारे कुंट सलामु करहिगे घरि घरि सिफति तुम्हारी ॥७॥
तीरथ सिंमृति पुंन दान किछु लाहा मिलै दिहाड़ी ।
नानक नामु मिलै वडिआई मेका घड़ी सम्हाली ॥८॥१॥८॥

(हे प्रभु, तूने) नौ खण्ड, सप्त दीप, चौदह भुवन, तीन लोक, चार युग रच कर चार युगों की अवधि में बैठा दिया है। चारों वेद के दीपक चारों युगों में अपनी-अपनी वारी से प्रकाश करते हैं ॥ १ ॥

हे मेहरबान, मधुसूदन, माधव तेरी इस प्रकार की शक्ति (सचमुच बड़ी विलक्षण और अद्‌भुत है) ॥ १ ॥ रहाउ ॥

प्रत्येक शरीर में (स्थित) पावक तेरा लश्कर है और धर्मराज तेरी सरदारी (नौकरी) करते हैं। पृथ्वी देग है, जिससे एक बार ही सब कुछ मिलता है और तेरा (निर्मित) भाग्य-भाण्डार (सबके लिए) बँटता है ॥ २ ॥

(मनुष्य हरी के यहाँ से बहुत कुछ पाता है, किन्तु वह संतुष्ट नहीं होता और) बेसब्र होकर फिर माँगता है; नारद (के समान चलायमान मन, मनुष्य को) नष्ट करता है। लालच अंधकार युक्त बंदीखाना है और पैरों में अवगुणों की बेड़ी पड़ती है ॥ ३ ॥

(यमदूतों के) मुद्गर की नित्य मार पड़नी ही (पापियों की) पूंजी है और पाप (उनकी) कोतवाली करता है। (हे प्रभु, यदि तुझे) रुचे तो अच्छा बना देता है, (और यदि तुझे रुचे तो) मंद बना देता है; (यह सब तेरी) दृष्टि का (ही परिणाम है) ॥ ४ ॥

(अब) शेखों—मुसलमानों की अमलदारी हो गई हैं, (जिससे वे) आदि पुरुष (परमात्मा को) 'अल्लाह' नाम से संबोधित करने लगे हैं। (अब) मन्दिरों और देवताओं पर कर लग गए हैं; इसी प्रकार का रिवाज चल पड़ा है ॥ ५ ॥

अजान का स्वर सुनाई पड़ता है, मुसल्ले पर नमाज (पढ़ी जाती है) और बनवारी (हरी) का स्वरूप भी नीलवर्ण का हो गया है। [मुगलों के राज्य में सभी कर्मचारीगण नीले वस्त्र पहनते थे]। घर-घर में 'मियां मियां' होने लगा है और सभी जीवों (यहाँ लोगों का तात्पर्य है) की बोलियाँ भी बदल गई हैं ॥ ६ ॥

(हे हरी), तू मालिक, महीपति और साहब है, (यदि तू ने उपर्युक्त वस्तुएं दिखा दी हैं), तो उसमें हमारी क्या शक्ति चल सकती है ? (अब) चारों दिशाओं में सलाम चल पड़ा है; और घर-घर में (मुगलों की) प्रशंसा चल पड़ी है ॥ ७ ॥

हे नानक, तीर्थादिकों में जो कुछ लाभ मजदूरी के तौर पर मिलता था, वह एक घड़ी के स्मरण से मिल गया है; (इस प्रकार) नाम से बड़ाई प्राप्त हो गई है ॥ १ ॥ ८ ॥

ੴ ओं सतिनामु करता पुरखु निरभउ निरवैरु अकाल मूरति अजूनी सैभं गुर प्रसादि

रागु सारंग, महला १, चउपदे, घरु १

सबद [१]

अपने ठाकुर की हउ चेरी ।
चरन गहे जगजीवन प्रभ के हउमै मारि निबेरी ।।१।। रहाउ ।।

पूरन परम जोति परमेसर प्रीतम प्रान हमारे ।।
मोहन मोहि लिआ मनु मेरा समझसि सबदु बीचारे ।।१।।

मनमुख हीन होछी मति झूठी मनि तनि पीर सरीरे ।
जब की राम रंगीलै राती राम जपत मन धीरे ।।२।।

हउमै छोडि भई बैरागनि तब साची सुरति समानी ।
अकुल निरंजन सिउ मनु मानिआ बिसरी लाज लुोकानी ।।३।।

भूत भविख नाही तुम जैसे मेरे प्रीतम प्रान अधारा ।
हरि कै नामि रती सोहागनि नानक राम भतारा ।।४।।१।।

मैं अपने स्वामी (हरी) की सेविका हूँ। मैंने अपने प्रभु, जगत् के जीवन की शरण पकड़ी (और प्रभु ने मेरे) अहंकार को मार कर समाप्त कर दिया ।।१।। रहाउ ।।

परमेश्वर पूर्ण और परम ज्योतिस्वरूप है; वह प्रियतम हमारा प्राण है। मोहन (हरी) ने मेरा मन मोह लिया है; (गुरु के) शब्द द्वारा विचार करके (मन उसे) समझता है ।।१।।

मनमुख हीन, ओछी और झूठी बुद्धिवाला है, (उसके) तन, मन और (समस्त) शरीर में पीड़ा ही पीड़ा होती रहती है। जब से (मैं) रंगीले राम में अनुरक्त हो गई हूँ, (तब से) 'राम नाम' जपने लगी हूँ और (मेरा) मन धैर्यशील हो गया है ।।२।।

(जब से मैं) अहंकार छोड़कर वैरागिनी हो गई हूँ, तब से मैं (हरी की) सच्ची सुरति में समा गई हूँ। (मेरा) मन कुल-रहित, निरंजन (हरी) से मान गया है; और अब (सारी) लोकलज्जा भूल गई हूँ ।।६।।

हे मेरे प्रियतम, प्राणाधार तेरे समान भूत-भविष्य में और कोई नहीं है। हे नानक, (मैं) हरि के नाम में अनुरक्त हूँ और पति राम की सुहागिनी हूँ ॥४॥१॥

[२]

हरि बिनु किउ रहीऐ दुखु बिआपै ।
जिहवा सादु न फीकी रस बिनु बितु प्रभ कालु संतापै ॥१॥ रहाउ ॥
जब लगु दरसु न परसै प्रीतम तब लगु भूख पिआसी ।
दरसनु देखत ही मनु मानिआ जल रसि कमल बिगासी ॥१॥
ऊनवि घनहरु गरजै बरसै कोकिल मोर बैरागै ।
तरवर बिरख बिहंग भुइअंगम घरि पिरु धन सोहागै ॥२०॥
कुचिल कुरूपि कुनारि कुलखनी पिर का सहजु न जानिआ ।
हरि रस रंगि रसन नही तृपती दुरमति दूख समानिआ ॥३॥
आइ न जावै ना दुखु पावै ना दुख दरदु सरीरे ।
नानक प्रभ ते सहज सुहेली प्रभ देखत ही मनु धीरे ॥४॥२॥

हरि के बिना (भला) किस प्रकार रहा जाय? (बिना हरी के अत्यधिक) दुःख व्याप्त हो रहा है। (हरि रूपी) रस के बिना, जिह्वा में स्वाद नहीं रहता, (और वह) फीकी रहती है, बिना प्रभु के काल संताप देता है ॥१॥ रहाउ ॥

जब तक प्रियतम का दर्शन और स्पर्श नहीं हो जाता, तब तक भूख और प्यास (बनी रहती है)। (प्रभु का) दर्शन करते ही मन मान जाता है (शान्त हो जाता है) (और जीवात्मा इस प्रकार प्रफुल्लित हो जाती है, जिस प्रकार) जल में संयुक्त कमल खिल जाता है ॥१॥

बादल झुककर गरजते-बरसते हैं, (जिससे) कोयलों और मोरों में प्रेम उत्पन्न होता है। तरुवर, बैल [बिरख<संस्कृत वृषभ], पक्षी, सर्प आदि (वर्षा ऋतु के आगमन से जिस प्रकार आनन्दित हो जाते हैं, उसी प्रकार), जिसके घर में पति है, वह सुहागिनी स्त्री आनन्दित होती है ॥२॥

कुचील (गंदी), कुरूपिणी, बुरी तथा कुलक्षणी स्त्री प्रियतम (हरी) के स्वभाव को नहीं जानती। जिसकी जीभ हरि-रस के प्रेम में तृप्त नहीं होती वह दुर्बुद्धिनी दुःखों में पड़ी रहती है ॥३॥

(जो हरि-रस में आनन्दित है), वह न (कहीं) आता है और न जाता है, (वह) दुःख भी नहीं पाता; (उसके) शरीर में दुःख-दारिद्र्य (का निवास) नहीं रहता। नानक कहता है (कि जीवात्मा रूपी स्त्री) प्रभु के सान्निध्य से सहज सुखवाली हो जाती है; प्रभु को देख कर (उसका) मन धैर्यवान् हो जाता है ॥४॥२॥

[३]

दूरि नाही मेरो प्रभु पिआरा ।
सतिगुरि बचनि मेरो मनु मानिआ हरि पाए प्रान अधारा ॥१॥ रहाउ ॥

इन बिधि हरि मिलीऐ वर कामनि धन सोहागु पिआरी ।
जाति वरन कुल सहसा चूका गुरमति सबदि बीचारी ॥१॥

जिसु मनु मानै अभिमानु न ताकउ हिंसा लोभु विसारे ।
सहजि रवै वरु कामणि पिर की गुरमुखि रंगि सवारे ॥२॥

जारहु ऐसी प्रीति कुटंब सनबंधी माइआ मोह पसारी ।
जिसु अंतरि प्रीति राम रसु नाही दुविधा करम बिकारी ॥३॥

अंतरि रतन पदारथ हित कौ दुरै न लाल पिआरी ।
नानक गुरमुखि नामु अमोलकु जुगि जुगि अंतरि धारी ॥४॥३॥

मेरा प्यारा प्रभु (मुझसे) दूर नहीं है । सद्गुरु के वचन से मेरा मन मान गया (शान्त हो गया) और मैंने प्राणाधार (हरी) को प्राप्त कर लिया ॥१॥ रहाउ ॥

इस विधि हरि रूपी वर से (जीवात्मा रूपी) स्त्री मिलती है; (उस) प्रियतमा का सौभाग्य धन्य है । गुरु के द्वारा शब्द पर विचार करने से जाति, वर्ण, कुल (आदि) के संशय, भ्रम समाप्त हो जाते हैं ॥१ ।

जिसका मन (हरी में) मान जाता है, उसे अभिमान नहीं होता और वह हिंसा तथा लोभ भूल जाता है । पति की स्त्री (सुहागिनी) गुरु द्वारा अपने आप को प्रेम से सँवार कर अपने हरी रूपी वर को स्वाभाविक ही मानती है ॥२॥

(हे साधक), कुटुम्ब-संबंधी माया-मोह के प्रसारवाली प्रीति को जला डाल । जिसके भीतर राम-रस (संबंधी) प्रीति नहीं है, उसके किए हुए कर्म दुविधा वाले होते हैं, (इसीलिए) बेकार होते हैं ॥३॥

जिसके अन्तर्गत प्रेम-पदार्थ है, वह लाल (प्रियतम) की प्यारी (स्त्री) छिपती नहीं । नानक कहता है कि ऐसी (जीवात्मा रूपी स्त्री) गुरु द्वारा दिए गए अमूल्य हरि-नाम को युग-युगान्तरों के लिए अपने अन्तःकरण में धारण कर लेती है ॥४॥३॥

१ओं सतिगुर प्रसादि ॥ रागु सारंग महला १, घरु १

असटपदीआं [१]

हरि बिनु किउ जीवा मेरी माई ।
जै जगदीस तेरा जसु जाचउ मैं हरि बिनु रहनु न जाई ॥१॥ रहाउ ॥

हरि का पिआस पिआसी कामनि देखउ रैनि सबाई ॥
स्रीधर नाथ मेरा मनु लीना प्रभु जानै पीर पराई ॥ ॥

गणत सरीरि पीर है हरि बिनु गुर सबदी हरि पांई ।
होहु दइआलु क्रिपा करि हरि जीउ हरि सिउ रहां समाई ॥२॥

ऐसी रवत रवहु मन मेरे हरि चरणी चितु लाई ॥
बिसम भए गुण गाइ मनोहर निरभउ सहजि समाई ॥३॥

हिरदै नामु सदा धुनि निहचल घटै न कीमति पाई ।
बिनु नावै सभु कोई निरधनु सतिगुरि बूझ बुझाई ॥४॥

प्रीतम प्रान भए सुनि सजनी दूत मुए बिखु खाई ।
जब की उपजी तब की तैसी रंगल भई मनि भाई ॥५॥

सहज समाधि सदा लिव हरि सिउ जीवां हरि गुन गाई ।
गुर कै सबदि रता बैरागी निजघरि ताड़ी लाई ॥६॥

सुध रस नामु महारसु मीठा निजघरि ततु गुसांईं ।
तह ही मनु जह हो तै राखिआ ऐसी गुरमति पाई ॥७॥

सनक सनादि ब्रहमादि इंद्रादिक भगति रते बनिआई ।
नानक हरि बिनु घरी न जीवां हरि का नामु वडाई ॥८॥१॥

हे मेरी माँ, (मैं) हरि के बिना किस प्रकार जिऊँ ? (हे) जगदीश, तेरी जय हो. (मैं तेरे) यश की याचना करता हूँ; हरि के बिना (मुझसे) रहा नहीं जाता ॥१॥ रहाउ ॥

हरि (के प्रेम की) प्यास से, (मैं जीवात्मा रूपी) स्त्री प्यासी हूँ और समस्त (जीवन रूपी) रात्रि भर (उसकी) प्रतीक्षा करती हूँ । श्रीधर (हरी) तथा नाथ में मेरा मन लीन हो गया है, (मेरा) प्रभु पराई पीड़ा जानता है, (क्योंकि वह घट-घट-वासी है) ॥१॥

हरि के बिना शरीर में चिन्ता [गणत=हिसाब, गणना, चिन्ता] और पीड़ा है; गुरु के शब्द द्वारा (मैंने) हरी को पा लिया है । हे हरी जी, कृपा करके (मेरे ऊपर) दयालु हो जा, (ताकि मैं) तुझ से युक्त हो जाऊँ ॥२॥

हे मेरे मन, ऐसी रहनी रह कि हरि के चरणों में चित्त लगा रहे । मनोहर (हरी) के गुणों को गा कर मैं आनन्दित हो गया हूँ और सहजावस्था (में स्थित होकर) निर्भय हो गया हूँ ॥३॥

(मेरे) हृदय में हरिनाम की निश्चल लगन (धुनि) सदैव लगी रहती है; (यह लगन) न तो घटती है और न इसका मूल्य ही पाया जा सकता है । बिना नाम के सभी कोई निर्धन हैं—सद्गुरु ने यह समझ (भलीभाँति) समझा दी है ॥४॥

हे सखी (सजनी) सुन, हरी मेरे प्राण-प्रियतम हो गए हैं, (जिसके फलस्वरूप कामादिक) दूत विष खा कर मर गए हैं; [अर्थात् हरी के साक्षात्कार से कामादिक नष्ट हो गए हैं] । जितनी प्रीति उत्पन्न हुई, उतनी ही रही, (उसमें किसी प्रकार की कमी नहीं आने पाई) । (मैं) प्रेम के रंग में मन से रंग गई हूँ ॥५॥

सदैव सहज-समाधि लगी रहती है, हरि में ही एकनिष्ठ धारणा (लिव) लगी रहती है और जीव (प्राण) हरी का ही गुणगान करते हैं । मैं (सांसारिक विषयों से) वैराग्यवान् होकर, गुरु के शब्दों में अनुरक्त होकर (अपने) आत्मस्वरूपी घर में ताड़ी—ध्यान लगाए हूँ ॥६॥

शुद्ध रसवाला नाम (मुझे अत्यधिक) मीठा प्रतीत हुआ, (क्योंकि यह महान् रस है और इसी रस से सारी सृष्टि रसमयी है); (इस अनुभूति से) अपने आत्मस्वरूपी घर में तत्त्व रूप गोस्वामी (हरी) प्राप्त हो गया। (हे हरी) जहाँ पर तूने मन को रक्खा है, वहीं पर (वह) टिक गया है; (तात्पर्य यह कि हरी में मन स्थित हो गया है); गुरु के द्वारा (ब्राह्मी-स्थिति) प्राप्त हो गई है ॥७॥

सनक, सनन्दन, सनातन और सनत्कुमार (ब्रह्मा के पुत्र), ब्रह्मा (विष्णु, महेश), इन्द्रादिक (देवतागण) हरि-भक्ति में लग गए, (जिससे उन सबों का हरी से) मिलाप हो गया। नानक कहता है कि मैं हरी के बिना (एक) घड़ी भी नहीं जी सकता; हरी का नाम ही (सच्ची) बड़ाई है ॥८॥१॥

[२]

हरि बिनु किउ धीरै मनु मेरा।
कोटि कलप के दूख बिनासन साचु द्रिड़ाइ निबेरा॥ रहाउ॥
क्रोधु निवारि जले हउ ममता प्रेमु सदा नउरंगी।
अनभउ बिसरि गए प्रभु जाचिआ हरि निरमाइलु संगी॥१॥
चंचल मति तिआगि भउ भंजन पाइआ एक सबदि लिव लागी।
हरि रसु चाखि तृखा निवारी हरि मेलि लए बडभागी॥२॥
अभरत सिंचि भए सुभर सर गुरमति साचु निहाला।
मन रति नामि रते निहकेवल आदि जुगादि दइआला॥३॥
मोहनि मोहि लीआ मनु मोरा वडै भाग लिव लागी।
साचु बीचारि किलविख दुख काटे मनु निरमलु अनरागी॥४॥
गहिर गंभीर सागर रतनागर अवर नही अन पूजा।
सबदु बीचारि भरम भउ भंजन अवरु न जानिआ दूजा॥५॥
मनूआ मारि निरमलु पदु चीनिआ हरि रस रते अधिकाई।
एकस बिनु मै अवरु न जानां सतिगुरि बूझ बुझाई॥६॥
अगम अगोचरु अनाथु अजोनी गुरमति एको जानिआ।
सुभर भरे नाही चितु डोलै मन ही ते मनु मानिआ॥७॥
गुरपरसादी अकथउ कथीऐ कहउ कहावै सोई।
नानक दीन दइआल हमारे अवरु न जानिआ कोई॥८॥२॥

हरि के विना मेरा मन किस प्रकार धैर्य धारण करे ? (वह हरी) करोड़ों कल्पों के दुःखों का नाश करनेवाला है और सत्य को दृढ़ करा कर मुक्त करनेवाला है ॥१॥ रहाउ ॥

(हरि-प्राप्ति से) क्रोध निवृत्त हो गया, जिससे अहंता और ममता (की भावना) दग्ध हो गई और शाश्वत नवीन (नवरंगी) प्रेम की प्राप्ति हो गई। (हरी के अतिरिक्त) अन्य भय विस्मृत हो गए; प्रभु की याचना से निर्मल हरी को संगी (के रूप में प्राप्त कर लिया) ॥१॥

चंचल बुद्धि के त्याग से भय को नष्ट करनेवाले (निर्भय हरी) को प्राप्त कर लिया; (अब) एक शब्द—नाम में लिव (एकनिष्ठ धारणा) लग गई है। हरि-रस का आस्वादन करके (मैंने) (सांसारिक) तृषा निवृत्त कर दी; (मुझ) बड़भागी को हरी ने अपने में मिला लिया ॥२॥

रिक्त (सरोवर नाम रूपी अमृत-जल से) सींचे जा कर लबालब भरे सरोवर हो गए। गुरु के द्वारा सत्य का दर्शन कर लिया। मन की प्रीति (दिली प्रेम) से निष्केवल (हरी के) प्रेम में (मैं) रंग गया हूँ। (हरी) आदि युगों (युगान्तरों) से दयालु (ही रहा है) ॥३॥

मोहन (हरी) ने मेरा मन मोह लिया है; बड़े भाग्य से (उसमें) लिव (एकनिष्ठ धारणा) लग गई है। सत्य (हरी) को विचार कर कलमषों (पापों) एवं दुःखों को (मैंने) काट दिया है और (मेरा) मन निर्मल (हरी) में अनुरक्त हो गया है ॥४॥

(हरी ही) रत्नों की खानि का गहरा और गंभीर समुद्र है; (हरी के अतिरिक्त) किसी और तथा अन्य की पूजा (मैंने) नहीं की। (गुरु के) शब्दों पर विचार करके भ्रम तथा भय को दूर करनेवाले (हरी) को ही पहचाना; और किसी को नहीं पहचाना ॥५॥

(अहंकारयुक्त) मन को मार कर (परमात्मा के) निर्मल-पद को पहचान लिया और हरि-रस में अत्यधिक अनुरक्त हो गया। एक परमात्मा के अतिरिक्त मैंने किसी और को नहीं जाना; सद्गुरु ने ही यह समझ समझाई ॥६॥

(मैंने) गुरु द्वारा अगम, अगोचर, जिसका कोई नाथ न हो (सर्व-स्वतंत्र) अयोनि, और एक (हरी) को जान लिया। (अब मेरा हृदय-रूपी सरोवर हरि के अमृत-जल से) पूर्ण रूप से भर गया है, (जिससे) चित्त चलायमान नहीं होता और (ज्योतिर्मय) मन से (अहंकारी) मन मान गया है ॥७॥

गुरु की कृपा से अकथनीय (परमात्म-तत्त्व) का कथन होने लगा; (वह प्रभु जो कुछ भी मुझसे) कहलाता है, वही कहता हूँ। नानक कहता है कि दीन-दयालु (हरी) ही हमारा है; (उसे छोड़कर मैंने) किसी और को नहीं जाना ॥८॥२॥

ੴ सतिगुर प्रसादि ॥ सारंग की वार, महला १,
राइ महमे हसने की धुनि

सलोकु :　न भीजै रागी नादी बेदि।
न भीजै सुरती गिआनी जोगि। न भीजै सोगी कीतै रोजि॥
न भीजै रूपीं मालीं रंगि। न भीजै तीरथि भविऐ नंगि॥
न भीजै दातीं कीतै पुंनि। न भीजै बाहरि बैठिआ सुंनि॥
न भीजै भेड़ि मरहि भिड़ि सूर। न भीजै केते होवहि धूड़॥
लेखा लिखीऐ मन कै भाइ। नानक भीजै साचै नाइ॥१॥
नव छिअ खट का करे बीचारु। निसि दिन उचरै भार अठार॥

तिनि भी अंतु न पाइआ तोहि। नाम बिहूण मुकति किउ होइ ।।
नाभि वसत ब्रहमै अंतु न जाणिआ । गुरमुखि नानक नामु पछाणिआ ।।२।।

विशेष : महमा और हसना कांगड़े के दो राजपूत सरदार थे। एक बार हसने ने धोखे से महमे को अकबर बादशाह द्वारा कैद करा दिया। किन्तु महमे ने अपने शौर्य-प्रदर्शन से अकबर बादशाह को प्रसन्न कर लिया। अवसर पाकर फौज लेकर उसने सहने के ऊपर आक्रमण कर दिया। दोनों में परस्पर बहुत देर तक द्वन्द्व-युद्ध होता रहा। अंत में महमे की विजय हुई। चारणों ने इस द्वन्द्व-युद्ध पर कविताएँ रचीं। इस वार के गाए जाने का ढंग निम्नलिखित है—

"महमा हसना राजपूत राइ भारे भट्टी
हसने बेईमानगी नाल महमे बट्टी"

सलोकु : अर्थ : (हरी) वेदों के रागों और नाद (स्वर) से प्रसन्न नहीं होता; न तो सुरति से, न ज्ञान से और न योग से ही। न तो (वह) नित्य शोक करने से प्रसन्न होता है और न रूप, धन-माल और आनन्द-केलि से ही। न तो (वह) तीर्थस्थानों में नागे के रूप में भ्रमण करने से प्रसन्न होता है और न दान-पुण्य करने से ही। (हरी) न तो बाहर (जाकर) शून्य-समाधि लगाने में प्रसन्न होता है और न युद्धस्थल में शूरवीरों के साथ लड़कर मरने से ही। (प्रभु) कितनों के धूल में होने से भी नहीं प्रसन्न होता है। मन की अवस्था के अनुसार (कर्मों का) लेखा लिखा जाता है, [तात्पर्य यह कि हमारे भले और बुरे होने की कसौटी विशिष्ट कर्मों का सम्पादन नहीं है, बल्कि भले और बुरे की कसौटी मन की शुभ अथवा अशुभ भावना है]। नानक कहता है कि प्रभु सच्चे नाम के (स्मरण) से प्रसन्न होता है ।।१।।

(चाहे कोई) नव व्याकरणों, छः शास्त्रों तथा छः वेदाङ्गों—(शिक्षा, कल्प, व्याकरण, निरुक्त, छन्द, ज्योतिष) का (नित्य) विचार करे (अथवा) अहर्निश अठारह (पर्वों के) भार वाले (महाभारत) का उच्चारण करे—पाठ करे, (किन्तु) वह तेरा अन्त नहीं प्राप्त कर सका। (भला) नाम के बिना कैसे मुक्ति हो सकती है ? (विष्णु की) नाभि (से निकले हुए कमल) में निवास करते हुए, ब्रह्मा (परब्रह्म का) अन्त न जान सके। गुरु के उपदेश द्वारा नानक ने नाम-तत्त्व को पहचान लिया ।।२।।

पउड़ी : **आपे आपि निरंजना जिनि आपु उपाइआ ।**
आपे खेलु रचाइओनु सभु जगतु सबाइआ ।।
त्रैगुण आपि सिरजिअनु माइआ मोहु वधाइआ ।
गुर परसादी उबरे जिन भाणा भाइआ ।।
नानक सचु वरतदा सभ सचि समाइआ ।।१।।

पउड़ी : वह निरंजन (माया से रहित हरी) आप ही आप है और उसी ने अपने आप को (सृष्टि के रूप में) उत्पन्न किया है। (प्रभु ने) आप ही (सृष्टि रूपी) खेल की रचना की है; सारा जगत् (उसी की रचना है।) उसी प्रभु ने त्रिगुणों—सत्त्व, रज तथा तम—की सृष्टि की, (और उन्हीं तीनों गुणों के द्वारा) माया के मोह की वृद्धि की। जिन्हें (परमात्मा का) हुक्म अच्छा लग गया, (वे) गुरु की कृपा से संसार-सागर से तर गए। नानक कहता है कि (सभी स्थानों में) सत्य (परमात्मा) बरत रहा है और सभी स्थानों में वह व्याप्त है ।।१।।

सलोकु : जिनसि थापि जीआं कउ भेजै जिनसि थापि लै जावै ।
आपे थापि उथापै आपे एते वेस करावै ॥
जेते जीअ फिरहि अउधूती आपे भिखिआ पावै ।
लेखै बोलणु लेखै चलणु काइतु कीचहि दावे ॥
मूलु मति परवाणा एहो नानकु आखि सुणाए ।
करणी ऊपरि होइ तपावसु जे को कहै कहाए ॥३॥

सलोकु : (प्रभु) भाँति भाँति के जीवों को बनाकर (संसार में) भेजता है; भाँति भाँति के जीवों की रचना और संहार (प्रभु ही करता है)। (इस प्रकार) सृजन और संहार (हरी ही) करता है; (मालूम नहीं वह) कितने वेश (जीवों को) धारण कराता है। अवधूतों के रूप में जितने जीव फिर रहे हैं, (उनके रूप में प्रभु) आप ही भिक्षा पा रहा है। (परमात्मा के लेखे —हिसाब अथवा गणना के अनुसार (जीवों का) बोलना और चलना होता है; (अतएव, हे प्राणी) क्यों लम्बे लम्बे दावे कर रहा है ? मूल मत—सिद्धान्त यह है (और यह) प्रामाणिक भी है और इसे नानक कह कर सुना रहा है,—"कहने को चाहे कोई कहे, कहावे, (किन्तु इन बातों में कोई सार नहीं है; सच्ची बात तो यह है कि) प्राणियों की करनी के ऊपर ही (हरी का) न्याय होता है" ॥३॥

पउड़ी : गुरमुखि चलतु रचाइओनु गुण परगटी आइआ ।
गुरबाणी सद उचरै हरि मंनि वसाइआ ॥
सकति गई भ्रमु कटिआ सिव जोति जगाइआ ।
जिन कै पोतै पुंनु है गुरु पुरखु मिलाइआ ॥
नानक सहजे मिलि रहे हरि नामि समाइआ ॥२॥

पउड़ी : गुरुमुख ने यह कौतुक रच दिया कि (साधक के अन्तर्गत हरी के) गुण आ आकर प्रकट होने लगे; (साधक शिष्य) सदैव गुरुवाणी का उच्चारण करता है और हरि को मन में बसा लेता है। (उसकी) माया चली जाती है, भ्रम कट जाते हैं और शिव-ज्योति जाग्रत हो जाती है। जिनके पल्ले पुण्य है, (उन्हें) गुरु कर्त्तापुरुष (हरी से) मिला देता है। नानक कहता है कि (वे) सहज भाव से (परमात्मा से) मिल रहे हैं और हरी के नाम में समाहित हो रहे हैं ॥२॥

[उपर्युक्त पौड़ी में 'वसाइआ' 'मिलाइआ' आदि शब्द भूतकाल के हैं, किन्तु अर्थ की स्वाभाविकता के निमित्त उनका वर्तमान काल रूप में अर्थ लिखा गया है]।

सलोकु : जुड़ि जुड़ि विछुड़े विछुड़ि जुड़े
जीवि जीवि मुए मुए जीवे ॥
केतिआ के बाप केतिआ के बेटे केते गुर चेले हूए ।
आगै पाछै गणत न आवै किआ जाती किआ हुणि हूए ॥
सभु करणा किरतु करि लिखीऐ करि करि करता करे करे ।
मनमुखि मरीऐ गुरमुखि तरीऐ नानक नदरी नदरि करे ॥४॥

सलोकु : (जीव) जुड़-जुड़ कर विछुड़ते हैं और बिछुड़-बिछुड़ कर जुड़ते हैं। (वे) जी-जी कर मरते हैं और मर-मर कर (फिर) जीते हैं (अर्थात् जन्म धारण करते हैं)। (सृष्टि- परम्परा का यह परिणाम है कि पुनर्जन्मवाद में) (न मालूम) कितने लोग कितनों के बाप हुए हैं और कितनों के बेटे; कितनों के गुरु हुए हैं और कितनों के चेले। (कितनी योनियों में जीव भटक चुका है, इससे) आगे-पीछे की गणना नहीं हो सकती; किन किन जातियों (वर्णों में जीव पड़ चुका है और) अब उसे (किन किन वर्णों में) पड़ना है (इसे कोई नहीं जानता)। (मनुष्य की) सभी करनी, किए हुए कर्मों के लिखे अनुसार होती हैं। करता पुरुष (हरी) ही सब कुछ कर-कर के (फिर) करता है। नानक कहता है कि मनमुख तो (संसार के आवागमन के चक्र में) मरता रहता है, (किन्तु) गुरुमुख (ससार-सागर से) तर जाता है; कृपादृष्टि करनेवाला (हरी ही) (जीवों पर) कृपादृष्टि करता है ॥४॥

पउड़ी : **मनमुखि दूजा भरमु है दूजै लोभाइआ।**
कूड़ु कपटु कमावदे कूड़ो आलाइआ।
पुत्र कलत्रु मोह हेतु है सभु दुखु सबाइआ।
जम दरि बधे मारीअहि भरमहि भरमाइआ॥
मनमुखि जनमु गवाइआ नानक हरि भाइआ॥३॥

पउड़ी : मनमुखों में द्वैतभाव तथा भ्रम है, और वे इसी द्वैतभाव में (अहर्निश) लुब्ध रहते हैं। (वे) झूठ और कपट कमाते हैं तथा झूठ ही बोलते हैं। (उनका) सारा मोह और प्रेम पुत्र और स्त्री के प्रति है; (इसीलिए) (उन्हें) सभी प्रकार के दुःख होते हैं। (वे) यमराज के द्वार पर बाँधे जा कर मारे जाते हैं और नित्य भ्रम में पड़कर भटकते रहते हैं। मनमुख ने तो अपना (अमूल्य) जन्म (जीवन), (प्रपंचों में पड़ कर) गँवा दिया; किन्तु नानक तो हरी को अच्छा लग गया ॥३॥

सलोकु : **नानक तुलीअहि तोल जे जीउ पिछै पाईऐ।**
इकसु न पुजहि बोल जे पूरे पूरा करि मिलै।
वडा आखणु भारा तोलु। होर हउली मती हउले बोल॥
धरती पाणी परबत भारु। किउ कंडै तोले सुनिआरु॥
तोला मासा रतक पाइ। नानक पुछिआ देइ पुजाइ॥
मूरख अंधिआ अंधी धातु। कहि कहि कहणु कहाइनि आपु॥५॥
आखणि अउखा सुनणि अउखा आखि न जापी आखि।
इकि आखि आखहि सबदु भाखहि अरध उरध दिनु राति॥
जे किहु होइ त किहु दिसै जापै रूपु न जाति।
सभि कारण करता करे घट अउघट घट थापि॥
आखणि अउखा नानका आखि न जापै आखि॥६॥

सलोकु : नानक कहते हैं कि (वही व्यक्ति परमात्मा को) तौल सकता है, जो तराज़ू के एक पलड़े पर अपने आन्तरिक प्रेम को रख दे। (हरी की) स्तुति (बोल) की समता में कोई वस्तु नहीं पुज सकती, जिन्होंने पूर्ण हरी को पूर्ण रूप से अपने में मिला लिया है। (हरी

की) स्तुति का तोल बहुत बड़ा है, और (सांसारिक) बुद्धि तथा वचन हल्के हैं। (हरी की) स्तुति का तौल धरती, जल तथा पर्वत के समान वजनी है। भला सोनार (कर्मकाण्डी) की (छोटी सी) तराजू पर वह किस प्रकार तोला जा सकता है ? (समस्त कर्मकाण्ड) तोले-मासे के समान हल्के मूल्य के हैं; किन्तु नानक कहते हैं कि सोनार (अर्थात् कर्मकाण्डी) उन्हें (तोले मासे रूपी कर्मकाण्डों को) बढ़ा बढ़ा कर पूरा कर देता है, (परन्तु इससे होगा कुछ भी नहीं)। सांसारिक मायाग्रस्त प्राणी) मूर्ख औ अन्धे हैं, उनकी दौड़ भी अन्धी है; वे कह कह करके अपने आप को प्रकट करते हैं ॥५॥

(हरी का) कथन कठिन है (और उसका) श्रवण भी कठिन है; निरा कथन से अनुभव नहीं होता। कुछ लोग दिनरात यहाँ-वहाँ (अरध-उरध) कथन करते हैं और वचन बोलते हैं। (किन्तु यदि हरी का) कोई स्वरूप हो, तो वह दिखाई पड़े; (उस प्रभु का कोई) स्वरूप अथवा जाति नहीं दिखाई पड़ती। कर्त्तापुरुष ही सभी कारणों को करता है; सीधे और दुर्गम (घट अउघट) स्थानों की स्थापना (वह) आप ही करता है। नानक कहता है कि (हरी के संबंध में) कथन करना बहुत कठिन है, निरा कथन से अनुभव नहीं होता ॥६॥

पउड़ी : नाइ सुणिऐ मनु रहसीऐ नामे सांति आई ।
नाइ सुणिऐ मनु तृपतीऐ सभ दुख गवाई ॥
नाइ सुणिऐ नाउ ऊपजै नामे वडिआई ।
नामे ही सभ जाति पति नामे गति पाई ॥
गुरमुखि नामु धिआईऐ नानक लिव लाई ॥४॥

पउड़ी : नाम का श्रवण करने (और उससे) मन में प्रसन्न होने से शान्ति आती है। नाम के श्रवण में मन तृप्त होता है और सभी दुःखों का नाश होता है। नाम के श्रवण से नाम (प्राप्त) होता है—प्रसिद्धि होती है और नाम से ही बड़ाई प्राप्त होती है। नाम में सारी जाति है (और उसी में सब) प्रतिष्ठा है; नाम से ही गति प्राप्त होती है। नानक कहता है कि गुरु के उपदेश द्वारा लिव लगा कर नाम का ध्यान कर ॥४॥

सलोकु : जूठि न रागीं जूठि न वेदीं। जूठि न चंद सूरज की भेदी ॥
जूठि न अंनी जूठि न नाई। जूठि न मीहु वरिऐ सभ थाई ॥
जूठि न धरती जूठि न पाणी। जूठि न पउणै माहि समाणी ॥
नानक निगुरिआ गुणु नाही कोइ। मुहि फेरिऐ मुहु जूठा होइ ॥७॥
नानक चुलीआ सुचीआ जे भरि जाणै कोइ ।
सुरते चुली गिआन की जोगी का जतु होइ ॥
ब्रहमण चुली संतोख की गिरही का सतु दानु ।
राजे चुली निआव की पड़िआ सचु धिआनु ॥
पाणी चितु न धोपई मुखि पीतै तिख जाइ ।
पाणी पिता जगत का फिरि पाणी सभु खाइ ॥८॥

सलोकु : रागों अथवा वेदों में जूठापन नहीं है। चंद्रमा और सूर्य (के कारण ऋतुओं के छः) भेदों में भी जूठापन नहीं है। न तो अन्नादिक में जूठापन है और न स्नान में ही, (जैसा

कि जैनी लोग मानते हैं)। मेह के सभी स्थानों के बरसने में भी जूठापन नहीं है। धरती और जल भी जुठे (अशुद्ध) नहीं हैं। पवन के व्याप्त होने में भी जूठापन नहीं है। गुणविहीन नानक में कोई भी गुण नहीं है। (हरी की ओर से) मुँह फेरने में—मनमुख होने में ही—मुँह जूठा होता है ॥७॥

नानक कहता है कि (वही पवित्रता के लिए) चुल्लू (कुल्ला) है, (जिससे अन्तरिक पवित्रता प्राप्त हो; जो कोई ऐसे चुल्लू को करता है, (वही पवित्र है)। श्रोता (पंडित) की पवित्रता ज्ञान (और विचार) है और योगी की पवित्रता संयम है। ब्राह्मण की पवित्रता संतोष है और गृहस्थी की सच्चाई तथा दान। राजाओं की पवित्रता न्याय है और पढ़ने की (वास्तविक शुद्धि) सच्चा ध्यान है। मुख से पानी (पीने से) से तृषा (भले ही चली) जाय, किन्तु उससे चित्त निर्मल नहीं होता। पानी सारे जगत् का पिता (मूल कारण) है और अंत में पानी ही सारी (सृष्टि को) खा जाता है ॥८॥

पउड़ी : नाइ सुणिऐ सभ सिधि है रिधि पिछै आवै।
नाइ सुणिऐ नउ निधि मिलै मन चिंदिआ पावै॥
नाइ सुणिऐ संतोखु होइ कवला चरन धिआवै।
नाइ सुणिऐ सहजु ऊपजै सहजे सुखु पावै॥
गुरमती नाउ पाईऐ नानक गुण गावै ॥५॥

पउड़ी : (हरि-)- नाम के श्रवण से सारी ऋद्धियाँ-सिद्धियाँ (प्राप्त होती हैं), (वे) पीछे पीछे चलती हैं। नाम के श्रवण से नवनिद्धियाँ एवं मनोवाञ्छित फल प्राप्त होते हैं। नाम सुनने से संतोष की प्राप्ति होती है और माया (कमला) (उसके) चरणों का ध्यान करने लगती है। नाम के सुनने से सहजावस्था की उत्पत्ति होती है, जिससे सहज—स्वाभाविक सुख प्राप्त होता है। गुरु के द्वारा नाम पाया जाता है; नानक तो नाम का गुणगान करता है ॥५॥

सलोकु : दुख विचि जंमणु दुखि मरणु दुखि वरतणु संसारि।
दुखु दुखु अगै आखीऐ पढ़ि पढ़ि करहि पुकार॥
दुख कीआ पंडा खुलहीआ सुखु न निकलिओ कोइ।
दुखु विचि जीउ जलाइआ दुखीआ चलिआ रोइ।
नानक सिफती रतिआ मनु तनु हरिआ होइ।
दुख कीआ अगी मारीअहि भी दुखु दारू होइ ॥९॥
नानक दुनीआ भसु रंगु भसू हू भसु खेह।
भसो भसु कमावणी भी भसु भरीऐ देह॥
जा जीउ विचहु कढीऐ भसू भरिआ जाइ।
अगै लेखै मंगिऐ होर दसूणी पाइ ॥१०॥

सलोकु : (मनुष्य) दुःख में जन्मता है और दुःख ही में मरता है और दुःखों में ही संसार के मध्य व्यवहार करता है। पढ़ पढ़ कर के (पंडितगण) यही पुकार कर कहते हैं (कि इस संसार से चले जाने के बाद) आगे भी दुःख ही दुःख हैं! दुःख की गठरियों के खुलने

पर भी (उनसे) कोई सुख नहीं निकलता; [तात्पर्य यह है कि दुःखों के बीच सुख की आशा रखना भ्रम मात्र है] । (इस संसार में) जीव दुःखों में ही दग्ध किया गया और दुःखों में ही रोकर (यहाँ से) चला भी गया । नानक कहता है (कि परमात्मा की) स्तुति में रत होने से तन मन हरे हो जाते हैं । (जीव) दुःख की आग में मारा जाता है, पर औषधि (दारू) भी दुःख ही होता है ॥९॥

नानक कहता है कि दुनिया भस्म (खाक) के रंगवाली है; (दुनिया की सारी वस्तुएँ) भस्म और खाक (हो जानेवाली है) । (सांसारिक) कमाई भी भस्म की भस्म है । (मनुष्य की) देह भी भस्म से ही भरी है, (क्योंकि) यदि जीव (प्राण) (शरीर) में से निकाल लिया जाय, तो शरीर में भस्म ही भस्म रह जाती है । आगे (हरी के यहाँ कर्मों का) हिसाब माँगने से (जीव अपने पाप-कर्मों के कारण) दशगुनी भस्म और पाता है ॥१०॥

पउड़ी : नाइ सुणिऐ सुचि संजमो जमु नेड़ि न आवै ।
नाइ सुणिऐ घटि चानणा आन्हेरु गवावै ॥
नाइ सुणिऐ आपु बुझीऐ लाहा नाउ पावै ।
नाइ सुणिऐ पाप कटीअहि निरमल सचु पावै
नानक नाइ सुणिऐ मुख उजले नाउ गुरमुखि धिआवै ॥६॥

पउड़ी : नाम के श्रवण से पवित्रता और संयम (की प्राप्ति होती है) और यमराज समीप नहीं आते । नाम के श्रवण से हृदय में प्रकाश (ज्ञान) हो जाता है और अंधकार (अज्ञान) नष्ट हो जाता है । नाम के श्रवण से (साधक) अपने आप को (अपने आत्म स्वरूप को) समझ लेता है और नाम (रूपी धन) का लाभ पाता है । नाम के श्रवण से (समस्त) पाप कट जाते हैं और निर्मल सत्यस्वरूप (हरी) की प्राप्ति होती है । हे नानक, नाम के श्रवण से मुख उज्ज्वल होता है, (इसीलिए) सच्चा (शिष्य) गुरु के द्वारा नाम का ध्यान करता है ॥६॥

सलोकु : घरि नाराइणु सभा नालि । पूज करे रखै नावालि ॥
कुंगू चंनणु फुल चड़ाए । पैरी पै पै बहुतु मनाए ॥
माणूआ मंगि मंगि पैन्है खाइ । अंधी कंमी अंध सजाइ ॥
भुखिआ देइ न मरदिआ रखै । अंधा झगड़ा अंधी सथै ॥११॥

सभे सुरती जोग सभि सभे बेद पुराण ।
सभे करणे तप सभि सभे गीत गिआन ॥
सभे बुधी सुधि सभि सभि तीरथ सभि थान ।
सभ पातिसाहीआ अमर सभि सभि खुसीआ सभि खान ॥
सभे माणस देव सभि सभे जोग धिआन ।
सभे पुरीआ खंड सभि सभे जीअ जहान ॥
हुकमि चलाए आपणै करमी वहै कलाम ।
नानक सचा सचि नाई सचु सभा दीबानु ॥१२॥

सलोकु : (मूर्ति पूजक) अपने घर में नारायण (की मूर्ति), उनकी सभा-सहित (रख देता है) ; (वह मूर्तियों को) स्नान कराकर रखता है (और उनकी) पूजा करता है। (वह उन पर) केशर-मिश्रित चंदन अर्पित करता है, (चढ़ाता है) (और उनके) चरणों में पड़कर अनेक भाँति से मनाता है। लोगों से माँग-माँग कर (वह) पहनता खाता है। अंधे कर्मों की सजा भी अन्धी (मिलती) है। (मूर्ति) न तो भूखों को भोजन देती है और न मरनेवालों की रक्षा ही करती है। (इस प्रकार मूर्तिपूजा) अंधों के साथ अंधे (अविवेक-पूर्ण) झगड़े (के समान है) ॥ ११ ॥

सभी श्रुतियों, सभी योगों, सभी वेद-पुराणों, सभी कर्मों, सभी तपों, सभी ज्ञान के गीतों, सभी बुद्धियों, सभी सुधियों, सभी तीर्थों, सभी स्थानों, सभी बादशाहियों, सभी शासनों (अमर=हुकूमत, शासन), सभी खुशियों, सभी भोजनों, सभी मनुष्यों, सभी देवताओं, सभी योग-ध्यानों, सभी पुरियों, सभी खण्डों तथा संसार के सभी जीवों पर (हरी अपना) हुक्म चलाता है; (सभी जीवों के) कर्मानुसार (हरी की) कलम चलती है। [गुरु नानक देव जी कर्मों का फल देनेवाला परमात्मा को मानते हैं। बौद्धों आदि के अनुसार उनकी दृष्टि में कर्म स्वतः फल नहीं देते]। हे नानक, (हरी) सच्चा है, (उसका) नाम भी सच्चा है, (उसकी) सभा और कचहरी भी सच्ची है ॥ १२ ॥

पउड़ी : नाइ मंनिऐ सुखु ऊपजै नामे गति होई।
नाइ मंनिऐ पति पाईऐ हिरदै हरि सोई ॥
नाइ मंनिऐ भवजलु लंघीऐ फिरि बिघनु न होई।
नाइ मंनिऐ पंथु परगटा नामे सभ लोई।
नानक सतिगुरि मिलिऐ नाउ मंनीऐ जिन देवै सोई ॥७॥

पउड़ी : नाम के मनन करने से सुख उत्पन्न होता है और नाम से ही गति (शुभ गति—मुक्ति) प्राप्त होती है। नाम के मनन से (लोक-परलोक, दोनों में ही) प्रतिष्ठा प्राप्त होती है और हृदय में वह हरि (बस जाता) है। नाम के ऊपर मनन करने से संसार-सागर लाँघ लिया जाता है और फिर (किसी प्रकार के) विघ्न नहीं होते। नाम के मनन करने से (सच्चा) मार्ग प्रकट हो जाता है और नाम में ही समस्त प्रकाश है। हे नानक, सद्गुरु से मिलकर (उसकी शिक्षा द्वारा) नाम का मनन कर; वही (सद्गुरु) उस नाम को प्रदान करता है ॥ ७ ॥

सलोकु : पुरीआ खंडा सिरि करे इक पैरि धिआए।
पउणु मारि मनि जपु करे सिरु मुंडी तलै देइ ॥
तिसु उपरि ओहु टिक टिकै किसनो जोरु करेइ।
किसनो कहीऐ नानका किसनो करता देइ।
हुकमि रहाए आपणै मूरखु आपु गणेइ ॥१३॥
है है आखां कोटि कोटि कोटी हू कोटि कोटि।
आखूं आखां सदा सदा कहणि न आवै तोटि ॥
ना हउ थकां न ठाकीआ एवड रखहि जोति।
नानक चसिअहु चुख बिंद उपरि आखणु दोसु ॥१४॥

सलोकु : (चाहे कोई तीर्थयात्रा में विविध) पुरियों और खण्डों में (अपना) सिर रखता फिरे (और चाहे कोई), एक पैर पर (स्थित होकर) ध्यान करे, (अथवा) पवन (के समान चंचल) मन को मार कर जप करे और सिर को गर्दन से अलग कर के नीचे (गिरा दे), (किन्तु इन सब कठोर साधनों से हरी द्रवीभूत नहीं होता)। किसके ऊपर (मनुष्य) अपनी टेक रखता है ? (तात्पर्य यह कि उपर्युक्त साधनों के ऊपर भरोसा रखना, समीचीन नहीं, क्योंकि उनके आश्रय तुच्छ हैं)। किसके ऊपर अपना जोर समझे ? हे नानक, किसे कहा जाय कि उसे कर्त्ता पुरुष देता है ? (इसका तात्पर्य यह है कि यह नहीं कहा जा सकता कि किसके ऊपर प्रसन्न होकर हरी अपने दान देता है)। (हरी) अपने ही हुक्म में (सभी को) रखता है, किन्तु मूर्ख उसे अपना करके मानता है ॥ १३ ॥

यदि मैं करोड़ों बार कहूँ कि (हे हरी तू) है, (तू) है, (तो भी थोड़ा ही है, मैं सदैव मुंह से (तेरा) कथन करता रहूँ, (फिर भी तेरे वर्णन में किसी प्रकार की) कमी नहीं आ सकती, (क्योंकि तू वर्णनातीत है)। (यदि) मुझमें इतनी शक्ति (ज्योति) दे दे कि मैं वर्णन करने से थकूं नहीं और न किसी के रोके रुकूं, तो भी तेरा बहुत अल्प वर्णन कर सकता हूँ, क्योंकि तू कथन से परे है। हे नानक, जो यह कहता है कि मैंने थोड़े से कुछ अधिक कहा है, वह दोष करता है। [१५ बार आंख फड़कने को एक 'विसा' कहते हैं, १५ विस्से का एक 'चसा', ३० चस्सों का एक पल होता है। ६० पल की एक घड़ी, और ७॥ घड़ी का एक पहर, आठ पहर का रात-दिन होता है। 'चस्से' की तीसवें भाग को 'चुख' और 'चुख' के आधे भाग को विंद कहा जाता है] ॥ १४ ॥

पउड़ी :

नाइ मंनिऐ कुलु उधरै सभु कुटंबु सबाइआ।
नाइ मंनिऐ संगति उधरै जिन रिदै वसाइआ॥
नाइ मंनिऐ सुणि उधरे जिन रसन रसाइआ।
नाइ मंनिऐ दुख भुख गई जिन नामि चितु लाइआ॥
नानक नामु तिनी सालाहिआ जिन गुरू मिलाइआ॥८॥

पउड़ी : नाम के मनन से समस्त कुल और सारे कुटुम्ब का उद्धार हो जाता है। नाम के (ऊपर) मनन करने से उस संगति का उद्धार हो जाता है, जिसने अपने हृदय में (हरी को) बसा लिया है। जिन्होंने (नाम को) श्रवण करके, मनन द्वारा जीभ (नाम के द्वारा) रसमयी बना ली, उनका उद्धार हो गया। जिन्होंने मनन द्वारा नाम को अपने चित्त में धारण कर लिया, उनके दुःख और क्षुधा निवृत्त हो गई। नानक कहता है कि उन्होंने ही नाम का स्मरण किया है, जिन्हें गुरु का मिलाप हो गया है ॥ ८ ॥

सलोकु :

सभे राती सभि दिह सभि थिती सभि वार।
सभे रुती माह सभि सभि धरतीं सभि भार॥
सभे पाणी पउण सभि सभि अगनी पाताल।
सभे पुरीआ खंड सभि सभि लोअ लोअ आकार॥
हुकमु न जापी केतड़ा कहि न सकीजै कार।
आखहि थकहि आखि आखि करि सिफतीं वीचार॥
त्रणु न पाइओ बपुड़ी नानकु कहै गवार॥१५॥

अखीं परणै जे फिरां देखां सभु आकारु ।
पुछा गिआनी पंडितां पुछां बेद बीचार ।।
पुछा देवां माणसां जोध करहि अवतार ।
सिध समाधी सभि सुणी जाइ देखां दरबारु ।।
अगै सचा सचि नाइ निरभउ भै विणु सारु ।
होर कची मती कचु पिचु अंधिआ अंधु बीचारु ।।
नानक करमी बंदगी नदरि लंघाए पारि । १६।।

सलोकु : सभी रातों, सभी दिनों, सभी तिथियों, सभी वारों, सभी ऋतुओं, सभी महीनों, सारी पृथ्वियों, सारे पदार्थों (भार), समस्त जलों, सारे लोकों और समस्त आकारों (के ऊपर प्रभु का ही हुक्म है)। प्रभु का हुक्म, कितना बड़ा है, यह प्रतीत नहीं हो सकता; उसके कार्यों को भी नहीं कहा जा सकता। उसकी स्तुति तथा विचार कह-कहकर (लोग) थक जाते हैं; किन्तु हे नानक, फिर भी वे बेचारे गंवार (प्रभु की अनन्तता का पार) तृणमात्र भी नहीं पा सके ।। १ ।।

आँखों का सहारा लेकर फिरने में सारे आकारों (मूर्तिमान वस्तुओं) को (मैंने) देख लिया। ज्ञानियों, पंडितों और वेदों के विचारों को भी पूछ लिया। देवताओं और मनुष्यों से भी पूछकर देख लिया; (वे लोग तो) योद्धाओं को अवतार बना देते हैं। सिद्धों की समाधि की भी सारी बातें सुन लीं (और बड़े-बड़े राजा-महाराजाओं के) दरबारों को भी जाकर देख लिया, (किन्तु इन सब में कोई सार नहीं है)। आगे सच्चा (हरी) और उसका सत्य नाम ही रहता हैं (शेष वस्तुएँ यहीं की यहीं रह जाती हैं); (हरी ही) निर्भय है, वह भय से रहित है, (इसी से) श्रेष्ठ है। (हरी को छोड़कर) और बुद्धियाँ कच्ची, पोली और अन्धी है, तथा अन्य विचार भी अन्धे ही हैं। हे नानक, (प्रभु की) बख्शीश द्वारा (उसकी) भक्ति—बंदगी तथा कृपादृष्टि ही पार लंघाती है ।। १६ ।।

पउड़ी : नाइ मंनिऐ दुरमति गई मति परगटी आइआ ।
नाउ मंनिऐ हउमै गई सभि रोग गवाइआ ।।
नाइ मंनिऐ नामु ऊपजै सहजे सुखु पाइआ ।
नाइ मंनिऐ सांति ऊपजै हरि मंनि वसाइआ ।।
नानक नामु रतनु है गुरमुखि हरि धिआइआ ।।६।।

पउड़ी : नाम के मनन से दुर्बुद्धि नष्ट हो जाती है और (शुभ तथा सात्विक) बुद्धि प्रकट होती है। नाम पर मनन करने से अहंभावना नष्ट हो जाती है, (जिससे) सभी प्रकार के रोग नष्ट हो जाते हैं। नाम पर मनन करने से (हृदय में) नाम उत्पन्न हो जाता है, जिससे सहज ही सुख प्राप्त होता है। नाम पर मनन करने के शान्ति उत्पन्न होती है और मन में हरि बसा लिया जाता है। हे नानक, नाम (वास्तविक) रत्न है और गुरु की शिक्षा द्वारा हरि का ध्यान किया जाता है।

[**विशेष :** 'गई', 'गवाइआ', 'पाइआ', 'वसाइआ', 'धिआइआ' आदि शब्द भूतकाल के हैं, किन्तु वर्तमान में प्रयोग करने से अर्थ में स्वाभाविकता अधिक आ जाती है] ।। ६ ।।

सलोकु : होरु सरीकु होवै कोई तेरा तिसु अगै तुधु आखां ।
तुधु अगै तुध सालाही मै अंधे नाउ सुजाखा ।
जेता आखणु साही सबदी भाखिआ भाइ सुभाई ।
नानक बहुता एहो आखणु सभ तेरी वडिआई ॥१७॥
जां न सिआ किआ चाकरी जां जंमे किआ कार ।
सभि कारण करता करे देखै वारो वार ॥
जे चुपै जे मंगिऐ दाति करे दातारु ॥
इकु दाता सभि मंगते फिरि देखहि आकारु ॥
नानक एवै जाणीऐ जीवै देवणहारु ॥१८॥

सलोकु : यदि कोई और तेरे समान (सरीक) हो, तो उसके आगे तेरा वर्णन करूँ; (पर तेरे समान कोई और है ही नहीं, जिसके आगे मैं तेरा वर्णन कर सकूं । अपने समान तू स्वयं ही है) । मैं तेरे सम्मुख तेरी प्रशंसा करता हूँ, (पर यह संभव नहीं है); मैं हूँ तो अंधा, किन्तु नाम 'सुन्दर आँखोंवाला' (सुजाखा) है। जो कुछ कहना होता है, वह सब शब्दों द्वारा ही होता है, कथन करना भी अपने भाव (प्रेम) और स्वभाव के अनुसार होता है । हे नानक, बहुत कुछ कहने (का यही सारांश है कि) सब कुछ तेरी ही बड़ाई है ॥ १७ ॥

जब जीव का अस्तित्व नहीं था, तो वह कौन सी चाकरी—कार्य करता था और जब उसने जन्म ले लिया, तो भी वह क्या कर सकता है ? (तात्पर्य यह कि जीव के वश में कुछ भी नहीं है, सभी कुछ परमात्मा के अधीन है) । (अतएव यह समझना चाहिए कि) सभी सृष्टि (कारण) कर्त्तापुरुष ही रचता है (और उन्हें रच कर) बार-बार (उनकी) देखभाल करता है । चाहे चुप रहा जाय (अथवा) चाहे मांगा जाय, वह दाता (प्रभु अपनी) मर्जी के अनुसार दान करता है । चाहे समस्त सृष्टि (आकारु) घूम कर देख ले, (तो तुझे यही पता चलेगा कि) दाता एक है और सब उससे मांगनेवाले हैं । (समस्त सृष्टि के पर्यटन करने पर) नानक को इतना ही पता लगता है कि दाता (हरी ही) है और वह चिरजीवी (शाश्वत तथा अटल) है ॥ १८ ॥

पउड़ी : नाइ मंनिऐ सुरति ऊपजै नामे मति होई ।
नाइ मंनिऐ गुण उचरै नामे सुखि सोई ॥
नाइ मंनिऐ भ्रमु कटीऐ फिरि दुखु न होई ।
नाइ मंनिऐ सालाहीऐ पापां मति धोई ॥
नानक पूरे गुर ते नाउ मंनीऐ जिन देवै सोई ॥१०॥

पउड़ी : नाम पर मनन करने से (हरी की) स्मृति (सुरति) उत्पन्न होती है और नाम से (सुंदर और सात्विक) बुद्धि (प्राप्त होती है) । नाम पर मनन करने से (हरी के) गुणों का उच्चारण होता है और नाम से ही सुख से सोना होता है । नाम पर मनन करने से (सारे) भ्रम कट जाते हैं, (जिससे) फिर दुःख नहीं होता । नाम के मनन से (हरी की) स्तुति होने लगती है और पापमयी बुद्धि धुल कर (पवित्र हो जाती है) । हे नानक, पूर्ण गुरु से ही नाम के ऊपर मनन किया जाता है; (वह नाम उन्हीं के द्वारा मनन किया जाता है), जिन्हें वह (हरी) दे देता है ॥१०॥

सलोकु : सासत्र बेद पुराण पढ़ंता । पूकारंता अजाणंता ॥
जां बूझै तां सूझै सोई । नानकु आखै कूक न होई ॥१९॥

जां हउ तेरा तां सभु किछु मेरा हउ नाही तू होवहि ।
आपे सकता आपे सुरता सकती जगतु परोवहि ॥
आपे भेजे आपे सदे रचना रचि रचि वेखै ।
नानक सचा सची नांई सचु पवै धुरि लेखै ॥२०॥

सलोकु : (अहंकारी व्यक्ति) वेदों, शास्त्रों और पुराणों को पढ़ता है। (वह यह) पुकारता है (कि मैंने वेदों-शास्त्रों को पढ़ा है), (पर अनुभव की दृष्टि से कुछ भी) नहीं जानता। जब (साधक परमात्म-तत्व को) बूझ लेता है, तो उसे (सब कुछ) सुझाई पड़ने लगता है। नानक कहता है (कि ज्ञानावस्था में) चिल्लाना नहीं रह जाता ॥१९॥

जब मैं तेरा (हो जाता हूँ), तो सभी कुछ मेरा हो जाता है, (क्योंकि चाहे मैं रहूँ या) न रहूँ, (पर) तू तो (सदैव) रहता है। (हे प्रभु), तू आप ही शक्तिशाली है और आप ही ज्ञानवान (सुरता=सुरति—स्मृति वाला; ज्ञानवान) है। तू अपनी शक्ति में (समस्त) जगत् को पिरोये है। तू (जीवों को इस संसार में) आप ही भेजता है, और आप ही (उन्हें) बुला लेता है; तू (सारी) सृष्टि रच रचकर, उसे देखता रहता है—निगरानी करता रहता है। हे नानक, सच्चे नाम के कारण (प्रभु) सच्चा है; (जिनके भाग्य में) प्रारम्भ से ही लिखा रहता है, (वे ही) सत्य को पाते हैं ॥२०॥

पउड़ी : नामु निरंजन अलखु है किउ लखिआ जाई ।
नामु निरंजन नालि है किउ पाईऐ भाई ॥
नामु निरंजन वरतदा रविआ सभ ठांई ।
गुर पूरे ते पाईऐ हिरदै देइ दिखाई ॥
नानक नदरी करमु होइ गुर मिलीऐ भाई ॥११॥

पउड़ी : (हे भाई, हरी का) नाम निरंजन (माया से रहित) और अलक्ष्य है, (यह) किस प्रकार लखा—देखा जाय ? (हरी का) निरंजन नाम (प्रत्येक जीव के) साथ है, (किन्तु) हे भाई, यह प्राप्त किस प्रकार किया जाय ? (हरी का) निरंजन नाम (सर्वत्र) बरत रहा है और सभी स्थानों में रम रहा है, (व्याप्त है)। पूर्ण गुरु से ही (यह नाम) पाया जाता है; वह (शिष्य के) हृदय में ही (नाम) दिखा देता है। नानक का कथन है कि हे भाई, (प्रभु की) कृपादृष्टि हो, तभी गुरु का मिलाप होता है ॥११॥

सलोकु : कलि होई कुते मुही खाजु होआ मुरदारु ।
कूड़ु बोलि बोलि भउकणा चूका धरमु बीचारु ।
जिन जीवंदिआ पति नही मुइआ मंदी सोइ ।
लिखिआ होवै नानका करता करे सु होइ ॥२१॥

रंना होईआ बोधीआ पुरस होए सईआद।
सीलु संजमु सुच भंनी खाणा खाजु अहाजु॥
सरमु गइआ घरि आपणै पति उठि चली नालि।
नानक सचा एकु है अवरु न सचा भालि॥२२॥

सलोकु :—कलियुग में (लोग) कुत्ते के मुँहवाले हो गए हैं, और उनकी खाद्यवस्तु (खाज) मुरदे का मांस (मुरदारु) हो गई है। [अर्थात् कलियुग में लोग कुत्तों के समान लालची हो गए हैं और रिश्वत तथा बेईमानी से पैसे खाते हैं]। (वे) झूठ बोल बोल कर भूंकते है; (इस प्रकार) धर्म-सम्बन्धी (समस्त) विचार समाप्त हो चुके हैं। जिनकी पति (प्रतिष्ठा) जीवित रहते हुए नहीं है, मरने पर (उनकी) शोभा (सोइ) मन्द ही होती है। हे नानक, जो मत्थे में लिखा होता, वही होता है और जो कर्त्तापुरुष करता है, वही होता है॥२१॥

स्त्रियाँ मूर्ख हो गई हैं और पुरुष शिकारी (जालिम)। शील, संयम और पवित्रता तोड़ कर (लोग) खाद्य-अखाद्य खाने लगे हैं; श्रम अथवा शरम [सरम=संस्कृत, श्रम; फारसी शरम] (उठकर) अपने घर चली गई है; (उसके) साथ प्रतिष्ठा भी उठ कर चली गई है; (तात्पर्य यह है कि लोगों में से लज्जा और प्रतिष्ठा नष्ठ हो गई है अथवा श्रम-उद्योग और प्रतिष्ठा की भावना लोगों से लुप्त हो चुकी है)। हे नानक, एक (हरी ही) सच्चा है; (हरी के अतिरिक्त) अन्य सत्य को मत खोज॥२२॥

पउड़ी : बाहरि भसम लेपन करे अंतरि गुबारी।
खिथा झोली बहु भेख करे दुरमति अहंकारी॥
साहिब सबदु न ऊचरै माइआ मोह पसारी।
अंतरि लालचु भरमु है भरमै गावारी॥
नानकु नामु न चेतई जूऐ बाजी हारी॥१२॥

पउड़ी : (बाह्य योगी) बाहर तो (शरीर पर) भस्म की लेप करता है; (भस्म लगाता है), किन्तु अन्तःकरण—हृदय में (अज्ञानता के कारण घनघोर) अन्धकार है। (योगी) (बाहर से तो) कंथा; झोली (आदि धारण करके) अनेक वेश बनाता है, (किन्तु भीतर से) दुर्बुद्धि और अहंकारयुक्त है। माया-मोह के प्रचार में (फँसने के कारण, वह) साहब (परमात्मा) के नाम का उच्चारण नहीं करता। (उस बाह्य योगी के) भीतर—हृदय में लालच और भ्रम हैं, (जिससे वह) गंवार—मूर्ख भटकता रहता है। नानक का कथन है कि वह नाम नहीं चेतता और (मनुष्य के जीवन की अमूल्य) बाजी, (सांसारिक प्रपंच रूपी) जुए में हार जाता हैं॥१२॥

सलोकु : लख सिउ प्रीति होवै लख जीवणु किआ खुसीआ किआ चाउ।
विछुड़िआ विसु होइ विछोड़ा एक घड़ी महि जाइ॥
जे सउ वर्हिआ मिठा खाजै भी फिरि कउड़ा खाइ।
मिठा खाधा चिति न आवै कउड़तणु धाइ जाइ॥
मिठा कउड़ा दोवै रोग। नानक अंति विगुते भोग॥

झखि झखि झखणा झगड़ा झाख।
झखि झखि जाहि झखहि तिन्ह पासि ॥२३॥
कापड़ु काठु रंगाइआ रांगि। घर गच कीते बागे बाग ॥
साद सहज करि मनु खेलाइआ। तै सह पासहु कहणु कहाइआ।
मिठा करि कै कउड़ा खाइआ। तिनि कउड़ै तनि रोगु जमाइआ ॥
जे फिरि मिठा पेड़ै पाइ। तउ कउड़तणु चूकसि माइ।
नानक गुरमुखि पावै सोइ। जिस नो प्रापति लिखिआ होइ ॥२४॥

सलोकु ; लाखों व्यक्तियों से प्रेम हो और लाखों (वर्ष का) जीवन हो, (किन्तु फिर भी) खुशियों और उमंगों (चाव) का क्या (मूल्य) है ? (ऐश्वर्यों के) बिछुड़ने से वियोग, का दुःख (विष) होता है और (सारी खुशियाँ) एक घड़ी में चली जाती हैं। चाहे सौ वर्षों तक मीठा खाया जाय, फिर भी (अन्त में) कड़ुवा खाना ही पड़ता है। (जब कड़ुवा खाना होता है), तो मीठे खाने की ओर चित्त नहीं जाता, (अर्थात् जब दुःखों को भोगना होता है, तो पूर्व के सुखों की स्मृति नहीं आती कि मैंने सुख भोगे हैं, तो दुःख भी मुझ ही को भोगना है) और बार-बार कड़ुवे की ओर ही दौड़ता है। (इस प्रकार) मीठे और कड़वे—सुख-दुःख दोनों ही रोग हैं। नानक का विचार है कि अन्त में भोगों के कारण (जीव) नष्ट होते हैं; जो लोग झूरे ही बका करते हैं, वे इसी प्रकार झख झख कर खप जाते हैं। (ऐसे व्यक्ति) झख झख कर नष्ट होते रहते हैं, (फिर भी विषयों की ओर) झख मारने जाते हैं ॥ २३ ॥

कपड़ों और लकड़ियों (आदि) को रंगों से रंगा कर (कुरसियाँ आदि बहुत से सामान बनवा लिए)। मकान को चूने आदि से (ऐसा बनाया कि) सफेद ही सफेद (दिखलाई पड़ने लगा)। स्वादों और सुखों के बीच (अपने) मन को क्रीड़ा कराते रहे और तुझ मालिक से कहते-कहाते रहे; (अर्थात् हरी से प्रेम करने के बजाय झगड़ा करते रहे)। कड़वी वस्तुओं (विषयों) को मीठा समझ कर खाते रहे; किन्तु उन कड़वी वस्तुओं (विषयों) के कारण शरीर में (नाना भाँति के) रोग संचित हो गए। यदि फिर (हरिनाम रूपी) मीठे वस्तु की प्राप्ति हो, तभी माया का कड़ुवापन (विषय-विकार) नष्ट हो सकता है, (अन्यथा नहीं)। हे नानक, उस वस्तु को गुरु की शिक्षा द्वारा प्राप्त किया जाता है; जिसके भाग्य में लिखा होता है, (उसी को नाम रूपी मीठी वस्तु की) प्राप्ति होती है ॥२४॥

पउड़ी : जिन कै हिरदै मैलु कपटु है बाहरु धोवाइआ ॥
कूड़ु कपटु कमावदे कूड़ु परगटी आइआ ॥
अंदरि होइ सु निकलै नह छपै छपाइआ।
कूड़ै लालचि लगिआ फिरि जूनी पाइआ।
नानक जो बोजै सो खावणा करतै लिखि पाइआ ॥१३॥

पउड़ी : जो (व्यक्ति) बाहर से तो खूब धुले-धुलाए हैं, किन्तु भीतर मैल और कपट से भरे हुए हैं, वे झूठ और कपट ही कमाते है (और अन्त में झूठ और कपट ही) आकर प्रकट

होते हैं। जो वस्तु भीतर होती है, वही बाहर आकर निकलती है; छिपाने से (कोई वस्तु) नहीं छिपती। (मनुष्य) झूठ और लालच में लग कर बारबार योनि के अन्तर्गत पड़ता है। हे नानक, जो बोया जाता है, वही खाने को मिलता हैं; कर्त्तापुरुष के यहाँ यह सब लिखा रहता है ॥१३॥

सलोकु : बेदु पुकारे पुंनु पापु सुरग नरक का बीउ।
जो बीजै सो उगवै खांदा जाणै जीउ ॥
गिआनु सलाहे वडा करि सचो सचा नाउ।
सचु बीजै सचु उगवै दरगह पाईऐ थाउ ॥
बेदु वपारी गिआनु रासि करमी पलै होइ।
नानक रासी बाहरा लदि न चलिआ कोइ ॥२५॥

सलोकु ; वेदों का कथन है कि पुण्य और पाप ही स्वर्ग तथा नरक के बीज हैं। जो बोया जाता है, वही उगता है; (जीव जो कुछ भी बोता है) वही उसे खाने को मिलता है। ज्ञान की की स्तुति महान् रूप में की जाती है, सत्य (परमात्मा) का सच्चा नाम है। सत्य के बोने से, सत्य ही उगता है और (हरी के) दरबार में सम्मान प्राप्त होता है। वेद तो (निरे) व्यापारी हैं, असली चीज तो ज्ञान है, (उस ज्ञान को) वेद अपनी पूंजी बनाकर बरतते हैं; ईश्वर की कृपा से ज्ञान प्राप्त होता है, (तात्पर्य यह है कि वेद में मुख्य वस्तु ब्रह्मज्ञान है, और वह परमात्मा की कृपा से प्राप्त होता है)। नानक का कथन है कि (ब्रह्मज्ञान रूपी) पूंजी के अतिरिक्त, (मनुष्य इस संसार से) कोई और वस्तु लाद कर नहीं जाता ॥ २५ ॥

पउड़ी : निंमु बिरखु बहु संचीऐ अंमृत रसु पाइआ।
बिसीअरु मंत्रि बिसाहीऐ बहु दूधु पीआइआ॥
मनमुखु अभिंनु न भिजई पथरु नावाइआ॥
बिखु महि अंमृतु सिंचीऐ बिखु का फलु पाइआ॥
नानक संगति मेलि हरि सभ बिखु लहि जाइआ ॥१४॥

पउड़ी : नीम के वृक्ष को बहुत सींचा जाय और, उसमें से चाहे अमृत रस ही पाया जाय, (किन्तु होता है, वह कड़ुवा ही)। (गारुड़) मंत्र के बल पर, यदि सर्प का विश्वास करके, (उसे) खूब दूध पिलाया जाय, (फिर भी वह अपना स्वभाव नहीं छोड़ता)। (इसी भाँति) मनमुख कोरे का कोरा ही रहता है; वह (उसी भाँति) नहीं भीजता, (जिस भाँति) पत्थर स्नान करने से, (नहीं भीजता)। विष (से पेड़) में चाहे अमृत ही डाल कर सींचा जाय, पर उसका फल विष ही प्राप्त होगा। नानक का विचार है कि सत्संगति द्वारा हरि की प्राप्ति से सारे विष नष्ट हो जाते हैं ॥१४॥

सलोकु : मरांण न मूरतु पूछिआ पुछी थिति न वारु।
इकनी लदिआ इकि लदि चले इकनी बधे भार।
इकना होई साखती इकना होई सार।
लसकर सणै दमामिआ छुटे बंक दुआर।
नानक ढेरी छारु की भी फिरि होई छार ॥२६॥

नानक ढेरी ढहि पई मिटी संदा कोटु।
भीतरि चोरु बहालिआ खोटु वे जीआ खोटु ॥२७॥

सलोकु : मरण न तो मुहूर्त्त पूछता है, न तिथि और न वार। [वह अपने समय पर आ ही जाता है, और जीव को लेकर चला जाता है]। कुछ ने तो अपना (माल-असबाव) लाद लिया, और कुछ लोग लाद कर चल दिए हैं और कुछ लोग अपना भार बाँध रहे हैं। कुछ तो (घोड़े के) साज समान संभाल चुके हैं और कुछ (अपने माल-असबाव की) खोज-खबर ले रहे हैं। लश्कर के साथ नगाड़े (वज चुके हैं) और सुन्दर (घर के) द्वार छूट चुके हैं। नानक का कथन है कि (मनुष्य का शरीर) पहले भी मिट्टी का ढेर था (और मर जाने पर भी) (मिट्टी का ढेर हो गया ॥२६॥

नानक कहते हैं (कि मृत्यु के आने पर शरीर रूपी) मिट्टी का किला ढह कर मिट्टी का ढेर हो गया। (शरीर के किले के) भीतर (मन रूपी) चोर बैठा था, (अब उसका भी पता नहीं है)। (अतः), हे जीव, यह सब कुछ खोटा ही खोटा है ॥२७॥

पउड़ी : जिन अंदरि निंदा दुसटु है नक वढे नक वढाइआ।
महा करूपु दुखीए सदा काले मुह माइआ॥
भलके उठि नित पर दरबु हिरहि हरि नामु चुराइआ।
हरि जीउ तिनकी संगति मत करहु रखि लेहु हरि राइआ॥
नानक पइऐ किरति कमावदे मनमुखि दुखु पाइआ ॥१५॥

पउड़ी : जिन व्यक्तियों के अन्तर्गत दुष्ट निन्दा (का वास) है, (उनकी) नाक कटती है (और वे अपनी) नाक कटाते हैं। माया में (पड़कर), वे महा कुरूप और दुःखी होते हैं और उनका मुंह सदैव काला रहता है। नित्य प्रातःकाल उठकर (वे) दूसरों का द्रव्य चुराते हैं। (इन्होंने) हरि नाम को चुरा रक्खा है, (मुँह पर नहीं लाते), (अर्थात हरि नाम मुँह से नहीं निकालते, उसे बिसरा दिये हैं)। हे हरि जी, ऐसे व्यक्तियों का साथ (मुझे) न प्रदान कर; (हे प्रभु उन लोगों से) मेरी रक्षा कर ले। नानक का विचार है कि मनमुख पड़े हुए संस्कार के अनुसार कर्म करते हैं (और इसी से) दुःख पाते हैं ॥१५॥

सलोकु : धनवंता इवही कहै अवरी धन कउ जाउ।
नानक निरधनु तितु दिनि जितु दिनि विसरै नाउ ॥२८॥
सूरजु चड़ै विजोगि सभसै घटै आरजा।
तनु मनु रता भोगि कोई हारै को जिणै।
सभु को भरिआ फूकि आखणि कहणि न थंम्हीऐ॥
नानक वेखै आपि फूक कढाए ढहि पवै ॥२९॥

सलोकु : धनी (मायासक्त) व्यक्ति तो इस प्रकार कहता है कि मैं और धन लेने के लिए जाऊँ। पर नानक तो उस दिन अपने आप को निर्धन समझता है, जिस दिन (उसे) हरि का नाम विस्मृत हो जाय ॥२८॥

सूरज चढ़ने (से लेकर उसके) विछुड़ने (डूबने) तक, (तात्पर्य यह कि सारा दिन) आयु घटती रहती है । (इस प्रकार सांसारिक प्राणी) तन, मन से भोग में रत रहते हैं; (इस संसार में कोई हारता है और कोई जीतता है । सभी कोई अहंकार से भरे हैं, और कहने समझाने से रुकते नहीं,—समझाना-बुझाना नहीं मानते । नानक का कथन है कि (प्रभु आप ही सब कुछ देखता है, (यदि वह) श्वास (फूक) निकाल ले, तो (मनुष्य) ढह जाता है ॥२६॥

पउड़ी : सतसंगति नामु निधानु है जिथहु हरि पाइआ ॥
गुरपरसादी घटि चानणा आन्हेरु गवाइआ ।
लोहा पारसि भेटीऐ कंचनु होइ आइआ ॥
नानक सतिगुरि मिलिऐ नाउ पाईऐ मिलि नामु धिआइआ ॥
जिन्ह के पोतै पुंनु है तिन्हा दरसनु पाइआ ॥१६॥

पउड़ी : सत्संगति में ही नाम निधान (छिपा है), और वहीं से हरी की प्राप्ति होती है । गुरु की कृपा से हृदय में (घट में) प्रकाश (ज्ञान) हो जाता है और अन्धकार (अज्ञान) नष्ट हो जाता है । पारस के स्पर्श से लोहा कंचन के रूप में परिणत हो जाता है । हे नानक, सद्‌गुरु के मिलने पर नाम की प्राप्ति होती है, और उससे मिलकर नाम का ध्यान होता है । [उपर्युक्त पउड़ी में 'पाइआ', 'गवाइआ', 'भाइआ', 'धिआइआ' आदि क्रियाएं, भूतकाल की हैं, किन्तु इनका अर्थ वर्तमान काल में लिखने से अधिक स्वाभाविक पतीत होता है] । जिनके खजाने में पुण्य है, वे ही हरी और गुरु का दर्शन प्राप्त करते हैं ॥ १६ ॥

सलोकु : ध्रिगु तिना का जीविआ जि लिखि लिखि वेचहि नाउ ।
खेती जिन की उजड़ै खलवाड़े किआ थाउ ॥
सचै सरमै बाहरे अगै लहहि न दादि ।
अकलि एह न आखीऐ अकलि गवाईऐ बादि ॥
अकली साहिबु सेवीऐ अकली पाईऐ मानु ।
अकली पड़्हि कै बुझीऐ अकली कीचै दानु ॥
नानकु आखै राहु एहु होरि गलां सैतानु ॥३०॥

सचु वरतु संतोखु तीरथु गिआनु धिआनु इसनानु ।
दइआ देवता खिमा जपमाली ते माणस परधान ॥
जुगति धोती सुरति चउका तिलकु करणी होइ ।
भाउ भोजनु नानका विरला त कोई कोइ ॥३१॥

गिआन विहूणा गावै गीत । भुखे मुलां घरे मसीति ॥
मखटू होइकै कंन पड़ाए । फकरु करे होरु जाति गवाए ॥
गुरु पीरु सदाए मंगण जाइ । ता कै मूलि न लगीऐ पाइ ॥
घालि खाइ किछु हथहु देइ । नानक राहु पछाणहि सेइ ॥३२॥

मनहु जि अंधे कूप कहिआ बिरदु न जाणनी ।
मनि अंधै ऊंधै कवलि दिसनि खरे करूप ॥

इकि कहि जाणहि कहिआ बुझहि ते नर सुघड़ सरूप ॥
इकना नाद न बेद न गीअरसु रस कस न जाणंति ।
इकना सुधि न बुधि न अकलि सर अखर का भेउ न लहंति ॥
नानक से नर असलि खर जि बिनु गुण गरबु करंति ॥३३॥

सलोकु :—उनके जीवन को धिक्कार है, जो हरिनाम को लिख-लिख कर बेचते हैं, (अर्थात् जो व्यक्ति हरिनाम के आधार पर सांसारिक ऐश्वर्य प्राप्त करना चाहते हैं, उनके जीवन को धिक्कार है)। जिनकी खेती उजड़ गई है, (उनके) खलियान में क्या होगा ? [तात्पर्य यह है कि जिनकी नाम-स्मरण रूपी खेती नष्ट हो चुकी है, उन्हें आध्यात्मिक लाभ क्या होगा ?]। सत्य और श्रम (उद्यम) के बिना आगे (परमात्मा के यहाँ), उनकी कोई भी कदर नहीं होगी । (जो) अक्ल झगड़ा-फसाद (वादि) में नष्ट की जाती है, (उसे) अक्ल नहीं कहना चाहिए। (सच्ची) अक्ल से साहब (हरी) की सेवा की जाती है और (सच्ची) अक्ल से (हरी के यहाँ) मान पाया जाता है। (सच्ची) अक्ल से ही पढ़ कर (सच्चे रूप में) समझा जाता है और उसी अक्ल से दान किया जाता है। नानक इसी को (वास्तविक) मार्ग कहता है, और बातें तो शैतान (की बातें) हैं ॥ ३० ॥

सत्य (जिन व्यक्तियों का) व्रत है, संतोष तीर्थ है, ज्ञान-ध्यान ही स्नान है, दया देवता है, क्षमा जपमाली है, वे मनुष्य प्रधान हैं। हे नानक, जिनकी युक्ति (परमात्मा से मिलने की विधि) धोती है, सुरति (हरी की स्मृति) चौका है, (शुभ) करनी, जिनका तिलक है, भाव (प्रेम) ही जिनका भोजन हैं, (ऐसे मनुष्य) कोई-कोई विरले ही होते हैं ॥ ३१ ॥

(लोग) ज्ञान के बिना ही गीत गाते हैं। भूखे मुल्ला (रोटी पाने के निमित्त) घर को ही मस्जिद (बना लेते) हैं। (लोग) निकम्मे (मखट्ठू) होकर (अपना) कान फड़वा लेते हैं, फकीरी करके अपनी जाति (तात्पर्य यह कि मर्यादा) गँवा देते हैं। (जो लोग) कहलाते तो 'गुरु' और 'पीर' है, किन्तु माँगने जाते हैं (भिक्षा), उनके चरणों में नहीं पड़ना चाहिए। नानक (के मत में) (जो व्यक्ति) परिश्रम करके खाता है (और अपनी कमाई में से) अपने हाथों से कुछ (दूसरों को) देता है, वही (व्यक्ति, वास्तविक) मार्ग पहचानता है ॥ ३२ ॥

जो मन से अन्धे कुएँ हैं, (अर्थात् जो बहुत अज्ञानी हैं)। (अपने) कहे हुए (उपदेश) की लज्जा नहीं रखते (तात्पर्य यह कि अपनी कही हुई बातों पर स्वतः आचरण नहीं करते), (वे अति हीन हैं)। मन अन्धा होने (के कारण) उनका (हृदय रूपी) कमल उलटा है और नितान्त (खरे) कुरूप दिखाई पड़ते हैं। कुछ लोग कह कर (उसे) जानते और समझते हैं, (अर्थात् कही हुई वस्तु पर आचरण करते हैं), ऐसे पुरुष सुन्दर स्वरूपवाले हैं, (वे ही सच्चे मनुष्य हैं)। कुछ लोग ऐसे हैं, (जो) नाद, वेद तथा गीत का रस (आनन्द), तथा कसैले आदि रस—(भला-बुरा) नहीं जानते। कुछ लोग। (ऐसे हैं), (जिन्हें) सुधि-बुधि तथा अक्ल नहीं है और अक्षर का भेद भी नहीं जानते। नानक (के विचार से) वे मनुष्य असली (निरे) गधे हैं, जो बिना (किसी) गुण के ही गर्व करते हैं ॥ ३३ ॥

पउड़ी : गुरमुखि सभ पवितु है धनु संपै माइआ ।
हरि अरथि जो खरचदे देंदे सुखु पाइआ ॥
जो हरिनामु धिआइदे तिन तोटि न आइआ ।
गुरमुखां नदरी आवदा माइआ सुटि पाइआ ॥
नानक भगतां होरु चिति न आवई हरि नामि समाइआ ॥१७॥

पउड़ी : गुरुमुखों के लिए धन; सम्पत्ति, माया—सभी (वस्तुएँ) पवित्र हैं । जो हरि के निमित्त खर्च करते हैं और देने में सुख पाते हैं और हरी के नाम का ध्यान करते हैं, उन्हें (किसी प्रकार की) कमी नहीं आती । गुरुमुखों की दृष्टि में (हरी) आ जाता है, (इसलिए वे माया को पसंद ही नहीं करते), त्याग देते हैं । हे नानक, हरि-भक्तों के चित्त में (हरी के अतिरिक्त) और कुछ भी नहीं आता, (उनके हृदय में) हरी-नाम ही समाया रहता हैं ॥ १७ ॥

१ओं सतिनामु करता पुरखु निरभउ निरवैरु
अकाल मूरति अजूनी सैभं गुर प्रसादि

रागु मलार, महला १, चउपदे, घरु १

सबद [१]

खाणा पीणा हसणा सउणा विसरि गइआ है मरणा ।
खसमु विसारि खुआरी कीनी धृगु जीवणु नही रहणा ॥१॥

प्राणी एको नामु धिआवहु ।
अपनी पति सेती घरि जावहु ॥१॥ रहाउ ॥

तुधनो सेवहि तुझु किआ देवहि मांगहि लेवहि रहहि नही ।
तू दाता जीआ सभना का जीआ अंदरि जीउ तुही ॥२॥

गुरमुखि धिआवहि सि अंमृतु पावहि सेई सूचे होही ।
अहिनिसि नामु जपहु रे प्राणी मैले हछे होही ॥३॥

जेही रुति काइआ सुखु तेहा तेहो जेही देही ॥
नानक रुति सुहावी साई बिनु नावै रुति केही ॥४॥

खाने, पीने, हँसने, सोने में ही (मनुष्य) काल को भूल गया है । उसने पति परमात्मा को विसरा कर बरबादी कर दी है; (उसके) क्षणभंगुर जीवन को धिक्कार है ॥ १ ॥

हे प्राणी, एक (हरी) के नाम का ध्यान कर, ताकि अपनी मर्यादा प्रतिष्ठा से (अपने आत्मस्वरूपी) घर में जा सके ॥ १ ॥ रहाउ ॥

(हे प्रभु), (जो) तेरी आराधना करते हैं—सेवा करते हैं, (वे) तुझे क्या देते हैं ? (कुछ भी नहीं); (वे तुझसे) माँगते रहते हैं, और लेने से बाज नहीं आते । (हे प्रभु), तू सभी जीवों का दाता है; जीवों के अन्तर्गत (तू ही) जीवन है ॥ २ ॥

(जो) गुरुमुख (तेरा) ध्यान करते हैं, वे, अमृत प्राप्त करते हैं, और वे ही पवित्र होते हैं । हे प्राणी, अहर्निश (हरी का) नाम जप; नाम जप से अपवित्र (मैले) भी पवित्र (अच्छे) हो जाते हैं ॥ ३ ॥

जिस प्रकार की ऋतु होती है, उसी के अनुसार शरीर को सुख मिलता है और उसके प्रभाव से फिर उसी प्रकार का शरीर बनता है। नानक कहता है कि वही ऋतु सुहावनी होती है, (जो नाम से युक्त है)। बिना नाम के ऋतु किस काम की ? ४ ॥ १ ॥

[२]

करउ बिनउ गुर अपने प्रीतम हरि वरु आणि मिलावै ।
सुणि घनघोर सीतलु मनु मोरा लाल रती गुण गावै ॥१॥

बरसु घना मेरा मनु भीना ।
अंमृत बूंद सुहानी हीअरै गुरि मोही मनु हरि रसि लीना ॥१॥ रहाउ ॥

सहजि सुखी वर कामणि पिआरी जिसु गुरबचनी मनु मानिआ ।
हरि वरि नारि भई सोहागणि मनि तनि प्रेमु सुखानिआ ॥२॥

अवगण तिआगि भई बैरागनि असथिरु वरु सोहागु हरी ।
सोगु विजोगु तिसु कदे न विआपै हरि प्रभि अपणी किरपा करी ॥३॥

आवण जाणु नही मनु निहचलु पूरे गुर की ओट गही ।
नानक राम नामु जपि गुरमुखि धनु सोहागणि सचु सही ॥४॥२॥

मैं अपने गुरु से विनय करती हूँ, जो प्रियतम हरि रूपी वर को ले आकर मिला देता हैं। बादलों की गरज सुनकर मेरा मोर रूपी मन शीतल हो गया है, (तात्पर्य यह कि गुरु के उपदेश से मेरे मन को शान्ति प्राप्त हो गई है)। (स्त्री) (अपने) लाल—प्रियतम में अनुरक्त होकर उसका गुणगान करती है ॥ १ ॥

हे घन, बरस, जिससे मेरा (मोर रूपी) मन भीगे—आनन्दित हो। हृदय में अमृत की बूंदें अच्छी लग रही हैं—सुहा रही हैं; गुरु ने (मुझे अपने उपदेशों से) मोहित कर लिया है; (मेरा) मन हरि-रस में लीन हो गया है ॥ १ ॥ रहाउ ॥

वह (हरी रूपी) वर की प्यारी स्त्री सहज सुखी पूर्ण आनन्दित हो गई है, जिसका मन गुरु की वाणी द्वारा मान गया है—शान्त हो गया है। हरि रूपी वर की (जीवात्मा रूपी) स्त्री (अब) सुहागिनी हो गई है; (हरी के) प्रेम से उसके तन और मन सुखी हो गए हैं ॥ २ ॥

(जीवात्मा रूपी स्त्री) अवगुणों को त्याग कर वैरागिनी हो गई है (और उसने) हरी रूपी वर के स्थिर सौभाग्य को प्राप्त कर लिया है। प्रभु हरी ने (उसके ऊपर) अपनी कृपा कर दी है, (जिससे) शोक और वियोग (उसे) कभी नहीं व्याप्त होते हैं ॥ ३ ॥

(उस जीवात्मा रूपी स्त्री ने) पूर्ण गुरु की शरण पकड़ ली है, (जिससे उसका) आवागमन (आना-जाना) समाप्त हो गया है और निश्चल हो गया है। नानक का कथन है कि गुरु के द्वारा रामनाम का जप करके (जीवात्मा रूपी) स्त्री सच्चे रूप में सुहागिनी हो गई है ॥ ४ ॥ २ ॥

[३]

साची सुरति नामि नही तृपते हउमै करत गवाइआ ।
परधन पर नारी रतु निंदा बिखु खाई दुखु पाइआ ॥
सबदु चीनि भै कपट न छूटे मन मुखि माइआ माइआ ।
अजगरि भारि लदे अति भारी मरि जनमे जनमु गवाइआ ॥१॥
मनि भावै सबदु सुहाइआ ।
भ्रमि भ्रमि जोनि भेख बहु कीन्हे गुरि राखे सचु पाइआ ॥१॥रहाउ॥
तीरथि तेजु निवारि न न्हाते हरि का नामु न भाइआ ।
रतन पदारथु परहरि तिआगिआ जत को तत ही आइआ ॥
बिसटा कोट भए उत ही ते उनही माहि समाइआ ।
अधिक सुआद रोग अधिकाई बिनु गुर सहजु न पाइआ ॥२॥
सेवा सुरति रहसि गुण गावा गुरमुखि गिआनु बीचारा ।
खोजी उपजै बादी बिनसै हउ बलि बलि गुर करतारा ॥
हम नीच होते हीण मति झूठे तू सबदि सवारणहारा ।
आतम चीनि तहा तू तारण सचु तारे तारणहारा ॥३॥
बैसि सुथानि कहां गुण तेरे किआ किआ कथउ अपारा ।
अलखु न लखीऐ अगमु अजोनी तू नाथां नाथणहारा ॥
किसु पहि देखि कहउ तू कैसा सभि जाचक तू दातारा ।
भगति हीणु नानकु दरि देखहु इकु नामि मिलै उरिधारा ॥४॥३॥

(मनुष्य की) न तो सच्ची सुरति लगती है और न नाम में तृप्त होता है; (वह) अहंकार करने में ही (अपने को) नष्ट कर देता है (वह) पर धन, पर नारी और (पराई) निन्दा में रत रहता है, इस प्रकार (तमोगुण के) विष खा कर दुःख पाता रहता है। शब्द के पहचाने (बिना) (मनमुख के) भय और कपट नहीं छूटते, और उसके मन तथा मुख— दोनों ही में माया ही माया बसती है ["मन मुखि" वाला पाठ श्री करतारपुर वाली प्रति की है। अन्य प्रतियों में "मनमुखि" पाठ है]। (ऐसे लोग पापों के) भारी बोझ से लदे हैं; (वे) बार-बार जन्मते-मरते-रहते हैं और अपना जीवन नष्ट करते रहते हैं ॥ १ ॥

(यदि) मन में (गुरु का) शब्द अच्छा लगता है, तो (जीवन) सुहावना हो जाता है। (नहीं तो) अनेक योनियों में भटक-भटक कर बहुत से वेश धारण करने पड़ते हैं; गुरु के द्वारा रक्षा करने पर ही सत्य परमात्मा की प्राप्ति होती है ॥ १ ॥ रहाउ ॥

(लोग) तीर्थों और तमोगुण (तेज—क्रोध, तमोगुण) को दूर करके स्नान नहीं करते और उन्हें हरि का नाम भी नहीं अच्छा लगता। (वे) (नाम रूपी) पदार्थ-रत्न को त्याग कर जहाँ के तहाँ चले जाते हैं—(अर्थात् जन्ममरण के चक्र में भटकते हैं)। (जिस प्रकार) विष्टा का कीट वहीं से उत्पन्न होकर, वहीं समा जाता है; (उस प्रकार वे लोग भी योनि से उत्पन्न होकर फिर उसी में चक्कर लगाते हैं)। (सांसारिक प्राणी) जितने ही अधिक (विषयों के) स्वाद में (लिप्त होते हैं), उतने ही अधिक (उनके) रोगों की वृद्धि होती है। बिना गुरु के सहजावस्था नहीं प्राप्त होती ॥ २ ॥

(हे प्रभु), (मैं) सेवा और सुरति (परमात्मा की स्मृति) में लगूँ और प्रसन्नतापूर्वक (तेरा) गुणगान करूँ तथा गुरु की शिक्षा द्वारा ब्रह्मज्ञान पर विचार करूँ। जिज्ञासु (तो अपनी साधना से) सफल हो जाता है और वादी (अपने वितण्डावाद से) नष्ट हो जाता है। मैं तो गुरु रूपी कर्त्ता-पुरुष पर बलिहारी हूँ। (हे सद्‌गुरु), हम नीच, मतिहीन, और झूठे हैं, तू (अपने) शब्द से सँवारने वाला है। जहाँ आत्मा समझा जाता है—जाना जाता है, हे तारने वाले (सद्‌गुरु अथवा हरी) वहाँ तू उपस्थित रहता है ॥ ३ ॥

(हे हरी, मैं) किस सुन्दर स्थान में बैठ कर तेरे किन-किन अपार गुणों का कथन करूँ ? (तू तो अनन्त हैं, मैं तेरे गुणों का कथन कर ही नहीं सकता)। (हे स्वामी, तू) अलक्ष्य, अयोनि और अगम है, तू नाथ—स्वामी (कहलानेवालों) को भी वशीभूत करने वाला (नाथनेवाला) है। मैं किसे देखकर तुझ जैसा कहूँ ? सभी (व्यक्ति) तेरे याचक हैं, तू (सभी का) दाता है। (हे प्रभु), तू, भक्तिहीन नानक को (उसके) दरवाजे पर देख, (ताकि) उसे नाम प्राप्त हो जाय, (और उसे) वह अपने हृदय में धारण कर ले ॥ ४ ॥ ३ ॥

[उपर्युक्त पद की 'गवाइआ', 'पाइआ' आदि क्रियाएं भूतकाल की हैं। किन्तु स्वाभाविकता की दृष्टि से इनका अर्थ वर्तमान काल में लिखा गया है]

[४]

जिन धन पिर का सादु न जानिआ सा बिलख बदन कुमलानी ।
भई निरासी करम की फासी बिनु गुर भरमि भुलानी ॥१॥

बरसु घना मेरा पिरु घरि आइआ ।
बलि जावां गुर अपने प्रीतम जिनि हरि प्रभु आणि मिलाइआ ॥१॥रहाउ॥

नउतन प्रीति सदा ठाकुर सिउ अनदिनु भगति सुहावी ।
मुकति भए गुर दरसु दिखाइआ जुगि जुगि भगति सुभावी ॥२॥

हम थारे त्रिभवण जगु तुमरा तू मेरा हउ तेरा ।
सतिगुरि मिलिऐ निरंजनु पाइआ बहुरि न भवजलि फेरा ॥३॥

अपुने पिर हरि देखि विगासी तउ धन साचु सीगारो ।
अकुल निरंजन सिउ सचि साची गुरमति नामु अधारो ॥४॥

मुकति भई बंधन गुरि खोल्हे सबदि सुरति पति पाई ।
नानक राम नामु रिद अंतरि गुरमुखि मेलि मिलाई ॥५॥४॥

जिस (जीवात्मा रूपी) स्त्री ने अपने (परमात्मा रूपी) पति का स्वाद नहीं जाना, वह व्याकुल मुखवाली कुम्हला जाती है। कर्म के पाश में पड़कर निराश हो जाती है, (इस प्रकार) बिना गुरु के वह भ्रमित होकर भटकती रहती है ॥ १ ॥

हे बादल, (तू) बरस (तात्पर्य यह कि हे गुरु, तू उपदेश कर) मेरा प्रियतम (हरी, मेरे आत्मस्वरूपी) घर में आ गया है। अपने प्रियतम गुरु की (मैं) बलैया लेती हूँ, जिसने प्रभु हरी को ले आकर (मुझसे) मिला दिया है ॥ १ ॥ राहउ ॥

नित्य नवीन ठाकुर (हरी) से शाश्वत (सदा की) प्रीति हो गई है और (हरी से) अहर्निश की सुहावनी भक्ति लग गई है। गुरु ने (परमात्मा का) दर्शन करा दिया है, (जिससे मैं जीवात्मा रूपी स्त्री) मुक्त हो गई हूँ। युग-युगान्तरों के लिए भक्ति शोभावाली हो गई है ॥ २ ॥

हम तेरे हैं, तीनों लोकों की सृष्टि तेरी है। तू मेरा है, और मैं तेरा हूँ। सद्गुरु के के मिलने से निरंजन (माया से रहित हरी) की प्राप्ति हो गई है; (अब) संसार-सागर में फिर चक्कर नहीं लगेगा ॥ ३ ॥

(मैं) अपने प्रियतम हरी को देख कर विकसित हो गई हूँ; यही स्त्री का सच्चा शृंगार है। अकुल (कुलरहित) निरंजन (हरी) की सच्ची (प्रीति में अनुरक्त हो गई हूँ)। गुरु की सच्ची बुद्धि द्वारा (प्राप्त) हरिनाम ही (मेरा) आधार हो गया है ॥ ४ ॥

गुरु ने बंधन खोल दिये हैं, (जिससे मैं) मुक्त हो गयी हूँ। शब्द—नाम की सुरति (स्मृति) से प्रतिष्ठा पा गई हूँ। हे नानक, रामनाम हृदय के अन्तर्गत (आ बसा) है; गुरु ने अपनी शिक्षा द्वारा (मुझे पहले अपने में) मिलाकर (अब हरी से) मिला दिया है ॥५॥४॥

[५]

परदारा परधनु परलोभा हउमै बिखै बिकार ।
दुसट भाउ तजि निंद पराई कामु क्रोध चंडार ॥१॥
महलि महि बैठे अगम अपार ।
भीतरि अंमृतु सोई जनु पावै जिसु गुर का सबदु रतनु आचार ॥१॥रहाउ॥
दुख सुख दोऊ सम करि जानै बुरा भला संसार ।
सुधि बुधि सुरति नामि हरि पाईऐ सत संगति गुर पिआर ॥२॥
अहिनिसि लाहा हरिनामु परापति गुरु दाता देवणहारु ।
गुरमुखि सिख सोई जनु पाए जिसनो नदरि करे करतारु ॥३॥
काइआ महलु मंदरु घरु हरि का तिसु महि राखी जोति अपार ।
नानक गुरमुखि महलि बुलाईऐ हरि मेले मेलणहार ॥४॥५॥

अहंकार रूपी विषय-विकारों में (लिप्त होकर सांसारिक प्राणी) पराई स्त्री और पराये धन में लिप्त है। (हे मायासक्त प्राणी), दुष्ट भावों, पराई निंदा, काम-क्रोध रूपी चाण्डालों का परित्याग कर ॥१॥

अगम और अपार (हरी) (शरीर रूपी) महल में बैठा हुआ है। इस भीतरी अमृत को वही जन—साधक पाता है, जिसके आचार गुरु के शब्द रूपी रत्न है, (अर्थात् जो गुरु के शब्द रूपी रत्नों की कमाई करता है) ॥१॥ रहाउ ॥

(सच्चा साधक) इस भले-बुरे संसार में दुःखों और सुखों को समान भाव से जानता है। सत्संगति एवं गुरु के प्यार से हरि के नाम की सुधि-बुधि और सुरति (स्मृति) प्राप्त होती हैं ॥२॥

(वही शिष्य) हरिनाम की प्राप्ति का लाभ अहर्निश प्राप्त करता है, (जिसे) दाता और देनेवाले गुरु ने (प्रदान कर दिया है)। उसी जन (भक्त) को गुरु के द्वारा शिक्षा प्राप्त होती है, जिसके ऊपर कर्त्तापुरुष कृपादृष्टि करता है ॥३॥

(मनुष्य का) शरीर हरी का घर, महल और मन्दिर है, इसमें (हरी ने) अपार ब्रह्म-ज्योति रख दी है। हे नानक, गुरु के द्वारा हरी को (शरीर रूपी) महल में बुला; मिलाने वाला (गुरु ही) (ऐसा मिलाप) कराता है ॥४॥५॥

१ओं सतिगुर प्रसादि ॥ घरु २॥

[६]

पवणै पाणी जाणै जाति । काइआं अगनि करे निभरांति ॥
जंमहि जीअ जाणै जे थाउ । सुरता पंडितु ता का नाउ ॥१॥
गुण गोबिंद न जाणीअहि माइ । अणडीठा किछु कहणु न जाइ ॥
किआ करि आखि वखाणीऐ माइ ॥१॥रहाउ॥
ऊपरि दरि असमानि पइआलि । किउ करि कहीऐ देहु वीचारि ॥
बिनु जिहवा जो जपै हिआइ । कोई जाणै कैसा नाउ ॥२॥
कथनी बदनी रहै निभरांति । सो बूझै होवै जिसु दाति ॥
अहिनिसि अंतरि रहै लिव लाइ । सोई पुरखु जि सचि समाइ ॥३॥
जाति कुलीनु सेवकु जे होइ । ता का कहणा कहहु न कोइ ॥
विचि सनातीं सेवकु होइ । नानक पण्हीआ पहिरै सोइ ॥४॥१॥६॥

(पंडित) यह तो जानता है कि पवन और जल (के संयोग से) उत्पत्ति (जाति) होती है (और साथ ही यह भी) निस्सन्देह रूप से (जानता है कि) अग्नि भी (शरीर को) निर्मित करती है, पर यदि (वह) जीवों की उत्पत्ति के (वास्तविक) स्थान को जाने, (अर्थात् परमात्मा को जाने), तो उसका नाम श्रोता पंडित हो सकता है ॥१॥

हे माँ, (बिना गुरु के) गोविन्द (परमात्मा) नहीं जाना जाता। बिना देखे, (उसके संबंध में) कुछ कहा नहीं जा सकता। हे माँ, (उस हरी का) क्या कह कर वर्णन किया जाय ?

ऊपर, भीतर (तात्पर्य यह कि नीचे), आकाश और पाताल में—(सभी स्थानों में हरी व्याप्त है)। (इस बात का) विचार करके (मुझे कोई बता दे) (कि उसे) किस प्रकार कहा जाय—(उसका जप किस प्रकार किया जाय)? (उपर्युक्त प्रश्न का उत्तर निम्न पंक्तियों में है)। जो बिना जीभ (के सहारे), (उस हरी को) हृदय में जपता है, (ऐसा) कोई (विरला) ही जान सकता है कि नाम किस प्रकार का है ॥२॥

(हरिनाम के जप में) निस्सन्देह मुंह का कथन—उच्चारण बन्द हो जाना चाहिये, (हृदय से जप करना चाहिये)। (परन्तु इस रहस्य को) वही समझ सकता है, जिसके ऊपर हरी का दान होता है। (हरी के चिन्तन में) हृदय में अहर्निश लिव (एकनिष्ठ धारणा) लगी रहनी चाहिये। जो सत्य (परमात्मा) में समा जाता है, वही (सच्चा) पुरुष है ॥३॥

यदि कुलीन (प्रतिष्ठित) जाति में कोई (व्यक्ति) (हरी का) सेवक हो, तो (उसकी अवस्था का) कोई वर्णन नहीं कर सकता। (किन्तु) यदि नीची जाति में (कोई हरी का सेवक हो, तो वह नानक (के शरीर के चाम के) जूते पहने ॥४॥१॥६।

[७]

दुखु विछोड़ा इकु दुखु भूख। इकु दुखु सकतवार जमदूत ॥
इकु दुखु रोगु लगै तनि धाइ। वैद न भोले दारू लाइ ॥१॥
वैद न भोले दारू लाइ।
दरदु होवै दुखु रहै सरीर। ऐसा दारू लगै न बीर ॥१॥रहाउ॥
खसमु विसारि कीए रस भोग। तां तनि उठि खलोए रोग ॥
मन अंधे कउ मिलै सजाइ। वैद न भोले दारू लाइ ॥२॥
चंदन का फलु चंदन वासु। माणस का फलु घट महि सासु ॥
सासि गइऐ काइआं ढलि पाइ। ता कै पाछै कोइ न खाइ ॥३॥
कंचन काइआ निरमल हंसु। जिसु महि नामु निरंजन अंसु ॥
दूख रोग सभि गइआ गवाइ। नानक छूटसि साचै नाइ ॥४॥२॥७॥

एक दुःख तो वियोग का दुःख होता है और एक दुःख भूख का। एक दुःख शक्तिशाली यमदूत का होता है और एक दुःख शरीर में रोग का दौड़ कर लगना है। (इस प्रकार संसार में अनेक प्रकार के दुःख हैं)। (अतएव) हे भोले वैद्य (तू, किस दुःख की निवृत्ति के लिए दवा ला रहा है) ? (तू), दवा मत ला, (क्योंकि तुझे असली रोग का पता नहीं है) ॥१॥

हे भोले वैद्य, (तेरी दवा से भी) दर्द होता है और शरीर में दुःख होता है, हे भाई तेरी दवा (मुझ पर) लग नहीं रहीं है; (अतः) भोले वैद्य, दवा मत ला ॥१॥ रहाउ ॥

पति (परमात्मा) को भुलाकर अनेक प्रकार के रसों और भोगों के भोगने में शरीर में (अनेक प्रकार के) रोग उठ खड़े होते हैं। अन्धे (अविवेकी) मन को सजा मिलती है। हे भोले वैद्य दवा मत ला ॥२॥

चंदन की सुगन्धि ही चंदन का (वास्तविक) फल—परिणाम है। शरीर में (घट में) श्वासों का रहना ही मनुष्य जीवन की सार्थकता—फल है। श्वास निकलने पर शरीर ढह जाता है। (शरीरपात हो जाने के) पश्चात, कोई भी दवा नहीं खा सकता ॥३॥

सोने के शरीर में निर्मल हंस—जीवात्मा (का निवास) है, जिस (जीवात्मा) में निरंजन (हरी) का अंश है। (हरी-नाम से समस्त) दुःख और रोग नष्ट हो जाते हैं। हे नानक, सच्चे (हरी) के नाम से ही छुटकारा मिलेगा ॥४॥२॥७॥

[८]

दुखु महुरा मारण हरि नामु। सिला संतोख पीसणु हथि दानु ॥
नित नित लेहु न छीजै देह। अंत कालि जमु मारै ठेह ॥१॥
ऐसा दारू खाहि गवार। जितु खाधै तेरे जाहि विकार ॥१॥रहाउ॥

राजु मालु जोबनु सभु छांव। रथि फिरंदै दीसहि थाव ॥
देह न नाउ न होवै जाति। ओथै दिहु ऐथै सभ राति ॥२॥

साद करि समधां तृसना घिउ तेलु। कामु क्रोधु अगनी सिउ मेलु ॥
होम जग अरु पाठ पुराण। जो तिसु भावै सो परवाण ॥३॥

तपु कागदु तेरा नामु नीसानु। जिन कउ लिखिआ एहु निधानु ॥
से धनवंत दिसहि घरि जाइ। नानक जननी धंनी माइ ॥४॥३॥८॥

दुःखों के विष को (दूर करने के लिए) हरि नाम ही कुश्ते का मसाला है, (अथवा) दुःख रूपी विष का मारक हरिनाम हैं। मारण=(१) कुश्ते का मसाला; (२) मारक, (मारने वाला)। (उस मसाले के पीसने के लि .) संतोष ही सिल है और हाथों से दान देना (उसका वास्तविक) पीसना है। (हे साधक), (उस हरिनाम रूपी कुश्ते का) नित्य सेवन कर; इससे तेरी देह नहीं छीजेगी, (तू अमरधर्मा हो जायगा); (ऐसा नहीं करेगा, तो) अंतिम समय में यमराज (तुझे) ठोकर मारेगा ॥१॥

हे गँवार—मूर्ख (तू) ऐसी औषधि खा, जिसके खाने से तेरे समस्त विकार नष्ट हो जायँ ॥१॥ रहाउ ॥

राज, धन, (माल), यौवन (आदि) सभी (वस्तुएँ) छाया (के समान क्षणभंगुर हैं)। (सूर्य के) रथ के फिरने से—घूमने से (सारे) स्थान (ठीक ठीक) देखे जाते हैं। (तात्पर्य यह कि जिस प्रकार अंधकार में कोई वस्तु सूझती नहीं और प्रकाश में सारी वस्तुएं यथा स्थिति में देखी जा सकती हैं, उसी प्रकार ब्रह्मज्ञान के प्रकाश में राज्यादिक वैभव छाया के समान क्षणभंगुर प्रतीत होने लगते हैं)। शरीर, नाम (ख्याति, प्रसिद्धि) तथा जाति का आगे चल कर कुछ भी मूल्य) नहीं होता, (क्योंकि) वहां दिन है, (ब्रह्मज्ञान का प्रकाश है); (और यहां अज्ञानता के कारण) रात्रि है ॥२॥

(गुरु नानक देव आगे की पंक्तियों में यज्ञ का रूपक बांधते हुए कहते हैं कि हे साधक तू) स्वादों को तो समिधा (यज्ञ की लकड़ी), तृष्णा को घी-तेल तथा काम-क्रोध को अग्नि (बना) कर और सभी को एकत्र कर (इस यज्ञ में हवन कर)। (ऐसा यज्ञ करने से) यज्ञ-होम तथा पुराण (आदि धार्मिक ग्रंथों के) पाठ का फल प्राप्त हो जाता है। (फिर मनुष्य हरी की रजा-मर्जी का बंदा हो जाता है) और उसके लिए वही प्रामाणिक हो जाता है, जो हरी को रुचे ॥३॥

(हे हरी, साधक की) तपश्चर्या के कागज पर तेरे नाम का निशान—परवाना लिखा रहता है; (पर यह परवाना उन्हीं को प्राप्त होता है), जिनके (भाग्य में) यह भाण्डार (हरी के यहाँ से) लिखा रहता है। (इसी परवाने के बल पर, सच्चे साधक अपने आत्मस्वरूपी) घर में जाकर धनवान दिखाई पड़ते हैं। हे नानक, (ऐसे व्यक्तियों की) माता, जननी धन्य है ॥४॥३॥८॥

[९]

बागे कापड़ बोलै बैण। लंमा नकु काले तेरे नैण ॥
कबहूं साहिबु देखिआ भैण ॥१॥

ऊडां ऊडि चड़ां असमानि। साहिब संम्रिथ तेरै ताणि ॥
जलि थलि डूंगरि देखां तीर। थान थनंतरि साहिबु बीर ॥२॥

जिनि तनु साजि दीए नालि खंभ। अति तृसना उडणै की डंझ ॥
नदरि करे तां बंधां धीर। जिउ वेखाले तिउ वेखां बीर ॥३॥

न इहु तनु जाइगा न जाहिगे खंभ। पउणै पाणी अगनी का सनबंध ॥
नानक करमु होवै जपीऐ करि गुरु पीरु। सचि समावै एहु सरीरु ॥४॥४॥६॥

(हे बहिन, तेरे) वस्त्र श्वेत हैं (और तू मीठे) वचन बोलती है, (तेरी) नासिका लम्बी है (और तेरे) नेत्र काले हैं। हे बहिन, (तू इतनी सुंदर तो है, किन्तु) क्या तू ने (अपने) साहब (हरी) को भी कभी देखा है ? ॥१॥

(मैं बहुत ऊँची) उड़ान उड़ कर आकाश में चढ़ गया। हे साहब और सामर्थ्यवान् हरी, तेरी ही शक्ति से (मैं ऊँची उड़ान उड़ सका)। हे भाई, (वीर) (मैंने) जल, स्थल, पर्वत और किनारे आदि को देखा और इस निष्कर्ष पर पहुँचा कि सभी) स्थान-स्थानान्तरों में साहब (परमात्मा ही विराजमान है) ॥२॥

उसी (प्रभु) ने शरीर को रचकर उसके चलाने के निमित्त (श्वास रूपी) खंभे का (सहारा) दिया है। (किन्तु मनुष्य सामर्थ्यवान् हरी को न समझ कर) अति तृष्णा के कारण उड़ने (भटकने के) दाह (डंझ <संस्कृत दहन)—प्यास, तृष्णा में पड़ा है। (यदि हरी की) कृपादृष्टि प्राप्त हो जाय, तभी धैर्य बँध सकता है। हे भाई, (मुझे तो प्रभु) जैसा दिखाता है, वैसा ही देखता हूँ ॥३॥

(हे भाई) न तो यह शरीर कहीं जायगा और न (श्वास रूपी) खंभे ही कहीं जायँगे। (ये तो सब) वायु, पानी और अग्नि (आदि पंच तत्त्वों) के संयोग—संबंध से बने हैं। नानक का कथन है यदि (हरी की) बख्शिश होती हैं, तभी गुरु रूपी पीर (बना) कर, (उसे) जपा जाता है। (ऐसा करने से) यह शरीर सत्य (हरी) में ही समा जाता है ॥४॥४॥६॥

१ओं सतिगुर प्रसादि ॥ मलार, महला १, घरु

असटपदीआं [१]

चकवी नैन नींद नहि चाहै बिनु पिर नींद न पाई।
सूरु चड़ै प्रिउ देखै नैनी निवि निवि लागै पांई ॥१॥
पिर भावै प्रेमु सखाई।
तिसु बिनु घड़ी नहीं जगि जीवा ऐसी पिआस तिसाई ॥१॥रहाउ॥
सरवरि कमलु किरणि आकासी बिगसै सहजि सुभाई।
प्रीतम प्रीति बनी अभि ऐसी जोती जोति मिलाई ॥२॥

चातृकु जल बिनु प्रिउ प्रिउ टेरै बिलप करै बिललाई ।
घनहर घोर दसौ दिसि बरसै बिनु जल पिआस न जाई ॥३॥
मीन निवास उपजै जल ही ते सुख दुख पुरबि कमाई ।
खिनु तिलु रहि न सकै पलु जल बिनु मरनु जीवनु तिसु तांई ॥४॥
धन वांढी पिरु देस निवासी सचे गुर पहि सबदु पठांई ।
गुण संग्रहि प्रभु रिदै निवासी भगति रती हरखाई ॥५॥
प्रिउ प्रिउ करै सभै है जेती गुर भावै प्रिउ पाई ।
प्रिउ नाले सद ही सचि संगे नदरी मेलि मिलाई ॥६॥
सभ महि जीउ जीउ है सोई घटि घटि रहिआ समाई ।
गुर परसादि घर ही परगासिआ सहजे सहजि समाई ॥७॥
अपना काजु सवारहु आपे सुखदाते गोसांईं ।
गुरपरसादि घर ही पिरु पाइआ तउ नानक तपति बुझाई ॥८॥१॥

चकवी (अपने) नेत्रों में नींद नहीं चाहती। बिना प्रियतम के (उसे) नींद नहीं प्राप्त होती। (आकाश में) सूर्य चढ़ने से, वह (अपने) प्रियतम को नेत्रों से देखती है और झुक झुककर (उसके) चरणों में लगती है ॥१॥

(मुझे तो) सहायक प्रियतम का प्रेम अच्छा लगता है। उसके बिना जगत् में एक घड़ी भर भी जीना अच्छा नहीं लगता। उसके निमित्त—ऐसी (महान्) तृषा और प्यास है ॥१॥ रहाउ ॥

कमल तो सरोवर में है और सूर्य की किरणें आकाश में हैं, (फिर भी किरणों के छिटकते ही) कमल सहज भाव से विकसित हो जाता है। प्रियतम की आन्तरिक प्रीति उस प्रकार की (एकाकार) होती है, जिस प्रकार ज्योति (की प्रीति) ज्योति से मिलकर (एक) हो जाती है ॥२॥

चातक (स्वाती नक्षत्र के) जल बिना ''पी पी'' पुकारता है और बिलख-बिलख कर विलाप करता है। घनघोर बादल दसों दिशाओं में बरसता है; (किन्तु चातक के लिए व्यर्थ है), (क्योंकि) बिना (स्वाती नक्षत्र के) जल के उसकी प्यास बुझती नहीं। [इसी प्रकार हरी सभी के ऊपर कृपा करके उन्हें नाना भाँति के पदार्थ देता है। किन्तु भक्त रूपी चातक को तो तभी शान्ति मिलती है जब उसे नाम रूपी स्वाती-जल की प्राप्ति होती है] ॥३॥

मछली का निवास जल ही से उत्पन्न होता है। (उसके) पूर्व के कर्मानुसार उसका सुख-दुःख पानी ही में है। (वह) पानी के बिना क्षण भर भी, तिल भर भी, पल भर भी नहीं रह सकती। उस (जल) पर ही (मछली का) जीवन-मरण निर्भर है ॥४॥

(जीवात्मा रूपी) स्त्री परदेसिन होकर (पति से) बिछुड़ी है (और उसका) पति (अन्य देश में) बस रहा है; सच्चे गुरु के द्वारा (वह अपने प्रियतम परमात्मा) के पास शब्द (संदेशा) भेजती है; (वह) गुणों का संग्रह करती है, (जिससे) प्रभु (हरी) उसके हृदय में निवास करने लगता है, और जीवात्मा रूपी स्त्री (परमात्मा रूपी पति की) भक्ति में अनुरक्त होकर हर्षित होती है ॥५॥

(जितनी भी जीवात्मा रूपी स्त्रियाँ है), वे सभी 'प्रिय-प्रिय' करती रहती हैं, किन्तु यदि गुरु को अच्छी लगती हैं, तभी (हरी) प्रियतम को पा सकती हैं, (अन्यथा नहीं)। प्रियतम हरी के साथ ही शाश्वत और सच्चा संग है; (गुरु ही) कृपा करके (पहले उसे अपने) संग में मिलाकर (तत्पश्चात्) हरी से) मिला देता है ॥६॥

सभी (प्राणियों में) जीव और सभी जीवों में (वह हरी है, (इस प्रकार प्रभु हरी) घट-घट में व्याप्त हो रहा है। गुरु की कृपा से (हृदय रूपी) घर (ज्ञान से) प्रकाशित हो गया (और साधक) सहज भाव से ही सहजावस्था (तुरीयावस्था) में समाहित हो गया ॥७॥

हे सुखदाता गोसाईं, तू अपना कार्य आप ही करता है। नानक का कथन है कि गुरु की कृपा से उसने (अपने हृदय रूपी) घर में प्रियतम (हरी) को प्राप्त कर लिया, इससे तपन बुझ गई ॥८॥१॥

[२]

जागतु जागि रहै गुर सेवा बिनु हरि मै को नाही।
अनिक जतन करि रहणु न पावै आचु काचु ढरि पांही ॥१॥
इसु तन धन का कहहु गरबु कैसा।
बिनसत बार न लागै बवरे हउमै गरबि खपै जगु ऐसा ॥१॥रहाउ॥
जै जगदीस प्रभू रखवारे राखै परखै सोई।
जेती है तेती तुझ ही ते तुम्ह सरि अवरु न कोई ॥२॥
जीअ उपाइ जुगति वसि कीनी आपे गुरमुखि अंजनु।
अमरु अनाथ सरब सिरिमोरा काल बिकाल भरम भै खंजनु ॥३॥
कागद कोटु इहु जगु है बपुरो रंगनि चिहन चतुराई।
नानी सी बूंद पवनु पति खोवै जनमि मरै खिनु ताईं ॥४॥
नदी उपकंठि जैसे घरु तरवरु सरपनि घरु घर माही।
उलटी नदी कहां घरु तरवरु सरपनि डसै दूजा मन मांही ॥५॥
गारड़ गुर गिआनु धिआनु गुर बचनी बिखिआ गुरमति जारी।
मन तन हेंव भए सचु पाइआ हरि की भगति निरारी ॥६॥
जेती है तेती तुधु जाचै तू सरब जीआं दइआला।
तुम्हरी सरणि परे पति राखहु साचु मिलै गोपाला ॥७॥
बाधी धंधि अंध नही सूझै बधिक करम कमावै।
सतिगुर मिलै त सूझसि बूझसि सच मनि गिआनु समावै ॥८॥
निरगुण देह साची बिनु काची मै पूछउ गुरु अपना।
नानक सो प्रभु प्रभू दिखावै बिनु साचे जगु सुपना ॥९॥२॥

(ब्रह्मज्ञान में) जगनेवाला (साधक) गुरु की सेवा के माध्यम से (अहर्निश) जागता रहता है। बिना हरी के (इस संसार में) मेरा कोई नहीं है। अनेक यत्नों के करने पर भी

(मनुष्य इस संसार में) नहीं रह पाता । (जिस प्रकार अग्नि की भयंकर) आँच कच्ची वस्तुओं को पिघला देती है, (उसी प्रकार इस नश्वर संसार में शरीर पिघल जाता है) ॥१॥

(भला बताओ) इस तन और धन का अभिमान किस प्रकार किया जाय ? अरे बावरे, (इस तन-धन को नष्ट) होने में देरी नहीं लगती; अहंकार और गर्व में पड़ कर जगत् इसी प्रकार खपता रहता है ॥१॥ रहाउ ॥

हे प्रभु, रक्षक, जगदीश (तेरी) जय हो । जीवों की रक्षा और परख वही (जगदीश) करता है । (हे कर्त्तापुरुष) जितनी भी सृष्टि है, सब तुझी से उत्पन्न हुई है; तेरे समान और कोई दूसरा नहीं है ॥२॥

जीवों को उत्पन्न करके (उनके जीवन की) युक्ति (हरी ने) अपने वश में रक्खी है । (हरी) आप ही ज्ञानरूपी अंजन है, जो गुरु द्वारा प्राप्त होता है । (हरी) अमर है, सर्वस्वतंत्र है [अनाथु=जिसका कोई भी नाथ न हो; जो सर्व स्वतंत्र हो], सर्व शिरोमणि है; जन्म-मरण और भय-भ्रम को नष्ट करनेवाला है । [काल=मरण । विकाल=काल का विपरीत, अर्थात् जन्म] ॥३॥

यह बेचारा जगत् कागज का किला है; इस कोट का रंग और चिह्न (सांसारिक) चतुराई है । पानी की नन्हीं-सी बूंद अथवा पवन के (थोड़ा सा) चलने से उस कागज के किले की सारी शोभा (पति) नष्ट हो जाती है, क्षणमात्र में (प्राणी) जन्म कर मर जाता है ॥४॥

नदी के किनारे पर वृक्ष अथवा घर हो और उस घर में सर्पिणी का घर हो; यदि नदी उलट कर (बहने लगे), तो वह घर अथवा वृक्ष कहाँ रहता है ? (तात्पर्य यह कि नष्ट हो जाता है); सर्पिणी भी (ऐसा अवसर पाकर) मनुष्य को आ डसती है; मन में द्वैतभाव (अथवा माया) का होना सर्पिणी है । [तात्पर्य यह कि हमारा शरीर मौत के किनारे ही रहता है । इसे प्रत्येक समय मृत्यु का भय है । काल रूपी सर्पिणी से बचने का एकमात्र उपाय है—गुरु द्वारा प्राप्त ज्ञान] ॥५॥

गुरु द्वारा प्रदत्त ब्रह्मज्ञान ही (इस सर्पिणी से बचने का) गारुड मंत्र है । गुरु की शिक्षा द्वारा उसके वचनों पर ध्यान करने से (माया के) विष जल जाते हैं और तन, मन बर्फ के समान शीतल हो जाते हैं; सत्य की प्राप्ति से हरि की निराली (निष्केवल) भक्ति प्राप्त हो जाती है ॥६॥

(हे प्रभु) जितनी भी (सृष्टि) है, वह तुझ ही से माँगती है; तू सभी जीवों के ऊपर दयालु है । (हे प्रभु) मैं तेरी शरण में पड़ा हूँ, (मेरी) प्रतिष्ठा—मर्यादा रख; सत्याचरण से ही गोपाल प्राप्त होता है ॥७॥

धंधों—प्रपंचों में फँसी हुई (दुनिया) अन्धी हो गई है, (जिससे) उसे सुझाई नहीं पड़ता, (वह हिंसापूर्ण) बधिकों का कर्म करती है । सद्गुरु के मिलने ही पर ही (दुनिया) समझती बूझती है; (उस सद्गुरु की शिक्षा से) सच्चा ज्ञान मन में समा जाता है ॥८॥

गुणविहीन देह सत्य (परमात्मा) के बिना कच्ची है; मैं (इस संबंध में) अपने गुरु से पूछता हूँ । नानक का कथन है कि प्रभु गुरु, प्रभु (परमात्मा) को दिखा देता है, (साथ ही यह भी दृढ़ करा देता है कि) बिना सत्य परमात्मा के यह जगत् स्वप्नवत है ॥९॥२॥

[३]

चातृक मीन जल ही ते सुखु पावहि सारिंग सबदि सुहाई ॥१॥
रैनि बबीहा बोलिओ मेरी माई ॥१॥ रहाउ ॥
प्रिअ सिउ प्रीति न उलटै कबहू जो तै भावै साई ॥२॥
नीद गई हउमै तनि थाकी सच मति रिदै समाई ॥३॥
रूखीं बिरखीं ऊडउ भूखा पीवा नामु सुभाई ॥४॥
लोचन तार ललता बिललाती दरसन पिआस रजाई ॥५॥
पिअ बिनु सीगारु करी तेता तनु तापै कापरु अंगि न सुहाई ॥६॥
अपने पिआरे बिनु इकु खिनु रहि न सकउं बिन मिले नींद न पाई ॥७॥
पिरु नजीकि न बूझै बपुड़ी सतिगुरि दीआ दिखाई ॥८॥
सहजि मिलिआ तब ही सुखु पाइआ तृसना सबदि बुझाई ॥९॥
कहु नानक तुझ ते मनु मानिआ कीमति कहनु न जाई ॥१०॥३॥

चातक और मीन जल से सुख पाते हैं और मृग को (वीणा आदि की) ध्वनि से सुख प्राप्त होता है ॥१॥

हे मेरी माँ, रात्रि में पपीहा ('पी-पी') बोलता है । (उसकी दर्द भरी आवाज से मेरे हृदय में वेदना होती है) ॥१॥ रहाउ ॥

(वास्तविक) प्रीति प्रियतम से कभी उलटती नहीं; (अर्थात् प्रीति एक रस बनी रहती है); (हे स्वामी) प्रीति तो वही है, जो तुझे रुचे, अच्छी लगे ॥२॥

(प्रियतम हरी के मिलने से अज्ञान की) नींद चली गई, शरीर से अहंभावना समाप्त हो गई और हृदय में सच्ची बुद्धि समा गई ॥३॥

(मैं जंगलों के) रुखों-वृक्षों पर उड़ कर जाता हूँ, (किन्तु) भूखा ही रहता हूँ; (अन्त में अमृतवन) नाम को प्रेम से (सुभाई) पीकर (तृप्त होता हूँ) ॥४॥

(हे प्रभु, तेरे) दर्शन की प्यास तृप्त करने के लिए, नेत्र तार में बंधे हैं; (तात्पर्य यह कि टकटकी लगाए देख रहे हैं) और जिह्वा बिलख रही है ॥५॥

प्रियतम (हरी) के बिना मैं (जितना ही) शृंगार करती हूँ, उतना ही शरीर तप्त होता है; कपड़े भी अंगों को नहीं सुहाते ॥६॥

अपने प्रियतम के बिना (मैं) एक क्षण भी नहीं रह सकती; बिना (प्रियतम के) मिले नींद भी नहीं प्राप्त होती ॥७॥

प्रियतम (हरी, बिलकुल) नजदीक है, (किन्तु जीवात्मा रूपी) बेचारी (स्त्री) उसे नहीं समझ पाती; अंत में सद्गुरु (उसे) दिखा देता है ॥८॥

(प्रियतम हरी) सहज भाव से मिल गया, तभी (वास्तविक) सुख की प्राप्ति हुई; (गुरु के) शब्द द्वारा तृष्णा भी बुझ गई ॥९॥

नानक कहता है (कि हे प्रभु हरी) तुझसे (मेरा) मन मान गया, (शान्त हो गया); (अब उसकी) कीमत कही नहीं जा सकती ॥१०॥३॥

१ओं सतिगुर प्रसादि ॥ घरु २ ॥

[४]

अखली ऊंडी जलु भर नालि । डूगरु ऊचउ गड़ु पातालि ॥
सागरु सीतलु गुर सबद वीचारि । मारगु मुकता हउमै मारि ॥१॥

मै अंधुले नावै की जोति । नाम अधारि चला गुर कै भै भेति ॥१॥ रहाउ ॥

सतिगुर सबदी पाधरु जाणि । गुर कै तकीऐ साचै ताणि ॥
नामु सम्हालसि रूड़ी बाणि । थैं भावै दरु लहसि पिराणि ॥२॥

ऊंडा बैसा एक लिवतार । गुर कै सबदि नाम आधार ॥
ना जलु डूंगरु न ऊची धार । निज घरि वासा तह मगु न चालणहार ॥३॥

जितु घरि वसहि तू है बिधि जाणहि बीजउ महलु न जापै ।
सतिगुर बाझहु समझ न होवी सभु जगु दबिआ छापै ॥
करण पलाव करै बिललातउ बिनु गुर नामु न जापै ।
पल पंकज महि नामु छडाए जे गुर सबदु सिञापै ॥४॥

इकि मूरख अंधे मुगध गवार । इकि सतिगुर कै भै नाम अधार ॥
साची बाणी मीठी अंमृत धार । जिनि पीती तिसु मोखदुआर ॥५॥

नामु भै भाइ रिदै वसाही गुर करणी सचु बाणी ।
इंदु वरसै धरति सुहावी घटि घटि जोति समाणी ॥
कालरि बीजसि दुरमति ऐसी निगुरे की नीसाणी ।
सतिगुर बाझहु घोर अंधारा डूबि मुए बिनु पाणी ॥६॥

जो किछु कीनो सु प्रभू रजाइ । जो धुरि लिखिआ सु मेटणा न जाइ ॥
हुकमे बाधा कार कमाइ । एक सबदि राचै सचि समाइ ॥७॥

चहु दिसि हुकमु वरतै प्रभ तेरा चहु दिसि नाम पतालं ।
सभ महि सबदु वरतै प्रभ साचा करमि मिलै बैआलं ॥
जांमणु मरणा दीसै सिरि ऊभौ खुधिआ निद्रा कालं ॥
नानकु नामु मिलै मनि भावै साची नदरि रसालं ॥८॥१॥४॥

सारी (पृथ्वी) जल के भार से झुकी हुई है, पर्वत ऊंचा है और खाईं पाताल तक है, (अर्थात् बहुत गहरी है) । [इस पंक्ति में मार्ग की तीन कठिनाइयाँ दिखाई गई हैं—लहरें मारता हुआ समुद्र, पर्वत की ऊँचाई और खाईं की गहराई । पर अगली पंक्तियों में यह बताया गया है गुरु-कृपा और परमात्मा की कृपा से सारी कठिनाइयाँ आसान हो जाती हैं] । गुरु के शब्दों पर विचार करने से सागर शीतल हो जाता है तथा अहंकार को मारने से मार्ग मुक्त हो जाता है, (उसमें किसी प्रकार की बाधा नहीं रह जाती) ॥१॥

मुझ अन्धे के लि : तो नाम की ज्योति (का ही सहारा) है। हरिनाम, गुरु के भय (एवं गुरु द्वारा दिखाए गए) भेद—रहस्य के सहारे मैं (आध्यात्मिक मार्ग में) चला हूँ ॥१॥ रहाउ ॥

सद्गुरु के शब्द द्वारा मार्ग जाना जाता है। गुरु के सहारे सत्य (परमात्मा) की शक्ति (का बोध होता है)। (सच्चा साधक) सुन्दर वाणी द्वारा नाम संभालता है। हे हरी, (यदि साधक) तुझे अच्छा लगे, तो (वह) तेरा दरवाजा पहचान लेता है ॥ २ ॥

(सच्चा शिष्य परमात्मा में) एक लिवतार लगा कर बैठा है, (तात्पर्य यह कि एक-निष्ठ ध्यान में लीन है)। गुरु की शिक्षा द्वारा हरिनाम को ही (उसने अपना) आधार बना लिया है। (ऐसे साधक के लिए) न तो (मार्ग में) जल पड़ता है, न पर्वत और न ऊंची धार ही। [उसके साधनमार्ग की सारी कठिनाइयाँ समाप्त हो जाती हैं]। (वह अपने आत्म स्वरूपी) घर में बस जाता है, उसे फिर मार्ग नही चलना पड़ता, (तात्पर्य यह कि आवागमन का मार्ग समाप्त हो जाता है) ॥३॥

जिस घर में (हरी) बसता है, (हे गुरु), तू ही उसकी विधि जानता है, औरों को (दूसरों को) वह महल नहीं प्रतीत होता। सद्गुरु के बिना समझ नहीं होती, सारा जगत (अज्ञानता रूपी) रोग से दबा है। (सांसारिक प्राणी माया के प्रपंचों में फंस कर) कारुण्य-प्रलाप करता है और बिलखता है; बिना गुरु के (उसे) नाम नहीं प्रतीत होता। यदि गुरु के शब्द द्वारा नाम को पहचान लिया जाय, तो पंकज रूपी आँखों के पलक मारते ही, (तात्पर्य यह कि पलक मारते ही) (वह)—नाम (शिष्य को सांसारिक बन्धनों से) छुड़ा देता है ॥४॥

कुछ लोग तो मूर्ख, अन्धे, मुग्ध और गंवार होते है, (वे विषयों को ही सर्वस्व समझते हैं) और कुछ लोग सद्गुरु के भय से नाम का आश्रय (ग्रहण करते) हैं। (गुरु की) सच्ची वाणी मीठी अमृतधार है; जिसने उसे पिया है, (उसे) मोक्ष-द्वार प्राप्त हो गया है ॥५॥

(साधकगण) हरिनाम को भय और प्रेम से (अपने) हृदय में बसाते हैं; (वे) गुरु के कार्य करते हैं और सत्य वाणी (पर आचरण करते हैं)। (गुरु-शब्द रूपी) बादल—इन्द्र बरसता है, तो (साधक की हृदय-रूपिणी) पृथ्वी सुहावनी लगती है और प्रत्येक घट में (हरी की) ज्योति व्याप्त दिखाई पड़ती है। गुरु-विहीन प्राणी निर्बुद्धि होता है; उसकी बुद्धि बालू के खेत (के समान बंजर होती) है; (उसमें) बोने से (कुछ भी नहीं उगता)—यही उसकी निशानी है। सद्गुरु के बिना घनघोर अंधकार रहता है, (सद्गुरु-विहीन प्राणी) बिना पानी के ही डूब मरते हैं ॥६॥

जो कुछ किया जाता है, वह प्रभु की आज्ञा से होता है। जो प्रारम्भ से (हरी, की ओर से) लिखा रहता है, वह मेटा नहीं जा सकता। (प्राणी हरी के) हुक्म में बँध कर कार्य करता है। (जो व्यक्ति हरी के) एक शब्द—नाम में अनुरक्त होता है, वह सत्य में समा जाता है ॥७॥

(हे प्रभु), तेरा हुक्म चारों दिशाओं में बरत रहा है; चारों दिशाओं तथा पाताल में (तेरा) नाम ही (व्याप्त) है। प्रभु का सच्चा शब्द सभी में बरत रहा है। सदैव स्थिर रहने वाला (हरी) कृपा से ही प्राप्त होता है। जन्म, मरण, क्षुधा, निद्रा और काल सिर के ऊपर खड़े दिखाई पड़ रहे हैं। नानक का कथन है कि रसिक (हरी) की कृपादृष्टि तथा (उसके) मन को रुचने से ही नाम की प्राप्ति होती है ॥८॥१॥४॥

[५]

मरण मुकति गति सार न जानै । कठे बैठी गुर सबदि पछानै ॥१॥

तू कैसे आड़ि फाथी जालि । अलखु न जाचहि रिदै सम्हालि ॥१॥ रहाउ ॥

एक जीअ कै जीआ खाही । जलि तरती बूडी जल माही ॥२॥

सरब जीआ कीए प्रतपानी । जब पकड़ी तब ही पछुतानी ॥३॥

जब गलि फासि पड़ी अति भारी । ऊडि न साकै पंख पसारी ॥४॥

रसि चूगहि मनमुखि गावारि । फाथी छूटहि गुण गिआन बीचारि ॥५॥

सतिगुरु सेवि तूटै जमकालु । हिरदै साचा सबदु सम्हालु ॥६॥

गुरमति साची सबदु है सारु । हरि का नामु रखै उरिधारि ॥७॥

से दुख आगै जि भोग बिलासे । नानक मुकति नही बिनु नावै साचे ॥८॥२॥५॥

(जीवात्मा रूपी स्त्री) मरण तथा मुक्ति की गति की खबर नहीं जानती । गुरु के समीप बैठकर ही (वह) उसके शब्द को पहचान सकती है ॥१॥

(हे जीवात्मा रूपी) आडि, तू कैसे जाल में फंस गयी ? [आडि=बगुले की भाँति का एक पक्षी जो जल के किनारे रहता है] । [अथवा इसका अर्थ यह भी हो सकता है—(हे मछली), तू जाल के आड़ (घेरे में कैसे फंस गई] ? अलक्ष (हरी) को हृदय के अन्तर्गत संभालना नहीं जानती ? ॥१॥ रहाउ ॥

एक जीव को (दूसरा) जीव खाता है (अथवा एक जीव अपने जीवन की रक्षा के के निमित्त कई जीवों को खाता है) । (इस प्रकार) जल में तैरानेवाले (जीव) जल ही में डूब जाते हैं ॥ २ ॥

सारे जीवों को (तू ने) बहुत तपाया है, किन्तु जब (स्वतः) पकड़ी गई, तब पछताने लगी ॥ ३ ॥

जब गले में बहुत बड़ी फांसी पड़ गई, तो पंखे खोल कर उड़ नहीं सकती ॥ ४ ॥

मनमुखी गँवारिन (जीवात्मा) स्वाद ले लेकर (चारा) चुगती है; (किन्तु) जाल में पड़ कर फँस जाती है । (हे जीवात्मा) तू शुभ गुणों और ज्ञान को विचार कर इस बंधन से छूट सकती है ॥ ५ ॥

(हे जीवात्मा) सद्गुरु की सेवा कर, ताकि यमराज रूपी काल का भय टूट जाय—समाप्त हो जाय । (तू) अपने हृदय में सच्चे शब्द को सम्हाल ॥ ६ ॥

जिस (जीवात्मा) ने गुरु की सच्ची शिक्षा से श्रेष्ठ शब्द धारण किया है, वह हरी का नाम अपने हृदय में बसाती है ॥ ७ ॥

जो (सांसारिक) भोगों-विलासों में पड़े हैं, उन्हें आगे दुःख होता है । नानक का कथन है कि बिना सच्चे नाम के मुक्ति नहीं प्राप्त हो सकती ॥ ८ ॥ २ ॥ ५ ॥

१ओं सतिगुर प्रसादि ॥ रागु मलार, वार, महला १

राणे कैलास तथा मालदे की धुनि

सलोकु : हेको पाधरु हेकु दरु गुर पउड़ी निज थानु ।
रूड़उ ठाकुर नानका सभि सुख साचउ नामु ॥१॥

विशेष : कैलास देव और माल देव दो सगे भाई थे । जहाँगीर के शासन काल में जम्मू-कश्मीर के दोनों राजा थे । उनकी ओर से बादशाह जहाँगीर को सदैव भय बना रहता था । दोनों की शक्ति को क्षीण करने के लिए जहाँगीर ने कूटनीति का प्रयोग किया उसने एक भेदिए द्वारा दोनों भाइयों को आपस में लड़ा दिया । दोनों में घमासान युद्ध हुआ । इस युद्ध में मालदेव की विजय हुई और कैलास देव बन्दी बना लिया गया । किन्तु मालदेव ने अपने पराजित भाई के साथ वही व्यवहार किया, जैसा सिकन्दर ने पोरस के साथ किया था । मालदेव ने अपने भाई को आधा राज्य वापस कर दिया । चारणों ने इस युद्ध का वर्णन वार में किया है । इस वार का तर्ज निम्नलिखित है :—

धरत घोड़ा, परवत पलाण, सिर टट्टर अम्बर ।
नै से नदी नड़िन्नवे राणा जल कंबर ॥

सलोकु : (अपने आत्मस्वरूपी) स्थान प्राप्त करने के लिए गुरु सीढ़ी है—यह एक ही मार्ग है और एक ही दरवाज़ा है । नानक का ठाकुर (अति) सुन्दर है और उसके सच्चे नाम में सभी दुख (भरे) हैं ॥ १ ॥

पउड़ी : आपीन्है आपु साजि आपु पछाणिआ ।
अंबरु धरति विछोड़ि चंदोआ ताणिआ ॥
विणु थंम्हा गगनु रहाइ सबदु नीसाणिआ ।
सूरजु चंदु उपाइ जोति समाणिआ ॥
कीए राति दिनंतु चोज विडाणिआ ॥
तीरथ धरम वीचार नावण पुरबाणिआ ।
तुधु सरि अवरु न कोइ कि आखि वखाणिआ ॥
सचै तखति निवासु होर आवण जाणिआ ॥१॥

पउड़ी : (हे कर्त्तापुरुष, हरी) तूने अपने आप को (सृष्टि के रूप में) निर्मित कर आप ही उसे पहचानता है । आकाश और पृथ्वी का विच्छेद करके, (उन्हें पृथक् करके), (आकाश की) चांदनी तूने ही तानी है । शब्द (हुक्म) को प्रकट करके (तात्पर्य यह है कि अपने हुक्म द्वारा) बिना किसी आसरे (थम्हा) के आकाश को टिका रक्खा है । सूर्य और चन्द्रमा को उत्पन्न करके (उनके अन्तर्गत, तूने ही) ज्योति प्रविष्ट कराई है । रात्रि और दिन (दो विरोधी तत्वों) को तू ने ही निर्मित किया है; (इस प्रकार, तेरे) चरित्र आश्चर्यजनक हैं । तीर्थादिकों में धर्म-सम्बन्धी विचारों एवं पुण्य-पर्वों पर स्नानादिक (का विधान तू ने ही किया है) । (हे स्वामी), तेरे समान और कोई नहीं है । (फिर तेरा) वर्णन करके क्या कहा जाय ? (हे प्रभु, तेरे) तख्त की ही शाश्वत स्थिति (निवास) है, (शेष) और (वस्तुएं) तो आनेजानेवाली—क्षणभंगुरा हैं ॥ ॥

सलोकु : नानक सावणि जे वसै चहु ओमाहा होइ ।
नागां मिरगां मछीआं रसीआं घरि धनु होइ ॥२॥

नानक सावणि जे वसै चहु वेछोड़ा होइ ।
गाई पुता निरधना पंथी चाकरु होइ ॥३॥

सलोकु :—नानक का कथन है कि यदि सावन बरसता है, तो (इन) चारों को उत्साह (आनन्द) होता है—साँपों, मृगों, मछलियों एवं (उन) भोगियों को जिनके घर में धन होता है ॥ २ ॥

नानक का कथन है कि यदि सावन बरसता है, तो (इन) चारों को वियोग होता है—गाय के बछड़ों को, निर्धनों को, पथिकों को और (यदि) नौकर हो, (तो उसे) ॥ ३ ॥

पउड़ी : तू सचा सचिआरु जिनि सचु वरताइआ ।
बैठा ताड़ी लाइ कवलु छपाइआ ॥
ब्रहमै वडा कहाइ अंतु न पाइआ ।
न तिसु बापु न माइ किनि तू जाइआ ॥
ना तिसु रूपु न रेख वरन सबाइआ ॥
ना तिसु भुख पिआस रजा धाइआ ।
गुर महि आपु समोइ सबदु वरताइआ ॥
सचे ही पतीआइ सचि समाइआ ॥२॥

पउड़ी :—(हे हरी) तू ही (एक मात्र) सच्चा और अति सच्चा है, जो (सभी स्थानों में) सत्य रूप से बरत रहा है । (तू) ताड़ी लगा कर—ध्यान लगाकर बैठा है और कमल को छिपा रखा है । [ब्रह्मा का उत्पत्ति-स्थान कमल माना जाता है । यहाँ कमल का अभिप्राय सब की उत्पत्ति के आदि कारण से है] । ब्रह्मा बड़े तो कहे जाते हैं, (किन्तु वे भी) तेरा अन्त न पा सके । उस (हरी) के न बाप है और न माँ; (हे हरी), तुझे किसने उत्पन्न किया है ? (अर्थात् किसी ने नहीं; तू अयोनि और स्वयंभू है) । न उस (प्रभु) का (कोई) रूप है, न रेखा—चिह्न और न सभी रंगों में से (उसका कोई) रंग ही है । उसे न भूख (लगती) है और न प्यास, (वह सदैव) तृप्त रहता है ।

[विशेष :—'रजा' और 'धाइआ' दोनों शब्दों का अर्थ तृप्त होना है । पुरानी पंजाबी में 'धाउणा'—तृप्त होने के अर्थ में प्रयुक्त होता था, 'श्री गुरु ग्रंथ कोश'—पृष्ठ ६६६] ।

(हे हरी, तूने) अपने आप को गुरु में समवा रक्खा है—प्रविष्ट कर रक्खा है (और उस गुरु के) शब्द—उपदेश (के माध्यम से) बरत रहा [अथवा गुरु में अपने आपको प्रविष्ट करके अपना हुक्म (शब्द) बरत रहा है] । सच्चे (हरी) द्वारा (गुरु) पतियाता है—विश्वास करता है (और वह) सत्य में समाया है ॥ २ ॥

सलोकु : वैदु बुलाइआ वैदगी पकड़ि ढंढोले बांह ।
भोला वैदु न जाणई करक कलेजे माहि ॥४॥

कुलहां दंदे बावले लैंदे वड़े निलज ।
चूहा खड न मावइ तिकलि बंन्है छज ॥
देन्हि दुआई से मरहि जिन कउ देनि सि जाहि ।
नानक हुकमु न जापई किथै जाइ समाहि ॥
फसलि अहाड़ी एकु नामु सावणी सचु नाउ ।
मै महदूदु लिखाइआ खसमै कै दरि जाइ ॥
दुनीआ के दर केतड़े केते आवहि जांहि ।
केते मंगहि मंगते केते मंगि मंगि जाहि ॥५॥
सउ मणु हसती घिउ गुड़ खावै पंजि सै दाणा खाइ ।
डकै फूकै खेह उडावै साहि गइऐ पछुताइ ॥
अंधी फूकि मुई देवानी । खसम मिटी फिरि भानी ॥
अधु गुल्हा चिड़ी का चुगणु गैणि चड़ी बिललाइ ।
खसमै भावै ओहा चंगी जि करे खुदाइ खुदाइ ॥
सकता सींहु मारे सै मिरिआ सभ पिछै पै खाइ ।
होइ सताणा घुरै न मावै साहि गइऐ पछुताइ ॥
अंधा किस नो बुकि सुणावै । खसमै मूलि न भावै ॥
अक सिउ प्रीति करे अकतिडा अक डाली बहि खाइ ।
खसमै भावै ओहो चंगा जि करे खुदाइ खुदाइ ॥
नानक दुनीआ चारि दिहाड़े सुखि कीतै दुखु होई ।
गला वाले हैनि घनेरे छडि न सकै कोई ॥
मखीं मिठै मरणा ।
जिन तू रखहि तिन नेड़ि न आवै तिन भउ सागरु तरणा ॥६॥

सलोकु :—विशेष : यह 'सलोकु' गुरु नानक की बाल्यावस्था से संबंधित है । गुरु जी बाल्यावस्था में परमात्मा के प्रेम एवं विरह में अत्यधिक व्याकुल थे । वे ईश्वरानुराग में संसार को भूल चुके थे । उनके पिता जी ने उन्हें बीमार समझ कर वैद्य को दिखाया । गुरु नानक जी ने इस 'सलोक' में वैद्य को समझा कर अपने आन्तरिक प्रेम की वास्तविक स्थिति बताई है ।

अर्थ : वैद्य इलाज (वैदगी) करने के लिए बुलाया गया । वह बाँह पकड़ कर (मर्ज) ढूंढता है, (तात्पर्य यह कि नाड़ी पकड़ कर, उसके लक्षणों से रोग का पता लगाना चाहता है) । (किन्तु) भोला वैद्य यह नहीं जानता (कि मेरे) कलेजे में दर्द—करक है; (बाह्य उपचारों से मेरी औषधि नहीं हो सकती) ॥ ४ ॥

कुलही (टोपी) देने वाले (तथा शिष्यों से माँग कर) लेनेवाले (गुरु अथवा पीर) बावले और बड़े निर्लज्ज हैं । चूहा स्वयं तो बिल में समाता नहीं, (किन्तु वह अपनी) कमर में सूप बाँध कर (उसमें प्रविष्ट होना चाहता है) । [उसी प्रकार सांसारिक गुरु स्वयं तो तर सकता नहीं, किन्तु औरों को तारने का बीड़ा लेता है] । (जो दूसरों को) दुआएं देते हैं, वे स्वयं मरते हैं और जिन्हें (दुआएं) दी जाती हैं, (वे भी इस संसार से) चले जाते हैं । (नानक का कथन है कि सांसारिक मनुष्यों को)

हरी का हुक्म नहीं सुझाई पड़ता, (वे न मालूम) कहाँ समा जाते हैं। (हरी का) एक नाम असाढ़ की फसल है (और उसका) 'सत्य नाम' सावन की (फसल है)। मैंने पति (परमात्मा के) दरवाजे पर जाकर (उन फसलों का) पट्टा—माफी का पट्टा लिखा लिया है। दुनियाँ के दरवाजे पर कितने ही (मौजूद) हैं, कितने ही आते हैं और कितने ही चले जाते हैं। कितने तो (इस दुनियाँ में) मँगते—भिखमंगे (होकर) माँगते हैं और कितने ही माँग-माँग कर चले जाते हैं ॥ ५ ॥

हाथी सवा मन घी और गुड़ खा जाता है तथा पाँच सौ मन दाने (अन्न)। (वह बहुत खाकर) डकार मारता है और खेह उठाता है, किन्तु साँस चली जाने पर—(निकल जाने पर) पछताता है। अंधी और दीवानी (दुनियाँ) अहंकार में पड़कर मरती रहती है। (जब वह) पति (परमात्मा) में समाती है, (तभी) अच्छी लगती है। (आटे की) आधी गोली चिड़िये का चारा होता है, (किन्तु) वह उतने ही को खा कर) आसमान में चढ़ कर बोलती है। पर यदि (वह) परमात्मा को अच्छी लगे तो वही चिड़िया (अपने अहंभाव को त्याग कर) 'खुदा-खुदा' करने लगती है। शक्तिशाली (सिंह) सौ मृगों को मारता है; (किन्तु उसके) पीछे सभी (जन्तु) खाते हैं। हैं। (कोई जानवर इतना) शक्तिशाली हो, कि अपनी) माँद में न समाए, (किन्तु) श्वास निकल जाने पर (वह) पछताता है। ऐ अंधे, (प्राणी) तू गरज कर (बुकि) किसे (अपनी बातें) सुना रहा है ? (तू अपने अहंकार के कारण) पति (परमात्मा) को बिलकुल भी अच्छा नहीं लगता। आक (मदार) पर बैठने वाली मकड़ी (अकतिडा) आक ही से प्रेम करती है, उसकी डाली पर बैठ कर उसे खाती है। किन्तु पति परमात्मा के अच्छी लगने पर (वह मकड़ी भी) अच्छी हो जाती है और 'खुदा-खुदा' करने लगती है। नानक का कथन है कि दुनियाँ चार दिनों की है; (इस दुनियाँ में) सुख करने से दुःख ही होता है। (इस जगत में) बात करनेवाले तो बहुत से हैं, (किन्तु सुखों को) कोई नहीं त्याग सकता—(सभी कोई मौखिक त्यागी हैं)। (वे सांसारिक प्राणी विषय-भोगों में लिप्त होकर उसी प्रकार मर जाते हैं, (जिस प्रकार) मक्खी मीठे में उलझ कर मर जाती है ; (हे प्रभु), जिनकी तू रक्षा करता है, उनके निकट (सांसारिक विषय-भोग) नहीं आते और वे संसार-सागर को तर जाते हैं ॥ ६ ॥

पउड़ी : **अगम अगोचरु तू धणी सचा अलख अपारु ।**
तू दाता सभि मंगते इको देवणहारु ।।
जिनी सेविआ तिनी सुखु पाइआ गुरमती वीचारु ।
इकना नो तुधु एवै भावदा माइआ नालि पिआरु ।।
गुर कै सबदि सलाहीऐ अंतरि प्रेम पिआरु ।
विणु प्रीती भगति न होवई विणु सतिगुर न लगै पिआरु ।।
तू प्रभु सभि तुधु सेवदे इक ढाढी करे पुकार ।
देहि दानु संतोखिआ सचा नामु मिलै आधारु ।।३।।

पउड़ी : (हे हरी) तू अगम, अगोचर, सच्चे स्वामी [धणी=सिन्धी शब्द है, जिनका अर्थ स्वामी, मालिक है], अलक्ष्य और अपार है; तू दाता है और सब मंगते—भिखारी

है, (तू) ही एक देनेवाला है। गुरु की शिक्षा पर विचार करके, जिन प्राणियों ने तेरी आराधना की है, (उन्होंने) सुख पाया है। कुछ प्राणियों के सम्बन्ध में तेरी यह इच्छा है कि वे माया के साथ प्यार करते रहें। गुरु के उपदेश द्वारा आन्तरिक प्रेम और स्नेह से (हरी की) स्तुति करनी चाहिए। बिना प्रीति के (प्रेमा) भक्ति नहीं (उत्पन्न) होती और बिना सद्‌गुरु के प्रीति नहीं होती। (हे हरी), तू प्रभु है और सब तेरी आराधना करते हैं। (तेरा) एक चारण (नानक) (भक्ति-प्राप्ति के निमित्त) पुकार कर रहा है। तू संतोषियों को यह दान दे कि (तेरा) सच्चा नाम ही उन्हें आधार प्राप्त हो ॥३॥

सलोकु : राती कालु घटै दिनि कालु। छिजै काइआ होइ परालु ॥
वरतणि वरतिआ सरब जंजालु। भुलिआ चुकि गइआ तपतालु ॥
अंधा झखि झखि पइआ झेरि। पिछै रोवहि लिआवहि फेरि ॥
बिनु बूझे किछु सूझै नाही। मोइआ रोंहि रोंदे मरि जांही ॥
नानक खसमै एवै भावै। सेई मुए जिन चिति न आवै ॥७॥

मुआ पिआरु प्रीति मुई मुआ वैरु वादी।
वंनु गइआ रूपु विणसिआ दुखी देह रुली ॥
किथहु आइआ कह गइआ किहु न सीओ किहु सी।
मनि मुखि गला गोईआ कीता चाउ रली।
नानक सचे नामु बिनु सिर खुर पति पाटी ॥८॥

सलोकु :—दिनरात, समय (काल) बीतता जाता है। शरीर छीजता और (धान के) पलाल—पियरा (के समान जर्जर होता है)। सारे जंजालमय व्यवहारों में ही वरताव होते रहे। (सांसारिक विषयों में) भटक कर (सारे) तपों के प्रकार समाप्त हो गए। (अर्थात् मायिक प्रपंचों में पड़कर तपश्चर्या की भावना जाती रही)। अंधा प्राणी झक-झक कर (जन्म-मरण के) झगड़े में पड़ जाता है और पीछे इसलिए रोता है (कि पूर्वकृत कर्मों को) लौटा लिया जाय। बिना (हरी को) समझे हुए कुछ भी सुझाई नहीं पड़ता। (मायासक्त जीते) मरते हुए रोते हैं और रोकर मर जाते हैं ; नानक का कथन है कि पति (परमात्मा) को इसी प्रकार अच्छा लगता है। (वास्तव में) वे ही प्राणी मरते हैं, जिनके चित्त में (हरी) नहीं आता ॥ ७ ॥

(मनुष्य के मरने के पश्चात्) उसके मोह (प्यार), प्रीति, वैर-विरोध सब कुछ समाप्त हो जाते हैं; (उसका) रंग चला जाता है, रूप नष्ट हो जाता है और दुःखी देह नष्ट जाती है। (मनुष्य के मरने के पश्चात, यह प्रश्न स्वाभाविक उठता है कि वह) 'कहाँ से आया और कहाँ चला गया, (वह) कुछ नहीं था कि कुछ था भी ?' (सांसारिक प्राणियों का समय) मन और मुख से बातें बनाने में तथा चाव और रंगरलियाँ करने में (बीत जाता है)। नानक का कथन है कि बिना हरी के सच्चे नाम के सिर से लेकर पैर तक की (अर्थात् सारी की सारी) प्रतिष्ठा फट जाती है ॥८॥

पउड़ी : अंम्रित नामु सदा सुखदाता अंते होइ सखाई।
बाझु गुरू जगतु बउराना नावै सार न पाई ॥

सतिगुरु सेवहि से परवाणु जिन्ह जोती जोति मिलाई ।
सो साहिबु सो सेवकु तेहा जिसु भाणा मंनि वसाई ॥
आपणै भाणै कहु किनि सुखु पाइआ अंधा अंधु कमाई ।
बिखिआ कदे ही रजै नाही मूरख भुख न जाई ॥
दूजै सभु को लगि विगुता बिनु सतिगुर बूझ न पाई ।
सतिगुरु सेवे सो सुखु पाए जिस नो किरपा करे रजाई ॥४॥

पउड़ी : (हरी का) अमृत नाम सदैव सुखदाता है और अंत में (वही) सहायक होता है । गुरु के बिना (सारा) जगत बौराया रहता है; उसे नाम की खबर—सूझ नहीं प्राप्त होती । (जो व्यक्ति) सद्गुरु की सेवा करते हैं और जिन्होंने (परमात्मा की शाश्वत और अखंड ज्योति में) (अपनी) ज्योति मिला दी है, वे ही प्रामाणिक हैं । वही सेवक उस साहब (हरी का सच्चा) सेवक है, (जिसने) प्रभु की इच्छा (अपने) मन में बसा ली है । (भला बताओ) इच्छा के अनुसार चलनेवाले (किस व्यक्ति) ने सुख पाया है ? (वह मनमुख) अंधा तो अंधे ही कर्मों को करता है, (जिससे संसार-चक्र में फँसा रहता है) । मूर्ख (प्राणी) विषयों से कभी नहीं तृप्त होता और न उनसे भूख ही जाती है । द्वैतभाव में पड़कर सभी नष्ट हो जाते हैं; बिना सद्गुरु के समझ नहीं आती । (जो) सद्गुरु की सेवा करता है, उसी को सुख प्राप्त होता है; (पर सद्गुरु की सेवा उसी को प्राप्त होती है), जिसके ऊपर रज़ा वाला, परमात्मा कृपा करता है ॥ ४ ॥

सलोकु : सरमु धरमु दुइ नानका जे धनु पलै पाइ ।
सो धनु मित्रु न कांढीऐ जितु सिरि चोटां खाइ ॥
जिन कै पलै धनु वसै तिन का नाउ फकीर ।
जिन्ह कै हिरदै तू वसहि ते नर गुणी गहीर ॥९॥

दुखी दुनी सहेड़ीऐ जाइ त लगहि दुख ।
नानक सचे नाम बिनु किसै न लथी भुख ॥
रूपी भुख न उतरै जां देखां तां भुख ।
जेते रस सरीर के तेते लगहि दुख ॥१०॥

अंधी कंमी अंधु मनु मनि अंधै तनु अंधु ।
चिकड़ि लाइऐ किआ थीऐ जां तुटै पथर बंधु ॥
बंधु तुटा बेड़ी नही ना तुलहा ना हाथ ।
नानक सचे नाम विणु केते डुबे साथ ॥११॥

लख मण सुइना लख मण रुपा लख साहा सिरि साह ।
लख लसकर लख वाजे नेजे लखी घोड़ी पातिसाह ॥
जिथै साइरु लंघणा अगनि पाणि असगाह ।
कंधी दिसि न आवई धाही पवै कहाह ॥
नानक ओथै जाणीअहि साह केई पातिसाह ॥१२॥

श्रम अथवा लज्जा [सरमु=(१) संस्कृत, श्रम; (२) फारसी, लज्जा] तथा धर्म (के द्वारा यदि कोई नाम रूपी) धन प्राप्तकर लेता है, (तो वही वास्तविक धन है) वह (सांसारिक) धन मित्र नहीं कहला सकता, (जिससे अन्त में) सिर पर चोटें खाने पड़ती है। जिनके पास (उपर्युक्त सांसारिक) धन है, वे कंगाल—फकीर हैं। (हे प्रभु), जिनके हृदय में तू बसता है, वे मनुष्य गुणी और गंभीर होते हैं ॥ ९ ॥

माया (सम्पत्ति) दुःखों से एकत्र की जाती है, और (उसके चले) जाने पर भी दुःख ही होता है, (अतएव धन-सम्पत्ति आदि और अन्त दोनों में दुःखदायी हैं)। नानक का कथन है कि बिना (हरी के सच्चे) नाम के किसी की भी भूख मिटी नहीं। सौंदर्य (रूप) द्वारा भी भूख नहीं मिटती; अतः जहाँ देखी जाती है, भूख ही भूख (दिखाई पड़ती) है। शरीर में जितने ही आनन्द होते हैं, (उनके साथ) उतने ही दुःख भी (लगे रहते) हैं ॥ १० ॥

अंधे (अविवेकपूर्ण) कर्मों से मन भी अन्धा (अज्ञानी) होता है, मन के अन्धे होने से शरीर भी अन्धा (अविवेकी) हो जाता है। जहाँ पर पत्थर (का बनाया हुआ) बाँध टूट जाता है, वहाँ कीचड़ स्थापित करने से क्या बन सकता है ? [तात्पर्य यह कि सांसारिक साधनों से हरी की प्राप्ति नहीं हो सकती]। बाँध टूट गया है; न तो नाव है, न बेड़ा है और न (जल में) हाथ ही लगता है, (तात्पर्य यह है कि थाह नहीं मिलती)। नानक का कथन है कि (ऐसी स्थिति में) नाम के बिना (संसार-सागर में न मालूम) कितने (प्राणी) साथ-साथ डूब गए हैं ॥ ११ ॥

(इस संसार में मनुष्य के पास चाहे) लाखों मन सोना हो, लाखों मन चाँदी हो, (और वह चाहे) लाखों बादशाहों का शिरोमणि बादशाह हो, (उसके पास) लाखों की की लश्कर—सेना हो, लाखो बाजे और भाले (तात्पर्य यह कि अस्त्र-शस्त्र) हों, और लाखों घोड़ियों का बादशाह हो, (तात्पर्य यह कि अनेक घुड़शालें हो), (किन्तु) जहाँ (संसार)-समुद्र को पार करना है, वहाँ अग्नि की अथाह जलराशि है, किनारा भी दृष्टि में नहीं आता (और वहाँ) हाय हाय की ढाढ़ें (सुनाई) पड़ती हैं; (वहाँ इन सांसारिक ऐश्वर्यों से कुछ भी काम नहीं चलेगा। वे तो यहाँ के यहीं रह जायँगे)। नानक कहता है कि वहीं पर (यह वस्तु) जानी जायगी कि कौन सच्चा शाह अथवा बादशाह है ॥ १२ ॥

पउड़ी :

इकन्हा गलीं जंजीर बंदि रबाणीऐ।
बधे छुटहि सचि सचु पछाणीऐ ॥
लिखिआ पलै पाइ सा सचु जाणीऐ।
हुकमी होइ निबेड़ु गइआ जाणीऐ ॥
भउजल तारणहारु सबदि पछाणीऐ।
चोर जार जूआर पीड़े घाणीऐ ॥
निंदक लाइतबार मिले हड़वाणीऐ।
गुरमुखि सचि समाइ सु दरगह जाणीऐ ॥५॥

पउड़ी : कुछ (मनुष्यों) के गले में जंजीर डाली जाती है (और वे) परमात्मा के बंदीखाने में (ले जाये जाते हैं)। [रबाणीऐ=रब, हरी के]। (किन्तु वे लोग) सच्चों में सच्चे (हरी को) पहचान कर छूट जाते हैं। जिसके (भाग्य में परमात्मा की कृपा) लिखी

रहती है, वही (हरी को) जानता है। (हरी के हुक्म से) मनुष्य के भाग्य का निर्णय होता है; इस बात का पता आगे जाकर लगेगा। (हे शिष्य) संसार-सागर को तारने वाले शब्द—नाम को पहचान। चोर, व्यभिचारी, जुआरी (हरी के बन्दीखाने में, नरक में) घानी में पेरे जाते हैं। निन्दकों और अविश्वसनीयों के हांथों में हथकड़ियाँ पड़ती हैं। (जो) गुरु की शिक्षा द्वारा सत्यस्वरूप (हरी) में समाए रहते हैं, वे (उस हरी) के दरबार में माने-जाते हैं ॥५॥

सलोकु : हरणां बाजां तै सिकदारां एन्हा पढ़िआ नाउ।
फांधी लगी जाति फहाइन अगै नाही थाउ।
सो पड़िआ सो पंडितु बीना जिनी कमाणा नाउ।
पहिलो दे जड़ अंदरि जंमै ता ऊपरि होवै छाउ ॥
राजे सीह मुकदम कुते।
जाइ जगाइन बैठे सुते ॥
चाकर नहदा पाइन्हि घाउ।
रतु पितु कुतिहो चटि जाहु ॥
जिथै जीआं होसी सार।
नकीं वढीं लाइतबार ॥१३॥

सलोकु : (लोग) मृगों और बाजों के समान अपनी जाति के लोगों को फंसानेवाले हो गए हैं); (उन्हीं की) सिकदारी (हुकूमत है); उनका नाम पढ़े-लिखों में हैं; (किन्तु वे लोग) अपनी जाति के लोगों को फाँसी में फंसाते हैं; (ऐसे लोगों को) आगे (परमात्मा के यहाँ) स्थान नहीं मिलेगा। जिन्होंने हरिनाम की कमाई की है, वे ही पढ़े-लिखे है, वे ही पंडित हैं और वे ही सयाने—चतुर हैं। पहले (वृक्ष का) बीज जमीन के अन्दर जमता है, (फिर वह पल्लवित होकर) ऊपर (बढ़ता है) और उसकी छाया होती है। [इसी प्रकार नाम रूपी बीज पहले भीतर जमता है, तत्पश्चात् उसका प्रभाव बाह्य जगत् पर भी पड़ने लगता है]। (इस समय) राजागण सिंह (के समान हिंसक) तथा चौधरी [मुकद्दम—अरबी, चौधरी] कुत्ते के समान (लालची) हो गए हैं। वे सोती हुई (प्रजा को) जगाकर, (उसका मांस भक्षण कर रहे हैं)। (राजाओं के) नौकर (अपने) तीव्र नाखूनों से घाव करते हैं (और लोगों का) खून कुत्तों (मुकद्दमों) के द्वारा चाट जाते हैं। जिस स्थान पर प्राणियों के कर्मों की छानबीन होगी, वहाँ उन लाइतबारों की नाक काट ली जायगी ॥ १३ ॥

पउड़ी : आपि उपाए मेदनी आपे करदा सार।
भै बिनु भरमु न कहीऐ नामि न लगै पिआरु।
सतिगुर ते भउ ऊपजै पाईऐ मोख दुआर।
भै ते सहजु पाईऐ मिलि जोती जोति अपार ॥
भै ते भैजलु लंघीऐ गुरमती वीचारु।
भै ते निरभउ पाईऐ जिसदा अंतु न पारावारु ॥
मनमुख भै की सार न जाणन्ही तृसना जलते करहि पुकार।
नानक नावै ही ते सुखु पाइआ गुरमती उरिधार ॥६॥

पउड़ी : (प्रभु) आप ही सृष्टि उत्पन्न करता है और आप ही उसकी खोज खबर लेता है, (सँभाल करता है)। बिना (हरी के) भय से भ्रम नहीं कटता और नाम में प्रेम भी नहीं उत्पन्न होता। सद्गुरु (के सम्पर्क) से (परमात्मा का) भय उत्पन्न होता है (और उसी से) मोक्षद्वार की प्राप्ति होती है। (परमात्मा के) भय से सहजावस्था की प्राप्ति होती है (और परमात्मा की अखण्ड और शाश्वत) ज्योति से (जीवात्मा की) ज्योति मिलकर (एक हो जाती है)। गुरु की शिक्षा पर विचार करने से (भय की उत्पत्ति होती है) और उस भय से भय का समुद्र पार कर लिया जाता है। भय से ही निर्भय (परमात्मा) की प्राप्ति होती है, जिसका न अंत है, न सीमा। मनमुख भय की खबर नहीं जानते; (वे) तृष्णा में जलकर चिल्लाते रहते हैं। नानक का कथन है कि गुरु की शिक्षा हृदय में धारण करने से नाम के द्वारा सुख की प्राप्ति हो गयी ॥ ६ ॥

सलोकु : रूपै कामै दोसती भुखै सादै गंढु ।
लबै मालै घुलि मिलि मिचलि ऊंघै सउड़ि पलंघु ॥
भंउकै कोपु खुआरु होइ फकड़ु पिटे अंधु ।
चुपै चंगा नानका विणु नावैं मुहि गंधु ॥१४॥
राजु मालु रूपु जाति जोबनु पंजे ठग ।
एनी ठगीं जगु ठगिआ किनै न रखी लज ॥
एना ठगन्हि ठग से जि गुर की पैरी पाहि ।
नानक करमा बाहरे होरि केते मुठे जाहि ॥१५॥

सलोकु : काम की रूप से दोस्ती रहती है तथा भूख से स्वाद का संबंध रहता है। लालची (व्यक्ति) धन से घुल-मिल कर एक हो जाता है। [मिचलि=अभेद; एक]। निद्रालु के लिए तंग जगह ही पलंग हो जाती है। क्रोध भूँकता है, (अर्थात् क्रोध की दोस्ती बकवास से होती है); (क्रोधी मनुष्य) बरबाद होता है और अन्धा होकर बकवास करता है। नानक का कथन है कि शान्त (व्यक्ति) ही अच्छा होता है; बिना नाम (लिए) मुंह में दुर्गन्ध होती है ॥ १४ ॥

राज्य, माल (धन-सम्पत्ति), सौन्दर्य, जाति और यौवन—ये पाँच ठग हैं। इन (पाँच) ठगों ने (सारे) जगत् को ठगा है, किसी की भी लज्जा नहीं रक्खी। किन्तु इन (पाँच) ठगों को वे लोग ठग लेते हैं, जो गुरु के चरणों में पड़ते हैं। नानक कहते हैं कि बिना (हरी की) कृपा के (न मालूम) कितने अन्य व्यक्ति (इन पाँच ठगों द्वारा) ठगे गए हैं ॥ १५ ॥

पउड़ी : पड़िआ लेखेदारु लेखा मंगीऐ ।
विणु नावै कूड़िआरु अउखा तंगीऐ ॥
अउघट रुधे राह गलीआं रोकीआं ।
सचा वेपरवाहु सबदि संतोखीआं ॥
गहिर गभीर अथाहु हाथ न लभई ।
मुहे मुहि चोटा खाहु विणु गुर कोइ न छुटसी ॥
पति सेती घरि जाहु नामु वखाणीऐ ।
हुकमी साह गिराह देंदा जाणीऐ ॥७॥

पउड़ी : पड़े हुए (कर्मों के) लेखे को (अवश्य देना होगा); लेखा लेनेवाला इसका हिसाब अवश्य माँगेगा। बिना नाम के झूठा व्यक्ति कठोर रूप से तंग होता है। (बिना नाम के उनके) मार्ग कठिन और अवरुद्ध होते हैं और उनकी गलियाँ रुकी रहती हैं। सच्चा और बेपरवाह (हरी, गुरु के माध्यम द्वारा शिष्य को) संतुष्ट करता है। (हरी) गहरा, गंभीर और अथाह है, (उसकी) थाह नहीं मिलती। बिना गुरु के कोई भी नहीं छूटेगा और मुंह पर (यमराज की) चोटें खायेगा। नाम का गुणगान करने से प्रतिष्ठा के साथ (अपने आत्म-स्वरूपी) घर में जाना होता है। "(परमात्मा के) हुक्म के अन्तर्गत (जीव की) (प्रत्येक) श्वास (और प्रत्येक) ग्रास दिए गए हैं"—(साधक) इसे भली-भाँति जानता है ॥ ७ ॥

सलोकु : पउणै पाणी अगनी जीउ तिन किआ खुसीआ किआ पीड़।
धरती पाताली आकासी इकि दरि रहनि वजीर ॥
इकना वडी आरजा इकि मरि होहि जहीर।
इकि दे खाहि निखुटै नाही इकि सदा फिरहि फकीर ॥
हुकमी साजे हुकमी ढाहे एक चसे महि लख।
सभु को नथै नथिआ बखसे तोड़े नथ ॥
वरना चिहना बाहरा लेखे बाझु अलखु।
किउ कथीऐ किउ आखीऐ जापै सचो सचु ॥
करना कथना कार सभ नानक आपि अकथु ॥
अकथ की कथा सुणेइ।
रिधि बुधि सिधि गिआनु सदा सुखु होइ ॥१६॥

अजरु जरै त नउ कुल बंधु। पूजै प्राण होवै थिरु कंधु ॥
कहा ते आइआ कहा एहु जाणु। जीवत मरत रहै परवाणु ॥
हुकमै बूझै ततु पछाणै। इहु परसादु गुरू ते जाणै ॥
होंदा फड़ीअगु नानक जाणु। ना हउ ना मै जूनी पाणु ॥१७॥

सलोकु : (कर्त्तापुरुष ने) पवन, पानी और अग्नि आदि (पंच तत्वों के) संयोग से जीवों की उत्पत्ति की; उन (जीवों) की (अनेक) खुशियाँ और (अनेक) पीड़ायें होती हैं। कुछ व्यक्ति तो धरती, पाताल और आकाश में तथा उसके दरवाजे पर वजीर बन कर रहते हैं। कुछ (लोगों) की लम्बी आयु होती है और कुछ मर कर दुःखी होते हैं। कुछ लोग तो (औरों को) देकर (तब) खाते हैं, उनका (धन) कभी समाप्त ही नहीं होता और कुछ लोग गरीब बन कर फिरते रहते हैं। (प्रभु अपने) हुक्म से ही क्षणमात्र में लाखों को बनाता है और लाखों को नष्ट करता है। (प्रभु) सभी (प्राणियों को) अपनी नाथ में नाथे रहता है (वशीभूत किए रहता है); (वह) कृपा करके (अपनी) नाथें (बन्धन) तोड़ देता है। (वह) वर्णों, चिह्नों से रहित है; (उसके कर्मों का लेखा नहीं होता), (इसीलिए, वह) बिना लेखे का है, वह अलक्ष्य है। (उस प्रभु का) किस प्रकार कथन किया जाय और किस प्रकार वर्णन किया जाय ? (वह) सत्य ही सत्य प्रतीत होता है। करना और कहना सब कुछ उसी के कार्य है; (किन्तु) नानक का कथन है (कि प्रभु) स्वयं कथन से परे है। जो

उस अकथनीय (प्रभु की) कहानी सुने, तो उसे ऋद्धियाँ, बुद्धि, सिद्धियाँ तथा ज्ञान (की प्राप्ति होती है और शाश्वत सुख होता है ।। १६ ।।

यदि (मनुष्य) अजर (न जलनेवाले कामादिकों) को जला दे, तो नव गोलक (दो कान, दो नासिका द्वार, दो आँखे, एक मुंह, एक शिश्नद्वार एक गुदामार्ग) उसके अधीन हो जाते हैं। प्राणों की आराधना करने पर (तात्पर्य यह कि श्वास के आधार पर नाम जप से) शरीर स्थिर हो जाता है। कहाँ से आया है और कहाँ जाना है—(यह झगड़ा) तथा जन्म-मरण समाप्त हो जाते हैं (और साधक) प्रामाणिक हो जाता है। (जो साधक) (हरी के) हुक्म को समझता है, (वह) तत्व समझ लेता है। यह प्रसाद गुरु से ही जाना जाता है। नानक का कथन है कि (हे प्राणी, तू इस बात को) जान ले कि (जो कोई कहता है कि) "मैं हूँ"—(अर्थात् अहंकारी मनुष्य), नष्ट किया जाता है। (जिसकी यह धारणा है कि) "मैं नहीं हूँ", वह योनि के अंतर्गत नहीं पड़ता ।। १७ ।।

पउड़ी : पड़ीऐ नामु सालाह होरि बुधीं मिथिआ ।
बिनु सचे वापार जनमु बिरथिआ ।।
अंतु न पारावारु न किनही पाइआ ।
सभ जगु गरबि गुबारु तिन सचु न भाइआ ।।
चले नामु विसारि तावणि ततिआ ।
बलदी अंदरि तेलु दुबिधा घतिआ ।।
आइआ उठी खेलु फिरै उवतिआ ।।
नानक सचै मेलु सचै रतिआ ।।८।।

पउड़ी : हरिनाम को पढ़ा जाय और उसी की स्तुति की जाय—(यही बुद्धि सत्य है); और (सांसारिक) बुद्धियाँ मिथ्या है। (हरी के) नाम के सच्चे व्यापार के बिना, जन्म निष्फल है। किसी ने भी (हरी का) अन्त और सीमा नहीं पाई है। सारा जगत् गर्व और अन्धकार (अज्ञान) में है, (इसीलिए) उन्हें सत्य (परमात्मा) अच्छा नहीं लगता। (जो व्यक्ति) हरिनाम विसार कर (यहाँ से) जाते हैं, वे कड़ाही में गरम किए जाते हैं—पकाए जाते हैं। उस जलती (कड़ाही में) दुबिधा—द्वैतभाव का तेल पड़ता है। (मनमुख व्यक्ति संसार में) आते हैं और उठ कर चले जाते हैं, अर्थात् जन्मते-मरते रहते हैं; (वे अपनी आयु-पर्यन्त माया के) खेल में आवारा की भाँति भटकते फिरते हैं। नानक का कथन है कि जो सत्य (परमात्मा) में अनुरक्त है, उसका सत्य से मेल है ।। ८ ।।

सलोकु : पहिलां मासहु निंमिआ मासै अंदरि वासु ।
जीउ पाइ मासु मुहि मिलिआ हडु चंमु तनु मासु ।।
मासहु बाहरि कढिआ मंमा मासु गिरासु ।
मुहु मासै का जीभ मासै की मासै अंदरि सासु ।।
वडा होआ वीआहिआ घरि लै आइआ मासु ।
मासहु ही मासु ऊपजै मासहु सभो साकु ।।
सतिगुरि मिलिऐ हुकमु बुझीऐ तांको आवै रासि ।
आपि छुटे नह छुटीऐ नानक बचनि बिणासु ।।१८।।

मासु मासु करि मूरखु झगड़े गिआनु धिआनु नही जाणै ।
कउणु मासु कउणु सागु कहावै किसु महि पाप समाणे ॥
गैंडा मारि होम जग कीए देवतिआ की बाणे ।
मासु छोडि बैसि नकु पकड़हि राती माणस खाणे ॥
फड़ु करि लोकां नो दिखलावहि गिआनु धिआनु नही सूझै ।
नानक अंधे सिउ किआ कहीऐ कहै न कहिआ बूझै ॥
अंधा सोइ जि अंधु कमावै तिसु रिदै सि लोचन नाही ।
मात पिता की रकतु निपंने मछी मासु न खांही ॥
इसत्री पुरखै जां निसि मेला ओथै मंधु कमाही ॥
मासहु निमे मासहु जंमे हम मासै के भांडे ।
गिआनु धिआनु कछु सूझै नाही चतुरु कहावै पांडे ॥
बाहर का मासु मंदा सुआमी घर का मासु चंगेरा ।
जीअ जंत सभि मासहु होए जीइ लइआ वासेरा ॥
अभखु भखहि भखु तजि छोडहि अंधु गुरू जिन केरा ॥
मासहु निमे मासहु जंमे हम मासै के भांडे ।
गिआनु धिआनु कछु सूझै नाही चतुरु कहावै पांडे ॥
मासु पुराणी मासु कतेबीं चहु जुगि मासु कमाणा ।
जजि काजि वीआहि सुहावै ओथै मासु समाणा ॥
इसत्री पुरख निपजहि मासहु पातिसाह सुलतानां ।
जे ओइ दिसहि नरकि जांदे तां उन का दानु न लैणा ॥
देंदा नरकि सुरगि लैदे देखहु एहु धिङाणा ।
आपि न बूझै लोक बुझाए पांडे खरा सिआणा ॥
पांडे तू जाणै ही नाही किथहु मास उपंना ।
तोइअहु अंनु कमादु कपाहां तोइअहु त्रिभवणु गंना ॥
तोआ आखै हउ बहु बिधि हछा तोऐ बहुतु बिकारा ।
एते रस छोडि होवै संनिआसी नानकु कहै विचारा ॥१६॥

सलोकु : सर्व प्रथम वीर्य का पेट में टिकना मांस के अन्तर्गत होता है (और फिर यह) मांस (के लोथड़े के रूप में माता के गर्भ के) अंतर्गत वास करता है। (जब उस मांसपिंड में) जीव पड़ता है, (जीव का आगमन होता है), तो (उसे) मांस का ही मुंह मिलता है, (उसकी) हड्डियां, चाम और शरीर भी मांस के बनते हैं। (जब मनुष्य बच्चे के रूप में) मांस-निर्मित (माता के गर्भ से) बाहर निकलता है, (तो पहले पहल वह अपना) ग्रास—आहार (पाने के लिए) मांस (के बने) स्तन को (अपने मुंह में रखता है, ताकि उसे पीने को दूध मिले)। (उसका) मुंह भी मांस का है, जीभ भी मांस की है, (और उसकी) सांसें भी मांस के ही भीतर (आती जाती हैं)। बड़ा होने पर, विवाह करने के पश्चात् (वह) मांस (की बनी हुई स्त्री को) अपने घर ले आता है। माँस से ही मांस की उत्पत्ति होती है; उसके सारे संबंध भी मांस के ही होते हैं। सद्गुरु से मिलकर (हरी का) हुक्म समझने पर,

मनुष्य को सच्चा रास्ता आता है, (तात्पर्य यह कि वह सच्चे मार्ग पर चलने लगता है)। [रासि—फारसी 'रास्ता' का संक्षिप्त रूप, श्री गुरु ग्रंथ कोश, पृष्ठ १०६४]। नानक का कथन है कि मनुष्य अपने प्रयत्नों से (इस संसार से) नहीं छूटता, (प्रत्युत ऐसी) बातों से (उसका) नाश होता है ॥१८॥

मूर्ख लोग 'मांस-मांस' कह कर झगड़ा करते हैं, वे ज्ञान-ध्यान (कुछ भी) नहीं जानते। (वे यह नहीं जानते कि) कौन सी वस्तु मांस कहलाती है, (और कौन सी) साग और किस वस्तु में पाप समाया है। देवताओं के स्वभाव (बाणे) (को समझ कर कि वे लोग मांस खाना पसंद करते हैं) गैंडे मार कर होम-यज्ञ किये जाते थे। (जो व्यक्ति) मांस खाना छोड़कर, (उसके समीप) बैठने पर नाक पकड़ते हैं (कि बदबू आ रही है), वे रात को मनुष्यों का भक्षण कर जाते हैं। (वे लोग) दम्भ—पाखण्ड करके लोगों को दिखाते हैं, (किन्तु उन्हें) ज्ञान-ध्यान (कुछ भी नहीं) सूझता। नानक का कथन है कि अंधे से क्या कहा जाय ? यदि उससे कहा भी जाय, तो कहना (शिक्षा देना) नहीं समझता। वही व्यक्ति अंधा है (अज्ञानी) है, जो अन्धे (अविवेकपूर्ण) कर्मों को करता है; उसके हृदय में वे (ज्ञान की) आँखें नहीं हैं। माता-पिता के रक्त—रज (और वीर्य) से तो उत्पन्न हुए पर मछली और मांस नहीं खाते। जिस रात्रि में स्त्री-पुरुष का संयोग होता है, तो वहाँ भी मंद ही कर्म करते हैं, (तात्पर्य यह कि मांस के ही शरीर से भोग-विलास करते हैं)। वीर्य मांस-निर्मित (गर्भ में) स्थित होता है और मांस (के लोथड़े के रूप में मनुष्य का) जन्म होता है; (इस प्रकार) हम सब मांस ही के भाँड़े हैं। ज्ञान-ध्यान तो कुछ सूझता नहीं, कहलाते हैं सयाने पंडित। (हे स्वामी), (बकरे आदि का) बाहर से लाया हुआ मांस बुरा होता है (और) घर की स्त्री, पुत्रादिकों का) मांस प्यारा होता है। (जितने भी) जीव-जन्तु हैं, सभी मांस द्वारा ही (निर्मित) हुए हैं, जीव भी (माता के उदर के अन्तर्गत मांस ही में) निवास करता है। जिनका गुरु अंधा होता है, वे न खाने वाली (अभक्ष्य वस्तुएं, तात्पर्य यह कि हराम की कमाई) तो खाते हैं, (किन्तु) भक्ष्य वस्तुएं (तात्पर्य यह कि मांसादिक) त्याग देते हैं। वीर्य मांस निर्मित (गर्भ में) स्थित होता है और मांस (के लोथड़े के रूप में) मनुष्य का जन्म होता है; (इस प्रकार) हम सब मांस ही के पात्र हैं। ज्ञान-ध्यान तो कुछ सूझता नहीं, पर कहलाते हैं सयाने पंडित। (हिन्दुओं के) पुराणों (तथा मुसलमानों के) कतेब (कुरान आदि धार्मिक पुस्तकों) में भी (मांस खाना आता है)। चारों युगों में मांस का प्रयोग होता रहा है। यज्ञ और विवाह (आदि) सुहावने—शुभ कार्य हैं, (किन्तु) उन अवसरों पर भी मांस का प्रयोग होता आया है। (जितने भी) स्त्री-पुरुष हैं, (सभी) मांस से उत्पन्न होते हैं; पातशाह और सुलतान (आदि बड़े बड़े व्यक्ति भी मांस से ही उत्पन्न होते हैं)। (हे पंडित) यदि (तेरी दृष्टि में दान देनेवाले) वे लोग नरक जाते हुए दिखाई पड़ते हैं, तो उनका दान (तुझे) नहीं लेना चाहिए। देनेवाला तो नरकगामी हो और लेनेवाला स्वर्गगामी ! यह जबर्दस्ती तो देखो ! पंडित बनता तो बहुत चतुर है, और लोगों को (धर्म की बातें) समझाता है, (किन्तु) स्वयं (कुछ) नहीं समझता। हे पंडित तू यह जानता ही नहीं कि मांस कहाँ से उत्पन्न हुआ है। जल से अन्न, गन्ने और कपास (की उत्पत्ति होती है); जल से ही त्रिभुवन (की उत्पत्ति भी) गिनी जाती है। जल को मैं अनेक विधि से अच्छा कहता हूँ, (यह परम पवित्र है), किन्तु इसमें विकार भी बहुत से हैं, (क्योंकि जल ही अपना स्वरूप

परिवर्तित करके अनेक रसों में निर्मित हो जाता है और मांस आदि सारी वस्तुएं इसी से बनती है अतएव) इन सभी रसों को त्याग कर तभी संन्यासी—त्यागी हुआ जा सकता है; (किन्तु संसार में रहते हुए सभी रसों का त्याग असंभव है, अतएव पंडित का सारा पक्ष—त्याग का पक्ष गलत सिद्ध होता है); नानक यह विचार करके कहता है ॥ १९ ॥

पउड़ी : हउ किआ आखा इक जीभ तेरा अंतु न किनही पाइआ ।
सचा सबदु वीचारि से तुझ ही माहि समाइआ ॥
इकि भगवा वेसु करि भरमदे विणु सतिगुर किनै न पाइआ ।
देस दिसंतर भवि थके तुधु अंदरि आपु लुकाइआ ॥
गुर का सबदु रतंनु है करि चानणु आपि दिखाइआ ।
आपणा आपु पछाणिआ गुरमती सचि समाइआ ॥
आवागउणु बजारीआ बाजारु जिनी रचाइआ ।
इकु थिरु सचा सालाहणा जिन मनि सचा भाइआ ॥६॥

पउड़ी : (हे हरी) मैं एक जिह्वा से तेरा क्या वर्णन करूं ? तेरा अन्त किसी ने नहीं पाया है । (जिन्होंने गुरु के) सच्चे शब्द—उपदेश के ऊपर विचार किया है, वे तुझी में समा गए हैं । कुछ लोग तो भगवा वेश धारण कर फिरते हैं, (किन्तु उन्हें तत्वोपलब्धि नहीं होती); बिना सद्गुरु के किसी ने भी (हरी को) नहीं पाया है । (अज्ञानी पुरुष) देश-देशान्तरों में भटका कर थक गए (किन्तु इस रहस्य को नहीं जान पाये कि हे हरी), तू (उनके) अन्तर्गत ही अपने आपको छिपा रक्खा है । (सच्चे साधक) गुरु की शिक्षा द्वारा अपने आप को पहचान कर सत्य (परमात्मा) में समाहित हो गए हैं । आवागमन (का चक्र) (उन्हीं) बाजारी मनुष्यों (सांसारिकों) के लिए है, जिन्होंने (इस संसार में) बाजार रच रक्खा है, (अनेक दिखावे और प्रदर्शन में संलग्न हैं) । जिनके मन में सच्चा परमात्मा अच्छा लग गया है, वे एक, स्थिर (शाश्वत) तथा सच्चे (हरी) की स्तुति में (निमग्न) हैं ॥ ६ ॥

सलोकु : नानक माइआ करम बिरखु फल अंमृत फल विसु ।
सभ कारण करता करे जिसु खवाले तिसु ॥२०

घर महि घरु दिखाइ देइ सो सतिगुर पुरखु सुजाणु ।
पंच सबद धुनिकार धुनि तह बाजै सबदु नीसाणु ॥
दीप लोअ पाताल तह खंड मंडल हैरानु ।
तार घोर बाजित्र तह साचि तखति सुलतानु ॥
सुखमन कै घरि रागु सुनि सुंनि मंडलि लिव लाइ ।
अकथ कथा बीचारीऐ मनसा मनहि समाइ ॥
उलटि कमलु अंमृति भरिआ इहु मनु कतहु न जाइ ।
अजपा जापु न वीसरै आदि जुगादि समाइ ।
सभि सखीआ पंचे मिले गुरमुखि निज घरि वासु ॥
सबदु खोजि इहु घरु लहै नानकु ता का दासु ॥२१॥

चिलमिल बिसीआर दुनीआ फानी ।
कालूबि अकल मन गोर न मानी ॥

मन कमीन कमतरीन तू दरीग्राउ खुदाइग्रा ।
एकु चीजु मुझै देहि ग्रवर जहर चीज न भाइग्रा ।
पुराब खाम कूजै हिकमति खुदाइग्रा ।
मन तुग्राना तू कुदरती आइग्रा ।।
सग नानक दीबान मसताना नित चड़ै सवाइग्रा ।
ग्रातस दुनीग्रा खुनक नामु खुदाइग्रा ।।२२।।
धंनु सु कागदु कलम धंनु धनु भांडा धनु मसु ।
धनु लेखारी नानका जिनि नामु लिखाइग्रा सचु ।।२३।।
ग्रापे पटी कलम ग्रापि उपरि लेखु भि तूं ।
एको कहीऐ नानका दूजा काहे कू ।।२४।।

सलोकु : नानक का कथन है (कि त्रिगुणात्मक) माया में किए हुए कर्म वृक्ष के समान हैं, (जिसमें सुख-दुख रूपी) ग्रमृत ग्रौर विष—दो फल लगे हैं। सभी कारणों को कर्त्तापुरुष ही करता है; (वह) जिसे जो फल खिलाता है, उसे वह फल खाना पड़ता है ।।२०।।

(वास्तव में) सद्गुरु ग्रौर सयाना—चतुर पुरुष वही है, (जो साधक को उसके हृदय रूपी) घर में (ग्रात्मस्वरूपी) घर दिखा देता है। (जीवात्मा ग्रौर परमात्मा के मिलन की ग्रवस्था में) पाँच शब्दों की एकरस ध्वनि बजती रहती है ग्रौर शब्द के नगाड़े बजते रहते हैं। [पंच शब्द में तार, चाम, धातु, घड़े ग्रौर फूंक द्वारा बजाए जाने वाले बाजे ग्राते हैं; तात्पर्य यह कि उल्लास-सूचक नाना-भाँति के बाजे बजते हैं ग्रौर बड़ा ग्रानन्द होता है]। (उस ग्रवस्था में समस्त) द्वीप, लोक, पाताल, खण्ड, मण्डल (ग्रपने ही स्वरूप में स्थित दिखाई पड़ते हैं, जिससे) बड़ा ग्राश्चर्य होता है। [हैरान=फारसी ग्राश्चर्य]। वहाँ वाजों की उच्च ध्वनि होती रहती है ग्रौर ऊँचे सिंहासन पर सुलतान (हरी) विराजमान रहता है। (मिलन की ग्रवस्था में) सुषुम्ना नाड़ी (खुल जाती है), जिससे शून्यमण्डल में लिव (एकनिष्ठ धारणा) लग जाती है (ग्रौर ग्रनेक प्रकार के) राग सुनाई पड़ते हैं। यह ग्रकथनीय कहानी विचारणीय है; (इस ग्रवस्था में सारी) इच्छाएँ मन में समाहित हो जाती हैं। (हृदय रूपी) कमल (माया से) उलट जाता है, ग्रौर उसमें (हरिनाम रूपी) ग्रमृत भर जाता है; (यह चंचल) मन कहीं भी ग्राता जाता नहीं, (ग्रौर ग्रात्मस्वरूप में स्थिर तथा शान्त हो जाता है)। (उस ग्रवस्था में श्वास-प्रश्वास के द्वारा निरन्तर) ग्रजपा जप (चलने लगता है ग्रौर वह कभी) भूलता नहीं। (साधक) ग्रादि ग्रौर युगयुगान्तरों में स्थित (परमात्मा में) समाहित हो जाता है। (इन्द्रियाँ रूपी) सखियों से पंच सत्त्वगुण (सत्य, संतोष, दया, धर्म, धैर्य) मिल जाते हैं ग्रौर गुरुमुख (गुरु का ग्रनुयायी ग्रपने ग्रात्मस्वरूपी वास्तविक) घर में स्थान पा जाता है। शब्द—नाम को खोज कर जो (साधक) इस (उपर्युक्त) घर को प्राप्त कर लेता है, नानक (ग्रपने को उसका) दास (मानता है) ।।२१।।

दुनियाँ (की चमक) बिजली (चिलमिल) के समान है, किन्तु है नश्वर—क्षणभंगुर। पर (मेरी) उलटी ग्रकल तथा मन कब्र को नहीं मानते; (तात्पर्य यह कि मेरी उलटी बुद्धि में यह बात नहीं ग्राती कि मौत इतने समीप है)। (हे स्वामी), मैं कमीना ग्रौर ग्रति तुच्छ हूँ। हे खुदा, तू दरिया (की भाँति उदार ग्रौर पवित्र है)। (हे प्रभु), मुझे एक ही वस्तु

(अपनी भक्ति) दे, और जहरवाली (सांसारिक) वस्तु (मुझे) अच्छी नहीं लगती। [मन=फारसी, मैं] कच्चा कूजा पानी से भरा हुआ है [कूजा=कूजे में जमाई हुई मिसरी], (तात्पर्य यह कि शरीर नश्वर है); यह उसी की हिकमत है। मैं कुछ कर सकने योग्य तेरी ही ताकत से होता हूँ। (हे प्रभु), नानक तेरे दरवाजे का कुत्ता है, और मस्ताना है, (उसकी मस्ती) नित्य सवाई चढ़ती है। [सग=फारसी=कुत्ता]। (हे खुदा), यह दुनिया आग है और तेरा नाम ठंडा है, (अर्थात् तेरा शीतल नाम लेने से जगत् का ताप नष्ट हो जाता है) ॥२२॥

वह कागज धन्य है, (जिस पर सत्य हरी का नाम लिखा जाता है), वह कलम धन्य है, (जिसके द्वारा वह लिखा जाता है), वह दवात और स्याही भी धन्य है (जिनके माध्यम से वह लिखा जाता है) और वह लिखारी—लेखक भी धन्य है, जो सत्यनाम को लिखता है ॥२३॥

(हे प्रभु) तू आप ही पट्टी है, आप ही कलम है और (उस पट्टी के) ऊपर का लेख भी तू आप ही है। (अतः) नानक (की दृष्टि में उस प्रभु को) एक ही कहा जाना चाहिए, दूसरा किस लिए कहा जाय ? ॥ २४॥

पउड़ी :

तू आपे आपि वरतदा आपि बणत बणाई।
तुधु बिनु दूजा को नही तू रहिआ समाई॥
तेरी गति मिति तू है जाणदा तुधु कीमति पाई।
तू अलख अगोचरु अगमु है गुरमति दिखाई॥
अंतरि अगिआनु दुखु भरमु है गुर गिआनि गवाई।
जिसु कृपा करहि तिसु मेलि लैहि सो नामु धिआई॥
तू करता पुरखु अगंमु है रविआ सभ ठाई।
जितु तू लाइहि सचिआ तितु को लगै नानक गुण गाई॥१०॥सुधु॥

पउड़ी : (हे प्रभु), तू (सर्वत्र) आप ही आप वरत रहा है और आप ही ने (समस्त) रचना का निर्माण किया है। तेरे बिना और कोई दूसरा नहीं है, तू ही (सर्वत्र) समाया हुआ है—व्याप्त है। (हे स्वामी), अपनी गति-मिति तू आप ही जानता है, तू ही अपनी कीमत पा सकता है, (दूसरा कोई भी नहीं)। तू अलक्ष्य, अगोचर और अगम है; गुरु की शिक्षा द्वारा दिखाई पड़ता है। (मनुष्य के) हृदय में अज्ञान, दुःख और भ्रम रहते हैं; गुरु का ज्ञान (उन्हें) नष्ट कर देता है। जिसके ऊपर तू कृपा करता है, उसे अपने में मिला लेता है और वह तेरे नाम का ध्यान करता है। (हे स्वामी), तू कर्त्तापुरुष और अगम है और सर्वत्र व्याप्त है। जिसे तू सत्य में लगा देता है, उसे और कौन (अन्य कामों में) लगा सकता है ? नानक (तेरा) गुणगान करता है ॥१०॥ सुधु ॥

———

१ओं सतिनामु करता पुरखु निरभउ निरवैरु
अकाल मूरति अजूनी सैभं गुर प्रसादि

रागु परभाती बिभास, महला १, चउपदे, घरु १

सबद [१]

नाइ तेरै तरणा नाइ पति पूज । नाउ तेरा गहणा मति मकसूदु ।।
नाइ तेरै नाउ मंने सभ कोइ । विणु नावै पति कबहु न होइ ।।१।।
अवर सिआणप सगली पाजु । जै बखसे तै पूरा काजु ।।१।। रहाउ ।।
नाउ तेरा ताणु नाउ दीबाणु । नाउ तेरा लसकरु नाउ सुलतानु ।।
नाइ तेरै मानु महत परवाणु । तेरी नदरी करमि पवै नीसाणु ।।२।।
नाइ तेरै सहजु नाइ सालाह । नाउ तेरा अंमृतु बिखु उठि जाइ ।।
नाइ तेरै सभि सुख वसहि मनि आइ । बिनु नावै बाधी जमपुरि जाइ ।।३।।
नारी बेरी घर दर देस । मन कीआ खुसीआ कीचहि वेस ।
जां सदे तां ढिल न पाइ । नानक कूड़ु कूड़ो होइ जाइ ।।४।।१।।

(हे हरी) तेरे नाम के द्वारा (संसार-सागर से) तरा जाता है और तेरे नाम के द्वारा ही (मनुष्य की) प्रतिष्ठा होती है (और वह) पूजा जाता है । तेरा नाम ही आभूषण है; नाम द्वारा ही ज्ञान (मति) का लक्ष्य पूरा होता है । तेरे नाम द्वारा ही (किसी का) नाम सब लोगों द्वारा माना जाता है, (तात्पर्य यह कि नाम द्वारा किसी की प्रसिद्धि होती है) । बिना नाम के कभी प्रतिष्ठा नहीं होती ।।१४।।

(नाम के अतिरिक्त बाकी) सारी चतुराइयाँ दिखावा (मात्र) हैं । जिसे (प्रभु) बख्शता है, उसका कार्य पूर्ण होता है ।।१।। रहाउ ।।

(हे प्रभु) तेरा नाम ही बल है और वही आसरा है [दीबाणु=वह हाकिम, जिसके पास प्रार्थना की जा सके, तात्पर्य यह कि आसरा] । तेरा नाम ही लश्कर और सुलतान है । तेरे नाम से ही मान, महता—बड़ाई और प्रामाणिकता प्राप्त होती है । तेरी कृपादृष्टि और बख्शिश से प्रामाणिकता का निशान— चिह्न मिलता है ।।२।।

तेरे नाम से सहजावस्था (प्राप्त होती है); तेरे नाम से ही (तेरी) स्तुति (करने की शक्ति प्राप्ति होती है), तेरा नाम अमृत है, (उसके सेवन करने से माया का) विष उठ जाता है। तेरे नाम के द्वारा मन में सभी सुख आकर बसते हैं। बिना नाम के (मनुष्य) बाँध कर यमपुरी ले जाया जाता है ॥३॥

नारी, घर, दरवाजे, देश (मिल्कियत), मन की अनेक खुशियाँ, (अनेक) वेशों का धारण करना—(ये सब वस्तुएं) बंधनस्वरूप हैं। [बेरी=बेड़ी; बंधन स्वरूप]। (किसी मनुष्य के पास उपर्युक्त वस्तुएँ हों), (किन्तु) यदि (परमात्मा उसे) बुला लेगा, तो उसे जाने में देर (ढिल) नहीं लगेगी। नानक का कथन है (कि ये वस्तुएँ उस समय कुछ भी मदद न कर सकेंगी, ये सब यहाँ ही रह जायंगी); ये तो सब झूठी की झूठी साबित होंगी ॥४॥१॥

[२]

तेरा नामु रतनु करमु चानणु सुरति तिथै लोइ।
अंधेरु अंधी वापरै सगल लीजै खोइ ॥१॥

इहु संसारु सगल बिकारु। तेरा नामु दारू अवरु नासति करणहारु अपारु।
॥१॥ रहाउ ॥

पाताल पुरीआ एक भार होवहि लाख करोड़ि।
तेरे लाल कीमति ता पवै जां सिरै होवहि होरि ॥२॥

दूखा ते सुख ऊपजहि सूखी होवहि दूख।
जितु मुखि तू सालाहीअहि तितु मुखि कैसी भूख ॥३॥

नानक मूरखु एकु तू अवरु भला संसारु।
जितु तनि नामु न ऊपजै से तन होहि खुआर ॥४॥२॥

(हे हरी), तेरा नाम रत्न और बख्शिश है; (जिस) मनुष्य की सुरति में नाम है, वहाँ प्रकाश ही प्रकाश है। अन्धी (अविवेकमयी) सृष्टि में अन्धकार (अज्ञान) होता रहता है, (जिससे मनुष्य) सब कुछ खो देते हैं ॥१॥

यह सारा संसार विकार (मात्र) है। (हे हरी), तेरा नाम ही (इस संसार-बंधन से छूटने की) दवा है। (नाम को छोड़कर) और कुछ भी नहीं है। हे कर्त्तापुरुष, (तू) अपार है ॥१॥ रहाउ ॥

(समस्त) पाताल और (सारी) पुरियाँ, (तराजू के एक पलड़े पर) भार बना कर रक्खी जायं, ऐसे ही लाखों, करोड़ों के और (भार हों), (किन्तु ये सब तेरे नाम की समता नहीं कर सकते)। (हाँ, यदि तराजू के) पलड़े पर कुछ और वस्तुएं रक्खी गई हों, (भाव यह कि तेरी बड़ाइयाँ और गुण हों), तब हे प्रियतम (लाल), तेरी कीमत पाई जा सकती है; (तेरी महत्ता को तौलने के लिए तेरे नाम का गुणगान ही समर्थ है, अन्य वस्तुएं नहीं) ॥२॥

दुःखों से सुख की उत्पत्ति होती है और सुखों से दुःख (उत्पन्न) होते हैं। (हे स्वामी), जिस मुख से तू प्रशंसा किया जाता है, (भला) उस मुख में क्षुधा कैसे हो सकती है ? (तात्पर्य यह कि तेरे प्रशंसा करनेवाले को कभी किसी वस्तु की आवश्यकता नहीं रह जाती)॥३॥

हे नानक, तू ही अकेला मूर्ख है, और (सारा) संसार भला है। जिन शरीरों में नाम नहीं उत्पन्न होता, (अर्थात् जिन शरीरों से नाम नहीं लिया जाता), वे शरीर नष्ट हो जाते है ॥४॥२॥

[३]

जै कारणि बेद ब्रहमै उचरे संकरि छोडी माइआ ।
जै कारणि सिध भए उदासी देवी मरमु न पाइआ ॥१॥

बाबा मनि साचा मुखि साचा कहीऐ तरीऐ साचा होई ।
दुसमनु दूखु न आवै नेड़ै हरि मति पावै कोई ॥१॥ रहाउ ॥

अगनि बिंब पवणै की बाणी तीनि नाम के दासा ।
ते तसकर जो नामु न लेवहि वासहि कोट पंचासा ॥२॥

जेको एक करै चंगिआई मनि चिति बहुतु बफावै ।
एते गुण एतीआ चंगिआईआ देइ न पछोतावै ॥३॥

तुधु सालाहनि तिन धनु पलै नानक का धनु सोई ।
जे को जीउ कहै ओना कउ जम की तलब न होई ॥४॥३॥

जिस (प्रभु की प्राप्ति) के निमित्ति ब्रह्मा ने वेदों को उच्चरित किया और शंकर ने माया का परित्याग किया। जिसकी (प्राप्ति के) निमित्त सिद्धगण भी विरक्त हुए, (उसका) रहस्य देवतागण भी न पा सके ॥१॥

हे बाबा, सच्चे मन और सच्चे मुख से सत्य (परमात्मा) को कहा जाय—जपा जाय, तभी (संसार-सागर से) तरा जा सकता है और सत्यस्वरूप (हरी) हुआ (बना) जा सकता है, (अन्यथा नहीं)। (कामादिक) शत्रु तथा (त्रिताप) दुःख समीप नहीं आते; हरि संबंधी बुद्धि कोई (विरला ही) पाता है ॥१॥ रहाउ ॥

(यह जगत्) अग्नि (तमोगुण), जल (सत्त्वगुण) तथा पवन (रजोगुण) से बना हुआ है; ये तीनों नाम के ही दास हैं, (अधीन हैं)। जो व्यक्ति नाम नहीं लेते, (वे) चोर हैं, और वे (पृथ्वी के) पचासवें कोट में निवास करते हैं। [पृथ्वी के ४९ कोट माने गए हैं। पचासवाँ कोट ताँबे का बना हुआ माना जाता है। उस ताँबे के कोट में खाने पीने को कुछ भी नहीं मिलता। उसी कोट में वे चोर निवास करते हैं और अनेक यातनाएं सहते हैं—सबदारथ श्री गुरु ग्रंथ साहिब जी, पृष्ठ १३२८] ॥२॥

यदि कोई व्यक्ति एक भी भलाई करता है, तो (अपने) मन तथा चित्त में बहुत फूलता है—अभिमान करता है; (पर जरा हरी की ओर तो देखो)। (उसमें) इतने गुण हैं और वह इतनी भलाइयाँ करता है, (फिर भी) उनकी चिन्ता नहीं करता ॥३॥

(हे हरी), जो (मनुष्य) तेरी स्तुति करते हैं, उन्हीं के पल्ले (नाम रूपी) धन पड़ता है; नानक का भी वही धन है। यदि कोई प्राणी (जीव) उस (प्रभु) को कहता है, (उसका नाम जपता है), तो उसे यमराज की तलब—माँग नहीं होती ॥४॥३॥

[४]

जाकै रूपु नाही जाति नाही नाही मुखु मासा ।
सतिगुरि मिले निरंजनु पाइआ तेरै नामि है निवासा ॥१॥
अवधू सहजे ततु बीचारि । जाते फिरि न आवहु सैसारि ॥१॥ रहाउ ॥
जाकै करमु नाही धरमु नाही नाही सुचि माला ।
सिव जोति कंनहु बुधि पाई सतिगुरु रखवाला ॥२॥
जाकै बरतु नाही नेमु नाही नाही बकवाई ।
गति अवगति की चिंत नाही सतिगुरू फुरमाई ॥३॥
जाकै आस नाही निरास नाही चिति सुरति समझाई ।
तंतु कउ परमतंतु मिलिआ नानका बुधि पाई ॥४॥४॥

जिस (हरी) के न (कोई) रूप न है, कोई जाति है, न मुख (आदि) अंग है, और न मांस (आदि धातुएँ) हैं, सद्‌गुरु के मिलने पर वह निरंजन (माया से रहित हरी) पाया जाता है; (हे हरी) भक्तों का निवास तेरे नाम में ही होता है ॥१॥

हे अवधूत, सहज भाव से तत्त्व का विचार कर, जिससे पुनः इस संसार में न आना पड़े ॥१॥ रहाउ ॥

जिस (हरी) के न (कोई) कर्म है और न धर्म है, जिसमें न पवित्रता (आदि कोई क्रियाएँ) हैं और न माला (आदि कोई बाह्य चिह्न हैं); उस शिव-ज्योति (कल्याणमयी ज्योति) के पास (मैंने वास्तविक) बुद्धि प्राप्त कर ली है, (और अब) सद्‌गुरु ही (मेरा) रक्षक है ॥२॥

जिसके न (कोई) व्रत है, न नेम और न (कोई) बकवास है, जिसे सुन्दर गति और बुरी गति की (कोई) चिन्ता नहीं है, (उस हरी के संबंध में) सद्‌गुरु ने शिक्षा दे दी है ॥३॥

जिसके न (कोई) आशा है और न निराशा, (ऐसा प्रभु) चित्त में सुरति (स्मृति) लगाने से समझा जाता है; (इस विधि से) तत्त्व (जीव) को परम तत्त्व (परमात्मा) प्राप्त हो जाता है, नानक को (इस प्रकार की) बुद्धि प्राप्त हो गई है ॥४॥४

[५]

ताका कहिआ दरि परवाणु । बिखु अंमृतु दुइ समकरि जाणु ॥१॥
किआ कहीऐ सरबे रहिआ समाइ । जो किछु वरतै सभ तेरी रजाइ ॥१॥ रहाउ ॥
प्रगटी जोति चूका अभिमानु । सतिगुरि दीआ अंमृत नामु ॥२॥
कलि महि आइआ सो जनु जाणु । साची दरगह पावै माणु ॥३॥
कहणा सुनणा अकथ घरि जाइ । कथनी बदनी नानक जलि जाइ ॥४॥५॥

उन (संतों) का कहना (हरी के) दरवाजे पर प्रामाणिक समझा जाता है, जो विष और अमृत (तात्पर्य यह कि दुःख और सुख को) समान भाव से जानते हैं ॥१॥

(हे प्रभु तेरे संबंध में) क्या कहा जाय ? तू सभी (स्थानों) में समाया है, (अर्थात् तू सर्वत्र व्याप्त है) । (हे स्वामी, संसार में) जो कुछ भी बरत रहा है, (वह) सब तेरी मर्जी के अनुसार है ॥१॥ रहाउ ॥

सद्गुरु ने (कृपा करके जब) नाम रूपी अमृत दे दिया, तो (ब्रह्मज्ञान की अखण्ड और शाश्वत ज्योति) प्रकट हो गई (और समस्त) अभिमान समाप्त हो गए ॥२॥

ऐसे (उपर्युक्त सन्त) जन के आगमन को कलियुग में (सार्थक) समझना चाहिए। (वे ही लोग हरी के) सच्चे दरबार में मान पाते हैं ॥३॥

उसका कहना सुनना यही है कि वह अकथनीय हरी के घर में जाकर (शाश्वत निवास करता है)। हे नानक, (ऐसे व्यक्ति के समस्त) मौखिक कथन जल जाते हैं ॥ ४ ॥ ५ ॥

[६]

अंमृत नीरु गिआनि मन मजनु अठसठि तीरथ संगि गहे ।
गुर उपदेसि जवाहर माणक सेवे सिखु सो खोजि लहै ॥१॥

गुर समानि तीरथु नही कोइ ।
सरु संतोखु तासु गुरु होइ ॥१॥ रहाउ ॥
गुरु दरीआउ सदा जलु निरमलु मिलिआ दुरमति मैलु हरै ।
सतिगुरि पाईऐ पूरा नावणु पसू परेतहु देव करै ॥२॥
रता सचि नामि तलहीअलु सो गुरु परमलु कहीऐ ।
जाकी वासु बनासपति सउरै तासु चरण लिव रहीऐ ॥३॥
गुरमुखि जीअ प्रान उपजहि गुरमुखि सिव घरि जाईऐ ।
गुरमुखि नानक सचि समाईऐ गुरमुखि निज पदु पाईऐ ॥४॥६॥

(साधक को) ज्ञान द्वारा (नाम रूपी) अमृत-जल (प्राप्त होता है), (जिसमें) उसका मन स्नान करता है, (फिर वह इस स्थान से) अड़सठ तीर्थों को (अपने साथ) लिए (फिरता है)। सद्गुरु के उपदेश में (अनेक) जवाहर-माणिक्य (रूपी उपदेश छिपे हैं); (प्रत्येक शिष्य गुरु की) सेवा करके उन्हें खोज कर प्राप्त कर सकता है ॥ १ ॥

गुरु के समान कोई (अन्य) तीर्थ नहीं हैं। संतोष रूपी सरोवर वह गुरु हे ॥ १ ॥ ॥ रहाउ ॥

गुरु (पवित्र) दरिया (नद) है, (उसका उहदेश रूपी) जल सदैव निर्मल रहता है। (उस गुरु रूपी पवित्र नद में) मिलने से दुर्बुद्धि की मैल दूर हो जाती है। सद्गुरु की प्राप्ति से पूर्ण स्नान होता है; (वह सद्गुरु) पशुओं-प्रेतों (तात्पर्य यह कि तमोगुणी मनुष्यों) को भी देव बना देता है ॥ २ ॥

(जिसका हृदय) तह तक सच्चे (हरी के) नाम में अनुरक्त है, उस गुरु को चन्दन (के समान) कहा जाना चाहिए। (जिस प्रकार) उस (चंदन की) सुगन्ध (अपने आस पास की) वनस्पतियों को सुगन्धित कर देती है, (उसी प्रकार गुरु की सतसंगति उसके पास रहनेवाले प्राणियों को सँवार देती है); उस (गुरु के) चरणों में लिव (एकनिष्ठ धारणा) लगाए रहना चाहिए ॥ ३ ॥

गुरु द्वारा (साधक में नवीन) जीव और प्राण उत्पन्न होते हैं; गुरु की शिक्षा द्वारा शिव-कल्याण (स्वरूपी, आत्मरूपी घर में) जाना होता है। नानक का कथन है कि

गुरु के द्वारा ही (तच्चा साधक) सत्यस्वरूप (हरी) में समा जाता है और गुरु की शिक्षा द्वारा आत्म-पद की प्राप्ति होती है ॥ ४ ॥ ६ ॥

[७]

गुर परसादी विदिआ वीचारै पड़ि पड़ि पावै मानु ।
आपा मधे आपु परगासिआ पाइआ अंम्रितु नामु ॥१॥

करता तू मेरा जजमानु ।
इक दखिणा हउ तै पहि मागउ देहि आपणा नामु ॥१॥रहाउ॥

पंच तसकर धावत राखे चूका मनि अभिमानु ।
दिसटि बिकारी दुरमति भागी ऐसा ब्रहम गिआनु ॥ २ ॥

जतु सतु चावल दइआ कणक करि प्रापति पाती धानु ॥
दूध करमु संतोखु घीउ करि ऐसा मांगउ दानु ॥ ३ ॥

खिमा धीरजु करि गऊ लवेरी सहजे बछरा खीरु पीऐ ।
सिफति सरम का कपड़ा मांगउ हरिगुण नानक रवतु रहै ॥४॥७॥

(शिष्य को) गुरु की कृपा से ब्रह्मविद्या का विचार होता है (और वह शास्त्रों) को पढ़-पढ़ कर प्रतिष्ठा पाता है। (गुरु की कृपा से) अपने मध्य (अपने अंतःकरण में) आत्मस्वरूप (हरी) प्रकाशित हो गया और नाम रूपी अमृत की प्राप्ति हो गई ॥ १ ॥

हे कर्त्तापुरुष, तू मेरा यजमान (दान देनेवाला) है। (तू मेरा यजमान है, अतएव) मैं एक दक्षिणा तेरे पास से (तुझसे) माँगता हूँ—(वह दक्षिणा यह है) । कि तू अपना नाम मुझे दे ॥ १ ॥ रहाउ ॥

(गुरु की कृपा से) पाँचों (ज्ञानेन्द्रियाँ रूपी) चोर दौड़ने से रुक गए और मन का अभिमान समाप्त हो गया। ऐसा ब्रह्मज्ञान प्राप्त हो गया कि विकारमयी दृष्टि और दुर्मत नष्ट हो गई ॥ २ ॥

(हे प्रभु) मैं ऐसा दान मांगता हूँ, (जिसमें) यत (इन्द्रिय-विग्रह) और सत्वगुण चावल हों, दया (अन्न का) दाना हो (हे हरी), (हरि-की) प्राप्ति को पत्तल तथा (धान्य) बना कर मुझे (दे दे)। (हे स्वामी, मेरी दक्षिणा में) कर्म दूध हो, संतोष घी हो ॥ ३ ॥

(हे हरी, मेरे दान में) क्षमा और धैर्य को लवाई (हाल की ब्याई हुई) गाय और सहजावस्था को बछड़ा बना। (वह सहजावस्था रूपी बछड़ा क्षमा और धैर्य रूपी गाय का) दूध पिये। (हे साहब), मैं (तेरी) स्तुति और श्रम—उद्योग के वस्त्र माँगता हूँ; नानक (की यही भिक्षा है कि वह) हरि के गुणों में निरन्तर रमण करता रहे ॥ ४ ॥ ७ ॥

[८]

आवतु किनै न राखिआ जावतु किउ राखिआ जाइ ।
जिस ते होआ सोई परु जाणै जां उस ही माहि समाइ ॥१॥

तू है है वाहु तेरी रजाइ ।
जो किछु करहि सोई परु होइबा अवरु न करणा जाइ ॥१॥रहाउ॥

जैसे हरहट की माला टिंड लगत है इक सखनी होर फेर भरीअत है ।
तैसो ही इहु खेलु खसम का जिउ उस की वडिआई ॥२॥

सुरती कै मारगि चलि कै उलटी नदरि प्रगासी ।
मनि वीचारि देखु ब्रहम गिआनी कउनु गिरही कउनु उदासी ॥३॥

जिस की आसा तिसही सउपि कै एहु रहिआ निरबाणु ।
जिस ते होआ सोई करि मानिआ नानक गिरही उदासी सो परवाणु ॥४॥८॥

न तो आने (जन्म) को कोई रोक सका है और जाने (मरण) को ही कोई रोक सका। (मनुष्य) जिससे उत्पन्न हुआ और जिसमें लीन होता है, वह (हरी) ही भलीभाँति इसे जान सकता है (कि जन्म-मरण का रहस्य क्या है) ॥ १ ॥

(हे स्वामी), तू ही (अकेला) है, (तू) धन्य है; तेरी मर्जी—इच्छा धन्य है। (हे प्रभु, तू) जो कुछ करता है, वह जरूर होता है, (उसके अतिरिक्त) और कुछ नहीं किया जा सकता है ॥ १ ॥ रहाउ ॥

जैसे रहट के पात्रों की माला (चलते समय) एक खाली होती रहती है और एक भरती रहती, वैसे ही पति (परमात्मा की सृष्टि का) खेल (निरन्तर चलता रहता है), (अर्थात् इस खेल में कोई आता है और कोई जाता है); यह सब (उस हरी की महत्ता बड़ाई है ॥ २ ॥

(हरी की) सुरति (स्मृति) के मार्ग पर चल कर (हमारी) दृष्टि (माया की ओर से) उलट कर प्रकाशित हुई है। हे ब्रह्मज्ञानी, मन में विचार कर इस बात को देख ले—समझ ले कि कौन गृहस्थ है और कौन विरक्त ॥ ३ ॥

जिस (हरी) की आशा है, (अर्थात् जिस हरी ने आशा की उत्पत्ति की है), उसी को (इसे) सौंप कर (साधक) निर्वाण-पद को पा लेता है। नानक का कथन है जिस (प्रभु) से (सारी वस्तुएं) उत्पन्न हुई हैं, उसे जो व्यक्ति जान लेता है, वह प्रामाणिक हो जाता है, (चाहे वह) गृहस्थ हो (और चाहे) विरक्त ॥ ४ ॥ ८ ॥

[९]

दिसटि बिकारी बंधनि बांधे हउ तिस कै बलि जाई ।
पाप पुंन की सार न जाणै भूला फिरै अजाई ॥१॥

बोलहु सचु नामु करतार । फुनि बहुड़ि न आवण वार ॥१॥रहाउ॥

ऊचा ते फुनि नीचु करतु है नीच करै सुलतानु ।
जिनी जाणु सु जाणिआ जगि ते पूरे परवाणु ॥२॥

ताकउ समझावण जाईऐ जे को भूला होई ।
आपे खेल करे सभ करता ऐसा बूझै कोई ॥३॥

नाउ प्रभातै सबदि धिम्राईऐ छोडहु दुनी परीता।
प्रणवति नानक दासनिदासा जगि हारिम्रा तिनि जीता ॥४॥९॥

(जो साधक) विकारी दृष्टि को बंधन के अन्तर्गत बाँध देता है, मैं उसकी बलैया लेता हूँ। जो व्यक्ति पाप और पुण्य की वास्तविकता नहीं जानता, वह व्यर्थ भटकता फिरता है ॥ १ ॥

(हे शिष्य), कर्त्तार का सच्चा नाम बोल—जब, (इससे तू) लौट कर पुनः (संसार में) नहीं आयेगा ॥ १ ॥ रहाउ ॥

(सामर्थ्यवान् हरी) ऊँचे से नीचा बनाता है और नीचों को सुलतान बना देता है। जिन लोगों ने जाननेवाले हरी को भलीभाँति जान लिया है, वे पूर्ण और प्रामाणिक हैं ॥ २ ॥

यदि कोई भूल करता हो, तो उसे समझाने के निमित्त जाना चाहिए; (किन्तु) कोई (विरला ही इस बात को समझता है कि प्रभु स्वयं ही सारे खेल खेल रहा है ॥ ३ ॥

प्रभात बेला (अमृत बेला; ब्राह्म मुहूर्त्त) में (गुरु के) शब्द द्वारा हरि-नाम का ध्यान करना चाहिए; (हे साधक), सांसारिक प्रीति को त्याग। (प्रभु के) दासों का दास नानक विनय करता है कि जो जगत् में अपनी हार मान चुका है, (अर्थात् जो अत्यधिक विनम्र हो गया है), उसी ने यहाँ (वास्तविक) विजय प्राप्त की है ॥ ४ ॥ ९ ॥

[१०]

मनु माइम्रा मनु धाइम्रा मनु पंखी आकासि।
तसकर सबदि निवारिम्रा नगरु वुठा साबासि ॥
जा तू राखहि राखि लैहि साबतु होवै रासि ॥१॥

ऐसा नामु रतनु निधि मेरै।
गुरमति देहि लगउ पगि तेरै ॥१॥रहाउ॥

मनु जोगी मनु भोगीम्रा मनु मूरखु गावारु।
मनु दाता मनु मंगता मन सिरि गुरु करतारु ॥
पंच मारि सुखु पाइम्रा ऐसा ब्रहमु बीचारु ॥२॥

घटि घटि एकु वखाणीऐ कहउ न देखिम्रा जाइ।
खोटो पूठो रालीऐ बिनु नावै पति जाइ ॥
जा तू मेलहि ता मिलि रहां जां तेरी होइ रजाइ ॥३॥

जाति जनमु नह पूछीऐ सच घरु लेहु बताइ।
सा जाति सा पति है जेहे करम कमाइ ॥
जनम मरन दुखु काटीऐ नानक छूटसि नाइ ॥४॥१०॥

मन माया है और मन ही (उस माया के पीछे) दौड़नेवाला है। मन ही पक्षी (होकर) आकाश में (उड़ता-फिरता है)। (साधक ने काम, क्रोध आदि) चोरों को (गुरु) के शब्द द्वारा निवारण किया है; चोरों के निवारण करने से अब

आध्यात्मिक जीवन का) नगर बस गया है, (इससे) शाबासी प्राप्त हुई (हे प्रभु) जिसको तू रक्षा करके रख लेता है, उसकी राशि (पूँजी) पूरी होती है ।। १ ।।

नाम रूपी ऐसा रत्न मेरे (पास) खजाने के रूप में (छिपा है) । हे गुरु मुझे शिक्षा दे; (मैं) तेरे पैरों में लगता हूँ ।। १ ।। रहाउ ।।

मन (कभी) योगी होता है, (और कभी मूर्ख और गँवार । मन (कभी) दाता (बन जाता) है और कभी मँगता—भिखमंगा; कभी मन यह भी समझता है कि मेरे सिर के ऊपर गुरु और कर्त्तार हैं । पंच (कामादिकों) को मार कर सुख की प्राप्त होती है—(यही वास्तविक) ब्रह्म विचार है ।।२।।

घट-घट (में व्याप्त) एक (हरी) ही वर्णन किया जाता है, (किन्तु) किसी से (चर्म चक्षुओं द्वारा) नहीं देखा जाता । खोटा व्यक्ति (नरक में) सीधा करके मारा जाता है—रुलाया जाता है । (इस प्रकार) बिना नाम के (उसकी) प्रतिष्ठा चली जाती है । (हे हरी) जब तू (मुझे) मिलाता है, तो (मैं) तुझ में मिल रहता हूँ; (पर यह होता तभी है), जब तेरी मर्जी होतीहै ।। ३ ।।

(हरी के) दरबार में जाति-जन्म की पूछ नहीं होती, अतएव सच्चे घर का पता—(तात्पर्य) यह उत्तम जीवन व्यतीत करने का ढङ्ग) सीखना चाहिए । जैसे कर्म किए जाते हैं, वैसे ही जाति और प्रतिष्ठा (बनती है) । नानक का कथन है कि हरि नाम के द्वारा जन्म-मरण के दुःखों को काट कर छुटकारा मिल जाता है ।। ४।। १० ।।

[११]

जागतु बिगसै मूठो अंधा । गलि फाही सिरि मारे धंधा ।।
आसा आवै मनसा जाइ । उरझी ताणी किछु न बसाइ ।।१।।

जागसि जीवण जागणहारा । सुख सागर अंमृत भंडारा ।।१।।रहाउ।।

कहिओ न बूझै अंधु न सूझै भोंडी कार कमाई ।
आपे प्रीति प्रेम परमेसुर करमी मिलै वडाई ।।२।।

दिनु दिनु आवै तिलु तिलु छीजै माइआ मोहु घटाई ।
बिनु गुर बूडो ठउर न पावै जब लग दूजी राई ।।३।।

अहिनिसि जीआ देखि सम्हालै सुखु दुखु पुरबि कमाई ।
करमहीणु सचु भीखिआ मांगै नानक मिलै वडाई ।।४।।११

जागता हुआ ही यह अंधा (जीव) लूटा जा रहा है और इसी में वह प्रसन्न होता है । (उसके) गले में पाश—फाँसी है और सिर पर (सांसारिक) धंधे चोटें मार रहे हैं ।. (जीव) आशा (लेकर इस संसार में उत्पन्न होता है, (किन्तु आशा पूरी न होने पर) इच्छा—वासना लेकर (यहाँ से) चला जाता है । (मनुष्य का) (अत्यंत) उलझनमय है, इस पर (किसी का कुछ) वश नहीं चलता ।। १ ।।

(सभी प्राणियों का) जीवन रूप (हरी, सदैव) जागता रहता है । (वह हरी) सुख समुद्र तथा अमृत का भंडार है ।। १ ।। रहाउ ।।

(मनमुख) कहने पर नहीं समझता; उस अंधे को कुछ सुझाई नहीं पड़ता, (वह सदैव) भोंड़े कर्म करता रहता है। परमेश्वर अपनी प्रीति और प्रेम में आप ही (जीवों को लगाता है)। (हरी की) कृपा से ही (साधक को) बड़ाई प्राप्त होती है ॥ २ ॥

(मनुष्य के जीवन के) प्रति दिन (समीप) आते जा रहे हैं, (वह) तिल-तिल करके छीज रहा है, माया और मोह (उसके) घट—हृदय में व्याप्त रहते हैं। बिना गुरु के (वह संसार-सागर में) डूब जाता है, (उसे तब तक कोई) ठौर-ठिकाना नहीं प्राप्त होता, जब तक राई भर भी द्वैतभाव (उसके अन्तर्गत) रहता है ॥३॥

(हरी) दिन-रात जीवों को देख कर (उनकी आवश्यकताओं को समझ कर) उनकी सँभाल करता रहता है और उनके पूर्व के कर्मानुसार सुख-दुःख (देता रहता है)। कर्महीन नानक सत्य की भीख माँग रहा है कि उसे (नाम की) महत्ता—बड़ाई प्राप्त हो ॥४॥११॥

[१२]

मसटि करउ मूरखु जगि कहिआ।
अधिक बकउ तेरी लिव रहीआ॥
भूल चूक तेरै दरबारि। नाम बिना कैसे आचार ॥१॥
ऐसे झूठि मुठे संसारा। निंदकु निंदै मुझै पिआरा ॥१॥रहाउ॥
जिसु निंदहि सोई बिधि जाणै। गुर के सबदे दरि नीसाणै ॥
कारण नामु अंतरिगति जाणै। जिसुनो नदरि करे सोई बिधि जाणै ॥२॥
मै मैलौ ऊजलु सचु सोइ। ऊतमु आखि न ऊचा होइ ॥
मनमुखु खूल्हि महा बिखु खाइ। गुरमुखि होइ सु राचै नाइ ॥३॥
अंधौ बोलौ मुगधु गवारु। हीणौ नीचु बुरौ बुरिआरु ॥
नीधन कउ धनु नामु पिआरु। इहु धनु सारु होरु बिखिआ छारु ॥४
उसतति निंदा सबदु वीचारु। जो देवै तिस कउ जैकारु ॥
तू बखसहि जाति पति होइ। नानक कहै कहावै सोइ ॥५॥१२॥

(यदि) मैं शान्त, मौन रहता हूँ, (मस्ट मारता हूँ), तो जगत मूर्ख कहता है और यदि अधिक बकवास करता हूँ तो तेरी प्रीति रह जाती है। (हे हरी), भूल-चूक तेरे दरबार में (परखी जाती हैं)। बिना नाम के आधारों से क्या लाभ ? ॥१॥

सांसारिक प्राणी इसी प्रकार झूठ में लूटे जा रहे हैं। (जो) निन्दक निन्दा करता है, (वह मुझे) प्यारा है ॥१॥ रहाउ ॥

जिसकी निन्दा की जाती है, वह (जीवन की युक्ति) जानता है। गुरु के शब्द द्वारा (साधक) हरी के द्वार पर प्रकट होता है। वह कारण रूप (हरी के) नाम को (अपने) अन्तःकरण में जानता है। जिसके ऊपर (हरी) कृपादृष्टि करता है, वही (उपर्युक्त) विधि को जान पाता है ॥२॥

मैं तो मलिन हूँ; सत्यस्वरूप वह (हरी) उज्ज्वल—पवित्र है। (कोई व्यक्ति) उत्तम कहलाने (मात्र) से, ऊँचा नहीं बन पाता। मनमुख खुल कर—प्रत्यक्ष रूप से (माया के)

महा विष को खाता है। (जो) गुरुमुख होता है, (वह) (सच्चे) नाम में अनुरक्त होता है ॥३॥

(नाम से विहीन व्यक्ति) अंधे, बौले, मूर्ख, गंवार, हीन (निकम्मे), नीच और बुरों में बुरे होते हैं। (मुझ) निर्धन को तो नाम-धन ही प्यारा है। यही धन तत्वरूप है, अन्य (मायिक) विषय तो खाक (के समान) हैं ॥४॥

(हरी ही किसी को) स्तुति, (किसी को) निन्दा और (किसी को) शब्द के विचार (का दान देता है)। जो (प्रभु उपर्युक्त वस्तुएं) देता है, उसकी 'जय-जय' करनी चाहिये, (तात्पर्य यह कि साधक को यह मानना चाहिये कि जो कुछ हरी की मर्जी होती है, वही होता है)। (हे प्रभु, यदि) तू कृपा कर दे, तो जाति की प्रतिष्ठा अपने आप मिल जाती है। नानक कहता है (कि हरी आप ही) सब कुछ कहलवाता है ॥५॥१२॥

[१३]

खाइआ मैलु वधाइआ पैधे घर की हाणि।
बकि बकिवादु चलाइआ बिनु नावै बिखु जाणि ॥१॥
बाबा ऐसा बिखम जालि मनु वासिआ।
बिबलु झागि सहजि परगासिआ ॥१॥
बिखु खाणा बिखु बोलणा बिखु की कार कमाइ।
जमदरि बाधे मारीअहि छूटसि साचै नाइ ॥२॥
जिव आइआ तिव जाइसी कीआ लिखि लै जाइ।
मनमुखि मूलु गवाइआ दरगह मिलै सजाइ ॥३॥
जगु खोटौ सचु निरमलौ गुरसबदीं वीचारि।
ते नर विरले जाणीअहि जिन अंतरि गिआनु मुरारि ॥४॥
अजरु जरै नीझरु झरै अमर अमंद सरूप।
नानकु जल कौ मीनु सै थे भावै राखहु प्रीति ॥५॥१३॥

(मनुष्य बहुत) खाकर मल ही बढ़ाता है (और अधिक) पहन कर अपने (आत्म स्वरूपी) घर की हानि ही करता है और अधिक बोल कर बकवास खड़ा कर देता है; (इस प्रकार) बिना नाम के जाने (उसके समस्त क्रिया-कलाप) विषमय ही समझो ॥१॥

हे बाबा, ऐसे विषम जाल में पड़ा हुआ मन लहरों और झागयुक्त जल को लाँघ कर सहज ही प्रकाशित हो गया है। [बिबलु=लहरों और झागयुक्त जल। झालि=लाँघ कर, पार कर] ॥१॥ रहाउ ॥

(मनमुख) विष ही खाता है, विष ही बोलता है और विषयुक्त ही कर्म करता है। (जब वह) यमराज के दरवाजे पर बाँधा जाता है, (तो किसी प्रकार नहीं छूट सकता); (वह) सच्चे नाम से ही छूट सकेगा ॥२॥

(मनमुख) जिस प्रकार (गुणहीन संसार में आया था), उसी प्रकार (गुणविहीन यहाँ से) चला भी जायगा। (वह अपने) किए हुए (दुष्कर्मो का लेखा) (लिखकर अपने

साथ) ले जाता है। (इस प्रकार) मनमुख प्राणी (अमूल्य मनुष्य जीवन रूपी) मूलधन को भी गंवा देता है और उसे (हरी के) दरबार में सजा मिलती है ॥३॥

(हे साधक) गुरु के शब्द द्वारा (यह) विचार कर कि जगत् खोटा है और सत्य (हरी) निर्मल है। जिनके अन्तर्गत ज्ञान-स्वरूप मुरारी (परमात्मा) (प्रत्यक्ष विराजमान अनुभव होता है) ऐसे लोगों को विरला ही जानना चाहिये ॥४॥

यदि अजर (न जल सकने वाले कामादिक विकार) जल जायँ, तो अमर और आनन्द स्वरूप निर्झर (सदैव) झरने लगता है, [तात्पर्य यह कि यदि कामादिक भावनाएँ नष्ट हो जायँ, तो अमर और आनन्द-स्वरूप हरी का निरन्तर प्रवाह हृदय में प्रवाहित होने लगता]। नानक जल के मीन के समान है, (भाव यह कि जैसे मीन जल चाहता है, वैसे ही हे हरी, नानक तुझे चाहता है)। यदि तुझे अच्छा लगे, तो मेरी प्रीति रख। [थे=तुझे] ॥५॥१३॥

(१४)

गीत नाद हरख चतुराई। रहस रंग फुरमाइसि काई ॥
पैन्हणु खाणा चीति न पाई। साचु सहजु सुखु नामि वसाई ॥१॥
किआ जानां किआ करै करावै। नाम बिना तनि किछु न सुखावै ॥१॥रहाउ॥
जोग बिनोद स्वाद आनंदा। मनि सचु भाइ भगति गोबिंदा ॥
कीरति करम कार निज संदा। अंतरि रवतौ राज रविंदा ॥२॥
प्रिउ प्रिउ प्रीति पेमि उर धारी। दीनानाथु पीउ बनवारी ॥
अनदिनु नामु दानु ब्रतकारी। तृपति तरंग ततु बीचारी ॥३॥
अकथौ कथउ किआ मै जोरु। भगति करी कराइहि मोर ॥
अंतरि वसै चूकै मै मोर। किसु सेवी दूजा नही होरु ॥४॥
गुर का सबदु महा रसु मीठा। ऐसा अंमृतु अंतरि डीठा ॥
जिनि चाखिआ पूरा पदु होइ। नानक धापिओ तनि सुखु होइ ॥५॥१४॥

संगीत के नाद, हर्ष, चातुरी, आनन्द, प्रमोद (रंग), हुक्म (आदि) में कुछ (काई) (सुख नहीं है); खाना-पहिनना भी चित्त में नहीं आते (अर्थात् खाने-पहनने में भी सुख नहीं है)। सच्चा और सहज सुख तो नाम में बसता है ॥१॥

(मैं) क्या जानूं (कि हरी) क्या करता-कराता है ? (मुझे तो) नाम के बिना कुछ भी नहीं सुहाता ॥१॥ रहाउ ॥

(मेरी) बुद्धि में सच्चे भाववाली गोविन्द की भक्ति (स्थिर हो गई है), (इसलिए) योग के कौतुक, स्वाद, आनन्द (आदि सभी पदार्थ) प्राप्त हो गए हैं। (हरी की) कीर्त्ति का (उच्चारण करना), यह मेरा निजी कार्य है। रवि (सूर्य) और इन्दु (चन्द्रमा) का प्रकाशक (हरी) हृदय में रम गया है। [श्री कर्त्तारपुर वाली प्रति में 'रविंदा' के स्थान पर 'रवंदा' पाठ है] ॥२॥

प्रियतम (हरी) की प्रीति (मैंने) प्रेम से हृदय में धारण कर ली है। वह बनवारी (हरी) दीनानाथ (और सभी का) प्यारा है। (मेरे लिए प्रतिदिन हरिनाम ही दान और व्रता-

दिक (क्रिया) है । (मैं हरी रूपी) तत्त्व को विचार कर (विषय-विकारों की) तरंगों से तृप्त हो गया हूँ ॥३॥

मुझमें क्या जोर—शक्ति है (कि मैं) अकथनीय (हरी) का कथन करूँ । (यदि वह हरी) मुझसे भक्ति कराए, तो मैं करूँ । (हरी के) हृदय में बसने से 'मैं' और 'मेरापन' समाप्त हो जाता है । (मैं हरी को छोड़कर और) किसकी सेवा करूँ ? (हरी के अतिरिक्त) और दूसरा कोई है ही नहीं ॥४॥

गुरु का शब्द, अत्यधिक मीठा रस (अमृत) है । (मैंने) ऐसे अमृत को (अपने) अन्तःकरण में देख लिया । जिन्होंने इस अमृत रस को चख लिया, (उन्हें) पूर्ण पद की प्राप्ति हो गई । नानक तो (इस अमृत का आस्वादन करके) तृप्त हो गया (और उसके) शरीर को (अत्यधिक) सुख प्राप्त हुआ ॥५॥१ ॥

(१५)

अंतरि देखि सबदि मनु मानिआ अवरु न रांगनहारा ।
अहिनिसि जीआ देखि समाले तिस ही की सरकारा ॥१॥
मेरा प्रभु रांगि घणी अति रूड़ौ ।
दीन दइआलु प्रीतम मनमोहनु अति रस लाल सगूड़ौ ॥१॥रहाउ॥
ऊपरि कूपु गगन पनिहारी अंम्रितु पीवणहारा ।
जिसकी रचना सो बिधि जाणै गुरमुखि गिआनु वीचारा ॥२॥
पसरी किरणि रसि कमल बिगासे ससि घरि सूरु समाइआ ।
कालु बिधुंसि मनसा मनि मारी गुरप्रसादि प्रभु पाइआ ॥३॥
अति रसि रंगि चलूलै राती दूजा रंगु न कोई ।
नानक रसनि रसाए राते रवि रहिआ प्रभु सोई ॥४॥१५॥

(गुरु के) शब्द द्वारा (हरी को) हृदय में ही देखकर (मेरा चंचल) मन मान गया—शान्त हो गया (और उसे यह अनुभूति हो गई कि मन को) रंगनेवाला (हरी को छोड़कर) कोई और नहीं है । (हरी ही) जीवों को देखकर अहर्निश उनकी संभाल करता है (और उसी की) हुकूमत—बादशाही (सर्वत्र) है ॥१॥

मेरा प्रभु घने रंगवाला और अति सुन्दर है । प्रियतम (हरी) दीनदयालु, मन को मोहनेवाला, अति रसज्ञ—रसिक और घना लाल (तात्पर्य यह कि अति अनुरागमय) है ॥१॥ रहाउ ॥

ऊपर आकाश में कुंआ है, (अर्थात् ब्रह्मरंध्र के दशम द्वार में अमृत कूप है); (बुद्धि ही उस कुएं की) पनिहारिन है और उस अमृत को पीनेवाला (मन) है । गुरु की शिक्षा द्वारा (मैंने) इस ज्ञान पर विचार किया है कि जिस प्रभु की सृष्टि है, वही (अपने में मिलाने की) विधि जानता है ॥२॥

(गुरु-ज्ञान की) किरणें फैल गईं, (जिससे) (हृदय रूपी) कमल रसयुक्त होकर (मकरंद से परिपूर्ण) होकर प्रस्फुटित—विकसित हो गया और चन्द्रमा के घर में सूर्य का निवास हो गया, (तात्पर्य यह है कि मानवी मन रूपी चन्द्रमा के अन्तर्गत गुरु-ज्ञान रूपी सूर्य

का प्रकाश हो गया)। (इस दिव्य ज्ञान से) काल विध्वंस हो गया, (नष्ट हो गया) और इच्छाएं (मनसा) मन में ही मार दी गईं; (इस प्रकार) गुरु की कृपा से प्रभु की प्राप्ति हो गई ॥३॥

(जीवात्मा रूपी स्त्री हरि के) रस में (शराबोर हो गई) (और उसके प्रेम के) गाढ़े लाल रंग में रंग गई। (अब उसके लिए) कोई अन्य (सांसारिक) रंग नहीं रह गया। [चलूला <फारसी, चूं लालह='लाला' फूल के समान गहरा लाल]। नानक का कथन है (कि मैं तो अपनी) जीभ को रसमयी बना कर (हरी के प्रेम में) अनुरक्त हो गया हूं, (जिसके फलस्वरूप मुझे यह प्रतीत हो रहा है कि) वही प्रभु (सर्वत्र) रम रहा है ॥४॥१५॥

[१६]

बारह महि रावल खपि जावहि चहु छिअ महि संनिआसी ।
जोगी कापड़ीआ सिर खूथे बिनु सबदै गलि फासी ॥१॥
सबदि रते पूरे बैरागी ।
अउहठि हसत महि भीखिआ जाची एक भाइ लिव लागी ॥१॥रहाउ॥
ब्रहमण वादु पड़हि करि किरिआ करणी करम कराए ।
बिनु बूझे किछु सूझै नाही मनमुखु विछुड़ि दुखु पाए ॥२॥
सबदि मिले से सूचाचारी साची दरगह माने ।
अनदिनु नामि रतनि लिव लागे जुगि जुगि साचि समाने ॥३॥
सगले करम धरम सुचि संजम जप तप तीरथ सबदि वसे ।
नानक सतिगुर मिलै मिलाइआ दूख पराछत काल नसे ॥४॥१६॥

(अपने) बारह सम्प्रदायों में योगी और दस सम्प्रदायों में संन्यासी खप जाते हैं। [रावल=योगी। चहु+छिअ=चार और छः, दस]। कापड़ी सम्प्रदाय के योगी सिर (के बालों को) बटे रहते हैं; (किन्तु) बिना (गुरु के) शब्द-ज्ञान के, (उनके) गले में फांसी पड़ी रहती है ॥१॥

(जो साधक) गुरु के शब्द में अनुरक्त हैं, वे ही पूर्ण वैरागी हैं। उन्होंने विशेष करके हृदय के अन्तर्गत ही (प्रभु-प्रेम की) भिक्षा मांगी है, (जिसके फलस्वरूप) एक भाव—अनन्य भाव में उनकी लिव लग गई है (तात्पर्य यह कि परमात्मा के अनन्य प्रेम में वे निमग्न हो गए हैं, जिससे उनकी वृत्ति अन्तर्मुख हो गई है) ॥१॥ रहाउ ॥

ब्राह्मण वाद-विवाद (तर्क-वितर्क) (संबंधी ग्रंथों का) अध्ययन करते हैं (और उन्हीं के आधार पर) क्रियाएं करके (अन्य लोगों द्वारा) कर्मों का सम्पादन कराते हैं। बिना (हरी) के समझे, कुछ भी सूझ नहीं पड़ता; मनमुख (हरी से) बिछुड़ कर दुःख पाता है ॥२॥

(जो व्यक्ति गुरु के) शब्द से मिल चुके हैं, वे ही पवित्र आचारवाले हैं, (हरी के) सच्चे दरबार में उनका मान होता है। वे प्रतिदिन लिव (एकनिष्ठ प्रीति) लगा कर नाम में अनुरक्त रहते हैं और युग-युगान्तरों के लिए (सदैव के लिए) सत्य (परमात्मा) में, समा जाते हैं ॥३॥

(गुरु के) शब्द में समस्त कर्म-धर्म, शुचि, संयम, जप, तप तथा तीर्थादिक आ बसते हैं। नानक का कथन है (कि हरी के) मिलाने पर ही (हमें) गुरु मिलता है; (गुरु की प्राप्ति से) दुःख, पाप (प्रायश्चित) तथा काल नष्ट हो जाते हैं ॥४॥१६॥

[१७]

संता की रेणु साध जन संगति हरि कीरति तरु तारी ।
कहा करै बपुरा जमु डरपै गुरमुखि रिदै मुरारी ॥१॥
जलि जाउ जीवनु नाम बिना ।
हरि जपि जापु जपउ जपमाली गुरमुखि आवै सादु मना ॥१॥रहाउ॥
गुर उपदेस साचु सुखु जाकउ किआ तिसु उपमा कहीऐ ।
लाल जवेहर रतन पदारथ खोजत गुरमुखि लहीऐ ॥२॥
चीनै गिआनु धिआनु धनु साचौ एक सबदि लिव लावै ।
निरालंबु निरहारु निहकेवल निरभउ ताड़ी लावै ॥३॥
साइर सपत भरे जल निरमलि उलटी नाव तरावै ।
बाहरि जातौ ठाकि रहावै गुरमुखि सहिज समावै ॥४॥
सो गिरही सो दासु उदासी जिनि गुरमुखि आपु पछानिआ ।
नानकु कहै अवरु नही दूजा साच सबदि मनु मानिआ ॥५॥१७॥

(हे साधक, तू), यह तेराकी तैर—संत-जनों की चरण-धूलि (ग्रहण कर), साधु-जनों की संगति में हरि के यश (कीर्ति) का (गुणगान कर); (इस विधि से संसार-सागर पार हो जा)। गुरुमुख के हृदय में मुरारी (हरी) का वास होता है; (इससे) बेचारा यमराज (उसका क्या कर सकता है ? (वह तो इस प्रकार के साधक से) डरता है ॥१॥

हे जीवन, (तू) नाम के बिना जल जा । (हे साधक) गुरु की शिक्षा द्वारा (हृदय रूपी) जपमाला—सुमिरनी से हरि का जप कर, (इससे) मन में (विलक्षण) स्वाद आयेगा ॥१॥ रहाउ ॥

जिसे गुरु के उपदेश द्वारा सच्चे सुख की प्राप्ति हो गई है, उसकी उपमा क्या कही जाय ?, (अर्थात् उसकी जिससे उपमा की जाय) ? गुरु की शिक्षा द्वारा खोजने से (नाम रूपी) लाल, जवाहर, रत्न तथा (अलौकिक) पदार्थ (हृदय में ही) प्राप्त हो जाते हैं ॥२॥

(गुरु के) एक शब्द में लिव (एकनिष्ठ प्रीति) लगाकर (साधक) ज्ञान, ध्यान, और (हरी रूपी) सच्चे धन को पहचानता है तथा आश्रय-रहित, निराहारी, निष्केवल, निर्भय (हरी) में ताड़ी—ध्यान लगाता है ॥३॥

सात सरोवर (पाँच ज्ञानेन्द्रियाँ, बुद्धि और मन), (हरि नाम रूपी अमृत) जल से भर गए हैं; (साधक) उलटी नाव चला रहा है (तात्पर्य यह कि विषयोन्मुखी वृत्ति को उलट कर हरिमुखी वृत्ति बना लेता है)। (वह) बाहर जाते हुए (मन) को रोक कर (आत्म-स्वरूप में) टिकाए रखता है, (इस प्रकार) गुरु की शिक्षा द्वारा (वह) सहजावस्था में समा जाता है ॥४॥

जिस (साधक) ने गुरु द्वारा अपने आप को पहचान लिया, वही (वास्तविक) गृहस्थ है, वही (सच्चा) दास है और वही (पूर्ण) विरक्त है। नानक कहता है (कि हरी के अतिरिक्त) और कोई दूसरा नहीं है, (गुरु के) शब्द से मेरा मन मान गया—शान्त हो गया ॥५॥१७॥

१ओं सतिगुर प्रसादि ॥ प्रभाती-विभास, महला १

असटपदीआं

[१]

दुबिधा बउरी मनु बउराइआ । झूठे लालचि जनमु गवाइआ ॥
लपटि रही फुनि बंधु न पाइआ । सतिगुरि राखे नामु द्रिड़ाइआ ॥१॥
ना मनु मरै न माइआ मरै ।
जिनि किछु कीआ सोई जाणै सबदु वीचारि भउसागरु तरै ॥१॥ रहाउ ॥
माइआ संचि राजे अहंकारी । माइआ साथि न चलै पिआरी ॥
माइआ ममता है बहु रंगी । बिनु नावै को साथि न संगी ॥२॥
जिउ मनु देखहि परमनु तैसा । जैसी मनसा तैसी दसा ॥
जैसा करमु तैसी लिव लावै । सतिगुरु पूछि सहज घरु पावै ॥३॥
रागि नादि मनु दूजै भाइ । अंतरि कपटु महा दुखु पाइ ॥
सतिगुर भेटै सोझी पाइ । सचै नामि रहै लिव लाइ ॥४॥
सचै सबदि सचु कमावै । सची बाणी हरि गुण गावै ॥
निजघरि वासु अमरपदु पावै । ता दरि साचै सोभा पावै ॥५॥
गुर सेवा बिनु भगति न होई । अनेक जतन करै जे कोई ॥
हउमै मेरा सबदे खोई । निरमलु नामु वसै मनि सोई ॥६॥
इसु जग महि सबदु करणी है सारु । बिनु सबदै होरु मोहु गुबारु ॥
सबदे नामु रखै उरधारि । सबदे गति मति मोखदुआरु ॥७॥
अवरु नाही करि वेखणहारो । साचा आपि अनूपु अपारो ॥
राम नाम ऊतम गति होई । नानक खोजि लहै जनु कोई ॥८॥१॥

बावली दुबिधा ने मन को बावला बना दिया है, (जिससे) झूठे लालच में पड़कर (उसने अपना अमूल्य) मानव-जन्म नष्ट कर दिया है। (दुविधा मनुष्य से कस कर) लिपट गई है, फिर इसे कोई रोक नहीं सकता। (ऐसी परिस्थिति में) सद्गुरु ने नाम दृढ़ करा कर (साधक की) रक्षा की ॥ १ ॥

(जब तक) मन नहीं मरता, (तब तक) माया नहीं मरती। जो कुछ उसने किया है, उसे वही जानता है; (साधक गुरु के) शब्द को विचार कर संसार से तर जाता है ॥ १ ॥ रहाउ ॥

(बड़े-बड़े) अहंकारी राजागण माया का संग्रह करते हैं, (किन्तु उनकी) प्यारी माया (उनके) साथ नहीं चलती। माया की ममता बहुरंगिनी है। बिना हरिनाम के कोई भी संगी-साथी नहीं होता ॥ २ ॥

जैसा (अपना) मन होता है, वैसा ही दूसरों का मन दिखाई पड़ता है। जैसी मन की इच्छाएँ होती हैं, वैसी ही उसकी दशा भी हो जाती है। जैसे कर्म होते हैं, वैसी ही सुरति

(लिव) भी बन जाती है। सद्‌गुरु से पूछने पर सहजावस्था (सहज घर) की प्राप्ति होती है ॥ ३ ॥

(दुनियाँ के) रागों और नादों में लगा हुआ मन द्वैतभाव में रहता है। अन्तःकरण में कपट होने के कारण (मनमुख) बहुत दुःख पाता है। सद्‌गुरु से मिलने पर समझ आती है, (जिससे साधक) (हरी के) सच्चे नाम में लिव लगाए रहता है ॥ ४ ॥

(गुरु के) सच्चे शब्द द्वारा (साधक) सत्य की कमाई करता है और सच्ची वाणी से हरि का गुणगान करता है। (हरि का गुणगान करने से) (उसका आत्मस्वरूपी) घर में निवास हो जाता है, (जिससे वह) अमर पद पा जाता है और तब (हरी के) सच्चे दरवाजे पर शोभा पाता है ॥ ५ ॥

चाहे कोई अनेक यत्नों को करे, किन्तु गुरु-सेवा के बिना भक्ति नहीं (प्राप्त) हो सकती। (जो साधक गुरु के) शब्द द्वारा 'अहंकार' और 'मेरेपन' (अपने पन) को खो देता है, उसके मन में पवित्र हरिनाम का वास होता है ॥ ६ ॥

इस जगत् में (गुरु के) शब्द की कमाई श्रेष्ठ वस्तु है। बिना शब्द के और (वस्तुएँ) मोहयुक्त और अंधकार पूर्ण हैं। (गुरु के) शब्द के द्वारा (साधक) हृदय में हरिनाम धारण कर रखता है। (गुरु के) शब्द से ही मुक्ति (गति), (श्रेष्ठ) बुद्धि तथा मोक्षद्वार प्राप्त होता है ॥ ७ ॥

(हरी के बिना) और कोई दूसरा नहीं है, (जो उत्पन्न करके) फिर देखभाल करता है। (हरी) आप ही सच्चा, अद्वितीय और अपार है। रामनाम से उत्तम गति होती हैं। नानक का कथन है कि कोई (विरला) ही पुरुष (उसे) खोज कर प्राप्त करता है ॥८ ॥१ ॥

[२]

माइआ मोहि सगल जगु छाइआ। कामणि देखि कामि लोभाइआ ॥
सुत कंचन सिउ हेतु वधाइआ। सभु किछु अपना इकु रामु पराइआ ॥१॥
ऐसा जापु जपउ जपमाली। दुख सुख परहरि भगति निराली ॥१॥ रहाउ ॥
गुण निधान तेरा अंतु न पाइआ। साच सबदि तुझ माहि समाइआ ॥
आवागउणु तुधु आपि रचाइआ। सेई भगत जिन सचि चितु लाइआ ॥२॥
गिआनु धिआनु नरहरि निरबाणी। बिनु सतिगुर भेटे कोइ न जाणी ॥
सगल सरोवर जोति समाणी। आनद रूप विटहु कुरबाणी ॥३॥
भाउ भगति गुरमती पाए। हउमै विचहु सबदि जलाए ॥
धावतु राखै ठाकि रहाए। सचा नामु मंनि वसाए ॥४॥
बिसम बिनोद रहे परमादी। गुरमति मानिआ एक लिव लागी ॥
देखि निवारिआ जल महि आगी। सो बूझै होवै वडभागी ॥५॥
सतिगुरु सेवे भरमु चुकाए। अनदिनु जागै सचि लिव लाए ॥
एको जाणै अवरु न कोइ। सुखदाता सेवे निरमलु होइ ॥६॥
सेवा सुरति सबदि वीचारि। जपु तपु संजमु हउमै मारि ॥
जीवन मुकतु जा सबदु सुणाए। सची रहत सचा सुखु पाए ॥७॥

सुखदाता दुखु मेटणहारा। अवरु न सूझसि बीजी कारा॥
तनु मनु धनु हरि आगै राखिआ। नानकु कहै महा रसु चाखिआ॥८॥२॥

माया का मोह समस्त जगत् में छाया हुआ है (व्याप्त है)। कामिनी को देखकर कामी पुरुष लुब्ध हो जाता है। (सांसारिक प्राणी) पुत्र और कांचन से प्रीति बढ़ाते हैं। (वे) सब कुछ तो अपना समझते हैं, पर एक राम को पराया (मानते) हैं॥ १॥

(हे हरी), (में) जपमाला—सुमिरनी से ऐसा जप करूँ कि (सांसारिक) दुःखों-सुखों का परित्याग कर (तेरी) निराली भक्ति प्राप्त करूँ॥ १॥ रहाउ॥

हे गुणनिधान (हरी), तेरा अंत नहीं पाया जा सका। (गुरु के) सच्चे शब्द द्वारा (मैं) तुझी में समा गया। (हे प्रभु), आवागमन (जन्म-मरण) की रचना तू ने ही की है। वे ही (वास्तविक) भक्त हैं, जिन्होंने अपना चित्त सत्य (हरी) में लगा दिया है॥ २॥

निर्वाणस्वरूप नरहरि (हरी) का ज्ञान और ध्यान, सद्गुरु के प्राप्त हुए बिना कोई भी नहीं जान सकता। समस्त सरोवरों (घटों, प्राणियों) में (हरी की ही) ज्योति व्याप्त है; उस आनन्दस्वरूप (हरी) पर मैं कुरबान हूँ॥ ३॥

गुरु की शिक्षा द्वारा प्रेम (भाव) और भक्ति की प्राप्ति होती हैं। (साधक को अपने) आन्तरिक अहंकार को जला देना चाहिए; (वह) अपने दौड़ते हुए मन को रोक रक्खे और (हरी के) सच्चे नाम को मन में बसा ले॥ ४॥

(गुरु की शिक्षा द्वारा) प्रमाद उत्पन्न करनेवाले आश्चर्यजनक (बिसम) कौतुक समाप्त हो गए। गुरु की शिक्षा मानने से (हरी में) एकनिष्ठ लिव (प्रीति) लग गई। (साधक ने हरी को) देखकर—साक्षात्कार कर (नाम रूपी) जल से (तृष्णा रूपी) अग्नि निवारण कर दी। जो इस रहस्य को पहचानता है, वह परम भाग्यशाली है॥ ५॥

(सच्चा शिष्य) सद्गुरु की सेवा करके भ्रम को नष्ट कर दे तथा सत्य (हरी) में प्रीति लगा कर प्रतिदिन जागता रहे। (वह) एकमात्र (हरी) को जाने, (उसे छोड़कर) और कोई दूसरा नहीं है। सुखदाता हरी की सेवा से (साधक) निर्मल हो जाता है॥ ६॥

जब शब्द में विचार करने से (साधक की) सुरति सेवा में (लग जाती है), तो उसकी अहंभावना मर जाती है और जप, तप तथा संयम (उसके साथी हो जाते हैं)। (साधक) जब शब्द—नाम को (निरन्तर) सुनाता रहे, (तभी उसे) जीवन्मुक्त समझना चाहिए। सच्ची रहनी से सच्चा सुख प्राप्त होता है॥ ७॥

सुखदाता (हरी) दुखों को मेटनेवाला है। (सच्चे शिष्य को हरि-भजन और गुरु-सेवा के अतिरिक्त) अन्य दूसरा कार्य नहीं सूझता। नानक कहता है कि (मैंने अपना) तन, मन, धन हरि के आगे समर्पित कर दिया, (इससे) महा (अमृत) रस का आस्वादन कर लिया॥ ८॥ २॥

[३]

निवली करम भुअंगम भाठी रेचक पूरक कुंभ करै।
बिनु सतिगुर किछु सोझी नाही भरमे भूला बूडि मरै॥

अंधा भरिआ भरि भरि धोवै अंतर का मलु कदे न लहै ।
नाम बिना फोकट सभि करमा जिउ बाजीगरु भरमि भुलै ॥१॥
खटु करम नामु निरंजन सोई । तू गुण सागरु अवगुण मोही ॥१॥ रहाउ ॥
माइआ धंधा धावणी दुरमति कार बिकार ।
मूरखु आपु गणाइदा बूझि न सकै कार ॥
मनसा माइआ मोहणी मनमुख बोल खुआर ।
मजनु झूठा चंडाल का फोकट चार सींगार ॥२॥
झूठी मन की मति है करणी बादि बिबादु ।
झूठे विचि अहंकरणु है खसम न पावै सादु ॥
बिनु नावै होरु कमावणा फिका आवै सादु ।
दुसटी सभा विगुचीऐ बिखु वाती जीवण बादि ॥३॥
ए भ्रमि भूले मरहु न कोई । सतिगुरु सेवि सदा सुखु होई ॥
बिनु सतिगुर मुकति किनै न पाई । आवहि जांहि मरहि मरि जाई ॥४॥
एहु सरीरु है त्रै गुण धातु । इस नो विआपै सोग संतापु ॥
सो सेवहु जिसु माई न बापु । बिचहु चूकै तिसना अरु आपु ॥५॥
जह जह देखा तह तह सोई । बिनु सतिगुर भेटे मुकति न होई ॥
हिरदै सचु एह करणी सारु । होरु सभु पाखंडु पूज खुआरु ॥६॥
दुबिधा चूकै तां सबदु पछाणु । घरि बाहरि एको करि जाणु ॥
एहा मति सबदु है सारु । विचि दुबिधा माथै पवै छारु ॥७॥
करणी कीरति गुरमति सारु । संत सभा गुण गिआनु बीचारु ॥
मनु मारे जीवत मरि जाणु । नानक नदरी नदरि पछाणु ॥८॥३॥

(योगीगण) निवली कर्म करते हैं तथा सर्पाकार (कुण्डलिनी) को भाठी बनाते हैं, (जिससे वह जाग्रत हो जाय, और दशम द्वार का अनाहत शब्द सुनाई पड़ने लगे) साथ ही (प्राणायाम की) रेचक, पूरक, और कुंभक—क्रियाएँ करते हैं । (किन्तु) बिना सद्गुरु के कुछ समझ नहीं आती; (वे) भ्रम में भटक कर डूब मरते हैं । अंधा व्यक्ति (पापयुक्त कर्मों) से भरा होने के कारण, उन्हें बार-बार धोता है, किन्तु उसकी आन्तरिक मैल कभी नष्ट नहीं होती । हरिनाम के बिना समस्त कर्म व्यर्थ हैं; (वे कर्म हमें उसी भाँति भुलावा देते हैं), जिस प्रकार बाजीगर (दर्शकों को भ्रमित करके) भुलावा देता है ॥ १ ॥

(हरी का) निरंजन नाम ही (योगियों का षट्-कर्म है) । [हठयोगियों के षट्कर्म निम्नलिखित हैं—(१) नेती—सूत की महीन डोरी नाक के द्वारा अन्दर ले जाकर, मुंह से निकालना । (२) धोती—कपड़े की पट्टी अन्दर निगल कर बाहर निकालनी । (३) नेवली—पेट को अन्दर खींचकर चारों ओर घुमाना । (४) वस्ती—बाँस की पतली नली गुदा-द्वार में डालकर श्वास से जल ऊपर चढ़ाना और अंतड़ियों को धोकर, फिर उसे निकाल देना । (५) त्राटक—किसी निर्दिष्ट केन्द्र-विन्दु को अपलक दृष्टि से देर तक देखना । (६) कपालभाति—लोहार की धौंकनी के समान श्वास को अन्दर ले जाना और बाहर निकालना] । (हे हरी) तू गुणों का सागर है; मुझमें तो अवगुण ही अवगुण हैं ॥ १ ॥ रहाउ ॥

माया के धंधों—प्रपंचों में दौड़धूप करनी दुर्बुद्धि का विकारयुक्त कर्म है। मूर्ख अपनी गणना (बुद्धिमानों में) कराता है, किन्तु (सच्चा) कर्म नहीं समझ सकता। (उसकी) इच्छाएं मोहिनी—मायावाली हो जाती है और उसके वचन मनमुखों के समान सांसारिक होते हैं। (उस) चाण्डाल का स्नान मिथ्या है और उसके सुन्दर (चारु) शृङ्गार भी व्यर्थ हैं, (तात्पर्य यह कि समस्त बाह्य कर्मकाण्ड व्यर्थ है)॥ २॥

(अहंकारयुक्त) मन की बुद्धि झूठी है; (उसकी) करनी भी व्यर्थ और झगड़ेवाली है। झूठों में (प्रबल) अहंकार होता है, (जिससे वे) पति (परमात्मा) का स्वाद नहीं पा सकते। बिना नाम के अन्य कर्मों का कमाना फीका स्वाद (लेने के समान है)। दुष्टों की सभा में (लोगों को) नष्ट हो जाना पड़ता है, (उनका संग) मुंह में (रक्खे हुए) विष के समान हैं। उनका जीवन व्यर्थ है ॥ ३॥

ऐ भ्रम में भटके हुए लोगो, (भ्रम में पड़कर) कोई मरो मत। सद्गुरु की सेवा करो, (इससे शाश्वत सुख होगा। बिना सद्गुरु (की आराधना के) किसी व्यक्ति ने मुक्ति नहीं प्राप्त की है। (ऐसे लोग) संसार में आते-जाते और जन्मते-मरते रहते हैं॥ ४॥

यह शरीर त्रिगुणात्मक स्वभाव अथवा तत्वोंवाला है। इसे शोक-संताप (सभी) व्याप्त होते हैं। (अतएव शोक-संताप की निवृत्ति के लिए उस परमेश्वर की) आराधना कर जिसके माता-पिता नहीं हैं; तात्पर्य यह कि जो अयोनि है)। (उसकी सेवा करने से मनुष्य के) भीतर से तृष्णा और अहंकार समाप्त हो जाते हैं॥ ५॥

(मैंने) जहाँ-जहाँ देखा है, वहाँ-वहाँ उसी (प्रभु को देखा है), किन्तु बिना सद्गुरु के मिले, मुक्ति नही हो सकती। हृदय में सत्य (परमात्मा) को टिकाना, यही श्रेष्ठ—तत्त्वपूर्ण करनी है, अन्य सब (बाह्य) पूजाएँ पाखण्डपूर्ण और व्यर्थ है॥ ६॥

(जब) दुबिधा समाप्त होती है, तभी शब्द—नाम पहचाना जाता है और घर-बाहर (भीतर-बाहर) एक (परमात्मा) ही जाना जाता है। शब्द (में अनुरक्त) यह बुद्धि ही श्रेष्ठ है। (जो व्यक्ति) दुबिधा में रहता है, उसके मत्थे में खाक पड़ती है॥ ७॥

गुरु द्वारा (हरि की) कीर्ति (का गुणगान करना) तथा संतों की सभा में (परमात्मा के) गुणों और ब्रह्मज्ञान का विचार करना श्रेष्ठ करनी है। नानक का कथन है कि जो मन मारता है, वह जीवित भाव से मरना जानता है और (उस हरी की) कृपादृष्टि से (हरी को) पहचानता है॥ ८॥ ३॥

[४]

प्रभाती, दखणी

गोतमु तपा अहलिआ इसत्री तिसु देखि इंद्रु लुभाइआ।
सहस सरीर चिहन भग हूए ता मनि पछोताइआ॥१॥
कोई जाणि न भूलै भाई।
सो भूलै जिसु आपि भुलाए बूझै जिसै बुझाई॥१॥ रहाउ॥
तिनि हरीचदि पृथमी पति राजै कागदि कीम न पाई।
अवगणु जाणै त पुंन करे किउ किउ नेखासि बिकाई॥२॥

करउ अढाई धरती मांगी बावन रूपि बहानै ।
किउ पइआलि जाइ किउ छलीऐ जे बलि रूपु पछानै ॥३॥
राजा जनमेजा दे मतीं बरजि बिआसि पढ़ाइआ ।
तिन्हि करि जग अठारह घाए क़िरतु न चलै चलाइआ ॥४॥
गणत न गणीं हुकमु पछाणा बोली भाइ सुभाई ।
जो किछु वरतै तुधै सलाहीं सभ तेरी वडिआई ॥५॥
गुरमुखि अलिपतु लेपु कदे न लागै सदा रहै सरणाई ।
मनमुख मुगधु आगै चेतै नाही दुखि लागै पछुताई ॥६॥
आपे करे कराए करता जिनि एह रचना रचीऐ ।
हरि अभिमानु न जाई जीअहु अभिमाने पै पचीऐ ॥७॥
भुलण विचि कीआ सभु कोई करता आपि न भुलै ।
नानक सचि नामि निसतारा को गुर परसादि अघुलै ॥८॥४॥

गौतम तपस्वी की स्त्री अहल्या (थी)। उसे देख कर इन्द्र मोहित हो गया। (गौतम ऋषि के शाप से जब इन्द्र के) शरीर में सहस्र भगों के चिह्न हो गए, तो (वह अपने) मन में पछताने लगा ॥१॥

अरे भाई, जान बूझ कर कोई भूल मत करना। जिसे (हरी) स्वयं भुलवाता है, वही भूल करता है। और जिसे वह समझाता है, वह समझ जाता है ॥१॥ रहाउ ॥

(जो) हरिश्चन्द्र पृथ्वीपति और राजा थे, उन्हें भी अपने (भाग्य के) कागज (की लिखावट की) कीमत का पता न था, (अर्थात् वे भी अपनी भाग्य-लिपि नहीं जान सके थे)। (यदि वे विश्वामित्र को दान देने को) अवगुण समझते, तब फिर क्यों पुण्य करते (दक्षिणा देते), और क्यों मंडी में (स्वयं परिवार सहित डोम के हाथों) बिकते ? [नेखासि < अरबी, नखास = मंडी] ॥२॥

(हरी ने) वामन-रूप के बहाने (राजा बलि से) अढ़ाई पग धरती माँगी। यदि बलि (वामन के उस) रूप को पहचानता होता, तो पाताल में जा कर क्यों छला जाता ? ॥३॥

व्यास देव ने राजा जन्मेजय को शिक्षा देते समय यह समझा कर रोक दिया (कि अश्वमेध यज्ञ मत करना); (किन्तु परिणाम को जानते हुए भी उन्होंने प्रारब्धानुसार) यज्ञ किया और अठारह (ब्राह्मणों) को मारा, (जिसके फलस्वरूप उन्हें कोढ़ हो गया, अतः यह स्पष्ट है कि) किरति कर्मों द्वारा बने हुए भाग्य मिटते नहीं ॥४॥

(मैं) स्वाभाविक रूप से कहता हूँ कि मैं हिसाव-किताब नहीं लगाता (गिनती नहीं गिनता); (मैं सीधे सीधे) हरी का हुक्म पहचानता हूँ। (हे हरी) जो कुछ भी बरत रहा है, (तू ही बरत रहा है); (मैं) तेरी स्तुति करता हूँ कि सब कुछ तेरी ही महत्ता—वड़ाई (सर्वत्र दिखाई पड़ रही है) ॥५॥

गुरमुख (गुरु का अनुयायी) अलिप्त रहता है, (वह) कभी (इस संसार में) लिपायमान नहीं होता, क्योंकि (सदैव हरि की) शरण में रहता है। मनमुख मूर्ख होता है; (वह) आगे (मरने से पहले) नहीं चेतता; (अतएव उसे अंत में) दुःख होता है, (जिससे) पछताता है ॥६॥

जिस कर्त्तापुरुष ने यह सृष्टि-रचना रची है, (वह) आप ही करता-कराता है। हे हरी, (मनुष्य का) अभिमान (उसके) हृदय से नहीं जाता, (अतएव वह उसी) अभिमान में पच जाता है ॥७॥

सभी किसी ने भूल में ही (अपने अपने कर्म) किए हैं, (किन्तु) कर्त्तापुरुष (हरी) आप (कुछ भी) नहीं भूलता। नानक का कथन है कि कोई (विरला ही व्यक्ति) गुरु की कृपा से सत्य नाम (का आश्रय ग्रहण कर) जगत् से छूट जाता है, (तात्पर्य यह कि मुक्त हो जाता है)। [अघुलै=इसकी उत्पत्ति 'घुलना' क्रिया से है। 'अघुलना' क्रिया 'घुलना' का विपरीत है। जिस प्रकार पानी में खांड घुल-मिलकर एक हो जाती है, किन्तु जब वही खांड पानी से फिर निकाल ली जाती है तो यह उसका 'अघुलना' होता है, उसी प्रकार जीव संसार-सागर, में घुलमिल कर माया से एक हो गए हैं, वे यदि उस माया से निकल कर अपने वास्तविक स्वरूप में आ जायं, तो 'अघुले' हो जाते हैं, तात्पर्य यह कि बच जाते हैं—मुक्त हो जाते हैं—श्री गुरु ग्रंथ कोश, पृष्ठ २८] ॥८॥४॥

[५]

आखणा सुनणा नामु अधारु। धंधा छुटकि गइआ बेकारु॥
जिउ मनमुखि दूजै पति खोई। बिनु नावै मै अवरु न कोई॥१॥
सुणि मन अंधे मूरख गवार।
आवत जात लाज नही लागै बिनु गुर बूडै बारो बार॥१॥ रहाउ॥
इसु मन माइआ मोहि बिनासु। धुरि हुकमु लिखिआ तां कहीऐ कासु।
गुरमुखि विरला चीनै कोई। नाम बिहूना मुकति न होई॥२॥
भ्रमि भ्रमि डोलै लख चउरासी। बिनु गुर बूझे जम की फासी॥
इहु मनूआ खिनु खिनु ऊभि पइआलि। गुरमुखि छूटै नामु समालि॥३॥
आपे सदे ढिल न होइ। सबदि मरै सहिला जीवै सोइ॥
बिनु गुर सोझी किसै न होइ। आपे करै करावै सोइ॥४॥
झगड़ु चुकावै हरि गुण गावै। पूरा सतिगुरु सहजि समावै॥
इहु मनु डोलत तउ ठहरावै। सचु करणी करि कार कमावै॥५॥
अंतरि जूठा किउ सुचि होइ। सबदी धोवै विरला कोइ॥
गुरमुखि कोई सचु कमावै। आवणु जाणा ठाकि रहावै॥६॥
भउ खाणा पीणा सुखु सारु। हरि जन संगति पावै पारु॥
सचु बोलै बोलावै पिआरु। गुर का सबदु करणी है सारु॥७॥
हरि जसु करमु धरमु पति पूजा। काम क्रोध अगनी महि भूंजा॥
हरि रसु चाखिआ तउ मनु भीजा। प्रणवति नानकु अवरु न दूजा॥८॥५॥

हरिनाम को कहना-सुनना ही (मेरा) आश्रय हो गया है, (अतएव) बेकार कामों के धंधे छूट गए हैं। जिस प्रकार मनमुख द्वैतभाव में पड़ कर अपनी प्रतिष्ठा खोता है, (किन्तु वह अपना हठ नहीं छोड़ता, उसी प्रकार मैंने भी नाम को ही अपना आश्रय बनाने का हठ किया है), नाम के विना मेरा और कोई (आश्रय) नहीं है ॥१॥

हे अंधे; मूर्ख और गंवार मन, (तात्पर्य यह कि अज्ञानी मनुष्य) सुन, तुझे (पुनः पुनः संसार में) आने जाने में लज्जा नहीं लगती ? बिना गुरु के तू बार बार (इस संसार सागर में) डूब रहा है ॥१॥ रहाउ ॥

माया और मोह (के चक्कर में पड़कर) इस मन का विनाश हो जाता है, (अथवा माया में मोहित होकर इस मन का विनाश हो जाता है)। (यदि) प्रारम्भ से ही (हरी का) हुक्म (इसी प्रकार) लिखा गया है, तो किससे कहा जाय ? कोई विरला ही गुरु की शिक्षा द्वारा (नाम-तत्व को) पहचानता है। नाम-विहीन व्यक्ति को मुक्ति नहीं प्राप्त हो सकती ॥२॥

(मनुष्य चौरासी लाख योनियों में भटक भटक कर फिरता रहता है। बिना गुरु से समझे यमराज की फाँसी (सदैव गले में पड़ी रहती है)। यह मन क्षण भर में आकाश में (चढ़ जाता है) और क्षण भर में पाताल में (जा गिरता है), (किन्तु यह) गुरु की शिक्षा द्वारा नाम का स्मरण करके छूट जाता है ॥३॥

(यदि हरी) आप बुलाता है, (तो उसमें) देर नहीं लगती (जो साधक गुरु के) शब्द में मरता है, उसी का जीना सफल होता है। बिना गुरु (की शिक्षा ग्रहण किए) किसी को (आध्यात्मिक) समझ नहीं आती। (परन्तु ये सब वस्तुएं) प्रभु आप ही करता और कराता है, (ये और किसी के बूते की नहीं हैं) ॥४॥

पूर्ण सद्गुरु (सांसारिक) झगड़ों—प्रपंचों को समाप्त कर देता है, (अहर्निश) हरि का गुणगान करता है तथा सहजावस्था में समा जाता है। यदि यह मन डोलता है, तो उसे स्थिर कर रखता है। (वह) सच्ची करनी के आधार पर कर्मों का सम्पादन करता है ॥ ॥

(जिसका) हृदय अपवित्र है, वह किस प्रकार पवित्र हो सकता है ? (गुरु के) शब्द द्वारा कोई विरला ही (साधक) (अपने जूठे—अपवित्र हृदय को) धोता है। कोई (विरला ही साधक) गुरु की शिक्षा द्वारा सत्य की कमाई करता है। (और इस प्रकार अपने) आवागमन को रोक देता है ॥६॥

(परमात्मा का) भय ही खाना, पीना और श्रेष्ठ सुख है। हरि-भक्तों की संगति से (संसार-सागर से) पार हुआ जा सकता है। (हरी का) भक्त सत्य बोलता है, (क्योंकि यह सत्य उससे) प्यार ही बुलवाता है; (तात्पर्य यह कि उसे सत्य बुलवानेवाला प्यार ही है। वह सत्य को प्यार करता है, इसीलिए सत्य बोलता है)। गुरु के शब्दों (के ऊपर आचरण करना) उसकी श्रेष्ठ करनी है ॥७॥

जिसने हरियश (के गुणगान को) कर्म, धर्म, प्रतिष्ठा और पूजा समझ ली है, उसने काम, क्रोधादिक (विकारों) को ज्ञानाग्नि में दग्ध कर दिया है। नानक विनय करता है कि (जब मैंने) हरि-रस को चख लिया, तो मन भीज गया (आनन्दित हो गया और मेरी दृष्टि में एक हरी को छोड़ कर) और दूसरा कोई न (रह गया) ॥८॥५॥

[६]

राम नामु जपि अंतरि पूजा । गुर सबदु बीचारि अवरु नही दूजा ॥१॥

एको रवि रहिआ सभ ठाई । अवरु न दीसै किसु पूज चड़ाई ॥१॥ रहाउ ॥

मनु तनु आगै जीअड़ा तुझ पासि । जिउ भावै तिउ रखउ अरदासि ॥२॥

सचु जिहवा हरि रसन रसाई ; गुरमति छूटसि प्रभ सरणाई ॥३॥

करम धरम प्रभि मेरै कीए । नामु वडाई सिरि करमां कीए ॥४॥

सतिगुरि कै वसि चार पदारथ । तीनि समाए एक कृतारथ ॥५॥

सतिगुरि दीए मुकति धिआनां । हरि पदु चीन्हि भए परधाना ॥६॥

मनु तनु सीतलु गुरि बूझ बुझाई । प्रभु निवाजे किनि कीमति पाई ॥७॥

कहु नानक गुरि बूझ बुझाई । नाम बिना गति किनै न पाई ॥८॥६॥

रामनाम के जप से हृदय के अन्तर्गत ही पूजा हो जाती है। (हे शिष्य) गुरु के शब्दों पर विचार कर, (उसके अतिरिक्त) और कोई दूसरी वस्तु नहीं है ॥१॥

एक (हरी ही) सभी स्थानों में व्याप्त है। (मुझे तो उसे छोड़ कर) और कोई दूसरा नहीं दिखाई पड़ता। (फिर मैं अपनी) पूजा किसे चढ़ाऊँ, (अर्पित करूँ) ? ॥१॥ रहाउ ॥

(हे हरी), (मेरे) तन, मन और प्राण तेरे आगे समर्पित हैं; मेरी यह प्रार्थना (अरदास) है कि इन्हें जैसा चाहे, वैसा रख ॥२॥

सत्य ने जिह्वा को हरि-रस में (लगा कर, उसे) रसमयी—आनन्दमयी बना दिया है। गुरु की शिक्षा द्वारा प्रभु की शरण में जाने से (मनुष्य सांसारिक बन्धनों से) छूट जाता है ॥३॥

(हे प्रभु), मेरे किए हुए सभी कर्मों और धर्मों (की अपेक्षा नाम की साधना सर्वोपरि है)। नाम की बड़ाई (मेरे सभी) किए हुए कर्मों से ऊपर है ॥४॥

सद्गुरु के अधीन (अर्थ धर्म, काम, मोक्ष)—चारों पदार्थ हैं। (उनमें से प्रथम) तीन—अर्थ, धर्म और काम तो समाप्त हो जाते हैं; (अन्तिम) एक—मोक्ष ही कृतार्थ (करनेवाला है) ॥५॥

सद्गुरु (अपने शिष्य का) ध्यान (केवल) मुक्ति की ओर (लगा) देता है, (जिसके फलस्वरूप वह) परि-पद समझ कर, प्रधान हो जाता है ॥६॥

गुरु द्वारा समझ देने से, (शिष्य के) तन और मन शीतल हो जाते हैं। प्रभु ने (जिस व्यक्ति को) बड़ाई प्रदान की, उसकी कीमत कौन पा सकता है ? ॥७॥

नानक कहता है कि गुरु ने (मुझे) समझ दे दी है, (जिससे मैं परम संतुष्ट और शान्त हो गया हूँ)। नाम के बिना कोई भी मुक्ति (गति) नहीं पा सकता ॥८॥६॥

[७]

इकि धुरि बखसि लए गुरि पूरै सची बणत बणाई ।
हरि रंग राते सदा रंगु साचा दुख बिसरे पति पाई ॥१॥
झूठी दुरमति की चतुराई । बिनसत बार न लागै काई ॥१॥ रहाउ ॥
मनमुख कउ दुखु दरदु विग्रापसि मनमुखि दुखु न जाई ।
सुख दुख दाता गुरमुखि जाता मेलि लए सरणाई ॥२॥
मनमुख ते ग्रभ भगति न होवसि हउमै पचहि दिवाने ।
इहु मनूग्रा खिनु ऊभि पइग्राली जब लगि सबद न जाने ॥३॥
भूख पिग्रासा जगु भइग्रा तिपति नही बिनु सतिगुर पाए ॥
सहजै सहजु मिलै सुखु पाईऐ दरगह पैधा जाए ॥४॥
दरगह दाना बीना इकु ग्रापे निरमल गुर की बाणी ।
ग्रापे सुरता सचु वीचारसि ग्रापे बूझै पदु निरबाणी ॥५॥
जलु तरंग ग्रगनी पवनै फुनि त्रै मिलि जगतु उपाइग्रा ।
ऐसा बलु छलु तिन कउ दीग्रा हुकमी ठाकि रहाइग्रा ॥६॥
ऐसे जन विरले जग ग्रंदरि परखि खजानै पाइग्रा ।
जाति वरन ते भए ग्रतीता ममता लोभु चुकाइग्रा ॥८॥
नामि रते तीरथ से निरमल दुखु हउमै मैलु चुकाइग्रा ।
नानकु तिन के चरन पखालै जिना गुरमुखि साचा भाइग्रा ॥८॥७॥

कुछ लोगों को पूर्ण गुरु ने ठीक तौर पर बख्श कर (ग्रर्थात् उनके ऊपर गुरु ने कृपा कर के) उनकी सच्ची बनावट बना दी है । हरि के रंग में ग्रनुरक्त होने से उन पर सच्चा रंग सदैव चढ़ा रहता है, उनके दुःख विस्मृत हो जाते हैं ग्रौर उन्हें प्रतिष्ठा प्राप्त होती है ॥१॥

दुर्बुद्धि की झूठी चतुरता को नष्ट होने में कोई देर नहीं लगती ॥१॥ रहाउ ॥

मनमुख को दुःख-दर्द (बहुत) व्याप्त होते हैं; मनमुखी (बुद्धि से) दुःख दूर नहीं होते । गुरु की शिक्षा द्वारा सुख-दुःख का देनेवाला (हरी) जाना जाता है; (गुरु ही शिष्य को ग्रपनी) शरण देकर (उसे परमात्मा से) मिला देता है ॥२॥

मनमुख से ग्रान्तरिक (दिली) भक्ति नहीं होती; (माया के) दीवाने—(वे लोग) ग्रहंकार में पच जाते हैं । जब तक शब्द—नाम को नहीं जान लेता, (तब तक) यह मन क्षण मात्र में ग्राकाश (में उड़ता है) ग्रौर क्षणमात्र में पाताल में (जा गिरता है) [ग्रर्थात् बिना नाम को जाने मन चंचल रहता है] ॥३॥

(सारा) जगत् भूखा प्यासा है; (वह) बिना सद्गुरु (की शरण ग्रहण किए), तृप्ति नहीं पा सकता । सहजभाव से ही सहजावस्था मिलती है, (उसके प्राप्त होने पर) ग्रानन्द की प्राप्ति होती है (ग्रौर परमात्मा के) दरबार में (साधक) प्रतिष्ठा की पोशाक पहन कर जाता है ॥४॥

गुरु की निर्मल वाणी से (साधक को यह प्रत्यक्ष अनुभव होने लगता है कि हरी के) दरबार में हरी आप ही अकेला द्रष्टा और ज्ञाता है। [दाना=द्रष्टा। बीना=ज्ञाता]। वह आप ही श्रोता होकर सत्य के ऊपर विचार करता है और आप ही निर्वाणपद को समझता है ॥५॥

(हरी ने) तरंगयुक्त जल, अग्नि और पवन—इन तीन तत्वों को उत्पन्न करके, फिर इनके संयोग से (पंच तत्वों द्वारा) जगत् उत्पन्न किया। (हरी ने पंच तत्वों को) ऐसा छल-बल प्रदान किया, (कि उनके द्वारा सृष्टि निर्मित हो गई); (पर वे सब) उसके हुक्म में स्थिर हैं—(बंधे हैं) ॥६॥

संसार में ऐसे जन विरले ही हैं, (जिन्होंने) परख कर (हरिनाम रूपी) खजाने को प्राप्त कर लिया। (ऐसे भक्तगण) जाति एवं वर्ण से अतीत—परे हो जाते हैं (और वे) ममता तथा लोभ को भी समाप्त कर देते हैं ॥७॥

(जो साधक) नाम रूपी तीर्थ में अनुरक्त हैं, वे निर्मल हैं; (उन्होंने) दुःख, अहंकार एवं (आन्तरिक) मल को समाप्त कर दिया है। नानक ऐसे (लोगों) के चरण धोता है, जिन्हें गुरु की शिक्षा द्वारा सत्य (परमात्मा) अच्छा लग गया है ॥८॥७॥

———

१ओं सतिनामु करता पुरखु निरभउ निरवैरु
अकाल मूरति अजूनी सैभं गुर प्रसादि

सलोक सहसक्रती, महला १

[१]

पढ़ि पुस्तक संधिआ बादं । सिल पूजसि बगुल समाधं ।।
मुखि झूठु बिभूखन सारं । त्रै पाल तिहाल बिचारं ।।
गलि माला तिलक लिलाटं । दोइ धोती बसत्र कपाटं ।।
जो जानसि ब्रहमं करमं । सभ फोकट निसचै करमं ।।
कहु नानक निसचौ ध्यावै । बिनु सतिगुर बाट न पावै ।।१।।

विशेष : यह सलोक 'आसा की वार' में भी आया है।

अर्थ : (पंडित लोग धार्मिक) पुस्तकें पढ़कर संध्या करते हैं और वाद-विवाद में (रत रहते हैं)। (वे) मूर्तिपूजा करते हैं और बगुल-समाधि लगाते हैं। (वे) मुँह से झूठ बोल कर लोहे को (सोने का) आभूषण बना कर दिखा देते हैं, (तात्पर्य यह कि झूठ के बल पर, वे बुरी वस्तु को अच्छी का भाँति दिखा देते हैं)। (वे) तीन पादोंवाली (गायत्री) का तीन काल (प्रातः, मध्याह्न, संध्या) में विचार करते हैं। (उनके) गले में माला तथा ललाट पर तिलक रहता है। (उनके) दो धोतियाँ होती हैं तथा सिर पर पूजा करने के समय वे) वस्त्र रखते हैं। यदि (वह पंडित) ब्रह्म-कर्म अर्थात् (हरी का आचार) जानता तो सारे उपर्युक्त बाह्य कर्म) व्यर्थ (जान पड़ते)। नानक का कथन है कि वह तो निश्चय (मन से) (हरी का) ध्यान करता है। बिना सद्गुरु के (ठीक) मार्ग नहीं प्राप्त होता ।। १ ।।

[२]

निहफलं तस्य जनमस्य जावद ब्रहम न बिंदते।
सागरं संसारस्य गुरपरसादी तरहि के।
करण कारण समरथु है कहु नानक बीचारि।
कारणु करते वसि है जिनि कल रखी धारि ।।२।।

विशेष : यह सलोक वार 'माझ' की २३ वीं पउड़ी के साथ दर्ज है। उस स्थल पर यह सलोक 'महला दूजा' (गुरु अंगद देव) का लिखा गया है।

अर्थ :—(तब तक) उसका जन्म निष्फल है, जब तक ब्रह्म को नहीं जान लेता। कोई विरला ही व्यक्ति संसार-सागर को गुरु की कृपा से तरता है। नानक यह विचार करके कहता है कि (हरी) कारणों का कारण है और सामर्थ्यवान् है। (सभी) कारण उस कर्त्ता पुरुष के अधीन हैं, जिसने समस्त शक्तियाँ (अपने अन्तर्गत) धारण कर रक्खी हैं ॥ २ ॥

[३]

जोग सबदं गिआन सबदं बेद सबदं त ब्राहमणह ।
ख्यत्री सबद सूर सबदं सूद्र सबदं पराकृतह ॥
सरब सबदं त एक सबदं जेको जानसि भेउ ।
नानक ताको दासु है सोई निरंजन देउ ॥३॥

विशेष :—यह सलोक भी 'माझ की वार' में 'महला दूजा' के नाम से लिखा गया है।

अर्थ :—योगियों का तरीका ज्ञान का तरीका है, ब्राह्मणों की विधि वेदों का (पढ़ना-पढ़ाना) है। क्षत्रियों की विधि शौर्य-प्रदर्शन है। शूद्रों की प्रणाली अन्य वर्णों की सेवा है। पर यदि कोई व्यक्ति भेद जानता हो, तो उसके लिए सारी विधियों की एक विधि है, [तात्पर्य यह कि पृथक्-पृथक् धर्म ठीक नहीं हैं। प्रत्येक मनुष्य में सभी वर्णों के धर्मों का समन्वय हो, अर्थात उसमें पांडित्य, शौर्य और सेवा आदि का सम्मिश्रण हो]। (जो उपर्युक्त रहस्य जानता है), नानक उसका दास है; (सचमुच ही ऐसा व्यक्ति) निरंजन-स्वरूप देव ही है ॥ ३ ॥

[४]

एक कृस्नं त सरबदेवा देव देवात आतमह ।
आतमं स्री बास्वदेवस्य जे कोई जानसि भेव ॥
नानक ताको दासु है सोई निरंजन देव ॥४॥

विशेष :—यह सलोक भी 'माझ की वार' में 'महला दूजा के नाम से लिखा गया है।

अर्थ : सारे देवताओं का एक कृष्ण (हरी ही, शिरोमणि) देव है। वही देवताओं के देवत्व की आत्मा है। यदि कोई इस भेद को जानता हो, तो उसके लिए यह आत्मा वासुदेव की ही प्रतीत होती है। नानक कहता है कि ऐसे (आत्मज्ञ पुरुष) का वह दास है; वह व्यक्ति (साक्षात्) निरंजन देव है ॥ ४ ॥

१ओं सतिनामु करता पुरखु निरभउ निरवैरु
अकाल मूरति अजूनी सैभं गुर प्रसादि

सलोक वारां ते वधीक, महला १

सबद [१]

उतंगी पैओहरी गहिरी गंभीरी ।
ससुड़ि सुहीआ किव करी निवणु न जाइ थणी ॥
गचु जि लगा गिड़वड़ी सखीए धउलहरी ।
से भी ढहदे डिठु मैं मुंध न गरबु थणी ॥१॥

विशेष :—कुछ सलोक तो वारों में पउड़ियों के साथ दर्ज है । जो बचे थे, वे यहीं दिए गए हैं ।

हे उच्च पयोधरोंवाली (जीवात्मा रूपी स्त्री), (मेरी) गहरी और गम्भीर (शिक्षा सुन और झुक कर पति परमात्मा को प्रणाम कर) । (स्त्री इस प्रकार उत्तर देती है)— "हे सास जी, मैं भला, प्रणाम किस प्रकार करूँ ? भारी स्तनों के कारण (मुझसे) झुका नहीं जाता ।"—(इस पर सास उपदेश देती है)—"पर्वत (गिरिवड़ी<गिरिवर) के समान जो बड़ी-बड़ी अट्टालिकाएँ चूने से बनी हैं, उन्हें भी मैंने ढहते हुए देखा है । (अतएव) हे मूर्ख, स्तनों (तात्पर्य यह कि यौवन) का अहंकार मत कर ।" ॥ १ ॥

[२]

सुणि मुंधे हरणाखीए गूड़ा वैणु अपारु ।
पहिला वसतु सिञाणि कै तां कीचै वापारु ॥
दोही दिचै दुरजना मित्रां कूं जैकारु ।
जितु दोही सजण मिलनि लहु मुंधे वीचारु ॥
तनु मनु दीजै सजणा ऐसा हसणु सारु ।
तिसु सिउ नेहु न कीचई जि दिसै चलणहारु ॥
नानक जिन्ही इव करि बुझिआ तिन्हा विटहु कुरबाणु ॥२॥

हे हिरणाक्षी, (हिरण के समान आँखोंवाली), मुग्धे, (मेरे) गूढ़ और अपार वचन सुन—पहले वस्तु समझ कर (पहचान कर), तब व्यापार कर । तू यह दुहाई दे कि

दुर्जनों की संगति नहीं करेगी; (साधु रूपी) मित्रों का जपजयकार कर। हे मुग्धे, जिस दुहाई देने से सज्जन (साधु पुरुष) मिलें, (उसे) विचार कर प्राप्त कर। सज्जनों—साधु पुरुषों को तन, मन समर्पित कर दे,—यही (खुशी) श्रेष्ठ खुशी है। जो (वस्तुएँ) चलनेवाली (नश्वर) दिखाई पड़ती हैं, उससे स्नेह—प्रेम मत कर। नानक का कथन है कि जिन्होंने इस भाँति (तथ्य) समझ लिया है, (मैं) उनके ऊपर कुरबान हूँ ॥ २ ॥

[३]

जे तू तारू पाणि ताहू पुछु तिड़ंह कल।
ताहू खरे सुजाण वंञा एनी कपरी ॥३॥

यदि तू पानी का तैराक होना चाहता है, तो उनसे पूछ जिन्हें तैरने की कला (युक्ति) मालूम है, वे सच्चे (खरे) चतुर हैं, जो इस (संसार रूपी) लहरों को लाँघ गए हैं।

[४]

झड़ झखड़ ओहाड़ लहरी वहनि लखेसरी।
सतिगुर सिउ आलाइ बेड़े डुबणि नाहि भउ ॥४॥

बादलों का अंधकार है तथा बाढ़ की लाखों तरंगें उठ रही हैं (प्रवाहित हो रही हैं); [लोभ-मोह का अज्ञान हो तथा कामादिक की प्रचण्डता हो]; (ऐसी परिस्थिति में) सद्गुरु को जोर से आवाज दो, तो (तुम्हारा) बेड़ा डूबने का भय नहीं रहेगा, (अर्थात् तुम संसार-सागर में नहीं डूबोगे) ॥ ४ ॥

[५]

नानक दुनीआ कैसी होई। सालकु मितु न रहिओ कोई ॥
भाई बंधी हेतु चुकाइआ। दुनिआ कारणि दीनु गवाइआ ॥५॥

हे नानक, (यह) दुनियाँ कैसी ? (यहाँ) मार्ग-प्रदर्शक, सच्चा मित्र (सालिक) कोई भी नहीं रहा। (यहाँ) भाई-बन्धुओं ने (अपना) प्रेम दूर कर दिया और दुनियाँ ही के कारण (सभी लोगों ने) अपना दीन गंवा दिया ॥ ५ ॥

[६]

है है करि कै ओहि करेनि। गला पिटनि सिरु खोहेनि ॥
नाउ लैनि अरु करनि समाइ। नानक तिन बलिहारै जाइ ॥६॥

(संसार में लोग) 'हाय-हाय' और 'ओह ओह' करते हैं, गला पीटते हैं और सिर, (के बाल) नोचते हैं; (किन्तु यह सब व्यर्थ है; इन्हें करने की अपेक्षा यदि लोग) हरिनाम लें और अभ्यास करें, (तो बहुत ही सुन्दर हो), (जो लोग ऐसा करते हैं), नानक उनके ऊपर बलिहारी हो जाता है ॥ ६ ॥

[७]

रे मन डीगि न डोलीऐ सीधे मारगि धाउ ।
पाछै बाघु डरावणो आगै अगनि तलाउ ॥
सहसे जीअरा परि रहिओ माकउ अवरु न ढंगु ।
नानक गुरमुखि छुटीऐ हरि प्रीतम सिउ संगु ॥७॥

अरे मन, (इस संसार में) डिग कर भटको मत, (हरी की प्राप्ति के) सीधे मार्ग पर चल । (इस संसार में) पीछे तो (सांसारिक भय रूपी) डरावना बाघ है और आगे (तृष्णा रूपी) अग्नि का तालाब है । (मेरा) जी संशय में पड़ा हुआ है, (क्योंकि) मुझे (मुक्ति का) ढंग नहीं आता है । नानक का कथन है कि गुरु की शिक्षा द्वारा ही मुक्त हुआ जा सकता है; (सांसारिक बन्धनों से मुक्त होने पर) प्रियतम हरी का संग (सब दिन के लिए) हो जाता है ॥ ७ ॥

[८]

बाघु मरै मनु मारीऐ जिसु सतिगुर दीखिआ होइ ।
आपु पछाणै हरि मिलै बहुड़ि न मरणा होइ ॥
कीचड़ हाथु न बूडई एका नदरि निहालि ।
नानक गुरमुखि उबरे गुरु सरवरु सची पालि ॥८॥

जिसे सद्गुरु की दीक्षा होती है, (वही) मन मारता है, (मन के मारने से सांसारिक भय रूपी) बाघ मर जाता है । अपने आप को पहचानने से हरि मिलता है, (जिससे) फिर मरना नहीं होता । यदि कोई साधक एक दृष्टि (समदृष्टि) से देखता हुआ (चलता है), तो (उसका) हाथ (मोह रूपी) कीचड़ में नहीं डूबता । नानक का कथन है कि गुरु की शिक्षा द्वारा ही बचा जा सकता है । गुरु रूपी सरोवर का (अमृत जल पाने के लिए उसकी शिक्षा का) पुल—बाँध बना रहता है । [तालाब के किनारे कीचड़ होता है । कीचड़ से बचने के लिए एक बाँध बाँध दिया जाता है । यदि कोई व्यक्ति कीचड़ से बचने के लिए उस बाँध को लाँघना चाहे, तो उसे एक दृष्टि से देखना चाहिए, नहीं तो यदि ध्यान इधर-उधर बट गया, तो वह गिर कर कीचड़ में फंस जायगा, और उसके हाथ कीचड़ से सन जायेंगे] ॥ ८ ॥

[९]

अगनि मरै जलु लोड़ि लहु विणु गुरनिधि जलु नाहि ।
जनमि मरै भरमाईऐ जे लख करम कमाहि ॥
जमु जागाति न लगई जे चलै सतिगुर भाइ ।
नानक निरमलु अमर पदु गुरु हरि मेलै मेलाइ ॥९॥

(हे साधक, यदि तृष्णा रूपी) अग्नि को बुझाना (मारना) है, तो (नाम रूपी) जल प्राप्त कर, (किन्तु यह) जल गुरुनिधि के बिना नहीं प्राप्त होता । (गुरु के बिना) चाहे लाखों

कर्म किए जायं, (किन्तु सभी व्यर्थ हैं), जन्म-मरण (के चक्कर में) भटकना पड़ता है। यदि सद्गुरु के भावानुसार चला जाय, तो यमराज का कर (जागाति) नहीं लगता। नानक का कथन है कि (हरी का) अमर पद ही निर्मल है। गुरु (अपने में शिष्य को) मिला कर हरी से मिला देता है ॥९॥

[१०]

कलर केरी छपड़ी कऊआ मलि मलि नाइ।
मनु तनु मैला अवगुणी चिंजु भरी गंधीआइ ॥
सरवरु हंसि न जाणिआ काग कुपंखी संगि।
साकत सिउ ऐसी प्रीति है बूझहु गिआनी रंगि ॥
संत सभा जैकारु करि गुरमुखि करम कमाउ।
निरमलु नावणु नानका गुरु तीरथु दरीआउ ॥१०॥

निकम्मी तलैया में कौवा मल मल कर स्नान करता है। [कलर=वह मिट्टी जिसमें कुछ पैदा न हो। इसमें कई प्रकार की खारें होती हैं, जो बीज को जला देती है। अर्थ में इसका तात्पर्य 'निकम्मे' से भी होता है]। उस अवगुणी के तन और मन गंदे ही रहते हैं। उसकी चोंच (चिंजु) (दुर्गंधयुक्त वस्तुओं से भरी हुई) बदबू करती है; [तात्पर्य यह कि विषयासक्त प्राणी विषय-विकारों में सदैव निमग्न रहता है। उसे गुण रूपी सरोवर का पता नहीं रहता]। (मनमुख रूपी) कुपक्षी कौवों के संग में रहने के कारण (मनुष्य रूपी) हंस (गुरु रूपी) सरोवर को नहीं जानता। शाक्त (मायासक्त प्राणी, शक्ति के उपासक) की प्रीति इसी प्रकार की होती है। (यदि हरी के वास्तविक रस को प्राप्त करना है, तो हे साधक), भावपूर्वक ब्रह्मज्ञानियों से (इस संबंध में) जिज्ञासा कर। (हे साधक) संत की सभा का जयजयकार मना और गुरु की शिक्षा के अनुसार कर्मों का सम्पादन कर। नानक का कथन है कि गुरु रूपी नदी के पवित्र तीर्थ का स्नान (परम) निर्मल है ॥१०॥

[११]

जनमे का फलु किआ गणी जां हरि भगति न भाउ।
पैधा खाधा बादि है जां मनि दूजा भाउ ॥
वेखणु सुनणा झूठु है मुखि झूठा आलाउ।
नानक नामु सलाहि तू होरु हउमै आवउ जाउ ॥११॥

यदि (मनुष्य के अन्तर्गत) हरी की भक्ति और भाव नहीं हैं, (तो उसके) जन्म के फल की क्या गणना की जाय? (अर्थात् उसका जन्म धारण करना निरर्थक है)। यदि मन में द्वैतभाव है, (तो) पहनना खाना व्यर्थ है। (द्वैतभाव वाले प्राणी का) देखना, सुनना (आदि) मिथ्या है; उसके मुख के आलाप भी मिथ्या ही है। हे नानक, तू नाम की स्तुति कर; (नाम की स्तुति न करने पर) और (लोग अहंकार में पड़कर (संसार-चक्र में) आते जाते रहते हैं ॥११॥

[१२]

हैनि विरले नाही घणे फैल फकड़ु संसारु ॥१२॥

(संसार में भक्तगण) विरले ही होते हैं, अधिक नहीं; (शेष संसार तो निरा दिखावा और बकवास है ॥१२॥

[१३]

नानक लगी तुरि मरै जीवण नाही ताणु ।
चोटै सेती जो मरै लगी सा परवाणु ॥
जिसनो लाए तिसु लगै लगी ता परवाणु ।
पिरम पैकामु न निकलै लाइआ तिनि सुजाणि ॥१३॥

नानक का कथन है (कि जिस साधक को गुरु के उपदेश की चोट लग गयी), वह (अपने अहंभाव से) तुरन्त मर जाता है (और फिर उसे अहंभाव का) बल नहीं रहता। (ऐसी) चोट लगने से जो (अहंभाव से) मर जाता है, वही प्रामाणिक है। (प्रभु की कृपा) जिसे यह (चोट) लगाती है, उसी को लगती है (और जिसे यह चोट) लग जाती है, वही प्रामाणिक (समझा जाता है)। प्रेम का (लगा हुआ) तीर (पैकान=फारसी, तीर) नहीं निकलता। (यह तीर) चतुरों को ही लगता है ॥१३॥

[१४]

भाडा धोवै कउणु जि कचा साजिआ ।
धातू पंजि रलाइ कूड़ा पाजिआ ॥
भांडा आणगु रासि जां तिसु भावसी ।
परम जोति जागाइ वाजा वावसी ॥१४॥

(हे प्राणी), जो (शरीर रूपी) पात्र कच्चा बनाया गया है, उसे क्या धोता है? पंच तत्वों (धातुओं) को मिलाकर (यह शरीर रूपी पात्र) मिथ्या ही (बनाया गया है), (यह) दिखावा मात्र है। यदि गुरु चाहेगा, (तो शरीर रूपी) पात्र को दुरुस्त कर देगा। वह (हृदय में हरी की) महान् ज्योति जगा कर (आनन्द का) बाजा बजा देगा ॥१४॥

[१५]

मनहु जि अंधे घूप कहिआ बिरदु न जाणनी ।
मनि अंधै ऊंधै कवल दिसनि खरे करूप ।
इक कहि जाणनि कहिआ बुझनि ते नर सुघड़ सरूप ॥
इकना नादु न बेदु न गीअ रसु रसु कसु न जाणंति ।
इकना सिधि न बुधि न अकलि सर अखर का भेउ न लहंति ॥
नानक ते नर असलि खर जि बिनु गुण गरबु करंत ॥१५॥

जो व्यक्ति घनघोर अंधकारयुक्त मनवाले हैं, वे (अपने किए हुए (उपदेश) की लज्जा नहीं रखते। मन अन्धा होने से, उनका (हृदय रूपी) कमल उलटा है और वे अत्यन्त कुरूप दिखाई पड़ते हैं। कुछ लोग कहना मात्र जानते हैं, (आचरण करना नहीं); (किन्तु जो लोग) कह कर समझते हैं, (अर्थात् कही हुई बात पर आचरण करते हैं), वे लोग सुन्दर और स्वरूपवान् है, (तात्पर्य यह कि वे ही लोग मनुष्य गिनने योग्य हैं)। कुछ लोग न शब्द जानते हैं, न वेद, न संगीत के रस और न कसैले (आदि छः रस ही)। [तात्पर्य यह है कि न तो योगी हैं, न ज्ञानी हैं, न संगीतज्ञ हैं और भले बुरे का भी उन्हें बोध नहीं है]। कुछ लोग ऐसे हैं, (जिनमें) न तो सिद्धि है, न बुद्धि है, न अच्छी (सर<सार=श्रेष्ठ) अकल हैं और न (वे) अक्षर का भेद ही जानते हैं। नानक का कथन है वे मनुष्य असली गधे हैं, जो बिना गुणों के ही अभिमान करते हैं ॥१५॥

विशेष : उपर्युक्त 'सलोक' सारंग की वार में भी आया है।

[१६]

सो ब्रहमणु जो बिंदै ब्रहमु।
जपु तपु संजमु कमावै करमु॥
सील संतोख का रखै धरमु॥
बंधन तोड़ै होवै मुकतु।
सोई ब्रहमणु पूजण जुगतु॥१६॥

जो ब्रह्म को जानता है, वही ब्राह्मण हैं। (ऐसा ब्राह्मण) जप, तप और संयम करता है (तथा शुभ) कर्मों को करता है। (वह) शक्ति, संतोष के धर्म को रखता है और (माया के) बन्धनों को तोड़कर मुक्त हो जाता है। ऐसा ही ब्राह्मण जगत् के पूजने योग्य है॥१६॥

[१७]

खत्री सो जु करमा का सूरु। पुंन दान का करै सरीरु॥
खेतु पछाणै बीजै दानु। सो खत्री दरगह परवाणु॥
लबु लोभ जे कूड़ु कमावै। अपणा कीता आपे पावै॥१७॥

जो कर्मों का शूरवीर है, वही (वास्तविक) क्षत्रिय है। (वह अपना) शरीर, (तात्पर्य यह कि जीवन) को पुण्यदान करनेवाला बना लेता है। (वह) वास्तविक खेत (पात्र) को पहचान कर दान का बीज बोता है। ऐसा ही क्षत्रिय (परमात्मा के) दरबार में प्रामाणिक समझा जाता है। यदि (कोई क्षत्रिय) लालच, लोभ और झूठ की कमाई करता है, तो वह अपने किए हुए का फल आप ही पाता है॥१७॥

[१८]

तनु न तपाइ तनूर जिउ बालणु हड न बालि।
सिरी पैरी किआ फेड़िआ अंदरि पिरी सम्हालि॥१८॥

तंदूर (अंगीठी विशेष) के समान शरीर को मत तपा और न लकड़ी की भाँति हड्डियों को ही जला। (हे मनुष्य), सिर और पैरों ने क्या बिगाड़ा है (कि उन्हें कष्ट दे रहा है)। (अपने) अन्दर से प्रियतम (हरी) को देख ॥१८॥

विशेष : उपर्युक्त सलोक फरीद के १२०वें सलोक में भी आया है।

[१९]

सभनी घटी सहु वसै सह बिनु घटु न कोइ।
नानक ते सोहागणी जिन्हा गुरमुखि परगटु होइ ॥१९॥

सभी घटों (प्राणियों) में प्रियतम (हरी) वास कर रहा है; बिना प्रियतम (हरी) के कोई भी घट (प्राणी) नहीं है। नानक का कथन है (कि) वे ही (जीवात्मा रूपी स्त्रियाँ) सुहागिनी है, जिन्हें गुरु की शिक्षा द्वारा (प्रियतम हरी) प्रकट होता है ॥१९॥

[२०]

जउ तउ प्रेम खेलण का चाउ। सिरु धरि तली गली मेरी आउ ॥
इतु मारगि पैरु धरीजै। सिरु दीजै काणि न कीजै ॥२०॥

यदि तुझे प्रेम के खेल खेलने की इच्छा है, तो (अपना) सिर पैरों के नीचे रख कर मेरी गली में आ। इस मार्ग में (तो तब) पैर रख, जब सिर देकर भी अहसान मत जता ॥२०॥

[२१]

नालि किराड़ा दोसती कूड़ै कूड़ी पाइ।
मरणु न जापै मूलिआ आवै कितै थाइ ॥२१॥

(माया के) व्यापारी के साथ दोस्ती करना (मिथ्या होती है); झूठ के कारण इस दोस्ती (की बुनियाद) झूठी होती है। यह भी बिलकुल पता नहीं रहता की मृत्यु कहाँ से आ जायगा ॥२१॥

[२२]

गिआन हीणं अगिआन पूजा।
अंध वरतावा भाउ दूजा ॥२२॥

ज्ञानविहीन (लोग) अज्ञानता की पूजा करते हैं। द्वैतभाव में (पड़ने के कारण उनके) व्यवहार भी अन्धे (अविवेकपूर्ण) होते हैं ॥२२॥

[२३]

गुर बिनु गिआनु धरम बिनु धिआनु।
सच बिनु साखी मूलो न बाकी ॥२३॥

गुरु के बिना ज्ञान नहीं (होता), धर्म (विश्वास) के बिना ध्यान ,नहीं होता। सत्य (की अनुभूति) के बिना साखो (आदि पदों की रचना) नहीं हो सकती; मूलधन के बिना बाकी नहीं रह सकती ॥ २३ ॥

[२४]

माणू घलै उठी चलै।
सादु नाही इवेही गलै ॥२४॥

इस बात में का स्वाद आया कि मनुष्य जिस भाँति आया उसी भाँति चला गया और बनाया कुछ भी नहीं। ॥ २४ ॥

[२५]

रामु झुरै दल मेलवै अंतरि बलु अधिकार।
बंतर की सैना सेवीऐ मनि तनि जुझु अपारु ॥
सीता लै गइआ दहसिरो लछमणु मूओ सराप।
नानक करता करणहारु करि वेखै थापि उथापि ॥२५॥

रामचन्द्र सेना एकत्र करते हैं, बन्दरों की सेना (उनकी) सेवा में है, (उनके) तन, मन में युद्ध की अपार (भावना) भी है, (उनके) अन्तर्गत बल और अधिकार भी है, (फिर भी वे) दुःखी हुए, (क्योंकि) सीता को रावण ले गया और शाप के कारण (शक्ति लगने से) लक्ष्मण मरे (मूर्च्छित हुए)। नानक का कथन है कि कर्त्तापुरुष ही करनेवाला है। (वह सृष्टि) बना बिगाड़ कर उसे देखता रहता है ॥ २५ ॥

[२६]

मन महि झूरै रामचंदु सीता लछमण जोगु।
हणवंतरु आराधिआ आइआ करि संजोगु ॥
भूला दैतु न समझई तिनि प्रभ कीए काम।
नानक वेपरवाहु सो किरतु न मिटई राम ॥२६॥

सीता और लक्ष्मण के निमित्त मन में रामचन्द्र दुःखी हुए। उन्होंने हनूमान का स्मरण किया और संयोगवश वे आ पहुँचे। भूले (अविवेकी) दैत्य (रावण) ने यह नहीं समझा कि उसी प्रभु ने (यह सब) काम किया, (रामचन्द्र ने नहीं)। नानक का कथन है (कि परमात्मा) वेपरवाह (सर्व स्वतंत्र) है; किए हुए कर्मों का फल राम न मेट सके ॥२६॥

[२७]

लाहौर सहरु जहरु कहरु सवा पहरु ॥२७॥

लाहौर शहर में जहरीला जुल्म सवा पहर दिन चढ़े तक रहा।

विशेष : उपर्युक्त 'सलोक' में गुरु नानक देव ने लाहौर के आक्रमण का जिक्र किया है। बाबर का लाहौर शहर पर यह चौथा आक्रमण था, जो १५२४ ई० में हुआ। बाबर के

सैनिकों ने लाहौर की निरपराध और निरीह प्रजा पर जो जुल्म ढाया, उसी का इस 'सलोक' में संकेत है ।।२७।।

[२८]

ऊंचो साहै किआ नीसानो तोटि न आवै अंनी ।
उदोसीअ घरे ही वुटी कुड़िईं रंनी धंमी ।।
सती रंनी घरे सिआपा रोवनि कूड़ी कंमी ।
जो लेवै सो देवै नाही खटे दंम सहंमी ।।२८।।

अहंकारी बादशाह की क्या निशानी है ? (इस प्रश्न का उत्तर अगली पंक्तियों में दिया जा रहा है)—उसके घर में अन्न की कमी नहीं रहती, (तात्पर्य यह कि अहंकारियों के हृदय रूपी घर में द्वैतभाव रूपी अन्न की कमी नहीं रहती, उनके अंतःकरण में पूर्ण रूप से द्वैत-भाव व्याप्त रहता है) । (मन की) अहंकारपूर्ण बादशाही (उसके हृदय में) बस रही है; लड़कियों और स्त्रियों की धूम मच रही है; (तात्पर्य यह कि कर्मेन्द्रियाँ और ज्ञानेन्द्रियाँ चंचल होकर धूम मचा रही हैं) । सैकड़ों स्त्रियाँ (होने के कारण) घर में मातमी (छायी रहती है); (वे स्त्रियाँ अपने) मिथ्यापूर्ण कर्मों के कारण रोती रहती हैं; (तात्पर्य यह कि इन्द्रियों की प्रबलता, चंचलता और मिथ्याचरण के कारण हृदय दुःखी रहता है, प्रसन्नता का अभाव रहता है) 'जो व्यक्ति उससे (रुपये) लेता है, वह देता नहीं,' (इसी) भय से वह रुपये पैदा करता है ।। २८ ।।

[२९]

पबर तूं हरीआवला कवला कंचन वंनि ।
कै दोखड़े सड़िओहि काली होईआ देहुरी नानक मै तनि भंगु ।।
जाणा पाणी ना लहां जै सेती मेरा संगु ।
जितु डिठै तनु परफुड़ै चड़ै चवगणि वंनु ।।२९।।

हे कमल, तू हरा-भरा है और तेरा वर्ण सोने की भाँति सुन्दर है। (पर तू बता तो) किस दोष से तू जल गया है और तेरी देह काली पड़ गई है ? नानक का कथन है (कि कमल उपर्युक्त प्रश्न का इस भाँति उत्तर दे रहा है)—मेरे शरीर में (कोई) विघ्न (भंग) आ पड़ा है । (वह विघ्न यह है कि मुझे) जल नहीं प्राप्त हुआ, जिससे मेरा (सहज) साथ है । (वह जल ऐसा है) जिसके देखने से मेरा शरीर प्रफुल्लित होता है और मुझ पर चौगुना रंग चढ़ता है । [उपर्युक्त 'सलोक' में अन्योक्ति अलंकार है । यहाँ कमल जीवात्मा है और जल परमात्मा की भक्ति] ।। २९ ।।

[३०]

रजि न कोई जीविआ पहुचि न चलिआ कोइ ।
गिआनी जीवै सदा सदा सुरती ही पति होइ ।।

सरफै सरफै सदा सदा एवै गई विहाइ ।
नानक किस नो आखीऐ विणु पुछिआ ही लै जाइ ॥३०॥

(इस संसार में) कोई भी व्यक्ति तृप्ति भर नहीं जी सका (और अपने सारे कार्यों को समाप्त करके (यहाँ से) नहीं जा सका, (तात्पर्य यह कि अपने कार्यों को अधूरा ही छोड़कर मनुष्य यहाँ से कूच कर जाता है)। ब्रह्मज्ञानी ही सदैव जीवित रहता है; जिनकी सुरति (हरी से) लगी रहती है, उन्हीं को प्रतिष्ठा मिलती है। 'कम खर्च' में काम चल जायगा' (ऐसा सोचने ही में सारी आयु) समाप्त हो गई। नानक कहता है कि यह बात किससे कही जाय? बिना पूछे ही (यमदूत इस संसार से मनुष्य को) ले जाते हैं, (और उसके मनसूबे ज्यों के त्यों पड़े रहते हैं) ॥ ३० ॥

[३१]

दोसु न देवहु राइ नो मति चलै जां बुढा होवै ।
गलां करे घणेरीआ तां अन्हे पवणा खाती टोवै ॥३१॥

राय (धनी व्यक्ति) को दोष नहीं देना चाहिए; जब वह बूढ़ा होता है, तो उसकी बुद्धि चली जाती है। अंधा व्यक्ति बातें तो बहुत करता है, किन्तु गिरता है गड्ढे ही में ॥३१॥

[३२]

पूरे का कीआ सभ किछु पूरा घटि वधि किछु नाही ॥
नानक गुरमुखि ऐसा जाणै पूरे मांहि समांही ॥३२॥

पूर्ण पुरुष (हरी का) किया हुआ ही सब कुछ होता है; उसमें (कुछ) घट बढ़ कर नहीं होता। हे नानक, गुरु की शिक्षा द्वारा जो व्यक्ति (उस पूर्ण पुरुष को) इस प्रकार जानता है, वह पूर्ण में ही समा जाता है ॥ ३२ ॥

परिशिष्ट (क)

गुरु नानक की संक्षिप्त जीवनी, व्यक्तित्व एवं शिक्षा

गुरु नानक सिक्खों के आदि गुरु हैं। उन्हें कोई गुरु नानक, कोई बाबा नानक, कोई नानक शाह, कोई गुरु नानक देव, कोई नानक पातशाह और कोई नानक साहब कहते हैं। गुरु नानक का जन्म १५ अप्रैल, १४६९ ई० (वैशाख, सुदी ३, सम्वत् १५२६ विक्रमी) में तलवंडी नामक स्थान में हुआ था। सिक्ख लोग तलवंडी को 'ननकाना साहब' भी कहते हैं। किन्तु सुविधा के लिए उनकी जन्म-तिथि कार्त्तिक पूर्णिमा को मनाई जाती है। तलवंडी लाहौर जिले में (पाकिस्तान), लाहौर शहर से ३० मील दक्षिण-पश्चिम में है।

उनके पिता का नाम कालू एवं माता का नाम तृप्ता था। उनके पिता खत्री जाति एवं वेदी वंश के थे। वे कृषि और साधारण व्यापार करते थे और गाँव के पटवारी भी थे।

भाई गुरुदास जी ने अपनी 'वार' में गुरु नानक देव के अवतार के संबंध में निम्नलिखित बातें कहीं हैं—

सुणी पुकार दातार प्रभु गुरु नानक जग माँहि पठाया।
चरन धोइ रहिरासि करि चरनामृतु सिखां पीलाया।
पारब्रह्म पूरन ब्रह्म कलिजुग अंदर इक दिखाया।
चार पैर धरम दे चार वरन इक वरन कराया॥
राणा रंक बराबरी पैरी पवणा जग वरताया।
उलटा खेल पिरंम दा पैरां उपर सीस नवाया॥
कलिजुग बाबे तारिआ, सतिनाम पढ़ मंत्र सुणाया।
कलि तारण गुरु नानक आया॥

(वारां भाई गुरुदास जी, वार १, पउड़ी २३)

भाई गुरुदास जी फिर कहते हैं—

सतिगुर नानक प्रगटिआ मिटी धुंध जग चानण होआ।
जिउँ कर सूरज निकलिआ तारे छपे अंधेर पलोआ॥

(वारां भाई गुरुदास जी, वार १, पउड़ी २७)

गुरु नानक देव की बाल्यावस्था ग्राम में व्यतीत हुई, बाल्यावस्था से ही उनमें असाधारणता और विलक्षणता थी। वे बहुत कम भोजन करते थे और बहुत कम सोते थे। उनके साथी जब खेल-कूद में अपना समय व्यतीत करते थे, तो वे नेत्र बन्द कर आत्म-चिन्तन में निमग्न हो जाते थे। गुरु नानक देव का मुखमण्डल अद्भुत ज्योति से जगमगाता रहता था। उनके नेत्र शान्त और गम्भीर थे। जो कोई भी उन्हें देखता और स्पर्श करता, उसी में आनन्द का संचार हो जाता था। इस प्रकार वे अलौकिक और दिव्य बालक थे। उनकी बहिन नानकी ने शिशु नानक में सर्व प्रथम दिव्य ज्योति के दर्शन किए। उसका मन आनन्द से परिपूर्ण हो गया। वहाँ के शासक राय बुलार ने भी गुरु नानक में उस अपार और अखंड ज्योति के दर्शन किए, जो शताब्दियों में किसी भाग्यशाली को एकाध बार ही दीख पड़ती है।

सात वर्ष की आयु में वे पढ़ने के लिए गोपाल अध्यापक के पास भेजे गए। एक दिन, वे पढ़ाई से विरक्त होकर, अन्तर्मुख होकर आत्मचिन्तन में निमग्न थे। अध्यापक जी ने पूछा, "पढ़ क्यों नहीं रहे हो ?" गुरु नानक का उत्तर था, "क्या आप मुझे पढ़ा सकते हैं ?" इस पर गोपाल अध्यापक ने कहा, "मैं सारी विद्याएँ और वेद-शास्त्र जानता हूँ।" गुरु नानक देव ने, "मुझे तो सांसारिक पढ़ाई की अपेक्षा परमात्मा की पढ़ाई अधिक आनन्ददायिनी प्रतीत होती है" कह कर निम्नलिखित वाणी का उच्चारण किया--

जालि मोहु घसि मसु करि मति कागदु करि सारु।
भाउ कलम करि चितु लेखारी गुर पुछि लिखु बीचारु।।
लिखु नामु सालाह लिखु अंतु न पारावारु।।१।।६।।

(नानक-वाणी, सिरी रागु, (सबदु ६)

अर्थात्, मोह को जलाकर (उसे) घिस कर स्याही बनाओ, बुद्धि को ही श्रेष्ठ कागज बनाओ और चित्त को लेखक। गुरु से पूछ कर विचारपूर्वक लिखो। नाम लिखो, (नाम की) स्तुति लिखो और (साथ ही यह भी) लिखो (कि उस परमात्मा का) न तो अंत है और न सीमा है।

इस पर अध्यापक जी आश्चर्यान्वित हो गए और उन्होंने बालक नानक को पहुँचा हुआ फकीर समझ कर यह कहा, "तुम्हारी जो इच्छा हो सो करो।"

इसके पश्चात् गुरु नानक ने स्कूल छोड़ दिया। वे अपना अधिकांश समय मनन, निदिध्यासन, ध्यान एवं सत्संग में व्यतीत करने लगे। गुरु नानक से संबंधित सभी जन्म-साखियाँ इस बात की पुष्टि करती हैं कि उन्होंने विभिन्न सम्प्रदाय के साधु-महात्माओं से सत्संग किया। उनमें से बहुत से ऐसे थे, जो धर्मशास्त्र के प्रकाण्ड पंडित थे। अन्तर्साक्ष्य के आधार पर यह भलीभाँति सिद्ध हो जाता है कि गुरु नानक देव ने फ़ारसी का भी अध्ययन किया था। उनकी वाणी में कुछ पद ऐसे हैं, जिनमें फ़ारसी शब्दों का आधिक्य है। यथा--

यक अरज गुफतम पेसि तो दर गास कुन करतार।
हका कबीर करीम तू बे ऐब परवदगार।।१।।
दुनीआ मुकामे फानी तहकीक दिल दानी।
मम सर मूइ अजराईल रिजफतह दिल हेचि न दानी।।१।।रहाउ।।

(अर्थ के लिए देखिए, रागु तिलंग, (सबद), पद १)

गुरु नानक की अन्तर्मुखी प्रवृत्ति एवं विरक्ति से उनके पिता, कालू चिन्तित रहा करते थे। नानक जी को विक्षिप्त समझ कर कालू जी ने उन्हें भैंस चराने का काम सौंपा। एक दिन ऐसा हुआ कि गुरु नानक देव भैंस चराते-चराते योगनिद्रा में निमग्न हो गए। भैंसें एक किसान के खेत में पड़ गईं और उन्होंने उसकी खेती चर लीं। किसान ने इसका उलाहना दिया। किन्तु जब उस किसान का खेत देखा गया, तो सभी आश्चर्य में पड़ गये कि उसकी फसल का एक भी पौदा नहीं चरा गया था।

बालक नानक की यह दशा देख कर उनके पिता जी ने कहा, "बेटा खेती की सँभाल कर, वह पक कर तैयार है।" इस पर उन्होंने यह उत्तर दिया--

मनु हाली किरसाणी करणी सरमु पाणी तनु खेतु।
नामु बीजु संतोखु सुहागा रखु गरीबी वेसु।।

भाउ करम करि जंमसी से घर भागठ देखु।।१।।२।।

सोरठ रागु

(अर्थ के लिए, देखिए, रागु सोरठ, सबद पद २)

इस पर उनके पिता जी ने कहा, "बेटा, यदि खेती नहीं करते तो दुकानदारी ही करो।" इस पर नानक देव जी का यह उत्तर था—

हाणु हटु करि आरजा सचु नाम करि वथु।
सुरति सोच करि भांडसाल तिसु विचि तिसनो रखु।।
वणजारिआ सिउ वणजु करि लै लाहा मन हसु।।२।।२।।

सोरठ रागु।

(अर्थ के लिए देखिए, रागु सोरठ, सबद, पद २)

नानक की बात को सुनकर कालू जी ने कहा, "बेटा यदि तुम्हारा मन खेती और दुकानदारी में नहीं लगता, तो सौदागरी अथवा नौकरी कर।" नानक देव जी ने तुरन्त उत्तर दिया—

सुणि सासत सउदागरी, सतु घोड़े लै चलु।
खरचु बंनु चंगिआईआ मतु मन जाणहि कलु।
निरंकार कै देसि जाहि ता सुखि लहहि महलु।।३।।
लाइ चितु करि चाकरी मंनि नामु करि कंमु।
बंनु बदीआ करि धावणी ताको आखै धंनु।।
नानक वेखै नदरि करि चड़ै चवगण वंनु।।४।।२।।

सोरठि

(अर्थ के लिए देखिए, रागु सोरठि, सबद २)

९ वर्ष की आयु में उनके यज्ञोपवीत संस्कार के लिए पुरोहित हरदयाल बुलाए गए। जिस समय पुरोहित जी जनेऊ पहनाने लगे, उस समय नानक जी ने कहा—

दइआ कपाह संतोखु सूतु जतु गंढी सतु वटु।
एहु जनेऊ जीअ का हई त पांडे घतु।।
ना एहु तुटै न मलु लगै ना एहु जलै न जाइ।।

(वार आसा, महला १)

अर्थात्, "दया कपास हो, संतोष सूत हो, संयम गांठ हो और (उस जनेऊ) की सत्य ही पूरन हो। यही जीव के लिए (आध्यात्मिक) जनेऊ है। हे पाण्डेय (पंडित) यदि इस प्रकार का जनेऊ तुम्हारे पास हो तो मेरे गले में पहना दो। यह जनेऊ न तो टूटता है, न इसमें मैल लगती है, न यह जलता है और न यह खोता ही है।"

किसी बात में गुरु नानक का मन न लगता हुआ देखकर, उनके माता-पिता बहुत ही हैरान हुए। उनकी सांसारिक उदासीनता और विरक्ति देखकर उन लोगों ने यह समझा कि वे रोगी हैं। एक दिन एक निपुण वैद्य को बुलवाकर गुरु नानक देव की नाड़ी दिखाई। वैद्य ने नाड़ी देख कर उनके रोग का पता लगाना चाहा; किन्तु शरीर में कोई मर्ज़ हो, तब तो पता चले? वैद्य के सारे प्रयत्न निष्फल रहे। वह मर्ज़ का पता न लगा सका। इस पर गुरु नानक देव की ने कहा—

वैदु बुलाइआ वैदगी पकड़ि ढंडोले बांह।
भोला वैदु न जाणई करक कलेजे माहि।।

(वार मलार, महला १)

सन् १४८५ ई० में उनका विवाह बटाला निवासी, मूला की कन्या सुलक्खनी से हुआ। उनके वैवाहिक जीवन के संबंध में बहुत कम जानकारी है। २८ वर्ष की आयु में उनके बड़े पुत्र श्रीचंद का जन्म हुआ। ३१ वर्ष की आयु में उनके द्वितीय पुत्र लक्ष्मीचंद अथवा लक्ष्मीदास उत्पन्न हुए।

गुरु नानक के पिता, कालू ने उन्हें एक एक करके कई कार्यों में लगाना चाहा, किन्तु उनके सारे प्रयास निष्फल सिद्ध हुए। घोड़े के व्यापार के निमित्त दिए हुए रुपयों को गुरु नानक देव ने साधु-सेवा में लगा दिया। पूछने पर उन्होंने अपने पिता जी से कहा कि यही सच्चा व्यापार है। गुरु नानक देव की इस विरक्ति से ऊब कर, उनके बहनोई जयराम (उनकी बड़ी बहिन नानकी के पति) ने, उन्हें अपने पास सुल्तानपुर में बुला लिया। नवम्बर १५०४ ई० से अक्टूबर १५०७ ई० तक वे सुल्तानपुर में ही रहे। अपने बहनोई जयराम के प्रयास से वे सुल्तानपुर के गवर्नर दौलत खाँ के यहाँ मोदी रख लिए गए। उन्होंने अपना कार्य अत्यन्त ईमानदारी से पूरा किया। वहाँ की जनता तथा वहाँ के शासक दौलतखाँ नानक जी की ईमानदारी, कार्य-पटुता से बहुत प्रसन्न और संतुष्ट हुए। अपनी आमदनी का अधिकांश भाग वे गरीबों और साधुओं को दे देते थे। वे समस्त रात्रि परमात्मा के चिन्तन में व्यतीत करते थे। तलवंडी से आ कर मरदाना उनका सेवक हो गया। वह भी उनके साथ रहने लगा। मरदाना रबाब बजाने में अत्यंत निपुण था। गुरु नानक जब विचार-सागर में डूब जाते, तो कहते मरदाना अपनी रबाब तो उठा। मरदाना रबाब उठा कर बजाने लगता और गुरु नानक देव के हृदयोद्गार दिव्य संगीत-लहरी में प्रवाहित होने लगते। अद्भुत समाँ बँध जाता। जो कोई भी इस दिव्य संगीत को सुनता, वही आनन्द-विभोर हो जाता और अपने आप को विस्मृत होकर स्वर्गीय जगत् में विचरण करने लगता। जिस प्रकार कस्तूरी की सुगंधि चारों ओर फैल जाती है, उसी प्रकार गुरु नानक देव की कीर्त्ति चारों ओर फैलने लगी।

एक दिन एक साधु ने आकर कहा, "मोदी जी सीधा तौल दीजिए।" गुरु नानक देव तराजू लेकर सीधा तौलने लगे। जब बारह बार तौल चुके और तेरहवें की बारी आई, तो वे "तेरा, तेरा" कहते हुए गंभीर ध्यान में निमग्न हो गए। सीधा तौलते जाते और "तेरा, तेरा" कहते जाते। पता नहीं इस वृत्ति में कितने मन तौल गए। पर उनके भाण्डार में कमी नहीं हुई, वृद्धि ही हुई। उनकी इस वृत्ति की सांसारिकों ने शिकायत की कि नानक तो दौलतखाँ का भाण्डार ही लुटा रहे हैं। किन्तु तौला जाने पर सब सामान बढ़ कर निकला। इस प्रकार यह सच्चे रूप के देने का चमत्कार था। सभी आश्चर्य में पड़ गए।

गुरु नानक देव नित्य प्रातःकाल वेंई नदी में स्नान करने जाया करते थे। एक दिन वे ब्रह्ममुहूर्त्त में एक सेवक के साथ स्नान करने गए। वे तीन दिन तक अदृश्य रहे। नदी में जाल डाले गए, बहुत खोज की गई। किन्तु उनका पता न चला। सभी लोगों को विश्वास हो गया कि गुरु नानक नदी में डूब कर बह गए। जब यह बात उनकी बहिन नानकी से बताई गई, तो उन्होंने दृढ़तायुक्त विश्वासमयी वाणी में कहा, "मेरा भाई डूबने वाला नहीं। वह तो दूसरों को तारने वाला है। यदि वह डूबा है, तो संसार को तारने के लिए ही।" कहने को तो गुरु नानक देव वेंई नदी में डूबे थे, पर वे आत्मस्वरूप में लीन होकर 'सच्च खण्ड' में पहुँच गए थे। 'सच्च खण्ड' में पहुँच कर गुरु नानक देव ने दो वस्तुएँ प्राप्त की थीं—'नाम' और 'दीनता'। कहते हैं कि 'सच्च खण्ड' की स्तुति गुरु नानक देव ने—

"सो दरु केहा सो घरु जितु बहि सरब समाले" में की थी। (देखिये जपु जी, २७वीं पउड़ी तथा रागु आसा, सबद १)

परमात्मा ने इस 'सत्य खंड' में उन्हें अमृत पिलाया और कहा, "मैं सदैव तुम्हारे साथ हूँ। मैंने तुम्हें आनन्दित किया है। जो तुम्हारे सम्पर्क में आयेंगे, वे भी आनन्दित होंगे। जाओ, नाम में रहो। दान दो, उपासना करो, स्वयं हरि नाम लो और दूसरों से भी नाम स्मरण कराओ।"

अधिकांश साखियों से यही ज्ञात होता है कि गुरु नानक देव के गुरु अकाल पुरुष (परमात्मा) हैं। गुरु नानक देव को अकाल पुरुष ने अपना ज्ञान स्वयं प्रदान किया था। इसलिए अकाल पुरुष, अपरंपार, परब्रह्म परमेश्वर ही उनका गुरु है—

अपरंपार पारब्रह्म परमेसरु नानक गुर मिलिआ सोई।
(सोरठि, सबद ११)

इस घटना के पश्चात् वे परिवार का भार अपने श्वसुर, मूला को सौंप कर विचरण करने निकल पड़े। इस विचरण में वे अपने धर्म का प्रचार करते थे। मरदाना उनकी यात्रा का साथी रहा।

गुरु नानक की पहिली उदासी (विचरण-यात्रा) अक्टूबर १५०७ ई० से १५१५ ई० तक रही। इस यात्रा में उन्होंने हरिद्वार, अयोध्या, प्रयाग, काशी, गया, पटना, आसाम, जगन्नाथपुरी, रामेश्वर, सोमनाथ, द्वारिका, नर्मदातट, बीकानेर, पुष्करतीर्थ, दिल्ली, पानीपत, कुरुक्षेत्र, मुल्तान, लाहौर आदि स्थानों का भ्रमण किया। इस यात्रा में उन्होंने बहुतों का हृदय-परिवर्त्तन किया। ठगों को साधु बनाया, वेश्याओं का अन्तःकरण शुद्ध कर नाम का दान दिया। कर्मकाण्डियों को बाह्याडम्बरों से निकाल कर रागात्मिका भक्ति में लगाया। अहंकारियों का अहंकार दूर कर उन्हें मानवता का पाठ पढ़ाया।

इस उदासी के पश्चात् दो वर्ष तक वे अपने माता-पिता के साथ रहे। उनकी दूसरी उदासी सन् १५१७ ई० से १५१८ ई० तक, यानी एक वर्ष की रही। इसमें उन्होंने ऐमनाबाद, सियालकोट, सुमेर पर्वत आदि की यात्रा करके करतार पुर आए।

तीसरी उदासी लगभग तीन वर्ष की रही। (१५१८ ई० से १५२१ ई० तक)। इसमें उन्होंने रियासत बहावलपुर, साधुबेला (सिन्ध), मक्का, मदीना, बगदाद, बलख, बुखारा, काबुल, गोरखहटड़ी, कंधार, ऐमनाबाद आदि स्थानों की यात्रा की। सन् १५२१ ई० बाबर का ऐमनाबाद पर आक्रमण गुरु नानक ने स्वयं अपनी आँखों से देखा था। उसका सजीव वर्णन भी उन्होंने अपनी वाणी में किया है।

गुरु नानक देव अपनी यात्राओं को समाप्त कर करतारपुर में बस गए। सन् १५२१ ई० से सन् १५३९ ई० तक करतारपुर ही में रहे। उनका करतारपुर का जीवन अत्यन्त कर्मठ रहा। गुरु गद्दी का भार गुरु अंगददेव (बाबा लहना) को सौंप कर, वे १५३९ ई० में करतारपुर में 'ज्योती ज्योति' में लीन हुए। 'श्री गुरु ग्रंथ साहिब' में उनकी रचनाएँ 'महला १' के नाम से संग्रहीत हैं।

उनका व्यक्तित्व असाधारण, सरल और दिव्य है। वे सच्चे अर्थ में सद्गुरु रहे। वे सदैव परमात्मा में निवास करते थे और जो भी उनकी शरण में आया, उसे परमात्मा का साक्षात्कार कराया। उन्होंने लोगों को आध्यात्मिक जीवन का अमृत पिलाया और सांसारिक जीवन के प्रति वैराग्य-भावना उत्पन्न की। वे किसी जाति अथवा वर्ग विशेष के गुरु नहीं थे, बल्कि मानवमात्र के सद्गुरु थे। ऐसे कठिन युग में भी उन्होंने चीन, ब्रह्मा, लंका, अरब, मिस्र, तुर्किस्तान, रूसी तुर्किस्तान तथा अफ़गानिस्तान आदि की यात्राएँ कीं। जहाँ भी गए, वहीं वे प्रेम, भक्ति, सेवा, त्याग, वैराग्य, सत्य, संयम, तितिक्षा आदि का संदेश ले गए।

राजा, रंक, फकीर, साधु ठग, वेश्या, सूफी, योगी सभी ने उनके चरणों में अपना मस्तक झुकाया और उन्हें अपना सद्‌गुरु समझा। गुरु नानक की दी हुई शिक्षाओं और उपदेशों को लोगों ने अपने हृदय में बसाया। उन्होंने लोगों को यही शिक्षाएँ दीं, जो उनके पवित्र अन्तःकरण में परमात्मा की ओर से आईं।

गुरु नानक के व्यक्तित्व में पैगम्बर और दार्शनिक दोनों का अपूर्ण सम्मिश्रण था। उन्होंने जो कुछ भी अनुभव किया, उसे दृढ़ और ओजस्वी वाणी में व्यक्त किया। सत्य के निर्भय प्रकाशन में वे हिमालय की भाँति अडिग रहे। बड़ी बड़ी तलवारों और तोपों का भय उन्हें सत्य मार्ग से विचलित नहीं कर सका। यह गुण तो उनके पैगम्बर होने का ज्वलन्त प्रमाण है। परन्तु इसके साथ ही वे परमात्मा के प्रेम में सारंग की भाँति व्याकुल थे। वे विराट् प्रकृति को देख कर परमात्मा के प्रेम में निमग्न हो जाते थे। वे 'गगनमै थालु रवि चंदक दीपक बने" के माध्यम से विराट् और अनन्त पुरुष की आरती में अपनी सुध-बोध खो देते थे। यही उनकी महान् दार्शनिकता है।

गुरु नानक देव पूर्ण योगी और आदर्श गृहस्थ थे। मानवता की आर्त्त पुकार सुनकर, उन्होंने अपना घर-बार, पुत्र-कलत्र, धन-सम्पत्ति, का तृण की भाँति त्याग कर दिया। पूर्ण योगी की भाँति वे सदैव परमात्मा में निमग्न रहते थे और सभी आसक्तियों का अन्तर्त्याग कर चुके थे। वे सहज योगी थे। वे त्याग का भी त्याग कर चुके थे। उन्हें जब यह अनुभव हो गया कि उनका विचरण वाला कार्य समाप्त हो चुका है, तो वे तुरन्त 'गृहस्थ योगी' की भाँति जीवन व्यतीत करने लगे। संसार की दृष्टि में वे दो पुत्रों के पिता थे, किन्तु वास्तव में वे समस्त मानव-समाज के पिता थे। वे मानव जाति के उत्थान के लिए सतत चेष्टाशील रहते थे। वे लोगों की शारीरिक और आध्यात्मिक भूख दोनों ही मिटाते थे। उन्होंने लोगों की शारीरिक, मानसिक और आध्यात्मिक तीनों प्रकार की क्षुधाओं की निवृत्ति की। उन्होंने अपने जीवन के द्वारा 'करनी और कथनी' को एक किया।

वे क्रान्तिकारी और दूरदर्शी समाज-सुधारक थे। उन्होंने समाज के उन रोगों का निदान किया, जो उसे खाये जा रहे थे। निदान मात्र करने से ही संतुष्ट न होकर, उन्होंने उसकी औषधि भी दी। उन्होंने सामाजिक, आर्थिक और राजनीतिक समस्याओं का जिस प्रकार समाधान किया, वे उन्नत, सभ्य और सुसंस्कृत देशों के आदर्शों की कसौटी पर खरी उतरती हैं। गुरु नानक देव ने 'परमात्मा से भय रखने वालों का प्रजातंत्रवाद' प्रतिष्ठापित किया, जिसके अनुसार सभी लोगों को समान भाव से रहने का अधिकार है। जाति, वर्ग, वर्ण आदि में कोई भी भेद न हो। भ्रातृभाव, सेवा, समाज के परम आदर्श हैं। गुरु नानक द्वारा उनके शिष्यों की बसाई गई करतारपुर की वस्ती इस बात का आदर्श उदाहरण थी। उसमें सभी लोग समान रूप से रहते थे। कोई अपवाद अथवा विशिष्ट वर्ग नहीं था। इतनी प्रसिद्धि पाने पर भी गुरु नानक देव और उनकी सहधर्मिणी पर्याप्ति कार्य में रत रहती थीं। साठ वर्ष की आयु में भी गुरु नानक देव शारीरिक परिश्रम करते थे। किसी भी स्थान में जाति वर्णभेद नहीं था।

गुरु नानकदेव सहज और प्रकृति-जन्म कवि थे। नौ वर्ष की अल्पायु में ही वे असाधारण कविता कर लेते थे। उन कविताओं में अपार आध्यात्मिक भावना संन्निहित थी। वे परमात्मा, प्रकृति एवं मानव तीनों के ही अपूर्व कवि थे। उनके काव्य का पर्यवसान परमात्मा में होता था।

वे अपूर्व संगीतज्ञ थे। उनकी स्वर-लहरी में अपूर्व माधुर्य एवं आकर्षण था। उनके संगीत का प्रभाव हिंस्र पशुओं और मनुष्यों दोनों ही पर पड़ता था। घोर से घोर अत्याचारियों, क्रूरों,

नास्तिकों, अहंकारियों का हृदय उनकी संगीतमय वाणी से परिवर्त्तित और द्रवीभूत हो जाता था।

गुरु नानक सच्चे देशभक्त थे। कदाचित् वे ही संत-कवियों में सबसे महान् देशभक्त हैं। उन्होंने अपनी वाणी में जनता की करुणा, देश के दुर्भाग्य, अत्याचारियों के अत्याचार, नृशंस राजाओं की पाशविक वृत्ति का निरूपण किया। यही कारण है कि सिकन्दर लोदी के कर्मचारियों द्वारा वे गिरफ्तार किए गए। गुरु नानक देव ने बाबर के अमेनावाद के आक्रमण का करुणापूर्ण चित्रण किया।

'खुरासान खसमाना कीआ हिनदुसतानु डराइआ' आदि ऐसी देशभक्तिपूर्ण पंक्तियाँ है, जिन पर कोई भी देशभक्त गर्व कर सकता है। उन्होंने बहादुरी से बाबर को उपदेश दिया और उसके हृदय में करुणा का संचार किया। उन्होंने देशवासियों के चरित्र उज्ज्वल बनाने और ऊँचा उठाने का प्रयास किया।

वास्तव में गुरु नानक देव अपूर्व विश्वबन्धु थे। यही कारण है कि उन्होंने इतने देशों की यात्राएँ कीं। अपनी वाणी से वहाँ के लोगों में आशा, प्रेम, भक्ति और त्याग का संदेश दिया। वे मानव मात्र को परमात्मा के प्रेम में युक्त करना चाहते थे। इसी प्रेम के उच्च धरातल पर मानव-मानव एक हो सकते हैं।

गुरु नानक जी अद्भुत साहसी और निर्भय थे। वे अपने मिशन का प्रचार करने जहाँ एक ओर हिमालय की बर्फीली चोटियों में गए, वहाँ दूसरी ओर अरब तथा मिस्र के रेगिस्तानों में भी गए। इस प्रचार कार्य में जो जो बाधाएँ और अडचनें आईं, उनका उन्होंने बड़े साहस से सामना किया। वे अपनी जान हथेली पर रख कर अपने मिशन का प्रचार करते थे। वे मृत्यु से निर्भय हो चुके थे। अपने शिष्यों को भी मृत्यु की भावना से ऊँचा उठा दिया था। वे कहते थे, "वीरों के लिए मृत्यु से बढ़ कर कुछ भी श्रेयस्कर नहीं है; किन्तु मृत्यु सुन्दर कार्य के निमित्त अवश्य हो।" उस समय की कल्पना कीजिए, जिस समय वे अपने धर्म का प्रचार करते थे! उस समय दिल्ली में ऐसे शासक हुकूमत करते थे, जो केवल इतना कहने पर लोगों का सिर कटवा लेते थे कि 'सभी धर्म उतने ही अच्छे हैं, जितना कि इस्लाम धर्म।' इसके अतिरिक्त समाज के उच्च वर्ण के लोग उन्हें 'कुराहिया' कहते थे। वे अपनी निर्भय शिक्षाओं के लिए गिरफ्तार भी किए जा चुके थे। किन्तु किसी भी अत्याचार, वहिष्कार से उनकी धार्मिक-भावना दमन न की जा सकी। वे सच्चे सत्याग्रही थे और अपने अखण्ड मिशन के प्रचार के लिए जीवन भर जूझते रहे।

किन्तु इन सब के बावजूद वे मृदुता और विनम्रता की प्रतिमूर्त्ति थे। उन्होंने कभी कठोर वाणी का उच्चारण नहीं किया। वे पापियों और दुष्कर्मियों से भी प्रेम करते थे। वे अत्यन्त मृदुता और बुद्धिमत्ता से उन्हें सांसारिक आकर्षणों से खींच कर ईश्वर में अनुरक्त कर देते थे। उनकी मृदु मुसकान में अलौकिक जादू था। वे अपनी मुसकान मात्र से हृदय परिवर्त्तित कर देते थे। उन्होंने अपनी वाणी में स्थान स्थान पर अपने को 'दासानुदास', 'पतित', 'हीन' 'ओछी मति' वाला कहा है। उन्होंने यह कभी नहीं कहा कि "मेरा ही धर्म सर्वश्रेष्ठ है।" उन्होंने अपने शिष्यों को विनम्रता, सहिष्णुता, प्रेम, त्याग तथा कर्मयोग का पाठ पढ़ाया।

उनमें क्रियाशक्ति और संकल्पशक्ति का अपूर्व सम्मिश्रण था। उनकी दृष्टि में धर्म यह नहीं था कि जगत् के सारे कार्यों को त्याग कर हाथ पर हाथ रख कर बैठा जाय। यही कारण है कि वे जानबूझ कर बाबर के अत्याचार-शिविर में गए और सारी कठिनाइयों को झेला। उन्होंने कल्पना मात्र नहीं किया, बल्कि जो कुछ सोचा उसे क्रिया में व्यवहृत किया।

उनकी संकल्प-शक्ति, क्रिया-शक्ति और सहन-शक्ति अद्वितीय थीं। उस युग में कदाचित् ही किसी धर्म-सुधारक ने इतनी लम्बी यात्राएँ करके अपने धर्म का प्रचार किया हो।

गुरु नानक देव में विभिन्न देशों की भाषाओं के समझने की अपूर्व शक्ति थी। इस दृष्टि से उनकी ग्रहण-शक्ति अपार थी। जिस देश में वे गए, उसी देश की भाषा में उन्होंने अपनी बातें कहीं। यदि वे उस देश की भाषा पर इतना अधिकार न रखते होते, तो उनकी शिक्षाएँ, इतनी लोकप्रिय न होतीं।

गुरु नानक के व्यक्तित्व में प्रत्युत्पन्नमति एवं विनोद भी पर्याप्त मात्रा में विद्यमान थे। हरिद्वार में गंगा में हिलकर पश्चिम की ओर जल देना, काबा में मस्जिद की ओर पैर फैला कर विश्राम करना और जगन्नाथ जी की आरती से पृथक् होकर विराट् पुरुष की आरती में रत होना ('गगनमै थालु रवि चंद दीपक बने') आदि घटनाएँ इस बात के प्रत्यक्ष प्रमाण हैं।

गुरु नानक जी की शिक्षा या मूल निचोड़ यही है कि परमात्मा एक, अनन्त, सर्वशक्तिमान्, सत्य, कर्त्ता, निर्भय, निर्वैर, अयोनि और स्वयंभू है। वह भक्त-वत्सल, घट-घट-व्यापी, दाता, रक्षक, सूत्रधार, सर्वनियन्ता है। वह सर्वत्र व्याप्त है। उसकी प्राप्ति के लिए रागात्मिका भक्ति ही सर्वश्रेष्ठ साधन है। मूर्त्तिपूजा आदि निरर्थक हैं। बाह्य साधनों से परमात्मा नहीं प्राप्त होता। आन्तरिक साधन ही उसकी प्राप्ति के उपाय हैं। गुरु-कृपा, परमात्म-कृपा एवं शुभ कर्मों के आचरण से परमात्मा की प्राप्ति होती है। नाम-जप परमात्म-प्राप्ति का सर्वोपरि साधन है और वह नाम गुरु के द्वारा प्राप्त होता है। व्यावहारिक जगत् में 'नाम, दान एवं स्नान' शारीरिक, मानसिक और आध्यात्मिक शुद्धि के लिए आवश्यक हैं। इस प्रकार गुरु नानक पंद्रहवीं एवं सोलहवीं शताब्दी की अमर विभूति हैं। तभी तो गुरु अर्जुन देव ने उनके संबंध में कहा था—"वे परमात्मा की प्रतिमूर्त्ति थे। बल्कि परमात्मा ही थे।"

परिशिष्ट (ख)

नानक-वाणी के कुछ विशिष्ट शब्द

गुरु नानक ने अपनी वाणी में कुछ ऐसे शब्दों के प्रयोग किए हैं जिनकी जानकारी उनके वास्तविक अभिप्राय के समझने के लिए आवश्यक है। इनमें से कतिपय शब्द चुन कर नीचे दिए जा रहे हैं—

ओअंकारु :—इसका अभिप्राय 'ॐ' से है। ॐ वेदों और उपनिषदों का सार तत्त्व है। यह ब्रह्म का प्रतीक है। समस्त सृष्टि की उत्पत्ति, स्थिति और लय इसी से मानी गई है। भूत, भविष्य, वर्त्तमान और इन तीनों से परे त्रिकालातीत तथा जाग्रत, स्वप्न, सुषुप्ति और तुरीय ॐ के ही स्वरूप हैं। माण्डूक्योपनिषद् में इसकी विशद व्याख्या की गई है।

गुरु नानक देव भी ओंकार से ही ब्रह्मादिक की उत्पत्ति मानते हैं—

"ओअंकारि ब्रह्मा उतपति। ओअंकारु कीआ जिनि चिति"

(रामकली, दख[illegible]अंकारु)

गुरु नानक की एक विशेष वाणी का नाम भी 'ओअंकारु' है, जो रामकली राग में है। यह 'पट्टी' के तर्ज पर लिखी गई है। इसके अन्त में 'पट्टी' शब्द भी आया है।

अजपा जाप :—अजपा जप बिना किसी प्रयास का स्वाभाविक जप है। इस जप में बाह्य-साधनों का सहारा नहीं किया जाता। बाह्य साधनों का अभिप्राय यह है कि जिह्वा से नामोच्चारण करना, जप-गणना के लिए माला अथवा अँगुलियों का सहारा लेना। बौद्ध-सिद्धों की साधना-पद्धति में 'अजपा-जप' की साधना पर बहुत बल मिलता है। बौद्ध-सिद्ध अपनी साधना-पद्धति को दृढ़ करने के लिए श्वास-प्रश्वास की गति नियन्त्रित करने के लिए 'चण्डाग्नि' प्रज्वलित करते थे। इससे 'श्वास-प्रश्वास' में सहज भाव से जप होने लगता था। इसी से अजपा जप को 'सहज ज़प' भी कहा जाता है। वज्रयोगी साधक 'अजपा जप' को 'वज्र जाप' कहते थे। नाथपंथी साधकों ने इस जप को 'अजपा जप' का नाम दिया। सभी संत कवियों ने इस जप की महत्ता स्वीकार की है। इस जप में मन, बुद्धि, चित्त और अहंकार एकदम शान्त हो जाते हैं और जप की अखण्ड धारा अपने आप प्रवाहित होने लगती है। गुरु नानक देव नें 'अजपा जप' का स्थान स्थान पर संकेत किया है। यथा—

"अजपा जापु जपै मुखि नाम"

(बिलावलु महला १, थिती, १६वाँ छन्द)

तथा "अजपा जापु न वीसरै आदि जुगादि समाइ।"

(मलार की वार, महला १)

अनहद नाद :—जो अखण्ड नाद जगत् के अन्तस्थल और निखिल ब्रह्माण्ड में ध्वनित हो रहा है, उसी को शरीर में स्थित कुण्डलिनी को उद्बुद्ध करके अपने अन्तर्गत सुनना ही 'अनहद नाद', वा 'अनाहत नाद' है। इस 'अनाहत नाद' के श्रवण से मन विशुद्ध और चित्त शान्त हो जाता है। इस अनाहत नाद के श्रवण से मन अपने 'मूल स्थान' में स्थित हो जाता है, इसी से उसकी चंचलता शान्त हो जाती है।

गुरु नानक ने अनाहत शब्द के प्रति अपनी श्रद्धा प्रकट की है। परन्तु उनके 'अनाहत नाद' का स्वरूप योगियों के 'अनाहत नाद' के स्वरूप से कुछ भिन्न प्रतीत होता है। योगी तो दशम द्वार की प्राप्ति के पहले ही अनाहत शब्द सुनने लगता है। किन्तु गुरु नानक के अनुसार अनाहत शब्द के आनन्द की अनुभूति दशम द्वार में पहुँच कर होती है। यथा—

गुरमति राम जपै जनु पूरा।
तितु घट अनहत बाजे तूरा।।२।।१६।।
(गउड़ी गुआरेरी, असटपदीआं)

तथा, पंच सबद धुनि अनहद बाजे हम घरि साजन आए।।१।।१।।२।।
(सूही, महला १)

गुरु नानक देव ने अनाहत शब्द की प्राप्ति का साधन साधना-बहुल और क्रिया-क्लिष्ट योग की साधना को नहीं माना है। उनकी दृष्टि में नाम-जप योग-प्राप्ति का सर्वोपरि साधन है—

नानक बिनु नावै जोगु कदे न होवे देखहु रिदै विचारे।।
(रागु रामकली, सिध गोसटि)

पूर्ण गुरु की आराधना से योग-सिद्धि होती है—

बिनु सतिगुरु सेवे जोगु न होई।।
(रामकली, सिध गोसटि)

अमृत रस :—'अमृत रस' को 'महा रस' भी कहा गया है। इसका मूल स्रोत सहस्र दल कमल है, जिसे 'सहस्रार' भी कहते हैं। योगियों ने इसे 'अमर वारुणी' की भी संज्ञा दी है। सिद्ध सरहपा ने "अमर वारुणी' की अपेक्षा 'सहज रस' को अधिक महत्त्व दिया था। गोरखनाथ का संकेत 'सहस्र दल कमल' से टपकने वाले अमृत से है। खेचरी मुद्रा के अभ्यास द्वारा 'अमृत रस' की प्राप्ति होती है, जिससे शरीर अजर, अमर हो जाता है।

किन्तु गुरु नानक देव का अभिप्राय 'अमृत रस' से 'हरि रस', 'परमात्म-रस' से है—

अंमृत रस पाए तृसना भउ जाए।
अनभउ पदु पावै आपु गवाए।।
(मारू, महला १)

अंमृत रसि राता केवल बैरागी गुरमति भाइ सुभाइआ"
(मारू, महला १)

करम खण्ड :—गुरु नानक देव ने जपु जी की ३४वीं से लेकर ३७वीं पउड़ी में यह दिखलाया है कि परमातमा की सृष्टि-रचना 'धर्म', 'ज्ञान', 'शरम', 'करम' अथवा (कृपा) तथा 'सत्य' के आधार पर चल रही है। उन्होंने प्रत्येक का पृथक् पृथक् खण्ड अथवा मण्डल दिखलाया है। वे मानो पंच भूमियाँ अथवा भूमिकाएँ है। 'करम खण्ड' चौथी भूमिका है। 'करम खण्ड' (कृपा खंड) में परमातमा की शक्ति को छोड़कर और कुछ नहीं है। उस खण्ड में महाबली शूरवीर ही निवास करते हैं। उन सब में राम ही समाया रहता है। उसके स्वरूप का वर्णन नहीं किया जा सकता । जिनके मन में राम निवास करते हैं, न तो वे मरते हैं और न (काल द्वारा) ठगे जाते हैं। उस खण्ड में परमातमा के भक्तों के अनन्त लोक बसे हैं। उस खण्ड में भक्तगण शाश्वत आनन्द में निमग्न रहते हैं, क्योंकि हरी का सच्चा नाम उनके मन में बसा हुआ है (देखिए जपु जी, ३७वीं पउड़ी का पूर्वार्द्ध)

सृष्टि का उपर्युक्त खण्डों में विभाजन गुरु नानक देव की मौलिकता है।

किरत-कर्म :—किरत कर्म वे अच्छे अथवा बुरे कर्म हैं, जो जीव ने पिछले जन्मों में किए हैं। बारम्बार उन्हीं कर्मों के करने के कारण आदत पड़ जाती है। उसी आदत के वशीभूत होकर पुरुष जो कर्म करता है, वह किरत कर्म कहलाता है। किरत कर्म भोगने ही पड़ते हैं, मिटते नहीं। कर्मों के भोग के लिए कर्मों की किरत भाग्य में लिख दी जाती है—

आवै जाइ भवाईऐ पइऐ किरति कमाइ।
पूरबि लिखिआ किउ मेटीऐ लिखिआ लेखु रजाइ।
बिनु हरि नाम न छुटीऐ गुरमति मिलै मिलाइ।।७।।१०।।
('सिरी रागु, असटपदीआं, महला १)

किरत कर्म महान् बलशाली होते हैं—

इकि आवहि जावहि धरि वासु न पावहि।
किरत के बाधे पाप कमावहि।।४।।३।।९।।
(मारू, सोलहे, महला १)

अथवा—

किरतु पइआ नह मेटै कोइ।
किआ जाणा किआ आगै होइ।।
(गउड़ी, महला १)

किरत-कर्म की दुरूहता मेटने में यदि कोई समर्थ है, तो वह है 'हरि-किरत-कर्म'। परमात्मा के नाम का गुणगान ही 'हरि-किरत-कर्म' है।

कुचज्जी :—बुरे आचारवाली स्त्री को कुचज्जी कहते हैं। पति परमेश्वर से जीवात्मा रूपी स्त्री अपने बुरे आचारों के कारण ही बिछुड़ जाती है। जीवात्मा रूपी स्त्री अपनी अहं-भावना में आकर पति परमेश्वर को भूल कर नाना प्रकार के कष्ट पाती है। अन्त में जब यह 'सुचज्जी'—सुंदर आचारवाली होती है, तभी पति-परमात्मा से मिलाप होता है। (देखिए रागु सूही, महला १, कुचज्जी)

खटु करम (षट्-कर्म) :—इसका अभिप्राय योग के षट् कर्मों से है। वे निम्नलिखित हैं—

(१) **धोती** :—कपड़े की महीन और साफ़ पट्टी निगल कर भीतर की सफ़ाई करके उसे बाहर निकाल देना।

(२) **नेती** :—बारीक और मजबूत तागा नासिकामार्ग से निगल कर मुख मार्ग से निकाल लेना। इससे नासिका और मुखद्वार स्वच्छ हो जाते हैं, जिससे श्वास-प्रश्वास की गति सुंदर रूप में चलती है और उसमें किसी प्रकार की रुकावट नहीं आती।

(३) **निवली** :—पेट को अन्दर खींच कर चारों ओर घुमाना है। इससे पेट की क्रिया सुचारु ढंग से चलने लगती है। पाचन-क्रिया ठीक रहती है और उदर-संबंधी कोई विकार नहीं उत्पन्न होते।

(४) **बसती** :—बाँस की पतली नली गुदामार्ग में डालकर श्वास के द्वारा जल ऊपर चढ़ाना और अंतड़ी साफ़ करके फिर उसे निकाल देना।

(५) **त्राटक** :—किसी विशेष केन्द्रविन्दु पर आँखों को केन्द्रित करके अपलक दृष्टि से

देखना। इसमे नेत्रों की शक्ति बढ़ती है। इस क्रिया से नेत्र के समस्त विकार दूर होते हैं और सिद्धि प्राप्त होती है।

(६) **कपालभाति** :—लुहार की धौंकनी के समान श्वासों को जोर से खींच कर शीघ्रता से बाहर निकालना। इससे नाड़ियों की शुद्धि होती है।

खसम :—खसम शब्द का प्रयोग कदाचित् सिद्ध साहित्य में सर्वप्रथम मिलता है और इसका अर्थ इस प्रकार है (ख=आकाश, शून्य=सम, समान) अर्थात् शून्यवत। सिद्धों ने 'खसम' शब्द का प्रयोग मन के लिए किया है, जिसका अर्थ 'शून्यवत निर्लिप्त एवं व्यापक' मन से है। मन की यह स्थिति तब होती है, जब वह नितान्त निर्वासनिक हो जाय। योगियों ने इस प्रकार के मन को 'गगनोपम' एवं 'शून्यवत' कहा है। नाथपंथियों ने 'खसम' शब्द का प्रयोग नहीं किया है।

संत साहित्य में 'खसम' शब्द का प्रयोग बराबर मिलने लगता है। किन्तु इसका प्रयोग विभिन्न अर्थ में है। 'खसम' अरबी शब्द है और इसका अर्थ 'पति' होता है। गुरु नानक ने 'खसम' का प्रयोग पति-परमात्मा के लिए ही किया है। यथा—

चाकरु कहीऐ खसम का सउहे उतरे देइ।

(रामकली, दखणी ओअंकारु)

खसमु विसारहि ते कमजाति।
नानक नावै बाझु सनाति।।४।।२।।

(रागु आसा, महला १, चउपदे, घरु २)

खसमै भावै सो करे मनहु चिंदिआ सो फलु पाइसी।
ता दरगह पैधा जाइसी।।

(आसा की वार, महला १)

खसमु विसारि खुआरी कीनी धृगु जीवणु नहीं रहना।।

(रागु मलार, चउपदे, महला १, घरु १)

खसमु विसारि कीए रस भोग।
तां तनि उठि खलोए रोग।।

(मलार, महला १, घरु २)

गिआन खंड (ज्ञान खण्ड) :—जपु जी में गुरु नानक देव ने सृष्टि की पाँच भूमिकाएँ बतलाई हैं—धर्म खंड, ज्ञान खंड, शरम खण्ड (लज्जा खण्ड), करम खण्ड (कृपा खण्ड) तथा सच्च खंड। 'ज्ञान खण्ड' इन पंच भूमिकाओं में से दूसरी भूमिका है। ज्ञान खण्ड की भूमिका में स्थित होने पर प्रभु की शक्तियों का ज्ञान उत्पन्न होता है। यह भौतिक खण्ड नहीं, मानसिक मण्डल है। ज्ञान खंड में कितने ही वायु देव, वरुण देव (जल देवता), अग्नि देव, कृष्ण और महेश हैं। न मालूम कितने ब्रह्मा हैं जो अनेक सृष्टि का निर्माण करते रहते हैं तथा नाना रूप-रंग के वेश उत्पन्न करते हैं। इस ज्ञान खण्ड में अनेक कर्मभूमियाँ, अनन्त सुमेरु पर्वत, ध्रुव, इन्द्र, चन्द्रमा, सूर्य स्थित हैं। अनन्त मण्डल और अनन्त देश इसमें विराजमान हैं। न मालूम कितने सिद्ध, बुद्ध, नाथ, देवी, देवता दानव, मुनि, रत्न, खानियाँ—(उद्भिज, अंडज, जेरज, पिंडज), कितने प्रकार की बोलियाँ, कितने ही राजे, बादशाह उस ज्ञान खंड की भूमिका में स्थित हैं। ज्ञान खंड की सृष्टि का न अन्त है और न सीमा। यह

'नेति नेति' है। इस खंड में ज्ञान की प्रबलता रहती है। ज्ञानखण्ड में ज्ञानी-जन नाद में अनुरक्त रहते हैं और विनोद, कौतुक, आनन्द में निमग्न रहते हैं।

गुरमुख--[संस्कृत, गुरमुख = गुरु + मुख; जिसने गुरु द्वारा दीक्षा ली हो]। नानक-वाणी में गुरमुख शब्द का प्रयोग कई अर्थों में हुआ है। यथा--

(१) गुरु से दीक्षित।

(२) वह व्यक्ति जिसे नाम प्राप्त हो गया हो अथवा वह साधक जो अहर्निश नाम का जप करता हो अथवा वह सिद्ध जिसने नाम से एकनिष्ठ ध्यान लगा कर मन को जीत लिया हो।

(३) परमात्मा।

(४) गुरु।

(५) गुरु का दर्शन।

(६) गुरु की शिक्षा से।

(७) गुरु के द्वारा, तथा

(८) गुरु का।

इस प्रकार प्रसंगानुसार 'गुरमुख' के उपर्युक्त अर्थ होते हैं।

दशम द्वार :--दशम द्वार योगमार्ग का बहुत ही प्रचलित शब्द है। गुरु नानक देव ने अपनी वाणी में इस शब्द का प्रयोग किया है। गुरु नानक के अनुसार दशम द्वार अनेक रूपों और निरंकार के नाम का भाण्डार है। तात्पर्य यह कि हमारे अन्तःकरण में जहाँ निरंकारी ज्योति का निवास है, वही दशम द्वार है।यथा--

भीतरि कोट गुफा घर जाई।
नउ घर थापे हुकमि रजाई।।
दसवै पुरखु अलेखु अपारी आपे अलखु लखाइदा।।३।।१।।१९।।
(मारू, सोलहे महला १)

नउ घर थापे थापण हारै।
दसवै वासा अलख अपारै।।
साइर सपत भरे जल निरमलि गुरमुखि मैलु न लाइदा।।२।।४।।१६।।
(मारू, सोलहे, महला १)

देही नगरी नउ दरवाजे।
सिरि सिरि करणैहारे साजे।।
दसवै पुरख अतीतु निराला आपे अलखु लखाइआ।।४।।२।।१९।।
(मारू, सोलहे, महला १)

दुहागिनी :--(दुहागण, दोहागणी, डोहागणि) : इसकी उत्पत्ति प्राकृत के 'दोहग्गं' से हुई है। प्राकृत का यह 'दोहग्गं' शब्द संस्कृत के 'दौर्भाग्यं' से उत्पन्न हुआ है। अतएव दुहागिनी अथवा दोहागिनी का अभिप्राय 'मंद भाग्य वाली' स्त्री से है। किन्तु गुरु नानक तथा अन्य सिक्ख गुरुओं ने इसका प्रयोग 'पति-परित्यक्ता' के अर्थ में किया है, जिसकी व्यंजना यह है कि वह 'जीवात्मा रूपी स्त्री' जो अपने अवगुणों के कारण 'पति परमात्मा' से त्यागी गई है। यथा--

सभि राती सोहागणी मै डोहागणी काई राति जीउ।।
(रागु सूही, महला १, कुचज्जी)

धरम खण्ड :—गुरु नानक जी ने जपु जी की ३४वीं से लेकर ३७वीं पउड़ी तक में सृष्टि-क्रम की पंच भूमिकाएँ स्थापित की हैं—धर्म खंड, ज्ञान खंड, शरम (लज्जा खंड), करम खंड (कृपा खंड), तथा सच्च खंड। धर्म खंड इन पंच भूमिकाओं की पहली भूमिका है। 'धर्म' का अभिप्राय प्रकृति के नियमों का संव्यूहन है। धर्मखंड में परमात्मा ने रात्रि, ऋतुएँ, तिथियाँ, वार, पवन, जल, अग्नि, पाताल आदि की रचना की। उन सब के बीच में पृथ्वी को धर्मशाला के रूप में स्थापित किया; अर्थात् पृथ्वी धर्म-बद्ध है, वह धर्म के आश्रित है। प्रभु ने उस पृथ्वी में अनेक जीवों के विधान और उनकी अनेक जातियाँ तथा प्रकार निर्मित किए। उन जीवों के अनन्त रूप और अनन्त नाम हैं। देश, काल, नाम, रूप का यह जगत् प्रत्येक जीव के धर्मानुसार चल रहा है। प्रत्येक जीव के कर्मानुसार परमात्मा विचार करता है। जीवों के कर्मों का फलदाता परमात्मा सच्चा है और उसका दरबार भी सच्चा है। उसके दरबार में पंच तन्मात्राएँ सुशोभित हैं। परमात्मा की कृपा एवं दया से उसका निशान —चिह्न प्राप्त होता है। इस 'धर्म खंड' में कच्चे लोग कर्म-अग्नि द्वारा पकाए जाते हैं। वहाँ पहुँचने पर ही पापात्मा और पुण्यात्मा परखे जाते हैं। (देखिए जपु जी ३४वीं पउड़ी)।।

नाद-बिंदु :—'नाद' और 'बिंदु' शब्द हमारे शास्त्रों में बहुत दिनों से चले आ रहे हैं। नाद तत्त्व शरीर के बाहर भी है और भीतर भी है। नाद ही के द्वारा अव्यक्त परमात्मा ने अपने को व्यक्त रूप में प्रकट किया। नाम-रूपात्मक जगत् अव्यक्त परमात्मा का व्यक्त विलास है। योगीगण अभ्यास के द्वारा नाद को अपने अन्तर्गत सुनते हैं। यह नाद अन्तर्ज्योति का शब्द रूप है। इसी नाद से अज्ञानान्धकार का नाश होता है। नाद परमात्म-तत्त्व का प्रतीक है और बिन्दु शक्ति का बोधक है। जिस प्रकार अग्नि और उसकी दाहक-शक्ति में कोई अन्तर नहीं है, उसी प्रकार 'नाद' और 'बिंदु' में कोई अन्तर नहीं है। शिव और शक्ति का मिलन नाद-बिंदु के मिलन का प्रतीक है। गुरु नानक जी की दृष्टि नाद-बिंदु पर थी। यथा—

नाद बिंद की सुरति समाइ। सतिगुरु सेवि परम पदु पाइ।।२।।१२।।

(रागु आसा, महला १, चउपदे, घरु२)

निरंजन :—निरंजन का तात्पर्य 'अंजन रहित' है। विद्वानों ने 'अंजन' का अर्थ अनेक प्रकार से किया है। कोई इसका अर्थ 'माया' लगाते हैं और कोई, 'विकार', 'कलुष' अथवा 'कल्मष'। इस प्रकार इसका अर्थ 'निर्लेप', 'निष्केवल' अथवा 'निर्विकार' है। मुण्डकोपनिषद् में 'निरंजन' शब्द का प्रयोग इस भाँति पाया जाता है—

यदा पश्यः पश्यते रुक्मवर्णं
कर्तारमीशं पुरुषं ब्रह्मयोनिम्।
तदा विद्वान्पुण्यपापे विधूय
निरञ्जनः परमं साम्यमुपैति।।

(मुण्डकोपनिषद्, मुण्डक ३, खण्ड १, मंत्र ३)

अर्थात्, "जिस समय द्रष्टा सुवर्णवर्ण और ब्रह्मा के भी उत्पत्तिस्थान, उस जगत्कर्ता ईश्वर पुरुष को देखता है, उस समय यह विद्वान् पाप-पुण्य दोनों को त्याग कर निर्लेप हो अत्यन्त समता को प्राप्त हो जाता है।" शंकराचार्य जी ने अपने भाष्य में 'निरंजन' का अर्थ 'निर्लेप' 'विगतक्लेश' लिखा है। योग-ग्रंथों में 'निरंजन' का प्रयोग प्रचुरता से हुआ है। 'हठयोग प्रदीपिका' में इस शब्द का अर्थ नित्य, शुद्ध, बुद्ध और युक्त ब्रह्म के लिए किया गया है। नाथ-पंथ में 'निरंजन' में 'ल्यौ' लगाने की बात कही गई है। सिद्ध साहित्य में 'निरंजन'

शब्द को उनके 'शून्य' ने बहुत प्रभावित किया है। उड़ीसा और राजस्थान में 'निरंजनी सम्प्रदाय' हैं, जो 'निरंजन' की स्थापना करते हैं।

गुरु नानक ने अपनी वाणी में निरंजन का प्रयोग निर्विकार, निराकार, अदृश्य, अलक्ष्य, व्यापक, घट-घट-व्यापी ब्रह्म के लिए किया है। यथा—

अजनु सारि निरंजनु जाणै सरब निरंजन राइआ।।६।।२।।१९।।
(मारू सोलहे महला १)

कहीं कहीं साधक की 'निर्लिप्त-भावना' के अर्थ में भी इसका व्यवहार पाया जाता है। यह अर्थ शंकराचार्य जी के 'निर्लेप, विगत क्लेश' अर्थ से बहुत कुछ सादृश्य रखता है। यथा—

अंजन माहि निरंजनि रहीऐ जोग जुगति इव पाईऐ।
(सूसी, महला १, घरु ७)

पंच चेले :—पाँच ज्ञानेन्द्रियाँ आँख, कान, नाक, त्वचा, जिह्वा। यथा—

पंच चेले बस कीजहि रावलु इहु मन कीजै डंडाना।

पंच चोर :—काम, क्रोध, लोभ, मोह तथा अहंकार। यथा—

पंच चोर चंचल चितु चालहि।
पर घर जोहहि घरु नहीं भालहि।।३।।२।।
(मारु सोलहे, महला १)

पंच तसकर :—पाँच ज्ञानेन्द्रियाँ अथवा काम, क्रोध, लोभ, मोह और अहंकार।
यथा—

पंच तसकर धावत राखे चूका मनि अभिमानु।
दिसटि विकारी दुरमति भागी ऐसा ब्रह्म गिआनु।।२।।७।।
(रागु परभाती विभास, महला १)

पंच परधान :—आकाश, वायु, अग्नि, जल, पृथ्वी।
(जपु जी, १६वीं पउड़ी)

पंच परवाण : शब्द, स्पर्श, रूप, रस, गंध।
(जपु जी, १६वीं पउड़ी)

मनमुख :—इसका तात्पर्य मनोन्मुखी व्यक्ति है। गुरु नानक एवं अन्य सिक्ख गुरुओं की वाणी में इस शब्द का बहुत प्रयोग हुआ है। यह शब्द गुरुमुख का ठीक उलटा है। गुरु का अनुयायी अथवा गुरु की शिक्षा के अनुरूप चलने वाला व्यक्ति गुरुमुख है, किन्तु अहंकारयुक्त मन के अनुरूप चलने वाला 'मनमुख' है। मनमुख सांसारिक सुखों को ही सर्वस्व समझता है। उसे स्वप्न में भी पारमार्थिक आनन्द के प्रति आकर्षण नहीं होता। उदाहरणार्थ—

मनमुख तोटा नित है भरमहि भरमाए
मनमुख अंधु न चेतई किउ दरसन पाए।।६।।१९।।
(आसा, महला १, असटपदीआं)

लिव :—लिव की उत्पत्ति संस्कृत के 'लय' से प्रतीत होती है। अतः 'लिव' का अभिप्राय, 'परमात्मा में लय' हो जाना है। तीन प्रकार के जप होते हैं, साधारण जप, २ अजपा जप, ३ लिव जप। जिह्वा जप अथवा साधारण जप परमात्म-प्राप्ति का प्रथम सोपान है। यह जप साधक को 'अजपा जप' तक पहुँचा देता है। 'अजपा जप' से 'लिव' जप प्राप्त

होता है। 'लिव' जप में वृत्ति द्वारा परमात्मा का जप और ध्यान होने लगता है। इस जप में जिह्वा और मन एकाग्र हो जाते हैं। इस जप में मनुष्य का व्यक्तिगत आन्तरिक भाव ब्रह्माण्ड के समष्टिगत आन्तरिक भाव में मिलकर विलीन हो जाता है। परमात्मा में पूर्ण लयभाव लिव जप से ही शक्य है।

'लिव' का अर्थ प्रसंगानुसार कई अर्थों में होता है--

(१) परमात्मा के चरणों में मन का युक्त हो जाना--

कलिमल मैलु नाही ते निरमल ओइ रहहि भगति लिव लाई हे।।४।।६।।

(मारू, सोलहे)

(२) प्रीति। यथा--

गुरमुखि जागि रहे दिन राती। साचे की लिव गुरमति जाती।।४।।५।।

(मारू, सोलहे)

(३) वृत्ति का एकरस परमात्मा में जुड़ जाना। यथा--

चुपै चुपि न होवई जे लाइ रहा लिवतार।।

(जपु जी, पउड़ी १)

सच खण्ड :--गुरु नानक देव ने समस्त सृष्टि-रचना का विभाजन निम्नलिखित पंच खण्डों में किया है--'धरम खण्ड', 'गिआन खण्ड', 'सरम खण्ड', 'करम खण्ड' और 'सच्च खण्ड'। ये पाँचों खण्ड क्रमशः एक दूसरे से सूक्ष्म हैं। 'सच खण्ड' अन्तिम खण्ड है। निरंकार परमात्मा का 'सच खण्ड' में ही निवास है। अपनी कृपा दृष्टि से वह भक्तों को देखता रहता है। 'सच खंड' में अनन्त खण्ड, मण्डल एवं ब्रह्माण्ड हैं। उनका कोई कथन नहीं कर सकता। वहाँ अनन्त लोक आकारवत हैं और सब के सब परमात्मा के 'हुक्म' के अनुसार अपने कार्य में रत हैं। शुद्ध अन्तःकरण वाला व्यक्ति परमात्मा की इस अनन्तता को विचार करता है और प्रसन्न होता है। इसका कथन करना अत्यन्त कठिन है। यह वर्णनातीत है।

(देखिए, जपु जी ३७वीं पउड़ी, उत्तरार्द्ध)

सबद :--इसकी उत्पत्ति संस्कृत के 'शब्द' से हुई है। सन्तों की वाणी में इसका प्रयोग बहुत अधिक पाया जाता है। गुरु नानक ने भी इस शब्द का प्रयोग अनेक अर्थों में किया है। यथा--

(१) व्याकरण के अर्थ में ध्वनि अथवा नाद। उदहरण,

आस अंदेसे ते निहकेवलु हउमै सबदि जलाए।

(आसा की वार, महला १)

अर्थात्, "नाम जपने वाला व्यक्ति आशा तथा अंदेशे से पवित्र हो जाय (और अहंकार से इतना अधिक निवृत्त हो जाय कि) इस 'शब्द' को ही जला दे।"

(२) नाम के अर्थ में भी इसका प्रयोग हुआ है। उदाहरण,

घड़ीऐ सबदु सची टकसालु।

(जपु जी, ३८वीं पउड़ी)

(३) अनाहत शब्द के लिए भी इसका प्रयोग मिलता है--

सबदि अनाहदि सो सहु राता नानकु कहै विचारा।।४।।८।।

(रागु आसा, महला १, चउपदे, घरु २)

(४) गुरु की शिक्षा अथवा उपदेश के लिए भी 'सबद' का प्रयोग किया गया है--

जिस कउ नदरि करे गुरु पूरा।
सबदि मिलाए गुरमति पूरा।।५।।५।।२२।।
(मारू, सोलहे, महला १)

(५) श्री गुरु ग्रंथ साहिब अथवा गुरु नानक की वाणी में प्रयुक्त आदि के पदों को भी 'सबद' कहा जाता है, जैसे 'मारू, महला १, सबद'

(६) कहीं कहीं इसका प्रयोग 'हुकम' के अर्थ में भी हुआ है

(७) बहस, चर्चा, गोष्ठी--

सबद का निबेड़ा सुणि तू अउधू बिनु नावै जोगु न होई।।
(सिध गोसटि, रामकली)

(८) धर्म--

जोग सबदं गिआन सबदं बेद सबदं त ब्राहमणह।
(रागु जजावंती, सलोक, सहसक्रती, महला १)

अर्थात् "योगी का धर्म क्या है?"--"ज्ञान धर्म है"।

इस प्रकार 'सबद' का प्रयोग गुरु नानक देव ने अनेक अर्थों में किया है।

सरम खंड :--सृष्टि-रचना के पाँच खण्ड है--'धर्म खण्ड', 'ज्ञान खंड', 'सरम खण्ड', 'करम खण्ड' और 'सच खंड'। 'सरम खण्ड' भूमिका की दृष्टि से तीसरी भूमिका है। इसका तात्पर्य है--'लज्जा अथवा प्रतिष्ठा के प्रति ध्यान'। उस भूमिका में वाणी द्वारा वस्तुओं की अनुपम रचना होती है। उसकी बातें वर्णनातीत हैं। उसी भूमिका में स्मृति, मति, मन और बुद्धि की रचना होती है। देवताओं एवं सिद्धों की स्मृति की भी रचना उसी मंडल में होती है।

सहज :--'सहज' शब्द की व्युत्पत्ति 'सह जायते इति सहज' के आधार पर की जाती है, अर्थात् वे गुण जो जन्म के साथ उत्पन्न हों और स्वाभाविक रूप में विराजमान हों। "कुछ लोगों का अनुमान है कि यह शब्द चीनी भाषा के 'ताओ' का संस्कृत रूपान्तर है और ताओ चीन देश के एक प्रसिद्ध सम्प्रदाय को सूचित करता है। चीन के ताओ धर्म के प्रमुख प्रचारक लाओत्से नाम के एक महापुरुष थे जो लगभग महात्मा बुद्ध के समकालीन थे। कहते हैं कि ईसा की सातवीं शताब्दी के आसपास असम के किसी राजा ने इस धर्म के एकाध ग्रंथों का चीनी से संस्कृत अनुवाद कराया था। यह भी प्रसिद्ध है कि भारतवर्ष के मद्रास प्रान्त की ओर कोई 'भग' अथवा 'भोग' नाम का इस धर्म का एक अनुयायी भी आया था, जिसने उधर अपना प्रभाव डाला। 'ताओ' शब्द की व्याख्या साधारणतः 'स्वाभाविक प्रवृत्तिमूलक' मार्ग से की जाती है जो सिद्धों की सहज विषयक धारणा के भी अनुकूल है।. . .कुछ लोगों ने हिन्दुओं के प्रसिद्ध ग्रंथ विष्णुपुराण के अन्तर्गत भी 'सहज' शब्द का लगभग इसी रूप में अस्तित्व पाया है और वह लगभग ४०० ई० की रचना है।" (कबीर साहित्य की परख, परशुराम चतुर्वेदी, भारती भण्डार, प्रयाग, संवत् २०११ वि० संस्करण, पृष्ठ २४७)। सिद्धों ने इस शब्द का प्रयोग बहुत अधिक किया है। उन्होंने इस शब्द का प्रयोग 'स्वाभाविक' एवं 'द्वैताद्वैत विलक्षण स्थिति' दोनों ही अर्थों में किया है। सिद्ध लोग 'सहज' शब्द के प्रयोग में बौद्धों के 'शून्य' शब्द से प्रभावित ज्ञात होते हैं।

नाथपंथियों में 'सहज' शब्द का प्रयोग कम पाया जाता है। कदाचित् इसका प्रमुख कारण है कि वे लोग 'सहज साधना' की अपेक्षा 'हठयोग' में अधिक विश्वास करते थे।

गुरु नानक देव ने 'सहज' शब्द का प्रयोग दोनों ही अर्थों में किया है--(१) स्वाभाविक तथा (२) निर्वाण पद। गुरु नानक के अनुसार सहजावस्था, मोक्ष पद, जीवन्मुक्ति-अवस्था, चतुर्थ पद, तुरीयपद, तुरीयावस्था, निर्वाण पद, तत्त्व ज्ञान, ब्रह्मज्ञान और राजयोग सब लगभग एक ही हैं। इनके नामों में विभेद है। पर इन सब की आन्तरिक अनुभूति एक ही है।

'सहज' शब्द के 'स्वाभाविक अर्थ' के प्रयोग में गुरु नानक की निम्नलिखित पंक्तियाँ उदाहरण रूप में प्रस्तुत की जाती हैं--

सहजि संतोखि सीगारिआ मिठा बोलणी।
(सिरी रागु, सबद १०)

जिसु नर रामु रिदै हरि रासि।
सहजि सुभाइ मिले साबासि।।२।।११।।
(गउड़ी, सबद, महला १)

सहजि सुभाइ सदा सहु मिलै दरसनि रूपि अपारु।।२।।२।।२।।१९।।
(गउड़ी, सबद, महला १)

सहजि सुभाइ अपणा जाणिआ।।२।।४।।२७।।
(आसा, महला १)

'सहज' शब्द के 'तुरीय' अथवा 'निर्वाण पद' की प्राप्ति के अर्थ में निम्नलिखित पंक्तियाँ उदाहरण में दी जाती हैं--

पूरा सतिगुरु सहजि समावै।।५।।५।।
(प्रभाती विभास, असटपदीआं, महला १)

सहजै सहजु मिलै सुखु पाईऐ दरगह पैधा जाए।।४।।७।।
(प्रभाती विभास, असटपदीआं, महला १)

सहजे मिलि रहै अमरा पदु पावै।।१०।।१।।
तिलंग, महला १, घरु २)

गुरु नानक जी ने स्थान स्थान पर इस शब्द का प्रयोग 'सहज समाधि' के लिए भी किया है। यथा--

सहज समाधि सदा लिव हरि सिउ जीवां हरि गुन गाई।।६।।१।।
(रागु सारंग, असटपदीआं, महला १, घरु १)

साकत :--साकत की उत्पत्ति संस्कृत के 'शाक्त' से मानी जाती है। इसकी उत्पत्ति अरबी के 'साक़ित' से भी मानी जाती है, जिसका अर्थ होता है 'डिगा हुआ', 'बुरा'। संस्कृत में शक्ति के उपासक को शाक्त कहते हैं किन्तु सन्त कवियों ने 'साकत' का प्रयोग रूढ़ि अर्थ में किया है, जिसका अभिप्राय 'माया का उपासक' होता है। अर्थात् 'वह व्यक्ति जो परमात्मा को छोड़ कर माया की उपासना करता है'। कबीर ने भी इसका प्रयोग इसी अर्थ में किया है। गुरु नानक देव के 'साकत' शब्द का प्रयोग का अर्थ 'विषयासक्त प्राणी' अथवा 'मायासक्त जीव' होता है।

उदाहरणार्थ--

साकत माइआ कउ बहु धावहि।
नामु विसारि कहा सुख पावहि।।

त्रिहुगुण अंतरि खपहि खपावहि नाही पारि उतारा हे।।१४।।३।।९।।
(मारू सोलहे, महला १)

साकत निरगुणिआरिआ आपण मूलु पछाणु।।५।।१५।।
(सिरी रागु, असटपदीआं, महला १)

साकत दुरमति डूबहि दाझहि गुरि राखे हरि लिव राता हे।।५।।५।।
(मारू सोलहे, महला १)

कबीर ने भी 'साकत' का प्रयोग इसी अर्थ में किया है। यथा—

साकत मरहि संत सभि जीवहि। राम रसाइनु रसना पीवहि।।३।।१३।।
(श्री गुरु ग्रंथ साहिब, गउड़ी, कबीर, पृष्ठ ३२६)

राम रामं राम रमे रहीऐ।
साकत सिउ भूलि नही कहीऐ।।१।।रहाउ।।७।।२०।।
(श्री गुरु ग्रंथ साहिब, आसा, कबीर जी, पृष्ठ ४८१)

साकत सुआनु सभु करे कराइआ।
जो धुरि लिखिआ सु करम कमाइआ।।४।।७।।२०।।
(श्री गुरु ग्रंथ साहिब, आसा, कबीर जी, पृष्ठ ४८१)

सुंन :—गुरु नानक की वाणी में 'सुंन' शब्द का प्रयोग स्थान स्थान पर मिलता है। इसकी उत्त्पति संस्कृत के 'शून्य' शब्द से हुई है। शून्य शब्द का व्यवहार भारतवर्ष में बहुत पहले से होता आ रहा है। किन्तु विभिन्न युगों एवं दर्शनों में इसके पृथक् पृथक् अर्थ थे। ब्राह्मण ग्रंथों में इसका प्रयोग 'सत्ता' के रूप में हुआ था। माण्डूक्योपनिषद् की कारिका में गौड़पदाचार्य ने इसका प्रयोग इसी अर्थ में किया है। बौद्ध दर्शन-ग्रंथों में 'शून्य' शब्द का व्यवहार बहुत अधिक पाया जाता है। शंकराचार्य जी ने स्थान स्थान पर वेदान्त दर्शन में बौद्धों के 'शून्यवाद' का खण्डन करके उसे 'क्षणिक और शून्य' कहा है। कुछ विद्वान् बौद्धों के शून्यवाद को परमार्थ सत्ता का ही रूप मानते हैं। इस प्रकार बौद्धों का शून्य विवादास्पद विषय है। नागार्जुन ने इसे सत्-असत् के बीच द्वैताद्वैत विलक्षण वस्तु माना है। महायानियों ने शून्य को 'परमार्थ सत्ता' के रूप में स्वीकार किया है और उसे 'महासुखवाद' का प्रतीक माना है। सिद्ध लोग बौद्धों की शून्य-भावना से प्रभावित हुए हैं और शून्य का प्रयोग लगभग उन्हीं के समान अर्थों में किया है। हठयोग प्रदीपिका में 'शून्य' का प्रयोग 'ब्रह्मरंध्र', 'देशकाल परिच्छिन्न ब्रह्म', 'सुषुम्ना नाड़ी', 'अनाहत चक्र' आदि के लिए हुआ है। गोरखनाथ जी ने शून्य का प्रयोग द्वैताद्वैत अनिर्वचनीय तत्त्व, ब्रह्मरंध्र के अतिरिक्त समाधि अवस्था के लिए भी किया है।

गुरु नानक देव के अनुसार 'शून्य' वह शब्द है, जो सब की उत्त्पत्ति का मूल कारण है। इसी से सब की उत्त्पत्ति है—

पउणु पाणी सुंनै ते साजे।।२।।
सुंनहु ब्रहमा बिसनु महेसु उपाए।।३।।५।।१७।।
(मारू, सोलहे, महला १)

गुरु नानक देव ने "सिद्ध गोष्ठी" (रामकली) के ५१, ५२ और ५३ में शून्य की महत्त्वपूर्ण विवेचना की है। मोहन सिंह जी ने अपनी पुस्तक "पंजाबी भाखा विगिआन अते

गुरमति गिआन" में उपर्युक्त सिद्ध गोष्ठी के पदों में शून्य की व्याख्या निम्नलिखित ढंग से की है--

"वह अटल, निश्चल पदवी कैसी है ? उसमें कोई फुरना नहीं फुरती। स्फुरण के कारण ही सारे कथन, भय, वैर तथा द्वैतभाव होते हैं। उस अफुर अवस्था में जिसमें आशा, मनसा, तृष्णा, वैर, मोह आदि नहीं होते, शून्यावस्था कहते हैं। शून्यावस्था तीनों गुणों की प्रवृत्तियों से परे की अवस्था है। इसे चौथी अवस्था भी कहते हैं"

अतः गुरु नानक देव का 'शून्य' उपनिषदों का 'ब्रह्म', योगियों का 'परमात्मा', वेदों के 'ॐ' का ही प्रतीक है। उनका शून्य वह शून्य है जो सर्वभूतान्तरात्मा है, घट-घट-व्यापी है, निरंकार ज्योति के रूप में सभी के भीतर व्याप्त है। वह निरंकार ज्योति, वह शून्य ब्रह्म जड़-चेतन सभी में रमा हुआ है। प्रत्येक मनुष्य की आत्मिक वृत्ति उसका निवास-स्थान है। इसी शून्य का साक्षात्कार करना मनुष्य जीवन की चरम सिद्धि और परम पुरुषार्थ है।

गुरु नानक देव ने इस 'सुंन' को स्थान स्थान पर 'सुंन समाधि' भी कहा है। उदाहरणार्थ---

सतिगुरु ते पाए वीचारा। सुंन समाधि सचे घर बारा।।१७।।५।।१७।।

(मारू, सोलहे, महला १)

कहीं कहीं इसका प्रयोग 'असंप्रज्ञात समाधि' के लिए भी किया गया है। जैसे,

सुंन समाधि सहज मनु राता।
तजि हउ लोभा एको जाता।।८।।३।।

(रामकली, महला १, असटपदीआं)

सुचज्जी :--गुरु नानक ने अपनी वाणी में कुछ ऐसे लक्ष्यार्थ शब्दों के प्रयोग किए हैं, जो जीवात्मा पर घटित होते हैं। 'सुचज्जी' भी उन्हीं शब्दों में से एक है। सुचज्जी का शाब्दिक अर्थ होता है--"सुंदर आचार वाली" अर्थात् वह स्त्री, जिसके आचार सुंदर हों, जिनसे पति प्रसन्न हो। 'सुचज्जी' 'कुचज्जी' का विपरीत शब्द है। 'सुचज्जी' का लक्ष्यार्थ ऐसी जीवात्मा से है, जिसने अनन्य भाव से अपने को पति-परमात्मा में समर्पित कर दिया हो और अपनी मर्जी को परमात्मा की मर्जी में नियोजित कर दिया हो। (देखिए, रागु सूही, महला १, सुचज्जी)

सुरति :--'सुरति' शब्द 'स्मृति' से निकला है। कुछ विद्वान् इसका संबंध 'स्रोत' से जोड़ते हैं। 'स्रोत' को 'चित-प्रवाह' का द्योतक मानते हैं। किन्तु 'स्रोत' के अर्थ में इसका प्रयोग कहीं नहीं मिलता है। "तत्व का पुनः पुनः अनुसन्धान ही सुरति है।" 'स्मृति' में ज्ञान की प्रधानता परिलक्षित होती है, किन्तु 'सुरति' में 'रति' अथवा 'प्रेम' की भी प्रधानता हो जाती है। संत-साहित्य में सुरति शब्द का प्रयोग प्रचुरता से मिलता है।

गुरु नानक देव ने 'सुरति' शब्द के प्रयोग कई अर्थों में किए हैं। सर्व प्रथम 'सुरति' का प्रयोग 'प्रेमपूर्ण स्मरण' के रूप में दिया गया है, जैसे

सुरति होवै पति ऊगवै गुर वचनी भउ खाइ।।४।।१०।।

(सिरी रागु, सबद, महला १)

अर्थात्, "जब (साधक) गुरु के वचनों द्वारा (परमात्मा से) भय खाता है, तो उसे 'प्रेमपूर्ण स्मृति' (सुरति) प्राप्त होती है (और परमात्मा के यहाँ प्रतिष्ठा प्राप्त होती है।"

'सुरति' शब्द का प्रयोग गुरु नानक ने ज्ञान अथवा समझ के अर्थ में भी किया है।

उदाहरण,

एका सुरति जेते है जीअ।
सुरति विहूणा कोइ न कीअ।।
जेही सुरति तेहा तिन राहु।
लेखा इको आवहु जाहु।।१।।३०।।
(सिरी रागु, महला १)

अर्थात्, "जितने भी जीव हैं, (सब में) एक ही ज्ञान—समझ है। इस ज्ञान के बिना कोई भी नहीं निर्मित किया गया। जिसकी जैसी समझ होती है, उसका वैसा मार्ग भी होता है।" आदि।

'सुरति' का प्रयोग चितवृत्ति के अर्थ में भी गुरु नानक ने किया है। यथा—

सबदु गुरु सुरति धुनि चेला।।४४।।
(रामकली, सिध गोसटि, महला १)

'सुरति' का प्रयोग 'श्रुति' के अर्थ में भी व्यवहृत किया गया है। उदाहरणार्थ।

सभि सुरती मिलि सुरति कमाई।।२।।१।।
(रागु आसा, महला १, चउपदे, घरु २)

इस प्रकार 'गुरु नानक-वाणी' में 'सुरति' शब्द के प्रयोग विभिन्न अर्थों में हुए हैं।

सुहागिनी :—संस्कृत के 'सौभाग्यवती' से निकला है। संत-साहित्य के कवियों ने इस शब्द का प्रयोग लक्षणार्थ में किया है। इसका अर्थ है "वह 'जीवात्मा रूपी' सुहागिनी, जिसका पति (परमात्मा) जीवित हो"। अर्थात् वह भाग्यशाली साधक जो परमात्मा से अहर्निश संबंध बनाए रहे और उसके चिन्तन में अहर्निश निमग्न रहे।

कबीर ने भी इसका प्रयोग इसी अर्थ में स्थान स्थान पर किया है। उदाहरण,

एक सुहागनि जगत पिआरी।।१।।
सोहागनि गलि सोहै हारु।।२।।४।।७।।
(श्री गुरु ग्रंथ साहिब, रागु गोंड, वाणी कबीर जीउ की, पृष्ठ ८७१)
बिनु सोहागनि लागै दोखु।।१।।
धनु सोहागनि महा पवीत।।१।।रहाउ।।
सोहागनि किरपन की पूती।।२।।
सोहागनि है अति सुंदरी।।३।।
सोहागनि भवन त्रै लीआ।।४।।
सोहागनि उरवारि न पारि।।५।।५।।८।।

गुरु नानक जी ने 'सुहागिनी' शब्द का प्रयोग इसी अर्थ में किया है—

सोहागणी किआ करमु कमाइआ।
पूरबि लिखिआ फलु पाइआ।।८।। १।।
(सिरी रागु, महला १, घरु ३)

सहीआ से सोहागणी जिन सह नालि पिआरु जीउ।।८।।१।।
(सिरी रागु, महला १, घरु ३)

अर्थात् वे ही सहेलियाँ सुहागिनी हैं, जिनका प्रियतम के साथ प्यार है। भावार्थ यह कि वे ही जीवात्माएँ सौभाग्यशालिनी हैं, जो पति-परमात्मा के प्रेम में अनुरक्त हैं।

सोऽहं :—'सोऽहम्' का अर्थ है "वही (परब्रह्म) मैं हूँ।" सोऽहं जीव और ब्रह्म की

अभिन्नता का प्रतिपादक है। इसका प्रयोग वेदों और उपनिषदों में मिलता है—

हिरण्मयेन पात्रेण सत्यस्यापिहितम्मुखम्
यो सावादित्ये पुरुषः सोसावहम्।। ओ३म् खम्ब्रहम ।।
(शुक्ल यजुर्वेद ४०।१७))

ईशावास्योपनिषद् तथा वृहदारण्यकोपनिषद् उपनिषद् में सोऽहम् शब्द मिलता है—

'योऽसावसौ पुरुषः सोऽहमस्मि।
(ईशावास्योपनिषद्, मंत्र १६)

योऽसावसौ पुरुष सोऽहमस्मि।
(वृहदारण्यकोपनिषद् ५—१५—१)

सोऽहं की साधना श्वास-प्रश्वास के आधार पर की जाती है। संत कवियों ने स्थान स्थान पर इसकी साधना की ओर संकेत किया है। कबीर साहब ने स्थान स्थान पर सोऽहं-जप का संकेत किया है, जैसे

"लगी सोहंगम की डोरि"

श्री गुरु ग्रंथ साहिब में एक स्थल पर कबीर ने सोऽहं के जप का तर्कपूर्ण प्रतिपादन किया है—

सो ब्रहमांडि पिंडि सो जानु। मानसरोवरि करि इसनानु।।
सोहं सो जा कउ है जाप। जा कउ लिपत न होइ पुंन अरु पाप।।
।।६।।१।।
(श्री गुरु ग्रंथ साहिब, भैरउ, कबीर जीउ, असटपदी, घरु २, पृष्ठ ११६२)

संत कवि भीखा ने सोऽहं की अनुभूति को योग-युक्ति के अभ्यास का वास्तविक फल माना है—

जोग जुक्ति अभ्यास करि सोहं सबद समाय।।
(संत वानी-संग्रह, भाग १, पृष्ठ २१०)

दयाबाई ने सोऽहं को अजपा जाप माना है। यह परम गम्य और आत्म-अनुभव का सार है—

अजपा सोहं जाप है परम गम्य निज सार।
(संत वानी संग्रह, भाग १, पृष्ठ १६९)

संत बुल्ला साहब ने सोऽहं के संबंध में अपनी अनुभूति इस प्रकार व्यक्त की है—

सोहं हंसा लागलि डोर।
सुरति निरति चढ़ु मनवाँ मोर।।१।।
(संत वानी-संग्रह, भाग २, पृष्ठ १७१)

संत गरीबदासजी ने सोऽहं को ब्रह्म माना है—

तुमही सोहं सुरत हो तुमही मन अरु पौन।
इसमें दूसर कौन हैं, आवै जाप सो कौन।।
(संतवानी-संग्रह, भाग १, पृष्ठ १९२)

सुन्दरदास जी ने सोऽहं जप की महत्ता उदात्त वाणी में अभिव्यक्त की है—

सोहं सोहं सोहं हंसो। सोहं सोहं सोहं अंसो।
स्वासो स्वासं सोहं जापं। सोहं सोहं आपै आपं।।

(सुन्दर ग्रंथावली, भाग १, पृष्ठ ४७)

सुन्दरदास जी ने अपने स्फुट काव्य में सोऽहं से बढ़ कर कोई भी जप नहीं माना है—

मन सी न माला कोऊ सोहं सो न जाप और,
आतम सो देव नाहि देहं सो न देहरा।।

(संतवानी-संग्रह, भाग २, पृष्ठ १२५)

गुरु नानक देव ने सोऽहं जप के संबंध में अधिक तो नहीं कहा है। किन्तु एकाध स्थल पर उसके प्रति अपने जो विचार व्यक्त किए हैं, वे वेदान्ती दृष्टिकोण के सर्वथा अनुकूल हैं। कुछ सिक्ख विद्वान् इस बात से सहमत नहीं हैं कि गुरु नानक देव की सोऽहं के प्रति आस्था थी। पर उनकी वाणी में सोऽहं संबंधी जो बातें मिलती हैं, उनसे उसके प्रति अपार निष्ठा परिलक्षित होती है—

सोहं आपु पछाणीऐ सबदि भेदि पतीआइ।।९।।११।।

(सिरी रागु, महला १, घरु १, असटपदीआं)

ततु निरंजन जोति सबाई सोहं भेदु न कोई जीउ।।५।।११।।

(सोरठि, महला १)

एक स्थल पर गुरु नानक देव ने सोऽहं-जप का स्पष्ट निर्देश भी किया है—

नानक सोहं हंसा जपु जापहु त्रिभवण तिसै समाहि।।

(मारू की वार, महला १)

उपर्युक्त पंक्ति का भाव यह है, "नानक कहता है कि हे हंसा (जीवात्मा) सोऽहं का जप करो। उसी (जप) में त्रिभुवन समाए हैं।"

हउमै :—'हउमै' की उत्पत्ति 'अहंमति' से मानी जाती है। किन्तु इसका व्यापक अर्थ 'अहंकार' होता है। 'अफुर' ब्रह्म में परमात्मा के 'हुकम' से क्रियाशीलता उत्पन्न होती है। यही क्रियाशीलता सगुण ब्रह्म बन जाती है। 'हुकम' की उत्पत्ति के साथ ही साथ 'हउमै' (अहंकार) की उत्पत्ति होती है। यही 'हउमै' जगत् की उत्पत्ति का मुख्य कारण है—

हउमै विचि जगु उपजै पुरखा नामि विसरिऐ दुख पाई।।

(रामकली, महला १, सिध गोसटि)

'हउमै' के कारण सत्त्वगुणी, रजोगुणी और तमोगुणी सृष्टि-परम्परा निरन्तर चलती रहती है। इन्हीं त्रिगुणों के सम्मिश्रण से नाना रूपात्मक सृष्टि का निर्माण होता है और उत्पत्ति, स्थिति, लय की परम्परा चलती रहती है।

योगवासिष्ठ में भी अहंकार को ही सृष्टि-क्रम का मूल कारण माना है (द योगवसिष्ठ : बी० एल० आत्रेय, पृष्ठ १८८)। इस प्रकार योगवासिष्ठ और गुरु नानक ने अहंकार को ही सृष्टि का मूल कारण माना है।

गुरु नानक ने अहंकार को सृष्टि की उत्पत्ति का मूल कारण तो माना है। पर इसका प्रयोग सामान्य अहंकार के रूप में भी किया गया है, यथा—

१. धार्मिक अथवा आध्यात्मिक अहंकार,
२. विद्यागत अहंकार,
३. कर्मकाण्ड और वेश-संबंधी अहंकार,
४. जाति संबंधी अहंकार,

५. धन-संपत्ति सम्बन्धी अहंकार,

६. परिवार संबंधी अहंकार,

७. रूप-यौवन संबंधी अहंकार।

हुकम :—'हुकम' अरबी का शब्द है। जिसका अर्थ 'आज्ञा' होता है। गुरु नानक की वाणी में इस शब्द का बहुत बड़ा महत्त्व है। 'हुकम' का अर्थ डॉ० शेरसिंह ने ईश्वरीय इच्छा (Divine Will) माना है (फ़िलासफी आफ़ सिक्खिज्म, शेरसिंह, पृष्ठ १८२); किन्तु डॉ० मोहनसिंह 'हुकम' का अर्थ सृष्टि-विधान (Universal Order) मानते हैं (पंजाबी भाखा विगिआन अते गुरमति गिआन, मोहनसिंह, पृष्ठ २९)। गुरु नानक देव जी ने जपु जी में 'हुकम' को सृष्टि का मूल कारण माना है (देखिए जपु जी, २ री पउड़ी)।

गुरु नानक देव ने मारू राग के सोलहवें, सोलहे में 'हुकम' की विशद व्याख्या की है। उन्होंने 'हुकम' से जीवों की उत्पत्ति मानी है और 'हुकम' से ही वे फिर उसी में लीन हो जाते हैं।"

कई स्थलों पर 'हुकम' का प्रयोग 'मनुष्य की आज्ञा' के लिए भी किया गया है, यथा—

हुकमु करहि मूरख गावार।।४।।३।।

(रागु वसंतु, सबद, महला १)

हुकम-रजाई : गुरु नानक देव जी ने अपनी वाणी में 'हुकम-रजाई' कर्मों की चर्चा की है। 'हुकम-रजाई' कर्म वे हैं, जो परमात्मा की प्रेरणा आज्ञा, मर्जी अथवा इच्छा से होते हैं। मेरी ऐसी धारणा है कि यह कर्म सिद्धावस्था का कर्म है। विशुद्ध अन्तःकरण में ही परमात्मा की अन्तर्ध्वनि सुनाई पड़ती है। आध्यात्मिक कर्मों के सम्पादन से, जिसका अन्तःकरण नितान्त पवित्र हो गया है, वही परमात्मा की प्रेरणा के वास्तविक रहस्य को समझ सकता है। 'हुकम रजाई' कर्म अपने से नहीं होते, बल्कि गुरु की महान् कृपा और परमात्मा की अनुकम्पा से होते हैं।

प्रभु की 'रजा' में अपनी 'इच्छा शक्ति' और 'क्रियाशक्ति' को मिला देना 'हुकम रजाई' कर्म का वास्तविक रहस्य है। भुना हुआ बीज जैसे उग नहीं सकता, वैसे ही 'हुकम रजाई' कर्म बन्धनों में बाँध नहीं सकते। ऐसे कर्मों के हाथ में मुक्ति की कुंजी है। गुरु नानक जी ने अपनी वाणी में इसकी ओर संकेत किया है—

हुकमि रजाई चलणा नानक लिखिआ नालि।

(जपु जी, पउड़ी १)

ता कउ बिघनु न लागई चालै हुकमि रजाई।।३।।२०।।

(रागु आसा, महला १, असटपदीआं, घरु३)

हुकमि रजाई जो चलै सो पवै खजानै।।४।।२०।।

(रागु आसा, महला १ असटपदीआं, घरु ३)

हुकमि रजाई साखती दरगह सचु कबूलु।।

(मारू की वार, महला १)

परिशिष्ट (ग)

गुरु नानक-वाणी में प्रयुक्त राग

संगीत-विद्या में रागों का बहुत बड़ा महत्व है। श्री गुरु ग्रंथ साहिब के अन्त में रागमाला की सूची दी गई है, जिससे इस बात का संकेत मिलता है कि पदों के गायन में रागों की बड़ी महत्ता है। श्री गुरु ग्रंथ साहिब में प्रयुक्त रागों के संबंध में सचखंड-वासी (स्वर्गीय) डॉक्टर चरन सिंह ने बड़ी खोज की थी। किन्तु उन्हें पुस्तकाकार रूप देने के पूर्व उनका देहान्त हो गया। खालसा ट्रैक्ट सोसाइटी, अमृतसर द्वारा प्रकाशित, 'श्री गुरु ग्रंथ कोश' के अन्तिम —तीसरे भाग में उनकी खोजों का सार दिया गया है।[1] डॉक्टर साहब का मत है कि श्री गुरु ग्रंथ साहिब की रागमाला अन्य संगीत-मतों से भिन्न है। यह 'गुरमत संगीत' का मौलिक प्रयास है। अतएव 'गुरु ग्रंथ साहब' के रागों को किसी अन्य संगीत मत का अनुयायी नहीं समझना चाहिए। डॉ० साहब ने अपने शोध में ११ विभिन्न रागमालाओं के मानचित्र दिए हैं और अन्त में सभी के तुलनात्मक अध्ययन सेप्रत्रे इस निष्कर्ष पर पहुँचे हैं कि 'गुरमत' का संगीत सभी से पृथक् एवं मौलिक है। 'गुरमत संगीत' के आदि प्रतिष्ठाता गुरु नानक देव हैं। उन्होंने श्री गुरु ग्रंथ साहिब के ३१ रागों में से १९ रागों का पहले ही प्रयोग किया था। गुरु नानक की वाणी में निम्नलिखित १९ राग प्रयुक्त हैं—रागु सिरी, माझ, गउड़ी, आसा, गूजरी, वडहंसु, सोरठि, धनासिरी, तिलंग, सूही, बिलावलु, रामकली, मारू, तुखारी, भैरउ, बसंत, सारंग, मलार तथा प्रभाती। 'विहागड़ा राग' में केवल वार मात्र है। अतः इसकी गणना रागों के साथ नहीं की जाती। गुरु नानक के सभी राग शिव, कालीनाथ, भरत, हनुमान, सिद्ध सारस्वत, रागार्णव, मुनि सोमनाथ, मतंग मुनि, सारंग देव, कश्यप मुनि, भावभट्ट, तथा संगीत-रत्नाकर के मतों से भिन्न हैं।

१. सिरी रागु :—यह राग गुरमत-संगीत के अनुसार शुद्ध राग माना गया है। यद्यपि 'गुरु ग्रंथ साहिब' के 'रागमाला'-क्रम में इसे पाँचवाँ राग माना गया है। कहते हैं कि 'बेंई' नदी तट पर एक उद्यान में बैठकर, सं० १५६० विक्रमीय में इसी राग में "मोती त मंदर उसरहि रतनी त होउ जड़ाउ।[2]" का उच्चारण किया। गुरु नानक देव का परम प्रिय शिष्य 'मरदाना' ने रबाब बजा कर इसे संगीतात्मक रूप प्रदान करने में योग दिया। इसीलिए सिक्खों के पाँचवें गुरु, अर्जुन देव ने इस जेठा राग मान कर 'श्री गुरु ग्रंथ साहिब' में इसे सर्व प्रथम स्थान दिया।

'नानक-प्रकाश' साखी के अनुसार, उपर्युक्त घटना के भी पूर्व गुरु नानक देव ने अपने पुरोहित को इसी राग में उपदेश दिया था—"जालि मोहु घसि मसु करि, मति कागदु करि

---

१. श्री गुरु ग्रंथ कोश : खालसा ट्रैक्ट सोसाइटी, अमृतसर, भाग ३, पृष्ठ ११६८—१२१४

२. गुरु नानक-वाणी, सिरी रागु, सबद १

सारु।"[1] भाई मनीसिंह की साखी में लिखा है कि यह शब्द पंडित ब्रजनाथ के प्रति सर्व प्रथम कहा गया था। शिव और कालीनाथ के मतानुसार सिरी राग पहला है, किन्तु भरत और हनुमान के मतानुसार 'भैरउ' राग पहला है।

२. **माझ** :—गुरुमत संगीत के अनुसार यह पृथक् रागिनी है। इसका प्रयोग 'माझे'—देस में होता था। सिरी राग, 'मध-माधवी' मलार के संयोग से यह रागिनी बनी है। यह अन्य किसी मत के परिवार में प्रयुक्त नहीं है।

३. **गउड़ी** :—गुरुमत संगीत के अनुसार यह 'सिरी' राग की रागिनी है। रागार्णव मत्त के अनुसार 'गौड़' मालव की रागिनी है। सिद्ध-सारस्वत के अनुसार यह दीपक राग की रागिनी है। हनुमान और भरत के मतानुसार यह 'मालकोश' राग की रागिनी मानी जाती है; जैजावंती, आसावरी तथा शुद्ध सोरठ के मेल से 'गौरी' होती है।

परंतु गुरुमत में 'गउड़ी' के मेल, गउड़ी-पूरबी, गउड़ी-माला, गउड़ी-मालवा, गउड़ी-बैरागणि, गउड़ी-गुआरेरी, गउड़ी-पूरबी गउड़ी-दीपकी, गउड़ी-माझ, गउड़ी-चेती आदि में विद्यमान है। यह बात अन्य मतों में नहीं है।

४. **आसा** :—यह रागिनी गुरुमत-संगीत के अनुसार मेघ-राग की रागिनी है, उदाहरणार्थ —"पुन गावहि आसा गुन गुनी।"[2] सिरी राग और मारू के सम्मिश्रण और मेघ की छाया से आसा रागिनी बनती है। गुरुमत में आसा और आसावरी इकट्ठी लिखी गई हैं। यह आसावरी 'मेघ' के स्पर्श से आसा के साथ मिलती है। सिरी राग की रागिनी आसावरी उस स्थान पर है, जहाँ केवल आसावरी अथवा 'सुभंग', वा 'सुध' की सूचना है, जिससे यह बात प्रमाणित होती है कि 'सुध' और 'आसावरी' मिली हुई हैं। कालीनाथ मत के अनुसार 'आसावरी', 'पंचम' की रागिनी है और 'रागार्णव' के अनुसार 'मलार' की रागिनी मानी जाती है। 'आसा' और 'आसावरी' का मेल केवल गुरुमत संगीत में प्राप्त होता।

५. **गूजरी** :—गुरुमत के संगीत के अनुसार यह दीपक की रागिनी है—'कामोदी अउ गूजरी संग दीपक के थापि।'[3] 'भैरउ' और 'रामकली' के सम्मिश्रण से 'गूजरी' बनती है। परन्तु शिवमत और कालीनाथ मतों के अनुसार यह भैरव की रागिनी मानी जाती है। सिद्ध-सारस्वत मत में इसे 'मालकोश' के अन्तर्गत माना गया है। रागार्णव के अनुसार यह पंचम की रागिनी है।

६. **बिहागड़ा** :—बिहागड़ा राग में गुरु नानक देव का न कोई सबद है, न अष्टपदी और न छंत ही। इस राग में केवल 'वार' मात्र है। अतः कुछ सिक्ख विद्वानों ने इस राग को नानक के पदों के लिए महत्ता नहीं दी है। किन्तु 'वार' तो है ही। अतएव इसकी भी गणना करना कुछ असंगत नहीं है।

गुरुमत संगीत के अनुसार यह भिन्न राग है। केदारा और गौड़ी के सम्मिश्रण से बिहागड़ा बनता है। कालीनाथ मत के अनुसार यह भैरव की रागिनी है। भरत मत के अनुसार बिहागड़ा दीपक का पुत्र है।

७. **वडहंसु** :—गुरुमत के संगीत के अनुसार यह भी भिन्न राग है। मारू, गौरानी,

---

१. गुरु नानक-वाणी, सिरी रागु, सबद ६
२. श्री गुरु ग्रंथ साहिब, रागमाला, पृष्ठ १४३०
३. श्री गुरु ग्रंथ साहब, पृष्ठ १४३०

दुर्गा, धनासरी और जैती के सम्मिश्रण से 'बडहंस' बनता है। प्राणियों के देहान्तोपरान्त 'बडहंस' और 'मारू' राग ही गाये जाते हैं। परन्तु अन्य मतों में इस प्रकार की कोई बात नहीं है। भरत मत में 'बडहंसु' सिरी रागु का पुत्र है; शिव मतानुसार यह पंचम की रागिनी है। 'रागार्णव' ने मेघ की रागिनी माना है। 'सुर-ताल-संबूह' में इसे मालकोश का पुत्र माना गया है।

८. **सोरठि** :—यह रागिनी गुरुमत के संगीत में 'मेघ' राग की रागिनी मानी जाती है। —'सोरठि गोड मलारी धुनी।'[1] सिंधवी, कानड़ा, काफी, मलार के सम्मिश्रण से सोरठि रागिनी बनती है। परन्तु अन्य मतों में सोरठि रागिनी 'नट-नारायण' की रागिनी मानी गई है। 'मान कंतूहल' में बंगला, गूजरी, पंचम, गंधार, भैरवी के सम्मिश्रण से सोरठि रागिनी बनती है। हनुमान मत के अनुसार सोरठि 'मेघ' की रागिनी है।

९. **धनासरी** :—यह रागिनी गुरुमत संगीत में मालकोश की रागिनी है, उदाहरणार्थ —"धनासरी ए पाचउ गाई।"[2] आसावरी और मारवा का सम्मिश्रण भी इस रागिनी में रहता है। किन्तु कालीनाथ मत में यह मेघ की रागिनी मानी गई है। 'सुरताल-समूह' में इसे मालकोश की 'बहू' बताया गया है। 'नाद-विनोद' में इसे दीपक की रागिनी माना गया है।

१०. **तिलंग** :—गुरुमत संगीत-शास्त्र के अनुसार इसे 'हिंडोल' की रागिनी माना गया है—"तेलंगी देवकरी आई।"[3] तिलंग रागिनी, 'श्याम', 'गौरी' एवं पूरबी के सम्मिश्रण से बनती है। हिंडोल की छाया तो रहती है। किन्तु "सुरताल-समूह" में यह मेघ की रागिनी लिखी गई है। कालीनाथ मत में इसे 'नट-नारायण' की रागिनी माना गया है।

११. **सूही** :—गुरुमत संगीत में यह 'मेघ' राग की रागिनी है,—"ऊचे सुरि सूहउ पुनि कीनी।"[4] भैरव, सिरी राग, कानड़ा, सारंग के सम्मिश्रण से 'सूही' अथवा 'सूहबी' बनती है और 'मेघ' की छाया तो रहती है। 'सुरताल-समूह' में इसे 'भैरव' की बहू माना गया है।

१२. **बिलावलु** :—बिलावलु को गुरुमत-संगीत में 'भैरव' राग का पुत्र माना गया है— "ललत बिलावल गावही अपुनी अपुनी भांति। असट पुत्र भैरव के गावहि गाइन पात्र।"[5] 'देवगिरी' और 'सुघरई' के संयोग से बिलावल होता है। भरत मतानुसार बिलावल को पुत्र ही माना गया है। परन्तु अन्य मतों में 'बिलावली' रागिनी को 'बिलावल' मानते हैं। यह भ्रामक है। भरत मत के अनुसार 'बिलावली' भैरव की 'बधू' है। इन्द्रहनुमान मत में इसे 'हिंडोल' की रागिनी माना गया है।

१३. **रामकली** :—गुरुमत के संगीत के अनुसार यह भिन्न रागिनी है। 'संकराभरण', 'अडाना' और 'सोरठि' के सम्मिश्रण से यह बनती है। किन्तु भरत-मत के अनुसार यह

---

१. श्री गुरु ग्रंथ साहिब, रागमाला, पृष्ठ १४३०
२. श्री गुरु ग्रंथ साहिब, रागमाला, पृष्ठ १४३०
३. श्री गुरु ग्रंथ साहिब, रागमाला, पृष्ठ १४३०
४. श्री गुरु ग्रंथ साहिब, रागमाला पृष्ठ १४३०
५. श्री गुरु ग्रंथ साहिब, रागमाला पृष्ठ १४३०

यह 'हिंडोल' की रागिनी है। हनुमान मत में यह 'सिरी राग' की रागिनी मानी जाती है और इसमें 'भैरव', 'विभास' और 'हिंडोल' का सम्मिश्रण तथा 'सिरी राग' की छाया है। 'रागार्णव' के मतानुसार 'रामकली' 'पंचम' की रागिनी है और इसमें 'ललित', 'रेवा' तथा 'भीमपलासी' का मेल है।

नोट :--रामकरी और रामकली तो एक ही हैं। किन्तु 'रामगिरी' एक पृथक् रागिनी है। दक्षिणी रामकली केवल गुरुमत संगीत में ही है। अन्य मतों में नहीं।

१४. **मारू** :--गुरुमत संगीत में 'मारू राग' 'मालकोश' का पुत्र माना गया है--"मारू मसत अंग मेवारा।"[१] 'टंक', 'इराक', 'भैरवी', 'आसा' के सम्मिश्रण से यह बनता है। अन्य मतों में यह 'सिरी राग' का पुत्र माना गया है।

१५. **तुखारी** :--इस रागिनी का गुरुमत-संगीत की ओर से ही प्रचार हुआ है। भैरव, रामकली और टोडी के संयोग से यह बनी है। अन्य मतों में 'मुखारी', 'कुंभारी', 'धुंखार' और 'कुमारी' आदि तो हैं, किन्तु 'तुखारी' उनसे सर्वथा भिन्न है।

१६. **भैरउ** :--गुरुमत-संगीत में यह गिनती के लिए पहला राग है--"प्रथम राग भैरउ वै करही।" इस प्रकार द्वितीय राग 'मालकोशक' है--"दुतीआ मालकउसक आलापहि।"[३], तीसरा 'हिंडोल', चौथा 'दीपक', पाँचवाँ 'सिरी रागु' और छठा 'मेघराग' है--"खसटम मेघ राग वै गावहि।"[४] उपर्युक्त छः रागों में से 'सिरी रागु' और 'भैरउ' ही श्री गुरु ग्रंथ साहिब में प्रयुक्त हुए हैं। शेष चार रागों के परिवार तो वरते गए हैं, पर वे स्वयं नहीं। शुद्ध रूप में 'सिरी राग' और 'भैरउ' के ही प्रयोग हुए हैं।

'समेसर' और 'कालीनाथ' के मतानुसार 'भैरउ' तीसरा राग माना गया है। परन्तु 'रागार्णव', 'सिद्ध-सारस्वत', 'भरत' तथा 'हनुमान' मत के अनुसार यह पहला राग है।

१७. **बसंत** :--गुरुमत संगीत के अनुसार 'वसंत' राग 'हिंडोल' राग का पुत्र है--"गावहि सरस बसंत कमोदा।"[५] यह राग "हिंडोल" और 'मालकोश' के सम्मिश्रण से बनता है किन्तु 'समेसर', 'कालीनाथ', 'सिद्ध-सारस्वत' मतों में इसे शुद्ध राग माना गया है। 'संगीत-विनोद' और 'बुद्ध प्रकाश दर्पण' इसे 'हिंडोल' की रागिनी मानते हैं, जिसमें 'दरबारी' 'कानड़ा' 'विभास' और 'भैरउ' का मेल है। गुरमत-संगीत में 'बसंती' नामक पृथक् रागिनी 'हिंडोल' की ही मानी गई है--"बसंती संधूर सुहाई"[६] बसंती रागिनी में 'सारंग', 'नर', तथा 'बिलावल' का सम्मिश्रण तथा 'हिंडोल' की छाया है। इसे कुछ लोग 'बहार' कहते हैं। पर यह कहना गलत है, क्योंकि 'बसंती', 'अडाना', और 'सोहनी' के सम्मिश्रण से 'बहार' रागिनी बनती है। गुरमत संगीत में 'वसंत-हिंडोल' माना गया है; किन्तु अन्य मतों में नहीं।

---

१. श्री गुरु ग्रंथ साहिब, रागमाला, पृष्ठ १४३०
२. श्री गुरु ग्रंथ साहिब, रागमाला, पृष्ठ १४२९
३. श्री गुरु ग्रंथ साहिब, रागमाला, पृष्ठ १४३०
४. श्री गुरु ग्रंथ साहिब, रागमाला, पृष्ठ १४३०
५. श्री गुरु ग्रंथ साहिब, रागमाला, पृष्ठ १४३०
६. श्री गुरु ग्रंथ साहिब, रागमाला, पृष्ठ १४३०

१८. **सारंग अथवा सारग** :—गुरमत-संगीत में यह राग 'सिरी' राग का पुत्र है—"सालू सारग सागरा अउर गोड गंभीर।[१]" 'दरबारी', 'कानड़ा', 'मध-माधवी', 'देवगिरी', 'मलार' तथा 'नट' के मेल से 'सारंग' बनता है। पर अन्य मतों में यह बात नहीं है। 'शिव मत' में यह 'नट-नारायण' की रागिनी मानी गई है। और 'भरत मत' इसे 'मेघ' की रागिनी मानता है।

१९. **मलार** :—गुरमत संगीत में यह 'मेघ' की रागिनी मानी गई है—"सोरठि गोड मलारी धुनी।" यह रागिनी 'सोरठि', 'मध-माधवी', तथा 'कानड़ा'—इन तीनों के मेल से बनती है। किन्तु 'हनुवंत' आदि मतों में 'मलार' राग का पुत्र माना गया है। मेघ, गोंड, और सारंग के मेल से यह रागिनी बनती है।

२०. **प्रभाती** : गुरमत संगीत के अनुसार यह भिन्न रागिनी है। यह 'आसा' और 'भैरो' के मेल से बनी है। इसका मेल विभास के साथ माना गया है। यह बात अन्य मतों में नहीं पाई जाती। गुरु ग्रंथ साहिब में प्रभाती और विभास दोनों रागनियाँ मिलाकर लिखी गई हैं।

---

१. श्री गुरु ग्रंथ साहिब, रागमाला, पृष्ठ १४३०

२. श्री गुरु ग्रंथ साहिब, रागमाला, पृष्ठ १४३०

परिशिष्ट (घ)

सहायक ग्रन्थों की सूची

ENGLISH

1. **Adi Granth.** — Eanest Trumpp : Wm H. Allen & Co; London. 1877.
2. **A History of the Punjabi Literature.** — Mohan Singh; University of Punjab, Lahore, Ist, Edition, 1932.
3. **A Short History of the Sikhs.** — Teja Singh & Gan 'a Singh, Orient Longmans Ltd, Bombay, Catcutta and Madras, Ist Ed, 1950.
4. **Encyclopaedia of Religion** — Edited by J. mes Hastings (Vol. VI) T. and Clark, Edinburg, 1913.
5. **Essays in Sikhism** — Teja Singh, Sikh University Press, Lahore. 1944.
6. **Evolution of the Khalsa** — Vol. I. Indu Bhushan Banerjee, University of Calcutta, 1936.
7. **Gorakh Nath & Medieval Hindu Mysticism.** — Mohan Singh : Oriental College, Lahore, 1936.
8. **History of the Sikhs** — Cunnigham, J. D., Oxford University Press. 1918. Revised & New Edition.
9. **J. R. A. S. Part XVIII** — Calcutta (Fredriek Pincott)
10. **Life of Guru Nank Deva.** — Kartar Singh, Sikh Publishing House. Amritsar, I. Ed, 1937.
11. **Philosophy of Sikhism** — Sher Singh : Sikh University Press Lahore, I Ed, 1944.
12. **The Guru Granth Sahib** — (English Trans, Ist 2 Vols) Gopal Sigh : Availabl ewith, Missionary Quarterly, Agfa Bldg, Faiz Bazar, Delhi—6.
13. **The Hindu View of Life.** — S. Radhakrishnan : George Allen & Unwin, London, 1937.
14. **The Phislosophy of Yogavashistha.** — B. L Atreya : Theosophical Publishing House. Madras, 1937.
15. **The Sacred Writings of the Sikhs.** — Written under the direction of S. Radhakrishnan; George Allen & Unwin, London.
16. **The Sikh Religion (In 6 Vols)** — M. A. Macauliffe : Clarendon Press, Oxford, 1909.
17. **Transformation of Sikhism** — Gokal Chand Narang : New Book Society, Lahore. III, Ed. 1946.

पंजाबी

कुझ होर धारमिक लेख : साहिब सिंह : लाहौर बुक शाप, , प्रथम, संस्करण, १९४६ ई०

गुरमति अधिआतम करम फिलासफी : रणधीर सिंह : प्रकाशक, ज्ञानी नाहर सिंह, गुजरांवाला, अमृतसर, प्रथम संस्करण, १९५१ ई०

गुरमति दरशन : शेरसिंह : शिरोमणि गुरुद्वारा प्रबन्धक कमेटी, अमृतसर, प्रथम संस्करण, १९५१ ई०

गुरमति निरणय जोधसिंह : मेसर्स अतरचंद कपूर एण्ड सन्स, अनारकली, लाहौर छठा संस्करण, १९४५ ई०

गुरमति प्रकाश : साहिब सिंह : लाहौर बुक शाप, प्रथम संस्करण, १९४७ ई०

गुरमति प्रभाकर : कान्ह सिंह : श्री गुरमत प्रेस, अमृतसर, तीसरा संस्करण १९२२ ई०

गुर वाणी विआकरण साहिब सिंह : प्रकाशक प्रोफेसर साहिब सिंह, खालसा कालेज, अमृतसर, प्रथमसंस्करण, १९३९ ई०

गुरु ग्रंथ साहिब की साहितक विशेशता—गोपाल सिंह : पंजाबी एकेडमी दिल्ली, प्रथम संस्करण, १९५८ ई०

दस वारां सटीक : साहिब सिंह : लाहौर बुक शाप, प्रथम संस्करण, १९४६ ई०

पंजाबी भाखा विगिआन अते गुरमति गिआन : मोहन सिंह : कस्तूरीलाल एण्ड सन्स, बाजार माई सेवां, अमृतसर, प्रथम संस्करण, १९५२ ई०

वारां : भाई गुरदास जी : शिरोमणि गुरु द्वारा प्रबन्धक कमेटी, अमृतसर, प्रथम संस्करण, १९५२ ई०

दाब दारथ : श्री गुरुग्रंथ साहिब जी (चार भाग) : शिरोमणि गुरुद्वारा प्रबन्धक कमेटी, अमृतसर, तीसरा संस्करण, १९५९ ई०

श्री गुरु ग्रंथ कोश : खालसा ट्रैक्ट सोसाइटी, अमृतसर, १९५० ई०

संस्कृत

उपनिषद् : ईशाद्यष्टोत्तरशतोपनिषद् : निर्णयसागर प्रेस, बंबई, तृतीय संस्करण १९२५ ई०

पातंजल योग दर्शनम् : पंतजलि : लखनऊ विश्वविद्यालय, लखनऊ

श्रीमद्भगवद्गीता : शांकरभाष्य गीता प्रेस, गोरखपुर, सं० १९९८ वि०

हिन्दी

उत्तरी भारत की सन्त परम्परा : परशुराम चतुर्वेदी : भारती भण्डार, लीडर प्रेस, इलाहाबाद

कबीर :हजारी प्रसाद द्विवेदी : हिन्दी रत्नाकर कार्यालय, बम्बई, प्रथम संस्करण १९४२ ई०

कबीर : एक विवेचन—सरनामसिंह शर्मा : हिन्दी साहित्य संसार, दिल्ली ६, प्रथम संस्करण, १९६० ई०

कबीर का रहस्यवाद : रामकुमार वर्मा, साहित्य भवन लिमिटेड, इलाहाबाद, चतुर्थ संस्करण, १९४१ ई०

कबीर की विचारधारा : गोविन्द त्रिगुणायत : साहित्य निकेतन, कानपुर, द्वितीय संस्करण, सं० २०१४ वि०

कबीरदास : विश्वम्भरनाथ उपाध्याय : रतन प्रकाशन मंदिर, आगरा

कबीर साहित्य की परख : भारती भण्डार, प्रयाग, प्रथम संस्करण, सं० २०११ वि०,

गीता रहस्य अथवा कर्मयोगशास्त्र : बाल गंगाधर तिलक (अनुवादक माधवराय सप्रे) तिलक बन्धु, शिमला हाउस, मैंथ्यू रोड, चौपाटी, बम्बई ४, छठा संस्करण, १९२८ ई०

गोरखबानी : सम्पादक पीताम्बर दत्त बड़थ्वाल : हिन्दी साहित्य सम्मेलन, प्रयाग, द्वितीय संस्करण, सं० २००३ वि०

तुलसी दर्शन : बलदेव प्रसाद मिश्र, हिन्दी साहित्य सम्मेलन, प्रयाग, पंचम संस्करण, २००५ वि०

नाथ-सम्प्रदाय : हजारीप्रसाद द्विवेदी : हिन्दुस्तानी एकेडमी, उत्तर प्रदेश, इलाहाबाद, प्रथम संस्करण, १९५० ई०,

श्री गुरु ग्रंथ-दर्शन : जयराम मिश्र : साहित्य भवन (प्राइवेट) लिमिटेड, इलाहाबाद, प्रथम संस्करण, १९६० ई०

संस्कृति-संगम : क्षितिमोहन सेन : साहित्य भवन लिमिटेड, इलाहाबाद, द्वितीय संस्करण, १९५२ ई०

सुन्दर-दर्शन : त्रिलोकीनारायण दीक्षित : किताब महल, जीरो रोड, इलाहाबाद, प्रथम संस्करण, १९५३ ई०

हिन्दी काव्य में निर्गुण सम्प्रदाय; पीताम्बरदत्त बड़थ्वाल; अवध पब्लिशिंग हाउस, लखनऊ, प्रथम संस्करण, २००७ वि०

हिन्दी साहित्य की भूमिका : हजारीप्रसाद द्विवेदी : हिन्दी ग्रंथ रत्नाकर कार्यालय, बम्बई, चौथा संस्करण, १९५० ई०

———————